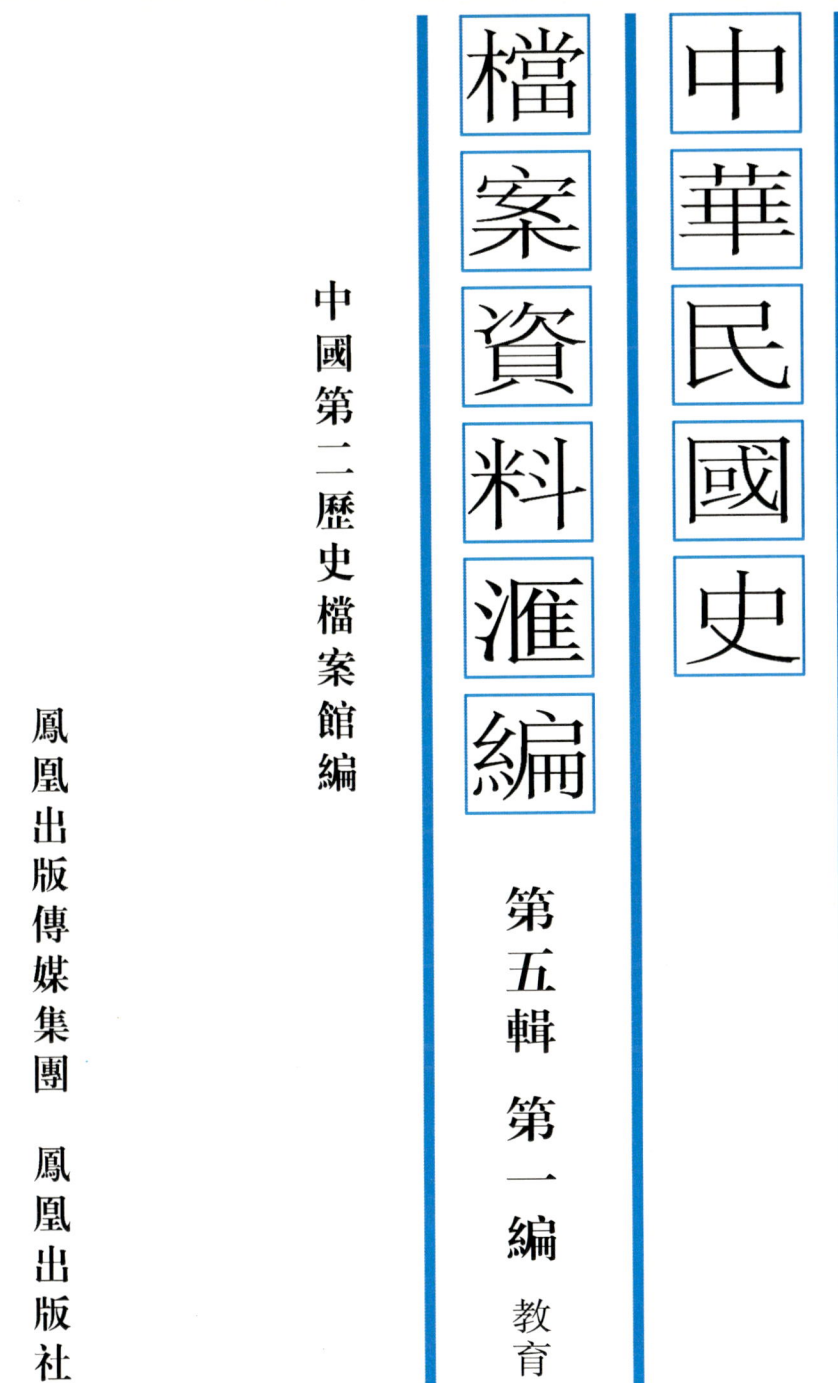

中華民國史檔案資料滙編

中國第二歷史檔案館編

第五輯 第一編 教育（一）

鳳凰出版傳媒集團
鳳凰出版社

图书在版编目（CIP）数据

中华民国史档案资料汇编. 第5辑. 第1编. 教育 / 中国第二历史档案馆编. -- 南京：凤凰出版社, 1994.5（2025.3重印）
ISBN 978-7-80519-521-6

Ⅰ. ①中… Ⅱ. ①中… Ⅲ. ①档案资料－汇编－中国－民国②教育史－档案资料－汇编－中国－民国 Ⅳ. ①K258.063

中国版本图书馆CIP数据核字（2010）第085843号

书　　名	中华民国史档案资料汇编 第五辑　第一编　教育（共二册）
编　　者	中国第二历史档案馆
责任编辑	陈晓清
责任监制	程明娇
出版发行	凤凰出版社（原江苏古籍出版社） 发行部电话 025-83223462
出版社地址	江苏省南京市中央路165号,邮编:210009
印　　刷	上海世纪嘉晋数字信息技术有限公司 上海市汇金路899号,邮编:201700
开　　本	850毫米×1168毫米　1/32
印　　张	46.375
字　　数	1164千字
版　　次	1994年5月第1版
印　　次	2025年3月第6次印刷
标准书号	ISBN 978-7-80519-521-6
定　　价	520.00元

（本书凡印装错误可向承印厂调换,电话:021-69214197）

说 明

《中华民国史档案资料汇编》(1912—1949),是为了适应中国近现代史的科学研究与教学需要,就馆藏历史档案中具有一定史料价值的资料编辑而成的一套综合性档案资料汇编。

这套档案资料汇编是以前副馆长王可风生前主持编辑的《中国现代政治史资料汇编》(1919—1949)初稿为基础,进行修订补充,扩编成五辑:第一辑《辛亥革命》(1911年);第二辑《南京临时政府》(1912年);第三辑《北洋政府》(1912—1927年);第四辑《从广州军政府至武汉国民政府》(1917—1927);第五辑《南京国民政府》(1927—1949年)。第一至第四辑的主编为唐彪、王涛;第五辑的主编为施宣岑、方庆秋。

第五辑《南京国民政府》分为三编:第一编为《南京国民政府的建立与十年内战》(1927·4—1937·7);第二编为《第二次国共合作与八年抗战》(1937·7—1945·8);第三编为《蒋介石发动全面内战与南京国民政府的覆灭》(1945.8—1949.9)。以上每编各按政治、军事、外交、财政经济、文化教育等,分为若干分册。

本分册为第五辑第一编的教育分册,全书分为:(一)教育宗旨与学制系统,(二)教育行政,(三)高等教育,(四)中等教育,(五)初等教育,(六)社会教育,(七)蒙藏(边疆)教育,(八)华侨教育。此外,还有国民党推行"以党治教"的"党化教育"、反共的"特种教育"和所谓"国防教育"。有关这一时期的科研事业档案资料,必附辑于本分册,以便有关方面参考使用。

　　本分册由王少胜选辑，施宣岑和方庆秋统编、审阅。由于涉及面广、量大，加以档案资料本身及客观条件的种种限制，以编者有限的水平，在编辑上难免有不当和错漏之处，谨希读者谅察并批评指正。

编　者

1991年3月

编 例

一、本汇编所选资料，为保持档案文件原貌，凡原文中对中国共产党及革命人民的诬蔑不实之词，均未加改动，全文照录；但对少数文件因内容重复及与主题无关者，则酌予删节。资料出处，于文件篇后注明。

二、本汇编所选资料，按问题分类排列，并以文件形成时间先后为序；但属综合性或追述性的资料，则按其内容酌加调整。

三、本汇编所选资料，一般以一篇为一题，但同属一事，彼此间又有直接联系者，则以一事为一题。文件标题、标点，均为编者所加；沿用原标题、原标点者，则予篇目之后加注说明。

四、本汇编所选资料，一般均用简体字，但遇有可能引起文义歧异者，则保留原来繁体字。

五、本汇编所选资料，排印格式一律采用横排，凡竖排原件文中有"如左""如右"者，横排后应为如下、如上。例如"命令如左（下）"、"右（上）令"等，文中不再一一注明。

六、本汇编所选资料，凡有破损缺漏或字迹不清者，以□号代之；错字、别字和衍文的校勘以及简单注释，均加在正文之后，以〔 〕号标明之；较长的注释，在正文之后以①②等号标明之；增补的字，以【 】号标明之，文件内容删节者，以……符号标明之；待考的字，以〔？〕符号标明存疑。

· 1 ·

南京国民政府时期

第 一 编

教 育

目 录

〔一〕教育宗旨与学制系统

（一）教育宗旨

1. 国民党中央秘书处录送训练部拟定的教育目标案致丁惟汾函
   （1928年7月5日）……………………………（1）
2. 国民党第三次全国代表大会通过的确定教育宗旨及其实施方针案
   （1929年8月25日）……………………………（3）
3. 国民党第三次全国代表大会关于政治报告决议案
   （1929年8月27日）……………………………（4）
4. 教育部次长马叙伦播讲教育宗旨稿
   （1929年5月 日）………………………………（4）
5. 中华民国临时约法国民教育章
   （1931年6月1日）………………………………（8）

（二）学制系统

1. 中华民国学校系统原则、系统表及说明
   （1928年5月）……………………………………（9）
2. 学制系统图并说明
   （1932年）…………………………………………（12）

(二) 教育行政

(一) 中央教育行政机构设置

一、中央教育行政委员会
1. 国民党中央政治会议秘书处关于教育行政委员会行使教育部职权案复国民政府秘书处函
   (1927年4月27日) ……………………………… (21)
2. 国民政府教育行政委员会组织法
   (1927年6月) …………………………………… (22)

二、大学院与大学区的设立及裁撤
1. 国民党中央政治会议关于以大学区为教育行政单元咨
   (1927年6月7日) ……………………………… (23)
2. 中华民国大学院组织系统图
   (1928年1月) …………………………………… (26)
3. 国民政府关于粤浙苏三省试行大学区制训令
   (1927年6月12日) ……………………………… (30)
4. 教育行政委员会关于广东暂缓试行大学区制呈
   (1927年6月24日) ……………………………… (30)
5. 大学院组织缘起
   (1927年9月) …………………………………… (31)
6. 南京国民政府公布修正大学区组织条例
   (1928年1月27日) ……………………………… (33)
7. 南京国民政府公布修正中华民国大学院组织法
   (1928年6月13日) ……………………………… (33)
8. 南京国民政府公布大学院大学委员会组织条例

（附大学委员会委员名单）

(1928年5月8日)……………………………(37)

9. 中央大学区中等学校联合会关于大学区制忽略中等教育请设法变更呈

(1928年6月)………………………………(39)

10. 何民魂、张定璠关于南京和上海教育行政权不能划入中央大学区呈

(1928年6月1日)…………………………(41)

11. 经亨颐等在国民党二届五中全会上提请设立教育部案

(1928年8月)………………………………(44)

12. 郭春涛、刘守中等在国民党二届五次全会上提议撤销大学院改设教育部案

(1928年8月14日)…………………………(47)

13. 河北省拒绝推行大学区制有关文电

(1928年12月—1929年10月)……………(49)

14. 北京大学学生反对北平大学区接收而开展的护校活动有关文电

(1928年11—12月)………………………(52)

15. 国民政府停止大学区制令

(1929年7月1日)…………………………(57)

三、教育部组织设置

1. 教育部组织系统表

(1929年1月4日)…………………………(58)

2. 教育部修正各司分科规程

(1932年7月22日)…………………………(60)

3. 国民政府公布《修正教育部组织法》

(1933年4月22日)…………………………(63)

（二）教育法令

1. 教育部公布修正学校学年、学期及休假日期规程
   (1931年1月20日) ………………………………（66）
2. 国民政府公布教育会法及其施行细则
   (1931年1月27日) ………………………………（68）
3. 教育部关于各级学校应将"忠孝仁爱信义和平"八字制匾悬挂的训令
   (1931年7月18日) ………………………………（76）
4. 教育部公布中小学毕业会考暂行规程
   (1932年5月26日) ………………………………（77）
5. 教育部公布学校毕业证书规程
   (1933年6月) ……………………………………（78）
6. 教育部订定《各省市县教育行政机关暨中小学施行升学及职业指导办法大纲》
   (1933年7月4日) ………………………………（79）
7. 教育部颁发各省市教育行政机关设置职业指导组暂行办法
   (1935年11月30日) ……………………………（83）
8. 教育部公布各级学校设置免费学额及公费学额规程
   (1936年5月6日) ………………………………（85）

（三）教科图书编审

1. 教育部公布教科图书审查规程
   (1929年1月22日) ………………………………（89）

2. 教育部订定暂行教科图书审查办法
    (1929年1月22日)………………………………（ 90 ）
3. 教育部订定审查教科图书共同标准
    (1929年1月22日)………………………………（ 92 ）
4. 陈时泌请取缔世界书局刊行小学国语读本呈及教育部复函
    (1929年9—11月)………………………………（ 93 ）
5. 教育部关于我国中小学教科图书编审情形节略
    (1936年9月7日)………………………………（ 94 ）
6. 上海市书业同业公会主席陆费伯鸿请放宽教科参考图书审查处分致国民政府呈
    (1931年4月)……………………………………（ 97 ）

（四）捐资兴学

1. 国民政府公布《捐资兴学褒奖条例》
    (1929年1月29日)………………………………（ 98 ）
2. 教育部关于明令嘉奖卢木斋捐资兴建南开大学图书馆的文件
    (1929年11月)……………………………………（ 99 ）
3. 教育部关于嘉奖民国二十五年度捐资兴学三万至十万元人员呈
    (1937年11月25日)………………………………（ 101 ）
4. 民国十八年至二十六年捐资兴学褒奖统计表
    (1938年)…………………………………………（ 104 ）

（五）教育经费

1. 教育部关于各省市教育经费独立状况的调查报告
    (1933年)…………………………………………（ 106 ）

2. 民国十九年至二十三年度各省市教育经费概况
   （1935年5月）…………………………………（112）
3. 民国元年至二十六年教育文化经费一览表
   （1937年）……………………………………（118）

（六）教育建议与报告

1. 国民政府秘书处抄送何香凝等提议取销中等学校
   男女分校案致大学院函
   （1928年9月）…………………………………（119）
2. 陈布雷在国民党中央党部总理纪念周上作"教育
   的理论与实际"的报告
   （1931年8月3日）………………………………（120）
3. 教育部成立二年来的工作概况
   （1930年）……………………………………（123）
4. 蒋介石在长沙各界代表会上作关于教育重要性的
   讲演
   （1932年）……………………………………（139）
5. 蒋梦麟、胡适等关于改革中学教育制度以适应国
   情案
   （1934年8月25日）………………………………（145）
6. 黄问岐撰民国二十三年中国教育回顾与今后展望
   （1934年12月2日）………………………………（150）
7. 行政院抄送"安徽省教育厅长杨廉报告整理教育
   状况"致教育部笺函
   （1935年10月）…………………………………（163）

〔三〕高等教育

（一）教育法令

1. 南京国民政府教育行政委员会公布大学教员资格条例
   （1927年6月15日）……………………（168）
2. 国民政府公布修正教育部大学委员会组织条例
   （1929年2月27日）……………………（170）
3. 国民政府颁布大学组织法
   （1929年7月26日）……………………（171）
4. 教育部公布大学规程
   （1929年8月14日）……………………（174）
5. 国民政府颁布专科学校组织法
   （1929年7月26日）……………………（178）
6. 教育部订定私立大学、专科学校奖励与取缔办法
   （1930年8月23日）……………………（180）
7. 教育部公布《修正专科学校规程》
   （1931年3月26日）……………………（181）
8. 教育部关于中等以上学校设置奖学金案
   （1931年11月3日）……………………（186）
9. 教育部颁发《施行学分制划一办法》
   （1932年1月30日）……………………（186）
10. 教育部颁发专科以上学校组织职业介绍机关办法
    （1934年10月24日）……………………（187）
11. 教育部关于专科学生或专科毕业生升学办法的

训令
(1935年4月30日)……………………………(188)

(二)院校整顿

1. 教育部解散国立劳动大学与该校师生护校活动的
有关文件
(1931年10月—1932年7月)……………(189)
2. 教育部改进东北大学训令
(1934年7月—1935年7月)……………(198)
3. 教育部改进国立清华大学训令
(1934年7月—1935年8月)……………(200)
4. 教育部改进国立武汉大学训令
(1934年7月—1935年7月)……………(202)
5. 教育部改进国立中山大学训令
(1935年5月15日)………………………(203)
6. 教育部改进国立中央大学训令与该校办理情形呈
(1935年5月)……………………………(205)
7. 教育部改进国立北平师范大学训令
(1934年7月—1935年8月)……………(210)
8. 教育部改进国立北平大学训令
(1934年6月—1935年8月)……………(212)
9. 教育部改进私立复旦大学训令
(1933年12月—1935年6月)……………(219)

(三)大专院校概况

1. 朱家骅就中山大学校务情况兼及广州"清党"
事致蔡元培函
(1927年5月16日)………………………(221)

2. 北京大学学生会等要求恢复校名直隶中央并请蔡元
   培回任校长呈
   （1929年9月）……………………………………（231）
3. 国民党中央对中山大学维持及建设办法案
   （1929年9月23日）………………………………（236）
4. 中华教育文化基金会设立科学教席计划书和科学
   教席分配办法
   （1930年）…………………………………………（237）
5. 民国二十年度全国高等教育概况统计表
   （1931年）…………………………………………（242）
6. 教育部报告民国十九年度高等教育概况
   （1931年1月26日）………………………………（272）
7. 朱家骅在中央党部总理纪念周上讲演"中国大学
   教育的现状及应行注意各点"
   （1931年8月31日）………………………………（279）
8. 罗家伦在国民党中央党部总理纪念周讲演"中国
   大学教育之危机"
   （1934年1月15日）………………………………（286）
9. 民国二十五年度全国高等教育概况统计表
   （1936年）…………………………………………（296）
10. 全国公私立大学、独立学院、专科学校一览表
    （1936年1月）……………………………………（300）
11. 全国各大学民国二十五年度图书册数分类统
    计表
    （1936年）…………………………………………（324）
12. 民国二十六年度全国高等教育概况统计表
    （1937年）…………………………………………（330）

13. 历年专科以上学校毕业生统计表

  (1912—1937年度) ……………………………… (334)

14. 民国二十至二十六年度全国专修科毕业生分科
  统计表

  (1931—1937年) …………………………………… (338)

15. 民国二十至二十六年度全国大学本科毕业生分
  科统计表

  (1931—1937年) …………………………………… (342)

16. 民国二十至二十六年度全国专科毕业生分科统
  计表

  (1931—1937年) …………………………………… (351)

17. 行政院抄发焦易堂等提请教育部制定中医教学
  规程编入教育学制系统案

  (1937年4月10日) ……………………………… (355)

18. 教育部抄送全国公私立各大学医学院、独立医学
  院、医药牙科专科学校及医药学会一览表函

  (1937年10月) …………………………………… (359)

（四）国外留学

一、派遣留学生法规

1. 中央大学区制定的各项派遣留学生章则

  (1929年1月24日) ……………………………… (363)

2. 浙江省派遣留学生办法大纲及其施行细则

  (1928年8月—1930年5月) …………………… (372)

3. 国民党中央执行委员会派遣留学生章则

  (1929年12月—1931年7月) ………………… (374)

4. 教育部公布国外留学规程

  (1933年4月29日) ……………………………… (381)

二、留学概况

1. 冯玉祥推荐黄少谷、郭春涛出洋留学的有关文件
   (1928年10月—1929年1月)……………………（390）
2. 国立清华大学留美学生监督梅贻琦关于改进留学生能学成归国服务问题致中央大学函
   (1930年5月15日)………………………………（393）
3. 民国十八至二十六年留学生统计表
   (1929年—1937年)………………………………（394）
4. 寰球中国学生会调查留日学生统计
   (1931年6月10日)………………………………（398）
5. 各高等学校一九三二年投考与录取清华公费留美学生统计
   (1933年10月　日)………………………………（401）
6. 蒋介石关于不再遣送人员赴莫斯科孙逸仙大学留学事致国民政府呈
   (1927年8月10日)………………………………（403）
7. 国民党中央训练部处理留苏归国学生办法的通告
   (1928年12月31日)………………………………（404）
8. 国民党中央加强留苏归国学生控制的有关文件
   (1931年7月—1932年9月)………………………（405）
9. 国民党中央民众训练部处理留苏归国学生暂行办法施行细则
   (1932年9月29日)………………………………（407）

〔四〕中等教育

（一）教育法令

1. 教育部为推进职业教育致各省市教育厅局训令稿
    （1931年4月2日）……………………（410）
2. 国民政府公布职业学校法
    （1932年12月17日）…………………（412）
3. 国民政府公布中学法
    （1932年12月24日）…………………（414）
4. 国民政府公布师范学校法
    （1932年12月17日）…………………（415）
5. 教育部公布职业补习学校规程
    （1933年9月6日）……………………（417）
6. 教育部关于办理职业教育应注意事项的训令
    （1935年1月22日）…………………（420）
7. 教育部公布修正中学规程
    （1935年6月21日）…………………（422）
8. 教育部公布修正师范学校规程
    （1935年6月22日）…………………（439）
9. 教育部公布修正职业学校规程
    （1935年6月28日）…………………（459）
10. 教育部公布短期职业训练班暂行办法
    （1935年8月1日）……………………（473）
11. 教育部颁发各省市推行职业补习教育办法大纲
    （1936年2月5日）……………………（474）

12. 教育部补助公私立优良职业学校办法
   (1936年7月1日)……………………………（476）

(二) 教育概况

1. 中华教育改进社主任干事陶知行报告晓庄乡师
   教育概况
   (1930年)………………………………………（478）
2. 云南省教育厅长报送中小学实施职业教育方案呈
   (1931年8月4日)……………………………（484）
3. 贵州省教育厅长报送实施职业教育办法呈
   (1931年8月5日)……………………………（489）
4. 陕西省教育厅长报送职业教育实施办法呈
   (1931年7月25日)…………………………（491）
5. 湖北省立初级职业学校通则与中小学校添设职业
   科目表
   (1931年8月31日)…………………………（494）
6. 教育部关于改进安徽职业教育训令
   (1933年6月26日)…………………………（498）
7. 教育部关于改进江苏职业教育训令
   (1934年6月27日)…………………………（503）
8. 教育部抄发督学钟道赞视察上海市职业教育报告
   的训令
   (1935年11月29日)…………………………（507）
9. 民国廿五、廿六学年度全国职业学校概况统
   计表
   (1937年)………………………………………（514）
10. 全国中等学校二十五学年度概况
    (1936年)………………………………………（518）

· 13 ·

11. 全国中等学校二十六学年度概况
   （1937年）……………………………………（526）
12. 民国十九至二十六年度全国中等学校毕业生累
    计数
   （1930—1937年）……………………………（530）
13. 民国十七至二十六学年度全国师范学校学生
    数与毕业生数统计表
   （1928—1937年）……………………………（532）

〔五〕初等教育

（一）小学教育

一、教育法令
1. 教育部颁布繁盛都市推广小学教育办法
   （1931年4月29日）…………………………（535）
2. 教育部颁布乡村小学充实儿童学额办法
   （1931年4月29日）…………………………（537）
3. 国民政府公布小学法
   （1932年12月24日）…………………………（538）
4. 教育部公布修正小学规程
   （1936年7月）………………………………（540）
5. 教育部关于修正小学规程尤应注意各点致各省市
   教育厅局的训令
   （1936年8月14日）…………………………（550）

二、教育概况
1. 民国十九年度全国初等教育概况
   （1930年）……………………………………（552）
2. 江苏省教育厅改进及发展乡村教育设施要点（附

· 14 ·

《江苏省各县城乡教育设施概况统计表》）
　　（1933年12月）……………………………………（574）
3．江西省保立小学暂行办法
　　（1935年9月）……………………………………（575）
4．民国二十五学年度全国初等教育概况
　　（1936年）…………………………………………（579）
5．民国二十六学年度全国初等教育概况
　　（1937年）…………………………………………（584）
6．民国十八至二十六学年度全国初等教育概况比较表
　　（1937年）…………………………………………（588）
7．广西省初等教育概况
　　（1933年—1937年）………………………………（590）
8．南京战时初等教育概况
　　（1937年9—11月）…………………………………（593）

（二）国民义务教育

一、教育法令

1．国民党三届三中全会通过《普及教育案》与教育
　　部关于经费师资缺乏难以推行函
　　（1929年3—6月）…………………………………（604）
2．蔡元培等在国民党第四届第五次中央全会提议实
　　施义务教育标本兼治办法案
　　（1934年12月14日）………………………………（605）
3．行政院抄发实施义务教育暂行办法大纲及中央义
　　务教育经费支配办法大纲训令
　　（1935年6月1日）…………………………………（609）
4．教育部长王世杰关于实施义务教育提案稿
　　（1935年6月）………………………………………（619）

5. 全国义务教育委员会议程（附全国教育会议关于义务教育决议案）
   （1935年6月）……………………………（621）
6. 行政院关于《实施义务教育暂行办法大纲施行细则》致教育部指令
   （1935年6月20日）………………………（623）
7. 教育部公布全国义务教育委员会组织规程令
   （1935年7月22日）………………………（630）
8. 教育部颁发实施义务教育一年制短期小学暂行规程训令
   （1935年7月8日）…………………………（631）
9. 教育部公布一年制短期小学暂行课程标准令
   （1935年7月31日）………………………（633）
10. 教育部检发《短期小学实验办法》的训令
    （1935年11月）……………………………（636）
11. 教育部检发二年制短期小学暂行规程及课程标准总纲的训令
    （1937年6月）………………………………（638）
12. 教育部检发《实施二部制教学办法》及《巡回教学办法》的训令
    （1937年6月1日）…………………………（643）
13. 教育部检发《学龄儿童强迫入学暂行办法》致各省市教育厅局训令
    （1937年7月17日）………………………（647）

二、教育概况
1. 江苏省推行义务教育计划大纲与实施办法
   （1934年12月）……………………………（652）

2. 上海市教育局长报送民国二十四年度实施义务教
   育计划呈
     （1935年7月24日）………………………………（660）
3. 青岛市教育局长雷法章报送民国二十四年度义务
   教育实施办法及强迫入学办法呈
     （1935年6月）……………………………………（662）
4. 北平市社会局报送实施义务教育计划呈
     （1935年9月7日）………………………………（667）
5. 天津市政府抄送二十四年度推行义务教育计划书
   的咨
     （1935年11月28日）……………………………（669）
6. 民国十八至二十七年度全国义务教育概况统计表
     （1929年—1938年）……………………………（674）

（三）改良私塾

1. 湖北省各县改良私塾暂行办法
     （1939年5月30日）………………………………（676）
2. 教育部颁布改良私塾办法
     （1937年6月1日）………………………………（678）
3. 民国二十四学年度至二十五学年度全国私塾概况
   表
     （1936年）…………………………………………（682）
4. 国民党江苏省党部检送淮阴县私塾教育改进协会
   章程及职员表呈
     （1937年7月2日）………………………………（686）

〔六〕社会教育

（一）民众教育

一、法令规章
1. 国民党中央执行委员会抄送《取缔各种社会教育机关违背党义教育精神通则》致国民政府函
 （1928年7月19日）……………………（691）
2. 教育部公布民众学校办法大纲
 （1929年1月22日）……………………（692）
3. 教育部公布识字运动宣传计划大纲
 （1929年2月13日）……………………（694）
4. 国民党中央秘书处转送《各级党部办理社会教育计划大纲》函
 （1931年10月8日）……………………（698）
5. 国民党中央训练部拟订的《三民主义民众教育具备的目标》
 （1931年）…………………………………（700）
6. 教育部修正通俗讲演员检定条例
 （1933年2月9日）……………………（705）
7. 国民党县市党部设立民众学校章则
 （1930年12月—1933年12月）………（706）

二、教育概况
1. 教育部关于全国社会教育设施概况报告
 （1931年8月8日）……………………（715）
2. 教育部关于全国社会教育实施概况报告
 （1932年9月29日）……………………（722）

3. 各省市通俗讲演员统计表
　　（1933年12月1日）……………………（730）
4. 民国二十三年全国社会教育事业统计表
　　（1934年12月）……………………………（732）
5. 民国十七年度至廿六年度已受补习教育人数统
　　计表
　　（1937年）…………………………………（736）
6. 民国二十五、二十六学年度全国社会教育概况统
　　计表
　　（1937年）…………………………………（737）
7. 民国十八年至廿六年民众学校概况统计表
　　（1937年）…………………………………（744）

（二）平民教育

一、定县实验区章则
1. 中华平民教育促进会定县实验区暂行章程
　　（1930年）…………………………………（749）
2. 中华平民教育促进会定县实验区组织大纲
　　（1934年）…………………………………（753）
3. 附录：中华平民教育促进会章程、董事名单………（755）

二、定县实验区概况
1. 中华平民教育促进会平民教育运动史略
　　（1929年）…………………………………（762）
2. 李宗黄考察定县平民教育会实验区纪实
　　（1931年10月20日）………………………（766）
3. 中华平民教育促进会艺术教育概况
　　（1933年9月）……………………………（770）

4. 教育部关于中华平民教育促进会定县实验区概况
   的调查表
   （1935年）……………………………………（775）

（三）图书馆（民众教育馆）

1. 教育部颁布图书馆规程
   （1930年5月10日）………………………（783）
2. 教育部公布民众教育馆暂行规程
   （1932年2月2日）…………………………（785）
3. 教育部关于防止山东省聊城杨氏海源阁善本藏书
   流出海外并设法购置的文件
   （1929年5月—1934年6月）………………（787）
4. 国民党中央常务会议通过的中央图书馆计划书
   （1929年5月13日）………………………（791）
5. 国民政府文官处与行政院关于审核中华图书馆协
   会第一次年会决议案的往来函
   （1929年11月—1930年6月）……………（793）
6. 国立北平图书馆组织大纲及教育部与中华教育文
   化基金董事会合组该馆办法等有关文件
   （1929年9月）………………………………（797）
7. 蔡元培与教育部、张元济与袁同礼关于影印四库
   全书未刊珍本的往来函件
   （1932年—1933年）………………………（800）
8. 教育部有关影印四库全书未刊珍本的文件
   （1933年4—6月）…………………………（804）
9. 全国图书馆概况统计表
   （1934年）……………………………………（808）

〔七〕蒙藏（边疆）教育

（一）教育法规与计划

1. 国民党三届二次中央全会通过的蒙藏决议案中有关教育部分
　　（1929年6月17日）……………………（815）
2. 教育部公布待遇蒙藏学生章程
　　（1929年7月23日）……………………（816）
3. 国民党中央政治学校附设蒙藏班、西康班组织规则及设置边疆分校计划纲要
　　（1930年—1934年）……………………（817）
4. 教育部实施蒙藏教育计划
　　（1931年8月）……………………（820）
5. 国民党中央秘书处关于创办蒙藏教育设施函
　　（1931年7月1日）……………………（829）
6. 教育部订定边疆教育实施原则
　　（1931年）……………………（830）
7. 教育部公布蒙藏学生就学国立中央、北平两大学蒙藏班办法
　　（1931年）……………………（833）
8. 教育部蒙藏教育实施方案要目
　　（1930年）……………………（834）
9. 国立中央大学蒙藏班招生办法
　　（1931年）……………………（836）
10. 教育部要求蒙藏各旗宗选派学生攻读师范令
　　（1932年）……………………（838）

· 21 ·

11. 国立丽江康藏师资养成所组织大纲
　　（1932年）………………………………………（838）
12. 中央大学关于蒙藏及边远省份学生入学办法决
　　议案
　　（1935年8月2日）………………………………（840）
13. 国民政府军事委员会委员长行营与行政院等单
　　位关于边民教育问题的往来文件
　　（1936年2—4月）…………………………………（841）

（二）教育实施概况
1. 新疆省教育厅长刘文龙报告该省教育状况呈
　　（1928年12月23日）………………………………（861）
2. 教育部民国二十年度蒙藏教育经费分配办法
　　（1931年）…………………………………………（863）
3. 教育部关于宁夏、青海、广西等边远省区学生就
　　学中央大学训令
　　（1933年11月—1936年10月）……………………（864）
4. 教育部二十四年度推广边疆教育实施办法案的文
　　件
　　（1935年1—8月）…………………………………（867）
5. 孙乐山关于西康地方教育状况的考察报告
　　（1935年2月13日）………………………………（870）
6. 郭莲峰考察绥远省各蒙旗教育状况电与该省教育
　　厅长阎伟致教育部呈
　　（1935—1936年）…………………………………（876）
7. 行政院抄送冯玉祥条陈蒙藏教育函与教育部就实
　　施问题致行政院呈
　　（1936年1—6月）…………………………………（880）

8. 教育部检发二十五年度推行蒙藏回苗教育计划指令
   (1936年7月) ………………………………………（882）
9. 教育部廿六年度推行边疆教育计划大纲
   (1937年) ……………………………………………（895）
10. 广西省少数民族地区教育概况
   (1937年) ……………………………………………（906）

〔八〕华侨教育

（一）教育法令

1. 教育部公布驻外领事经理华侨教育行政规程
   (1929年5月24日) …………………………………（909）
2. 教育部华侨教育设计委员会组织条例
   (1929年12月21日) …………………………………（910）
3. 华侨教育设计委员会关于训政时期发展华侨教育的设想
   (1929年) ……………………………………………（912）
4. 国民党中央执行委员会关于补助海外党部经费酌予补助华侨教育事业训令
   (1930年5月8日) ……………………………………（913）
5. 教育部公布华侨中小学校董事会组织规程
   (1931年6月30日) …………………………………（914）
6. 教育部抄送华侨教育会暂行规程致中央训练部公函
   (1931年2月26日) …………………………………（915）
7. 教育部发布修正华侨子弟回国就学办法
   (1931年7月14日) …………………………………（920）

· 23 ·

8. 国民党中央训练部拟订之海外各级党部推进华侨教育办法
    (1931年8月20日) …………………………… (921)
9. 教育部订定的华侨教育实施原则
    (1931年8月20日) …………………………… (922)
10. 国民政府文官处检送华侨教育基金募集办法、华侨教育基金捐募奖励办法及华侨教育基金管理委员会组织条例的公函
    (1931年8月31日) …………………………… (924)
11. 国民政府侨务委员会保送及介绍侨生升学规程
    (1932年7月8日) ……………………………… (927)
12. 教育部与侨务委员会公布修正侨民中、小学规程
    (1934年8月20日) …………………………… (928)
13. 教育部与侨务委员会公布修正侨民学校立案规程
    (1934年8月20日) …………………………… (935)

(二) 教育概况

1. 大学院华侨教育委员会汪同尘委员拟定的扶助海外华侨教育计划书
    (1927年11月9日) …………………………… (938)
2. 外交部转报驻爪哇总领事馆报告万隆警方干涉侨校施行党化教育函
    (1928年1月9日) ……………………………… (949)
3. 暨南大学召开南洋华侨教育会议的文件资料
    (1929年6月) ………………………………… (950)

4. 郑洪年先生在南洋华侨教育会议上报告暨南学校
   创办经过及今后打算
   （1929年11月）……………………………………（955）
5. 国民党中央民众训练部召开华侨教育会议的文件
   资料
   （1929年11月）……………………………………（959）
6. 国民政府文官处关于英荷南洋属地政府限制侨校
   使用党化教科用书请行政院交涉函
   （1930年3—4月）…………………………………（988）
7. 郑洪年、吕调生等提议改组荷属华侨学务组并附
   设完全中学案
   （1930年11月8日）………………………………（990）
8. 国民党中央宣传部抄送暹罗华侨梁社长报告当地
   政府限制华侨学校等情函
   （1931年2月）……………………………………（993）
9. 国民党中央训练部与外交部就解除南洋英、荷等
   各属地政府压迫侨校问题来往函
   （1931年2月）……………………………………（994）
10. 国民政府文官处抄送华侨教育会议议决经费案
    的公函
    （1931年3月4日）………………………………（995）
11. 国民政府文官处检送海防华侨时习中学请政府
    补助经费建筑学生设施函
    （1931年12月2日）………………………………（998）
12. 国立暨南大学免费章程
    （1931年）…………………………………………（1000）
13. 教育部改进国立暨南大学训令
    （1933年12月—1934年12月）…………………（1002）

· 25 ·

14. 东京华侨小学捐募经费兴建校舍及运动场的文件

(1936年7—11月) ………………………………… (1006)

〔九〕党化教育

(一)教育原则与方案

1. 国民党北平政治分会关于白崇禧提议实行三民主义化教育案致国民政府代电

(1928年7月28日) ………………………………… (1010)

2. 国民党中央民众训练部订定的党治教育实施方案

(1928年10月) …………………………………… (1011)

3. 国民党三届四中全会关于整顿并发展教育决议案

(1929年6月18日) ………………………………… (1022)

4. 国民党中央秘书处检送实施三民主义乡村教育案致中央训练部函

(1930年8月17日) ………………………………… (1022)

5. 国民会议确定教育设施之趋向案

(1931年5月13日) ………………………………… (1026)

6. 国民党三届四中全会通过的普及教育奖励学术案

(1930年11月18日) ……………………………… (1028)

7. 国民党中央执行委员会检送《三民主义教育实施原则》致国民政府公函

(1931年9月8日) ………………………………… (1031)

8. 国民党第四次全国代表大会第三次会议通过《依据训政时期约法关于国民教育之规定确定其实施方针案》
    (1931年11月17日) ………………………………… (1047)
9. 国民党第四届中央执行委员会第三次全体会议通过的《关于整顿学校教育造就适用人才案》
    (1932年12月21日) ………………………………… (1049)
10. 国民党四届六次中央全会通过的教育改革案
    (1935年11月5日) ………………………………… (1052)
11. 国民党第五次全国代表大会通过确定今后教育改进方针案
    (1935年11月19日) ………………………………… (1060)

(二)学校训育

1. 教育部颁发今后中小学训育工作应特别注意之事项
    (1932年6月22日) ………………………………… (1063)
2. 苏州私立美术专科学校训育纲要中的惩诫规则
    (1932年) ………………………………………… (1065)
3. 浙江省职业学校训育纲要中之操行成绩考查办法
    (1932年) ………………………………………… (1068)
4. 国立浙江大学训育纲要
    (1932年) ………………………………………… (1068)
5. 复旦大学训育大纲原则
    (1937年1月) …………………………………… (1070)

(三)党义教育

1. 国民党中央常委会通过的各级学校党义教师检定委员会组织通则
    (1928年6月30日) ………………………………… (1071)

· 27 ·

2. 国民党中央常务会议通过的检定各级学校党义教
   师条例
   (1928年6月30日)……………………………(1702)
3. 南京国民政府公布各级学校增加党义课程暂行条
   例
   (1928年7月30日)……………………………(1073)
4. 国民党中央检定党义教师委员会关于该会组
   成问题致教育部函
   (1928年11月28日)……………………………(1075)
5. 国民党中央常会通过的检定党义教师委员会组织
   通则与检定各级学校党义教师条例
   (1929年11月18日)……………………………(1076)
6. 国民党中央常会通过的审查党义教师资格条例
   (1931年7月30日)……………………………(1079)
7. 国民党第四届全国代表大会通过的党义教育案
   (1931年11月20日)……………………………(1082)
8. 国民党中央训练部检送各级学校党义教师、训育
   主任工作大纲与考核办法函
   (1931年8月4日)……………………………(1084)

(四)公民教育

1. 国民政府文官处与国民党中央秘书处等单位关于
   中小学党义课程归并各科改称"公民"课的往
   来文件
   (1932年8月—1933年4月)……………………………(1090)
2. 国民党中央民运会关于审查公民教师资格的提案
   (1933年2月20日)……………………………(1096)

3. 国民党中央秘书处检送审查中等学校公民教员、训育主任条例及审查委员会组织通则函

（1933年9月12日）·················（1098）

4. 国民党中央秘书处检送修正中等学校训育主任、公民教员工作大纲及成绩考核办法致各省市党部函

（1936年3月）···················（1104）

5. 各省市审查合格训育主任、公民教员统计表

（1936年1—6月）·················（1108）

（三）党义课程审查与出版

1. 国民党中央训练部通知各书局（店）须将党义书籍送审函

（1928年4—10月）·················（1110）

2. 国民党中央秘书处检送审查党义教科用书暂行办法函

（1930年6月14日）·················（1112）

3. 国民党中央训练部查禁商务印书馆出版《新时代三民主义教科书》的有关文件

（1930年9月—1931年8月）·············（1114）

4. 国民党南京市党部检查市区学校与书店有关三民主义教科用书经过的文件

（1931年11月）··················（1119）

〔十〕反共的"特种教育"

（一）特教法规

1. 教育部抄发特种教育国语课本编辑要点的训令

（1932年6月30日）·················（1124）

2. 国民党中常会通过的小学特种训育纲领
   (1933年8月23日) ······ (1126)
3. 国民党中常会通过的特种区域暂行社会教育实施办法
   (1933年8月23日) ······ (1129)
4. 国民政府军委会南昌行营制订的《剿匪区内实施教育方案》
   (1933年7月) ······ (1132)
5. 国民政府军委会南昌行营"剿匪区"教育设计委员会编订的特种教育计划与编订教材办法
   (1933年8月) ······ (1134)
6. 国民政府军委会南昌行营第四厅"剿匪区"教育设计委员会组织简则与委员名单
   (1933年7月) ······ (1142)
7. 国民政府军委会检发特种教育计划及其纲要的训令
   (1934年9月) ······ (1143)
8. 国民政府军委会委员长行营检发五省特种教育委员会组织规程令
   (1935年5月) ······ (1155)
9. 军委会委员长行营确定宋美龄等三人为特种教育委员会常务委员函
   (1935年7月27日) ······ (1156)
10. 南昌行营令发五省特种教育委员会议议案（选录）
    (1935年7月) ······ (1157)

11. 行政院关于赣闽皖鄂豫五省特种教育事项移归教育部统筹办理的训令

(1936年3月26日) ………………………………… (1160)

(二) 特教实施概况

1. 江西省特种教育南丰实验区计划大纲

(1933年11月20日) …………………………… (1162)

2. 国民政府军委会南昌行营审定《江西省收复区特种教育计划大纲》的有关文件

(1934年4月18日) …………………………… (1167)

3. 江西省特种教育二十六年度工作计划

(1937年) …………………………………… (1174)

4. 福建省特教处报送该省特种教育实施办法呈

(1935年1月26日) …………………………… (1180)

5. 安徽省教育厅长杨廉报告"收复区"施行特种教育情况呈

(1935年7月1日) …………………………… (1183)

6. 安徽省特种教育处组织大纲

(1934年10月2日) …………………………… (1184)

7. 河南省"收复区"中山民众学校章程

(1934年12月) ……………………………… (1186)

8. 河南省"收复区"中山民众学校概况一览表

(1934年12月) ……………………………… (1192)

9. 河南省教育厅报送中山民校非常时期中心工作计划大纲暨学生战时服务队组织规程呈

(1937年9月28日) …………………………… (1199)

10. 河南省教育厅特种教育股二十五年度工作总报告

(1936年) …………………………………… (1205)

11. 湖北省政府报送"收复区"特种教育实施办法
    呈
    (1933年4月13日)……………………………(1214)
12. 湖北省特种教育人员武装反共的文件
    (1935年12月)………………………………(1219)
13. 湖北省特教处林脯阴"视察"黄安、麻城两县
    中山民众学校办理状况的报告
    (1935年6月)………………………………(1220)

(三)特教经费

1. 国民政府军委会南昌行营二厅关于特教经费分配
   状况致五省特教委员会函
   (1934年8月9日)…………………………(1228)
2. 蒋介石与汪精卫关于指拨中英庚款为特教经费来
   往电
   (1934年2—6月)…………………………(1228)
3. 行政院检送中英庚款董事会戴乐仁调查江西特种
   教育报告函
   (1934年12月14日)………………………(1230)
4. 朱家骅关于筹拨中英庚款充作特种教育经费情形
   致蒋介石文电
   (1935年3月)………………………………(1236)

〔十一〕国防教育

(一)学生军训

1. 大学院为缪序宾等请通令全国中等以上学校增加
   军事训练一科复国民政府秘书处公函
   (1928年5月25日)………………………(1239)

2. 教育部与训练总监部会定修正高中以上学校军事教育方案
   (1929年1月15日) ……………………… (1241)
3. 教育部关于高中以上学校加紧军事教育的通令
   (1931年1月29日) ……………………… (1266)
4. 教育部要求各校每周课外讲演日本侵略中国史令
   (1931年6月17日) ……………………… (1266)
5. 教育部令发学生、童子义勇军教育和训练的有关文件
   (1931年10月) ……………………… (1267)
6. 教育部颁布高中以上学校加紧军事训练方案的通令
   (1932年1月29日) ……………………… (1272)
7. 国民党中央训练部颁布学生训练暂行纲领
   (1931年2月5日) ……………………… (1274)
8. 国立浙江大学军事训练计划
   (1932年) ……………………… (1277)
9. 江苏省立太仓师范学校军事训练特别班规条
   (1932年) ……………………… (1280)
10. 湖南省高中以上学校军事训练暂行管理通则
    (1932年) ……………………… (1281)
11. 教育部颁布高中以上学校军事教育奖惩规则
    (1934年9月6日) ……………………… (1283)
12. 教育部关于高中以上学校实施军事训练概况的报告
    (1929年—1936年) ……………………… (1285)
13. 广西省高中以上学生战时军训与服务概况
    (1932年—1937年) ……………………… (1293)

(二)战时学校特种教育
1. 教育部特种教育委员会组织大纲
　　(1936年) ………………………………………… (1300)
2. 教育部关于学校教育状况及今后如何改良以适
　应国防要求案
　　(1936年) ………………………………………… (1300)
3. 教育部颁发专科以上学校特种教育纲要的训令
　　(1936年4月28日) ……………………………… (1306)
4. 金陵大学特种训练计划
　　(1936年10月22日) ……………………………… (1310)
5. 教育部推进学校军事教育办法大纲
　　(1936年) ………………………………………… (1311)
6. 教育部推进国防教育办法大纲
　　(1936年) ………………………………………… (1312)
7. 教育部订定的高中以上学校军事管理办法
　　(1936年1月2日) ………………………………… (1313)
8. 国民政府军委会办公厅拟《军事时期全国学校
　动员准备概要》及有关文件
　　(1936年11—12月) ……………………………… (1322)

〔十二〕科研事业

(一)学术研究机关

一、中央研究院
1. 国民政府关于各部院及各团体的中央学术机关归
　大学院主管明令
　　(1928年6月9日) ………………………………… (1329)

2. 国立中央研究院向国民党第三次全国代表大会工
作报告稿
  （1929年8月）……………………………………（1330）
3. 国民政府公布修正国立中央研究院组织法
  （1936年11月6日）………………………………（1342）
4. 中央研究院第一届评议会组成名单
  （1935年7月—1940年7月）……………………（1344）
5. 蔡元培在中央党部总理纪念周上报告中央研究院
与中国科学研究之概况
  （1935年11月4日）………………………………（1344）
6. 行政院公布国立中央研究院研究所组织通则
  （1936年11月15日）………………………………（1357）
7. 国立中央研究院十年来工作概况
  （1937年4月27日）………………………………（1360）

二、其他科研机关

1. 国立北平研究院组织规程
  （1935年6月20日）………………………………（1366）
2. 国立北平研究院十年来工作概况
  （1928年11月—1938年11月）……………………（1367）
3. 教育部颁布大学研究院暂行组织规程（附大学研
究院统计表）
  （1934年5月19日）………………………………（1383）
4. 国民党四川省党部呈送中国西部科学院组织大
纲董事会简章及董事一览表等文件
  （1937年9月3日）…………………………………（1386）
5. 全国主要学术机关一览表
  （1934年6月）………………………………………（1396）

6. 教育部高等教育司编：民国以来学术团体概况表
　　（1933年6月）……………………………………（1402）

（二）学位制度与科学奖金
一、学位制度法规
1. 国民政府公布学位授予法
　　（1931年4月22日）………………………………（1406）
2. 教育部订定的学位分级细则
　　（1935年5月23日）………………………………（1407）
3. 教育部订定的硕士学位考试办法与考试细则
　　（1935年6月—1936年4月）……………………（1408）
4. 教育部施行学位授予法的训令
　　（1935年5月—1936年4月）……………………（1411）

二、科研优奖办法
1. 国民党中央秘书处检送保障学术人才等办法五种
　　复中央训练部函
　　（1929年2月15日）………………………………（1412）
2. 国民党第三届中央执行委员会第三次全会通过的
　　《优奖发明、广设科学研究馆案》
　　（1930年3月6日）…………………………………（1415）
3. 教育部、内政部关于会拟艺术保障办法致行政院
　　秘书处公函
　　（1930年3月）………………………………………（1416）
4. 中华教育文化基金会增进科学研究事业计划（附
　　《科学研究教授席办法》）
　　（1930年7月1日）…………………………………（1418）
5. 考选委员会、教育部会定建国奖学委员会条例
　　（1934年5月23日）………………………………（1421）

6. 国立中央研究院杨铨、丁文江奖金章程
 (1936年5月28日) …………………………… (1224)
7. 国民党第五届中央执行委员会第三次会议通过设
 置总理纪念奖金以提倡学术奖励服务案
 (1937年2月19日) …………………………… (1425)
8. 中华教育文化基金董事会抄送获得该会科学研究
 补助金之研究员名单函（附民国廿五年度当
 选名单）
 (1937年5月13日) …………………………… (1429)

〔一〕教育宗旨与学制系统

（一）教育宗旨

国民党中央秘书处录送训练部拟定的教育目标案致丁惟汾函

（1928年7月5日）

迳启者：本会第一五一次常务会议准训练部提议，中华民国教育根据三民主义以发扬民族精神，提高民权思想，增进民生幸福，促成世界大同为宗旨。并拟定教育目标表格一件。又准于委员右任临时提议，中华民国教育宗旨以培养主义化、革命化、平民化、社会化、科学化之人民，实行民族主义、民权主义、民生主义，以完成国民革命，达到世界大同为宗旨。各等因，业经决议：交上次审查党义教育大纲委员会审查在案，相应录案函达，即希查照审查见复为荷。此致

丁委员惟汾

附训练部提案一份

中央执行委员会秘书处

中华民国十七年七月五日

抄训练部提案

迳启者：党义教育已属普遍实施之期，而我国教育宗旨迄今尚无明确之规定，前此大学院全国教育会议，在报章发表之三民主义教育宗旨说明书，其所谓宗旨者，颇多支离之处，本部于此曾一一加以批评，已于党义教育大纲提案中附呈贵会。并查中央前曾明令大学院，凡全国教育会议议决案中与党有关之各案，应呈候

中央核准各在案。该案件将来呈至中央时,务请贵会予以注意,详加审核。兹本部根据三民主义之精神,拟定我国之教育宗旨如次:

"中华民国教育,根据三民主义以发扬民族精神,提高民权思想,增进民生幸福,促成世界大同为宗旨"。

本部复根据此宗旨,拟定教育目标若干项,列表附后,即请贵会将此项教育宗旨及目标,予以议决,公布全国,并令大学院分别施行,俾全国教育得确定方针,有所依据。是否有当,尚祈公决。此致
中央执行委员会常务委员
　　附表一件
　　　　　　　　　　　　中央执行委员会训练部

抄附表①

一、教育宗旨:发扬民族精神,提高民权思想,增进民生幸福,促成世界大同。

二、教育目标

1. 一般的

(1) 主义化:认识三民主义,信仰三民主义,实现三民主义。

(2) 革命化:教育制度的革命化,教育方法的革命化,确立革命的人生观,养成革命的人才。

(3) 平民化:

① 教育机会的平等:一是教育普及——义务教育,补习教育,农工教育,社会教育,低能及残废者教育;二是教育平等——男女教育的平等,阶级教育的打破。

② 平民精神的养成:打破封建思想,革除奢侈习惯,提倡劳动精神,尊重人格平等。

(4) 社会化:

---

① 此件原为表格式,为便于排印,改现状,文字不动。

（1）关于团体生活的：甲、养成团体生活的习惯，革除浪漫的习气，服从共同的规律，培养团体组织的能力，培养四权运用的能力。乙、发扬团体生活的习惯——服务的精神，牺牲的精神，互助的精神，博爱的精神。

（2）关于社会生活的：适应社会生活，改进社会生活。

（3）关于社会文化的：继承社会文化，发扬社会文化，创造社会文化。

（4）关于社会进化的：适应社会的进化，促进社会的进化。

（5）科学化：普及科学知识，用科学方法改进教育，用科学方法整理思想，用科学方法支配工作。

（6）使全人格的养成：人格的陶冶——德育、智育、体育、群育、美育；人格的完成。

2．特殊的

（1）关于艺术的：提倡艺术教育，保障艺术人才，保存艺术作品，艺术革命化与社会化。

（2）关于学术的：建设三民主义的新学术，提倡学术研究，保障学术人才，培养创造人才。

（3）关于职业的：扩张并改进职业教育，促成男女职业机会平等，促成职业的保障，培养专门技术人才。

〔国民党中央民众训练部档案〕

2　国民党第三次全国代表大会通过的确定教育宗旨及其实施方针案①

(1929年3月25日)

（文　略）

---

① 文略，见政治分册《中国国民党历次重要会议宣言与决议案》。

3 国民党第三次全国代表大会关于政治报告决议案①

（1929年8月27日）

（文　略）

4 教育部次长马叙伦播讲教育宗旨稿

（1929年5月　日）

今天我说明中华民国的教育宗旨。第三次全国代表大会已经把中华民国的教育宗旨确定了，以后教育部就要本着三全代表大会所确定的教育宗旨去努力宣传，努力实行，在这个训政时期当中，就要建立起中华民国永久立国的大本。

我们知道，教育不是什么深奥的东西，教育的解释虽然现代的教育专门学者尚在各下各的定义，就中国的字义来说，不过是使人们觉悟和生养生长的意思。换句话说，教育不过是指导我们人类在社会上求生存的方法之一种工具，就是把人类从前求生存方法的各种经验，和将来怎样才可以得到更美满的生存方法，一五一十的来指教现在的人类。人类是要求生存的，人生的目的是求生存，无论讲唯物论的也好，讲唯心论的也好，总之人是要生存的，人如若离却了生存，便不成其为人类，便不成其为社会，便不成其为国家，以至未成其为世界上的一切。但是，求生存的方法是很多的，自从有人类历史以来，人类求生存的方法都随时代以进，时代常常进步，生存方法也常常进步，指导人们求生存方法的教育，自然要适应时代的精神。教育是立国的根本事业，一个国家要想在世界上立得住脚，非从教育上立基础不可。换句话说，非使构成国家的各个份子，就是人们都有求生存的方法，国家的人

---

① 同前页①。

民都能生存，而后国家的一切作用才能表现出来，成为一个共同生活的坚强集体。所以，近来一般政治学家，都说国家不过是我们人类为达到求生存的目的途程中的一种工具。国家的任务，不仅是政治，而且是教育，由此可见得一个国家的教育要以能够达到人民求生存之意义才算满足，绝不是只得国家消极方面的作用，就算尽了国家的能事，还要得到国家积极方面的作用，才是国家教育的真意义。但是，一个国家的教育因时代的不同、国情的不同，必须有适应时代、适应【国情】的一个教育宗旨，然后才能养成人民的生存的知识与技能，得到人民美满求生存的效果。

我们中国的教育，在以前是无一定的宗旨的，到近来袭取外国教育学说，才以德育、智育、体育为教育宗旨，然而太空泛了，结果与没有教育宗旨一样。何以说呢？因为德育、智育、体育固然是能以养成人类求生存的智识与技能，但是只是一剂万应膏，是一般国家教育都可以普遍适应的，不能应付中国特殊的时代环境和中国的特殊的国家情形，对中国人民求生存的方法不能对症服药的得到美满效果，达到美满目的。到了本党总理孙先生的三民主义昌明之后，中国国民党领导的国民革命得到了胜利之后，大家认定中国在国际的地位是很可耻的，中国的民族是很危险的，中国的政治是很纷乱的，中国的经济是很窳败的，非三民主义不足以救中国，于是大家把教育宗旨移到三民主义方面，但是越糟不过只有所谓"党化教育"的名词，到去年开全国教育会议，大家又拟定一个"三民主义教育"的名词。但是，"党化教育"、"三民主义教育"仍然与德育、智育、体育拿来做教育宗旨，同样的空洞，到此次三全大会才把教育宗旨确定了。本年四月二十六日国民政府公布的中华民国教育宗旨及其实施方针案里说："中华民国之教育，根据三民主义，以充实人民生活、扶植社会生存、发展国民生计、延续民族生命为目的，务期民族独立，民权普遍，民生发展，以促进世界大同"。就这个教育宗旨看来，已经指示我们中国目前所需要的教育是什么，以后教育的方针要向那条路上去，我们教育最终的目的要到甚么一个地位，都明白告诉我们了。但是，为什么要定这一个教育宗旨，我们不能不加以说明。我们知道中国目前最急要的是民生问题的解决，因为民生问题没有解决，所以虽然有寒温热三带广大优厚的土地，蕴藏着供给人类物质生活最丰富的生产品，然而农工商业和交通运输的幼稚，以致民穷财尽，社会上的生活一天比一天困难，再加上政治上的腐败，国际帝国主义的侵略，更使人民要求生存的方法上发生了极大的障碍，民生问题一日不解决，中国人民一日不能生存。教育的目的是在使人类能得到求生存的方法，中国的教育就应当注重在解决中国的民生问题。三民主义是解决民生问题的利器，就我们中国说，民生问题民族方面表现的障碍是中国民族受帝国主义的侵略和压迫，失去了独立自由，使国家成为次殖民地，三民主义又有民族主义可以解决，使人民生存，因民族独立而得到保障，民生问题政治方面表现的障碍，是少数特权阶级外受帝国主义的发纵指使，内假政治势力蹂躏一般人民。三民主义有民权主义可以解决使人民生存，因民权之获得与普遍而得到保障。民生问题在经济方面表现的障碍，是帝国主义以不平等条约束缚我们中国，使中国社会经济一天比一天艰窘，国民生计一天比一天困难。三民主义有民生主义可以解决，使人民生存因经济发展而得到保障，三民主义的实现，就是民生问题的解决，中国的民生问题完全解决，同时世界上全个民族都能将三民主义实现起来，将全世界人类的生存问题都完全解决，三民主义最终目的所要求的大同世界也实现了。大同世界不是甚么无可攀跻的东西，是人类得到美满生存方法所表现的一个社会生活，集民族主义、民权主义、民生主义的三方面。但是，民族主义的出发点是民生归宿点也，也是民生主义（狭义的民生主义）的出发点。三民主义虽然有民族、民权、民生三方面，而他的本体实在是一个民生，我们不能离开了民生而谈三民主义，三民主义离开了民生便不成其为三民主义，所以我们以后的教育是要以我国的三民主义做根据，以三民主义实现后的大同世界为最终目的，我们就应当以解决民生问题为教育的途径。总理在民生主义的演讲中说："民生就是人民的生活，社会的生存，国民的生计，群众的生命"。民生的意义既然是人民的生活，社会的生存，国民的生计，群众的生命（就是民族的生命），解决民生问题既然是教育的途径，换句话说，就是要如何充实人民的生活，如何扶植社会的生存，如何发展国民的生计，如何延续民族的生命，才达到我们根据三民主义的教育目的。上面已经说过，人类是要求生存的，求生存才是人生真意义，人民是人类生活的个体，社会是人类共同生活的集团，国家是人类政治生活的产物，民族是人类生存的一种社会形态，对于个人必须使他有充分的生活上的知识和技能，一面还要排除他生活上的障碍，使他容易得着谋生的机会。对于社会应当培养起共同生活的德性，和社会生活的能力，对于国家应当启发谋生的方法，能够发展国民经济，对于民族须养成健全的民族分子，能够发挥民族精神，使民族能保存于人类世界；如果人民生活充实了，社会生存扶植了，国民生计发展了，民族生命延长了，然后民生问题才能希望得整个的解决，教育的目的才算达到，教育的能事才算尽了。

　　关于实施的方法是很多的，一时说也说不了，百年行之也行不了。不过，三次代表大会因为要实施这个教育宗旨，也曾议决了八个原则为实施的方针，依据原则去实施，可以贯彻这个教育宗旨。现在教育宗旨和实施方针已经确定了，我们以后办理教育就本着这个决议去做。还有一点我们也要说明的，就是教育政策，从前中国的教育政策，差不多可以说是取放任主义，因为取放任主义，诚如三全大会政治决议案里面说：由此放任，遂生六滥：一学校滥，二办学之人滥，三师资滥，四教材滥，五招生滥，六升学滥。由此六滥更生四恶：学校往往成为个人制造势利之工具，一恶也，教员与学生虽有天才，亦遭其戕贼，二恶也；不能养成一般青年之学问品格与技能，祇反增青年放浪之精神与物质之欲望，三恶也；为社会增加分利失业之徒，为国家断丧民族托命之根，四恶也。总此四恶，即成三害：一曰害个人，二曰害社会，三曰害国家。以后我们鉴于过去的失败，应当极力纠正，将放任主义，一变而为严格主义，要取严格主义，教育宗旨里面所定的各项才可以做得到，请大家明白知道的。

〔国史馆档案〕

5 中华民国临时约法国民教育章①

(1931年6月1日)

（文　略）

----
① 文略，见本编政治分册法规类。

（二）学制系统

1 中华民国学校系统原则、系统表及说明

(1928年5月)

（1）中华民国学校系统原则

1．根据本国实情；
2．适应民主需要；
3．增高教育效率；
4．谋个性之发展；
5．使教育易于普及；
6．留地方伸缩可能。

（8）学校系统表说明

（一）初等教育

1．小学分初高两级，前四年为初小，得单设之。

2．小学校课程于较高年级，斟酌地方情形，增设职业准备学科。

3．初级小学修业后，得施行相当年期之补习教育。

（二）中学教育

4．中学校修业年限六年，分为初、高两级，初级三年，高级三年。但依科性质，得定为初级四年，高级二年。

5．初级中学得单设之。

6．高级中学应于初级中学并设，但有特别情形时，得单设之。高级中学以集中设立为原则。

7．初级中学施行普通教育，但得视地方需要，兼设各种职业科。（见表）

（2）学校系统表

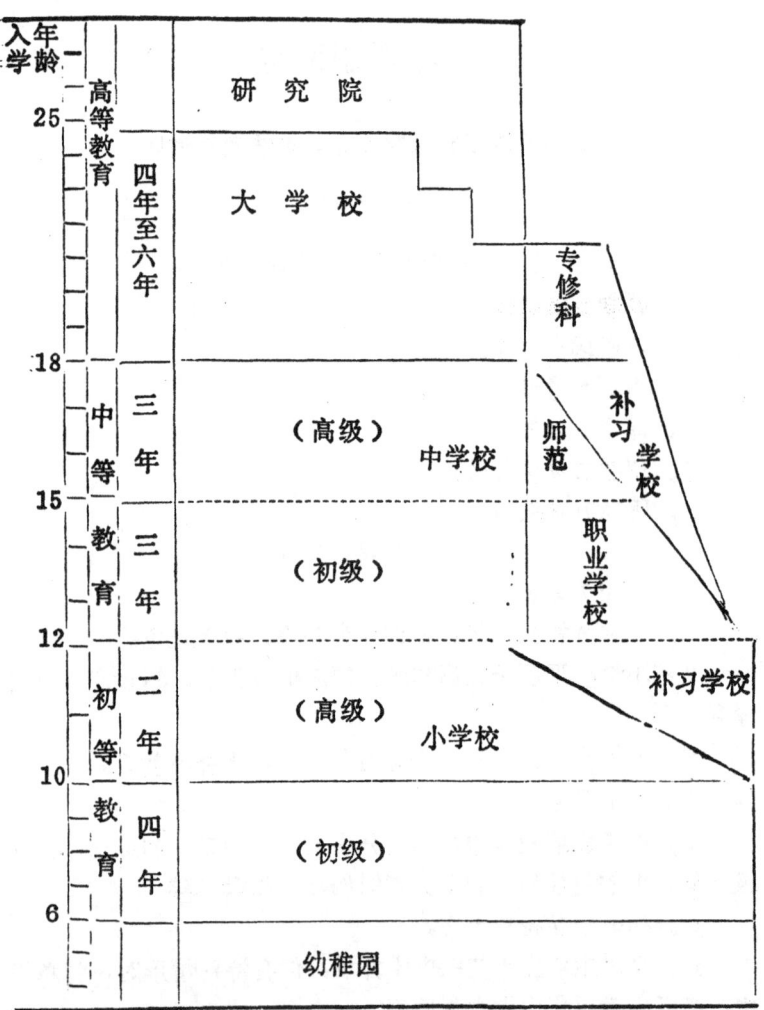

上表入学年龄系平均标准，实施时以智力、学力或其他关系得伸缩之。

8．农、工、商、师范等科，得单独设立为高级职业中学校，修业年限，以三年为原则。

9．中学校，初级三年以上得酌行选科制。

10．各地方应设中等程度之补习学校（或称民众学校），其补习之种类及年限，视地方情形酌定之。

11．为推广职业教育计划，得于相当学校内附设职业师资科。

12．为补充乡村小学教员之不足，得酌设乡村师范学校，以受初级中学毕业生或相当程度学校肄业生之有教学经验且对于乡村教育具改革之志愿者，修业年限一年以上。

（三）高等教育

13．大学校修业年限四年至七年，医科及法科修业年限至少五年。

14．为补充初级中学教员之不足，得设二年之师范专修科，附设于大学教育学院，收受高级中学及师范学校毕业生。

15．研究院为大学毕业生而设，年限不定。

〔国民政府教育部档案〕

2 学制系统图并说明

(1932年)

（1）学制系统图

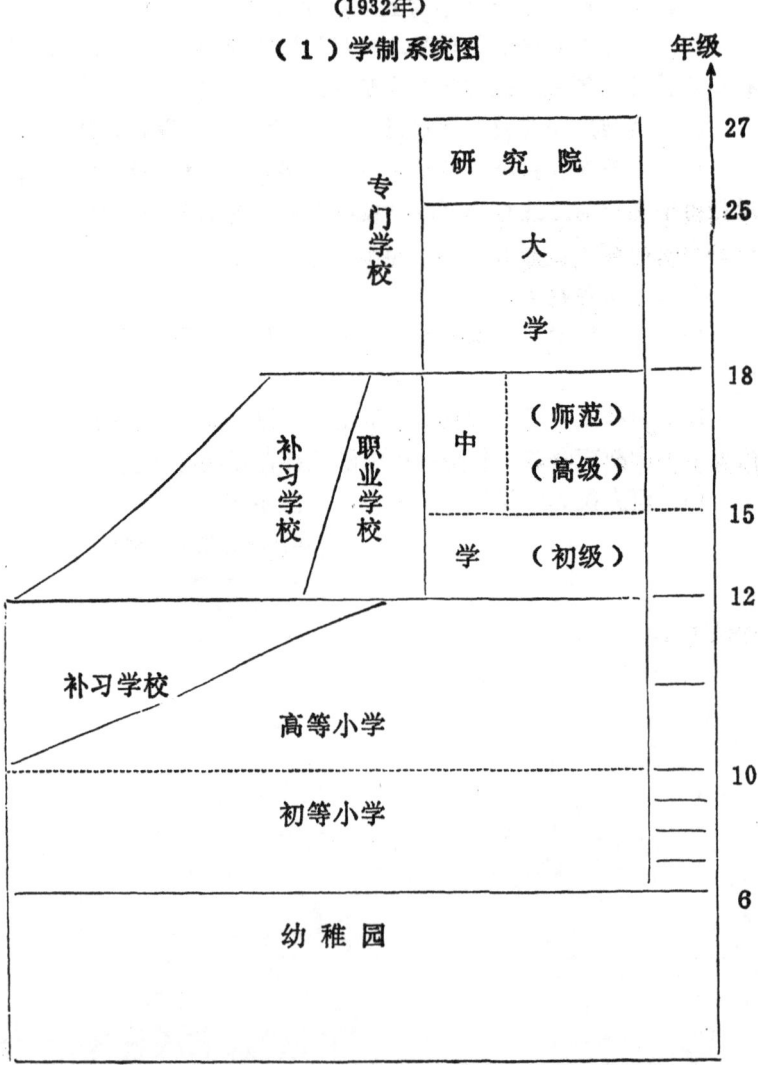

（2）学制系统图说明

一、幼稚园

1．宗旨

（1）增进幼稚儿童应有之快乐与幸福；

（2）培养人生基本之优良习惯（包括身体行为等各方面之习惯）；

（3）协助家庭教养幼稚儿童，并谋家庭教育之改进。

2．入学年龄——六岁以上。

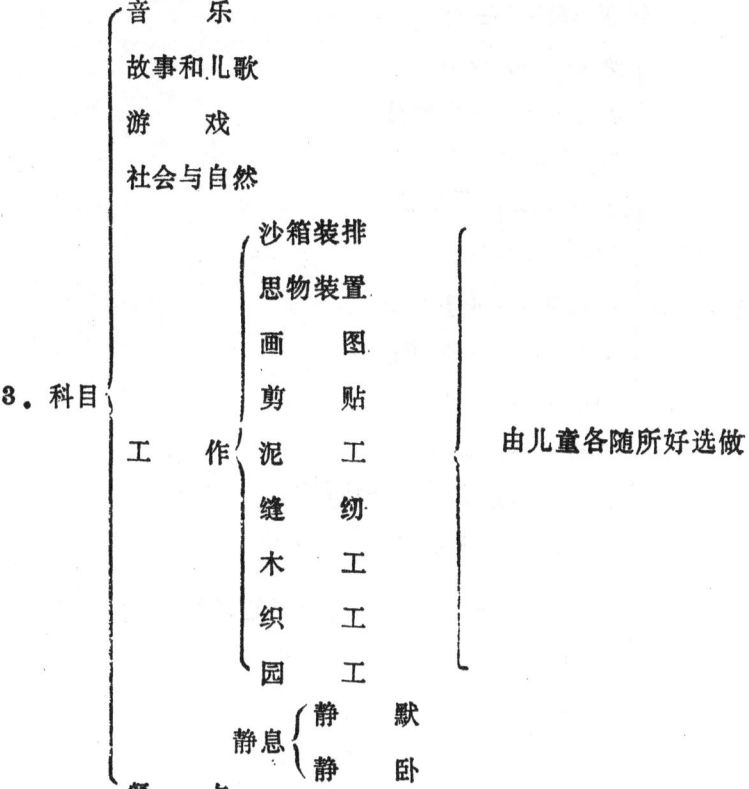

二、完全小学

1．入学年龄——七岁至十二岁。

2．修业年限——初级四年，高级二年。

3．科目：国语、社会、自然、算术、工作、美术、体育、音乐。其中工作分为：校事、家事、农事、工事、商情。

三、中学

甲、初级中学

1．入学年龄——十三岁至十五岁。

2．修业年限——三年。

3．科目
- 党义——六学分
- 国文——三十六学分
- 历史——十二学分
- 地理——十二学分
- 算学——三十学分
- 自然科——十五学分
- 生理卫生——四学分
- 图画——六学分
- 音乐——六学分
- 体育——九学分（包括国术）
- 工艺——九学分
- 职业科目——十五或五学分（选修科）
- 党童军——不计学分

乙、高级中学

1．入学年龄——十六岁至十八岁。

2．修业年限——三年。

3．分科 { 普通科
农科
工科
商科
师范科
家事科 }

4．科目 { 普通科 { 党　义——六学分
国　文——二十四学分
外国语——二十六学分
数　学——十九学分
本国历史——六学分
外国历史——六学分
本国地理——三学分
外国地理——三学分
物　理——八学分
化　学——八学分
生物学——八学分
军事训练——六学分
体　育——九学分
选修科目——十八学分 }
其他各科之课程及选修科目，均未订定，暂采用民国十二年全国教育联合会新学制课程标准委员会所编订者。}

四、专科学校

1．宗旨——教授应用科学，养成技术人才。

2．修业年限——二年或三年。

3．入学资格——曾在公立或已立案之私立高级中学或同等学校毕业，经入学试验及格者。

4．种类

甲、工业专门学校——须设有下列两种专科以上：

（1）矿冶专科学校。

（2）机械工程专科学校。

（3）电机工程专科学校。

（4）化学工程专科学校。

（5）土木工程专科学校。

（6）河海工程专科学校。

（7）建筑专科学校。

（8）测量专科学校。

（9）纺织专科学校。

（10）染色专科学校。

（11）造纸专科学校。

（12）制革专科学校。

（13）陶业专科学校。

（14）造船专科学校。

（15）其他关于工业之专科学校。

乙、农业专科学校——须设有下列两种专科以上：

（1）农艺专科学校。

（2）森林专科学校。

（3）兽医专科学校。

（4）园艺专科学校。

（5）蚕业专科学校。

（6）畜牧专科学校。

（7）水产专科学校。

（8）其他关于农业之专科学校。

丙、商业专科学校——须设有下列两种专科以上：

（1）银行专科学校。

（2）保险专科学校。
　　（3）会计专科学校。
　　（4）统计专科学校。
　　（5）交通管理专科学校。
　　（6）国际贸易专科学校。
　　（7）总务专科学校。
　　（8）其他关于商业之专科学校。
丁、其他专科学校：
　　（1）药学专科学校。
　　（2）艺术专科学校。
　　（3）音乐专科学校。
　　（4）体育专科学校。
　　（5）图书馆专科学校。
　　（6）市政专科学校。
　　（7）商船专科学校。
　　（8）其他不属于甲、乙、丙三种之专科学校。
　　5．附设——得依其种类，分别附设职业性质之高级中学。

　　6．科目（得采用学分制）｛共同必修科目｛党　　义／军事训练／国　　文／外国语｝／其他｝

五、大学
　　1．宗旨——遵照十八年四月二十六日国民政府公布之中华民国教育宗旨及其实施方针，研究高深学术，养成专门人才。
　　2．修业年限——除医学院五年外，余均四年。
　　3．入学资格——须曾在公立或已立案之私立高级中学或同等学校毕业，经入学试验及格者。

4．大学
- 文学院
  - 中国文学系
  - 外国文学系
  - 哲学系
  - 史学系
  - 语言学系
  - 社会学系
  - 音乐学系
  - 其他
- 理学院
  - 数学系
  - 物理学系
  - 化学系
  - 生物学系
  - 生理学系
  - 心理学系
  - 地质学系
  - 其他
- 法学院
  - 法律学系（得专设）
  - 政治学系
  - 经济学系
- 教育学院
  - 教育原理学系
  - 教育心理学系
  - 教育行政学系
  - 教育方法学系
  - 其他

- 农学院
  - 农学系
  - 林学系
  - 兽医学系
  - 蚕桑学系
  - 园艺学系
  - 其他
- 工学院
  - 土木工程学系
  - 机械工程学系
  - 电机工程学系
  - 化学工程学系
  - 造船学系
  - 建筑学系
  - 采矿冶金学系
  - 其他
- 商学院
  - 银行学系
  - 会计学系
  - 统计学系
  - 国际贸易学系
  - 工商管理学系
  - 交通管理学系
  - 其他
- 医学院——不分系

（附注）具备三学院以上，且必须包含理学院或农工医各学院之一者，始得称为大学，不合上项条件者，为独立学院，得分两种。

5．科目 ｛ 共同必修科 ｛ 党义 / 国文 / 军事训练 / 第一 ｝外国语 / 其他课程 ｛ 第二 ｝

6．附设（大学各学院或独立学院各科得附设）
- 师范专修科
- 体育专修科
- 市政专修科
- 家政专修科
- 美术专修科
- 新闻专修科
- 医学专修科
- 药学专修科
- 公共卫生专修科

〔国民政府教育部档案〕

〔二〕教育行政

（一）中央教育行政机构设置

一、中央教育行政委员会

1　国民党中央政治会议秘书处关于教育行政委员会行使教育部职权案复国民政府秘书处函

（1927年4月27日）

迳复者：顷承函询中央教育行政委员会行使教育部职权，是否系指代行教育部职权而言一节，敝处刻查四月二十日第七十六次政治会议决议案，原文确系行使教育部职权。前次咨文，定系钞写时脱去部字，致贵处发生疑义，深用歉仄。兹特将该决议案全文重录一通，即祈察核更正为荷。此致

国民政府秘书处　　　　政治会议秘书处　　　印

中华民国十六年四月二十七日

中央政治会议第76次会议决议案

吴同志敬恒提议：拟添请蔡元培、李煜瀛、汪兆铭三同志为教育行政委员会委员，并请即以该会行使教育部职权。

决议：通过。

〔国民政府档案〕

2 国民政府教育行政委员会组织法

(1927年6月)

第一条 教育行政委员会掌管中央教育行政机关,并指导监督地方教育行政。

第二条 教育行政委员会得随时呈准国民政府,设置必要临时机关,并得委派或调用各地教育机关人员,担任所设临时机关事务。

第三条 教育行政委员会以国民政府所委教育行政委员为干部,下设行政事务厅,依干部会之议决,处理本委员会所管事务。

第四条 干部由干部委员中推选常务委员二人,处理常务,并得以本委员会名义,对外接洽交涉事件。

第五条 行政事务厅以左列三处构成之:

秘书处　　　参事处　　　督学处

第六条 秘书处设秘书科员各若干人,掌理事务如左:

1．秘书整理及准备干部会议材料,掌理干部会议记录,襄助常务委员处理所管事务。

2．科员承秘书处之指挥,处理关于文书、会计、庶务各科事务。

第七条 参事处设参事若干人,处理事项如左:

1．关于教育施设计划之预备、调查及各计划之原则制定事项。

2．关于教育统计作业之指导、统计资料之搜集、调查及统计之编制事项。

第八条 督学处设督学若干人,掌理事项如左:

1．关于教育诸法规之编订及诸法规实施状况之监督视察事项。

2．关于教育行政上人事、财务之监督审核事项。

第九条 本委员会得置雇员若干人，助理所属事务。

〔国民政府档案〕

二、大学院与大学区的设立及裁撤

1 国民党中央政治会议关于以大学区为教育行政单元咨

(1927年6月7日)

为咨行事：第一百零二次政治会议准蔡委员元培提出教育行政委员会呈文一件，请变更教育行政制度，以大学区为教育行政单元，区内之教育行政，由大学校长处理之，凡大学应设研究院，为一切问题交议之机关。特拟具大学区组织条例八项及大学行政系统表，请核议施行等语。当经决议：由国民政府核议施行。相应录案，并检奉原呈附件，咨请查照办理。此咨
国民政府

附送 教育行政委员会原呈一件、大学区组织条例一件、大学行政系统表一纸

中央执行委员会政治会议 印

中华民国十六年六月七日

教育行政委员会原呈（6月4日）

呈为呈请变更教育行政制度，以一事权而利教育事：窃职会鉴于吾国年来大学教育之纷乱，与一般教育之不振，其原因固属多端，而行政制度之不良实有以助成之，大学教员勤于诲人者已

不多得,遑论继续研究,欠薪累累,膏火不继,图书缺略,设备不周,欲矫此弊,谓宜注重研究之一端。凡大学应确立研究院之制,一切庶政之问题皆可交议,以维持学问之精神,此制度之宜改良者一也。一般教育之行政机关,簿书而外,几无他事,其所恃以为判断之标准者法令成例而已。不问学术根据之如何,于是而与学术最相关之教育事业,亦且与学术相分离,岂不可惜。谓宜仿法国制度,以大学区为教育行政之单元,区内之教育行政事项,由大学校长处理之;遇有难题,得由各学院相助以解决之,庶几设施教育得有学术之根据,此制度之宜改良者又一也。本以上两要旨,兹特拟具大学区组织条例八项,大学行政系统表一并呈奉,是否有当,统祈核示祗遵。谨呈

　　国民政府

　　　　　　　　　　　　　　　　　教育行政委员会

中华民国十六年六月　　日①

大学区组织条例

　　一、全国依现有之省分及特别区定为若干大学区,以所在省或特别区之名名之,如浙江大学、江苏大学等。每大学区设校长一人,总理区内一切学术与教育行政事项。

　　二、大学区设评议会,为本区立法机关。

　　三、大学区设秘书处,辅助校长办理本区行政上一切事务。

　　四、大学区设研究院,为本大学研究专门学术之最高机关;院内设设计部,凡省政关于一切建设问题,随时可以提交研究。

　　五、大学区设高等教育部、设部长一人,管理本部各学院及区内其他大学及专门学校及留学事项。

　　六、大学区设普通教育部,设部长一人,管理区内公立中小

---

① 中央政治会议于民国十六年六月七日接到此文。

学校及监督私立中小教育事业。

七、大学区设扩充教育部，设部长一人，管理区内劳农学院、劳工学院及关于社会教育之一切事项。

八、大学区评议会秘书处、研究院、高等教育部、普通教育部、扩充教育部之组织与职权别定之。

九、本条例经国民政府核准后暂在浙江、江苏等省试行之。

2 中华民国大学院组

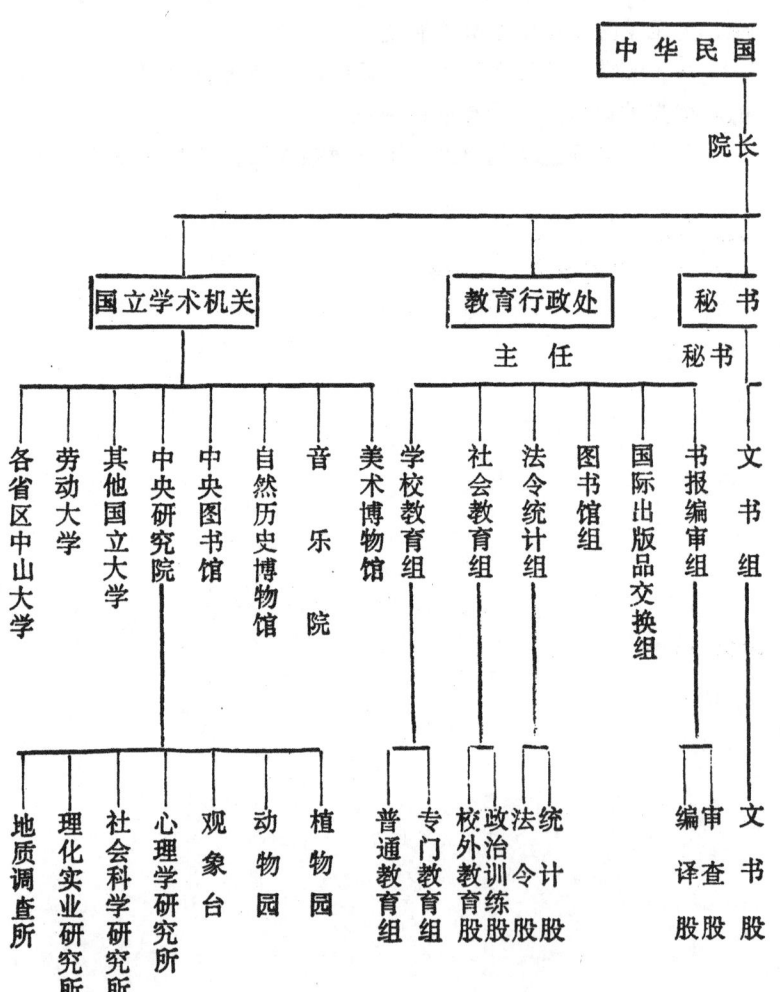

织系统图（1928年1月）

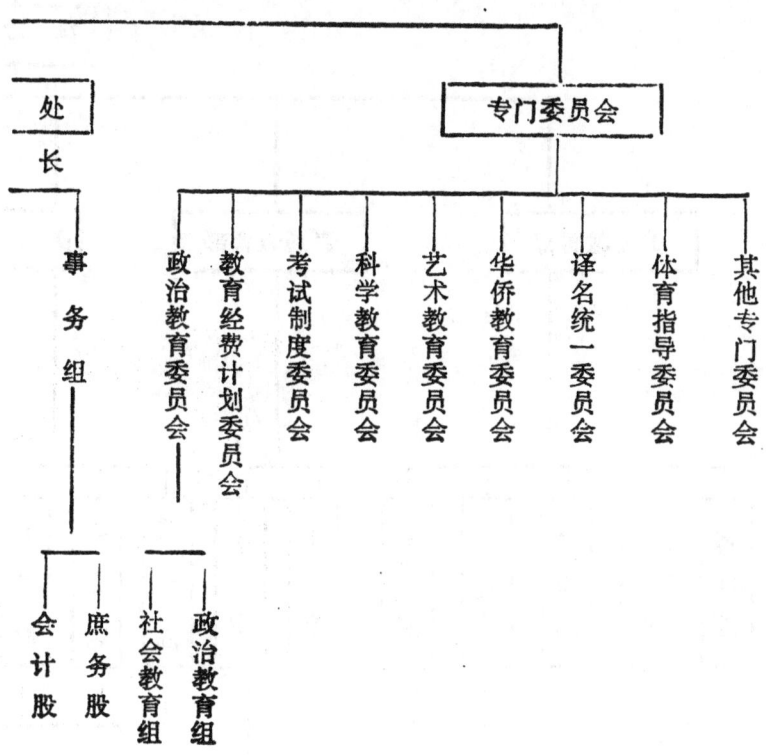

〔《大学院公报》第一年第一期〕

大 学 行 政

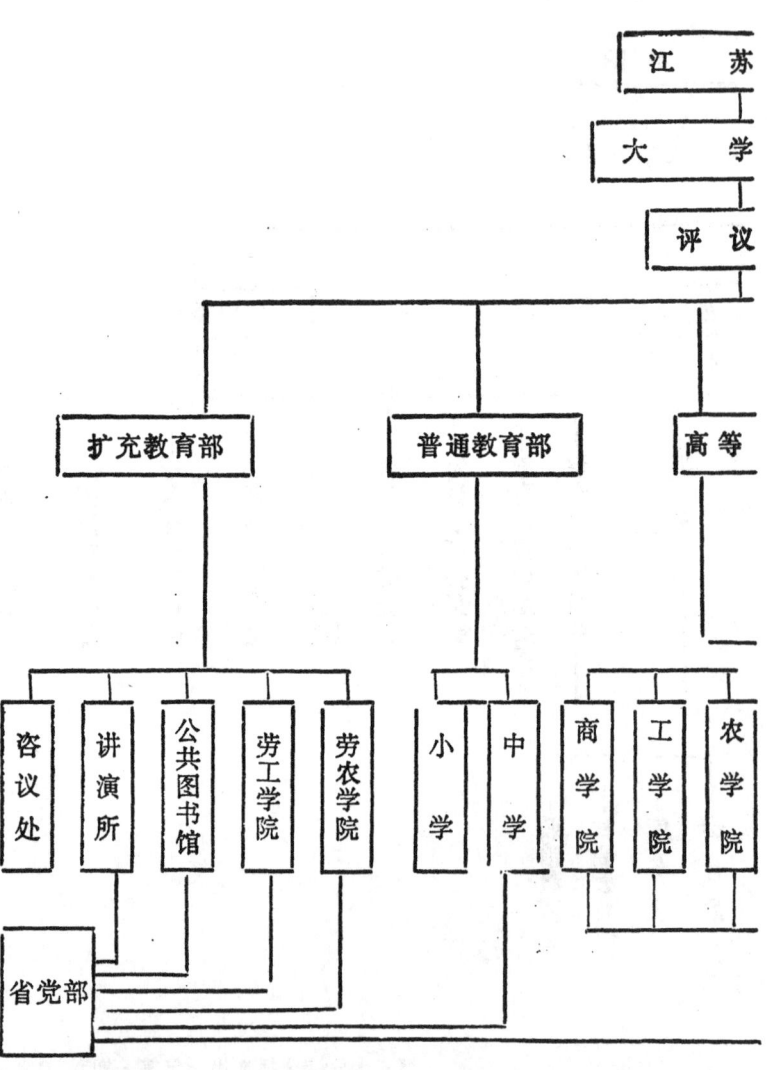

系 统 表

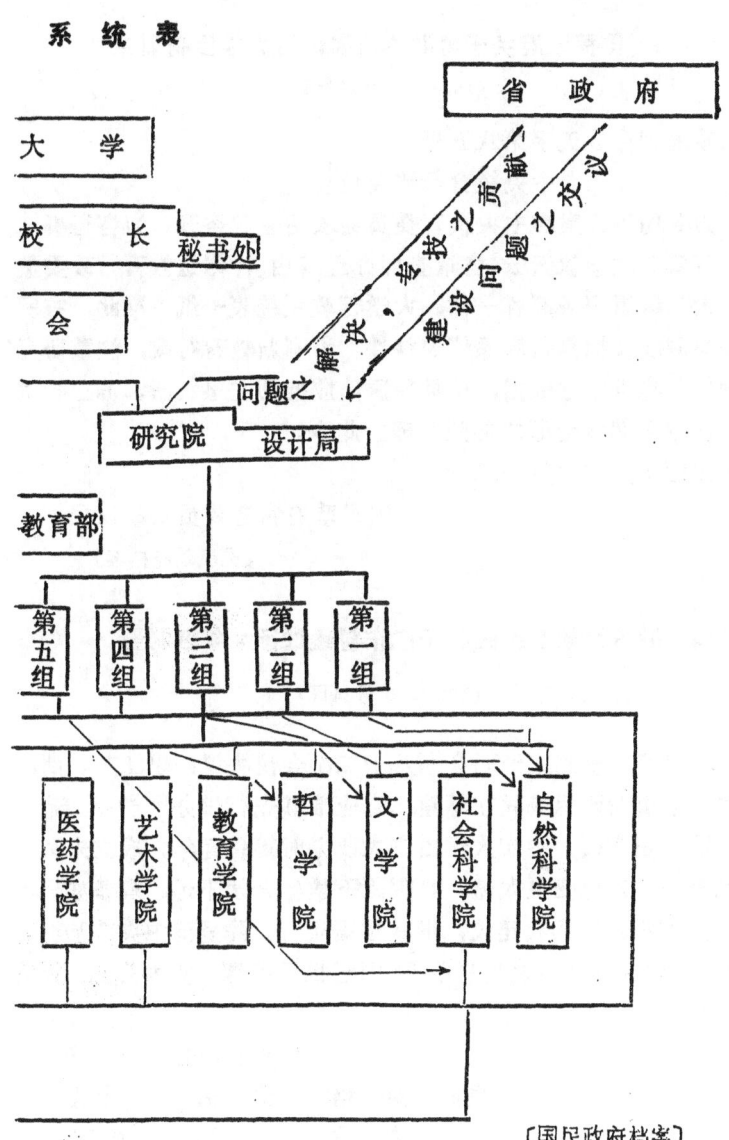

〔国民政府档案〕

3 国民政府关于粤浙苏三省试行大学区制训令

(1927年6月12日)

国民政府训令　天字第八五号
　　令中央教育行政委员会
　　为令饬事：案准中央执行委员会政治会议咨开：为咨行事，第一百零二次会议云云。咨请查照办理等由。计附送教育行政委员会、大学区组织条例各一件、大学行政系统表一纸。准此。查所请变更制度及拟具行政系统表等件，为刷新教育行政，注重研究精神，俾有学术之依据，均甚妥惬，应准其在粤、浙、苏三省试行，合亟令仰该会即便遵照办理。此令。
中华民国十六年六月十二日
　　　　　　　　　　　　国民政府常务委员　胡汉民
　　　　　　　　　　　　　　〔国民政府档案〕

4 教育行政委员会关于广东暂缓试行大学区制呈

(1927年6月24日)

　　〔前略〕查此案经职会第八十二次会议决议：以江苏、浙江两省大学重新改组或尚在筹建，自应准其先行试办大学区新制度。惟广东方面，中山大学由广大改办时筹备经年，成立未久，一旦改制，未免变更太速，且现距下学年开学不远，筹备亦恐不及，似应照原提案人建议，准其暂缓实行。除呈请中央政治会议照准外，理合备文呈复钧府鉴核，仍乞批示祗遵，实为公便。谨呈
国民政府
　　　　　　　　　　　　　教育行政委员会　印
　　　　　　　　委员　蔡元培　　许崇清　　金曾澄
　　　　　　　　　　　诸民谊　　李煜瀛　　钟荣光

张乃燕　韦悫

中华民国十六年六月二十四日

〔国民政府档案〕

5　大学院组织缘起①

(1927年9月)

我国教育事业向设教育部，管理全国教育行政事宜。广东国民政府成立两年以来，因尚在军政时期，对于教育事业只设中央教育行政委员会以处理之。武汉国民政府，虽设有教育部，究尚未组织完成。南京国民政府成立，实行清党，于是在粤之中央教育行政委员会举行北迁，继续职责。群思国民革命，当转入于训政时期。慨旧日教育制度之不良，非根本谋改善之道，不足以言教育，乃于十六年六月间，将新制呈准国民政府施行。所谓新制之枢纽，可分析为：

（一）教育行政与教育学术合而为一，是谓"教育学术化"。

（二）教育学术与教育研究合而为一，是谓"学术研究化"。

反词证之，苟无研究，便无学术，苟无学术，何有教育，苟无学术，何须教育行政；教育行政而不根据学术为标准，何足以言教育？此教育行政制度之变更，不啻废除教育部，而代以最高之中央大学，废除教育厅，而代以各省最高之省区大学也。

全国教育与研究之中央最高机关，称为"中华民国大学院"，译为西文，为Ministry Education and Research Nationalist goverment。更将西文译回中文，就是"国民政府教育与研究部"，但是在中文名词，何以不若是名之，而名之曰"大学院"呢？原来"大学"二字，在中文就是"教育"，"大

---

① 本件为某文按语的底稿，作者不详，标题为编者拟的。

学之道,在明明德,在新民,在止于至善",显然就是"教育"一名词最完满之定义,教育无止境,"至善"亦无异数理中之"无限数"。

又本大学院不名为部而曰院,因西洋之"部"虽属行政范围,究各附属有多少研究机关?若在本国,则所称为某某部者,几尽为行政而设,欲矫正民众心理,首在正名,曰"院"者,重在"行政学术化,学术研究化"也。

至于本大学院之组织,具有前教育行政委员会之长而截其短。本院以院长综理其成,而以"大学委员会"为立法及咨议机关。内部行政虽各分组分股,但所注重者为各种专门委员会,延聘全国专家,共襄盛举,完全采公开之态度焉。是以院内之各组各股代表行政方面,而各专门委员会代表学术方面,各组各股之设施方针,完全为各种专门委员会所领导,故学术方面的专门委员会是"磁针",而各组各股是"铁石",无时无刻不随磁针而转移。

大学院所管理范围,除各大学区及大学外,最著者有"中央研究院"与"劳动大学"。中国经济落后,其原因在生产衰陷〔落〕,欲补救之,惟有以科学研究为基础,是以各种研究所,现正积极筹备。而中央研究院,得于十一月间成立,务期以研究之结果,供给全民以发展实业,改良社会。本国社会近来至不安宁,除以研究的效果增加生产外,尤须注意占全国百分之八九十分以上之劳动人民,此劳动大学之将来,而以确立农工之运动之真正方针与农工人民之真正利益。

本大学院创始于十月间,至今不及二月,一切实施,务本学术研究之精神以进行,不独要以科学方法举行研究,并欲以科学方法处理公事。本公报每篇按语,本求简赅,因第一卷第一期第一编之开始,不觉言之冗长也。

〔国民政府教育部档案〕

6 南京国民政府公布修正大学区组织条例

(1928年1月27日)

一、全国依各地之教育经济及交通状况,定为若干大学区,以所辖区域之名名之。每大学区设大学一所,除在广州者永远定名为中山大学以纪念总理外,均以所在地之名名之。大学设校长一人,总理大学区内一切学术与教育行政事项。

二、大学区设评议会为本区立法机关。

三、大学区设秘书处,辅助校长办理本区行政上一切事务。

四、大学区设研究院,为本大学研究专门学术之最高机关;院内设设计部,凡区内关于一切建设问题,随时可以提交研究。

五、大学区设高等教育部,部内设部长一人,管理本区各学院及留学事项,并监督区内私立大学及专门学校。

六、大学区设普通教育部,部内设部长一人,管理区内公立中小学校及监督私立中小学教育事业。

七、大学区设扩充教育部,部内设部长一人,管理区内劳农学院、劳工学院,及关于社会教育之一切事项。

八、大学区评议会、秘书处、研究院、高等教育部、普通教育部、扩充教育部之组织与职权另定之。

九、大学区内特殊情形,得于区内设分区委员会,分理各地学术与教育行政事项,其组织与职权另定之。

十、本条例经国民政府核准后,暂在浙江、江苏省试行之。

〔国民政府教育部档案〕

7 南京国民政府公布修正中华民国大学院组织法

(1928年6月13日)

第一条 中华民国大学院为全国最高学术教育机关,直隶于国民政府，依法令管理全国学术及教育行政事宜。

第二条　大学院对于各省及各地方最高级行政长官之执行本院主管事务，有指挥监督之责。

第三条　大学院主管事务对于各省各地方最高行政长官之命令或处分，认为违背法令或逾越权限者，得呈请国民政府变更或撤销之。

第四条　大学院设左列各处：

一、秘书处；

二、总务处；

三、高等教育处；

四、普通教育处；

五、社会教育处；

六、文化事业处。

第五条　秘书处办理院长委办事务。

第六条　总务处之职掌如左：

一、关于撰拟收发保存文件事项；

二、关于本院会计事项；

三、关于本院庶务事项；

四、关于记录职员之进退事项；

五、关于典守印信事项；

六、关于其他不属于各处之事项。

第七条　高等教育处之职掌如左：

一、关于大学校事项；

二、关于专门学校事项；

三、关于国外留学事项；

四、关于学位考试事项；

五、关于各种学术机关事项；

六、关于其他高等教育事项。

第八条　普通教育处之职掌如左：

一、关于师范学校事项；

二、关于职业学校事项；

三、关于初高等两级中学校事项；

四、关于小学校事项；

五、关于与上列各校相类之各种学校事项；

六、关于幼稚园事项；

七、关于取缔及改良私塾事项；

八、关于检定教员事项；

九、关于调查学龄儿童就学事项；

十、关于地方学务机关之设立及变更事项；

十一、关于教育会议事项；

十二、关于其他普通教育事项。

第九条　社会教育处之职掌如左：

一、关于公民教育事项；

二、关于平民教育事项；

三、关于低能及残废者之教育事项；

四、关于公共体育事项；

五、关于民众剧院及其他美化教育事项；

六、关于博物馆及其他教育博览会事项；

七、关于其他社会教育事项。

第十条　文化事业处之职掌如左：

一、关于全国出版物之征集保存及奖进事项；

二、关于图书馆及保存文献事项；

三、关于国际出版品交换事项；

四、关于编制统计报告及公报事项；

五、关于教科图书之审查事项；

六、关于教科书及其他教育上必要图书之编纂事项；

七、关于其他不属于各处之文化事业事项。

第十一条　大学院置院长一人，承国民政府之命，总理本院事务，并监督所属职员及所辖学术教育机关。

第十二条　大学院置副院长一人，辅助院长掌理院务。

第十三条　大学院置参事二人至四人，承长官之命，掌理拟订关于本院主管之法律命令事项。

第十四条　大学院置秘书长一人，承长官之命，掌理秘书处一切事务，置秘书四人至六人，佐理处务。

第十五条　大学院置处长五人，承长官之命，分掌第四条第二款至第六款各处事务。

第十六条　大学院除秘书处外，各处分科办事，各科置科长一人，科员若干人，承长官之命，办理各科事务，科长科员额数以院令定之。

第十七条　大学院设大学委员会，依大学委员会组织条例，审议全国学术上教育上一切重要事项。大学院委员组织条例另定之。

第十八条　大学院设中央研究院为全国最高之学术研究机关。中央研究院组织条例另定之。

第十九条　大学院为实行所定计划，得设学校及其他教育学术机关。

第二十条　大学院因事务上之必要得设专门委员会。

第二十一条　大学院因缮写文件及其他事务，得酌用雇员。

第二十二条　大学院办事细则以院令定之。

第二十三条　本组织法自公布日施行。

〔国民政府教育部档案〕

8 南京国民政府公布大学院大学委员会组织条例
（附大学委员会委员名单）

(1928年5月8日)

第一条 大学院大学委员会依本条例决议全国教育及学术上重要事项。

第二条 大学委员会委员分左列二种：

甲、当然委员：

一、大学院院长；

二、大学院副院长；

三、国立各大学校长及副校长。

乙、聘任委员：

四、曾任大学院院长、副院长及曾任国立大学校长、副校长者；

五、具有特殊之教育学识或于全国教育有特殊之研究或贡献者；

六、国内专门学者。

聘任委员之人数为五人至九人，由大学院院长取得当然委员多数之同意，以大学院之名义聘任之，其任期三年。

第三条 大学委员会应决议之事项如左：

一、大学院组织法之修正事项；

二、教育制度及教育行政制度之更变事项；

三、教育方针之制定事项；

四、大学院长及各国立大学校长之人选事项；

五、大学院及直属各机关预算决算事项；

六、专门委员会之设立事项；

七、其他由大学院院长交议之事项。

第四条 大学委员会以大学院院长为委员长。

第五条　大学委员会每年于八月间开大会一次，每月开常会一次，均由委员长召集之，遇必要时，得由委员会召集临时会。

第六条　大学委员会大会，须有全体委员三分之二出席，常会临时会均须有全体委员二分之一以上出席，方得开议。

第七条　大学委员会开会时由委员长主席，委员长因故缺席时，得由委员会于到会委员中公推一人为临时主席。

第八条　大学委员会设秘书一人，由大学院秘书长兼任之。

第九条　大学委员会遇有必要时，得召集各省区最高教育行政长或其他代表列席会议。

第十条　大学委员会当然委员中国立各大学校长因事不能出席时，得派遣代表与会。

第十一条　大学委员会因区域及时期之关系，遇必要时得设大学委员会分会，其条例另定之。

第十二条　大学委员会议事细则，由委员会自定之。

第十三条　大学委员会议决事项，由大学院执行之。

第十四条　本条例自公布日施行。

附：大学委员会委员名单

蔡元培（当然委员长）	本院
李煜瀛	上海马斯南路98号
褚民谊	上海马斯南路98号
胡适	上海极司非尔路49号A
许崇清	广州教育厅
高鲁	本院
杨铨（当然委员）	本院
戴季陶（当然委员）	广州第一中山大学
朱家骅（当然委员）	广州第一中山大学
蒋梦麟（当然委员）	杭州第三中山大学

张乃燕（当然委员）　　南京第四中山大学
易培基（当然委员）　　上海江湾劳动大学
郑洪年（当然委员）　　真茹暨南大学
张　谨（当然委员）　　吴淞同济大学
金曾澄（当然秘书）　　本院

〔国民政府档案〕

9　中央大学区中等学校联合会关于大学区制忽略中等教育请设法变更呈
（1928年6月）

呈为沥陈大学区制度之弱点，恳请设法变更，使各级学校分途并进，仰祈鉴核事：窃维教育之进步，胥赖有司之得人，尤在制度之良善。吾苏试行大学区制一年，于兹教育行政之重心，系于大学，各级教育事业同受一系之羁勒，故大学一起变动，凡中小学校及地方教育莫不为所牵制，而呈阮阻不安之状。此其贻害于党国前途者至深且烈。职会同人，寅劳教育，矢志救国，大学区制之弊害既目击心伤，不得不竭尽智虑，为我国府委员诸公一详陈之。

一曰易受政潮之牵涉。吾国倡行大学区制以行政学术化相号召，大学校长统辖全省教育行政，身系全校学术领袖，任繁责重，精力有几，更兼任省行政及其他各项委员，席不暇暖，疲于奔命，欲冀其专心教育，隔离政潮，势所不能，竟不幸而遇政潮，小则伤及个人人格，大则牵累全省教育，胥受阻害。在昔日似属过虑，在今日已见事实，倘长此滔滔，莫思挽救，贻害之大，将如何耶。

二曰经费分配不公。苏省教育经费，在改革以前，高等教育部分占全额百分之三十，普通教育经费占百分之五十四；改革之始，大学当局声言，以原有经费办原有事业。职会以中小学校经费一再削减,几于不克维持。调查大学经费,实已超过普通教育经费总额,大学开支较前增多,而事业并未扩展。削减普通教育经费,以益大学部分不必须之消耗,故大学经费至今未能实行公开,而尽力于下层工作之中小学教职员待遇极菲,不平则鸣,怨怼日深,是岂党国教育前途之幸哉。夫力谋教育普及,著于党纲,而中小学校又为高等教育之基础,先进各国,无不竭意经营,无待缕述。吾国乃反其道而行之,此皆由于大学当局不谙中小学校之需要,世界教育之趋势,甘心违背平民化之原则,造成贵族式之教育,可胜痛叹。囊者以国税办国校,行政各有统属,故得各谋发展,互相竞争,大学不失为其学术之领袖,而中小学亦无怨怼大学之心理。今则因经费分配不公,纠纷暗滋,欲消弭无形,非将大学主管机关与中小学主管机关划分不可。

三曰行政效率之减低。以前教育厅凡各校公文多至一星期可以批复,今乃有延至三月尚未批复者,虽普通教育处长,职长所在,未能逃责,但关系较大之问题,必须请命校长,校长政务丛脞,自不能烛照一切;其或事之有关大学者必须付诸会议,或一处长同意而他处长未能同意,经日累月,延不置复,甚至训令既发,收回者有之,变更者有之,忽彼忽此,威信动摇,以致中小学校务进行益感困难,进步阻滞,比皆大学区制之庞大滞钝,运转不灵,有以致之至若一年之间,名称三易,观听混淆,此其尤彰著者,其他概可知矣。

四曰学风之影响。大学自开办以来,风潮屡起,学生要求无不如志,纪律全无;中等学校学生同在一大学区,上行下效,速于邮传。中学校长自当其冲,竭力支撑,莫可告诉。大学对于本部学生既不能制裁,又从而牵累全省之中学,此又大学区制之赐也。

五曰酿成学阀把持之势力。大学区制将全省教育行政用人之权统属于一机关,即集中于少数人之手,职此之故,大学评议会至今未能成立,即使组织成立,而其中分子大学方面仍居多数,至中小学代表不过略事点缀，藉以掩饰。试一阅评议会组织法，可为寒心，虽欲不造成学阀不可得也。

抑更有进者，中央大学为全国学术之总汇，其经费应由中央负担；而苏省中小学校及地方教育事业不应直隶中央，其经费来源尤不应与大学混合支配，以免纠纷，此应请改正一也。且各省皆设教育厅，足见因事制宜，何独以江苏省之教育事业借作大学区试验之牺牲品？全国教育行政制度，既未能斠若划一，乃侈言法国制度，削足适履，其敝也固宜。今已试验一年，弊害之大如已上述不远，而复明哲所尚，此应请改正者又一也。

以上所述，悉本一年来身经之痛苦，学制上之研究。鉴于教育之危机，为良心所驱使，不得不披沥上陈，既无丝毫成见，对于任何方面更无关系。职会同人，满腔热血，衹在促进苏省教育，为此合词陈请，统希裁督，不胜迫切待命之至。谨呈
国民政府

　　　　　　　中央大学区立中等学校联合会常务委员：

　　　　　　　　　　　上海中学校长　郑通和

　　　　　　　　　　　南京中学校长　沈　履

中华民国十七年六月　　日　　镇江中学校长　薛德熉

〔国民政府档案〕

10　何民魂、张定璠关于南京和上海教育行政权不能划入中央大学区呈

(1928年6月1日)

呈为再行陈明南京、上海两特别市教育权不能划入中央大学区范围内理由，会同呈请鉴核转令大学院将试行大学区制省分特别市教育局暂行条例第一、第十一两条即行修正，以符法令事：案奉钧府第一五五号令开：案据大学院院长蔡元培呈称：查南京特别市市长何民魂、上海特别市市长张定璠，呈请修正试行大学区

制省分特别市教育局暂行条例第一、第十一两条一案，交由职院大学委员会第六次会议公共讨论，决议为南京、上海两市区域，虽划在江苏以外，但市内教育事业仍在江苏大学区范围以内，条文应勿庸再改等情。据此，合亟令仰知照等因。奉此。查江苏大学现已明令改为中央大学，而南京、上海两特别市教育权不能划入该大学区范围以内，理由前已据实呈明。兹奉前因，证诸法令事实均有不得不再行声明者，为敢缕析陈之。窃查行政区域之划分，实为行使整个的行政权起见，南京、上海两市区既奉中央规定为特别市区，划在江苏省政府以外，自当在特别市区范围之内秉承中央命令，行使整个的行政权，不宜将某一部分之行政权划入于同等地位之邻近行政区域，使整个的行政权陷于支离破碎之态，以致行政计划不能统筹设施，此稍有政治常识者均能明瞭，无待赘言者也。乃今欲分割两特别市区之教育行政权，以归纳于中央大学区范围之内，似有背乎中央划分行政区之本旨。设使此议而实行，不特于两市区行政诸多掣肘，且将有混乱行政系统之虞，此不能不慎重考虑者也。且中央大学之地位，不过等于江苏省内行政机关之一厅，而竟得统属邻近与省同等地位行政区之教育，倘以后省内各厅亦相率效尤，要求统属其他邻省之各种行政事务，则不特行政系统上发生极大的纠纷，且省内各厅均可独立行动，以干涉邻近与省同等地位行政区之一切行政，其弊病不知伊于胡底。推其极，一方面省内各厅可超出省范围之外，而干涉邻省之各种行政；另一方面则省内之一厅，可以代表中央而管理他省行政事务，势必至省政府失其权衡，中央各部形同虚设后，此中央政权亦必受极大之影响，此尤不能不预先顾虑者也。尤有不能已于言者，教育行政与其他行政事业实息息相关，有不可分离之关系，倘误解教育统一之说，而不顾教育与其他行政事业之一致，则其弊滋多，盖一方面教育实为各种行政事业之原动力，而另一方面教育又需各种事业以充实其内容。故凡真知卓见之政治家，必目光高举,笼罩全局,而筹维各级行政中各种行政事业之平均发展,一致进行,而未有将各行政中之某一部分行政另行划分,单独畸进者也。前以军阀政治之腐败,曾有教育脱离政治之主张。今既觉此说之难行,改弦更张,以从事于整个的政治之改进,是以在各行政区中将教育行政一项独立,而成为教育之一集团,以独施教育行政,使各行政机关不能统筹兼顾,实为一种不可能之事。今若依然迷信此种主张,欲超越行政区域之范围,以扩大中央大学教育行政之体系,实无异航断港绝,潢而蕲至于海,此更不能不特别注意者也。即以大学区制之原则而解释之,似中央大学亦无管辖两特别市教育之理由,盖大学区制度就行政方面言之,其精神为中央集权。考法国将全国划分为十七个大学区,全区教育行政事务虽然集中于大学校长,而其教育权乃集中于教育部,各大学虽有相当的自主权,而所有根本法规、课程及教授之任免与调动,均由中央教育部决定。简而言之,中央集权是法国施行大学区制度的特色,倘依此原则以施教育行政,亦应将各区教育行政权集中于中央,而不应将一区的教育行政权支配于另一教育行政区内,即退一步言之,各大学区教育行政权应集中统一,然此亦指在区内范围而言。今试行大学区制,既经中央明定在江苏、浙江二省试行,则在其他行政区域之教育,自不应干涉而溢出试行范围之外。南京、上海两特别市区,早经中央明定,划在江苏省以外,是与试行之中央大学区范围绝不相同,倘将两特别市区之教育权归纳于中央大学之下,是超出于中央赋予中央大学之范围与权力,反令两特别市区之教育行政不能直接集中于中央,实有背乎大学区制集中中央之根本精神,欲求统一,而适得其反,此尤不可不详加顾虑者也。基于上述各种理由,中央大学区之欲兼管两特别市区教育行政,实觉窒碍滋多,无论在于中央行政系统上、两市行政职权上,以及教育之设施上、大学区制之精神上,均有从长讨论之必要。窃维秉政贵出于至诚,而处理教育尤须本乎科学的客观态度，不能衹谋单方之扩充，致乱行政之系统，此时若不剀切陈明，将来在实施上定多困难，是欲求统一反而紊乱之也。况乎中央大学区与南京、上海两特别市之教育行政权均统属于大学院，亦无不能统一之虞。事关遵循中央法令，维护两特别市行政系统，不敢苟安缄默，屡渎清听，敬祈俯赐鉴核，转令大学院即将试行大学区制省分特别市教育局暂行条例第一、第十一两条重行修正，至为公便。谨呈
国民政府

南京特别市市长　何民魂
上海特别市市长　张定璠

中华民国十七年六月一日

〔国民政府档案〕

11　经亨颐等在国民党二届五中全会上提请设立教育部案

(1928年8月)

废止大学院制之理由：

四次全会中，亨颐等曾提出设立教育部案，结果于国民政府组织案内决议保留至三次代表大会解决。当时本定八月一日开三次代表大会，今因筹备不及，先开五次全会，该案应提出讨论，且其他委员此次亦有提出设教育部，以符建国大纲而期普及教育。亨颐固深表赞同，除前提案历述理由外，再陈管见。关于理论者二点，关于事实者二点，分别申说如下。

关于理论的：

（一）培养人才与支配人才合为同一机关。学校专为培养人才的机关，教育行政机关与国民政府，则有支配人才之职权与义务。为校长者仅负培养人才之责，一如制造厂造成之后，配达何处，概不闻问，只要注意合用不合用，随时设法改良而已。凡学

校行毕业式，请行政长官到场，其意即等于交货，行政长官当接受以去。大学院制之由来，容有苦衷，毕业生无处位置，于是想出一手包办之策，把支配人才的特权并成一起。大学毕业顺手安置于中学，一若附学当然升学，无须试验者然，殊不知学阀之渐，自此肇其端。窃思军之所以成为阀，其原因也是培养人才与支配人才，权操于一人，有以致之，党的唯一要件，精神要团结，事权要分立，我认为培养人才与支配人才，绝对是两件事。大学院制有此流弊，所以应即废止。大学中学小学程度虽不同，职分全相同，如以大学治中小学校，犹之身体，以头治腹尾，决无是理，非受第二者同样统治不可；否则，万难使教育界承认。为位置毕业生之好意，而负学阀之恶名，甚为不取。以手段策略造制度，决无良制度，不独教育为然。

（二）科学家即教育家，不承认教育本身为科学。教育却与其他专门不同，人尽可为教育家。不但科学家，凡社会上先辈对后辈，有益于身心言行，加以指导者，何莫非师？广义的解释，直可谓教育无界。至若研究原理，则教育本身具有科学的条件，决非研究他种科学的经验便可替代，此师范教育所以有独立的必要。故教育二字，不能不认为是一个科学名词，并非仅仅是行政机关的形容词。教育机关自有教育机关的本职，决非是仅仅提倡学术、提高程度，便算尽其能事。教育行政方针，不尚专精而尚普及，不在最高学府而在最低学地，尚普及与最低学地，是由本而末。教育本身为科学的，尚专精与最高学府，是由末而本，以科学代教育，而教育与学术遂混为一谈，失其特殊的性质。故大学院制，可谓科学霸占教育制。

关于事实者：

（一）江苏省政府已决迁于镇江，大学名称，已冠以中央。试问中央大学行政院迁不迁镇江？论理管理江苏的教育行政机关，不能与省政府隔离。如迁镇江，则与大学截为两断。并大学亦迁镇江，则"中央"两字又不适用。将改为镇江大学，抑仍名江苏大学，可乎不可以中央的名义，而管理一省的教育行政，已属不合。如以教育独立为辞，决不迁镇江，则中央可统辖全国，各省教育行政均不必和省政府一起特设机关，概可由中央大学迳制。合全国为一区，至少将合数省为一区，不以省为区，则有多数省政府无教育行政机关。这是进一步的计划，将援例解决全国，以数处大学总揽各省教育行政，集权更易，而各省实际教育行政处理当然不能周到，小学教育更鞭长莫及。如仅行政院迁镇江，则明明大学区制不适用于江苏，校长两地奔走，虽极力维持，而教育制度之精神已完全变更矣。大学区制本身是试行，有此江苏之事实，其他各省就是一律办到，而首都所在之省独不能行，无论如何，要全称的实行此制，可以断然不可能了。

（二）四次全会决议，大学院名称暂仍其旧。但大学院的机关明明列在国民政府组织案中，当然在国民政府之下，和其他各部院同一性质，何以大学院门前所悬的招牌，不称国民政府大学院，大书特书而曰中华民国大学院？是否表示教育独立，大学院和国民政府并列？过其门者均不解是何用意！难道教育独立，必须独立在国民政府之外？大学院既非国民政府的教育行政机关，应于国民政府之下设立教育部，一面将大学院明令取消。庶全国教育得以切实进行，于最短期内使小学普及。谨代全国民众请命。

附四次全会保留的原案

设立教育部案

国民政府所以舍教育部之名改为大学院，据公报蔡院长发刊辞所称，仅仅因教育名词与腐败官僚为密切之联想。如此原因，大可不必！其他各部岂可任其腐败？应一律改为大什么院？但腐败不腐败在人而不在机关之名，仍拟改设教育部，且有其他重要理由如左：

（一）官制不统一；

（二）大学院制其精神为人才集中，程度提高，但与普及教育本旨不合；

（三）学术与教育是两项事，大学非教育，教育行政机关不是专管学术；

（四）大学制本是试行，据目前事实试验之结果，可谓专注重学术，忽视教育；

（五）小学迁就大学，国民经济能力不足，初小教育基础落空，与本党儿童本位之旨大相违背。

办法：

（一）大学院制应即废止；

（二）大学委员会仍存在，设于国民政府；

（三）研究院仍存在，直辖于国民政府；

（四）教育部以统筹全国社会教育、普通教育，使最短期间教育普及为主要任务。

（五）教育部长为大学委员会当然委员。

提案人：经亨颐 朱霁青 白云梯

丁惟汾 陈树人

〔国民党中央执行委员会秘书处档案〕

12 郭春涛、刘守中等在国民党二届五次全会上提议撤销大学院改设教育部案

（1928年8月14日）

政府机关、系统名称本应划一。乃查国民政府现行制度关于教育者，不称"国民政府教育部"，而名"中华民国大学院"，窃以为此种不伦不类之名称，对内对外易启人疑。盖以大学院而冠以"中华民国"字样，究竟隶于国民政府乎？抑独立于国民政

府之外乎？且不称部而称院,现在则与审计院地位相等,将来更易与监察院、立法院名称相混。古云："名不正则言不顺,"故中华民国大学院有改为国民政府教育部之必要。更按事实,条举理由如左:

（一）学术与教育原为两事,而大学院则不能包括全部教育,教育行政机关亦非专管学术,理至明显。且以小学迁就大学,初小教育基础落空,与本党以儿童为本位之旨大相违背。

（二）设立大学院之意原在实行大学区制,但各省试行大学区者,仅江、浙二处,其他各省仍施行教育厅制,迄未更易,强多数合于实际需要之制度,迁就方在试验中之办法,毋乃太偏；况江苏自试行以来,流弊丛生,已招物议,岂可不顾事实强制施行？

（三）按今日之人财两力言之,大学制度均不能推行全国。如于财力不足之省强设大学,徒有其名而无其实,反足使文化减低,教育堕落。

（四）江浙两大学现均改为国立,其行政系统又属省立,混国立、省立于一身,行政方面殊多障碍。

（五）一年来试行大学区制之结果,对于教育厅之缺点未见改善,即本身之流弊丛生；如大学教育之畸形发展；经济分配之不均；偏重学术忽视教育；行政效率减低；易为少数分子把持等。

办法：

（一）取消中华民国大学院,改设国民政府教育部。

（二）大学委员会仍然存在,设于中央党部,委员得聘专家及学者充任之。

（三）教育部以统筹全国社会教育、民众教育等为主,期于最短期间普及中小教育。

（四）研究院仍存在,直隶于国民政府,为学术研究之最高机关。

（五）教育部长为大学委员会当然委员。

上所提议,是否有当,敬请

公决

提案人　郭春涛　刘守中　柏文蔚
　　　　周启刚　朱霁青

审查意见：照建国大纲改设教育部。

决议：照审查意见通过。

〔国民党中央执行委员会秘书处档案〕

13　河北省拒绝推行大学区制有关文电

(1928年12月—1929年10月)

（1）河北省党务指导委员会致蒋介石电（1928年12月28日）

南京，蒋主席钧鉴：窃自北平大学区接收河北省教育厅消息传出后，群情惶惑，势如鼎沸。河北全省各级党部、各民众团体、各教育局及各学校群起反对，来敝会询问及请求转呈中央令教厅勿移交者，日数十起。据所陈述，大学区制在江浙试验结果并无成绩，以试行无成绩之制度，必命行之于制度，必强行之于教育成绩素著之河北，是无异故意破坏河北教育，而以河北全省频年以牺牲，且北平大学校所委任之教厅职务之普通教育处长何凤华，本前清一老秀才、现任徐世昌主办之西存中学庶务，老悖昏庸，不独无党的认识，且毫无教育常识，徒以其与李石曾为同乡关系，故任以教育要职。以徐世昌之亲故而主持党化教育，河北教育前途何堪设想？敝会外察民众之意向，内审党员之要求，非令河北教育厅仍继续存在不足以平群情而维教育。钧座主持中枢，举国信赖，伏望顺民众之请求，迅令北平大学校勿遽接收河北教育厅，以免河北教育陷于不可收拾之地，并毅然主张将大学区制根本取消，以永断纠纷，而绝未来无穷之患，河北教育前途实利赖之。迫切陈辞，无任屏营待命之至。河北省党务指导委员会。俭。印。

(2）河北省政府致国民政府电（12月27日）

南京，国民政府、行政院钧鉴：案准中国国民党河北省党务指导委员会第七二零号函开：训政开始，凡百施政均不应戾于党治之精神。本会负有指导党务、组织民众、监督政府之使命，数月以来，幸以贵省政府与敝会之共同努力，河北政治渐入轨道。乃最近北平大学校长李煜瀛于河北教育正在开始建设工作之时，突然活动，蒙蔽中央，意欲接收河北省教育厅。本会为维护党务教育起见，业已函达贵省政府，请勿使教育厅移交在案。近闻教育厅停止工作，准备结束，北平大学区竟然挽手接收，本会以大学区此种举动实为违反全省民众之意旨，特再电述本会反对大学区理由如下：

（一）大学区制系根据大学院制而产生，现大学院既已取消，则大学区当然根本不能存在。

（二）大学区制在中国为试行之制度，江浙实验之结果，成绩不见佳，以试验尚无成绩之制度遽施于北方，是为有意贻误北方之青年。

（三）党务教育的目的在造就革命的青年，革命的青年当然要彻而密切的政治意识。为完成此种党化教育之目的，更不能容许教育行政脱离整个的政治组织之外。

本会反对大学区之理由既如上述，而所谓北平大学校长李煜瀛、李书华者，实阴谋倾覆本党之政府派，平素高唱分治合作，并反对本党之组织与纪律，与本党主义根本不能相容，其在上海主办之劳动大学，即以反对本党为能事，安能再以河北全省青年交付彼等之手。况北平大学区近所委定代教育厅职务之普通教育处何凤华，本前清一腐败之秀才，现任徐世昌所主办之四存中学庶务，绝无教育知识，徒以其与二李同为高阳之关系，遂派应此教育重任。苟令其遽尔接收教育厅，河北教育前途何堪设想？综上所述，在河北实无实施大学区之理由。况二李与何凤华怀破坏本党、破坏教育之心，一旦听其主持河北教育，则全省青年势将胥受其毒。除由本会迅呈中央抗议外，相应函达贵省政府查照，并希注意下列四事：

（一）请克日严令教育厅不得停止工作，以免全省教育陷于停顿；

（二）请迅呈国民政府取消大学区；

（三）请迅令财政厅照旧拨发教育厅教育经费，以维持全省教育；

（四）请迅即通令全省使明瞭真像。

总之，河北党化教育能否实现，河北省政府对于党治是否努力，均将以贵省政府是否顺从全省民众之意旨，坚决反对北平大学区为断。上述各理由及主张，统希查照，迅予颁行，即日见复，至纽党谊。等因。准此，当于本月二十四日提交本府委员会第五十次会议议决，据函转呈中央在案。除函复河北省政府指委会外，理合据情电请鉴核指令遵行，无任屏营待命之至。河北省政府叩。感。印。

（3）国民政府致行政院指令（1929年1月12日）

国民政府指令第五五号

令行政院

呈据河北省政府电准该省党务指导委员会函：为反对北平大学接收河北教育厅，请迅呈取消北平大学区等情。应否驳复，请鉴核指令祗遵由。

呈悉。案经确定，自未便卒予变更，仰即查案驳复可也。此令。

中华民国十八年一月十二日

（4）商震致蒋介石电（1929年1月18日）

急。南京，蒋主席钧鉴：枢密。元电奉悉。查实行大学区制一案，前奉钧府训令，当即令行教育厅遵照赶办。嗣准北平大学区函催定期接受，复经饬令该厅限期结束，并函复北平大学定期接受各在案。兹据教育厅复称：业经结束完竣，造送清册，听候点收。奉电前因。除关于学潮一节，遵与何市长会商制止办法外，所有本案办理经过情形，谨电奉闻，伏乞鉴核。商震叩。巧。印。

〔国民政府档案〕

14 北京大学学生反对北平大学区接收而开展的护校活动有关文电
（1928年11—12月）

（1）国民政府文官处致北平政治分会函

迳启者：奉主席交下国立北平大学为本月廿九日下午二时有自称北京大学学生百余人，手持"打倒北平大学"、"拥护北京大学"等旗帜，蜂涌入内，捣毁一空，乞核示电一件；又北大学生为李书华倒行逆施，选派索领九校维持费屡抗不见，复唆使武力残伤学生，恳速令蒋部长等北上解决电一件。奉谕：交教育部，并抄交北平政治分会，并案查复。等因。除分交教育部外，相应抄同原电，函达查照。此致教育部

北平政治分会

计抄送原电两件（分抄）

抄原电

南京，中央党部、执监常务委员、中央政治会议、国民政府蒋主席、行政院谭院长、冯副院长、中央研究院蔡院长、教育部

蒋部长钧鉴：职校长办公处突于本月二十九日下午二时半，有自称北京大学学生约百余人，手持"打倒北平大学"、"拥护北京大学"等旗帜，蜂涌入内，将门窗陈设及一切器用物具全数捣毁，并将门前所悬"国立北平大学校长办公处"及"大学委员会"两牌一律劈碎，复寻殴职员，幸奔避较迅，未遭惨害。彼此饱击既毕，更结队呼哨，扬言将火焚李校长煜瀛、李副校长书华私宅，幸警备司令部赶到弹压，始尽毁门窗而去。事后，经中央政治会议北平分会、北平市公安局、北平地方法院派员勘验，办公室本系借用前总统府怀仁堂西四所旧址，经此摧残，损失甚巨。所有详细情形，俟另文陈报。伏查北平大学系奉国民政府明令组织，自办公处成立以来，所属如第一师范、第二师范、农、医、工、艺术各学院均已次第开学，独此少数暴徒别有怀抱，盘踞前北京大学校舍。当国府通令废除北京名义以后，仍欲借口护校，反对北平大学区，并有所谓武力护校之组织，宣言以武力抵抗接收。职校因办学目的本在启迪青年在本党统治下，凡属国人，对于中央命令自当一体遵从。迭经剀切劝导，谓北京改组北平，系中央通令，北京大学自难独异。前代北京大学精神在促进世界文化，初非平京一字之差所能损其毫末，护校意义在此不在彼。一面对于接收前北京大学校舍一事，始终以和平方法冀其感悟，决不另采其他手段，如军阀时代章士钊、刘哲等为之万一，即在本日捣毁以前，虽报纸宣传彼等将不惜破坏公安，聚众暴动，然职校为贯彻前项方针起见，始终未请一兵，未增一警。盖凡学生之来校陈述意见者，无不开诚接待，初不料横逆之来，竟至此极！彼等且以毫无抵抗大肆捣毁为快意。据闻，参加暴动者尚有一部分非学生，现在北平各学院均已正式成立，惟前北京大学校舍因少数暴徒盘踞，把持政令，文理两学院无法开课，前北京大学学生千余人全体废学。迭经来校呼吁，并请早日接收，职校实不忍坐视失大多数青年长期失学。除仍本既定方针继续进行外，理合将办公室被毁情形据实陈明。至善后办法，事关地方治安及法律范围，自有负责长官秉公处理，职校概不过问。肃电奉闻，伏乞训示祗遵。国立北平大学叩。陷。

抄 原 电

南京，国民政府并转教育部钩鉴：我校迭电致政府暨前大学院，根据本校事实及理论，要求独立存在在案。教部成立，金谓我校生机有望，讵李书华甫到平，倒行逆施，迳行经济封锁，学生员役冻馁垂毙。该李居心叵测，手段卑劣，上负政府重托，下拂学生舆论，迭派代表索领我校应领之维持费，屡拒不见，我全体学生冻馁之余，匐匐住宿，乃二李唆使武力，横加摧残，致生等重伤多人，群情愤激，宁为玉碎。据实恳速催蔡院长、蒋部长北上调解纠纷，出生等于水火。北京大学学生会叩。

（一九二八年十二月一日）

(2) 北平市长何其巩致国民政府电

国急。南京，国民政府钧鉴：枢密。上月二十九日后二时，有前北京大学学生百余人，因借口护校问题，持旗帜游行，先至前总统府怀仁堂西四所国立北平大学办公处请愿，以资负责均未在处，学生等用手持旗杆将该处窗户玻璃打碎二十七块，并将所悬木版捣毁。旋赴李副校长寓所，因派有警长保护，令其举出代表，因学生人众语杂，猛将大门挤开。当时李副校长未在家，遂用旗杆将院中住房玻璃打碎大小四块，并门前电泡两个。初往李校长寓所，亦不在寓，比即蜂涌而去，捣毁门环一个。旋奉政治分会训令，饬属查拿暴动为首之人，并严密防范，以保公安。又大学委员会北平分会定本日接收前国立北京大学，由政分会饬派警士会同军事机关维持秩序，并经遵照办理，谨电呈报。何其巩叩。东。印。

(一九二八年十二月一日)

(3) 北大学生上课促成会致中央党部电

南京，中央党部、执监常务委员、中央政治会议、国民政府蒋主席、行政院谭院长、中央研究院蔡院长、教育部蒋部长、中央通讯社、复旦社转各报馆钧鉴：北大复校，反对学区，少数暴徒劫持众见，捣毁公所于前，拒绝接收于后。生等曾为上课主张，无如阻力仍在。顷有自称北大代表李辛之、赵子樊二人，假窃公名，前途南下，声言复校，别有企图，在京行动如何，生等一概否认。至北大仍未接收，生等苦于失学。除电卫否认该代表行动外，仍乞速示祗遵。北大上课促成会全体三百二十七人同叩。灰。北平北河沿第三斋。

(一九二八年十二月十一日)

(4) 行政院致国民政府呈

呈为转呈事：案据教育部长蒋梦麟呈称：呈为呈请转呈事：查北大学生请愿举动妨碍治案一案，送接各方电告，并准国民政府文官处先后函送奉交各电到部。当以事属重大，于十二月四日提出钧院会议议决，先由教育部发电恺切晓谕，如不遵令，职部遵于歌日急电北平大学区恺切晓谕在案。正拟备文呈报，又奉钧院第一二六号训令，饬即遵照从速发电等因。理合将电文缮呈并请转呈国民政府鉴察等情。据此，理合抄同原电文具文转呈钧府鉴核。谨呈

国民政府主席蒋

计抄呈原电一件

国民政府行政院　谭延闿

中华民国十七年十二月十七日

抄原电

北平大学鉴：迭据该大学暨阎卫戍司令电称：前北京大学学生百余人以反对北平大学区及拥护北京大学为名，至该大学校长办公处请愿，竟至捣毁校牌、门窗、什具，复涌至该大学校长、副校长私宅，击坏门窗，及该大学派员接收，复遭拒绝，并有伤人等情，殊深诧异。查大学区制为革新教育之一种试验，系奉中央明令颁行，其有无流弊，自非推行以后未便遽判，乃以少数学生公然反对，自非有所误会，即属别有作用。至前北京大学在国民革命过程中及吾国现代文化上自占光荣之地位，此正以其精神伟大所致。现以废止北京地名改称北平，于前北京大学精神初无所损。中央正期以前北京大学之精神播芳远致，模楷全国。北方大学区制试自北平，亦欲以前北京大学之精神行远自迩含融北隅。各校离合乃以人才、财力制度互为准绳，惟宜是适。谰语流闻执为摧残前北京大学无根之辞，止于智者。且前北京大学循流竞进，不主故常，故能蔚为先导，美流寰中。生等如果心试护校，正宜诩赞中央，光阐前北京大学之精神，俾新制推行，速收成效，无取对故抱残，徒争形式。乃如该大学暨阎卫戍司令迭电所称，竟以理或未喻，致竟越常轨，本部不能不为该生等痛惜也。现党国基础虽渐趋巩固，而反对之流犹复投间伺隙，冀得一呈〔逞〕，况共党阴鸷，每藉名义，耸人骚动，且以激成武力压迫为其号召之资。青年学子情感易播，往往坠其中为所利用，此又不能不为该生等急告者也。学区之制颁自中央，并校之谋详筹始决，该生等无恃意气，勉循轨范。训政伊始，建设万端，需人孔殷，才难兴叹！该生等厕身大学，久明党义，梁栋之任，未可自菲，宜遵遗教，悉心为学。本部职责所在，自可执法以绳，徒念该生等负籍千里，志在自成，意气之激或非本怀，用特剀切相喻，期即悛悔，如或执我梗令，即当依法制裁，希即布告周知。教育部。歌。

(十七年十二月五日)
〔国民政府档案〕

15 国民政府停止大学区制令

(1929年7月1日)

案奉中央执行委员会函开：迳启者：十八年六月十七日第三届中央执行委员会第二次全体会议讨论关于大学区制之存废问题一案，决议由教育部定期停止试行大学区制，相应录案函请政府查照，并转饬教育部遵照办理为荷。等因。此令。奉此。应即照办。除函复外，合亟令仰该院转饬教育部遵照办理，切切。此令。中华民国十八年七月一日

〔国史馆档案〕

三、教育部

1 教育部组

（1929年

- 编审科
  - 第一组
  - 第二组
  - 第三组
- 各委员会
  - 中小学课程标准起草委员会
  - 国语统一筹备委员会
  - 助产教育委员会（卫生教育部合办）
  - 编审外译名委员会
  - 教育统计委员会
  - 医学教育委员会
  - 保存用直唐塑委员会
  - 古物保管委员会
  - 教育方案编制委员会
- 华侨教育设计委员会

组织设置

织系统表
1月4日）

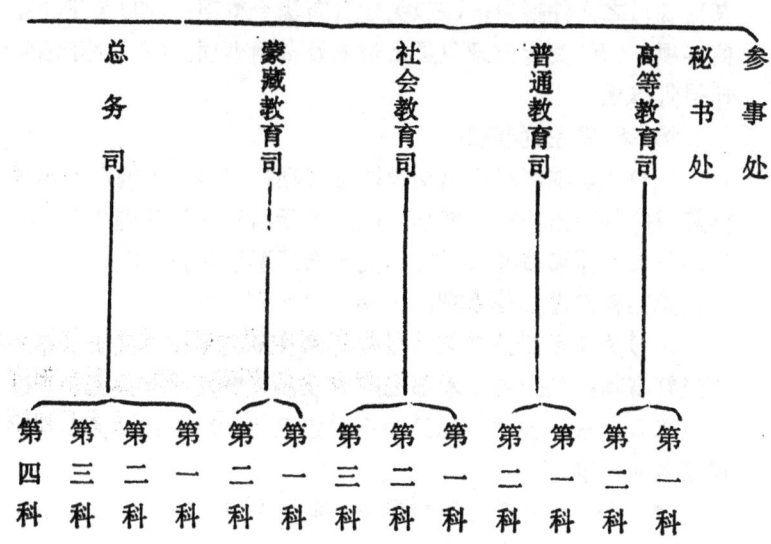

《中华教育界》

2 教育部修正各司分科规程

(1932年7月22日)

第一条 本部各司掌管事项，依本规程之规定，分科处理之。

第二条 总务司置第一、第二、第三、第四四科。

第一科掌左列各事项：

(一)关于收发、分配、缮校文件事项，(二)关于撰拟不属于其他各司之文件事项，(三)关于公布法令事项，(四)关于典守印信事项，(五)关于记录职员之进退及考勤事项，(六)关于编制统计报告事项。

第二科掌左列事项：

(一)关于本部经费出纳及簿记事项，(二)关于编制本部预算决算及每月支出计算书事项，(三)关于稽核直辖各机关预算决算及每月支出计算书事项，(四)关于帐册票据保管事项。

第三科掌左列各事项：

(一)关于本部公产公物之登记保管事项，(二)关于本部设备之经管事项，(三)关于本部之购置及修缮事项，(四)关于本部守卫及工人之管理事项，(五)关于本部卫生事项，(六)关于其他不属于各司科事项。

第三条 高等教育司置第一、第二两科。

第一科掌左列各事项：

(一)关于大学事项；(二)关于其他与大学教育有关事项；(三)关于高等教育统计事项。

第二科掌左列各项：

(一)关于专科学校事项，(二)关于与专科学校相当之学校事项，(三)关于国外留学事项，(四)关于各种学术团体及学术机关事项，(五)关于其他与专科教育有关事项。

第四条 普通教育司置第一、第二两科。

第一科掌左列各事项：

(一)关于中学各事项，(二)关于职业学校事项，(三)关于师范学校事项，(四)关于各项教员养成所及与养成教员相关事项，(五)关于与中学相当之各种学校事项，(六)关于中等学校师资训练事项，(七)关于省教育机关事项，(八)关于中等教育统计事项，(九)关于中等学校用图书仪器及其他教育用品之审查核定事项。

第二科掌左列各事项：

(一)关于小学事项，

(二)关于幼稚园事项，

(三)关于与小学、幼稚园相当之各种学校事项，

(四)关于义务教育事项，

(五)关于小学教员之检定服务待遇等事项，

(六)关于整理私塾事项，

(七)关于市县教育机关事项，

(八)关于初等教育统计事项，

(九)关于小学用图书仪器及其他教育用品之审查核定事项。

第五条 社会教育司置第一、第二、第三三科。

第一科掌左列各事项：

(一)关于民众教育事项，

(二)关于注音符号及识字运动事项，

(三)关于民众读物事项，

(四)关于通俗讲演事项，

(五)关于农工商人及妇女职业补习教育事项，

(六)关于低能残废等特殊教育事项，

(七)关于国民历事项，

(八)关于社会教育统计事项，

（九）关于本部图书馆事项。

第二科掌左列各事项：

（一）关于民众教育馆事项；

（二）关于博物馆事项；

（三）关于图书馆事项；

（四）关于保存文献古物等事项；

（五）关于美化教育事项；

（六）关于改良风俗及民众娱乐事项（如公园、戏剧、电影及民间歌谣风俗等）；

（七）关于公共体育事项；

（八）关于童子军事项；

（九）关于中央教育馆事项。

第六条 蒙藏教育司置第一、第二两科。

第一科掌左列事项：

（一）关于蒙古地方教育之调查事项；

（二）关于蒙古地方各种教育之兴办事项；

（三）关于蒙古教育经费之计划事项；

（四）关于蒙古教育师资之培养事项；

（五）关于蒙古子弟入学升学之奖励事项；

（六）关于编译蒙文教育图书及法令事项；

（七）关于蒙古地方学术考查及其发明发现之奖进事项；

（八）关于其他蒙古教育事项。

第二科掌左列各事项：

（一）关于西藏地方教育之调查事项；

（二）关于西藏地方各种教育事业之兴办事项；

（三）关于西藏教育经费之计划事项；

（四）关于西藏教育师资之培养事项；

（五）关于西藏子弟入学升学之奖励事项；

（六）关于编译藏文教育图书及法令事项；

（七）关于西藏地方学术考查及其发明发现之奖进事项；

（八）关于其他西藏教育事项。

第七条 本规程如有未尽事宜，得以部令修改之。

第八条 本规程自公布日施行。

〔国民政府教育部档案〕

3 国民政府公布《修正教育部组织法》

(1933年4月22日)

第一条 教育部管理全国学术及教育行政事务。

第二条 教育部对于各地最高级行政长官执行本部主管事务，有指示监督之责。

第三条 教育部就主管事务，对于各地方最高行政长官之命令或处分，认为有违背法令或逾越权限者，得请由行政院院长提经行政院会议议决后，停止或撤销之。

第四条 教育部置左列各司处：

一、总务司　　二、高等教育司

三、普通教育司　四、社会教育司

五、蒙藏教育司

第五条 教育部于必要时得置各委员会，其组织另定之。

第六条 教育部经行政院会议及立法院之议决，得增置裁并各司及其机关。

第七条 总务司掌左列各事项：

一、关于收发分配撰拟缮校保存文件事项；

二、关于部令之公布事项；

三、关于典守印信事项；

四、关于记录职员之进退事项；

五、关于编制统计报告事项；

六、关于编印公报及发行事项；

七、关于本部经费之预算决算及会计事项；

八、关于稽核直辖各机关之经费及会计事项；

九、关于本部官物之保存事项；

十、关于本部庶务及其他不属各司之事项。

第八条 高等教育司掌左列各事项：

一、关于大学教育及专门教育事项；

二、关于国外留学事项；

三、关于各种学术机关指导事项；

四、关于学位授予事项；

五、关于其他高等教育事项。

第九条 普通教育司掌左列各事项：

一、中等教育、小学教育、幼稚教育事项；

二、关于师范教育事项；

三、关于职业教育事项；

四、关于地方教育机关之设立及变更事项；

五、关于其他普通教育事项。

第十条 社会教育司掌左列各事项：

一、关于民众教育及识字运动事项；

二、关于补习教育事项；

三、关于低能及残废者之教育事项；

四、关于美化教育事项；

五、关于公共体育事项；

六、关于图书及保存文献事项；

七、关于其他社会教育事项。

第十一条 蒙藏教育司掌左列各事项：

一、关于蒙藏地方教育之调查事项；

二、关于蒙藏地方各种教育事业之兴办事项；

三、关于蒙藏教育师资之培养事项；

四、关于蒙藏子弟入学之奖励事项；

五、关于蒙藏教育经费之计划事项；

六、关于其他蒙藏教育事项。

第十二条 学校所用图书仪器及其他教育用品，由教育部审查核定，其办法由教育部定之。

第十三条 教育部置大学委员会，依大学委员会组织条例，决议全国教育及学术上重要事项。

大学委员会组织条例另定之。

第十四条 教育部置华侨教育设计委员会，掌管关于华侨教育设计事项，其组织条例另定之。

第十五条 教育部长总理本部事务，监督所属职员及各机关。

第十六条 教育部政务次长、常务次长、辅助部长处理部务。

第十七条 教育部设秘书四人至六人，分掌部务会议及长官交办事务。

第十八条 教育部设参事二人至四人，撰拟审核关于本部之法律命令。

第十九条 教育部设司长五人，分掌各司事务。

第二十条 教育部设督学四人至六人，视察及指导全国教育事宜。

第二十一条 教育部设科长十四人至十八人，科员八十人至一百一十人，承长官之命，分掌各科事务。

第二十二条 教育部部长特任，次长、参事、司长及秘书二人，督学二人简任；秘书、督学、科长荐任，科员委任。

第二十三条 教育部处务规程以部令定之。

第二十四条 本法自公布日施行。

〔国立中央大学档案〕

（二）教育法令

1 教育部公布修正学校学年、学期及休假日期规程

（1931年1月20日）

第一条　各级学校以每年八月一日为学年之始，异年七月卅一日为学年之终。

第二条　一学年分为两学期，以八月一日至翌年一月卅一日为第一学期，以二月一日至七月卅一日为第二学期。

第三条　各级学校每学期除第四条甲种休假日期外，开学期内之日数，依左列之规定：

专科以上学校第一学期一百三十六日，第二学期一百三十五日（闰年一百三十六日）。

中等学校第一学期一百四十三日，第二学期一百四十二日（闰年一百四十三日）。

小学第一学期一百卌十六日，第二学期一百四十五日（闰年一百四十六日）。

第四条　各级学校每年休假日期，依下列之规定：

甲　例假

一、暑假：专科以上学校以七十日为限，（起六月二十三日，讫八月三十一日）。

中等学校以五十六日为限（起六月三十日，讫八月二十四日）。

小学以五十日为限（起七月三日，讫八月二十一日）。

二、年假：各级学校一律定三日（起一月一日，讫一月三日）。

三、寒假：各级学校一律定为十四日（起一月十八日，讫一

月三十一日）。

四、春假：各级学校一律定为七日（起四月一日，讫四月七日）。

乙、纪念节

一、孔子诞生纪念日（国历八月廿七日）；

二、国庆纪念日（国历十月十日）；

三、总理诞辰纪念日（国历十一月十二日）；

四、中华民国成立纪念日（国历一月一日）；

五、总理逝世纪念日（国历三月十二日）；

六、革命先烈纪念日（国历三月二十九日）；

七、革命政府纪念日（国历五月五日）；

八、国民革命誓师纪念日（国历七月九日）。

上列各纪念日，各级学校均应休假一日，并于是日举行纪念式及演讲。

第五条　各地方特殊纪念日应休假者，须由各省教育厅或行政院直辖市各教育局核定，并呈报教育部备案。

第六条　各级学校本校纪念日休假，每年至多不得过两日。

第七条　除星期日及第四、第五、第六各条各种休假日外，不得任意休假。各种集会应于星期日举行。

第八条　专科以上学校之校历，应于学年开始两个月以前，根据本规程及中央第一百次常会通过之革命纪念日简明表、革命纪念日史略及宣传要点编制表，并分别迳报或转报教育部核定；中等以下学校校历，应于学年开始两个月以前，由各该省教育厅或行政院直辖市各教育局根据本规程及中央第一百次常会通过之革命纪念日简明表、革命纪念日史略及宣传要点制定颁布，并呈报教育部备案。

国立或私立专科以上学校附设之中等以下学校及国民政府各机关在各省或行政院直辖各市所设之中等以下学校，应遵用所在地之教育厅或教育局所制定颁发之学校历。各省省立中等以下学校或各省立专科以上学校附设之中等以下学校之在行政院直辖各市境内者同。

第九条 暑假期日期之起讫,乡村小学之有特殊情形者,得按照各该所在地农业状况,酌量移动,如提早或改迟之。并得将假期分为数节,作间隔之休假。如分别放蚕假、麦假、秋收假等,不减少暑期,惟休假日期之总数,不得超过五十日之限制,并得经各该省教育厅或行政院直辖市各教育局之核准。

第十条 寒暑假日期之起讫,在严寒酷暑之省市境内,得按照地方情形,酌量变更。惟休假日期之总数,不得超过第四条(甲)款(一)、(三)两目之规定,并须经各该省教育厅或行政院直辖市教育局呈请教育部核准。

第十一条 本规程自中华民国二十年八月一日实施。

〔国民党中央民众训练部档案〕

2 国民政府公布教育会法及其施行细则

(1931年1月27日)

(1)教育会法

第一章 总 则

第一条 教育会遵照中华民国教育宗旨及其实施方针,以研究教育事业,发展地方教育为目的。

第二条 教育会为法人。

第三条 教育会之职务如左:

一 关于地方教育之研究、设计及改进事项;

二 关于增进人民生活上知识之指导事项;

三 关于地方教育之调查统计及编纂事项;

四 举办各项教育研究会学术讲演会;

五 举办各种教育事项，但须经监督机关之核准；

六 关于教育事项得建议于教育行政机关，并答复行政机关之咨询；

七 处理教育行政机关委办事项；

八 办理其他合于教育会宗旨之事项。

第四条 教育会分左列各种：

一 区教育会；

二 县市教育会；

三 省教育会，或行政院直辖市市教育会。

第五条 同一区域内每级教育会以一个为限。

第六条 教育会之区域依现有之行政区域，但区教育会如有特别情形，经监督机关之核准不在此限。

第七条 教育会应于各该区域内设置会所。

第八条 教育会不得为营利事业。

第九条 下级教育会应接受上级教育会之委托，为关于教育之调查及报告。

第十条 教育会之监督机关如左：

一 省教育会为省政府教育厅；

二 行政院直辖市市教育会及其区教育会为市政府教育局；

三 县教育会及其区教育会为县政府；

四 市教育会及其区教育会为市政府。

第二章 设 立

第十一条 区教育会之设立，应由该区域内具有第十六条所规定会员资格者二十人以上联名发起召集，设立大会，订立章程，呈请该管监督机关核准，转呈直接上级机关备案。

第十二条 行政院直辖市市教育会及县市教育会之设立，应有所属区教育会过半数之同意，订立章程，呈请该管监督机关核准，转呈直接上级机关备案。

如有特别情形时，县教育会经监督机关之核准，得依前条之规定设立之。

第十三条　省教育会之设立，应有所属县市教育会过半数之同意，订立章程，呈请该管监督机关核准，转呈教育部备案。

第十四条　有下列情事之一时，教育部得召集全国教育会联合会议：

一　教育部认为必要时；

二　有省教育会及行政院直辖市市教育会十个以上之提议时。

第十五条　教育会章程应载明下列各款：

一　名称、区域及会所；

二　会员入会出会及除名之规定；

三　职员名额职务及选任解任之规定；

四　关于会议之规定；

五　关于经费之规定。

第三章　会　员

第十六条　教育会会员除在校学生不得为会员外，以在本区域内之中华民国人民，年满二十岁，具有下列各款资格之一者为限：

一　现任公立或已立案之学校教职员或社会教育机关职员，但职员中之会计、庶务事务员、书记不在其内；

二　现任教育行政人员；

三　曾在公立或已立案之高中以上学校或与高中有同等资格之学校毕业者；

四　公立或已立案之旧制中学或与旧制中学同等之学校毕业，曾在教育界服务一年以上者；

五　对于教育确有研究，并有关于教育著作者。

前项会员资格，应由各该管监督机关组织会员资格审查委员会审查之。

第十七条　有下列各款情事之一者，不得为区教育会会员：

一　褫夺公权尚未复权者；

二　有反革命行为经判确定者；

三　禁治产者。

第十八条　区教育会会员丧失第十六条第一项第一款第二款所规定资格或发生第十七条所列各款情事之一者，应即退会或除名。

第十九条　上级教育会以其直接下级教育会为会员。

第四章　职　员

第廿条　区教育会设干事三人至五人，候补干事二人，由会员大会选举之。

第廿一条　县市教育会设干事五人至七人，候补干事三人，由会员大会选举之。

第廿二条　省教育会及行政院直辖市市教育会设理事七人至十一人，监事五人至七人，候补理事五人，候补监事二人，由会员大会选举之理事互选常务理事三人，执行日常事务。

第廿三条　教育会干事、理事及监事，应于就职后十五日内呈报该管监督机关，并呈转备案。

第廿四条　教育会干事、理事及监事均为名誉职，任期二年。

第廿五条　教育会干事、理事及监事有下列各款情事之一者，应即解任：

一　有不得已事故，经会员大会议决准其辞职者；

二　旷废职务，经会员大会议决令其退职者；

三　职务上违背法令，营私舞弊，或有其他重大之不正当行为，经会员大会议决令其退职，或由各该管监督机关令其退职者；

四 发生第十七条各款情事之一者。

第廿六条 教育会得酌设有给职员，佐理会务。

第廿七条 各级教育会每年应将会员名册及会务概况呈报该管监督机关，并转呈直接上级机关备案。

第五章 会 议

第廿八条 教育会会员大会分定期会议及临时会议两种，由干事会、理事会召集之。

第廿九条 教育会会员大会之决议，以会员过半数之出席，出席会员过半数之同意行之。

第卅条 左列各款事项之决议，以会员过半数之出席，出席会员三分二以上之同意行之。

一 变更章程；

二 会员之除名；

三 职员之退职；

四 清算人之选举及关于清算事项之决议。

第卅一条 教育会经费以左列各款充之：

一 会员入会费及常年费；

二 地方政府补助费；

三 特别捐；

四 资金之孳息。

第卅二条 教育会收支，每年除呈报该管监督机关并转呈直接上级机关备案外，应公告之。

第六章 解散及清算

第卅三条 教育会之解散，应经会员三分二以上之出席，出席会员三分二以上之同意方得决议，前项决议应经该管监督机关之核准。

第卅四条 教育会如违背法令，情节重大时，该管监督机关经其直接上级机关之核准得解散之。

第卅五条 教育会决议解散时，应选任清算人，不能选任时得声请监督机关指定之。

教育会由监督机关解散时，清算人由监督机关指定之。

第卅六条 清算人有代表教育会执行清算上一切事务之权。

清算人清算及处理财产之方法，应经教育会会员大会之决议，或监督机关之核准。

第七章 附 则

第卅七条 本法施行前已成立之教育会，应于本法施行后依本法改组之。

第卅八条 本法自公布日施行。

（2）教育会法施行细则

第一条 依照教育会法（以下简称本法）第十一条之规定发起区教育会，或依第十二条第二项之规定发起县教育会时，应呈明监督机关，如同时有两组以上发起，由监督机关核定之。

省教育会设立，大会之召集自呈明之日起至迟不得过两个月，其日期于一个月前通知之；行政院直辖市市教育会、县市教育会及区教育会设立，大会之召集自呈明之日起，至迟不得过一个月，其日期于十五日前通知之。

第二条 凡一区内会员不足二十人，不能组织区教育会时，得加入邻区教育会，或联合他区组织区教育会。

第三条 各县如有左列情事之一，得依本法第十二条第二项之规定，直接组织县教育会。

一 尚未划区之县；

二 将来成立之区教育会不满三个月者；

三 全县具有本法第十六条各款所规定资格之会员不满六十

入者。

第四条 行政院直辖市市教育会及县市教育会或省教育会之设立，除依本法第十二条或第十三条之规定外，如所属区教育会或县市教育会成立已过半数时，得由监督机关通告召集。

第五条 凡下级教育会应一律加入直接上级教育会。

第六条 区教育会加入各该直接上级教育会时，应备送左列文件各二份，但行政院直辖市所属教育会得各备送一份。

一 章程；

二 会员名册（须列举会员姓名、性别、年龄及其取得会员之资格）；

三 干事及候补干事名册（须列举干事及候补干事姓名，及现时详细职业）。

第七条 县市教育会加入省教育会时应备送左列文件各一份：

一 章程 附所属各区教育会章程；

二 会员（法人）名册附所属各区教育会会员名册；

三 干事及候补干事名册（须列举干事及候补干事姓名及现时详细职业）附所属各区教育会干事及候补干事名册。

第八条 凡具有本法第十六条第一第二两款资格之一者，应加入服务地方之区教育会，其具有同条第三第四第五各款资格之一者，应加入居住地方之区教育会。但同时具有此两类资格者，得自行择定并加入一地方之区教育会。

凡具有本法第十六条两款以上之资格者，祇能加入一个区教育会。

第九条 本法第十六条第二项所称会员资格审查委员会，每县市（行政院直辖市同）以设立一个为限，由各该监督机关就各该县市督学及各级学校校长中聘请五人至十五人组织之。

第十条 上级教育会依本法第二十一条及第二十二条之规定选举职员时,除各该直接下级教育会所选派之出席代表外,其他各该会会员亦均有被选举权。

第十一条 区教育会及县市教育会得组织干事会,省教育会及行政院直辖市教育会得组织理事会、监事会,其内部组织应由各该教育会于章程内规定之。

第十二条 区教育会及县市教育会应由干事互推一人为常务干事,执行日常事务。

第十三条 各级教育会职员不得互兼。

第十四条 教育会候补理事、监事及干事,遇有缺额依次递补,其任期以补足前任任期为限,未递补前得列席会议。

第十五条 上级教育会召集会员大会时,应由直接下级教育会会员大会选举同数代表出席,代表名额应由上级教育会在章程内规定之。但区教育会代表不得过四人,县市教育会代表不得过三人。

第十六条 前条代表每一人有一表决权,其任期一律定为一年,得连选连任。

第十七条 下级教育会所选派之出席代表,如有违犯上级教育会章程行为,上级教育会得拒绝其出席。并通知该下级教育会改选,改选代表任期以补足前任任期为限。

第十八条 下级教育会对于直接上级教育会经费有共同担负之义务,其详细办法应由各级教育会于章程内规定之。

第十九条 各级教育会图记,应遵照社会团体图记刊制章程第一种式样刊制,图记二字之上冠以各该会名称之全文。

第二十条 各级教育会对于公署有所陈请时,适用公文程式条例之规定,一律用呈。

各级教育会彼此往来行文均用函。

第廿一条 依本法第十四条所召集之全国教育会联合会议,

其规程由教育部另定之。

第廿二条 本细则自公布之日施行。

〔国民党中央民众训练部档案〕

3 教育部关于各级学校应将"忠孝仁爱信义和平"八字制匾悬挂的训令
(1931年7月18日)

案奉行政院第三三五六号训令内开："案奉国民政府第三二八号训令内开：据行政院呈称： 为呈请事：案据内政部礼字第二四号呈称：案奉第一九四九号训令开： 准文官处函为关于内政会议湖南省政府委员曹伯闻提议：确定忠孝仁爱信义和平为训民要则，及河北省政府提议，提倡中国固有道德两案，经国民政府决议查照十七年四月十九日明令，准由内政部会同关系各机关办理等由。除函复外，抄发原令，仰即遵照办理 等因，并抄件一纸。奉此。窃维人民非经训迪，难期至善，道德亦非提倡，无以久存，况经明令煌煌，允资表率，若不特为揭示，何以启发民心，且恐事过境迁，漫不经意，殊失制成匾额，恭录十七年四月十九日明令，悬诸礼堂或公共场所，以资申儆而期共喻。庶几奉行尽力，可无缅规越矩之虞，造次弗忘，永作怵目警心之助，其他训民要则，应如何办理之处，当会商各关系机关，随时拟具意见，呈候施行。所请恭录明令制匾悬挂各缘由，是否有当，理合请鉴核示遵 等情。据此，查所拟办法，似属可行，除指令外，理合转呈钧府鉴核施行，指令祗遵 等情。据此，现经本府核定该项匾额，祗须横列忠孝仁爱，信义和平八字，一律蓝地白字，自行制成悬挂，以资启迪。除函中央党部并指令暨分行外，合行令仰遵照办理，并转饬所属一体遵照。此令。"等因。奉此，除分令外，合行令仰该部即便遵照办理，并转饬所属一体遵照。等因。奉此，除分令外，合行令仰遵照办理，并转饬所属一体遵照。

〔国民政府教育部档案〕

4 教育部公布中小学毕业会考暂行规程

(1932年5月26日)

第一条 各省县市教育行政机关为整齐小学、初级中学、高级中学普通科学生毕业程度及增进教学效率起见，对于所属各中小学应届毕业经原校考查及格之学生举行会考。

第二条 省县市公立及已立案之私立中学，其毕业会考由各省教育厅组织委员会办理之。

县市内公立及已立案之私立小学，其毕业会考由县市教育行政机关组织委员会办理之，并得由省教育厅派员指导。

市（行政院直辖市）区（特别行政区）公立及已立案之私立中小学，其毕业会考由各该市区教育行政机关分别组织委员会办理之。

第三条 中小学毕业会考委员会组织规程及办事细则，应由各该省市区教育行政机关订定，呈请教育部备案施行。

第四条 会考暂定如下：

（一）小学以国语、算术、社会、自然、体育为主；

（二）初级中学以党义、国文、算学、历史、地理、自然、体育、外国语（三年级不选修者免考）为主；

（三）高级中学普通科为党义、国文、算学、历史、地理、物理、化学、生物学、外国语、体育。

第五条 各地在举行会考之前，应由各校将应届毕业及格之学生造具名册及各科成绩表，呈报主管教育行政机关。

第六条 会考方式及核算成绩方法，应由省市区教育行政机关详细规定，呈请教育部备案施行。

第七条　会考时间地点由主管教育行政机关决定公布施行，其区域较广、学生较众之地，得分区分期举行。

第八条　会考所用题材由各委员会分别拟定，用试卷者其卷格由主管教育行政机关制备，一律弥封。

第九条　会考非各科皆能及格不得毕业，有一科或二科不及格时，其不及格科目得复试一次，复试仍不及格者准其补习一学年，于下次会考时再行参加各该科会考，但以一次为限。三科以上不及格者，应令留级，但留级应以一次为限。

第十条　本会考各科应由原校将成绩及考查计算等方法送请主管教育行政机关复核。

第十一条　会考结束时，应以学生个人为单位，将其各科成绩总分为平均数，分别等第揭示之。同时，并应以学校为单位，将与试各生平均成绩总合为平均数，分别等第揭示之。

第十二条　各省市区教育行政机关在举行中小学会考之前，应呈请教育部核准备案，县市应呈请教育厅核准备案，结束后亦应分别报告，呈请备案，其未备案者作为无效。

〔国民政府教育部档案〕

5　教育部公布学校毕业证书规程

（1933年6月）

第一条　各级学校学生修业期满，成绩及格者，由各该校给予毕业证书。

在举行中小学毕业会考各地之中小学，其毕业证书应俟会考及格后发给。

第二条　各学校所用毕业证书，应遵照本规程所规定之式样。

第三条　各学校毕业证书应依照下列规定，呈请或函请教育行政机关验印：

（一）专科以上学校毕业证书，由教育部验印。

（二）中等学校（专科以上学校之附属中学同）毕业证书，由所在地之教育厅或行政院直辖市教育行政机关验印。

（三）小学毕业证书（中等以上学校之附属小学同）由所在地之行政院直辖市教育行政机关或市县教育行政机关验印。

第四条　中等以上学校毕业证书，应贴毕业生最近二寸相片一张。

第五条　专科以上学校毕业证书，应贴印花五角；中等学校毕业证书，应贴印花三角。

第六条　凡证书均须置备存根簿，编定号数，载明学生姓名及所修学科，存校备查。

第七条　本规程自公布日施行。

证书式样〔略〕

〔国民政府教育部档案〕

6　教育部订定《各省市县教育行政机关暨中小学施行升学及职业指导办法大纲》

（1933年7月4日）

第一条　为增进中小学各级教育效能、指导学生之升学与就业起见，应由各省市县教育行政机关督令所属中小学，实施升学及职业指导。

第二条　小学自五年级起，初中、高中自二年级起，均应实施升学及职业指导。

第三条　中小学升学及职业指导之实施，以学校为主体，由教育行政机关负责督促进行。

第四条 各省市教育行政机关应遵照本大纲，拟具实施升学及职业指导详细办法，呈请教育部备案。

各县市教育行政机关拟定之实施办法，应呈请省教育厅核准，转报教育部备案。

第五条 各省市县教育行政机关，实施升学及职业指导之要点如左：

一 应组织实施中小学升学及职业指导委员会，聘请富有职业指导学识经验者三人，中小学校长三人，当地各业领袖三人，各该主管行政机关职员二人为委员，负指导及研究之责。

二 就可能范围内设立职业指导及介绍机关。

三 督促所属中小学实施升学及职业指导。

四 调查辖境内社会、经费及职业状况，并编制统计颁发各学校参考。

五 编制所属各学校各项统计。

六 举行各学校智力及体力测验。

七 各省市教育行政机关应聘请专员，负计划及督促各级学校实施升学及职业指导之责。各县市教育行政机关应指定人员，负责办理。

八 各省市教育行政机关于二十二年度暑假起，分期举办关于升学及职业指导之讲习会，召集各县市教育局局长及学校校长等出席听讲。

九 各省市教育行政机关于每学年终了时，应考核所属各机关学校办理升校及职业指导成绩，并将情形呈报教育部审核备查。

十 各省市教育行政机关应令所属各中小学校校长，对于每届毕业生之升学与就业负完全指导之责任，于每学年终了时，应呈报各校毕业生预定升学或就业之估计。

十一　各省市应于每学期终了时，根据全省中小学校毕业生升学与就业之估计，规定此后设置中等学校数量之分配。

第六条　小学之升学及职业指导实施要点，规定如左：

一　由校长教员组织学生指导委员会，研究关于指导方面之一切问题。

二　调查学生家庭职业及经济状况。

三　调查当地社会状况。

四　调查学生普通智力与特殊能力。

五　检查学生体格，并调查其父母兄弟姊妹之健康状况。

六　就常识学科中灌输普通职业常识。

七　利用劳作及实际活动学科，培养其勤劳习惯。

八　考察学生读书兴趣，及其行动嗜好。

九　考察学生习惯，及其特殊变迁。

十　调制完善之学籍簿（须包括家庭状况、学科成绩、操行、体格、疾病、嗜好及教员评语等等）。

十一　调查各中等学校之办理情形及其旨趣，并搜集章则规程等，以供学生之参考。

十二　随时聘请当地各业领袖及中等学校校长或主任教员，到校讲演。

十三　征求学生家长意见。

十四　实施指导。

十五　设立暑期升学补习班。

第七条　初级中学升学及职业指导之实施，除依照小学实施各点外，应补充如左：

一　调查学生对于学科与职业之兴趣。

二　调查学生课外活动之嗜好。

三　考察学生之行为、思想及其变迁。
　　四　利用修学旅行，职业演讲，灌输学生职业知识。
　　五　指导学生举行当地普通职业之初步调查。
　　六　设置完善之图书馆，聘请常识丰富者充当主任，指导学生读书。
　　七　充实劳作设备，并增加其学科内容。
　　八　利用手工、图画、音乐及其他有关职业之学科，启发学生职业兴趣与知能。
　　九　由各级主任教员随时举行团体及个别谈话，以观察学生之抱负及思想。
　　十　设置奖学金或贷学金名额。
　　十一　联络职业界及各学校以求学生服务及升学之便利。
　第八条　高级中学升学及职业指导之实施，除依照小学及初级中学各点外，应补充如左：
　　一　尽量参观学校及银行、商店、公司、工厂、农场等职业机关。
　　二　努力提倡课内自修、课外活动，以培养各种生活之能力。
　　三　充实图书馆及实验室内容，供给学生之阅读及研究。
　　四　指定职业问题，令学生调查研究，并制作报告。
　　五　教员学生组织职业调查团，调查当地各科职业，编制图表，以备参考。
　　六　令学生拟具自己求学与服务方针，提出指导委员会讨论研究。
　第九条　各中小学校应将每学年毕业生之升学及就业详情，按期呈报主管教育行政机关审核，汇报教育部备案。

第十条 各中小学校应随时调查毕业生状况,以确知指导之是否适当。

第十一条 本大纲自教育部公布之日施行。

〔国民政府教育部档案〕

7 教育部颁发各省市教育行政机关设置职业指导组暂行办法
(1935年11月30日)

一 各省市教育行政机关应斟酌实际需要情形,设置职业指导组。

二 各省市教育行政机关除设置职业指导组外,并应遵照各省市教育行政机关及中小学校施行升学及职业指导办法大纲第五条之规定,组织升学及职业指导委员会,负职业指导事业之讨论、计划及建议之责。

三 职业指导组附设于各该省市教育行政机关内,并指定专任人员主持之。各组办事员指定厅局职员兼任,或酌雇佣专职人员,其人数视事务繁简酌量规定。

四 职业指导组之组织,按事业范围繁简,酌分为左列四股:

(1)文书股 掌理文书、印刷及不属其他各股之一切事务。

(2)介绍股 办理求职人登记,接洽求人机会,介绍供求接洽,及代办招考事宜。

(3)研究股 调查各种职业内容及学校概况,编辑刊物,编定各级学生必读图书目录,施行智力及职业测验,统计各种参考材料,研究特别问题。

(4)推广股 举行职业指导演讲,代各校设计,视察各指导工作。

五　职业指导组之工作范围，暂定如左：

（1）实施指导　凡有下列各种问题者，得请求职业指导组之指导：

　　（a）择业问题；　　　　（b）训练问题；
　　（c）就业问题；　　　　（d）改业问题；
　　（e）修学问题；　　　　（f）升学问题。

（2）调查职业　调查当地主要职业内容状况，以为职业指导之参考。

（3）调查学校　调查与当地学生升学有关之学校状况，以为升学指导之参考。

（4）试行智力及各项职业测验　选择智力及各项职业测验施行试验，并研究其结果。

（5）研究统计　研究求人、求职统计，以作供求之比较；并根据学校、学生与社会各机关容量之调查，以作人才统制之依据，供教育行政机关之参考。

（6）辅导各校　对于各级学校实施指导者，应与以切实之协助，或代拟计划，或随时视察，或对于有问题之学生代施指导。

（7）代办招考　凡各机关团体选用人员时，指导组可代办招考事宜，或代为选择人员。

（8）职业演讲　指导组应聘请各业专家轮流赴各级学校演讲职业内容，并聘请职业指导专家演讲职业指导问题。

（9）搜集图书　凡关于职业指导之书籍刊物及职业状况、学校情形等印刷品，均应尽量搜集，以供参考。

（10）出版刊物　凡关于职业及学校内容调查材料，或其他指导性质之文字，均应编成刊物，以供参考。并随时发表各种统计研究。

六 职业指导组之工作手续,暂定如左:

(1)指导与介绍之重要手续:

(a)指导:登记;　　初步面洽;　　个别调查;
测验;　　面洽指导。

(b)介绍:登记;　　初步面洽;　　测验或考试;
介绍接洽;　任用;

(2)实施职业指导主要手续为个人调查表,内载学业成绩、操行、体格、家境、兴趣等。此种调查,应由各校负责主持,作为各校实施指导之一部分工作。

(3)介绍工作最主要之表式为求人与求职卡片,求人卡片应列职务性质、需要资格、报酬数目等;求职卡片应列个人资格、愿就职务、希望报酬等。

〔国民政府教育部档案〕

8 教育部公布各级学校设置免费学额及公费学额规程

(1936年5月6日)

第一条 各级学校为奖助家境清贫、体格健全、资禀颖异、成绩优良之学生起见,应遵照本规程之规定,设置免费学额及公费学额。

第二条 免费学额免除学费之缴纳。前项所谓学费兼包括各校所收体育费、图书费、实验费及其他类似费用。

第三条 全国各级公立学校暨全国各级私立学校,均应依左列规定设置免费学额:

一 小学:小学以不收学费为原则,其因特殊情形征收学费之小学，应设置全校儿童数百分之四十以上之免费学额，民国二十五年度至少应设置百分之二十，以后应逐年增设，限至民国二十八年度一律达到百分之四十之标准。

二　中等学校：初高级中学及初高级职业学校，应设置全校学生数百分之十五以上之免费学额，民国二十五年度至少应设置百分之八，以后应逐年增设，限至民国二十八年度一律达到百分之十五之标准。

三　专科以上学校：专科以上学校应设置全校学生数百分之十以上之免费学额，民国二十五年度至少应设置百分之五，以后应逐年增设，限至民国二十八年度一律达到百分之十标准。

第四条　公费学额除依第二条免收学费外，并应依第十六条之规定给予最低限度之膳宿、制服、书籍等费。

第五条　全国各级公立学校除设置免费学额外，并应一律依左列规定设置公费学额：

一　小学：公立普通小学及短期小学，民国二十五年度至少应设置全校学生数百分之四之公费学额，以后并应逐年酌量增设。

二　中等学校：初高级中学及初高级职业学校，民国二十五年度至少应设置全校学生数百分之三之公费学额，以后并应逐年酌量增设，中等师范学校之公费待遇，依师范学校规程之规定办理。

三　专科以上学校：公立专科以上学校，民国二十五年度至少应设置全校学生数百分之二之公费学额，以后并应逐年酌量增设，各级私立学校之经费比较充足或受有政府补助者，亦应酌量设置公费学额。

第六条　全国各级公立学校设置公费学额之经费，应以在学校经常费内撙节开支为原则。

第七条　各级学校应于每年暑假开始前就各该校学生概数与本规程规定之比额，订定下年度应设之免费学额与公费学额，并呈报主管教育行政机关，对于前项呈报之不符规定者，应责令改订。

第八条 各级学校于每学年末应将本年度内所已设置之免费学额、公费学额以及免费生、公费生名册呈报主管教育行政机关。

第九条 各级学校应设置之免费学额及公费学额，应酌量分配于该校各年级学生，其分配于次年度新招学生之学额，并应于招考时载入招考简章，以资公告。

第十条 凡学生家境清贫，其家庭无力担负子弟就学费用者，得觅具二人以上之切实保证书，向原籍县市（包括普通市及直辖于行政院之市）或住居在三年以上之县市主管教育行政机关申请证明。

第十一条 各县市主管教育行政机关，应各组织免费学额审查委员会，对于前条申请执行审核，其合格者提请县市长给予家境清贫证明书；前项委员会由各该县市长聘请地方公正人士三人组织之，并以县市主管教育行政机关人员为当然委员，委员会办事细则由各县市主管教育行政机关订定，呈报该管教育行政机关备案；在审查委员会尚未成立前，前项审查与证明，得暂由县市主管教育行政机关秉承县市长办理。

第十二条 凡声明请免费或公费之待遇者，应依下列规定为之：

一、投考学生：投考学生应于报名时呈缴家境清贫证明书，其因特殊情形不及于报名时呈缴者，得于录取后一星期内补缴；

二、在校学生：在校学生应于每学年开始前呈缴家境清贫证明书。

第十三条 各级学校依照本规程规定兼设有免费学额及公费学额者，其公费学额应给予家境清贫而入学考试成绩或在校成绩较优之学生。各校录取新生及在校学生，其申请免费或公费待遇者，如超过各该校应设置之免费或公费学额，各该校应以其免费或公费学额给予入学考试成绩较优或在校成绩较优之学生。

第十四条　凡受有免费或公费待遇之学生，如其操行与学绩平均不及乙等者，各校得停止其免费或公费待遇，其详由各校斟酌定之。

第十五条　各级学校对于免费公费学额之给予，应由校长遴聘教职员若干入组织委员会（称免费学额委员会或称免费暨公费学额委员会）共同审定，以示公开而杜瞻徇。

第十六条　各级学校依本规程设置之公费学额，其给予学生之费用由各校依照当地生活情形，就下列范围酌量定之：普通小学每人每年十元至三十元；初中及初级职业学校每人每年四十元至八十元；高中及高级职业学校每人每年六十元至一百元；专科以上学校每人每年一百五十元至二百五十元；短期小学公费学额之待遇由各校斟酌各地情形定之。

第十七条　各级学校免费及公费学生，如有冒充清贫或伪造家境清贫证明书等情事，经查明属实者，得由各校向各该生或其保证人追缴各费，并得停止发给成绩证明书或毕业证书；其参加审查资格之人员倘有徇情蒙混情事，并应受惩戒处分。

第十八条　各省市教育厅局及公立私立专科以上学校，于每学年开始后两个月内，应将办理免费及公费学额经过情形，分别呈报教育部备案。

第十九条　各校所设之各种奖学学额，其经费系出自公私机关团体或私人，并非由本校经常预算内开支者，仍应概予维持，并不得以之抵充本规程所规定之免费学额或公费学额。

第二十条　本规程自公布之日施行。

〔国史馆档案〕

（三）教科图书编审

1 教育部公布教科图书审查规程

(1929年1月22日)

第一条 学校所用之教科图书，未经国民政府行政院教育部审定或已失审定效力者，不得发行或采用。

第二条 图书发行人或编辑人，应于图书发行前呈送本书三份请求审查。如用稿本送请审查，应即预印数页作为纸张印刷款式等之样本，此项样本及稿本应各呈送二份。

凡未完成及无定价之图书不与审查。

第三条 教科图书分教员用及学生用两种，具呈人于呈请审查时应分别声明。

第四条 呈请审查图书时应将图书定价十倍之审查费连同样本呈纳，但挂图类以每种定价之二倍为审查费；审定后定价如有增加，应照前项规定补缴审查费；但依第八条之规定呈请复审者，其复审费以前项规定之半额为准。

第五条 凡呈请审查之图书，如有应行修改者，由教育部签示要点于图书上，饬具呈人遵照修正，以半年为期；逾期不修正，呈核时不与审查。

凡定价过高之图书，教育部得令发行人酌减之。

第六条 已经审定之图书，由教育部将下列各项在教育部公报上宣布之：

一 书名　　二 册数　　三 定价
四 某种学校用　　五 发行之年月
六 编辑人及发行人之姓名。

第七条 已经审定之图书,应在书面上记明某年某月经国民政府行政院教育部审定字样,更须就教员用与学生用两种分别标明。

第八条 已经审定之图书,如发行人或编辑人将内容或形式变更,须于两个月内呈请复审,逾期即失审定效力;正在审查中之图书,其内容如有变更,得随时呈请审查。

第九条 图书经审定后,如遇事实变更,其内容有不适当之处,经教育部饬令修改者,发行人或编辑人应于三个月内遵照修正呈核,逾期即失审定效力。

第十条 图书审定之有效时期为三年,届期满三个月前应再呈送审查。

第十一条 凡未经审定或依前列各条已失审定效力之图书书面上,不得载有国民政府行政院教育部审定字样。

违犯前项之规定或对于禁止发行之命令故不遵守者,科以法律上相当之处罚。

第十二条 本规程自公布日施行。

附则

本规程公布后,十六年十二月十六日前大学院所公布之教科图书审查条例,应即废止。

〔国民党中央民众训练部〕

2 教育部订定暂行教科图书审查办法

(1929年1月22日)

第一条 审查教科图书之共同标准,由编审会议厘订之;其各股之个别标准,得由各股审查会分别厘订之。

第二条 应行审查教科图书之种类,依其性质,暂分为下列六股:

一　本国语文股。

二　外国语文股（包含拉丁文、英文、德文、法文、俄文、日文等）。

三　社会科学股（包含党义、政治、经济、法制、哲学、教育、历史、地理等）。

四　自然科学股（包含数学、博物、物理、化学、生理等）。

五　职业各科股（包含农业、工业、商业等）。

六　技艺各科股（包含音乐、图画、手工、体操等）。

第三条　凡呈请审查之教科图书，由编审处第二组编号分类，发交编审查。

第四条　审查工作分初审、复审、终审三次，初审及复审每次每书俱须经一人以上之审查，终审以审查会决定之。

第五条　每书初审及复审至多各以一月为期，复审完毕由组主任整理审查结果，召集会议讨论，于半月内将终审报告陈请部长次长核办。

第六条　初审编审应将书中不妥之处签注书上，并酌示修正方法，初审完毕时并应将书后附粘之报告单逐条填写。

第七条　复审编审于审查原书外，并应将初审审查意见加以复核，签注书上，复审完毕时亦应将书后附粘之报告单逐条填写。

第八条　编审应于审查意见签条上盖章，俾易辨别。

第九条　发还呈请审定之图书时，得为下列各种之决定：

一　全书适宜者准予审定；

二　书中不妥之处可照签定办法修正，不必再经审查者，发行人改正后即得发行，同时将改定之书三部送部备案；

三　书中不妥之处修正后，仍有再经审查之必要者，发行人应于修正后送请再审；

四　全书毫无价值者，迳行驳斥，不予审定。

〔国民党中央民众训练部档案〕

3 教育部订定审查教科图书共同标准

(1929年 1 月22日)

(甲) 关于教材之精神者:
  一　适合党义　　二　适合国情
  三　适合时代性
(乙) 关于教材之实质者:
  四　内容充实　　五　事理正确
  六　切合实用
(丙) 关于教材之组织者:
  七　全书分量适宜　　八　程度深浅有序
  九　各部轻重适度　　十　条理分明
  十一　标题醒目确切
  十二　有相当之问题研究或举例说明
  十三　有相当之注释插图索引等
  十四　适合学习心理
  十五　能顾及程度之衔接
  十六　能顾及各科之连络
(丁) 关于文字者:
  十七　适合程度　　十八　流畅通达
  十九　方言俚语屏弃不用
(戊) 关于形式者:
  二十　字体大小适宜　　二十一　纸质无碍目力
  二十二　校对准确
  二十三　印刷鲜明
  二十四　装订坚固美观

〔国民党中央民众训练部档案〕

4 陈时泌请取缔世界书局刊行小学国语读本呈及教育部复函

(1929年9—11月)

(1)县知事陈时泌致国民政府呈(9月12日)

呈为世界书局刊行小学国语读本第五册,侮辱党国,逆迹昭彰,拟请派员彻查,严加惩处,以明正义,而靖人心,恭请仰祈鉴核事:窃礼以当王为贵,蒙以养正为先,古训具存,未之敢异。殊世界书局不然,所刊小学国语读本第五册内有兽国革命、兽国委员制二节,侮辱党国,任情丑诋,不独污蔑国府委员狗彘不如,亦且不以人类视我先总理。此虽滑稽之论调,究属捣乱之野心。按帝国主义原只宜于汉唐以前,闭关时代,向使中山学说早昌明于宋明之间,岂第金元之祸或可保其必无,即爱新觉罗之入关,恐亦未必能如翻日之易。盖种族之见能明斯,华夷之防乃固,革命之精义,即春秋之微旨,同条共贯,后先一揆,若如该读本所言尊孔既见訾于时髦,崇孙复被嗤为异类,何去何从,无之而可。夫教育为人才之母,小学乃入德之门。比年以来,坊间刊本,撷拾里巷猥琐不经之谈,以理之所绝无,为事之所或有,恐彼儿童,打倒民人智识阶级,业已居心难问,罪不容诛,今更变本加厉,逆迹昭彰,入主出奴,积非成是,恐反革命之惨祸即在眉睫之间。一言虽微,所关甚巨,律以两观之诛,实属十恶之首。时泌为爱护党国,辅世翼教起见,所有拟请派员彻查严加惩处缘由,是否有当,理合备文,仰祈察核酌夺施行,党国幸甚,教育幸甚。谨呈

国民政府委员主席蒋

江苏任用甲等县知事　陈时泌

中华民国十八年九月十二日

（2）教育部复国民政府文官处公函（11月13日）

教育部公函　字第一〇三三号

迳复者：准贵处函开："奉主席发下陈时泌呈为世界书局刊行小学国语读本第五册，侮辱党国，逆迹昭彰，拟请派员彻查一案。奉谕：交教育部查明核办具复等因。相应检同副呈，函达查照办理等因。并附送原呈一件到部。准此，查该书内容，谬误之处颇多，而以陈时泌所陈各节，为更明显。除令饬将该书全部改编，再送审查，并在改编期间停止发行外。相应函复，请烦查照转陈为荷！此致

国民政府文官处

部长　蒋梦麟

中华民国十八年十一月十三日

〔国民政府档案〕

5 教育部关于我国中小学教科图书编审情形节略

(1936年9月7日)

一、**教科书之编辑**：我国自兴学以来，对中小学所采用之教科图书即采审定制，准由著作人或书店编撰，由政府审定（专科以上学校无法定教科用书）。国民政府定都南京以后，仍保持此制。惟为力谋中小学教科用书内容之整一起见，教育部曾选集专家，商订课程标准，经于十八年以后陆续颁布幼稚园、小学、初高中课程标准，于是著作者编辑中小学教科用书，乃有确切之范围，部中审定工作亦较有准绳可循。

二、**教科书之审定**：凡依据中小学课程标准编定之各科教科图书，依法须送部审查。教育部颁有教科图书审查规程，于送审手续及审定程序均有规定。在数年以前，各书店所编之教科图书，间有不甚妥善者；当满州事变及一二八事变陆续发生之时，言词

间或不免偏激,审定之时亦或不及一一改删。近二、三年来,审定之手续较前细密,凡出版书商及著述人将依据标准编定之中小学教科图书送部后,先交由主管司科为大体之审查,如无不合情形,始发交国立编译馆,由馆内外各科专家分别审查,待最后经部复核后始发给审定执照,鲜有初送即予审定者,大都先则指示如何修正,俟修正后续为审查,往往续送二、三次至五、六次始予审定,其意盖在力求妥善无疵也。数年以前,各地学校所用教本,或有未经部审定者,或有为审定本之已失时效者(经部审定之教本均有一定时效,中等学校为六学期,简易师范及小学为八学期,期满非依法重送审定,仍不得采用)。近一、二年来,教育部考察日严,此类情形,已逐渐绝迹。全国各校所用教本率皆为本部最近精密审定之本,外人不察,往往觅取一、二未经审定之书,或审定已失时效之书,以为排外或排日之口实,实则此类教本原为部所禁制,亦已罕见采用。

三、教科图书中涉外之记载与言论:国难日趋严重,中小学教科用书(尤其国文、史地等教本)关于涉及外事之记载与言论,遂成极端繁难问题。本部选集专家,深思熟虑,认为爱国思想之扶植,民族意识之培养,当侧重积极方法,不宜倾向于国际仇怨之鼓吹。本部曾于廿四年三月密令国立编译馆,"以后审查中小学教科书时,对于国耻教材应注意正确事实之叙述,与健全的民族意识之培养,勿使有不翔实之记载,谩骂之字句,或单纯的鼓煽仇恨之言辞"。嗣于同年七月奉行政院四〇六八号训令转奉国府令,以准中央政治会议密函,声明:(一)凡记载历史事实之图书,不在国民政府六月十日敦睦邦交令限制之内。(二)各种刊物在国民政府敦睦邦交令发布以前出版者,应不溯既往。此虽不专指学校教科图书而言,然教科图书之涉外事项,即包涵在内。

现在各地中小学所采用之各科审定教本均能依照标准编辑,

编译馆审查时,对中央及本部密令指示各点均能严密注意,因此,如教本之内,均趋平正。

四、关于对外方针之意见:关于对外方针,本部研讨之余,谨将意见缕列于后:

(1)中小学教科书问题,一方面关系整个教育之国策,一方面关系知识界全体人士之意见,对外殊不能有任何文字之交换,果其有之,不但国家教育之推进横受拘束干涉,且必引起教育文化界之严重反响,增益纠纷。

(2)不实之记载与夫谩骂邻国侮辱友邦之言词,近年以来因政府之严察与纠正,与夫编辑人之共体时艰,在经部准许行用之教科书中殆已绝迹。以是之故,教科书排日云云,实际上已不能成为问题。至教科书中真实的史迹之记述,与夫三民主义之阐明,自无可非议。盖教育与学术既以追求真理为天职,自不能湮没事实。三民主义为吾国教育宗旨,载诸现行约法,非任何人所能摇撼也。

(3)中日两国关系之调整,必本于双方之努力。近年以来,吾国政府虽尽力以求嫌怨之渐释,日方则迄未为同样之努力。即单就出版物而言,日本学校教科书及教科参考用书,充斥侵华排外之教材,自昔已然,近今尤烈。国人所辑是项研究,已不胜枚指。姑就日本研究会所编"日本侵华排外之教材与言论"一书观之,其蓄意侵略侮辱邻国之态,已昭然若揭。此种侵华排华之教材,以及侮辱中国国民、挑拨中日恶感之其他日本刊物,日方应如何量为取缔,吾国政府似亦可唤起日政府之注意。

附日本研究会刊物一种〔缺〕

中华民国二十五年九月七日

〔国民党中央民众训练部档案〕

6 上海书业同业公会主席陆费伯鸿请放宽教科参考图书审查处分致国民政府呈

(1931年4月)

具呈上海市书业同业公会(会址上海西藏路二马路口平乐里)

呈为教科参考图书,如无反动文字,即有不合,请免予以停止发行处分事:案教育部审查教科图书,原为奖励著作、指导学校采用起见,教育文化咸蒙裨益。查著作人出其学力撰著成书,其佳良者予以审定,以资提倡,即偶有瑕疵,未必全无心得,若与部颁标准不合,祇须无反动文字,部中不予审定,各校自不采用。如概予以停止发行处分,不惟发行者损失巨大,著作者亦将灰心,殊非奖励学术、提倡文化之道。况参考用书无标准可循,在此学子读物贫乏时代,提倡奖励之不暇,安可以停止发行摧残之。彼受停止发行处分之书,以其内容或有可采,出版者虽不再付印,而各省纷纷翻印,殊莫如之何。应请以后无论教科或参考图书,佳良者予以审定,不合标准或偶有瑕疵者,若无反动文字,只可不予审定,不必予以停止发行处分,藉示鼓励而免损失。事关教育文化至巨,用特备文呈请钧府鉴核俯赐采纳,并行知主管机关遵照,不胜迫切待命之至。除呈行政院、教育部外。
谨呈
国民政府

上海市书业同业公会主席　陆费伯鸿

中华民国二十年四月　　日

〔国民政府档案〕

（四）捐资兴学

1 国民政府公布《捐资兴学褒奖条例》

（1929年1月29日）

第一条 凡以私有财产处置创立或捐助学校、图书馆、博物馆、美术馆及其他教育机关者，得依本条例请给褒奖。

第二条 凡捐资者，无论用个人名义或用私人团体名义，一律按照其捐资多寡，依下列规定分别授予各等褒状：

一 捐资在五百元以上者，授予五等奖状；
二 捐资在一千元以上者，授予四等奖状；
三 捐资在三千元以上者，授予三等奖状；
四 捐资在五千元以上者，授予二等奖状；
五 捐资在一万元以上者，授予一等奖状。

第三条 应授予四等以下奖状者，由大学区或省教育厅或特别市教育局开列事实表册，呈请省政府或特别市政府核明授予，仍于年终汇报教育部备案。

第四条 应授予三等以上奖状者，由大学区大学或省教育厅或特别市教育局开列事实表册，呈请教育部核明授与。

第五条 捐资至三万元以上者，除给与一等奖状外，并于年终由教育部汇案呈报，请国民政府明令嘉奖；捐资至十万元以上者，除授与一等奖状外，由教育部专案呈请国民政府明令嘉奖。

第六条 凡已受有奖状者，如续捐资，得并计先后数目，按等或超等晋授奖状。

第七条 凡经募捐资至十倍第二条所列各数者，得比照该条分别授与奖状。

第八条 凡以动产或不动产捐助者，准折合银元计算。

第九条 华侨在国外以私财创立或捐助学校及其他教育机关以培育本国子弟者，其请奖手续由各驻外领事馆开列事实表册，呈请教育部核办。

第十条 本条例自公布日施行。

附奖状图样〔略〕

〔国民政府教育部档案〕

2 教育部关于明令嘉奖卢木斋捐资兴建南开大学图书馆的文件

（1929年11月）

（1）教育部长蒋梦麟致行政院呈（11月20日）

案据私立天津南开大学校董会呈称："窃天津南开大学性属私立，规模原不完备，所有一切建筑设备，端赖各方捐助而成。惟念学术之研究，必须图书之参考，故对于购置图籍书物特别视为重要。数年以来所集图书，计自购者约值十万余元，捐入者约值三万数千元，普通读物，于兹略具。惟以学子阅书之所，每觉不敷应用，幸承前校董卢公木斋大发鸿愿，捐资十万元，为本校建筑图书馆之用。本校即于十六年夏开工，十七年秋落成，计建筑及设备等费共费洋十二万余元。馆成命名木斋图书馆，以志不朽。复经本董事会议决增加图书馆临时费及追赠购书费二万余元；嗣后每年并拟以一万元为该馆常年经费，藉得维持久远。窃思卢公慨捐巨款，嘉惠士林，具有学子莘莘踊跃咏仁之盛。而自该馆设计以及完成，卢公不时来校监督工程，其壮心热力，实足令人钦感。查国民政府为提倡公益事业，曾于十八年一月二十九日颁布捐资兴学褒奖条例，其第五条有捐资十万元以上者，除授与一等奖状外，由教育部专案呈请明令嘉奖等语。此次卢木斋捐助南开巨款，核与此条相符，理合据情仰祈钧部准予专案请奖，以彰盛业。再馆成以后，卢木斋复陆续赍到中外书籍共一万九千册，分别捐赠寄陈，将来另案核请奖励。至捐资人热心教育，本不欲仰邀褒奖；惟本会以厥功伟大，应示来兹，不便任其湮没，合附布闻，统希亮察等因。当经令饬天津特别市教育局查明属实，按照捐资兴学褒奖条例第五条，应授与一等奖状，并专案呈请国民政府明令嘉奖。除按条例授与一等奖状外，理合备文呈明，仰祈钧院转呈国民政府明令嘉奖，以示优异，实为公便。谨呈
行政院

        教育部部长　蒋梦麟

中华民国十八年十一月二十日

（2）国民政府致行政院指令（11月30日）
国民政府指令　字第二七八五号
    令行政院
  呈据教育部呈，以卢木斋捐助巨款，建筑南开大学图书馆，请明令嘉奖由。
  呈悉。已有明令嘉奖矣。仰即知照，并转行知照。此令。
中华民国十八年十一月卅日

        主　　席　蒋中正
        行政院院长　谭延闿
        立法院院长　胡汉民
        司法院院长　王宠惠
        考试院院长　戴传贤
        监察院院长　赵戴文

        〔行政院档案〕

3. 教育部关于嘉奖民国二十五年度捐资兴学三万至十万元人员呈

（1937年11月25日）

案查民国二十五年捐资兴学在三万元以上未满十万元者，计有程栋丞、黄旭初、李宗仁、白崇禧、霍芝庭、胡文虎、胡文豹、张仲金、马鸿逵、庄次卿、林炳炎、郑伯昭、简照南夫人、上海广肇公所、陈燕灿、郭巨川、郭镜川、李宝训、陈佩珩、上海华成烟厂等十六案。按照捐资兴学褒奖条例第五条之规定，除由部长应各授与一等奖状外，理合呈请鉴核，转呈国民政府明令嘉奖，以昭激劝。谨呈
行政院院长蒋
　　计呈送捐资兴学事实表两份
中华民国二十六年十一月二十五日
　　　　　　　　　　　　　　　教育部部长　王世杰

民国二十五年三万元以上未

团体名称或个人姓名	所在地或籍贯	事
程栋丞	湖北黄安	捐款四万元，购置学田五百九十六石四
黄旭初 李宗仁 白崇禧	广西省	曾于民国二十二年六月二十四日捐助国四万八千元。
霍芝庭	广东南海	曾于民国二十三年十二月三十一日捐助万八千元。
胡文虎 胡文豹	福建永定	曾于民国二十四年二月三日捐助国立中粤币四万五千五百元，折合国币三万六
张仲金	河北文安	自民国十三年起至二十五年止，先后捐
马鸿逵	甘肃临夏	自民国廿三年至二十五年捐助宁夏省立十四元九角九分九厘。
庄次卿	江苏邳县	于民国二十四年捐助江苏省立运河镇乡国币三万零八百九十一元六角。
林炳炎	广东	于民国二十三年十二月暨二十四年三币六万元正。
郑伯昭	广东	于民国二十三年二、四、七、十二月，万元正。
简照南夫人	广东	于民国二十四年一月捐助上海市私立粤
上海广肇公所	上海	于民国二十三年十月捐助上海市私立粤
陈燕灿	广东	于民国二十三年八月捐助上海市私立粤地价计国币五万三千四百七十二元七角
郭巨川 郭镜川	广东文昌	于民国十八年暨民国二十四年先后捐助银五百元；文昌县第一区区立第六小学小学校舍修整费及经常费二千元。共国
李宝训	天津市	于民国十九年三月将家藏经史子集书籍书馆，共计国币八万四千九百四十一元
陈佩珩	湖南长沙	将自建晚香别墅共计六百八十余方丈捐银二万七千元，又捐助该校基金六千
上海华成烟厂	上海	捐助上海市私立华成烟厂工人子弟小学

满十万元捐资兴学事实表

事实	本部授与奖状年月
斗四升六合,俾为该县惨罹浩劫后兴复乡校之用。	一月
立中山大学石牌新校建筑费粤币六万元,折合国币	二月
国立中山大学石牌新校建筑费粤币六万元,折合国币四	二月
山大学石牌新校建筑费广州市立银行纸币五万元,折合千四百元。	二月
入私立万选女子小学开办补助等费四万一千二百余元。	六月
回民师范学校经常临时两费,计达国币三万二千二百六	六月
村师范学校校基八十五亩八分一厘。照时值估计,共达	七月
月,先后捐助上海市私立粤东中学新校舍建筑费,计国	七月
先后捐助上海市私立粤东中学新校舍建筑费,计国币五	七月
东中学新校舍建筑费,计国币五万元。	七月
东中学新校舍建筑费,计国币四万元正。	七月
东中学新校舍地基十七亩五分六厘二毫,照时值估计二分。	七月
文昌县立中学建筑费一万七千元,又四部丛刊一部,价建筑费及经常费一万五千元,第一区美丹村私立迈种初级币三万四千五百元。	八月
计七万三千九百零二册,捐赠天津私立南开大学木斋图一角。	八月
与私立精炼高级电信运输科职业学校作为校址,计估值元,共三万三千元正。	九月
校舍建筑费暨历年经费,共计三万五千六百元正。	十二月

〔行政院档案〕

4 民国十八年至二十六年

(1938

年别	捐资兴学之人数	捐资数			
		共计	兴办专科以上学校	兴办中等学校	兴办小学
总数	636	32,317,735	24,490,900	4,575,307	4,114,178
二十六年	70	1,431,726	44,500	997,067	206,744
二十五年	60	20,971,705	20,262,240	457,660	190,085
二十四年	71	1,847,130	1,016,000	249,740	448,390
二十三年	46	1,112,200	20,000	91,220	386,350
二十二年	111	1,635,160	18,000	809,783	690,977
二十一年	57	1,447,213	35,000	839,238	557,985
二十年	92	2,145,409	9,000	713,055	943,054
十九年	93	1,287,647	156,160	384,199	475,153
十八年	36	439,545	110,000	28,355	215,340

说明：此表褒奖兴学人数及捐资数，系仅就教育部授与兴学

捐资兴学褒奖统计表

年)

(元)					授与奖状张数				
兴办社会教育	存作贫寒学生补助金	捐作教学基金	捐作奖学基金	其他	一等奖状	二等奖状	三等奖状	四等奖状	五等奖状
111,840	9,900	451,090	22,420	17,300	203	141	185	52	55
183,415					15	10	14	21	10
10,300		40,000	11,420		28	6	26		
3,000		120,000	10,000		18	14	17	10	12
579,530		35,000			16	7	18	3	2
64,000		42,400		10,000	33	23	24	9	22
10,000		5,000			20	18	17	2	
69,700		130,600		280,000	32	26	24	6	3
215,895		53,240		3,000	27	26	34	1	5
55,000		24,850		6,000	14	11	11		

奖状者计算，各省市政府褒奖人数及捐资数未列入内。

〔国民政府教育部档案〕

（五）教育经费

1 教育部关于各省市教育经费独立状况的调查报告

(1934年)

近各省市已完全实行独立者，则有江苏、江西、福建、浙江、河南、云南等六省及南京一市；一部分独立者，有安徽、湖南、绥远、甘肃等四省。其余各省或未独立，或正在计划独立。

民国二十二年间，教育部派督学及司科长分赴各省市视察，对于教育独立一项至为注意，故令饬改进诸点，于此点多所指示，以期达到各省市教育经费完全独立之目的。兹就各省市中等教育经费独立问题分述于后：

一、江苏省 该省中等教育经费自民国十四年起，即经实行独立经费来源，以屠宰税、牙帖税、卷烟特税、漕米省附税四项为教育专款。国府奠都以后，复经中央政治会议决继续保持独立制度。乃卷烟特税一项，于十六年七月为财政部收归国税，另以本省田赋抵充，不足数时，由卷烟税项下拨补，据二十二年岁入概算，总额为四百四十五〔万〕元（省教育经费全部之数）。

该省以教育既经独立，亟应予以保障，遂设江苏省教育经费委员会，为支配及增筹经费之最高机关。各项教育专款之征收、支付及保管，设教育经费管理处负责办理。教育经费委员会设稽核委员会，审计教育经费管理处〔理〕各项收支帐目，并审核发款通知书。省立各教育机关设经费稽核委员会，稽核各该机关内收支帐目。

二、浙江省 该省教育经费在未指定专款以前，由全省财政统收统支。年来省库支绌，不能为期发放，故教育所受影响甚大。去岁经教育部督促，及在省立中等学校校长会议时各校合词，以指定教费专款为请，乃由教育厅会同财政厅切实商确具体办法，提经省政府会议议决通过公布施行。至是浙省中等教育经费，实行独立。所有审计、支付及保管方法共有十一条，兹举其要点如下：

（一）浙省政府为保障教育经费，籍谋事业稳定及发展起见，指定箔类营业税每年一百二十万元，烟酒税全数每年约二十万元，屠宰营业税全数每年约六十万元，三项约共二百万元，作为省教育经费专款，专充教育厅主管各教育机关及文化机关经临各项经费之用。

（二）上项税收拨充省教育经费专款，分三期实行。

（三）每月应发省教育经费专款，由教育厅就专款总数逐月指定分配表，送由财政厅开发支付通知。如税收不足指定之数额时，由财政厅以现金补足之。

（四）每月应发省教育经费，除就专款拨付外，其依照预算应发之各项经费，仍由财政厅发放足额。

（五）教育厅预算增加时，由财教两厅会商呈请省政府另行加指专款，增补足额。

三、江西省　该省中等教育经费前由省库地方税项下开支，至十七年度由教育厅呈准教费独立，确定以盐税附捐每年二百万元为教育专款，其他教费亦在此二百万元内开支。关于教育独立之保障，整理扩充出纳稽核预算之审查，由省教育经费委员会负责，收支、保管、支付预算书之编造，及其他出纳事项，则由教育经费管理处负责，该处受教育厅及省教育经费委员会之监督，司理上列事务。教费之领放，另订有省教育厅领放省教育经费办法。

四、福建省　该省中等教育经费，前于民国十七年十月经省府会议议决由十八年度起，指定盐税附加每月划拨十二万元为教育专款（其他教费在内），不足数时，全由财政厅筹补。此项专款每月由福建盐务稽核所拨付。查十八、十九两年间，实领仅八万元，至二十二年二月经省府与财政部力争，始定为每月十一万元。至支付保管等事，由教育经费管理处任之，另有教育经费稽核委员会，审核收支实数，考核会计簿记，并监督经费用途。除前次确定之专款外，省库年拨四十二万余元作为补助费。

五、河南省　该省中等教育经费，自民国十一年划定全省契税收入为省教育专款后，即已独立。至十七年十月呈准组设河南教育专款委员会，但税款仍系征解财厅，该委员会仅有监理之责，而无整理及催征之权，迨十八年春，始将监理委员会改组为河南教育款产管理处，所有省教育经费一切收支事宜统由该处办理。契税项为收入之大宗，各县均设契税经理局，置局长一人，由管理处遴委，征收该县契税，按月报解。省立学校旧有校产，亦由校产所在地之契税经理局兼代经征，财政厅对于教育经费仅司审核及填发支付命令之责。按上所述情形，该省教育经费之独立，已得相当之保障，但近年以来契税收入减少，省立各校经费所受影响甚大，现教育行政当局正在设法筹补也。

六、云南省　该省中等教育经费自民国十八年三月间即已独立。所指定卷烟特捐之专款，在该项特捐未实行整理增加收入以前，若有不敷，应由财政厅如数补足，此外尚有教育公产租息存款利息等项收入。

上列各项专款，设有教育经费管理局负征收保管之责，并设有教育经费委员会与教育行政机关平行负筹集监督审计之责。每年度开始前，由教育行政机关编制临时经常预算，提交教育经费委员会通过，按月由各学校照规定预算数目，向教育行政机关请领支发后，即造具支付计算书连同单据，呈由教育行政机关核明，转送教育经费委员会审计核销。

七、南京市　京市教育经费向由市库拨付，唯仰恃国库无一定财源，基础殊不稳固，故该市教费实有独立必要。至民国二十三年间，经教部督学与市府当局商榷结果，即指定财政部补助费余款及房捐之一部为教育专款，不足时得就房铺捐之其他部分补充之，每月由财政局收交市立银行存储，不作他用。同时为保障其安全起见，特设立教育经费委员会，以市府秘书长、财政局长、社会局长及教职员二人组织之。至是中等教育经费，遂得相当之保障。

（以上各省市教育经费已完全实行独立者）

八、安徽省　皖省中等教育经费独立之企求，具有漫长历史，自原定专款卷烟税收归国有，中央准由皖省国税项下指定一百二十万元，按月份拨，此为该省一部份教费独立之由来。在民国十九年间复由教育厅呈准，除中央协款分，更指定宣城等七县田赋暨庆岸精盐附税，合共八十余万元划作省库，应拨教育费之专款，斯时皖省教费完全独立，并仿江苏之例，组设安徽省教育经费管理处，以谋教育经费之保障。嗣因省府改组，此项计划遂未实行。现全省每年教费，大半仰恃协款，余则概由财政厅按照核定概算在省款内拨发，年来皖省人士暨教育行政当局迭请划拨皖南皖北两岸盐税附加，作为该省教育专款，至今未成，至保管支付审计等等，仍由教育厅管理。

九、湖南省　该省教育经费已于民国十二年实行独立，即指定由湘岸榷运局每年代征盐税附加一百二十六万元作为专款，至是中等教育经费遂有固定之基金。但自十九年中央统一盐税征收，复更定为每月九万三千余元，抵能拨发六成，其余不足之数悉由省款补给。前者送经中央核准及湖南省政府委员会议决永远作为教育费有案，已得相当保障。其余由省府发给之经费，并无保障办法，近年省款支绌，省立学校经费既有积欠，领款亦费时日，影响教育前途良非浅鲜。

前项盐税附加系属独立性质，教育厅设有教育经费保管委员会专司管理，余由财政厅直接核发，每月计算书由各学校或教育机关组设之审计委员会审核后，再呈由教育厅转报财政厅及全省审计委员会核销。

十、甘肃省　甘肃省中等教育经费概由省款支付。近年由教育厅提案请指定榷运税收为省垣各校专款，并予以保障。又请指定西峰镇特税局税收及陇东各县卷烟查验费税收为省立第二中学、第七师范及第二女子师范等三校专款；并指定咸县政府征收款项及卷烟查验费税收为第二师范、第四中学二校专款；指定临洮特税局税收为第三师范专款。均经省府核准施行。至保管支付审计办法，因省立中学校经费尚未完全独立，故虽有教育经费保管委员会之设立，而实际仍由教育厅办理。

十一、绥远省　该省教育经费总计二十七万九千余元，中等教育经费包括在内，其中由财政厅支付者十九万四千余元，由教育厅经管者八万五千余元。此外尚有禁烟及垦照附加两项，属于财政厅拨给者为省库统筹统支之款，其由教育厅经管及两项附加，均带有专款性质，按此情形，绥远省教育经费可谓已有三分之一独立。若全部独立，尚有问题。因省库收入来源向不固定，如无补救办法，一时尚难实现。至保管机关迄今亦未设立，所有保管支付审计等等，仍由教育厅办理。

（以上各省教育经费系一部分独立者）

十二、湖北省　鄂省教育经费完全仰给于财政厅统筹支配。自二十年秋季洪水为灾税收顿形支绌，教育经费即不能按月发清。教育厅为保障省教育经费起见，乃会同财政厅派员偕同省立各校馆代表，赴京请求援照湘赣两省成案，由中央指拨鄂岸盐税附加为教育专款，俾教育不受经济影响，维时适值行政院交替之期，此案遂归悬搁。嗣虽由教育厅仍照原案，分向部省重申前请，亦无具体办法。至民国二十三年二月，复由湖北省政府呈请行政院准以财政部每月协款二十万元，改为鄂省教育专款，由鄂岸盐税项下就近拨付，并准就鄂岸盐税每石带征二角，作补助收复匪区教育之用。当由行政院交财政教育两部审查，经决定中央协款二十万元，可指定为教育经费，惟此二十万元指定由鄂岸盐税项下拨付一层，未能照准。故省立各校经费独立之计划，迄今尚未实现。

十三、山东省　该省教育经费曾由教育厅于民国十七年十月间提案，拟自十八年度起，以全省漕米收入二百二十一万五千余元作为教育基金，组织教育基金保管委员会负责保管，经省政府会议议决通过。嗣由教育厅通盘筹划，教育经费实需二百三十七万余元，预计省立中等学校班数校数逐年必须增加，经费数目亦须随之增高，原定漕米收入断难敷用，故十八年度预算内虽将教育基金委员会经费列入，因有上项情形，迄未兑现。至省立各校经费，仍由省库支付，事实上并未独立。

十四、广东省　该省教育经费前于民国十一、二年内业经一度划定，九龙、拱北、西关关余及省河筵席捐、花捐附加费各项为教育专款。追后财政统一，一切经费均由省款支拨。兹查该省教育施政三年计划，首拟确定教育经费之独立，按上所述情形，中等教育经费之独立，不久或有实现之望。

十五、陕西省　该省教育经费尚未独立，但管理权限则属于教育厅。现该厅拟请省府指定盐务督销税及卷烟查验税全部为教育专款，并设教育专款保管委员会。凡对于教育专款机关之设置监督及人员任免事项，教育专款存储、支付与用途审计事项，以及教育经费管理处总收支帐项之稽核事项，概由该会综理。此亦谋省教育经费独立之一根本计划也。

十六、察哈尔省　该省教育经费之独立目前尚难实现，一因省政府整理方针唯在统一计划，二因全省财源收入稳定者为数有限，无法指拨。现在教育厅拟从筹备入手，先调查省内财源，择其较为稳定者随时呈请拨充教育专款，如是逐渐推行，该省教费或可有独立之望。

十七、上海市　该市教育经费之数量尚未能符合事实之需要，历年积欠，亦颇不资，曾经教育部令饬市教育局仿造南京教育经费保障办法，指定可靠之税收，如全市房捐等，作为教育专款，实行独立。一面组织保管委员会妥订保管办法，逐年整顿，分期扩充。该市各教育团体亦有同样之计划，惟市府当局以现在情形之下，教费尚无独立必要，遂未实现。

（以上各省市教育经费虽未独立而有此项计划者）

其余各省市教育经费，既未实行独立，亦无计划可言，从略。

〔国民政府教育部档案〕

2 民国十九年至二十三年各省市教育经费概况

（1935年5月）

（一）江苏省
　　民国十九年度 4,896,552元
　　民国二十年度 4,880,000元
　　民国二十一年度 4,300,000元
　　民国二十二年度 3,558,439元
　　民国二十三年度 4,260,000元

（二）浙江省
　　民国十九年度 2,531,170元
　　民国二十年度 2,730,362元
　　民国二十一年度 2,427,621元
　　民国二十二年度 2,106,436元
　　民国二十三年度 2,275,958元

（三）安徽省

民国十九年度2,537,869元
　　民国二十年度2,771,492元
　　民国二十一年度2,542,225元
　　民国二十二年度2,665,480元
　　民国二十三年度2,775,225元
（四）江西省
　　民国十九年度2,000,000元
　　民国二十年度2,000,000元
　　民国二十一年度2,000,000元
　　民国二十二年度2,126,410元
　　民国二十三年度2,000,000元
（五）湖北省
　　民国十九年度3,228,859元
　　民国二十年度4,260,636元
　　民国二十一年度2,466,872元
　　民国二十二年度2,585,192元
　　民国二十三年度2,209,634元
（六）湖南省
　　民国十九年度3,386,394元
　　民国二十年度2,289,731元
　　民国二十一年度2,475,072元
　　民国二十二年度2,483,591元
　　民国二十三年度2,504,029元
（七）福建省
　　民国十九年度1,549,000元
　　民国二十年度1,549,000元
　　民国二十一年度1,440,000元
　　民国二十二年度1,633,368元

民国二十三年度1,748,804元
（八）广东省
民国十九年度2,143,753元
民国二十年度1,894,149元
民国二十一年度1,753,799元
民国二十二年度5,420,572元
民国二十三年度3,163,319元
（九）广西省
民国二十年度2,951,316元
民国二十一年度2,599,246元
民国二十二年度2,479,360元
民国二十三年度2,770,936元
（十）陕西省
民国十九年度973,210元
民国二十年度1,251,427元
民国二十一年度1,352,519元
民国二十二年度728,100元
民国二十三年度1,028,586元
（十一）山西省
民国十九年度1,929,144元
民国二十年度2,164,372元
民国二十一年度1,536,391元
民国二十二年度1,536,391元
民国二十三年度1,498,202元
（十二）河南省
民国十九年度1,844,766元
民国二十年度1,905,624元
民国二十二年度2,375,192元

民国二十三年度 2,458,498元
（十三）河北省
民国十九年度 653,57.元
民国二十年度 3,321,567元
民国二十一年度 3,774,365元
民国二十二年度 3,774,365元
民国二十三年度 3,842,251元
（十四）山东省
民国十九年度 2,727,549元
民国二十年度 2,877,549元
民国二十一年度 2,918,865元
民国二十二年度 2,389,925元
民国二十三年度 3,021,641元
（十五）察哈尔
民国十九年度 266,901元
民国二十年度 276,389元
民国二十一年度 276,389元
民国二十二年度 278,087元
民国二十三年度 293,447元
（十六）宁　夏
民国二十年度 45,816元
民国二十一年度 45,816元
民国二十二年度 183,498元
民国二十三年度 187,121元
（十七）云　南
民国十九年度 259,615元
民国二十年度 875,254元
民国二十一年度 720,000元

民国二十二年度 587,800 元

民国二十三年度 702,599 元

(十八) 甘肃省

民国二十年度 259,272 元

民国二十一年度 1,249,687 元

民国二十二年度 1,275,487 元

民国二十三年度 1,275,487 元

(十九) 青海省

民国十九年度 76,900 元

民国二十年度 76,900 元

民国二十一年度 86,743 元

民国二十二年度 86,743 元

民国二十三年度 96,343 元

(二十) 南京市

民国十九年度 455,610 元

民国二十年度 550,093 元

民国二十一年度 666,324 元

民国二十二年度 725,280 元

民国二十三年度 932,448 元

(二十一) 上海市

民国十九年度 1,066,000 元

民国二十年度 1,270,859 元

民国二十一年度 1,220,000 元

民国二十二年度 1,333,330 元

民国二十三年度 1,468,860 元

(二十二) 青岛市

民国十九年度 365,096 元

民国二十年度 415,794 元

民国二十一年度507,395元
　　民国二十二年度699,837元
　　民国二十三年度712,886元
（二十三）北平市
　　民国十九年度885,423元
　　民国二十年度948,255元
　　民国二十一年度977,691元
　　民国二十二年度999,635元
　　民国二十三年度1,130,724元
（二十四）威海省
　　民国十九年度
　　民国二十年度47,185元
　　民国二十一年度55,644元
　　民国二十二年度67,596元
　　民国二十三年度82,708元

〔国民政府教育部档案〕

3 民国元年至二十六年教育文化经费一览表

(1937年)

年度	预算数			占国家总预算百分比
	经临部分	补助部分	预算金额	
一			29,667,803	
二			35,151,355	
三			39,032,045	
四			37,406,312	
五			35,406,310	
一一			45,474,143	
一四			21,115,321	
一七			46,144,636	
一八	14,247,252		14,247,252	2.30
一九	14,404,067		14,404,067	1.46
二〇	16,794,279	2,368,732	19,163,011	3.77
二一	19,428,225	2,474,132	21,902,357	3.10
二二	16,618,184	6,676,372	23,294,556	不详
二三	36,469,714	9,329,772	45,799,486	不详
二四	39,430,597	9,703,002	49,133,599	4.80
二五	44,339,962	11,060,088	55,406,050	4.48
二六			48,157,512	4.29

备注:

(1)十六年度无从查考,十七年度教育年鉴列高教17,909,810、中教24,602,366、社教3,632,460元,系包括公私立学校经费,兹为便于比较计暂不列入。

(2)十八年度以后系根据岁计年鉴查列,十八、十九两年度仅有总数,二十一——二十五年度详略不一,见附表。

〔国民政府教育部档案〕

（六）教育建议与报告

1 国民政府秘书处抄送何香凝等提议取销中等学校男女分校案致大学院函

（1928年9月）

敬启者：奉常务委员发下中央执行委员会函开：查第二届中央执行委员会第五次全体会议议交常会办理各案。现经本会常务会议分别讨论内有四案，经议决交国民政府等因。当即陈奉国府第八十九次委员会议决，关于第一案："何委员香凝提议取消全国教育会议决议中等教育实行男女分校问题"，交大学院在案。除函复外，相应抄同原案函达查照。右上
大学院
　　计抄送何委员香凝提案一份
中华民国十七年九月　　日

国民政府秘书处

请取销全国教育会议中等教育男女分校案

中国女子向少得受教育，民元以后，始由萌芽而渐臻发展，然女校之数量实逊男校远甚。夫我国人口，男女各半，女子教育，苟不力图振兴，社会文化，影响匪浅。当兹军政告竣、训政开始之时，一切建设，需才孔亟，培植人才，诚当务之急。顾对于人才之培养，则不能因性别有所轩轾者也。查此次全国教育会议"中等教育"有"男女分校"之议决案，阅之不胜诧异。盖以现在中国女校为数寥寥，妇女得受中等教育机会甚少；若并男校亦实行禁止开放，妇女求学机会宁非更少耶？自此案通过后，各

地方间有已实行者，殊使一般妇女对于女子教育前途抱悲观也！谓女子教育为不重要耶？而"在法律上，政治上，教育上，社会上，确定男女平等之原则，助进女权之发展"，则明明戴在本党对内政纲中也。窃意：如政府实行中等教育男女分校，则现在女校数太少，不敷收容女生，亟宜增设，与男校相等。但在未增设女校以前，务须将中等教育男女分校一案取销，庶使女子教育不致顿形停滞之象。是否有当，敬候
公决。　　　　　　　提案人　何香凝　王乐平　郭春涛
　　　　　　　　　　　　　王法勤　陈树人　丁惟汾
　　　　　　　　　　　　　潘云超
　　　　　　　　　　　　　　　　〔国民政府档案〕

2　陈布雷在国民党中央党部总理纪念周上作"教育的理论与实际"的报告

(1931年8月8日)

〔前略〕说到基本工作，教育当然是最重要的一件事。几年以来，国家的建设动受障碍，社会的秩序无从安定，反动势力的迭起为祟，万恶的赤匪到处肆虐，造因都远在一二十年以前，而今日则适承其敝。二届四中全会宣言中，关于教育的建设一段，言之甚为深切著明；第三次全国代表大会政治报告决议案中，对于过去教育的弊害，指出"六滥"，"四恶"，"三害"，尤为慨乎言之。本党数年之间，对于教育问题，认为国家民族生死存亡之一大关键，一面苦口陈述，要求全国志士仁人之省悟，一面希望同志们献身于教育事业，从根本上去下苦功夫。教育的重要，现在已无待赘述了。不过兄弟的意见，以为教育上实际的设施固然重要，而教育上的趋势和风气，其关系于民族前途，尤为重大！今天愿以个人感想之所及为简单的报告。

现在一谈到教育，大家首先感觉到的便是怎样使教育普及，以及如何使学生有出路等等的问题。教育普及便要加增学校的数量，便连带的加增教育的经费和培养必要的师资。要学生有出路，便要一方面改善学校的课程设备，提高学生的程度，另一方面发达生产，发展各种的事业，以加增对于许多毕业生的容纳量。当然这些都是很迫切而且很重要的问题，国家即使在十分困难中，也应该想法解决。这种种事实的问题，等到和平秩序恢复了，不必分心到许多治标应变工作的时候，更应该竭力想法的。不过这些问题以外，还有更重要更根本的问题，便是要明瞭教育的目的意义和功用。教育的目的，在第三次全国代表大会政治报告议决案中有很賅括的一句话，说是："使个人能为社会生存之总目的，各献其健全之能力。"现在教育上的大弊病，似乎大家都把这基本的一点忘了，因此发生如下的现象：（一）做家长的不明白为什么要送子弟入学校，以及如何陶冶他的子弟，成为于家庭和国家有益的份子。（二）办教育的不理会为什么要办教育，或是忽略了教育的目的在于造成健全的国民。（三）受教育者不明白为什么要受教育，受了教育是准备做什么的。关于第一点，在三四十年以前初办教育的时候，做家长的对其子弟教育是负全部责任的。现在一般的家长，已经不能像从前那么样的有计划、有考虑，或者是没有能力考查子弟的学业个性，替他抉择其前途；也有许多或者是没有余闲来注意子弟的学业问题，也就无计划无方针的听任子弟去自己决定。再加以学校招生，又不负责任，以致有许多不必入普通中学而入学的学生，有许多不应入大学而入学的学生，结果造成了许多徬徨歧路，甚至葬送终身的青年。关于第二点，如果家长不管而学校中的师长能担起责任来，一方面对学生的个性有考查，对学生的整个生活有指导，对学生的前途，像升学就业等等能悉心为之策划；关于学生应对国家社会有什么贡献，有随时不断的训迪，也还不致有任其所之的现象的。可是现在有许多服务教育界的人，总不能十分注意到这种根本的问题，遂使学生们对学业修养不知努力，而于自身的前途则完全为虚荣心所支配，结果因此而戕贼本能以自误的不在少数。关于第三点，因为学校中的师长们不能根据于教育的目的意义，如本国的教育宗旨来启迪学生，遂使学生们只看个人的利害，忘却了个人在群体中的地位和责任，学业不知道刻苦修习，自身能力根本不注意修养，支配着脑筋中的只有权利思想和地位观念；总理所说学生应做大事的名言，对于他们好像是格格不入，所关心的在学时是怎样以便易的手段取得分数和证书，出校后怎样得到优闲的地位，甚而至于在大学校里可以反对切实负责严于训导的师长，而无宁欢迎政界人物去兼任他们的功课，即使常常缺课也所欢迎；希冀将来因师生的关系，有人挈带。志趣卑劣到如此地步，说起来真是可痛。至于学业程度的参差，那更是自然的结果。大学入学试验，竟有高中学生答称是姓秦名始皇的，岂不是很可悲的现象吗？至于学生在生活之不严整不紧张，品性的陶冶上缺乏适宜的指导，是很可注意的问题。以兄弟实际所经验到的竟有许多大学生，不但是无理取闹的干涉校务，而且手段和声口简直是讼师化恶棍化，如果不是明知故犯的不讲理性，便是其脑筋中根本就没有理性。教育的现象到此田地，真使我们为之汗流浃背。

以上不过是随便的举几个例。我从这些地方深深感觉到，目前教育上经费固然是一个很大的问题，但尚有比经费缺乏更大的问题，学校数的不敷和教育机会的不普及，固然是很大的问题，但已有的教育机关是不是个个都有益于国家和民族，也是一个很大的问题。这些问题在教育行政机关固然负有补救的责任，但根本上也赖于一般教育界的猛省。如果担任教育者漠视这种情形，而忍与终古，听其自然，教师只为要教书而教书，校长只为要当校长而当校长，办学校的只因为有许多校长教员而办学校，这种现象层出不穷，青年的前途、国家民族的前途是不堪问的。现在关于教育上的专门理论和制度方法等等，不怕没有人条分缕析的去研究，独有这个教育的目的一个问题，和教育与民族的关系，容易被一般专家忽略了的，真是很严重，而且值得每一个和教育有关系的人们深切注意的问题。我敢说如果教育的结果，只产生些无益于民族或有害于民族的份子，则我们无宁不要这种的教育。现在的教育好像是一株大树，望过去枝叶似乎还很繁茂，而看不见部分的树根已是日就枯萎，并且这些繁茂的枝叶或者这是些杂藤和野卉，如果我们不把树根好好的培壅，使他复活起来，结果的可悲是不待言喻的。

近来中央十分注重于教育，三民主义的建设也当然要以教育为根本。我十分希望献身教育界的同志们，大家来注意到教育上的根本问题，无论是担任一般教课的，或是担任训育方面的责任的，都要切实认识教育与国家民族的关系，剀切发挥中华民国的教育宗旨，以被教育者思想行为学业全部的指导，引为从事教育者的无可旁贷的责任。使得全国有热肠远识的教育界同人，因我们的努力而不感寂寞，使得一般还没有觉悟到这种问题的严重的，也会分一部分时间去考虑。教育的方针既正，教育的功效自然显著，社会对于教育也自然会改变冷淡怀疑的态度，而趋于热诚的赞助。这样我们才能多一个教育机关，收一分良好的建设，而完成建国的工作，这个使命是异常重大的。

〔国民党中央执行委员会秘书处档案〕

3 教育部成立二年来的工作概况

（1930 年）

一 教育部成立之经过

教育部系由前大学院改组，在大学院之前则有教育行政委员会，当国民政府在广州时，设教育行政委员会为讨论及指导教育行政之机关，以民国十五年三月一日成立于广州，十六年六月随国民政府迁移南京。旋于七月间，国民政府公布大学院组织法，由是成立大学院，遂将教育行政委员会裁并。十七年十月国民政府行政院成立，改大学院为教育部，于十一月三十日公布教育部组织法，即于是时正式成立教育部。

二　主管事务之分析

教育部主管全国学术及教育行政事务，分为高等教育、普通教育、社会教育、蒙藏教育、华侨教育。高等教育包含：（一）大学教育及专门教育，（二）国外留学生事务，（三）学术机关之指导，（四）学位之授予。普通教育包含：（一）中等教育、小学教育、幼稚教育，（二）师范教育，（三）职业教育。社会教育包含：（一）民众教育及识字运动，（二）补习教育低落及残废者之教育，（三）美化教育，（四）公共体育，（五）图书及保存古物等事务。蒙藏教育包含：（一）蒙藏地方教育之调查及举办蒙藏地方各种教育事业，（二）蒙藏教育师资之培养及蒙藏子弟入学之奖励。华侨教育方拟组织华侨教育设计委员会，以计划华侨教育事业，现尚未成立。其他全国教育经费之筹划，教育法令之修订，教育统计之编制及教科图书之编审咸属焉。

三　内部组织及工作之分配

教育部设大学委员会，决议全国教育及学术上重要事项；设部长一员，综理全部事务并监督所属职员及各机关；设政务次长、常任次长各一员，辅助部长处理部务；设秘书六人，分掌部务会议及长官交办事务；设参事四人，撰拟并审核关于教育之法律命令，设司长五人，分掌高等教育司、普通教育司、社会教育司、蒙藏教育司、总务司各司事务，司长之下设科长科员若干人，承长官之命，分掌各科事务；编审处由政务次长管理，设主任一人，承长官之命，处理事务。其编译审查教科图书事宜则设常任编审，聘任编审，临时编审，名誉编审若干人分任之。今列简明表如下：

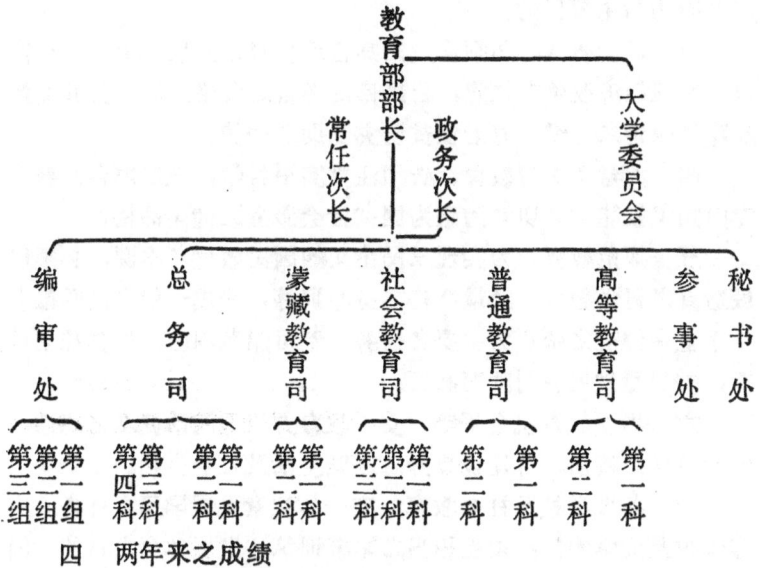

四 两年来之成绩

过去两年之教育成绩，属于前大学院半，属于教育部者半。兹分项述之：

（一）教育宗旨 依据中国国民党第三次全国代表大会之决议，国民政府之公布，中华民国之教育宗旨，为："中华民国之教育，根据三民主义，以充实人民生活，扶植社会生存，发展国民生计，延续民族生命为目的；务期民族独立，民权普遍，民生发展，以促进世界大同"。至其实施方针，亦定为：前项教育宗旨之实施，应守下列之原则：

一 各级学校三民主义之教学，应与全体课程及课外作业相贯连，以史地教科，阐明民族真谛；以集团生活，训练民权主义之应用；以各种之生产劳动的实习，培养实行民生主义之基础，务使智识道德融会贯通于三民主义之下，以收笃信力行之效。

二 普通教育，须根据总理遗教，陶融儿童及青年"忠孝仁爱信义和平"之国民道德，并养成国民之生活技能，增进国民生产之能力为主要目的。

三　社会教育，必须使人民具备近代都市及农村生活之常识，家庭经济改善之技能，公民自治必备之资格，保护公共事业及森林园地之习惯，养老恤贫防灾互助之美德。

四　大学及专门教育，必须注重实用科学，充实内容，养成专门知识技能，并切实陶融为国家社会服务之健全品格。

五　师范教育，为实现三民主义的国民教育之本源，必须以最适宜之科学教育，及最严格之身心训练，养成一般国民道德上学术上最健全之师资为主要之任务。于可能范围内，使其独立设置，并尽量发展乡村师范教育。

六　男女教育机会平等，女子教育并注重陶冶健全之德性，保持母性之特质，并建设良好之家庭生活及社会生活。

七　各级学校及社会教育，应一体注意发展国民之体育。中等学校及大学专门，须受相当之军事训练。发展体育之目的，固在增进民族之体力，尤须以锻炼强健之精神，养成规律之习惯为主要任务。

八　农业推广，须由农业教育机关积极设施。凡农业生产方法之改进，农民技能之增高，农村组织与农民生活之改善，农业科学知识之普及，以及农民生产消费合作之促进，须以全力推行。

本部即据此，以为一切施政之标准。

（二）大学教育　大学教育之重要者约有三端：一曰编定国立各大学院统计，前制定各种详密表格，调查国立各大学实况。已据各大学填报之表格，编定国立各大学十六年概况。现在着手编定全国大学十七年度统计。二曰严令私立大学立案。前大学院曾订私立学校及校董会立案等条例公布施行。惟各私立大学多未能尽合条例所规定呈报立案，本部继续严令各地方教育行政机关限期执行，一面派员切实调查。其设置简陋、基金缺乏者，则严加取缔，以免贻误青年；嗣复改订私立学校规程，限制私立学校立案，必须经过呈请设立、呈报设立、呈请立案三种程序，对于经费与设备，限制尤严。三曰厘订大学组织法及规程。本部为限制滥设大学起见，拟定大学组织法，经立法院修正通过，国民政府公布。复依据组织法制定大学规程，限定至少须具备三学院并包含理学院或农医各学院之一始得称为大学，仅设一院或两院以上而不合上项规定者仍称为学院。本部对于大学教育，但务质的改良，不求量的增加。现正起草充实国立大学内容方案及预算书，预备提交明春召集之全国教育会议；并拟定大学课程标准及设备标准，以提高全国各大学之程度。

兹将全国国立省立大学及已经批准立案之私立大学名称、地点、成立之新旧，或由旧校而重行改组者，或正在筹备期间中者，列表于下：

一、国立

新　设	旧　　设		改　组
浙江大学(杭州)	清华大学	（北平）	中央大学（南京）
劳动大学(上海)	交通大学	（上海）	北平大学（北平）
武汉大学(武昌)	同济大学	（上海）	暨南大学(上海)
青岛大学(青岛济南)	北京大学	（北平）	
	中山大学	（广州）	
	北洋工学院 现筹备改为大学	（天津）	
	成都大学	（成都）	
	成都师范大学	（成都）	

二、省立

新　设	旧　　设	筹　备
安徽大学（安庆）	东北大学　（沈阳） 河北大学　（保定） 四川大学　（成都） 湖南大学　（长沙） 山西大学　（太原） 西安中山大学（西安） 开封中山大学（开封） 贵州大学　（贵阳） 广西大学　（桂林）	吉林大学（吉林）

三、立案私立大学

校　名	地　点	立案时间
厦门大学	厦　门	十七年三月二十八日
金陵大学	南　京	九月二十日
大同大学	上　海	九月二十日
复旦大学	上　海	十八年三月二十日
沪江大学	上　海	十八年三月二十日
光华大学	上　海	五月十日
大夏大学	上　海	五月二十日
燕京大学	北　平	六月五日
南开大学	天　津	六月五日
东吴大学	苏　州	七月二十八日
中华大学	武　昌	十二月十七日

（三）专门教育　前大学院为调查专门学校实况起见，已颁发各种表格，通令各校填报；本部成立后，复制定专门学校状况调查表，督促查填，以凭编制统计。因国家建设上之需要，将专门学校改为专科学校，其设立之目的，以教授应用科学养成技术人材者为限，专科学校组织法及规程，业经先后公布实行。专科学校课程标准及设备亦将次第制定，本部以法医两科直接关系人命，间接影响社会生存，唯大学或独立学院始得设立，凡旧有公私立法政医学两种专门学校，一律自十八年度起停止招生，办至现有学生毕业时结束，其校产及经费移作办理他种专科学校之用。除旧有公私农业、工业、商业等专门学校一律改名专科学校外，各省各特别市得视地方特殊需要，筹设各种省立市立专科学校，本部现正起草分手筹设国立矿冶、森林、造纸、造船、纺织、畜牧、垦殖、水产、商船、飞机制造及完全工业各专科学校方案，虽附预算书以为提交全国教育会议之预备。

兹将全国各国立省立专科学校，及已经批准立案之私立专科学校，或准暂用专科学校名义之私立专科学校，各名称、地点列表于下：

国　立	省　立	私　立
国立北平艺术专科学校　　（北平）	河北省立水产专科学校　　（天津）	私立武昌文华图书馆专科学校　　（武昌） 十八年八月准予立案
国立杭州艺术专科学校　　（杭州）		私立东亚体育专科学校（上海） 十八年九月暂准用此名
国立音乐专科学校（上海）		私立无锡国学专科学校（无锡）
中法国立工业专科学校　　（上海）		

兹将已令饬遵改名称组织，尚未据正式呈报之省立农工商业等专门学校及限期停办之各省医法两种专门学校名称、地址列表于下：

省立农工商业等专门学校	各省医法两种专门学校
山西公立农业专门学校（太原）	新疆省立俄文法政专门学校（迪化）
山西公立商业专门学校（山西曲阳满城）	浙江省立法政专门学校（杭州）
山西公立工业专门学校（山西省城内西洋市街）	广东公立法政专门学校（广州）
四川公立农业专门学校（成都）	江西省立法政专门学校（南昌）
广东省立工业专门学校（广州）	河北公立法政专门学校（天津）
河北省立工业专门学校 现改为工业学院（天津）	广西公立法政专门学校（桂林）
察哈尔省立工业专门学校（张家口士耳沟）	山西公立法政专门学校（太原）
江西省立农业专门学校（南昌）	吉林公立法政专门校校（吉林）
江西省立工业专门学校（南昌）	云南公立法政专门学校（昆明）
	浙江省立医学专门学校（杭州）
	江西省立医学专门学校（南昌）
	东省特别区区立哈尔滨医学专门学校（哈尔滨道里东警察街）

（四）国外留学　教育部因国内各项技术人才之需要，通令各省选派留学生，须注重理科工科，以期造就专门技术人才。自教育部成立（十七年十一月一日）至本年十一月九日止，共发给留学证书数目如下：

（1）公费一二二人，（2）自费二二二九人；日本一八五五人，欧洲二一六人，美国一五八人。共计二三五一人。

（五）学术机关　前大学院成立时，即筹备设立中央研究院，为中华民国最高科学研究机关。已设立物理、化学、工程、地质、气象、天文、心理、社会科学及历史语言各研究所。追教育部成立后，中央研究院分设独立。此外国立北平研究院，国立清华大学研究院，国立北京大学国学研究院，国立中山大学两广地质调查所，生物研究所，心理研究所，教育研究所，及生理、病理、细菌、解剖学各研究所，国语统一筹备委员会，助产教育委员会，医学教育委员会，均先后成立。至私立学术机关或团体，须依法呈请地方教育行政机关许可及登记，送部备案。兹将本部业经认可之学术机关或团体名单列左：

本部认可之学术团体名单：中华工业化学研究所，热带病研究所，北平静生生物研究所，中国科学社，中华职业教育社，中国工程学会，中国矿冶工程学会，中国学术团体协会，中华农学会，中华林学会，学术研究会，中华民国药学会，新中华农学会，中国天文学会，中华图书馆学会，中华平民教育促进会，中国学术团体协会西北科学考查团，一九学术考查团。

（六）中学教育　全国中学大体均已采用三三制，惟较之小学校教育进步差逊。其原因在新制精神尚未为一般人所认识；各县地方竞欲创办中学，而不知初中之特殊目标究在何处；各省多欲增设高中，而不知高中之特殊之目标何在，似此中学数量愈增，社会上不精制之分子愈多，教育既不经费，社会亦见不安。本部现时对于中学教育之政策，在指导督促全国各中学质的改进，而就社会需要之状况，设法促其数量之增加，入手办法，即系厘定课程标准。先于部中成立中小学课程标准起草委员会，罗致于中小学教育有研究或经验之人士充任委员。已厘定小学、初中、小学课程及学生成绩等结果编制而成，质言之，尚不得谓为纯正的儿童本位的课程标准，但较之前此仅凭少数人士主观的意见所率定之课程标准，已胜多矣。初中之新课程标准中，如党义国语等科，所以继续基本训练，而养成学生之共同观念也。一二年级之课程，种类较为丰富灵活，不求某一科目之专精，所以指示各种学科之途径，以引起学生向上研究之精神，而为将来升学时选择科目之预备也。又或设置短期试探科目，所以考查学生之兴趣性向与能力，以为发展个性之准备；再酌量设置职业准备科目，以适应其个性、家庭与社会之需要。现在初中毕业生大多数均不能升学，高中校数之少固为重要原因之一，而其更大原因，则如孙总理所云，中国最大多数人民均为大贫阶级，大多数家庭不惟不能担负子弟升学费用，且需要其子弟之生产力以为家庭助。故初级中学之目标，应顾及此点，亟须设置职业准备科目，庶毕业后不升学者，得有从事职业之门径，不至陷于前此多数中学毕业生有高等游民之诮。至于高级中学，既已分科，普通一科系为升学准备，与师范家事农工商等职业科性质不同，其课程标准：第一须与大学衔接，一方面免去重复，一方面力求联贯；第二课程上不应再分为文理两组，盖现在大学一二年级多注重一种文化教育，打破文理分科界限，高中自不应先事区分；第三注重工具科目，如算学、外国语等，以为研究高深学术之准备。现在初中及高普课程标准业经颁行，其施行时效暂定一年，令全国各中学实地试验，随将试验结果陈报到部，明年再事修改，以期完善。至若初高中设置校数，系将中学内容改善后第一问题。现在小学毕业生不能升入初中，初中毕业生不能升入高中者，数量至堪惊异，此与国家设学育才及教育机会均等之本旨,大相背谬。国家如言建设,应先以建设经费建设学校。以中国幅员之大,人口之多,每县地方应有初中一所,每三四所初中应配以高中一所。但此层经费师资一时均不许可,目前办法惟有于可能范围内,增加每一中学内之学级数,或酌量增设校数,徐图扩充。

(七)职业教育 "养成国民之生活技能,增进国民之生产能力,"乃新教育宗旨中所标明。所谓生活技能及生产能力,明明为职业教育之职能。故三民主义的教育在课程训练上,普通教育中应有职业教育之陶冶及训练,在学校设施上,应有职业专科之设置,前此职业教育之弊,在陷于书本的知识,缺乏实际的生活技能与生产能力。此后职业教育的设置,第一须视地方产业,第二当地成人职业,第三社会需要。明乎此三者,而后于高级中学设置相当之职业科,或另设职业学校,再与地方产业界联络,谋学生在校时之实习机会,毕业后之工作地位,职业教育方有效果。本部现在草定高中职业科课程标准,使全国职业学校有所遵循。至于普通教育之职业训练,在高级小学则养成儿童劳动的习惯,顾及职业陶冶;在初级中学实行职业训练,工艺课程应以学校环境及儿童需要分作农工家事三组,分别施教。对于不升学之学生,尤应施以初步职业之准备,或于校中酌设职业的选修科目,或与商店工厂农家及其他职业学校联络,使学生有于校外补习职业之机会。

(八)师范教育 师范教育除在大学设教育学院及专科师范,以造就根底较深之小学师资及中学教员外,本部对于造就小学教员之师范学校尤所注意。质的方面,此两年中所努力者:(1)务使多数师范学校农村社会化:国人以中国农民约占全国人口百分之八十以上,农村教育急需提倡,多开办乡村师范,并有专设乡村试验师范学校者;本部承中国国民党总理孙先生注重农民运动,解放农民之遗教,因亦尽力提倡扶助乡村师范学校之设立，并主张师范学校应多设在乡村，其师范生且须兼习新式农事及领导农民之方法，以期所就造之师资，不特适宜为乡校教员，且足领导农民、改良农村社会生活。（2）编订师范学校课程标准：往时师范学校所造就之师资，往往多书本上之知识，对于小学教员应具之实际技能极形缺乏，本部有鉴于此，故特聘专家，拟定课程标准，务使师范课程切于实际。（3）注重师范生之特殊训练：根据中华民国教育宗旨实施方针第五项，规定具体的训练方法训练师范生，使成为良好的"国民之母"。量的方面，除乡村师范日见推广外，因义务教育急需推行，在二十年内全国需要小学教员一百四十万人，故拟于最近五年之内，定成训练全国小学师资之机关。其具体办法，除原有之师范学校外，拟定全国各省各县广设师范学校，务期五年之内全国共有省立及县立师范一千五百余所。详细计划，业已拟定。

（九）小学教育　中国义务教育尚在计划中，故此之所谓小学教育，仅就两年来小学教育经中国国民党及本部之领导而后所有之进步情形言之。（1）教育方法渐见普遍改良。往时中国小学教育以江苏等省为最善，往往应用最近欧美小学教育界所应用之科学方法于一般教育上。但所称最完善者，仅亦少数之师范附属小学而已。近两年中，地方教育行政机关颇能罗致往时在师范附属小学任事之教员主持其事。而留学欧美专习教育之人，亦多注意初等教育之研究试验，故往时师范附属小学所专美者，今已渐有普及各地之趋势。（2）内容渐见充实。地方小学经费年有增加，小学教员之待遇亦较往时提高，教员较能安于其位，学校设备亦较扩充，故学校内容亦渐见充实矣。至本部对于小学教育之设施，则有（1）提高小学教员之待遇，以使安心而专心致志于所业，（2）延聘教育专家，规定甚为详备之小学课程标准，以改良小学之教学；（3）提倡语体文，以减少儿童学习汉字之困难；（4）拟订"小学组织法"，及"小学规程"，以使小学之基础，尽与教育原则相符合。至若小学教科书及参考书之审查编辑，儿童文学之研究，儿童字汇之搜辑，改良汉字之企图，学校卫生之改进……或已实施，盖不胜枚举也。

（十）义务教育　中国小学教育尚未普及，故两年来政府对于义务教育之问题渐见注意。前大学院曾通令各省市县组织义务教育委员会，筹备义务教育。本部成立后，继续进行前项计划。现已拟定义务教育实施方案，拟于最近五年之内，举办城市及乡村义务教育实验区一千五百所，俾全国重要县分，对于义务教育，皆得开始作小规模之试验。以后逐年推广，至第二十年全国一律实施四年之义务教育，使全国四千万儿童尽得入学。惟义务教育施行之经费，二十年至少共一一二七一五万元，除中国自行整顿税收外，尤望各国退回庚子赔款，俾得以其大部分用于义务教育焉。

（十一）幼稚教育　往时政府于幼稚教育最不注意，故幼稚教育殊不发达。近两年来因政府之提倡，幼稚教育已有锐进之势。本部前曾通令全国在实验小学及师范附属小学内优先设立幼稚园；又为养成幼稚师资起见，通令各省于师范学校及乡村师范内酌设幼稚师范科。幼稚园课程标准，亦已订定通令试行。

（十二）华侨教育　中国散处各国之华侨，多数未受新式教育，故在海外尚有保守数百年前之陋习，以为各国谈笑之资者。近年各埠华侨虽已创办多数学校，以教育其子女，然皆因陋就简，鲜见进步。政府为提高侨民程度，以期与文明各国人民相安于海外起见，近时对于华侨教育异常注意。本部经已订定关于华侨教育之各项章程法令，并经劝令华侨学校在最短时期内，均向本国政府立案，受本国政府之保护及指导。最近，中央党部并经召集华侨教育会议，议决种种改善并推广华侨教育之方案。除由政府设置专司华侨教育之机关及人员外，并拟在南京成立华侨教育总会，海外华侨居留各地成立分会，以为协助政府办理华侨教育之机关。至华侨教育经费，则拟筹定大宗款项以为基金，专作发展华侨教育之用。政府以为华侨教育应与本国一致，故已训令华侨各校遵照本国所定教育宗旨，依据三民主义而施行；在课程中，亦令增设三民主义科目，并举行总理纪念周，以使与祖国学校办法不相悬殊。惟据报告南洋英荷各属居留地政府，对于华侨学校之教授三民主义及举行总理纪念周者，辄加禁阻，其意以为华侨子弟在居留地，不应受中国带有政治宣传性之教育。实则三民主义以博爱和平为基础，与其他含有政治作用之教育截然不同，华侨子弟如受此种教育，不特无所危害于居留地政府，且转足以增进彼此之感情。英属菲律滨华侨学校所有课程，多依照祖国学校办理，而美政府未加禁阻，彼此感情亦佳，此其明证也。

（十三）社会教育 关于社会教育约分数端：一为推广民众教育及识字运动。教育部已通令全国各学校组织扩充教育委员会，利用晚间及休假日将学校之图书室、标本室、运动场、礼堂等广为开放；教师与学生在课余之暇举行各种社会教育，如设立补习班、民众学校、讲演会、娱乐会、新剧、电影、音乐奏演等，使学校为社会教育之中心。又拟定识字运动方案，以为识字运动宣传后厉行民众识字教育之具体办法。二为规定民众图书馆设立标准及订定古物保管委员会条例，对于北平故宫、苏州唐代遗塑等，已组织保管委员会特别保护。三为提倡美化教育。前大学院曾创设艺术院于杭州西湖，创设音乐院于上海，并举办全国美术展览会，教育部成立后继续办理。其他关于通俗讲演及改良民众风俗娱乐等事项，则已通令全国广设民众阅报处，广征民间读物，订定电影戏剧检查条例，令饬各社会教育机关于举行通俗讲演时，多采国耻事项之材料。

（十四）蒙藏教育 西藏、蒙古分处西北，因其气候地势相似，故人民生活方法及社会状态、礼节仪式，亦大略相同，一般民众同以游牧为业，不事生产，所谓教育，除于休息时唱歌述故事及 nesar 的神话外，仅贵族仕宦子弟或喇嘛信徒，浏览一些宗教图书与圣书。现教部拟于最短期间内，在南京创立蒙藏中学一所，分设两种班级，以造就蒙藏升学青年及内地愿赴蒙藏工作人员，并先调查蒙藏人在国内外学校肄业毕业及学习师范者人数，以便统计筹划。预定行政计划中关于蒙藏教育各项，类如整顿北平蒙藏学校，征求蒙藏原有歌谣术语，参酌现行中小学教科书，依照蒙藏特殊情形，编订蒙藏中小学校课程标准及教科或民众用书，规定蒙藏中等以上学校应多用汉文等，皆极重要。关于教育行政方面，拟于蒙藏各盟部旗各宗教设立全盟旗宗教育行政委员会，主持各盟旗部旗所有教育事宜，并举行一般学务调查。普通教育则将东蒙海拉尔蒙藏中学、辽宁蒙旗师范、西蒙土默特旗初级中学及太原蒙藏特班，从事整理，再定其他各地中学设立标准。高等教育方面，已令饬北平、中央两大学设立蒙藏班，并即规定蒙藏学生出洋留学名额及办法，以资鼓励。至于全国各学校待遇蒙藏学生章程，早已通令全国各大学及各省教育厅，遵照实行，以期普及。

（十五）教育法规　本部教育法规共有七十余种，为便于说明起见，可分五类：（甲）教育宗旨，（乙）关于本部的或本部所设委员会的法规，（丙）关于一般的教育法规，（丁）关于学校教育的法规，（戊）关于社会教育的法规。兹特撮要说明如下：

（甲）教育宗旨及其实施方针（已见前文）。

（乙）关于本部的与本部所设委员会的法规，已有十七种，重要者如本部组织法，大学委员会组织条例，中小学课程标准起草委员会规程，中央义务教育委员会规程，教育方案编制委员会组织大纲等。

（丙）关于一般的教育法规，已有十六种，重要者如革命功勋子女就学免费条例，教育机关印信颁发办法，教育学术统计暂行条例，教育会规程，督学规程，学术研究奖励金办法大纲等。

（丁）关于学校教育的法规，已有十六种，重要者如大学组织法及规程，专科学校组织法及规程，中学章程，小学章程，私立学校规程，学校职员养老金及恤金条例，学校学年学期及休假日期规程，教科图书审查规程等。

（戊）关于社会教育的法规，已有五种，重要者如民众学校办法大纲，图书馆条例，检查电影片规则等。

上文所述各种法规，系国民政府成立以来所制定，其较为重要者由国民政府公布，亦有经过立法院核定者。将来仍当随时改订增加，以期适合时代与民族之需要。

（十六）图书编审 关于图书之编审，在大学院时，设立文化事业及译名统一委员会分别进行。文化事业处审定教科图书一百零二部，不予审定者二十四部，发还修正者三十二部，付审未完毕者二百六十三部。译名统一委员会计译成中等学校教科书译名三万三千七百八条。教育部成立后，设立编审处及译名委员会继续进行。关于审查教科图书方面，计准予审定者三十部，不予审定者四十五部，准予发行者十八部，发还修正者一百三十部，现在审查中者一百七十部，共计三百九十三部。关于译名方面，药科名词已经审定。物理、数学名词已整理完毕，医科名词正在整理中，教育、心理、哲学、政治、经济、法律、化学、生物、天文、地质、工科、农学各科名词尚在拟译中。关于编辑教科图书方面，已经拟定教科用书编辑计划大纲，中等教育股编辑教科用书进行方法，初等教育股编辑计划大纲等，同时征集中外各级学校之教科图书参考材料，以上各项均在积极进行中。

（十七）教育经费 前大学院为谋教育经费之独立，会同财政部提议，经国民政府通令照行。教育部复会同建设委员会组织计划庚款委员会及教育基金委员会，就各国退还庚款，通盘计划，筹办各项建设事业，以充全国之教育基金。

（十八）教育统计　前大学院曾订有教育学术统计暂行条例，并制定学校教育统计各种表式，通令各省区填报十六年度之统计，编定国立各大学十六年度概况统计表一册。教育部成立后，制定关于调查学龄儿童之各种统计表式，通令各省办理学龄儿童调查事宜。

注：原题为《教育部过去之工作与今后之计划》，今后之计划略。

〔国民党中央执行委员会秘书处档案〕

4　蒋介石在长沙各界代表会上作关于教育重要性的讲演

（1932年）

〔前略〕现在救国与复兴民族的途径，惟有第一注重教育，第二注重经济，如果经济不能够繁荣恢复，教育不能够发达进步的时候，那末，无论我们国家多少军队，物质无论怎样丰富，国家也一定会要灭亡的，不能存在。关于经济方面，下次兄弟有功夫时，再向各位贡献，今天仅讲教育的重要，教育救国的道理。现在国家虽然危急存亡的程度已是十二分迫切，但看我们中国民族的历史，我们却可以很安心，晓得日本人无论怎样强横，他也亡不了我们中国，我们中国的民族及其在世界上的地位，无论如何是不能灭亡的。在过去中国的历史中，凡到危急存亡的时候，我们就有立国的道理出来，确定立国的方针和计划，我们不要忘记两句话，就是越王勾践被吴国侵略，越国差不多灭亡的时候，他所定的两句口号，作为恢复国家的方针和计划，这两个口号一个就是经济，一个就是教育，就是说"十年生聚，十年教训，"生聚就是经济，教训就是教育。现在要把我们国家在强邻压迫之下挽转来，若是我们仅在军队中求发展，或只是希望军队，那我们中国一定还是不中用的，或许我们中国还要受到最大的打击，亦未可知，不过这种打击，我们决不怕，而且准备着再受打击的。如果我们一面受打击，一面仍旧在生聚和教训上积极进行，那么，无论如何，我们革命到了最后，一定还是得到胜利。惟今天全国同胞，须知我国要复兴民族，挽救国家，若不从生聚着手，不从教训着手，那我们国家的前途，革命的前途就更危险，不会有什么希望，所以我们只根据"十年生聚，十年教训"两句话，切实而加紧地工作，那就一定可以复兴我们的国家，不仅日本不敢来欺侮我们中国，而我们中国一定在世界上可以成一个很强大的自由独立的国家。现在先讲教育，我以为救国的教育，须用救国的方法来办教育，不好用普通平常的方法来办教育，如用普通平常的方法来办教育，那是没有实效的，目下的教育就是不能救国的教育，而且适足以促成亡国的教育。现在要救国家，必须想出一个救国的教育方法，不过我所说的救国教育，并不是怎么高远或玄妙的教育方法，而是极普通而粗浅的教育方法。现在教育的缺点，不能救国的道理，就是在黑板上、讲堂上、书本上教学生，而不在救国做人的道理中间来教学生，这种教育就是没有用的。我对湖南的教育还没有详细考察，但是从各省教育的考察，可说都不是兴国救国的教育，而是亡国的教育。中国东三省之所以给日本侵占，国民革命所以弄到这样危急存亡，原因虽是很大，但最要的原因，即是教育之不注重。我说现在一般的教育，既不是革命救国的教育，也不是复兴民族的教育，完全是亡国的教育。我们无论到一个什么地方，如是一个有心的人，无论他是政治家、哲学家或历史家，他到一个地方，总是观风知治，看见那地方的风气，即可晓得那个地方的前途；现在外国人，或者我们自己中国，看到我们中国各省的教育，这种教育实在是可以亡国，不仅要亡国，而且是有灭种之忧。因为一般学校教出来的人，多是不能为国家社会来应用，甚至智识学问没有一点，五年六年毕业后的学生，至多只能做个识字的高等流氓，既没有事业可做，亦没有信用可以使社会和国家用他，他也不高兴给社会和国家用之于正当道途。所以中国的学生从学校出来就是失业，成为高等流氓，学生既不晓得怎样处世，也不晓得怎样做人，生活是什么东西，他对国家有怎么的关系，统统不知道。我们中国有句最紧要的古话，无论中外古今，要立国做人都不能够离开的，就是管子所讲的"礼义廉耻，国之四维，四维不张，国乃灭亡。"这是做人立国最紧要的道理，也就是教育最重要的一点，所以学校不能仅教学生以物理、化学、算学、外国文算了事，而不先教他做人的道理，若是学生不明白最重要的做人道理，那末，无论有怎样高深的学问，也只能做一个"书呆""亡国奴"，决不能救国的。现在救国教育的方法，第一要紧的是在使一般学生知道做人的道理和立国的基本，这种礼义廉耻，即是我们救国最要紧的方法。中国人自己很说大话，常说我们中国国家亡了不要紧，在元朝的时候，我们国家亡了几十年，在清朝的时候我们国家也亡了几百年，但是元朝清朝统统要给我们中国同化，所以我们是不会亡的。我们中国确有这种气魄，我相信湖南人更有"楚有三户，亡秦必楚"的信念，别国尽管来亡中国，但我们总想法子来复兴，什么也不怕。不过要知道，外国之所以给我们同化，当时楚有三户亡秦必楚的原因是什么，中国何以能同化外国人，大家要知道我们能把外国人同化，就是我们的文化高过他们的文化，所以元、清虽强，但终久要为我们同化。

所谓我们的文化是什么，中国最高尚的立国文化就是礼义廉耻，我们从前能够恢复亡了几百年的民族，就是因为礼义廉耻的文化没有灭亡，所以元朝清朝虽然灭亡中国，却仍旧可以恢复。共产党看破了这点，他所以要先消灭我文化，破坏中国固有民族性——礼义廉耻，希图根本上来灭亡中国。所以我们中国教育破产，现在这样的教育，完全不讲礼义廉耻，不顾中国固的有文化，如果将这种复兴民族的文化丧失的时候，就是丧失了同化的把握，而且丧失复兴的精神，如此下去，中国人就永远要作外国人奴隶牛马。现在不仅是我们教育界的各位同志，无论是一个党员，一个军人、农人、工人，统统应该知道，我们国家文化所在地方，我们要来复兴民族的精神，是根据拿什么来做，她们教育界各位同志，格外要注意到中国固有立国的精神"礼义廉耻"。如果教学生仅教他在黑板上书本上，而不能使学生明白做人的道理，对于国家的义务，和挽救国家危亡的道理，那末，现在的教育等于零，何能得到事半功倍？如果现在的教育能从我们最高的文化礼义廉耻着手，使一般学生知道做人的道理，爱国家的道理，救国家的道理，对国家及民族所负的责任，然后再教他一切学问，那种学问才有实用，才能救国。所以我们要救国，就要使一般国民知道礼义廉耻，尤其是我们教育界，在一般青年中，格外要使得他们知礼义廉耻是救国的法宝，我相信这一点如能做到，那末，我们国家就随便什么时候都可以复兴，失去的土地随便什么时候都可以收复。因为"楚有三户，亡秦必楚"的意义，就是暴秦之强，我们尚能消灭他，所以我们不怕人家侵略，而怕丧失民族文化，只要恢复我们的民族文化，尤要全国青年重礼义廉耻，那么，我们民族复兴，革命完成，失地收复，皆可立而待。这是今天最重要的对我们湖南各界贡献的一点，希望湖南做一个救国的模范省，使各省来参观考察的人，晓得湖南是复兴我们民族的中心，湖南人要统统这样黾勉从事，才能发扬我们湖南光荣的历史。湖南各界同胞统统有这个责任，尤其是教育界要格外担负这救国的责任起来，要由我们湖南的教育来挽救这民族这国家，我们相信惟有湖南的同志同胞，乃有这种气魄能力来做复兴中华民族的模范。过去的历史已有证明，湖南人有挽救危亡和复兴民族的力量，希望现在的湖南人，格外把这种责任负起来，先恢复我们民族固有的文化礼义廉耻，来救我们现在的中国。现在教育要怎样才能使一般人知道礼义廉耻，礼义廉耻四个字从什么地方做起，且能使他马上发生效力？最重要的一点，就是我们现在学校里的教育，不能仅是教，而且要有育，一定要教育并用。现在之所谓教育，就是教而不育，不是完全的教育，我以为教育的成份，是教占三分之一，育占到三分之二，我们中国的教育方法，却没有这种研究，所以到今天东北要被日本侵略，国家走到今天危急存亡地界，亦就是这个道理。中国同日本比较，日本兴办教育和中国兴办学校，差不多同是一个时候，日本发起学校的年代或者多一点，但我们中国学西法恰与日本同一时，日本派留学生到欧美去，中国也派留学生到欧美去，都是同一时期的事。我们中国办了几十年学校，中国只得到一个危亡的结果，而日本恰能侵略我们中国，压迫我们同胞，世界上无论那一个国家，他们复兴国家，皆是从教育着手，特别是德国兴复与日本称霸，更是归功在小学教员身上，日本人至今上上下下均承认这教育的效力，所以一个国家的复兴，不是在于军队，而全在教育。我们中国的教育，同日本的教育比较，中国和日本同时派学生到西洋去留学，但日本学生回到日本就能为国家效力致用，我们中国学生回来，又是怎样一种情形呢？日本能由小学教员之手把国家复兴起来，我们中国办了学校几十年，到如今却还要受日本侵略压迫，这一比较，差得多远呢？为什么日本教育可以使得他的国家强盛，中国倒要灭亡呢？你们到日本去过，或在日本留过学的，如果留心考察一下，就可知道教育的成败是在什么地方了。我们如有国家观念的，有政治智识的，就可以知道我们国家的危险，日本国家的称霸，全在学校的教育，日本教育是在科学之外，注重最重要的一个训育，在未教一切科学以前，先读他一本国民读本，教训学生做人的道理，先教他们明白自己对国家社会的责任和义务，与他自己做国民的地位。

东方固有的文化最注重的地位，还在教他穿衣服怎样穿，吃饭怎样吃，住房子怎样住，走路怎样走，扫地怎样扫，这就是说他们东方教育最要紧的精神，却保存得很好没有忘了。东方教育最要紧的方法是什么，就是从小学校起，最重要的是所谓"洒扫应对进退，"这亦就是现在所谓衣食住行实际的生活，现在我们中国人在学校里的教育，却绝对不注重这个道理。现在只就着衣服一点来讲，这在湖南看很好，个个学生都穿了制服，就是在公司里的汽车夫也穿制服，这种风气，就是可使国家民族复兴的。大家要知道穿制服戴帽子，虽很小的平常的事，但是有很大的意义，自可测验这个地方文化的高低与民族的盛衰，我们中国人看见他人戴的帽子不正，穿的衣服不齐，扣子不扣，就没人过问，大家以为穿衣吃饭住房子行路，随便哪个人都会，我们何必教他，而不知道这些地方，才是真正的教育。日本之所以称霸，所以能来侵略我们中国，就是因为他们的教育注重这些实际生活，而我们中国人的教育仅是教而不育，日本人却教育并重。中国人把教育中三分之二以上育的部份完全不讲，这样的教育，国家当然易于失败，革命那能成功。你到一个地方，任你到那一个学校去考察，各位可以留心看，那一个学校寄宿舍，地板洗得干干净净的，书本被服叠得整整齐齐，上课时候静默严肃？那一个学校的学生出去，衣服穿得正正直直，头发剪得端端齐齐，学生出外两个人同走时脚步很齐，两眼看前，没有屈腰垂头吐痰揩唾呢？而且还有吸食纸烟，真是可痛！外国人看见我们教育出来的学生，是这个样子，他就不会怕你，而且就此会来轻视你国家，压迫你民族。各位要知道，国家的基本是人民，不是军队，人民的基本乃是青年学生,看一个人的家庭有没有希望,不能看他的老子和祖先，而要看他的子弟与后代，子弟好，如有礼义廉耻，有希望；像不像一个国民，如果青年不像一个人，帽子戴得歪斜，衣服扣子不扣，着也着不合，走也走不像，也不晓得怎样叫国家，他与国家民族有什么关系，那末，青年为国家的基础，如果青年是这样的时候，国家还有什么希望呢？当然要频于灭亡了。单就这两点比较起来，日本所以兴国，我们的国家却日就衰弱，并要受日本的侵略，中国之所以受日本侵略，最大的原因，就是我们的教育失败。教育失败的原因，是我们只注重教而不注重育，更不注重训育，不晓得教学生做人的道理和实际的生活，以致学生不晓得敬师而且要辱师，这样不知礼义廉耻的学生，还算有教育吗？本来教育最高的目的，就是在使受教育的人能够教国民做人，如果一个学生不晓得做人爱国，不晓得做人的道理，教育效力就等于零。所以，现在我们救国第一要点，就是注重教育，更要注重训育，注重使学生能知礼义廉耻，这是复兴民族挽救国家最重要的一点，能够做到这一点，那我们国家民族就不怕危险，随便什么时候，也可以复兴转来。我很希望湖南教育界诸君，党务政府同志，统统能够注重这一点。

我们要使学校、机关、党部、家庭、个人的衣食住行都整齐清洁，个个人都知道礼义廉耻是复兴我们民族、挽救我们国家最重要的工具，然后湖南才不愧为"楚有三户，亡秦必楚"，复兴民族的湖南。我尤其希望湖南同志从此兴起，来复兴我们整个的民族与国家，这即是我今天对湖南各界同胞所要求的一点，希望各位能够接受，因为这是"楚有三户，亡秦必楚"的一个恢复民族的基本条件，切盼各界同胞切实注意。

〔国民党中央执委会秘书处档案〕

5 蒋梦麟、胡适等关于改革中学教育制度以适应国情案

（1934年8月25日）

〔前略〕吾国教育自十七年以来，已能渐入轨道，有极速之

进展，其中尤以中学为最。惟发展过速，不无畸轻之处，而教育制度必须应时势补偏救弊，使能时时与国家需要相应。因此，现行中小学制度有重新考虑之点数处，谨例如下：

（一）现行中小学制度颇嫌过分侧重升学方面，而事实上不能升学之学生反居多数，就十九年教育部统计而论，初小九一四五八二二人，高小一三九六七零四人，初中四零一一八人[①]，高中一零六四九一人。是学生能由初小入高小者不过七分之一而强，能由高小入初中者三分之一而弱，能由初中入高中者又仅四分之一。若以小学人数与专科以上学校（四四零零零人）比较，学生能由初小以至大学者二百零七人中仅有一人，为此一人而使小学成为中学之预备学校，中学成为大学之预备学校，未免失当。且不能升学之多数学生，毕业后反因无职业上之预备，或至失业，或学非所用，个人生计、社会事业，两受损失，此应重行考虑者一也。

（二）年来农村破产，国本动摇，不独消极的应速减除农村之建设，欲谋农村建设，教育上必先养成有知识之新农夫，以为利用科学方法增加生产之准备。但按现行制度，学生由农村而城市（小学升中学），由城市而省会、都会（中学升大学），毕业后即不肯再返田间，如此下去，不独农村无建设之人材，省〔城〕市亦多浮游之子弟。农村之子弟至城市学习工商业，直接间接固可利润农村，惟城市容量有限，农村建设需人，教育制度必须兼筹并顾，使农村城市相倚发展，畸重畸轻皆有未当，此应重行考虑者二也。

（三）吾国教育制度与课程，往往抄袭外国，各国情形不同，应就实际社会状况，厘订学制，编制课程，始是适应国家之特殊需要。如小学只知注重书本知识，课程过量，甚至有妨碍儿

---

① 原件如此，此数有误。

童教育者，反之日常生活，为我国古来之以洒扫、应对、进退教儿童，养成其作人根本者，反不注意；又以旧时科举之害未除，求学仍以仕进为目的，故对生活技能，如家庭工业及女子家政等反被鄙弃。此为吾国特别心理，必须予以纠正。更如义务教育，倡之有年，至今未能实行，原因虽多吾国财穷民困，师资不足等等，实使吾国义务教育不能为他国定期六年或至八年者相比，必须酌量国情，另订办法，使其登高自卑，简而易行，此应重行考虑者三也。

（四）以高等教育立场而论，现行中学制度亦多缺点，高中毕业后升入大学或预科学校，其基础知识之训练，未能适应大学之需要，一方面固因大学本身之不安全，而高中对于国文、外国文、及数学等预备之未充分，亦为重要原因。往年大学设有预科，此种缺点尚可于二年内补救，现预科既废，大学生之来原尽靠中学，故欲大学生求专门知识与技能有充分准备，须以改革中学课程与训练为入手办法，此应重行考虑者四也。综合各节，谨为提议如下：

（一）就近来统计看，升学者既为少数，单轨的升学制度必须加以修正。除就现行制度自成一个系统专为少数升学而设者外，对多数学生应有一种制度，在各级中皆有一个段落，使各种情形不同之儿童，各能就其能力与经济状况选择其所宜之学校，务求其毕业后有相当之良好习惯与生活技能。

（二）普通观念以小学中学分段，事实上初小与高小之间，初中与高中之间，更为重要阶段，因由初小升入高小，及由初中升入高中者，反较高小升入初中及高中升入大学者之数目为低，初小与初中学生，既多数不能升学。教育必从此处着眼，使此多数不能升学之学生，所受教育自能成一般〔段〕落，不但一般小学不应为升中学之预备学校，一般中学不应为升入大学之预备学校，即初小课程亦不应为升入高小之预备课程，初中课程亦不应为升入高中之预备课程。就国民经济状况所造成之自然阶段推论，将来多数能受教育之国民必为四年初小毕业或未毕业之学生，四年初小既为国民之基础，其课程必求能自成段落，不为升学而设，书本课程必须减少，生活教育必须加多，注重养成其文字上阅读及发表能力。公民知识与道德之训练，住城市者教以家庭工业及小本商业知识，在乡村者教以农村家庭工业及农村常识等等，务使其毕业后，成一即不升学而亦能自求生活之公民。

（三）在上项四年小学毕业后，教育即分为多轨进行，其一，为由现行制度入高小中学以接专科以上之学校（其办法详第五条）；其二，为二年之职业学校（当高小毕业）；其三，为初级职业学校（当初中毕业）；其四，为高级职业学校（当高中毕业）。在职业学校中，必就各地农工业情形，分别予以生产技能之训练，务求以工作为主，书本为辅，使大多数不能升入普通学校之学生成为有生产技能之国民，故职业学校当以工场生活为中心，不当以课堂生活为中心。工场（或农场）设备能合实用，教员自己能切实工作和设计后，方可开始招收学生，至目前之有名无实，以书本作职业教材之职业学校，必须严格取缔，以免妨碍正当职业学校之发展。附注：相当于高小、初中及高中之初、中、高三级职业学校，其中初级职业学校受纳四年小学之毕业生，修业期为二年，不生问题。中级及高级职业学校之招收学生可有两种办法，第一种办法，中级职业学校招收初职毕业生，高级职业学校招收中职毕业生；第二种办法为均招四年小学毕业生，而定修业年限为五年及八年。若依第一种办法，则三级职业学校为一贯的，学生升学便利，若依第二种办法，则五年及八年之职业学校，在前数年可对于为职业基础之学科，有较深之训练，两种办法相较，似以第二法为宜。各级职业学校之年限，为适应各种职业之性质及地方情形，似可不必固定。

（四）以上制度所以适应入学儿童之需要，至于失学之儿童，必须即为设法施以简单之义务教育。查学龄儿童约当人口总数百分之十五（日本大正十四年调查，学龄儿童与人口总数之比例为百分之十六有奇，江苏省民十九年调查，学龄儿童与人口总数之比例为百分之十五），以此推之，吾国儿童当有五千万儿童，对此五千万儿童必不可再听其继续失学。惟吾国经济衰落，义务教育为期不能过长，且大多数失学儿童在于乡间，必使其半耕半读，方可推行生效，假设义务教育定为一年至二年，且利用半日学校在儿童同时耕读，在学校亦可容纳倍数，或设立冬季学校，俾儿童于农隙时入学，在此一年至二年中，教以单易字课与简易书报，取材于农业常识、公民常识及家庭卫生等，以此推行数年，先能扫除文盲，以后就国民经济发展情形再延长其年限，三年之义务小学似可即照教育部所颁布之短期义务教育实施办法办理。在短期义务小学之上，似可设补习学校，使毕业生有受补习教育之机会，以补小学训练之不足。至推行时所需要之多量教员，不必限定师范学生，凡在小学或中学毕业者，分别予以一年至数年之严格训练，授以国家教育政策，公民及农业常识等，毕业后分送各乡服务。如此一方面可以减少失业之学生，一方面亦可为乡村养成多数之教员。

（五）与高小、初中、高中程度相等之职业学校，既与入大学之预备学校分离，此种预备学校（即现行学制）亦应酌量改组。此种学校应招收初小毕业生，合高中三年、初中三年、高小二年，共八年为度，其课程以求专门知识与技能之准备为原则。八年之中，对于国文、外国文、数学三门，予以继续不断的严格训练，务使毕业后，国文则流畅明达，第一外国语则能说能作能谈，第二外国语能读参考书籍，数学则能应用于各种科学，至学校本身应分段设立，或联续设立，可斟酌各地情形定之。至于严格管理，俾养成有规律的习惯，注重体育，俾身心均臻健全，自为当然之事。

（六）奖学金。四年小学毕业后,应举行一种试验,则其智力及学力可以深造,分别给予中学或职业学校奖学金,此项奖学金继续给予至毕业为止。中学毕业后,应举行试验给予奖学金,此项奖学金额数应广设,使大多数可以造就之中学毕业生,均能完成大学学业,以达到人材教育之目的。一、二年义务小学与四年小学之衔接关系,似亦应顾及,一、二年义务小学毕业之优秀学生,似亦应用奖学金办法,助其升入四年小学,俾得逐渐上进之机会,如此办法方可不致埋没可造就之人材。试验为慎重起见,吾人不主张目前即行更张。以上所举之四年小学,高小二年及初高中各三年之职业学校,一年至二年之义务教育,八年之预备入大学之中学,可分别选择城市与乡村各适当地点,先行试验,其方法确有成效后,再推行各地。至于此种试验成败之关键,系于师资之训练与甄选者甚大,关于师资训练及甄选之办法,须另定计划。

注：此件系蒋梦麟、胡适、周炳琳、杨振声、陶复恭、翁文灏、徐炳昶、吴俊升等人出席庐山国防设计委员会时提出的。原载于《时事月报》十一卷四期,本件系从国史馆编《中华民国史史料长编》中选出的。

〔国史馆档案〕

6 黄问歧撰民国二十三年中国教育回顾与今后展望

（1934年12月2日）

民国二十三年,国难严重,不减前昨。非团结不能御侮,非复兴民族无以图存,故国内秩序较为安静,交通建设,复兴农村,已得全国一致之努力。在此种情形下,教育有发展可能,教育行政亦较为有力而统一。一切教育上之根本问题,亦有人提出讨论研究,不可谓非近年来之最好现象。兹将一年来全国教育上之改进分类条举，并殿以今后之展望于下。

一年来全国教育上之改进

甲　高等教育

1．整理院系　各地大学学院学系重复，部令酌加裁并。北平大学女子文理学院哲学教育系裁撤；国文、史地两系并为文史系；商学院与法学院合并改称法商学院，设商学系，国际贸易、工商管理、交通管理三系，自二十三年度起不得再招新生。北平师大社会系裁撤。清华大学法律系裁撤。暨南大学教育学院取消，原有各学系改并为教育学系，并入文学院；法学院裁撤，原有学生转入中央大学法学院肄业。河南大学社会学系停招新生，土木工程系裁撤；中国文学系与史学系并为文史系；法学院除经济系外，不再招生，俟法律、政治两系现有学生结束后，经济系并入文学院。山西教育学院及山西法学院均归并山西大学。四川大学教育学院裁撤，改为教育学系，并入文学院。安徽大学数学及物理两系并为数理系，法学院裁撤，原有学生或令转学，或酌改系。河北法商学院全部停止招生。此项裁拼办法，其目的为减少重复与适应实际需要，使各校人力财力集中，从事于充实与发展。

2．充实设备　二十年度统计，全国专科以上学校新添设备费约六百四十万元，二十一年度约六百二十余万元，最近约五百五十余万元，平均每年约增六百四十万元左右。但私立各校设备费之增加，有未完全照法令规定之标准（法令规定，大学设备费至少应占经常费百分之十五，行政费不得超过百分之十），故教部本年度核定私立专科以上学校补助费、设备费占百分之八一．五，即注意此点。

3．限制教职员兼课　二十年度统计，全国专科以上学校教员七〇五三人，专任四二四四人，占百分之六十，兼校内职务者九二〇人，占百分之一八．二，兼校外职务者二九二一人，占百分之二一．八。职员共四二三三四人，专任三一九六人，占百分之七五．五，兼校内课职者九二〇人，占百分之二一．七，兼校外职务者一〇八人，占百分之二．八。教职员合计，除教职员互兼九二〇人外，实数为一〇三六七人，教职员专任者合计为七四四〇人，占百分之六七．七，兼校外职务者合计为三〇二九人，占百分之一二．三，其余则为兼校内职务者。教部一再通令国立大学，职员须酌为裁减，教授不得兼任他校或同校其他学院功课。倘有不能不兼时，每周至多以六小时为限，院长、系主任及其他重要负责人员，绝对不得兼任校外课职。凡在校内互兼教职者，并一律不得兼薪。对私立专科以上学校，亦限定兼任教员不得超过全体教员三分之一，现在拟订详细具体限制办法。

4．厘订大学及专科学校课程标准 二十年度统计，全国专科以上学校课程，最多者超过六百种，平均每校约有一百二十余种，每周授课时数，各科共计多者一千六百余小时，少者约二十小时，每校平均约三百八十小时。实习时数，多者约一千余小时，少者仅一、二小时，或且无之。既极繁杂，又不一致，且往往一科分为数科，而基本主要课程反付阙如，课程无一定准则，选课无一定程序，学生之程度因之愈不整齐。故教部现正着手拟订专科以上学校课程标准。医学专科学校之一种大纲已经决定，细目正在审查。其他各种专科学校之课程标准，亦在商订中。

5．注重实科并限制文法科设立与招生二十年度统计 院数文类占百分之五九，实类占百分之四一，学系文类占百分之五八，实类占百分之四二，学生文类占百分之七四．五，实类占百分之二五．五。结果成文法科过剩，而实科人才缺乏。教部曾通令除边远省区外，不等再招文法等科学生。办理不善之文法科大学或独立学院已令办理结束者，北平、上海各有数校。近年对各校招生又复限制名额，文类学院各系所招新生及转学生之平均数，不得超过实类之平均数。专办文类之独立学院，每系不得过五十名(专收女生之学院不适用),一面提倡实科,指定北京、中央、中山、清华、武汉等大学筹设国防化学讲座。准同济大学增设理学院,清华大学增设工学院,北平工学院增设电机工程系,其他新筹设已成立者有国立西北农专、山东省立医专两校。经此限制,所收效果甚显著。二十一年度统计,文类学生较二十年度减百分之三,实类学生较二十年度增百分之三,毕业生实类增百分之〇．八,文类亦减百分之〇．八。再就二十一及二十二年度新生之统计言之,二十一年度新生总数为一〇三五二人,二十二年度为一〇九一〇人。各科分析,文科增百分之一,法科减百分之二．二,教育减百分之二．二,商科增百分之〇．二,理科增百分之四．四,农科增百分之〇．八,工科减百分之一．三,医科减百分之〇．七,总计文类减百分之三．二,实类增百分之三．二。此为注重实科,限制文法科之收效表现。再越数年,其进步更可显著。

6．补助私立专科以上学校　行政院通过中政会核准自二十三年度起,年拨七十二万元补助私立专科以上学校,其分配办法:一、立案之私立专科以上学校成绩优良而经费困难者,得请补助,同时,须注意农、工、医之发展(至少应占补助费百分之七十),并酌量顾及地域之分配;二、百分之七十添设备,百分之三十添设特种科目之教席;三、一年为一期,但中途考核认为有违给予之规定条件,得停止发给;四、须于每年四月底以前呈部申请。二十三年度分配情形,申请者四十一校,决定补助者三十二校。以科别,实类占百分之八〇．七,文类占百分之一九．三;以费别言,设备费占百分之八一．五,教席费占百分之一八．五。

7．公费留学生之派遣　二十三年内举行公费留学考试不限省区者,有教部留欧机械工程科,管理中英庚款董事会及清华大学之三起。省教育厅之考选留学者,有江苏、山东、安徽、江西、湖北、湖南、河南、山西八省。江苏、山东、山西、湖南四省免去复试，其余四省均初试加倍录取，送部复试，东北青年教育救济处亦于二十三年六月考选公费留学生三名。上列各种留学考试，均实类科目多于文类科目，且有完全为实科者。教部留欧机械工程科之二十五名完全实类。中英庚款之二十六名，文类三名，实类占二十三名。清华大学之二十名，实类十二名，文类八名。江苏等八省共四十八名，实类四十四名，文类四名。总计一百十九名，实类一百零四名，文类十五名。此外，尚有广东省考取公费留学四名，均实类。

8．厉行视察　二十三年四月，教部曾派专家十余人，将专科以上学校通盘视察，计视察四十余校，视察结果，分别饬令改进。

9．筹设研究院　教部曾于二十三年五月颁布研究所规程，除北京大学、清华大学、中山大学等校已设有研究所饬照新章程整理外，并由部令饬中央大学、武汉大学等校筹设研究所。

乙　中等教育

1．经费支配标准之实施　普通中学之发展较师范职业为快，职业学校之进步过慢，实为中等教育之畸形现象。十九年度全国中等教育统计，普通中学校数占中等学校校数三分之二，经费占四分之三，学生数超过四分之三。职业学校校数不及十分之一，经费数仅及十分之一，学生数不及百分之七。二十年统计，全国职业学校校数较十九年度减六校，二十一年度统计，全国职业学校数又较二十年度减四校，故教部于二十二年秋，即颁定各省市中等学校设置及经费支配标准，规定职业学校经费不得低于中等教育经费总预算百分之三十五，师范学校不得低于百分之二十五，中学以占百分之四十为度。限定各省市于二十三年度开始前，依照此项原则改定教育预算，成立分年实施具体方案，限于二十六年度以前完全达到上述标准。并限定二十三年度后之新增经费，应尽先充作师范及职业教育经费，其有未能增加者，应就原有经费逐年缩减中学经费之相当额数，以供扩充职业及师范之用。但缩减中学校数，仍须顾及全境中学教育之平均发展及其办理成绩。二十三年内，各省市多已将中等学校设置及经费支配实施方案拟定，并多自二十三年七月起开始实施。

2．中学师范之毕业会考 教育部于二十一年五月颁布中小学学生毕业会考暂行规程，二十一年度上学期末，湖南、广西、山东三省赶办举行，至下学期末，举行者有十八省市。二十二年十二月，教部又公布中学学生毕业会考规程及中学学生毕业会考委员会规程，废止中小学生毕业会考暂行规程。二十三年四月，教部又公布师范学校学生毕业会考暂行规程。二十二年度，各省市已完全举行中学学生毕业会考，兼举行师范学生毕业会考者亦有广西、河南、湖南、湖北、绥远、甘肃等省。二十一年度举行中小学会考之十八省市，类多风潮迭起，二十二年度则均上轨道，极少反对声浪。教部又为取缔会考成绩低劣之学校，通令各省市，凡会考成绩过低之学校加以警告，责令改善并限制其招生数额，成绩恶劣难期改进者，勒令停闭。

8．中等学校理科教员暑期讲习班之举办 教部根据二十一年度中小学学生毕业会考统计，中小学学生会考成绩，算学及自然成绩较劣，除令各省市厅局切实改进外，并规定公私立各大学举办中等学校理科教员暑期讲习班办法大纲，各大学均已于二十三年暑假遵照开办，各省市教育厅局选派中等学校理科教员到班听讲均极踊跃。

4．中学师范课程标准补颁完全 高初中课程标准，二十二年内所颁布者尚缺公民一科，二十三年八月公民科已公布，得已补足，师范学校课程标准亦于二十三年十月完全颁布。教部并于二十三年十月通令各省市，中小学课程标准颁行前审定之教科图书，除高初中各科三级应用部分仍得沿用外，其余一概作为无效。又规定教科书之送审查，必须全部一次完全送审，不得零星补送。教部又于二十三年三月颁布体育师范学校教学科目及各学期每周教学及自习时数表；又于九月及十月印发初中男生体育教授细目第一、二、三三册。

5．设备标准之公布　教部为促进全国中等学校设备之充实起见，于二十三年四月公布中学物理学设备标准及中学化学设备标准，二十三年七月又公布高初中动植物学、生物学设备标准，又于二十三年六月印发职业学校教材大纲、课程表及设备概要。

6．中学师范教员检定规程之公布　教部为提高中学师范教员资格及程度起见，于二十三年五月公布中学及师范学校教员检定暂行规程及中学师范学校教员检定委员会组织规程，以为各省市检定中学、师范教员之准则。

7．职业教育之视察调查及会议　教部于二十三年内曾派督学多人分赴各省市专视察职业学校，以期职业教育之改进。并由教部制发职业学校概况表及今后五年内所需职业师资数量表，令发各省市填报。又于二十三年十二月初职业学校及中小学劳作科成绩展览会，开会期中，举行全国职业教育会议。召集各省市之办理职业教育行政及职业指导人员，开会讨论改进全国职业教育之方针。

丙　初等教育

1．义务教育之促进　教部以各省市义务教育办理鲜有成效，特于二十三年十一月拟订全国推行义务教育五年计划，准备提出于五全大会，为将来全国推行义务教育之根本办法。

2．暑期小学教师讲习会之举行　二十三年暑假，各省市多遵照小学规程分区举行小学教师暑期讲习会，甚为普遍，颇多成效。

3．小学教员检定规程之公布　教部于二十三年五月公布小学教员检定暂行规程暨小学教员检定委员会组织规程，以为各省市检定小学教员之准则,各省市于二十三年内有已遵照实行者。

4.部编小学教科书之编成 教部拟编之部编小学教科书,二十三年内已编成高级小学及初级小学国语、算学、社会、自然四种。

丁 社会教育

1.设立劳教实验区 教育部与实业部会同组织劳工教育设计委员会,为推行劳工教育实验办法大纲,于二十三年十一月指定上海、无锡、天津、青岛、汉口等五处为劳工教育实验区,先行派定沪、锡两区之负责指挥人员。并由教实两部商定修改劳教课程。又于六月间公布劳工教育奖励规则。

2.重编民众读本 教部以前所编之三民主义千字课历时已久,不甚适用,特重编民众读本,着重民众基本学识,共八十课,较前进步甚多。不久可完成付印。

3.整理全国歌谣 教部于上年通令全国检送歌谣,以便转送中宣会及内政部,二十三年三月,又由中央执行委员会转发南京市党部建议,再度征集,由该部自行整理。

4.开放学校设备 教部以学校教育应与社会教育切实联络,打成一片,特拟厘定开放学校设备办法,不久将通令各省市,将学校之体育场、图书馆与可能范围内,规定开放时间,以供民众应用。

5.参加远东运动会 第十届远东运动会于二十三年七月在菲律滨举行,我国选手一百四十余人赴菲参加,各国各项运动成绩均较前进步。日本为要挟允许伪国加入未遂,多方破坏,将历史悠久、成绩卓著之远运会非法解散;我国为遵重会章及维持公理计,现仍继续准备第十一届远东大会在上海举行,并准备参加世界运动会。

6.中央古物保管委员会成立 二十三年十一月行政院成立中央古物保管委员会,统一全国古物保管事宜。古物保管机关得以统一，是亦保存古物应有之事也。十一月三十日，行政院汪院长及军事委员会蒋委员长曾联名通电全国各机关法团，望协助进行。

上列各项，均系专属于各种教育之事项，此外，尚有包括两种以上教育而为最近全国教育上之较大事件：

1．东北青年教育之救济　教部于二十三年一月成立东北青年教育救济处，并在北平设办事处，专为救济东北四省之青年教育。该处成立后，一面登记国内外东北籍学生，分别予以补助及救济，一面在二十三年三月于北平设东北中山中学，专收东北籍学生，又于二十三年六月在北平招考公费留学生一次。国外东北在学青年之受补助者，上年有留英生六名，本年二月有留德生六名，留法生二名；救济处成立后，又有留比生三名，留英生一名，留法生四名，留德生二十四名，留美生六名，共三十八名。又考选留英生一名，留美生二名。国内东北在学青年之受补助者，分普通及特别工种；截至二十三年六月底止，普通计七八三名，特别计二四六三名。东北青年欲入内地读书者，救济处与北平社会局会同考试，投考者一四九名，合格者七十名，合格各生由该处发给证明书，以便升学或转学。北平师范大学由该处考送学生十名。

2．注重军事训练及童子军　二十三年暑假，浙江、安徽、湖南、南京等省市高中以上学生有暑期集中军训之举行，各地高中以上学生分别集中举行军训三星期。因天气炎热，诸多不便，教部与训练总监部乃商定，以后高中及同等学校一年级均于四月十一日起举行集中军训三个月，专科以上学校一年级自五月十一日起举行集中军训二个月。教部并于二十三年八月修正高中教学科目，每周每科教学及自习时数第一表，又于二十三年九月修正高中教学科目每周各科教学及自习时数第二表，及师范学校教学科目每周各科教学及自习时数第一、二两表，及体育师范学校教学科目及各学期每周教学及自习时数表，以便举行集中军训而不致影响其他科目之教学。童子军一科，教部亦极重视，二十三年暑假曾举办童子军教练训练班一次，各省市保送来学者计二十余省市，四百余人。初中童子军原为选修科目，教部又复通令改为必修科目，规定每周三小时。又于二十三年十月通令各省市，童子军训练不及格学生作体育不及格论。南京并组织有社会童军团务委员会，实行组织社会童军，并拟实行社会军训。二十三年十月一日童子军总会在京成立。

3．移用英美等庚款补助文化事业　各庚款机关补助文化事业原属甚多，但无整个计划。二十三年三月，行政院召开第二次庚款机关联席会议，教部建议：一、庚款机关对于教育文化事业应分工合作，确定范围，避免重复。美款注重自然科学事业，英款注重农、工、医等应用科学，法款注重医学及艺术。各庚款机关对于文化事业之补助，宜注重乡村文化事业之发展。二、英庚款机关拨款设职业学校两所，一工业，一农业。两校开办费共百万元，分两年拨付，经常费由国库与庚款机关分任之。三、美庚款机关增设女子高等教育机关，分两年拨三十万元，以供补助建筑及设备之用。四、各庚款机关协助国立大学设立研究所，均经修正通过。

4．学术工作咨询处成立　二十三年暑假，北平各大学毕业生组织职业运动大同盟，敦促政府解决大学毕业生职业问题。南京、上海两处大学毕业生亦有响应。教部与全国经济委员会原有合组学术工作咨询处之议，因此，即于二十三年十月成立。其重要任务，为调查、登记及介绍国内外专科以上学校毕业生之就业。该会成立后，即办理大学毕业生失业人员之登记，以备介绍工作。并订有介绍大学毕业生实习办法，教部复通令专科以上学校成立职业介绍机关，以与该处通力合作。

5．全国职业学校及中小学劳作科成绩品展览会之举行　教部于二十三年十二月一日在南京考试院考场举行全国职业学校及中小学劳作科成绩品展览会，展览之成绩品计三十一省市区，一千五百三十余机关，二万九千八百余件。参观者极众，颇可引起各界注重职业教育及中小学劳作科，并可作办理职业学校者及中小学校校长劳作教员之观摩参考。

6．影印四库全书之出版 影印四库全书一事，计划多年，至二十二年十一月始在沪开始实行，分四期出版。二十三年八月已将第一期五十九种四百二十六册出版，余在续印中。

7．宗教团体设立学校之限制 限制宗教团体设立学校之办法，教部早已有明确之规定。二十三年九月，教部又复通令各省市，凡宗教团体设立学校应遵照修正私立学校规程办理，如或设置机关，传习教义，既不得沿用学校名称，并不得仿照学校规制编制课程，招收学龄儿童及未满十八岁之青年，授以中小学应有之科目。

8．国际学术之联络与组织 我国与国际作学术上之联络，徐悲鸿氏于上年在巴黎举行中国画展之后，又于二十三年一月在意及五月在莫斯科举行。刘海粟氏于二十三年一月在柏林举行中国画展，九月又在瑞京举行，伦敦中国艺展亦开始筹备。中波文化协会在京成立，中意文化协会亦于十一月间由京中多人发起，中印学会由戴季陶等发起，又在印度成立。捷克斯拉夫国际儿童文艺展览会亦曾参加。东亚高等教育会议在菲举行，我国亦曾派蒋梦麟等参加。其他如应意国近东与远东学院之请，选派受意津贴之留意学生二名，德亨堡基金会亦有交换研究生之提议。

9．读经之复现与文白之争 广东于二十三年九月有经训教科书之编辑，南京教育界对白话、文言之争辩甚激烈，此为已经过之问题而旧案重提者也。

10．灾荒影响教费及学生 二十三年苏、浙、皖、赣各省旱灾极重，各地教费受其影响极大，苏、浙、皖等省均有缩减地方教费之办法，上海各校学生有锐减之趋势，此又农村破产声中之一显著现象。

11. 华侨教育之补助 侨务委员会会同教部呈准中政会自二十三年三月份起,月拨八千四百元补助华侨已立案之学校,月拨二千五百元补助回国升学贫寒侨生,月拨八百八十三元为侨校毕业会考奖励金。二十三年度内计四万七千一百三十二元,分配标准以成绩优良而经济确系困难者为限,并由侨务委员会组织侨民教育补助费审核委员会以审核之。侨务委员会第六十九次及七十一次常会核定第一批补助之侨校,计新加坡三校,槟城二校,森美兰一校,吡叻八校,嗲哼一校,吉礁一校,柔佛一校,北婆罗洲一校,沙胜越一校,仰光二校,缅甸二校,香港一校,澳洲一校,加拿大一校,棉兰八校,巨港一校,巴东一校,孟加影一校,海防二校,河内一校,菲律宾二校,檀香山一校,西雅图一校,纽约一校,波士顿一校,长崎一校,朝鲜二校,南菲洲一校,共五十校。又由侨委会及教部会同修正公布侨民中小学规程及侨民学校立案规程,以为管理侨校之标准。又由侨委会拟定侨民中小学学生毕业会考规程,侨民中小学学生毕业会考委员会规程,及补助清贫侨生回国升学规程。

12. 发展边疆教育之补助及计划 蒋委员长于二十三年十一月间到察哈尔视察,察省教育厅长赵伯陶陈述该省教费困难情形,由蒋电致中央年拨补助该省民众教育经费四万元,畜牧科职业学校二万元,军事训练费一万元,共七万元。又蒙藏委员会会同教部于二十三年十一月间拟定边疆教育计划,会呈行政院核议施行。其计划偏重于小学、师范及职业教育,预定次第设置,以普及为止。蒙藏委员会又曾派员分赴边疆各省实地视察边疆各地教育,以为改进参考。

今后之展望

一年来,中国教育之重要改进已如上述,今后我国教育界之应共同努力者,当有下列数端。

一、国产化 我国教育制度,时而抄袭日本,时而模仿美国,近更有人主张效法欧洲,凡此皆皮毛之谈而非根本办法。中国有中国之历史与环境,决非完全仿效他国之成法而能有济,盲目追随,徘徊歧路,终无效益。必也斟酌国情,参考历史,厘定中国国产之教育制度,庶可负复兴民族挽救危亡之责任。国人有斯觉悟者已不乏人,陈果夫氏改革教育初步方案,蒋梦麟等用试验方法修正中小学教育制度以适应国情案,即可代表其一斑。惟是此项工作距成功之期尚远,仍赖教育界之共同努力。

二、军事化 国难日亟,国亡无日,世界大战,迫在眉睫,非全民族整个动员无以救亡图存。以中国民族之衰颓委顿,又非实行军事训练不为功。高中以上学校之实行军训已渐著成效,社会军训亦应早日实行,庶将来一旦有事,全国民众均可效命疆场,复兴中华,其必在此。故社会教育应积极注重军事训练之宣传,以唤起颓废之人心,鼓舞奋发之民气。江西有勇武运动会之举行,即是体育国产化,体育军事化之发轫,斟酌改善,普遍推行,是仍有待于全国教育界之努力。

三、统一化 我国教育行政权之统一,教育部早于十八年通令有案,因形格势禁,迄有一部分未能实行,杨振声氏于大公报评论甚详。教育行政权不能统一,则全国教育之设施与策进即无整齐划一之方针,影响于教育之效能者至大。近年中学毕业会考,渐著成效,各种立别之中学均由所在地教育行政机关会考,中等教育行政权已渐有统一之趋势,将来各种立别之专科以上学校会考均由教育部主持,则高等教育行政权亦可渐达统一之希望。但会考不过教育行政权之一小部分,其他大部份之管理权,将来仍应完全统一也。庚款机关有联席会议之设,已渐收合作整齐之效。教育行政权之应统一,确为全国教育界共同努力之又一目标也。

四、生产化　我国专科以上学校之学生，文类较实类为多，职业学校之发展远不及中学师范之速，已详于前。教部对专科以上学校限制文法科，提倡实科，已尽全力。以现在国内教育上之趋势观之，专科以上学校，实科渐增，文科渐减；二十六年度以后，中等职业学校将较现在增加一倍至数倍。实科人才逐渐增加，失业人员自可稍减，实业亦有发达之望。学术工作咨询处成立，大学毕业生之就业有介绍之机关，考铨会议议决，文官考试之科目应与大学中学之科目相符合，又可广大学中学学生之出路。提倡职业教育之呼声遍全国，对此又不能不加注意也。

〔国民政府教育部档案〕

7　行政院抄送"安徽省教育厅长杨廉报告整理教育状况"致教育部笺函

（1935年10月）

行政院笺函　第四七九号

奉院长谕：安徽教育厅厅长杨廉摺呈："为奉令主持皖省教政，经两年之整理，省县教育，差循轨辙。谨将成效显著及正待进行诸端，撮要陈述，请鉴核一案。应交教育部参考"等因。相应抄同原件，函达查照。此致

教育部

　　计抄送原摺呈一件

　　　　　　　　　　　　　　　行政院秘书长褚

中华民国二十四年十月　　日

　　　　　　　　摺　　呈

谨摺呈者：厅长奉命主持皖省教政，念教育之重要，抚时势之多难，无日不奋勉图功，冀收涓埃之效，以上副钧座励精图治

之意；惟是皖省学风素极嚣张，人事素多纠纷，而地方贫瘠，连年灾歉，困难万分，仰赖德威，经两年之整理，省县教育，差循轨辙，所有工作情形，均经按月呈报鉴核有案。兹谨撮其成效显著及正待进行诸要端如下：

一、学风已臻纯良。查皖省自民八以后，学潮澎湃，结党分派，攻讦倾轧，层出不穷，教育行政苦于应付，未遑督导。查此中症结，半由教育界习尚之不良，半由经费之困难，使有所藉口。厅长到任之始，即着眼于此，首谋经费稳定，按月发放，继则规定任期，次复严予淘汰，慎加选择，务使教职各员安心服务，以杜诱惑之原。两年以来，全省学校秩序肃然，教学训练均极顺利，教员学生咸能安心教学，派系之争逐渐消减，视两年以前确有显著进步。

二、经费整理。本省省教育经费，年约二百余万元，社教机关计四十余所，如果支配得当，亦足以维持而谋发展。过去教员薪给积欠至八个月之久，往往藉口索薪，引起风潮。厅长为谋彻底改革计，首先改组教育经费管理处，以节浪费，而一事权，计此项节省年在二万元以上。其次，管理师范生及女职学生之膳费，通饬收有公费生各校，学生膳费须比照自费生及学校所在地实际生活状况所需之数开支，计二十二年度节余几三万元，二十三年度全年节余六万余元；又提高各校设备费之百分数，由百分之三提高至百分之十六，更奖励各校自动撙节，政府补助，以充实设备。施行两年以来，教育预算虽未增加，而教费未曾拖欠，留学经费且能提前一月发放，教育状态遂能安定。

三、设备统制。安徽省立各校之设备，向极简陋，经详密之调查，其仪器标本药品等项，发现极度缺乏。于是组织中小学设备委员会，订定理化、生物、动植物等学科设备标准。并筹拨现款，先将省立中学、师范等数十校理化设备按照标准核定，各校应需种类数量，派员赴沪分别购齐，运发各校，因系巨批购买，故订定优待货价，以五折付款；次将各校生物学、动植物学等科设备分别审定需要，派员采购，折扣亦同，分运各校。又设立教育用品消费合作社，以统制之方法，谋经费之公开，计两年度内，关于扩充设备者有四十余起，共费二十一万余元。现在各校设备均能勉达部定标准，目前设备之匀齐充实，全国当以安徽为第一。

四、建筑统制。安徽省立各校之校舍，类多因陋就简，不能合用，且因年代已久，更时有倾圮之虞，曾经通盘筹划，订有三年之计划。惟以需款过巨，非本省财力所能担负，乃分别缓急，择其最迫切需要者加以修理或改建。两年度来，计办理建筑工程共有五十五起，其中新建科学馆五所，校舍十八所，其余尚在陆续计划修建中，经此统筹修建，所费不多，功效甚著，已觉勉敷应用。

五、整理学产成效卓著。本省省县学产，非独收益甚微，甚或为人侵占。值兹苛杂废除，教费骤减之时，增筹教费，舍就本身谋支配之得当与收入之增加，别无他法。爰于前岁拟具取消学产二重地主制及永佃权办法，经呈奉中央政治会议核准，通令施行。自奉行以来，如省有学产望江特生州永佃权之收回，崇文州八都湖之清丈，王圩之收回，县有学产，如太和之增加三千余亩，当涂之增加三百余亩，如盱眙、天长、怀宁等县，经整理之后，均增加不少。现正继续进行，预计结果增数当不在少也。

六、清寒优秀学生之奖励。年来农村衰落，优秀青年无力求学，甚或误入歧途，实为党国莫大之殷忧。厅长为谋补救起见，就原有教费内逐年筹集基金三十万元，作为国内专科以上学生贷金，又年筹四千元，充作中学生奖励金，继以时日，当不无裨补也。

七、励行义务教育。教育为政治建设之原动力，我国人民多数未能识字，知识缺乏，对于政令不能了解，更无法使其接受，行政效率之不显著，此为主因，是以政治建设非从普及识字教育不为功。第以经费、师资、校舍等问题之困难，必须用极简当易行之方法，教民众识字，予以生活上常识，唤起民族意识。现已遵照院令，自年度起，本省预定开办短期小学一千二百所，同时并责成规模较大之小学附设短期小学班，推行二部制。预计五年以内，全省九足岁自十二足岁之儿童，均可受一年制之短期训练，所有本省义教及方案筹集经费办法，均经送部核定。短期小学所需师资，亦经分别登记考试分派妥当，全省短期小学于国庆日前可一律开学。

八、生产教育之推进。窃查建国之首要在民生，目前民不聊生者多矣。自旱灾而后，皖中皖南逐处皆是临时救济，仅能治标。皖省为纯农业区域，根本办法仍在改进农业，推广家庭工业，提倡合作，一方推广抗旱抗病之稻种、麦种、棉种，及产量较多易于肥硕之猪鸡鸭羊牛等家畜良种，使农民增加收获，一方推广成效显著之家庭工艺工具，如纺纱织布之类，藉以抵制外货，减少消费，庶男工于野，女工于家，有工作之人，无坐食之徒，家兴而国自富，更推广合作事业，俾生产运输金融销费均得运用灵活，则农村自有生气。厅长曾游美国，考查彼邦自一九一四年大量推广改良农业，十余年之内农民富力加倍，前辙不远，正可取法。本年四月已召集全省生产教育建设会议，讨论生产教育建设方针，及联络推进办法，决于本年度一致努力推行。

九、训练学生。本省训育学生标准，初中及小学以童子军训练为中心，高中以军事训练为中心，而以新生活大纲为实践，日常生活之唯一准则。业由教育厅拟定中等学生新生活训练大纲，通饬施行，尚著成效。关于军事训练，已办两届，本年集中省会，附郭之集贤关军营，结果成绩优良。至童子军训练，因缺乏人材设备，尚乏成效。去年暑假，曾选派教练员赴京受训，本年暑期，又召集全省初中教练员、队长来省受训，嗣后拟竭力扩充设备，努力推进。

十、科学馆及图书馆之设立。图书馆教育，实为救济愚鲁，提高文化之最良方法，本省除厉行义务教育外，兹定于十个行政督察专员区内各设图书馆一所，由省款购发价值一万元之图书，期以五年完成之，已由省务会议通过施行。科学教育，为迎头赶上西方文明之不可缓办者，为普及科学知识起见，拟全省设科学馆十所，年余以来，计安庆、芜湖、宣城、休宁、凤阳已先后设立，更拟继续推进，设立其他五所。

以上各节，均系已次第施行，谨撮要陈述，仰祈钧鉴，并乞训示。谨呈

院长汪

安徽省教育厅厅长　杨　廉
〔行政院档案〕

〔三〕高等教育

（一）教育法令

1 南京国民政府教育行政委员会公布大学教员资格条例

（1927年6月15日）

第一章 名 称

第一条 大学教员名称分一、二、三、四四等，一等曰教授，二等曰副教授，三等曰讲师，四等曰助教。

第二条 以上四种名称，惟大学之教员得用之。

第二章 资 格

甲 助教

第三条 国内外大学毕业，得有学士学位，而有相当成绩者。

第四条 于国学上有研究者。

乙 讲师

第五条 国内外大学毕业，得有硕士学位，而有相当成绩者。

第六条 助教定满一年以上之教务，而有特别成绩者。

第七条 于国学上有贡献者。

丙 副教授

第八条 外国大学研究院研究若干年，得有博士学位，而有相当成绩者。

第九条 讲师满一年以上之教务,而有特别成绩者。

第十条 于国学上有特殊之贡献者。

丁 教授

第十一条 副教授完满两年以上之教务,而有特别成绩者。

第三章 审 查

第十二条 凡大学教员均须受审查,审查时须呈验:(一)履历,(二)毕业文凭,(三)著作品,(四)服务证书于审查机关。

第十三条 大学之评议会为审查教员资格之机关,审查时由中央教育行政机关派代表一人列席。

第十四条 前项教员资格审查合格后,由中央教育行政机关认可给予证书。

第十五条 凡私立大学审查合格之教员,必须经该大学呈请中央教育行政机关立案,报由认可,给予证书,方为有效。

第四章 附 则

第十六条 除国内外国立大学外,其他大学给予之学位,经中央教育行政机关认可方为有效。

第十七条 工程师学位与学士学位或硕士学位相等者,可由大学评议会指定之。

第十八条 国内外大学同等级之学位而取得之程度有差别者,可由大学之评议会特别指定之。

第十九条 凡于学术有特别研究而无学位者,经大学之评议会议决,可充大学助教或讲师。

第二十条 大学教员以专任为原则,如有特别情形不能专任时,其薪奉得以钟点计算。

〔国民政府教育部档案〕

2 国民政府公布修正教育部大学委员会组织条例
（附大学委员会委员名单）

(1929年2月27日)

第一条 教育部大学委员会依本条例决议全国教育及学术上重要事项。

第二条 大学委员会委员除教育部长及次长为当然委员外，由教育部聘任之，其资格如左：

一、现任或曾任国立大学校长及副校长者；

二、具有特殊之教育学识或于全国教育有特殊之研究或贡献者；

三、国内专门学者。

聘任委员之人数为十一人至十九人，由教育部部长以教育部之名义聘任之，其任期为三年。

第三条 大学委员会应决议之事项如左：

一、教育制度及教育行政制度之变更事项；

二、教育方针之制定事项；

三、专门委员会之设立事项；

四、教育部长交议之事项。

第四条 大学委员会以教育部部长为委员长。

第五条 大学委员会每年开大会二次，均由委员长召集之，遇必要时得由委员长召集临时会。

第六条 大学委员会须有全体委员半数以上出席方得开会。

第七条 大学委员会开会时，由委员长主席。

委员长因事缺席时，得由委员会于到会委员中公推一人为临时主席。

第八条 大学委员会设秘书一人，由教育部秘书兼任之。

第九条 大学委员会遇必要时，得召集各地方行政区域最高教育行政长官或其代表列席会议。

第十条 大学委员会中之国立大学校长，因事不能出席时得派遣代表列席。

第十一条 大学委员会因区域及时期之关系，遇有必要时得设大学委员会分会，其条例另定之。

第十二条 大学委员会议事细则由委员会自定之。

第十三条 大学委员会议决事项由教育部执行之。

附件：教育部大学委员会委员名单

当然委员：蒋梦麟 马叙伦 吴震春 □□□（刘大伯代）
　　　　　张乃燕 李煜瀛 李书华

聘任委员：蔡元培 吴稚晖 杨玲 郑洪年 易培基
　　　　　张仲苏 罗家伦 褚民谊 许崇清 高鲁
　　　　　孙科 戴季陶 朱家骅

〔国民政府教育部档案〕

3 国民政府颁布大学组织法

（1929年7月26日）

第一条 大学应遵照十八年四月二十六日国民政府公布之中华民国教育宗旨及其实施方针，以研究高深学术，养成专门人材。

第二条 国立大学由教育部审察全国各地情形设立之。

第三条 由省政府设立者，为省立大学；由市政府设立者，为市立大学；由私人或私法人设立者，为私立大学。

前项大学之设立、变更及停办，须经教育部核准。

第四条 大学分文、理、法、农、工、商、医各学院。

第五条　凡具备三学院以上者，始得称为大学。

不合上项条件者，为独立学院，得分两科。

第六条　大学各学院或独立学院各科，得分若干学系。

第七条　大学各学院及独立学院得附设专修科。

第八条　大学得设研究院。

第九条　大学设校长一人，综理校务。国立大学校长由国民政府任命之；省立市立大学校长，由省市政府分别呈请国民政府任命之。除国民政府特准外，均不得兼任其他官职。

第十条　独立学院设院长一人，综理院务。

国立者由教育部聘任之，省立、市立者由省政府请教育部聘任之，不得兼职。

第十一条　大学各学院设院长一人，综理院务，由院长聘任之。

独立学院各科各设科主任一人，综理各科教务，由院长聘任之。

第十二条　大学各学系各设主任一人，办理各该系教务，由院长商请校长聘任之。独立学院各系主任，由院长聘任之。

第十三条　大学各学院教员分教授、副教授、讲师、助教四种，由院长商请校长聘任之。

第十四条　大学得聘兼任教员，但其总数不得超过全体教员三分之一。

第十五条　大学设校务会，以全体教授、副教授所选出之代表若干人，及校长、各学院院长、各学系主任组织之。校长为主席。

前项会议，校长得延聘专家列席，但其人数不得超过全体人数五分之一。

第十六条　校务会议审议左列事项：

一　大学预算；　　二　大学学院学系之设立及废止；

三　大学课程；　　四　大学内部各种规则；

五　关于学生试验事项；　　六　关于学生训练事项；

七　校长交议事项。

第十七条　校务会议得设各种委员会。

第十八条　大学各学院设院务会议，以院长、系主任及事务主任组织之，院长为主席，计划本院学术设备事项，审议本院一切进行事宜。

各学系设系教务会议，以系主任及本系教授、副教授、讲师组织之，系主任为主席，计划本系学术设备事项。

第十九条　大学职员、事务员由校长任用之。

第二十条　大学入学资格，须曾在公立或已立案之私立高级中学或同等学校毕业，经入学试验及格者。

第二十一条　大学修业年限，医学院五年，余均四年。

第二十二条　大学学生修业期满，考核成绩及格，由大学发给毕业证书。

第二十三条　本法第三条第二项及第十三条至第二十二条之规定，独立学院准用之。

第二十四条　私立大学或私立独立学校董事会之组织及职权，由教育部定之。

第二十五条　大学或独立学院之规程，由教育部遵照本法另定之。

第二十六条　本法自公布日施行。

〔国民政府教育部档案〕

注：大学组织法第九条国民政府于二十三年四月二十八日修正为"大学校长一人综理校务，国立、省立、市立大学校长简任，除担任本校教课外，不得兼任他职。"

4 教育部公布大学规程

(1929年8月14日)

第一章 总 纲

第一条 大学依大学组织法第四条之规定,分文、理、法、教育、农、工、商、医各学院。独立学院依大学组织法第五条第二项之规定,得分两科。

第二条 大学依大学组织法第五条第一项之规定,至少须具备三学院,并遵照中华民国教育宗旨及其实施方针,大学教育注重实用科之原则,必须包含理学院或农、工、商、医各学院之一。

第三条 大学或独立学院入学资格,须曾在公立或已立案之私立高级中学或同等学校毕业,经入学试验及格者。

大学或独立学院得酌收特别生,其具有前项学校毕业资格,于第一年内补受入学试验及格者,得改为正式生。

第四条 大学或独立学院转学资格,须学科程度相同,有原校修业证明书,于学期开始以前经试验及格者。但未立案之私立大学或独立学院学生,不得转学于公立及已立案之私立大学或独立学院。

大学各学院或独立学院各科最后一年级,不得收转学生。

第二章 学系及课程

第五条 大学各学院或独立学院各科,依大学条例第六条之规定,得分若干学系。

第六条 大学文学院或独立学院文科,分中国文学、外国文学、哲学、史学、语言学、社会学、音乐学及其他各学系。

大学理学院或独立学院理科，分数学、物理学、化学、生物学、生理学、心理学、地理学、地质学及其他各学系，并得附设药科。

大学法学院或独立学院法科，分法律、政治、经济三学系，但得专设法律学系。

大学或独立学院之有文学院或文科而不设法学院或法科，及设法学院或法科而专设法律学系者，得设政治、经济二学系于文学院或文科。

大学教育学院或独立学院教育科，分教育原理、教育心理、教育行政、教育方法及其他各学系，大学或独立学院之有文学院或文科而不设教育学院或教育科者，得设教育学系于文学院或文科。

大学农学院或独立学院农科，分农学、林学、兽医、畜牧、蚕桑、园艺及其他各学系。

大学工学院或独立学院工科，分土木工程、机械工程、电热工程、化学工程、造船学、建筑学、采矿、冶金及其他各学系。

大学商学院或独立学院商科，分银行、会计、统计、国际贸易、工商管理、交通管理及其他各学系。

大学医学院或独立学院医科不分系。

各学系遇必要时，得再分组。

第七条　大学各学院或独立学院各科学生（医学院除外），从第二年起，应认定某学系为主系，并选定他学系为辅系。

第八条　大学各学院或独立学院各科，除党义、国文、军事训练及第一、第二外国文为共同必修科目外，须为未分系之一年级生设基本课目。各学校或各科之课目分配及课程标准另定之。

第九条　大学各学院或独立学院各科课程，得采学分制。但学生每年所修学分须有限制，不得提早毕业。

聪颖勤奋之学生，除应修学分外，得于最后一学年选习特种课目，以资深造；试验及格时，由学校给予特种奖励。

第三章 经费及设备

第十条 大学各学院或独立学院各科，开办费及每年经常费之最低限度（开办费包含建筑设备费等），暂定如左表：

院列或科别	开办费	每年经常费
文学院或文科	一〇〇,〇〇〇元	八〇,〇〇〇元
理学院或理科	二〇〇,〇〇〇元	一五〇,〇〇〇元
法学院或法科	一〇〇,〇〇〇元	八〇,〇〇〇元
教育学院或教育科	一〇〇,〇〇〇元	八〇,〇〇〇元
农学院或农科	一五〇,〇〇〇元	一五〇,〇〇〇元
工学院或工科	三〇〇,〇〇〇元	二〇〇,〇〇〇元
商学院或商科	一〇〇,〇〇〇元	八〇,〇〇〇元
医学院或医科	二〇〇,〇〇〇元	一五〇,〇〇〇元

凡性质相类之学院或科同时并设者，其开办费得酌减之，各学院或各科第一年之经常费，至少须各有额定数目三分之二。

第十一条 大学或独立学院须有相当校地、校舍、运动场、图书馆、实验室、实习室及其图书、仪器、标本、模型等设备。大学各学院或独立学院各科之设备标准另定之。

第十二条 大学各学院或独立学院每年扩充设备费，至少应占经常费百分之十五。

第四章 试验及成绩

第十三条 大学试验分左列四种：

一、入学试验；
二、临时试验；
三、学期试验；
四、毕业试验。

第十四条 入学试验由校务会议组织招生委员会于每学年开始以前举行之，各大学因事业上之便利，得组织联合招生委员会。

第十五条 临时试验由各系教员随时举行之，每学期内至少须举行一次。临时试验成绩须与听讲笔录、读书扎记及练习、实习、实验等成绩，分别合并核计，作为平时成绩。

第十六条 学期试验由院长会同各系主任及教员于每学期之末举行之。学期试验成绩须与平时成绩合并核计，作为学期成绩。

第十七条 毕业试验由教育部派校内教授、副教授及校外专门学者组织委员会举行之，校长为委员长。每种课目之试验，须于可能范围内有一校外委员参与，遇必要时教育部得派员监试。

毕业试验即为最后一学期之学期试验，但试验课目须在四种以上，至少须有两种包含全年之课程。

第十八条 毕业论文须于最后一学年之上学期开始时，由学生就主要课目选定研究题目，受该课教授之指导，自行撰述。在毕业试验期前，提交毕业试验委员会评定。毕业论文得以译书代之。

第十九条 毕业论文或译书认为有疑问时，得举行口试。

毕业论文或译书成绩，须与毕业试验成绩及各学期成绩合并核计，作为毕业成绩。

第二十条 农、工、商各学院学生，自第二学年起须于暑假期内，在校外相当场所实习若干时期，无此项实习证书者，不得毕业。实习程序由各该学院自定，但须呈经教育部核准。

第二十一条　本章各条之规定，独立学院准用之。

第五章　专修科

第二十二条　大学各学院或独立学院各科，得分别附设师范、体育、市政、美术、新闻学、图书馆学、医学、药学及公共卫生等专修科。

第二十三条　各专修科以党义、军事训练、国文、外国文为共同必修课目。各专修科之课目分配及课程标准另定之。

第二十四条　专修科入学资格，须在高级中学或同等学校毕业，经入学试验及格者。

第二十五条　专修科之修业年限为二年或三年；但医学专修科于三年课目修毕后，需再实习一年。

第二十六条　专修科学生修业期满，考核成绩及格，由大学或学院给予毕业证书。

第二十七条　专修科得适用第十三条至第十七条之规定。

第六章　附　则

第二十八条　私立大学或私立独立学院，除适用本规程外，并须遵照私立学校规程办理。

第二十九条　本规程由教育部根据大学组织法第二十五条之规定公布之。

第三十条　本规程自公布日施行。

〔国民政府教育部档案〕

5　国民政府颁布专科学校组织法

（1929年7月26日）

第一条　专科学校应遵照民国十八年四月二十六日国民政府

公布之中华民国教育宗旨及其实施方针，以教授应用科学养成技术人材。

第二条　国立专科学校由教育部审察全国各地情形设立之。

第三条　专科学校由省政府或市政府设立者，为省立或市立专科学校，由私人或私法人设立者，为私立专科学校。

前项专科学校之设立、变更及停办，须经教育部核准。

第四条　专科学校设校长一人，综理校务。

国立专科学校校长由教育部聘任之，省立或市立专科学校校长，由省市政府请教育部聘任之。

第五条　专科学校设校务会议，其规则由学校自定，呈请教育部核准。

第六条　专科学校教员，分专任兼任两种，由校长聘任之，但兼任教员总数不得超过全体教员三分之一。

第七条　专科学校职员及事务员，由校长任用之。

第八条　专科学校入学资格，须曾在公立或已立案之私立中学毕业或具有同等学力，经入学试验及格者。

第九条　专科学校修业年限为二年或三年。

第十条　专科学校学生修业期满、考试及格，由学校给予毕业证书。

第十一条　私立专科学校校董会之组织及职权，由教育部定之。

第十二条　专科学校之规程由教育部遵照本法另定之。

第十三条　本法自公布日施行。

〔国民政府教育部档案〕

6 教育部订定私立大学、专科学校奖励与取缔办法

(1930年8月23日)

奖 励 办 法

（一）凡已经立案之私立大学、学院及专科学校成绩优〔良〕者，得由中央或省市政府酌量拨款补助，或由教育部转商各庚款教育基金委员会拨款补助。

（二）某学院或某科系在教育学术上有特殊贡献者，得由教育部或省市教育行政机关褒奖或给补助费。

（三）有实验性质而实验成绩优良者，得由教育部褒奖或给补助费。

取 缔 办 法

（一）凡未立案之私立大学、学院及专科学校，应分别限期遵令呈请立案，不遵令如期呈请立案，勒令停办；遵令呈请立案者，经视察后分别准予立案或准予试办，或勒令停办或限期结束，或立予封闭。

（二）已立案之私立大学、学院及专科学校，应由教育部随时派员视察，如内容不合规定标准或亏空过巨时，教育部应酌量情形限期改善或筹备，违者予以警告或封闭，凡经教育部指导后不加改善者予以警告，情形重大或受警告后经过若干时期仍未改善者，封闭。

（三）新创办之私立大学、学院及专科学校，应依照大学及专科学校法规办理，并按照私立学校规程，先行呈请设立之，违者立予封闭。

〔国民政府教育部档案〕

7 教育部公布《修正专科学校规程》

(1931年3月26日)

第一章

第一条 专科学校之设立,应依照专科学校组织法第一条之规定,以教授应用科学,养成技术人材。

第二条 专科学校修业年限为二年或三年,得由学校各依其种类分别自定之,但须呈经教育部核准。医学专科学校修业年限,于三年课目修毕后,须再实习一年。

第三条 专科学校入学资格,须曾在公立或已立案之私立高级中学毕业,同等学力经入学试验及格者。各校取录同等学力之学生,最多不得超过取录总额五分之一。

第四条 专科学校转学资格,须与学校性质相同,学科程度相等,有原校修业证明书,于学年或学期开始以前经试验及格者。但未立案之私立专门或专科学校学生,不得转学于公立及已立案之私立专科学校。专科学校最后一年级不得收转学生。

第二章 种类及课程

第五条 专科学校之种类如左:

甲类(设下列两种专科以上者得称工业专科学校)

一、矿冶专科学校;
二、机械工程专科学校;
三、电机工程专科学校;
四、化学工程专科学校;
五、土木工程专科学校;
六、河海工程专科学校;

七、建筑专科学校；

八、测量专科学校；

九、纺织专科学校；

十、染色专科学校；

十一、造纸专科学校；

十二、制革专科学校；

十三、陶业专科学校；

十四、造船专科学校；

十五、飞机制造专科学校；

十六、其他关于工业之专科学校。

乙类（设下列两种专科以上者，得称农业专科学校）

一、农艺专科学校；

二、森林专科学校；

三、兽医专科学校；

四、园艺专科学校；

五、蚕桑专科学校；

六、畜牧专科学校；

七、水产专科学校；

八、其他关于农业之专科学校。

丙类（设下列两种专科以上者，得称商业专科学校）

一、银行专科学校；

二、保险专科学校；

三、会计专科学校；

四、统计专科学校；

五、交通管理专科学校；

六、国际贸易专科学校；

七、税务专科学校；

八、盐务专科学校；

九、其他关于商业之专科学校。

丁类

一、医学专科学校；

二、药学专科学校；

三、艺术专科学校；

四、音乐专科学校；

五、体育专科学校；

六、图书馆专科学校；

七、市政专科学校；

八、商船专科学校；

九、其他不属于甲乙丙三类之专科学校。

第六条　专科学校得依其种类，分别附设职业性质之高级中学。

第七条　专科学校课程遇必要时得分若干组。

第八条　各种专科学校以党义、军事训练、国文、外国文为共同必修课目。

各种专科学校之科目分配，及课程标准另定之。

第九条　专科学校课程采学分制，但学生每学期所修学分，须有限制，不得提早毕业。

第三章　经费及设备

第十条　各种专科学校开办费及每年经常费之最低限度，(开办费包含建筑费设备费等)，暂定如左表：(P.184)

各专门学校第一年之经常费，至少须各有本表额定类目三分之二。至设立两科以上之工业、农业、商业各专科学校，其开办费及每年经常费之数目，应视其所设各科之数目及种类而定，如所设各科系性质相同者，得照本表额定标准酌量减少。

第十一条　专科学校每年扩充设备费，至少应占经常费百分

类　　　　别	开办费	每年经常费
甲类之一、二、三、四等项专科学校	二十万元	十万元
甲类之五、六、七、九、十一、十五、十六等项专科学校	十五万元	八万元
甲类之八、十、十二、十三、十四等项专科学校	十万元	八万元
乙类之一、二、六、七、八等项专科学校	十万元	八万元
乙类之三、四、五等项专科学校	六万元	五万元
丙类之各项专科学校	六万元	五万元
丁类之医学专科学校	十五万元	十万元
丁类之药学专科学校	十万元	八万元
丁类之商船专科学校	十万元	六万元
丁类之三、四、五、六、七、九等项专科学校	六万元	五万元

之十五。

第十二条　专科学校设备标准另定之。

第四章 试验及成绩

第十三条 专科学校试验分左列四种：

一、入学试验

二、临时试验

三、学期试验

四、毕业试验

第十四条 入学试验由校务会议组织招生委员会，于每学年开始以前举行之。

第十五条 临时试验由各科教员随时举行之，每学期内至少须举行一次。临时试验成绩须与听讲笔录、读书札记及实习实验等成绩分别合并核计，作为平时成绩。

第十六条 学期试验由校长会同各教员于学期终举行之。学期试验成绩须与平时成绩合并核计，作为学期成绩。

第十七条 毕业试验即为最后一学期之学期试验，但试验课目须在五种以上，至少须有三种包含全学期之课程。毕业试验由教育部派校内校员及校长专门学者组织委员会举行之，校长为委员长，每种科目之试验须于可能范围内有一校外委员参与，遇必要时教育部得派员监视。

第十八条 甲乙丙三种专科学校之学生，须于每年暑假或寒假期内在相当场所实习若干星期，无此项之实习证明书者，不得毕业。实习程序由各校自定，但须经教育部核准。

第十九条 私立专科学校除适用本规程，并须遵照私立学校规程办理。

第二十条 本规程由教育部根据专科学校组织法第十二条之规定制定公布之。

第二十一条 本规程自公布之日施行。

〔国民政府教育部档案〕

8 教育部关于中等以上学校设置奖学金案

(1931年11月8日)

本部拟自民国二十一年度起,全国专科以上学校,每年设置奖学金五百名,每名每年给国币四百元,由国库支出;是项学生之考选,由教育部主办。各省市中学及中等职业学校,每年设奖学金二千名,每名每年给国币二百元,由省市库支出。各省市额数之多寡,视各省市之经费状况而定。是项学生之考选,由各省市教育厅(局)主办,教育部派员监考。除一切详细办法另行呈核外,理合提请公决案。

行政院第四十六次国务会议议决:"照办"。

〔国民党中央民众训练部档案〕

9 教育部颁发《施行学分制划一办法》

(1932年1月30日)

查大学规程规定学分制与学年制同时并用,各大学施行学分制办法多有不同,兹为划一起见,特规定办法如下:

一、凡采取"绩点"或其他名称者,应一律改称学分。

二、凡需课外自习之课目,以每周上课一小时满一学期者为一学分;实习及无需课外自习之课目,以二小时为一学分。

三、大学修业年限概为四年,在四年修业期间须习满一百三十二学分。

四、大学各院系学生,前两年以至多修四十学分,至少修三十六学分为限,后两年以至多修三十六学分,至少修三十学分为限。

五、上列各条所称学分,系指一般科学而言,党义、军事训练及体育均不在其内。医学院修业年限不同，其学分俟另行规定后再行公布。

右列各点，定于二十一年度开始实行。

〔国民政府教育部档案〕

10 教育部颁发专科以上学校组织职业介绍机关办法

(1934年10月24日)

本部与全国经济委员会为使全国学术人才供需方面得有适当联络起见，合组全国学术工作咨询处，业于十月一日成立，制定学术人才，暂以国内外专科以上学校毕业生为限，该处所管事务，在与各校有密切关系，应即由各该校成立职业介绍机关以谋通力合作。兹规定方法如次：

一　凡公私立专科以上学校均应组织职业介绍机关。

二　各校应将职业介绍机关简章、成立日期及委员名单呈部备案，并函知全国学术工作咨询处。

三　各校职业介绍机关，得商请全国学术工作咨询处协助办理调查登记介绍等事宜。

四　各校职业介绍机关应将会议录及工作状况等件随时迳送全国学术工作咨询处，并将每届毕业生名册，签注有无职业，函送该处。

五　各校职业介绍机关遇有全国学术工作咨询处委托事件，应负责办理。

以上各种要项，除另令全国学术工作咨询处外，所有公私立专科以上各校，均应切实照办。再查公私立各大学及独立学院，兹经通令酌设毕业生职业介绍机关，应即并入本案办理。

〔国民政府教育部档案〕

11 教育部关于专科学生或专科毕业生升学办法的训令

(1935年4月30日)

教育部训令 第五四二〇号

查公立或已立案之私立专科学校及大学各学院或独立学院各科附设专科毕业生升学，尚无任何规定，各大学或独立学院招收是项学生，办法亦不一致，亟应规定上项毕业生升学办法如后：

一、修业二年期满之专科学校或专科毕业生，得投考大学或独立学院第二年级第一学期。

二、修业三年期满之专科学校或专科毕业生，得投考大学或独立学院第三年级第一学期。

三、投考大学各学院系、独立学院各科，均以与其原学科性质相同者为限。

四、此项大学考试得酌量加考大学或独立学院第一年级所授科目。除分令外，合即令仰该校院遵照。此令。

中华民国二十四年四月三十日

〔国民政府教育部档案〕

（二）院校整顿

1 教育部解散国立劳动大学与该校师生护校活动的有关文件

（1931年10月—1932年7月）

（1）国民政府文官处致行政院函（10月11日）

迳启者：兹准中央执行委员会秘书处第一六四一三号函开：奉交上海特别市执行委员会呈：为反动份子黄豪、王传孔，在劳动大学暗中活动，图谋不轨，请转饬劳大当局将该二人开除学籍一案。奉批：照办。抄同原呈函达查照转陈等由一案。已奉谕交教育部照办等因。除迳交外，相应函达查照。此致
行政院

国民政府文官处 启
十月十一日

（2）教育部长朱家骅致行政院提案（1932年6月7日）

窃查国立劳动大学设立以来，成绩未著。叠经本部令饬整理，停止招生。现除土木系四年级学生三十八名本学期可以毕业外，余仅有电机系、农艺系、园艺系、农业化学系、经济系三年级学生共一百名。此次沪变，该校适在战区，校产又遭摧毁，迭据报告，损失至六十九万七千四百五十元之巨，亟待筹划善后，以资救济。查该校原有基础，如农场本属初创，设备简单，工厂部分虽多，亦只合于养成普通职业人材，而不适为大学生之实验场所。即欲使该校完成为一大学，必须另行计划，扩充场厂，充实设备，然此决非少量经费所能办理，加以沪变损失，规复所需，

为数更巨,尤非事实所能办到。现在国库支绌,办学力量允宜集中。京沪杭一带,既有国立中央、浙江、同济、交通等大学,或设有工学院,或兼设工农两学院及中法工学院,均具有相当基础。该国立劳动大学,拟令于本年度终了时全部结束。该大学下半学年各级学生约一百人,即转入其他国立大学,以竟学业。是否有当,敬请

公决。

教育部部长　朱家骅谨提

中华民国二十一年六月七日

行政院第三十九次会议讨论,决议:通过。　　铭　六、七、

(3)国立劳动大学全体学生致行政院呈(1932年6月　日)

呈为呈请笃行农工政策,巩固劳教基础,恳即收回停办劳大成命,以符创办宗旨事:窃奉教育部训令,以本校过去办理成绩未著,设备不完,近受战事损失,虽于恢复,令饬办理结束等因。奉命之下,不胜惶骇。生等身受劳动教育数年,目睹劳动教育之将中断,抚躬自问,不容坐视,不得不为钧院一陈其请。查吾国受帝国主义之侵略,农村经济日趋崩溃,民生涸敝,国本动摇,先总理手订农工政策,即所以挽此狂澜,顾欲完成此伟大政策之使命,非提倡劳动教育不为功,此劳动教育之急须推行者一。吾国传统思想,有所谓劳心劳力之分,历来教育均偏重劳心,致学者有心力不能并用之弊,社会有治人被治之分,劳动教育乃所以调和此种畸形状态,此劳动教育之急须推行者二。民国以来,战乱相寻,建设濡滞,社会经济濒于破产,在现代教育制度之下,清寒失学者不知凡几,劳动教育采工读自助之制,使清寒子弟享受高等教育之机会。此劳动教育之急须推行者三。本校为革命后之产物,实负有上述三项之使命。五年以来,几经波折,前年有停止招生之命,客岁有解散登记之举,生等以教部一再宣称,已

拟有整个整顿计划，亦深庆当局热心劳教，乐观其成。此次本校不幸遭受战事损失，方冀教部对于此全国惟一之劳动大学，尽力图谋恢复原状，不意教部反令饬停办。查此次本校受战事损失虽巨，而农院尚完好如恒，工院亦仅损失一部，国家财政困难，纵不能即时恢复，亦何至永久不能恢复，致出此停办下策。当念缔造艰难，忍令昙花一样，国家设立大学，旋启旋闭，更有关国际观感。至于成绩设备云云，以五年短暂之历史，本无若何成绩之可言。其他国立大学，如北大、交大、清华等校，均有数十年之历史，始有今日。矧本校为一特殊性质之大学，旨在试验与推广劳动教育，尤不能与他校相提并论，纵办理方面有若干不合之处，是乃人的问题，决不能因此而遽将学校停办，致绝将来清寒学生上进之机。生等辗转筹思，以为在革命政府之下，似不应有停办劳大之举。谨特呈请钧院，令饬教部收回停办劳大成命，并宣布改进本校计划，刻日招生，力谋发展，以符先总理农工政策及创办劳大宗旨，俾劳动教育基础。得以永固，党国幸甚！劳大幸甚！谨呈

行政院院长汪

国立劳动大学全体学生谨呈

中华民国二十一年六月　日

（4）国立劳动大学教职员护校委员会致行政院呈（6月22日）

呈为呈请收回成命，维护并发展劳动教育事：缘职校奉教育部第四一七七号训令办理全部结束，全体教职员学生深为惶惑。窃维民生在勤，勤则不匮，三民主义之中国，首在解决民生问题，推行民生主义，劳动教育为充实民生主义的内容之基础。我国民政府遵奉总理遗教，以三民主义为建国之指导原则，当然应注意以增加工作能率，促进生产效率为旨之劳动教育。在野民众方期此种为民族辟生路之劳动教育制度日渐推广，俾贫穷子弟稍

受当代文化之恩泽，而国家造产亦可以渐有成效，何图一二八沪变发生，职校惨遭日本帝国主义之蹂躏，方期筹划善后，重图恢复，乃于第三十九次钧院行政会议议决停办，受命之余，群情惶恐，莫知所届。查钧院停办本校之理由，不外下列数种：

（一）该大学设立以来，成绩未著，叠经令饬整理，停止招生。现除土木系四年级学生三十八名本学期可以毕业外，仅余有电机系、农业系、园艺系、农业化学系、经济系三年级学生共一百名。此系谓劳大成绩未能外耀，学生人数已少，然此并未构成停办之条件。自劳大历史言，创办至今，只有五年，劳动教育本系一划时代之新教育，今之中国有革命的民生主义，应附之以革命的教育制度，此系时代之需求，既与革命的民生主义相适应，当然须以革命者的眼光看待劳大，然革命成功决非短时，政府诸公类能言之。今责历史极短之劳大有大成绩，不无过苛。平心言之，二年以来劳大教职员处政府弛缓其统制力量之秋，环境恶劣，防恶化势力之侵入，不辞劳瘁，努力整理，始有今日，乃不见谅，徒使从事教育者灰心耳。至谓学生人数已少，此系出于两年来教育部不允招生之故，并非劳大当局欲使学生人数削少，更非现在各省各中等学校毕业学生不欲进劳大求学，请钧院明察，所以致此之根本原因。

（二）此次沪变，该校适在战区，校产又遭摧毁，迭据报告，损失至六十九万七千四百五十五元之巨，亟待筹划善后，以资救济。查该校原有基础如农场，本属初创，设备简单，工厂部分虽多，祇合于养成普通职业人材，而不适为大学生实验场所，即使欲该校完成为一大学，必须另行计划，扩充场厂，充实设备，然此决非少量经费所能办理；加以沪变损失，规复所需，为数更巨，尤非事实所能办到。此系谓职校从前设备本不完善，兼以此次沪战，基础被毁，此后恢复极难，不如结束，简省经费。然从前设备不善，由于经费不足。职校原有经费，被教育部一再削减，减至不能发展。无米之炊，巧妇所难，经费减矣，而又短欠，欲以设备不完善为理由而停办，职校似亦应归研根本原因，若以职校此次受暴日摧毁，基础既坏，恢复甚难，故须停办，尤不可解。钧院为国民政府之一部，国民政府系秉三民主义而革命的政府，三民主义以打倒帝国主义为目标，以解决民生问题为归宿；职校被暴日摧毁，是帝国主义不但未打倒，且更横暴；革命的政府对于曾被暴日摧毁之学校，不表同情，道路相传，将不谓政府放弃主义，屈服于帝国主义之下乎？若谓今后恢复，需费浩大，筹措艰难，应令停办，此亦因噎废食，非视教育为国家百年大计者之所宜出此。查各国预算，对于教育经费随文化进步而日增，吾国教育文化经费本属极少，今并此少额之文化经费，钧府亦不能筹集，岂非事乖恒理乎？历年内战，巨额经费皆可筹之，咄嗟谓战费已易筹，而教育难筹乎？国民未之敢信。至谓场厂设备不适为大学生实验之用，亦与事实隔膜太甚。查我国国立大学中，农场、工厂固有历史较长者，然设备完善者实未曾有，此系民族文化程度之一般水平，未可独责之于劳大。

（三）现在国库支绌，办学力量允宜集中。京沪杭一带，既有国立中央、浙江、同济、交通等大学，或设有工学院，或兼设农工两学院，及中法工学院，均具有相当基础。该大学应于本年度终了时全部结束，下学年各班学生约一百人即转入其他国立大学，以竟学业。此系谓办学力量宜集中，停办职校即是集中办学力量，然积极的集中力量，为革命建设时代之所奇重，而消极的集中力量焉足贵哉！今因职校被摧毁过巨，而令百余学生转学他校，以此名曰集中办学力量，至多只是消极的集中力量而已。今日正在图民族复兴及文化发展之中国，是否只需此消极的集中办学力量即为满足，此教育部之所明知。当今内地各省非兵即匪，闾阎骚扰，鸡犬不宁，莘莘学子集中沪上，淞沪教育机关非但不嫌过多，亦且嫌其过少，若言积极的集中办学力量，似应于京沪一带增设教育机关，何暇停办已成立之大学，道路传闻，宁不曰教育部藉名集中力量，以逃避日后筹款艰难之责任乎！纵曰沪上学校过多，应停办一、二校，然观察全国，如发挥劳工教育及能容纳贫穷子弟之劳动大学，尚有几何硕果仅存，复欲毁之，摧残教育宁不太甚！

抑尤有进者，中华民族革命四十余年，至今仍未能脱离帝国主义之宰割者，曰民族经济之衰落耳。至所以致此者，又因向来教育制度之失败，流俗教育系少数富人之私产。劳动教育乃系多数平民之公产，人人在劳动教育中熏陶，勤工原理悉晓，以其自身之工作、自己之生产，换取衣食住行四大需要之享受，所以人尽其才，物尽其用，民康物阜，帝国主义之经济侵略无所施其技。差之毫厘，失之千里。否则，力不出于己，货久弃于地，无人肯工作，无人肯生产，彼此寄生，以人食人，国家沦亡，民族绝灭，指顾间耳！瞻念前途，殷忧渐至，自九一八事变发生，钧院屡以生聚教训雪耻，助我民众，挽救民族端赖乎此。今不幸对此救民族之劳动教育，不使发展，实为民族前途危。为此，环恳钧院收回成命，恢复劳大而改进之，则劳动教育幸甚！中国前途幸甚！谨上

行政院院长汪

国立劳动大学教职员护校委员会呈

中华民国二十一年六月二十二日

（5）国立劳动大学毕业同学会护校委员会致行政院呈（6月23日）

呈为呈请收回停办劳大成命事：窃劳大为民国十六年革命成功后之产物，为全国实施劳动教育之最高学府，自开办迄今，历经六载，蒙李石曾、蔡元培、褚民谊、吴稚晖等诸公之苦心创办，易培基校长及其他掌握学校行政诸先生之经营擘划，历史虽短，规模粗具，自小学而中学而大学，自民众学校、民众图书馆

而至劳动教育推广委员会，秩然成一劳动教育纵横发展之独立系统。穷苦民众，贫寒子弟，其得享受人类所应当享受之教育权利，尽即有赖于此，而创办诸公之初旨尽亦在于斯矣。自前年发生校长问题后，劳大屡遭厄运，继任校长王景岐，不学无术，庸录无能，中学部不惜解散停办，小学部则送归市办，各种推广事业任其停顿，痛哉惜哉！一年以来，凡关心劳动教育之社会人士及我毕业学生，莫不希冀教育当局对苟延残喘之劳大能于本年暑假，积极整顿，以谋复兴。然晴天霹雳，竟以奉令停办劳大闻。我毕业同学，闻讯之下，莫不悲痛万状，故特开会商议，协力护校，以求劳大存在目的之实现。兹将恳求钧院收回停办成命之理由，条陈于后，幸祈垂察。

（一）钧院谓劳大受沪战损失过巨，因须停办。然据本会派员调查报告，其被焚毁者仅社会科学院及工厂之一部，他如农学院、工学院、大礼堂则依然无恙，容纳四、五百学生尚宽畅裕，不必另建校舍，政府任其存在，不必另筹经费，以图恢复，而无关于国库之盈虚，此务须请求收回成命者一也。

（二）创办劳大之宗旨二：一曰发展劳动者教育，以驱除中国劳动界之文盲，而为实施训政之基础；二曰实验劳动教育，以使党治下之新教育劳动化、生活化，而适应民生社会之环境。数年以来，劳大当局苦于未能请得劳动教育专家以为规划，致劳大前途走向普遍大学之旧路，其教学方针、教授课程，均与其他大学无异。社会一般之批评，行政当局之谴责，实即肇始于此。然实际之错误，终不能归咎于理想，理想既为社会所公认，自只有从实际积极改进，以求理想之实现。劳动教育既为目前中国所急切需要，则教育当局似不应因噎废食，而断绝其生机，此务须恳求收回成命者二也。

（三）劳动大学之创办，含有教育机会均等之意义，普通社会组织，教育阶梯，受经济之阻碍，贫寒子弟休作享受大学教育之幻想，劳大为国内唯一免费学校,其在教育制度上,即含有打破教育阶梯上之经济阻碍,而授惠于劳动界之意义。三民主义既为彻底的社会主义,则教育行政当局对此打破经济阻碍,初步实行教育机会均等之劳动大学,自不应命令停办,此务须请求收回成命者三也。

由上所述,可知劳动教育为教育行政当局所应积极从事推进而劳动大学尤当积极谋其发展,用特备文,恳求钧院准予收回停办劳大成命,不胜迫切企祷之至。谨呈
国民政府行政院院长汪
<pre>   国立劳动大学毕业同学会、
                        护校委员会常务委员：
                            孙乐陶   袁 哲
                                     孙克兴
</pre>
通讯处——上海南市国货路私立君毅中学孙乐陶收转
中华民国二十一年六月二十二日

（6）上海各大学学生抗日救国联合会致行政院呈（6月25日）

汪院长钧鉴：国立劳动大学,为我国唯一劳动教育之最高学府,成立迄今,已届五载。不幸一二八事起,该校适当战区,五年草创之劳大,遂为暴日所摧残。值此危险万分之际,国家应如何设法维护,俾中国劳动教育日臻光明之途,不意钧院竟策不出此,竟一贯摧残劳动教育政策,始则停止招生,继则武装解散,终则明令停办,使此救济全国失学青年之一线生机,陷于绝境。本会为劳动教育前途计,为贫寒失学青年计,坚决反对,务祈即日收回成命,俾符中山先生提倡劳动教育之遗训也。肃此。并颂
勋祺
<pre>   上海各大学学生抗日救国联合会启
</pre>
中华民国二十一年六月二十五日

(7) 国立劳动大学教职员护校委员会致行政院呈（7月　日）

呈为呈请改组劳大，发展劳动教育事：缘职校成立迄今，已阅五载。昔日创办诸人，皆系党国贤士、教育名家，初意在使学生半工半读，造就手脑双全优秀国民，矫正文弱，提倡勤工。当兹中国农村崩溃，手工业破产之时，揭橥民生主义，必有以其发展其意义，充实其内容，劳动教育即对此负有绝大之使命。况世界经济恐慌日益激化，列强挟资本势力东来。吾国旧式农工业既被破毁，新式农工生产业又无从振兴，而数千年来士不必劳，农被贬价，工无地位。今日一般教育，仍不脱新八股之窠臼，昂坐此故，亟应提高勤工者之社会价值，方是解民生之困苦，促民族之复兴，故劳动教育为今后国人生命线之所系，不容蔑视。教部责职所在，允宜因势利导，扶助其发展，乃竟藉职校成绩未著，损失过巨，命令停办，同人等受命之余，曷胜惶惑。查职校所以未能发展，原因甚多：一曰时间过暂，二曰经费不足，三曰设备不完善，四曰内部组织不严，五曰外界误会太甚，六曰政治社会不安定，直接间接阻碍职校之发展，是固不特职校为然也。同人等服务日久，深悉利害，责职所在，亦不能坐视其毁灭。爰本愚忱，拟定改革本校纲领六项如左：

一、确立刻苦耐劳之学风，励行半工半读之学制；

二、课程实用化，工作技术化，训育纪律化；

三、改良学校组织；

四、各院经费独立；

五、体力工作不及格之学生不得参与各种考试；

六、招生采严格主义，以贫寒子弟为限。

恳请钧院俯察下情，勿因噎废食，勿因人毁制，收回成命，采纳施行，是为公便。至详细改革计划，容另拟呈奉。追切陈词，不胜待命之至。谨呈

行政院院长汪

国立劳动大学教职员护校委员会代表：
　　章渊若　　马寿徽　　陈振鹭
　　汪呈因　　康选宜

中华民国二十一年七月　日

〔行政院档案〕

2　教育部改进东北大学训令

(1934年7月—1935年7月)

(1) 教育部致东北大学训令 (7月14日)

教育部训令　第八五一号

令东北大学

　　该校曾经本部派员视察，据送报告，经详加审查，该校近年经过重大变故，仍能于短时期内移地集合复课，在困难环境中勉力维持，并实施严格训育，苦心孤诣，良用嘉慰。本部慎加考虑，订定左列整理方案，务须遵照实施，以图特殊方面之充实与发展。

　　一　整理院系　该校编制因袭原有范围，现时经费师资俱形竭蹶，应将借读他校之各院科系，于学生借读毕业后均行结束，其他院系亦应酌加变通，俾以余款为充实设备及增聘专任教授之用。

　　(1) 农科　农艺、园林、垦牧三系，原有班次，本年既届结束，以后该科应即停办。

　　(2) 理学院　生物系本年既届结束，化学系明年亦可结束，以后该院应即停办。

　　(3) 铁路管理系　明年暑假结束，以后应即停办。

　　(4) 教育学院　教育学院本年不招生。

　　(5) 文学院　外国文学系本年不招生，得添设史地系及女子家政专修科。

（6）法学院　政治、经济两系，合并为政治经济系；边政系应注意东北方面之研究，法律系本年不招生。

（7）工学院　机械、电工两系，合并为机电系；纺织系本年暑假结束，应即停办，该院暂定设土木机电二系。

（8）于必要时得附设补习班，限定名额，招收东北高中毕业生及高年级生，修习一年。

二　限制招生　各院系招收新生，应注意事实需要、学校容量、学生程度及学生籍贯等项，妥加限制，入学后并应认真教学，切实训导。

三　充实设备　该校工学院实验设备颇多借用，应即设法添置；文、法、工各学院图书极形缺乏，亦应择要次第添置。

四　厉行教员专任制　该校教授多系兼任，于学生学业妨碍甚大，应即提高其待遇，同时增加授课时数，并限制在外兼职。

五　限制学生津贴　该校学生一律给予津贴，实非必要，应查酌情形，分别办理，凡东北四省勤苦学生，自可酌予津贴，其家境尚裕及非东北籍学生，应减少或停止津贴，以示限制。

六　集中校舍　该校校舍分设三处，殊多不便，应将本科集中一处，藉便管教。

七　恪遵法规　该校嗣后关于应行呈部事项，须恪遵法规办理。

以上各点，合行令仰切实遵照办理具报，此令。

中华民国二十三年七月十四日

（2）教育部致东北大学训令（7月20日）

教育部训令　第九九四七号

　　令东北大学

该校曾经本部提示改进要点，令饬遵办在案。兹据视察员报告，该校注意训管，学生尚能勤苦，工学院教学较为认真，殊堪嘉慰。对于前令院系整理各节，均已照办，此后应行改进之点，提示于左：

一　该校外国文学系、法律系及教育系，原有班次既经结束，以后毋庸设立。史地、政经两系及中文、边政两系，各隔年招生一次，本年则招史地、边政两系。边政系既系分组学习日俄外国文，本年度可酌招俄文组。

二　下年度工学院只招土木系新生，机电系停办，但得酌设电工专修科；机电系原有学生，得酌送他校借读，或改入电工专修科。

三　教员兼任者太多，应大加裁减，代以优良专任教员，达到兼任教员不得超过教员总数三分之一之规定，并须慎重选聘。

四　该校经费每年三十万元，按照部定最低标准，百分之十五为设备费，即每年四万五千元；连同财政部特别设备补助费每年二万元，共六万五千元，应以此款额充各院图书仪器设备之用。

五　该校现有行政人员太多，应严加裁减，以节省支出。关于学校兴革事宜，应提交校务教务等会议讨论决定。

合行令仰遵办具报。此令。

中华民国二十四年七月二十日

〔国民政府教育部档案〕

教育部改进国立清华大学训令

（1934年7月—1935年8月）

（1）教育部致国立清华大学训令（7月13日）

教育部训令　第八五二七号

令国立清华大学

该校曾经本部派员视察，据送报告，经详加审查。该校教员选聘尚严,亦多专任,对于教学研究均能努力从事。教员缺席及学生缺课较少,尤以物理、化学、生物、机械、电机五系,教授全年不缺席,及理工两院学生每学期缺课平均不及二三小时,为最难得。职员办事认真,一切设施均循轨道,经费支配,能注重于充实设备方面,凡此成绩,殊堪嘉慰。惟下列各点,尚须注意改进,更求完善。

一　该校办公费支出,及职员人数尚嫌过多,应酌量裁减员额,节省糜费,移供正当设备之用。

二　该校研究院分部太多,应自行斟酌缩小范围,另案呈核,法学院法律系并应遵照叠次训令,即行结束。

三　该校专任教授中,尚有一部分兼任他校功课,仍宜酌加限制,以树良范。

四、该校对于学生学业及训育,须设法责成教员随时密切注意,勤加指导,总期勇猛精进,协力发展,造成优良校风。合行令仰遵照办理具报。此令。

中华民国二十三年七月十三日

（2）教育部致国立清华大学训令（8月12日）

教育部训令　第一〇九八七号

该校曾经本部提示要点,令饬改进在案。查核此次视察员报告,该校对于前令提示各点,大致尚能注意办理,对于充实设备及研究工作,均甚努力。惟行政部分职员尚嫌过多,仍宜酌减。又该校地学系,嗣后应增加地理课程,注重地理之研究,农学院之筹备,亦应加紧进行,以期早日成立,学生生活应注意养成崇尚检朴之风气。

合行令仰遵照办理具报。此令。

中华民国二十五年八月十二日

〔国民政府教育部档案〕

4 教育部改进国立武汉大学训令

（1934年7月—1935年7月）

（1）教育部致国立武汉大学训令（7月20日）

教育部训令　第八八一五号

令国立武汉大学

该校曾经本部派员视察，据送报告，详加审查，该校新建校舍，环境优美，并力能注重设备，于教学研究，殊称适宜。学校一切设施，率遵规章以行。各院教职员皆为专任，学生勤朴用功，学风良好，法学院尤能注意研究，均堪嘉慰。惟下列各点，尚须注意改进：

一　该校理学院教室，光线多欠充足，各实验室亦嫌狭小，宿舍门窗向壁设置，未能利用天然美景，以后新建筑固须注意美观，但同时犹须顾及实用方面。

二　该校理学院设备渐臻完善，今后如更慎选师资，并设法使教师切实致力研究，自更能增进教学效率。

三　该校为新兴大学，校长职务繁重，原有化学系主任一职，宜另聘专家担任，以专责成。

四　该校工学院基础已立，其新设学系尚应从速充实设备，农学院之筹备应切实进行。

五　该校训育及学生课业事宜，务宜继续设法责成教员密切注意，切实指导，总期于朴实整齐之学风，并见发扬蹈厉之精神。

合行令仰遵照办理具报。此令。

中华民国二十三年七月二十日

（2）教育部致国立武汉大学训令（1935年7月23日）

教育部训令　第九九九九号

令国立武汉大学

该校曾经本部提示要点，令饬改进在案。查核此次视察员报告，该校对于部令提示各点尚能切实办理，此外如经费分配之合理，工学院设备之扩充，教学与考试之认真，均见努力，惟下列各点尚须注意遵办，具报备核。

一　该校农学院规模已具，下年度应依师资设备等情形，酌招新生或短期训练班，并仍积极从事于高深设备之扩充。

二　该校应设法增进理工等学院教授研究工作。理学院学生实验工作之指导，应由教授多负责任，不可完全委诸助教，工学院须增聘优良师资，以应该院发展之需要。

三　学生宿舍与学生衣履，应令力求整洁，勿许苟且。该校对于新生采用类似遵师之制度，甚为有益，应加意实施，以宏效实。此令。

中华民国二十四年七月二十三日

〔国民政府教育部档案〕

5　教育部改进国立中山大学训令

(1935年5月15日)

教育部训令　第六一八四号

令国立中山大学

该校曾经本部派员视察，据送报告，经详加审核，该校图书颇称丰富，课程设置大体齐备；对于新校舍之建筑，尤多努力，良堪嘉慰，惟下列诸点，尚应设法改进。

一　该校经费逐年均有增加,而设备费一项,尚未能达到部定标准,自应节减行政费及其他不急之费用,以提高设备费之比率。

二　该校理学院设备大致尚敷应用,惟物理系高深研究之仪器尚须增添,仪器修理室亦须设置,俾简单仪器可以自行修理;工学院化工、土木两系较高之设备,与机械、电工两系之一般设备,均甚欠缺,亟应设法购置,关于自然科学及应用科学之重要整套杂志,亦宜多为订购,以供教学参考之需。

三　该校医学院基本科规模大致具备,惟全院及附属医院之管理权尚嫌未能集中,各研究室经费之支配尚欠平均,中外教授尚少密切联络,均须设法改善,又第一医院现有设备尚不敷学生实习之用,床位如许,犹不能以其收入盈余供发展之用;第二医院病室甚少,建筑陈旧,设备亦甚不周,每月由大学津贴款项开支一切,近私人包办性质,均应责成该学院院长力图充实整顿。

四　该校教职员及工警人数有逾需要,应酌量减少。该校教员资历兼优者颇多,今后如更慎重选聘,自愈能增进教学效率。至中外教授待遇过于悬殊,亦宜注意。

五　该校课程尚须详订纲要,以利实施,课堂用语应力求改用国语。各院系之教科设施,须设法沟通,以免重复。

六　该校现有校舍尚欠整洁,学生服装亦嫌凌乱,应督促训育人员,妥图改进。

七　该校体育运动颇能注重普遍,惟过于优待选手,亦非所宜,自应予以矫正。

合行令仰遵照办理具报。此令。
中华民国二十四年五月十五日

〔国民政府教育部档案〕

6 教育部改进国立中央大学训令与该校办理情形呈

(1935年5月)

(1) 教育部致国立中央大学训令（5月11日）

教育部训令　第五九九七号

令国立中央大学

该校曾经本部派员视察，据送报告，经详加审核。近年以来，该校校务殊多整顿，如设备建筑之增添，入学考试之严格，多数院系课程之整理，校务行政之改善，均系成绩之表现。惟下列各端，尚须厉行改进。

一　教职员人数太多，应极力裁减。

（1）该校教员共达三百六十人，就中文法两院，教授讲师尤形过多，各院系助教一百十八人，显逾需要，化学、物理、心理等系尤甚，凡此均应于下年度力减。又聘任助教，应以人才为标准，不宜偏重本校出身之条件。

（2）该校职员达一百九十一人，殊逾实际需要，图书馆亦然，均应裁减，工役校警人数过多，亦应减少。

二　该校会计制度暨学校购置手续均尚严密；惟各院系加添设备分割太甚，不免有重复之弊，嗣后各种仪器自应由校统筹购置。并由各院系共同应用。又各农场之生产收入，应全部划归大学会计，直接管辖，不应由有关各系自行支配。

三　该校课程近虽逐渐改善，然各院中往往有少数必修或选修课目，修习之学生极少，实则此种课目，尽可隔年一开，或采其他适当之办法，以节经费。

四　该校上课暨考试之纪律，仍须力求改进。该校社会学系、政治学系、体育科以及农学院各系学生，缺课者仍多，尤应严行考核，力予矫正。各院考试，并应由考试委员会共同严厉执行。

五　该校科学设备年有增益，颇有规模，惟工学院土木系之水力试验，机械系之汽机试验，尚须添置，理学院化学系设备之管理应求集中，煤气机亦宜设法加以利用。中外图书数量颇多，惟理工科整套专门杂志，尚须逐渐添购，以济研究参考之需。

六　该校农学院农场过于分散，应设法集中，其实验工作较少之场，可酌量裁并以节开支，而利全院之发展。

七　该校学生风纪已逐渐改善，学校宿舍之整理亦略著成绩，惟一部分宿舍仍有多数毕业生或校外人寄宿，既不便于管理，亦增学校开支，应即严行矫正。

八　附设实验学校教学训育均尚认真，殊用嘉慰，惟中小学合设一处，于教学管理诸多不便，宜酌量设法隔离施教，并与教育学院更求密切联络。中学部实验及运动场所不敷应用，应酌量补救。学生所缴各项费用，尚须酌予减少。

九　吾国医学人才至感缺乏，首都亦尚缺乏高等医学教育机关。该校应即添办医学院，于下年度开始招生，以应国家急需。该校经常费额，达一百七十余万元，为数殊巨，倘照以上一、二、三暨六、七等项之指示，力事撙节，即可节出相当之数，供医学院经常支出之用。其设备及师资等事，自可与中央卫生行政机关暨其所属医院取得必要之联络，应即遵照迅行着手办理。

以上各端，仰切实遵办，并从速具报备核。至该校组织，前经定有整理期间之特殊规制，今后应如何恢复正常组织之处，仰根据实际情形，一并拟具意见，以凭核定。此令。

中华民国二十五年五月十日

（2）中央大学致教育部呈（5月11日）

案奉钧部二十四年发高国壹7第五九九七号训令，示知视察报告要点，饬即切实改进具报等因。奉此。当即遵照指示各点，力谋改进，理合将办理情形，按条呈报如左：

一、人员之裁减

1、本校院系较多，课程齐备，各项人才，均须罗致，教员总数，遂觉稍多。本年度按照各院系实际需要，尽量裁减，计专任教授讲师共减八人，兼任教授讲师共减三十二人。各系助教或系管理实验核阅报告，或系准备教材制造标本，或系担任初级课程协助教授研究，尚均各有专司。但为撙节起见，仍酌予裁减。至于聘任标准，自应遵令一以才力学识为主，不以本校出身者为限。

2、本校职员系包括各院系雇用之技术人员及各农场之场务员司在内。本年度已经大事裁减，计图书馆减五人，事务组减四人，出版组减二人，注册会计文书三组各减一人，各院系亦共减六人。

3、校警工役本年度与上年度比较，计校警减十二名，工役减五十七名。

二、统筹购置与统一会计

关于添置设备避免重复一层，本校业已严切注意。凡各院系申请添购之设备，如别院系已经购备者，即令其转商借用，不予照购。重复之弊，已可免除。至于各农场生产收入，现在一律缴送大学会计，统筹统支，不再由有关各系进行支配矣。

三、整理课程

本校各学院系课程，均经根据各该院系教育方针，重新厘订。各课目选修必修，先后缓急，均有明确规定，俾彼此之间，获得有机之联系，不因人因事而有变更。但因二十一年度停招新生，学生较少，没有按照规定应设之课目修习，学生为数甚少现象，本年度裁减教员，凡可展缓之课目，均已尽量停开。下年度各年级招齐，学生增多，自仍依照各院系规定之课程标准，分别开班，以收循序渐进，完整一贯之效。

四、清查缺课，严格考试

本校对于学生缺课考试各节，原均定有详细办法。自奉令示后即经分别通知授课教员，切实执行。现在各课均排定座位，由各教员按照座位表逐一检点，随时报由注册组登记，以凭考核。至于考试，除毕业考试每届遵令组织委员会，延聘校内外学者会同主持外，所有期考年考，均由各任课教员认真办理。平日试验，如英文、算学等公共必修课目，且取会考制，以期严格。本届寒假毕业考试，不及格不准毕业者一人，作弊犯规不能毕业者二人。学期考试，不及格照章退学者四人，作弊犯规不计成绩责令补读者一人。

五、添置设备

本校对于教学设备，各院系均定有专款，逐年添置。令示工学院土木系之水力试验，机械系之汽机试验等设备，本年度已陆续添购。理学院化学系设备之管理，亦经力求集中，指派专人负责照管。惟因房屋限制，存放地点，事实上仍不能不分为数处，以谋应用之便利。将来新校舍建筑计划中对于此点，定予特别注意，设法避免分散之弊。理工科整套专门杂志，连年均尽力添购。现在购齐之整套杂志，已有三十余种，就中在百年以上者两种，五十年以上者六七种。今后自仍逐年添购，以利研究。

六、农场集中与裁并

本校农学院因地址关系，各实验农场无法集中，研究管理，两感不便。所幸新校址业已划定，地亩较广，迁往新址后，即可谋根本改革矣。本年度先将郑州棉场移交棉业统制会河南棉产改进所接办。该场原系租地办理，过去成绩虽好，但该省既设有棉场改进所，交由该所接办，工作既免重复，且可节省开支。

七、整理学生宿舍

本校学生宿舍一向分散各处，管理难周，流弊滋多，以致毕业生甚至校外人混住其中，在校学生有时反不能得相当住所。洞察此弊，乃尽力撙节，勉凑巨款，建筑较大之宿舍二所，将租赁房屋，全部退租。现除体育科学生为便于练习计，分住于邻近体育馆运动场之校内第一分舍外，男生完全集中于新学生宿舍，女生完全集中于礼堂后之女生宿舍，严定管理规则，按名编室，凭证入舍，切实执行。原住毕业生最多之第三宿舍，已经拆卸改建牙医专校及医学院校舍。当退租第二宿舍及拆卸第三宿舍时，均曾发生阻力，几经波折，幸因应得宜，整理计划，卒获完全实行。现在本校学生宿舍内，已决无毕业生或校外人寄住。

八、实验学校校舍

该校中小学共二十二班，学生一千余人，原有校舍断不敷用。前虽拨款建造雪耻楼一座，为中学专科教室及高中普通教室之用；近又拨款添建民族楼一座，以为小学教室，本学期即可完成。将来该校校舍分配，大致杜威院民族楼归小学，中一院雪耻楼归中学，对于中小学隔离施教及中学实验两问题，已可有相当解决。运动场现设法利用大学设备，亦可暂时补救。

九、添设医学院

令示添办之医学院，本年度业已遵限成立，聘请中央医院内科主任戚寿南博士为院长。去年暑假招考新生，共录取二十八名，实际到校者二十五名。其课程设置，系根据部颁标准，参考外国大学情形，妥为厘订。实验室、解剖室及教室等，亦早开工建筑，即将完成。另与卫生署南京市政府合办卫生实验区及诊疗所，即在本校附近吉昌里建造办公处所，不日兴工，本校医学院学生将来即以此为实习医院。凡此种种设施，均系就本校原有经费内撙节移用，并未另请专款。

以上各项，均系遵令切实办理实情，理合备文呈请鉴核。至于本校组织，刻正考察实际情形，遵照修正大学组织法暨大学规程，拟具恢复正常组织之具体意见，容俟另文呈报。合并陈明，并祈鉴察，实为公便。　　谨呈

教育部部长王

中华民国二十四年五月十一日　　国立中央大学校长　罗○○

〔中央大学档案〕

7　教育部改进国立北平师范大学训令

（1934年7月—1935年8月）

（1）教育部致北平师范大学训令（7月4日）

教育部训令　第七九八三号

令国立北平师范大学

该校曾经本部派员视察，据送报告，经详加审查，该校办理情形仍欠良好成绩，兹将应行改进各点提示于次：

一　该校设备方面，图书馆及礼堂均不合用，整套科学杂志极少，化学系药品仪器室，内容未见充实。查该校职员：计达一百七十二人，校役工警二百二十八名，均嫌过多，应尽量裁减，并节省行政杂费，以作充实设备之用。

二　该校教员一百三十五人，专任者仅三十七人，且专任教员，实际仍多在外兼课兼职。该校重要职员，且多有兼任他校院长系主任等职者，殊属不合，应加纠正，并尽量延聘专任教员，严订办法，限制校外兼课。院长、系主任及其他重要负责人员，绝对不得兼任校外课职。凡在校内互兼教职者，并一律不得兼薪。

三　该校研究所学生仅十二名，而职员计有四十八人，月耗经费三千八百元，无何特殊设备，成立以来尚无成绩可言，该研究

所应自下年度起停办，原有经费移供充实本科设备之用。

四该校主旨本为造就中等学校师资，学生品性之修养较他校为尤重要。嗣后该校对于训育工作，应特别注重。

以上各点，合行令仰切实遵办具报。此令。

中华民国二十三年七月四日

（2）教育部致国立北平师范大学训令（8月1日）

教育部训令　第一〇三七九号

令国立北平师范大学

该校曾经本部提示要点，令饬改进在案。查核此次视察员报告关于添置设备，限制教员兼任及裁减职工诸点，尚未切实遵办，其他亦有应行改进之处，兹提示于下：

一　该校仅有文理教育三学院，全年经费为九十五万元。前为整理该校校务，曾停招一次新生，令以所余经费扩充设备。计自二十一年间，该校各院系均仅有学生三班，各减省一个年级之用费。兹据报告，一年来添置图书设备不过二万余元，图书馆及礼堂亦尚未兴建，殊属不合，今后应在该校全部经费九十余万元内，指定至少百分之二十为扩充设备或建筑之用，另立专帐，核实开支，并将过去三年支出情形详细申报备查。

二　据查该校教员共有一百三十八名，专任者仅四十四人，其中在外兼课兼职者仍有二十八人之多，即系主任亦有在外兼课者，核计兼任性质之教员实数，当在一百以上。下年度应尽量延聘优良专家为专任教授，彻底将兼任教员数额裁减，务使合于兼任教员不得超过教员总数三分之一规定，系主任并绝对不得兼任校外课职。

三　据查现有职员中九十五人，加教育研究会二十四人，共一百一十九人，人数殊嫌过多。除研究会不得再设有给人员外，所有职员应再予裁减；校工校警二百一十九人，虽较前减少，仍嫌人数过多，并应尽量裁减以节糜费。

四　该校经常岁出九十五万余元中，附属学校开支超过四分之一，殊欠合理；办公数额亦仍嫌高，该两项均应切实核减。将所节省之数加入设备费中，务使设备费额达到全部经费百分之二十之最低限度。

五　教员请假、学生缺席之积习，应从严取缔。

六　地理系、历史系、生物系教学成绩欠佳，应彻底整顿。历史系应移至文学院上课，化学系药品仪器室内容应谋充实，物理系高等电磁学仪器设备尚须添置，仪器修理室应加扩充，俾学生获得充分实习。

合行令仰切实遵办具报。此令。

中华民国二十四年八月一日

〔国民政府教育部档案〕

8　教育部改进国立北平大学训令

（1934年6月—1935年8月）

（1）教育部致国立北平大学训令（6月28日）

教育部训令　第七九七七号

令国立北平大学

该校曾经本部派员视察，业据具报前来，察核报告所陈，该校办理情形，虽有二三院年来较为认真，然积弊太深，亟需改善之处仍多，兹特提示要点，仰即遵照切实整顿，以图改进。

一　改良组织：查该校组织，殊嫌散漫，校长办公处几同虚设，各院各自为主，不能通力合作，于校务进展不无妨碍。嗣后关于学生注册、聘任教职员及编造预算决算等事，应由校长办公处集中办理，并重行修订组织大纲呈部核夺。校长办公处应即移入法学院。

二　重行分配经费：查该校各院经费，分配殊不合理，应即由校遵照大学规程第十条所定标准，并参酌各院办理情形及实际需要重行分配，呈部候核。再查该校预算设备费占百分之八九，而实际支出尚不足此数，以致各院设备大都因陋就简，不敷应用；办公费占百分之十六，超过部定标准甚多。嗣后该校编造预算，设备费应不得少于百分之二十五；其办公费及薪俸两项，应各厉行节减，以资挹注。

三　整理院系：

（1）该校商学院应与法学院合并，改称法商学院，以原法学院院址为院址，原有商学院院址应呈候指作别用。该法商学院自二十三年度起应设置商学系，以俄文为必修科目，藉以培植边地商事人才。至原商学院现有学生，除法律、政治、经济各学系学生应由该校妥订办法，令其插入原法学院各系相当班级外，其国际贸易、工商管理、交通管理三系学生，得由该校斟酌情形或令插班、或继续开班，以完成其学业。该三学系嗣后不得再招新生，以便结束。

（2）法学院之乙组四班，应即归并甲组，另设俄文课程，以资选习。该项课程，现时选习学生既不多，均可合班教授。

（3）女子文理学院各系，去年曾令裁并，该院并未切实办理，殊属不合，下年度应依前令，力举裁并之实，不得仍以裁系分组为掩饰。至英文系应否独立设系，得由该校体察情形，呈部核夺。

四　厉行教职员专任制：该校各院教员既多兼任，其专任教员实际仍多兼他校职务。职员名目甚繁，人数甚多，但实心任事者殊嫌太少。教职员合计八百六十八人，超过学生之半数。此后各院院长及系主任，绝对不得在外兼任教务或职务，其在本校各院系兼任教职者，一律不得兼薪。教授在外兼课者，并须严加限制。教职员薪奉，应视其学历经验及所任职务公平订定。教员应以专任为原则。现有职员应力加裁减。

　　五　取缔教员缺席及学生缺课：据报该校教员缺席，学生缺课，已相沿成习，迟到早退更为常事，虽有一、二院意图整顿，无如积习已深，亦难著大效。应即由校严订取缔办法，认真实施。

　　除以上五端外，兹再就各学院应行改进之特别要点，列示如次：

　　一　女子文理学院：该院经费、教职员薪奉占百分之八十六，殊属不合，会计帐目异常复杂，自去年九月至本年一月，亏欠四千余元，此后应将薪奉尽量减少，并整顿会计，以求收支适合。理科设备甚嫌简陋，各种实验且乏负专责之教师指导，图书购置费开支甚少，体育设备亦嫌欠缺，应增加设备费，从事添置。该院教职员一四九人，几达学生之半数，复多在外兼任职务，应力事裁减，并限制兼职；该院课程多因人而设，无一贯旨趣，应另行妥慎厘定。该院宿舍秩序，主管人员平日绝少过问。各课表册均无精确统计，上学期学生缺课逾三分之一者，一律听其参加期考，期考不合格者，亦任其注册上课，足见该院对于课务，均欠认真，以后应力加整顿。

　　二　医学院：该院办理较循轨道，然基本课目设备及普通化学实习材料与器具，均极缺乏，物理实验室及设备全无，附属医院病床设备，不足供学生实习之用，亟应添置。各科研究室应谋均等发展，类似先修科之基本科目在初年级应特加注重。外国语种类太多，附属医院范围甚小，而职员计有九十三人，亦觉太多，应酌量裁减，聘请教员，应以人才为标准，不可侧重本院出身之条件。

三　农学院：该院经费支出项目繁多，以致月有亏欠，此后应减少支出，以资弥补。图书馆应设法建筑，重要西文杂志及新出版书籍亦应添置。该院各系课程间涉繁细，应重行厘定，减少不必要之科目，以重基本训练。该院普通物理缺乏实验室及设备，应将该科目及实验规定学分，为各系第一年级必修或选修科目，使学生对于该项基本学科皆得相当之认识。又有机化学、理论化学均无实验，亦为不当。该院专任教授人数既少，且往往因在校外兼职，有任意旷课情形，以致学生亦相率效尤缺课，均应严加纠正。

四　工学院：该院各部分设备多属旧置，大致虽勉强敷用，惟关于热机试验设备，及物理实验室仪器设备，甚为简陋；图书甚少，整套杂志尤属缺乏，亟应添置，更求充实。该院学生旅行参观费，工读生补助费等等，多属不当之支出，应予裁节，移作充实设备之用。各系课程，应就非必要者，酌量减少，助教十九人，既嫌太多，且乏成绩，应酌量裁汰；此外专任教授之数目，复多在外兼课，职员人数既多，而负责尽职者过少，俱应严加整顿。

五　法学院：该院状况，年来虽颇图整顿，惟该院行政等费颇多浮浪，此后应尽力减缩。课程指导书殊嫌过简，应即另行厘定，详加说明。课程钟点太多，应将非必要者减少，并应注重研究学理，以资深造。教员八十九人中，专任仅十六人，而专任教授仍多在他处兼职，殊属非是；嗣后务须改聘合格专任教授，不使兼任外职。该院职员，并应切实裁减。

六　商学院：该院经费，教职员薪奉占百分之八七，每月不敷千元，藉告贷以资周转，殊为不当；该院专任教员既少，旷课复多，上学期学生退学休学多名，而缺课之风仍盛，职员人数亦嫌过多。该院下学年与法学院合并后，原商学院经费由校妥为支配，呈部核定，其课务等事应由法商学院切实整顿。合行令仰遵照办理具报。此令。

中华民国二十三年六月二十八日

（2）教育部致国立北平大学训令（8月11日）

教育部训令　第一○九四○号

令国立北平大学

该校曾经本部提示要点，督促改进在案。查核此次视察员报告，该院一年以来，对于部令所示各点，唯院系业经整理，此外殊少切实进步，兹将应行改进要点，提示于左：

一　关于改善组织者：该校组织仍属散漫，过去院自为政之分割状态，迄无若何改革。查学生注册事宜，本部曾令由校长办公处集中办理，各院注册课自应裁撤。学院医务，该校既有医学院，自可指定该院医师办理，院医一职亦当裁撤，各院设置秘书，与大学组织法不合，应即取消。嗣后凡属全校一致性质之事务，宜归校长办公处统筹办理；学校重要兴革事宜，并应提交校务会议决定。

二　关于分配经费者：该校各院经费，殊嫌多寡不均，工医两院及女子文理学院应酌予增加，法商学院以及大学办公处经费可酌量减缩。应即由校重为合理之支配，并报部备核。至本年该校预算，设备费虽增列为百分之十六，年计二十三万二千五百元，与上年训令"不得少于百分之二十五"之比率，相差尚远；但实际购置设备之支出，截至视察时止之八个月内，仅为五万四千六百余元，与原案相差尤巨，自不免有移作他用之弊。嗣后应再提高比率，并按照规定数目核实购置，以裕设备。

三　关于整理院系者：该校院系尚能遵令切实整理。惟女子文理学院哲学教育系，既经决定停办，该系学生甚少，应将原有学生改入他系，或设法予以转学，以便早日结束完竣。农学院经费既感困难，农业生物及农业经济两系设备亦薄弱，应酌拟裁并办法，呈部核定。法商学院国际贸易、工商管理、交通管理三系课程，多与该院他系雷同，可酌量并班讲授，以节经费。

四 关于厉行教职员专任制者：该校教职员数额，虽较上年减少一百三十余人，但大多数系前商学院教职员，各院教员裁减不多，职员裁减尤少，农学院反有增加。各院对于教员兼课事尚能注意整顿，但查重要教员仍多兼任校外课职情事，系主任在外兼任厂长、工程师或他校功课者亦有之，应将限制兼职兼课办法，严格实行，务令遵守专任之原则；校内教职员兼职不兼薪之规定，亦须注意奉行。至各院兼任教员，仍应切实裁减，职员亦应力予裁汰。凡此诸端，关系该校行政及教学之效率甚大，务均切实办理。

五 关于取缔教员缺席与学生缺课者：该校本年度上学期教员缺席统计，法商学院计有五十八人，女子文理及农工三院均在四十人以上，法商学院商学系有于一学期内缺席达五十小时者，法律政治经济各系及农学院之农业生物系，各有缺席达三十五小时者；上学期学生旷课及缺课统计，医学院有达二百九十六小时者，女子文理学院文史系有达二百零四小时者，法商学院之商学法律政治经济及国际贸易五系，工学院之机械电机及应用化学三系，农学院之林学系，女子文理学院之数理系，均有缺课在一百小时以上者。就以上数字观之，足见该校缺席缺课之风仍盛，自非从严取缔，不足以谋整饬；嗣后对于教员请假，须有补课及扣薪办法。学生缺课须按其数之多寡，予以退学或其他处分，即应依照原则。由校严订办法，各院一律认真实施。

以上五点，均关涉全校，务即遵照办理。兹再就各院应行改进之事项，开示于次：

一 女子文理学院：该院体育、音乐两专修科，设备简陋，招生亦感困难，嗣后可隔三年招生一次，每科只开一班，俟节出经费充实设备后，再行增加班次。至体育一科，为全院共同必修科目，以谋学生体育之普遍发展，音乐亦须予他系学生选习之机会。化学系所开国防化学、毒气化学、染料化学、药物化学等课程，如无实验设备，不如暂行缓设；应即整理课程，注重基本训练，化学实验室应延长开放时间，以利实习研究。高深物理实验设备，至感缺乏，应即充实；图书亦须添置，琴室狭小，应设法扩充。

二 法商学院：该院年来对于训育、体育、卫生方面尚能注意整顿，殊堪嘉慰，惟校舍分设三处，不便管理，徒增学校开支，应即设法集中。所设印刷部，耗费既巨，且逾该院需要，应归全校共同应用。讲义费通常由学生缴纳，而该院列支至一万三千二百元，数殊可惊；应逐渐减少讲义，养成学生临时笔记及阅读参考书之能力。嗣后关于重大建筑事宜，应由大学呈部核准，再行举办。

三 医学院：该院院务较前尚改进，惟设备费尚须酌增，并注意物理实验设备之充实。外国语一科，不宜分类太多，有两种已足，附属医院应设法增收住院病人，以利学生临床实习之需；病历记录，应改善管理方法，以期汇集完整，便于研究。医师得由该院兼任，职员超过需要应予裁减。

四 工学院：该院近年颇能注重设备，电机系无线电试验尚具成绩，惟应用化学系各实习室内容未见完善，应亟谋充实，学生实习材料之消耗，应设法减少。电气化学理论、化学工业分析各实验室及燃烧室，尚付缺如，物理实验室仪器颇感简陋；图书及重要整套杂志，不敷应用，亟应添置或补充，以备研究及参考之用。各系课程纲要及实习程序，应从速妥订，切实施行。

五 农学院：该院设系太多，薪奉占全院经费百分之七十以上，致影响设备费，应于裁系办法呈准实行后，将所节经费，力谋充实设备。合行令仰切实遵办具报。此令。

中华民国二十四年八月十一日

〔国民政府教育部档案〕

9 教育部改进私立复旦大学训令

(1933年12月—1935年6月)

（1）教育部致复旦大学训令（1933年12月28日）

教育部训令 第一三八四二号

令私立复旦大学

查该校前经本部派员视察，业据具报前来，合将报告抄发，并提示要点，仰即遵照切实改进具报。

一 该校院系过多，财力有限，办理难著成效。法学院各系主任教授多为兼任，并有若干学系学生人数甚少，办理尤不经济，法学院殊无继续设立之必要；即或该院一二学系继续设立，亦尽可并入其他学院。师范专修科亦应裁散。该校应尽本学年春假以前，依照此旨裁并计划，呈部核夺。

二 关于课程方面，应参照原报告所陈意见改进。设备方面，图书不多，理学院仪器药品、各项实验设备，及土木系之模型标本材料实验设备，均感缺乏，应力图扩充，对于基本学科之设备，尤宜速求充实。

三 兼任教员几占全数百分之八十，殊属不合，应切实减少，并选聘优良合格之专任教员。

四 该校对于学分制度过于偏重，以致学生年级每多不能区别，应将学分与学年二者并重，以杜流弊。

五　招收学生须严格审查其资格，入学试验尤须认真举行。

六　该校学生多趋奢华，应力加纠正。

此令。

中华民国二十二年十二月二十八日

（2）教育部致复旦大学训令（1935年6月24日）

教育部训令　第八五二三号

令私立复旦大学

该校曾经本部提示要点，督促改进在案。查核此次视察员报告，该校对于前令改进各点，大致尚能注意办理，惟下列数点，仍仰切实改进具报为要。

一　该校经费颇多亏空，亟应由校董会设法筹措，同时节减办公及临时费用，以谋收支之适合。

二　兼任教员数额尚嫌过多，应逐渐改聘专任，以符部定比率。

三　招生考试殊嫌宽滥，对于少数学校毕业生，予以免试全部科目或一部科目之特例，尤属不合，嗣后应一律公开考试全部科目，平时考核学生成绩，并应注重严格。

四　教学方面，应培养学生临时笔记及阅读中西书籍之能力，各系毕业论文，均属重要，不得稍涉敷衍或竟予免除。

此令。

中华民国二十四年六月二十四日

〔国民政府教育部档案〕

（三）大专院校概况

1 朱家骅关于中山大学校务情况兼及广州"清党"事致蔡元培函

(1927年5月16日)

孑民先生惠鉴：

现以中山大学事，托顾颉刚先生走，候先生于上海或杭州。于谈校事之先，宜先陈我等于此时大局及此间政情之意见，统备惠览。先生近中为国宣力，一切奋斗，远道者闻之，为之兴发。在"清党"前，闻先生彻底解决之演说，欢喜无量；而入四月以来，所为党国谋长久之安者，尤其以昭众人而启兴作，幸甚幸甚！

在此时，清党自我等看来，可以说是最好的时候。如先于此时，恐革命之基础未定，共党在内若刺激性之毒药，共党去后向右和缓，招致大险，故西山会议派之举动，实不可为训者也。如此时尚不清，二月之后不复有国民党之实，或亦竟不废共产党之名，从此国事不堪复问。恰恰在此际会，共产党之反革命以破坏北伐极其昭著，共产之力已不复可用，从而消除之，事尚不迟。所幸前方战局大好，不至内清外溃。值此良机，真可快乐者也。

家骅对于此件之经过，谨陈大略。凡曾有党务上之经验者，除非其人甘心投共，即无不感党共派举动之不可终日，特以毒菌散满各机关，率然一动，反增其焰，诚如稚晖先生所说者。骅在此办学，不问党务，然已觉其应付不暇矣。两个多月前，中央自南昌"移汉"之次一、二日，蒋介石先生来一万急电，致李任潮先生，谓"党国前途，不堪再问，决计辞职"，并愿商后此工作如

· 221 ·

何。任潮先生凌晨持此见访，下问如何。李先生及骅意可急复蒋先生一电，俾其知后方万无可虑,奋斗至底而已,而一面应进行者不可更缓一刻。当时知此者尚有曾养甫君，而斯年、思源亦因集思想法，并作电稿，不得不由骅约商始末，当日彻夜拟电及翻译，致唐之最后劝告，致何香凝、谭组庵、张发奎（彼时不知其变）电，思挽武汉局面者，及至各军长党部分别诸电均发出。此后数日中，我等所主张：（一）各省党部之联络克日进行；（二）各军之连络前后分任；（三）组织起中央监察委员会来,如举动时，以监察委员会放第一炮，各省党部之联合会应声发第二炮，然后各军奉此义而动为第三炮，庶乎蒋不居独动之名实，而中央系统于无可奈何中尚得维持之也，（四）严细筹对工人罢工办法先预备代替重要工作之人（此指广东论）；（五）必举事于南京、上海克后，并逐北张虞，据得可守之线时，（六）切不可于此时援引右方外势力，以种将来失败之种子，（七）不必提出反共之名，但提出肃清一切反动捣乱破坏北伐之分子，以得清共之实，（八）就此打倒最可恶之孙科、宋子文，不必更有所姑息，（九）对帝国主义更积极进攻，决不无端开衅,但举事之日即同时宣布废除一切条约拘束，（十）及早造出中央迁宁之口号，以为釜底抽薪之计。广东在清党前三星期即出此口号，实自中大发之。中大为此□□有共党及反共者之手战，而吾等所切联之庆祝大会，思借之以向武汉攻击，并"拥赤忠党国百战百胜之蒋总司令"者，不幸败于无术胆怯之曾养甫手。凡此种自今日思之，有些甚非术略者，然宗旨容或不差。在当时曾养甫等思"宣布广东独立，不患蒋不加入，不管南京下不下，闹得像煞有一回事，幸任潮先生及军人中钱慕尹、徐镜塘师长等与骅同一见解，遂未于上海会议前动耳（曾之为此，盖思以自己为动作之中心）。黄绍雄先生最早应任潮先生之电，即来粤商量，此为当时后方大局第一转机，而彼时前后，我等日迫曾【曾养甫】，且少做些自己的事,且把陈孚木找到,联络一致。市党部派自然会来的。而左歪右倾之甘乃光派,亦应下手抓住。陈孚木从病中初来,大买力气,以前为散沙之国民党各派,彼时竟团在一起,此当时之最可乐者也。

任潮先生于此事处置最宜,而他们筹出的对付罢工及军事督察办法,使广州市民不惊,工作不停而成事,洵可幸乐,吾等事前未敢料其如此完美也。

此时我等对于党国大计,有下列三项,思为先生一陈其略。

(一)"子产杀邓析而用其竹刑"。国民党在组织上颇有些应当改善的地方,如照现在的样子下去,待"四万万同胞"皆进了国民党之后,恐怕国民党就亡得干净。原来以党建国而不容有他党者,以中国散沙一般之社会,无统治者之组织,欲集合肯革命能革命之分子以为中心组织,而革命建设也。今若组织涣散,训练不周,则其腐化乃必然之结果。国民党之大患固在颠顶(C.P.),亦在萧墙之内,能挽救此,似乎国民党党员应分一般、基本二类,基本党员必须经长期之训练,有行事之证明,而绝对服从党之指挥,并于青年学生入党时均加之以特种训练,必须时时工作方可,不能听其入党为完事,凡共产党所用以巩固其恶魔组织者,均应效之。

(二)农工问题。深恐清党之后,此问题不复如日当中。国民党之成功与失败,有一时的与永久的分别,此时的成功仅可谓一时的,若农工问题不完满解决,国民党之成功不能为永久的。

(三)国际的理想主义。对帝国主义应打到底,对外来的资本侵略、殖民地之化中国,应不为丝毫之妥协,然如目光所及不出中国之内,亦恐最好的成功,但如日本,然由国家主义成功,自为一种帝国主义,非所以改建中国的文化,而为人道竞争也。

故我等所见,庶于弃捐第三国际之关系而然,自组织一"国民革命联盟",壮戏字之为蓝色国际,既取党色,且示公平。其宗旨在解放遗传文化的、经济的、民族的拘束,颠复资本主义及殖民政策,而成就一切民族之自决与独立,其入手办法,在联络起土耳其及墨西哥而招致一切殖民地弱小民族。大凡在此时代想成事,必须有一世界的脾胃,有一崭新系统的理想,有一重造世间的愿心,然后可以鼓动作力,收青年之心,为果断之牺牲。否则,局促于一国之内,软处于商业化,处列国之间,其不自亦为商业化者几希矣。

以上所述,待有暇时,再写陈其祥。

中大情形,甚可乐观。家骅留此,全为此事,此外不复有丝毫原因。去年底政府北迁,中大五委员留其三,一月间季陶先生又北上,五人中仅遗骅一人,深虞陨越。然黾勉从事,自今观之,大可发展。兹述其优点弱点如左:

(一)经费在国立各校中,总算最充足的。预算月十三万毫洋,实领九万。我们用得十分撙节,教员薪水及设备之外,不肯滥用一文。故如不增费,亦可进步。如能照预算支,则成效必有可观,日内正与古应芬先生谈此也。

(二)无积下之陈腐历史。广大之腐化有不堪想像者,幸去年政府厉行改革,特别是静江先生努力主持,一切旧来拘束一扫而空。

(三)我们以所经的国家较多,所看的大学较多,颇敢做些新的试验。(甲)以前中国之大学所受美国□□拟将一扫而空,现在文科已废学年制,下学期医法各科将次实行。凡入学者在第一、二年为基本培植,自第三年起,须由教员指导,自行工作,不复得专以听讲义为事。(乙)如能驾驭外国教总纲,用外国人为唯一救济中国人才缺乏之法,我们于此事上颇敢尝试。(丙)文科里的改革独多,——也是因为性质上易于改革——说来太长,待日内文科进行计划书成时寄上。（丁）我们拟定大学与建设之需要，故各系各类均含一目前社会上建设之目的，即如文科之国文等，我们已改为中国语言文学系，为语言教育培育人材。此时行军之时，岂容为奢侈品耶。

（四）我们比较认识的学业中人不少，尽力聘致。

（五）我们这些外江派，在此纯是为事办事，自己既纯粹无派别，亦无家族交游为之累，使其不公。

至于弱点亦有两项：

（一）中国人总是欢喜在帝阙之"近水楼台"，中央政府迁后，法科最感聘不得人之苦。

（二）广东在地理上偏在南方，不容易招他地学生，而无他省学生，不能提高广东学生之程度。但这两项都可以以名誉补救过来的。总之，就我们的见解说，广东及邻省之建设，如果中大办不好是没有希望的，我们在此数月，觉得广东人不浮、不虚，不显聪明，却真做事，非常可爱。在此地青年中，工作甚可有兴致，甚可慰自己的劳苦。骈累承电召赴杭，终不忍之去也。源年等如为个人起见，亦何事留此语言不通之国，追随先生更得其所，只缘既与此地可爱之青年熟，至少亦必成事而去。

目前中大有一问题，我等深虞别出支节，故特托颉刚走送此信。中大之有希望多靠办事者非广东人，故无派别，无私见。校中广东人甚多，理医农预四科当事者为广东人，然以校事不决于派别之见，故进行易而纷扰少。但广东教育界不少有人思恢复中大为广大。在共产党时代，共产党亦深深想了些捣乱的法子，其最可"酸鼻"者，即许楚苏兄为之工具一事（下文详）。但他们也没有做出甚么事来。此地受"市党部派"之指导之某某团体及个人，思借委员有徐谦、孟余二人名，由此地政分会改派两人或三人，吾等以为此事果能，不意加中大以致命伤，其故如下：

(一)委员会系中央所定,今由政分会改之,未免紊乱系统,非此时设政所宜。

(二)中大之希望,皆在此时办事者不据以为私图。骅等为个人计,在此亦有损失,未有补益,故能就事办事。若加入"派兄"之人,且不必有办大学之眼光与能力,恐一切希望归于乌有,亦大可增。

(三)广东人办大学是办不好的,因为广东人于这种工作上算来最不相宜。中大之有希望于在以一种远眼光多经验去办一个不是"乡曲"的大学,必一洗广东方隅之气,而后广东文化能有进步。广东文化全靠外国外省输入,而惟一之输入本营即是中大,如中大回复成广大,此线绝矣。此最可虑念者也。

此间学生一致之要求是请先生、稚晖先生、石曾先生等任此委员。我们自然也是这样意思。但我们必须声明,这实在不是我们自己的私意,而是无数学生及同事向我们不断要求的。我们参酌情形,思及下列组织最为适宜。

委员长:戴传贤、季陶先生实热心于此,且所在以广东为最宜,"可以安其心绪"。他于办学亦无私见,将来在广任务,兼为此委员长,最为妥适,似不宜更换。

副委员长:朱家骅,骅任此一切杂务,自朝至暮,以所在国较多,颇敢作些办大学之新试验,深愿以为专业,舍去一切为之。

委员:蔡元培、吴稚晖、胡汉民。

这项理由之显然,已经是不待说的。先生人文表率,列名于中与否,实至系中大在社会上之轻重。先生何惜齐此一名,不为中大增光辉乎?此时中国人士于学问界能服一切人者,只有先生,亦只有以先生之名拿来向外国学术团体,可以不为人轻。无论如何先生必不至拒此间学生一切之请求。稚晖先生义士仁人,闻者响风,列名于中,引人奋发,以为表仪,幸无过之。我等固深忧稚晖先生固执，不肯列名，但乞先生为我等力说之，务必请其允诺，以答此间千余学生望。万一稚晖先生固执到底时，即乞先生约曾先生或静江先生为之。我等于此三往更无轩轾，特此间学生所臬为稚晖先生，故切望先生为我们一力说耳。五委员中，必有一广东人，而汉民先生算来最为适宜，乞先生及稚晖先生力为我等挽之。至于在此之古应芬先生固亦广东人，其人之历史及人格，我等佩服无逾，但他所识之教育界人多在教育组织团体及谋恢复旧状者（此等人恰如江苏省教育会特色未如彼之恶耳），恐他一入，中大又成广大，故他远不如胡，此就事论，非就人论也。照此更改，前委员徐谦及孟余先生固非不可，而丁鼎臣先生亦恐以五人额满遗之。此意必须特别声明，我等于丁先生之人格及历史及学问佩服，焉能更加，但丁先生既不能来此任事，而其于学问界之名望及办学之名望，在广州少有人知，其名在内，则如汉民先生将以额满而遗，在此想插入之人又将生心，故委员中在办事之人不妨名望逊，而不在之人非有学问界之大名不能以固大学而增其光也。深望先生能为我等善解此意，以免有误解之者。

此次改组，非先生一去南京为中大看□发表不可，盖此地运动之人闻已向南京运动去矣。万一会议席上有所损益，无以副此间学生之企望，且致将事，故无论如何请先生一亲行，与静江先生、稚晖先生力为中大办妥。中大之成就，乃珠江流域建设之基本。先生行旅颇劳苦，但为中大千余学生之幸福，南中建设之基础，想决不惜玉趾也。引领渴望，切盼不可言。已嘱颉刚兄随路扶持，或可于精神上多作劳倦耳。

中大近中进行事件，略举大端如下：

（一）文科之组织与进行甚为新鲜，其中各部如下：(P.228)

（二）文科办一个语言历史科学研究所，内分：（1）语言，（2）历史，（3）民俗三部。

现 有 系	暑假中成立者	一年内成立者
哲 学 系	法兰西语言文学系	教育系
中国语言文学系	德意志语言文学系	逻辑统计系（俞大维兄主持）
英吉利语言文学系 史 学 系	心理学系（汪敬熙先生主持）	地 理 系

（三）尽我们的能力去聘教员，北大势不可终日，我们想把教员学生一齐搬来，待破雾收京之后再回去不晚也。望先生与石曾先生助成此举，盼切！现已去聘者：

马衡、周作人、丁山、魏建功、马准（预科）、刘半农、赵元任、俞平伯、杨振声、李立伯、徐旭生、李圣章、李润章。

向外国请者：

谢寿康、圣大维、毛子水、冯文潜、孔繁霱、刘振东、杜光埙。

有自愿来，已下聘者：

刘叔□、罗常培。

德文教员找到一位斯坦因博士，俄文教员找到马尔茨里斯博士，均可于暑假来中国。又去找柏林国家图书馆东方部主任诺贝尔博士来教梵文及历史语言，研究所编目，又去找卡尔伦自己来调查广东方言及计划语言教育。又去请F.W.n.米勒① 去找一个比较美术史的教员，托某某找一个英文学一个英语学教员，此外尚有些想头，还未及办也。

（四）医科聘到七位德国教员，皆在本国为教授或主任医生。者，半年之后，恐实质不在同济下矣。

（五）农科已聘到二外国教员，迫行亦甚猛。

---

① 六位外籍教员的名字，原稿外文字迹潦草，现根据大意翻成译音。

（六）天文台在建设中，动植物园已买地筹备。

（七）古物院托□平先生办，可拨三至五万元。

（八）下学期先设工预科，任潮先生亦甚主张办工科，并想去筹每日十万元，以便建设广东，而实行"吴稚晖主义"。

（九）有一件最可使先生闻而喜者，即中大将以三万元的学业奖金，贫寒生贷费及北京等处转学生（为压迫）来广州之川资。

（十）比较无办法者是法科，然季陶先生到后可想法矣。

我们于暑假中在上海大招生，希先生为我们声扬一下。

广东政治状态比较上还不最坏，还算差好。任潮先生无抓权之野心，有努力公事之诚意，此次于挽救大局及维持广东上功绩最多。他目前持各派之平，于调和各面上费心虑。此间市党部被人号为右派者，实在大体上最忠实的国民党，却也偶杂些反动派的人（如高元，彼在欧洲，专为陈炯明造党，去年春尚持章行严之政论也）。这"右派"比江浙"右派"好得多，因这右派到底是真国民党，只是行动上亦有时太右者耳。他们口中前进得太猛，于攻击所谓"左派"不遗余力，特别是集中于陈孚术一人。陈一人亦有不当处，但其所受谤，如"援引共产党"，乃真不合事实。他出言太硬，而所引人亦有名誉不佳者，但其受攻击多半由于"清党"后赤色工会之同人问题，其中颇是些私争，少公共的义意，而市党部派痛攻之，大有非使其口不可之势。陈孚木是参加四月十五日动作最用力、最有成绩之一人，果有通共之心，以彼当时所处地位，大事败矣。故此种攻击法，实不能服人心者也。骅与陈全非一致，但此时终是大家团结的时候，不是大家闹的时候，甚望先生在前方有所解说，总以再调停之为宜，万不可听一面之辞而动，以增此地之纷扰也。此是关系后方和平甚大，望先生主持之，并望向静江、石曾、稚晖诸先生代达骅意。

后方人中最无聊的是曾养甫，他以在此地弄得太糟，反跑到前方邀功去了。他凡事皆吹，只知做自己的事，不知做大局的事；在攻南京时，他不为此间各派联络之工作，而日日思总政治部，及四月十五日后，凡稍必揽而能揽到的事，一律废弛，一举一动皆要利用人，以成彼自己之名，更专奔走大人物前买好，而心思全不在民众，又全无思想，一副的官僚气，遇人则思装入自己袋中，以致群起反感。此人专惯包围静江先生及果夫兄，然由他之术下去，必至坏事，望先生察之。

骅之所以不去杭州，全为中大，毫无他意，骅一向在此，不问政治，而任潮先生独以诚实而下问。此次代理民政厅，事前催就不只十次，骅以中大故，辞之至坚决，并去两函。他说："大家如此，事怎么办？我只好发表了再说。"遂未得同意发表了。又辞之不得，然后勉为代理，一有接手，即便去了，当如释重负。但决不敢以五日京兆之事存五日京兆之心，事务在力所能及者，决不使其废弛，既是书呆子，爽性做些书呆子的事。用人一律用考试，引人公开介绍，不日即考县知事，并定一切规则，更组织一民政改良设计会，实行欧洲人之办民政。如此下去，不知可做到那一天，好在这民政厅本不是我要做的。

〔前缺〕无论如何，必请先生于暑假后开学时来广州，演讲些时，以慰此间学生同人之望。骅七月中为中大事必当去前方一行，年为招生，将待八月末，即奉先生来此，行旅可以无苦，且一看我们把中大办得如何，希望先生此时即预备出时间来。

许德珩兄忽然想投C、P、之机，一到广州，即言去，此后乃勾结C、P、之郑伯奇、刘开元、熊锐等，组织一倒中大会。以中大之待他，及他之对中大，真正说不下去。其实他也无所恨于中大，只是不如此不能进中大，故以中大为执见礼耳。鲁迅先生大闹皮气而走，中大待之如圣，事之如神，斯年事之一如师长，而以颉刚事竟大发谰言，千留不许，真使人失望。一切详□□续写之信中。

吾等对于前方之忧虑，□断不可引用反动势力，断不可赦无耻之人，如王亮畴之辈。江浙用人，实嫌太旧，非所以谋新，如不慎之，流为辛亥南京政府，且如之何。此吾等至望先生为大局维护者。专此，敬请道安！并候

夫人康吉！

弟　朱家骅
学生　斯年　何思源敬上
（二十七）五月十六日
〔蔡元培个人档案〕

2　北京大学学生会等要求恢复校名直隶中央并请蔡元培回任校长呈

（1929年9月）

（1）北京大学学生会致国民政府呈

呈为呈请明令北大独立，直隶中央，恢复校名，并任命蔡子民先生为校长事；窃维北京大学自创办以来，已有三十年之历，前经蔡校长及蒋代校长等惨淡经营，海内外学者麇集一堂，讲学之风盛，"五四"以还，贤才辈出，校誉之隆达于全球。不幸前经刘哲摧残，分裂为三，图书仪器丧失殆半；去岁北伐成功，方得以恢复旧状，从此发扬光大，不幸又被作大学区之试验品，属校牺牲，实难罄述。最近中政会议议决取消大学区制。查

北平大学已于七月一日结束，属校全体认为在大学区结束以后，职校应即独立恢复校名，直隶中央，现已电请教部查核俯允。按国立北平九校合并，原为试验大学区制之囫囵办法，其实国立九校各有其特殊历史与性质，合并本无可能。证之年来事实，各学院仍各自为政，北平大学之招牌等于虚设，且北平大学当局处置不当，学潮迭起，纠纷丛生，现大学区制废除，北平大学自应解散。我北京大学成绩昭著，誉振寰宇，内部组织为英德式之大学制，与其他各校之学院或者性质迥异，强属校屈于北平大学之下，不独抹杀以往之历史，即将来发展亦不可能。故为属校前途计，为吾国前途计，均应独立，直属中央，至保存整个"国立北京大学"校名，尤为属校复校运动之主要目的。兹将所持理由，谨陈如下：

北京大学因历史关系，已成一专有名词，代表一有三十年光荣历史之大学，故所冠之北京二字，仅为专有名词之一部分，完全不含有地域意义。往者国内外称属校为北京国立北京大学或北平国立北京大学，可见北京大学为属校校名，表示所在地之地名须另加以北京或北平字样于其上。现在国内外投函阿校则称……"北平国立北京大学"，可见地名虽改，与属校校名无关。证之欧美各国，亦有此例，例如美京现名华盛顿，而该地大学仍称哥伦比亚大学是也。故北京虽改称北平，与属校校名并不冲突，不过因地名变更，北京国立北京大学现应改称北平国立北京大学耳，此敝会所欲陈述理由一也。

北京改称北平，系受政治改革之影响。政治变迁无定，今称北平，不知此后又将更为何名。我北京大学为全国最高之文化机关，不应随政治之变迁、地名之更改而更改，故吾人为保障文化之独立，应保存北京大学校名，此敝会所欲陈之理由二也。

我北京大学凭三十年之光荣历史，在国际大学中已取得相当地位，世界著名学者皆以得讲学属校为荣，而属校同学亦可直接转入欧美大学肄业,盖国际间已承认北京大学为吾国惟一之大学。故为保持我国在国际间之文化地位计,应保存北京大学校名,此敝会所欲陈述之理由三也。

属校"五四"运动,实开国民革命之先声。自此以还,连年领导反军阀、反帝国主义之运动,率之全国响应,北伐成功,是属校不仅为革命思想之策源地,亦为革命运动之前驱。现在革命尚未成功,革命人材之需要至为殷切,此项人才专赖属校之陶冶。故培植此项人材以巩固党国计,亦应保存此北京大学校名,此敝会所欲陈述之理由四也。

敝会去岁本此正大主张,坚持复达八月之久,牺牲之大,至今思之犹有余痛。现全体同学仍本此主张努力复校,不达目的,誓不终止。再者,属校曩日成绩,纯赖蔡子民先生惨淡经营。蔡校长于民十二请假离校,哲来校代校长,陈大齐先生亦去职,此次复校,蔡先生为当然校长,敝会已迭电欢迎复职。现职校校务暂由陈代校长维持,理应呈请钧座即日任命蔡子民先生为校长,俾属校从此发扬光大,是不独属校之幸,亦国家之幸也。所有呈请明令北大独立。直隶中央、恢复校名并任命蔡子民先生为校长缘由,理合呈明钧座,俯赐允准,则纠纷不起,属校全体同学一心向学,备用将来。无往感激屏营待命之至。谨呈
国民政府主席蒋

国立北京大学学生会

中华民国十八年七月　　日

(2)北京大学同学会致国民政府呈(7月22日)

呈为呈请事:窃查大学区制本采自法邦,试行于我国苏、冀等省,叠告失败。经中央于第二次全体会议议决取消,足征党国教育政策自有常规,学制之实行与变更全以事实及舆论为断,有利则存,见害则徙,实为一大原则。属会以爱护母校之至诚,闻之

欢欣鼓舞，不可名状。报载别地如上海、如北平大学同学会莫不有同样表示，殆以北大昔处北洋军阀官僚势力范围之中，政治环境之恶劣至臻极点。北大学生为培植北方革命生机与唤醒全国国民爱国心计，曾牺牲神圣之学业从事救国运动。"五四"而后，继以种种反军阀、反帝国主义之政治工作，冒身斧钺横被侮辱者，不知其几。而或以为少年以废学便已侈谈"打倒"、"推翻"、"革命"用以哗众，人心丧毙，国事无可挽救，是皆北大学生之罪。当此之时，北大突被为北方唯一之革命机关，其学校生命之孤悬不绝如缕。又北大尝以学术文化中心，倡议改革文学与思想革命，思欲从学术思想上为国人立一新生命，以免陷溺沉沦。顽旧之流反以为北大菲弃旧道德，毁斥伦常，诋排旧学，一切皆以反经弃常为本，实则北大以大学为最高学府，士林表率，须园通广大，兼容并包，方能担负建设新文化之使命。此种职志，北大持之有年，但或为国人所未尽晓，痛心曷极！兹幸全国统一，训政开始之时，北大亦有恢复旧观之机会，深恐大学区制取消之后，关于北大组织名称及校长人选等问题异议纷起，甚或主张尽反其旧，改制易法，崩溃决裂，流祸无穷，其直接于北大本校尚小，其间接影响于我国百年学术文化计实大。属会同学昔咸同地，共受陶冶琢磨，回忆北大，几如旧家，出而彼此相见，亦若昆季，以此关系，义不能忘。举三事敬为钧府陈之。

（一）北大应就原有文、理、社会三院组成独立大学。查立法院新近通过之大学组织法，凡具有三院者，皆得称大学，北大原有文、理、法三科均完备。改院后，内容设备有增无损，社会学院有政治、经济、法律等系；理学院有数学、物理、化学、生物、地质等系；文学院更为繁，除国文及英、法、德、东方（包括日文、梵文）文学外，并有心理、教育、历史、哲学等系。组织既如此完备，决无不可独立之理。

（二）公请蔡孑民先生回任北大校长。蔡先生学问、勋业久为世人钦仰，至其道德高尚，人格之伟大更为多士所景从。溯自民国六年一月长校以来，风气丕变，同校师友咸以砥砺德行，研究学术相竞，自是一切学术新思想皆以北大为发源地，徒从甚众，造就尤多，各省闻风兴起，蔚成大观。诚能得其回长我校，不但造益于吾国学术文化，且能转移一般士习也。

（三）恢复国立北京大学名称。名称为一种表识，不足轻重，呼牛呼马，本可任人。惟吾国学术落后，北大几经经营，始能列入世界之林。近年以还，举凡世界新学术知识之介绍，珍贵图书之赠与，著名教授讲座之交换，以及国际各大学转学之互认、参观通信之便利等，北大皆得与焉。况大学所在地名虽易，大学本身之名号仍旧，世多比例。日本首都今在东京，而西京大学犹称京都帝国大学；我国外人所设之燕京大学、金陵大学均取我国地方旧名，其英文名且为 Pikily University 或 Nanking University，未闻政府加以取缔，殆以整理历史系统，一切人名、地名宜仍旧观耳。

以上三端，皆属会所深切认识而考虑再三，不得不呈请者。属会同学今多服务党国，又皆学识年龄已相当程度，决不致执已守残，徒呈私见或误解煽惑，附和盲从，不接受党部之决议与指导，自弃于党，为国罪人。伏祈钧府俯察下情，长思远瞩，断然准予北大恢复原有组织与名称，并任命蔡校长回任。俾北大万余毕业及未毕业同学得以安心发扬其学问与事业，以报党国，实为万幸，不胜屏营待命之至。谨呈
国民政府主席蒋

   南京同学会代表 孙德中 郭亮才 俞汝良
           郑阳和 王祥辉 庄汝霖
          舒光宝 陈剑修 欧阳孟博

中华民国十八年七月二十二日

〔国民政府档案〕

3　国民党中央对中山大学维持及建设办法案

(1929年9月23日)

第一条　中山大学为唯一纪念总理之学校，与其他国立学校历史性质均有不同，在本大学基本建设未完成而一般的教育学术又尚幼稚时期之今日，中国国民党不能不尽力维护，除一切组织仍应照大学组织法及大学规程等中央法令办理外，由中国国民党中央执行委员会选董事九人，组织董事会，担任建设本校之任务，其要点如下：

第一　董事任期三年，但得连选连任。

第二　于董事选出时，由中央执行委员会指定主任董事一人，其任期与董事同。

第三　董事会之责任如下：

一、主持本校教育方针，维持本校学风；

二、建筑校舍，增置财产，筹划经费，扩充设备；

三、决定本校预算，监查本校之财产及出纳；

四、决定本校一切章程规则及人员之名额俸额；

五、决定各科系处部院场所及附属学校主任之进退。

第四　董事会之任务由主任董事负责实施之。

第五　董事会每年开常会三次，其时期如下：

一、暑假放假前后十日内；

二、秋季始业前后十日内；

三、寒假期间内。

董事会开会地点及日期，由主任董事负责通知。

第六　董事会设秘书一人。

第七　董事会之名义不用之于对外。

第二条　关于大学财政事项，其办法如下：

甲、请迅拨大洋二十万元修理校舍。

乙、大学经常费之预算，请每月拨足十四万元毫银，本年十月份起，由财政部令广东财政特派员照拨。

丙、请决定由财政、铁道两部负责筹拨新校舍建筑费二百万元，在民国二十年内拨足。

第三条 民国十九年秋季必须开办工科，其设备费定五十万元，自本年十一月份起，按月拨给五万。

第四条 董事之人选如下：

蒋中正，胡汉民，谭延闿，宋子文，古应芬，孙科，陈铭枢，朱家骅，戴传贤。

由董事九人中推戴传贤为主任董事，孙科、宋子文、陈铭枢为建筑董事。

注：此件经国民党中央执行委员会第三十七次常务会议通过。

〔国民党中央执行委员会秘书处档案〕

4 中华教育文化基金会设立科学教席计划书和科学教席分配办法

（1930年）

（1）设立科学教席计划书

第一条 本会为改进科学教学起见，设立下列各科之教席：

（一）物理学　　　（二）化学　　　（三）植物学
（四）动物学　　　（五）教育心理学

第二条 上项教席，依照教部前定高等师范六学区赠予训练师资之高等教育机关。

第三条 具有下列资格者，经指定之学校之推荐、本会执行委员会之核定，干事长得聘任为教席。

（一）对于本学科有精深之研究者。

（二）对于中等学校本学科师资之训练有特殊兴趣者。

第四条　科学教席之任务如下：

（一）担任科学教席者，应以培养本学科教师为主要职务。

（二）担任科学教席者，应忠实服务，不参加妨碍本职之各种活动。

（三）专任本会科学教席者，不得兼任任何其他有给职务。

（四）担任科学教席者，应彼此合作、以谋科教法之改进。例如暑期研究会、讨论会及调查等均应参加或分任。

（五）每学年终应将一年工作报告本会。

第五条　科学教席之待遇如下：

（一）薪金由会依照指定学校之标准，按月付给。

（二）服务六年者得休假一年，由会支给半薪一年或全薪半年，外加旅费。

（三）因公身亡或残废者，由会给予教席家属抚恤金。

第六条　教席任期自一年至三年，续约与否，由会于约期届满前两个月通知担任教席者。

第七条　本会干事长得视全国需要，于换约时变更教席服务之地点。

第八条　在约期内如遇必要须变更服务地点时，应得本人及原服务学校之同意。

第九条　凡接受本会教席之学校，应以腾出之薪金充所任学科增购仪器设备之用。

第十条　凡接受本会教席之学校，应谋校内科学各系与教育系之联络协作，并附属实习学校科学教学之改良。

第十一条　凡接受本会教席之学校、应负改良本区中等学校科学教学之责。

第十二条　凡接受本会教席之学校，应采取本会科学教学考察团提出之"科学教师训练机关之标准"为目标，并设法使之逐渐实现。

(2) 设立科学教席计划书说明

本会科学教学考察团报告中有云："吾人视察之结果，深信培养师资在促进科学教学之方案中当为主要之目的。"试按诸事实培养师资之中心，其精神焕发，成效卓著者，咸以教授得人为根本要素。故吾人首先提议聘请适当之人材，充任科学教授。其现在服务者更须使之安心供职，久于其任。简言之，兹所送请审核之计划，拟设教席三十五人，分任物理、化学、动物学、植物学、教育心理学五科，其薪金由本会直接付给。是项教席、依照教育部前定高等师范学区，分设于北京、南京、广州、成都、武昌、奉天六处，各该处接受教席之大学或师范大学，应请其就上列科学教授原有之薪金项下所腾出之一部分移用于增置仪器及一切设备，并对于各该学区内中等学校之科学教学，担负改进之责任。

(一) 本计划将使培养师资之中心，聘得适当之人员充任。前列各科教授，举凡新教师之训练，或现任教师之补充智识以及各种教育机会，无不力求均等，务使各省区咸受其益。若每一高师学区得有优良之科学及教育心理学教授五人，以资倡导，则中等以下学校观感所得，获益定非浅少。至于协助、联络、商议以及监导教学、厘定标准等计划，亦可切实筹订，庶使中等以下学校之科学教育常在改良进步之中。

(二) 科学教授之全部薪金及其他待遇，由本会担任后自可获得充分之保障，以从事于真正的科学教育。各处科学教授及他项教授之薪金拖欠多至数月，甚至有在一年以上者，经济之压迫既如是其甚，势不得不增授科目兼课他校或竟改就他业。夫任职过多之兼任教授，流弊不可胜言，其最甚者约有数端：如丧失专业之精神，因疲劳与纷〔分〕心而体力日渐衰弱，减少智识上进步之机会，驯至学殖荒落，不克深造；对于学生接触既少，自难尽指导之责任；校内外之纠纷均将由此发生。教席设立以后，教授自可专心教学，免受是类不良影响，行之稍久，各种积弊亦可逐渐减免。

（三）凡接受本会教席之学校，应将所腾出之薪金购置仪器，以供各该教授之用。此种拨款办法必须切实履行。缘本会赠与之教授，苟欲增进教学之效率，须有充分之工具，以资应用。而学校亦应支初其已经指定之款额，增购仪器，以示其对于科学教学之进步确有真实之兴趣。然教授于实施教学之时，处于无可避免或意外之困境，如经本会认为必要，当以助教书籍仪器等供给之。

（四）在促进科学教学之全部计划中，建筑一项视教授及仪器需要较缓，且筹款或亦较易，倘日后科学上迫切之需要已得相当满足，当在计议及之。

（五）各种科学须由按时领受全薪之教授担任者不止上列五种，即任何学科之教授，亦应享受同等之待遇，只因限于经费不克赠与他科教授。公私机关以及他国退还之庚款倘能于五科以外特设教席，则本会之所深望者也。

（六）本计划有一显著之缺点必须声明者，即同在一校或一学系之中，若干教授按时领受全薪，而他人则否，此种办法苟无适当之规定，则同事之中必生觖望。故赠与教授之薪金，应由本会直接付给，庶校长不致感受困难。且是项教授之缺额，随时可由努力深造之学者补充，则目下一般教授所鼓励于专门学业用力益勤，将来可由本会延聘，享受同等之待遇。总之，本会设立教席，旨在促进科学教育，科学教师对于本会经费之限制，与夫办事之困难，自有相当之谅解，则吾人所深为顾虑之。上项觖望或可不致发生，本会深信各校中之全体教授不但能谅解此种暂时不可避免之差异，且能通力合作，共谋改进，使科学教育得奏实效，而利人生。本计划书虽有上述缺点，惟于科学教学前途裨益殊多，用特提出建议，敬候采纳施行。

（3）科学教席分配办法

一、依据设立科学教席计划，本会得将科学教席酌量分配于下列各校：

（一）北京师范大学　　　　　（二）东南大学
（三）武昌大学　　　　　　　（四）广东大学
（五）成都大学、成都高等师范　（六）东北大学
（七）北京女子大学、北京女子师范大学

二、照教席三十五座分配，每校至多可得教席五座，及与教席有关之补助费。

三、本会对于上项用途拟酌量情形，每校暂定为一万至三万元。

四、科学教席专为培养科学师资而设，上列学校对于训练师资之办法必须有明确切实之规定，方得领受科学教席及与教席有关之补助费。

五、女子大学及女子师范大学同在一地，对于科学教学须有切实的合作办法，始得领受科学教席及与教席有关之补助费。

六、各校推荐教席，应以人才为重，宁阙毋滥。

〔国民政府教育部档案〕

5 民国二十年度全国
(1931

表一：我国高等教育与世界主要各国之比较

国　别	调　查　年　次	学生数	教员数
中华民国	民国二十年（1931）	44,167	7,053
美　国	民国二十年（1931）	919,381	62,224
俄　国	民国二十年（1931）	272,125	22,876
德　国	民国十七年（1928）	151,629	5,175
法　国	民国十八年（1929）	69,921	……
加拿大	民国十八年（1929）	57,254	4,210
英　国	民国二十年（1931）	56,725	5,639
西班牙	民国十八年（1929）	56,298	……
意大利	民国二十年（1931）	45,260	……
波　兰	民国十八年（1929）	43,025	950
日　本	民国二十年（1931）	40,172	4,910
罗马利亚	民国十七年（1928）	31,308	971
奥地利亚	民国十九年（1930）	25,477	1,313
比利时	民国十七年（1928）	18,244	……
匈牙利	民国十九年（1930）	14,630	……
瑞　士	民国十九年（1930）	11,388	989

高等教育概况统计表
年）

校数	人　口 （单位千人）	每校平均 学　生　数	每百学生中 之教员数	每万人口中 之学生数	
				人数	位次
103	474,787.4	430	16	1	19
976	126,013.0	942	7	73	1
537	162,63.41	507	8	17	9
23	63,178.6	6,592	5	24	6
17	41,130.0	4,113	……	17	9
23	2,934.5	2,489	7	57	2
21	49,018.9	2,701	10	12	14
11	23,457.4	5,118	……	24	6
25	41,145.0	1,810	……	11	15
16	30,737.5	2,689	2	14	12
46	62,122.0	875	12	6	17
4	17,393.2	7,827	3	18	8
6	6,704.5	4,249	11	38	3
4	7,932.1	4,561	……	23	7
18	8,683.7	813	……	17	9
7	4,067.3	1,627	9	28	5

续表

国 别	调 查 年 次	学生数	教员数
荷 兰	民国十八年（1929）	10,965	599
瑞 典	民国十九年（1930）	9,808	……
丹 麦	民国二十年（1931）	8,521	……
奥大利亚	民国十九年（1930）	8,316	665
印 度	民国十七年（1929）	8,078	……
希 腊	民国十七年（1928）	8,066	775
南非洲	民国十九年（1930）	6,802	774
葡萄牙	民国十七年（1928）	6,033	……
纽西兰	民国十八年（1929）	4,623	230
挪 威	民国十八年（1929）	4,335	……
土耳其	民国十七年（1928）	4,095	216
纽芬兰	民国十八年（1929）	75	……

校数	人口（单位千人）	每校平均学生数	每百学生中之教员数	每万人口中之学生数	
				人数	位次
8	7,832.2	1,371	6	14	12
5	6,130.1	1,962	……	16	10
21	3,550.9	1,406	3	24	6
6	6,396.9	1,386	8	13	13
16	2,692.7	505	……	0.3	20
3	6,204.7	2,688	10	13	13
9	1,790.0	756	11	38	3
3	6,032.0	2,011	……	10	16
4	1,284.2	1,156	5	36	4
1	2,890.0	4,335	……	15	11
8	13,648.3	512	5	3	18
1	216.7	75	……	3	18

表二： 全国专科以上学生总数与各省人口之比率

学生籍贯	学生总数（专科以上）	人口总数	比率（每百万人口中）	
			学生数	位次
全 国	44,130	474,787,386	93	—
江 苏	6,647	34,125,357	195	3
广 东	5,844	32,427,626	180	5
河 北	4,268	31,232,131	137	7
浙 江	3,414	20,642,701	165	6
辽 宁	3,003	15,233,123	197	2
四 川	2,885	47,992,282	60	5
福 建	2,609	10,071,136	261	1
山 西	2,387	12,228,155	195	4
安 徽	1,916	21,715,396	88	9
山 东	1,857	28,672,419	65	14
湖 南	1,592	31,501,212	50	16
江 西	1,346	20,322,837	60	13
湖 北	1,302	26,699,126	49	13
河 南	1,236	30,565,651	40	19
广 西	1,073	13,648,200	79	11
吉 林	865	7,634,671	113	8

续表

学生籍贯	学生总数 （专科以上）	人口总数	比　率 （每百万人口中）	
			学生数	位次
陕　西	361	11,802,446	31	20
云　南	329	13,821,234	24	25
黑龙江	327	3,724,738	88	10
贵　州	184	14,745,722	12	27
甘　肃	164	6,281,286	26	21
察哈尔	133	1,997,015	67	12
绥　远	104	2,123,728	49	17
热　河	84	6,593,440	13	26
新　疆	54	2,551,741	25	22
西　藏	51	3,722,011	14	25
宁　夏	25	1,449,869	17	24
青　海	7	6,195,057	11	28
西　康	6	8,906,430	7	29
蒙　古	2	6,160,106	3	30

1、人口数系根据内政部民国十七年之调查与估计（有记号者为估计数，无记号者系调查数）。

2、全国数内，有籍贯未详者五十五人，外籍三十七人不在内。

表三： 全国各大学概况

校　别	校　址	经　费	
		岁　出	岁　入
总　计	—	24,488,027	24,624,045
国立各大学	—	13,190,460	13,478,760
1．中央大学	南　京	2,166,247	2,030,000
2．北平大学	北　平	1,602,475	1,677,343
3．中山大学	广　州	1,592,059	1,775,782
4．武汉大学	武　昌	1,355,671	1,355,863
5．清华大学	北　平	1,250,431	1,885,470
6．北平师范大学	北　平	866,892	866,892
7．浙江大学	杭　州	859,095	869,095
8．北京大学	北　平	760,701	×261,886
9．暨南大学	上　海	731,438	691,086
10．同济大学	上　海	625,900	635,140
11．交通大学	上海北平唐山	482,934	539,310
12．四川大学	成　都	456,031	455,480
13．山东大学	青岛济南	440,586	435,413
省立各大学	—	3,613,900	3,438,750

编制				课程		合计
本科院	科系	专科	科组	种数	每周上课时数	
146	554	24	37	57—579	193—2,982	6,892
55	222	10	15	57—579	335—2,982	3,878
8	38	2	4	579	1,622	567
7	34	1	1	519	2,982	674
5	23	2	2	……	……	515
4	13	—	—	220	1,202	134
3	14	—	—	277	1,034	259
3	11	—	—	284	893	292
3	18	—	—	315	1,266	286
3	11	—	—	352	1,654	298
5	18	2	2	406	1,156	242
2	2	—	—	57	335	130
5	16	—	—	244	1,423	217
4	11	3	6	488	1,435	207
3	8	—	—	213	773	89
26	76	6	12	74—403	193—1,811	910

续（转接，与前页并列）

教职员			在校生		
教员	职员	互兼	合计	男	女
4,670	2,808	586	27,096	23,781	3,315
2,559	1,524	245	13,173	11,339	1,834
373	242	48	2,146	1,873	273
576	114	16	2,152	1,604	548
185	368	38	1,379	1,251	128
91	55	15	571	539	32
173	114	28	664	610	54
183	125	16	1,288	793	495
164	142	20	614	574	40
236	73	11	941	910	31
182	77	17	731	666	65
109	33	12	281	252	29
132	88	8	710	688	22
178	45	16	1,436	1,337	99
46	48	5	260	242	18
563	412	65	4,458	4,253	205

毕业生			设备价值	图书册数
合计	本科	专科		
4,708	4,382	226	5,403,605	2,700,313
2,841	2,695	146	2,722,395	1,101,153
345	329	6	436,342	104,460
281	281	—	105,350	92,278
295	272	23	186,084	243,800
46	46	—	910,070	94,016
116	116	—	511,096	29,200
219	219	—	48,140	76,728
590	590	—	……	44,122
207	207	—	30,917	227,879
223	223	—	102,463	41,162
37	26	11	110,460	4,476
215	215	—	46,439	48,907
267	161	106	49,150	47,145
—	—	—	185,881	47,000
507	426	81	1,106,199	405,770

续表三

校别	校址	经费 岁出	经费 岁入
1．东北大学	沈阳	1,204,743	1,204,743
2．广西大学	梧州	696,400	421,577
3．东陆大学	昆明	437,995	437,995
4．河南大学	开封	411,415	412,681
5．安徽大学	安庆	372,000	369,900
6．山西大学	太原	235,994	248,291
7．湖南大学	长沙	215,753	215,577
8．东北交通大学	锦州	39,600	127,980
9．吉林大学	吉林	……	……
私立各大学	一	7,683,667	7,706,535
1．燕京大学	北平	1,025,660	1,025,660
2．岭南大学	广州	944,678	872,939
3．中法大学	北平	814,626	844,626
4．金陵大学	南京	689,333	689,251
5．辅仁大学	北平	439,842	495,823
6．武昌中华大学	武昌	426,276	426,276

编		制		课	程	合 计
本院	科系	专科	科组	种 数	每周上课时数	
5	18	4	10	403	1,811	249
1	3	—	—	152	551	49
2	4	—	—	136	484	49
5	16	—	—	197	696	122
3	10	—	—	213	928	134
3	8	—	—	296	916	86
3	10	—	—	280	1,654	114
1	3	—	—	74	193	39
3	4	2	2	101	260	68
65	256	8	10	76—381	230—1,451	2,104
3	19	—	—	381	1,004	215
4	21	—	—	190	524	172
4	11	—	—	141	739	104
3	21	1	1	246	924	187
3	12	1	1	177	1,451	103
3	11	1	1	292	971	88

续（转接，与前页并列）

教职员			在校生		
教员	职员	互兼	合计	男	女
144	105	—	1,910	1,819	91
18	32	1	36	36	—
30	30	11	96	85	11
91	35	4	484	453	31
78	61	12	431	398	33
61	43	18	783	777	6
81	42	9	337	311	26
16	27	4	214	214	—
40	34	6	167	160	7
1,509	872	276	9,465	8,189	1,276
151	73	9	519	391	158
91	86	8	284	214	70
83	39	18	202	172	30
129	95	37	537	505	32
69	52	18	548	548	—
68	35	15	458	407	51

毕业生			设备价值	图书册数
合　计	本科	专科		
156	75	81	230,500	141,366
—	—	—	547,000	—
5	5	—	182,275	12,185
56	56	—	75,717	50,325
95	95	—	26,880	21,590
156	156	—	30,323	115,701
39	39	—	13,504	48,897
—	—	—	……	6,913
—	—	—	……	8,815
1,360	1,261	99	1,575,011	1,193,390
185	185	—	172,850	238,514
38	38	—	293,094	104,878
—	—	—	88,052	65,263
102	102	—	55,437	149,881
22	16	6	154,860	59,417
86	51	35	64,700	31,052

续表三

校　别	校　址	经费	
		岁　出	岁　入
7．齐鲁大学	济　南	401,510	401,511
8．震旦大学	上　海	323,820	323,810
9．南开大学	天　津	318,476	355,366
10．沪江大学	上　海	318,065	318,065
11．光华大学	上　海	279,064	278,446
12．广东国民大学	广　州	263,197	241,639
13．广州大学	广　州	245,001	258,004
14．厦门大学	厦　门	229,988	252,520
15．东吴大学	上海苏州	211,641	192,726
16．复旦大学	上　海	196,478	196,476
17．武昌华中大学	武　昌	194,021	201,403
18．大夏大学	上　海	176,051	176,051
19．大同大学	上　海	155,940	155,940

编制				课程		合计
本院	科系	专科	科组	种数	每周上课时数	
8	11	1	1	131	357	110
3	8	—	—	119	1,016	85
3	13	—	—	76	230	73
4	11	1	1	138	595	76
3	15	—	—	143	423	81
4	6	—	—	87	366	119
3	12	—	—	102	307	75
5	20	—	—	222	839	104
2	15	—	—	98	498	148
4	17	1	1	169	534	126
3	11	—	—	211	557	35
5	20	2	4	155	551	51
8	1	—		……	……	52

续（转接，与前页并列）

教职员			在校生		
教员	职员	互兼	合计	男	女
87	32	9	325	251	71
67	35	17	199	199	—
42	32	1	455	383	72
56	26	6	545	377	168
64	25	8	654	562	92
79	52	12	739	681	58
56	30	11	458	426	32
62	51	12	435	402	33
134	35	21	401	358	43
96	54	24	1,215	1,094	121
73	16	4	74	58	16
104	84	37	1,160	1,005	155
44	17	9	227	153	74

毕 业 生			设备价值	图书册数
合 计	本 科	专科		
35	23	12	143,710	101,100
33	33	—	65,010	65,768
31	34	—	115,520	2,245
81	81	—	49,813	54,229
59	59	—	32,445	19,000
124	124	—	53,424	19,302
29	29	—	32,291	17,419
26	26	—	12,550	65,337
118	118	—	37,752	74,245
248	248	1	46,388	32,923
—	—	—	56,000	46,876
88	52	36	73,871	26,264
52	43	9	27,244	19,677

×据云此为实收数，短发不在内。

表四：全国各独立学院概况

校　　　别	校　　址	经　　费	
		岁　出	岁　入
总　计	—	7,194,480	7,273,803
国立各学院	—	237,620	251,586
×1．上海医学院	上　海	176,391	162,522
2．北洋工学院	天　津	174,961	188,929
×3．上海商学院	上　海	112,885	96,374
4．中法国立工学院	上　海	62,659	62,657
5．广东法科学院	广　州	……	……
省立各学院	—	1,085,667	1,148,273
1．江苏教育学院	无　锡	175,992	175,992
2．河北工程学院	天　津	148,656	148,656
3.河北女子师范学院	天　津	132,000	132,000
4．河北法商学院	天　津	115,135	122,272
5．河北医学院	保　定	108,000	108,000
6．山西教育学院	太　原	105,900	105,900
7．山西法学院	太　原	95,000	82,581
8．甘肃学院	兰　州	90,236	90,236
9．河北农学院	保　定	76,796	76,796

编制				课程		合计
本院	科系	专科	科组	种数	每周上课时数	
41	122	19	31	15—393	50—1,274	2,175
3	4	1	1	32—96	65—444	129
1	2	—	—	32	106	58
1	3	—	—	76	444	53
1	4	—	—	39	145	44
1	—	—	—	17	65	34
1	1	1	1	96	201	44
11	29	5	7	20—129	50—456	581
1	2	1	2	43	108	106
1	3	—	—	73	201	65
1	6	—	—	73	421	62
1	4	—	—	94	227	56
1	2	—	—	28	133	58
1	3	—	—	58	141	50
1	2	1	2	129	456	44
1	3	2	2	75	164	59
1	1	—	—	32	61	36

续（转接，与前页并列）

教职员			在校生		
教员	职员	互兼	合计	男	女
1,513	850	188	12,306	10,970	1,336
71	69	11	691	680	11
36	25	8	92	76	16
28	31	6	305	305	—
27	25	8	176	146	30
22	12	2	28	28	—
21	26	3	358	347	11
307	331	57	1,664	1,350	310
32	85	11	257	239	18
29	44	8	96	96	—
39	30	7	225	—	225
29	29	2	191	178	13
16	43	1	102	97	5
42	17	9	170	157	13
36	12	4	350	299	6
43	23	7	79	79	—
18	20	2	28	28	—

毕业生			设备价值	图书册数
合计	本科	专科		
1,684	1,046	628	768,351	625,416
81	81	—	26,036	57,499
10	10	—	23,102	3,099
81	81	—	16,351	50,247
35	35	—	20,562	8,195
—	—	—	9,635	5,124
—	—	—	……	2,128
448	387	61	123,787	117,342
90	90	—	13,656	13,608
—	—	—	26,316	11,759
61	—	61	42,816	4,107
83	88	—	4,785	1,143
38	38	—	……	17,701
41	41	—	2,040	19,063
78	78	—	2,602	17,484
15	15	—	8,070	12,810
3	3	—	21,033	15,254

续表四

校　　别	校　址	经费	
		岁　出	岁　入
10. 湖北教育学院	武　昌	37,952	105,840
11. 新疆俄文法政学院	迪　化	……	……
私立各学院	—	5,871,193	5,873,944
1. 协和医学院	北　平	3,552,218	3,552,217
2. 福建协和学院	福　州	360,587	376,668
3. 之江文理学院	杭　州	270,946	270,946
4. 湘雅医学院	长　沙	192,153	192,250
5. 中国学院	北　平	186,859	175,742
6. 夏葛医学院	广　州	162,050	162,050
7. 焦作工学院	河南焦作	142,808	159,514
8. 朝阳学院	北　平	137,701	143,924
9. 中国公学	上　海	128,206	116,250
10. 福建学院	福　州	118,552	95,352
11. 南通学院	南　通	109,476	107,788
12. 民国学院	北　平	104,996	103,568
13. 上海法学院	上　海	101,613	102,290
14. 持志学院	上　海	78,901	78,901
15. 华北学院	北　京	71,904	72,159
16. 金陵女子文理学院	南　京	58,095	58,095
17. 上海法政学院	上　海	52,960	54,534
18. 正风文学院	上　海	41,168	51,696

注：×国立上海商医两学院，本年度属中央大学，各项数字

编制				课程		合 计
本院	科系	专科	科组	种 数	每周上课时数	
1	2	1	1	20	32	26
1	1	—	—	…	…	19
27	89	13	23	15—393	119—1274	1,465
1	12	—	—	15	311	135
2	10	—	—	94	216	60
2	8	—	—	65	210	44
1	1	—	—	42	119	27
3	6	3	4	516	1,274	189
1	1	—	—	44	187	42
1	2	—	—	39	187	45
2	4	1	2	393	1,233	113
4	5	—	—	168	457	89
1	3	—	—	143	306	36
1	1	—	—	114	532	69
1	6	2	5	193	791	151
1	3	1	1	212	567	156
2	6	—	—	168	531	78
1	4	3	7	71	693	84
1	14	1	1	69	300	55
1	2	1	2	61	193	60
1	1	1	1	32	105	32

均并入该校计算。

续（转接，与前页并列）

教职员			在校生		
教员	职员	互兼	合计	男	女
10	20	4	130	130	—
13	8	2	81	81	—
1,135	450	120	9,951	8,936	1,015
123	12	—	101	72	29
42	26	8	174	173	1
23	27	6	221	197	24
21	11	5	36	32	4
136	62	9	1,752	1,569	156
36	20	14	49	—	49
27	21	3	65	65	—
82	36	5	1,709	1,663	46
61	31	3	1,937	941	96
33	14	11	137	125	12
45	41	17	336	321	15
117	42	8	1,490	1,332	158
142	19	5	819	773	46
58	28	8	690	636	54
65	33	14	530	459	71
44	13	2	192	—	192
57	8	—	561	508	53
23	11	2	79	70	9

毕业生			设备价值	图书册数
合计	本科	专科		
—	—	—	2,469	4,413
34	34	—	……	……
1,155	578	577	628,528	450,575
22	21	—	145,477	51,649
20	17	3	60,172	30,546
—	—	—	129,266	47,012
—	—	—	22,165	3,675
—	—	—	12,164	43,079
—	—	—	68,608	4,100
—	—	—	69,618	9,048
373	82	291	12,091	35,448
—	—	—	11,426	21,224
—	—	—	3,000	65,850
26	26	—	15,245	6,873
—	—	—	5,139	24,721
228	76	152	24,658	13,270
93	93	—	7,550	33,510
145	21	124	8,363	14,106
33	26	7	12,444	19,498
216	216	—	8,442	13,601
—	—	—	2,200	13,365

表五：全国各专科学校概况

校　　别	校址	经费		编制		课
		岁　出	岁　入	(科)	(组)	种数
总　　计	—	1,936,730	2,127,938	30	64	10-156
国立各专科学校	—	187,523	188,875	2	6	10—22
1. 杭州艺术专科学校	杭州	116,322	117,674	1	3	22
2. 音乐专科学校	上海	71,201	71,201	1	3	10
省立各专科学校	—	849,446	867,447	13	28	14-156
1. 广东工业专科学校	广州	129,648	136,650	1	3	156
2. 山西工业专科学校	太原	114,626	114,626	1	4	63
3. 山西农业专科学校	太原	89.507	92,388	1	3	127
4. 浙江医药专科学校	杭州	80,473	92,694	1	2	25
5. 河北水产专科学校	天津	79,888	81,016	1	2	82
6. 江西工业专科学校	南昌	73,769	74,685	1	2	33
7. 江西医学专科学校	南昌	61,664	61,664	1	1	28
8. 云南法政专门学校	昆明	54,652	55,794	1	1	24
9. 山西商业专科学校	阳曲新满城	53,049	53,052	1	4	70
10. 江西农艺专科学校	南昌	50,688	51,746	1	1	14
11. 江西法政专门学校	南昌	28,552	29,222	1	2	51
12. 察哈尔农业专门学校	张家口土耳沟	23,910	23,910	1	1	30

程 每周上课时数	教职员 合计	教员	职员	互兼	在校生 合计	男	女	毕业生	设备价值	图书册数
21—366	1,300	870	576	146	4,765	4,206	559	642	207,822	308,198
21—220	65	41	33	9	72	58	14	—	12,022	12,251
220	40	23	21	4	68	56	12	—	6,379	5,322
21	25	18	12	5	4	2	2	—	5,643	6,929
72—366	569	372	255	58	1,121	1,084	37	332	71,840	70,348
366	93	71	27	5	99	99	—	—	……	2,220
294	58	30	32	4	128	128	—	52	11,035	8,951
377	54	34	24	4	211	211	—	67	3,012	10,003
121	54	27	30	8	98	81	17	32	9,524	3,872
159	53	31	25	8	79	78	1	25	20,726	3,221
72	58	37	31	10	38	38	—	—	10,289	5,230
144	24	15	16	7	110	98	12	26	4,400	1,027
59	34	27	9	2	32	25	7	—	11,246	6,085
258	35	31	10	6	143	143	—	37	3,132	10,518
38	43	26	24	7	12	12	—	18	4,160	4,382
166	41	33	13	4	108	108	—	51	3,266	10,146
131	21	10	14	3	18	18	—	—	1,000	4,693

续表五

校 别	校址	经费 岁出	经费 岁入	编制 (科)	编制 (组)	课种数
13．广西法政专门学校	桂林	……	……	1	2	……
公立各专科学校	—	372,960	409,760	5	6	30—84
1．北平税务学校	北平	168,788	168,792	1	1	30
2．吴淞商船学校	上海	110,504	158,000	1	2	28
3．北平警官高等学校	北平	65,187	51,688	1	1	84
4．北平盐务学校	北平	28,481	31,280	1	1	36
5．上海兽医专科学校	上海	……	……	1	1	—
私立各专科学校	—	535,801	661,856	10	24	23—65
1．武昌艺术专科学校	武昌	146,820	235,640	1	2	23
2．东亚体育专科学校	上海	81,501	85,719	1	3	42
3．上海美术专科学校	上海	70,974	70,865	1	6	65
4．广州法政专门学校	广州	59,813	86,255	1	1	57
5．新华艺术专科学校	上海	47,327	47,368	1	3	35
6．福建法政专门学校	福州	36,874	36,874	1	2	55
7．中山体育专科学校	苏州	27,720	27,720	1	2	31
8．苏州美术专科学校	苏州	21,952	28,147	1	3	22
9．无锡国学专修学校	无锡	19,060	17,488	1	1	36
10．武昌文华图书馆学专科学校	武昌	18,760	25,780	1	1	16

教育部高等教育司制（民国二十二年七月）

程 每周上课时数	教职员 合计	教员	职员	互兼	在校生 合计	男	女	毕业生	设备价值	图书册数
…	…	…	…	…	45	45	—	24	…	…
93—108	193	98	105	10	817	814	3	27	42,558	27,362
125	49	24	27	2	218	218	—	—	11,025	10,730
132	43	22	24	3	135	135	—	—	29,471	1,210
168	57	27	30	—	324	324	—	—	……	1,300
93	33	16	20	3	94	91	3	27	2,062	41,122
…	11	9	4	2	46	46	—	—	……	……
34—289	473	359	183	69	2,755	2,250	505	283	81,402	198,237
92	65	55	15	5	112	75	37	32	10,560	10,000
117	71	49	22	—	522	402	120	23	31,389	11,320
289	103	74	42	13	769	536	233	8	4,618	22,776
180	26	19	10	3	458	451	7	—	16,819	25,281
169	48	36	21	9	267	197	70	63	5,795	3,791
147	30	26	13	9	262	249	13	107	1,200	45,543
74	30	23	16	9	139	139	—	—	1,000	3,132
107	58	47	23	12	64	53	11	21	2,588	15,034
104	18	12	10	4	150	140	10	21	2,093	24,469
34	24	18	11	5	12	8	4	8	5,340	36,891

〔国民党中央民众训练部档案〕

6 教育部报告民国十九年度高等教育概况

（1931年1月26日）

高等教育司所掌事务，计分大学、专科学校、国外留学及学术研究四类。平时工作略分处理、调查、计划、研究等项。兹就过去一年中重要工作，略述如下：

甲　关于大学及专科学校事项

本部在过去一年中，对于大学及专科学校，仍继续两年来所定方针，暂从质的方面力求改进，不急急谋数量方面之扩充。先从整理现有各学校着手，徐图充实内容，提高程度，以期完善。兹举其大端言之。

一、整理公私立大学及专科学校　为谋大学及专科学校改进起见,本部曾派员视察国立大学,如劳动大学、浙江大学、暨南大学、交通大学、同济大学及中央大学商学院、医学院等，视察结果，大学中以劳动大学办理未尽完善，曾于去夏电令停止招生，并就全校现状拟就改组计划，以期逐渐改善。对于私立大学及专科学校，注重未立案学校之整顿，除一面严催立案外，一面派员分途视察，结果认为合格而核准立案者计有十一校，内大学一，独立学院八，专科学校二，其校名如下：

大　　学：广州私立岭南大学

学　　院：上海私立中国公学，私立上海法政学院，私立上海法学院，北平私立协和医学院，私立中国学院，私立朝阳学院，南京私立金陵女子文理学院，南通私立南通学院专科学校，武昌私立图书馆学专科学校，私立艺术专科学校

其认为办理不善勒令停闭计有九校，内大学七，学院二，又令停止招生者一校。其校名如下：

大　　学：上海东亚大学，华国大学，光明大学

　　　　　新民大学，艺术大学，建设大学，
　　　　　群治大学
学　　　院：上海文法学院　　　南京恃旦学院（以上停闭）
专门学校：湖南建国法政专门学校（以上停止招生）
至新设之大学及专科学校，依照本部去年一月间通令，其在二月一日以后设立者，应依照规定手续呈请本部核准设立，始得招生。故新设各校均受本部之监督指导。

　　二、举行私立专科以上学校学生甄别试验　本部以立案为工具，以取缔不良学校。同时为救济是项已停闭及未立案各大学及专科学校之毕业生及肄业生起见，举办甄别试验。曾于去年七月间公布甄别试验章程，八月间聘定甄别试验委员数十人，在上海举行是项试验一次，计报名者九十三人，经严格试验结果取得资格者计二十六人，当即分别由部给予转学证书，并分令公立及已立案私立大学收考。原定在北平同时举行，后因时局影响，未能举办。

　　三、编订大学课程及设备标准之进行　本部鉴于各大学设置课程漫无准绳，不但各校各自为政，即一校之中各院各系亦毫无统系。为救济此种现状起见，乃有编订大学课程及设备标准之计划。曾于去年七月间公布大学课程及设备标准起草委员会章程，拟网罗全国专家从事编订。其编订工作略分下列各步骤：

　　1．搜集全国各大学有关于课程及设备之材料，编辑全国各大学现行课程一览。

　　2．搜集世界各国著名大学各项章程，编辑世界各国著名大学课程一览。

　　3．聘请专家依据上项一览，分别院系，草拟各项课程章程。

　　4．收集各种草案，再分送各专家批评修正。

　　5．收集各种草案修正稿，再分请专家最后整理完成。

　　关于第一种全国各大学现行课程一览将次编就，起草委员会名单亦已拟就，不久即可着手进行。

四、编造高等教育概况　本部于去年编制十七年度（十七年八月至十八年七月）高等教育概况表内，分大学专门学校及留学三部，关于大学及专门学校二部，分订上中两册，早经出版。因时局关系，各校报告未全送部，故尚不能成整个统计。兹就调查所得，约举如下：

1．全国大学及专门学校总数计五十校，内大学三十四校，专门学校十六校。

2．全国大学及专门学校学生数总计为一万九千四百五十三名，内大学一万七千二百八十五名，专门学校学生二千一百六十八名。

3．全国大学及专门学校教职员数总计四千六百三十名，大学教职员数三千九百七十七名，专门学校教职员数六百五十三名。

4．全国大学及专门学校经费总计一千一百七十五万六千一百七十五元，内大学经费一千一百零二万八千二百七十元，专门学校经费七十二万七千九百零五元。

5．全国各大学及学院学生数：法学院三五〇七名，占百分之一八·〇三，文学院二二七一名，占百分之一一·六八；工学院二一三五，占百分之一〇·九八；理学院一二三二名，占百分之六·二八；商学院一一二七名，占百分之五·七九；农学院七二四名，占百分之三·七二；教育学院六四九名，占百分之三·三三；医学院六五八名，占百分之三·三八；艺术学院二〇五名，占百分之一·〇五；专修科一〇一二名，占百分之五·二五；预科五四四六名，占百分之二八·〇〇；其他选修及研究生四八七名，占百分之二·五一。

乙关于国外留学事项

本部对于国外留学向甚重视，除修订发给留学证书规程严定自费留学生必须高中以上毕业资格以提高程度外，并严格审核各省选派公费留学生资格，调查现在各国留学生状况。兹分述如下：

一、核发留学证书状况　凡出国留学者必须向本部领取证书，兹将去年一年中发给留学证书数，略示统计如下：

1．全年发证书总数计一四八四张，分赴英美德法日比奥诸国，就中以赴日者为最多。

	英	美	德	法	日	比	奥	共计
公费生	34	71	9	5	38	1	10	168
自费生	34	201	75	168	788	59	4	1329
共　计	55	272	84	173	826	60	14	1484
百分数	3.7	18.3	5.7	11.7	55.7	4	0.9	100

2．以省籍论：最多为广东，计三〇五名，占百分之二〇．五五；次为浙江，计一七四名，占百分之一一．七二；次为江苏，一六七名，占百分之一一．二五；再其次为辽宁，计一六二名，占百分之一〇．九，此外各省均在百名以下。

3．以研习科别论：最多为法科，计四六〇名，占百分之三一；次为工科，计二一七名，占百分之一四．六；次为文科，计一六五名，占百分之一一．一；次为理科，计一〇五名，占百分之七．一，医科一〇二名，占百分之六．九；教育科八三名，占百分之五．六；商科七一名，占百分之四．七；农科六三名，占百分之四．二；艺术五六名，占百分之三．八；此外军医五三名占百分之三．八；其他未详者占百分之七．四。

4．以性别论：男生二三二二名，占百分之八十九；女生一六二名，占百分之一一。

二、调查国外留学生状况 十七年度国外留学生状况，本部曾印发调查表调查一次，除美法两国方面材料未全外，其他欧洲日本诸国，略得统计如下：

1．在德、比、英、意、奥、日本六国之留学生总数为二〇〇七名，内德国二七三名，比国一二〇名，英国六五名，意国一五名，奥国四名，日本一五三〇名。

2．以研究科别论：最多为法科，计五五四名，占百分之二七．七；次为工科，计五二〇名，占百分之二五．九；次为医科，计一八〇名，占百分之九．〇名；次为艺术科，计一七八名，占百分之八．九；次为理科，计一五三名，占百分之七．五；次为农科，计一一一名，占百分之五．五；次为商科，计一〇二名，占百分之五．一；次为教育科，计七九名，占百分之三．九；最少为文科，计五十一名，占百分之二．六；其他未详科别者，计七十九名，占百分之三．九。

三、交涉废止日本对华文化事业协定并停止留日庚款补助费学生名额

前北京教育部于民国十四年与日本政府订立日本对华文化事业协定。此协定实为日本对华文化侵略之一种政策。本部有鉴于此，曾会同外交部呈请中央与日本政府交涉废止。而庚款补助费学额三百二十名，即缘此项协定而设，流弊滋多，为表示我国废止文化协定之决心起见，曾于去年七月间电令留日学生监督停止序补是项庚款缺额，以利交涉。

丙　关于研究学术事项

本部对于学术研究向主从基本工作着手，一面使大学扩充图

书设备，逐渐增加研究所，一面奖励独立学术研究机关□□□□□□□□□□，计有下列三项：

一、拟定奖励学术研究办法　除关于工业上发明发现，在特种工业奖励法中已有规定外，关于学术方面，本部曾拟订定学术研究实习奖金及补助金办法，并在改进全国教育方案中规定各项基金，呈请中央核办。

二、推广科学研究机关　曾通令全国国立各大学酌设研究所，推广科学研究，其已设研究所者计有中山、北京、清华等大学。并通令各大学及学术机关酌设科学咨询处，供社会人士对于科学之咨询及研究。

三、办理学术团体登记备案事项　按照教育行政机关管理学术团体办法，各种学术团体须先呈准各地教育行政机关登记，登记后再呈送本部备案。去年六月至十二月间核准备案之学术团体计有二十个，其名称如下：

1　中国工程学会济南分会
2　山东图书馆协会
3　天津绿蕖美术会
4　中国气象学会
5　中国工程学会青岛分会
6　学术研究会
7　中国统计学会
8　南京图书馆协会
9　中国工程学会南京分会
10　首都幼稚教育研究会
11　中国经济学会
12　中国农学会
13　中国天文学会南京分会
14　中华林学会

15　指纹学术研究会
16　中等算术研究会
17　中华儿童教育社
18　三五法学社
19　全国国语教育促进会
20　新中国农学会

自中央颁布人民团体组织方案后，本部拟将前定办法略加修正，俾与方案符合。此项修正办法正在起草，不久当可公布。

丁　总结

兹就上述过去一年中之工作，再举要分述于下：

一、对于国立大学之整顿，去年继续进行。就全国各大学言，其应努力改进者固不仅劳动一校。希望在本年中各大学均能根据大学组织法、大学规程以及其他法令切实整顿，以期改进。

二、对于私立大学及专科学校之整顿，已略有头绪，在前数年中私立大学之设立有如雨后春笋，不可制止，但经本部一年来之取缔，合格者已立案，不合格者亦大都停闭。其尚未停闭亦未立案者，已限于本年暑假期满前呈请立案，是旧设之私立大学已渐上轨道。至新设之大学及专科学校均须受本部之监督指导，不能如从前之可随意开办矣。

三、对于已停闭及未立案学校学生之救济，本部去年曾举办甄别试验一次，但因种种关系，受试验者为数甚少。本年自应分区提早举行，俾使此项学生均得一资格，以便继续入学。

四、对于大学课程及设备标准之编订，去年方是开始，希望在本年中能将大学各学院课程及设备标准编订完成，俾全国各大学有所遵循。

五、对于高等教育概况之统计，去年已编成十七年度概况，其十八年度上学期情况，现正调查征集，希望不久即可搜集编制。

六、对于国外留学生之限制及调查已稍有端倪,依照现制,凡出国留学者必须向本部领取证书,故留学生之资格程度以及人数科别等,本部均有案可查。以后出国留学生之状况,均须受本部之稽核。至留学生回国情形,本部尚无调查,本年拟试行办法,以资考查。

七、对于学术研究之提倡及奖励,因人才及经济之困难,尚不能积极进行。希望本年中能使各大学在可能范围内添设研究所,并望中央能指拨的款,以作奖金及补助基金,以利进行。

〔国民党中央执行委员会秘书处档案〕

7 朱家骅在中央党部总理纪念周上讲演"中国大学教育的现状及应行注意各点"

(1931年8月31日)

各位同志:

今天我乘纪念周的机会,把国内大学教育有多少值得讨论的问题,约略地说一说。

一个教育界服务的党员,对于工作的报告似乎也不可少。这几年来,本党对于中国教育虽是在艰难困苦当中,不能不算是十分努力,即以全国教育经费而论,尤其是高等教育的比从前增加得很多了;但是成绩呢?不能成比例的发展与进步。大学毕业生如此之多,至于没有出路,论到真真做起事来,处处感觉到专门人才的缺乏,因此有很多人主张少办几个大学。我国大学毕业生的过剩,虽然是社会事业的不发达,需大学毕业生的机会太少,但专门人才的缺乏,便不能不说是大学教育的失败。这次高等考试,一般成绩不良,很明白的是教育成绩的反映。实在说起来,我们实行本党主义以后,要建设我们新国家,将来需要人才,专靠现在几个大学来制造,恐怕还很不够,那里会太多呢?我们所怕的，是大学造不出专门人才来罢了！现在大学的通病，是没有按照着我们的需要来造人才，所以要大学毕业生有出路，同时人才不至缺乏，对于高等教育必要：

（一）厘定一个适当的整个的精密的计划：苏俄的政治是不足论了，但是他的教育计划，却不能一笔抹煞的，因为他要成功它的建设计划，需要多数的专门人才，所以它把现在各国办大学的方针完全变更过，使学生在短时期中便能得到相当的专门的技能；照它现在的计划，到一九三三年的秋天为止，它需要工程师和中等工程人员四十四万人，虽然照它现在教育上所计划的还不过半数，但已经是一个很惊人的数目了。莫斯科现在的工业当中，作事的工程师有五千二百六十四人，中等工程人员六千一百七十五人，到一九三一年十月一日，在莫斯科一个地方就要一万三千八百七十九个工程师，和二万四千八百八十二个中等工程人员，五年计划完成之后，在农业上，需要九万高等专门家和三十六万中等人才；农器制造厂中，要一万二千工程师和中等工程人员；森林方面，需要一万一千六百高等专门家和二万七千中等专门人才；交通事业方面，需要三万工程师和十二万中等工程人员，他们针对着这些需要在教育计划上都有相当准备的。此外它希望到那时有六万五千医生，在师范教育方面努力赶造八万小学教员，对于一般的教育，尤其是高等教育，也有非常精密的计划。此外各国的教育，没有一国不是预先细细打算过的，我不过把苏俄举一个例子罢了。我们中国的教育如何？我们不是要刷新政治，提倡实业，努力各种建设吗？对于所需要的人才，预算过没有？这几年来，对于建设实业的提倡，同时对于建设人才的准备，有特别加以注意没有？在高等教育方面，没有一种精密的打算，叫谁来做我们的建设实业呢？有些人主张先从建设入手，等到建设成功，教育自然会发达，这种见解未免太片面了。我的意思要做建设，要先求教育的普及，尤其是高等教育，如果没有一个适当的整个精密的计划，便没有建设的人才，大学毕业生便不是我们所真正需要的人才，因此社会安宁也要受多少影响，那末建设也不过纸上谈兵而已。

（二）经费必须非常节省：中国的大学教育，非但没有一种适当的整个的精密的计划，即以现状而论，也有很多可以批评的地方；有些大学专做一种有名无实的铺张，多开科系，多设课程，多聘请教职员，扩大各种开支，徒然博得规模宏大的虚荣，至于最先要注重的图书仪器的设备，反不大注意，十之八九的经费都拿来发薪水了。以中国目前这样的穷，国民经济这样的窘迫，老百姓的生活这样苦，节衣缩食，腾出少数的经费，用在教育上面来办大学，要望大学内容充分的发展，当然是不容易。惟其如此，我们不能不处处节省，在可能范围以内，尽先充实内容，不必多开科系，先要把科系的内容充实起来，不必多设课程，务使每一课程都是必要，能使学生获得良好的成绩，不必多请教职员，要使各教员各有专责，各职员依着"事务应教务而生"的原则，支配适当，也就够了。我们办大学的，如果把经费的大半拿去发薪水，纵使国民经济一天一天的进步，教育经费一天一天的增多，大学教育也难有相当的发展和很大的效果的。我们将来要做建设的事业何从做起呢！

（三）图书仪器设备之充实：大学的目的要使学生得到一个良好的基础，并且引起他们对于学术的兴趣，指导他们慢慢能够单独工作；他方面要供教授以研究高深学术机会，增进国家和社会的文化，倘图书不足以供参考，仪器不足以供试验，教授固然没法研究，教育学生的目的也难得完全达到的呢！

（四）各科系的打通及注重基本的功课：我们细细来看国内各大学功课的分配，大部分可以说是很矛盾的，一般大学生都喜欢听很新异的科目，办学的人也每每迁就学生的意见，因把习见的基本功课都看轻了，往往有些顶重要的基本功课，在别国大学科系主任或正教授自己担任的，在中国大学里非但学生看轻这种功课，就是学校当局或教授当中，也以为这是很普通很肤浅的东西，随便找个人来塞责就是了；甚至有些教授以担任这种功课为可耻的，恰好和别国情形相反。至于那一种专门问题，或者局部的研究，在基础好的大学生，可以自己参考或研究的，中国大学里倒拿来作一学期两学期的讲述，在教员方面也以为教这一种东西，才能表示本人学力的高深；在学生方面，也以为这才是真正干得大学里最重要的功课。学哲学的，并不看重哲学概论和哲学史，康德的纯粹理性之批判却非听不可。经济学系，经济学概论可以不有，马克斯的资本论非有不行。文学方面，文学史之类的功课不关重要，各个名家作品非个别的特设课程不可。地质系中，非有一个专门古生物的讲座不可，至于普通地质学，随便叫个什么人，学采矿的或学土木工程的人来教教却不紧要。物理方面，普通物理可以不注重，爱因斯坦的相对论不管教者学者如何，都非有不可。有人说数学系的微积分都可以马马虎虎找一个人来担任的。曾经有一个法学院的院长对我说过：法学通论这一门功课，应该排列到预科去。诸如此类，举不胜举。这样学出来的学生，一到毕业之后，说他不懂呢，他所听过的高深却不少，也零零碎碎地懂得一些，说他懂呢，但是基本的而很普通的问题还弄不明白，因而以后不能深造，非但不能单独研究，就是进了研究院也没有用。一个大学的功课所以要各科系的打通注重基本的功课，是要使大学毕业生具有普通的常识，了解基本的理论，毕业以后，才能够离开别人指导而单独工作，继续研究，这才是目前中国的大学应有的效果，并不希望把很多高深的理论和专门问题，都要一一灌输到学生的脑筋里去，毕业以后个个立刻成为大学问家，而且这也是不可能的事。现在中国的大学毕业生已经很不少了，有几分之几能单独工作的呢？事实上连普通常识都不具备的倒是要占了不少，他们不但不能在社会上谋自己的出路，甚至自己随便读书或研究问题的兴趣也没有得到，都是他们当初疏忽了基本的功课的缘故。对于这种结果，我们办大学的人和国内的教育家，都是应负相当责任的。

（五）取消重复功课，慎重分配讲座：关于课程分配问题，除了以上所说的轻重倒置之外，还有重床叠架地来多设课程的。比如法学院中，既有中国外交史，不平等条约便无另设课程之必要，因为把不平等条约除了以后，中国外交史还有甚么可讲的呢？这样分设课程，岂非重床叠架吗？如果把国内各大学的课程表拿来仔细研究一下，我们很可以指出很多功课是没有另自开班的必要的。在一般人的观念，以为一系里边如果没有多数的教员撑场面，就算那一系办得不充实，因为课程多，不得不多请教员。因此往往有一系里边教员尽管多，各人所专长的都差不多是一样，结果一系里边的重要功课往往由本非专长的现成教员来勉强担任，事实上有些地方各大学只要一个教授，便可支持一系的，中国则非聘三四个乃至六七个来担任不可，各教员担任的功课也没有一定，这学期教这样，第二学期又教那样，有在一两年中担任过十几门课的。有些大学里边甚至于拿功课来送人情，功课已经排满了，因为有人找钟点，不得不巧立名目，排出许多奇奇怪怪的课程来，或者把一个人教的功课故意分做几个人来教，也有设立些本系不重要的功课，例如地质系中设了许多采矿冶金的功课，化学系中设了许多化学工业的功课之类，这种功课虽则不是绝对不可设，但究系工学院有关系科当中主要的功课，不是理学院所应当重视的。这种以多排课程多增教员为规模宏大的观念，学生中也有习焉不察，以为某一系的教员少，课程少，简直把大学校来当作百货公司看待。不过在某种情形之下，在外国一个教授可以担任的功课，而在中国分成两三个人来担任，也确实有这个需要；但是总要分得有意义，未尝不可以多罗致几个高深学者，一门功课同时有几个教授来讲，只要能够使学生真有益处，多用经济也无不可，但是国内大学，在事实上适得其反。同时也因为功课多，不择切要，空费了青年们宝贵的光阴；况且目前中国教育经费这样困难，大学基础这样不好，应该设法如何节省，同时尽先充实设备的时候，那里可以这样不顾事实，一味铺张呢？再次中国大学因为设备不能完善，校舍也不敷用，往往预备室和研究室非常缺乏，弄到教授在讲堂授课之外，对于学生研究之指导，人格之修养，几于全不负责。教授成了知识的贩卖者，大学成了知识贩卖所，以此而求学术文化之进步，谈何容易！此后宜设法使教授与学生常有接触的机会，俾学生在学术方面多请益就正之便利，且以引起研究之兴趣，对于人格的修养，也有相当的好处。

（六）严格举行毕业考试：还有一点，国内学校除了少数者外，大都只有学期考试和学年考试，到末了一个学期考完就算毕业，没有正式的毕业考试，甚至考试的时候有种种弊端，什么传递夹带，应有尽有，有在考试前向教员要求指定范围的，甚至于有先把题目出了的。我们因为国民经济的不景气，没有很多的教育经费来多办大学，所以有些大学才用很严格的入学考试考取学生，考取以后平日不上课，都得于期考年考及格，便可毕业，这还可说是件公平的事吗？进一步说，就是学校里的期考能够严格举行，在我看来也有很多不大妥当的地方，有些学生平时不用功，临时抱佛脚，还可以侥幸及格，但是那种随记随忘的东西，那里算的上学问？到末了他还可以毕业，有些学生平常读书也就专是为对付考试而读的，只消考试一过，从前所学便一齐置诸脑后，到毕了业，所学的东西还是没有一个整个的系统，因为他从来没有整个地想过，何况有些学校连这种考试也不能严格举行。所以有了严格的毕业考试，至少可以把历年所读过的东西重新地温理一番，得了一个系统。这一次戴先生也曾经对高等考试及格人员谈到学校里只有期考而无毕业考试的弊端，这是值得我们注意的。中山大学的规程中已经详细规定，必须特别举行毕业考试，在有几个科系中也早已完全实行，而且可以说效果很好。在中央大学方面，我在今年五月里的学务会议已经议决如下之标准：（一）废除学期考试及学年考试等名目；（二）每一学程授完后，须有一次结束试验；（三）毕业试验须特别举行，不能仍照向来习惯，以最后一次之学期试验为毕业试验。中国现在可以说一个有钱的人，只要进了大学以后，定能得到大学毕业的资格，因为大学中只有留级或补考的事实，很少有年限住满而不毕业的学生。这不但害国家，而且害了他本人，有的人以为学生读几年书，他的父兄化了不少的钱，读满年限便应该毕业，如果不给他的证书便算害了他的终身，初不知道学不好的人，将来到社会上去结果是害社会，我们当然不能给他们毕业证书。在外国大学生中，每年不得毕业的人数很多，有些国家可以补考一次，第二次不能及格，从此不能再考了。一九二七年度有的全国留级和不能毕业的，竟占全数百分之五十五强。我以为中国要提高大学毕业的地位，要统计中国的人才，检查大学教育的成绩，非有一个很慎重举行的大学毕业考试不可。为着提高一般学生的程度起见，这种另外举行毕业考试的办法，在中小学也应该推行的。如果这种办法推行以后，各学校平常不能不认真办理，学生也不能不用功，因为学生可以在学校里混满年限，至在毕业考试不及格，还是不能毕业，谁也不愿拿几年的光阴去无代价地牺牲了。

以上所说的弊病，都是大家早已感觉到的，也并不是一朝一夕所养成的，有多少还是与社会习惯相联结，一旦要改变过来，毅然地用另外的方法去做，事实上也很难立刻办到。不过我于民国六年在北京大学教书的时候，已经发见以上所说的那些弊病了，当时以为中国在这过渡时期当中，少不了有一些奇怪的现象，这十四年中各大学虽然在别方面有些进步，但以前所见的那些弊病，却更变本加厉地增加了。民国十五年，戴先生同我就都感觉到上面所说的那些弊病非竭力设法改革不可，虽则在几年当中，因种种关系不能把中山大学做到理想的标准，不过一切的弊病多少均有很大改正，能够以比较少的经费增加了一些图书仪器等一切设备，建筑物也添得不少。总之，一个大学把一切浮支取消，把一切杂支减少，多注意到设备，使得内容充实，至少也要能达到教课的目的，然后才能谈得到研究，断不是有几间教室、少数书籍和简陋的仪器，便能谈到研究。但是中国有许多大学，实在可怜到连教课的目的都达不到呀，所以我们的大学教育，第一要作一个根本计划，至少要把国内现有的各大学切实地整理起来，使它慢慢地把以上所说的那些弊病减少，这是现在我们与一般大学有关系的人都应该负责努力的。

〔国民党中央执行委员会秘书处档案〕

8 罗家伦在国民党中央党部总理纪念周上讲演"中国大学教育之危机"

(1934年1月15日)

现在提出一个问题，来向各位报告和讨论，就是目前中国大学教育之危机。大家都知道国内各方面希望于大学教育的非常殷切，而大学教育是否能副一般人希望，实在是一个疑问。兄弟这几年来继续不断地办理大学教育，已有八年，在这八年中间目击身受的事情很多，所遇见的困难也不少。总理说，革命的基础在高深的学问，但是中国目前研究高深学问的机关究竟怎样，我们不能不加以深切的反省与考察。一个国家的现状，往往就是过去大学教育的反映，现在中国的情形，正可以说是十年以前中国大学教育的反映（当然中国教育情形，比外国复杂得多，除了国内的大学教育以外，还有国外大学教育的影响）。无论政府与党部各机关服务的人员，大多是十年或五年前受大学教育的人，现在国家到此地步，老实说一句，我们十年或五年前受大学教育的人至少应该负大部分的责任，现在这样，再看后十年的情形也是这样。后十年国家的时事就是现在大学教育的反映，现在的大学教育好，将来的情形也就会好，现在的大学教育坏，将来的情形也就会坏，后之视今，犹今之视昔，想到这一点，我们实在有点觉得不寒而栗。教育的目的在培养国家和民族的元气，本来是不能计近功的，目前国家不知道有多少重要的问题需要解决，而尤其急需着手的，莫过于民族生存的力量培养问题。现在的大学，许多不能符合全国人民的希望，现在中国的大学所感到的困难很多，有的是自身应当解决的，有的乃自身以外的，举其较重要者，约有下列数端。

第一是基础教育问题。我们知道大学是教育最后阶段的陶冶，而每个青年从家庭幼稚园小学而至中学，大部分的性情已经在入大学以前陶冶成功一个范畴，要在大学教育的短短四年中间加以改革，把根基不好的从新建筑一新，是很不容易的事情。这几年来，国内中学大部分实在办得很有缺陷，而大学直接与中学相衔接，因之也受到很密切的影响；固然中学办得好的也是不少，不能一笔抹杀，但大部分的中学实在办得太坏。兄弟这几年来大约考过二万以上的高中毕业生，每年至少要与二三千以上的中学生接触，发现现在中学生的缺点太多，尤其基本知识的训练太过贫乏，国文的试卷，不论文言或白话，通顺的很少，外国文之坏也出乎意料。从前的大学预科程度相当于现在的高中，过去大学预科毕业的学生大多能够直接看外国文书籍，而现在的高中毕业生能够看原版书籍的就不多见了。中国人是向来讨厌数目字的，"大概""大约"等笼统副词，每每是中国的口头禅。一般中学生，也都有讨厌数学的倾向，因为文艺书籍的引诱，常常以"性情不近"为理由，就将数学一笔抹杀，这实在是危险不过的事情。现在的科学是建筑在数学打进去的学术，才能确定成为科学，比如数学打进了天文的范围，天文学就成为准确的科学，其他物理学、心理学、经济学等，也莫不如是。这几年来各大学新生入学考试，一千本数学卷中间，打零分的总在五百本以上，数学程度低劣到这个地步，还说什么科学的研究？此外，社会科学中间史地程度之坏也是无以复加，这一点影响民族精神很多，有一次某大学新生入学考试，西洋史试题中有一题问"凡尔登在何处，在欧战中占何重要地位"，有人答道"凡尔登在江苏阜宁县，地位非常重要"，如果西洋人听了，就有亡国灭种之忧；又问"日俄战争在何处发生"，有人答"日俄战争发生于香港广州之间，日本人用飞机炸死许多广东人民"；又有一次问"鸦片战争始于何时，终于何时"，有人答"始于明朝，终于元朝"。诸如此类，简直是骇人听闻！现在国内无论那一个大学新生入学试验，成绩都在六十分以上的很难到百分之一二，当然我们不是因为大学办不好来责备中学，大学办不好，大学的人固然有应负之责，但是中学是大学的基础，假使大学的一二年级还要拿来补习中学的功课，则四年的光阴如何可以支配？兄弟目击身受感触太深，所以止不住多说几句，当然对于办理成绩卓著的几个中学，仍旧表示十二分的钦佩。

第二是大学本身课程组织不甚适合实际需求，而且往往教学不能认真，许多基础教育缺陷的中学毕业生到大学里来，大学加以切实整理已属难事，何况大学的本身的课程也有缺陷，现在中国的大学往往太多，名目太好，而实际不能相符，拿中国国内大学的课程来和国外有名的大学相比，恐怕都还不及中国的完备。大家都说大学不是灌输知识的地方，这话很好，德法的大学尤其能副这种企求，但是德法的中学等是受过怎样的训练？例如德国的中学生，在第八年已经读完微积分和许多基本的科学，希腊拉丁文之后，至少还读好一种外国文字，可以看书，经过这样长期的铁的训练以后，来进大学自然可以切实进行研究的工作。美国的情形便稍有不同，所以美国的大学比较严紧，学生的听讲笔记和实习报告，都是要即期呈缴的。中国现在的大学则因陈义过高的结果，弄到教课既感不足，研究亦复不够。至于功课的组织也成问题，希望国内学者能急起指教。现在国内大学的功课往往缺有机体的组织，应用的对象也不甚确定，按照中国的实际环境，我们究竟须要造成那种研究最切，那类人才最殷，实在值得我们慎重的考虑。大学的功课本有许多是不计近功的，如纯粹科学原理的研究，本来很难指定其有什么用途，比如牛顿发明三大定律的时候，决想不到后来在机械方面会有什么广大的利用，这种纯粹的科学研究自然需要，但是时代和环境所需要的学问也同样需要，因为做纯粹的学者，以谋对于人类知识总量的贡献虽属可贵，却不能期之于人人。大学的经费来源是国家的收税，是出于人民的负担，所以大学对于国家民族的生存问题不能不负一种责任，大学的课程断不可把外国大学里好的都采取过来，还要问问自己国家民族的需要，比如研究植物的人，断不能只知道外国的植物而不辨乡里田园的蔬果；又比如学财政经济学的人，只知道马克斯、蒲鲁东、李嘉图亚丹斯密士的学说，而忽略了本国经济的情形和田赋税的状况，环境须认明，对象要确定，这样则学的人就易于感受兴趣了。

第三就是设备感觉到不充实。中国的大学设备大都不够，工欲善其事，必先利其器，现代的科学尤其是需要设备的，设备是研究学问的重要工具，也是研究学问的重要鼓励。办教育的人应当节省任何费用，以从事设备，国家也应当尽力补助学校经费，指定不为其扩充行政之用，而为其增加设备之用。中国是穷的国家，我们决不是也决不当拿设备来做装饰，设备当以实际研究的工作为对象，利用设备的人也应当体念民生物力之艰难，充分爱惜，充分利用；虽也有几个学者在不完备的实验室里，倒有很好的成绩，以后到富丽堂皇的实验室里，成绩反不如前的现象。不过就国家立场，要就不办大学，要办大学便应当把他的设备弄好来；还有因为大学科系性质重复的太多，未加整理，以致同样初级的设备太多，高深的设备因经济分散，反而太少，这也很可惋惜的事。

第四便是感受师资人选的困难，这或者也是因为大学太多的缘故。依照人口作比例当然并不算多，但是延聘师资而论，则中国的学者实在不够分配，因为一生一世献身于学术研究的人虽然也有，却是不多，这种现象不只中国如此，在中国更加上政府与学校抢人，于是人才更感恐慌。现在政府无论效率怎样，但是任用留学生与大学毕业生数量之多，确实为从来所未有。学校经费较为困难，以致教授待遇不及政府人员之优厚，如普通大学教授的待遇，至多不过三四百元，而政府荐任官吏，可以高至四百元，简任官吏至六七百元，所以与其在大学作一教授，不如在政府做一技正或科长司长。大学教授的待遇如果不能提高到相当的限度，要大学安心研究学问，恐怕真是很困难的。

照上面来说，中国的大学似乎很难办的，其实不尽然，我们只要明白症结之所在，而有整个计划与决心以赴之，当然需要各方面通力合作。

第一基本教育应该严格办理，尤其基础不好，补救实在困难。政府对于各公私立中学也应严加考核。去年实行会考以后，各大学入学考试的成绩就比较好一些，这也是一个很显明证据。同时大学对于新生的录取也应严加选择，因为大学教育本不是普级教育，就是苏俄的教育计划，也只听见他们努力造成多少万工业技术人才，没有听说他们扩充多少万大学生名额，可见大学生应该重质不重量，质好了，一个人可以抵几个人用。现在美国和日本都感觉大学生太多，中国的大学生虽然不能说多，但大学毕业生及其失业的比例却是很大，有许多毕业生社会简直无法容纳，尤其以法科毕业的为最多。所以我们主张，第一步中学严格办理，第二步大学严格考录新生，每一个大学生按每年国家所费，平均计算约一千元以上，这都是老百姓血汗，全国人民的担负，所以国家如果不想造就人才则已，否则就要使造就的人才个个精悍，个个有用。

第二办理大学应该有确切的方针，分别认清学术的本体和环境的需要，使课程的组织成为精密而系有机体。既定以后，就须严格执行，不以虚声相尚，不求名目好听，务使其对于民族生存问题发生密切的连锁，若是大家把课程的对象和意义认清楚了，不但可以助长学术的发展，并且可使学的人也知道努力的方向。

第三要集中人力财力。先从整顿几个重要的大学着手，政府应该下决心，首先尽力发展几个大学，集中有限的财力和人力，充分给与经费与设备，将几个大学整顿好来，以造成新的学术重心。所谓转移学风，不是下几道命令可以做到的，唯一的方法是要认定几处地方，集中一批真能努力研究的学者，予以较优的待遇和充分的设备，让他们以身作则，天天在研究室里做工夫，做出一些榜样给学生看，使青年知道真正的学问是什么，是怎样成功的，不愤不启，不悱不发，这种事实的照示实在重要。如果能使青年天天目濡耳染，潜移默化于这种浓厚的学术空气之中，自然能够兴奋，自然能够走到学术建设的路上去，自然能有好的学风发生。若是能通筹全国大学之内容设置，把各重复的院系予以合理化，也可以使人才经济都宽裕得多。比如某一都会，共有六个心理学系分设各大学之中，对于心理学可谓注重。每系学生人数都很有限，教授却也要相当人数方能分担各种应开的功课，以至许多很好的学者，每耗费精力于担任初级课程，研究的时间自然少了，这也是经济、人才、经费之道，值得注意的。

现在大学生的不能得到社会的信用，或者有人责备社会不好，以为社会没有同情，不肯扶植，甚至于排斥大学生，我们站在大学方面，对于这种论调也有同情，但是从社会方面看起来，则以为大学生的信用，所以不能树立，因为大学过去粗制滥造的缘故。几年来，兄弟也曾参与主持几次留学考试，和研究院性质相似之学校考试，感觉到外间的责备不无可以原谅的地方，有一次口试的时候，兄弟问到一位大学毕业生，"张居正是什么人"，有人答道"司法院长"，又问"于谦是什么人"，有人答道"监察院长"，另问一人"井田是一种什么制度"，他说"是日本人"，更问道"赤峰在何处"，他说"赤峰是日本的一个海岛"，我们不禁喟然长叹，知道热河之亡，不只是亡于汤玉麟，大学毕业生不知道赤峰是中国的领土，中国还不该亡吗？这当然是极端的例，不足以律一般，但是说出来也可以供我们警惕一下。所以国家对于大学首先要有通盘打算，继之以严格办理，国家究竟需要特别发展那几种学问，造出来的人才应如何容纳，那应当打算进去，务必人不滥造，造就一个就有一个的用处，不然学生毕业后就要失业，一毕即失，岂不糟糕。年来政治与社会之不安，都是肇端于此，现在社会紊乱的情形，使学生在未毕业以前睁眼一望，就觉害怕，所以活动的，在学校里就想出种种风头，也有甘愿受人利用的，希望将来的出路，是其中一个重要的原因。甚至对于系主任和教授的批评，不以其学识，而以能否将来替自己找出路而断，这虽是例外，并不尽是如此，但是已经可以使学术前途发生悲观了。从前曾国藩谈，用人注意三事，一为转移之道，二为培养之方，三为考察之法，经过以上三点，才能训练出一个真正的人才。现在的学校至多不过做到转移和培养的一部份工作，进一步培养和考察在于青年任事以后。而在紊乱的社会之中，不问个人的人格学问，只问其背景如何，谁人介绍，有何力量，这样社会的组织真是危险极了！用人自然不限于政府，一般社会也能容纳许多人才，所以不但须一般国家的事业发达，并且须一般社会的事业发展，方能解决大学毕业生的出路问题。如美国的一般大学毕业生，都不愿意走到政治路上去，就是因为工商业方面发展的机会很多，而且前途的希望较好，大家何必挤到政府里去抢饭吃。比如福特一个人，他公司的职员有几万人，全世界各重要都市都有他的分公司和办事处，比公使馆、领事馆还要阔气，他宛如终身的小诸侯，何必定要做总统；但在中国则不然，中国的各种事业太不发达，而官厅很发达，并且许多官厅里人员既多，事务较轻，酬亦较丰，于是一般人受了教育之后都不愿到农村里去，都愿意集中都市，明明知道亦有失业很痛苦，但是失业也愿等候，明白知道职业不稳定，但是可以舒服一天，象这样情形，不但政治不安，而且社会道德也一天一天的堕落下去。假使各种工商企业一起发达起来，其希望待遇都较官厅为好，则青年自然望风景从，其精力有所发泄，其事业心也可以发展，即有领袖欲的，也可以藉此发挥，用不到大家挤到政治界里去，你爬在我背上，我爬在你背上，结果一齐掉下深坑，同归于尽。至于新事业可以吸收大部份的人才，是最著的事实，例如新近通车的杭江铁路，就可证明。有一天曾养甫先生和我说，杭江铁路任用国内外的大学毕业生，约有四百人，请看一条六百三十公里的轻轨铁道，已经可以容纳这许多人，则其他较大规模的事业，自然不必说了。这一二年来有一个可注意的现象，就是大学农工理三科的毕业生出路较好，而政治经济法律等系的毕业生则特别感到就事的困难，因此这几年来，青年升学的趋向也有改变，投考理工农三科的人比较考文法的人来得多，北方和南方的大学有此现象，这是一个健康的征兆，这还是因为近年政府东设农场、西设农场、南造公路、北造公路的原故，专靠政府总是有限的，若是社会上各种事业一齐发达起来，那前途更可乐观了。至于文法等院毕业生的出路，则大部份要靠政府容纳，政府为拔取真材、澄清吏治，安全社会起见，应该严格实行公务员考试制度。现在两年一次的高等考试还是不够的，应该年年举行，给优秀大学毕业生以充分的服务机会。现在各机关用人大都要靠介绍信，实在是不好的现象，弄到兄弟这样不足轻重的人，一年不知道要写多少封介绍信出去，然而要信的人，这是非要你写不可；

这是因为政府登庸黜陟，并无确定的方法，于是谋事的人奉一纸八行书为至宝，那找不到旁人的，于是找到我，真是惨极了。西洋各国则公务员的任用大都有确定的制度，其中以英法两国的为最好。美国从前的仕途也是很乱的，十九世纪美国有位大总统杰克逊，便公认当时官吏任用制度为分赃制度（Spoil System），还为这种制度辩护，说是很好，藉此可以使政权轮流，免得偏枯，于是政党交替之际，不问青红皂白，把异党的旧人一概赶掉，政治成为轮盘赌，影响自然坏极了，以后社会上起了多年的运动，以前的大总统罗斯福尤为努力，于是逐渐采用公务员考试制度。听说现在美国联邦的官吏约有六十万人，其中有四十五万是经过考试而后任用的，还有十五万人不免受政党变更的牵涉。然在法国、英国，则内阁更替不过调换几个部长，下面的事务人员绝没有调动的危险，所以无论内阁改组多少次，政治决无纷乱。说到中国，则"一朝天子一朝臣"，没有八行书就换不到委任状，真是笑话。大家要认识确定公务员考试制度是澄清吏治的先决问题，第一届高等考试录取的人员，事实上百分之九十五已有实职，第二届录取人员也已分发。但是我总觉得一般人对于高考总还没有达到应有的热心，国人对于考试的信仰心还未确立，有其他侥幸的路子可走的人，还是走侥幸的路子，不愿意咿咿晤晤从三考出身，这都是因为怕考取了以后，政府无法位置，分发到各机关里去坐冷板凳的缘故。然而在政府方面也同样感到困难，若是考取一百个人就要添一百个官，那不是高考录取愈多政府官吏愈多，老百姓担负愈重吗？要确立大家对于考试的信仰心，要真正澄清吏治，我以为每届高考或普考的时候，非抽调各机关现有的公务员来考试不可，每届至少抽考各机关公务员总数百分之五或百分之十，并不妨害这机关公务的进行，取了则准你复职，并加一重保障，不取则以新取的递补，这样一来，不但全国的人对于考试制度确切信仰，并且现任公务员也有所警惕，常常研究不至离开学问，无用的人员不裁也就自裁了。象这般有系统的进行，自然在十年或二十年之内，能够把中国公务员任用制度树立，且能为青年展开希望，为社会保持公道，并间接的促进大学教育的发展，关系诚非浅鲜，否则专靠八行书任用官吏，政治永远不会清明，政治永远不会上轨道。最后兄弟希望全国人民认清大学教育，如果办不好，实在可以危害民族的生命，所以社会对于大学，应该取爱护扶植的态度，尤其是绝对的不要利用青年，大家要知道利用未成熟的青年，不啻断丧国家民族的元气，因为青年的光阴非常短促，而且宝贵，我们不可使他浪费，千万不要给他们不纯洁的印象，而且要充分的培养他们的人格，给他们高尚的理想，使他们望见前途的光明，不要使他们脑筋里充满了低等唯物的观念，抛开学问而从侥幸里面求出路的心思，这便是斩断了他们前途一线的生机，国家的元气也因此受了无穷的损失。我们要知道，中央此后所需要的不是奔走开会，小智自私，要发挥自己小组领袖欲望的人，乃是沉着迈进有专门知识和切实办法，公忠无我，以为国家社会服务的人才能解决中国的问题，我们万一自己不能看见中国的复兴和强大，我们还得希望下一辈的人可以看见。

〔国民党中央执行委员会秘书处档案〕

9 民国二十五年度全

表一：教职员学生数

学校性质别	校数	教职员数			
		共计	教员	职员	互兼
共　　计	42	7,786	4,981	3,463	658
国立大学	13	3,865	2,431	1,685	251
省立大学	9	1,276	823	571	118
私立大学	20	2,645	1,727	1,207	289
共　　计	36	2,519	1,634	1,161	276
国立学院	5	316	210	139	33
省立学院	9	630	382	324	76
私立学院	22	1,573	1,042	698	167
共　　计	30	1,545	945	197	187
国立专科学校	8	413	231	245	63
省立专科学校	11	541	319	276	54
私立专科学校	11	591	395	276	80

材料来源：根据教育部统计室令各校呈报之数字

国高等教育概况统计表

36年）

单位：一人

学　生　数			本届毕业生数		
共　计	大学生	专　科	共　计	大学生	专科生
29,416	28,530	886	6,011	5,798	213
11,694	11,524	170	2,754	2,746	8
4,689	4,292	397	980	922	58
13,033	12,714	319	2,277	2130	147
8,680	8,480	200	2,216	2,153	63
1,143	1,078	65	280	280	—
1,484	1,376	108	320	272	48
6,053	6,026	27	1,616	1,601	15
3,826	—	3,826	927	—	927
1,045	—	1,045	197	—	197
1,203	—	1,203	293	—	293
1,578	—	1,578	437	—	437

表二：教育经费数

学校性质别	校数	岁				
		共计	国省库款	财产收入	捐助款	学生缴费
共　　计	42	27,378,334	17,965,597	332,318	3,316,096	2,322,243
国立大学	13	13,943,158	13,264,415	27,610	150,000	345,467
省立大学	9	4,408,542	3,620,542	580	50,000	79,561
私立大学	20	9,025,834	1,080,640	304,128	3,116,096	1,897,230
共　　计	36	8,530,144	2,678,290	256,838	3,196,438	851,210
国立学院	5	904,929	776,998	—	72,000	54,320
省立学院	9	1,583,492	1,259,847	70	840	10,366
私立学院	22	6,041,723	641,445	256,768	3,123,598	786,524
共　　计	30	3,357,561	2,495,579	180,977	258,361	217,973
国立专科学校	8	1,615,846	1,514,481	3,520	20,000	28,360
省立专科学校	11	444,498	822,164	—	51,570	16,840
私立专科学校	11	797,217	198,934	177,457	181,791	202,713

入	岁				出	
杂项收入	共计	俸给	办公费	设备费	特别费	附属
3,085,000	27,082,365	14,507,307	4,593,335	4,810,190	1,222,443	1,949,090
156,466	13,550,858	8,012,086	1,955,497	2,212,097	568,371	802,807
657,874	4,383,501	2,408,401	546,867	1,119,769	120,847	187,617
2,270,660	9,148,006	4,086,820	2,090,971	1,478,324	533,225	958,666
1,387,557	8,677,365	5,000,731	1,208,029	1,846,131	368,096	254,338
1,611	904,776	615,390	132,753	122,349	25,665	8,619
152,558	1,577,756	879,041	314,389	162,705	73,233	148,388
1,233,388	6,194,833	3,506,340	760,887	1,561,077	269,198	97,331
179,671	3,515,656	1,500,466	692,466	908,019	148,928	182,698
49,485	1,604,342	689,841	333,277	426,524	86,300	68,400
53,924	935,027	520,880	150,311	154,361	14,921	99,555
76,262	976,287	377,745	208,878	327,214	47,707	14,743

〔国民政府教育部档案〕

10 全国公私立大学、独立学

(1936年

甲、全国公私各大学一览表

（一）国立各大学

校　名	校址	校长	别号	所　　设
中央大学	南京	罗家伦	志希	理（算学，物理，化学，生物， 工（土木，电机，机械，建 法（法律，政治，经济）； 农（农艺，森林，畜牧兽医， 文（中国文，外国文，史学， 教育（教育，心理，体育，艺
北平大学	北平	徐诵明	轼游	工（机械，电机，纺织，应用 女子文理（文史，英文，经济，化 农（农学，林学，农业化学）； 法商（法律，经济，政治，商
北京大学	北平	蒋梦麟	孟邻	理（数学，物理，化学，地质， 法（法律，政治，经济）； 文（中国文，史学，哲学，教
清华大学	北平	梅贻琦	月涵	理（算学，物理，化学，地学， 文（中国文，哲学，外国文， 工（土木，机械、电机）； 法（政治，经济）。
北平师范大学	北平	李　蒸	云亭	理（数学，物理，化学、生物， 文（国文，外国语文，历史）；
武汉大学	武昌	王星拱	抚五	理（数学，物理，生物、化 文（中国文学，哲学，教育， 工（土木，机械）； 法（法律，政治，经济）。

院、专科学校一览表
1月）

院　　　　（系）	备　　考
地质，地理）； 筑，化学工程）； 农业化学，蚕丝，园艺）； 哲学，社会学）； 术，卫生教育）；医。	附设理科研究所算学部，农科研究所农艺部，机械特别研究班。 医学院附设牙医专科学校。
化学）； 学，数理，专修科分音乐、体育）； 医； 学）。	
生物，心理）； 育，外国语文）。	附设文科研究所中国文学、史学两部；理科研究所数学、物理、化学三部；法科研究所暂缓招生。
生物，心理）； 历史，社会）；	附设文科研究所分中国文学、外国语文、哲学、历史四部；理科研究所分物理、化学、算学、生物四部；法科研究所分政治、经济两部。
地理）； 教育（教育，体育）。 学）； 外国文学，史学）；	附设工科研究所土木部，法科研究所经济部。

续表

校名	校址	校长	别号	所设
中山大学	广州	邹鲁	海滨	理（数学天文，物理，化学，生 工（土木，化工，电机，机 农（农学，林学，农林化学，农业 文（中国语言文学，英国语言 法（法律，政治，经济）。
山东大学	济南 青岛	赵畸	太侔	工（土木，机械）； 文理（数学，物理，化学，生
同济大学	上海	翁之龙	叔泉	工（土木，机械，测量）；医。
暨南大学	上海	何炳松	柏丞	理（数学，化学）； 文（中国文，外国文，历史地 商（会计银行，国外贸易，工
浙江大学	杭州	郭任远	任远	工（电机，化工，土木，机 农（农业植物，农业动物，农业 文理（教育，外国文学，物理，
交通大学	上海	黎照寰	曜生	科学（数学，物理，化学）； 管理（铁道，公务，实业，财 土木工程（铁道，构造，市政， 机械工程（铁道，工业，汽 电机（电信，电力）。
四川大学	成都	任鸿隽	叔永	理（数学，化学，生物）； 农（农林） 文（中国文学，外国文学，史 法（法律，政治，经济）。

院　　　　（系）	备　　　　考
物，地质，地理，师范部）； 械）； 专修科）；医； 文学，史学，教育，哲学，社会）；	附设文科研究所中国语言文学、历史学两部；教育研究所教育学、教育心理两部；农科研究所农林植物部、土壤部。
物，中国文，外国文）。	农学院在筹备中。
	理学院在筹备中。
理，教育）； 商管理）。	
械）； 社会）， 数学，化学，生物）。	
务）； 道路）； 车）；	令分别改为理、工、商三学院。
学，教育）；	

（二）省立各大学

校　名	校址	校　长	别号	所　　　设
安徽大学	安庆	李顺卿		理（数理,化学）； 文（中国语文,教育,外国语文）； 农（农艺）。
河南大学	开封	刘季洪		理（数理,化学,生物）； 文（文史,英文,教育）；法（法
山西大学	太原	王录勋	犹辰	工（土木,机械,采冶）； 文（国文,英文,教育）； 法（法律,政治,经济）。
湖南大学	长沙	胡庶华	春藻	理（数学,物理,化学）； 工（土木,电机,机械,采矿）； 文（中国文学,经济,教育,政治,
广西大学	梧州	马君武	君武	理（数学,物理,化学,生物）； 农（农学,林学）； 工（土木,机械,矿工程）。
勷勤大学	广州	林云陔		工（化学工程,建筑工程,机械工 教育（文史,数理,化学,教育, 商（银行,会计,经济,工商管
云南大学	昆明	何　瑶	元良	理工（物理,土木,采冶）； 文法（法律,政治,经济,教育）； 医（医学专科）。
东北大学	北平	王卓然代	迴波	工（土木,电工专修科）； 文（中国文,史地,女子家政专修科）； 法（政治,边政,经济）。
重庆大学	重庆			工（土木,电机,采冶）； 理（数理,化学）。

院　　　　　　　　（系）	备　　考
农（农学，林学）；医；律，政治，经济）。	法学院俟法律、政治两系结束后停办。
商学）。	
程）； 博物地理）； 理）。	工学院附设土木工程及电信交通两专修科。
	筹设医科。

（三）私立各大学

校名	校址	立案年月	校长	别号	所设
金陵大学	南京	十七，九	陈裕光	景唐	理（算学，物理，化学，动物，植物，工 农（农艺，森林，农业，经济，植 文（国文，英文，历史，社会，教育，
大同大学	上海	十七，九	曹惠群	梁厦	理（数学，物理，化学）； 文（文学，社会科学，哲学教育）； 商（商学，会计，经济）。
复旦大学	上海	十七，十	李登辉	腾飞	理（化学，生物，土木工程）； 文（中国文，外国文，社会，新闻 法（法律，政治，经济）； 商（会计银行）。
光华大学	上海	十八，五	张寿镛	永霓	理（数学，化学，物理）； 文（国文，英文，哲学，历史，教 商（会计，银行，经济，工商管理
大夏大学	上海	十八，五	王伯群	伯群	理（数学，土木，化学）； 文（国学，英文，历史社会）； 法（法律，政治经济）； 教育（教育行政，心理，社会教育 商（银行，会计，交通管理）。
东吴大学	苏州 上海	十八，七	杨永清	惠庆	理（物理，化学，生物，护士先修 文（文学，历史，社会，文科，政治， 法（法律）。

院　　　（系）	备　　　考
业化学,电机,医先修）； 物，园林，乡村教育）； 政治，经济，国文专科）。	准设文科研究所史学部，理科研究所化学部，农科研究所农业经济部，各研究所招生事俟二十四年度终了时，斟酌筹备情形先招一二学部，仍须呈部核准。 令自拟缩减科系计划呈核。
	附设专科分英文数理两组。
学，教育）；	
育，政治，社会）； ）。	
）；	附设师范专修科分国文、英文、史地、数理四组，及体育专修科。
科）； 经济，教育）；	附设法科研究所法律学部。

续表

校　名	校址	立案年月	校长	别号	所　　　设
沪江大学	上海	十八，三	刘湛恩		理（物理，化学，生物）； 文（英文，社会，政治，教育，音乐）； 商（商学）。
震旦大学	上海	二十一，十二	胡文耀	雪琴	理工（数学，化学工业，电力机械 医（普通医学，牙科）； 法（法律，政治经济）。
燕京大学	北平	十八，六	陆志韦		理（数学，物理，化学，生物，家 法（政治，经济，社会）； 文（国文，英文，历史，新闻，心理，
辅仁大学	北平	二十，六	陈垣	援庵	理（数理，化学，生物）； 教育（教育，心理，美术专科）； 文（国文，西洋语学文学，史学，
中法大学	北平	二十，十二	李麟玉	圣章	理（数学，物理，化学，生物）； 医、文（中国文学，法国文学，经
南开大学	天津	十八，六	张伯苓	寿春	理（算学，物理，化学，生物，电 文（英文，政治，教育，哲学）； 商（统计会计，银行，经济）。
齐鲁大学	济南	二十，十二	刘世传		理（天文算学，物理，化学，生物 文（国文，外国文学，教育，历史，

院　　　　（系）	备　　　考
	商学分工商管理、会计两组。
，土木工程）；	
事专修科）； 教育，哲学，音乐专修科。	附设理科研究所化学生物学部，法科研究所政治学部，文科研究所历史部。
社会经济）。	
济）。	附设上海药学专修科。
工，化工）；	附设商科研究所经济部。
，无线电专修科）；医； 社会，政治）。	教育系令结束，医学院附设药学专修科。

续表 3

校　名	校址	立案年月	校长	别号	所　　设
武昌中华大学	武昌	十八，十二	陈时	叔澄	理（数学，化学）； 文（中国文学，外国语文，法律） 商（经济，工商管理）。
武昌华中大学	武昌	二十，十二	韦卓民	卓民	理（物理，化学，生物）； 文（中国文，历史社会，经济商业）； 教育（心理学教育学）。
厦门大学	厦门	十七，三	林文庆	梦琴	理（算学，物理，化学，生物）； 文（中国文，外国文，历史社会）； 法商（法律，商业，政经）； 教育（教育心理，教育）。
岭南大学	广州	十九，七	钟荣光	惺可	工（土木，工程）； 农（农艺及园艺，蚕丝，植物病理） 文理（物理，化学，家政，中国文史，政治）； 商（商学，经济）。
广东国民大学	广州	二十，六	吴鼎新	在民	工（土木工程）； 文（中国文学，教育学）； 法（法律，政治，经济）。
广州大学	广州	二十一，七	金会澄	湘帆	理（数学物理）； 文（中国文，教育）； 法（法律，政治，经济）。
华西协和大学	成都	二十二，九	张凌高		理（数理，化学,生物，制药学）； 医（医学，牙科）； 文（中国文，社会科学，外国文，

院　　（系）	备　　考
教育，师范专修科）；	令将法律系按年结束，本年附中国文学、教育、化学、工商管理四系外，余均停止招生。
）， ，西洋文学，生物，社会，教育，历	准设理科研究所生物部
哲学教育）。	社会科学名称广泛，令其自行改拟呈核。

乙、全国公私立各独立学院一览表
（一）国立各独立学院

校　　名	校址	校长	别号	所　　设
上海商学院	上海	斐复恒		商（会计，工商
上海医学院	上海	颜福庆	克卿	医。
中法国立工学院	上海	褚民谊	重行	工（土木，铁道，
北洋工学院	天津	李书田	耕砚	工（土木，矿冶，
广东法科学院	广州	曾如柏		法（法律，政

（二）省立各独立学院

校　　名	校址	校长	别号	所　　设
江苏教育学院	无锡	高阳	践四	教育（民众教
湖北教育学院	武昌			教育（农事教
河北工业学院	天津	魏元光	明初	工（电机工程，
河北女子师范学院	天津	齐国梁	璧亭	文（国文，英文，
河北法商学院	天津	吕　复		法（法律，政治，
河北农学院	保定	王承曾		农（林学，农
河北医学院	保定	齐清心		医。
甘肃学院	兰州	邓青鬻	泽民	文（文史，中国
新疆学院	迪化	何语竹		法（法律）。

院　　　　（系）	备　　考
管理，银行，国际贸易）。	
机械，电机）。	
机械，电机）。	附设工科研究所采冶部。
治）。	

院　　　　（系）	备　　考
育，农事教育）。	附设农事教育专修科。
育，乡村教育）。	附设农村师范及农事教育两专修科。
化学制造，市政工程，利水工程）。	
史地,教育,专修科分家政、艺术、体育）。	英文教育两系停止招生。
经济）；商（商学）。	政治经济两系自本年起停止招生，逐年结束。
学，园艺）。	
文）；法（法律）。	

（三）私立各独立学院

校名	校址	立案年月	校长	别号	所设
金陵女子文理学院	南京	十九，十二	吴贻芳	贻芳	理（数学，化学，生物，）；
上海法学院	上海	十九，十二	褚辅成	慧僧	法（法律，政经，商业专修科）。
上海法政学院	上海	十九，六	章士钊		法（政治，经济，法律）。
持志学院	上海	二十，七	何世桢	思毅	文（国文，英文）。
正风文学院	上海	二十一，八	王蕴章	西神	文（中国文学，国学专修科）；
中国公学	上海	十九，六	吴铁成	铁城	文（文学）； 法（法律，经济）；
中国学院	北平	十九，十	王正延	儒堂	理（化学，生物）； 文（国学，英文，哲学，教育）； 法（法律，政治经济）。
朝阳学院	北平	十九，十二	江庸	羽云	法（法律，政治，经济，边政）。
北平协和医学院	北平	十九，五	刘瑞恒	月如	医。
北平民国学院	北平	二十一，十二	鲁荡平	若衡	文（中国文，教育，体育专修 法（法律，政治，经济）。
北平铁路学院	北平	二十二，六	关麟	赓	商（铁路管理）。
天津工商学院	天津	二十二，八	华南圭	通斋	工（机械，桥路）； 商（普通商业，财政银行）。

院　　　　（系）	备　　　　考
法（中国文,英文,历史,社会,哲学,政治,经济,体育,音乐）。	令其自拟裁并学系办法呈核。
	英文系自本年度起停办。
法（法律，政经，商学）。	暂准立案。
商（商学）。	已令办至现有学生毕业为止。
	英文系停招新生逐年结束。
科）；	
	暂准立案，本年停止招生。

续表3

校　名	校址	立案年月	校长	别号	所　　　设
南通学院	南通	十九，八			农（农艺化学，农艺）；医。
之江文理学院	杭州	二十，七	李培恩		理（化学，土木工程）；文国文，英文，经济，政治，
福建协和学院	福州	二十，一	林景润	琴雨	理（数学，化学，生物）；文（国文，外国文，教育，政
华南女子文理学院	福州	二十二，六	王世静	仲止	理（化学，生物）；文（英文，教育）。
福建学院	福州	二十一，七	黄朴心	代	法（法律，政治，经济）；农（农艺）。
夏葛医学院	广州	二十一，十二	王怀乐		医。
广东光华医学院	广州	二十二，九	陈衍芬	衍芬	医。
焦作工学院	焦作	二十一，七	张清涟	文涛	工（土木工程，采矿冶金）。
湘雅医学院	长沙	二十，十二	王子玕		医。
上海女子医学院	上海	二十二，十二	王淑贞		医。
同德医学院	上海	二十四，八	顾毓琦		医。
东南医学院	上海	二十四，八	郭琦元		医。

院　　（系）	备　　考
	附设纺织科。
教育）。	教育系应否裁撤，俟下届派员视察后核定。
经，历史社会）。	
	暂准立案。
	法科已令办理结束，法律系本年暂准招生。
	暂准立案
	暂准立案。
	暂准立案。

丙、全国公私立各专科学校一览表

（一）国立各专科学校

校　　名	校址	校长	别号	所　　　设
音乐专科学校	上海	萧友梅	雪朋	音乐（理论作曲，有键
杭州艺术专科学校	杭州	林风眠	卧峰	艺术（绘图，雕塑，图
西北农林专科学校	陕西武功	于右任	伯循	农林（水利）。
北平艺术专科学校	北平	严智开	季聪	艺术（绘画分图画、西图案、美术工艺，
牙医专科学校	南京			医。

（二）公立各专科学校（附视同公立者）

校　　名	校址	校长	别号	所　　　设
吴淞商船专科学校	上海	伍大名	亮功	商船（驾驶，轮机）。
北平税务学校	北平	朱彬元	仲梁	税务。
中央国术馆体育专科学校	南京	张之江	子姜	体育。
上海兽医专科学校	上海	蔡无忌	无忌	兽医。

科　　　　　（组）	备　　考
乐器,乐队乐器,声乐,国乐,师范)。	
案)。	
画,雕塑分雕刻、塑造,图工分艺术师范分图画、工艺)。	二十三年七月一日成立。
	二十四年八月成立,该校附设中央大学内,不另设校长。

科　　　　　（组）	备　　考
	交通部设立。
	财政部设立,现移往上海。
	中央国术馆设立,视同公立。
	实业部上海商品检验局及上海市政府卫生局共立,视同公立,实业部来咨该校已暂行停办,以现有学生毕业为止。

· 319 ·

（三）省立各专科学校

校　　名	校址	校长	别号	所　　设
浙江医药专科学校	杭州	王　佶		医药（医学，药学）。
江西工业专科学校	南昌	李才彬	仿中	工（土木，采矿冶
江西农艺专科学校	南昌	董时进		农艺。
江西医学专科学校	南昌	周为涟	文漪	医。
河北水产专科学校	天津	张元弟	崧冠	水产（鱼捞，制造）。
河南水利工程专科学校	开封	瞿文琳	莆章	水利。
山东医学专科学校	济南	尹莘农		医。
山西工业专科学校	太原	张树栻		工（机械，电机，应用
山西商业专科学校	阳曲	赵希复	圣诣	商（工商管理，交通管
山西农业专科学校	太原	李　红	紫封	农（农艺，森林，畜
广西省立师范专科学校	南宁	马尔芬		师范。

科　　（组）	备　　考
金）。	
	附设于江西省立农业学院内，仍由江西教育厅指导监督。
	该校长未经该省政府请本部聘任。
化学）。	
理）。	二十四年度起不招新生。
牧）。	
	据报校址将迁桂林，二十三年八月准予备案。

（四）市立专科学校

校名	校址	校长	别号	所设
北平市立体育专科学校	北平	许霑厚	禹生	体育。

（五）私立专科学校

校名	校址	立案年月	校长	别号	所设
上海美术专科学校	上海	二十，十二	刘海粟	海粟	美术（中国画，
东亚体育专科学校	上海	二十，八	陈梦渔	梦渔	体育。
新华艺术专科学校	上海	二十一，二	徐朗西	峪云	艺术（国画，西
中山体育专科学校	苏州	二十一，九	朱重明	了洲	体育。
无锡国学专科学校	无锡	十七，九	唐文治	蔚芝	国学。
苏州美术专科学校	苏州	二十一，七	颜文梁	栋臣	美术（中国画，西
武昌文华图书馆学专科学校	武昌	十八，八	沈祖荣	绍期	图书馆学。
武昌艺术专科学校	武昌	十九，七	唐义精	粹鑫	艺术（绘画，艺
山西川至医学专科学校	太原	二十二，九	靳瑞萱		医。

科　　　　（组）	备　　考
	二十三年九月准予备案。

科　　　　（组）	备　　考
音乐,图案,艺术教育分图工图音）。	二十四年十月准予正式立案。
画，图案，艺术教育）。	
	暂停招新生。
洋画）。	
术教育）。	

〔国立中央大学档案〕

11 全国各大学民国二十五

(19

校　别	总　计	总　数	哲　学	宗教
总　计	1,772,784			
国立各大学				
中央大学	168,243	26,271	18,901	5,734
北平大学	127,107	41,618	1,067	702
北京大学	233,098	55,234	21,901	6,499
清华大学	310,928	—	—	—
北平师范大学	118,767	20,231	5,649	1,566
武汉大学	142,269	36,694	4,476	2,007
中山大学	243,320	—	—	—
山东大学	76,724	38,347	1,133	807
同济大学	41,562	13,371	1,707	36
暨南大学	53,867	14,693	2,819	680
浙江大学	67,225	27,406	1,624	267
交通大学	78,300	32,815	4,191	205
四川大学	111,374	20,320	16,085	2,041
省立各大学				

年度图书册数分类统计表

36年）

社会科学	语言	自然科学	应用科学	美术	文学	史地
34,046	1,970	14,317	13,413	4,389	25,589	23,518
23,814	3,612	7,773	23,271	408	11,963	12,879
25,145	14,589	20,299	8,962	4,964	40,237	35,268
—	—	—	—	—	—	—
12,532	7,510	11,017	3,831	3,007	24,773	28,651
19,856	1,817	6,121	5,621	1,085	25,801	38,791
—	—	—	—	—	—	—
2,685	1,281	3,973	1,590	336	17,005	9,567
3,159	676	3,579	11,246	337	5,475	1,976
14,115	1,888	2,785	2,657	338	11,082	2,810
6,095	1,600	5,694	7,056	707	8,060	8,706
5,895	573	3,641	5,822	585	8,558	16,015
10,704	1,715	6,849	9,754	1,082	17,152	25,072

续表

校别	总计	总数	哲学	宗教
安徽大学	32,399	—	—	—
河南大学	79,603	26,740	1,866	1,338
山西大学	113,013	25,542	4,105	585
湖南大学	60,700	—	—	—
广西大学	—	—	—	—
勷勤大学	45,779	23,904	2,348	88
云南大学	38,938	—	—	—
东北大学	28,350	3,816	649	169
重庆大学	35,557	30,332	143	20
私立各大学	1,630,174			
金陵大学	211,279	109,255	4,505	5,233
大同大学	32,159	3,272	3,059	227
复旦大学	38,019	6,635	1,302	474
光华大学	29,849	19,814	796	160
大夏大学	43,176	3,468	1,389	9

社会科学	语言	自然科学	应用科学	美 术	文 学	史 地
—	—	—	—	—	—	—
9,572	1,294	5,362	6,137	1,320	14,654	11,320
24,353	662	10,732	882	11,516	15,084	19,552
—	—	—	—	—	—	—
—	—	—	—	—	—	—
3,718	898	3,436	2,801	948	3,459	4,179
—	—	—	—	—	—	—
8,095	1,068	1,292	2,561	433	6,201	4,066
568	167	1,667	594	24	1,581	461
14,516	2,922	7,476	8,145	1,792	19,435	38,000
2,592	1,038	3,560	1,321	816	10,792	5,482
11,082	1,236	1,891	2,632	518	7,143	5,106
3,202	128	1,228	873	215	2,125	1,308
24,608	414	5,657	276	118	5,247	1,960

续表

校　别	总　计	总　数	哲　学	宗　教
东吴大学	41,607	4,059	3,679	1,795
沪江大学	79,402	6,704	3,241	4,828
震旦大学	97,689	35,317	9,752	1,520
燕京大学	180,398	29,035	11,579	6,179
辅仁大学	77,450	29,364	2,710	4,221
中法大学	69,278	—	—	—
南开大学	155,157	26,074	20,497	5,769
齐鲁大学	118,362	30,449	12,061	6,787
武昌华中大学	14,635	—	—	—
武昌中华大学	43,448	6,547	3,826	1,789
厦门大学	77,980	18,356	4,475	1,808
岭南大学	153,426	32,556	7,573	6,502
广东国民大学	57,352	—	—	—
广州大学	40,054	20,017	447	25
华西协和大学	69,454	—	—	—

社会科学	语言	自然科学	应用科学	美术	文学	史地
13,537	990	3,384	1,559	624	6,855	5,125
15,144	2,262	4,469	2,562	1,441	25,221	13,530
8,417	5,291	12,514	9,753	512	7,585	7,028
26,558	3,339	6,358	3,620	4,108	47,314	42,308
4,802	6,130	2,981	1,245	907	9,757	15,333
—	—	—	—	—	—	—
33,868	620	10,825	1,655	4,711	32,939	18,199
12,081	2,833	4,752	5,030	1,106	19,210	24,057
—	—	—	—	—	—	—
5,709	4,524	6,715	3,817	1,737	3,605	5,179
9,670	1,984	6,763	4,955	2,681	15,785	11,503
21,930	3,750	11,873	13,205	3,406	30,039	22,592
—	—	—	—	—	—	—
7,053	752	1,605	821	91	4,454	4,889
—	—	—	—	—	—	—

〔国民政府教育部档案〕

12 民国二十六年度全国

表一：教职员学生数

学校性质别	校数	教职员数			
		共计	教员	职员	互兼
共　　计	35	6028	3,997	2,773	742
国立大学	12	3,213	2,006	1,391	184
省立大学	5	783	493	445	155
私立大学	18	2,032	1,498	937	403
共　　计	32	1,667	1,178	877	388
国立学院	6	421	246	283	108
省立学院	6	205	158	142	95
私立学院	20	1,041	774	452	185
共　　计	24	928	482	647	201
国立专科学校	6	275	143	185	53
省立专科学校	9	349	136	264	51
私立专科学校	9	304	203	198	97

高等教育概况统计表
37年）

单位：人

学　生　数			本届毕业生数		
共　计	大学生	专科生	共　计	大学生	专科生
23,644	23,504	140	5,013	4,848	165
11,920	11,920	—	2,968	2,944	24
3,608	3,576	32	457	392	65
8,116	8,008	108	1,588	1,512	76
5,265	5,265	—	1,168	1,168	—
941	941	—	187	187	—
497	497	—	117	117	—
3,827	3,827	—	864	864	—
2,279	—	2,279	660	—	660
693	—	693	43	—	43
649	—	649	161	—	161
937	—	937	456	—	456

表二：教育经费数

学校性质别	校数	岁					
		共计	国省库款	学生缴费	租息收入	资产及捐助款	杂项收入
共　　计	35	20,678,138	13,207,117	1,295,193	438,603	3,611,401	1,830,936
国立大学	12	11,166,206	9,889,256	256,650	11,275	473,400	510,095
省立大学	5	3,468,115	2,710,056	50,826	—	158,933	548,300
私立大学	18	6,043,817	607,805	987,717	427,328	2,979,068	772,541
共　　计	32	7,442,004	2,500,511	356,083	78,000	3,390,524	1,017,891
国立学院	6	1,653,445	1,375,085	13,802	—	261,235	3,323
省立学院	6	618,429	602,601	—	—	—	10,308
私立学院	20	5,170,130	522,825	342,281	78,000	3,129,289	1,004,260
共　　计	24	2,098,843	1,525,145	117,612	112,840	178,076	144,550
国立专科学校	6	821,128	766,692	23,600	3,140	—	27,696
省立专科学校	9	651,098	606,328	6,090	—	—	38,680
私立专科学校	9	626,617	152,125	87,922	109,700	178,076	78,174

单位：元

入	岁						出
附属机关收入	共　　计	教学费	行政费	建置费	事业费	其他	附属机关费用
294,888	20,750,936	9,376,816	4,400,510	4,293,342	1,124,953	705,442	849,875
25,530	11,030,387	5,248,775	2,550,633	2,117,446	566,873	128,894	417,768
—	3,526,331	1,362,988	692,002	1,169,527	13,080	133,127	155,507
269,358	6,194,320	2,765,055	1,157,875	1,006,369	545,000	443,421	276,600
98,995	7,629,281	2,660,648	1,660,932	1,062,038	1,306,673	558,917	138,898
—	1,686,142	481,102	318,567	497,130	83,220	60,508	4,434
5,520	608,121	215,921	191,899	31,370	52,962	71,569	44,400
93,475	5,335,022	1,963,625	1,150,466	533,538	1,170,491	426,840	90,062
20,620	2,051,330	761,609	-701,206	240,194	167,174	110,710	70,437
—	820,728	299,782	313,870	94,558	47,530	20,396	44,592
—	605,326	251,890	211,086	44,473	72,684	10,722	14,471
20,620	625,276	209,937	176,250	101,163	46,960	79,592	11,374

〔国民政府教育部档案〕

13 历年专科以上

(1912—

年度别	共计	文类				
		小计	文	法	商	教育
总计	104,095	65,346	17,513	32,713	6,089	9,031
二十六学年度	5,137	2,692	797	1,059	324	512
二十五学年度	9,154	6,118	2,014	2,667	719	718
二十四学年度	8,673	5,745	1,741	2,596	707	701
二十三学年度	9,622	6,729	1,267	3,478	669	1,315
二十二学年度	8,665	5,982	1,156	3,175	561	1,090
二十一学年度	7,311	5,173	1,404	2,713	445	561
二十学年度	7,034	4,996	1,541	2,560	427	468
十九学年度	4,583	3,576	883	1,898	234	581
十八学年度	4,164	3,230	827	1,681	276	446
十七学年度	3,253	2,514	477	1,420	219	398
十六学年度	2,714	1,958	571	1,010	155	222
十五学年度	2,841	2,052	603	1,031	164	254
十四学年度	2,272	1,666	478	845	140	203

学校毕业生统计表
(1937年度)

单位：人

实		类			师范	累 积 数	
小计	理	工	医	农		自上而下	自下而上
46,748	7,673	19,347	3,643	4,485	364		
2,445	794	969	400	282	—	51,159	92,981
3,036	935	1,322	418	361	—	60,313	87,844
2,837	996	1,037	388	416	91	68,986	78,690
2,834	924	1,103	309	438	59	78,608	70,017
2,584	608	1,008	383	435	99	87,273	60,395
2,074	512	897	259	406	64	94,584	51,730
1,987	435	932	232	388	51	101,618	44,419
1,007	305	412	137	153	—	106,201	37,385
934	280	434	122	98	—	110,365	32,802
739	285	302	79	73	—	113,618	28,638
756	166	355	87	148	—	116,332	25,385
789	176	364	92	157	—	119,173	22,671
606	139	271	72	124	—	121,445	19,830

续表

年度别	共计	文类				
		小计	文	法	高	教育
十三学年度	2,397	1,759	504	892	136	227
十二学年度	2,005	1,467	428	746	115	178
十一学年度	1,742	1,274	372	648	99	155
十学年度	1,428	1,059	305	541	86	127
九学年度	1,446	1,072	309	548	87	128
八学年度	1,137	845	243	435	65	103
七学年度	900	661	192	338	51	80
六学年度	1,155	853	246	439	66	102
五学年度	1,470	1,080	314	552	84	130
四学年度	1,364	997	291	507	78	121
三学年度	1,048	770	227	390	60	93
二学年度	976	717	213	363	55	86
一学年度	490	361	110	181	27	43

备考：民元以前毕业生总数为3,184人

实类					师范	累积数	
小计	理	工	医	农		自上而下	自下而上
638	146	286	76	130	—	123,842	17,558
538	122	239	68	109	—	125,847	15,161
468	106	207	60	95	—	127,589	13,156
369	87	170	45	67	—	129,017	11,414
374	88	172	46	68	—	130,463	9,986
292	68	135	36	53	—	131,600	8,540
239	55	107	28	49	—	132,500	7,403
302	70	137	37	58	—	133,655	6,503
390	90	175	47	78	—	135,125	5,043
367	83	167	43	74	—	136,489	3,878
278	64	124	33	57	—	137,537	2,514
259	59	116	31	53	—	138,513	1,466
129	30	58	15	26	—	139,003	490

〔国民政府教育部档案〕

14 民国二十至二十六年度全国专修科毕业生分科统计表

（1931年—1937年）

表一：文科　　　　　　　　　　　　　　　　单位：人

年度别	共计	国文专修科	国学专修科	文史地专修科	英文专修科	图书馆专修科	音乐专修科	语文专修科	艺术专修科	美术专修科	史地专修科	专修科史地社会
二十六学年度	4	2	—	—	2	—	—	—	—	—	—	—
二十五学年度	129	16	—	—	9	—	—	—	—	—	104	—
二十四学年度	53	8	16	30	4	—	—	—	—	—	—	—
二十三学年度	121	51	31	6	24	—	—	—	—	9	—	—
二十二学年度	128	8	48	63	4	—	—	—	—	5	—	—
二十一学年度	283	95	86	83	5	—	9	—	—	2	—	—
二十学年度	131	40	13	62	4	—	—	—	6	6	—	—

表二：法科　　　　　　　　　　　　　　　　单位：人

年度别	共计	法律专修科
二十六学年度	—	—
二十五学年度	7	7
二十四学年度	49	49
二十三学年度	8	8
二十二学年度	379	379
二十一学年度	513	513
二十学年度	505	505

表三：商科　　　　　　　　　　　　　　　　单位：人

年度别	共计	商学修业专科	会计修业专科	统计修业专科	铁路修业专科	商业修业专科	统计会计专修科	银行会计专修科
二十六学年度	—	—	—	—	—	—	—	—
二十五学年度	29	—	—	—	—	—	—	27
二十四学年度	19	5	—	—	—	—	—	14
二十三学年度	19	—	—	—	—	—	7	12
二十二学年度	33	—	—	—	—	—	17	16
二十一学年度	87	—	—	—	—	61	26	—
二十学年度	50	—	—	—	—	20	39	—

表四：教育　　　　　　　　　　　　　　　　单位：人

年度别	共计	教育修业专科	艺术教育专修科	社会艺术专修科	电化教育修业专科	乡村教育修业专科	童子军专修科	体育修业专科	师范修业专科	农业教育修业科
二十六学年度	38	—	—	—	10	—	10	8	10	—
二十五学年度	15	15	—	—	—	—	—	—	—	—
二十四学年度	15	15	—	—	—	—	—	—	—	—
二十三学年度	58	16	—	—	—	—	—	42	—	—
二十二学年度	207	87	2	—	21	17	—	80	—	—
二十一学年度	94	94	—	—	—	—	—	—	—	—
二十学年度	94	87	—	—	—	—	—	7	—	—

表五：理科　　　　　　　　　　　　　　　单位：人

年度别	共计	数学专修科	药学专修科	化验专修科	数理专修科
二十六学年度	14	—	14	—	—
二十五学年度	—	—	—	—	—
二十四学年度	46	—	42	—	4
二十三学年度	29	—	14	—	15
二十二学年度	12	5	—	—	7
二十一学年度	5	—	—	—	5
二十学年度	8	3	—	—	5

表六：工科　　　　　　　　　　　　　　　单位：人

年度别	共计	土木专修科	工艺专修科	机械专修科	采矿专修科	汽车专修科	化验专修科	电讯专修科	染化专修科	无线电专修科	劳作专修科
二十六学年度	42	—	—	—	42	—	—	—	—	—	—
二十五学年度	79	31	—	—	17	—	—	—	26	5	—
二十四学年度	—	—	—	—	—	—	—	—	—	—	—
二十三学年度	43	39	—	—	—	—	—	—	—	4	—
二十二学年度	38	38	—	—	—	—	—	—	—	—	—
二十一学年度	23	23	—	—	—	—	—	—	—	—	—
二十学年度	101	31	—	30	41	—	—	—	—	—	—

表七：医科　　　　　　　　　　　　　　　单位：人

年度别	共计	医学专修科	护士专修科	牙医专修科
二十六学年度	1	1	—	—
二十五学年度	17	17	—	—
二十四学年度	2	2	—	—
二十三学年度	—	—	—	—
二十二学年度	36	36	—	—
二十一学年度	—	—	—	—
二十学年度	24	24	—	—

表八：农科　　　　　　　　　　　　　　　单位：人

年度别	共计	农业专修科	农业经济专修科	垦殖专修科	茶业专修科	蚕丝专修科
二十六学年度	—	—	—	—	—	—
二十五学年度	—	—	—	—	—	—
二十四学年度	59	59	—	—	—	—
二十三学年度	125	125	—	—	—	—
二十二学年度	96	96	—	—	—	—
二十一学年度	34	34	—	—	—	—
二十学年度	—	—	—	—	—	—

表九：师范

年度别	共计	师范专修科	体童专修科	劳作专修科	英语专修科
二十六学年度	—	—	—	—	—
二十五学年度	—	—	—	—	—
二十四学年度	91	91	—	—	—
二十三学年度	59	42	—	—	—
二十二学年度	99	99	—	—	—
二十一学年度	64	64	—	—	—
二十学年度	51	51	—	—	—

15 民国二十年度至二十六年度全

（1931年—

表一：文科

年度别	共计	中国文学系	外国文学系	哲学系	历史学系	历史社会学系	历史地理学系	文史学系
二十六学年度	625	198	130	3	73	43	23	65
二十五学年度	1,537	389	320	65	163	37	44	33
二十四学年度	1,505	357	320	65	163	37	44	33
二十三学年度	1,023	423	255	16	130	17	20	88
二十二学年度	873	385	238	18	124	13	25	13
二十一学年度	928	417	215	29	151	—	—	14
二十学年度	1,257	381	305	38	141	37	57	33

单位：人

理化修专科	体育修专科	国文修专科	文史地专修科	数理化修科	音体修专科	音育修专科	乡村师范专修科
—	—	—	—	—	—	—	—
—	—	—	—	—	—	—	—
—	—	—	—	—	—	—	—
—	—	—	—	—	—	—	17
—	—	—	—	—	—	—	—
—	—	—	—	—	—	—	—
—	—	—	—	—	—	—	—
—	—	—	—	—	—	—	—

〔国民政府教育部档案〕

国大学本科毕业生分科统计表
（1937年）

单位：人

新闻学系	音乐学系	历史学政治系	哲学学教育系	文学系	艺术学系	哲学心理系	社会学类及人系	语文系	哲学史系	哲学教育心理系	其他
11	2	18	9	26	4	14	—	6	—	—	—
23	9	75	—	66	—	4	—	81	—	194	34
23	9	75	—	66	—	4	—	81	—	194	34
16	9	—	23	8	—	—	2	—	—	—	16
15	9	9	17	—	—	2	—	—	—	—	5
6	14	10	18	10	20	—	—	10	—	—	14
10	20	45	8	35	20	12	—	64	—	21	30

表二：法科

年　度　别	共计	法律学系	政治学系	政治经济学系
二十六学年度	1,059	321	268	106
二十五学年度	2,660	1,263	459	131
二十四学年度	2,547	1,340	423	161
二十三学年度	3,187	1,523	619	225
二十二学年度	2,604	1,161	529	199
二十一学年度	2,162	869	580	134
二十学年度	1,873	689	493	103

表三：商科

年　度　别	共计	商学系	铁道管理学系	财务管理学系	实业管理学系	会计银行学系	国际贸易学系	工商管理学系	银行学系	会计学系
二十六学年度	324	16	22	4	9	12	6	14	72	94
二十五学年度	669	114	85	40	6	27	40	59	131	94
二十四学年度	677	114	85	38	6	27	40	59	129	84
二十三学年度	615	140	115	12	6	—	22	80	116	114
二十二学年度	488	80	106	9	3	—	17	69	70	81
二十一学年度	359	75	94	8	2	—	14	18	55	51
二十学年度	340	150	6	6	2	—	8	18	59	65

单位：人

外交领事系	社会学系	边政学系	社会经济系	市政学
—	52	—	18	—
—	184	—	—	2
—	184	—	—	2
—	116	77	16	6
4	91	39	18	9
5	91	4	—	8
11	70	4	—	11

单位：人

统计学系	经济学系	经济学商业系	银行学保险系	会计学统计系	公学务管理系	会计学财政系	交学通管理系	车学务管理系	商学业管理系	合作金融	其他
—	—	44	—	3	3	—	—	25	—	—	—
—	—	76	—	8	5	—	—	—	—	—	4
—	—	78	—	8	5	—	—	—	—	—	4
1	—	3	—	3	—	3	—	—	—	—	—
—	37	11	—	—	2	—	3	—	—	—	—
—	—	22	—	—	1	—	11	—	—	—	5
—	—	7	—	—	1	—	18	—	—	—	—

表四：教育

年度别	共计	教育学系	社会教育系	职业教育系	农业教育系	家事教育系	民众教育系	农事教育系	体育学系
二十六学年度	348	257	5	—	—	—	26	20	10
二十五学年度	597	432	8	—	—	—	34	32	16
二十四学年度	595	430	8	—	—	—	34	32	16
二十三学年度	1,178	680	—	—	—	—	75	80	76
二十二学年度	813	518	25	—	—	—	45	42	36
二十一学年度	426	282	11	—	—	—	16	15	13
二十学年度	351	199	12	—	—	—	10	9	18

表五：理科

年度别	共计	数学系	物理学系	化学系	生物学系	地理学系	地质学系	心理学系	地质地理系	数学天文系
二十六学年度	747	59	117	261	118	35	9	2	—	2
二十五学年度	910	68	151	366	161	30	18	—	—	12
二十四学年度	923	68	154	366	164	33	18	—	—	12
二十三学年度	895	104	127	399	129	27	21	2	3	4
二十二学年度	686	114	134	229	114	25	20	5	—	8
二十一学年度	507	90	101	183	64	14	18	6	—	2
二十学年度	427	65	81	202	40	14	8	5	—	3

单位：人

家事学系	教育学行政系	社会教育系	卫生教育系	体育卫生系	教育哲学系	农村教育系	艺术教育系	教育心理系	音乐学
3	—	—	3	—	7	17	—	—	—
4	55	—	—	—	6	—	—	10	—
4	55	—	—	—	6	—	—	10	—
16	122	—	5	—	—	22	38	51	13
10	105	—	—	—	—	14	—	18	—
5	61	—	—	—	—	6	—	16	1
9	72	—	—	1	—	2	—	19	—

单位：人

数理学系	理化学系	地质地理系	气象学系	制药学系	气象学系	博物地理系	学数理化系	药学系	动物学系	植物学系	其他
80	—	19	6	—	29	10	—	—	—	—	—
101	—	—	—	—	—	—	—	—	2	1	—
103	—	—	—	—	—	—	—	—	2	3	—
76	3	—	—	—	—	—	—	—	—	—	—
15	—	—	—	5	—	—	—	—	2	3	12
15	—	—	—	—	—	—	—	—	2	2	10
3	—	—	—	2	—	—	—	—	2	2	—

表六：工科

年度别	共计	土木工程系	机械工程系	电机工程系	化学工程系	建筑工程系	水利工程系	航空工程系	矿冶工程系
二十六学年度	812	391	178	124	55	29	—	—	21
二十五学年度	982	412	158	151	47	—	—	—	95
二十四学年度	941	362	211	112	40	13	6	—	95
二十三学年度	955	381	186	118	42	14	6	—	100
二十二学年度	785	312	154	98	35	11	5	—	82
二十一学年度	725	289	142	89	32	10	5	—	76
二十学年度	779	311	154	96	34	11	5	—	81

表七：农科

年度别	共计	农艺学系	农艺园艺系	森林学系	畜牧兽医系	园艺学系	农林业化系	农学系	蚕桑学系	农业经济系
二十六学年度	282	59	—	31	4	10	11	113	3	22
二十五学年度	324	58	—	45	—	14	20	98	2	16
二十四学年度	320	58	—	45	—	14	20	98	2	16
二十三学年度	256	54	—	38	1	16	14	67	2	20
二十二学年度	253	53	—	43	19	23	19	55	5	19
二十一学年度	181	36	—	23	8	20	18	31	5	12
二十学年度	251	78	—	29	6	19	25	22	9	15

单位：人

测景学系	机学电工程系	工学业化系	纺学织工程系	染学化工程系	造船组	应学用化系	市学政水利系	其他
—	—	6	—	—	8	—	—	—
—	—	42	43	18	10	—	6	—
—	—	—	42	—	—	32	—	28
—	—	—	44	—	—	34	—	30
—	—	—	36	—	—	28	—	24
—	—	—	34	—	—	26	—	22
—	—	—	36	—	—	27	—	24

单位：人

病学虫害系	农学林生物系	农学业水利系	农垦学系	动学物生产系	植学物生产系	农艺化学系	农学业动物系	植物学系	畜牧学系	农学业水产系	农学业社会系	农学动物学系	其他
1	—	—	—	10	9	3	1	2	3		—	—	—
—	30	—	—	5	14	6	—	—	—	10	6	—	—
—	30	—	—	5	14	6	—	—	—	8	4	—	—
—	15	—	—	5	9	—	—	1	—	4	—	—	10
—	8	—	—	—	—	—	—	1	—	2	—	—	6
—	6	—	11	—	—	—	—	1	—	3	—	—	7
—	3	—	19	—	—	—	—	4	—	5	3	—	14

表八：师范　　　　　　　　　　　　　　　单位：人

年度别	共计	国文学系	教育学系	外国语文学系	公民训育	史地学系	博物学系	数学系	体育学系	理化学系	家政学系
二十六学年度	29	—	16	—	—	—	—	—	9	—	4
二十五学年度	—	—	—	—	—	—	—	—	—	—	—
二十四学年度	—	—	—	—	—	—	—	—	—	—	—
二十三学年度	—	—	—	—	—	—	—	—	—	—	—
二十二学年度	—	—	—	—	—	—	—	—	—	—	—
二十一学年度	—	—	—	—	—	—	—	—	—	—	—
二十学年度	—	—	—	—	—	—	—	—	—	—	—

表九：医科　　　　　　　　　　　　　　　单位：人

年度别	共计	医科	牙科
二十六学年度	306	302	4
二十五学年度	272	266	6
二十四学年度	273	273	—
二十三学年度	216	216	—
二十二学年度	248	248	—
二十一学年度	227	227	—
二十学年度	150	150	—

〔国民政府教育部档案〕

16 民国二十年度至二十六年度全国专科毕业生分科统计表

（1931年—1937年）

表一：文科　　　　　　　　　　　　　　　　　　　单位：人

年度别	共计	国学专科	图书馆科	专科档案管理科	音乐专科	艺术专科	戏剧专科	雕塑科	应用美组	术工专科	图案专科	图音专科	图书专科	美术专科	其他
二十六学年度	168	4	11	—	12	114	—	—	—	—	—	—	—	27	—
二十五学年度	348	63	9	—	20	22	—	5	13	24	9	12	99	—	72
二十四学年度	178	63	9	—	7	99	—	—	—	—	—	—	—	—	—
二十三学年度	123	46	—	—	6	71	—	—	—	—	—	—	—	—	—
二十二学年度	155	—	—	—	3	152	—	—	—	—	—	—	—	—	—
二十一学年度	196	28	8	—	2	158	—	—	—	—	—	—	—	—	—
二十学年度	153	21	8	—	—	124	—	—	—	—	—	—	—	—	—

表二：法科　　　　　　　　　　　　　　　　　　　单位：人

年度别	共计	法律专科	行政管理专科	警官专科	税务专科
二十六学年度	—	—	—	—	—
二十五学年度	—	—	—	—	—
二十四学年度	—	—	—	—	—
二十三学年度	283	—	—	225	58
二十二学年度	192	—	—	151	41
二十一学年度	38	—	—	—	33
二十学年度	182	182	—	—	—

表三：商科　　　　　　　　　　　　　　　　　　　　单位：人

年度别	共计	会计专科	银行专科	工商管理专科	商业专科	合作金融专科	会计统计专科	交通管理专科
二十六学年度	—	—	—	—	—	—	—	—
二十五学年度	21	—	—	10	—	—	—	11
二十四学年度	11	—	—	—	11	—	—	—
二十三学年度	35	—	—	—	35	—	—	—
二十二学年度	40	—	—	—	40	—	—	—
二十一学年度	39	—	—	—	39	—	—	—
二十学年度	37	—	—	—	37	—	—	—

表四：教育　　　　　　　　　　　　　　　　　　　　单位：人

年度别	共计	国术专科	美术教育科	体育专科	国术体育专科	教育专科
二十六学年度	97	—	17	66	—	14
二十五学年度	106	—	27	43	36	—
二十四学年度	91	—	—	46	45	—
二十三学年度	79	—	—	79	—	—
二十二学年度	70	—	—	70	—	—
二十一学年度	51	—	—	51	—	—
二十学年度	23	—	—	23	—	—

表五：理科　　　　　　　　　　　　单位：人

年度别	共计	药学专科
二十六学年度	33	33
二十五学年度	25	25
二十四学年度	32	32
二十三学年度	—	—
二十二学年度	—	—
二十一学年度	—	—
二十学年度	—	—

表六：工科　　　　　　　　　　　　单位：人

年度别	共计	机械工程专科	土木工程专科	电机工程专科	化学工程专科	矿冶工程专科	造船专科	驾驶专科	轮机专科	造纸专科	皮革专科	染织专科	蚕丝专科	水利工程专科	应用化学专科	纺织专科	铁路专科
二十六学年度	115	11	13	—	3	—	—	—	—	—	—	—	—	32	10	—	46
二十五学年度	261	28	31	—	—	9	20	16	—	—	—	—	—	51	20	—	86
二十四学年度	96	—	—	—	24	—	36	—	—	—	—	—	—	36	—	—	—
二十三学年度	165	—	18	—	—	—	30	—	—	—	—	—	—	117	—	—	—
二十二学年度	185	30	16	—	—	9	—	34	—	—	—	—	—	94	2	—	—
二十一学年度	149	—	12	—	—	40	—	22	—	—	—	—	—	49	11	—	—
二十学年度	52	14	18	7	—	15	—	15	—	—	—	—	—	—	8	—	—

表七：医科　　　　　　　　　　　　单位：人

年度别	共计	医专科	牙医专科
二十六学年度	93	93	—
二十五学年度	129	129	—
二十四学年度	113	113	—
二十三学年度	93	93	—
二十二学年度	99	99	—
二十一学年度	32	32	—
二十学年度	58	58	—

表八：农科　　　　　　　　　　　　单位：人

年度别	共计	农业经济专科	盐务专科	森林专科	畜牧专科	兽医专科	养蚕专科	水产专科	垦殖专科	农事教育专科	农业工程专科	农艺专科	畜牧兽医专科	农产制造专科
二十六学年度	—	—	—	—	—	—	—	—	—	—	—	—	—	—
二十五学年度	37	—	—	12	14	—	—	—	—	—	—	11	—	—
二十四学年度	37	—	—	—	—	—	—	—	—	—	—	37	—	—
二十三学年度	57	—	28	—	—	—	9	—	—	—	—	—	—	—
二十二学年度	146	—	22	—	—	27	—	16	—	—	—	81	—	—
二十一学年度	191	—	31	—	—	44	—	31	—	—	—	85	—	—
二十学年度	137	—	27	—	—	—	—	25	—	—	—	85	—	—

〔国民政府教育部档案〕

17 行政院抄发焦易堂等提请教育部制定中医教学规程编入教育学制系统案

(1937年4月10日)

行政院训令　第一九三四号

令　教育部
　　卫生署

案奉国民政府二十六年四月二日第二二一号训令开："为令饬事：案准中央政治委员会二十六年三月十五日函开云云，照抄至令仰该院分别转饬遵照。此令。"等因。奉此。除分令教育部卫生署外，合行抄发原附件令仰该部、署遵照办理。此令。

计抄发原附焦委员易堂等原提案及教育专门委员会审查报告各一件

中华民国二十六年四月十日

国民政府训令　第二二一号
　　　令行政院

为令饬事，案准中央政治委员会二十六年三月二十五日函开："本届中央执行委员会第三次全体会议交议关于焦易堂等五十三委员提请责成教育部明令制定中医教学规程，编入教育学制系统一案，经交本会教育专门委员会审查。兹据报告审查结果，复经本会第三十九次会议决议：一、养成医师之学校在学制系统中，应遵专科以上学校之规定，以收受高中毕业生为原则；二、教学规程由教育部会同卫生署中医委员会参照医学专科学校暂行课目表，妥为订定；三、本国药物应特别注意，由教育部指定研究机关切实研究。相应录案，并抄附原提案及教育部专门委员会审查报告函达，查照饬遵"等由。准此，自应照办。除函复外，合行检发原附件，令仰该院分别转饬遵照。

此令。

计检发原附焦委员易堂等原提案一件，又教育专门委员会审查报告一份。

中华民国二十六年四月二日

国民政府主席　林　森
行政院院长　蒋中正
教育部部长　王世杰

请责成教育部明令制定中医教学规程编入教育学制系统以便兴办学校而符法令案（提案第十六号）

焦易堂等五十三委员提

理由：

查二十四年十一月，本党第五次全国代表大会中委冯玉祥等提议：对于中西医学应平等待遇，以宏学术，并规定设立中医学校一案。经决议，交中央政治委员会。嗣于二十五年一月中医条例公布，其第一条开列中医资格，第三项在中医学校毕业得有证书者，是中医教学之应有学校，彰彰明甚。乃事隔经年，教育部未将中医教学规程编入教育学制系统，对于各地中医教学机关，非惟苛事挨柜，抑且多方取缔，揆之五全大会意旨与国民政府法令殊感未合，应请大会规定教育学制系统，从速编入中医教学规程，以便兴办学校，而符法令。

办法：

中医教学科目除党义、国文、体育为必修科外，应依下列各学科讲授：

甲基础学科

一　解剖生理学　　　二　卫生学
三　病理学　　　　　四　诊断学
五　药物学　　　　　六　处方学
七　医学史
乙　应用学科
一　内科学　　　　　二　外科学
三　妇科学　　　　　四　儿科学
五　温病学　　　　　六　传染病学
七　眼科学　　　　　八　喉科学
九　齿科学　　　　　十　针灸科学
十一　按摩科学　　　十二　正骨科学
十三　花柳科学　　　十四　法医学

　　根据上项科目，由教育部会同卫生署中医委员会暨国内著名中医学者组织委员会，集议商讨，颁布施行。

　　　　　　　　　提案人：焦易堂　杨　杰　梁寒操
　　　　　　　　　　　　　张　继　邹　鲁　冯玉祥
　　　　　　　　　　　　　李宗黄　方觉慧　石敬亭
　　　　　　　　　　　　　鹿钟麟　叶楚伧　蒋作宾
　　　　　　　　　　　　　萧吉珊　洪陆东　覃　振
　　　　　　　　　　　　　谷正伦　王用宾　茅祖权
　　　　　　　　　　　　　周伯敏　何　键　鲁荡平
　　　　　　　　　　　　　彭国钧　胡文杰　张知本
　　　　　　　　　　　　　李福林　苗培成　维翼群
　　　　　　　　　　　　　王法勤　蒋伯诚　刘　峙
　　　　　　　　　　　　　潘公展　丁超五　吴忠信
　　　　　　　　　　　　　李文范　杨　虎　于右任
　　　　　　　　　　　　　张　钫　孔祥熙　程天固
　　　　　　　　　　　　　傅秉常　许崇智　梦焕章

黄旭初　商　震　刘建绪
徐　堪　傅汝霖　吴敬恒
李煜瀛　曾养甫　孙建中

教育部专门委员会报告审查制定中医教学规程意见

奉交审查焦易堂等五十三委员提请责成教育部明令制定中医教学规程，编入教育学制系统，以便兴办学校而符法令一案。遵于三月六日开会讨论，佥谓医学与民生关系至大，旧术已将失传，新学未臻上理，希其各尽所长，固不应歧视；惟均宜深造，始可问世，不若其他职业学校，得有不同程度，便可操业；医无中西，已成双方共同之论，条例既有二，暂作过渡之办法，规程不可再有二，庶合平等之原则。查部颁医学专科学校暂行课目表，并无限制，与原案所列基础学科及应用学科两相对照，科目大致相同，惟温病学与针灸学、按摩、正骨数种，不妨定为特别科目，开办学校时，准其向教育部备案，谨将审查意见报告如下：

一　养成医师之学校，在学制系统中，应遵专科以上学校之规定，以收受高中毕业生为原则。

一　教学规程不必另定，参照医学专科学校暂行课目表办理，得加设特别科目，呈请教育部及卫生署核准备案。

一　本国药物应特别注意，由教育部指定研究机关切实研究。

此上
中央政治委员会
　　附缴原案一件

　　　　　　　　教育专门委员会主任委员　经亨颐
　　　　　　　　　　　　　　副主任委员　段锡朋
　　　　　　　　　　　　　　　　　〔行政院档案〕

18 教育部抄送全国公私立各大学医学院、独立医学院、医药牙科专科学校及医药学会一览表函

(1937年10月)

教育部公函

案准贵部本月七日欧26字第八〇二九号公函，以准驻华墨西哥公使馆函索各医学院及医学会一览表，请详开见复等由。准此。相应列造我国公私立大学医学院、独立医学院及医药牙科专校一览表，民国医药学会一览表各一份，随函奉上，即希查照转知为荷。此复

外交部

　　附件　（1）中华民国公私立大学医学院、独立医学院及医药牙科专校一览表

　　　　　（2）中华民国医药学会一览表

中华民国二十六年十月　日

中华民国公私立大学医学院、独立医学院及医药牙科专校一览表

院　校　名　称	主持人	所在地	内容
国立中央大学医学院	戚寿南	南京	
国立北平大学医学院	吴祥凤	北平	
国立同济大学医学院	翁之龙	上海吴淞	
国立中山大学医学院	梁伯强	广州	
国立上海医学院	颜福庆	上海	

续表

院　校　名　称	主持人	所在地	内容
国立中正医学院	王子玕	南昌	
国立武昌医学院	李宗恩	武昌	筹备中
河南省立河南大学医学院	阎仲彝	开封	
河北省立医学院	齐清心	保定	
浙江省立医学专科学校	王佶	杭州	
江西省医学专科学校	李为连	南昌	
山东省立医学专科学校	尹莘农	济南	
云南省立云南大学医科	秦光弘	昆明	
甘肃省立学院医科	王景槐	兰州	
福建省立医学专科学校	侯宗濂	闽侯	
私立齐鲁大学医学院	施尔德	济南	
私立震旦大学医学院	贝熙业	上海	
私立华西协合大学医牙学院	林则	成都	
私立中法大学医学院	朱广相	北平	
私立北平协和医学院	刘瑞恒	北平	
私立东南医学院	郭琦元	上海	
私立同德医学院	顾毓琦	上海	

续表

院 校 名 称	主持人	所在地	内容
私立光华医学院	陈衍芬	广州	
私立孙逸仙博士医学院	黄雯	广州	
私立湘雅医学院	张孝骞	长沙	
私立上海女子医学院	王淑贞	上海	
私立山西川至医学专科学校	靳瑞萱	太原	
私立南通学院医科	洪式闾	南通	
私立中法大学药科	宗悟生	上海	
国立医药专科学校	孟□□	南京	
国立牙医专科学校	黄子濂	南京	

中华民国医药学会一览表

名 称	主持人	所 在 地
中国医事改进社	胡定安	南京周必由巷新安里二十六号
中华医学会南京支会	戚寿南	南京黄埔路中央医院
中华公共卫生护士学会	胡惇五	南京卫生事务所
中华护士学会	潘景芝	南京双龙巷十一号
中华民国药学会	曾广方	上海威海卫路六十四号

续表

名称	主持人	所在地
中华民国医药学会	陈方之	上海海宁路一三八号半
中华民国医学会	夏应堂	上海光启路一七九号
神州国医学会	顾渭川	上海厦门路五十四号
中华医学会	牛惠生	上海地滨路四十一号
上海市国医学会	丁济万	上海西门南不皮弄
中西医药研究社	宋大仁	上海北四川路永丰坊六十五号
上海市西医学会	钱朝臣	上海英祖界西藏路九十五街四号
北平中医学术研究社	王春园	北平宣内半截街十五号
北平市中医学社	周价人	北平城东煤渣胡同马家庙五号
热带病研究所	汤尔和	杭州诵金门外钱王祠
福州中医学社	王德蕃	福州市南街后一二八号
威海卫新医学术委员会	张敬修	威海卫滨海医院
威海卫国医学术研究会	温冰崖	威海卫中山路三二七号

〔国民政府教育部档案〕

(四)国外留学

一、派遣留学生法规

1 中央大学区制定的各项派遣留学生章则

(1929年1月24日)

（1） 中央大学区派遣出洋员生大纲

一 本大学区派遣出洋员生，分研究、考察、留学、津贴四种。

二 研究员以本大学本部教授、副教授暨直辖教育机关之教员（具有副教授以上之资格者）继续任职在三年以上、有优良之成绩者充之。

三 考察员在学术方面以本大学教授、副教授继续任职在三年以上，有优良之成绩者充之，行政方面，以本大学区各教育机关职员具有副教授以上之资格、继续任职在三年以上、有优良之成绩者充之。

四 留学生以本大学与其他国立大学及立案之私立大学毕业生，经考试选派之，但以苏籍为限。

五 现在国外之苏籍私费留学生得由本大学择优补助，为津贴生。

六 本大学区之留学经费分配如下，研究百分之十五，考察百分之五，留学百分之六十，津贴百分之二十。

七 各项派遣及考试等详细办法，另订之。

附则

十七年度派遣出洋之原则：

一 十七年度派遣出洋员生，以研究纯粹科学及应用科学为原则。

二 十七年度派遣出洋员生，以赴法比二国为原则。

原注：中央大学区撤销后，本大纲江苏省教育厅仍适用。

（2） 中央大学区选派欧美留学生暂行办法

一 本大学区留学欧美官费生，由本大学举行考试选派之。

二 此项官费生以苏籍为限。

三 应考官费生，须具有国立大学或已立案之私立大学毕业资格，而通习各该留学国文字者。如具有国外著名大学或国内国立大学毕业资格，并曾任国立大学教授、副教授、讲师或助教，继续在二年以上，而通习各该留学国文字者，得酌免一部或全部试验。

四 投考时须具请愿书、履历表，并将毕业证书、服务证书、著作、照片等件，送请审核。

五 官费生给费期间以三年为限。如有研究特殊问题未能完毕、有继续研究之必要时，经所在学校校长及主任教授证明，确有成功之希望者，得请永〔准〕延长期限，每次请求以一年为度，至多不得过二次。

六 前项请求延长官费期限之学生，须于各该留学国学年开始三个月以前，将学位证书、成绩单、著作、校长及主任教授之证明书，寄呈本大学审核。其未曾请求及请求而未得核准者，即发给回国川资。

七 官费生须入本大学所认可之学校，学习投考时所认定之科目。如有中途改入他校或改学他科时，须呈经本大学核准，否则停止给费。

八 官费生每学期须将成绩及近况报告一次，如本大学查明成绩不良或行止不检时，得随时停止其官费。

九　官费生给费办法如下：

国别	给费数目	学　费 实验费	其他费用	往返川资
英德奥瑞	每月十六镑	由本大学直接汇交肄业学校	自理	往返各十八镑
法比	每年国币一千元	同　　上	同上	同　　上
美	每月美金八十元	同　　上	同上	往返各美金四百元

十　官费生如受他处津贴须据实报告，本大学当酌量情形减少其官费；如不报告经查出者，即行停止给费。

（8）　中央大学区选补留美津贴生暂行办法

一　本大学区留美津贴生，就留美自费生中选补之。

二　此项津贴生以苏籍为限。

三　请求津贴者须于每年三月三十一日以前，具请愿书、履历、成绩单、著作、照片等件，并由该校校长、主任、教授出具证明书，请本国留学生监督或公使加函证明，寄至本大学审核。其资格须在下列各指定学校文理法农医工商诸科，已得学士学位者，俱以正式生而成绩优良者为合格。

Hanvard　（文、理、医、商、工）

Yale　（文、理、林）

Columbia　（文、理、教育、矿、冶）

Princeton（文、理）

WisconSin　（文、理、农工、地质、化学、生物）

Johns Hopkins　（医）

Carnell　（文、理、农、工程、兽医）

Pennsylvania　（文、理、医、商、建筑、美术）

Chicago　（文、理、医、教育）

Gllinois （农、工）
CaLifonia （农、矿）
Washington State University （渔）
LoWell Textile SchooL
CoLorado SchooL of Mines
Michigan （道路工程）
Purdue （铁路工程）
N·E·Conservstory of Music
Iowa State Colle （农）
New jersey State CoLLege "农（土壤）"
Geogia Statge CoLLege "农（棉业）"
Louisiana State CoLLege "农（制糖）"
Michigan State AgricuLture CoLLege
　　　　　　　　　　（农村教育，社会学）
New Yonk University （商）
M·I·T·
C·I·T·
R·P·I· （电气工程）
Ohio State University
WeLLesLey CoLLege
Vassar CoLLege
ALL research institutes

四　津贴生每名月给美金四十五元，回国川资一次，美金四百元。常年给费，每年分四期汇发，每学年以十月开始（惟十七年度选补津贴开始日期尚无限制）。

五　津贴生如有中途改学他科或入他校者，须经本大学核准，否则停止给费。

六　津贴期间以二年为限，惟成绩特别优良而愿继续研究者，得续请津贴，每次以一年为度，不得过二次。每次续请津贴时，须缴验成绩及证明书等件。

七　续请津贴之学生，须于每年三月三十一日以前函告本大学，候成绩寄到后由本大学分别审定去取。其未曾继续请求及请求而未得核准者，即发给回国川资。

八　津贴生每学期须将成绩报告，如本大学查明成绩不良，或行止不检者，得随时停止其津贴。

（4）　中央大学区选补留英津贴生暂行办法

一　本大学区留英津贴生，就留英自费生中选补之。

二　此项津贴生以苏籍为限。

三　请求津贴者，须于每年八月二十一日以前具请愿书、履历、成绩单、著作、照片等件，并由各该校校长主任出具证明书，请本国留学生监督或公使加函证明，寄至本大学审核。其资格至少须考过著名大学之中期考试 intermediate examination 或其他相当程度之考试而成绩优良者。

四　津贴生每名每月给英金九镑，每年分四期汇发，回国时给回国川资一次，英金八十镑，每学年以十月开始（惟十七年度选补津贴开始日期尚无限制）。

五　津贴生如有中途改学他科或入他校者，须经本大学核准，否则停止给费。

六　津贴期间以二年为限，惟成绩特别优良而愿继续研究者，得续请津贴，每次一年为度，不得过二次。每次续请津贴时，须缴验成绩证明书等件。

七　续请津贴之学生，须于每年五月以前函告本大学，候成绩寄到后由本大学分别审定去取。其未继续请求及请求而未得核准者，即发给回国川资。

八　津贴生每学期须将成绩报告，如本大学查明不良或行止不检者，得随时停止其津贴。

(5)中央大学区选补留德奥瑞津贴生暂行办法

一　本大学区留德奥瑞津贴生，在各该国自费生中选补之。

二　此项津贴生以苏籍为限。

三　请求津贴者须于每年八月二十一日以前，具请愿书、履历、成绩单、著作、照片等件，并由各该校校长、主任、教授出具证明书，请本国留学生监督或公使加函证明，寄至本大学审核。其资格须曾在各大学受 Varprvfvng 而及格，或曾在各大学受 Fachpnvfvng 而及格，或已进各大学之 Seminar 者，俱以成绩优良为合格。

四　津贴生每名月给英金八镑，一年分四期汇发，回国川资一次，英金八十镑，每学年以十月开始（惟十七年度选补津贴开始日期尚无限制）。

五　津贴生如有中途改学他科或入他校者，须经本大学核准，否则停止给费。

六　津贴期间以二年为限，惟成绩特别优良而愿继续研究者，得续请津贴，每次以一年为度，不得过二次。每次续请津贴时，须缴验成绩及证明书等件。

七　续请津贴之学生，须于每年五月以前函告本大学，候成绩寄到后由本大学分别审定去取。其未曾继续请求及请求而未得核准者，即发给回国川资。

八　津贴生每学期须将成绩报告，如本大学查明成绩不良或行止不检者，得随时停止其津贴。

(6)中央大学区选补留法律津贴生暂行办法

一　本大学区留法津贴生，就留法自费生中选补之。

二　此项津贴生，以苏籍为限。

三　请求津贴者须于每年八月三十一日以前，具请愿书、履历、成绩单、著作、照片等件，并由各校校长、主任、教授出具证明书，请本国留学生监督或公使加函证明，寄至本大学审核，其资格须在法国国立大学已考得学科证书一张以上，或在法医药科一年以上，或已经考试录取下列之学校者，俱以成绩优良为合格。

EeoLe des Ponts et Chaussees
EcoLe nationaLe Superieure des Mines a panis
EcoLe nationaLe Supenicure des Mines a St·Etiennes
Ecole CentraLe des Arts et Manufactunes palis
Institute NationaL Agzonomiqne
EcoLe poLytechenique poLytechenigue
EcoLe Srperieure DeLectnicite
EcoLe dee Beaux Ants
EcoLe Nonmat Supenieune

　　四　津贴生每名年给国币四百元，回国川资一次八十镑；常年给费分四次汇发，每学年以十月开始（惟十七年度选补津贴开始日期尚无限制）。

　　五　津贴生如有中途改学他科或入他校者，须经本大学核准，否则停止给费。

　　六　津贴期间以二年为限。惟成绩特别优良而愿继续研究者，得续请津贴，每次以一年为度，不得过二次。每次续请津贴时，须缴验成绩及证明书等件。

　　七　续请津贴之学生，须于每年五月以前函告本大学，候成绩寄到后，由本大学分别审定去取。其未曾继续请求及请求而未得核准者，即发给回国川资。

八　津贴生每学期须将成绩报告本大学，如无优良之成绩或行止不检时，得随时停止其津贴。

九　留比自费生请求津贴，得比照上项办法酌量办理。

（7）　中央大学区选补留日官费生及津贴生暂行办法

一　本大学区留日官费及津贴生均在留日自费生中选补，遇必要时得考试选派之。

二　此项官费及津贴生，均以苏籍为限。

三　官费生有缺额时，就日本各帝国大学正式生中成绩优良者选补之。津贴生缺额时，就日本各官立高等学校或专门学校之正式生中成绩优良者选补之，但著名私立大学本科生或于特殊专门学校习特殊著名学科者，成绩特别优异时，得酌量变通之。

四　请求官费或津贴，在日本学年开始一月以内，除填具请愿书、履历书并附缴照片外，官费生并须呈缴以前留日学历、成绩及帝大正科肄业证明书。津贴生须呈缴所在学校校长及主任教授证明成绩之推荐书，请求官费及津贴时，均须由留日学生监督加函证明。

五　官费生每名月给日币九十元，津贴生每名月给日币五十元，学费自纳，均自核准之学期起，由本大学每学年分四次汇交留日学生监督转给。

六　官费生给费期间，至得学士学位为止。但至多不得过三年（习医科者不得过四年），津贴生至多不得过二年（医科不得过三年）。

七　官费生及津贴生每学期须寄送所在肄业学校或其教授之成绩报告书，及勤惰证明书。毕业后须缴验文凭，并附送所在学校或其教授之成绩证明书及论文。

八　官费及津贴生毕业后回国者，给回国川资一次，日币八十元。

九　官立高等学校毕业成绩优越之津贴生，经学校证明，得请求继续津贴入帝大求学，每次请求以一年为限，至能适用官费生办法时即行补给官费。其有在各官立高等学校毕业考试名列前五名入帝大者，得迳补官费，以示奖励。

十　官费生或津贴生，如本大学查明成绩不良、行止不检时，随时停止官费或津贴。

十一　官费生毕业帝大理工医农四学部后，进大学院研究者，由该帝大研究指导教授证明其确有优颖成绩，可以深造，经本大学核准，得继续原额官费二年。请求时，须具送帝大研究指导教授之成绩证明书与推荐书及其研究题目，与研究方法说明书，于大学院入学后二月以内，寄到本大学审核。研究期内每学年终，须报告研究状况及其教授之成绩报告及勤惰证明书。满二年不能得博士学位者，停给官费；但因研究上特别原因，研究期限二年内不能成功者，经指导教授证明其确实，并确有成功希望者，得重行请求延长期限，每次以一年为度，至多不得过两次。

十二　官费生毕业后，不进帝大大学院欲至欧美研究者，倘卒业成绩优良，有该帝大教授成绩证明书及介绍书，至欧美一定著明大学，研究一定问题，并已得该校教授许可时，得本大学之核准，仍得继续原额官费二年，并得酌量发给赴欧美来回旅费。每学年终须报告研究状况，并教授勤惰证明书。倘以研究上特别原因、研究期限二年内不能成功者，经指导教授证明后，得再请求延长一年。

十三　继续研究诸生有中止或怠于研究者，除随时停止官费外，并追缴已领之研究各费。

十四　从前帝大毕业生中成绩特别优良，经帝大或其教授证明，亦得依照上项办法，呈验证明文件，请求官费，继续研究。

十五　已受庚款补助者，概不给费。

〔国立中央大学档案〕

2 浙江省派遣留学生办法大纲及其施行细则

(1928年8月—1930年5月)

(1) 浙江派遣留学办法大纲(1928年3月30日)

一、本省派遣留学欧美各国以二十名为限,日本以六十名为限。

二、凡曾经国内外大学毕业(或同等程度)、在本省服务三年以上而有成绩者,得派遣之,或在省外服务三年以上而有成绩、经本省之聘任担任本省某种事业者,亦得派遣之。

三、其所习之科目,以其所经营或担任之事业的性质定之,回国后至少须在本省服务三年。

四、各部分名额分配如下:

政府服务行的政人员10%,技术人员30%;

大学教授35%;

高中教员、中学校长25%。

五、候选人之资格由浙江省教育厅组织委员会审定之。

六、本大纲细则另订之。

七、本大纲经浙江省政府委员会通过后公布施行,并函送大学院备案。

注:此件于十七年三月三十日浙江省政府委员会九十六次会议议决。

(2) 浙江省派遣留学办法大纲施行细则(1930年5月2日)

第一条 本细则依浙江省派遣办法大纲第六条订定之。

第二条 本省留学派遣,由教育厅查明所出缺额,依本省派遣办法大纲定期通告派遣之。

第三条 本省派遣办法第二条所称在本省或省外之服务年期,均以在国民政府统治下机关服务时期起算,并以籍隶本省者为限。

第四条 本省派遣办法第四条规定之名额分配，依派遣候选人呈请派遣时所任职务分配之。

大学讲师或助教归大学教授类分配，专科学校或其他同等学校之教员归高中教员类分配。

第五条 凡具有本省派遣办法大纲第二条规定之资格者，得具呈或由其服务机关转送教育厅请求派遣。

第六条 请求派遣者应于呈请时开送下列事件：

一、愿赴何国及志愿专攻何种科目；

二、现时服务机关及所任职务；

三、履历；

四、毕业证书历年服务证明文件及服务成绩之证明书类；

五、著作品（技术人员之制作品与著作同）；

六、照片。

第七条 凡呈请派遣者，须依照部令，先受留学国语文之考试，由教育厅试验之。

第八条 候选人资格之审定，由教育厅依照本省派遣办法大纲第九条组织派遣留学官费生审查委员会办理之。

第九条 派遣留学官费生审查委员会以下列委员组织之：

一、省政府秘书长，二、民政厅厅长，三、财政厅厅长，四、建设厅厅长，五、浙江大学各院院长，六、教育厅厅长，七、教育厅秘书长一人。

审查委员会开会时以教育厅厅长为主席。

第十条 审查标准如下：

一、服务年限须备具服务各机关及服务期间之证明文件；

二、服务成绩之证明书须有具体之叙述；

三、著作品须以个人对于某科目研究结果之著作，足以证明学历者为准，其担任教员时所编讲义等，凡足以证明研究心得者亦以著作品论；

四、学习实科者，先于学习文学艺术或其他理论方面之科目者；

五、学习科目适合于本省特殊需要者，先于其他科目；

六、资格及其他标准相同时，以留学国语文之优劣定之；

七、留学国语文不及格者不得被选；

八、凡在未经立案之私立大学毕业者，不在派遣之列。

第十一条　审查委员会因审查候选人之著作品或制作品，得由委员会委托专家审查之。

第十二条　派遣人数依本省派遣办法大纲第四条所定比例分配之，遇有甲项人数不足额而乙项合格人员逾额时，得斟酌情形流补之。

第十三条　审查委员会会议规则由审查委员会定之。

第十四条　本细则自省政府公布日施行。

〔国立中央大学档案〕

3　国民党中央执行委员会派遣留学生章则

（1929年12月—1931年7月）

（1）　派遣留学生管理章程（12月26日）

第一节　管理机关

第一条　中央派遣之留学生，由中央训练部设留学生管理委员会管理之,管理委员会之章程及办事细则另定之。

第二条 留学生管理委员会设委员五人至七人,由中央训练部提请中央执行委员会任用之。

第三条 留学生管理委员会设学业考查员若干人,由中央训练部聘请专门人员充任之。

第二节 留学生之登记移转及请假

第四条 凡考取之留学生,应于领费出国之前到中央训练部填写遵守本章程之誓约。

第五条 留学生抵留学国后,应即向本党党部或使领馆报到,取具证明书,并将出国经过、入学计划、通讯地址、连同证明书等详细呈报留学生管理委员会。

第六条 留学生欲移转留学国度学校或学科者,必须先将理由呈经留学生管理委员会核准后方得转学。

第七条 留学生在留学期间内,如遇特别事故必须归国者,应先呈请留学生管理委员会核准后方得归国。

第八条 留学生非遇疾病等重大事故具有确实证明者,不得旷课或长期请假。

第三节 报告及其审查

第九条 留学报告分为下列数种,由留学各生按照各项报告之规定,分别具报留学生管理委员会审核之。

(甲)学业状况报告 每月一次,并须附带报告其生活状况。

(乙)学业成绩报告 每学期一次,并须附具学校之成绩单。

（丙）旅行参观报告　报告每次参观后之心得。

（丁）实习报告　报告在外国政府机关或农工商业机关等实习中之成绩及经验，其实习期间在三个月以下者，于实习期满时报告之，超过三个月以上者，每三个月报告一次。

各项报告式样由留学生管理委员会制定颁发之。

第十条　凡因病不能作学业状况报告者，必须检同医生或医院证明书报告留学生管理委员会。

第十一条　凡学业成绩报告，须取得所在学校负责者之证明。

第十二条　留学生所寄呈之各种报告，由留学生管理委员会审核后将其结果函复本人，并汇印成册发表。

第四节　留学生回国后之服务办法

第十三条　留学生回国后，须向管理委员会呈验其学业证书及各种学业成绩。

第十四条　留学生回国后，须就其所学担任中央所指定之工作。

第五节　罚　　则

第十五条　凡留学生无故缺学业状况报告至三次以上者，取销公费。

第十六条　无正当理由，且事前未经管理委员会许可而缺学业成绩报告者，取销公费。

第十七条　凡成绩不良，经留学生管理委员会审查认为无造就之可能者，取销公费。

第十八条　有反革命之言论行动、经所在地党部呈控、经中央审查属实者，取销公费。

第十九条 凡取销公费，由留学生管理委员会提由中央训练部转呈中央执行委员会决议行之。

第六节 附　则

第二十条 本章程施行细则另定之。

第二十一条 本章程如有未尽事宜，由中央训练部提请中央执行委员会议决修改之。

第二十二条 本章程由中央执行委员会议决施行。

（2） 派遣留学生管理委员会组织规则（1930年1月9日）

第一条 本规则根据中央派遣留学生管理章程第一条之规定订定之。

第二条 本会设委员五人至七人，由中央训练部提请中央执行委员会任用之。

第三条 本会设事务、审查二股，每股设主任一人、干事二人、助理一人，由本会拟定人选，呈请中央训练部核准任用之。

第四条 本会为便考查留学各生学业成绩起见，由中央训练部按照留学生学习科目分类，聘请学业考查员若干人负责考查之。

第五条 事务股掌理留学生之登记，转移及文书保管等事项。

第六条 审查股掌理留学生各项报告之审查事宜。

第七条 学业考查员专掌留学生学业报告之考查。

第八条 凡中央派遣之留学生有违背管理章程时，其处罚由本会提由中央训练部转呈中央执行委员会决议行之。

第九条 本规则如有未尽事宜，由中央训练部提请中央执行委员会议决修改之。

第十条 本规则由中央执行委员会议决施行。

（3） 聘请留学生学业考查员办法（1930年1月23日）

一、本办法根据中央派遣留学生管理章程第三条及管理委员会组织规则第四条之规定订定之。

二、学业考查员由中央训练部按照派遣留学生留学科目分类聘请。

三、学业考查员之待遇按照下列标准定之：

甲、考查一人至五人之学业成绩者，月致酬金五十元；

乙、考查六人至十人之学业成绩者，月致酬金一百元；每一学业考查员至多负责考查十人之学业成绩。

四、学业考查员每半年必须考查留学各生详细实况，报告留学生管理委员会，以便提由中央训练部转呈中央常委审核。

五、学业考查员聘约以一年为限，满期后如须续约者，由中央训练部另致聘约。

六、本办法如有未尽事宜，由中央训练部提请中央执行委员会常务会议修改之。

七、本办法由中央执行委员会常务会议议决施行。

（4）派遣留学生管理委员会呈送留学生

转学转国办法（1931年7月3日）

呈为呈请审核示遵事：窃职会现因中央派遣各国留学党员请求转学转国者日多，经职会第二十九次会议议决"中央派遣留学生转学转国办法"一则，俾资遵循。兹附呈中央派遣留学生转学转国办法一纸，敬请钧部审核示遵，俾便施行。谨呈
中央训练部
　　附呈中央派遣留学生转学转国办法一纸
　　　　　　　　　　　中央派遣留学生管理委员会

中华民国二十年七月三日

中央派遣留学生转学转国办法

一、本办法根据中央派遣留学生管理章程第六条规定之。

二、中央派遣之留学生欲由所在国之甲校转入乙校者，须先期申述理由，呈请本会核准后方得转学，但一人请求转学不得过三次。

三、中央派遣之留学生欲由甲国学校转入乙国学校者，须在甲国大学毕业，并将其毕业证书呈经本会核准后方得转国。

四、凡准予转学转国之学生，其旅费由本人自备之。

五、凡准予转国之学生入学校后，应按中央派遣留学生学费领取规则领取留学生应领之学费。

六、凡由中央津贴补助之留学生，无论其转学转国，除按照本办法第二、第三项办理外，其学费数额仍按照原有规定之数及期限领取。

七、本办法如有未尽事宜，由中央派遣留学生管理委员会呈请中央训练部修正之。

八、本办法由中央训练部决定施行。

（5）中央派遣留学生考选委员会委员名单

胡汉民　蒋中正　何应钦　陈立夫　戴季陶　叶楚伧
刘芦隐　余井塘　桂崇基　　　　　　以上考选委员
孙　科　谭延闿　陈果夫　　　　　　以上常务委员

（6）中央派遣留学生学费领取规则（1930年5月28日）

一、中央派遣留学生费每人依照下定数额领取：

美国　每月一百美金

英国　每月二十金镑

德国　每月四百马克

日本　每月日金九十元

二、留学生学费每年约分两次（六月初与十二月初）汇发，每次由管理委员会函达中央秘书处会计科直接汇往，各学生不得先期请求汇寄。

三、留学生收到中央汇寄之学费后，应立将学费数额、收到日期填具正式收条，寄呈中央派遣留学生管理委员会转交中央秘书处会计科存查。

四、凡违犯中央派遣留学生管理章程第五节之第十五、十六、十七、十八各条之规定者，取消学费。

五、凡留学生满期，未经呈准延长年限者，停付学费。

六、凡中央津贴补助留学各生，除学费数额另有规定外，其领取学费手续应适用本规则。

七、本规则如有未尽事宜，由中央派遣留学生管理委员会呈请中央训练部会商中央财务委员会修正之。

八、本规则由中央训练部会同中央财务委员会决定施行。

（7）　国民党中央派遣和补助留学生在各留学国中现有人数统计（1930—1933年）

国别	第一批	第二批	第三批	第四批	补助	总计
美	6	37	15	8	6	72
英	4	6		1	3	14
法	4	1			4	9
德	5	1			4	10
日	7				2	9
加拿大					1	1
总计	26	45	15	9	20	115

〔国民党中央民众训练部档案〕

4 教育部公布国外留学规程

(1933年4月29日)

第一章 总 则

第一条 凡赴国外留学者,均须依照本规程之规定办理。

第二条 由各省市教育行政机关(以下简称省市)考取或由公共机关遴派赴国外研究专门学术供给研究期间全部费用者,称为公费生。

凡自备留学费用或由私法人遣派赴国外研究专门学术供给其费用者,称为自费生。

第三条 各省市应就其留学教育经费项下设留学奖学金,以鼓励其本省、市留学自费生成绩优良者。

奖学金名额及办法,由各省市规定,呈部核准施行。

第四条 公自费生损辱国体或荒怠学业及其他不法行为,得由所在国之管理留学机关报告本部取消其留学资格,勒令返国。如系公费生,并追还其前所领之一切费用。

管理留学机关指留学监督处及使领馆而言。

第二章 公 费 生

第五条 各省市考选派赴国外研究专门学术者,应注重理、农、工、医等专科。

研究科目之种额,公费名额留学国别、年限及经费状况等,须由各省市依其地方情形之需要及所研究科目之性质,于每届招生前详为规定,呈部核准施行。但留学年限不得过六年,实习及考察期间在内。

第六条 各省市公费生经各省市考试后,由本部复试决定之。前项考试之举行在同一省市区内每年一次,自二月一日起至三月一日止为报名日期,四月一日起至十五日止为各省市考试日期,七月一日起至七月十五日止为本部复试日期。但距京辽远或有其他特殊情形之省市,得由主管教育行政机关呈部核准,就初试所在地由部派员或指定机关举行复试。

第七条 各省市考选公费生详细章则,由各该省市教育行政机关依照本规程之规定制订,呈部核准施行。

复试办法由本部另定。

第八条 凡有下列资格之一者,得报名考试。

一、国内外公立或已立案之私立专科以上学校毕业,并曾任与所属学科有关之技术职务二年以上者。

二、国内外公立或已立案之私立专科以上学校毕业后,曾继续研究所习学科二年以上,而有有价值之专门著作或其他成绩者。

三、国内外公立或已立案之私立大学或独立学院毕业而成绩优良者。

第九条 报名时除呈缴毕业证书及最近四寸半身照片二张(一存各省市一张送部)外,其具有前条第一款资格者,并须呈缴履历书及服务证明书各一份(一份存各省市一份送部),具有前第二款资格者,并须呈缴专门著作或其他成绩。具有前条第三款资格者,并须呈缴学校成绩证明书,服务证明书或学校成绩证明书须由服务处所最高主管人员或学校校长签名盖章。

第十条 前条各件经省市审查合格后方得参与考试。

第十一条 考试事项如左。

一 初试

(甲)检验体格 体格不及格者,不得参与乙、丙二项考试。

（乙）普通科目　党义、国文、本国史地、留学国国语（作文，翻译，会话）

（丙）专门科目　专门科目视所考各学科而定，但最少须考三种科目。

二　复试

（甲）留学国国语（作文，翻译，会话）

（乙）专门科目　专门科目由初试之专门科目中选试二种。投考人对于留学国国语程度较差而于他国国语（日语除外）熟习者，得以他国国语代之。

第十二条　初试成绩之计算，以普通科目中之党义国文及本国史地共占总分数百分之二五，专门科目占百分之五十。复试成绩以三种科目平均计算。

第十三条　凡经省市考试及格科目者，给予初试及格证明书，并须于五月十五日前将考取生各项成绩连同第九条所举各项证件，送部备查，经复试及格者，予以复试及格证明书，不及格者不得更请复试。各省市初试得于每学科应遣派名额加倍录取，送部复试。

第十四条　复试考取各生须于三个月内出国，逾期者得取消其资格。

第十五条　出国及回国川资，由各省市视留学国路程及其他情形规定之。

川资及学费发给手续，由各省市规定，但出国时须预给三个月学费，留学经费暂以留学国国币为标准。

第十六条　各省市于每公费生出国时，应拨存其留学国管理留学机关准备金一千元，以供灾害救济疾病治疗等意外之用，其详细办法由各省市规定之。

第十七条　公费生于留学期内，非有特别情形经各省市较呈本部许可者不得变更其所研究科目及留学国，违者取消留学资格，勒令返国，并追还其以前所领一切费用。

第十八条　公费生于留学期内，须于每学期开始前将上学期之经过及研究之成绩连同主任教授证明文件，呈请管理留学机关证明，并须分别呈部及各省市审查备案。

第十九条　公费生于每学期开始后一个月内，尚未呈报前条所规定各项一次者，以予记过，二次者援用第十七条办法之办理。

第二十条　公费生在留学期内，有办理政府所委托事件之义务。

第二十一条　公费生实罹重病不能继续学业者，得由管理留学机关报告各省市，令其返国，并由各本省市报部备案。

第二十二条　公费生遇家庭重大变故，得呈由管理留学机关向各本省市请假返国，但须经许可后方得起程，此项假期不得超过一年，假期内不给学费，并不给来回川资。

第二十三条　公费生毕业后将毕业证件送请管理留学机关验印证明。

第二十四条　公费生回国两个月内，须到各本省市报到，如本省市需要服务时，至少须依照其留学年限在本省市服务，违者得追还其以前所领一切费用，其详细办法由各本省市定之。

第二十五条　公费生回国后，须于两个月内将毕业证件送部登记，其办法另定之。

第三章　自　费　生

第二十六条　赴国外留学之自费生，须具有左列资格之一：

一　公立或已立案之私立专科以上学校毕业者；

二　公立或已立案之私立高级职业学校毕业者，并曾在国内任技术职务二年以上者。

第二十七条　自费生每学期须将第十八条所规定之各项，呈请管理留学机关审核后转部备案，一学期不报者，管理留学机关应予警告，两学期不报者，取消其留学资格，并勒令回国。

第二十八条　自费生留学经费，须依照附表保证书说明栏内所举约数筹备。

第二十九条　自费生有特别成绩者，得请留学学校及管理留学机关证明，还将特别成绩连同证明文件学历及最近四寸半身像片二张，呈送各本省市审查，暨本部审定认可者，得享受各本省市奖学金补助。

第三十条　自费生自得奖学金之日起，应受第十七、十八、十九、二十各条之限制。

第三十一条　自费生毕业后，须将毕业证书送请管理留学机关验印证明。

第三十二条　自费生回国后，应于两个月内将毕业证书呈部审查登记，其办法另定之。

第四章　留学证书

第三十三条　公自费生出国，均须依照本规程之规定，请领留学证书。

第三十四条　公费生请领留学证书，须呈缴最近四寸半身相片一张，证书费二元，印花税一元。

经公共机关派遣者，并须呈缴毕业证书及履历。

第三十五条　自费生请领留学证书，须呈缴毕业证书、保证书，最近四寸半身相片二张，证书费二元，印花税一元。

具有第二十六条第二款资格者，并须呈缴履历书及服务证明书（服务证明书须由服务处所最高主管人签名盖章）。

附表一　　　　　　　　　　　　　保　证

姓　名	中　文		留学国别	
	西　文		研究科目及	
性　　　　别			其特定问题	
年　　　　岁		年　月　岁　日生	留学年限	
籍　　　　贯		省　　　县	筹定经费总数	
婚姻状况及儿女数				
学　　　　历				
服　　　　务				
经　　　　历				
说　　　　明	（一）学历及服务经历两栏均须注明起止年 （二）筹定经费总数一栏应按下列留学月需 　　　次筹足，留学月需经费约数如次 　　　日本　　　日金七十元　　　德国 　　　美国　　　美金九十元　　　瑞士 　　　英国　　　英金二十镑　　　奥国			
保证人姓名				
性　　　　别				
年　　　　岁				
籍　　　　贯				
保证人签名 证　　　章	今愿保证　　赴　　国自费留学，所有该生 期内发生一切经济困难问题时，经函外留 款接济所具保证书是实 　　　　　　　　　　　　　　　　保证人			
说　　　　明	（一）保证人资格应以下各项为限 　　　（甲）殷实商号 　　　（乙）有固定职业能担负该生经济及行 　　　上列两项在京者由教育部调查许可在原 （二）保证人一时期内所保证自费学生至多 （三）西文译名不得缩写，且须依照本国习			

　　　　书

	姓	名	
家	职	业	
	住	现在	
长	址	永久	

　月
经费约数计算，全留学期间应需用费加入来往川资于未出国前一

德币三百五十马克　　法国　　法币一千八百法郎
瑞币四百五法郎　　　比国　　比币二千法郎
奥币六百光令

职	业	
住	现在	
址	永久	

留学期内栏需经费及其他行为均由保证人负完全责任，如在留学
学管理机关报告国内教育管理机关，通知保证人后保证人立即筹

　　　　　　　签名盖章

为责任者
籍地方者应以呈由教育行政机关调查证明
以三人为限
惯以姓排在名前，并勿另取外国名字

第三十六条　由公共机关或私法人遣派机关代请发给留学证书，并须呈缴第三十四条所规定各件。

第三十七条　公自费生取得留学证书后，须持向外交部或外交部委托发给护照，并向有关系国之领事馆申请签字。

第三十八条　自费生取得留学证书后，其出国日期以三个月为限，倘至期因故不能出发，须开具理由检问留学证书，呈请本部复加签注，得延期三个月，但以一次为限。

第三十九条　自费生取得留学证书后，在未出国前，如欲改往他国，须将原领证书呈部注销，请求换发改往留学国留学证书，呈请时并须另呈缴保证书及相片一张，印花税一元。

第四十条　留学甲国之自费生，欲改往乙国留学者，须呈请本部核发往乙国留学证书，并须呈缴最近四寸半身相片一张，印花税一元。

第四十一条　公自费生行抵留学国二星期内，应将所领留学证书向驻在该国管理留学机关呈验报到。

第四十二条　华侨自费生经管理留学机关考试国文及本国史地及格者，方得由该管理留学机关转请本部发给留学证书。

第四十三条　未领留学证书迳赴国外留学者，应受下列制裁：

一　不得以留学生名义请领护照；
二　不得请求管理留学机关介绍入学；
三　不得呈请奖学金补助；
四　回国时呈验毕业证书，不予登记。

第五章　附　　则

第四十四条　边远各地，如陕、甘、云、贵、蒙藏、青海、宁夏、新疆、热、察、绥等处，因有特别情处，可酌量从宽办理。

附表二： 履 历 表

姓 名	中文		留学别国	
	西文		研究科目 及其特定 问题	
性 别				
年 岁		年 岁 月 日生		
籍 贯		省　　总	留学年限	
婚姻状况及 女儿人数				
学 历				
服务经历				
遣派机关				
川装费数			家	姓名
每年公费数目				职业
附 记			长	住址 现在
				永久
说 明		（一）学历及服务经历两项须注明起止年月 （二）自费生除私法人所遣派者外，免填遣 　　　派机关川装费数及每年公费生目三项 （三）西名译名不得缩写，且须依照本国习 　　　惯以姓排在名前并勿另取外国名字		

〔国民政府教育部档案〕

第四十五条　本规程得由教育部于必要时修改之。
第四十六条　本规程自公布之日起施行。
附国外留学生毕业证件登记办法。

（一）公费生毕业回国两个月内，须将毕业证书或其他证明文件，连同最后学期之成绩及四寸半身相片二张，验印费二元，印花税一元，呈部办理登记。

（二）自费生毕业回国后，两个月内须将毕业证书连同四寸半身相片二张、验印费二元、印花税一元，呈部办理登记，得硕士博士学士位者，须呈缴毕业论文一本，私法人所遣派者，依本办法第一条办理。

二、留学概况

1　冯玉祥推荐黄少谷、郭春涛出洋留学的有关文件

(1928年10月—1929年1月)

（1）中央政治会议致国民政府函（1928年10月24日）

迳启者：准冯委员玉祥养代电称：黄少谷同志在西北指导党务，两年以来成绩卓著，艰苦备尝，兹黄同志拟赴欧美专心致力于学术之研究，并考察各国政治社会一切情形为将来贡献党国之用，拟请玉成其志，资送出洋，为党国培植人才。是否有当，敬候公决等由。当经本会议第一六〇次会议决议，由国民政府资送黄少谷赴欧美游学，相应录案函达，请查照办理。此致
国民政府
　　　　　　　　　中央执行委员会政治会议　印
中华民国十七年十月二十四日

（2）国民政府秘书处致冯玉祥函（1928年10月）

国民政府秘书处函：

敬启者：奉主席发下中央政治会议函为冯委员玉祥，请黄少谷赴欧美游学。经决议：由国府资送。希查照办理一案。经奉国民政府第四次国务会议照办等因。除资送办法另行规定外，相应抄录原件，函达查照。此致

冯委员

  计抄送中央政治会议原函一件

国民政府〇〇处谨启

中华民国十七年十月　　日

（3）国民党中央执行委员会致国民政府函（11月1日）

迳启者：本月一日本会第一八零次常务会议准中央政治会议转送冯委员玉祥养代电，以郭春涛同志赴欧美专研学术，拟请玉成其志，资送出洋一案。经决议照准，交国民政府资送出洋等语在案。相应函达，即希查明办理为荷。此致

国民政府

中国国民党中央执行委员会

中华民国十七年十一月一日

（4）国民政府文官处致冯玉祥函

国民政府文官处公函　第四七六号

迳启者：查贵委员前请资送郭春涛、黄少谷两同志赴欧美游学一案，经中央政治会议决议交国府照办。现奉主席谕：每人发给一年学费及额定旅费，饬财政部照付等因。除由府令行财政部外，相应函达查照，转知郭、黄二君具领为荷。此致

冯委员

（5）国民政府致财政部训令（1928年1月10日）
国民政府训令　第20号
　　　　令财政部
　　为令饬事，前接中央执行委员会暨中央政治会议先后函为冯委员玉祥请送郭春涛、黄少谷两同志赴欧美游学，经决议由国府咨送一案，自应照办。兹定发给一年学费，并照章程发给旅费，各俾资游学，合行令仰该部查照发给具报。此令。
　　附抄便条一件
　　　附：古应芬便条
　　前议决郭春涛、黄少谷二人出洋留学，已请示主席，每人给以学费一年，另旅费若干（大约每人共四千余元），应查案令行财政部发给。

　　　　　　　　　　　　　　　　　　应芬
　　　　　　　　　　　　　　　　　一月十日

（6）冯玉祥致国民政府文官处函（1929年1月17日）
　　迳启者：接准贵处第四七六号公函内开：查贵委员前请咨送郭春涛、黄少谷两同志赴欧美游学一案，经中央政治会议决议，交国府照办。现奉主席谕：发给一年学费及额定旅费，饬财政部照付等因。除由府令财政部外，相应函达照办，转知郭、黄二君具领等因。准此。除函知郭、黄二同志外，相应函复，即希查照转陈为荷。此致
国民政府文官处
　　　　　　　　　　　　　委员　冯玉祥　印
　　　　　　　　　　　　（十八年）一月十七日
　　　　　　　　　　　　　〔国民政府档案〕

2 国立清华大学留美学生监督梅贻琦
关于改进留学生能学成归国服务问题致中央大学函

（1930年5月15日）

迳启者：近来我国学生留学欧美者多至三四千人，每年学成归国者总在数百以上，际兹国内倡言建设，需才孔亟之时，应可出其所学，效用于社会。乃近来政学工商各机关每有需要，多苦不得其人，而留学生之归国者，又往往兴怀才不遇之感，推原其故，盖人才之养成与事业之需要各不相谋。其结果遂使供不适求，学难致用。我国留学事业进行数十年之未能大收其效者，其弊大都在此，然而人才与用途，其间缺少相当介绍机关，亦为障碍之大者。敝处有鉴于此，用将本年清华留美学生三百余人所在学校专修学科及其成绩著作等详为调查，编成表册（按中国留美官私费学生现在尚有千余人，惟散处各方，调查匪易，兹仅就敝处有确切报告者列入，其他学生之调查当俟诸异日），以供国内各机关之参考，庶求者与供者可有接洽之机会。至各生学历或仍有未详，或贵处对于某君更欲有所征询，即希勿吝教示，敝处无不乐为详告也。再关于聘约问题，往往有某校或某机关拟求某种人才，虽非目前急需，但最好能先一、二年预行接洽，倘经约定，则该生在此一、二年中对于某种学科或某项问题可特别注意，以得充分之预备，是则非但于该机关与该学生彼此皆为有利，抑亦我国派遣留学政策目今补救之一端也。附呈清华留美学生调查表一册。敬希察纳将来，倘承赐教，无任欢迎之至。此致
国立中央大学　　国立清华大学留美学生监督　梅贻琦谨启
民国十九年五月十五日

〔国立中央大学档案〕

表一：按费别分　　　　　　　3　民国十八年至二十六年

(1929年

国别\年别\费别	十八年			十九年			二十年			二十一年		
	公费	自费	合计	公费	自费	合计	公费	自费	合计	公费	自费	合计
英　国	15	34	49	13	3	16	4	21	25	9	47	56
法　国	2	163	165	5	137	142	3	103	106	7	101	108
美　国	54	218	272	24	134	158	11	104	115	10	89	99
德　国	6	80	86	5	61	66	15	69	84	6	58	64
义　国		1	1		1	1	1		1			
日　本	2	1,023	1,025	34	556	590	4	79	83	2	225	227
比　国	1	55	56		42	42	1	25	26	3	7	10
奥　国					1	1					3	3
丹　麦					2	2						
荷　兰					1	1						
瑞　典								4	4			
非律滨		3	3					1	1		2	2
加拿大								4	4		1	1
印　度								1	1		1	1
埃　及											5	5
其他各国												
每年总数	80	1,577	1,657	81	938	1,019	39	411	450	37	539	576

留学生统计表

(一1937 年)

	二十二年			二十三年			二十四年			二十五年			二十六年		
	公费	自费	合计	公费	自费	合计	公费	自费	合计	公费	自费	合计	公费	自费	合计
	18	57	75	64	57	121	28	72	100	37	49	86	10	27	37
	6	39	45	2	40	42	1	54	55	5	17	22		14	14
	49	137	186	52	202	254	54	240	294	41	214	255	13	189	202
	17	51	68	11	50	61	20	81	101	6	3	9	6	45	51
		2	2	1	9	10		2	2		6	6			
	8	211	219	7	340	347	3	444	447	15	481	496		49	49
	1	13	14	2	14	16	5	10	15		7	7			
		2	2		1	1		3	3		6	6			
		1	1	1		1		2	2						
						1		1	1		1				
		1	1		1	1		5	5	1	1	2			
				1		1		1	1		3	3			
		1	1	63		63		3	3		2	2			
		1	1												
		5	5												
							2	1	3				2	11	13
	99	521	620	141	778	919	114	918	1,032	105	789	894	31	335	366

表二：按国别分

学年度别	共计	美国	英国	德国	法国	比国	意国	日本	澳大利亚	瑞士
二十六学年度	366	201	37	52	14	4	1	49	2	
二十五学年度	1,002	255	86	117	22	7	6	496	6	2
二十四学年度	1,033	294	102	101	55	15	2	447	3	5
二十三学年度	859	254	121	61	42	16	10	347	1	1
二十二学年度	621	186	75	68	45	14	2	219	2	1
二十一学年度	576	99	56	64	108	10		227	3	
二十学年度	450	115	25	84	106	26	1	83		1
十九学年度	1,030	158	16	66	142	42	2	590	11	
十八学年度	1,657	272	49	86	165	56	1	1025		

表三：按科别分

年度	共计	文类				
		小计	文	法	商	教育
二十六年度	366	138	20	61	33	24
二十五年度	1,002	463	108	227	64	61
二十四年度	1,033	506	117	246	73	70
二十三年度	859	428	99	234	52	43
二十二年度	621	301	78	151	45	27
二十一年度	576	342	98	179	40	25
二十年度	450	221	57	108	45	11
十九年度	1,030	572	166	307	50	43
十八年度	1,657	971	260	568	75	62

加拿大	非律滨	荷兰	波兰	丹麦	土耳其	小哇	安南	印度	埃及	瑞典	
3	2						1				1937—1938
2	3										1936—1937
3	1	1	1	1	1	1					1935—1936
3	1	1		1							1934—1935
1	1			1			1		5		1933—1934
1	2							1	5		1932—1933
4	1							1		3	1931—1932
		1		2							1930—1931
	3										1929—1930

实 类					
小 计	理	工	医	农	其 他
228	46	107	34	41	
526	97	113	183	127	13
525	135	113	174	104	1
431	116	72	164	79	—
317	55	40	139	83	3
213	49	35	76	53	21
220	64	17	79	60	9
400	77	49	165	109	58
548	129	66	219	104	138

〔国民政府教育部档案〕

4 寰球中国学生会调查留日学生统计

(1931年6月10日)

(一)留日学生科别统计

法　科	四六五人	经济科	三八六人
军事科	三三九人	工　科	二三八人
文　科	二三二人	铁道科	一四三人
理　科	一三八人	医　科	一三六人
农　科	八一人	美　术	五一人
航　科	二三人	音　乐	一三人
其　他	八一九人		
合　计	三〇六四人		

(二)留日学生分布地点统计

东　京	二五〇三人	京　都	六四人
长　崎	五五人	广　岛	四五人
福　冈	四三人	户　烟	四一人
奈　良	二八人	杞　幌	二四人
名古屋	二三人	大　阪	一六人
神　户	一二人	鹿儿岛	九人
山　口	七人	水　户	六人
仙　台	三九人	千　叶	三一人
横　滨	四人	熊　本	三人
大　分	二人	冈　山	二人
秋　田	二人	上　田	二人
京　城	一人	金　泽	一人
福　井	一人	盛　冈	一人
鸟　取	一人	三　重	一人

其　他　　九七人
　合计三〇六四人

（三）留日学生省别统计

广 东	五六三人	辽 宁	五五一人
江 西	二二四人	四 川	二〇六人
浙 江	一七五人	江 苏	一六七人
福 建	一六五人	湖 南	一五六人
湖 北	一三五人	河 北	一二四人
安 徽	九三人	吉 林	八五人
山 东	七四人	云 南	六九人
黑龙江	五六人	广 西	四九人
河 南	四三人	陕 西	三八人
山 西	三七人	贵 州	一四人
热 河	六人	甘 肃	五人
蒙 古	四人	新 疆	三人
绥 远	二人	未 详	二〇人

　合计三〇六四人

（四）各学校之中国学生人数统计

东京帝国大学	七二	京都帝国大学	五一
九州帝国大学	四三	北海道帝国大学	二四
东北帝国大学	一七	京城帝国大学	一
东京商科大学	二八	神户商业大学	一一
大阪商科大学	二	东京文理科大学	七
广岛文理科大学	三	东京工业大学	一一五
大阪工业大学	九	长崎医科大学	一六
千叶医科大学	一一	爱知医科大学	三

大阪医科大学	一	东京慈惠会医大	一
东京农业大学	五	早稻田大学	二二六
明治大学	二○六	日本大学	一一九
法政大学	九五	庆应大学	四九
惠修大学	三九	明治大学女子部	三二
中央大学	一五	同志社大学	四一
卜智大学	二	立教大学	一
立正大学	一	第一高等	三八
第二高等	七	第三高等	一三
第四高等	一	第五高等	三
第六高等	二	第七高等	七
第八高等	一三	水户高等	六
浪速高等	三	东京高等	一三五
广岛高师	四二	奈良女高师	二八
东京女高师	九	仙台高工	一五
名古屋高工	七	横滨高工	四
东京高工	四	福井高工	一
秋田矿专	一一	长崎高商	三九
山口高商	七	大分高商	一一
鹿儿岛高农	二	盛冈高农	一一
三重高农	一	鸟取高农	一一
东京高蚕	四	京都高蚕	一
上田蚕专	一一	日本美术专校	二○
东京美术专校	一○	女子美术专校	一六
东洋音乐学校	七	川临画校	五
日本音乐学校	五	东京音乐专校	一
明治专校	四一	东京女子医专	二九
东京医学专校	二八	帝国女子医专	一二

昭和医学专校	二	东洋女子齿专	一
东京女子齿专	一	日本女子大学	六
共立女子职业学校	二	大妻技艺学校	二
日本女子体专	二	梅花女子学校	一
骏河台女学院	一	学习院	四
关西学校	一	林业试验场	四
电气学校	一〇	酿造试验所	三
农事试验场	三	传染病研究所	三
园艺试验场	二	理化研究所	二
水产讲习所	一	御园飞行学校	一八
日本飞行学校	四	陆军士官学校	二九三
陆军野战炮兵学校	一九	陆军工兵学校	七
陆军炮兵学校	七	陆军大学	六
陆军军医学校	三	陆吾兽医学校	一
千叶高等园艺学校	一	东京铁道局教练所	一二八
岩仓铁道学校	一五	东亚高等预备学校	三二三
成城学校	一九一	第一外国语学校	一〇五
研究学馆	八一	东京物理学校	一一

〔国民党中央民众训练部档案〕

5 各高等学校一九三二年投考与录取清华公费留美学生统计

(1933年10月 日)

于公费留美考试,二十二年十月投考大学者共一百八十三名,乃系国内三十二个专门以上学校分别保送,而在平京两处应考。兹根据调查,将此次各校投考人数与录取人数,统计如下:

学 校	投考人数	录取名额
北京大学	十	零
北平大学	一二	一
师范大学	七	一
东北大学	三	零
燕京大学	七	零
清华大学	一九	九
北平铁道管理学院	一	零
南开大学	四	零
北洋大学	一一	零
河北工业学院	二	零
唐山交大	八	一
河南大学	二	零
焦作工学院	二	零
中央大学	二八	一
中央政治学校	三	零
兵工专门学校	三	零
金陵大学	一二	四
东吴大学	四	零
苏州工业专门学校	一	零
浙江大学	七	一
武汉大学	七	零
华中大学	一一	零
湖南大学	一	零
上海交大	一四	五
光华大学	三	零
复旦大学	一	零

续表

学　　　校	投考人数	录取名额
大夏大学	一	零
大同大学	四	二
沪江大学	二	零
劳动大学	一	零
江西工业专门学校	一	零
广州中山大学	一	零
总计	一八三	二五

〔国民党中央民众训练部档案〕

6　蒋介石关于不再遣送人员赴莫斯科孙逸仙大学留学事致国民政府呈

（1927年8月10日）

呈为呈复事：奉钧府令开：为通令事：现准中央执行委员会函开：迳启者：准中央青年部部长丁惟汾查莫斯科孙逸仙大学原系孙文大学所改名，假本党总理之名，吸收本党同志及我国青年，并本党主义及政策妄加诋毁，是借本党之名行反叛本党之实，应宜通电国内外将该校名目取销，同【时】通令全国不得再送学生前往等由。当经本会第一〇六次会议议决，否认该校名议，咨政治会议、国民政府通令全国，不得再送学生等语。除分函外，相应录案函达，即希查照，并转所属遵照办理为荷等由。准此，应即照办，除分令外，合行令仰遵照，并转饬所属一体遵照等因。奉此。除遵即通令所属各军一体遵照，理合备文，呈请鉴核。谨呈
国民政府

职　蒋中正

中华民国十六年八月卜日

〔国民政府档案〕

7 国民党中央训练部处理留苏归国学生办法的通告

(1928年12月31日)

为通告事：查留俄学生陆续归国者为数甚多，亟应妥订处理办法。兹经本会一八九次常务会议通过处理留俄归国学生暂行办法八条。为此，通告各省市党部，一体遵照为要！

右通告

各省、特别市党务整理委员会

附发处理留俄归国学生暂行办法一份

中华民国十七年十二月三十一日

处理留俄学生暂行办法

第一条 凡留俄学生归国后，应于一星期内亲赴中央或各省市党部报到，其在各省市报到者，由各该省市党部转送中央听候处理。

第二条 凡留俄学生归国后，一星期内不依前条规定报到者，以共产嫌疑犯论，由中央通令各地党部、政府、驻军严密侦捕，解中央核办。

第三条 留俄归国学生报到后，由中央所设立之留俄归国学生临时招待所收容之。

第四条 临时招待所由中央委派干事一人，助理若干人管理之。

第五条 留俄归国学生入招待所后，非经由中央详密考查，认为确无共产嫌疑并给予证明书后，不得擅自离去。

第六条 留俄归国学生得中央证明书后，得由本党党员五人以上之连坐保证，准其自由行动。但在一年以内，仍须将住址行动随时报告中央，以备查讯。

第七条　凡留俄归国学生确系共产党，但在发觉前向中央自首者，依照共产党自首条例办理。

第八条　本办法由中央执行委员会议决施行。

〔国民党中央执行委员会秘书处档案〕

8　国民党中央加强留苏归国学生控制的有关文件

(1931年7月—1932年9月)

（1）国民党中央秘书处致中央训练部公函（7月30日）

中国国民党中央执行委员会秘书处公函特字第652号

本月二十七日常务委员谈话会，据组织部报告：留俄学生最近又有数十人归国，要求中央予以救济，应如何处理请核示等情。当以此辈青年久处不良环境，思想未尽纯正，殊有施以长时间训练之必要。经决定：一面予以招待，一面计划训练方法，交训练部办理。特此函达，即希查照办理为荷！右致
中央训练部

秘书长　丁惟汾

中华民国二十年七月三十日

（2）中央训练部致中央秘书处公函（8月5日）

中央训练部公函

迳启者：准贵处特字第六五二号函略开：关于留俄归国学生之处理，经常会谈话会决定，一面予以招待，一面计划训练，办法交训练部办理，特此函达查照等因。准此。兹拟具中央训练部管理留俄归国学生暂行办法草案及留俄归国学生招待所经费预算

书草案各一份，相应备函送达，即希查照转陈核示为荷。此致
中央秘书处

　　附：中央训练部管理留俄归国学生暂行办法一份
　　　　留俄归国学生招待所经费预算书〔略〕

　　　　　　　　　　部　长　方〇〇
　　　　　　　　　　副部长　苗〇〇　丁〇〇

中华民国二十年八月五日

中央训练部管理留俄归国学生暂行办法

　　甲　组织
　　一、设立留俄归国学生招待所，内设总干事一人，承中央训练部之命，督率工作同志负招待及指导留俄归国学生之全责，下设干事二人，襄助总干事，分任该所事务，设录事一人，担任缮写及收发文件等事务。
　　前项人员得由中央训练部调用之。
　　　乙　招待
　　二、凡愿受招待之留俄归国学生，须于接到通知后一星期内，至中央训练部报到。
　　三、凡已报到之学生须遵守管理规则，不得自由行动，其规则另定之。
　　四、所内各项费用，由中央训练部拟定预算，送交中央财务委员会核准支付之。
　　五、学生每人每月生活费暂定为若干元。
　　　丙　训练
　　六、训练纲领
　　一、以总理遗教为最高原则。
　　二、使其认识中国实际环境，要以深切信仰本党为旨归。

七、指定阅读书籍，按日作笔记，务须忠实记载，每星期六汇缴审核。

八、规定每周举行讨论会一次，其题目由总干事商承中央训练部定之，在开会时由总干事报请中央训练部派员参加。

九、创办月刊，由各学生负责撰述，每期文稿须于付印前一星期送由总干事汇呈中央训练部编审。

十、每月举行讲演会一次，其日期由总干事商承中央训练部定之。

丁 考查

十一、凡受招待学生于报到时须填具考查表一份，其格式另定之。

十二、招待所负责人员须每周填具调查报告表一次，其格式另定之。

十三、凡受招待学生，除阅读及撰述外，并须每两周就党务、政治、军事及□□□各事项，作设计报告一次。

十四、除书面考查外，中央训练部得随时派员考查，其方法另定之。

十五、本办法由中央执行委员会核准施行。

〔国民党中央民众训练部档案〕

9 国民党中央训练部处理留苏归国学生暂行办法施行细则

（1932年9月29日）

第一条 本细则根据第二届中央执行委员会第一八九次常会通过之《处理留俄归国学生暂行办法》及第四届中央执行委员会第三十三次常会关于处理留俄归国学生决议案订定之。

第二条　留俄学生亲赴中央或各省市党部报到时，须呈缴证明文件；其在省市党部报到者，各该党部于转送报到人至中央时，须将此项证明文件一并呈缴，以凭审核。

第三条　前条所称证明文件，系指左列各项而言：

甲　学业证书；

乙　护照；

丙　个人作品（日记论文等）。

第四条　留俄归国学生因疾病或其他特殊事故已逾处理留俄归国学生暂行办法第二条规定期限未即报到者，如能提出充分理由，仍许履行报到手续。

第五条　报到人于报到后，应即居处于中央指定之处所，听候考查。

第六条　主管会科收到报到人之呈请后，应即派员调查该报到人言行。

第七条　调查及谈话时，应注意之事项如左：

一、报到人留俄经过及其前后之思想；

二、报到人曾否参加共产党之组织，如曾参加，系属何派；

三、报到人居留俄国时之观感；

四、报到人反共经过及其根本原因；

五、报到人对本党主义、中国国情及中国革命之认识如何；

六、报到人有无虚伪及欺诈等行为。

第八条　奉派调查或谈话人员认为该报到人确无危害党国或确有为国民革命效力之诚意者，呈由主管会之核准，令行留俄归国学生招待所招待之。

第九条　留俄归国学生招待所（以下简称招待所）由组织委员会委派干事一人、助理若干人管理之。

第十条　招待所应进行之事项如左：

一、劝导学生研究本党主义；

二、劝导学生介绍未报到之留俄学生履行报到手续；

三、随时调查学生之思想言行；

四、设法鼓励学生编著反共文字；

五、发行反共刊物；

六、其他供应事项。

第十一条　居住于招待所内之留俄归国学生，按月由所发给每人生活费二十元，伙食自备；其有为招待所出版刊物著有文字或经指定特种工作者，并得另与以薪给。

第十二条　居住于招待所内之留俄归国学生，须遵守所内一切规则。

第十三条　招待所管理规则及经费预算另订之。

第十四条　居住于招待所内之留俄归国学生，经管理人员之视察，认为其思想行动确臻纯正，并呈中央详密考查无误后，得给予证书，许其离所，证明书之式样另订之。

第十五条　本细则未尽事宜，悉依处理留俄归国学生暂行办法之规定办理。

第十六条　本细则经组织委员会核定，并呈报中央执行委员会备案施行。

〔国民党中央执行委员会秘书处档案〕

〔四〕中等教育

（一）教育法令

1 教育部为推进职业教育致各省市教育厅局训令稿

（1931年4月2日）

训令 第五三六号

令各省市教育厅局

查我国兴学三十年，而社会生产落后，人民生计枯窘日益加甚；其故盖由普通学校向不注重职业教育。即如昔之甲乙种实业学校，今之职业学校，亦往往限于经济人才，仅凭书本教授，绝少工作实习。故学生毕业后，仍无实际工作之技能，以从事于各种生产事业。至普通中小学课程中，固亦有手工或农业、工业等科目，而核其实际，大率浅薄空泛，教学效率自无可言，此固中小学所共有之症结，而为今昔之通病，然其害之见于今日中学者尤为显著。原中学教育本为升学及就业之准备。以现在我国国民经济之艰窘，中产之家即难供给子女使尽受大学教育。是以大多数中学毕业生，皆不能继续升学。只以职业学校稀少或办理成绩未见显著，故其学生一旦毕业之后，以无生产技能之训练，无由从事于各种职业，而又自视过高，不能如小学毕业生尚可择就一业，进退彷徨，莫知所适。普通中学遂为世所诟病。苟循此不变，将见民生枯竭，社会冗桌，靡有底止！瞻念前途，曷胜隐忧。

中央自统一告成，深维百年大计，颁布中华民国教育宗旨，为一根据三民主义，以充实人民生活，扶植社会生存，发展国民生计，延续民族生命……；更于实施方针中，明定普通教育须"养成国民之生活技能，增进国民之生产能力……"。起衰救敝，殆无要于此者。

兹为力矫时弊，并切实奉行教育宗旨及其实施方针起见，特明定各省市对于中学教育设施之纲领如下：

一、自二十年度起，各省及行政院直辖各市所设之普通中学过多，职业学校过少者，应暂不添办高中普通科及初中。大多数小学毕业生皆麇集于普通中学。办学者不察，方谓年来教育发达，小学毕业生升学者众多，非尽量添设中学，不足以资容纳。于是省市则竞办高中，县市则竞办初中，甚至县以下各区，亦有创办中学之举，而私人之办学者，几若舍中学外，无学校可办。今日各地公私立中学之繁兴，内容标准之低下，皆缘此片面观察之误。

如该省市立高中普通科最近二三年招生情形，投考者超过取录者至数倍以上，各该高中普通科得酌量增设学级数。

二、自二十年度起，各省市（直辖市）应酌量情形，添办高初级农工科职业学校。

三、自二十年度起，各县立中学应逐渐改组为职业学校或乡村师范学校，其办法即自二十年度起，停招普通中学生，改招职业或乡师学生，以后逐个改招，俟原有普通中学生全数毕业，即为纯粹之职业学校或乡村师范学校。如各县确有设立普通中学之必要，不能改办者，由教育厅斟酌情形，于普通中学内改设职业科及乡村师范科。

四、自二十年度起，各普通中学应一律添设职业科目，或附设职业科。

五、各职业学校或中学附设职业科应宽筹经费，充实设备，切实养成学生之劳动习惯及生产技能。旧有之各级职业学校应一并增加经费,予以扩充。

六、自二十年度起,各县市及私人呈请设立普通中学者,应分别督促或劝令改办农工等科职业学校。准该县距离省立中学地点确系过远,经核明确有必要时,亦得酌准设立。

各省市(直辖市)厅局应遵照上列纲领,参酌地方情形,拟具实施办法,于十九年度终了前呈报部,以凭审核,是为至要。

此令

中华民国二十年四月二日

〔国民政府教育部档案〕

2 国民政府公布职业学校法

(1932年12月17日)

第一条 职业学校应遵照中华民国教育宗旨及其实施方针,以培养青年生活之知识与生产之技能。

第二条 职业学校分为初级职业学校,高级职业学校。

第三条 职业学校之设立,以单科为原则,但有特别情形时得设数科。

第四条 初级职业学校招收小学毕业生或从事职业而具有相当程度者,修业年限一年至三年。高级职业学校招收中学毕业生或具有相当程度者,其修业年限为三年;招收小学毕业生或具有相当程度者,其修业年限为五年或六年。职业学校招收学生,均应经入学试验及格。

第五条 职业学校得酌量情形,附设各种补习班。

第六条 职业学校按所设科别,称高级或初级某科职业学校;其兼设二科以上者,称高级或初级职业学校;合设两级者,称职业学校。

第七条　职业学校由省或直隶于行政院之市设立之，但以地方之需要得由地方设立，或两县以上联合设立之；私人或团体亦得设立职业学校。

第八条　职业学校由省市或县设立者，为省立、市立或县立职业学校；由两县以上合设者，为某某县联立职业学校；私人或团体设立者，为私立职业学校。

第九条　职业学校之设立、变更或停办，其由省或直隶于行政院之市设立者，应由省、市教育行政机关呈请教育部备案，其余呈由省、市教育行政机关核准，转呈教育部备案。

第十条　各级职业学校之教学科目、设备标准、课程标准及实习规程，由教育部定之。

第十一条　职业学校设校长一人，总理校务。省立职业学校由教育厅提出合格人员，经省政府委员会议通过后任用之；直隶于行政院之市设立职业学校，由市教育行政机关选荐合格人员，呈请市政府核准任用之；县、市立职业学校由县市政府选荐合格人员，呈请教育厅核准任用，均不得兼职。前项职业学校校长之任用，均应由省市教育行政机关按期汇案，呈请教育部备案。私立职业学校校长由校董会遴选合格人员聘任之，并应呈请主管教育行政机关备案。

第十二条　职业学校教员由校长聘任之，应为专任，但有特别情形者得聘请兼任教员；职业学校职员由校长任用之，均应呈请主管教育行政机关备案。

第十三条　职业学校校长、教员之任用规程，由教育部定之。

第十四条　职业学校学生修业期满，实习完竣，成绩及格，由学校给予毕业证书。

第十五条　职业学校以不征收学费为原则。

第十六条　职业学校规程由教育部定之。

第十七条 本法自公布日施行。

〔国民政府教育部档案〕

3 国民政府公布中学法

（1932年12月24日）

第一条 中学应遵照中华民国教育宗旨及其实施方针，继续小学之基础训练，以发展青年身心，培养健全国民，并为研究高深学术及从事各种职业之预备。

第二条 中学分初级中学、高级中学，修业年限各三年。

初级中学、高级中学得混合设立之。

第三条 中学由省或直隶于行政院之市设立之，但按照地方情形有设立中学之需要而无妨碍小学教育之设施者，得由县市设立之；私人或团体亦得设立中学。

第四条 中学由省市或县设立者，为省立市立或县立中学；由两县以上合设者，为某某县联立中学；由私人或团体设立者，为私立中学。

第五条 中学之设立变更及停办，由省或直隶于行政院之市设立者，应由省市教育行政机关呈请教育部备案；其余呈由省市教育行政机关核准，转呈教育部备案。

第六条 中学之教育科目及课程标准由教育部定之。中学应视地方需要，分别设置职业科目。

第七条 中学教科图书应采用教育部编辑或审定者。

第八条 中学设校长一人，综理校务；省立中学由教育厅提出合格人员，经省政府委员会议通过后任用之；直隶于行政院之市市立中学，由市教育行政机关选荐合格人员，呈请市政府核准任用之；县市立中学由县市政府选荐合格人员，呈请教育厅核准任用，除应担任本校教课外，不得兼任他职。

前项中学校长之任用，均应由省市教育行政机关按期汇案，呈请教育部备案。私立中学校长由校董会遴选合格人员聘任之，并应呈请主管教育行政机关备案。

第九条　中学教员由校长聘任之，应为专任；但有特别情形者得聘请兼任教员，其人数不得超过教员总数四分之一；中学职员由校长任用之，均应呈请主管教育行政机关备案。

第十条　中学校长教员之任用规程，由教育部定之。

第十一条　高级中学入学资格，须曾在公立或已立案之私立初级中学毕业，其在初级中学毕业生人数过少之地方，得招收具有同等学历者，但不得超过录取总额五分之一；初级中学入学资格，须曾在公立或已立案之私立小学毕业或具有同等学历者，均应经入学试验及格。

第十二条　初级或高级中学学生修业期满，成绩及格，由学校给予毕业证书。

第十三条　中学规程由教育部定之。

第十四条　本法自公布日施行。

〔国民政府教育部档案〕

4　国民政府公布师范学校法

（1932年12月17日）

第一条　师范学校应遵照中华民国教育宗旨及其实施方针，以严格之身心训练，养成小学之健全师资。

第二条　师范学校得附设特别师范科、幼稚师范科。

第三条　师范学校修业年限三年，特别师范科修业年限一年，幼稚师范科修业年限二年或〔或〕三年。

第四条　师范学校由省或直隶于行政院之市设立之；但依地方之需要，亦得由县市设立，或两县以上联合设立之。

第五条 师范学校由省市或县设立者，为省立、市立或县立师范学校；由两县以上联合设立者，为某某县联立师范学校。

第六条 师范学校之设立、变更及停办，由省或直隶于行政院之市设立者，应由省、市教育行政机关呈请行政院备案；由县市设立者，呈由省教育厅核准转呈教育部备案。

第七条 师范学校及其特别师范科、幼稚师范科之教学科目及课程标准、实习规程，由教育部定之。师范学校应视地方需要，分别设置职业科目。

第八条 师范学校及其他特别师范科、幼稚师范科教科图书，应采用教育部编辑或审定者。

第九条 师范学校得设附属小学，其附设幼稚师范科者，并得设幼稚园。

第十条 师范学校设校长一人，总理校务；省立师范学校由教育厅提出合格人员，经省政府委员会议通过任用之；直隶于行政院之市立师范学校，由市教育行政机关选荐合格人员，呈请市政府核准任用之；县、市立师范学校由县、市政府选荐合格人员，呈请教育厅核准任用，除应担任本校教课外，不得兼任他职。

前项师范学校校长之任用，均应由省市教育行政机关按期汇案，呈请教育部备案。

第十一条 师范学校教员由校长聘任之，应为专任；但有特别情形者得聘请兼任教员，其人数不得超过教员总数四分之一；师范学校职员，由校长任用之，均应呈请主管教育行政机关备案。

第十二条 师范学校校长教员之任用规程，由教育部定之。

第十三条 师范学校及其幼稚师范科入学资格，须曾在公立或已立案之私立初级中学毕业，特别师范科入学资格，应曾在公立或已立案之私立高级中学或高级职业学校毕业，均应经入学试验及格。

第十四条 师范学校及其特别师范科、幼稚师范科学生修业期满，实习完竣，成绩及格，由学校给予毕业证书。

第十五条 师范学校及其特别师范科、幼稚师范科，均不征收学费。

第十六条 师范学校规程及师范学校毕业生服务规程，由教育部定之。

第十七条 本法自公布日施行。

〔国民政府教育部档案〕

5 教育部公布职业补习学校规程

(1933年9月6日)

第一条 职业补习学校为实施补充生产教育之场所，其主要目的如左：

一、对于已从事职业者，补充其现有职业应具之知识技能，或增进其他职业之知识技能，并予以公民之训练。

二、对于志愿从事职业者，授以职业之知识技能，并予以公民之训练。

第二条 省市县应根据地方需要，设立职业补习学校或职业补习班（以下简称职业补习学校），并奖励农、工、商团体及私人设立之。

前项职业补习学校，各级学校均得附设之。

第三条 职业补习学校之设立、变更及停办，在省行政区域内者，应呈经主管县市教育行政机关核准，转呈教育厅备案；在直隶行政院之市区域内者，应呈请市教育行政机关核准备案；其由省及直隶于行政院之市或县市教育行政机关直接办理者，应呈报该管上级教育行政机关备案。

第四条 设立职业补习学校时,应将设科、修业期限、设备、经费等详细计划及理由呈请主管教育行政机关核准备案。

第五条 职业补习学校每学期内或每学科结束时,应将教职员一览、学生名册、学业成绩、经费收支及实施概况,呈请主管教育行政机关备案。

第六条 职业补习学校入学资格,须曾受相当识字教育,年在十二足岁以上者。

第七条 职业补习学校修业期限,由学校依照地方情形及职业性质订定,呈请主管教育行政机关核准。

第八条 职业补习学校之编制,分为左列两种:

一、学期制:以学期为单位,以修完若干学期为终了。

前项学期之起讫,不受一般学期起讫之限制。

二、学科制:以学科为单位,以修完某某学科为终了。

第九条 职业补习学校分左列数种:

一、关于农业及农艺者:如改良种子、病虫害、制种、养蜂、养鸡、畜牧、园艺、普通农作等。

二、关于工业及工艺者:如电镀、汽车驾驶、汽车修理、印刷、制图、摄影、印花、染织、编织、制革等。

三、关于商业者:如打字、速记、簿记、汇兑、保险、广告、图案等。

四、关于家事者:如烹饪、造花、刺绣、缝纫、看护、保姆、理发、佣工等。

五、关于其他职业者,视地方需要情形定之。

第十条 职业补习学校除每日每星期指定日间或夜间一部分时间授课外,得于任何季节、寒暑假期、业余时间或其他特定时间办理之,但均须呈报主管教育行政机关核准备案。

第十一条 职业补习学校之设科及每周授课时数与时间,由学校依照地方情形及职业性质订定,呈请主管教育行政机关核准。

前项之授课时数及时间，对于已从事职业者，以不妨碍其现有职业之工作为原则。

第十二条　职业补习学校之学科分普通与职业两种，普通学科以公民体育为必修科；职业学科包含职业知识技能与职业事务。

前项公民科内容，得较普通学校之公民科为广泛。

第十三条　职业补习学校之职业学科及实习，至少应占全数百分之七十，普通学科至多只能占全数百分之三十。

第十四条　职业补习学校之课程设备及经费标准，由各省市参照地方情形订定之。

第十五条　职业补习学校于必要时，得随时招收新生。

第十六条　职业补习学校学生修业期满或修完应习科目时，经学校考试及格者，由校给予学业成绩证明书。学业成绩由考试成绩与平时成绩合并计算，平时成绩占学业成绩三分之二，考试成绩占三分之一。

前项学业成绩证明书，应注明修业时期及职业学科。

第十七条　公立职业补习学校不收学费，私立职业补习学校经主管教育行政机关之核准，得酌量征收之。

第十八条　私人办理之职业补习学校其成绩优异者，省市县教育行政机关应酌予补助。

第十九条　职业补习学校设校长或主任一人，综理校务。

第二十条　职业补习学校校长、主任或教员，须具有左列资格之一者：

一、高初级职业学校专科或专门学校毕业后有一年以上之职业经验者。

二、具有专门技能之匠师。

普通学科教员资格，得依照中小学校教员资格之规定办理。

第廿一条 职业补习学校校长或主任，除前条规定外，凡曾任人民团体职业机关主要职务者，均得充任之。

第廿二条 本规程于必要时由教育部修正之。

第廿三条 本规程自公布日施行。

〔国民政府教育部档案〕

6 教育部关于办理职业教育应注意事项的训令

(1935年1月22日)

教育部训令 第八四五号

令 各省市教育厅局
威海卫管理公署

为据全国职教讨论会议决各案，关于各省市今后办理职业教育应行注意各点，令饬遵办具报由。

查全国职业教育讨论会提议各案，关于职业教育之行政、经费，职业学校之设科、课程、师资、毕业生出路及中小学职业指导等问题，均有周详之讨论，其议决案业经本部重加审核，兹分别择要摘示如次：

甲、关于职业教育行政及经费者：

（一）各省市厅局在主管学校教育科内，至少须设办理职业教育及职业指导之专任人员各一人。

（二）就督学或指导员中，应指定一人或两人并临时聘请专门人材，专任视察各级职业学校。

（三）各省市对于办理不善、成绩不良之公私立职业学校，应限期责令改善，如逾期不能改善，应即取缔。

（四）各省市厅局应即设置职业教育设计委员会，负调查研究之责，其任务如左：

① 调查本省市职业状况、职业种类及各界需要人才。

② 对于本省市现有公私职业学校之设科，应详细调查有无偏缺情形，且是否与需要相应，各科毕业生是否就业便利，如所设科目与其需要不相应，如何计划合理统制改设他科。

③ 对于今后公私立职业学校添设科别，制定具体计划。

（五）各省市今后推广职业教育应依左列标准，设计推行：

① 多设职业补习学校及初级职业学校。

② 高级职业学校之设置，以单业及每业设一校为原则。

③ 关于商业职业学校之设置，除商业补习学校外，应予以限制。

（六）职业教育法令中，关于设科、经费、设备、实习各项之规定，应由各省市督促实行。

（七）各省市对于职业教育之新增经费，应尽先充实现有职业学校设备，次及增设职业学校。

乙、关于职业学校设科及课程者：

（一）职业学校之设置，以单科为原则，同性质之科可设二科以上；如学校之经费、人才设备各方面均有设置多科之可能，而事实又有设置之必要并经本部核准者，方得设立。

（二）现有中学之仍设职业科者，如已有相当设备、师资及成绩，呈经本部核准者，方得继续存在；视为一种试验性质之学校，现有之初级职业学校，如系初中改办而事实上必须保留初中班，呈经本部核准者，得附设初中班。

（三）各省市如因事实上之需要，得于初级农业职业学校酌加教育科目，农村师范酌加农业科目，惟须呈准本部核准。

（四）职业学校学科中，应设置关于所习职业之企业、经营、管理及一切实用经济之学科，如工业职业学校之工业概况、工厂设计、成本会计等。

（五）职业学校得斟酌情形，增设与该科目有密切关系之普通学科三小时,并以不妨碍本科为限。

丙、关于职业指导者:

(一)各省市厅局应督令全省市中小学于学生毕业前一年内,厉行职业指导。

(二)各省市厅局应聘请专家及各业领袖组织职业指导委员会及顾问会。

(三)各省市厅局举行假期讲习会时,应注意职业指导之讨论。

(四)各省市厅局应举行全省市职业概况调查,并刊印职业分析小册分发各校。

(五)各省市厅局应于最短期间内,筹设职业指导所或职业介绍所。

以上各节仰即分饬遵办具报。此令。

中华民国二十四年一月二十二日

〔国民政府教育部档案〕

7 教育部公布修正中学规程

(1935年6月21日)

第一章 总 纲

第一条 本规程根据中学法第十三条之规定订定之。

第二条 中学为严格训练青年心身、培养健全国民之场所,依照中学法第一条之规定,以实施下列各项之训练:

一、锻炼强健体格;

二、陶融公民道德;

三、培育民族文化;

四、充实生活知能;

五、培植科学基础；
六、养成劳动习惯；
七、启发艺术兴趣。

第三条 中学分初级中学及高级中学，修业年限各三年。初级中学、高级中学合设者称中学，单设者称初级中学或高级中学。

第四条 初级中学学生在学年龄之标准为十二足岁至十五足岁；高级中学学生在学年龄之标准为十五足岁至十八足岁。

第五条 公立初级中学及高级中学得分别附设简易师范科及特别师范科。

第二章 设置及管理

第六条 省、市（指行政院直辖市）立中学之设立、变更及停办，应先由省市教育行政机关拟具计划或理由，呈报教育部核准后办理。县市立及联立中学之设立、变更及停办，应先由主管教育行政机关拟具计划或理由，呈报省教育厅核准后办理，并由厅报部备案。私立中学之设立、变更及停办，应依照私立学校规程所规定程序经由省市教育行政机关核准后办理，并转报教育部备案。公私立中学之设立、变更及停办，不依照前项规定程序办理者，上级教育行政机关得撤消之。公私立专科以上学校附属中学之设置及管理，与公私立中学同。

第七条 省立中学以所在地地名名之，县市立中学迳称某某县市立中学；一地有立别相同之公立中学二校以上时，得以数字之顺序别之，或以区域较小之地名为校名；联立中学称某某县联立中学，私立中学应采用专有名称，不得迳以地名为校名。

第八条 公立初级中学及高级中学之分别附设简易师范科及特别师范科，以具有下列条件为限：

一、原有中学各年级已办齐，教学设备均完善者；
二、确有需要者；

三、经费系另行增筹，且足敷办理者；

四、经主管教育行政机关事先核准者。

第九条 公私立中学应于每学年第一学期开始后一个月内，开具下列各项迳呈或转呈各该省市主管教育行政机关备案。

一、本学年新生、各级插班生、复学生、休学生、退学生及各级学生名册；

二、本学年校长、教职员学历、经历、职务、俸给、专任或兼任事项；

三、本年度经费预算；

四、本学年学则、校舍及设备之变更事项；

五、前学年各级学生学业成绩表；

六、前一年度决算或收支项目。

前项第二款事项，应由省市教育行政机关汇报教育部，其第一、三、四、五、六各款事项，并应造简表送部。

第十条 公私立中学应于第二学期开始后一个月内，开具下列各项，迳呈或转呈各该省市主管教育行政机关备案：

一、本学期新生、各级插班生、复学生、休学生及退学生名册；

二、本学期新任教职员学历、经历、职务、俸给、专任或兼任事项，去职教职员姓名及去职原因；

三、上学期各级学生成绩表。

前项第二款事项，应由省市教育行政机关汇报教育部；其第一及第三款事项并应造简表送部。

第十一条 公私立中学每届办理毕业，应于期前二个月造具应届毕业学生履历及历年各项成绩表，迳呈或转呈省市教育行政机关核准后举行毕业考试，或参加毕业会考。

第十二条 公私立中学每届办理毕业，应于期后一个月内造具毕业生毕业成绩表，迳呈或转呈省市教育行政机关转报教育部备案。

第十三条 公私立中学每学期应由省市教育行政机关派遣督学视察指导至少一次，并将其视察及建议事项于视察完毕一个月内，呈报教育部备核。

第三章 经 费

第十四条 省（市）立中学之开办经常、临时各费，由省（市）款支给之；县立或联立中学经费，由县或联立各县县款支给之，私立中学经费由其校董会支给之。

第十五条 县立中学如确因地方贫瘠及成绩优良，得受省款补助；私立中学非确属成绩优良，不得受公款补助。

第十六条 公款补助县立、私立中学之标准，由省市教育行政机关规定，呈报教育部备案。

第十七条 中学经费之支配，俸给，至多不得超过百分之七十，设备费至少应占百分之廿，办公费至多不得超过百分之十，其预算款式另定之。

第十八条 中学经费之开支应力求撙节核实，并须将全部收支情形由经费稽核委员会为公开及缜密之审核，其审核办法由省市教育行政机关订定，呈报教育部核准施行。

第四章 编 制

第十九条 初级中学及高级中学学生依课程进度各分为一年级、二年级及三年级。

第廿条 每学级学生以五十人为度，但至少须有廿五人。

第廿一条 中学各学科除体育及军事训练得采用其他分组方法教学外，均不得合班教学。

第廿二条 中学学生以男女分校或分班为原则。

第廿三条 新开办之中学第一年不得招收二年级以上学生，

第二年不得招收三年级学生。

第五章　课　程

第廿四条　初级中学之教学科目为公民、体育、童子军、卫生、国文、英语、算学、植物、动物、化学、物理、历史、地理、劳作、图画及音乐。

第廿五条　高级中学之教学科目为公民、体育、卫生、军事训练（女生习军事看护）国文、英语、算学、生物学、化学、物理、中外历史、中外地理、论理、图画及音乐。

第廿六条　需要蒙、回、藏语或第二外国语之特殊地方所设立中学，其高级部之教学科目得减去卫生、论理、图画及音乐。

第廿七条　中学为适应地方需要及实验教育起见，得设置职业科目，但须先将设置科目及设备状况呈报教育部核准。

第廿八条　中学课程标准另定之。

第廿九条　中学教科书须采用教育部编辑或审定者，教员自编教材须适合部定课程标准，并须于每学期终将全部教材送呈主管教育行政机关审核，转报教育部备案。

第卅条　各科教学应活用教本，采用地方性及临时补充之教材，并须注重实验及实习。

中学除外国语教本外，一律采用中文本教科书，不得用外国文书籍，中学教员一律用国语为教授用语。

第卅一条　教员对于学生性情应注意考察，并须启发其观察思考之能力及自动研究之精神。

第卅二条　中学最后年级学生，得利用假期为参观旅行，但不得妨碍课业时间，其费用由学生自行担负。

第六章　训　育

第卅三条　中学训育应遵照中华民国教育宗旨及其实施方针

所规定，陶融青年"忠孝仁爱信义和平"之国民道德，并养成勇毅之精神与规律之习惯。

第卅四条　根据实施方针所规定劳动实习，中学学生除劳作科作业外，凡校内整理、清洁、消防及学校附近之修路、造林、水利、卫生、识字运动等项，皆须分配担任，学校工人须减至最低限度。

第卅五条　中学校长及全体教员均负训育责任，须以身作则，采用团体训练及个别训练，指导学生一切课内课外之活动。

第卅六条　中学每一学级设级任一人，择该级一专任教员任之，掌理各该级之训育及管理事项。

第卅七条　校长及专任教员均以住宿校内为原则，与学生共同生活。

第卅八条　中学学生宿舍须有教员住宿，负管理之责。

第卅九条　中学学生应照学生制服规程规定，一律穿着制服。制服之重制，须视一般学生穿着损坏情形，不得于每学期或每学年令学生新制。

第四十条　中学学生旷课及怠于自修或劳动作业等情，应于操行成绩内减算。

第四十一条　中学之训育标准另定之。

第四十二条　中学学生训育管理及奖惩办法由各省市教育行政机关规定大纲，呈报教育部核定施行。各中学于其学则内，根据是项大纲订定详细规则，呈请主管教育行政机关核定施行。

第七章　设　备

第四十三条　中学校址须具有相当之面积，且其环境须适合道德及卫生条件。

第四十四条　中学应具备左列各重要场所：

一、普通课室；

二、特别课室（物理、化学、生物、图画、音乐等教学用）；

三、工场（尽先设置木工、金工场）、农场、合作社或家事实习室（视所设劳作科种类及学校环境备一种或数种）；

四、运动场（如属可能，应备体育馆）；

五、图书馆或图书室；

六、仪器、药品、标本、图表室；

七、体育器械室；

八、自习室；

九、会堂；

十、学生成绩陈列室；

十一、课外活动作业室；

十二、办公室（职员同室办公，并不得占用校内优良屋宇）；

十三、学生寝室；

十四、教职员寝室（如属可能，应备教职员住宅）；

十五、膳堂；

十六、浴室；

十七、储藏室；

十八、校园；

十九、其他。

第四十五条　校舍之建筑须坚固、朴实、适用，并应采用本国材料。

第四十六条　各科教学之仪器、药品、标本、图表、机械、器件等项，具备足敷各科教学之用。

前项设备中之仪器、标本、图表等，其有能自制者应尽量由教员学生共同制作。

第四十七条　中学图书馆之图书须足供教员及学生参考阅览

之用，其常供学生参考者，尤须备具多数复本。

第四十八条　中学应具备左列各表簿：

一、关于中学之法令统计等项；

二、学则（包含学校一切章程、规则、办法等）；

三、各年级课程表，每学期各班每周教学时间表，各班教科用图书一览表；

四、教职员履历表，担任学科及教学时间表、教学进度预计簿、教学进度记录簿；

五、学生学籍簿、出席簿、请假簿、操行考查簿、奖惩登记簿、学业成绩表、身体检查表；

六、图书目录、仪器、标本、器械、药品目录；

七、财产目录；

八、预算表、决算表、各项会计表簿；

九、学校日记簿、各级日记簿；

十、各项会议记录；

十一、其他。

第四十九条　中学设备标准另定之。

第八章　成绩及考查

第五十条　中学学生成绩分学业、操行及体育成绩三项（童子军成绩应并入体育成绩中计算）。

第五十一条　考查学业成绩分左列四种：

一、日常考查；　　　二、临时试验；

三、学期考试；　　　四、毕业考试或毕业会考。

中学学生毕业会考规程另定之。

第五十二条　日常考查之方式如左，各科依其性质酌用之：

一、口头问答；　　　二、演习练习；

三、实验实习；　　　四、读书报告；

五、作文； 　　　　六、测验；
七、调查采集报告； 　　　八、其他工作报告；
九、劳动作业。

第五十三条　临时试验由各科教员随时于教学时间内举行，不得预先通告学生；每学期每科至少举行二次以上。

第五十四条　学期考试于学期终各科教学完毕时，就一学期内所习课程考试之；考试前得停课一日至二日，备学生复习。

第五十五条　毕业考试于三学年修满后，就初中或高中所习全部课程考核之；考试前得停课三日至四日，备学生复习；其参加毕业会考之学生，得免除毕业考试。

第五十六条　各科日常考查成绩与临时试验成绩合为各科平时成绩，日常考查成绩在平时成绩内占三分之二，临时试验成绩占三分之一。

第五十七条　各科平时成绩与学期考试合为各科学期成绩，平时成绩在学期成绩内占五分之三，学期考试成绩占五分之二。

中学第三学年第二学期得免除学期考试而以各科平时成绩作为学期成绩，但参加毕业会考之学生仍须举行最后学期考试。

第五十八条　每学生各科学期成绩之平均为该生之学期成绩，每学生一、二两学期学期成绩之平均，为该生之学年成绩。

第五十九条　每学生各学年成绩平均与其毕业考试成绩，合为该生之毕业成绩；各学年成绩平均在毕业成绩内占五分之三，毕业考试成绩占五分之二。

第六十条　学生操行成绩或体育成绩不及格者，不得进级或毕业。

第六十一条　每学期各科缺席时数达该科教学总时数三分之一以上之学生，不得参与该科之学期考试。

第六十二条　无学期成绩之学科或成绩不及格之学科在三科以上之学生，或仅二科无学期成绩或不及格，但其科目在初中为国文、英语、算学、劳作四科中之任何二科，在高中为国文、英语、算学、物理、化学五科中之任何二科之学生，均应留级一学期；连续留级以二次为限，如本校无相当学级，可发给转学证书。

第六十三条　无学期成绩之学科或成绩不及格之学科仅有一科之学生，或虽有二科无学期成绩或不及格，但其科目非如前条所规定者之学生，均应令于次学期仍随原学级附读；一面设法补习各该科目，经补行学期考试成绩及格后，准予正式进级；如仍不及格，应于次学年仍留原年级肄业，但此项补考以二次为限，连续留级亦以二次为限，如仍不能进级，发给修业证书，令其退学。

第六十四条　毕业考试成绩内不及格学科在二科以上，或仅二科不及格，但其科目在初中为国文、英语、算学、劳作四科中之任何二科，在高中为国文、英语、算学、物理、化学五科中之任何二科之学生，均应令留级一学年（有春季始业班级之学校，得留级一学期）；但此项留级以二次为限，如仍不能毕业，发给修业证书，令其退学。

第六十五条　毕业考试成绩内有一科不及格，或虽有二科不及格，但其科目非如前条所规定者之学生，均应令补行考试二次，如仍不能及格，应照前条办法办理。

第六十六条　操行及体育成绩考查办法另定之。

第六十七条　学业成绩计算方法由各省、市教育行政机关规定，呈报教育部核准施行。各中学为实验教育起见，得于主管教育行政机关规定计算方法外，采用其他方法，但须经转呈教育部核准施行。

第九章　学年学期及休假日期

第六十八条　学年度始于八月一日，终于次年七月三十一日。

第六十九条　一学年分为两学期，自八月一日至次年一月三十一日为第一学期或上学期。自二月一日至七月三十一日为第二学期或下学期。春季始业之学级，以本学年第二学期为上学期，下学年第一学期为下学期。

各省应规定地点适当之省立中学数校兼办春季始业学级。

第七十条　中学之休假日期另定之。

第七十一条　中学除法令规定之休假日期外，不得休假，每星期六下午并不得停止授课。

第十章　入学、转学、休学、复学、退学及毕业

第七十二条　初级中学入学资格为小学毕业，高级中学入学资格为初级中学毕业，均须经入学试验。

中学收受同等学力新生之比额，高中至多不得超过录取总额百分之廿，初中至多不得超过百分之三十，应由各省市教育行政机关斟酌地方情形规定，呈报教育部备案。

初中入学试验不得考试外国语。

第七十三条　中学学生于学期或学年终了，考试成绩及格如必须转学他校，或有第六十二条规定情形，得请求学校发给转学证书。

第七十四条　中学第二学期以上之学级如有缺额，得于学期或学年开始前收受插班生，此项插班生须有其他中学学期衔接之转学证书或成绩单，仍须经编级试验。

第七十五条　中学学生因身体或家庭之特殊情形，得请求休学一学期或一学年。

第七十六条　休学期满之学生，得请求复学，编入与原学期或学年衔接之学级肄业。

第七十七条　中学学生因身体或家庭之特殊情形，经保证人证明确属理由正当者，得请求学校准予退学。

第七十八条　经学校开除学籍之学生，不得发给转学证书及修业证书。

第七十九条　学生修业年限期满，毕业成绩及格或经会考成绩及格者，准予毕业，由学校给予毕业证书。

第十一章　征收费用及奖学金额

第八十条　中学征收学生费用种类如下：

一、学费　　　二、图书费　　　三、体育费

前项图书费专为添购图书馆学生必需参考之图书，体育费专为供给学生运动、远足、旅行及卫生消耗，均不得移作别用。

第八十一条　私立中学备有宿舍者，对寄宿之学生得酌收寄宿费。

第八十二条　公立中学所征收之学费，应于每学期中造具清册，专案呈报主管教育行政机关，分别解缴国、省、市、县金库。图书费、体育费应分别造具收支清单，于每学期中公布之，并造具清册，连同单据粘存簿专案报销。

第八十三条　私立中学所征收之学费、寄宿费，为其全部收入之一部分，统收统支。图书费、体育费应分别造具收支清单，于每学期中公布之，并造具清册，连同单据粘存簿专案报销。

第八十四条　中学学生用书及工作材料，应由学生自备，或由学校或所在地教育行政机关组织学生消费合作社廉价发售，如由学校代办时，应按实价向学生征收。

前项工作材料必须采用国货，尤以本地产品为主。

第八十五条　中学学生制服应采用国货，如由学校代办时应按实价向学生征收。

中学学生膳食如由学校代办，应核实收支。

第八十六条　各省、市中学征收第八十条所规定各种用费之实数，应由各省市教育行政机关视地方生活程度分别酌量规定，

呈报教育部备案。但公立中学第一学期征收该条规定各费之总数，在生活程度较高地方与生活程度较低地方，各不得超过下列标准：

地方别＼数别＼学校别	初级中学	高级中学
生活程度较高地方	拾　元	拾陆元
生活程度较低地方	柒　元	拾　元

前表规定之总数内，图书费及体育费约共占四分之一，国立专科以上学校之附属中学征收学生费用，应依照所在地之省市教育行政机关规定中学征收费用标准办理。

第八十七条　县立中学征收各费由县教育行政机关酌量规定，但不得超过主管省教育厅之规定标准。

第八十八条　各地私立中学征收各费，至多不得超过省、市主管教育行政机关规定公立中学征收各费之一倍。

第八十九条　私立中学如征收寄宿费，在生活程度较高地方，每学期至多不得超过八元，生活程度较低地方，每学期至多不得超过四元。

第九十条　私立中学寄宿学生中途退学者，其所缴寄宿费应酌量退还。

第九十一条　公私立中学除照规定征费外，不得征收任何费用。

第九十二条　中学应设置奖学金额，公立中学之奖学金额由省、市、县教育行政机关规定办法，分别迳呈或转呈教育部备案。私立中学之奖学金额由各校自行规定，转呈教育部备案。

第十二章 教职员及学校行政

第九十三条 中学设校长一人，综理校务，并须担任教学，其时间不得少于专任教员教学时间最低限度二分之一，并不得另支俸给。

第九十四条 公私立中学各科教员，由校长开具合格人员详细履历，迳呈或转呈省、市教育行政机关核准后由学校备具聘书，于学年开始前送达受聘教员；遇有不合格人员，主管教育行政机关应令原校更聘。

第九十五条 教员之初聘，任期以一学年为原则，以后续聘任期为二学年。

第九十六条 中学各学科均应聘请专任教员，如一学科之教学时数不足聘请一专任教员时，得与性质相近之学科时数合并聘请专任教员；但如事实上确有困难情形，得聘请兼任教员，但以限于音乐、图画、劳作等科为原则，专任教员不得在校外兼任任何职务。

第九十七条 六学级以下之中学，其专任教员人数平均每学级不得超过二人；七学级以上之中学其专任教员人数，平均每两学级不得超过三人。

第九十八条 中学之兼任教员人数，不得超过全体教员人数四分之一。

第九十九条 初级中学专任教员，每周教学时数为十八至廿四小时；高级中学专任教员，每周教学时数为十六至廿二小时。

兼任主任及训育职务之专任教员，其每周教学时数得酌减。但不得少于规定最低限度三分之二，并不得另支俸给。

第一百条 专任及兼任教员均应轮值指导学生自习。

第一〇一条 专任教员每日在校时间至少七小时。

第一〇二条 中学设教导主任一人，协助校长处理教务、训育事项；六学级以上之中学，经主管教学行政机关之核准，得设教务、训育主任各一人，协助校长分别处理教务、训育事项；六学级以上之中学，得设事务主任一人，掌理教务及训育以外之事务。

第一〇三条 中学设校医一人，会计一人，图书馆、仪器、药品、标本及图表管理员二人至三人；六学级以下之中学，设事务员及书记二人至四人，七学级以上之中学每增二学级均得增设事务员或书记一人。

第一〇四条 中学各主任皆由专任教员兼任，校医由校长聘任，其余职员由校长任用，均应呈报省、市教育行政机关备案。

省及直辖市立中学会计，由省、市教育行政机关指派充任。

第一〇五条 中学设置下列二种委员会：

一、训育指导委员会，由校长、各主任、各教员及校医组织之，以校长为主席，负一切指导学生之责，每月开会一次。

二、经费稽核委员会，由专任教员公推三人至五人组织之，委员轮流充当主席，负审核收支帐目及单据之责，每月开会一次。

第一〇六条 中学举行下列四种会议：

一、校务会议 以校长、全体教员、校医及会计组织之，校长为主席，讨论全校一切兴革事项，每学期开会一次或二次。

二、教务会议 以校长及全体教员组织之，校长为主席，校长缺席时教导主任或教务主任为主席，讨论一切教学及图书设备购置事项，每月开会一次。

三、训育会议 以校长、各主任、各级任及校医组织之，校长为主席，校长缺席时教导主任或训育主任为主席，讨论一切训育及管理事项，每月开会一次或二次。

四、事务会议 以校长、各主任及全体职员组织之，校长为主席，校长缺席时事务主任为主席，讨论一切事务进行事项，每月开会一次。

第一〇七条　初级中学校长须品格健全，才学优良，且合于下列规定资格之一者：

一、国内外师范大学、大学教育学院教育科系毕业，或其他院系毕业，而曾习教育学科廿学分，均经于毕业后从事教育职务二年以上著有成绩者。

二、国内外大学本科、高等师范本科或专修科毕业后，从事教育职务三年以上著有成绩者。

三、国内外专科学校或专门学校本科毕业后，从事教育职务四年以上著有成绩者。

第一〇八条　高级中学校长须品格健全、才学优良，除具有前条规定资格之一外，并须合于下列资格之一者：

一、曾任国立大学文、理或教育学院或科系教授或专任讲师一年以上者；

二、曾任省及直辖市教育行政机关高级职务二年以上著有成绩者；

三、曾任初级中学校长三年以上著有成绩者。

第一〇九条　有下列情形之一者，不得任用为中学校长：

一、违犯刑法证据确凿者；

二、曾任公务员交代未清者；

三、曾任校长或教育行政职务成绩平庸者；

四、患精神病或身有痼疾不能任事者；

五、行为不检或有不良嗜好者。

第一一〇条　高级中学教员须品格健全，其所任教科为其所专习之学科，且合于下列规定资格之一者：

一、经高级中学教员考试或检定合格者；

二、国内外师范大学毕业者；

三、国内外大学本科、高等师范本科或专修科毕业后，有二年以上之教学经验者；

四、国内外专科学校或专门学校本科毕业后有二年以上之教学经验者；

五、有有价值之专门著述发表者。

第一一一条　初级中学教员须品格健全，其所任教科为其所专习之学科，且合于下列规定资格之一者：

一、经初级中学教员考试或检定合格者；

二、具有高级中学教员规定资格之一者；

三、国内外大学本科、高等师范本科或专修科毕业者；

四、国内外专科学校或专门学校本科毕业后，具有一年以上之教学经验者；

五、与高级中学程度相当学校毕业后，曾任中等学校教员有三年以上之教学经验，于所任教科确有研究成绩者；

六、具有精练技能者（专适用于劳作科教员）。

第一一二条　有下列情形之一者，不得任用为中学教员：

一、违犯刑法证据确凿者；

二、成绩不良者；

三、旷废职务者；

四、怠于训育及校务者；

五、患精神病或身有痼疾不能任事者；

六、行为不检或有不良嗜好者。

第一一三条　中学教员继续在一校任满九年后，得休假一年，从事研究考查，并须将成绩送由学校逐呈省市教育行政机关或呈由县市教育行政机关转呈省教育厅备案。

前项休假教员应仍支原俸，但以不兼任任何有给职务者为限。

第一一四条　各省、市教育行政机关应为中学教员力谋进修便利，订定办法呈请教育部核准施行。

第一一五条 中学教员之检定、任用及保障，另以规程定之。

第一一六条 省、市、县立中学教员俸给等级表，年功加俸办法，由各主管教育行政机关规定，迳呈或转呈教育部核准施行；私立中学参照各省、市公立中学情形于其校章中规定之。

前项教员俸级等级表之最低级，应参照地方情形以确能维持适当生活为标准。

第一一七条 中学女教职员在生产时期内，应予以六个星期之休息假，其代理人之俸给，应由学校呈请主管教育行政机关另行支给。

第一一八条 中学校长视专任教员进三级至五级支俸，由主管教育行政机关或校董会定之。

第一一九条 中学教职员养老金及恤金办法，照国民政府公布之学校职教员养老金及恤金条例办理。

第十三章 附 则

第一二〇条 本规程得由教育部于必要时修改之。

第一二一条 本规程于中华民国廿四年六月廿一日修正公布施行。

〔国民政府教育部档案〕

8 教育部公布修正师范学校规程

（1935年6月22日）

第一章 总 纲

第一条 本规程依据师范学校法第十六条之规定订定之。

第二条 师范学校为严格训练青年身心，养成小学健全师资之场所，依照师范学校法第一条之规定，以实施下列各项之训

练:

　　一、锻炼强健身体；
　　二、陶融道德品格；
　　三、培育民族文化；
　　四、充实科学知能；
　　五、养成勤劳习惯；
　　六、启发研究儿童教育之兴趣；
　　七、培养终身服务教育之精神。

第三条　师范学校得附设特别师范科及幼稚师范科，公立中学及高级中学内亦得附设特别师范科。

第四条　专收女生之师范学校称女子师范学校；以养成乡村小学师资为主旨之师范学校，得称乡村师范学校。

第五条　师范学校修业年限三年，幼稚师范科修业年限三年或二年，特别师范科修业年限一年。

第六条　各地方为急需造就义务教育师资起见，得设简易师范学校，或于师范学校及公立初级中学内附设简易师范科，其办法另章规定之。

第七条　师范学校之入学年龄为十五足岁至二十二足岁。

第二章　设置及管理

第八条　省市（指行政院直辖市）立师范学校之设立、变更及停办，应先由省市教育行政机关拟具计划或理由，呈报教育部核准后办理；县市立及联立师范学校之设立、变更及停办，应先由主管教育行政机关拟具计划或理由，呈报省教育厅核准后办理，并由厅报部备案。师范学校不依照前项规定程序办理者，上级教育行政机关得撤销之。

第九条　师范学校应视地方情形，分设于城市或乡村，于可能范围内应多设在乡村地方。

第十条 各省教育厅得依各该省情形，将全省分划为若干师范区，每一师范区内得设师范学校及女子师范学校各一所。

前项师范学校招收学生，应先就区内各县招收。

第十一条 省立师范学校以所在地地名名之；县市立师范学校迳称某某县市立师范学校；一地有立别相同之师范学校二校以上时，得以数字顺序别之，或以区域较小之地名为校名；联立师范学校称某某数县联立师范学校。

第十二条 师范学校应于每学年第一学期开始后一个月内，开具下列各项，迳呈或转呈各该省市主管教育行政机关备案。

一、本学年新生、各级插班生、复学生、休学生、退学生及各级学生名册；

二、本学年校长、教职员学历、经历、职务、俸给、专任或兼任事项；

三、本年度经费预算；

四、本学年学则、校舍及设备之变更事项；

五、前学年各级学生学业成绩表；

六、前年度决算或收支项目；

七、前学年毕业生服务及学校指导状况。

前项第二款事项，应由省市教育行政机关汇报教育部，其第一、三、四、五、六、七各款事项，并应造简表送部。

第十三条 师范学校应于第二学期开始后一个月内开具下列各项，迳呈或转呈各该省市主管教育行政机关备案；

一、本学期新生、各级插班生、复学生、休学生及退学生名册；

二、本学期新任教职员学历、经历、职务、俸给、专任或兼任事项，去职教职员姓名及去职原因；

三、上学期各级学生成绩表。

前项第二款事项应由省市教育行政机关汇报教育部，其第一及第三款事项，并应造简表送部。

第十四条　师范学校每届办理毕业，应于期前二个月造具应届毕业学生履历及历年各项成绩表，迳呈或转呈省市教育行政机关核准后，举行毕业考试或参加毕业会考。

第十五条　师范学校每届办理毕业，应于期后一个月内造具毕业生毕业成绩表及分配服务办法，迳呈或转呈省、市教育行政机关转报教育部备案。

第十六条　师范学校每学期应由省市教育行政机关派遣督学视察指导至少一次，并将其视察及建议事项于视察完毕一个月内，呈报教育部备核。

第三章　经　　费

第十七条　省立或市立师范学校之开办、经常、临时各费，由省市款支给之；县立或联立师范学校经费由县或联立各县县款支给之。

第十八条　县立师范学校如确因地方贫瘠及成绩优良，得受省款补助。

第十九条　省款补助县立师范学校之标准由省教育厅规定，呈报教育部备案。

第廿条　师范学校经常费之支配，除学生膳食外，俸给至多不得超过百分之七十，设备费至少应占百分之廿，办公费至多不得超过百分之十，其预算款式另定之。

第廿一条　师范学校经费之开支，应力求撙节核实，并须将全部收支情形，由经费稽核委员会为公开及缜密之审核，其审核办法由省市教育行政机关订定，呈报教育部核准施行。

第四章　编　制

第廿二条　师范学校学生除特别师范科学生外，依课程进度及各科年限各分为一年级、二年级及三年级。

第廿三条 每学级学生以五十人为度,但至少须有廿五人。

第廿四条 师范学校各学科,除体育及军事训练得采用其他分组方法教学外,均不得合班教学。

第廿五条 师范学校学生以男女分校或分班为原则。

第廿六条 新开办之师范学校,第一年不得招收二年级以上学生,第二年不得招收三年级学生。

第五章 课 程

第廿七条 师范学校之教学科目为公民、体育、军事训练(女生习军事看护)、卫生、国文、算学、地理、历史、生物、化学、物理、论理学、劳作、美术、音乐、教育概论、教育心理、小学教材,及教学法、小学行政、教育测验及统计、实习等。

乡村师范学校之教学科目为公民、体育、军事训练(女生习军事看护及家事)、卫生、国文、算学、地理、历史、生物、化学、物理、论理学、劳作、美术、音乐、农业及实习、农村经济及合作、水利概要、教育概论、教育心理、小学教材,及教学法、小学行政、教育测验及统计、乡村教育及实习。

第廿八条 三年制幼稚师范科之教学科目为公民、体育及游戏、卫生、军事看护、国文、算学、历史、地理、生物、化学、物理、劳作、美术、音乐、论理学、教育概论、儿童心理、幼稚园教材,及教学法、保育法、幼稚园行政、教育测验、统计及实习。

二年制幼稚师范科之教学科目为公民、体育及游戏、卫生、国文、算学、历史、地理、生物、理化、劳作、美术、音乐、教育概论、儿童心理、幼稚园教材,及教学法、保育法、幼稚园行政及实习。

第廿九条 特别师范科招收高级中学毕业生者,其教学科目为国文、体育、图画、音乐、劳作、教育概论、教育心理、小学教材及教学法、小学行政、教育测验及统计、地方教育行政,及教学视导、民众教育及乡村教育及实习。

特别师范科招收高级职业学校毕业生者,其教学科目为公民、国文、体育、算学、图画、历史、地理、珠算、初中及小学应用农艺,初中及小学应用工艺,初中及小学应用军事,初中及小学应用商业、教学概论、教育心理、教学法、教育测验,及统计、职业教育及实习。

第三十条 需要蒙、回、藏语或外国语之特殊地方所设立之师范学校,其课程得增加所需要之语言学科,酌减其他学科或教学时数。

第三十一条 为养成小学体育、劳作、美术及音乐等专科教员起见,各省市应指定省市立师范学校一二校,于施行一般训练外,分组修习专科科目。

第卅二条 师范学校课程标准另定之。

第卅三条 师范学校教科书须采用教育部编辑或审定者,教员自编教材须适合部定课程标准,并须于每学期终将全部教材送呈主管教育行政机关审核,转报教育部备案。

第卅四条 各科教学应活用教本,采用地方性及临时补充之教材,并须注重实验及实习。

师范学校除外国语教本外,一律采用中文本教科书,不得用外国文书籍。

师范学校教员一律用国语为教授用语。

第卅五条 教员须启发学生观察、思考及自动研究之能力,并须养成其教育者之精神。

第卅六条 师范学校学生实习时,应由其所实习之学科教员、教育学科教员及附属小学教员到场指导。

第卅七条 师范学校学生之实习场所,除自设之附属小学及幼稚园外，并得在附近小学及其他相当学校实习。

第卅八条　师范学校应利用余时领导学生参观邻近小学，最后一学期并应为参观旅行，其时间以两周为限，费用由学校负担。

第六章　训　育

第卅九条　师范学校训育应遵照中华民国教育宗旨及其实施方针所规定："以最适宜之科学教育及最严格之身心训练，养成一般国民道德上、学术上最健全之师资。"

第四十条　根据实施方针所规定劳动实习，师范学校学生除劳作科作业外，凡校内整理、清洁、消防及学校附近之修路、造林、水利、卫生、识字运动等项，皆须分配担任，学校工人须减至最低限度。

第四十一条　师范学校校长及全体教员均负训育责任，须以身作则，采用团体训练及个别训练，指导学生一切课内课外之活动。

第四十二条　师范学校每一学级设级任一人，择该级一专任教员任之，掌理各该级之训育及管理事项。

第四十三条　校役及专任教员均以住宿校内为原则，与学生共同生活。

第四十四条　师范学校学生宿舍须有教员住宿，负管理之责。

第四十五条　师范学校学生应照学生制服规程规定，一律穿着制服；制服之重制，须视一般学生穿着损坏情形，不得于每学期或每学年令学生新制。

第四十六条　师范学校学生旷课及怠于自修或劳动作业等情，应于操行成绩内减算。

第四十七条　师范学校之训育标准另定之。

第四十八条　师范学校学生训育管理及奖惩办法，由各省市教育行政机关规定大纲，呈报教育部核定施行，各师范学校于其学则内，根据是项大纲订定详细规则，呈请主管教育行政机关核定施行。

第七章　设　备

第四十九条　师范学校校址须具有相当之面积，且其环境须适合道德及卫生条件。

第五十条　师范学校应具有下列各重要场所：

一、普通课室；

二、特别课程（物理、化学、生物、图画、音乐等教学用）；

三、工厂（尽先设置木工、金工场）、农场、合作社或家事实习室（视所设劳作科种类及学校环境酌量设置）；

四、运动场（如属可能应有体育馆）；

五、图书馆；

六、仪器、药品、标本、图表室；

七、体育器械室；

八、自习室；

九、会堂；

十、学生成绩陈列室；

十一、课外活动作业室；

十二、办公室；（职员同时办公，并不得占用校内优良屋宇）；

十三、学生寝室；

十四、教职员寝室（如属可能，应备教职员住宅）；

十五、膳堂；

十六、浴室；

十七、储藏室；

十八、校园；

十九、其他。

第五十一条 校舍之建筑，须坚固、朴实、适用，并应采用本国式样与本国材料。

第五十二条 各科教学之仪器、药品、标本、图表、机械、器件等，须具备足敷各科教学之用。

前项设备中之仪器、标本、图表等，其有能自制者，应尽量由教员学生共同制作。

第五十三条 师范学校图书馆之图书，须足供教员及学生参观阅览之用，其常供学生参考者，尤须具备多数复本。

第五十四条 师范学校应具备下列各表簿：

一、关于师范学校之法令、统计等项；

二、学则（包含学校一切章程、规则、办法等）；

三、各年级课程表、每学期各班每周教学时间表、各班教科用图书一览表；

四、教职员履历表、担任学科及教学时间表、教学进度预计簿、教学进度记录簿；

五、学生学籍簿、出席簿、请假簿、操行考查簿、奖惩登记簿、学业成绩表、身体检查表；

六、图书目录、仪器、标本、器械、药品目录；

七、财产目录；

八、预算表、决算表、各项会计表簿；

九、学校日记簿、各级日记簿；

十、各项会议记录；

十一、其他。

第五十五条 师范学校设备标准另定之。

第八章　成绩及考查

第五十六条　师范学校学生成绩分学业、实习、操行及体育成绩四项。

第五十七条　考查学生成绩分下列四种：

一、日常考查；　　　　二、临时试验；

三、学期考试；　　　　四、毕业会考或毕业考试。

师范学校学生毕业会考规程另定之。

第五十八条　日常考查之方式如下，各科依其性质酌用之。

一、口头问答；　　　　二、演习练习；

三、实验实习；　　　　四、读书报告；

五、作文；　　　　　　六、测验；

七、调查采集报告；　　八、其他工作报告；

九、劳动作业。

第五十九条　临时试验由各科教员随时于教学时间内举行，不得预先通告学生，每学期每科至少举行二次以上。

第六十条　学期考试于各科教学完毕时，就一学期内所习课程考试之；考试前得停课一日至二日，备学生复习。

第六十一条　毕业考试于规定修业期满后，就全部课程考试之；考试前得停课三日至五日，备学生复习。

参加毕业会考之学生免除毕业考试。

第六十二条　各科日常考查成绩与临时试验成绩合为各科平时成绩，日常考查成绩在平时成绩内占三分之二，临时试验成绩占三分之一。

第六十三条　各科平时成绩与学期考试成绩合为各科学期成绩，平时成绩在学期成绩内占五分之三，学期考试成绩占五分之二，师范学校最后一学年第二学期得免除学期考试，而以各科平时成绩作为学期成绩，但参加毕业会考之学生仍须举行最后学期考试。

第六十四条 每学生各科学期成绩之平均为该生之学期成绩，每学生一、二两学期成绩之平均为该生之学年成绩。

第六十五条 每学生各学年成绩平均与其毕业考试成绩合为该生之毕业成绩，各学年成绩平均在毕业成绩内占五分之三，毕业考试成绩占五分之二。

第六十六条 学生实习、操行或体育成绩不及格者，不得进级或毕业。

第六十七条 每学期各科缺席时数达该科教学总时数三分之一以上之学生，不得参与该科之学期考试。

第六十八条 无学期成绩之学科或成绩不及格之学科在三科以上之学生，或仅二科无学期成绩或不及格，但其科目为公民、国文、算学、理化、劳作及各种教育学科等科中之任何二科之学生，均应留级一学期。连续留级以二次为限，如本校无相当学级，可发给转学证书，转入其他师范学校，插入相当班次。

第六十九条 无学期成绩之学科或成绩不及格之学科仅有一科之学生，或虽有二科无学期成绩或不及格，但其科目非如前条所规定者之学生，均应令于次学期仍随原学级附读；一面设法补习各该科目，经补行学期考试成绩及格后准予正式进级，如仍不及格，应于次学年仍留原年级肄业。但此项补考以二次为限，连续留级亦以二次为限，如仍不能进级，发给修业证书令其退学。

第七十条 毕业考试成绩内，不及格学科在三科以上或仅二科不及格，但其科目为公民、国文、算学、理化、劳作及各种教育学科等科中之任何二科之学生，均应令留级一学年（有春季始业班级之学校得留级一学期）。但此项留级以二次为限，如仍不能毕业，发给修业证书令其退学。

第七十一条 毕业考试成绩内，有一科不及格或虽有二科不及格，但其科目非如前条所规定者之学生，均应令补行考试二次，如仍不能及格应照前条办法办理。

第七十二条　实习、操行及体育成绩考查办法另定之。

第七十三条　学业成绩计算方法由各省市教育行政机关规定，呈报教育部核准施行。各师范学校为实验教育起见，得于主管教育行政机关规定计算方法外，采用其他方法，但须经转呈教育部核准施行。

第九章　学年学期及休假日期

第七十四条　学年度始于八月一日，终于次年七月三十一日。

第七十五条　一学年分为两学期，自八月一日至次年一月三十一日为第一学期或上学期，自二月一日至七月三十一日为第二学期或下学期。春季始业之学校，以本学年第二学期为上学期，下学年第一学期为下学期。各省市应指定地点适当之省立师范学校数校，兼办春季始业学级。

第七十六条　师范学校之休假日期另定之。

第七十七条　师范学校除法令之休假期外，不得休假，每星期六下午并不得停止授课。

第十章　入学转学休学退学及毕业

第七十八条　师范学校及幼稚师范科入学资格为初级中学毕业，特别师范科入学资格为高级中学或高级职业学校毕业，均须经入学试验及格。

师范学校、乡村师范学校、幼稚师范科及特别师范科入学试验，均应免试外国语。

第七十九条　师范学校学生于学期或学年终了考试成绩及格，必须转学其他师范学校或有第六十八条规定情形时，得请求学校发给转学证书。

第八十条　师范学校第二学期以上之学级，如有缺额，得于学期或学年开始前收受插班生。此项插班生须有其他师范学校学期衔接之转学证书或成绩单，仍须经编级试验。

第八十一条　师范学校最后一年级不得招收插班生。

第八十二条　师范学校学生因身体或家庭之特殊情形，得请求休学一学期或一学年。

第八十三条　休学期满之学生得请求复学，编入与原学期或学年衔接之学级肄业。

第八十四条　经学校开除学籍之学生，不得发给转学证书及修业证书。

第八十五条　师范学校学生因身体或家庭之特殊情形，经保证人证明确属理由正当、并经调查属实者，得请求学校准予退学。

第八十六条　学生修业年限期满，毕业成绩及格或经会考成绩及格者准予毕业，由学校给予毕业证书。

第十一章　待遇及奖学金额

第八十七条　师范学校学生一律免收学费，各省市应斟酌情形，免收学生膳费之全部或一部。免向学生征收之膳费，应核实收支专案呈报。

第八十八条　师范学校学生入学时，得征收保证金五元至十元，毕业时应予发还；无故退学或被开除学籍者，概不发还。上项保证金由学校专款存储，不得挪用；其不发还之保证金作添购图书之用，并应专案呈报主管教育行政机关备案。

第八十九条　师范学校不得征收图书及体育等任何费用，其学生用书、制服及一切工艺材料费，由学生自备或由学校发给，或由学校所在地教育行政机关组织学生消费合作社廉价发售，如由学校代办时应按实价向学生征收。

前项工作材料及制服必须采用国货，尤以本地产品为主。

第九十条　师范学校应设置奖学金额，由省、市、县教育行政机关规定办法，分别迳呈或转呈教育部备案。

第九十一条　师范学校学生无故退学或被开除学籍者，应追缴其学费，如免膳费者，并追缴其膳费。

第十二章　服　务

第九十二条　师范学校毕业生服务年限一律定为三年。

第九十三条　师范学校每届毕业生，应由省市县教育行政机关分配于各地方充任小学或相当学校教员。

第九十四条　师范学校及特别师范科毕业生得充任小学教员；幼稚师范科毕业生得充任幼稚园及初级小学教员。

第九十五条　师范学校毕业生在规定服务期内，不得升学或从事教育以外之职务；但服务满一年、成绩优良、志愿升入师范学院或简师毕业生志愿升入师范学校者，得于呈请省、市教育行政机关核准后投考升学。

第十三章　教职员及学校行政

第九十六条　师范学校设校长一人，综理校务，并须担任教学，其时间不得少于专任教员教学时间最低限度二分之一。并不得另支俸给。

第九十七条　师范学校各科教员，由校长开具合格人员详细履历迳呈或转呈省、市教育行政机关核准后，由学校备具聘书于学年开始前二月或学期开始前一月送达受聘教员；遇有不合格人员，主管教育行政机关应令原校更聘。

第九十八条　教员之初聘任期以一学年为原则，以后续聘任期为二学年。

第九十九条　师范学校各学科均应聘请专任教员，如一学科之教学时数不足聘请一专任教员时,得与性质相近之学科时数合并聘请专任教员。但如事实上确有困难情形得聘请兼任教员,但以限于音乐、图画、劳作等科为原则。专任教员不得在校外兼任任何职务。

第一百条 六学级以下之师范学校,其专任教员人数平均每学级不得超过二人,七学级以上之师范学校,其专任教员人数平均每两学级不得超过三人。

第一百〇一条 师范学校之兼任教员人数,不得超过全体教员人数四分之一。

第一百〇二条 师范学校及特别师范科之专任教员,每周教学时数为十六至二十二小时。兼任主任及训育职务之专任教员,其每周教学时数得酌减,但不得少于规定最低限度三分之二,并不得另支俸给。

第一百〇三条 专任及兼任教员均应轮值指导学生自习。

第一百〇四条 专任教员每日在校时间至少七小时。

第一百〇五条 师范学校设教导主任一人,协助校长处理教务训育事项。六学级以上之师范学校经主管教育行政机关之核准,得设教务、训育主任各一人,协助校长分别处理教务、训育事项;六学级以上之师范学校得设事务主任一人,掌理教务及训育以外之事务。

第一百〇六条 师范学校设校医一人,会计一人,图书馆仪器、药品、标本及图表管理员二人至三人;六学级以下之师范学校,设事务员及书记二人至四人;七学级以上之师范学校每增二学级,平均得增设事务员或书记一人。

第一百〇七条 师范学校各主任皆由专任教员兼任,校医由校长聘任,其余职员由校长任用,均应呈报省、市教育行政机关备案。省及直辖市立师范学校会计,由省市教育行政机关指派充任。

第一百〇八条　师范学校设置左列二种委员会：

一、训育指导委员会由校长、各主任、各教员及校医组织之，以校长为主席，负一切指导学生之责，每月开会一次。

二、经费稽核委员会由专任教员公推三人至五人组织之，委员轮流充当主席，负审核收支帐目及单据之责，每月开会一次。

第一百〇九条　师范学校举行左列四种会议：

一、校务会议　以校长、全体教员、校医及会计组织之，校长为主席，讨论全校一切兴革事项，每学期开会一次或二次。

二、教务会议　以校长及全体教员组织之，校长为主席，校长缺席时教导主任或教务主任为主席，讨论一切教学、实习及图书设备购置事项，每月开会一次。

三、训育会议　以校长、各主任、各级任及校医组织之，校长为主席，校长缺席时教导主任或训育主任为主席，讨论一切训育及管理事项，每月开会一次或二次。

四、事务会议　以校长、各主任及全体职员组织之，校长为主席，校长缺席时事务主任为主席，讨论一切事务进行事项，每月开会一次。

第一百十条　师范学校校长须品格健全，才学优长，毕业于师范大学、大学教育学院、教育科系或其他院系而曾习教育学科二十学分或高级师范学校，且合于下列资格之一者：

一、曾任国立大学教育学院教授或专任讲师一年以上者；

二、曾任省及直辖市教育行政机关高级职务二年以上著有成绩者；

三、曾任高级中学校长或初级中学校长三年以上著有成绩者。

第一百十一条　有下列情形之一者，不得任用为师范学校校长：

一、违犯刑法证据确凿者；

二、曾任公务员交代未清者；
三、曾任校长或教育行政职务成绩平庸者；
四、患精神病或身有痼疾不能任事者；
五、行为不检或有不良嗜好者。

第一百十二条　师范学校教员须品格健全，其所任教科为其所专习之学科；并于初等教育具有研究，且合于下列规定资格之一者：

一、经师范学校教员考试或检定合格者；
二、国内外师范大学或大学教育学院、教育科系毕业者；
三、国内外大学本科、高等师范本科或专修科毕业后，有一年以上之教学经验者；
四、国内外专科学校或专门学校本科毕业后，有二年以上之教学经验者；
五、有有价值之专门著述发表者；
六、具有精练技能者（专适用于劳作教员）。

第一百十三条　有下列情形之一者，不得任用为师范学校教员：

一、违犯刑法证据确凿者；
二、成绩不良者；
三、旷废职务者；
四、怠于训育及校务者；
五、患精神病或身有痼疾不能任事者；
六、行为不检或有不良嗜好者。

第一百十四条　师范学校教员继续在一校任职满九年后，得休假一年，从事研究考查，并须将成绩送由学校，迳呈省市教育行政机关或呈由县市教育行政机关转呈省教育厅审核。前项休假教员，应仍支原俸。但以不兼任任何有给职务者为限。

第一百十五条　各省市教育行政机关应为师范学校教员力谋

进修便利，订定办法，呈报教育部核准施行。

第一百十六条　师范学校教员之检定、任用及保障，另以规程定之。

第一百十七条　师范学校教员俸给等级表、年功加俸办法，由各主管教育行政机关规定，迳呈或转呈教育部核准施行。

前项教员俸给等级表之最低级，应参照地方情形，以确能维持适当生活为标准。

第一百十八条　师范学校女教职员在生产时期内，应予以六个星期之休息假，其代理人之俸给，应由学校呈请主管教育行政机关另行支给。

第一百十九条　师范学校校长视专任教员进三级至五级支俸，由主管教育行政机关定之。

第一百廿条　师范学校教职员养老金及恤金办法，照国民政府公布之学校职教员养老金及恤金条例办理。

第十四章　附属小学及幼稚园

第一百廿一条　师范学校为便利学生实习及实验初等教育起见，应设附属小学并得附设幼稚园。

第一百廿二条　附属小学设校长一人，由师范学校校长聘请合格人员，呈请主管教育行政机关备案。

第一百廿三条　附属小学及幼稚园应设于师范学校附近。

第一百廿四条　附属小学应领导附近各县小学对教育问题研究及实验，以谋改进。

第一百廿五条　附属小学依照小学法及小学规程办理之。

第十五章　简易师范学校及简易师范科

第一百廿六条　简易师范学校及简易师范科依本规程第六条之规定设置之。

此项简易师范学校及简易师范科,俟地方小学【师资】足敷分配时,应即停止办理。

第一百廿七条 简易师范学校入学资格为小学毕业生,修业年限四年。简易师范科之入学资格为初级中学毕业生生,修业年限一年。简易师范学校及简易师范科入学试验,均应免试外国语。

第一百廿八条 简易师范学校以县、市设立为原则。

第一百廿九条 简易师范学校应于可能范围内设在乡村地方,设在乡村之简易师范学校得称简易乡村师范学校。

第一百卅条 简易师范学校之教学科目为公民、体育、卫生、国文、算学、地理、历史、植物、动物、化学、物理、劳作(农艺、工艺、家事)、美术、音乐、教育概论、教育心理、乡村教育及民众教育、教育测验及统计、小学教材及教学法、小学行政及实习。

简易乡村师范学校之教学科目为公民、体育、卫生、国文、算学、地理、历史、植物、动物、化学、物理、劳作(工艺)、美术、音乐、农业及实习、水利概要、农村经济及合作、教育概论教育心理、小学教材及教学法、教育测验及统计、乡村教育、小学行政及实习。

第一百卅一条 简易师范科之教学科目为体育、国文、算学、地理、历史、自然、劳作(农艺)、图画、音乐、教育概论、教育心理、小学教材及教学法、小学行政及实习。

第一百卅二条 简易师范学校及简易师范科之课程标准另定之。

第一百卅三条 简易师范学校及简易师范科得缩短休假日期。

第一百卅四条 简易师范学校及简易师范科学生之实习,如无附属小学及幼稚园者,得在附近公私立小学及幼稚园实习之。

第一百卅五条 简易师范学校及简易师范科学生毕业后,充任简易小学、短期小学及初级小学教员。简易师范学校及简易师范科学生毕业后，服务期满、成绩优良，可入师范学校及幼稚师范科肄业，但仍须经入学试验及格。

第一百卅六条　简易师范学校设校长一人，主持校务，并担任教课，其时间不得少于专任教员教学时间最低限度二分之一。简易师范学校及简易师范科之专任教员，每周教学时数为十八至二十四小时。

第一百卅七条　简易师范学校设教导主任一人，校医一人，会计一人，事务员及书记二人至四人，由校长分别聘任及任用，呈报主管教育行政机关备案。

第一百卅八条　简易师范学校校长须品格健全，才学优长，于初等教育具有研究，且合于下列规定资格之一者：

一、国内外师范大学、大学教育学院、教育科系毕业，或其他院系毕业而曾习教育学科二十学分，均经于毕业后从事教育职务二年以上著有成绩者；

二、国内外大学本科或高等师范本科毕业后，从事教育职务三年以上著有成绩者；

三、国内外高等师范专修科、专科学校或专门学校本科毕业后，从事教育职务四年以上著有成绩者。

第一百卅九条　简易师范学校教员须品格健全，于初等教育具有研究，其所任教科为其所专习之学科，且合于下列规定资格之一者：

一、经师范学校教员考试或检定合格者；

二、国内外师范大学或大学教育学院教育科系毕业者；

三、国内外大学本科、高等师范本科、专修科、专科学校或专门学校本科毕业后，有一年以上之教学经验者；

四、与高级中学程度相当学校毕业，曾任中等学校教员有三年以上之教学经验，于所任教科确有研究成绩者；

五、有有价值之专门著述发表者；

六、具有精练技能者（专适用于劳作科教员）。

第一百四十条 有本规程第一百十一条及第一百十三条情形者，不得任用为简易师范学校校长及教职员。

第一百四十一条 除本章所特别规定外，本规程其余部份均适用于简易师范学校及简易师范科。

第十六章 附 则

第一百四十二条 本规程得由教育部于必要时修改之。

第一百四十三条 本规程于中华民国二十四年六月二十一日修正公布施行。

〔国民政府教育部档案〕

9 教育部公布修正职业学校规程

（1935年6月28日）

第一章 总 纲

第一条 本规程依据职业学校法第十六条之规定订定之。

第二条 职业学校为实施生产教育之场所，依照职业学校法第一条之规定，以实施下列各项之训练：

一、锻炼强健体格；

二、陶融公民道德；

三、养成劳动习惯；

四、充实职业知能；

五、增进职业道德；

六、启发创业精神。

第三条 职业学校分为初级职业学校、高级职业学校。

第四条　初级职业学校授与青年较简易之生产知识与技能，以养成其从事职业之能力。

第五条　高级职业学校授与青年较高深之生产知识与技能，以养成其实际生产及管理能力，并培养其向上研究之基础。

第六条　初级职业学校入学资格，须曾在小学毕业或具有相当程度、年在十二足岁至十八岁者，修业年限一年至三年，遇必要时得酌量缩短之。

第七条　高级职业学校入学资格，须（一）曾在初级中学毕业或具有相当程度，年在十五足岁至二十二岁者，修业年限除法令别有规定者外，均为三年；（二）曾在小学毕业或具有相当程度，年在十二足岁至二十岁者，修业年限五年或六年。

第八条　职业学校以就某业中之一科单独设置为原则（如工业中之陶瓷、制革、染织、丝织、棉织、毛织等，农业中之牧畜、森林、蚕桑等）。但经主管教育行政机关之特别核准，得兼设同一业之数科或得合设数业（如农工商家事等）。

第九条　职业学校之单设一科者，称初级或高级某某职业学校；兼设二科者，称初级或高级某某科职业学校；兼设二科以上者，称初级或高级某业职业学校；合设数业〔科〕者，称初级或高级职业学校；合设初高两级者，称职业学校。

第十条　职业学校得视地方需要，附设职业补习班或职业补习学校。

第十一条　各地初级职业学校在尚未充分设置以前，得暂就小学附设职业班，视地方需要情形设置科目，其办法另定之。

第二章　设置及管理

第十二条　初级职业学校以县立、市立为原则，其设立、变更或停办，应先由县市主管教育行政机关根据学校所在地及附近之经济、教育、实业原料等实际状况，将计划或理由呈请省教育厅核准后办理,并转呈教育部备案。前项之初级职业学校得因地方特别情形,由两县或数县联合设立之。

第十三条 高级职业学校以省或直隶于行政院之市设立为原则,其设立、变更及停办,应由省市教育行政机关根据学校所在地及附近之经济、教育、实业原料等实际状况,将计划或理由呈请教育部核准后办理。

前项之高级职业学校得因地方特别情形,经教育厅呈请教育部核准后由县市设立之。

第十四条 社团或工厂、商店、农产等职业机关或私人均得设立职业学校,但须依照私立学校规程所规定之程序,并将计划或理由呈请省市教育行政机关核准后始得办理,并呈报教育部备案。

公私立专科以上学校附设职业学校之设置与管理,与公私立职业学校同。

第十五条 省立职业学校以所在地名名之;县市立职业学校迳称某某县市立职业学校;一地有立别相同之公立职业学校二校以上时,得以数字之顺序别之,或以区域较小之地名为校名;联立职业学校称某某数县联立某某职业学校;私立职业学校应采用专有名称,不得以地名为校名。

第十六条 公私立职业学校应于每学期开始后一个月内,将下列各项迳呈或转呈各该省市主管教育行政机关备案:

一、本学期校长、教职员学历、经历、职务、俸给、专任或兼任事项(遇必要时得仅呈报新旧教职员之变更事项);

二、本学期新生、插班生、复学生、休学生、退学生及各级学生名册;

三、本学期经费、预算、学则、校舍及设备之变更事项;

四、前学期各级学生学业成绩表;

五、毕业生服务状况;

六、前学期经费收支项目、实习出品数量及销售状况。

前项第一款事项应由省、市教育行政机关汇报教育部，其第二、三、四、五、六各款事项，并应造简表送部。

第十七条　公私立职业学校应于每届办理毕业时期前二个月内，造具应届毕业生履历及历年各项成绩表，呈请主管教育行政机关核准后举行毕业考试。并于每届办理毕业后一个月内，造具毕业生毕业成绩表，呈请主管教育行政机关转报教育部备案。

第三章　经　费

第十八条　省市立职业学校之开办、经常、临时各费，由省市款支给之；县市立或联立职业学校经费由县市款或联立各县县款支给之，私立职业学校经费由校董会支给之。

第十九条　职业学校各科各业开办费，须以能具有相当建筑物及充分设备为原则，其标准另定之。

第二十条　初级及高级职业学校单科一学级之每年经常费，应参照当地省立初级及高级中学，各以增加百分之五十为原则。

第廿一条　职业学校每年扩充设备费，至少须占经常费百分之二十。

第廿二条　县立、私立职业学校如系经费支绌，得视其办理成绩，由省市酌给补助金，其补助标准并得较高于补助中学之标准。

前项补助金之用途，以供给指定之职业设备及职业学科教员俸给为限。

第廿三条　前条补助标准由省市教育行政机关规定，呈请教育部备案。

第廿四条　职业学校每年须有实习材料费，其款额视职业性质定之，如学校已有营业收入时，得减去实习材料费之一部或全部。

第廿五条　职业学校学生实习或营业所得之盈余，应列入预算之内。

第四章 设 备

第廿六条 职业学校校址选择适宜于所设学科之地点：

一、各项农业职业学校应设在农村；

二、各项职业学校应设在有是项职业可资发展及改良之地方，或富有是项职业之原料可供制造，或有是项工厂可供实习之地方；

三、各项商业职业学校应设在商业较繁盛之都市；

四、其他各科职业学校之校址，均须以适合所设学科之环境而便于实习者为原则。

第廿七条 职业学校须有充分实习场所、图书、机械、工具、仪器、标本、工作模型、消防设备等。

前项设备中之仪器、标本、机械、工具模型及校具等，其有能自制者，应尽量由教员学生共同制作。

第廿八条 职业学校须具备下列各项重要表簿：

一、关于职业学校之法令统计等项；

二、学则（包含学校一切章程、规则、办法等）；

三、各年级课程表，各班每周教学时间表，教科用图书一览表；

四、教学进度预计表、实习方案；

五、学籍簿、出缺席登记簿、操行考查簿、学业成绩表、身体检查表；

六、图书、机械、工具、仪器、标本等目录；

七、产品登记簿、产品销售登记簿、营业概况簿；

八、财产目录；

九、预算表、决算表、各项会计表簿；

十、各项会议记录；

十一、其他。

第廿九条　职业学校必需之场所如下：

一、课室；

二、实验室（包括仪器、药品、标本等室）；

三、实习场所；

四、营业及推广部合作社；

五、货样及成绩陈列室；

六、运动场及体育器械室；

七、图书室；

八、营业室及货品室；

九、成绩陈列室；

十、办公室；

十一、浴室；

十二、其他。

第三十条　职业学校各科之设备标准另定之。

第五章　编　　制

第卅一条　职业学校学生依课程进度分为各年级。

第卅二条　职业学校每学级学生人数视实习设备之容量而定，以十五人至四十人为度。

第卅三条　职业学校之实习及练习学科，得视教学便利，合级上课。

第卅四条　职业学校学生以男女分校或分班为原则。

第六章　科别及课程

第卅五条　初级职业学校暂分为下列各科：

一、关于农业者：如普通农作（稻、棉、麦等）、蚕桑、森林、畜牧、养殖、园艺及其他；

二、关于工业者：如藤竹工、木工、扳金工、电镀、简易机械工、电机、电气装置及修理、钟表修理、汽车驾驶及修理、摄影、印刷、制图、染织、丝织、棉织、毛织、陶瓷、简易化学工业及其他；

三、关于商业者：如普通商业、簿记、会计、速记、打字、广告及其他；

四、关于家事者：如烹饪、洗濯、造花、缝纫、刺绣、理发、育婴、佣工及其他；

五、关于其他职业者：视地方需要，酌量设立。

第卅六条　高级职业学校分为下列各科：

一、关于农业者：如农业、森林、蚕桑、畜牧、水产、园艺及其他；

二、关于工业者：如机械、电机、应用化学、染织、丝织、棉织、毛织、土木、建筑、测量及其他；

三、关于商业者：如银行、簿记、会计、文书、速记、保险、汇兑、运输及其他；

四、关于家事者：如缝纫、刺绣、护士、助产及其他；

五、关于其他职业者：视地方需要酌量设立。

第卅七条　职业学校每周教学四十至四十八小时，以职业学科占百分之三十，普通学科占百分之二十，实习占百分之五十为原则。但商业等科得酌减实习时间。

前项教学时间之百分比，得视各科性质，以各学年或各学期全部教学时间计算之。

第卅八条　职业学校每日教学及实习时间之起讫得由学校酌量规定，呈请主管教育行政机关核准。

第卅九条　职业学校之教学科目及课程标准，由教育部另定之。

第七章 实 习

第四十条 职业学校之实习场所应视环境及实际情形采用下列方式：

一、由学校自设农场、工厂、商店等，及其他可供学生实习之场所；

二、由学校与同性质之农场、工厂、商店等联络合作，供给学生实习之场所；

三、由学校指定广大场所，学生自行计划、组织、经营、耕种、收获或其他工作。

第四十一条 职业学校每次实习时间，以继续三小时或四小时为度。

第四十二条 职业学校各科之教学，应以先实习后讲授为原则。

第四十三条 职业学校实习方式分下列三种：

一、个别实习：如划区耕种、点件制作、指定事件等；

二、分组实习：如同级或异级学生分组合作；

三、共同实习：如同级或异级学生合作。

第四十四条 实习时须依照预定工作方案，次第实施，并纪录其实习经过。

第四十五条 实习教材之分配，应先基本练习，次应用练习。

第四十六条 实习教材之应用练习，应以正确精细、含有商品代价为主，但须避免过度之重复。

第四十七条 实习时教员应实际参加工作及指导。

第四十八条 职业学校应就每级学生修业期间最后之暑假举行假期作业，将平时所学习之各种技术方法为最有效之总练习。

第八章 训 练

第四十九条 职业学校应注意学生之职业知能、职业道德、公民训练、体格锻炼、劳动习惯及创业精神之培养。

第五十条 初级职业学校应注意学生熟练技术能力之培养。

第五十一条 高级职业学校应注意学生熟练技术、经营及管理能力之培养。

第五十二条 职业学校之训练，应适合将来实际职业环境。

第五十三条 职业学校学生训育标准另定之。

第九章 成绩考查及毕业

第五十四条 考查毕业成绩分下列三种：

一、临时试验 由教员随时举行之，每学期至少二次；

二、学期考试 于学期终举行之；

三、毕业考试 于修业期满时举行之。

第五十五条 学生平时成绩由日常作业成绩（如实习、制图、报告、计划等）与临时试验成绩合并计算，日常作业成绩占平时成绩三分之二，临时试验成绩占三分之一。

第五十六条 学生各科学期成绩，由各科平时成绩与学期考试成绩合并计算，平时成绩占学期成绩三分之二，学期考试成绩占三分之一。每学生各科学期成绩之平均，为该生之学期成绩。

第五十七条 学生毕业成绩，由各学期成绩平均与毕业考试成绩合并计算，各学期成绩平均占毕业成绩三分之二，毕业考试成绩占三分之一。

第五十八条 实习学科得免除各种试验，其成绩即以平时成绩累积计算之。

第五十九条 学生实习、操行或体育成绩不及格者，不得进级或毕业。

第六十条　职业学校学生修业期满、成绩及格，由学校发给毕业证书，并得由校分配至职业机关见习。

第六十一条　操行成绩考查办法及学业成绩计算方法，由省市教育行政机关规定，呈请教育部核准施行。

第十章　学年学期及休假日期

第六十二条　学年度始于八月一日，终于次年七月三十一日。

第六十三条　一学年分为两学期，自八月一日至次年一月三十一日为第一学期或上学期，自二月一日至七月三十一日为第二学期或下学期。春季始业之学级，以本年第二学期为上学期，下学年第一学期为下学期。

第六十四条　职业学校之休假日期另定之。

第六十五条　职业学校在规定假期中，为实习需要，应停止放假或缩短变更假期，实施假期作业。

第六十六条　职业学校假期作业办法，由省市教育行政机关参照地方情形拟定，呈报教育部核准施行。

第六十七条　职业学校实施假期作业，学生须一律参加，其成绩并入平时成绩内计算。

第十一章　纳费及待遇

第六十八条　职业学校以不收学费为原则，但遇必要时得呈请主管教育行政机关核准征收，公立初级职业学校每学期以四元为度，私立者以六元为度，公立高级职业学校以八元为度，私立者以十二元为度。

第六十九条　职业学校得根据实际情形，酌量征收最低额之实习材料费，初级职业学校每学期不得超过四元，高级职业学校每学期不得超过八元，均须列入预算之内。但征收学费之职业学校，其实习材料费每学期不得超过学费额之半，均须列入预算内，并呈请主管教育行政机关核准。

第七十条　职业学校除依照第六十八条及第六十九条得征收费用外，不得征收任何费用。

第七十一条　职业学校应联络职业机关组织职业介绍部，介绍毕业生就业。

第七十二条　职业学校对于毕业生所就职业发生困难问题时，应随时予以指导。

第七十三条　职业学校出品，如经发售成本以外之盈余，得提成奖给成绩优良或一般学生，以资鼓励。

第十二章　教职员

第七十四条　职业学校设校长一人，综理校务，并担任教学，其时间不得少于专任教员教学时间最低限度二分之一，并不得另支兼俸。

第七十五条　职业学校教员由校长开具合格人员详细履历，呈请主管教育行政机关核准后由学校聘任。

第七十六条　职业学校教员应以专任为原则，但遇有特别情形时得呈请主管教育行政机关之核准，酌聘兼任教员，惟人数不得超过专任教员四分之一。前项专任教员均须兼任训育事宜，并以住宿校内为原则。

第七十七条　初级职业学校专任教员，每周教学时数为十八至二十四小时，但担任实习学科者，应为二十六至三十小时。高级职业学校专任教员，每周教学时数为十六至二十二小时，担任实习学科者应为二十四至二十八小时。

兼任主任或训育员之专任教员，其教学时间得酌减，但不得少于规定最低限度三分之二，亦不得另支兼俸。

第七十八条　职业学校设教导主任一人，学级较多者经主管教育行政机关之核准，得分设教务、训育主任各一人。

第七十九条　专任教员在校时间每日至少七小时。

第八十条　职业学校设实习主任一人。

第八十一条　职业学校设科较多者，得设事务主任一人。职业学校营业主任由事务主任兼任之。

第八十二条　职业学校之兼设数科者，得设科主任若干人。

第八十三条　职业学校各主任均由专任教员兼充之。

第八十四条　职业学校应设校医一人，并得视其事务之繁简，酌设事务员及书记若干人，但其人数不得超过教员人数四分之一。

第八十五条　职业学校职员由校长任用，呈报主管教育行政机关备案。

第八十六条　公立职业学校会计由主管教育行政机关指派充任。

第八十七条　职业学校举行下列四种会议：

一、校务会议　以校长、全体教员、校医及会计组织之，校长为主席，讨论全校一切兴革事项，每学期开会一次或二次。

二、教务会议　以校长及全体教员组织之，校长为主席，校长缺席时教导主任或教务主任为主席，讨论一切教学、实习、及图书设备购置事项，每月开会一次。

三、训育会议　以校长各主任及校医组织之，校长为主席，校长缺席时教导主任或训育主任为主席，讨论一切训育及管理事项，每月开会一次或二次。

四、事务会议　以校长、各主任及全体职员组织之，校长为主席，校长缺席时事务主任为主席，讨论一切事务进行事项，每月开会一次。

第八十八条　职业学校设置下列三种委员会：

一、训育指导委员会　由校长、主任、专任教员及校医组织之，以校长为主席，负一切指导学生之责，每月开会一次或两次。

二、职业指导推广委员会　由校长、主任及实习学科教员组织之，以校长为主席，负指导毕业生及推广职业技能之责，每学期开会一次或两次。

三、经费稽核委员会　就专任教员中公推三人或五人组织之，由委员轮流充当主席，负审核收支帐目及实习出品销售情形之责，每月开会一次。

第八十九条　初级职业学校校长须品格健全，对于所任学校同性质之学科确有专长，且具有下列资格之一者：

一、职业师资训练机关毕业后，从事职业教育一年以上著有成绩者；

二、国内外大学毕业后，从事职业教育一年以上著有成绩者；

三、国内外专科学校、专门学校或高等师范专修科毕业后，从事职业教育二年以上著有成绩者；

四、具有专门技能或热心职业教育，曾任教育机关职务二年以上者。

第九十条　高级职业学校校长须品格健全，对于所任学校同性质之学科确有专长，除具有前条规定资格之一外，并合于下列资格之一者：

一、曾任公私立专科以上学校教员二年以上者；

二、曾任规模较大职业机关高级职务二年以上著有成绩者；

三、曾任初级职业学校校长三年以上著有成绩者；

四、曾任高级职业学校教员四年以上著有成绩者。

第九十一条　有下列情事之一者，不得充任校长：

一、违犯刑法证据确凿者；

二、曾任公务员交代不清者；

三、曾任校长或职业机关职务成绩平庸者；

四、患精神病或身有痼疾不能任事者；

五、行为不检或有不良嗜好者。

第九十二条 高级职业学校职业学科教员须品格健全，对于所任教科有专长学识，且合于下列资格之一者：

一、职业师资训练机关毕业后，有一年以上之职业经验者；

二、国内外大学专科学校、专门学校或高等师范专修科毕业后，有二年以上之职业经验者；

三、有专门之职业技能，曾任职业机关相当职务四年以上著有成绩者。

普通学科教员依照高级中学教员资格之规定办理。

第九十三条 初级职业学校职业学科教员须品格健全，对于所任教科有专长学识，且合于下列资格之一者：

一、具有高级职业学校教员规定资格之一者；

二、国内外大学专科学校、专门学校或高等师范专修科毕业后，有一年以上之职业经验者；

三、高级职业学校或与高级职业学校程度相当学校毕业后，有二年以上之职业经验著有成绩者。

普通学科教员依照初级中学教员资格之规定办理。

第九十四条 有下列情事之一者，不得充任教员：

一、违犯刑法证据确凿者；

二、成绩不良者；

三、旷废职务者；

四、患精神病或身有痼疾不能任事者；

五、行为不检或有不良嗜好者。

第九十五条 各省市教育行政机关应随时派遣职业学校教员，分往各地职业机关参观或学习。

第九十六条 职业学校校长及教员之任用、待遇及保障,另以规程定之。

第十三章 附 则

第九十七条 本规程得由教育部于必要时修正之。

第九十八条 本规程自中华民国廿四年六月廿八日修正公布施行。

〔国民政府教育部档案〕

10 教育部公布短期职业训练班暂行办法

(1935年8月1日)

一、短期职业训练班以训练某项业务之技术人员为目的,凡培养技术人员之各种传习所、养成所、讲习所等均属之。

二、短期职业训练班之办理标准如下:

(1)各高级职业学校及专科学校,如鉴于社会需要某项技术人员时得附设之。

(2)各行政机关如因所属行政范围内需要某项技术人员时得设立之,或委托学校办理。

(3)私人或团体,如因社会或其所兴办之企业需要某种技术人员时得办理之。

三、短期职业训练班之训练期限定三个月至十五个月,视职业性质斟酌订定。

四、短期职业训练班暂分为下列二种:

(1)招收初级中学毕业程度或具有同等学力者,予以相当时期之训练。

(2)招收高级中学毕业程度或具有同等学力者,予以相当时期之训练。

五、短期职业训练班之课程,以专授技术学科为限,修毕某某等学科即为修业终了。

六、设立短期职业训练班时,应将设科、课程设备、经费等详细计划及教员资格、学生纳费等项,呈请主管教育行政机关核准备案。

七、公立短期职业训练班之设立,应由省市教育行政机关查明呈报教育部备案;私立短期职业训练班之设立,由设立者呈报当地主管教育行政机关转报教育部备案。

八、短期职业训练班开始上课时,应将教员及学生名册并入学考试成绩,呈报主管教育行政机关备案。

九、短期职业训练班每届结束时,应将修业期满学生名册、学业成绩及实施概况等,呈报主管教育行政机关备案。

十、短期职业训练班学生训练期满、考试及格者,得发给某项技术学科学业成绩证明书。

〔国民政府教育部档案〕

11 教育部颁发各省市推行职业补习教育办法大纲

(1936年2月5日)

一、各省市教育行政机关均应遵照本办法大纲之规定,切实推行职业补习教育,并须拟具详细实施办法,呈报教育部备案。

二、关于职业补习学校之设置者:

(一)凡大学与农工商学等科学校(以下简称专修学校)、职业学校、乡村师范学校以及中学、师范学校之有特殊著作设备者,均应利用其原有之设备人才,尽力办理与学校设科性质相同之各项职业补习学校。

(二)大学及专科学校应举办高级职业科目补习班,或短期职业训练班,对于已有职业者予以高深学科之补习。

（三）凡各种职业团体均应与职业学校及其相当学校合作，利用学校之设备，举办与本业有关之职业补习学校或职业训练班。其各业未组织团体者应速督促组织，举办此项事业。

（四）凡大学、专科学校、职业学校、乡村师范学校办理职业补习教育，应列为推广事业，其办理之班级数，视学校设备之容量定之，办理地点不限于本校。

（五）各级学校附设职业学校补习之科目，除应与学校设科同性质外，并应切实注意于当地之需要，其附设之科目，如农业职业学校及乡村师范学校应办理农艺、畜牧、合作等科，女子职业学校及女子中学、师范学校，应办理家政、保姆、缝纫、庸工等科。

（六）各职业补习学校及职业训练班之设立顺序，均应遵照部颁职业补习学校规程及短期职业训练班暂行办法之规定。

三、关于职业补习学校之教学者：

（一）各学校附设之职业补习学校或职业训练班，除由学校指定教员担任教学外，并可选择成绩优良之高年级学生助理教学，必要时并得聘各专业技术人员及匠师担任教学。

（二）各职业补习学校及职业训练班之教学科目，应分别遵照部颁职业补习学校及短期职业训练班暂行办法之规定。

四、关于职业补习学校之经费者：

（一）各级学校办理职业补习学校或职业训练班之经费，以就原有预算撙节开支为原则，其实习材料及聘请专任教员等费，于必要时得呈请主管机关酌量补助。

（二）职业团体办理职业补习学校职业训练班之经费，由各该团体自行筹措；如办理有成绩者，得呈请主管机关酌予补助。

五、关于职业学校之推行步骤者：

（一）各省市先就省市内工商业繁盛区域，择要指定相当学校办理职业补习学校或职业训练班，俟有成效后再逐渐推广设立。

（二）民国二十六年度内，凡各职业学校、乡村师范学校及职业团体各专科以上学校，除因特殊情形经主管教育行政机关准予展缓者外，均应举办。

（三）各省、市应举办各职业技术人员登记及检定事宜，必要时并应集中予以短期之训练，以作职业补习学校师资之准备。

〔国民政府教育部档案〕

12 教育部补助公私立优良职业学校办法

(1936年7月1日)

一、本办法系依照本部呈奉行政院核准之改进中等职业教育办法大纲第三条订定之。

二、本部为奖助优良公私立职业学校发展起见，自民国二十五年度起设置公私立职业学校补助费额。

三、补助费之给予，应以公立及已立案私立职业学校之办理成绩优良而经费困难者为限。

四、补助费之给予农工两科职业学校，每年应占补助费总额百分之七十，商及家事职业学校每年应占百分之三十。

五、补助费由本部就生产教育费预算项下每年拨给，该预算二分之一以上之数额充之，其用途以扩充职业科实习与研究设备为限，其有特殊情形经部核准者，得以所得补助费百分之二十补助添设职业主要学科之技术教员。

六、各省市教育厅局原定之公立及补助私立职业学校充实设备经费，不得因已受中央补助费而予以减缩，否则本部得拒绝拨发补助费，或采其他必要之处置。

七、补助费之给予每次一年为期，如中途发现用途与原定计划不符时，本部得停止其补助费之一部或全部。

八、各省市教育厅局就所属公私立职业学校选择成绩优良、经费困难者一校至三校，从严加具考语，向本部申请补助，由本部付审查会（详见第十款）审核，本部并将根据派员视察之报告提出若干优良职业学校，一并提付审查。

九、各省市教育厅局依照前款申请补助时，对于所请补助费之用途，应附扼要之说明与计划。

十、补助费之给予，由教育部组织中等职业学校补助费审察委员会审核决定，审察委员会之组织权限如左：

（一）组织

甲、设委员七人，内四人就部外专家聘任。

乙、设秘书一人，指定委员一人兼任。

丙、凡在公私立职业学校任有职务者，不得充任委员。

丁、委员为无给职，但开会时由部酌送旅费。

戊、委员任期二年，得连任。

己、委员开会时之主席由部就委员中指定之。

（二）权限

甲、委员会对各省市呈请补助之学校及本部视察报告，认为办理尚有成绩者，得按其成绩与需要，详加审查议定，补助费之给予由委员会议决，除有重大情形得由本部提示理由移付委员会复议外，应视为最终之决定。

乙、关于本项补助之各种规章，得由委员会拟订送部核定施行。

丙、委员会执行职务时除查询事件外，不直接对外或发公文。

各省市教育厅局申请补助应于每年五月底以前将申请书送达本部，由本部于每年六月召集审察委员会审核，二十五年度之申请期定为七月底。

〔国民政府教育部档案〕

（二）教育概况

1 中华教育改进社主任干事陶知行报告晓庄乡师教育概况

（1930年）

中国现在还是农业国，住在乡间的人民约占百分之八十五，估计有三万万四千万之谱。如何运用教育的力量，引导这许多民众在农业上安根，从工业上出头，确是建设中华民国的一个大问题。本社看准了这个问题之重要，故忍痛把事业范围缩小，集精力以谋乡村教育之改造。我们所选定的工作的地方是晓庄六十里周围的乡村，多承各方面赞助，已略有成绩。现在把所发现之理论及实施情形报告出来，如蒙大家详加指教，俾能免去错误，多收实效，那就感激不尽了。

（甲）理论方面之主张

本社在晓庄进行乡村教育系有一定主张，但有些主张是一面试验一方发现的。我在未述实施之前，先叙我们的根本主张。

（一）本社就考察所得，知道中国乡村内最普遍、最永久、最有希望之机关是乡村学校，故主张以乡村学校为改造乡村社会之中心，以乡村教师为改造乡村社会之指导。

（二）生活即教育。一切生活都是教育，过什么生活就是什么教育，好的生活就是好的教育，不好的生活就是不好的教育。我们定生活的目标有五：健康的体魄，劳动的身手，科学的头脑，艺术的兴趣，改造社会的精神。所以我们健康的生活就是健康的教育，劳动的生活就是劳动的教育，科学的生活就是科学的教育，艺术的生活就是艺术的教育，改造社会的生活就是改造社会的教育。

（三）亲民。亲民是做人的第一步，又是研究农村生活、儿童生活的不二法门，所以我们与农人儿童过共同生活，于此改进农人儿童的生活，又常常与农人儿童同干事，以收亲民的实效。

（四）亲物。格物的重要再不会有人否认，格物不在书本而在亲物，我们因此主张到自然界里去，与万物为友，以书本做助手，并藉此以运用他人之经验。

（五）教学做合一。从做上学，从做上教，怎样做便怎样学，便怎样教。又如一件事，对事是做，对别人的影响是教，对自己的进步是学。我们更主张一切知识都要在做上安根的，即使别的知识是要接上去，也非原有经验做根据不可，好比接枝，没有原枝，如何接着上去。因教、学、做合一而得行，是知之始的理论，有行的勇气，才有知的可能。

（乙）事业

一、试验乡村师范

（1）全部学生分两种：一是大学二年以上之学生，一是中学毕业生，培养前者为乡村师范导师，后者为乡村小学导师。

（2）全部同志组织乡村教育先锋团，以实行师生工友同生活共甘苦。隶肃于该团者有纪律部，乃打破单方面训育而实行共同立法，共同遵守的原则。

（3）本着生活即教育，教学做合一之精神，所以打破一切科目，实际过生活就是教育。除小学教学做外，一切校务教学做，都是学生躬亲办理。

（4）一切生活分为两大类：一是共同的，于每月末次生活周会上议定下月工作，然后定每周生活表，又于每日寅会（五时十五分）上议定当天的工作；二是个人的，个人生活每晨有预算表，每晚填当天考核表，每半年又总填一次教学做考核簿，送指导会议评定优劣。

（5）现有专任指导员一三人，兼任指导员九人，正式生一五五人，特别生一五人，艺友一二人，长期参观二七人，共二一〇人，除新疆、云南、山西、黑龙江数省外，皆有代表。

二、中心乡村小学

（1）中心乡村小学是乡村师范的中心，又可以做改造乡村社会的中心，所以我们集合师范部、好村民、小学生合力作战的。

（2）现在正开始试验"小学生的生活就是小学课程"。把一切从小学科目都打破，重订小学目标为五：即健康的体魄，劳动的身子，科学的头脑，艺术的兴趣，改造社会的精神。现在小学生活就是依着这五个目标，至于一切材料，也正在一面试验，一面编辑中。

（3）中心乡村小学自办者六所，二六五人；代办者六所，一八〇人；特约者二所，三五九人。共十四所，有儿童八〇四人。

三、中心乡村幼稚园

（1）乡村幼稚园在中国可算是新事业，我们定下三个目标来办的，一是中国化，不是贩卖外国的货以为炫奇；二是平民化，乡村幼稚园不是为着贵族办的，是为着平民办的；三是省钱，利用环境及一切废物来达到省钱的目的。

（2）关于幼稚生活方面，主张多养成好习惯，略加文字训练，减少黄莺般的唱跳；最近又与卫生部合作，极力注重儿童卫生。

（3）现在自办者四所，一四九人；代办者一所，二〇人；特约者一所，四〇人，共六所，有儿童二〇九人。

四、农暇妇女工学处

农村妇女因为受着经济的压迫，必须做工度日，不能受教育，因此我们利用农暇办这件事业，给一般农家妇女做缝纫、烹饪等工，得工资度日，同时又得求学。现在共二所，有学生三一人。

五、生活区自治　新生所住之农家为生活区，由学生与农家合办闾邻村自治，由社会组指导，这是学生农友改造农村的基本集团。

六、民众学校　这是农民农暇受教育的一个机会，我们办民众学校注重文字训练、日常生活、公民训练三种活动，现有四所，共一四四人。

七、中心茶园　这是乡村人民谈心处，在夕阳西下，明月初升的时候，大家洗了澡，到此谈心。其中主要活动有四：农事或时事报告，通俗讲演，说书、娱乐。最感兴趣的是老太太们，因为他们的儿孙时常到此下棋消遣，可以不赌钱，不游荡了。现在自办的中心茶园有二所，与中华职业教育社合办的一所。

八、晓庄剧社　把农民生活搬上舞台，做农民的娱乐事业，鼓励农民登舞台表演他的实际生活，这是晓庄剧社的目标。现在有社员二一人，自编剧本四种，最近半年以来，公演给各地农民娱乐已二十次。

九、晓庄医院　改进乡村卫生，治疗农民疾病，并且是改造社会的着手处。现在有诊疗所一，疗养院一，卫生检查所一（与卫生部合办），本年三月至五月就诊人数六四九人。

十、晓庄联村自卫团　乡村里土匪是难免的，晓庄本是荒山，土匪出没，农村极不安宁，因此与农民组织联村自卫团，现有团员三一八人，枪械六〇枝。半年以来，境内没有土匪踪迹，公赌亦已禁绝。

十一、晓庄联村戒烟委员会　烟馆赌场是土匪荟萃之处，鸦片又是害人最深的毒物，要改造乡村，去害是极要紧的，所以与好的村民合作，举行戒烟，境内烟馆停闭了二十六家。

十二、晓庄联村修路委员会，这是与农民及政府合作的一件事，现在已经修好了从和平门通观音门大道十里。

十三、晓庄联村救火会　这也是与农民合做事业之一。选举师范部体力雄伟的师生，选择农人中体力雄伟的为会员，由本社购办救火器，遇警集合奔救，现在有会员一〇八人。

十四、农事推广　与中央大学农学院及金陵大学农林科合作向附近农村推广优良种子，试用新式农具，试验种植新方法，破除迷信等共二十四项，按月进行，每月约两项。最近直接与农事推广合作之农家共有一〇〇家。

十五、农事陈列所　搜集各地优良农产种子、新式农具及农事上应用品，陈列一馆，定名农艺馆，其中亦有附近农家送来的标本，现在共有农具三〇三件，标本一八六件。

十六、中心木作　该作与中华职业教育社合办，试验木匠技能的过程。将来预算与农家合作，做改良农具和乡村建筑等工作。现有工匠一人，徒弟三人，工具七一件，自制仪器一〇〇件。

十七、生物陈列所　与科学社合作，科学社派指导员与试验乡村师范学生采集首都及远省标本，还有各小学导师率领小学生协同农友，采集附近六十里周围的生物。现在有仪器三〇〇件，活标本和死标本二一六九件。

十八、乡村图书馆　该馆现有图书大部分供给小学生、师范生、指导员的参考，有少数农民能看的，现有中文书五四二八册，西文书一〇一三册，杂志一九二〇册。

十九、合作社　要改善农民生活，应该先从解除农民经济压迫做起，因此，我们与农友们共同创办合作社，经济来源由江苏农民银行协助的。现在有信用合作社八所，社员共一百十八人，借款数八千元。

此外，还有消费合作社一所，现在正从事小规模的试验，预备与农民合办扩充范围，并拟举办农产合作社等。

二十、调查

（1）乡村社会调查：除平时在会朋友时调查以外，又协助立法院办理了一区的新村调查，计五乡八十村。

（2）教育调查：本社向请薛远举先生主持，现在中国统一，教育部可以办得更有效力，所以从今春起并入教育部。

二十一、乡村教育同志会　要中国乡村教育好，至少要有同志一百万个，该会就是要想达到这个目的，现在还在推广中，《乡村丛讯》就是该会的刊物。

二十二、出版物

（1）单行本：同志中近来研究心得印成单行本的，有知行的《中国教育改造》、《知行书信》，杨效春的《晓庄学校与中国乡村教育》，李楚材的《破晓》，张宗麟的《幼稚教育概论》，陈鹤琴的《幼稚教育丛刊》，程本海的《在晓庄》，方与严辑的《赵叔愚先生言行录》，闵克勤的《晓庄讲演集》。（后三种在印刷中）

（2）定期出版物：有六种。

①《乡教丛讯》：半月刊，给乡村教师和同志看的。

②《儿童生活》：给乡村儿童看的。

③《儿童教育》：每月一册，和中央大学教育学院合办，给全国小学教师及父母看的。

④《乡村生活》：半月壁报，给农友看的。

⑤《晓庄战报》：每日出版，晓庄每日新闻。

⑥《晓小日报》：每日出版，小朋友自己办的。

此外，本社印行了好久的《新教育评论》，向由高仁山、王西徵二先生主编的。自从高仁山先生在北平被害后，停顿数月，于本年二月董事会议决停办。

二十三、乡村教育研究所，从做上教，从做上研究，就从做上求各方面的进步。研究员都由指导员兼任。现在集中精神研究乡村小学、乡村幼稚园、乡村自治、乡村卫生、乡村成人教育及农暇工艺等问题。

二十四、财产　逐年添置，现在单就晓庄统计有：

（1）　田地二〇〇亩，值七，〇〇〇元；

（2）　房屋二十八幢，值一四，三九八元；

（3）　设备，四，〇〇〇件，值一五，七七三元。

〔蔡元培档案〕

2　云南省教育厅长报送中小学实施职业教育方案呈

（1931年8月4日）

呈为呈报拟订中小学劳动化、生产化之设施具体方案，请予备案事：案查前奉钧部训令第五三六号内开：明订各省市对于中学教育设施纲领……等因一案。查本厅于十八年度颁行改进全省中学教育计划大纲、县立中学设置标准及扩置全省职业教育计划大纲，其要旨即在限制普通中学，增设职业学校，随将林立省会之普通中学，以高级中学改办高初两级农业学校，以第四中学改办乡村师范学校，又另成立高初两级工业学校。十九年度又将省立东陆大学之附属中学归并省立第五【中】学，其属县立初级中学已专案通饬改办乡村师范学校或职业学校，或增设职业科目各在案。奉令前因，遵即依照设施纲领，拟定实施办法六项，通令遵办，并奉钧部指令核准照办亦在案。兹复据前案精神，拟具云南省中小学劳动化、生产化之设施具体方案，通令切实办理，以作实际之指导，而矫空泛之积弊。除将遵办情形呈报云南省政府外，理合缮具中小学劳动化、生产化之设施具体方案，备文呈请钧部查核备案。谨呈

教育部

计呈云南省中小学劳动化、生产化之设施具体方案一份

兼任云南省教育厅长　龚自知

中华民国二十年八月四日

云南省中小学劳动化生产化之设施具体方案

〔说明〕

一、本方案遵照教育部训令第四七一号、第五三六号指示各节，并参酌本省实际情形拟定之。

二、遵照部令第五三六号设施纲要，关于中等学校二十年度之编制招生各项，已由本厅拟定实施办法，以第五一二号训令通饬遵办；本方案不再赘列。

三、本方案具体设施系中小学合并叙列，实施时应斟酌地方情形、学校经济及环境、学生程度及兴趣，分别指导实行。

四、各学校实施本方案所列事项，应分别参照拟具各该校实施办法，及预计各项成绩可能达到之最低限度，与其考查方法，专案报核。

第一 目的：

（一）使学生实地操作，养成劳动生产之身手，平等互助之精神。

（二）使学生实行计划创造，期发展其建造之思想与能力。

（三）使学生从事调察研究，以增进其评价能力，生产兴趣。

（四）启发学生改良生活，改良农工业等之志愿与知识。

第二 指导：

各校须由职教员全体负生产劳动之指导全责。中学校及编制完全之小学校，并应组织生产劳动指导委员会，分别拟订办法章则负责办理。又各校实施于必要时，得添设各项指导专员负责指导。

第三 设备：

（一）城市学校，每校须照下列各项斟酌实际情形，设置一项或数项,并设置其应用器具。

商店(兼合作社之用)、简易工厂、模范家庭、学校园、水田山地(学校附近一亩至三亩);

(二)乡村学校,每校须照下列各项暂酌实际情形,设置一项或数项,并设置其应用器具。

农业陈列所、合作社、简易工场、模范家庭、学校园、林场、水田山地(学校附近三亩至五亩)。

(三)女子学校,除照(一)(二)两项酌量设置外,并应设置下列之一项或数项。

烹饪室、缝纫室、刺绣室、编织室。

第四　办法:

(甲)关于训育方面者:

各校于每星期一午前举行总理纪念周,除照规定讲读总理遗教及工作报告外,并应选择关于现代生产劳动教育提倡之趋势,与生产劳动之常识,及实施生产劳动教育之功效,作有系统之讲演。期改变学生前此只注重读书,读书只想做领袖人才,忽略实际生活之思想,以便生产劳动之指导实施。并应随时集会,支配生产劳动工作,及讨论工作方法。

又各校以少用校工为原则(或竟不用),一切粗细校事,应由学生与职教员分担工作;每周列表轮流支配,并随时讨论实行。

(乙)关于教学方面者:

(一)党义　建国方略中之实业计划,应讲授特详。

(二)国语国文科　加授日常应用文,使之练习纯熟;课外应选讲关于生产劳动之论文及记载;中学生应使参加校刊之撰述、编辑、印刷、发行;及打字机、速记术之练习与应用。

(三)社会科　(子)各校应有家事教学之设备,分配工作,讨论工作方法,督导操作,及饬在家庭间操作,以清洁整理及衣食住为主；（丑）加授商业科，并使就各种日用品之原料成本时价，从事估价与调查，更设商店或合作社，使之练习贩卖，存放款手续，办理合作事项，并使切实了解估价销售之意义，与储蓄之利益，及合作社与社会经济之关系，（寅）关于历史地理之教学，应注重古今人类生活、社会生计状况之比较，我国生产现状及与世界各国生产现状之比较等，使学生瞭若指掌，期切实获得改良生活，增进生产之知识，养成其能实行之志愿与能力；（卯）社会状况调查统计之指导及实施。

（四）数学科　珠算与笔算并重，并注意日常生活之计算，新式簿记之练习，并使能应用于实际。中学校并应指导实地测量等。

（五）自然科　（子）园艺：应研究种植本地主要蔬菜，普通花草果树，小学低年级可酌减课程内容，而从事盆栽。（丑）农作：本地主要农作物之栽培，造林之方法，农具改良，栽培新法等研究，并农人生活之认识。（寅）畜养：本地普通家禽家畜，与蜂鱼等之畜养，并畜养新法，改良品种之研究。（卯）医药常识：传染病预防法，卫生常识，急救救火……等之指导及实施。

（六）工艺科　（子）特产工艺，如昆明之织纱帕纺线，玉溪之织土布纺纱，石屏之制乌铜器，个旧之制锡器，会泽之制毡制铜器，寻甸之制草纸，嵩明之制竹器，易门安宁之制陶器，……凡学生能力所及，应由校设置，指导制作。（丑）纸制纸花、纸簿、文具、竹制玩具、模型、文具、家具、木土制玩具、模型、文具、建筑材料、家具、金制器具、器械等，俱应指导制作及研究其制造法。小学高年级与中学生并应研究土木工程之设计，指导实际修建校舍制造器械，对金工并应研究采矿冶金之方法理论，机器之构造应用，指导制造简单之机器等，（寅）印刷术、摄影术、采药标本，制作模型方法，烹饪、洗濯、缝纫、刺绣、编织方法等，至切实用，指导较易；且饶有教育意味及教育价值，俱应由校分别酌量设置，督导研究，实行制作；（卯）中学校关于简易之土木工程及车船驾驶术等俱应指导实习。

〔余语〕

一、小学教育是一切教育之基础；良以小学生质性素朴，具可塑性、摹仿性，从事小学教育者，果能根据教育即生活之意义，施以与生活有关及顺其质性之实际教育，则一切教育基础可期确立，而且巩固。至中学生，其智力、性情、体格，各方面之变化，皆极迅速，自信力之发达亦甚。当此时期，施教育者应为之决定明确其一生之生活意向与作业，始能符中学教育之需要与使命。教育部有鉴于此，训令各省拟定中小学生产化劳动化之设施具体方案，用意至其深远！

二、厉行义教民教，应确定标准，对受教育者，当在未经养成其相当知能时，绝对勿使脱离固有之生活，以免除养成现时学生之浮嚣习惯，反有导入歧途之危险。不然则教育愈普及，社会基础愈动摇，影响所及，其为害何堪设想！生产化劳动化之教育，即厉行普及教育之唯一标准。

三、中小学附近有关于劳动生产农工商业之新设施，应设法与之联络沟通，使学校教育与社会实际融合一片，则指导实施，必事半功倍。

四、果办学者能于本方案细心参照，切实遵行，则除依照课【程】标准授与应具之知能外，于劳动生产，必能使获得实际之陶冶与实行。至所收效果，对学生方面，可铲除历来贫于能力，富于欲望，志大言大，勿裨实用，且失业游荡，造乱生事，影响国家社会之分子；而期造成具有劳动生产知识能力，了解实际生活之建新中国人才。对于教育方面，可铲除历来教育之形式的、斯文的、阶级的、空泛的……病根，而期进入实际的、生活的、平民的、社会的……趋势。于是可以推行有目的之教育，培养国家之新生命，三民主义、新中华前途之进展，实利赖焉！

〔国民政府教育部档案〕

3 贵州省教育厅长报送实施职业教育办法呈

(1931年8月5日)

呈为呈复事：案奉钧部第五三六号训令限制设立普通中学，增设职业学校,在普通中学中添设职业科或职业科目,县立初中应附设或改设乡村师范及职业科一案，除原文免录外后开：各省市厅局应遵照上列纲领，参酌地方情形拟具实施办法,于十九年度终了前呈报到部，以凭审核，是为至要。此令。等因。奉此。遵即遵照钧部颁布纲领，并参酌本省社会情形拟订实施办法，理合呈送钧部，伏祈鉴核示遵。谨呈

教育部部长李

教育部次长陈、钱

附呈贵州省实施职业教育办法壹件

贵州省教育厅厅长　陈廷纲

贵州省职业教育实施办法

本厅为谋全省职业教育之兴办，与改进民众生活技能之养成，特遵照中华民国教育宗旨暨中央法令并参酌本省社会情形拟订实施办法十四项。

一、创办省立高级职业中学校一所,造就专门技术人才,以谋改进全省职业,其学科拟先办农林二科,开办日期定于二十一年春季，至迟亦不过二十一年秋季开学。

二、选送本省原有各学校教员出省实习与参观，以预备实施时之人才。

三、考送中等学生留学国内外职业学校,考送时分长期短期二

种，长期者学理与技术并重，短期者只注重技能。前者在养成职业专门人才，以谋全省职业之彻底改进，后者在造成技术人才，以应本省目前之需要，并参酌本省切要职业之科目，以定考选学生数之标准。其为目前最需要者，得指定二人以上同习一科。

四、省立女子师范学校定于二十一年春季起改招职业班，并指定下列各科，由该校酌量当时社会需要自行择办：A、刺绣缝纫科。B、染织科。C、家政科。D、农业科（内分养蜂、养鱼、养鸡、蚕丝、园艺等各项科目）。E、商科。F、工艺科。G、应用化学科（偏重家庭工业方面）。H、医科等。

五、省立男子师范学校、省立高级中学校、省立第一中学校，亦于二十一年春季起改招职业班，并指定科目，由该校等参酌社会需要选择办理。其指定选择科目如下：a、乡村师范科；b、职业教育师资科，该科内容分下列各项：1.金工，2.木工，3.竹工，4.应用化学，5.建筑，6.机械（指汽车电气），7.抄纸，8.漆工，9.酿造，10.窑业，11.染织，12.制革；c、合作社、师资科；d、医科等。

六、省立各中学校在同一学年内招生，如果超过一班以上者，至少须办职业科一班。

七、各省立初级中学将来扩充增办高中时，一律加办乡村师范科一班。

八、各初级中学校于二十二年度起，酌量当地需要增授职业科目。

九、各中等学校加办职业科时，除原有常年补助费外，每班每年给设备实习费洋贰百元。

十、登记现有职业人才。

十一、各中小学校一律酌量情形，设立合作社及学校园，并注重实习。

十二、各省县督学视察学校时，应特别注意职业科目之成绩。

十三、各级学校应设立学校林，以提倡森林之培植。

十四、将来中央成立遗产税时，得呈请酌提若干，以为扩充职业教育之用。

〔国民政府教育部档案〕

4 陕西省教育厅长报送职业教育实施办法呈

(1931年7月25日)

案奉钧部训令第五三六号，以我国兴学三十年而社会生产落后，人民生计枯窘日益加甚，其故盖由普通学校尚不注重职业教育。为力矫时弊，并切实奉行教育宗旨及其实施方针起见，特明定各省市对于中学教育设施之纲领，仰参酌地方情形拟具实施办法，于十九年度终了前呈报到部，以凭审核。等因。奉此。具见钧部注重职业教育之至意，自应恪遵办理。兹谨遵照规定纲领，并参酌本省情形，拟具实施办法八项，敬请鉴核。惟尚有应加以说明者数点，谨为钧部陈之。

（一）我国自前清末年即开办实业学堂，是职业教育至今已有二十余年之历史。其所以毫无成效者，固不外仅凭书本教授，绝少工作实习等，但最大原因则在于最大多数职业学生之心理不能改革。盖我国传统习惯，士农工商以士为首，故同一人也，当其未入学校之先，其父兄使之至商店为学徒也可，至工厂为艺徒也可，至田间为农夫也可，及一入学校，便自命为知识阶级，纵所学为商为工为农，而毕业之后辄不屑再为学徒，为艺徒，为农夫。但如所学能致实用，亦未尝不可自谋生存，以增进国民之生产能力。奈对于专门科目，则仅凭书本教授，绝少工作实习，对于普通科目又因系职业学校，视之无关重要，仅求敷衍，于是职业学生毕业后，退守有所不甘，谋生有所不能，升学有所不及，乃不得不成为游民，不得不抛其所学，别图糊口之方。以致社会上有"职业学生不如监狱囚徒"之讥，而职业学校之为世所诟病，殆更有甚于普通中学。窃以为处今之世，欲注重职业教育，当对于职业学校之性质及课程有所改革，即专科学校或大学之各学院、高级中学之各科，应以吸收普通中学毕业生，养成职业指导或预备深造之人材为主旨。其课程方面应理论与实习并重。中等职业学校或职业补习学校，应以养成物质建设所需要之下级干部，及毕业后有确实生产技能，能自由从事于各种职业之人材为主旨，其性质应为变象之工厂或农场，其学生应为变象之艺徒或农夫，以期打破传统之谬见，对于毕业学生不求其能升学，但求其有确实之专门技能，能供国家之需要或个人能自营各种生产事业，故对于课程方面，以职业科目及与职业有关之科目为限，并应以实习为主、理论为辅。至其他普通科目，概行酌量减少，以免贪多误专，无裨实际。此种办法于他省或未敢必其可行，于陕省实有需要。盖陕省迭遭荒旱，农村经济已濒破产，省立现有两职业学校，其年级愈高，学生愈少，至毕业后能升学者更属寥寥可数。其原因不外经济艰窘，中产之家不特难供子女使尽受大学教育，即中学教育费之负担亦有时精疲力竭，不得不使其子女出于辍学之一途。在此种状况之下，若仍空言注重职业教育，不谋一适合环境之方，亦不过使有子女者枉耗其血汗所易之教育费，为社会造就若干游民而已。此本厅实施办法第一项、第三项、及第四项之所以规定，亦即应向钧部陈明者一也。

（二）奉颁纲领第四项，规定自二十年度起，各普通中学应一律添设职业科目或附设职业科，诚为推广职业教育之良法。但查普通中小学课程中，固已有手工或农业、工业等科目，何以其实际皆浅薄空泛，无教学效率之可言？推原其故，不外好高务大，与不能适合环境之需要而已。因好高务大，故对于设备方面不免失之简陋，对于师资方面不免流于牵强，因不能适合环境之需要,故学生对之无切身利害之观念不能引起孜孜勤习之兴趣,结果遂不得不失于空泛敷衍。要知职业教育所包甚广,高者大者宜让之于职业学校,普通中学之职业科目应以小者专者为主,庶几科不虚设,学有实用。此本厅实施办法第六项、第八项之所以规定,亦即应向□□□□□钧部陈明者二也。

(三)奉颁纲领第三项,规定自二十年度起,各县立中学应逐渐改组为职业学校,自属淘汰普通中学,釜底抽薪之办法。但何以县市竞办初中、不办职业?其原因固由于误认小学毕业生皆麋集于普通中学为教育发达,但职业学校因设备之困难,师资之缺乏,不易举办,亦属不可掩之事实,若不按步骤,矫枉过正,则设备师资两感缺乏,流弊所及将更有甚于普通中学。此本厅实施办法第七项之所以规定,亦即应向钧部陈明者三也。

以上所陈各节,及所拟实施办法,是否有当,敬请核示施行。谨呈

计呈送:陕西省教育厅职业教育实施办法一分。

陕西省教育厅厅长 李范一

中华民国二十年七月二十五日

陕西省教育厅职业教育实施办法

一、公私立各级职业学校自二十年度起,应以培植左列两种人材为目的:

1. 本省物质建设所需要之下级干部人材;
2. 毕业后有确实生产技能,能自由从事于各种职业之人材。

二、公私立各级职业学校其程度与初级中学相当者,称曰职业学校,与高级小学相当者,称曰职业补习学校,私立者冠以私立字样。

三、公私立各级职业学校自二十年度起,其课程应限于职业科目及与职业有关之科目。除党义、国文、珠算、体育外,其余普通初级中等学校及高级小学应习之科目,概行酌量减少。

四、公私立各级职业学校,每周实习时间至少应有每周上课时间总数二分之一。

五、省立高级中学校自二十年度起,先行开办工科交通工业及应用化学两系,以培植本省物质建设所需要之中级干部人材,及预备学生升学为目的。

六、公私立普通初级中等学校自二十年度起,一律添设职业科目:在中区者以商业(簿记、珠算、打字)、农业(园艺、养蜂、养鸡)、化学工业(制肥皂)及纺织工业(织毛巾、织袜)为限;在北区者以皮毛工业为限;在南区者以蚕业为限。

七、各县立普通初级中学自二十年度起,应视当地之需要逐渐改组为某种职业学校,但须以左列各项为先决条件:

1. 有充分之设备;
2. 有充分之师资。

改组之后,须遵照本办法第一项至第四项办理。

八、省立女子师范学校自二十年度起,应视当地情形酌添商业、蚕业、纺织工业、刺绣、看护等科目。

〔国民政府教育部档案〕

湖北省立初级职业学校通则与中小学校添设职业科目表

(1931年8月31日)

(1)湖北省立初级职业学校通则

第一条 职业学校应定名为湖北省立第几初级职业学校。

第二条 初级职业学校应遵照中华民国教育宗旨及其实施方

针,厉行职业训练,以养成生活技能,增进社会生产为宗旨。

第三条 初级职业学校设校长一人,综理全校事务。

第四条 初级职业学校设下列四处:

1. 教务处 办理教务事宜;
2. 训育处 办理训育事宜;
3. 事务处 办理事务事宜;
4. 实习指导处 办理实习一切事宜。

第五条 初级职业学校设教务主任、训育主任、事务主任、实习指导主任各一人,商承校长分别掌管各该处事宜。

第六条 初级职业学校设级训导若干人,商承校长协同主任分别处理各级事宜。

第七条 初级职业学校设教员、技师各若干人,担任各科教授及指导学生实习。

第八条 初级职业学校设事务员、书记各若干人,分别办理各处事务。

第九条 初级职业学校分下列各组:

1. 应用化学组; 2. 染织组;
3. 印刷组; 4. 木工组;
5. 金工组; 6. 家政组;
7. 图案组; 8. 银行组;
9. 簿记组; 10. 刺绣组;
11. 缝纫组; 12. 图书管理组;
13. 手工组; 14. 蚕桑组;
15. 园艺组; 16. 畜牧组;
17. 护士组。

第十条 初级职业学校附设之补习班或单独设立之职业补习学校,暂设分下列各组:

1. 油漆组；
2. 化学日用品制造组；
3. 铅印组；
4. 石印组；
5. 家具木工组；
6. 藤工组；
7. 金属工艺组；
8. 皮革组；
9. 缝纫组；
10. 漂染组；
11. 纺织组；
12. 簿记组；
13. 速记组；
14. 打字组；
15. 家事组；
16. 汽车组；
17. 造花组；
18. 模型标本组；
19. 养蜂组；
20. 养蚕组；
21. 园艺组；
22. 畜牧组。

第十一条 初级职业学校之分组，得应地方需要，酌量经济状况，于第九、第十两条所列之各组中择要设立之。

第十二条 初级职业学校入学资格，以在高小毕业者为合格，其附设之补习班及单独设立之职业补习学校得酌量组别情形，临时规定之。

第十三条 初级职业学校毕业年限定为三年，其附设之补习班及单独设立之职业补习学校，得酌量组别情形临时规定之。

第十四条 初级职业学校之毕业生转学其他组或其他同等之职业学校者，得酌免入学试验，并免修曾经及格之学科。

第十五条 初级职业学校及职业补习学校之各组课程标准另定之。

第十六条 初级职业学校及职业补习学校之各组设备标准另定之。

第十七条 初级职业学校实习时间应占课程总时间之半，但得按组别之性质酌量增减之。

第十八条 初级职业学校得设立下列各种会议：

1. 校务会议——由校长及全体教职员组织之，以校长为主席；

2．教务会议——由校长、各主任及全校教员组织之，以教务主任为主席；

3．训育会议——由校长、各主任及级训导组织之，以训育主任为主席；

4．事务会议——由校长、各主任及有关系之职员组织之，以事务主任为主席；

5．实习指导会议——由校长、各主任、各技术员及有关系之教职员组织之，以实习指导主任为主席。

第十九条 初级职业学校于必要时，得设立下列各种委员会：

甲、属于校务者：

1．经费审查委员会； 2．建筑委员会；

3．职业指导委员会； 4．编辑委员会。

乙、属于教务者：

1．教学研究委员会； 2．试验委员会；

3．职业教育研究委员会。

丙、属于训育者：

1．惩奖委员会； 2．课外活动指导委员会；

3．体育委员会。

丁、属于事务者：

1．设备委员会； 2．清洁委员会；

3．膳事委员会。

戊、属于实习指导者：

1．实习指导委员会； 2．营业委员会。

第二十条 本通则由教育厅呈部核准后公布施行。

（2）湖北省普通中学及高级小学添设职业科目表

一、高级小学职业科目：

a 农业大意； b 商业大意；

c 工业大意;　　　　　d 职业指导。
二、初中职业科目:
a 应用工艺;　　　　　b 农业概论;
c 商业概论;　　　　　d 工业概论;
e 职业指导;　　　　　f 家事;
g 看护;　　　　　　　h 缝纫;
i 烹饪。
三、高中职业科目:
a 森林学;　　　　　　b 养蚕学;
c 养蜂学;　　　　　　d 园艺学;
f 化学工艺;　　　　　g 测量学;
h 木工;　　　　　　　i 金工;
j 印刷术;　　　　　　k 机械学;
l 电工大意;　　　　　m 图案;
n 打字;　　　　　　　o 速记学;
p 银行学;　　　　　　q 簿记;
r 职业指导;　　　　　s 缝纫;
t 政学家;　　　　　　u 看护学;
v 烹饪;　　　　　　　w 广告术。

〔国民政府教育部档案〕

6　教育部关于改进安徽职业教育训令

(1933年6月26日)

教育部训令　第七八六八号
　　令安徽省教育厅
　　为令发钟督学兼科长视察安徽职业教育应注意改进各点仰即

遵办具报由。

案据本部督学兼科长钟道赞呈送视察安徽职业教育报告前来；查该厅长注意低级技术人员之养成，及原有手工业之提倡，以及谋建教合作，计划整理原有职业学校，均尚努力。除将原报告另行印发外，合亟摘录应行改进各点分别指饬如下：

甲、关于一般者

一、各校校长教员多非农工专业人才，或对于职业教育并具有优良经验者，显与规程不符，应即严加考核，对于资格不符而任事又无成绩者，务须分别撤换合格人员，慎选接充。

二、各校实习设备，如农场、桑园、工厂、养蚕室等，非面积狭小，不敷应用，即设施简陋，有碍教学，亟应扩充其范围，充实其内容，以收实效。如为经费所限不能增加预算，应分别情形减少班级，或酌量暂行停止一部或全部之招生，将其余款移充教学设备之用。

三、各校实习材料费多不够用，应遵照规定增加预算。

四、各校教学多重讲授，实习时间所占甚少，且多先学后习，各学年实习时间由少而多，每次实习有仅占二小时者，种种办法均与规程不合，应速改进。

五、各校学生多富于升学观念，而究其实际，每缺乏经济能力。学校为适应环境计，亦往往增设普通科目种类及授课时间，实与职业学校之目的不合，应注重技能科学，养成充分生产能力，以坚学生对于职业之信仰。

六、各校学生出品数量稀少，且多粗劣，殊少商品代价。其成绩较优者，一切图样色彩品质等，亦多模仿社会上原有出品，缺少改良与提倡意义。

七、各地学校每多闭关自守，少与职业机关联络，对于学生之自动经营及创业合作精神，尤少训练。

八、各校普通学科如数学、国文、理化等，所取教材不能与所习职业科目设法联络,每日二十分钟课间操就实习工作时间内举行,以调剂学生之身心,各校亦未遵办。

九、各校教职员之衣食住行,多未能表现刻苦耐劳之精神,为学生表率,尤少与学生共同生活。

十、皖北各校学生颇富于节俭刻苦精神,但对于卫生清洁整齐及劳作习惯尚未养成。

十一、该省女子职业学校由校供给膳宿,以示优待,因之学生众多。惟对于注重女子职业培养、经济独立能力之观念,仍尚淡薄,致多视此为升学之预备学校。

以上六至十一各点,应注意改进。

乙、关于各校者

一、省立第一中等职业学校:

(1)各科实习时间一年级最少,二年级稍多,三年级约占总时数四分之一。应化科第一年级除化学实验外,毫无制作成品之实习,应令先制造粉笔、肥皂、浆糊等简易商品,增加实际工作;对于现有各年级学生之实际技能,应尽量利用假期加紧长期实习工作,以资补救。

(2)土木科学生为获得实际经验计,应于第三学年暑假,商请建设机关派赴各地工务局等实地见习;应化机械二科,则应为一次或二次之同样的长期生产工作,以求技能之娴熟。

(3)为求职业技能基础坚强及娴熟起见,可招收高小毕业学生予以五年或六年之训练,第一、二年注重普通训练,第三、四年普通训练与职业训练并重,第五、六年则专事职业训练。

(4)军事训练每周三小时,三年均有国文、数学、英文等钟点,俱嫌过多;二年级公民与党义并列,应饬改正。

(5)图书设备不完全,关于职业各科参考书尤为缺乏。

二、省立第一女子中等职业学校:

(1)各科实习设备殊属简陋,养蚕及制丝场所狭窄、破漏而又污秽，殊不适用，场外隙地尤欠整洁。

（2）除蚕科外，实习时间不及总时间四分之一，刺绣科图画每周八小时，各科均排列英文科目，俱有未合。

（3）刺绣及染织成绩除一小部分尚属可观外，余多粗劣，花样色彩不及社会上原有出品，应注意新鲜色彩与样式之研究。

（4）全校学生对普通学科之兴趣，较对职业学科为浓厚，亟宜纠正。

三、省立第二中等职业学校：

（1）商科实习设备只有英文打字机五架，与学校商店一小间，学习时间每周亦甚有限，如打字机数量一时无法增加，应利用课后、晚间及星期例假分组轮流加紧学习，并应集中学习，不宜延长二年，致失学习之效率。

（2）就芜湖环境而言，殊无办理高级商业必要，应改办初级商业及商业补习，并须兼习旧式簿记，注意广告学楷书、珠算及商品研究等，以求实用。

（3）农业设备非常简陋，且毫无新式农具农艺实习，只有稻作，园艺只有普通菜蔬，无改良与提倡之可言，原有农田面积欠广，实习每周只有十一小时，学生劳作习惯尚未养成。

四、省立第七中等职业学校：

（1）该校第二部校舍系水利局改用，房屋狭小，甚不合用；染织及制革工厂设备均极简陋，往往二三人共一机，轮流学习，时间甚不经济。

（2）制革成绩十分粗劣，几于不能销售；其出品较良而能销售者，往往亏本过巨，染织出品亦极稀少。

（3）学校因材料费不敷支配，每将一张牛皮分成三四张分组学习，是项业经分割之牛皮，每多不能出售。

（4）该校二科共计六班，本年度应即停止招生一次，将二班全部经费约万余元拨充设备之用，或集中财力专办应化科，分制革、皮件二组,将染织设备改办职业补习科。

（5）对于救济缺乏充分实习之现有各班学生,可参照上述之省立第一职业学校办法办理。

五、省立第四中等职业学校：

（1）桑园四十亩,农田自有及租借者,共只三十四亩,最近教厅拨款购置农田正在接洽中,过去无成绩可言。

（2）毫无新式农具,设施简单,亟应添购。

（3）苗圃麦地菜园等,尚须加紧整理,生产数量亦少。

（4）学生宿舍殊欠整洁,衣服被铺亦过污秽。

六、私立安徽职业学校：

（1）该校机械、染织二科,设备均颇适用,就现有学生人数与实习设备比较,尚可各增二十余人,应招收职业补习班或学徒十数人,专事生产营业,并施以职业补习教育。

（2）自芜乍路通车后,向该校投考机械科者多于染织科,并有请求自费充当徒弟者,应与芜乍路公司联络,训育初级技术人员。

（3）该校讲授与实习各占半数,支配尚称适当,惟上课科目中,英文、数学、国文等占数过多,职业科目嫌少。

（4）该校基础尚佳,惟经费异常缺乏,除教厅每年津贴一万三千元外,几无其他收入,应收归厅办或增筹经费,以事扩充。

（5）女子简易部一年毕业,学习缝纫染织,时间短促而科目繁多,难收实效,应延长年限,并分缝刺与编织两组,改称为女子初级职业部或招收年长失学妇女,办理家庭工艺职业补习班。仰即遵照办理具报。此令。

中华民国二十三年六月二十六日

〔国民政府教育部档案〕

7 教育部关于改进江苏职业教育训令

(1934年6月27日)

教育部训令　第七九三二号
　　　　令江苏省教育厅
　　为视察报告职业教育应改进各点仰遵照办理具报由。
　　案据本部督学兼科长钟道赞呈送视察江苏省职业教育报告前来。查该厅长办理职业教育，设法扩充数量并注意其生产，缩减高中普通班次，限制县立中学招生，办法甚是。除将原报告另行印发外，兹将应行改进各点分别指饬如下：
　　甲、关于一般者
　　一、该省女子职业教育机关除省立浒墅关蚕业职业学校外，尚无其他单独机关，亟应增设一、二所，以扩充女子职业教育之机会。
　　二、省立学校多系高级程度，在地方初级职业学校尚未能遍设以前，应斟酌情形兼办初级职业学校，以适应需要。
　　三、家事教育各省市均少提倡，该省为教育发达区域，应力予提倡，设校实施。
　　四、私立商业职业学校每多名不副实，既无商业实习之设施，又无充分适当之商业陶冶，无异于普通中学，应严予取缔；于可能时，责令改办商业职业补习班，兼收青年店员学徒，以利实用。
　　五、中学与职业应单独设置，各项职业科勿令其继续附设于中学，以符规定。
　　六、对于私人办理职业学校，设法提倡并奖助其较有成绩者之发展；惟对于商业职业学校之设置，应切实依据环境需要，予以相当限制。
　　七、应利用原有职业学校之人才设备，尽量附设各种需要之职业补习学校或补习班。

八、查职业学校体育规定每日二十分钟，就实习工作时间内行之，以求学生身心之调剂，各校均未遵办，应予注意。

九、原有各种职业学校校名应即依照规程订正，以求划一。

乙、关于各校者

一、省立宜兴农业学校：已往设施诸多不妥，学生训练及实习工作尤嫌松懈，农林工具及参考图籍亦殊缺乏，亟应改善充实。

二、省立宜兴陶业学校：学生二十名，年费二万元，殊不经济。学校拟添设高中班制造瓷砖，惟根据以往经验招生不易，初中生更不易招收，可改招高小学生，五年毕业，同时并可添设补习班，招收厂家学徒。学校出品定价过高，销售不易。关于陶工雕刻等科，每周只一、二小时，似应酌加；调色配花及辨别火光等方法技术，尤应使学生熟练明瞭，并应积极与本地各业户合作研究，改良瓷业。

三、省立宿迁玻璃科职业学校：该校办理不久，成绩尚佳，惟所制出品大部分为杯、碟、油灯、灯罩，与社会上原有出品竞争，应兼制理化生物上所需要之一切玻璃用具，以抵制一部分之外货。所设班次并不宜限于高级，对于制品，须注意耐热性之研究。

四、省立淮阴农业学校：全校教职员四十余人，计专任教员十七人，兼任教员九人，职员十七人，校工二十人。据说因于环境及校舍散漫未能裁减，揆之班级与学生人数均嫌太多，应设法缩减，农产品制造尚须加意改善。

五、省立苏州工业学校：图书很缺乏，仪器多系陈旧。工厂实习第三年级仅占全时间四分之一，一、二年级更少，染织成绩欠佳。教厅令学校今后注重生产，惟因缺乏资本未能进行。应添招职工，辅助学生生产，同时实施职业补习教育。

六、省立苏州中学化工科及省立扬州中学土木科：两校各附设高级职业科，成绩均尚可观，惟苏州中学与省立工业学校毗邻，化工科应并入工业学校办理，以专责成。扬中土木科亦应并入苏州工业学校土木科，如认为必要，亦可连同拟添办之水利科单独设校，以符职业学校单独设置之规定。

七、省立吴淞水产学校：该校设备本尚充实，受一二八沪战影响，损失殆尽，嗣教厅拨款四万元，其中三万元修建校舍，一万元补添机械，不及原有设备六分之一，教学上殊感困难。罐头制造工厂因设备不全，又无流动资本，无法生产，应速设法恢复旧观。学生缺乏勤苦劳作习惯，亦应注意。

八、省立苏州农业学校园艺科除注重果种改良外，应并注意花卉及庭园设计。农艺科之农产制造，尤须添置机械，改善出品。

九、私立启明、锡光、疏雪、成志、安定高初级商业职业学校：以上各校除启明原拟办理商业学校外，余皆限于高初级中学之设立，不得已而改办商业，实际上仍实施其中学教育，细查其授课时间表，关于商业科目不及全数七分之一。言其实习，则只有简陋不堪之学校商店一所，打字机一、二架，且学习时间甚少，无实际价值之可言，亟应设法取缔，限制设立。

十、私立南通学院附设高级纺织科及中学：高级纺织科之设立，其动机在华商纺织厂联合会之提议，培养中级技术人员，并由会担任每年经常费三万元，曾付过半年经费，迄未续付，经济非常拮据，教育精神亦差，成绩尚未表现；拟添设之金工设备，如翻砂、模型、木工、锻工等，均用于经济，无法进行亟应设法补助。农科附设之中学，环境上并无需要，应即改办高级农艺及畜牧科，利用原有设备及人才，以资推广。

十一、私立镇江女子初级职业学校：蚕桑科职业科目每周仅有九小时至十一小时，家事师范科职业科目每周只四小时至六小时，普通科目如国文、英文、算术、理化等，每周多至五小时至九小时，诸多未合。家事师范科因缺乏设备，实习甚不充分，且目前一切设施亦未能与设科原旨相符，应注重家事劳作科目；最好前三年完全注重家事园艺教育，其有志愿充当小学劳作教员者则延长一年，专习心理教育方法及教材组织等学科。

十二、私立正则女子职业学校：该校高级绘画科人数稀少，尚无成绩可言，应加重应用美术功课；刺绣科可加添缝纫科目，三年毕业，藤工学科宜删，普通师范应停办，或改办家事劳作师范科；补习班尚发达，应设法扩充。

十三、镇江县立职业补习学校及南通县立女子职业补习学校：前者设文书、编刺、电镀三科，后者设缝纫、刺绣二科，设科目的既未确定，一切设备教学亦厉简陋平常，无成绩可言；文书科学生年龄幼稚，程度又低，设施尤为不当，亟须充实改善。

十四、私立东南职业学校：该校设农、商二科，商科毫无设备，农场只有五亩，上学期因学校尚未立案，人数锐减，家长纷纷请求多设普通科目，以便升学；学校为适应环境计，遂将职业科目减少。现有科目之设置紊乱无章，缺少一定标准，少数校董如学校有适当整理计划，亦愿捐助农田，极力资助，应设法协助整理。

十五、私立光化初级简易化工科职业学校：该校实习场所狭小简陋，所拟定之学习科目过于繁琐，多而不精，亟应充实改善。校长杨振宇兼任上海某大学课务，不常在校，校务由教导主任负责，殊有未合。

十六、私立正谊初级职业学校：该校原设商业、家事二科，办理欠善，暑假后商业科拟改办盐务科，注重管理及制造，应改办高级，并注意课程编制及教员人选，以收实效。现有家事科课程内容过于简单，名不副实，校长曹刍现任省立镇江师范校长，每周只到校一次，均属不合。

仰即分别遵照办理，仍将遵办情形具报。此令。
中华民国二十三年元月二十七日

〔国民政府教育部档案〕

8 教育部抄发督学钟道赞视察上海市职业教育报告的训令

(1935年11月29日)

教育部训令　第一六四五〇号
　　令上海市教育局
　　为令发本部督学兼科长钟道赞视察该市职业教育报告仰遵办具报由。
　　案据本部督学兼科长钟道赞呈送视察该市职业教育报告前来，据此，查该市系国内通商大埠，而职业教育设施未有显著成绩，私立职业学校尚见发达，其中商科约占三分之二，但设备大都简陋，仅凭书本教学，学生获益无多，均应设法改善。并应依照该市所呈中等学校设置方案努力推行，或将设备尚有基础，经费支绌之私立职校，收归市办，以收事半功倍之效，俾能依限达到部颁中等学校设置及经费支配标准。再，该市商科之设置已属供过于求，此后非至必要时不得再行添设。合行抄发原呈报告，令仰遵办具报。此令。
　　计抄发视察该市职业教育报告一份
中华民国二十四年十一月二十九日

附抄原件
　　　　　　视察上海市职业教育报告
　　甲、关于一般者
　　一、该市公私立职业学校或职业科约计四十校，其中属于商科者占百分之六十五，属于工科者占百分之二十，属于助产者占百分之十五，属于艺术及农业者占百分之十，就出路言，以商科最差，显见商科人材之供过于求，应即予以限制。
　　二、各商科学校除一二学校外，大都设备简陋，仅事书本之讲授，无实际工作之可言，即有少量之打字设备，简单之学校银行与商店，其得益亦甚微。最近商务印书馆为便于商科学生实习起见，特于星期六及星期日开放两天，供各校学生轮流前往实习，惜每学期每校最多只能轮到二天，一曝十寒，裨益有限。应严令各校充实内容，并与接洽各大商店，依照商务印书馆办法定期开放，增加实习机会。同时银行实习亦可依照试办，以资便利。

三、商科学生颇多以升入商学院及经济系为目的，故教学偏重知识，一切实际问题之研究殊少注意，即彼此课程亦校自为政，未能划一。该市应速组织商业教育研究会，参照部颁课程与设备概要共同讨论，拟定一适合实际之科目支配与其教材，及最低设备标准，以作各地方之参考。

四、商业及土木机械等教学多用外国文课本，逐句讲解，不特学生外国文程度低浅，进度甚慢，即实际应用亦殊形隔膜。查年来坊间所出各项中文书本，不乏适当者即由教员编译补充，亦属理之当然。且各校每因使用原本之故，增加外国文时数，以求了解，实害多利少，应设法改善。

五、担任工程学科之教员每多大学新毕业生，教学与技术经验俱形缺乏，其结果偏重理论，少实际参考材料，即偶尔设计制图亦多属书本上已有教材；对于技术上基本训练既未彻底，应用上高深知识亦多涉空泛，应予注意。

六、各校工科设备除同济属附职业，中华职业二校外，俱嫌简单。私立雷司德学校，各种机械模型标本新颖完备，可资模楷，各校应多往参观借镜，渐图改进，以重技术。

七、补习学校数量虽多，而真合职业性质之补习机关仍属寥寥。现有学校大抵属普通性质，为补习英文、算学、国文、日文、理化之中学校学生而设，或为店员增进语言知识而设施，对于工商业实用知能之补习而教学适当者尚不多觏。

八、该市职业教育扩充计划，前曾因经费支绌呈请展缓一年实施，惟查上年度及本年度拟定方案均未有丝毫事实之表现，殊为可惜。私立大公职业学校规模庞大，设施亦无不合，惟因经济困难有不能继续进行之势，该市应设法接办，除充实设备约二三万元不计外，每年约有六七万元，当可支持，一面仍酌收学费，以资弥补。所有该校积欠自应分期摊还，以固校基，较之另建校舍及购置机械，其难易相差远甚。此事如能办到，该校商科及中学部应停止招生，专办土木、电机、机械三科，原有之敬业中学土木科应合并办理。

九、该市务本女中原有家事设备，尚称合用。近查全市无一家事教育机关，应饬该校拟具附设家事职业科计划，限期实现。

乙、关于各校者

一、市立敬业中学土木科：该科设一、二、三年级各一班，学生七十人，已毕业二班，共二十五人，就业者约占百分之七十，多在导淮委员会从事监工职务。因工务、土地两局不能予学校以实习便利，致缺少实际工作之机会。测量仪器尚好，关于材料强弱之试验，除率领学生赴交通、复旦二大学参观一二次外，应商准各该大学予以试用一二星期之机会。

该科科目繁多，训练不能集中，易蹈多而不精之弊，应删去社会科学纲要，机工电工大意，并减少学习国文、物理钟点，增加建筑图及测量设计实习时间，以资熟练。如时间仍嫌不足，不妨酌延半年，俾几何画、投影画等基本工作提早学习。

二、国立同济大学附设高级工业职业学校：该校设土木机械二科各三班，学生二百零五人，一、二年级注重基本技术训练，如制图工作及模型，三、四年级注重复杂工作及设计估计等，四年毕业。第四年土木科分水利工程、桥梁工程、铁道公路工程、房屋建筑工程四组、机械科分焊工、铸工、模型木工、锻工、淬工机器工五组，学生自由专习一组，俾于普通土木及机械训练之外，有一门专长之技术。各工场设备均称完善，铸工机械工场尤为面积宽大，布置完整，化学物理设备简单，图书亦未够用；土木教材参考室及机械解剖、模型、图形等，十分精密完备。各科因无良善教本，均用讲义，附以图形，多能合用。每年暑假规定实习三星期，以求熟练。全校秩序整齐，工作精神与态度均佳，学生对于自修及课外作业亦能注意。惜功课繁重，缺少运动及娱乐时间，恐心身不能调剂。各科讲义应加以整理，逐渐付印，作为其他工科学校之教本或参考书；土木科四年级学生必须设法与校外建筑机关联络，俾学生多得实际练习机会，最好集中实习一学期。教学设备费每月只三百十元，殊嫌不足，应至少占全经费百分之十五，每月约有千元，逐渐添置新式机械而利教学。

三、私立中华职业学校：该校分土木、机械、商业三科，高初级共二十五班，学生一三七四人。初级注重基本练习，高级注重成品制作，兼承造外界委制机件。机械科工场除机械工、钳工、锻工、铸工、木工等五部外，并设电气原动机两实验室，以供学生实验练习之用。土木科设置研究室，陈列各种标本模型，以供参考；注重制图及校内外面积及地形测量，必要时并往远地实习，或承办房屋设计及监工等事。

商科有西文打字机二十三架，中文三架，计算机一架，簿记教室、学校银行、商品研究室，以供学生练习之用，每学期并可往商务印书馆实习一、二次。

各科教材如建筑图、机械图，用器画、工场进度表及理化等，均自己编订试用，颇富于研究精神。其余如数学、英文、国文等，亦应试编适用于职业学校之教材。

据各方雇主批评，该校学生技能虽无特殊成绩，惟服务精神甚好，目下班级人数过多，应逐渐缩小范围，最多以十五班至十八班为限，每科各六班，以便集中精力谋技术上更健全之训练，同时并从事于教材之研究，以供各地学校之参考。

初级学生年龄幼稚，身体多未发育，应提高工科入学年龄，并注意工作时间内之短时运动，其有富于数理能力，志趣浓厚而体力薄弱者，自可采取个别教学，发展其机械结构能力。土木科缺乏充分实地练习机会，须多作结构相同之各种模型。各科毕业生多能用其所学，询属难得。图书极为完备，理化设备亦能敷用。

四、私立江西高级职业学校：该校设土木与商科共六班，学生二百余人，两科之专习科目均嫌繁多，应力予删减，集中训练。商科英文、土木科数学每周均六小时，其他普通科目亦比部定标准为多，过重升学准备，实习工作及设备甚不充实，制图设计及簿记、会计、实习成绩均差，各科多用英文课本教学，学生进步迟滞，训育及自修时间精神亦差，均应改善。

五、私立大公职业学校：该校分土木、机械、电机、商业四科，高初级共十九班，学生七三〇人。招收小学毕业者修业五年，招收初中毕业者修业三年，学生秩序及教学精神均尚佳好。机械科设备分木工、翻砂、机械三厂，容量尚大，实习设备仍嫌不足，锻工正在设置中，土木及电气设备十分简单。商科有旧打字机二十四架，学校银行及商店各一所，惜银钱及货品往来，额数与种类均嫌微小，练习价值有限。土木机械两科每周实习仅八小时至十二小时，连制图在内共计十二小时至十六小时。国文、英文、算数三科时数过多，应各减少二、三小时，移作实习时间；商科书法每周五小时，国文、英文每周六七小时，亦应删改，改授商业科目。且土木机械多用英文课本，进度甚缓，应选用中文教本或自己编译讲义，以重实际。土木与商业实习应于高年级时，多向校外发展，讲授与纸上工作应酌减。

该项各种专科教员多系大学新毕业生，实际经验自不免缺乏，应注意改善。该校完全系私人创办，开办经临各费除学生学杂费外，全由私人捐募挪借而来，支持自属不易，现已有捉襟见肘之虞，学校当局曾表示请由市教局接办，以资发展，该局应速筹划进行，惟商科及中学部均应停止招生，集中全力充实土木、机械、电机三科，以求完备。

六、私立大夏附中工商科：该附中设土木商业二科，共八班，学生一四九人，商科毕业者多升入该大学商学院，土木学生有从事实际工作者。二科实习设备多与大学部合用，银行商店练习机会不多，学生听讲精神尚佳，多能笔记；土木制图成绩平常。应多令学生作商业实习与实际问题之研究，及建筑模型与实地设计之练习，以增经验；普通功课如英文、国文、公民、卫生、音乐均可删减，职业科目宜酌加。

七、市立新陆师范：该校设六班九组，每年级分农事、工艺、及民众教育三组，学生共一三六人（视察以农事工艺二组为限）。一、二年级有五、六小时之农事或工艺功课，实习居大部分；三年级则农组兼习工艺、工组兼习农事，虽钟点只有三小时，工艺成绩尤注意于仪器玩具及应用品之制造，教材参考资料及程序亦颇充分适当；农事成绩以各种标本为最多，如花果树及种子等。

工艺农事范围过大，区区三小时实习殊嫌不足，应至少以二年级暑假为完全作业时间，集中练习或特准招收小学生，予以五年之训练，或延长现有学生之修业年限半年，专事实习，以资娴熟。如实行集中实习后，则农场工厂均应充实。

八、私立立达学园农村教育科：该科分一、二、三年级三班，学生五十余人，收初中毕业生，合农业职业教育与乡师训练为一，以培养乡村小学校员与改进农村人材为目的；师范与农事并重，希望达到切实的生产能力、知识与团体生活，其用意与本部去年职业教育讨论会之议决案颇相符合。

第一年基本功课，二年起注意农事教育与教育功课，三年加教育实习。农事实习一年起即实行半天作业，学生活动分生产、消费、学艺及农村服务四社，各有其特殊目的，一切校事均由学生任之，精神甚佳。农事注重园艺果树、养殖及棉稻等试验工作，惜设备简单，高年级学生往往表示技能工具之不足；如能改招小学学生五年毕业，提前养成刻苦耐劳习惯与简单生活，养成从事农业之兴趣，结果当较佳也。

九、私立市商会商业职业学校：该校原系私立南洋高商,去年因闹风潮改由市商会接办，设高级商科三班,学生百十人,设备毫无，实际工作亦甚缺乏，注重商业知识之灌输；应利用市商会地位，特约规模具备之商店及银行为学生实习机关，尽量赠送中外商货样品开室陈列，以供研究之用。现行课程与部定者多有出入，同时对于学生出路亦宜筹有相当办法。商业专科教员多系银行行员，尚称适当。

该校原附设之初中科，应缩小范围，办至现有学生为止，专办商科，并应利用种种便利使成一理想的商业学校。

十、私立清心中学商科：该科现设高级三班,学生四十六人，过去学生在公司洋行服务尚有成绩，就业者较升学为多。各科教本多用英文课本，于实际应用上裨益甚多。各班人数不多，普通功课如国文、英文、算学等常与中学合班教授，教材自欠失当。实习除打字（打字机十余架）银行（上海银行在校内设有储蓄部）外，无他机会。该校与商务印书馆关系较深，应与该馆商谋特约练习之便利。

十一、私立爱群女子中学商科：该校设商科三班，其中二班实系普通中学，仅有少量之商业功课，每周七八小时，实习设备甚简单，出路亦差，应改办普通高中。

十二、私立慈航助产学校：该校分一、二年上下期各一班，三年上期一班，学生共约百人，附设产科医院，仅有床位二十余架及诊疗室、产室二间，住院产妇一、二人。据说多系送诊，图书、标本、模型仪器等设备简单，实习机会似甚有限。学生每日除上课二、三小时外,无所事事，功课欠紧张，亟应充实内容，改善教学。

9 民国廿五、廿六学年度

(193

(1) 全国职业学校数

学　年　度	共　计	职业学校（高初合设）					
		计	农业	工业	商业	家事	其他
二十六学年度	292	40	12	16	4	4	4
二十五学年度	494	45	13	18	5	4	5

(2) 全国职业学校班级数

学　年　度	共　计	高　级　职　业			
		计	农业	工业	商业
二十六学年度	1,206	471	118	179	67
二十五学年度	1,916	763	215	283	146

(3) 全国职业学校教职员数

学　年　度	共　计	职业学校（高初合设）					
		计	农业	工业	商业	海事家事医药	其他
二十六学年度	4,844	1,329	345	582	198	78	126
二十五学年度	8,645	1,786	466	726	390	80	124

材料来源：依据二十五至三十一学年度全国职业学校教职员

全国职业学校概况统计表

7年)

单位：校

高级职业学校						初级职业学校					
计	农业	工业	商业	家事	其他	计	农业	工业	商业	海事 家事 医事	其他
103	25	14	14	47	3	149	69	41	13	26	2
191	39	41	24	76	11	258	109	69	40	29	11

单位：班

学校		初级职业学校					
海事 家事 医事	其他	计	农业	工业	商业	海事 家事 医事	其他
72	35	735	222	222	83	176	32
64	55	1,153	314	360	283	157	39

单位：人

高级职业学校						初级职业学校					
计	农业	工业	商业	海事 家事 医事	其他	计	农业	工业	商业	海事 家事 医事	其他
1,564	369	456	164	407	170	1,951	717	615	148	303	168
3,092	936	927	574	372	283	3,767	1,212	1,208	630	559	158

数统计报告表编制。

（4）全国职业学校学生数

学　年　度	共　计	高级职业			
		计	农业	工业	商业
二十六学年度	31,592	12,337	3,200	4,904	2,578
二十五学年度	56,822	21,153	5,535	7,565	5,386

（5）全国职业学校毕业生数

学　年　度	共　计	高级职业			
		计	农业	工业	商业
二十六学年度	7,023	3,494	802	1,762	501
二十五学年度	10,294	4,447	1,107	1,356	1,366

（6）全国职业学校岁出经费数

学年年度	共　计	职业学校（高初合设）						高
		计	农业	工业	商业	家事	其他	计
二十六学年度	4,222,857							2,286,453
二十五学年度	7,938,331	1,894,997	522,718	815,946	341,741	96,564	118,028	3,599,574

材料来源：依据二十五至三十一学年度全国职业学校岁出经
说　明：二十六、二十七两年度岁出经费数分别计于高级职业

单位：人

学校		初级职业学校					
海事家事医事	其他	计	农业	工业	商业	海事家事医事	其他
1,049	606	19,255	7,112	5,674	2,551	3,598	320
1,224	1,443	35,669	10,320	10,536	8,843	5,011	959

单位：人

学校		初级职业学校					
海事家事医事	其他	计	农业	工业	商业	海事家事医事	其他
309	120	3,529	1,006	816	362	496	849
356	262	5,847	1,552	1,728	1,343	1,070	154

单位：元

级职业学校					初级职业学校					
农业	工业	商业	家事	其他	计	农业	工业	商业	家事	其他
691,652	969,998	256,244	209,398	159,171	1,936,404	629,848	834,290	148,604	200,447	123,215
1,050,045	1,408,841	693,178	240,268	207,232	2,443,760	581,966	1,290,084	122,104	307,429	142,177

费数统计报告表编制。

及初级职业内。

〔国民政府教育部档案〕

10 全国中等学校

(19

学校性质别	学校数			班
	共计	公立	私立	共计
总　　　　计	3,264	2,064	1,200	15,722
中学	1,956	975	931	11,393
中学（高初合设）	530	187	343	
初〔高〕级中学	36	21	15	2,440
初级中学	1,390	767	623	8,953
师范学校	814	787	27	2,422
师范及乡师	198	179	19	979
简师及简乡师	616	608	8	1,443
职业学校	494	302	192	1,916
职业（高初合设）	45	32	13	
农业	13	11	2	
工业	18	17	1	
商业	5	2	3	
家事	4	2	2	
其他	5		5	

二十五学年度概况

36年）

级　　数		学　　生　　数		
公　立	私　立	共　计	公　立	私　立
8,762	6,960	627,246	352,445	274,801
5,348	6,045	482,522	236,489	246,033
893	1,547	88,831	31,801	57,030
4,455	4,498	393,601	204,688	189,003
2,242	180	87,902	81,610	6,202
840	189	37,785	83,368	2,422
1,402	41	50,117	48,247	1,780
1,172	744	56,822	34,346	22,476

续前

毕业生数			教职	
共计	公立	私立	共计	私立
11,320	75,361	35,959	60,047	34,759
76,866	46,718	30,148	41,180	19,712
			11,086	6,266
12,270	6,298	6,972	1,439	900
63,594	40,418	23,176	22,655	12,548
24,162	22,291	1,871	10,222	9,587
11,225	9,548	1,677	4,512	3,980
12,937	12,743	194	5,710	5,607
10,294	6,354	3,940	8,645	5,460
			1,786	1,133
			466	378
			726	547
			390	110
			85	58
			124	45

员　数	岁　出　经　费　数 单位：国　币　元		
公　立	共　　计	公　　立	私　立
25,288	60,985,605	36,835,153	24,150,452
21,468	41,453,790	20,579,970	20,873,820
10,820	18,958,023	6,875,949	12,082,079
539	3,012,042	2,244,769	767,273
10,109	19,483,720	11,459,252	8,024,488
635	10,851,224	10,236,777	614,447
532	5,909,569	5,485,544	424,025
103	4,941,655	4,751,283	190,422
3,185	8,730,591	6,068,406	2,662,185
653	1,985,057	1,385,812	599,245
88	532,778	420,846	111,932
179	895,946	697,578	198,368
280	341,735	126,480	215,255
27	96,564	60,445	36,119
79	118,028	80,457	37,571

续前

学校性质别	学校数			
	共计	公立	私立	共计
高级职业	191	95	96	763
农业	39	29	19	215
工业	41	32	9	283
商业	24	10	14	146
家事	76	21	55	64
其他	11	8	8	55
初级职业	258	175	83	1,153
农业	109	90	19	314
工业	69	53	16	360
商业	40	10	30	283
家事	29	14	15	157
其他	11	8	3	39

班級數		學生數		
公立	私立	共計	公立	私立
471	292	21,153	12,936	8,217
137	78	5,535	3,725	1,810
217	66	7,565	5,693	1,872
78	68	5,386	2,528	2,858
27	37	1,224	700	524
12	43	1,448	290	1,153
701	452	35,669	21,410	14,256
264	50	10,320	8,454	1,866
260	100	10,536	7,272	8,264
88	195	8,849	3,104	5,739
74	83	5,011	2,209	2,802
15	24	959	371	588

续前

毕业生数			教职员数	
共计	公立	私立	共计	私立
4,447	2,619	1,828	3,092	1,856
1,107	966	141	936	603
1,356	1,059	297	927	747
1,306	414	952	574	280
356	35	321	372	148
262	145	117	283	78
5,847	3,735	2,112	3,767	2,471
1,552	1,421	131	1,212	928
1,728	1,396	332	1,208	982
1,343	625	718	680	207
1,070	257	813	559	312
154	36	118	153	42

材料来源：根据本部普通教育司、蒙藏教育司及会计室登记

说　　明：中学（高初合设）及职业学校（高初合设）之班及高级职业、初级职业内。

公 立	共 计	岁 出 经 费 数 单 位：国 币 元	
		公 立	私 立
1,236	3,601,574	2,452,273	1,149,301
333	1,050,045	691,033	359,012
180	1,408,841	1,247,055	161,186
294	693,178	346,595	346,583
224	242,268	103,515	138,753
205	207,242	63,475	143,767
1,296	3,148,960	2,320,321	913,639
284	881,766	738,041	143,725
226	1,290,084	1,075,632	214,452
423	522,504	175,374	347,130
247	307,429	183,850	123,579
116	142,177	57,424	84,753

底册暨专案查报材料。

级数、学生数、毕业生数，均分别计于高级中学、初级中学内，

〔国民政府教育部档案〕

11 全国中等学校

(193

学校性质别	学校数			班级数	学生数
	共计	公立	私立		
总　　　计	1,902	1,249	653	16,044	638,234
中学	1,242	698	544	11,647	494,771
中学(高初合设)	311	126	185		
高级中学	25	18	7	2,491	92,673
初级中学	906	554	352	9,156	402,098
师范学校	364	354	10	2,406	87,076
师范及乡师	98	92	6	958	35,472
简师及简乡师	266	262	4	1,448	51,604
职业学校	296	197	99	1,991	56,387
职业(高初合设)	40	31	9		
农业	12	10	2		
工业	16	14	2		
商业	4	3	1		
家事	4	4			
其他	4		4		
高级职业	107	51	56	768	20,915

二十六学年度概况

（7年）

毕业生数	教职员数	岁出经费 单位：国币元		
		共计	公立	私立
111,566	51,513	58,406,054	35,228,363	23,177,691
76,705	40,398	39,706,441	19,572,401	20,134,040
	17,734			
11,542	1,174	12,142,934	4,135,540	8,007,394
61,163	21,490	27,563,507	15,436,861	12,126,646
23,465	9,752	10,513,707	9,660,876	552,831
10,573	4,231	5,330,970	4,928,317	402,653
12,887	5,491	5,182,737	5,032,559	150,178
11,396	8,363	8,185,906	5,695,086	2,490,820
	1,923			
	470			
	830			
	368			
	111			
	144			
5,270	2,871	4,382,830	2,985,902	1,396,928

续前

学校性质别	学校数			班级数	学生数
	共计	公立	私立		
农业	25	19	6	207	5,505
工业	16	12	4	282	7,887
商业	14	5	9	154	5,478
家事	49	14	35	78	1,091
其他	3	1	2	47	954
初级职业	149	115	34	1,223	35,472
农业	69	60	9	314	10,415
工业	41	33	8	384	11,621
商业	13	5	8	267	8,252
家事	26	17	9	201	4,220
其他				57	964

材料来源：根据本部普通教育司、蒙藏教育司及会计室登记

说明：1. 本年度因战事关系，各省市中等学校班级数、学生数。

2. 中学（高初合设）及职业学校（高初合设）之班级数、内，及高级职业、初级职业内。

毕业生数	教职员数	岁 出 经 费 单位：国币元		
		共 计	公 立	私 立
1,286	827	1,344,095	935,956	408,189
2,148	814	1,739,310	1,526,102	213,208
1,117	554	821,012	331,450	489,562
586	429	218,706	77,307	141,399
133	247	259,707	115,087	144,620
6,126	3,569	3,803,076	2,709,184	1,093,892
1,629	1,156	997,442	781,854	215,588
1,663	1,171	1,684,792	1,407,743	277,049
1,147	576	604,665	212,949	391,746
778	366	261,630	149,322	112,308
909	300	254,517	157,316	97,201

底册暨专案查报材料。
数、毕业生数、教职员数未据将公私立分别呈报本表，仅列总

学生数、毕业生数、岁出经费数，均分别计于高级中学、初级中学

〔国民政府教育部档案〕

12 民国十九年度至二十六年

(1930—

年　　度	共　计	中　学			小　计
		小　计	高级中学	初级中学	
总　　　计	795,453	587,909	89,826	458,064	172,936
二十六学年度	64,683	48,264	9,701	38,563	9,396
二十五学年度	111,320	76,864	13,270	63,594	24,162
二十四学年度	108,135	73,878	13,161	60,717	22,493
二十三学年度	108,135	73,878	13,161	60,717	22,493
二十二学年度	102,581	68,028	9,696	58,332	25,729
二十一学年度	104,620	73,902	12,240	61,662	22,450
二十学年度	106,591	74,865	10,761	64,104	22,711
十九学年度	89,388	58,230	7,846	50,384	23,402

材料来源：根据十九、二十、二十一、二十二、二十三、
校毕业生数报告表编。

说明：二十四年度毕业生数因战事关系，材料未及收集齐

度全国中等学校毕业生累计数

1937年）

师 范 学 校		职 业 学 校		
师范及简师	简师及简乡师	小　　计	高级职业	初级职业
86,378	86,454	24,708	31,055	44,764
4,394	5,002	7,623	3,494	3,529
11,225	12,937	10,294	4,447	5,847
7,617	14,876	11,764	4,779	6,985
7,617	14,876	11,764	4,779	6,985
10,717	15,012	8,824	3,272	5,552
13,625	8,825	8,268	2,988	5,289
15,984	6,727	9,015	3,861	5,154
15,199	8,203	7,756	3,324	4,432

二十四、二十五、二十六、二十七、二十八等学年度全国中等学

全，依照二十三年度数字估计列入。

〔国民政府教育部档案〕

13 民国十七学年度至二十六学年度全国

(1928—

年度别	学生数		
	共计	师范及乡师	简师及简乡师
十七学年度	29,470		
十八学年度	65,695		
十九学年度	82,809		
二十学年度	94,683	73,808	20,875
二十一学年度	99,606	66,477	33,129
二十二学年度	100,840	41,834	59,006
二十三学年度	93,675	30,825	62,850
二十四学年度	84,512	33,946	50,566
二十五学年度	87,902	37,785	50,117
二十六学年度	48,793	19,889	28,904
合计			

材料来源：依据十七至三十四学年度全国中等教育统计师范

师范学校学生数与毕业生数统计表
1937年)

毕 业 生 数			备 注
共　　计	师范及乡师	简师及简乡师	
23,402			
22,711	15,984	6,727	
22,450	13,625	8,825	
25,729	10,717	15,012	
22,493	7,617	14,876	
22,493	7,617	14,876	
22,962	10,025	12,937	
9,396	4,394	5,002	

学校学生数、毕业生数汇编。

〔国民政府教育部档案〕

十三、私立中德助产学校：该校设四班，学生九十六人，有中德医院与学校合作，病床数量颇多，平均每天有二三十人住院，实习尚无问题，教学参考资料不少，校舍亦合用。

十四、私立人和助产学校：该校设四班，学生六十余人，三年毕业，分收费与免费两种，前者学膳费等年约二百元，后者只入学时收六十元，以后一概免缴，惟年限加倍（照旧制四年毕业），大部分时间在医院实习，学生为节省经济计，多愿充免费生。床位五十余张，设布尚好，且亦清洁。近来住院人数不多，多随教员出外接生，一年级担任院内之基本练习，二、三年级襄助接生，每人可得三四十次练习机会。

十五、私立中华第一职业补习学校：该校附设于中华职业教育社，设国文、升学指导、国文专修、英语专修、算学专修、商业补习、就业指导、英语、簿记、会计、文书统计、理化、日语、英文打字、华文打字、国文、英语正音、英文会话十八科，分晨班、日班、夜班、日夜班四种，学生约六百余人。上课与出席均尚整齐，教学精神亦佳。修习职业性质学科之人数少于补习普通学科之人数，惟其中亦有职业界人员，为便利服务起见，来校补习语言文字算学等，以为升进之准备。日班以学生居多数，其补习自多限于普通科目。嗣后应逐渐注重职业性质之补习，以符名实。

十六、私立中华第三职业补习学校：该校附设于私立中华职业学校，分高级机械、电机、建筑及英文四班，学生百二十余人，出席约有百分之八十，教授与听讲精神尚好，教材教法亦能适当。学生职业与年龄差次不齐，间采分团教学制尚无困难。英文教材系教员自编，注重职业理化机械等常识，颇为合用。

中华民国二十四年十一月二十九日

〔教育部公报〕

〔五〕初等教育

（一）小学教育

一 教育法令

1 教育部颁布繁盛都市推广小学教育办法

（1931年4月29日）

一　人口繁盛之都市，所有小学不足容纳本地方学龄儿童者，应依照本办法尽量推广之。

二　繁盛都市教育行政机关应就本市发展状况及改造趋势，拟具推广小学教育办法，请由主管政府核定，纳入于整个的建设计划中。

三　各都市教育行政机关按照计划所定，得呈请主管政府核准，收用官荒或收买民地作为建设该市小学之基础。

四　各都市教育行政机关得请主管政府劝令建筑大宗市房之私人，于建筑之时，依照小学校舍建筑最低限度标准建筑小学校舍，以便公私立小学赁用。

校舍建筑最低限度标准由各该市教育行政机关拟订，会同工务机关呈经主管政府核定后，汇送教育部备案。

前项私人建筑，以每满五十户建筑小学校舍一教室为原则。

五　校舍如不敷用而又不及建筑或无力建筑者，得商借庙宇、公所、宗祠等之余屋供用。

六　各都市教育行政机关应参照左列各办法，宽筹兴办小学教育之经费。

甲　整理现有教育经费，剔除中饱，撙节浮滥；

乙　减缩本机关政费；

丙　中等以上学校已设而不甚需要者，得酌量收束或缩小，逐渐减削其经费；

丁　呈请主管政府指拨的款；

戊　酌量儿童家庭能力，增收学费；

已　其他。

七　现有小学每级儿童名额，得扩充至五十人。

八　现有小学儿童名额不足之学级，应酌量采用复式或二部编制；两校以上名额不足之学级可合并者，并得合并之。

九　现有小学幼稚园及低年级，应酌采上下午半日学校制，以期多收学龄儿童。

十　现有小学儿童应由主管教育行政机关依全都市学区，就入学儿童住址分别支配于一区内各小学，勿任家近甲校之儿童往乙校肄业，或家近乙校之儿童往甲校肄业；并应调剂各校儿童数，勿使有多少不均之弊。

十一　小学招收新生，得由教育行政机关会同各学区小学教员组织招生委员会，主持儿童入学试验，将收录者平均分配于各小学。

十二　现有小学于招收新生时，得于正取之外定有备取名额，在开学两个月内遇有正取生缺额时，应随时递补。

十三　现有小学在学期开始后未逾半学期时，各级如有缺额，遇有报考插班者，仍应酌量收录。

十四　现有市内公私立中学应鼓励其节省费用，附办小学。

十五　劝导各商帮各工会等，摊认捐款，兴办私立小学。

十六　奖励私人兴办小学。

十七　整顿境内私塾，训练塾师，改良私塾为代用小学。

十八　各都市教育行政机关应依照本办法，拟具较详细之办法，呈由主管政府核准，并汇送教育部备案。

〔国民政府教育部档案〕

2 教育部颁布乡村小学充实儿童学额办法

(1931年4月29日)

一 乡村小学儿童名额除有特殊情形，经主管教育行政机关许可者外，每一教室不得少于二十五人，其名额不足者，应设法充足之。

二 乡村小学校长教员，应劝导附近人民迅送已届学龄之儿童入学。

三 乡村小学为应付特殊环境起见，得由校长商请校外热心教育人士为本校义务招生委员，调查本校四周一公里内之学龄儿童，并督促其入学。

四 乡村小学学额不足时，其附近一公里内不得另设招收九周岁以上儿童之私塾；其有设塾影响于学校招生时，得由校长呈请主管教育行政机关勒令停闭之。

五 二所以上之乡村小学校舍邻近而学额均无法补足者，主管教育行政机关得酌量合并学校或学级。

六 乡村小学得减缩暑假或年假日期，酌放农忙假，其时期由各地方教育行政机关规定之。

七 乡村小学为减轻人民负担使其子女易于入学起见，得多设免费学额，并得由主管教育行政机关酌给书籍用品，以供贫苦儿童借用。

八 乡村小学应酌设补习班，招收十岁以上失学儿童入学补习。

九 本法如有不适宜于某一地方情形时，得由该地方教育行政机关另定办法，呈请主管教育行政机关核准，并汇报教育部备案。

〔国民政府教育部档案〕

3 国民政府公布小学法

（1932年12月24日）

第一条 小学应遵照中华民国教育宗旨及其实施方针，以发展儿童之身心，培养国民道德之基础，及生活所必须之基本知识技能。

第二条 小学修业年限六年，前四年为初级小学，后两年为高级小学。

初级小学得视地方情形单独设立。

第三条 小学由市县或区坊乡镇设立之，其有特殊情形者，得由省设立之。私人或团体亦得设立小学。

第四条 小学由市县设立者，为市立或县立小学；由区设立者，为区立小学；由坊或乡镇设立者，为坊立或乡镇立小学；由两区两坊或两乡镇以上设立者，为某某区某某坊或某某乡镇联立小学；由私人或团体设立者，为私立小学。

第五条 师范学校附设之小学为师范学校附属小学。

第六条 小学之设立变更或停办，在省行政区域内者除省立小学外，应经该管县市教育行政机关核准，呈请教育厅备案。在直隶于行政院之市区域内者，应经市教育行政机关核准。

第七条 小学学级用单式编制，但有特殊情形者，得用复式编制；在初级小学并得用两部或单级编制。

第八条 小学之教育科目及课程标准，由教育部定之。高级小学应视地方情形设置简易职业科目。

第九条 小学教科图书应采用教育部编辑或审定者。

前项编辑或审定，并应注重各地方乡土教材。

第十条 小学得附设幼稚园。

第十一条 小学设校长一人，综理校务。

省立或直隶于行政院之市市立小学校长，由教育厅或市教育行政机关遴选合格人员任用之。

县市立或区立坊立或乡镇立小学校长，由县市教育行政机关选荐合格人员，呈请县市政府任用之，并呈请教育厅备案。

私立小学校长由校董会或设立人遴选合格人员聘任之，并呈请主管教育行政机关备案；附属小学校长，由主管学校校长聘请合格人员充任，并呈请主管教育行政机关备案。但私人学校之附属小学有特殊情形另设校董会者，由校董会聘任之。

第十二条 小学教员由校长聘请合格人员充任，如合格人有不敷时，得聘任具有相当资格者充之，均应呈请主管教育行政机关备案。

小学教员之检定任用保障各规程，由教育部定之。

第十三条 小学校长教员均应为专任，校长并应担任本校教课。

第十四条 小学得单独或联合设校医或看护，其有六学级以上者，得酌设事务员。

第十五条 初级或高级小学学生修业期满成绩及格，由学校给予毕业证书。

第十六条 小学不收学费，但得视地方情形酌量征收。在公立小学，每人每学期初级至多不得逾一元，高级至多不得逾二元；在私立小学，每人每学期至多不得逾三元，高级至多不得逾六元。学生无力缴纳学费者，小学校长应酌量情形免除其学费之一部或全部。

第十七条 小学规程由教育部定之。

第十八条 本法自公布日施行。

〔国民政府教育部档案〕

4 教育部公布修正小学规程

(1936年7月)

第一章 总纲

第一条 本规程根据小学法第十七条之规定订定之。

第二条 小学为施行国民义务教育之场所，其实施方针根据小学法第一条之规定。

第三条 小学收受六足岁至十二足岁之学龄儿童，修业年限六年。

第四条 为推行义务教育起见，各地并得设简易小学及短期小学。简易小学办法由各省市教育行政机关订定，呈请教育部核准备案。短期小学依照教育部短期小学规程办理之。

第五条 小学学年学期及休假日期，依照修正学校学年学期及休假日期规程之规定办理之。

第二章 设置及管理

第六条 各县市为推广设立小学便于管理起见，应依照修正市县划分小学区办法划分学区。

第七条 师范学校及训练师资之专科以上学校所附设之小学，除供师范学校学生实习外，其性质与单设之小学同。

第八条 各省市或训练师资之专科以上学校为试验教育而设之小学，称某某实验小学。

第九条 省立小学以所在地地名名之；县市以下公立小学以区域较小之地名为校名；一地有立别相同之公立小学二校以上时，得以数字之顺序别之；私立小学应采用专有名称，不得以地名为校名。

第十条 小学由各级教育行政机关分别管辖之，其范围如左：

（一）省立小学、省立实验小学及省立师范学校附属小学，由省教育厅管辖；

（二）市立小学、市立实验小学、市立师范附属小学及市内之私立小学，由市教育行政机关管辖；

（三）县、区、乡、镇设立之小学及县境内私立小学由县教育行政机关管辖；教育行政机关以外各机关所特设之小学，由所在地主管教育行政机关监督指导之。

第十一条　小学应于每学期开始后一个月内，将全校组织概况、学级编制、教职员名册、儿童名册等，呈报主管教育行政机关核准备案。

第十二条　省立小学及国立专科以上学校之附属小学与实验小学，应于每学期开始后一个月内将本学期儿童名册、上学期毕业儿童名册等，报告所在地县市教育行政机关存查。

第十三条　实验小学应将实验计划及结果按年呈报主管教育行政机关转呈教育部。

第十四条　非中华民国之人民或其所组织之团体，不得在中华民国领土内设立教学〔育〕中国儿童之小学。

第十五条　私立小学之设置除依据小学法及本规程之规定外，应遵照修正私立学校规程办理。

第三章　经　　费

第十六条　小学开办费，其校舍建筑及设备两项应为六与四或七与三之比。

第十七条　小学经常费支配应以如左之百分比为原则：

教职员俸金约百分之七十；

图书仪器运动器具教具等设备费及卫生费约百分之十五；

实验文具水电薪炭等消耗费约百分之九；

旅行保险等特别费约百分之三；

预备费约百分之三。

前项预备费非经主管教育行政机关核准，不得动用。

第十八条　小学经费标准由各省市教育行政机关订定，呈请教育部备案施行。

第十九条　小学经费之开支应力求撙节核实；其公开审核等办法由各省市教育行政机关订定，呈报教育部核准施行。

第四章　编　　制

第二十条　小学学级应于儿童入学时依其年龄智力等分别编制。

第二十一条　小学学级编制依小学法第七条之规定，其学额每学级以四十人为原则，至少二十五人。

第二十二条　初级小学之二部编制，视学校情形得分半日制或间时制。

第五章　课　　程

第二十三条　小学教育科目及每周教育时间列表如左：

分钟／科目＼年级	低年级		中年级		高年级	
	一年级	二年级	三年级	四年级	五年级	六年级
公民训练	六〇		六〇		六〇	
国语	四二〇		四二〇		四二〇	
社会／自然　常识	一五〇		一八〇		一八〇 / 一五〇	
算术	六〇	一五〇	一八〇	二一〇	一八〇	
劳作／美术　工作	一五〇		九〇 / 九〇		九〇 / 六〇	
体育／音乐　唱游	一八〇		一二〇 / 九〇	一五〇	一八〇 / 六〇	
总计	一,〇二〇	一,一一〇	一,二三〇	一,二九〇	一,三八〇	

说　明

一、公民训练与其他科目不同，重在平时训练。表内所列为团体训练时间，每日以十分钟为准（并入朝会等集会中）。

二、低中年级常识科，包括社会自然及卫生之知识部分（卫生习惯部分纳入公民训练）。

三、四年级起算术科加教珠算。

四、高年级社会科得分为公民（公民知识）、历史、地理三科，时间支配：公民三十分钟，历史九十分钟，地理六十分钟。

五、高年级自然科包括卫生之知识部分（习惯部分纳入公民训练）。

六、低年级工作科包括美术劳作作业，唱游科包括体育音乐作业。

七、总时间各校得依地方情形每周减少三十或六十分钟。

八、时间支配以三十分钟一节为原则，视科目性质得分别延长至四十五分或六十分钟。

第二十四条　小学课程应依照教育部规定之课程标准，其教学应依照课程标准之总纲教学通则及各科教学要点等规定实施。

第二十五条　各地方乡土教材由学校或当地主管教育行政机关编辑，呈请上级教育行政机关审定之。

第二十六条　小学供儿童阅读之各种读物，应为语体文；小学教员并应以国语为教授用语。

第二十七条　小学教材要目其全国通用部分由教育部依照课程标准之规定另订之。其地方特殊部分，由各省市主管教育行政机关订定，呈请教育部备案施行。

第二十八条　实验小学为便利教学起见，得将各科教材组织为联合之各个单元，不分科目，总合教学；但须另编要目，呈请主管教育行政机关备案。

第六章 训育

第二十九条　小学训育应以公民训练为中心，由教员利用儿童课内外各种活动，并联络家庭及本地公共机关加以积极之指导。

第三十条　小学为训练儿童团体生活，应作种种集团活动，并得指导儿童组织简单易行之自治团体。

第三十一条　小学为便利个别训育起见，得施行训导团制，小学教员均负直接训育儿童之责任。

第三十二条　小学为增进教训效率起见，应随时联络儿童家长讨论关于教训等之实际问题。

第三十三条　小学儿童不得施以体罚。

第三十四条　小学公民训练标准及实施办法依照教育部之规定。

第七章 设备

第三十五条　小学校址应择便于儿童通学之地点，并须有善良之环境。

第三十六条　小学校舍建筑应质朴坚固，适于教学管理及卫生，并应采用本国材料。

第三十七条　小学应有运动场、工场或农场校园，其面积均须足敷应用。

第三十八条　小学儿童所用桌椅，宜适合儿童身长之比例。

第三十九条　小学应参照学校卫生设施方案，力求充实关于卫生及运动之设备。

第四十条　小学关于图书仪器教具等设备，应力求充实。

第四十一条　小学应备有关于教育训育等各种重要簿籍图

表。

第四十二条　小学设备标准由教育部另定之。

第八章　成绩考查

第四十三条　小学儿童学业成绩考查，除平时考查外，并分别举行临时试验、学期试验、毕业试验。

第四十四条　临时试验由教员于每月月终举行之，每学期内至少须举行三次。

第四十五条　学期试验由教员于学期终举行之；但将届毕业之一学期免除学期试验，而以平时成绩为学期成绩。

第四十六条　毕业试验由小学校长会同各科教员于修业期满时举行之。

第四十七条　小学儿童学业成绩计算方法、体育考查方法、及儿童升级留级办法，由省市教育行政机关订定，呈请教育部核准备案。

第四十八条　小学儿童之操行成绩，以公民训练之成绩为准。

第九章　入学及毕业

第四十九条　小学儿童入学年龄为六足岁，但有特别情形者得展缓至九足岁。

第五十条　小学各学级遇有缺额，在每学期开学后两个月内应随时收受插班生。

第五十一条　小学儿童因身体或家庭之特殊情形，得请求休学一学期或一学年，期满复学。

第五十二条　小学儿童因身体或家庭之特殊情形，经学校调查属实者，得准予转学或退学。

第五十三条　小学儿童修业期满试验成绩及格，依照小学法

第十五条之规定,由学校给予毕业证书。

第十章 学费及其他费用

第五十四条 小学不收学费,但得视地方情形依照小学法第十六条之规定,呈请主管教育行政机关核准酌量征收之。

前项征收学费之小学,应设置百分之四十以上之贫寒儿童免费学额。

第五十五条 小学不得以收费免费为编制学级标准。

第五十六条 小学必需之学用品等,得由学校发给,或由学校或地方教育行政机关组织消费合作社,以极低廉之价格售诸儿童。

第五十七条 小学除有特别情形呈经主管教育行政机关特别核准,得向较殷实之儿童家庭募集图书、建筑临时捐外,不得向儿童征收任何费用。

第十一章 教职员

第五十八条 小学设校长一人,每学级设级任教员一人,并得酌量情形添设专科教员;但平均每两学级之教员人数,应以三人为度。

第五十九条 小学应单独或联合设校医或看护;其有六学级以上者,得酌设事务员,但须呈请主管教育行政机关核准。

第六十条 小学教职员应在学校或学校所在之区域内居住。

第六十一条 小学校长综理全校事务,除担任教学外,并指导教职员分掌校务及训教事项。

第六十二条 凡具有左列资格之一者,得为级任教员或专科教员:

一 师范学校毕业者;

二 旧制师范学校本科或高级中学师范科或特别师范科毕业者;

三　高等师范学校或专科师范学校毕业者；

四　师范大学或大学教育学院教育科系毕业者。

第六十三条　小学级任及专科教员无前条所列资格之一者，应受主管教育行政机关所组织之小学教员检定委员会之检定。小学教员检定规程及小学教员检定委员会组织规程另定之。

第六十四条　具有第六十二条资格之一或经检定合格之教员服务二年以上具有成绩者，得为小学校长。

第六十五条　小学教员由校长依小学法第十二条之规定，于学年开始一月前聘任之，初聘以一学年为原则，以后续聘任期为二学年，聘定后应即呈报主管教育行政机关备案，遇有不合格者，主管教育行政机关得令原校更聘。

第六十六条　小学因地方特殊关系，无从延聘第六十二条所规定资格或已受检定之教员时，得以具有小学教员检定规程所规定之试验检定资格之一者，为代用教员，但应呈请主管教育行政机关核准。具有第六十二条资格之一或经检定合格之教员服务未满二年者，遇该地方合格校长不敷任用时，得任为代理校长。

第六十七条　具有第六十二条资格之一或经检定合格之小学教员，得申请主管教育行政机关予以登记。前项登记之申请，主管教育行政机关不得拒绝。

第六十八条　经登记之小学教员，主管教育行政机关应于每学年开始前两个月公布其姓名学历经历一次，但遇人数过多时，得分期公布之。小学聘请教员，除因特殊情形经由主管教育行政机关许可者外，应以登记公布者为限。

第六十九条　主管教育行政机关为调整师资起见，得遵照修正师范学校规程第九十三条之规定，将所属师范学校毕业生分配于各地方，由小学校长尽先聘用之。

第七十条　小学教员经校长聘定后，中途如有自请退职情事，须商请校长同意或得有替人后，方得离校。

第七十一条 小学教职员之俸给，应根据其学历及经验而为差别，但至少应以学校所在地个人生活费之两倍为标准。

第七十二条 小学教职员俸金以月计者，每年作十二个月计算。

第七十三条 小学教职员在校时间每日八小时，任课时间每日至多二百四十分钟。

第七十四条 小学女教职员在生产时期内，应予以六个星期之休息；其代理人之俸金，应由学校呈请主管教育行政机关另行支给。

第七十五条 小学教员继续在一校任职满十年得休假一年，从事研究考查，将其成绩送由原校转呈主管教育行政机关。前项休假教员仍支原俸，但以不兼任任何有给职务者为限。

第七十六条 小学教职员之俸给等级表年功加俸办法，由省市教育行政机关规定呈请教育部备案施行。

第七十七条 小学教职员养老金及恤金办法，依照国民政府公布之学校教职员养老金及恤金条例办理。

第七十八条 小学教职员不随校长或主管教育行政人员之更迭为进退，非有左列情形之一者不得解职：

（一）违犯刑法证据确凿者；

（二）行为不检或有不良嗜好者；

（三）任意旷废职务者；

（四）成绩不良者；

（五）身体残废或身有痼疾不能任事者。

第七十九条 小学教员非有第七十八条各款情形之一而解职者，得声叙理由呈请主管教育行政机关查明纠正。

第八十条 小学教员因故解职后，应由校长声叙理由呈报主管教育行政机关存案备查。

第八十一条 小学教员进修确有成绩者，应予加俸或其他奖励。其进修及奖励办法由各省市教育行政机关订定办法，呈请教育部核准施行。

第八十二条　幼稚园主任及教员之任用待遇及保障，适用本章各条之规定。

第十二章　辅导研究

第八十三条　小学教员应参加本校及本地关于教育研究之组织，研究儿童生活所表现之事实及教训方法。

第八十四条　小学有教员五人以上者，应组织教育研究会，研究改进校务及教学训育等事项，以本校全体教员为会员，每月至少开会一次，以校长为主席。

第八十五条　小学在一学区内，应联合组织本区小学教育研究会，研究改进本区小学教育。以学区内全体小学教员及本区教育委员会为会员，每两个月至少开会一次，以主管教育行政机关所指定之本区小学校长或教育委员为主席。

第八十六条　小学在直隶于行政院之市或县市内，应联合组织全市或全县市教育研究会，研究改进本地方小学教育。以主管教育行政机关所指定之各学区小学代表等为会员，每半年至少开会一次，以市县教育行政长官或督学为主席。

第八十七条　小学在五县市至七县市内，应组织省分区小学教育研究会，研究改进本省分区小学教育。以省教育厅所指定之各县市小学代表为会员，每年至少开会一次，以省立师范学校校长或附属小学校长或省立小学校长或省督学为主席。

第八十八条　小学在全省应组织全省小学教育研究会，研究改进全省小学教育。以省教育厅所指定之省分区小学代表及省教育厅厅长主管科长督学等为会员，每两年至少开会一次，以省教育厅厅长或其代表为主席。

第八十九条　教育部得召集全国各省市小学代表及初等教育

主管人员,开全国小学教育研究会,研究改进全国初等教育。其规程于召集该项研究会时另定之。

第九十条 各省得由省教育厅指定省分区内之省立小学或省立师范学校附属小学为该省分区之中心小学;各市县教育行政机关得指定各学区内之一小学为中心小学。前项中心小学,应充分以研究所得供给该省分区或该学区内之小学参考实施。

第九十一条 幼稚园主任及教员及与小学教育有关系之教育人员,均得参加小学教育之研究。

第九十二条 各种小学教育研究会,应由各级教育行政机关负辅导之责。

第九十三条 省市以下小学教育研究会组织规程,由省市教育行政机关订定,呈请教育部备案。

第十三章 附 则

第九十四条 本规程于必要时,得由教育部修改之。

第九十五条 本规程自中华民国二十五年七月二十四日修正公布施行。

〔国民政府教育部档案〕

5 教育部关于修正小学规程尤应注意各点致各省市教育厅局的训令
（1936年8月14日）

教育部训令 普肆第一一九七八号

令各省市教育厅局

为对于修正小学规程尤应注意各点由。

查小学规程实施以来,实际上有必需修正之处。业经本部酌加修正，以第一○六八○号令公布在案。兹将应行注意之点，开列如下：

一、省立及国立专科以上学校实验小学及附属小学，应依照第十二、十三两条之规定，将儿童名册报告所在地县市教育行政机关，并将实验计划及结果按年转呈本部，以资查核。

二、小学学额应遵照第二十一条之规定，务使充足，必要时自得超过规定之原则。

三、小学应一体遵照第五章之规定，将科目合并，时间减少，教材教法研究改善。惟在教学时间减少后，原有教员人数无庸减少，俾其教科之担负较轻，得分掌校务及训育等事项，并从事研究进修，以资改进。

四、小学儿童学业成绩计算方法、体育考查方法、儿童升级留级办法，其尚未订定呈报者，应即遵照第四十七条之规定早日订定，呈报本部备案。

五、小学毕业会考嗣后应无庸举行。

六、小学应遵照第十章之规定设置免费学额，凡未经呈准者，均不得征收学费及任何费用。

七、小学教员之任用、待遇、保障，均应依照第十一章之规定办理；不得拒绝合格教员之请求登记，不得因校长或主管教育行政人员之更迭而随之进退。

八、小学校长应遵照第六十四条之规定，慎重选任；无从任用合格人员地方，始得遵照第六十六条之规定变通办理。

九、各省市县其未组织小学教育研究会者，应即依照第十二章之规定从速组织，进行研究。

除分令外，合行检发修正小学规程全分，令仰切实遵照，并转饬所属小学一体遵照。此令。

中华民国二十五年八月十四日

〔国民政府教育部档案〕

二、教
1 民国十九年度
（19

表一：全国初等教育概况总表

项目		数量 种别	幼稚园	小	
				初	级
校数	公立	国立			7
		省（直辖市）立	130		950
		县（或市）立	293		55,614
		区立	24		114,411
		计	447		170,982
	私立		183		51,563
	总计		630		222,545
	比上年度增或减数	增			+46,483
		减	—199		
学级数	公立	国立			9
		省（或直辖市）立	165		17,979
		县（或市）立	244		52,524
		区立	42		286,649
		计	451		339,157
	私立		246		109,298

育概况
全国初等教育概况
30年）

学		其 他	总 计	备 注
高	级			
	7		14	各省市分表中各项数量只有总数而无分项数量者，故本总表总计栏内各总数，往往与各该分项数量之和不同，阅者注意。
	427	18	1,528	
	8,774	123	65,769	
	4,236	305	120,553	
	13,444	446	187,864	
	4,564	230	60,750	
	18,003	676	250,840	
	+4,356	+234	+38,455	
	8		17	
	3,072	168	21,388	
	12,565	226	68,152	
	9,270	542	282,075	
	24,915	936	371,632	
	9,953	452	129,110	

续表1

数	总计		697	448,455
	比上年度增或减数	增		+33,128
		减	—888	
儿童数	公立	男	10,810	5,992,200
		女	8,570	1,044,927
		计	19,380	7,037,127
	私立	男	4,288	1,805,378
		女	3,007	303,317
		计	7,295	2,108,695
	总计	男	15,098	7,797,578
		女	11,577	1,348,244
		计	26,675	9,145,822
	比上年度增或减数	增		+2,027,241
		减	—5,292	
教职员数		男	307	438,521
		女	1,069	22,012
		计	1,376	455,533
	比上年度增或减数	增		+100,219
		减	—204	

34,868	1,388	500,742
+8,655	+684	+106,913
884,583	17,611	6,993,037
195,651	4,488	1,274,604
1,080,234	22,099	8,267,701
281,675	6,340	2,211,200
54,795	1,784	378,412
316,470	8,124	2,589,612
1,146,258	23,951	9,204,297
250,446	6,272	1,653,016
1,396,704	30,223	10,948,979
+622,622	+17,295	+2,066,902
78,056	1,985	529,646
10,409	100	34,139
88,475	2,085	568,484
+29,381	+1,079	+161,440

续表1

经费数	资 产 价 值		591,947.00	139,381,554.75
	比上年度增或减数	增		
		减		
	岁 入 数		481,648.00	55,653,316.54
	比上年度增或减数	增	+308,696.00	+37,253,413.54
		减		
	岁 出 数		488,329.00	57,580,494.30
	比上年度增或减数	增	+88,375.00	+12,356,344.30
		减		
	岁出岁入相抵	盈		
		亏	-6,681.00	-2,027,177.76
毕业儿童数	上年度	男	7,851	1,636,380
		女	3,392	181,400
		计	11,243	1,817,780
	与累以前计	男	9,721	2,430,699
		女	6,414	281,684
		计	16,135	2,712,383
各种平均数	每园组数或每校学级数		1.1	2.0
	每园或每校儿童数		42	41
	每组或每级儿童数		38	20
	每教师所教儿童数		19	20
	每儿童所占经费数		17.56	6.30

75,159,096.08	923,465.00	220,880,761.63
27,672,047.56	443,942.00	86,711,277.40
	+67,694.00	+24,079,892.40
—16,130,234.44		
28,331,750.08	447,812.00	89,416,977.28
+9,379,716.08	+282,925.00	+24,695,952.28
—659,702.52	—3,870	—2,705,699.88
441,219	4,135	2,089,585
59,852	379	245,023
501,071	4,514	2,334,608
674,185	6,974	3,121,579
89,492	1,878	379,468
763,677	8,852	3,501,047
1.9	2.0	2.0
78	45	44
40	21	22
16	14	19
20.28	14.82	8.17

表二：全国初等教育各项百分数表

种类	数量及百分数 \ 项目	学校数 公立	学校数 私立	学校数 合计	儿童 公立 男	儿童 公立 女	儿童 私立 男	儿童 私立 女	儿童 合计 男
幼稚园		447	183	630	10,810	8,570	4,288	3,007	15,098
幼稚园		0.18%	0.08%	0.26%	0.10%	0.08%	0.04%	0.03%	0.14%
小学	初级	170,982	51,563	222,545	5,992,200	1,044,927	1,805,378	303,317	7,797,578
小学	初级	70.69%	21.32%	92.01%	56.54%	9.85%	17.03%	2.86%	73.57%
小学	高级	13,444	4,564	18,008	884,583	195,651	261,675	54,795	1,146,258
小学	高级	5.56%	1.89%	7.45%	8.35%	1.84%	2.47%	0.52%	10.82%
其他		446	230	676	17,611	4,488	6,340	1,784	23,951
其他		0.18%	0.10%	0.28%	0.17%	0.04%	0.06%	0.02%	0.23%
合计	总数	187,864	60,750	250,840	6,993,097	1,274,604	2,211,200	378,412	9,204,297
合计	百分数	78.61%	23.39%	100%	65.16%	11.81%	19.60%	3.43%	84.76%

数		教职员数			岁费数	资产价值	备注
女	计	男	女	合计	（指支出）		
11,577	26,675	307	1,609	1,376	468,329	591,947	
0.11%	0.25%	0.06%	0.19%	0.25%	0.54%	0.27%	
1,348,244	9,145,822	433,521	22,012	455,533	57,580,494.30	139,381,554.75	
12.71%	86.28%	78.19%	4.02%	83.21%	66.31%	64.51%	
250,446	1,396,704	78,066	10,409	88,475	28,331,750.08	75,159,096.08	
2.36%	13.18%	14.26%	1.90%	16.16%	32.63%	34.79%	
6,272	30,223	1,985	100	2,085	447,812	923,465	
0.06%	0.29%	0.36%	0.02%	0.38%	0.52%	0.43%	
1,653,016	10,948,979	529,646	34,139	568,484	89,416,977.28	220,880,761.63	
15.24%	100%	93.87%	6.13%	100%	100%	100%	

表三：各省市初等教育各项总数一览表

省市 项目	学校数	学级数	儿童数	职教员数	资产数
全国合计	250,840	500,742	10,943,979	568,434	220,880761.68
江苏省	8,346		691,965	25,879	14,706,112.00
浙江省	12,424	22,668	654,704	28,643	10,613,463.00
安徽省	4,385	7,765	199,082	12,436	
江西省	755	15,334	257,889	16,316	4,824,693.80
福建省	3,080	9,265	208,943	13,787	
广东省	18,086	51,257	1,015,791	54,354	33,859,803.00
广西省	10,702	24,556	442,278	22,630	14,659,915.00
湖南省	23,112	62,834	904,490	53,926	26,915,344.00
湖北省	4,080	7,329	175,829	7,536	4,212,497.00
四川省	22,597		857,709	48,111	19,970,885.00
西康省	70	106	1,529	176	
贵州省	1,983		81,529	4,180	
云南省	7,410	8,199	291,027	14,308	
辽宁省	9,228	11,885	601,830	17,081	

岁入经费数	岁出经费数	各项平均数				
		每园或每校学级数	每校儿童数	每级儿童数	每教师所教儿童数	每儿童所占经费数
86,711,277.40	39,416,977.28	2.0	44	22	19	8.17
6,123,939.00	6,182,853.00		83		27	8.94
4,448,316.00	4,675,249.00	1.8	53	29	23	7.14
2,163,602.60	2,172,140.05	1.3	45	26	16	10.91
1,838,246.30	1,841,514.90	2.3	38	17	16	7.14
2,190,354.00	2,278,662.00	2.0	68	23	15	10.91
12,334,381.00	12,903,461.00	2.8	57	20	19	12.46
3,614,435.00	3,677,956.00	2.3	41	18	20	8.32
6,035,745.00	6,540,024.00	2.7	39	14	17	7.23
2,318,050.00	2,367,537.00	1.8	43	24	23	13.46
5,911,686.00	6,049,906.00		38		18	7.05
17,828.00	19,038.00	1.5	22	14	9	12.45
664,461.00	664,461.00		41		20	8.15
2,737,577.00	2,828,951.00	1.1	39	35	20	9.72
4,777,853.00	4,777,853.00	1.3	65	51	35	7.94

续表三

吉林省	1,921	3,667	131,530	4,422	
黑龙江省	1,649	2,432	73,992	2,570	
河北省	27,420	81,303	1,021,917	67,320	28,803,048.00
河南省	18,652	42,126	769,193	64,949	
山东省	29,932	55,465	1,055,600	43,957	18,214,927.75
山西省	22,959	54,828	853,019	31,550	17,553,548.00
陕西省	8,481	21,114	247,121	13,508	2,560,054.33
甘肃省	1,899	5,478	68,287	3,055	928,590.00
宁夏省	202	527	7,171	438	203,898.95
绥远省	243		10,137	519	
察哈尔省	2,027	3,211	85,071	4,664	2,484,918.00
热河省	808	2,144	29,334	1,473	276,723.00
青海省	550	2,184	14,433	996	331,110.00
新疆省	148	306	6,855	251	98,928.00
南京市	155	438	17,871	883	824,920.00
上海市	792	1,954	88,635	5,671	5,794,121.00
北平市	261	777	28,920	1,196	1,707,481.80
青岛市	153	564	17,558	649	925,389.00
东省特别区	116	367	13,507	682	
威海卫区	209	649	9,233	368	298,637.00

1,943,789.00	1,943,617.00	1.9	68	36	30	14.73
1,422,038.00	1,421,564.00	1.5	45	30	29	19,21
6,851,567.00	6,930,767.00	3.0	37	13	15	6.78
3,622,722.00	4,145,693.00	2.3	41	18	12	5.39
5,347,031.60	5,467,562.60	1.9	35	19	24	5.18
4,333,225.00	4,328,827.00	2.4	37	16	27	5.07
1,450,419.00	1,487,662.00	2.5	29	11	18	6.02
329,595.00	325,983.00	2.9	36	12	22	4.77
54,835.70	54,796.98	2.5	34	14	17	7.64
82,616.00	82,616.00		42		20	8.14
805,493.00	826,106.00	1.6	42	26	18	9.71
226,885.56	227,324.76	2.7	36	14	20	7.75
91,035.00	91.025.00	4.0	26	7	14	6.31
156,140.00	156,140.00	2.0	46	22	27	22.78
397,224.04	398,303.74	2.8	115	41	20	22.29
2,132,645.00	2,234,887.00	2.5	112	45	16	25.21
671,568.40	686,628.00	3.0	92	31	20	28.71
288,919.00	284,432.00	3.7	114	31	27	16.20
1,269,005.00	1,269,005.00	3.2	116	37	20	93.95
68,100.20	74,391.30	3.1	44	14	25	8.06

表四：各省市每人口一千平均得受初等教育儿童数比较表

省　　市	等次	人　口　数	已入学儿童数	每人口一千平均已入学儿童数
		464,905,269	10,948,979	23强
山　西　省	1	12,778,155	853,019	70弱
威　海　卫	2	150,000	9,233	62弱
上　海　市	3	1,500,100	88,635	59
吉　林　省	4	2,634,671	131,530	50弱
青　岛　市	5	367,559	17,558	48弱
察哈尔省	6	1,997,015	85,071	43弱
辽　宁　省	7	15,233,123	601,830	40弱
山　东　省	8	28,154,860	1,055,600	37强
南　京　市	9	496,526	17,871	36弱
河　北　省	10	29,796,009	1,021,917	34强
广　西　省	11	13,648,200	442,278	32强
广　东　省	12	32,427,626	1,035,791	32弱
浙　江　省	13	20,642,701	654,704	32弱
湖　南　省	14	31,501,212	904,490	29弱
河　南　省	15	30,565,651	769,193	25强
江　苏　省	16	32,129,231	691,965	22弱
云　南　省	17	13,821,234	291,027	21

续表

陕西省	18	11,802,446	247,121	21弱
福建省	19	10,071,136	208,943	20弱
黑龙江省	20	3,724,738	73,992	20弱
四川省	21	47,992,282	857,709	17强
北平市	22	1,436,122	23,920	17弱
江西省	23	20,322,837	257,889	13弱
甘肃省	24	6,281,286	68,287	11弱
安徽省	25	21,715,396	199,082	9强
湖北省	26	26,699,126	175,829	7弱
贵州省	27	14,745,722	81,529	5强
绥远省	28	2,123,768	10,137	5弱
宁夏省	29	1,449,869	7,171	5弱
热河省	30	6,593,440	29,334	4强
新疆省	31	2,551,741	6,855	3弱
东省特别区	32	5,000,000	13,507	3弱
青海省	33	6,195,057	14,433	2强
西康省	34	8,906,430	1,529	0.17
备注		人口数系根据十七年度内政部统计。		

〔国民政府教育部档案〕

江苏省各县城乡教育
(二十二年

县别 \ 项目数目	城区			
	学校及社教机关数		占全县经费百分比	
	二十一年度	二十二年度	二十一年度	二十二年度
江 宁				
句 容	10	10	49.22	40.41
溧 水	8	8	36.00	32.00
高 淳	13	12	34.33	32.00
江 浦	7	7	25.83	25.48
六 合	16	15	29.93	29.20
镇 江	25	27	50.76	49.96
丹 阳	17	16	35.26	33.28
金 坛	16	17	26.73	25.06
溧 阳	15	15	31.03	30.24
扬 中	4	4	47.25	46.37
上 海				
松 江	29	27	40.84	44.37
南 汇	13	12	49.27	46.54
青 浦	19	19	51.31	48.94

设施概况统计表
十二月呈报）

乡		区	
学校及社教机关数		占全县经费百分比	
二十一年度	二十二年度	二十一年度	二十二年度
94	110	100.00	100.00
155	177	50.78	59.59
50	53	64.00	68.00
134	144	65.67	68.00
36	37	74.17	74.52
88	90	70.07	70.80
107	114	49.24	50.04
163	168	64.74	66.72
93	121	73.27	74.94
177	187	68.97	69.76
19	21	52.75	53.63
72	77	100.00	100.00
235	288	59.11	55.63
270	277	50.73	53.46
145	155	48.69	51.06

续表

奉	贤	25	27	54.67	53.72
金	山	27	28	43.16	41.23
川	沙	6	6	30.25	28.34
太	仓	31	31	32.47	30.15
嘉	定	13	13	47.00	48.07
宝	山	22	22	57.33	50.66
崇	明	13	13	17.26	15.87
海	门	16	16	34.50	33.53
吴	县	47	47	48.26	46.01
常	熟	21	21	37.33	36.33
昆	山	15	15	33.72	31.59
吴	江	45	45	42.08	40.14
武	进	19	19	19.57	16.00
无	锡	30	30	22.44	22.86
宜	兴	13	13	27.05	25.17
江	阴	13	13	31.25	30.02
靖	江	9	9	22.66	20.44
南	通	24	27	28.12	22.36
如	皋	31	27	26.66	28.00

73	76	45.33	46.28
83	99	55.84	53.77
46	48	69.75	71.66
91	99	67.53	69.85
117	128	53.00	56.93
82	89	42.67	49.34
158	177	82.74	84.13
236	234	64.50	66.47
137	143	51.74	53.99
207	223	62.67	63.67
105	118	66.28	68.41
88	106	57.92	59.86
341	353	80.43	84.00
338	338	77.56	77.14
187	194	72.95	74.83
287	312	68.75	69.98
82	89	77.34	79.56
354	359	71.88	77.64
275	276	73.34	72.00

续表

泰	兴	43	45	41.25	39.10
淮	阴	13	13	20.03	21.55
泗	阳	51	61	48.00	47.00
涟	水	18	18	42.73	33.56
淮	安	27	27	29.63	31.05
阜	宁	9	9	29.84	27.16
盐	城	43	42	38.45	41.26
江	都	26	26	51.43	49.53
仪	征	12	12	19.00	17.66
东	台	20	21	24.84	26.20
兴	化	21	21	39.47	38.71
泰	县	22	22	48.33	41.33
高	邮	12	12	47.05	45.74
宝	应	17	21	44.66	38.33
铜	山	16	16	37.51	34.33
丰	县	13	11	26.66	23.32
沛	县	6	6	27.35	22.84
萧	县	6	6	29.17	27.35
砀	山	13	13	31.53	33.35

141	145	58.75	60.90
102	108	79.97	78.45
113	113	52.00	53.00
191	200	57.27	66.44
87	93	70.37	68.95
213	205	70.66	72.84
305	357	61.55	58.74
75	86	48.57	50.47
26	37	81.00	82.34
173	176	75.16	73.80
63	68	60.53	61.29
136	142	51.67	58.67
48	62	52.95	54.26
64	86	55.34	61.67
163	189	62.49	65.17
149	181	73.34	76.68
103	117	72.65	77.16
136	136	70.83	72.65
85	92	68.47	66.65

续表

邳　县	7	7	17.66	18.33
宿　迁	13	17	30.66	20.33
唯　宁	8	16	47.08	44.15
东　海	5	5	24.71	17.92
灌　云	15	15	35.04	33.27
沭　阳	12	12	35.25	31.65
赣　榆	6	6	38.03	32.92
启　东	6	6	32.36	29.18
总计及总平均百分比	1,049	1,075	37.26	33.33

附注：江宁、上海两县现辖境域纯为农村社会，该两县教育

94	95	82.34	81.67
189	215	69.34	79.67
95	112	52.92	55.85
18	29	75.29	82.08
81	86	64.96	66.73
65	74	64.75	68.35
45	57	61.97	67.08
210	165	67.64	70.82
8,164	8,812	62.74	66.66

设施悉属乡村方面。

〔《教育部公报》〕

2 江苏省教育厅改进及发展乡村教育设施要点

（附《江苏省各县城乡教育设施概况统计表》）

（1933年12月）

一、设立乡村教育研究会及讲习会 于各乡区设立乡村教育研究会，召集该区从事乡教人员研究乡村教育各项切实问题，并鼓励其努力进修，其资格不合之教师，则利用寒暑假举行讲习会，以增长其知能，藉资改进。

二、提高乡教人员待遇 乡教人员待遇恒不能与城区相埒，影响事业效率至巨，自本年度始务期城乡教师待遇一律平等。

三、充实乡校设备 乡校设备类多简陋，自本年度起积极增列充实乡校设备费，订定乡村学校设备标准，令饬遵行。

四、扩充乡村教育 自本年度始，地方教育经费遇有增加时，则以全数十分之八用之于乡村教育，如于各乡区积极添设协作学级，务期学龄儿童均有入学之机会；各乡区添设农民教育馆，务使占我国人口百分之八十以上农民之智识，日益增进，农村生产日臻丰富；各乡校及农民教育馆必须附设民众学校一所，以补学校教学之不足。

3 江西省保立小学暂行办法

（1935年9月）

一、本省为厉行教育普及，以达到实施管教养卫合一之目的，推行保立小学，以所在保之整个社会为施教范围，全部民众为施教对象，特订定本办法。

二、凡未设学校之各保，应至少各设保立小学一所，遇有特殊情形呈经县政府核准者，得联合二保以上五保以下共同设立。

三、保立小学均以所在地之保名名之，称第几区第几保保立小学，联合设立者称第几区第某某保联立小学（如第六区第十一、十二、十三、十四、十五各保联合设立者，称为"第六区第十一、第十二、第十三、第十四、第十五保联立小学"）。

四、保立小学至少设儿童班及成人班各一班，每班人数以四十名至五十名为标准，但数保联合设立者应酌量增设班数。

五、凡六足岁至十五足岁之未受教育儿童，及过十五足岁至四十五足岁以下之失学成人，均应分期强迫入学。

六、保立小学儿童班及成人班之编制如左：

（1）儿童班分甲、乙两种：（甲）短期小学班采用二部编制，招收八足岁至十五足岁之儿童。（乙）普通小学班斟酌地方情形，得采用单式、复式、单级及二部各种编制，招收六足岁至十足岁儿童，四年毕业。（甲）、（乙）两种同时举行者，自八足岁至十足岁之儿童，应酌量情形编入短期小学班或普通小学班。

（2）成人班 以晚间上课为原则，采分团编制，六个月毕业，并得设妇女班。

七、保立小学办有儿童及成人各一班者，设校长兼教员一人，每增加各一班者增设专任教员一人。

八、保立小学校长及教员,以具有下列资格之一者为合格:

甲、师范学校及高中师范科毕业者;

乙、乡村师范、简易师范及师范讲习科毕业者;

丙、师范学校附设之保学师资训练班及各县保立小学师资训练所毕业者;

丁、中等学校毕业者;

戊、小学教员检定合格者;

己、曾任小学教员二年以上著有成绩者;

庚、高小毕业经民众干部训练班毕业者;

辛、曾任私塾成绩优良或有相当程度者。

九、保立小学校长及教员均由县政府委任之,保长有前条所列资格之一者得兼任保立小学校长。

十、保立小学校长非由保长兼任时应兼任保办公处书记,保长兼任校长或校长兼任书记,均不兼薪;但由保长兼任时,保立小学应添设专任教员一人。

十一、保立小学设保立小学委员会,委员人数五人至七人,本保保长为主席委员,保学校长为当然委员,余就本保内热心教育具有声誉者遴选,均由县政府委任之,为无给职。

十二、保立小学委员会应遵照规定,负编造保立小学经费预决算及征收保管发放之责,并筹划校舍,强迫学生入学。

十三、各县市以每一保联范围内为小学区,设学董一人,由保联主任兼任,主办区内小学教育事务,其任务如左:

一、宣传义务教育工作之重要;

二、拟具本学区义务教育实施计划;

三、指导本学区各保筹划教育经费;

四、会同本学区各保调查学龄儿童;

五、指导本学区各保筹设学校;

六、指导本学区各保强迫学龄儿童入学。

十四、保立小学经费之预算决算，应由区员商同各保保立小学委员会编造后送由区署转呈县政府核定，各县政府汇集全县各保立小学预决算，加以核计后递呈省政府备案。

十五、保立小学经费，每设立儿童及成人各一班，每年应筹之标准数额如左：

过一百二十户之保为甲种保，每年应筹二百五十二元；

一百零一户至一百二十户之保为乙种保，每年应筹二百二十八元；

八十户至一百户之保为丙种保，每年应筹二百零四元。

上列标准，各县得就地方经济情形与需要酌量增减，但须呈请专员公署核准转报省政府备案。

十六、保立小学经费尽先以各保原有学款（产）、公款（产）拨充之，不足时按照保甲经费住户分等负担比例摊足，其办法另定之。

十七、保学经费之支配标准如左：

保　　别	校长兼教员年俸	每儿童及成人各一班之全年办公费	备　　注（专任教员年俸）
甲种保	二一六元	三六元	一九二元
乙种保	一九二元	三六元	一六八元
丙种保	一六八元	三六元	一四四元

十八、保立小学师生应协助保长领导本保民众，努力农村改进之实际工作。

十九、保立小学课程，儿童班遵用部颁小学课程标准及短期小学课程标准，至成人班以公民训练、常识、应用文字、算术为主，其课程纲要另订之。

二十、保立小学儿童班寒暑期均不放假，但经县政府之核准得酌放农假，每年至多以六十日为限，成人班每期应实足上课一百五十日，每年至少应办毕一期。

廿一、保立小学校舍除各该保内原有校舍者外，得借用保内之祠宇寺庙会馆公所等建筑物。

廿二、保立小学所在保内之公有田地、陂塘或无主民荒，得由县政府酌量拨给学校使用。

廿三、保立小学师资之养成及进修，由省政府统筹办理，但在统筹办法未公布前，各县得拟订办法呈准办理。

廿四、本办法由江西省政府公布施行，并分别呈报军事委员会委员长行营、行政院、教育部备案。

〔国民政府教育部档案〕

4 民国二十五学年度全国初等教育概况

(1936年)

表一：全国初等教育概况总表

学校性质别	学校数	学级数	儿童数 计	男	女	教职员数	岁出经费数（元）
总　　计	320,080	559,534	18,364,956	14,816,078	3,548,878	702,831	119,725,603
小学 高级部	39,034	44,449	1,444,700	1,177,777	266,923	196,624	58,690,407
初级部		90,130	3,657,070	2,664,393	992,677		
初级小学	244,398	371,989	11,179,998	9,397,421	1,782,577	453,073	53,205,411
短期小学	28,661	42,907	1,827,771	1,384,730	443,041	42,504	5,967,160
简易小学	6,704	8,071	175,950	145,160	30,430	8,023	771,166
幼稚园	1,283	1,988	79,827	46,597	33,230	2,607	1,091,459

表二：全国初等教育概况分省统计表

地域别	学校数	学级数	儿
			计
总　　计	320,080	559,534	18,364,956
江　　苏	11,182	20,761	1,167,538
浙　　江	17,573	28,585	1,207,597
安　　徽	5,921	9,777	384,214
江　　西	17,168	23,860	846,793
湖　　北	6,178	9,878	397,973
湖　　南	23,379	35,380	1,033,407
四　　川	20,322	43,363	1,360,309
西　　康	90	150	4,124
河　　北	27,983	34,725	1,223,766
山　　东	42,174	86,416	1,901,868
山　　西	24,177	32,544	936,456
河　　南	19,551	31,166	1,078,140
陕　　西	10,897	17,244	424,036
甘　　肃	2,600	5,139	186,398
青　　海	746	1,713	37,635
福　　建	5,414	13,474	497,159
广　　东	25,355	61,545	1,718,452
广　　西	23,932	42,945	1,488,281
云　　南	12,022	18,931	763,327
贵　　州	2,914	5,907	215,956
绥　　远	1,430	2,067	71,083

童 数		教职员数	岁出经费数（元）
男	女		
14,816,078	3,548,878	702,831	119,725,603
891,641	275,897	28,760	7,477,768
926,584	281,013	36,150	6,010,416
309,746	74,468	15,873	2,683,731
690,309	156,484	28,408	5,684,216
301,570	96,403	13,024	3,614,440
811,061	222,346	58,802	6,331,643
1,023,582	336,727	40,322	9,878,485
3,092	1,032	181	59,417
1,052,992	170,774	68,275	6,456,465
1,738,733	163,135	73,864	9,627,178
769,224	167,232	34,034	4,171,737
956,899	121,241	35,796	5,562,978
379,706	44,330	17,637	2,267,945
169,987	16,411	6,228	439,674
36,569	1,066	1,574	210,124
399,990	97,169	16,699	3,306,756
1,445,884	272,568	76,241	17,865,764
1,166,551	321,720	59,256	7,061,778
502,483	260,844	32,082	2,961,950
181,182	34,774	7,847	1,139,410
65,247	5,836	2,257	527,891

续表

地域别	学校数	学级数	儿
			计
宁 夏	334	547	20,296
新 疆	130	166	6,491
辽 宁	9,228	11,885	601,830
吉 林	1,921	3,667	131,530
黑 龙 江	1,649	2,432	73,992
热 河	808	2,144	29,334
察 哈 尔	2,360	3,187	108,739
南 京	210	1,032	59,162
上 海	1,040	4,158	188,177
北 平	290	1,227	50,194
天 津	421	1,442	70,852
青 岛	139	1,178	43,925
东 特 区	116	367	13,507
威 海 卫	246	532	22,415
蒙 古	158		
西 藏	6		

材料来源：①系根据各省教育厅呈报二十五年度初等教育统
②辽宁、吉林、黑龙江、热河系沿用二十学年度以

童 数		教职员数	岁出经费数（元）
男	女		
16,452	3,844	649	272,991
6,091	400	394	140,338
375,821	226,009	17,081	4,777,853
111,356	20,174	4,422	1,943,617
64,177	9,815	2,570	1,421,564
26,504	2,830	1,473	227,325
97,303	11,436	7,447	1,011,190
36,594	22,568	1,749	928,946
125,742	62,435	7,283	4,513,495
32,755	17,839	2,066	1,051,722
48,456	22,396	2,027	1,146,785
28,723	15,202	1,185	558,286
9,597	3,910	682	1,269,005
13,875	8,540	493	122,720

计表编制。

前数字，蒙古、西藏系沿用十九年数字。

〔国民政府教育部档案〕

5 民国二十六学年度全
（19

表一：全国初等教育概况总表

学校性质别	学校数			学级 单位：一学	
	共计	公立	私立	共计	公立
总计	229,911	190,346	99,565	410,093	334,327
小学 高级部	18,563	13,455	5,108	34,451	26,537
初级部				53,853	40,060
初级小学	175,385	141,661	33,724	269,905	216,992
短期小学	30,021	29,898	123	43,396	43,253
简易小学	5,103	4,630	473	7,306	6,523
幼稚园	839	702	137	1,180	960

学校性质别	教职员数			岁出经费数（单	
	共计	男	女	共计	公立
总计	482,160	448,229	33,931	73,444,593	57,284,058
小学 高级部	143,772	125,701	18,071	13,433,082	9,942,635
初级部				16,084,931	12,026,995
初级小学	294,084	281,978	12,106	35,540,106	27,182,487
短期小学	36,188	34,125	2,063	6,968,028	6,927,898
简易小学	6,716	6,239	477	956,740	839,756
幼稚园	1,400	186	1,214	461,706	363,387

材料来源：根据各省教育厅呈报之初等教育统计报告表。

国初等教育概况
37年）

数级 私立	儿　童　数		
	共　计	男	女
75,766	12,847,924	10,130,735	2,717,189
7,914	963,258	777,531	185,727
13,793	1,909,271	1,432,106	477,065
52,913	7,935,859	6,372,207	1,563,652
143	1,758,348	1,335,834	422,514
783	234,889	185,907	48,982
220	46,299	27,150	19,149

位：法币元) 私立	毕　业　儿　童　数		
	共　计	男	女
16,161,435	2,497,378	1,976,234	521,144
3,490,447	304,653	251,097	53,556
4,057,936	309,296	235,154	74,142
8,357,619	1,147,154	920,346	226,808
40,130	711,459	551,422	160,037
116,984	14,991	12,450	2,541
98,319	9,825	5,765	4,060

表二：全国初等教育概况分省统计表

地区别	学校数	学级数（单位：一学级）	儿童数
总计	229,911	410,093	12,847,924
浙江	14,330	22,582	890,405
江西	18,120	24,085	850,869
湖北	6,552	9,750	373,985
湖南	28,500	48,504	1,194,567
四川	24,474	51,421	1,891,979
西康	119	168	6,109
山西	26,651	39,134	952,422
河南	21,854	34,670	1,173,433
陕西	11,722	18,519	484,078
甘肃	3,887	11,049	162,756
青海	748	5,835	35,527
福建	4,741	11,727	498,034
广东	24,031	54,533	1,544,478
广西	24,276	44,923	1,665,092
云南	14,163	23,031	704,428
贵州	3,171	8,676	264,588
宁夏	211	386	13,612
新疆	2,197	1,091	141,662
蒙古	158	…	…
西藏	6	…	…

材料来源：根据各省教育厅呈报之初等教育统计报告表。
说　　明：蒙古、西藏两地方系十九学年度数字。

教职员	岁出经费数 （单位：法币元）	毕业儿童数
482,160	73,444,593	2,497,378
29,621	3,741,311	213,876
28,423	5,702,124	16,307
11,787	3,859,480	…
62,957	7,822,223	248,307
50,232	9,230,907	520,391
211	89,495	276
58,234	4,742,582	…
38,046	5,837,852	425,760
18,408	2,611,352	79,565
3,854	806,784	45,603
1,453	211,149	6,410
13,871	2,677,636	73,649
62,376	13,949,653	193,251
65,416	6,313,273	350,637
27,022	3,031,346	215,047
8,465	1,333,610	2,466
453	210,815	832
1,326	728,992	…
…	…	…
…	…	…

〔国民政府教育部档案〕

6 民国十八学年度至二十六学年

(1 9

学 年 度	学 校 数	学 级 数	儿 童 数
二十六年度	229,911	419,093	12,847,904
二十五年度	320,080	559,534	18,364,956
二十四年度	291,452	494,065	15,110,199
二十三年度	260,665	466,324	13,188,138
二十二年度	259,095	453,837	12,383,479
二十一年度	263,432	597,842	12,223,066
二 十 年 度	259,863	612,185	11,720,590
十 九 年 度	250,840	573,319	10,948,979
十 八 年 度	212,385		8,882,077

材料来源：根据各省市教育厅局历年度呈报初等教育统计报

度全国初等教育概况比较表

（37年）

教职员数	岁出经费数（单位：元）	毕业儿童数
482,160	73,444,598	2,497,378
702,881	119,725,603	…
610,430	111,244,207	1,815,987
570,434	106,594,685	1,645,845
556,451	106,805,851	1,757,398
557,840	105,631,808	1,694,454
546,032	93,675,514	1,685,978
568,484	89,416,977	1,508,394
407,044	64,721,025	…

告表：

〔国民政府教育部档案〕

7 广西省初等教育概况

（1933年—1937年）

〔前略〕广西省当局近年来对于教育的改革，已和其他建设一样的进步，除中等学校已有显著的改革外，对于初等教育更是具着极大的毅力，大事革新。广西是一个穷省，所以一切事情都要以经济为原则，他们因为目睹普及教育的重要性而同时本省的财政又异常困难，于是设法把教育制度彻底革新。他们把初等教育称为"国民基础教育"，改革的目标有两：一、教育改造运动，使教育大众化、生产化，而以复兴民族为最后鹄的；二、社会改造运动，以教育做工具，完成广西的新建设、新经济、新文化和社会的新秩序。

为了要实施和研究这个新的教育制度，所以教育厅特地创设了一所"普及国民基础教育研究院"，招收初高中毕业学生从事训练，以培养办理普及国民基础教育的人才。同时就现在的行政区，把全省分为八个普及国民基础教育指导区，每区各设民团干部学校，以作推行的督促和培养师资的准备。各县在相当重要的地点设立中心国民基础学校，以每一乡镇设置一校为原则，每一村街要设立一所国民基础学校，国基学校的校长由乡镇长及村街长兼任，实行三位一体制（乡镇村街长还兼民团队长）。

国民基础学校的学生共分七种：一、招收六岁到十二岁的学龄儿童，施以两年的基础教育，称为前期初级班；二、招收十二岁到十六岁的失学儿童，施以一年的基础教育，称为短期初级班；三、招收十八岁以上到四十五岁以下的成年人，施以六个月的基础教育，称为成人班。四、招收前期初级班的毕业生施以两年的继续教育，称为后期初级班。五、招收后期初级班毕业生设高级班。六、看环境需要，在可能范围内实施前学龄教育，象设立幼稚园、托儿所等等，和成年农工技术补习教育。七、以学校做仿造社会中心，尤其注意民团训练和村街自治组织、合作运动的推行等事项。

关于普及国基教育的实施办法，广西省教育厅曾拟过一个"广西普及国民基础教育六年计划大纲"，经省政府在民国二十三年十月二十五日通过，这是办理国基教育的基本原则，现在把它附录在下面，以供参考。

1.主旨：A、以政治的力量为主，经济的力量、社会的力量为辅，限于六年之内普及全省国民基础教育；B、以国民基础教育的力量，助成本省下列各项建设：一、政治建设。二、经济建设。三、文化建设。四、社会建设。

2.方法：A、导行全省有志青年，重回田园间去、商店中去、工厂中去（学问与劳动合作方法）。B、指引全省儿童及成年民众，协助政府造成乡村建设运动及民族复兴运动（学问劳动与政治合作方法）。

3.工作：国民基础教育分为儿童教育及成人教育。A、儿童教育：八足岁至十二足岁之儿童，须受两年期间的国民基础教育；十三足岁至十六足岁之失学儿童，须补受一学年期间之短期国民基础教育。B、成人教育：补助识字教育；推行民团训练，完密村（街）乡（镇）组织；促成合作运动。前项工作之实施，以国民基础学校为中心机关，从而筹划之策动之。

4.师资：A、尽先就师范学校毕业者任用，并分期征调训练，严予考绩；B、尽先就民团干部训练大队毕业生，合格者选用，并分期征调训练，严予考绩；C、就初中以上学校毕业生或修业期满会考不合格者，征调训练后分别任用，继续指导，严予考绩；D、就现任小学教师或具有小学教师资格，而志愿服务者，征调训练后分别任用，并继续指导，严予考绩；E、设法继续培植真能为国民基础教育服务之未成师资。

5.经费：A、继续拨发各县原有粮赋附加二成义务教育经费；B、拨用各县粮赋，附加三成教育经费；C、将来各县立中学改组，经费由省库支给后，以原有县立中学经费全数拨充，D、拨用其他地方公有资产及经费。

6.进行程序：A、研究实验，设立广西普及国民基础教育研究院；B、督促辅导，就现在行政区划分全省为八个普及国民基础教育指导区，并于各区内设置国民基础师范学校；C、推广实施，全省各县，于一定期限内普遍推行国民基础教育。

7.期成：A、民国二十二年十月至二十三年一月，广西普及国民基础教育研究院筹备成立；B、二十四年二月以前，广西普及国民基础教育指导区及国民基础师范学校同时成立；C、二十五年七月以前，全省各村（街）国民基础学校普遍设立；D、二十六年七月以前，全省各乡（镇）中心国民基础学校普遍设立；E、二十七年七月以前，一学年期间之短期国民基础教育完成；F、二十八年七月以前，二学年期间之国民基础教育完成；G、二十九年七月以前，全省村（街）乡（镇）建设初步完成。

上面这个大纲，早已被贤明的负责人依照着推行，但原拟在各指导区设立之国民基础师范学校，则已在民国二十四年改为各区民团干部学校了。广西全省村街约计有二万四千多个，每村街设立国民基础学校一所，即共有二万四千所，乡镇有二千四百个，每乡镇设中心国民基础学校一所，共二千四百所，拿全省现有的小学来计算，据二十二年广西教育厅统计，高级小学有一百五十二所，完全小学有九百八十一所，合计一千一百三十三所，完全改为中心国民基础学校，初级小学计有一万二千七百十一所，一律改为国民基础学校，和预定学校数量几乎相差一半。但是经过他们三年来的努力，全省各村街各乡镇的国民基础学校已经十分之九成立了，这是不得不使我们佩服的。〔下略〕

〔国民党中央组织部档案〕

8 南京战时初等教育概况

（1937年9—11月）

（1）南京市社会局长陈剑如报告民国二十六年第一学期开学办法呈（9月18日）

案查本局前奉钧部令饬本市各校展缓至九月二十日开学，爰曾拟订各校维持校务及经费支领办法，惟查前拟办法原冀能按期开学，以便遵循，兹详察时局情形，殊难一律如期开学上课；而本市各区域情形不同，学童分布各异，事实上不能全部停课。为顾全儿童学业、师生安全计，谨再拟订南京市立各小学廿六年度第一学期暂行办法一种，以利实施，并经呈奉市政府指令第八六四〇号开："呈件均悉。兹将此项暂行办法酌加修正，随令抄发，仰即遵照，并由该局呈报教育部备案，原件存。此令。"等因。并附修正暂行办法一份。奉此，除遵照修正并通行各校遵照外，理合抄缮该项暂行办法，备文呈请钧部鉴核备案，实为公便。

谨呈
教育部

　　计附抄呈市立各小学廿六年度第一学期暂行办法一份

南京市社会局局长　陈剑如

中华民国廿六年九月十八日

南京市立各小学二十六年度第一学期暂行办法

一、本市为顾全儿童学业、师生安全，并斟酌现有公私财力所及，特制定本办法。

二、市立各小学校舍系市有者，除乡区学校能照常上课者外,依其地点之安危、课室之疏密及场地之大小决定办理。学级级数:初小以一班、完小以二班为度,如有特别情形,经呈准后得酌量加增或停办。

三、开办学级之新旧各生,应在九月十五日以前登记完竣,如有插班生及借读生,并应随时收容,至学生应缴学费可分两期缴纳,其余各费除设备费外,均予缓收,书籍用品概由学童自备。

四、开办学级之每周教学科目及时间,暂照左表规定,并得斟酌情形予以增加。

时间\科目\级别	国语	算术	常识	公民训练	每组合计	说明
初小	240	150	150	120	660	(一)因时间不敷支配,故美工唱游等课暂免授。(二)因值非常时期,故公民训练时间特予增加。
完小	240	180	180	180	720	

五、凡开办学级之学校,其教职员人数除校长(有事务员之学校连同事务员一人)外,每班设教员一人,分上下午上课,但校长兼区教育委员者得增加一人。

六、市立小学教职员薪俸暂照左列规定:

(一)登记资格为初小教员者月支三十元,为小学教员者月支四十元。

(二)校长薪俸照开班数支给,其只任保管者,比照其登记资格,月加四元。

(三)会计事务员月支二十八元,助理事务员月支二十元。

七、已开办学级之学校，其每月办公费、购置费、工资等项及其停办级数之保管费（但限于现有之普通教室未开课者），均照左表规定支给之。

八、市立各小学校全系租赁者，除呈经本局核准续租者外，一律暂行停租，由校长负责办理之。如校舍系全部租赁者，该校应即停办，并将校钤暂行缴局，校具移存附近市产之市立小学或初小代为保管。

九、停办各校及其他各校之留京教职员未能继续服务者，分别依照左列规定办理之。

（一）校舍系市有者，留校长保管校舍校具（有事务员者连同事务员一人），并照第七款附表，支给办公费及工资。

（二）校舍非市有者，校长及事务员八月份发全薪，其他职员八月份发半薪，以后停薪留职。

（三）各校之留京教员未能继续服务者，八月份概发半薪，以后停薪留职。

十、本办法由市社会局公布施行，并呈报市政府及教育部备案。

（2）马客谈等请救济战时京市失学儿童与失业教师呈

（11月1日）

查京市小学儿童除一部分迁居他埠者外，其始终未离京市者颇不乏人。近日因空防巩固，迁回京市者亦日益加多。而市区市立小学校竟无一开学，遂使多数学龄儿童颇感失学之苦。同时京市小学教师不下千余人，平时清苦自励，生活已感艰窘，近则一律停职停薪，无以为生，弱者仰屋兴叹，强者难保其不误入歧途，人力之损失已属不少，而后方之安宁尤关重大。其实此辈小学教师平时向以爱国勉励生徒，苟给以最低之生活费加以组织训练，使

南京市立各小学二十六年度

经费类别	班数	费别（均以元计）校别	市完小			乡完小		
			办公费	工资	购置费	办公费	工资	购置费
开办班次之经费	1		12	6	6	3	5	2
	2		18	8	7	6	5	3
	3		20	10	8	9	6	4
	4		24	12	9	12	7	5
	5		28	14	10	15	7	6
	6		32	15	11	18	7	7
	7		36	16	12	21	8	8
	8		38	17	13	24	8	9
	9		40	18	14	27	9	10
	10		46	19	15	30	9	11
保管班次之经费	1—2		4	4		2	4	
	3—4		7	6		4	5	
	5—7		10	8		6	6	
	8—10		13	12		8	7	
	11—14		16	16		10	8	
	15—18		17			12	9	
	19班以上		21	24		14	10	

第一学期经费计算标准表

市	初	小	乡	初	小	
办公费	工资	购置费	办公费	工资	购置费	
4	4	2	4	2	2	校长兼任区教育委员者，其办公费市区增十元（内车费四元），乡区月增十二元（内车费六元）。
6	4	3	6	2	3	
8	5	4	8	3	4	
10	5	5	10	3	5	
12	6	6	12	4	6	
14	6	7	14	4	7	
16	7	8	16	5	8	
18	7	9	18	5	9	
1	2		1	2		
2	3		2	2		
3	4		3	2		
4	5					
5	6					

之从事于各种抗敌有效工作，不特可以解决其当前生活问题，且能发挥抗战之积极效能，一举两得，莫便于此。为此，略贡一得之愚，以供大部采撷，伏乞饬令京市社会局速择有效办法，以救济此辈失学儿童及失业教师，而发挥整个抗战精神，国家社会交受其利矣。心所谓危，不敢不言。是否有当？敬候钧裁。谨呈教育部

附呈救济京市失学儿童及失业教师办法一份。

中华儿童教育社常务理事　马客谈
初等教育研究社常务理事　杨研真

中华民国二十六年十一月一日

救济京市失学儿童及失业教师办法

一、工作项目：

小学教师可任之工作极多，兹分述之：

1．留京任教。近日京市民回京者日多，始终无法离京者亦尚有人，应分在城东南西北中各区筹设临时小学，免费收容各级学生，视学生人数定教师人数，学生增加尚可再调。

2．战地服务。在市社会局领得应得生活费，加入战地服务团或类似之组织受训工作（战地服务团定有工作大纲，大抵为检查、运输、救护、肃反等工作）。

3．护导伤兵。各地伤兵医院，每感人员不足，而伤兵教育尤有特殊价值，如将一部分教师派往各后方医院工作，定能有极可珍贵之表现。

4．后方工作。在京市或各教师原籍或指定区域内协助抗敌后援会或区长联保主任办理以下各事（最好在分派前有一短期之训练）：

（一）推行义务教育。各省义教师资最为难得，在此到内地

声中，得此辈教师之力，必能大加推进。

（二）办理社会教育。包括壮丁教育、抗敌宣传、民众组织、劳动动员等。

（三）清查户口。清查户口似易实难，乡区人才不易得也，如以教师办理此事，则轻而易举。

（四）稽查出入，以杜奸匪。一区之内行连坐法，出入必有证，则奸宄不易藏身。

（五）维护交通。联络本区人民实行义务劳动，修治道路，检查电话线。

（六）协助防卫。最近数年毕业之师范及中学男生，皆受有三月之军事训练，如各区有保安联队之组织，彼等亦能负分队之责。

（七）改良生产。耕稼之事虽非教师素习，但彼等可藉此将知识见诸实际，又可向各有关方面调查新方法，以为改良试验。

二、待遇标准：国难期间，异乎寻常，各教师待遇可仿照或斟酌江苏省教育厅训令第三二〇六号非常时期教职员支薪办法。

（摘录第五条："回籍至民众组织指导处服务之人员，九月份照前令规定，中学及社教机关支薪五成，小学支薪七成，十月份起改照下列标准支给：

（1）月薪在二十元以下者照发，在二十元以上者除二十元照发外，其余中学照三成拨发，小学照四成拨发，凡在校服务者，除底薪三十元照发外，其余一百元以下者照八成拨发。"）

三、筹款办法：

1．呈请教部动用南京市廿六年度义教辅助费全数。

2．呈请教部动用南京市电影教育补助费全数。

3．呈请中央补助。

4．不足之数市府尽力筹措。

(3) 南京市社会局长陈剑如报告成立战时救国团呈

(11月3日)

查自敌机袭京以来,本局为顾及儿童安全,除乡区各校照原订计划照常开学上课外,其余城区各校经斟酌环境实际情形,慎重考虑,暂行停办保管,以策安全。并经遵照钧令将本市各小学被炸情形,另案呈报在案。兹本局为灌输儿童战时常识,使其明瞭战时情况起见,拟自十一月份起,每一城区小学及初级小学各成立战时教学团,并拟具南京市立小学战时教学团暂行办法。是否可行,理合备叙本案办理缘由,并缮具该项教学团暂行办法,备文呈祈钧部鉴核指示遵行,实为公便。

谨呈

教育部

计附呈南京市立小学战时教学团暂行办法一份

南京市社会局局长　陈剑如　印

中华民国廿六年十一月三日

南京市立小学战时教学团暂行办法

一、本市暂行停办保管各小学,应登记各该学区中九足岁以上之失学儿童,小学收容中高年级,初级小学收容短期班及中年级。儿童满四十人以上即可成立一团,每团设指导员一人,由各校校长就合格教师中选聘之。

二、教学团得按儿童程度分成两组,遇必要时阅读及常识得分三组,算术得分四组,每组应指定能力较优之儿童为组长及副组长。

三、教学团应注重精神讲话及体格训练,每天应于晨间八时前集合,由校长训话后支配一天工作,并应举行国术或童子军操。

四、教学团教学不采取普通上课方式,但规定各组儿童应于一定期间内修毕一定分量之教材,阅读方面可选择适当儿童读物,短小课本或报章重要文字,常识方面可采取防空、防毒、报章消息及常识课本,算术方面以小学课本及普通应用问题为主,由指导员妥为选定,将进度预先公布,每月月终举行成绩测验一次。

五、指导员指导儿童学习应分:(一)讨论。集合讨论或分组讨论,每日于晨会后排定公布,每组每周应在十二次以上,每次四十五分钟,遇有警报停止,另择时期举行;(二)个别指导。于学校办公时间内来校儿童,随时向校长教师请求指导,其儿童作文习字演算日记在家庭作业者,应由指导员予以个别订正。

六、教学团儿童不收任何费用,除短期班由本局供给短期小学课本外,其余课业用品概由家庭自备。

七、每团经费暂定每月三十元,在义教经费项下开支。

八、本办法呈奉教育部、市政府核准施行。

(4)南京市社会局长陈剑如报告小学开办情况呈

(11月17日)

案奉钧部廿六年发告玖2第一八五九四号训令略开:据马客谈等呈,为救济该市失学儿童及失业教员一节,令饬仍照本部前颁办法,从速办理具报等因。正遵办间,嗣奉钧部廿六年发普肆1第一八六三五号指令本局呈一件,为拟具南京市小学战时教学团暂行办法,呈祈鉴核示遵由。内开:呈件均悉。关于该市小学学务进行,应以利用教师酌量上课为宜,仍须遵照本部前颁办法,另订实施细则,切实办理具报为要。件姑存。此令。各等因。先后奉此。查本学期因受时局影响,钧部廿六年发第一五六一九号文代电饬本市各校暂缓至九月廿日开学,爰曾拟订各校维持校务及经费支领办法。嗣查前拟办法,原冀能按期开学,经详察时局情形，殊难一律如期开学上课。而本市各区域情形不同，学童分布各异，事实上亦不能全部划一办理。为顾全儿童学业、师生安全计，谨再拟订南京市立各小学廿六年度第一学期暂行办法，以利实施，并经呈奉市政府指令第八六四〇号开：呈件均悉。兹将此项暂行办法酌加修正，随令抄发，仰即遵照。并由该局呈报教育部备案。原件存。此令。等因。并附修正办法。奉此，经即遵照修正呈报钧部鉴核并通饬遵照各在案。嗣鉴于九月间敌机犯京益甚，城区各小学校舍多有被炸毁，教职员亦有被炸成伤甚重者，迭经派员查明，各校已开学上课之班级，实到学生数甚为寥寥，教职员间亦有离京避难星散，推厥原由，各校多因经费支绌，所有防空、防毒以及消防等设备大都简陋，有欠安全之故。本局再四审慎考虑，为顾及师生安全起见，爰呈准市政府自十月份起，除乡区小学按照原定计划照常办理外，其余城区各校一律暂行停办保管，以策安全。兹谨将九、十两月份城乡区各小学办理情形，分别缕呈于后：

（一）查廿六年度第一学期市区完全小学□□□□□□□六百四十九级，自九月份起，除花家巷、马路街、新菜市等三校因校舍系租赁性质，经遵照市政府令将校舍退租停办外，其余各校在九月份内共开办一百十三级。自十月份起，除陵园小学以位于城外改列乡区继续开办一级外，其余四十四校一律暂行停办保管；市区初级小学原有六十七校，三百七十四级，在九月份请开办四十八级，除红板桥等三十七校于九、十两月先后退租停办，及中山门、挹江门两校续办一级及二级外，其余廿八校一律停办保管。

（二）复查廿六年度第一学期，乡区完全小学计有十三校，一百十级，乡区初级小学计有五十一校，一百八十二级，现除东岳庙小学停办保管外，尚有十二校，在九月份计开办五十五级，十月份计开办五十八级。初级小学中，除幕府山初小地在要塞不得不停办，由和平门初小保管，又牌楼上及梁塘村二初小地近飞机场，暂行停办保管外，尚有四十八校，在九月份计开办一百十三级，十月份计开办一百三十级。

所有上述城乡区小学九、十两月份办理情形，并经分别造具开办学级数一览表，呈准市政府备案在案。兹本局为救济儿童课业，灌输儿童战时常识，明瞭战时情形起见，复再拟具南京市立小学战时教学团暂行办法，除呈请钧部鉴核外，并经通知城区各校切实筹办。惟□□□经费奇绌，在本月份内约可先行举办一百团，每团教员一人，月给薪三十元，外办公费叁元，专收高中年级部学生，教学时间每周十二节，遇有警报时间得酌量变更，富有弹性，对于在学儿童亦易策安全，俟办有成效时，再视财力所及设法扩充，以符钧部重视战时儿童教育之至意。全市校教职员已自动组织团体参加抗敌后援会，努力工作。

总上所呈，乡区小学在十月份计开办一百八十八级，嗣后仍应视事实环境及学童来学情形，设法扩充班级，以广收容。至城区各校，先行举办战时教学团一百团，连同乡校班级约可继续办至三百级。目前受战事影响，市库收入锐减，财力异常支绌，教费实感无法维持。拟请钧部体念首都战时教育之重要，准予迅将补助本市之义教经费，七、八、九、十各月份设法赐予补发，以资救济。逐奉前因，理合并案□叙本学期市立各小学办理经过情形，暨城区各校举办战时教学团，以及市库奇绌。请予补发补助本市义教经费各缘由，备文呈复。仍乞钧部鉴核指示祗遵，实为公便。谨呈

教育部

南京市社会局局长　陈剑如

中华民国二十六年十一月十七日

〔国民政府教育部档案〕

（二）国民义务教育

一、教育法令

1 国民党三届三中全会通过《普及教育案》与教育部关于经费师资缺乏难以推行函

（1929年3—6月）

（1）普及教育案

决议：厉行国民义务教育及成年补习教育，其计划及规程与实行程序，限于十八年九月底以前由教育部制定，经中央执行委员会决议后积极办理，其全部计划限于民国二十三年底实现。

（2）教育部致国民政府文官处公函（8月27日）

教育部公函 字第五二六号

迳复者：大函内开："奉主席发下陆军第六师特别党部执行委员会呈请速行国民强迫教育，藉以提高民智一案。奉谕：交教育部等因。相应抄同原件函达查照"。等因。并抄发原呈一件到部。查严厉施行强迫教育与本党对内政纲第十三项"厉行普及教育"同一用意，自是当务之急，本部正在筹划进行。惟据近日估计，全国尚未入学之学龄儿童约在三千六百万人以上，倘欲强迫入学，每年至少需增加教育经费二万五千余万元（平均每年每人需费七元），所需教员数约一百二十余万人（每一教员平均教学生三十人）。在经济、师资两告缺乏之时，强迫教育之计划不易全部实施。为今之计，惟有先行筹备大宗经费，一面培养师资，一面划定区域从事试验，以期逐渐推行，方能有济。至大宗经费之来源，则非各地方所能骤行筹措，按照各国成例，应由国府指

定的款实行补助。准函前因，相应复请转陈核示遵行。此致
国民政府文官处

部长　蒋梦麟

中华民国十八年三月廿七日

〔国民政府教育部档案〕

2　蔡元培等在国民党第四届第五次中央全会提议实施义务教育标本兼治办法案

（1934年12月14日）

蔡元培等九委员提：实施义务教育标本兼治办法：（一）限期实施一年制之短期义务教育，对十足岁至十六足岁年长失学儿童实行强迫教育；（二）竭力推广充实小学教育，并切实推行半日二部制案。通过，交政治会议。

（附）原案全文

查实施义务教育最为我国今日当务之急，本党政纲原有厉行国民教育之一项，训政时期约法亦有已达学龄儿童应一律受义务教育之一条。盖我国大多数人民并最低限度之教育亦未经受，无论国家政令、社会建设、施行举办、动生障阂、复兴民族最基本之工作，殆无过于义务教育者。旧有四年义务教育办法，虽经中央及地方教育当局努力督策进行，卒因经费困乏及其他种种关系，收效尚微，直至今日通都大邑触目皆是文盲，穷乡僻壤更不待言。据教育部十九年度统计入学儿童，仅占学龄儿童百分之二一．八，际此世界风云紧迫之秋，吾人倘不采取更有效之方法，于最短期间推行义务教育，则民族前途实有不堪殷忧者。教育部前曾订定小学法规，经过立法程序于二十一年十二月由国府公布；此外又有第一期实施义务教育办法大纲及短期义务教育实施办法大纲，于二十一年六月由部公布；并已编就短期小学课本四

册，颁发应用；此外则有小学采用二部制之通令，徒以未有强迫法令，令各省市遵照办理，故宽严迟早颇未能一致。兹特将前项办法申叙概略，并补具意见如下：

一、应限期实施一年制之短期义务教育，对十足岁至十六足岁年长失学儿童实行强迫教育，此为治标办法

民国九年曾有举办义务教育之法令，其推行期限为八年，国民政府成立后第二次全国教育会议改定义务教育推行期限为二十年，然其推行对象皆为四年义务教育，所需经费之浩大，衡诸国家财力、社会经济及现有师资之实际状况，皆相去甚远。欲达到教育普及之目的，殆有河清无期之概。查前颁短期义务教育办法实为适应我国特殊环境之救急方策，将义务教育之年限暂时缩短为一年之短期小学或短期小学班，使十足岁至十六足岁之年长失学儿童每日分班受两小时之教育，并免收学费，供给书籍用品，以便贫寒子弟得以一面工作、一面免费入学。二十年来，中央及地方提倡推行义务教育不可谓不力，然而经时久、用力多、获效甚鲜者，实以四年义务教育所需经费师资亦属数量太巨之故。短期小学或短期小学班，则以一教员于上午下午及晚间分教年长失学儿童三班，以每班四十人计之，一年中得毕业儿童一百二十人，与普通小学儿童两班予以全日之教育，亦以每班四十人计，四年毕业儿童仅八十人者，两相比较，经费多寡之殊悬不啻一与十八之比也。短期小学或短期小学班之课程，仅为识字及简单常识、浅易算术，教学至易，不过视现行民众学校略进一步，稍知书算者均能担任。故其师资不限曾否经受师范训练，及有若何之教学经验与普通小学课程繁多，教员必须严格检定者，情形各殊。前项实施办法大纲规定"教职员除聘请合格人员外，应充分利用下列人员：（一）当地师范学校或乡村师范学校已届实习之师范生；（二）已受相当训练，可为代用教员之私塾教师；（三）当地公务人员；（四）当地具有相当程度之人员；（五）志愿担

任教员、并尽义务者。"将教员资格特别放宽，此各国开始举办义务教育时共有之事实也。且年事较长，学习能力亦较富，一年之效果有时或竟与六岁入学受四年教育者相差无几，而年长之人一经毕业即可出而服务，就整个社会言，又不啻逐年增加多量之识字青年也。查各国实施义务教育，皆从推广小学教育着手，使小学教育成为义务教育，而其义务教育年限亦逐渐延长。我国文盲太多，财力太绌，义务教育与小学教育实不能并为一事，对于年长失学儿童，缩短其义务教育年限，以期迅速普及，实为至不得已之事。根据上述理由，拟请由中央规定自二十四年度起，为实施义务教育开始时期，暂以十年为期，并指定短期小学或短期小学班为实施义务教育场所，对于十足岁至十六足岁之年长失学儿童实行强迫教育。

二、应竭力推广充实小学教育，并切实推行半日二部制，此为治本办法。

前述短期义务教育乃专为数年长失学儿童而设，至为增加学龄儿童入学机会、提高普通小学教育效率起见，则对于小学教育之推广充实，尤属切要。前订小学法、小学规程，关于地方教育之研究、小学之编制、经费之支配、设备之充实、训育之改革、教职员之待遇进修，均有严密之规定，尤于课程一事特别注重，以期现有各小学得遵此种规定，以充实其内容。在第一期实施义务教育办法大纲中，并规定分年分区及实验推行之程序，以期渐臻普遍。然逐期逐地实验，推行颇需年岁，师资之造就虽一面于普通师范学校外，又增设简易师范学校、简易师范科、特别师范科，然亦缓不应急，且亦无从于短时期间训练多量之人才，则又不得不另想应急办法。此办法为何？即采用二部制是也。据十九年度统计，全国小学幼稚园数二五〇八四〇所，小学教员数五六八四八四人，在学儿童数一〇九四八九七九人，平均每一校收儿童仅四十四名，每一教师教儿童仅十九名，不经济若此，实为世界各国所鲜见。彼教育发达，经济胜于我之国家，每一教员所教儿童均多于我，以我国之贫瘠反如此浪费，殊不合理。即国家前途之危险，亦有不堪设想者。二部制为就现有经费师资之数量于两不增加之原则下，力谋小学教育扩充发展之绝好办法。欧洲大战以后，已有若干国家先后采用，颇著成效，而半日二部制较闲时二部制，尤适合于我国目前经济原则，以无须增添校舍及游戏休息场所也。就儿童获益言之，二部制虽稍不及普通小学，惟相差亦不致过远，且为整个社会着想，少数之在学儿童为大多数之失学儿童略为减少几分教育上之幸福，以尽互助之天职，衡情论理，亦属应然。二部制推行后，各省市小学经费教员只须略事增加，即可添收加倍之儿童；换言之，即一校可作两校之用，全国顿可增加一倍之小学，一面并将现有小学尽量利用，充实学额，则儿童入学机会当可增加数倍，浸将普及于全体学龄儿童矣。根据上述理由，拟请中央积极提倡，由国民政府明令全国各小学切实推行半日二部制，诸乡村城市供不应求之处所尤须力求照改，一面并利用私塾教师加以训练，以补上列各项师范教育之不足。

至上述义务教育经费之来源，在实施办法大纲中业有详明之规定，其大要除就地筹措外，得呈请主管教育行政机关予以补助。惟实行强迫以后，地方经费不敷之数，必更巨大，拟请中央自二十四年度起另行指定的款，力为补助，并令各省市亦自二十四年度起各拨的款，专为实施短期义务教育及推行小学二部制之用。（查二十一年十二月二十一日第四届中央执行委员会第三次全体会议关于教育之决议案；（甲）关于国民教育者，其二三两项对此曾有规定，合并声明。）上述实施义务教育标本兼治办法，是否有当？敬请公决。

〔国民党中央执行委员会秘书处档案〕

3 行政院抄发实施义务教育暂行办法大纲及中央义务教育经费支配办法大纲训令

(1935年6月1日)

行政院训令字第三〇八六号
　　　令教育部
　　查本院第二一四次会议，该部长提议，推具实施义务教育暂行办法大纲及民国二十四年度中央义务教育经费支配办法大纲，请核定转呈国民政府备案一案。经决议："修正通过"。除呈请国民政府备案，并通令各省市政府知照暨令知财政部外，合行抄发修正原案，令仰该部知照。此令。
　　计抄发实施义务教育暂行办法大纲及二十四年度中央义务教育经费支配办法大纲各一件
中华民国廿四年六月一日

　　　　　　　　　　　　　　　　院　长　汪兆铭

教育部实施义务教育暂行办法大纲（5月28日）

　　第一条　兹遵照第四届中央执行委员会第五次全体会议议决，实施义务教育标本兼治等案制定本暂行办法大纲，其目的在使全国学龄儿童（指六岁至十二岁之儿童而言）于十年期限内逐渐由受一年制、二年制达于四年制之义务教育。
　　第二条　义务教育之实施，应注重实际生活之教育，分三期进行。
　　（一）自民国二十四年八月起至二十九年七月止为第一期，在此期内年长失学儿童及未入学之学龄儿童，至少应受一年义务教育，各省市应注重办理一年制之短期小学。
　　（二）自民国二十九年八月起至三十三年七月止为第二期，在此期内一切学龄儿童至少应受两年义务教育，各省市应注重办理二年制之短期小学。

（三）自民国三十三年八月起为第三期，义务教育之期间定为四年。

第三条　前条规定期限遇经费充裕时得减缩之。

第四条　全国各县市应划分为若干小学区，准备实施义务教育。

第五条　义务教育之施行，除办理短期小学外并应施行左列各事项：

（一）推广初级小学；

（二）充实原有学级之学额；

（三）厉行二部制；

（四）改良私塾；

（五）试行巡回教育。

第六条　义务教育经费以地方负担为原则，但对于边远贫瘠省分及其他有特殊情形之省市，得由中央酌量补助之。

第七条　关于义务教育之实施，中央及地方主管教育行政机关均应特设义务教育委员会协助推行。

第八条　在学校数量已足容收当地学龄儿童之地方，凡身体健全之学龄儿童均应入学，违者政府得采取必要之行政处分，强迫入学。在第一期内对于年长失学之儿童亦同。

第九条　教育部于本暂行办法大纲施行届一年后，应根据各地实施情况拟定义务教育法草案，呈由行政院核转立法院审议公布。

第十条　本暂行办法大纲施行细则，由教育部根据本大纲订定施行。

第十一条　本暂行办法大纲由行政院核准施行，并呈报国民政府备案。

注：此件经行政院第二一四次会议修正通过。

中央义务教育经费支配办法大纲（5月28日）

一、中央之义务教育经费以国库支出义务教育经费、边疆教育经费及庚款机关拨充义务教育之经费充之。

二、中央义务教育经费之支配，对于边远贫瘠省份及其他有特殊情形之省市，应予以特别考虑。

三、中央支配于各省市之义务教育经费及各省市应自行担负之经费，由教育部详审各省市实际情形分别确定额数，呈请行政院备案。

四、各省市有不能依照教育部规定之额数自行筹足或设词虚报者，中央经费得暂不拨付，并得将是项经费移作下年度各该省市办理义务教育之用。

五、本办法施行细则由教育部定之。

六、本办法由行政院核准施行，并呈报国民政府备案。

中华民国廿四年元月十四日

教育部民国廿四年至廿六年义教经费支配表

表一：二十四年度义教经费支配表

省　市	义教费	庚款	边教费	总计
山　东	13万	美1万		14万
四　川	13万	美1万		14万
江　苏	12万	美2万		14万
广　东	12万	美1万		13万
湖　南	12万	美1万		13万
河　南	12万	美1万		13万

续表

省　市	义教费	庚款	边教费	总计
浙　江	12万	美1万		13万
安　徽	12万	美1万		13万
江　西	12万	美1万		13万
河　北	12万	美1万		13万
湖　北	12万	美1万		13万
福　建	10万	美1万		11万
广　西	10万	美1万		11万
山　西	10万	美1万		11万
贵　州	8万		8万	16万
	义1.2万	苗小1.8万	苗师3万	
云　南	8万		9万	17万
	义12.1万	苗小2.4万	苗师2.5万	
陕　西	8万		8万	16万
	义13万		师3万	
甘　肃	8万	英5万	8万	16万
	义12万	回小1.5万	师2.5万	
西　康	3万		3万	6万
	义3万	藏小1.2万	师1.8万	

续表

省　市	义教费	庚款	边教费	总计
青　海	3万	英2.5万	2.5万	8万
	义4.4万	蒙藏小2.1万	师1.5万	
宁　夏	3万	英2.5万	1.5万	7万
	义4万	蒙小1.5万	师1.5万	
绥　远	3万		5万	8万
	义5万	蒙小1.5万	师1.5万	
新　疆	3万		5万	8万
	义3.5万	蒙回小1.5万	师3万	
察哈尔	3万		5万	8万
	义4.7万	蒙小1.8万	师1.5万	
南京市	9万	法1万		10万
上海市	6万	法2万		8万
北平市	4万	法0.5万		4.5万
天津市	3万	法0.5万		3.5万
青岛市	3.2万	法1万		4.2万
威海卫区	0.8万			0.8万
西　藏				
合　计	240万	30万	50万	320万

表二：二十五年度义教经费支配表

省　市	义教费	庚　款	边教费	总　计	比较增	备　注
山　东	21万	美1万		22万	8万	
四　川	18.5万 / 义19.5万	美1万	1.5万 / 边1.5万	21万	7万	
江　苏	20万	美2万		22万	8万	
广　东	21万	美1万		22万	9万	包括补助广州市义教经费在内
湖　南	18.5万 / 义19.5万	美1万	1.5万 / 边1.5万	21万	8万	
河　南	19万	美1万		20万	7万	
浙　江	20万	美1万		21万	8万	
安　徽	20万	美1万		21万	8万	
江　西	20万	美1万		21万	8万	
河　北	20万	美1万		21万	8万	
湖　北	19万	美1万		20万	7万	
福　建	19万	美1万		20万	9万	
广　西	16万	美1万		17万	6万	
山　西	16万	美1万		17万	6万	

续表

省市	义教费	庚款	边教费	总计	比较增	备注
贵州	12万		6万	18万	2万	
	义13.2万		边4.8万			
云南	15万		6万	21万	4万	
	义16.1万		边4.9万			
陕西	12万		7万	19万	3万	
	义19万					
甘肃	10万	英5万	3万	18万	2万	本年英庚款八万元余三万另作补助中等教育之用
	义15.5万		边2.5万			
西康	3万		3万	6万	○	
	义3万		边3万			
青海	3万	英2.5万	2.5万	8万	○	本年度英庚款四万元，余一.五万元留作补助中等教育之用
	义4.9万		边3.1万			
宁夏	3万	英2.5万	1.5万	7万	○	同上
	义4万		边3万			
绥远	4.5万	英法4万	6.5万	15万	7万	本年度英庚款四万元余二万元作补助中等教育之用
	义8.1万		边6.9万			
新疆	4万		5万	9万	1万	
	义4万		边5万			

· 615 ·

续表

省　市	义教费	庚　款	边教费	总　计	比较增	备　注
察哈尔	5万 义6.8万		3万 边1.2万	8万		
南京市	15万			15万	3万	
上海市	12万			12万	4万	
北平市	6万			6万	1.5万	
天津市	4万			4万	0.5万	
青岛市	7万			7万	2.8万	
威海卫区	1.2万			1.2万	0.4万	
西藏			1.8万	1.8万	1.8万	
义教会及讲习班等	5.3万	0.5万		5.8万	5.8万	
合　计	390万	29.5万	48.3万	467.8万	147.8万	

表三：二十六年度义教经费支配表

省　市	义教费	庚　款	边教费	总　计	比较增	备　注
山东	29万	美1万		30万	8万	
四川	26万	美1万	3万	30万	9万	义教费共计27万元比上年度增7万5千元
江苏	29万	美1万		30万	8万	

续表

省 市	义教费	庚 款	边教费	总 计	比较增	备 注
广 东	29万	美1万		30万	8万	
湖 南	26万	美1万	3万	30万	9万	义教费共计27万元比上年度增7万5千元
河 南	28万	美1万		29万	9万	
浙 江	28万	美1万		29万	8万	
安 徽	28万	美1万		29万	8万	
江 西	28万	美1万		29万	8万	
河 北	28万	美1万		29万	8万	
湖 北	28万	比1万		29万	9万	
福 建	28万			28万	8万	
广 西	22万		2万	24万	7万	义教费比上年度增5万元
山 西	25万			25万	8万	
贵 州	20万	法1万	5万	26万	8万	义教费比上年度增6万8千元
云 南	23万	法1万	5万	26万	8万	义教费比上年度增6万9千元
陕 西	25万			25万	6万	
甘 肃	17万		4万	21万	3万	上年度未动用之英庚款5万元移充本年度义教费故比上年度实增11万5千元

续表

省 市	义教费	庚 款	边教费	总 计	比较增	备 注
西 康	5万		3万	8万	2万	
青 海	7万		4万	11万	3万	上年度未动用之英庚款二万五千元移充本年度义教费故比上年度实增7万1千元
宁 夏	6万		4万	10万	3万	上年度未动用之英庚款1万2千5百元移充本年度义教费故比上年度实增4万2千5百元
绥 远	15万		4万	19万	4万	上年度未动用之英庚款2万元移充本年度义教费故比上年度实增10万9千元
新 疆	5万		3万	10万	2万	
察哈尔	8万		2.5万	10.5万	2.5万	义教费比上年度仅增1万2千元在察北未收复以前得将边教费一并充作义教费
南京市	19万			19万	4万	
上海市	16万			16万	4万	
北平市	12万			12万	6万	
天津市	8万			8万	4万	
青岛市	11万			11万	4万	
威海卫区	2万			2万	8千	

续表

省　　市	义教费	庚　款	边教费	总　计	比较增	备　注
西　藏			2万	2万	2千	
编辑教科书视察义教	9万			9万	3.2万	
合　计	590万	13万	46.5万	649.5万	181.7万	

〔国民政府教育部档案〕

4　教育部长王世杰关于实施义务教育提案稿

（1935年6月）

窃查本党对于义务教育之实施,夙所注意。总理于第一次全国代表大会时所订政纲即有"厉行普及教育"之条；民国二十年所公布之约法,并规定"已达学龄儿童,应一律受义务教育"；最近中央执行委员会全体会议更有"义务教育标本兼治办法"之决议,具见本党对于义务教育之实施久具决心。良以一般国民倘不受最低限度之教育,则无论从政治建设、物质建设或教育本身而言,均有极大之不利。从政治的建设言,则凡党义之宣传,自治之训练,国家观念之形成,民族意识之培植,均将有不可克服之障碍,丁兹内忧外患交迫之时,此种障碍至可忧虑。就物质建设而言,则一切科学常识,乃至最简单之卫生知识,均将使一般国民了解,一切建设自亦无法望其协作。即就教育本身而言,小学教育不普及,则即令中央及地方政府在中学、大学等人才教育机关中,设置免费或奖学金额以奖励贫苦高才子弟,而大多数国民根本上既未受小学教育,自仍无法入此等学校享受此种待遇。因之,人才教育机关所收纳之学子,究只能以国民中最小部分之幸运子弟为限,大多数贫苦而有天才者,自始即被淘汰。以是之故,人才教育本身之效能,亦极不易提高。倘政府一面设法普及小学教育,一面在小学以上之各级学校普行奖学金制度,则义务教育必大有利于人才教育,以人才教育之基础或来源较前扩大也。

考世界先进诸国,其国民教育大都已臻普及,即晚近新兴之国家如苏俄、波兰等国,仅凭极短期间之努力,亦已将由多数国民不受教育之国家而成为教育普及国家。苏俄在革命告成之初,入学儿童仅占学龄儿童百分之二十五,嗣后以十余年不断之努力,国民教育已达普及之阶段。波兰在复国初年,国民教育亦极落后,近以六七年之努力,入学儿童已增至百分之九十。足见教育普及问题虽属至大至繁之问题,倘政府对于此事出以决心,持以毅力,则即在比较短期之中仍可获得比较甚大之成就。

吾国教育自民元以来,虽不无显著之发展,然在此二十余年中,发展之方向偏于高等教育与中等教育,小学教育之发展则比较迟缓。就学生数量而言,大学教育约已扩充百倍,中学之扩充约计八倍,小学则不过四倍。根据二十年度初等教育统计,全国小学儿童数为一千一百六十六万七千八百八十八人,失学之学龄儿童约尚有三千余万,在学儿童仅占学龄儿童百分之二三,距离普及之境甚远。义务教育问题,虽自民国初元以来各方已迭有讨论,而以种种牵掣,实际上迄未能为相当之设施。世杰与教部同人,惶仄之情与日俱深。

兹幸中央因钧院之建议,在二十四年度概算内已列入义务教育费暨边疆教育费,庚款联席会议亦有由各庚款机关拨款协助义务教育之规定。用特遵照中央决议实施义务教育标本兼治等案,拟具实施义务教育暂行办法大纲,并拟具民国二十四年度中央义务教育经费支配办法大纲各一件,提请核定,转呈国民政府备案。是否有当,敬候裁决。

附实施义务教育暂行办法大纲及二十四年度中央义务教育经费支配办法大纲各一份（略）

提案者　王世杰
（廿四·六）
〔国民政府教育部档案〕

5　全国义务教育委员会议程（附全国教育会议关于义务教育决议案）

（1935年6月）

（1）全国义务教育委员会议程

报告事项：

一、本年度及历年义务教育经费之支配；

二、历年各省市义务教育实施状况；

三、报告修改规程情形。

讨论事项

一、本会工作应如何推进案；

二、如何推进全国教育会议关于义务教育决议案（原件另附）；

三、如何参照广西省设施办法改进义务教育之推行案；

四、广西省拟将历年积存之中央义教补助费移充普及民众教育之用，应否准予通融办理案；

五、如何推进战区义务教育案。

（2）全国教育会议关于义务教育决议案

一、逐渐加长短期小学修业年限，并设法提高其程度

1．各地方为推行义务教育所设之一年制短期小学，应视地方需要及其能力，逐渐加长其修业年限，改为二年制短期小学或初级小学。

2．二年制短期小学应尽量采用有效的教学方法，以提高其程度，并设法使其课程与初级小学课程相衔接。

二、完成各地方设置小学之基层机构

1．各省市县市应于二十八年度内，依据部颁修正市县划分小学区办法，待完成设置小学之基层机构。但各省市县市如有特别情形，得另订适用于本地方之办法，呈请教育部核准施行。

2．基层机构完成后，应依照规定期限，计划在未经兴学之每一小范围内至少设置一短期小学或初级小学。

3．各县市应依照当地学校情形，在若干小范围之联合区域设置或指定一原有小学为中心小学，以为各小范围内各小学及短期小学之领导机关。

三、健全各级义务教育委员会之组织

1．各级义务教育委员会应加强其组织，使能切实担负视导、编辑、研究、实验、调查、宣传等有关技术方面之工作。

2．各级义务教育委员会应将监督保管经费部分之机构，充分使之健全，俾能确实行使职权，以重义教经费。

四、训练义教师资及义教行政人员

1．各省市今后义教师资，应以由师范学校、简易师范学校或简易师范科训练为原则。

2．各省市义教师资缺乏时，得招考初中以上学校毕业生及有相当学力者，施以训练后为教员或代用教员。

3．各省县市对于短期小学教员，应规定进修办法，并督促进行。

4．短期小学教员之待遇，应视地方生活情形妥定标准，使能安心服务。

5．短期小学代用教员成绩优良者，经主管教育行政机关之核定，得为正式教员。

6．教育部于必要时，应召集各省市主办义务教育人员，举行讲习或讨论会。

7．各省应依时召集各县市办理义教行政人员，举行讲习会或讨论会，得请由教育部派员指导之。

五、筹措义务教育经费

1．中央义教补助费应请仍照原定计划逐年扩充，按期十足发放，并不得移作他用。

2．各省市支拨义教经费额数，至少应比照中央补助数逐年增加，列入预算，并按期十足发放，不得移作他用。

3．各省市及县市得按照地方状况，就下开各条筹措经费办法，斟酌办理。

甲、财政收支系统法实行以后，各省市县市应按义教需要，在该省市县市应得税收项下规定拨充义教经费之百分比。

乙、各县市应以有效之方法整理教育款产及其他公款公产，将所增加之收入拨充义教经费。

丙、各县市应指定税收充作义教经费。

丁、短期小学之经费得由当地人民依其富力分担。

4．小学校舍应尽量利用原有公产建筑或私人宗祠等，或由当地人民捐助兴建。

5．小学设备得劝导当地人民捐助之。

〔国民政府教育部档案〕

6　行政院关于《实施义务教育暂行办法大纲施行细则》致教育部指令

（1935年6月20日）

行政院指令　字第一九二八号

　　令教育部

　　呈送实施义务教育暂行办法大纲施行细则请鉴核备案由。

呈件均悉。应准备案。附件存。此令。

中华民国二十四年六月廿日

院　长　汪兆铭

教育部实施义务教育暂行办法大纲施行细则

第一章　总　则

第一条　本施行细则根据实施义务教育暂行办法大纲第十一条订定之。

第二条　全国学龄儿童除入普通小学者外，在实施义务教育第一期内（即民国二十四年八月至二十九年七月）应依本细则受一年短期小学教育，在第二期内（即民国二十九年八月至民国三十三年七月）应依本细则受二年短期小学教育。

第三条　义务教育应遵照中华民国教育宗旨及其实施方针，切合实际生活之需要，并应注重民族意识与国家观念之养成。

短期小学课程为国语、常识、算术及公民训练，在第二期内程度应略提高，并得酌增其他科目。

第四条　短期小学不收学费。

第五条　短期小学学生课本由学校免费供给。

第二章　强迫入学及缓学免学

第六条　在普通小学及短期小学已足收容当地学龄儿童之地方，凡身体健全之学龄儿童，应由所在地办理，义务教育之机关依其年龄及家庭状况，督令入普通小学或短期小学。

凡应入学而不入学者，应对其家长或保护人予以一定期限必须就学之书面劝告；其不受劝告者，得将其姓名榜示示警，其仍不遵行者，得由县市教育行政机关请由县市政府处以一元以上五元以下之罚锾，并仍限期责令入学。

前项罚锾仍作办理义务教育之用。

第七条　学龄儿童之有疾病或其他一时不能入学之原因者，

得由其家长或保护人具结，请求缓学；其有痼疾不堪受教育者，得由其家长或保护人具结请求免学。

第八条 在实施义务教育第一期内学龄儿童，除依本细则第十条受一年短期小学教育者应认为已完成其义务教育外，其曾入普通小学肄业二年者以曾受义务教育论。

在实施义务教育第二期内学龄儿童，除依第十一条受二年短期小学教育者应认为已完成其义务教育外，其曾入普通小学肄业三年者，以曾受义务教育论，在实施义务教育第一、第二两期内学龄儿童之已在私塾或家庭受有与义务教育程度相当之教育者，经当地普通小学或短期小学考查及格，予以证明书，以曾受义务教育论。

第三章 施行程序

第九条 各省应于民国二十四年度令饬所属县市依原有乡村城镇之人口划定小学区，以为施行义务教育；开办短期小学之单位，每一小学区平均以约有人口一千人为准，行政院直辖市亦同。每五小学区至十小学区内须逐渐设置普通小学一所。

第十条 各省市在实施义务教育第一期内，为供给儿童受一年之义务教育起见，应举办下列各事：

（一）广设短期小学 限令各小学区就预定设校地点设置一年制之短期小学，招收九足岁至十二足岁之失学儿童。此项小学以采用二部编制为原则，每日上下午各教学半日或全日间时教学，至少各授课三小时或四小时，修业年限一年。

乡村短期小学得放农忙假。但应缩短其他假期，以补足修业时数；普通小学及其他学校与公共机关内，并得附设前项短期小学班。

（二）改良私塾 限令各地将原有私塾整理改良，一律依照短期小学或普通小学课程办理改称改良私塾，其较优良者得迳改为短期小学或普通小学。

（三）试行巡回教育　得令各地方设置巡回教员，以时轮往穷乡僻壤交通不便利处教授失学儿童，其程度与短期小学同。

各省市为推行义务教育之便利，除上列各项办法外，并得采用其他适宜之方法。

第十一条　各省市在义务教育实施第二期内，应将各学区内所有一年制之短期小学逐渐悉改为二年制短期小学，招收八足岁至十二足岁之失学儿童，仍以采用二部编制为原则，修业年限二年。

前条（二）（三）等款所规定之办法均应继续办理。

第十二条　各省市于届义务教育实施第三期（民国三十三年八月起）时，应将各地之二年制短期小学逐渐改为四年制之普通小学。

第十条（二）（三）等款所规定之办法仍继续办理。

第十三条　在义务教育实施之第一、第二各期内，各省市除办理第十、第十一两条之短期小学外，并应同时办理左列各事，以推广普通小学教育。

（1）酌量增设普通小学；

（2）限令普通小学酌采二部制；

（3）充实原有普通小学之学额。

但原有普通小学不得改为短期小学。

第十四条　各省市应依照第十条至第十一条之规定施行义务教育，务使在义务教育实施第一期之末年曾受一年短期小学教育或相当教育之儿童，至少达到学龄儿童总数百分之八十，在第二期之末年曾受二年短期小学教育或相当教育之儿童，至少亦达到学龄儿童总数百分之八十。

第四章　师　资

第十五条　各省市应自实施义务教育第一期开始以后，在省市立或县立初高级中学及师范学校内广设短期小学师资训练班，招收相当于初级中学毕业程度之学生，予以短期之师范训练，其课程以研究小学教料〔材〕及教学方法为中心，训练期满、考试及格，予以证明书，准其充任短期小学教员。

第十六条 各省市在第一期内得招考文清理通、常识丰富、有志为短期小学教员人员，考试及格予以证明书，准其充任一年制短期小学教员。

各省市并得斟酌情形，令各〔教〕务人员为短期小学服务。

第十七条 各省市应各按本省市小学师资之需要，推广师范学校、简易师范学校、简易师范科等以培养小学师资。同时应设法给予短期小学教员及不合格之小学教员以进修之机会，并逐渐遵照小学教员检定规程检定之，俾依照检定取得资格。

第十八条 各县市应在县市立初级中学或县市立师范学校，或规模较大之县市小学内设置塾师训练班，招收私塾教师，予以短时期之训练，专授短期小学课程之教材及教学方法。训练满期、考查及格，给以证明书，准其充当改良私塾之教师。

第五章 校舍设备

第十九条 各小学区新设之短期小学，得充分利用当地原有公所、祠庙等房屋，并得借用或租用民房，其无可利用或租借者，得暂建极简单之棚舍应用。

第二十条 各学区应在十年内择定相当地点，筹备另建普通小学正式校舍，不能自筹建筑费者，得由县市政府协助之。

第二十一条 短期小学设备参照普通小学设备办理，其桌椅等均得较小学为减等。

第二十二条 各小学区应在十年内筹足设备、经费，以备改短期小学为普通小学时一切设备之用。

第六章 经 费

第二十三条 义务教育经费其在市区者由政府统筹，其在省区之各县市以省县酌量分担为原则，中央并得酌量省市情形补助之。

对于边远省份及贫瘠省份之义务教育经费，中央得予以特别补助。

第二十四条 省市义务教育经费应按照地方情形或在省市教育经费项下及在省市总收入项下提出若干成，或指定专款充之。

第二十五条 县市义务教育经费应按照各地方情形或指定学产，或指定特种捐税收入充之，并得劝导人民尽力捐助。

第七章 机 关

第二十六条 义务教育之实施，中央由教育部主办之，各省市由省市主管教育行政机关主办之，各县市由主管教育行政之科局主办之。

第二十七条 各级主办义务教育机关，均应组织义务教育委员会襄助办理义务教育。

教育部应设置全国义务教育委员会，其规程以部令定之，各省市应设置省市义务教育委员会，以省市主管教育行政机关长官为委员长，并由省市政府酌聘教育界富有资望之人士若干人为委员，其组织规程由省市主管教育行政机关定之，并呈报教育部备案。

各县市应各设县市义务教育委员会，其组织规程由各省教育厅呈准省政府定之。

第二十八条 各级义务教育委员会之主要任务如左：

一、全国义务教育委员会：

甲、建议及审议推行议〔义〕务教育之计划；

乙、审议关于义务教育之一切章则办法；

丙、考核各省市办理义务教育之成绩。

二、省市义务教育委员会：

甲、拟具全省市义务教育推行计划；

乙、监督省市义务教育经费及中央给予该省市义务教育补助费之保管与用途；

丙、拟具分年训练师资办法；

丁、考核各县市办理义务教育成绩。

三、市县义务教育委员会：

甲、拟具全县市义务教育推行计划；

乙、监督各县市义务教育经费及上级政府给予各该县市义务教育补助费之保管与用途；

丙、审核所属义务教育经费之预算及决算；

丁、考核所属办理义务教育成绩。

第二十九条 关于市县各小学区义务教育事务，由县市教育行政机关就每五小学区至十小学区指派学董一人主办之，其任务如左：

一、宣传义务教育工作之重要；

二、拟具本学区义务教育实施计划；

三、筹划经费；

四、编制预算；

五、调查学龄儿童；

六、筹设学校；

七、强迫学龄儿童入学；

八、督促私塾改良。

县市教育行政机关认为有必要时，得酌置指导或助理人员指导或襄助学董办理事务。

第八章 惩 奖

第三十条 义务教育办理之状况，于地方行政人员考绩时应视为特别注重事项。

第三十一条 人民捐助办理义务教育经费者，得照捐资兴学奖励办法从优奖励之。

第三十二条 关于推行义务教育之惩奖办法，由教育部另定之。

第九章 附 则

第三十三条 本细则由教育部公布，并呈请行政院施行。

第三十四条 本细则公布后，教育部前所颁布之第一期实施义务教育办法大纲，暨短期义务教育实施办法大纲均即废止。

〔国民政府教育部档案〕

7 教育部公布全国义务教育委员会组织规程令

（1935年7月22日）

教育部公布令

兹制定全国义务教育委员会规程公布之。此令。

中华民国二十四年七月二十二日

全国义务教育委员会组织规程

第一条 依照实施义务教育暂行办法大纲施行细则第二十七条之规定，由教育部组织全国义务教育委员会（以下简称本委员会）协助办理全国义务教育。

第二条 本委员会之主要任务如下：

甲、建议及审议推行义务教育之计划；

乙、审议关于义务教育之一切章则办法；

丙、考核各省市办理义务教育之成绩。

第三条 本委员会委员分下列二种：

甲、当然委员

一、教育部长；

二、教育部次长；

三、教育部参事一人；

四、教育部普通教育司司长及第二科长；

五、教育部督学一人。

乙、聘任委员三至七人，由教育部部长聘任之。

第四条　本委员会推定常务委员三人，处理日常事务。

第五条　本委员会全体委员会议每三个月开会一次，以教育部部长为主席，遇必要时得召集临时会议。常务会议集会时期，由常务委员定之。

第六条　本委员会遇必要时，得召集各省市义务教育委员会代表，讨论全国推行义务教育事宜。

第七条　本委员会关于义务教育之建议，经教育部核定施行。

第八条　本委员会得酌设办事人员，由教育部长派部员兼充之。

第九条　本委员会委员概为名誉职，但聘任委员因到会办公，得酌支车旅费。

第十条　本规程由教育部公布之。

〔国民政府教育部档案〕

8　教育部颁发实施义务教育一年制短期小学暂行规程训令

（1935年7月8日）

教育部训令　字第　　号

令　各省市教育厅局
　　威海卫管理公署

案查实施义务教育第一期内，各省市应注重办理一年制之短期小学，是项短期小学之办法，兹经本部制定一年制短期小学暂行规程公布施行。合行颁发该项暂行规程，令仰知照，并转饬所属一体知照办理。此令

计发一年制短期小学暂行规程乙份

中华民国二十四年七月八日

一年级短期小学暂行规程

第一条　本规程依照实施义务教育暂行办法大纲第二条之规定订定之。

第二条　在第一期实施义务教育期间，各省市县均应注重办理一年制短期小学（以下简称短期小学）。

第三条　各县市乡缺乏学校之小学区，应尽先尽量设置短期小学，以期教育易于普及。

第四条　短期小学独立设置，并得附设于普通小学及其他学校或公共机关内。

第五条　每五小学区至十小学区内之短期小学，应利用普通小学为中心小学，各短期小学均应受其指导。

第六条　短期小学招收年满九足岁至十二足岁之儿童。

第七条　短期小学不收学费，所有书籍用品概由学校供给。

第八条　每一短期小学以同时招收学生二班为原则。每班学生以五十为限，其编制采用半日二部制，分上下午教学；教室敷用者或采用全日二部制，间时教学。

第九条　短期小学每班每日授课三小时至四小时，每小时以四十五分钟计算，课程为国语、算术、公民训练及体育四种，每日授课时间如左表，其标准另定之。

国语——每日至少二小时

算术——每日约半小时

公民训练——每日约十分钟

体育——每日五分钟至十五分钟

第十条　短期小学之教员以每两班设置一人为原则。

第十一条　附设于普通小学之短期小学，应尽量利用原校之教员。

第十二条　本规程自公布日施行。

〔国民政府教育部档案〕

9　教育部公布一年制短期小学暂行课程标准令

（1935年7月31日）

教育部公布令　普义壹8字第一〇三四一号

兹制定一年制短期小学暂行课程标准公布之。此令。

中华民国二十四年七月三十一日

一年制短期小学暂行课程标准

一、说明：

（1）本课程以国语常识为基础。

（2）本课程专以教育八足岁至十二足岁儿童一年间之用。

二、目标：

（1）提倡固有道德之躬行实践，养成自重自信之国民，以期恢复民族精神。

（2）授以地方自治常识及练习四权运用，以期扩张民权运动。

（3）增进日常之生活能力，养成民生观念。

（4）使略知自然界现象，社会概况及世界趋势。

（5）认识一千六百个字，并能阅读以一千六百个字所编成的平易语体文。

（6）练习写信、日记等语体文字之写作。

（7）运用注音符号，以为阅读浅易语体文字之助。

三、每周时间支配：

（1）国语　十二小时（每小时四十五分钟）。

（2）算术　六小时。

（3）作文　二小时。

（4）写字　三小时。

（5）课间操及公民训练　每天十五分钟。

四、国语课程内容：

（1）关于文字方面：

1．课本全体均以历史、地理、公民、自然、卫生等匀配排列，不用童话、物话、神话。

2．日常应用文——便条、书信、柬帖、日记——的阅读。

3．简易说明记叙文等文的阅读。

4．检查字典的练习。

5．普通用标点符号的认识。

6．注音符号的认识和应用。

（2）关于知识方面：

甲　历史

1．名人之嘉言懿行，发扬牺牲服务的精神；

2．历代之伟大事功，振起民族的自信自重；

3．历代之治乱原因，引用与民生问题有关系之事实；

4．总理及先烈事略，注重中山先生事迹使受人格感化；

5．纪念日与节日，注重革命因果与国耻及不平等条约由来以激励爱国心。

乙　地理

1．我国地势、气候、物产、交通区域等大概。注重我国独得之天惠及总理建设计划概要，以引起利国爱民之思想。

2．我国首都及重要都市。注重都市与农村比较使知农村建设之必要。

3．各割让地、租界、通商场、外国邮船、内地航行路线、合办铁路、借款铁路、约定铁路。注重外侮之由来，使略知如何救国雪耻之意义。

4．地球形状、大洋、大洲，我国和世界重要各国位置的认识。注重各国与我国之关系，使知我国在国际间所负之责任。

丙　自然

1．四时气候的变迁和生物的关系。

2．云雨霜露冰雪雹霰风风向温度湿度等。

3．雷电的作用和避电方法。

4．日蚀、月蚀、虹、日月晕、流星、彗星、地震、火山等原因及迷信的破除。

5．蚊蝇等害处和驱除的方法。

6．益虫、害虫和农作物的关系。

7．日常必需衣、食、住、行的说明。

8．垦殖的提倡特重造林。

9．主要农产的说明。

10．水灾旱灾火灾的防止。

丁　卫生

1．人体外形的构造及卫生。

2．人体内部的构造及卫生。

3．烟酒等嗜好品的害处。

4．传染病的预防。

5．公众卫生。

6．卫生事故。

五、算术课程内容（笔算珠算混合教学）：

（1）数的认识和数字的写法。

（2）加减法。

（3）九九歌诀、归除歌诀。

（4）法数一位至三位的乘法。

（5）法数一二位的除法。

（6）四则的应用。

（7）小数四则。

（8）斤两法外国度量衡及货币之换算。

（9）折扣和利息。

（10）记帐及算帐的方式。

六、作文课程内容：

（1）语句构造的练习。

（2）便条、书信等应用文的练习。

（3）普通标点符号的应用。

七、写字课程内容：

（1）已识各字的书写练习。

（2）实用文约书写练习。

（3）日常最应用的行书的认识。

〔国民政府教育部档案〕

10 教育部检发《短期小学实验办法》的训令

（1935年11月）

教育部训令　普义壹一字第15382号

令各
　　　国立大学
　　　师范大学
　　　独立教育学院
　　　省（市）教育厅（局）

查实施义务教育办法各地在第一期内，应办理一年制短期小学，在第二期内应办理二年制短期小学。兹为改进是项短期小学之各种办理方法以利实施起见，订定短期小学制实验方法，依照该办法之规定，应由国内师范大学、大学教育学院、独立教育学院、省市立各种师范学校之附属小学或实验小学及其他有实验能力之小学等，分别遵照指定实验事项从事实验。合行检发该办法，令仰转饬所属遵办。此令。

计发短期小学制实验办法贰份

中华民国二十四年十一月　　日

短期小学制实验办法

一、为改进短期小学之各种办理方法以利实施起见，应由国内师范大学、大学教育学院、独立教育学院、省市立各种师范学校之附属小学或实验小学，及其他具有实验能力之小学实验之。

前经短期小学实验班，每校至少设置一班。

二、实验事项如下：

1．部颁一年制短期小学暂行课程标准及课本之实验修订；

2．理想的一年制短期小学课程标准及课本之实验编订；

3．短期小学教学方法；

4．二年制短期小学课程课本及教学方法；

附普通小学二部制等之实验。

三、前条2、4两项，由师范大学、各大学教育学院或独立教育学院之附属小学或实验学校实验之；前条1、3各项及附项，由各省市立师范学校附属小学或自立实验小学实验之。但省市立师范学校附属小学或省立实验小学有志实验前条2、4两项者，得请由主管教育机关转呈教育部核准施行。师范大学、大学教育学院及独立教育学院之附属小学或实验小学校，有欲同时实验1、3各项者同。

四、凡实验第二条2、4两项者，均须拟具计划呈由教育部核定后行之。

五、其他教育机关有志进行第二条1、3各项及附项之实验者，须拟具计划，请由省市义务教育委员会核定后行之。

六、实验者必须于民国二十五年暑假前，拟具第一次报告陈报主管教育机关，汇送教育部。

七、实验结果成绩优良者，得由教育部酌予奖励。

〔国民政府教育部档案〕

11 教育部检发二年制短期小学暂行规程及课程标准总纲的训令

（1937年6月）

训令　字第　　号

　　　　各省市教育厅局
　　　令　南京、上海、北平市社会局
　　　　　威海卫管理公署

查二年制短期小学得提前酌设，业经通饬知照在案。兹制定二年制短期小学暂行规程及二年制短期小学课程标准总纲，除公布并分行外，合行检发是项规程及总纲，令盼遵照，并转饬所属一体遵照。此令。

　　计发　二年制短期小学暂行规程
　　　　　　　　　　　　　　　　　各二份
　　　　　二年制短期小学课程标准总纲
中华民国廿六年六月　日

二年制短期小学暂行规程

第一条　本规程依照实施义务教育暂行办法大纲第二条之规定订定之。

第二条　在第二期实施义务教育期间，各省市县应注重办理二年制短期小学，但在第一期内办理一年制短期小学已有相当成效，或有特殊需要之地方得提前办理二年制短期小学。

第三条　二年制短期小学招收八足岁至十二足岁之失学儿童。

第四条 二年制短期小学毕业程度，应相当于小学初级第三学年修业期满之程度。

第五条 二年制短期小学如有需要，得同时酌量开办二年级班次，招收附近地方一年制短期小学修业期满尚须继续入学之儿童，并得附设一年制短期小学班。

第六条 二年制短期小学除独立设置外，得在普通小学及其他学校或公共机关内附设班级。

第七条 在联合小学区内指定为中心小学之普通小学，各短期小学，均应受其指导。

第八条 二年制短期小学不收学费，所有书籍用品概由学校供给。

第九条 二年制短期小学在人口密集、失学儿童众多之地方，以每校同时招收学生二班为原则，每班学额在城市约四十人至五十人，在乡村不得少于三十人；人口稀少学额不足时，应依照实施巡回教学办法，分设巡回教学班。

第十条 二年制短期小学得酌量情形，采用二部编制及复式编制。

第十一条 二年制短期小学教学科目为：公民训练、国语、常识、算术、工作、游唱等六种，课程标准另定之。

第十二条 二年制短期小学假期以与普通小学一致为原则，在乡村地方得酌量情形，免去星期例假、缩短寒暑假，另放农忙假、赶集假等；每年上课日数，不得少于二百日。

第十三条 二年制短期小学采用二部编制者，直接教学及自动作业时数应妥为支配；直接教学时数每日至少须二小时。

第十四条 二年制短期小学教材应以采用部编课本为原则，各地方为适应需要起见，得酌量编订乡土补充教材。

第十五条 二年制短期小学之教员采用二部编制者，以每两班设置一人为原则；并得训练程度较优之学生为导生，协助教员维持风纪，并领导学习。

第十六条　附设于普通小学之二年制短期小学班，应尽量利用原校之教员及设备。

第十七条　二年制短期小学学生修业期满考查成绩及格者，给予修业期满证明书。

第十八条　二年制短期小学校舍应在适中地点建筑，或利用原有公共场所，由学校所在地之学董及助理学董负责筹划。

第十九条　二年制短期小学在原设地方已届结束时，得迁移至其他适当地方办理，如原设地方需要将二年制短期小学提前改为普通小学时，应由地方自筹经费接办。

第二十条　本规程由教育部公布施行。

二年制短期小学课程标准总纲

一、**教育目标**　二年制短期小学教育，遵照实施义务教育暂行办法大纲施行细则第三条之规定，以切合实际生活之需要，并应注重民族意识与国家观念之养成为主旨，其目标列举如左：

（一）培养国民应具之善良品性；

（二）养成人生必需之卫生习惯；

（三）养成爱护国家观念与复兴民族意识；

（四）养成生活所必需之基本知识与技能；

（五）养成劳动精神与审美兴趣。

二、**教育程度**　二年制短期小学毕业程度，应相当于小学初级第三学年修业期满之程度。使学生毕业后，能认识约略二千二百个单字，能阅读浅易语体文，能写作浅易实用文，能计算日常生活上之数量，并具有国民必需之基本常识与技能。

三、**教学科目**　二年制短期小学教学科目为公民训练（包括卫生习惯部份）、国语（包括注音符号、读书、说话、作文、写字）、常识（包括社会、自然及卫生知识部份）、算术（包括笔算及珠算）、工作（包括劳作及美术）、游唱（包括体育及唱歌）六种。

四、时间支配　二年制短期小学各学科每周教学时间，支配如左表：

科目	分钟　年级	第 一 年	第 二 年
公民训练		60	60
国语	读　书	450	450
	作　文	60	90
	写　字	90	90
常　识		180	180
算　术		180	210
工　作		60	90
游　唱		120	120
总　计		1200	1290

说明：

1．公民训练重在平时个别的训练，表内所列，系团体的训练时间。

2．每日课后得支配自习及课外运动时间，但至多不得过六十分钟。

3．如实行二部制教学，应将各班直接教学时间及自动作业时间支配妥当；如实行半日二部制教学，得将直接教学时数酌量减少。

4．各科目教学时间支配以三十分钟一节为原则，视科目性质得分别延长至四十五分或六十分。

五、教学材料 二年制短期小学教学材料，应注意左列要点：

（一）各科教材应以切合实际生活、培养民族意识及国家观念为主旨，作扼要精粹之选择；

（二）各科教材之编制，应以心理的原则为经，论理的原则为纬；

（三）各科教材一律用语体文叙述，所用字汇以日常生活所常需要者为主体；

（四）国语教材一方面应注意民族意识及国家观念之培养，一方面须以儿童实际生活为背景，充分顾及儿童阅读的能力与兴趣；

（五）常识教材一方面应注意民族的及民生的需要，一方面须注意教材本身之普遍性与实践性，其编制应与国语教材密切联络；

（六）算术教材宜采用笔算、珠算混合编制；

（七）公民训练各地方应根据社会环境及儿童生活上之需要，订定条目，认真实施；

（八）工作教材宜以与本地之生产特产有关者为主；

（九）游唱以游戏及基本运动为主，乡间得以爬山、散步、农田操作等运动代替，唱歌可利用本地流行含有教训及富有兴趣之歌曲，并得以本地流行之乐器为辅唱教具；

（十）各科教材除部编课本外，各地方得自编补充教材。

六、教学方法 二年制短期小学各科之教学方法应注意左列要点：

（一）各科教学均应切实注意实际上之应用，对于日常生活所必需及适应本地社会特殊需要之知能，尤应使儿童获得充分之理解与练习。

（二）教学时说话与读文，均应用标准语或近于标准语之普通语；

（三）教学时应注意学生旧有经验之唤起，与学习兴趣之激发；

（四）教学方法应着重启发问答式；

（五）学生学习能力如参差不齐，应试行分组或分团教学，并得训练程度较优之学生为导生，领导学习，作教员之助手。

〔国民政府教育部档案〕

12 教育部检发《实施二部制教学办法》及《巡回教学办法》的训令

（1937年6月1日）

教育部训令　义壹一字第10117号

各省市教育厅局

令　南京、北平、上海社会局

威海卫管理公署

查厉行二部制、试行巡回教学及改良私塾，对于义务教育之推进至关重要。在实施义务教育暂行办法大纲及施行细则内，早经规定通饬推行在案。兹为便利各地实施起见，特制定实施二部制办法、实施巡回教学办法、改良私塾办法（见　　页）除公布并分令外，合行检发上项办法各五份，盼即遵照，转饬遵行。此令。

附发实施巡回教学办法、实施二部制办法各五份

中华民国二十六年六月一日

实施二部制办法

第一条　本办法根据实施义务教育暂行办法大纲第五条第三

项及施行细则第十条第一项第十三条第二项之规定订定之。

第二条 凡人口较为密集之区域，所有短期小学、简易小学及普通小学低年级，不能容纳就学儿童时，以采用二部编制为原则。

第三条 二部编制分左列各种，由各校视学校及地方情形分别采用：

（一）全日二教室二部制 以二教室同时容纳两班同程度或异程度之儿童，由一教员往复施教。教室最好两室相连或作日字形，中间辟门，以便教员来往，儿童隔室相向；或作曲尺形，横竖交叉处不设板壁，墙隅斜置黑板，教员在同一位置可照料左右二教室。

（二）全日一教室间时二部制 以一教室及一其他场所（如运动场、园地、图书室、礼堂等），同时容纳两班儿童，间时交替入教室，由一教员施教。其不直接受教之儿童由导生领导自习，或作其他活动。

（三）半日二部制 以一教室容纳两班儿童，分上下午教学，由一教员施教。是项二部制分左右两式：

甲、儿童全日在校者 半日在教室学习，半日由导生领导在其他场所自由作业或活动。

乙、儿童半日在校者 离校之半日，由教员支配课外作业，令儿童自习。

（四）全日半日混合二部制 以二教室容纳两班或三班儿童，一班全日在校，余两班上下午交互在校。全日班与半日班之教学时间须交互排配，半日班授课时，全日班应支配自习或课外作业。

（五）间日二部制 以一教室容纳两班儿童，间日轮流施教，不直接施教之一班，应支配自习或课外作业。

二部制之教室形状及教学时间支配情形，另附图例〔略〕。

第四条 小学儿童数超过一级以上而校舍设备敷用者，宜采用全日二部制；儿童数超过一级以上而不能全日到校、且校舍设备不敷应用者，宜采用半日二部制；儿童因交通或家庭等关系不能逐日到校者，宜采用间日二部制；教员教学上与儿童学习上有特殊需要者，可采用全日半日混合二部制。

第五条 便于共同教学之科目，应尽量将两班儿童施行合并教学。

第六条 简易小学及普通小学实施二部制，约略以每级八十人，每班约略四十人为原则；短期小学实施二部制，约略以每级一百人，每班五十人为原则。

第七条 施行二部制教学之教员，除应具规定资格外，并须遴选教学成绩比较优良者充任之，其待遇得酌量提高。

第八条 教员应于每班中遴选年长优秀之儿童，予以相当训练，使为导生；在自习或课外活动时，负领导及维持秩序之责。

第九条 施行二部制之学校，其办公费得酌量增加。

第十条 各地方之中心小学、实验小学应切实施行二部制，随时将施行结果发表，供其他小学参考。

第十一条 本办法由教育部公布施行。

实施巡回教学办法

第一条 本办法根据实施义务教育暂行办法大纲第五条第五项及施行细则第十条第三项之规定订定之。

第二条 各地方有下列情形之一者，得在二个以上之地点设置巡回教学班，由一个教员巡回施教。

（一）区域辽阔、村落星散、交通不便、儿童不易集中者；

（二）地方贫瘠、人口稀疏、无力设置学校者；

（三）附近学校学额已满、无力扩充、失学儿童未能尽量容纳者；

（四）儿童因交通及生活或职业关系，不能全日或半日就学者。

第三条 巡回教学班分左列二种：

（一）长期集合者 每乡村或每一适中地点设置一班，学额须在十五人以上。每班儿童数不满二十人者，一教员至少教学二班。儿童全日或上下午半日在校，教员来校时由教员直接教学或考核；教员离校时，由导生领导自动学习。

（二）临时集合者 每乡村或每一适中地点设置一班，学额约五人至十五人；一教员至少教学三班；平时儿童各自分散，至规定时间集合，由教员来班教学，或由导生领导学习。

第四条 实施巡回教学，应先调查当地情形及设班地点，并确定设班办法及施教时间与次数。

第五条 巡回教学以每班每日均得巡回施教一次为原则，但得视当地情形，采用间日巡回施教制。其每班施教时间之长短，视路途远近及班数多寡酌定之。

第六条 巡回教学班之课程，以依照短期小学班课程办理为原则；但得视地方需要，参照普通初级小学课程办理。

第七条 实施巡回教学区域内之学董、助理学董、保甲长及热心教育之人士，均应协助巡回教员筹借公共房屋或民房，为设班处所。

第八条 巡回教学班之桌椅等设备，以由儿童家庭各自供出或借用公共原有物件为原则，不拘形式，遇必要时得酌量购置。

第九条 巡回教学班遇必要时，得采用巡回教育车或教育箱等工具。

第十条 巡回教学班之教员，应遴选教学成绩比较优良者充任之，于实施巡回教学前并须予以相当训练。

第十一条 巡回教学班应各训练年长优秀学生为导生，于教员不出席时领导儿童自习，并协助教员处理教学及训育上之事务。

第十二条　巡回教学班之教员，对于儿童学业应注意考核，并须于每学期终了时举行学期测验。

第十三条　巡回教学班施教结束之期间，以所采课程教学完毕为标准。结束时考查成绩及格者，得给予证明书，以曾受短期义务教育论。

第十四条　巡回教学班经费，于各县市义务教育经费项下拨充之。

第十五条　本办法由教育部公布施行。

〔国民政府教育部档案〕

13 教育部检发《学龄儿童强迫入学暂行办法》致各省市教育厅局训令

（1937年7月17日）

教育部训令　第　　号

各省市教育厅局

令　上海、南京、北平社会局

威海卫行政管理公署

查实施义务教育，对于学龄儿童之强迫入学及缓学免学事项，业经本部于二十四年六月在实施义务教育暂行办法大纲施行细则内规定公布颁发各在案。兹为实施便利起见，经详细订定学龄儿童强迫入学办法一种。除呈行政院备案并公布及分行外，合行检发该办法五份，令仰该厅、局遵照办理。并饬所属一体遵办为要。此令。

中华民国二十六年七月十七日

学龄儿童强迫入暂行办法

第一条　本办法根据实施义务教育暂行办法大纲施行细则第

二章第六、七、八条之规定订定之。

第二条 学龄儿童之强迫入学年期，应依照实施义务教育暂行办法大纲第二条（一）（二）（三）项之规定进行。

第三条 各省县市暨行政院直辖市（以下简称市）施行学龄儿童强迫入学（以下简称"强迫入学"）办法时，应先依照调查学龄儿童办法，将各该市县之学龄儿童及失学儿童调查竣事依据实施。

第四条 学龄儿童之强迫入学事宜，应由市县长督策全市县教育行政人员，各种实施义务教育之小学（以下简称"各种义务小学"）及小学校长、及自治警察等人员等，协同办理。

第五条 各市县应就自治区、或行政区、或原有学区、分区设置学龄儿童强迫入学委员会（以下简称"强迫入学委员会"），由区长、区教育委员会同区内党务、自治、警察人员、中心小学及小学校长等之代表组织之，以区长或区教育委员为主席委员，主持全区强迫入学一切事宜。并督同区内各学董、助理学董、乡长、镇长、坊长、保长、甲长及小学、各种义务小学校长等（上项人员以下简称"强迫入学执行人员"），分别执行各联合小学区或小学区内强迫入学一切事宜。各区强迫入学委员会名称以数字定之，称为某某市或县第几区强迫入学委员会。

分区设署县份，如遇县政府所在地之分区不设区长或区教育委员时，上项主席委员应由县教育局科内主管义务教育行政人员充任之。

第六条 各市县应设置全市或全县强迫入学委员会联合会，商讨关于联络、督促、计划全市县各区强迫入学一切事宜，由市县长、教育局长或科长会同全市县党务、自治、警察人员之代表，及各区强迫入学委员会之代表组织之，以市县长为主席委员，主管教育局长或科长为副主席委员，其名称称为某某市或县强迫入学委员会联合会。

第七条 各市县分区强迫入学委员会，均直属于市县政府，其组织及施行细则由省市教育行政机关拟订，呈请省市政府核定，咨报教育部备案。

第八条 分区强迫入学委员会之办公处所，除市县政府所在地之分区得设于市县政府外，其余各区得视地方情形，分设于各区内自治、警察机关及中心小学或小学等处。

第九条 分区强迫入学委员会之办公费用，得由市县原有公款或地方公款与地方自筹之义务教育经费内酌量动用。

第十条 各市县于施行强迫入学办法之先，应由分区强迫入学委员会督同区内所有强迫入学执行人员，普遍宣传，广为布告，务使当地民众彻底明瞭强迫入学之意义，以免发生阻碍。

第十一条 施行强迫入学办法地方之学龄儿童，除已核准缓学免学者外，应于各种义务小学及小学开学时，分别由各该学童家长或保护人遣送入学；如不遵从，应强迫令其入学。

第十二条 各市县分区强迫入学委员会应依据已调查竣事之小学区学龄儿童调查表册，执行强迫入学或缓学免学等事宜。

前项学龄儿童之调查表册，除市县应存有全市县表册一份，分区强迫入学委员会应存有各该区内之表册一份外，其各联合小学区或小学区内之各种义务小学及小学并应存有各该区内学龄儿童之表册一份，以便当地强迫入学执行人员按照执行。

第十三条 学龄儿童之强迫入学，除应依照实施义务教育暂行办法大纲施行细则第六条之规定外，对其家长或保护人并依照下列程序办理：

（一）劝告 凡应入学之儿童而不入学，逾各种义务小学及小学开学期十日以上者，由联合小学区或小学区内强迫入学执行人员劝告其家长或保护人限于十日内，必须令其儿童入学。

（二）榜示姓名 经劝告后，仍不遵限令其儿童入学者，得于劝告限满七日内，将其姓名榜示，并仍限于十日内入学。

（三）罚锾　榜示姓名后仍未遵行者，得于限满七日内，由当地强迫入学执行人员，报经分区强迫入学委员会呈请市县政府处以一元以上五元以下之罚锾，并仍限于十日内入学。

前项罚锾得迳由分区强迫入学委员会执行，呈报市县政府备案。

（四）征工　无力缴纳罚锾者，得按罚锾数目代以相当之征工日数，并仍限于十日内入学。

第十四条　已入学之儿童无故旷课者，对其家长或保护人之处罚标准如下：

（一）入学后旷课一周以上者，罚金半元或征工两日；

（二）入学后旷课两周以上者，罚金乙元或征工四日；

（三）入学后旷课三周以上者，罚金乙元半或征工六日；

（四）入学后旷课一月以上者，罚金二元或征工八日；

（五）旷课二月以上者，处罚及征工之标准依次类推。

第十五条　已入学之儿童如不经学校之许可无故退学者，应比照上两条之规定标准分别处罚，仍督令其入学。

第十六条　已入学之儿童如有中途辍学或任意缺课情事，应由各联合小学区或小学区内之强迫入学执行人员共同劝导督促，如不遵从，得比照第十四、十五两条之规定标准处罚。

第十七条　前列各条之罚锾，应由当地强迫入学执行人员缴送各该分区强迫入学委员会保管，其被征工者之姓名及日数，并应由当地强迫入学执行人员报告分区委员会登记。

第十八条　各市县于施行强迫入学办法时，应由省市教育行政机关制发三联单据式样，每一联内应具列被处罚人姓名、处罚事由、及罚银数额、征工日数、及强迫入学执行人员签名盖章处等栏。应用时，以最末一联填给被处罚人，中间一联填存于小学区内之义务小学或被处罚人有关系之义务小学，其存根--联则由强迫入学执行人员填送分区强迫入学委员会，以资查考。

市县政府应按照前项式样，印就空白三联单据本，并加盖印信，填明号数，发交各区强迫入学委员会应用。

第十九条 学龄儿童之有疾病或有其他原因一时不能入学者，应依照实施义务教育暂行办法大纲施行细则第七条之规定，分别请求缓学或免学。

（一）凡学龄儿童体弱或发育不完全，经指定医师证明并经当地强迫入学执行人员证明属实者，得准其缓学。但经过相当时期，儿童身体状况认为足以入学时，仍应督令入学。

（二）凡儿童身有痼疾或肢体残废，经指定医师证明不堪入学并经当地强迫入学执行人员证明属实者，得准其免学；如当地或邻近各地有特殊教育机关，得将上项儿童送入肄业。

第二十条 依照实施义务教育暂行办法大纲施行细则第八条，凡已受教育或依法请准缓学或免学之儿童，应由各联合小学区或小学区内强迫入学执行人员填发证明书。

第二十一条 施行强迫入学地方，如应入学之儿童较多，为当地小学或各种义务小学不能收容时，上项学校应尽量推行二部制或扩充学级学额及其他收容学童之方法，以资补救。

第二十二条 凡已入学或已届入学期限之儿童，如随同其家长或保护人或雇主迁移时，各联合小学区或小学区内强迫入学执行人员，应报告分区强迫入学委员会，函致该学龄儿童所迁移地之强迫入学委员会，执行强迫入学或转学事宜。

第二十三条 各地如有流动居民时，应举办流动短期小学，随从流动居民以教养其儿童，或施行分期就学制。

第二十四条 学龄儿童之家长或保护人如确系赤贫，无力令其儿童入学者，应予以下列各项之救济，使得有就学机会：

（一）应依照各级学校设置免费学额及公费学额规程，给予贫苦儿童以免费学额或公费学额，使之就学；

（二）地方如有公款应拨给若干，在当地各种义务小学及小学内设置贫苦儿童公费学额；

（三）在工厂或农田工作之学龄儿童，厂主或雇主有令其入半日二部制学校之义务，不得扣减其全日或全月全年之工资；

（四）就地方慈善人士或慈善机关劝募捐款，为贫苦儿童就学时衣食之用；

（五）以强迫入学各项罚锾作为补助贫苦儿童入学之需；

（六）由地方筹建工厂，施行半工半读制，收容当地贫苦儿童入学工读；

（七）对于赤贫之学龄儿童，由学校贷款与其家长或保护人经营小规模之商工业，其办法由各市县教育行政机关斟酌情形，订定施行。

（八）各种义务小学或小学之就学时期及上课时间，应按照当地学龄儿童之生活环境酌予伸缩，使贫苦儿童于帮助家庭工作或农田工作之余，仍得有就学机会。

第二十五条　本办法由教育部公布，并呈请行政院备案施行。

〔国民政府教育部档案〕

二、教育概况

1　江苏省推行义务教育计划大纲与实施办法

（1934年12月）

（1）江苏省推行义务教育计划大纲

第一条　根据厅颁三年计划，自二十三年度起，每年增加四千学级，即学童二十万人之规定，本计划大纲以为各县推广义务教育之准则。

第二条　按经费多寡，分各县为三等：

甲等　三十万元以上

乙等　十五万元至三十万元

丙等　十五万元以下

第三条　各县每年应增之学级预计如左：

甲等　一百二十级，以九县计，共一千零八十级；

乙等　八十级，以二十二县计，共一千七百六十级；

丙等　四十级，以三十县计，共一千二百级。

以上共计四千零四十级。

第四条　各县推行办法分下列各种：

一、增设初级小学或增加初级小级学级；

二、依照部颁第一期实施义务教育办法大纲，增设二部小学或学级；

三、依照部颁短期义务教育办法，增设短期小学或短期小学班；

四、督促各乡镇自行筹设初级小学及奖励私立小学；

五、依照厅颁改进私塾办法改进私塾。

第五条　各县每年应设学级中、初级小学，或增加学级应占十分之二，二部小学、短期小学或学级应占十分之三，乡镇小学、私立小学或私塾应占十分之五，但私塾学级数应根据实到学生数划算。

第六条　经费困难之县，得酌量情形于三级以上之学校抽出一级改办半日或全日二部制，或添办短期小学班。

第七条　各县每年所需经费，除奖励私立小学、改进私塾费用由各县自行酌定外，约计如左：

一、初级小学每级需用开办费二百元、经常费三百元计，甲等县二十四级需一万二千元，乙等县十六级需八千元，丙等县八级需四千元。

二、二部或短期小学每两级需开办费二百元，经常费三百元计，甲等县三十六级需九千元，乙等县二十四级需六千元，丙等县十二级需三千元。

第八条 各县推广义务教育经费，须在原有经费外增筹，其来源暂规定如左：

一、整顿教育款产杂捐；

二、加增附税亩捐滞纳罚金；

三、请求省款补助；

四、利用废庙产业；

五、酌收学费；

六、紧缩他项支出。

第九条 各县应增筹推广义务教育经费，须由各县教育局于下年度开始三个月以前，详拟具体增筹办法，呈厅核准施行。

第十条 初级小学每级需一教室，二部或短期小学每两级需一教室，甲等县每年须增加四十二教室，乙等县须增加二十八教室，丙等县须增加十四教室。

第十一条 设置校舍之办法如左：

一、特建；

二、利用学校或社教机关余屋；

三、借用宗祠及公共场所；

四、利用庙宇；

五、租用民房。

凡借用或租用房屋，如无相当容量或门窗不全，并有其他种种限制，影响行政权之行使者，不得借用或租用。

第十二条 初级小级每级需一教员，二部或短期小学每两级须一教员计，甲等县每年需四十二教员，乙等县需二十八教员，丙等县需十四教员。

第十三条 各县师资来源分左列各种：

一、省立师范或乡村师范毕业生；

二、县立或数区合立之师范毕业生；

三、检定合格教员；

四、利用各师范学校已届毕业之学生。

各县师资特感缺乏时，得请由省立师范或乡村师范招收特种训练班，以应需要。

第十四条　各县每年应将师资供求状况制成统计，呈报教育厅，以备订定全省师资训练计划。

第十五条　各县应于二十一年度终了前，遵照部颁第一期实施义务教育办法大纲成立义务教育实验区一处或数处，着手施行部分的强迫教育。

第十六条　本计划大纲由教育厅呈请省政府核准施行，并分咨教育部、内政部备案。

（2）江苏省各县义务教育实验区实施办法

第一条　江苏省教育厅为实施各县义务教育之初步试验，俾获切实有效之方法，以利普及起见，特设各县义务教育实验区，并订定本办法。

第二条　各县应划定县境内适当区域为义务教育实验区。

第三条　各县义务教育实验区义务教育设计委员会受县义务教育委员会之指挥规划一切，由各该区内有关系之教育委员、自治区区长、公安分局长或其他公安机关之主管人员、区内中心小学校长及完全小学校长组织之。

区义务教育设计委员会每月开会一次，以教育委员一人为主席，遇必要时得请县义务教育委员莅会指导，其议决事项，县义务教育委员会得覆议之。

第四条　实验区应设办事处，内设主任一人，分总务、调查、指导三股，每股设常务干事一人及干事若干人。

第五条　实验区办事处主任由教育委员兼任之，总务股常务干事由办事处所在地自治区区长充任之，调查股常务干事由办事处所在地公安分局长或其他公安机关之主管人员充任之，指导股常务干事由区内中心小学校长或完全小学校长充任之。

以上各员均为无给兼职，并须按规定时刻到处办公，认为服务考成之一，但得酌给伕马费。

第六条 各股干事由各股常务干事商承主任就与该股有关系之行政机关及学校服务人员中聘任，均无给职，但得酌给伕马费。

第七条 区义务教育设计委员会之任务如左：

一、议订推行本区义务教育之分期计划，送经县义务教育委员会审议后施行；

二、议定本区内之学校区域；

三、筹设本区小学、简易小学及短期小学；

四、根据学校容量及距离，决定私塾之设立与否。

五、筹设本区私塾辅助机关及巡回教师；

六、审核关于本区学龄儿童之入学、缓学、免学等事项；

七、议定本会强迫入学办法及处罚过期不令儿童入学之家长或保护人；

八、审议本区经费之预算决算；

九、议决其他关于本区义务教育之重要事项。

第八条 区义务教育设计委员会如遇关涉全县义务教育整个推行事项，应提请县义务教育委员会议决行之。

第九条 实验区办事处主任之任务如左：

一、拟订本区推行义务教育之分期计划；

二、执行县义务教育委员会及区义务教育设计委员会之决议案；

三、监督区内小学及私塾，并考查其成绩；

四、督率处内人员处理一切事务，并报告其工作成绩于主管行政机关；

五、考核本区私塾辅助机关人员及巡回教师；

六、调制本区学龄儿童调查表及关于学事之一切表簿。

七、根据本区学龄儿童总数，拟定设校地点及其种类数与各校分区之计划；

八、根据学校容量及距离，拟定准否设立私塾之具体方案；

九、根据本区内学龄儿童之年龄住址及家境分配其所应入之小学或私塾；

十、编造本区教育经费之预算决算，提交区义务教育设计委员会核议；

十一、出席报告并建议于区义务教育委员会；

十二、报告或建议于县义务教育委员会。

第十条 总务股之任务如左：

一、办理文书、会计、庶务事项；

二、办理学龄儿童私塾塾师等登记事项；

三、办理各种统计事项。

第十一条 调查股之任务如左：

一、调查区内学龄儿童及督令入学事项；

二、考核区内小学及私塾成绩事项；

三、调查区内学龄儿童之请求缓学及免学事项；

四、关于其他调查事项。

第十二条 指导股之任务如左：

一、指导区内小学及私塾之设备与训教事项；

二、考核区内小学及私塾之成绩事项；

三、审核区内小学及私塾之实验报告及改进计划事项；

四、关于其他指导事项。

第十三条 实验区办事处为处理处务便利起见，得由主任召集处务会议，其议事细则由各该处另订之。

第十四条　实验区办事处应于每学期之前一月内调查区内学龄儿童一次，随时通知其家长或保护人，准期送该户儿童入学，并造成名册，分别通知指定该儿童入学之小学或私塾，一面呈报教育局转呈教育厅备案。

第十五条　实验区内之学龄儿童，经指定入学者，于开学一星期后无故不入学者，应警告其家长或保护人，警告后一星期仍不入学者，由主任提交区义务教育设计委员会，分别强制或予家长保护人以罚金拘役之处罚。

第十六条　凡学龄儿童因病弱或发育不全，经医生证明及有其他情事不能入学者，经区义务教育设计委员会之许可，在限定期内得准其缓学或免学。

第十七条　凡区内儿童入学后，遇有特殊情形，经主任许可，得准其转学或退学。

第十八条　实验区内之小学校舍，除特建外，得充分利用或借用寺庙善堂及一切公共场所。

第十九条　实验区经费及区立小学经费应在各县义务教育经费项下指拨，但应由实验区主任编造预算，提交县义务教育委员会议决，呈请教育厅核准施行。

第二十条　实验区内之私立小学及私塾，经费应由私人担任之，但其经费预算应经实验区办事处主任审核，转呈教育局核准备案。其经会考学生成绩多数及格者，得由实验区主任呈请教育局按照及格人数分别酌予奖金。

第二十一条　实验区内之小学除设正式小学外，得设简易小学或短期小学班，其编制及修业时间规定如左：

一、简易小学采用全日二部制与半日二部制，每日授课四小时半；半日二部制，每日授课二小时，至少以修满一千五百小时为义务教育修业期了课程。依据教育部核准之简易初级小学课程暂行标准办理。

二、短期小学或短期小学班，采用分班教学制（上午下午夜间），每日授课二小时，至少以修满五百四十小时为短期教育；修业期了，课程依据教育部所定短期小学班课程标准办理。

第二十二条 简易小学及短期小学或短期小学班，除聘任合格人员为教职员外，遇必要时得利用下列人员为教员或助教员：

一、当地师范学校或乡村师范学校已届实习时期之师范生；

二、已受相当训练，可为代用教员之私塾教师。

第二十三条 简易小学以每校设两级、短期小学以每人担任二级为原则，短期小学班得附设在正式小学、简易小学、短期小学及改良私塾内。

第二十四条 简易小学及短期小学或短期小学班之教员薪给，应按照正式小学，以时间比例计算。

第二十五条 简易小学及短期小学或短期小学班，一概不收学费，其书籍及用品得由学校酌量供给。

第二十六条 正式小学之贫寒儿童，经本区调查确实者，得准其免费。

第二十七条 实验区内之小学，每级人数至少四十人。

第二十八条 实验区内之私立小学及私塾之设立，必须先经本区办事处核准，给以许可证书，否则得取缔之。

第二十九条 实验区内之各小学生，义务教育修业期了时，由县教育局核准，给义务教育修了证书；其私塾儿童每年由本区办事处考核一次，如程度达到义务教育修了标准，应同样由县教育局发给证书，并呈请县政府转报教育局备案。

第三十条 本办法经江苏省义务教育委员会通过，由教育厅呈请省政府施行，并咨教育部备案核准公布。

〔国民政府教育部档案〕

2 上海市教育局长报送民国廿四年度实施义务教育计划呈

(1935年7月24日)

案奉钧部巧电，饬将实施义教计划及组织义务教育委员会，迅即具报勿延等因。奉此，查本市二十四年度实施义务教育，前经草拟计划，呈送市政府鉴核。并请转咨钧部，以计划中应由本市担任之经费九万元须先筹措。奉市政府召集有关系各局共同讨论。令准由财政局设法筹措经费，一面重订计划。旋奉钧部电示，拨助本市实施义教经费六万元，俟庚款机关认定义教，钧部颁发实施义教办法大纲，参酌地方情形，重行拟订本市二十四年度实施义教计划。计划中所拟各项事业之经费，除特区暂缓进行外，共约十八万三百三十元。鉴于中央及本市财政同感困难故尽力紧缩，拟此最低限度之计划先谋实施，续图扩充。但本市自筹九万元，钧部拨助六万元，尚共只十五万元。如照本市人口之多，幅员之广，事业亟待发展，经费实感短绌，因于七月三日电请钧部再准拨助六万元，以利设施在案。至组织义务教育委员会本局业已草拟组织规程，委员人选非罗致有关系各方面及教育界有资望之人士，不足以利事业之进行，正在审慎物色，不日即可聘派组织成立。奉令前因，除将重拟计划呈送市政府鉴核，并俟义务教育委员会成立再行呈报外，理合将重拟本市二十四年度实施义教计划先行呈送，仰祈察核。并乞查照前次电呈，准再拨助六万元，庶可扩充义教事业，适应地方需要。实为公便。

谨呈

教育部部长王

附呈上海市二十四年度实施义务教育计划一件。

上海市教育局局长　潘公展

中华民国廿四年七月廿四日

上海市二十四年度实施义务教育计划

本市区（特区除外）内失学儿童估计约七万名。自二十四年度起，实施第一期义务教育，每年约有一万四千名——全数之五分之一失学儿童须设法使之入学。兹遵部颁实施义务教育暂行办法大纲之规定，施行左列各事项：

（1）办理一年制短期小学及附设短期小学班

二十四年度起拟设短期小学十二校，分晨、午、晚三班；附设短期小学班六十班，计九十六班，每班招学生五十名，共容学生四千八百名。短期小学每校每月经常费以八十元计，全年计一万一千五百二十元，每校开办费以二百元计，计二千四百元。附设短期小学班每班每月经常费以二十四元计，全年计一万七千二百八十元，书籍用品等费每生每年以一元计，计四千八百元。

（2）推广初级小学

二十四年度拟添设小学六校，如龙华新村小学，恢复芦滨小学，洋泾区姜作舟捐地请办小学，杨树浦王增祜建校舍请添小学，私立安国、大东两义务小学请求收归市立。内二校拟办单级，一校办二级，三校办三级，共计十三级，可收学生六百五十名。单级经费月支一百元，二级经费月支一百六十元，三级经费月支二百四十元，全年计一万二千九百六十元，开办费每级二百元，共计二千六百元。

（8）充实原有学级之学额

查二十三年度全市小学生共计四万四千二百八十六名，共开七百九十八级，每级平均数为五十五.五人，已属拥挤不堪，事实上无法再行充实原有学级之学额。二十四年度拟添八十学级，每级容学生五十名，计共收学生四千名，每级每月经常费约八十元，全年计七万六千八百元。

（4）厉行二部制

本市向有二部制四级，以推行尚有窒碍，故指定和安等校试办实验而已。二十四年度起，拟添设二十学级，每学级可收学生一百名，计共收学生二千名，每学级每月经常费约八十元，全年计一万九千二百元。

（5）改良私塾

全市私塾经派员调查而来局登记者约计二百五十所，每所平均有学生五十名，共计一万二千五百名。私塾之缺点有三：（一）塾舍太不合卫生；（二）设备太简陋；（三）塾师智识太低。设每所每月酌予补助银十元，以作扩充设备、整理塾舍、购置参考书籍及塾师往附近优良学校参观之用，全年计三万元，二十四年度每所如以增收新生十名计，可收学生二千五百名。

（6）试行巡回教育

试用巡回教育车，深入乡间工作，拟先置车五辆试办，每辆由一教员负责担任，月薪暂定三十元，全年计一千八百元。每辆用一车夫，工饷每月十二元，全年计七百二十元，合计二千五百二十元，每辆制造费约五十元，共计二百五十元，若每车以教学生三十名计，计可教学生一百五十名以上。二十四年度本市实施义务教育，全年共需经常费十七万零二百八十元，临时费一万零零五十元，总计十八万零三百三十元。

〔国民政府教育部档案〕

3 青岛市教育局长雷法章报送民国二十四年度义务教育实施办法及强迫入学办法呈

（1935年6月）

案查本市二十四年度实施义务教育办法，迭奉钧部普义壹第七四五四号、第八〇一六号训令暨微电限期拟呈，以凭核办。各等因。兹谨依照中央规定并参酌本市情形，商承青岛市市长，拟具二十四年度本市实施义务教育办法七条，本市现有失学儿童四万六千一百三十八人，下年度以减少四分之一之失学儿童为标准，拟改办及增加二部制三百班、普通班五十班，约可容纳儿童一万二千二百五十人，需经费玖万八千玖百四十元。此项经费为最低需要之数目，无可再减。惟本市因各种事业之举办，市库极感支绌，在二十四年预算内，关于义务教育经费再三宽筹，谨能列入四万八千二百二十元，尚不敷五万零七百二十元。伏思推行义务教育为复兴民族之基本要图，并蒙钧部指定为本局二十四年度重要工作之一，自应切实奉行，以仰副中央兴学育才之盛意，此项不敷之款，拟恳钧部逾格补助，俾得依照计划推行，实所喁望。关于一切详情，业派本局第一科科长许筱山晋谒面陈。所有拟具本市实施义务教育办法暨请逾格补助缘由是否有当，理合缮具办法备文呈请，伏乞鉴核示遵，实为公便。谨呈
教育部长王
　　附呈青岛市二十四年度义务教育实施办法
　　　　　　　　　　青岛市教育局局长　雷法章　印
中华民国廿四年六月　　日

青岛市二十四年度实施义务教育办法

一、推行义教之组织：由教育局组织义务教育委员会协助办理，该委员会委员除由教育局职员充任外，拟聘请市乡区各办事处主任充任之，并拟设立义务教育委员会分会，由各区办事处主任会同各该区区长、村长组织之。

二、小学学区之划分：本市小学区之划分，拟定于左：

1．市区　　　　2．李村区
3．四沧区　　　4．崂西区
5．崂东夏庄新划区　　6．薛家岛区

7．阴岛区　　　　8．水灵山岛区

三、学龄儿童之现况：

1．全市学龄儿童最近统计为七八二八〇人（内有新划区儿童一五〇〇〇）；

2．入学儿童为三二一四二人；

3．未入学儿童为四六一三八人。

四、实施义教原则：

1．改现有初级一年级为半日二部制；

2．扩充普通班；

3．充实学额。

五、添班预计：

二十四年度本市添班预计如左：

1．查本市现有市乡区小学九十所，下年度扩充义务教育，拟将各小学一年级一律改为二部制，可招学生两部，计一百八十班。

2．户口较多之村，学龄儿童众多，并拟增建教室，可增二部制四十班，共计八十班。

3．崂东夏庄新划区，原有学校均须改归市立，等于增添新班。此类学校其高年级约计有三十班，须照旧维持外，另将一年级改为二部制四十班。

4．市乡区按必要情形增添普通班二十班。

综计上述各项，共添二部制三百班，普通班五十班，平均每班以三十五人计算，可容纳学龄一万二千二百五十人。查本市现有失学儿童四万六千一百三十八人，增加一万二千二百五十人，可减少失学儿童四分之一以上。

六、经费之分配：

二十四年度本市推行义教之经费分配如左：

1．现有小学一年级，下期改招二部制，其经费之增加如下：

每班增教员薪金16元,增办公费2元,(16+2)=18元,18×90班×12月=19440元;

2. 新增二部制四十班,其经费增加如下:

每班增教员1.5人之薪金共32+16=48,增办公费7元,(48+7)×40×12=23840元;

3. 崂东夏庄新划区增二部制二十班,其经费增加如下:

每班增教员1.5人之薪金32+16=48元,增办公费7元,(48+7)×20×12=13200元。

4. 增添普通班五十班,其经费增加如下:

每班年经费额450元,450×50=22500元。

5. 添建教室费及开办设备费,全部20000元。

综计各项添班经费共为九万八千九百四十元。

除本年度教育经费预算增列四万八千二百二十元外,其余请教育部补助。

七、编制办法:

此项二部制班拟暂订肄业期为二学年,如能继续肄业,则升入普通三年级,其不能续学者,则亦得受二年之义务教育。

青岛市实施义务教育强迫入学办法

第一条 本办法依据中央教育部实施义务教育暂行办法大纲施行细则第二章之规定订定之。

第二条 青岛市(以下称本市)区域内男女学龄儿童(自七周岁至十三周岁)均须一律入学,完成国民义务教育。

第三条 本市区域内学龄儿童之人数,由教育局会同公安局督同市乡区办事处及学校派出所等,于每年六月间调查一次,以为强迫入学之根据(调查表式由局印发)。

第四条 各办事处于调查完毕后,分别造具本区学龄儿童统计,呈报教育局及公安局备案。原底册仍存办事处,以便查用。

第五条 每年春秋两季小学校开学之前，为强迫入学之期。除由各校招收新生递补外，如有不足之学额，应由校方报告属区办事处查明学龄儿童底册，择其年龄较长、家境较裕者，开列名单，由办事处送交区内公安分局督促入学。

第六条 凡年龄较长、家境较裕之学龄儿童均已入学，而学额仍不足时，应以贫寒之儿童补充之，亦由办事处开列名单，送交公安局催促入学。

第七条 凡经公安局催促入学之儿童，在三日内必须到校报到上课，如过期不到，应由校长报告邻近派出所，予其家长书面劝告，经劝告二日后仍不入学者，应由校长报告办事处，处以一元以上五元以下之罚锾。

第八条 上项罚锾，由办事处办理罚锾通知书，转送公安分局发交派出所执行。

第九条 罚锾通知书送达派出所后，于六小时内应即强迫收款。如家长临时面许或赶送儿童入学仍须受罚，被罚人如抗不交款，得予以临时拘役。

第十条 罚锾之收据由教育局制备三联单，加盖关防，送至公安局转发应用。

第十一条 罚锾收据三联单，第一联为存根，第二联为呈验证，第三联为收据，于罚锾收清后掣发罚户。

第十二条 罚锾款额于每月末由派出所联同第二联呈验证汇送分驻所呈缴公安分局，转送办事处核对罚锾额数，并由办事处开单汇送教育局，收存第一联存根仍存派出所。

第十三条 罚锾款额由教育局支配，于罚户所属学校支用，其办法如下：

1．充实设备； 2．辅助贫寒学生书籍费。

第十四条 经罚锾之家长仍须于三日内令儿童入学，如再不遵行，得处以第一次罚额两倍以上之罚锾，仍依照上列办法办理。

第十五条　凡学龄儿童中途无故退学或缺席至一周以上，屡经催促而不入学者，由校长报告办事处后，得处以五元以下一元以上之罚锾，并仍令复学。

第十六条　凡学生在本市内因家庭移居而退学者，须由学校查明移居地址，报告派出所，由派出所通知该地派出所督促入学。

第十七条　强迫入学之罚锾款额及用途支配，由教育局每年分期呈报市政府备案，以昭核实。

第十八条　学龄儿童之有疾病或其他原因，一时不能入学者，得由其家长或保护人具结请求缓学；其有痼疾白痴不堪受教者，得由其家长或保护人具结，请求免学。以上缓学及免学情形，均须得有办事处之准可，方为有效，各办事处并须另案呈明。

第十九条　本市第一期义务教育年限暂定为二年，采用二部制教学。凡受满二年教育者，由学校呈请教育局发给短期义务教育证明书，续学者听。

第二十条　在实施义教第一、二两期内，凡学龄儿童已在私塾或家庭受有与义教程度相当之教育者，经教育局令饬当地小学校考查及格后予以短期义务证明书，如不合格仍须入学。

第二十一条　本办法如有未尽事宜，得随时修正之。

第二十二条　本办法自呈奉核准之日施行。

〔国民政府教育部档案〕

4　北平市社会局报送实施义务教育计划呈

（1935年9月7日）

案查迭奉钧部电令催报本市实施义务教育详细计划，遵即妥拟，经委员会通过，并经呈奉市政府市政会议修正通过颁发到局。兹谨将该项北平市实施义务教育计划具文呈请鉴核令示施行。再本市义教经费自应遵照由义教委员会保管。目下实施在即，需款孔殷，前经回电请予拨发在案；兹仍恳钧部暂就先后允予补助款额，即行按期汇下，以利进行，实为公便。谨呈
教育部
　　　附呈修正北平市实施义务教育计划一份
　　　　　　　　　　北平市社会局局长　蔡　元
中华民国二十四年九月七日

修正北平市实施义务教育计划

一、兹遵照部颁实施义务教育暂行办法大纲及施行细则，拟订本市第一期实施义务教育计划。

二、本市拟自民国二十四年八月至二十九年七月，在此五年期限内，凡达九岁至十二岁之年长失学儿童，一律受一年制之短期小学教育。

三、按全市城郊各区人口统计，并经初步调查，失学儿童总数为九万六千二百九十六人，统计九岁至十二岁之失学儿童约为五万六千余人，短期小学每级最低学额按四十人计算，全市应添设一千四百级始能收容。

四、拟自本年度起添设短期小学四百八十级，先就年龄较长之失学儿童一万九千二百人强迫就学，依照逐年增减比例推算，至二十九年度凡年长失学儿童，均能受一年义务教育。

五、经费之预算，除每级开办费另行规定标准设置外，每月教员薪金暂定为二十元，办公费五元，每月经常费合计为一万二千元，年计为十四万四千元，各生学杂费一律不收，学生课本一律统筹发给，冬季煤火各费预计为六千元，按级支配，以上全年经常各费共计为十五万元。

六、依照全市人口划定若干小学区，就各小学区之疏密、距

离远近，酌设指导助理各员，办理宣传、调查，筹划指导各事务。

七、遵照暂行办法大纲第七条暨施行细则第二十七条、第二十八条之规定，组织北平市义务教育委员会，襄助办理本市义务教育。

八、限于本年八月内，将各区年长失学儿童姓名调查完竣，分期通知就学，违者加以强迫。

九、就各区界内原有之教育处所、文化机关，以及寺庙、各慈善团体，充分借用作为校舍。

十、各短期小学课程为国语、常识、算术、公民训练，每日授课定为三小时或四小时，厉行二部编制。

十一、师资除由本市已登记合格之小学教师暨本市师范毕业生尽量聘用外，并举办短期小学教员登记，训练塾师，设立短期小学师资训练班。

十二、所需经费依照规定，每年由市政府拨给八万元，并请中央补助七万元，但如有不敷及遇必要时，得向各区私人方面劝募。

十三、其他各项实施程序，均依照暂行办法大纲及施行细则办理之。

十四、本计划自呈准之日施行。

〔国民政府教育部档案〕

5 天津市政府抄送二十四年度推行义务教育计划书的咨

(1935年11月28日)

天津市政府　咨　字第177号

案据本市教育局呈：称案奉钧府本年十一月四日第一四九二号训令内开："以市政会议议决本市义务教育专款一案，拟定为全年十二万元，仰另行造具二十四年度推行义务教育计划及用费概算，以凭核转。此令。"等因。奉此。查本局前后呈送之义教用费概算，其中数额虽有变更，但只系减裁建筑费及设备费。至添设学级数与容纳学生数仍与所呈计划相同，并未改易。惟该概算所列中央补助费系三万元，后又增加五千元，未曾列入本市筹措之款，亦尚未确定数目。现既定为全年十二万元，此项概算实有另行造具之必要。兹已就实际情形加以修正，嗣后再造具逐月概算，依据进行。至推行义务教育计划，其经费数目之更动及减少，普通小学两校、增加短期小学五校各节，均于概算内注明。此外并无因经费关系应行更易之点，拟仍用原件，不再另拟，谨将另行改订用费概算连同义教计划各一份，备文呈送，是否可行，敬乞鉴核令遵等情。据此，除指令外，相应抄同原附件，咨请贵部查核备案，至纫公谊。此咨
教育部

附送天津二十四年度推行义务教育计划一份、用费概算一份〔略〕

中华民国廿四年十一月廿八日

天津市教育局二十四年度推行义务教育计划

案奉教育部二十四年六月十四日普义壹—第08016号训令颁发实施义务教育暂行办法大纲施行细则令，即切实遵照办理，并饬特别注意训令所定各要点，拟具详细计划，尽七月二十日以前呈部备核等因。经即遵照令颁细则及所定要点，并参酌本市需要情形，谨拟具计划如下：

一、各学区失学儿童之统计　查本市九学区失学儿童为数不等，兹分别统计，列表如左，以为分配学校之依据。

二、设学　查教育部微电规定，二十四年度本市应设小学校及短期小学之校数，以能容现有失学儿童数五分之一为标准。本市现有失学儿童八万人，其五分之一为一万六千人，每学级以五十人计，应增设三百二十个学级方能全数容纳。兹依据此数并参

各学区失学儿童统计表

学　　区	学龄儿童数	在校学生数	失学儿童数
第一学区	二五八〇三	一一〇〇七	一四七九六
第二学区	二三九八二	七八一五	一六一六七
第三学区	一六八〇〇	四七〇〇	一二一〇〇
第四学区	一〇五〇〇	三三〇六	七一九四
第五学区	二二七三六	七八六五	一四八七二
第六学区	三五九七	二八三七	七六〇
第七学区	二二七〇	一二六七	一〇〇三
第八学区	八二九三	四一〇六	四一八七
第九学区	一一〇九四	二七七四	八三二〇

酌旧有小学及短期小学历次招生情形，拟订设学计划如左：

1．三百二十个学级拟以一百二十六个学级分入普通小学，以一百九十四个学级分入一年制之短期小学。

2．一百二十六个除在旧有小学增添学级及添设二部编制，共容纳六十六个学级外，其余六十个学级分设普通小学十二校，每校招收学生五学级（内有一个二部编制学级）。

3．短期小学均用二部编制，每校招收学生两学级，一百九十四个学级分设九十七校，每学级每日教学三小时。

4．设学地点拟依据本市各学区失学儿童数酌量分配，其普通小学及短期小学各区分配之数额，就各区需要情形规定。

5．在实施义教第一期内（即民国二十四年八月至二十九年七月），历年添设之普通小学数，依第一年规定之数递次加多，短

附各区添设学校分配表

学　　区	普通小学数	短期小学数	备　　考
第一学区	一	八	
第二学区	三	一三	
第三学区	二	一二	
第四学区	二	一二	
第五学区	二	一〇	
第六学区	〇	五	
第七学区	〇	五	
第八学区	一	一〇	
第九学区	一	二二	该区为新划入之区域，包括三十四个农村

期小学数递次减少。

6．本市旧设之二年制短期小学原有四十五校，共九十二个学级，俟各校学生毕业后即一律改为二部编制之初级小学。

7．普通小学以另建校舍为原则，必要时可租赁校舍，短期小学暂租民房。如有地点相当之学校或公共场所，则充分利用其房间，至其他一切设备，在短期小学得较普通小学减等办理。

8．普通小学课程遵照小学规程办理，短期小学遵照部颁实施义务教育暂行办法大纲施行细则第三条之规定办理。

9．普通小学招收六足岁以上之学龄儿童，短期小学招收九足岁以上之失学儿童。

10．短期小学学生之入学除由学校设法劝促外，并由地方自治机关会同公安局人员协助督促；其有疾病或一时不能入学者，得酌量情形准予缓学或免学。

11．短期小学不收学费，并由学校供给课本。

三、师资　查本市二十四年度应设之学校，在普通小学共需职教员七十二人。据索日调查，本市各师范学校毕业生赋闲者尚多，师资当无甚困难。此外，短期小学共需教员九十七人，拟举办短期小学师资训练班，招收具有小学教员之学力者，予以相当之训练，择优委用，其招收训练等办法另定之。

四、经费　查二十四年度本市应添设之学校，所需开办常年各费共计二十二万七千二百四十六元，由市库筹拨及教育部补助之。

五、组织义务教育委员会　查本局前曾设有义务教育委员会，筹划义教一切事宜。嗣因经费无着，义教推行一时未能实现，此项委员会当经暂行停顿。兹拟遵照部颁实施义务教育暂行办法大纲施行细则第七章之规定，仍行继续组织，以便襄助办理，其组织规程另定之。

六、改良私塾　本市私塾据本局调查尚有三百九十五处，拟即加以整理改进，以补助义教之进行。其改良办法如左：

1．限令各私塾塾师来局登记，并予以检定。

2．检定合格之塾师，即予以相当之训练，以增进其教学能力。其程度低劣者即停止其设塾。

3．曾经训练之塾师，即令将所办私塾依照短期小学或普通小学课程办理，改称改良私塾，其较优者得迳改为短期小学或普通小学。

〔国民政府教育部档案〕

6 民国十八年度至二十七年度全国义务教育概况统计表

(1929年—1938年)

表一：各项实数

年　　度	学校数	学生数	教职员数	经费数
二十七年度*	201,848	11,227,001	382,373	62,034,169
二十六年度*	205,471	11,182,832	416,744	66,631,320
二十五年度	318,633	18,285,129	700,224	118,634,144
二十四年度	290,227	15,041,542	607,987	110,167,982
二十三年度	259,541	13,128,635	567,962	105,653,916
二十二年度	257,998	12,335,967	554,232	105,977,571
二十一年度	262,496	12,179,994	555,784	104,918,945
二十年度	259,034	11,683,826	544,193	93,015,063
十九年度	250,210	10,922,304	567,108	88,948,648
十八年度	212,954	8,860,694	403,872	64,164,321

　　* 自二十六年度起各项数字系仅指后方各省言，战区各省市材料未据报齐概未列入。

表二：各项平均数

年　度	已受义务教育儿童百分比	每千方里平均之校数	每校平均学级数	每校平均儿童数	每级平均儿童数	每儿童平均岁占经费数
二十七年度*	41.21	8.28	1.73	55.62	32.07	5.53
二十六年度*	40.99	8.43	1.78	54.43	30.62	5.96
二十五年度	41.53	9.13	1.75	57.39	32.79	6.49
二十四年度	34.16	8.31	1.70	51.82	30.55	7.32
二十三年度	29.82	7.44	1.79	50.58	28.25	8.05
二十二年度	28.02	7.39	1.75	47.89	27.27	8.50
二十一年度	27.66	7.52	2.26	46.40	20.42	8.61
二十年度	36.53	7.42	2.36	45.11	19.13	7.96
十九年度	24.81	7.17	1.99	43.65	21.84	8.15
十八年度	20.10	6.10	1.85	41.61	22.49	7.24

* 自二十六年度起各项数字系仅指后方各省言，战区各省材料未据报齐，概未列入。

〔国民政府教育部档案〕

（三）改良私塾

1　湖北省各县改良私塾暂行办法

(1936年5月30日)

一、本府为改善各县私塾，辅助推进义务教育起见，特依据实施义务教育暂行办法大纲第五条第四款及上项大纲施行细则第十条第二款暨本省义务教育第一期实施计划第十六项制定本办法。

二、无论现任塾师及志愿充当塾师，须具有左列资格之一，经向该管县政府呈准登记后方可设塾。

甲、曾在简易师范学校或简易师范班毕业者；

乙、曾在初级中学毕业或与初级中学毕业资格相等者；

丙、曾经塾师检定委员会检定合格、领有证明书、尚未逾有效期间者；

丁、曾在塾师训练班毕业，领有成绩证明书者；

戊、曾任小学教员二年以上成绩优良者。

三、塾师登记手续如左：

（一）缴验学校毕业证书，或检定及格证明书暨服务证件；

（二）填具设立私塾登记表，表式另定。

四、凡距公私立小学二里以内或附近所设学校足资容纳当地之学龄儿童者，不得设立私塾。

五、各县政府应按照湖北省各县塾师检定委员会组织章程，每年或间年举行塾师检定。

六、各县政府应遵照湖北省各县塾师暑期训练班规则，利用每年暑假休假举办各该县塾师暑假训练班。

七、在一小学区内有私塾三所以上，应联合组织私塾教育研究会，研究关于教学训育上改进事项，以小学区内全体塾师及联保教育委员会委员为会员。

八、私塾课程应自本年度起，按各该塾学童程度及家庭经济状况一律依照短期小学或普通小学课程办理，并得酌量情形，加授简单之课间操。

九、私塾于正课外，应特别注重学生园艺及清洁运动，养成劳动习惯。

十、私塾设备最低限度应备具下列各项：

（一）总理遗像遗嘱，（二）黑板，（三）讲桌讲椅。

十一、塾舍以房屋敞爽，空气流通，阳光充足为适宜。

十二、私塾学费应按学童家庭经济状况酌量征收，并得对于贫苦学童免费入塾。

十三、塾师对于学童管理以严格为原则，但不得施行体罚。

十四、塾师对于塾内外及学童清洁卫生事项，应时时注意指导，并施行检查。

十五、关于私塾视察事项，除县督学每学期至少须分赴各塾视察一次外，区教育委员会及联保教育委员会委员并应随时前往各塾视察，予以指导。

十六、各小学区内小学校长及教师，对于来校参观塾师所提教育问题，应尽量欢迎及解答。

十七、私塾经考察成绩优良者，得由各该县政府于每年终分别等第酌给奖金，其成绩特优者，得改为短期小学或普通小学。

十八、私塾奖金准由各县政府在教育经费项下列支。

十九、私塾经考察成绩不良，应分别情形予警告或勒令停闭。

二十、本办法自公布日施行。

〔《教育公报》〕

2 教育部颁布改良私塾办法

(1937年6月1日)

第一章 总 则

第一条 本办法根据实施义务教育暂行办法大纲第五条及施行细则第十条第二项之规定订定之。

第二条 凡私人或私人联合设立之私塾，均应依照本办法改良之。

第三条 行政院直辖市及县市教育行政机关为私塾之主管机关，应负直接监督管理私塾之责。

第四条 私塾之命名称为某某私塾，其已改良者称为某某改良私塾，均应制牌悬挂，以示公开。

第五条 私塾在不妨碍公私立小学招生之范围内，得招收学龄儿童或年长失学之儿童，参照短期小学或普通小学课程教学。其有招收年长失学儿童，予以就业准备，补习一科或二科者，得作为补习生。

第六条 私塾学年学期及休假日，得依照修正学年学期及休假日规程办理，但得由主管机关酌量当地情形另行规定，其每年开学日数至少须满二百四十日。

第七条 各省市主管教育行政机关对于改良私塾，应认为推行义务教育之一重要事项，负督促改良之全责，并以改良私塾事项列为所属教育行政机关办学考成之一。

第八条 县市教育行政机关应秉承省教育行政机关，切实办理改良私塾事项。

第二章 设立变更及调查登记

第九条 现有或新设立之私塾均须于每学期开学前，填具

"设立私塾表"，请求主管机关核准设立，发给设塾许可证。其表式及许可证式样，由省市教育行政机关制定之。

第十条　主管机关每学期开始前，应将所辖区域内私塾调查登记完毕，核给设塾许可证；县市并应于学期终了前，汇报省教育厅备案。

第十一条　私塾经核准设立后，如有迁移塾址或自行停办情事，应呈报主管机关备案。其业经停办之私塾，应将许可证缴销。

第十二条　主管机关举办私塾调查登记事项，得指派各学区教育委员或中心小学及规模较大之小学校长教员就近办理，并得联络全县市警察与自治机关人员协助办理。

第十三条　许可设立私塾，以具备下列各项条件为原则：

（一）不违背中华民国教育宗旨及其实施方针者；

（二）塾师文理清通，常识丰富者；

（三）塾舍宽敞，光线空气充足，并有空场足资学生活动者；

（四）能遵用教育部审定之教科书者；

（五）收容学龄儿童及失学儿童，不妨碍当地小学学额之充实者。

第三章　课程与教训管理

第十四条　私塾课程分为基本的与补充的两种，基本课程为　一、国语（包括读书、作文、写字）；二、常识（包括社会、自然、卫生）；三、算术（包括笔算与珠算）；四、体育。补充课程，得依地方需要，由塾师自定之。

前项基本课程所占分量，以百分之六十为原则。

第十五条　主管机关应依照上项基本课程及补充课程，并斟酌当地情形，订定课程简表，发交各私塾实施。

第十六条　私塾内基本课程所用之教科图书，如非教育部审定或编辑者，主管机关应即纠正之。

第十七条　私塾得视学生之年龄程度及其家庭状况编级教学；教学时须以引起儿童学习之兴趣为主，并须注重理解，不得专重背诵。

第十八条　私塾训育应以部颁小学公民训练标准为标准，须注重积极诱导方法，绝对禁用体罚，平时并须指导儿童作课外活动，以养成儿童运动及守纪律之习惯。

第十九条　塾师平日应指导儿童注重塾内外之清洁卫生，每日并须施行清洁检查，以养成儿童清洁卫生之习惯。

第四章　塾师训练与辅导研究

第二十条　主管机关应于寒暑假期或相当时期，举行塾师训练班或讲习班。其讲习学科，除国语、算术、常识外，并须注重公民训练、科学常识与各科教学法之实际研究。

第二十一条　塾师训练班或讲习班，应委托县市立初级中学或县市立师范学校，或规模较大之县市立小学举办之。其训练或讲习总时期共计至少为三个月，并得依塾师就训或讲习之便利，分期分区举行。

第二十二条　主管机关平时对于境内私塾应注意下列事项：（一）介绍进修读物。（二）令塾师参加当地小学研究会。（三）指派塾师在附近小学作艺友。（四）指派塾师参观优良小学。

第二十三条　主管机关视导工作应列视导私塾一项，其专设有义务教育视导人员者，应以视导私塾为其主要工作之一。

第二十四条　主管机关对于所辖私塾应随时加以辅导，由主管人员、教育委员、中心小学或优良小学教职员等组织辅导网，其辅导方法由主管机关订定实施，在县市并应呈报省教育厅备案。

第二十五条　主管机关对于私塾认为有成绩优良或办理合法者，其塾师得酌量免受训练或讲习。

第五章　奖惩及取缔

第二十六条　主管机关对于所辖私塾，除已核准改称改良私塾者外，其成绩较优者得酌改为短期小学、简易小学或代用小学。

第二十七条　主管机关对于已核准改称改良私塾及改为短期小学、简易小学，或代用小学之私塾，得由义务教育经费项下酌予补助。

第二十八条　主管机关对于所辖区域内私塾有下列各项情形者，应先予以警告或令其改进，其有屡诫不悛者，得取缔之。

（一）不尊令登记者；
（二）违反三民主义者；
（三）塾师身心缺陷或有不良嗜好者；
（四）墨守成法不接受改进之指导者；
（五）指定在假期训练或讲习而不到者；
（六）塾舍简陋妨碍儿童之卫生者。

第六章　附　则

第二十九条　本办法于必要时得由教育部修改之。
第三十条　本办法由教育部公布施行。

〔国民政府教育部档案〕

3 民国二十四学年度至二十五学年度全国私塾概况表

(1936年)

(1)全国私塾总数　　　　(二十四学年度)

项　别	合　计	实　数		备注
		已改良者	未改良者	
私塾数	110,144	38,525	71,619	
塾师数合计	110,933	39,191	71,762	
曾受师范教育	9,483	6,784	2,699	
曾受中小学教育	24,805	15,116	9,689	
学生数	1,878,351	754,465	1,123,886	
全年所收经费数	7,145,883	3,188,853	4,007,030	

	百　分　数			
私塾数	100.00	34.98	65.02	
塾师数合计	100.00	35.31	64.69	
曾受师范教育	8.55	6.13	2.42	
私塾出身	69.09	15.55	53.54	
曾受中小学教育	22.36	13.63	8.73	
学生数	100.00	40.17	59.83	
全年所收经费数	100.00	43.93	56.07	

平 均 数

每一私塾平均学生数	17.06	19.59	15.69
每私塾平均所收学费数	64.88	81.49	55.95
每学生平均缴纳学费	3.80	4.16	3.57

（2）各省市私塾概况表　（二十四学年度）

省　市	私塾数	塾师数	学生数	全年所收学费数	备注
全国合计	110,144	110,933	1,878,351	7,145,883	
省 江苏	24,259	24,299	436,647	1,493,210	
浙江	4,609	4,634	88,360	281,130	
江西	2,652	2,658	38,957	226,248	
福建	3,018	3,167	55,944	179,896	
安徽	14,388	14,424	188,935	946,281	
广东	6,109	6,440	143,703	711,763	
广西	651	651	13,047	37,935	
湖南	9,117	9,120	121,337	588,150	
湖北	6,656	6,680	134,418	527,475	
四川	13,924	14,044	246,874	783,100	
贵州	1,480	1,481	24,673	101,188	

续表

省　市	私塾数	塾师数	学 生 数	全年所收学费数	备注
云南	869	872	10,585	34,230	
河北	4,287	4,313	65,520	267,678	
河南	8,952	8,952	152,219	380,099	
山东	3,588	3,588	40,211	176,538	
山西	628	628	9,111	28,481	
陕西	1,348	1,333	25,118	81,754	
宁夏	1,411	1,411	34,305	59,261	
绥远	333	333	5,663	18,317	
察哈尔	127	127	2,016	8,942	
青海	8	8	203	366	
市					
南京	577	580	14,645	78,933	
上海	235	239	5,669	30,428	
北平	481	491	10,527	48,430	
青岛	40	41	491	6,680	
天津	368	386	8,967	48,650	

(8）各省市小学与私塾学生概况表　　（二十五学年度）

省市别	小学儿童数	私塾学生数	占百分比
总　计	7,781,163	526,267	6.76%
江　西	846,793	30,172	
湖　南	1,033,407	100,388	
山　西	936,456	7,633	
河　南	1,078,140	128,912	
陕　西	424,036	31,283	
福　建	497,159	60,676	
广　东	1,718,452	120,001	
云　南	763,327	7,999	
绥　远	71,083	7,229	
南　京	59,162	8,103	
上　海	188,177	11,335	
北　平	50,194	5,724	
天　津	70,852	5,992	
青　岛	43,925	820	

〔国民政府教育部档案〕

4 国民党江苏省党部检送淮阴县私塾教育改进协会章程及职员表呈

(1937年7月2日)

案据淮阴县党部呈称:"案据淮阴县私塾教育改进协会常务干事张伯虔呈称:窃属会职员任期届满,即于二十六年三月十六日举行会员大会改选干事,复于四月三十日开干事会议互选常务干事,届期蒙钧部暨政府派员莅场指导监选,现已改选告竣,理合造具章程、会员名册、职员履历表各三份,备文呈请鉴核存转"等情。据此,除指令准予存转外,理合将该会章程、会员名册、职员履历表检齐各二份,连同改选指导员总报告二份,一并备文呈转,仰祈钧部鉴核俯赐存转备查,实为党便"等情。并附该会章、表册等件到部。据此,除指令准予备案外,理合检同该会章程、会员名册、履历表、指导员总报告各一份,备文呈请钧部,仰祈鉴核备查,实为党便。谨呈
中央执行委员会民众训练部
　　附淮阴县私塾改进协会章程、会员名册、职员履历表、指导员总报告各一份〔会员名册与指导员总报告略〕

中国国民党江苏省党部常务委员:
周绍成　顾子扬　张公任

中华民国二十六年七月二日

淮阴县私塾教育改进协会章程

第一章　总　则

第一条　本章程依据文化团体组织大纲暨文化团体组织施行细则订定之。

第二条 本会定名为淮阴县私塾教育改进协会。

第三条 本会遵照中华民国教育宗旨，共同研讨教育学术及方法，以促成私塾教育之改进。

第四条 本会会址暂设本城都天庙内。

第二章 会员

第五条 本会会员分下列二种：

（甲）曾受塾师训练班训练者；

（乙）曾经县政府许可发给许可状者，由本会会员二人以上之介绍，并得干事会审查通过者。

第六条 本会会员在会务范围内有选举权、罢免权、创制权、复决权及其他公共应享之权利。

第七条 本会会员有遵守会章、服从本会决议案及缴纳会费之义务。

第三章 组织及职权

第八条 会员大会由全体会员组织之。

第九条 干事会由会员大会选举干事五人，候补干事二人，并由干事互选常务干事一人组织之。

第十条 本会干事会之下设总务、研究两股，每股设股长一人，由干事互选分掌之。

（一）总务股职掌如下：

（1）关于保管文件及典守印信事项；

（2）关于撰拟缮校文件事项；

（3）关于文书收发分配事项；

（4）关于各项会议记录事项；

（5）关于经济出纳事项；

（6）关于编制预算事项；

（7）不属于他股之事项。

（二）研究股职掌如下：

（1）关于教育学术研究之设计事项；

（2）关于教育方法改进之设施事项；

（3）关于指导与查考事项。

第十一条　干事会各股之下，按事务之繁简增设股员若干人，由干事会任免之。

第十二条　本会权力属于会员全体，由会员大会或以会员总投票之方式行使之。

第十三条　本会最高权力机关为会员大会，在会员大会闭会期间为干事会。

第十四条　会员大会之职权如左：

（1）通过会章；

（2）决定会务之进行；

（3）决定改进私塾教育之方针，接纳并探行干事会之报告；

（4）接受会员之建议；

（5）受理合法之弹劾案。

第十五条　干事会之职权如左：

（1）对外代表本会，并执行本会一切事务；

（2）造具预算决算；

（3）支配经费；

（4）执行会员大会之决议；

（5）接受会员之决议；

（6）督促各会员依大会所定大纲，切实研讨，并以最新之教育方法供给各会员随时研究并改进；

（7）考查各会员平日对于教育研讨及改进实际情形，并予以相当之指导；

（8）召开干事会议。

第十六条 常务干事之职权如左：
（1）处理日常事务；
（2）召集干事会议；
（3）指导并督促各股工作。

第四章 会 议

第十七条 会员大会每半年开会一次，遇必要时经干事会之决议或会员四分之〔一〕以上之建议，得临时开会。

第十八条 干事每月月终开会一次，遇必要时得开临时会。

第五章 选举及任期

第十九条 干事会之干事，以记名连选法由会员大会选举之，得票次多数者为候补干事。

第二十条 干事之任期以一年为限，连选得连任。

第二十一条 干事任期未满因故不能执行职务时，由候补干事依票数之多寡按序递补之，以补足原任之任期为限。

第六章 经 费

第二十二条 本会经费由会员会费充之，必要时得募集临时费。

第二十三条 会员会费每年定为伍角。

第二十四条 本会经费之预算及决算，每一年公布一次。

第七章 纪 律

第二十五条 本会会员如有左列情事之一者，由会员大会酌量情形予以警告，或定期停权除名之处分。

（1）不遵守本章程第七条之规定者。

（2）滥用本会名义及有其他不正当行为，妨碍本会名誉者。

第八章 附　则

第二十六条　本会办事细则另定之。

第二十七条　本章程如有未尽事宜，由会员大会之决议，呈准党政机关修改之。

第二十八条　本章程由会员大会通过，呈准淮阴县党部核准及淮阴县政府备案施行。

淮阴县私塾教育改进协会职员履历表

姓名	性别	年龄	籍贯	经历	职别	党证字号（非党员不填）	通信处	备考
张伯虔	男	六六	淮阴	前清附生第一届本会干事兼常务干事	干事兼常务干事		城内荷花池滴水巷二八号	
张肖机	男	三六	淮阴	第一届本会干事	干事兼总务股股长		铜元局圩根二二号	
吴淦卿	男	四六	河北青苑	前清上海电政学校毕业第一届本会干事	干事兼研究股股长		永庆巷六号	
纪蘅卿	男	五一	淮阴	第一届本会干事兼总务股股长	干事兼收发主任		双旗杆十一号	
秦仲琛	男	七十	淮阴	前清附生第一届本会干事兼研究股长	干事兼庶务主任		东门外节孝祠	
陈治平	男	五八	淮阴	前充淮阴县县政府书记廿四年塾师训练班毕业	候补干事兼文牍助理		洋桥口北岸	
周鸿士	男	六二	浙杭	前充淮安小学校长廿四年塾师训练班毕业	候补干事兼文牍主任并会计		同庆巷	

〔国民党中央民众训练部档案〕

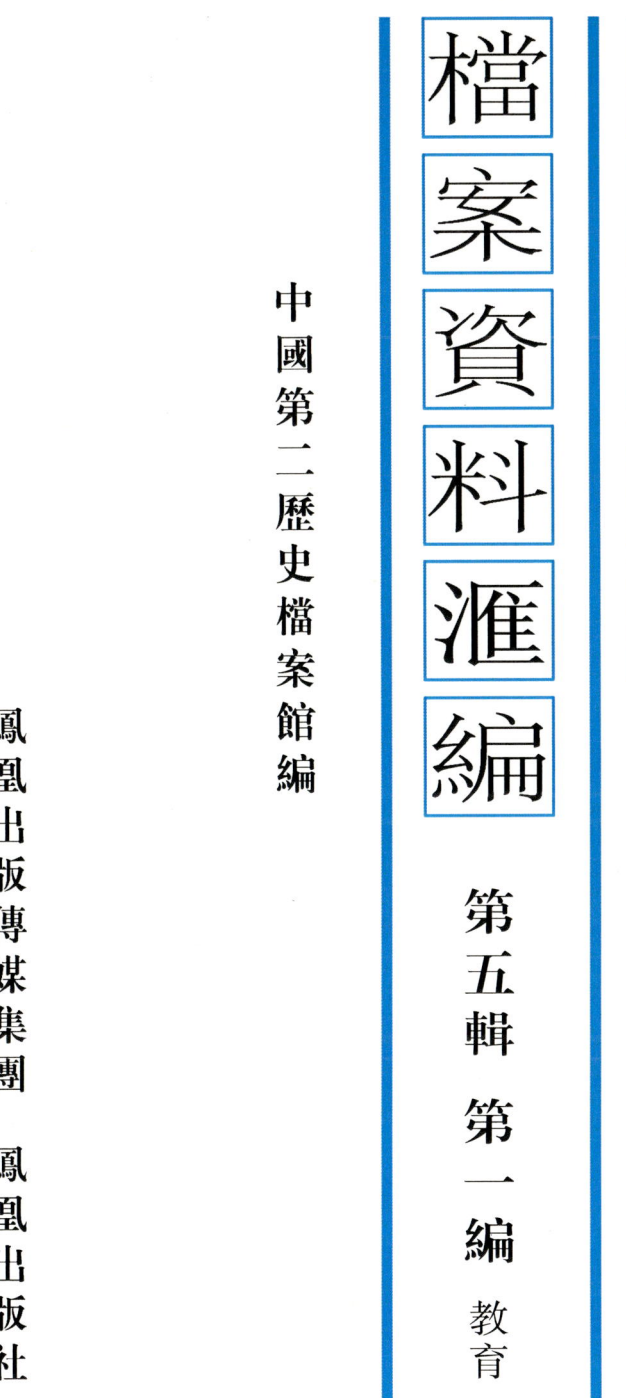

中華民國史檔案資料匯編

中國第二歷史檔案館編

鳳凰出版傳媒集團
鳳凰出版社

第五輯 第一編 教育（二）

〔六〕社会教育

（一）民众教育

一、法令规章

1 国民党中央执行委员会抄送《取缔各种社会教育机关违背党义教育精神通则》致国民政府函

（1928年7月19日）

迳启者：七月十六日本会第一五六次常会议准训练部提出，取缔各种社会教育机关违背党义教育精神通则，请核议知照国府，并令各级党部遵照施行一案，当经决议照办在案。除分令外，相应录案，附送该通则函达，即希查照办理为荷。此致
国民政府
　　附送通则一份

中央执行委员会

中华民国十七年七月十九日

取缔各种社会教育机关违背党义教育精神通则
（1928年7月16日）

第一条　凡公私团体或私人所举办之社会教育机关或其负责人员，而有违背党义教育精神之设施或言行者，由国民政府遵照本通则，分饬所属各级教育行政机关及民政机关严格取缔之。

第二条　取缔各种社会教育机关违背党义教育精神之各项规

则，由国民政府遵照本通则分别厘定，颁布施行。

第三条　各种社会教育机关之设施或其机关负责者之言行，如有左列情形之一者，应严格取缔，分别惩处：

1. 违背党义教育之宗旨者；
2. 关于党义教育之设施，不遵守各级党部或各级教育行政机关之规定者；
3. 不遵守党义教育之精神，而为迷信的设施或言行者；
4. 不遵守党义教育之精神而为违反善良风俗之设施或言行者；
5. 对于本党党部或政府之一切设施，故意施以破坏者；
6. 对于国旗党旗及总理遗像、遗著、遗嘱等故意施以侮辱者；
7. 为其他反革命的各种宣传者。

第四条　国民政府所属各级教育行政机关及各级民政机关，为取缔各种社会教育机关所颁行之各项规则，凡与本通则之规定不相抵触者，均应继续施行。

第五条　各级党部对于其同级教育行政机关或民政机关取缔违背党义教育精神之各种社会教育机关事宜，负监督纠正之责。

第六条　本通则如有未尽事宜，得由中央执行委员会修正之。

第七条　本通则由中国国民党中央执行委员会议决施行。

〔国民政府档案〕

2　教育部公布民众学校办法大纲

(1929年1月22日)

第一条　民众学校以根据三民主义授与年长失学者以简易之知识技能，使适应社会生活为宗旨。

第二条　凡年在十二岁以上五十岁以下之男女失学者，均应入民众学校。

第三条　民众学校由县市或县市教育分区，依各该地方之需要设立之。

第四条　民众学校得由私人或团体设立，须经县市教育行政机关核准备案。

第五条　公私立民众学校均应受县市教育行政机关之监督及指导。

第六条　民众学校主管机关及省市最高行政机关，为研究及试验关于民众教育各种问题起见，得设实验民众学校。

第七条　民众学校之教授科目如左：

识字、三民主义、常识、珠算及笔算、乐歌。此外得兼授历史、地理、自然、卫生等浅近读物，并得酌量地方情形加设关于农业或工商等科目。

第八条　实验民众学校之课程得视研究目的酌量变通。

第九条　民众学校所用读本均须采用教育部所审定者，但实验民众学校之读本不在此限。

第十条　民众学校修业期限至少为三个月，每星期至少授课十二小时，其时间得在夜间或休假日。

第十一条　民众学校学生修业期满及格者，由校给予证书，其成绩优异者得酌予奖励。

第十二条　民众学校得于课外举行讲演，开展览会，演有益身心之电影，提倡正当之娱乐。

第十三条　县市立之民众学校校长由县市教育行政机关选派之，私立民众学校校长由设立者推举，呈报主管教育行政机关备案。

第十四条　民众学校师资得由各省及特别市设立专校培植之，其章程另定之。

第十五条 民众学校教员以毕业于第十四条规定之学校者为原则，但各县市小学以上教职员、社会教育机关职员、各教育团体职员、中等以上学校学生对于民众教育有相当经验者，亦得充任。

第十六条 民众学校不收学费及其他费用，所用书籍文具等均由学校供给之。

第十七条 民众学校每年应将经过情形呈报主管教育行政机关，汇报该省或特别市最高教育行政机关转呈教育部备案。

第十八条 本大纲自公布日施行。

〔国民政府教育部档案〕

3 教育部公布识字运动宣传计划大纲

(1929年2月13日)

引 言

训政伊始，国家要务端在建设，建设之道万绪千端，又非先从启发民众知识着手不足以挈其纲领，而树其初基，此中央近来于规定各级党部下层工作自治运动项中，曾有识字运动之决议也。考全国现时之不识字者，虽乏确切调查，要不能少于百分之七十，若即以全国人口四万万而论，则不识字者应有二万万八千万之多，此大多数不识字之国民，欲求其具有知识，固当以实行义务教育为根本办法，而目今救济之道，则宜从事于推广民众教育及识字运动之宣传。本部前已颁发民众学校办法大纲，兹特拟具识字运动宣传计划大纲如下：

组 织

甲、各省或各特别市应设识字运动宣传委员会

一、委员人选：

1. 省政府主席、特别市市长或省市政府之代表。
2. 大学区校长、教育厅长或特别市教育局长。
3. 教育厅、大学区大学、教育局之主管科长、处长或课长。
4. 省或特别市党部宣传部长及民训会常务委员（由省市政府函请参加）。
5. 省或特别市各民众团体宣传部长常务委员各一人（由省市政府函请参加）。
6. 其他（由省市政府酌量情形添置）。

二、组织：

1. 本会以省政府主席、特别市市长或省市政府代表为主席，大学区校长、教育厅长、教育局长为副主席。
2. 本会遇有特殊情形时得组织主席团，以党部及民众团体出席委员、省政府主席、特别市市长、教育厅长、大学区校长、教育局长推任之。
3. 本会得设秘书或干事，就各省市主管教育机关中之职员指派。

三、职务：

1. 计划本省市识字运动整个计划。
2. 决定本省市宣传识字运动之期间与时间。
3. 利用本省市教育厅（局）长会议、社教机关代表会议或其他会议宣传识字运动，或于此种会议中划出一、二日行之。

乙、县市应设识字运动宣传委员会

一、委员人选：

1. 县长或市长；
2. 县市教育局长；
3. 各区区长（如浙江等省）；
4. 县市党部宣传部长及民训会常务委员（由县政府函商参

加）；

5.县市各民众团体宣传部长及常务委员各一人（由县政府函请参加）；

6.其他（由各县市政府酌量情形添置）。

二、组织：

1.本会以县长或市长为主席，教育局长为副主席。

2.本会遇有特别情形时组织主席团，以党部及民众团体出席委员、县长或市长、教育局长推任之。

3.本会得设秘书或干事，就教育局职员中指派。

三、职务：

1.遵照省令之计划及期间与时间，实施本县市识字运动。

2.决定并实施本县市单独举行识字运动计划。

办　　法

甲、方法（宣传周及宣传日均适用）

一、讲演；　　　　　二、标语；

三、书报；　　　　　四、旗帜；

五、幻灯及电影；　　六、留声机。

乙、地点

一、平常临时宣传的：

1.公共演讲所；　　　2.游戏场；

3.电影院；　　　　　4.街衢墙壁。

二、举行宣传周或宣传日：

1.公共场所（即公共演讲所、游戏场、电影院）；

2.酒楼、茶肆；　　　3.庙宇；

4.工厂；　　　　　　5.学校；

6.商店；　　　　　　7.军队；

8.家庭（须有个别完整组织）；

9.街口巷口（乡村多适用）；

10.各种集会（如乡村买卖集会及各民众团体代表大会）。

丙、期间

一、宣传周：全省或特别市举行之，每年至少举行一次。

二、宣传日：每县市分别行之，每年至少举行一次（除每次奉省令举行宣传周外）。

三、利用各种会议，实行宣传一日或二日。

丁、人员

一、党部及各机关各团体职员。

二、各学校教职员。

三、后期小学以上学生。

四、其他。

戊、印刷品

一、种类：

1.宣言； 2.告民众书；

3.宣传大纲； 4.识字要义；

5.识字方法； 6.其他。

二、分配：

1.以民众散处密度为标准；

2.特别注重穷乡僻壤。

己、资料

一、普通的：

1.实行三民主义与识字；

2.解决民生问题与识字；

3.民众识字之基本方法；

4.列强识字之比较；

5.中国人民识字与不识字者之比较；

6.国耻与识字；

7. 个人职业与识字；
8. 处理家政与识字；
9. 识字与时间；
10. 识字的益处；
11. 不识字的苦处；
12. 何以大家不识字；
13. 大家齐要去识字；
14. 到什么地方去识字；
15. 到民众学校和民众书报阅览处去；
16. 入民众学校的手续；
17. 民众学校是不要钱的；
18. 民众书报阅览处，是可以自由进去的；
19. 对于民众的希望；
20. 其他。

二、特别的：
1. 本省或本市县识字与不识字之比较；
2. 地方风俗、人情、习惯与识字；
3. 地方经济状况与识字；
4. 地方发展与县市民众之识字；
5. 其他。

〔国民政府教育部档案〕

4　国民党中央秘书处转送《各级党部办理社会教育计划大纲》函

（1931年10月3日）

中国国民党中央执行委员会秘书处公函　第19561号

本年一月，中央第一六二次常会准提议"为拟具各级党部实

施社会教育工作大纲草案，请核议施行"一案，当经决议："送政治会议交教育组审查"在案。除由会函送外，特录案函达查照。右致
中央训练部
中华民国二十年十月三日

秘书长　丁维汾

各级党部办理社会教育计划大纲

一、本党为推进社会教育起见，于中央执行委员会之下设社会教育委员会。

二、社会教育委员会设委员九人，由组织部、宣传部、训练部各派二人，教育部、内政部各派一人，及另聘社会教育专家一人组织之。

三、社会教育委员会之下分设各股，每股设总干事一人，干事、助理、录事若干人。

四、各省市社会教育事业由该省市党部设社会教育委员会办理之，委员会设委员五人至七人，干事、助理、录事若干人。

五、各县市社会教育事业由该县市党部设社会教育委员会办理之，委员会设委员三人至五人，干事、录事若干人。

六、各级党部办理社会教育之职掌如左：

（一）关于民众识字、公共卫生及常识教学事项；

（二）关于职业上知识技能之补习事项；

（三）关于公民政治能力之养成事项；

（四）关于民众戏剧及音乐院事项；

（五）关于公园、图书馆、民众科学馆、博物馆、展览会等事项；

（六）关于公共体育及游戏事项；

（七）关于通俗讲演及书报事项；

（八）关于盲哑低能及残废者之教育事项；

（九）关于其他教育事项。

七、各级党部办理社会教育之经费如左：

（一）现有社会教育之经费；

（二）党部因缩小组织剩余之经费；

（三）由中央及地方政府指拨之经费；

（四）各国退还庚款之文化基金。

八、各种社会教育机关主办人员及重要职员，均须由各该级主管党部呈准上级党部任免之。

九、社会教育之实施计划另定之。

〔国民党中央民众训练部档案〕

5 国民党中央训练部拟订的《三民主义民众教育具备的目标》

(1931年)

导　言

民众教育"即总理遗嘱上——唤起民众——"，唤起就是教育的意思。现在所谓民众运动，不是民众自己的运动，而是我们教育民众的运动，总要把民众教育好了，民众运动才名副其实，而民众教育又是真正的建设的民众运动。

平民识字运动是教育的一部分，在民众教育内仅占相当的地位。而民众教育的中心工作，断不能仅仅是识字，还要注重公民和生计教育，并且要把"平民教育"、"民众运动"打成一片的革命化的民众教育。

现在正值训政时期，训政重在训字，训就是教育，训政的对象是民众，所以训政可说就是民众教育，我们能从救国的民众教育下手，即所以实行训政。

民众教育的宗旨，对于年长失学者施以最低限度的国民教育,使能完成三民主义。又国家建设非失学者因有相当教育的基础,可以教育自己儿童可在正式学校内受完备的教育,故民众教育的对象,应当集中年长失学者,最后的理想在完成三民主义国家的建设,国民革命的目的亦在此。而真正的国民革命是民众革命,要民众能够革命,又非民众教育不可。

兹依照三民主义,把教育目标范围定为"民族主义教育目标"、"民权主义教育目标"、"民生主义教育目标",先就每范围内定出四大目标,再把每一个大目标分析之,以便阅者醒目。

(一)民族主义教育目标

　　1.了解并信仰主义:

(一)了解并深信中华民族应当自求解放;

(二)了解并深信中国国内各民族应当一律平等;

(三)了解并深信我国独立之后应扶助世界被压迫民族的解放。

2.具备关于民族地位的常识:

(四)明瞭中华民族的来历及所据的版图;

(五)明瞭中华民族所受帝国主义的侵略;

(六)明瞭殖民地和次殖民地的区别。

3.有恢复民族地位的心理基础:

A、有中国固有的道德:

(七)了解并能力行忠孝仁爱;

(八)了解并能力行信义和平。

B、有中国固有的知识:

(九)了解并能力行格物致知,正心诚意,修身治国平天下,即世界一贯道理。

C、有民族的自信力:

(十)明瞭我国古人火药、罗盘、印刷术等伟大发明,油然生民族自信之心；

（十一）明瞭中国人深信各国科学发达，并深信其物质文明；

（十二）深信三民主义为解决中国最妥善的主义；

（十三）明悉孙中山先生的历史，并深信其为世界上最伟大人物；

（十四）了解并信仰知难行易的道理——有力行勇气。

4. 能运用构成民族最重要的"文字"原素：

（十五）认识一千个常用字；

（十六）能看浅见的书报及日用的文件，如契据、发票、章程等之类；

（十七）能写普通人看的懂的字和信；

（十八）能用文字表示简单的意思；

（十九）能用字典、尺牍、地图等一类参考书；

（二十）有爱用文字的习惯。

（二）民权主义教育目标

1. 了解并信仰民权主义：

（二十一）了解直接民权的意义，深信其价值；

（二十二）了解五权宪法的意义，并深信其价值；

（二十三）了解无政府主义是民权主义的理想，民权主义是无政府主义的实行。

2. 具备关系民权的常识：

（二十四）了解国民革命的意义；

（二十五）了解国民党的历史与使命；

（二十六）了解以党治国的意义；

（二十七）了解建国的三程序；

（二十八）明瞭国民党及各级政府的组织；

（二十九）明瞭乡村行政的系统；

（三十）了解何以必须打倒帝国主义、共产党、军阀、党阀、学阀；

（三十一）了解党国旗帜的意义；

（三十二）明瞭民主国家国民应有的权利；

（三十三）了解民主集中制的意义。

3. 有国家主人翁的气概；

（三十四）感觉人民在国家地位的高越。

（三十五）感觉个人对于国〔家〕兴亡责任的重大。

（三十六）有注意时事的兴趣与习惯。

（三十七）勇于抵抗强权。

（三十八）有打破偶像、独立思想的态度。

（三十九）有与人合作的精神。

（四十）有尊重社会上大多数幸福的态度。

4. 有保障民权的实力；

A、能组织团体；

（四十一）了解民众组织的力量与意义；

（四十二）明瞭国民关于民众组织的规定；

（四十三）熟有〔习〕民权初步的基本会议的规则；

（四十四）能运用选举、罢免、创制、复决四权；

（四十五）能了解普通讲说和当众发言。

B、能武装自卫；

（四十六）了解民众武装的力量与意义；

（四十七）明瞭国民党关于民众武装的规定；

（四十八）能使〔用〕一种军器和警〔卫〕地方；

（四十九）明瞭过去的人民自卫军、农民自卫国〔团〕、商民自卫团、工人纠察队和现在保卫团之各别的用意。

（三）民生主义教育目标

1. 了解并信仰民生主义；

（五十）了解平均地权、节制资本的意义与办法；

（五十一）了解大实业国的意义与办法；

（五十二）了解中国今日之患在寡不在不均；

（五十三）了解共产主义是民生主义的理想，民生主义是共产党〔主义〕的实行；

（五十四）了解总理所说耕者有其田的意义和办法。

2.了解民生凋敝之根本原因及能救之主要途径

（五十五）了解帝国主义经济侵略之方式与废除不平等条约之必要；

（五十六）了解内政腐败之影响，民生与澄清内政之必要；

（五十七）了解中国资本之缺乏与必须利用外资，及促〔实〕行中山先生在建国大纲上地方税收用于地方之主张，俾得兴办实业改进农作；

（五十八）了解移民殖边之利益；

（五十九）了解科学知识为增加生产所必须；

（六十）了解知识幼稚为贪官污吏、土豪劣绅、财阀奸商压迫之原因。

3.能维持生活：

A、有支配用度之能力；

（六十一）能编制用款预算；

（六十二）能为简单日常之计算，如能运用笔算、珠算之类；

（六十三）能记草帐、总帐。

B、能选择及改进职业；

（六十四）有选择职业之能力；

（六十五）有改进职业之知识与技能。

C、能抵抗财阀奸商之垄断及恶势力之压迫；

（六十六）能组织生产和消费合作社；

（六十七）有最低限度之法律知识，能将被人压迫之情形申诉官厅。

D、能节省糜费：

（六十八）了解并能实行省钱合理的婚礼丧礼，庆仪吊仪；

（六十九）了解赌博、吸烟、饮酒之言〔危害〕能誓戒除。

4. 能改进生活：

A、能改进衣食住：

（七十）有卫生之常识及习惯；

（七十一）有整洁之嗜好习惯。

B、能改进行育乐：

（七十二）具备修筑水陆道路工人应有的常识常技；

（七十三）能运用舟车等交通器具一种；

（七十四）知如何维持健康的性生活；

（七十五）知如何节制生育和抚育子女；

（七十六）能欣赏民众艺术；

（七十七）有一种自娱娱人之技能。

以上三民主义含义的广博要〔旨〕，定〔为〕三民主义民众教育的目标，虽经赵冕先生拟定二、三、四条，仍难免不挂一漏〔万〕，但民众教育目标太多，则使年长失学者研究时有感觉烦闷之虞。兹特略加增减，删为七十七条。是否有当，尚乞同志有以指正之。

〔国民党中央执行委员会秘书处档案〕

6 教育部修正通俗讲演员检定条例

(1933年2月9日)

第一条 各地通俗讲演员，由省或特别市党部会同省市（直隶行政院者）教育厅局（或主管教育之社会局），依本条例检定之。

第二条 现任通俗讲演人员及志愿担任通俗讲演工作者，一律须受检定，其未经检定或检定不合者不得充任。

第三条 凡具左列资格之一者，得请求检定。

一、在社会教育或民众教育人员训练机关毕业者；

二、在师范学校或中等以上学校毕业者；

三、具有相当学力并从事党务或社会教育一年以上者。

第四条 请求检定者，须缴纳二寸半身相片两张、志愿书、履历书及学校毕业证书或服务证书。

第五条 请求检定者，须缴纳二寸半身相片两张。

第六条 检定之项目如左：

一、党义； 二、社会常识； 三、演说。

凡具有第三条第一款之资格者，检定时得仅考党义一项。

第六条 凡经检定合格之通俗讲演员，由检定机关发给检定合格证书，并公布其姓名。

第七条 本条例由中国国民党中央执行委员会议决公布施行。

〔国民党中央执行委员会秘书处档案〕

7 国民党县市党部设立民众学校章则

(1930年12月—1933年12月)

（1）县市党部设立民众学校办法大纲① （1930年12月15日）

第一条 各县市党部至少须设立民众学校一所，并须酌量地

---

① 本七纲经国民党第三届中央执行委员会第一二〇次常务会议通过。

方情形，督促下级党部联合或分别设立之。

第二条　民众学校名称应冠以各该主办党部名称。

第三条　民众学校校长及教职员，由党部工作人员及所属党员分任之，均为义务职。

第四条　民众学校应由主办党部呈报上级党部汇报中央训练部，并由校长向当地教育行政机关备案。

第五条　民众学校每班人数以三十人至五十人为度，若人数过多，得视其财力增加班次。

第六条　民众学校修业期间暂定为四个月。

第七条　民众学校每届毕业，须由主办党部将学生成绩及办理经过呈报上级党部审核。

第八条　民众学校经费之筹措及预算标准另定之。

第九条　省党部之直属区党部、特别党部之区党部及县市以下之党部，设立民众学校准用本大纲之规定。

第十条　本大纲经中央执行委员会通过施行。

县市党部民众学校经费筹措及预算标准

一、县市党部民众学校经费之筹措及预算，依本标准办理之。

二、县市党部在活动费项内拨百分之二十为民众学校固定经费。

三、民众学校经费不足时，县市党部得呈准上级党部募集之。

四、县市党部所募集之前项经费，应于每届学生毕业前将捐助人姓名、金额及用途公布之。

五、民众学校预算标准如下：

项　　目		预算费	备　　　　考
第一项	开办费	三〇〇〇〇	
第一目	校具费	一五〇〇〇	如灯、茶壶、茶杯、大算盘之类
第二目	学生备用文具费	一五〇〇〇	如算盘、砚池之类
第二项	经常费	五〇〇〇〇	四月共支如上数
第一目	办公室	一〇〇〇〇	如用表、粉笔、墨笔、书籍之类
第二目	学生用具费	一〇〇〇〇	如纸笔墨之类
第三目	书籍费	一六〇〇〇	发给学生之书籍
第四目	杂　支	一〇〇〇〇	如灯油、茶水、邮票、文凭之类
第五目	预备费	四〇〇〇	

附注：民众学校校址以借用党部及公共场所为原则，概不得列入开办费中。

县市党部设立民众学校办法大纲说明

一、本党训政时期已逾二年，地方自治实施伊始，应急扫除文盲，训练人民行使四权而推广民众学校，乃刻不容缓之举。兹依据全国训练会议决议之第九条（经中央一〇三次常会核准备案），规定各级党部设立民众学校，以辅助政府教育之不足，而促进党义教育之普及。

二、本大纲系参考教育部颁布之民众学校办法大纲所制定，凡大纲所未载者，准用教育部颁布之大纲办理。

三、省或特别市党部酌量所属各县或各区党部之财力与需要，规定某县或某区党部先办民众学校若干所，县或区党部酌量下级党部之财力与需要，规定某下级党部先行分别或联合设立民众学校若干所。

四、省或特别市党部应于文到一月后，将全省或全市各级党部即将开办之民众学校若干所，汇报中央训练部。

五、上项应即开办之民众学校，限于文到二月内开班。

六、本党党员以服务社会为目的，均有分期轮流担任民众学校教职员之义务。

七、党部设立民众学校虽由党部主管，仍应向教育行政机关请求备案，以重系统。

八、党部设立民众学校，原有实验党义教育性质，举凡总理纪念周及行使四权之练习，既须严励执行，则其所需时间比较普通民众学校为伙，故规定修业期间至少为四个月。

九、民众学校课程及训育方法另订之。

（2）县市党部设立民众学校课程设置（1930年12月）

（1）课程纲目

一、民众学校课程之主旨如下：

（一）使失学者能写信、读书、阅报；

（二）注重职业常识；

（三）养成健全国民。

二、民众学校之课目如下：

（一）三民主义千字课；

（二）算术；

（三）习字；

（四）常识。

附注一　其他科目如历史、地理、自然、卫生等，在三民主义千字课中均约略有之,但必要时得酌量补充之。

附注二 此处所谓常识,系专指公民常识(即教学生如何做人,如何做国民,如何做良好国民)与职业常识(即农工商等职业简要常识)而言。

附注三 于总理纪念周中授党歌国歌。

每周授课时间分配如下:

（一）总理纪念周一小时；

（二）三民主义千字课六小时；

（三）算术二小时；

（四）习字一小时；

（五）常识二小时。

附注 每周算术时间不足时,得由三民主义千字课时间内拨一时补足之。

四、本课程中之算术、常识分两期授完,以两个月为一期,第一期授完笔算及公民常识,第二期授完珠算及职业常识,兼酌授普通簿记。如有特殊情形者,得酌量延长授课时间,但不得超过一个月。

五、成年班与儿童班均适用前项之规定,但教师须分别成人与儿童之程度,定教材之深浅而教授之。

六、民众学校所用教材除三民主义千字课为固定读本外,概须采用教育部所审定者。

（2）教材要点

一、三民主义千字课 本课目已由教育部编定。

二、习字 本课目由教师酌用三民主义千字课中之生字。

三、常识

甲、公民常识教材要点：

1.关于衣食住行之整饬、卫生节约等事项；

2.关于身心之陶冶事项；

3.关于爱国家爱民族事项;

4.关于拥护中国国民党及参加革命事项;

5.关于四权运用及地方自治事项;

6.关于爱公益、重纪律、守时间事项。

乙、职业常识教材要点:

1.关于勤工兴业事项;

2.关于农林、畜牧、园艺、水产、矿业等事项;

3.关于手工业及机器工业事项;

4.关于商业及贮蓄合作等事项。

(注)二、三、四各项教材得因学校之环境酌量取舍。

四、算术

甲、笔算教材要点:

1.关于加减乘除之了解与应用;

2.关于日常生活中必需的算术常识。

乙、珠算教材要点(附简易簿记):

1.关于加减乘除等之应用;

2.关于普通簿记之现行格式及应用。

(8)县市党部举办临时夜校办法(1933年4月27日)

一、各级党部为指示全国人民以御侮自卫常识起见,应按照本法发起举办民众临时夜校(以下简称夜校)。

二、夜校之举办以各省市党部为策划及指导机关,以各县市以下党部,自治机关及民众团体为实施成员,由党部主动取得政府协力合作,责成各实施成员办理之。

三、凡党员民众团体及自治机关负责人员,现任学校教职员及中等以上学校之学生,均有充当夜校教职员义务。

四、全体民众均须分组分期加入夜校受课,但左列人民经夜校负责人调查属实者,得不入校受课。

(4) 省市党部办理民众学

省别	校数	教员数	已毕业学生数				
			男	女	成人	儿童	总数
湖南	38	141	1017	341	652	706	1358
福建	16	81	529	45	214	360	574
河北	141	425	—	—	—	—	—
绥远	4	18	59	20	10	69	79
云南	13	77	586	359	625	320	945
贵州	7	45	105	23	71	57	128
宁夏	7	32	—	—	—	—	—
青海	24	73	92		38	54	92
河南	10	44	—	—	—	—	—
热河	2	19	37	5	9	33	42
山西	26	153	—	—	—	—	—
甘肃	27	49	26	4	20	10	40
山东	35	214	1357	406	343	1420	1763
察哈尔	41	78	1708	243	96	1155	1951
浙江	10	454	1541	586	621	1506	2127
广东	35	189	—	—	—	—	—
南京	21	77	1074	543	689	925	1614
青岛	1	3	24	8	28	4	32
上海	12	65	—	—	—	—	—
天津	18	38	1062	441	226	1277	1505
仁川第六分部	1	5	—	—	—	—	—
合计	669	2280	9217	3024	4342	7896	12248

校概况表（1933年12月）

在校学生数				总 数	经 费 (平均数)	备 注
男	女	成人	儿童			
668	371	397	642	1039	57.37元	每月支出数
35	—	35	—	35	19.31	
4381	442	2405	2418	4823	85.43	
168	38	8	198	206	18.50	
193	161	217	137	354	190.46	
181	59	119	121	240	36.14	
245	41	—	286	286	15.00	
816	7	514	406	920	45.25	
274	84	129	229	358	24.60	
111	31	26	116	142	80.00	
1189	26	749	446	1215	43.23	
339	—	168	231	399	12.70	
559	150	120	589	209	41.65	
768	33	385	416	801	10.64	
2875	902	1546	2231	4493	10.41	
1236	175	702	708	1410	33.40	
158	90	37	211	248	32.00	
25	5	23	7	30	100.00	
282	510	166	626	792	31.75	
611	162	104	669	773	83.33	
56	5	43	18	61	30.00	
15230	3289	7893	10725	19334		

〔国民党中央执行委员会秘书处档案〕

1.曾受相当教育，对于此类常识已有充分之认识者；

2.现在学校或公务机关者；

3.年龄在六十岁以上十五岁以下者；

4.有疾病者。

五、人民如有故意规避，经宣传劝导尚不入夜校受课时，应责成乡闾长负责督促之。

六、人民入校受课之时间以两星期为原则，遇必要时得减少之。

七、夜校对于学生之教授为识字与不识字两种，其课本及教授法另定之。

八、夜校之经费以左列方法筹措之：

1.各县市政府之补助；

2.各省市政府及党部之补助；

3.征求个人或团体担任举办一校或数校；

4.其他捐款。

九、夜校之地址以借用公共庙宇、学校课室、机关礼堂以及公共娱乐场所、民众教育机关为原则。

十、乡村以灯光等筹备不善之关系，举办夜校如有困难时，得斟酌情形改办日校。

十一、铁路或海员特别党部举办民众临时夜校时，得准用本办法。

十二、本办法由中国国民党中央民众运动指导委员会核准施行。

二、教育概况

1 教育部关于全国社会教育设施概况报告

（1931年8月8日）

今天要报告的是"全国社会教育概况"。在未报告之先，我们应当把社会教育的意义和范围说明一下，使得大家更为明瞭。

社会教育包含的范围很大，在学校系统以外的教育都可以包括在内。所以在大学院时代，社会教育司名做校外教育组。

社会教育事业据调查所得，有下列各种：

甲、偏于知的社会教育事业——

一、党义宣传；	二、民众教育人材之培养；
三、民众学校；	四、农工商补习学校；
五、函授学校；	六、民众教育馆；
七、公共图书馆；	八、小说流通社；
九、巡回文库；	十、博物馆；
十一、古物保存所；	十二、各种展览会；
十三、动植物园；	十四、通俗讲演所；
十五、巡回讲演；	十六、民众阅报所；
十七、阅报处；	十八、报纸揭贴牌；
十九、时间简报；	二十、识字运动；
二十一、民众问字及代笔处；	二十二、职业指导或介绍所；
二十三、家事讲习会；	二十四、缝纫讲习会；
二十五、烹饪讲习会；	二十六、家庭教育研究会；
二十七、看护研究会；	二十八、家庭副业学习所，

如养蜂、养鸡、养家兔、养蚕、种桑、种菜、种葡萄之类；

二十九、婢女调查及救济；　　　三十、妓女调查及救济；
三十一、女佣讲习会；　　　　　三十二、破除迷信运动；
三十三、画铺调查；　　　　　　三十四、歌谣调查；
三十五、其他。

乙、偏于情及德的社会教育事业——
一、公园；　　　　　　　　　　二、剧场及电影场；
三、评书及鼓词场；　　　　　　四、新剧团；
五、民众茶园；　　　　　　　　六、美术馆；
七、贫儿教养院；　　　　　　　八、养老院；
九、孤儿及私生儿教养院；　　　十、感化学校；
十一、感化讲演，监狱内行之，　十二、特殊教育，
如盲哑学校等；
十三、幻灯画片；　　　　　　　十四、音乐会；
十五、民众业余欢聚会或俱乐部；十六、其他。

丙、关于体的社会教育事业——
一、公共体育场；　　　　　　　二、体育研究会；
三、体育馆；　　　　　　　　　四、各种球房或健身房；
五、游泳池；　　　　　　　　　六、体育会；
七、国术会；　　　　　　　　　八、童子军；
九、卫生运动，如女子放足、解胸、清洁、捕蝇、灭蚊、驱鼠、防疫、禁酒、戒烟、体格检查、婴儿比赛、住宅改良、医药常识等；　　　　　　　　　　十、其他。

社会教育的对象是社会的本身及社会上的全体民众，所以社会教育至少含有下列三项任务：

一、要和社会生活的实际打成一片，随时随地发扬固有的文化、吸收世界的新潮，来改造社会。

二、对于未曾受过教育的文盲，要用最经济的方法、最短促的时间，施以生活上必需的基本教育。

三、对于已经受过学校教育的，要增进他们受教育的机会，并造成优良的社会环境，使他们精神上人格上有形无形的受了优良的陶冶，以养成健全的公民。

社会教育所负的使命既然如此重大，欧美先进各国对于社会教育的设施都经过一番努力，现在他们国内失学的民众已经减少到最低限度，社会教育的进行还是不断扩展，回顾我国社会教育的根基，非常薄弱。我们教育部同人，鉴于社会教育在训政时期中之重要，不敢不格外黾勉，各地方教育行政长官和办理社会教育人员也能本此意旨，积极进行，所以年来这种事业也就有相当的进步。

社会教育范围既广，要详细报告，实为时间所不许，所以我们现在把重要的几件事分开来说明一下。

第一、社教经费　教育上一切设施，不外人才、方法、经费三项。年来我国教育不振的根本原因就在教育经费短少，尤其是全国各处对于社会教育经费之不重视。据最近调查的结果，有好几省，如广东社会教育经费不及全省教育经费百分之三，山西省仅占百分之〇。四九，可见社会教育事业之不易发展了。所以教育部除于前年规定社会教育经费占百分之十至二十外，本年二月更通令规定推行社会教育之重要设施三项，其中第一项就是要实现关于社会教育经费的规定。各地方教育行政长官对于社会教育都已经感到重要，对于增加社会教育经费也非常努力，如河南、江苏、浙江、安徽、福建、山西、河北、山东、辽宁、吉林、黑龙江、广东诸省及南京、上海、青岛等市的社会教育经费，十九年度预算都比十八年度增加不少；然而能够合于规定标准的，还不过江苏百分之十一。〇八，浙江百分之十一。七，福建百分之十六，南京百分之十一，汉口百分之二十五处而已。

第二、民众教育　民众教育包含几部分的事业：

（一）是识字运动之宣传。这种工作的重要任何人都知道了。中央规定下级党部七项工作,并且把识字运动列为首要。教育部自从十八年二月十三日公布识字运动宣传计划大纲以来,各省市多已遵照举行。经呈报有案者,如江西、热河、湖南、浙江、福建、河北、南京、汉口等处;南京尤其努力,已经举行四次,并且举行之后即增设民众学校,以促民众入校读书。

(二)民众学校。民众学校是学校式的社会教育事业之一种,专为失学的儿童青年及成人设立的。我国失学的民众据本部的统计,约在百分之八十以上,尤以多数民众经济困难,不能受长期的学校教育,所以推广民众学校是目前重要的工作。民众学校发达情形,最近本部根据各省市的报告,民众学校数量最多的为河北省,共有民众学校四千零四十二校,现有学生十三万人;安徽省有二百三十四校;察哈尔则由六校增至一百七十五校;又据青岛所拟的民众学校计划,预计至二十三年度止,全市民众都可受到教育;云南、新疆各省也都在省城先行整理设立,逐渐推行到各地。可见民众学校的推广,正在蓬勃的进展。本部并于本年一月通令所属,将拟定推广计划限期呈报。在最近之将来民众学校的成绩,定能长足进步。

(三)民众学校的教材。现在各书局所出版的各种民众学校的读本固然很多,然而能够合于三民主义精神和时代需要,真如凤毛麟角。所以本部编审处最近编了两种三民主义千字课,已经付印,不日即可印好,颁发各省市试用。

(四)民众教育人才之训练。办理民众教育应有专门人才,最初设立专校训练民众教育人才者为江苏,现在无锡江苏省立教育学院专致力于民众教育与农事教育人材之培养,成绩很好。其次河北有民众教育人员养成所,浙江有民众教育实验学校,河南有民众教育师范学校,安徽有民众教育人员短期训练班,其他各省市亦有计划。民众教育师资之训练机关如果能积极推广,民众教育的前途一定可抱乐观。

第三、注音符号　注音符号是民众识字最良的工具，经第三次全国教育会议议决，并奉中央第八十八次常务会议议决推行。本部经延聘专家组织注音符号推行委员会，并通令各省市县设立此项委员会，现在呈报成立者已有多处。同时本部又经印了注音符号传习小册和其他各种注音符号参考材料，颁布推行注音符号办法等。去年七月至九月间，本部在中央大学开办了首都党政各机关注音符号传习会，各机关派送人员共计二百五十一人，代表机关一百十九处，籍贯占十九省。近来各省市也有设立此项传习机关的，将来如果经费有着，拟再行举办。

第四、图书馆　图书馆大约分为通俗图书馆、普通图书馆、专门图书馆三种，这种机关对于社会教育的功效非常伟大。东西各国对于图书馆事业都十分重视，他们的进步一日千里，令人惊异。国人近来对于此项事业多感兴味，故亦有长足的进步。本部对于图书馆事业的发展计画分为量与质两种。关于量的方面，据中华图书馆协会十四年十月调查，全国图书馆仅有五百零二馆，十七年十月调查为六百四十二馆，现在本部调查的结果已有一千四百二十八馆，除一部分没有填报之外，还有湖南云南等省各购万有文库数十部，分配巡回各县，没有计算，所以图书馆激增的量，是很可喜的现象。其次关于质的方面本部也十分注意，所以去年由社会教育司分函全国图书馆暨图书馆专家征求关于设立图书馆标准之意见，以期计划完善。最近接到各方复函甚多，现正在参考设计之中。办理图书馆须有专门人才，图书馆事业进步既如是之速，图书馆人才一定有供不应求之势，所以本部于去年通令各省市，于师范课程内酌加图书馆选修科，并饬令于大学文科内酌设图书馆系，同时令各省市及清华学校于选派留学生时，酌留图书馆名额，俾养成专门人才。

第五、民教馆　民众教育馆，现在各地方的组织不尽相同，但其为社会教育之中心机关则一。这种机关也可包含图书馆博物馆美术院等设备，有直接启示和潜移默化功能，对于民众教育收效尤著。十七年统计不过一百八十五所，现在虽无精确的数目，约计当增加几倍以上。本部正在进行调查，拟订设立标准和各项规程。

第六、古物文献之保存　我国是文明古国，古物古籍为数最多，关系文化极为重大。可惜国人不知爱护，以致流出海外者不知凡几。如山东海源阁藏书之散轶，国粹有沦亡之忧。且外人要求到我国内地考查者很多，珍藏古物被其运去者亦复不少，故亟应设法防止。除由立法院制定古物保存法，及本部拟定鉴定禁运古籍须知呈准行政院备案外，最近并由中央暨国府议决，在文化基金项下指定的款，备作购买保存古物古籍之用，兼为历史博物馆及美术院之根基，本部已在进行之中。近来各国科学考查团旅行内地，凡经本部核准者，均经严密考查，设法监视。如英人斯坦因赴新疆考察一事，本部因其盗发古物已存祸心，所以呈请行政院电令新疆省政府，予以制止，勒令出境。这不过至是消极的办法，至于积极的办法，本部正在和中央研究院、内政部和古物保管委员会磋商进行之中。

第七、艺术教育　艺术影响于人类精神思想很大，各国对于提倡艺术都不遗余力。本部自举行全国美术展览以后，知道国人对于美术已有十分兴味，所以也在极力提倡。关于保存甪直唐塑工程已经完成，本年赴比赛会，教育出品美术部分又在巴黎开会展览，博得欧洲人士的良好批评。其次关于检查电影，亦为东西各国所注意的。因为电影是社会教育重要的部分，对于民众思想习惯等影响最大，中外影片公司所出电影片，发生不良的影响者甚多。所以本部根据电影检查法与内政部会同拟订电影检查法施行规则及电影检查委员会组织章程，经呈奉行政院转呈国民政府核准，现在已由两部派定委员组织成立电影检查委员会，在本部内开始办公了。关于征集国歌，这也是一种重要的工作。去年第一次征集期间本来是到八月底止，后来收到一千多份，但是经过初步审查之后，合于标准者很少。因为国歌是代表国民思想精神，所以不得不慎重选择，由是更订标准，把征集期间延长到十二月底止。现在收到二千三百多首，已经初步审查，采取五十二首，将来再请党国先进评选，作最后的决定。

第八．推行国历　推行国历是中央最近厉行政策之一。本部奉令会同内政部办理，去年七月间除把二十年国民历改良编制，增加内容，印发各省市县应用外，并印就蒙文国民历，分送蒙古各盟旗应用，藉以推行国历，宣扬党义和国家法令。现在又着手编印藏文国历，不久亦可印就分发。

第九、筹办中央教育馆　中央教育馆是第三届二中全会交办的事项。此馆内容包含了教育图书成绩表册标本统计和一切教育上研究参考的材料，换一句话说，就像是一部教育的百科全书。在我国教育这样的落伍，此馆所负的使命何等重大，当然有赶紧成立的必要，本部对于筹办手续早已积极进行，关于组织设计建筑图案曾有初步的制度，并曾征集教育成绩及书籍用品仪器等件，俟以备陈列。一方面并已咨请财政部拨给筹备费三千元及筹拨第一期建筑费九万七千元，一俟经费领到，即着手修建馆址。

关于社会教育进行的事项大概如此，最后我们把社会教育的重要和对于热心社会教育者的希望说几句。我们中国教育落伍是无可讳言的，全国失学的民众既然占百分之八十以上，这种未受教育的民众知识非常幼稚，现在人群进化是全靠民族的智能，我国以绝对多数不教之民与他人竞争，结果必定难逃优胜劣败的公例。况且在训政时期要训练民众，如果不使民众受了基本的教育，训政何能完成？普通教育固然是国家根本的大计，不过时间人才国家财力民众经济种种问题都难解决。社会教育是以最经济的时间、最经济的金钱握最切实用的智识教给一般民众。我们全国人士对社会教育都能积极帮助，使他发展，使他以最大的速度发展。现在公家方面，江苏省立教育学院在无锡，浙江省立民众教育实验学校在杭州，河北省立实验城市及乡村两处民众教育馆在河北省通县及黄村，均从事社会教育之实验及实施，业经有了基础。私人团体方面，如中华平民教育促进会在河北定县，中华职业教育社在江苏徐公桥和黄墟，分头举办实验及实施，成绩均甚优良。将来根据各处实验的结果切实推行，几年以内，国内文盲问题、民众智识问题、民众生计问题、国民训练问题，一一都可以解决了，希望全国人士共相勉励，共策进行，这是本部所切望的。

〔国民党中央执行委员会秘书处档案〕

2 教育部关于全国社会教育实施概况报告

（1932年9月29日）

本年三月三日，本部曾在中央广播无线电台报告过一次最近全国社会教育设施概况，到现在已经有半年的时间过去了。在这半年之间，本部曾经数次督促各省市，在可能范围内尽力推行社会教育，并继续调查全国社会教育的实施状况。今天就是根据最近过去半年间的调查所得，来向大家作一个简短的报告。

我们都知道教育事业是不能够收速效的，社会教育在国内尚无基础，短时期内成绩更不易有所表现。不过据各地方的报告及本部的调查，全国社会教育的成绩虽然未达到所期望的地步，然而现像是很可以乐观的，尤其是在内地各省，如陕西、山西、甘肃等地方，当灾乱之后，原气未复，尚能对于社会教育详密计画，逐步进行，这不能不说是各地方教育当局一种负责任的表现。

现在按着社会教育事业的类别及本部社会教育司所主办的事项，择要分别报告如次。

(一)识字运动宣传之举行　识字运动宣传，各地方遵令举行者虽已不少，但以浙江、江苏、南京三省市的成绩为最佳，自从上次报告之后，这三省市又先后举行大规模的识字运动宣传，本部曾经将这三省市的宣传办法加以比较分晰，现在报告一点有关系的重要事实。大规模识字运动宣传，浙江省已经举行过二次，江苏一次，南京六次，均由各该省市特组之委员会经过长时间的筹备，负专责进行。关于宣传的方法，大致为演讲、粘贴标语壁画、散放传单小册子、游艺表演及游行等，除传单标语外，尚有歌辞剧本图书故事等。同时于宣传后的设施尤极注意，如开办民众学校，江苏省只在省会地方，即增设民众学校三十处，民众就学者异常踊跃，实是供不应求，浙江省则由举行识字运动宣传后，民众学校已由六百二十七校增至一千零八校；南京则每举行宣传一次后，约开办四十处至五十处民众学校。各省市除开办民众学校外，尚设有识字处、问字处或简易图书馆，巡回文库等，随时随地为民众谋识字求学之便利。

(二)民众学校之推广　民众学校是年长失学者补习之所，修业期限大半为四个月，每日上课大致两小时，以在夜晚为多，学生就学不但不纳任何费用，且由学校供给教本纸笔等物品。因为这种学校既适合于民众需要，又适合于民众生活，所以发展很快，据十七年度统计，全国共有六千七百零八校，十八年度统计已增至两万零零八十九校，一年中加增三倍，总算起来，进展迅速。各省市中校数最多者首推河北省，十八年度六千六百零八校；其次为山西省，共有五千七百三十四校；再其次为山东省，共有两千三百三十七校；其余如河南、江苏、浙江、辽宁等省，亦各有一千余校。

(三)注音符号之推行　注音符号自经中央决议推行之后，本部即颁发各省市县推行注音符号办法二十五条。各省市先后遵照组织注音符号推行委员会，拟定推行方案者为数甚多，其中以湖北、河南、山西三省之成绩为最著。

湖北教育厅于十九年十一月举行第一次注音符号传习会，受传习者为党政、公安、教育各界人员，毕业一百三十九人。二十年三月举行第二次传习会，毕业学员二十三名，其中工会一名，党政人员八名，公安人员二名，教育人员十二名，分负各机关团体学校工厂等传习注音符号之责。二十年六月举行第三次传习会，由各县政府教育、公安、财政当局选送学员，均系远道往返，颇属不易，传习时间较第二期增多三分之一，较第一期增多二分之一，故成绩亦较优，共毕业学员七十八名。

河南省推行注音符号计画，由教育厅设立注音符号传习所，限二十年五月底毕业，负各学校、各机关、各县传习注音符号教授之责。各县教育局设立注音符号传习所限七月底毕业，负各区乡镇、各学校传习注音符号教授之责。本年九月一日以前由各区督同各乡镇设立注音符号传习所，限九月底毕业，负各闾邻传习注音符号教授之责。十一月一日以前，由各乡镇长督饬所属闾邻，按闾设立注音符号传习所招集居民每户至少一人，限十一月底毕业，负各户传习注音符号教授之责。这一个计划如能够按期见诸实行，不满一年，河南全省的民众都能认识注音符号了。

山西省教育厅推行注音符号的办法，自二十年三月一日起分四期逐步举行，每期以三个月为限。二十年四月十五日举行注音符号扩大宣传周，到会者二千余人，各机关各学校组织演讲队五十四队，共散贴传单标语各二万分。该省对于此事之注意，可以概见矣。

最近山东省教育厅亦已拟有该省推行注音符号计划大纲，内容规定简明切实，业经本部核准施行矣。

（四）民众教育馆之增设　民众教育馆为吾国特有的社会教育机关，各地方的组织及规模大小虽不尽相同，但为实施民众教育之中心机关则一，其事业有公民、生计、文字、娱乐、健康、家事等等方面之教育设施。十七年度统计，全国共有一百八十五所，十八年度统计，已增至三百十一所。各省市中最多者为江苏省，共有一百三十五所，几占计国之半数。本部计划，拟全国各县市分区设立民众教育馆，为各区永久的社会教育中心机关，此项计划如能实现，社会教育之实施可以有整个之系统矣。

（五）图书馆事业之发展　上次报告全国图书馆约有一千四百二十余所，据本部最近调查约有一千六百二十余所。各省市中以河南为最多，占二百四十三所；其次为江苏、浙江，各一百二十八所；再次为河北一百二十七所，湖南九十五所，陕西七十七所，上海七十五所，北平六十一所，湖北五十九所，甘肃五十四所。其中国立者仅有国立北平图书馆一所，省立四十八所，市县立及私立普通图书馆约一千零五十二所，学校附设者三百九十七所，机关及会社附设者七十五所，专门图书馆四十一所。吾国各种社会教育事业中以图书馆为最有基础，其价值亦早为一般社会人士所认识。以前吾国的学者多喜藏书，全国闻名者如山东聊城杨氏海源阁，江苏常熟瞿氏铁琴铜剑楼，及浙江宁波范氏天一阁等，藏书均甚丰富。社会上既已有藏书的习惯，再加以近来图书馆专家之提倡，所以图书馆的数量增进甚快。所可惜者，一般民众识字者为数太少，图书馆尚未能充分被人利用，所以提倡识字运动实是发展图书馆事业的先决条件。

（六）社会教育人才之培养　社会教育须有专门人才办理，方易收效。本部认为训练此项人材，实为促进社会教育之基础工作，故于本年一月通令各省市，应筹设社会教育人员训练机关，或就原有之教育学院或师范学校内设立专系或专科，以培养此项人才。据报告所得，福建、汉口、安徽均在十八年间办过民众教育师资讲习所，系一种短期的训练，以应急需。训练期限较长且有永久性者，为江苏省之省立教育学院，浙江省立民众教育实验学校，河北省之民众教育人员养成所及河南省之民众师范学院。

现河北省之养成所即将改为省立民众教育实验学校，河南省之民众师范院亦将改组。就成绩而论，自以江苏、浙江、河南三省为比较显著，受训练之学员均经分发各县实际从事社会教育事业矣。此外甘肃省、云南省、广州市及东省特别区，均有在师范学校内附设社会教育人员训练班之计划。热河、陕西两省亦有设立社会教育人员训练班之建议。想为适应社会教育之实际需要计，各省市均不得不着手社会教育专门人才之培养也。

（七）社会教育经费之增加　关于社会教育经费支配成数，业经本部呈奉国民政府明令规定，应占全部教育经费百分之十至二十。嗣后切实督促各省市设法增筹，据十九年度统计，已达所定标准者有江苏、浙江、福建、湖南、陕西、天津、南京、汉口等八省市。各省市社会教育经费总数，十八年度为二七九三〇五九元，十九年度为三一五〇〇六元，比较一年中增加三五六九四七元。其中增加最多者为浙江省，计增加一九六三七元，其次为江苏省增加一五〇〇〇一元，再次为陕西省增加三八三六二元，福建省增加六八一四〇元，其余增加在一万五千元以上者，尚有安徽、广东、河南、云南等省。在各省市全部教育经费都容易发生问题之时，社会教育经费能够有所增加，总算是各地方当局很努力将事。不过按社会教育在训政时期的重要来说，部定之标准并不算高。而各省市之能达到最低限度之标准者不过有八省市，所以增加社会教育经费，自非加倍的努力进行不可。

（八）古物古籍之保存　近年来政府对于古物古籍之保存甚为注意。十九年国民政府公布古物保存法，并于本年六月明令公布施行日期，由行政院制定古物保存法施行细则，令行各省市遵照，注意古物古籍之保存。山东聊城杨氏海源阁藏书发现散失后，即由本部令行山东教育厅妥筹保存法，现正在由该省省立图书馆与杨氏接洽保存办法。日人偷运秦汉砖瓦经在青岛车站发觉后，即行由本部电令山东教育厅暂行扣留保管，现已运往济南，存于图书馆中。河南汲县县民掘卖古物，经古物保管委员会呈报后，即由本部咨请河南省政府严加查办，并同时通令各省市一体查禁一切私掘古物。此外尚有劳山寺庙藏经，亦已由本部咨请青岛市政府妥筹保护办法。捷克商人拟运原购古物出口，亦经本部制止。国民政府曾经令知由本部迅在文化基金项下指拨的款，备为购买及保存古物古籍之用，当经本部函请中华文化基金教育董事会及管理中央庚款董事会划拨。俟实现后，关于古物古籍之保存，当可济法令之不及也。

（九）外国科学考察团之限制　吾国宝藏丰富，外人每藉游历之名潜往内地考察，发掘珍藏，古物被偷运出境者，不知凡几。自十六年西北科学考察团与瑞典斯文赫定博士订定合作办法后，外人来华考察始有限制。十九年美国约克罗伯森请往新疆等省考察科学，德国黎克麦尔斯请赴新疆研究水河地质，本部以西北科学考察团正在该处工作，均未予以核准。本年中法一九学术考察团因有中国团员参加，并与法方定有限制条件，始准进行，惟因法团员中有违背条例之行为，故中途停止工作。英人斯坦因十九年假普通游历之名冒领护照，潜往新疆实际从事搜集工作，经发觉后叠次勒令出境，今已远飏。此外关于外国科学考察团搜集之物品，均须经中央研究院审核准许后，本部始为咨请财政部令海关放行。

（十）筹备国史馆之成立　本年南京市党部全市代表大会通过设立国史馆一案，当经呈由中央党部转行国民政府，复经国府训令行政院交内政教育两部核议具复。当经两部会商，认为国史馆实有设立之必要，比经拟具国史馆筹备处组织规程，会呈行政院，并请示聘任人员办法。旋奉指令：案经提出第二十九次国务会议，章程准予备案，聘用筹备员应由内政、教育两部会聘，原章程复于本年八月六日由两部会令公布。一俟筹备员聘定后，筹备处即可成立。

（十一）电影片之检查　电影片为社会教育宣传利器，功效在文字语言之上，对于民德民智及民族荣誉、国际地位，影响甚大。国内电影片之检查向由各地办理。自立法院制定电影检查法，经国府核准于十九年十一月公布施行，二十年二月行政院制定电影检查法施行规则及电影检查委员会组织章程公布施行后，即由本部派定委员四人，内政部派定委员三人，组织电影检查委员会，担任电影检查事宜。于是电影片检查之权，遂集中于中央政府教育内政两部合组之电影检查委员会。于本年三月一日开始办公，筹备进行，六月十六日施行检查。计自开始检查之日起至九月十五日止，三个月中核准发送计国产影片三百一十七张，内换照二百三十八张，新发三十四张，出口四十五张，外国影片五百五十四张，内换送三百四十四张，新发二百一十张，总计核发准演执照八百七十一张。

（十二）历法研究会之组织及二十一年国民历之印行　历法研究会之组织，系因国际铁路联合会第三研究清算及兑换委员会函铁道部征求吾国对于改历之意见而起。本部经会商国立中央研究院天文研究所及外交部后，遂于本年四月二十二日召集有关系之外交、铁道、财政、交通、实业、内政各部，开第一次讨论会，经议决由教育部召集有关系各机关组织历法研究会，当经本部呈报行政院，旋奉第一七五七号指令，准予照办。本部遂于七月二十四日召集行政院直辖各部会及天文研究所代表，开第一次历法研究会，经议决印行天文研究所编制之改历说明书及征求改历意见单，分发全国各界，限本年九月底以前将对于改历之意见寄还，以便于今月间向国际联合会发表吾国对于改历之意见。现此项改历说明书已印发两万本，征求改历意见单印发十万份，希望在本月内收到各界对于改历法之意见。至于推行国历一事，本局会同内政部业经积极进行。二十一年国民历业经印毕，分发全国，并将仿印办法略加修正，俾各地便利仿印，尽量推行。

（十三）劳工教育设计委员会之成立 十九年十二月二十六日实业部根据工商会决议关于劳工教育之提案，咨请本部会商办法，经议决由两部会组劳工教育设计委员会拟定章程，呈奉行政院转奉国民政府核准备案。本年五月两部会令公布劳工教育设计委员会章程，并会聘专门委员三人，于七月六日正式成立。现该会已开常会三次，劳工教育实施规程正在起草中。

（十四）民众体育之提倡 本部为提倡一般民众体育起见，曾制定民众业余运动会办法大纲，于本年四月间通令各省市教育厅局切实遵办。该大纲第二条规定，前项运动会须于每年春季举行一次或二次。截至现在止，呈报运动会成绩及呈报已转令依照所定日期举行者，有浙江、安徽、江西、热河、山西、绥远、江苏、河北、贵州、山东、青岛等十一省市。再各省市举行学校运动会本部均制发奖品，以资鼓励。又以国术强健体魄，功效甚伟，曾经通令于体育课程内酌量增授。至二十年全国运动大会，明年在首都举行。本部对于筹备事宜亦曾派员参加。

（十五）民众读物之审查与搜集 本部为调查及编制民众教育刊物目录及为研究民众教育者介绍参考材料起见，于本年四月着手编制民十六年以来之民众读物。由本部档案、书店目录、民众教育机关及团体刊物中搜集有关民众教育之著述，计共得刊物九百余种，分为民教总论、民校课本、民众读物、宣传刊物、定期刊物等门类，现已编制完成，正在整理中。此外，本部鉴于通俗小说之深入人心，影响社会甚大，本部拟将流行之一切读物均加研究。自十九年十二月始，先着手研究连环图书，搜集共有九十九部，二千二百九十一册，共六万八千七百三十余图，约一千〇〇四万七千六百余字。经六个月分析审查结果，觉该书颇有优点，如以字说图，以图记字，便于记忆，成本不多，定价低廉，易于普及等。

3 各省市通俗讲演员统计表（民国

省　别	人　数	性　别		年
		男	女	卅以下者
浙　江	624	616	8	420
广　西	29	87	2	43
山　东	84	78	6	58
湖　南	79	77	2	24
湖　北	49	49	1	11
河　北	49	48	1	45
察哈尔	48	47	1	22
贵　州	22	22	—	8
河　南	20	20		8
天　津	17	17	—	8
上　海	17	17	—	8
宁　夏	12	12		3
甘　肃	12	12	—	2
南　京	9	9	—	6
绥　远	3	3	—	2

二十二年十二月一日统计）

龄		有党籍者	检查合格者	经费平均（元数）
卅至四十者	四十以上者			
114	90	319	67	18
32	14	39	33	20
20	6	37	2	24
20	15	58	32	25
28	10	20	14	32
4	1	23	7	29
15	11	30	17	18
10	4	14	7	20
9	5	13	6	28
8	9	13	未	35
5	4	6	未	50
5	4	11	未	33
5	5	7	9	7
2	1	8	2	义务职
1	—	1	未	30

〔国民党中央执行委员会秘书处档案〕

4 民国二十三年全国社

(1934年

省别	地方教育经费数	地方社会教育经费数	民众教育馆			民众书报处	
			馆数	经费数	职员数	处所数	经费数
河北	3842251	217897	58	132316	261	142	37498
山西	149820	46505	4	1832	13	468	11186
湖南	2504029	145489	24	53702	75	3657	29990
山东	3021641	173723	108	319745	633	583	18229
浙江	2275958	279203	95	195032	451	2360	16663
河南	2458468	248536	72	89284	222	1950	31379
云南	702599	55620	51	20024	231	264	5281
江苏	4260000	674212	210	605887	957	784	37614
四川	—	—	28	24380	108	856	51809
广东	3163319	138972	66	32480	84	742	44980
察哈尔	293447	5760	10	14116	30	68	590
广西	2770936	288787	2	3742	9	348	16903
陕西	1028586	95128	6	3036	20	121	6101
福建	1748804	179376	18	75440	125	68	9434
江西	2000000	358860	9	32972	59	40	10828

会教育事业统计表

12月）

民众识字处		通俗讲演所			公共体育场		
处所数	经费数	处所数	经费数	职员数	场数	经费数	职员数
641	1177	146	51041	161	91	11168	98
127	622	542	4259	770	50	3058	160
567	1511	178	17197	459	91	9088	118
125	474	54	10671	86	65	21186	75
42	185	12	292	18	11	11838	13
43	986	82	7899	84	76	17169	71
317	23172	214	3019	810	130	2615	239
—	—	115	13690	209	72	102244	175
63	3174	485	41487	652	304	21789	260
1	50	21	14280	79	42	8412	84
—	—	27	7103	36	12	2094	16
64	450	58	1687	106	47	22905	46
36	98	61	8360	168	45	3332	60
—	—	14	2128	106	29	14948	46
17	850	18	6139	27	18	3160	21

续表

省别	地方教育经费数	地方社会教育经费数	民众教育馆			民众书报处	
			馆数	经费数	职员数	处所数	经费数
湖北	3209634	213502	65	116639	209	30	3407
安徽	2775225	135352	41	108289	179	414	7007
甘肃	1275487	36672	9	6650	26	68	2937
贵州	—	—	—	—	—	44	4280
青海	96343	4346	—	—	—	22	475
宁夏	187121	10739	1	400	3	10	550
绥远	240535	20457	—	—	—	20	1787
北平	1130724	75816	1	8180	17	13	6324
南京	932448	118296	1	6780	6	12	1400
上海	1468860	97680	1	22944	19	158	1824

民众识字处		通俗讲演所			公共体育场		
处所数	经费数	处所数	经费数	职员数	场数	经费数	职员数
63	4524	10	4818	26	11	2554	10
93	1300	17	3874	24	31	12631	32
6	556	64	545	80	44	2940	63
32	896	44	3680	88	70	3440	80
1	20	6	290	31	8	345	19
3	270	9	650	12	6	600	9
25	2372	6	9742	21	—	—	—
39	1270	1	528	1	—	—	—
—	—	1	—	4	2	648	2
—	—	1	1356	13	7	10512	18

〔国民政府教育部档案〕

5 民国十七年度至廿六年度已受补习教育人数统计表
（1937年）

学年度别	共　　计	民众学校学生数	
十　七	206,021	206,021	1928—1929
十　八	887,642	887,642	1929—1930
十　九	944,289	944,289	1930—1931
二　十	1,062,161	1,062,161	1931—1932
二十一	1,109,857	1,109,857	1932—1933
二十二	1,292,672	1,292,672	1933—1934
二十三	1,353,668	1,353,668	1934—1935
二十四	1,446,254	1,446,254	1935—1936
二十五	3,121,820	3,121,820	1936—1937
二十六	3,937,271	3,937,271	1937—1938
历年度累计数	15,361,655	15,361,655	

说明：①本表补习人数为民众学校学生数
　　　②学年度之计算系自该年八月起至次年七月止。

〔国民政府教育部档案〕

6 民国廿五、廿六学年度全国社会教育概况统计表

（1937年）

表一：二十五学年度

地域别	机关数	学生数	教职员数	岁出经费数（单位：国币元）
总计	158,038	3,867,158	208,145	16,275,610
国立	4	—	327	311,309
江苏	16,396	507,254	25,010	2,043,533
浙江	16,809	174,137	20,914	874,073
安徽	1,483	23,452	1,527	336,076
江西	12,756	215,466	21,755	853,089
湖北	3,092	290,098	2,792	1,019,706
湖南	5,982	89,879	6,924	686,626
四川	12,158	261,511	13,164	793,130
西康	41	100	52	7,424
河北	18,954	448,476	38,325	915,203
山东	6,841	113,735	5,741	979,014

续前

地域别	机关数	学生数	教职员数	岁出经费数 (单位：国币元)
山西	7,554	183,323	8,852	191,811
河南	4,264	83,914	5,615	503,901
陕西	1,698	36,314	2,240	400,717
甘肃	459	4,488	491	44,555
青海	89	767	190	26,386
福建	4,788	163,296	7,461	460,700
广东	5,741	108,046	8,588	1,303,197
广西	26,884	841,752	11,569	350,734
云南	8,244	199,417	17,155	603,806
贵州	222	4,843	634	54,306
辽宁	230	6,418	464	209,567
吉林	109	1,604	211	76,480

续前

地域别	机关数	学生数	教职员数	岁出经费数 (单位：国币元)
黑龙江	45	300	102	30,498
热河	330	5,465	436	13,492
察哈尔	679	18,374	789	38,257
绥远	440	5,700	445	84,072
宁夏	25	5,562	126	22,262
新疆	16	818	31	13,688
南京	179	12,314	515	110,554
上海	135	14,464	933	569,586
天津	439	2,592	1518	183,311
北平	336	19,515	1,517	1,150,193
青岛	387	20,370	910	101,350
东特区	114	1,785	747	874,806
威海卫	115	1,609	75	11,198

表二：二十六学年度

地域别	机关数 共计	公立	私立	学 共计
总　计	138,842〔132,812〕	119,780	13,032	100,560
国　立	4	4	—	—
浙　江	15,581	11,712	3,869	5115〔5,205〕
江　西	16,037	14,305	1,732	17,533
湖　北	2,342〔2,360〕	2,242	120	1,744
四　川	16,113	13,903	2,210	8,896
西　康	70	65	5	36
山　西	7,698	7,697	1	8,127
河　南	5,805	5,368	437	6,113
陕　西	1,489	1,437	52	1,305
甘　肃	387	352	35	145
青　海	135	134	1	24
福　建	2,475	2,245	230	1,294
广　东	5,741	2,612	3,129	2,880
广　西	44,102	44,070	32	35,200
云　南	13,604	12,342	1,262	10,986
贵　州	1,057	1,049	8	1,024
宁　夏	25	25	—	24
新　疆	147	130	17	115

级 数		教 学 员 数		
公立	私立	共计	公立	私立
96,032	4,528	129,359	110,801	18,558
—	—	327	327	—
4,296	909	16,801	12,905	3,896
17,521	12	13,716	13,699	17
1,705	39	3,416	2,784	632
8,583	313	19,309	15,943	3,366
33	3	117	98	19
8,126	1	5,756	5,753	3
5,740	373	6,799	5,598	1,201
1,300	5	2,216	1,763	453
140	5	620	497	123
24	—	198	196	2
1,222	72	5,167	4,837	330
1,090	1,790	8,588	3,452	5,136
35,184	16	23,102	22,157	945
9,996	990	20,784	18,433	2,351
1,024	—	2,150	2,066	84
24	—	126	126	—
115	—	167	167	—

表二：二十六学年度

地域别	学生数		
	共计	公立	私立
总计	4,220,444	4,071,024	149,420
国立	—	—	—
浙江	175,351	158,778	16,573
江西	881,802	881,274	528
湖北	184,611	182,968	1,643
四川	452,746	440,031	12,715
西康	1,040	977	63
山西	163,634	163,594	40
河南	166,148	160,245	5,903
陕西	43,104	43,008	96
甘肃	3,227	3,081	146
青海	875	875	—
福建	62,266	56,449	6,817
广东	108,046	48,347	59,699
广西	1,407,751	1,407,370	381
云南	467,417	422,601	44,816
贵州	93,260	93,260	—
宁夏	5,562	5,562	—
新疆	2,604	2,604	—

经 费 数	（单位：国币元）	
共　　计	公　立	私　立
9,678,956	6,467,440	3,211,516
309,309	309,309	—
445,718	354,082	91,636
467,404	467,404	—
1,128,202	640,700	437,502
2,676,126	1,149,245	1,526,881
12,748	9,736	3,012
302,135	299,635	2,500
624,802	528,751	96,051
275,773	212,883	62,890
78,465	75,875	2,990
26,486	25,686	800
347,565	324,930	22,635
1,303,197	808,330	494,867
597,330	233,519	363,811
852,614	796,273	56,341
124,600	124,600	—
22,262	22,262	—
84,220	84,220	—

〔国民政府教育部档案〕

7 民国十八年至廿六年

(1) 民众学校数

省　别	18年度	19年度	20年度	21年度
总　计	10,483	10,919	11,599	11,214
浙　江	1,064	1,460	1,712	2,398
江　西	672	168	296	139
湖　北	141	112	229	191
湖　南	3,064	3,675	3,190	2,545
四　川	1,276	910	910	614
西　康	9	9	9	9
河　南	1,517	1,342	1,589	2,008
陕　西	430	668	527	346
甘　肃	199	206	71	81
青　海	—	23	26	26
福　建	253	260	368	364
广　东	1,026	831	766	579
广　西	—	439	615	612
云　南	795	736	1,231	1,222
贵　州	37	50	50	64
宁　夏	—	10	10	8
新　疆	—	—	—	8

民众学校概况统计表

7年）

22年度	23年度	24年度	25年度	26年度
12,861	15,672	15,456	43,332	54,515
2,552	2,401	2,552	3,439	3,167
803	1,168	2,268	5,040	8,880
478	718	654	2,011	1,285
2,198	2,227	2,033	2,213	2,213
894	413	582	2,707	5,226
9			2	28
2,481	3,040	1,700	1,854	3,248
551	948	114	1,002	1,154
113	138	101	110	108
26	26	98		
374	1,039	2,052	3,117	1,225
453	1,283	1,046	1,874	1,874
559	714	559	16,220	16,220
1,288	1,430	1,715	3,670	9,030
65	28	63	63	1,000
8	18	8	—	—
9	9	9	10	57

（2）民众学校学生数

省别	18年度	19年度	20年度	21年度
总数	361,472	436,854	459,332	444,321
浙江	38,769	52,136	62,169	90,930
江西	17,959	9,940	10,646	3,511
湖北	5,449	5,820	8,212	8,720
湖南	78,374	103,966	94,263	86,412
四川	77,852	49,621	49,621	26,350
西康	279	279	279	279
河南	51,767	56,739	60,118	71,291
陕西	14,018	21,144	17,623	5,467
甘肃	4,588	4,936	2,027	2,447
青海	—	1,162	1,438	1,456
福建	11,449	14,146	13,619	14,544
广东	40,876	45,964	41,528	52,126
广西	—	17,038	21,415	21,765
云南	18,554	27,945	50,356	50,356
贵州	1,538	25,088	25,088	2,782
宁夏	—	930	930	325
新疆	—	—	—	560

22年度	23年度	24年度	25年度	26年度
569,402	660,307	710,412	2,187,003	3,320,171
103,507	99,912	103,507	155,539	156,194
41,537	56,500	92,449	194,099	880,000
30,172	58,155	55,413	213,893	104,616
70,550	70,711	57,413	72,478	72,478
45,919	24,553	34,115	181,100	380,118
279				927
101,548	119,988	87,302	65,807	147,997
14,294	20,752	6,614	34,080	41,674
3,693	5,289	2,839	3,633	2,619
1,456	1,456	1,200		
18,685	50,326	94,190	151,617	61,568
60,109	66,139	50,391	101,783	101,783
20,992	23,256	52,536	841,752	841,752
52,536	57,930	67,980	165,730	433,730
3,081	2,345	4,624	4,624	92,300
399	2,611	2,399		
640	640	640	818	2,415

〔国民政府教育部档案〕

但其劣点亦甚多，如宣传迷信及利用民众弱点，措词立意，显有未妥，将来拟进一步加以改良，取其优点，去其劣点，影响于民众生活，当非浅也。

以上报告，无非就社会教育目前工作中择要陈述。此外本部亦曾注意社会教育之必须有专人负责主持及专人视察督促，故曾先后通令各省市县教育厅局，须成立社会教育专科，或指定专人主持辖区社会教育之设计与行政，并须派督学，专门视察社会教育，报告实况，以便考核。本部鉴于训政时期民众教育甚为重要，曾经通令积极进行。惟因民众教育系新兴事业，国外既无成法可循，国内亦无一定标准，故曾指导及协助京市教育局设立首都民众教育实验区，现已选定三牌楼一带为区址，业经成立筹备处筹备进行，不过规模甚小，亦无非藉此督促各省市能同向实验之路去努力而已。

最近国民会议通过之教育设施之趋向案，关于社会教育一项，规定社会教育应以增加生产为中心目标，本部社会教育方针自当以此为准。现已准备督促各省市积极推广各种职业补习学校，并拟定农工商妇女等职业补习学校之设置标准，以资各省市之参考。将来实施成年补习学校之步骤，自当先授一般大学民众以智识技能之工具，然后创设职业补习教育之机会，使一般民众之生产能力日渐增高，俾社会教育之发展可以逐渐实现。

〔国民党中央执行委员会秘书处档案〕

（二）平民教育

一、定县实验区章程

1 中华平民教育促进会定县实验区暂行章程

（1930年）

第一章 总 纲

第一条 本区根据本会章程第二十二条而设立。
第二条 本区以定县全县为范围。
第三条 本会为集中本区实验全部工作起见，暂将会务并入本区进行。

第二章 区 务

第四条 本区区务划分为左列各项：
一、学术行政 关于文艺、公民、生计、卫生，各种教材教具之计划、调查、编制及设计试验属于此项。
二、教育行政 关于学校式、社会式及家庭式各方面的教育之计划、实施调查和推广属于此项。
三、训练行政 关于平民教育一般的讲习、师资的养成，及学术上、行政上人才的训练属于此项。
四、学术研究 为辅助前三项行政起见，所需要的各种专门学术之纯粹研究属于此项。
五、事务执行 关于总务、秘书、会计一类的事务属于此项。
六、附属设置 关于图书馆、医院、经济农场、印刷所工厂一类的设置属于此项。

第三章　组　织

（甲）事务总揽组织

第五条　一、本区全部事务由本会干事长直接总揽之。

　　　　二、干事长设秘书处佐理事务。

（乙）学术行政组织

第六条　本区为处理学术行政设左列各部：

一、平民文学部；

二、农业教育部；

三、公民教育部；

四、卫生教育部；

五、社会调查部；

六、艺术教育部；

七、产业合作部。

第七条　右列各部职员之设置及聘任，适用本会简章第十五条办理之。

（丙）教育行政组织

第八条　本区为处理教育行政设左列各部：

一、学校式教育部；

二、社会式教育部；

三、家庭式教育部。

第九条　右列各部职员之设置及聘任与第七条同。

（丁）训练行政组织

第十条　本区为处理训练行政应时需要，设左列训练机关：

一、青年农民社；

二、平民教育讲习会；

三、平民教育师范院；

四、平民教育研究院。

第十一条　上列训练机关职员之设置及聘任，适用本会简章第十八条、第十九条办理之。

（戊）学术研究组织

第十二条　本区应工作上实际之需要，得设各种学术研究委员会。

第十三条　各种学术研究委员会之设置，由直接有关系之部提出计划于干事长，经区务行政会议议决之。

第十四条　各种学术研究委员会设主席一人，委员若干人，各由干事长聘任之。

（己）事务执行主席

第十五条　本区为执行事务行政设左列两处：

一、总务处；

二、会计处。

第十六条　上列各处设主任一人，干事若干人，由干事长聘任之。

（庚）附属设置

第十七条　左列各种附属设置，在区务行政会议未有特别规定时，由属于关系之各部处主持之。

一、图书馆属于秘书处；

二、医院属于卫生教育部；

三、经济农场属于总务处；

四、印刷所属于总务处；

五、工厂属于总务处。

第四章　会　议

（甲）会议种类

第十八条　本区设左列各种会议

一、区务行政会议　以左列职员组织之，干事长为主席。

a．学术行政、教育行政、训练行政、事务行政各部分主任。
　　　b．干事长从各种学术研究委员及专门干事中选定之人员，名额至多以五人为限。
　　　c．秘书处主任为主持本会会议，记录列席。
　　二、学术行政会议　由学术行政各部主任组织之，其主席由各主任中公推一人，每年改推一次。
　　三、教育行政会议　由教育行政各部主任组织之，其主席由各主任中公推一人，每年改推一次。
　　四、训练行政会议　由训练行政各机关主任组织之，其主席由各主任中公推一人，每年改推一次。
　　五、事务行政会议　由总务、秘书、会计三处主任组织之，公推一人为主席，每年改推一次。
　　六、各种联席会议　由各部分主任临时组织之，公推一人为主席。
　（乙）会议职责
　第十九条　本区各种会议之职责如左：
　　一、区务行政会议之职责
　　　a．协议区务进行计划；
　　　b．协议学术教育训练各种行政总方案；
　　　c．制定全区各种规程；
　　　d．审定各部分互相关系之办事细则；
　　　e．协议其他关于全区重要事件。
　　二、学术行政会议之职责
　　　a．协议学术行政各部互相关系之事件；
　　　b．协议学术行政各部工作之联锁。
　　三、教育行政会议之职责
　　　a．协议教育行政各部互相关系之事件；

b．协议教育行政各部工作之联锁。

四、训练行政之职责

a．协议训练行政各机关互相关系之事件；

b．协议训练行政各机关工作之联锁。

五、事务行政会议之职责

a．协议事务行政各处相互关系之事件；

b．协议事务行政各处工作之联锁。

六、各种联席会议之职责

a．协议各该联席部分相互关系之事件；

b．协议各该联席部分工作之联锁。

（丙）会议期数

第二十条　区务行政会议　每半年始终各开例会一次（其日期及日数由干事长应议案之多寡酌定），随时遇有重要事件经会员五人以上之提议，由干事长认可召集。

第廿一条　学术教育训练事务各种会议每两月开例会一次，遇有必要时得由主席召集开临时会议。

第廿二条　各种联席会议　会期无定,应随时之需要举行之。

第五章　附　则

第廿三条　本章程所未规定之事项适用本会章程。

第廿四条　本章程之修改以区务行政会议会员三分之二之出席,出席员三分之二之赞成议决之。

第廿五条　本章程自公布之日施行。

〔国民政府社会部系统档案〕

2　中华平民教育促进会定县实验区组织大纲

（1934年）

本会定县实验六年计划第一期已将结束，第二期正待开始。

兹制定组织大纲如左：

第一条　定县实验区以左列各部处委员会组织之。

一、总务处；

二、平民文学部；

三、艺术教育部；

四、生计教育部；

五、卫生教育部；

六、公民教育部（暂缓设置）；

七、学校式教育部；

八、社会式教育部；

九、家庭式教育部（暂缓设置）；

十、教育心理研究委员会；

十一、戏剧研究委员会。

第二条　本区全部事务由本会干事长直接总揽之，干事长设秘书处佐理机要，事务秘书处设秘书长一人，秘书若干人。

第三条　各部处委员会各设主任一人，并得酌设副主任及专门干事若干人，由干事长聘任之。

第四条　本区为襄助干事长主持研究实验事务，设研究委员会。

研究委员会以各部委员会主任及干事长指派之委员组织之。研究委员会设主任委员一人，由干事就专门干事中指派之，并得酌设副主任。

第五条　研究委员会之职责如左：

一、关于研究实验设计事项；

二、关于各部委员会工作联锁事项；

三、关于研究实验之人员分配及预算审核整理事项；

四、关于学术团体或机关研究实验合作事项；

五、关于研究实验结果之预告及审核整理事项；

六、关于图书管理事项；

七、其他关于研究实验事项。

第六条　本区为襄助干事长主持训练事务，设训练委员会。训练委员会以各部委员会主任及干事长指派之委员组织之。训练委员会设主任委员一人，由干事长就专门干事中指派之，并得酌设常务委员一人至三人，分掌教务实习等事项。

第七条　训练委员会之职责如左：

一、关于训练设计事项；

二、关于训练实习程序之制定及分配事项；

三、关于学术团体或机关之训练合作事项；

四、训练结束后之继续辅导事项；

五、其他关于训练及实习事项。

第八条　本区设行政会议以左列人员组织之，干事长为主席。

一、秘书长；

二、研究委员会主任委员；

三、训练委员会主任委员；

四、各部委员会主任；

五、总务处主任；

六、干事长指定人员。

第九条　本大纲所未规定之事项，适用本会章程及定县实验区暂行章程。

第十条　本大纲经干事长公布之日起施行。

〔国民政府社会部档案〕

3　附录：中华平民教育促进会章程、董事名单

（1）中华平民教育促进会章程（1923年）

第一章 总　纲

第一条　本会定名为中华平民教育促进会。

第二条　本会宗旨在适应失学人民的实际生活，研究并实验平民教育学术，协助国家教育民众，培养全民修齐治平的真实能力，发扬中国文化，促进世界大同。

第二章 会　务

第三条　本会会务为左列各项：

一、调查事实　举行社会调查、经济调查及教育调查，征集各种事实，作平民教育研究之根据；

二、研究学术　根据调查所得之结果，按照实际生活的需要，研究平民教育上一切学术；

三、实验学术　根据研究所得之结果，实地集中试验，以求产生平民教育社效率最大、应用最广的各种材料方法及方案；

四、编制工具　根据研究试验所得之结果，编辑各种教材读物，学术丛书，并制造一切应用之教具；

五、训练人才　集合各种学术专家调查研究试验，编制各种的经验与发明，创设平民教育学院，培养平民教育学术上与行政上各种人才；

六、协助推行　政府实施民众教育，社会团体或个人举办平民教育，本会应集各种教育学术专家的经验及平日研究试验所得的结果，随时协助推行。

第三章 组　织

（甲）董事会

第四条　本会设董事会，以左列各种资格之董事组织之：

一、本会最初创办人对于本会经济上、学术上继续确有贡献者，为基本董事；

二、对于本会有特殊贡献者，由执行董事二人以上之提议，经董事会之同意，为被选董事；

三、本会会员继续五年以上履行会员议务者，由执行董事二人以上之提议，经董事会之同意为被选董事；

四、对于平民教育有特别学术才能者，由执行董事五人以上之提议，经董事会之同意为被选董事。

第五条　本会董事名额以三十五人为最高额。

第六条　本会董事继续两年不履行董事职权者，认为自行解职。

（乙）执行董事会

第七条　本会设执行董事会，以执行董事七人组织之。干事长为当然执行董事，其他六人，由董事会就近本会所在地之董事中公选之。

第八条　公选之执行董事任期六年，每二年改选三分之一。惟第一次选出者任期二年，四年、六年各三分之一，由执行董事会第一次开会时签定之。

第九条　执行董事之改选，由现任执行董事照定额加倍从董事中推举候选人，经董事会按照定额就候选人中选定之。

第十条　执行董事会设董事长一人，会计一人，文牍一人，由执行董事会就执行董事中推任之。

第十一条　执行董事会遇必要时得酌设各种委员会。

第十二条　执行董事在一年以上放弃职权者，认为自行解职。

（丙）本会干部

子、干事长

第十三条　本会干部设干事长一人，由执行董事会就董事中推举，由董事会聘任之，商承执行董事会主持全会一切事宜。

干事长得酌设中西文秘书。

　　丑、各部科

第十四条　本会干部分设左列各部各科：

一、总务部；

二、市民教育部；

三、农民教育部；

四、华侨教育部；

五、士兵教育部；

六、平民文学科；

七、平民艺术科；

八、生计教育科；

九、公民教育科；

十、健康教育科；

十一、妇女教育科；

十二、教育学术科；

十三、社会调查科。

第十五条　本会干部各部各科设主任一人，并得酌设副主任及专门干事若干人，由干事长聘任之。

第十六条　本会干部遇必要时得酌设各种委员会。

　　寅、会议

第十七条　本会干部设左列各种会议：

一、行政会议　由各部科主任组织之，议决本会一切重大问题，干事长为当然主席；

二、教务会议　由教育方面各部主任组织之，议决本会教育行政方面一切问题，由各部主任公推一人为主席；

三、总务会议　由总务部所属各主任组织之，议决本会总务方面一切事宜，总务主任为当然主席；

四、学术会议　由各科主任组织之，议决本会学术方面一切问题,由各科主任公推一人为主席。

（丁）学院

第十八条　本会设立平民教育学院,设主任一人主持之,并得酌设副主任。

第十九条　学院正副主任由行政会议就专门干事中推举,由干事长决定聘任之。

第二十条　学院重要院务须经行政会议议决办理。

第二十一条　学院主任得出席于干部各种会议。

（戊）试验区

第二十二条　本会为实验全部或一部平民教育学术得设试验区,其组织办法由行政会议另定之。

第四章　职　权

第二十三条　董事会之职权如左：

一、规定会务进行方针；

二、选举执行董事；

三、聘任干事长；

四、筹募经费；

五、保管基金；

六、核定预算及决算。

第二十四条　前条董事会之职权,除（二）、（三）两项外,由执行董事会执行之。

第二十五条　干事长之职权如左：

一、主持全会进行事宜；

二、编订会务进行计划；

三、编订预算决算；

四、聘任职员。

第五章 会 员

第二十六条 凡公私机关团体或个人,赞成本会宗旨、自愿尽维持之责者,经执行董事会之认可,得为本会会员,其分类如左。

甲、机关会员

（一）国立机关年出会费一百元以上者；

（二）公立机关年出会费五十元以上者；

（三）私立团体机关年出会费二十元以上者。

乙、个人会员

（一）赞助本会,年出会费在二十元以上者；

（二）对于教育著有贡献,年出会费五元者。

丙、名誉会员

（一）在本会服务五年以上成绩显著者；

（二）在学术上或经济上赞助本会者；

（三）外国个人或团体机关,在学术上或经济上协助本会者。

第二十七条 会员有享受本会定期学术刊物及会务报告之权。

第二十八条 会员继续在五年以上者,有被选为董事之权,但名誉会员不适用此条。

第二十九条 本会员会费有延欠□□□者,其会员权责认为自行解除。

第三十条 会员有损坏本会名誉之行为者,经执行董事会议决后得取消其会员资格。

第六章 经 费

第三十一条 本会经费为左列各项：

一、基金；

二、出版物收入；

三、补助费；

四、特别捐；

五、会费；

六、其他。

第七章 会 期

第三十二条 董事会每年开会一次。

第三十三条 执行董事会每年开会一次，但遇必要时得由董事长召集临时会。

第八章 会 址

第三十四条 本会总事务所设在北平，遇必要时得设分事务所。

第九章 附 则

第三十五条 本会章有修改之必要时，得由董事五人以上之提议，由董事会三分之二以上之出席，出席人三分之二以上之赞成修改之。

第三十六条 本会章自公布之日施行。

（2）中华平民教育促进会董事会董事名单（1923年）

民国十二年八月在北京清华学校召集第一次全国平民教育大会，议决设立总会。由各省代表选出全国董事四十人，并推定驻京执行董事九人，组织执行董事会。熊夫人被举为董事长，阳初被聘为总干事。兹将执行董事会诸先生姓名开列于左：

熊朱其慧	董事长	中国女界红十字会会长、全国妇女联合会会长
周作民	会计董事	北京金城银行总经理
陶知行	书记董事	中华教育改进社主任干事
张伯苓	董事	南开大学校长

蔡廷幹	董事	前外交总长、全国税务督办
蒋梦麟	董事	前北京大学校长
陈宝泉	董事	前教育次长现任教育部普通司司长
周贻春	董事	前北京清华学校校长现北京中孚银行总经理、财政整理会秘书长
张训钦	董事	前财政次长。

〔国民政府社会部系统档案〕

二、定县实验区概况

1 中华平民教育促进会平民教育运动史略

（1929年）

欧战时我国有二十多万工人在法国担任筑路运粮和挖战壕的工作，这班工人都是失学的青年和成人，知识甚低，在外国什么事都很吃亏，所以当时有很多的留美学生到法国去办华工教育，晏阳初先生也是其中的一个。华工所用的一切课本都是他们自己编辑，所得的成绩果然很好。一般工人读三四个月的书，居然就可以写很简单的信和看军营中的通告了。这样办了二年，二十多万的华工中已有很多的都能写信看报了，晏先生得了这次工人教育的实验后，不但对于二十几万的华工有无限的希望，并且同时感觉到国内有三万万多失学的同胞，都因受经济的压迫和教育制度的限制以致不能得到受教育的机会，这样确实有碍于国家和民族的发展，在此时晏先生就下了决心，毕生从事于平民教育，去努力做"除文盲、作新民"的工作。这是在民国七八年间的事，以后我国平民教育的运动即发源于此。

民国九年晏先生从美归国，即着手作平民教育调查研究的工作，决定根据民情和国情，以最经济的时间使平民受最不可少的知识，使最大多数的平民花最少的金钱和时间而收最大的效果，研究所得的结果是每日午后或晚间在工作之后，至多用两小时的工夫，利用挂图和幻灯的工具，教多数的平民学习白话文的千字课，于四个月内读完。以后乃以研究所得的结果实施于长沙、烟台、嘉兴、杭州各处，于二三年之中，医治了将近十万的文盲，这也算是中国教育事业自古未有的盛举了。当民国十二三年时，平民教育的声浪普于全国，各省各市都设有平民教育促进会的分会，总会设于北平，各地虽然都挂了平教的招牌，但是实际的工作却没有一点进展，其原因不外乎经济和人材的两个问题。中国人做事往往如此，工作不着实际，只事虚声夸张，所以在这数年之中，从表面上看是平民教育极盛的时代，但是从实际上观察起来，也就觉得无聊得很。

十三年冬在京兆保定各处，有二十几县的地方实施平民教育，当时得政府的帮助颇著成效，可惜以后因政局的关系和战争的影响，以致全盘计划未能施诸实现。

十四年夏，晏阳初先生应中国太平洋国民会议筹备会之请，往檀香山赴太平洋国民会议讲演平教运动，颇得欧美各国之赞许，菲列宾代表即将平教运动的方法介绍到菲列宾，推行全国。美国司徒尔夫人亦将此法在美国提倡起来，以后印度也仿效这种办法去提倡民众教育。因为在欧美帝国主义的国家教育十分发达，但是其教育是资产阶级的教育，不是平民的教育，所以平民教育不特在中国需要，即在欧美帝国主义的国家也是极需要的，这是我国平民教育运动在外国所发生的影响，亦算是我国在国际上得到的一点荣誉。

十四年秋晏阳初先生自檀岛回国后，见国内布满了平民教育的空气，感觉到一般人的鼓吹过甚，名不附实，乃在北平积极从事发展总会，注意学术上的研究和实地的试验，于人才方面亦很请到几个留学回国的专家，该会过去几年的工作只着重于城市的平民教育，然中国社会的基础是建设在农村上面，而不是在于城市，他们亦见到这一点的关键，所以在十五年之冬，就选定了定县的翟城村为平民教会的华北实验区。因为感觉到中国的乡村范围太大，各地乡村的情形不同，要想在全国作到乡村平民教育普及的地步，必得有一个具体提倡和推行的计划。平教总会计划把全国分为七大区，华北、华南、华中、华东、华西、东北、西北，拟分期在每区作两种提倡的工作，一是普遍的提倡，协助各乡村自动的推行平民教育，随时在平教学术上作指导和训练的工作；一是彻底的提倡，在一区内选择一个中心的地方，由总会负责直接实施平教，以作一区推行平教的范围，按照这个计划，就择定翟城村为华北的实验区。

他们为什么会选定翟城村为华北的实验区呢，这也有他的背景的：第一，翟城村有模范村之名，办村治已有二三十年的历史，可谓中国村治的鼻祖，该村的绅士米迪刚兄弟是首倡村治的人物，听说平教会要在华北选一乡村作为平教的实验区，于是米氏昆仲就去请他们来到翟城村，做平教实验的工作，一切都得到该村的帮助；第二，定县在平汉路的线上，交通很便利，并且距离大都市很远（南至郑州有千余里，北至北平有五百里），没有都市的空气，很可作为华北的代表乡村（翟城村治的情形，另详于后）。

他们到了翟城村后，就划附近的六十二村为第一乡村社会区，着手平教实验的工作。当时来的有十余人，生活很苦，即在村外的一个破庙内办公治学，饮食起居都是在这一点破庙的里面，过的完全是乡间农民生活，一般留学生和大学教授能过这种生活，作学术上研究，使农民可以得到实际上的利益，确是令人钦佩不已的。以后渐渐取得农民的信仰，并且得了村民不少的帮助，在经济困难之中免强筹起数百元建筑一点房子作为办公的场所，于是一切的工作方才比较顺利进行。

此时平教会的总会尚设在北平，翟城村的工作不过是一部份的实验工作而已。其组织如下表：

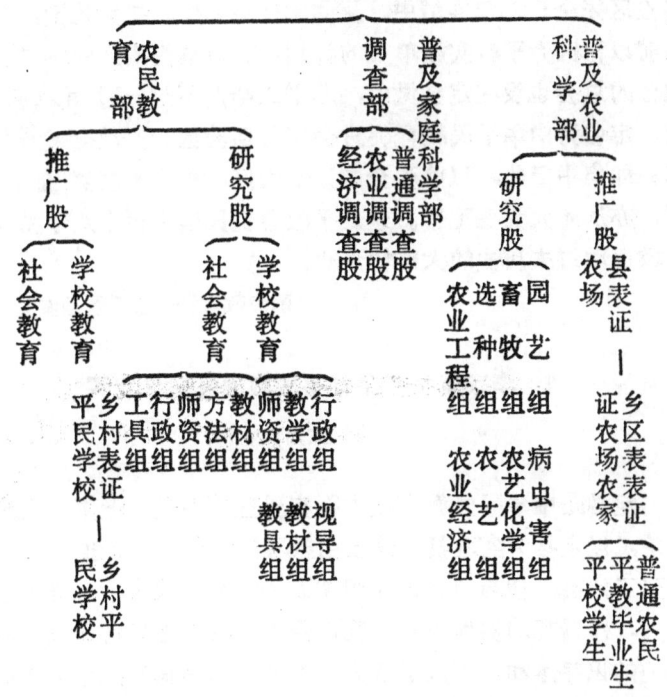

平教会自华北实验区成立后，乡村的平民教育得到实地的试验工作颇有进展，但是感觉到中国偌大的地方，全国有一百万个农村，实施平民教育以乡村为单位，将来推广到全国，关于人才经济各方面，一定有许多不可能的地方，并且亦觉得以村区为单位范围未免太小。该会在翟城村工作三年，成绩颇佳，人民对于他们已无疑义（初来时，人民都疑惑他们是替洋大人传教的，所以当时工作很难进行），并且取得农民相当的信仰，政府和地方的

人士对于他们的工作亦有相当的明瞭，这是因为他们能够与农民同生活，给农民以实际上的利益，所获得的良好结果。因此，于十八年秋得了地方人民的帮助，在城内划出公共的房屋与土地，给他们作为办公和实施的场所，所以平教会于此时就将翟城村的实验区完全迁入定县城中，从此就变更组织，扩大范围，改变了以前以村区为平教实施单位的计划，而以县为实施的单位。将平教会的总会也设在定县城内，北平之会所不过一通信之机关而已，定名为中华平民教育促进会定县实验区。平教会全部的工作亦即集中于此，以前画全国为七大区，作为平教实验区的计划，亦从此大受变更了。这是平教会自民国七至十八年秋为止的平教运动过去历史的大略情形也。

〔国民政府社会部系统档案〕

2 李宗黄考察定县平民教育实验区纪实

(1931年10月20日)

定县是中华平民教育促进会实验区所在地，近更成立建设研究院，以定县为实验县，是已由教育路线走上政治道途上。在我们到了定县，便与负责人晏阳初院长等分别谈话，并且用了三天功夫，作透视的实地考察。我们看到平教会之发动起点，不过是单纯的识字运动，渐次扩展为"除文盲作新民"，十七年遂成总机关，分中国为七大区，定县为华北试验区，先在翟城村进行社会调查，发现社会病为"贫"、"愚"、"弱"、"私"，随以四种教育来救治，即以生计教育救"贫"，文艺教育救"愚"，保健教育救"弱"，公民教育救"私"，而以学校、社会、家庭三方式教育为推行之方法，以期达到政治、教育、经济、自卫、卫生、礼俗六大建设，最后则云实现三民主义，此可视为理论之基础。据考察所得，定县与邹平略有不同，盖所谓四教，确已得到相当的收获。其中之一生计教育，则以城内翟城两农场为大本营，以生计巡回训练学校为实施之重心，对植物生产、农村经济、农村工艺等均有改进，尤以畜牧及合作为最有成绩。二、文艺教育，意在救"愚"，如平民千字课，士兵千字课，市民千字课，农民千字课，农民读物二、三百种之编撰，足证明皆为心血之作，对于民众教育，有不少之贡献，其他如戏剧、歌词、歌谣等亦有创造及改革。三、保健教育，在县设有保健院，区设保健所，村设保健员，完成县单位之保健制度，保健员以简单药箱，极〔急〕救农民疾病，病重者送县区医治，于人民健康颇有裨益。四、公民教育，针对"私"字而发，以期养成公共心，训练团结力，授以道德知识技能三种，养成合于现代之公民。至所谓三方式，学校式，分成人、青年、儿童三类，以平校为主体，截至现在止，受教者以万数计；社会式以平民学校同学会为主体，而社会活动一切，如拒毒禁赌、修桥补路、婚丧互助等等，家庭式分家主、主妇、少年、闺女、儿童五会，其集会方法或分别或共同，要使认识家庭对于国家社会及家庭之关系。以上所述，不过简单就其四种教育之成绩而言，此外尚足令人钦佩者即平民教育人员，尤其是以饱尝物质文明生活之留学生及大学教授，能摆脱都市深入农村，以平民资格在教育上谋出路，其精神殊值钦佩。同时，并贡献该会五点意见，以供该会之参考：一、平民教育的理论，系"县为自治单位"之一部，深盼勿以办法认为主义，造成社会之畸形风气。二、实验区域似应有一定期限，期满即交还人民自办，再择他县试验，期限愈短愈佳，六年计划（过去三年不算）仍嫌其过长。三、地方舆论与平教会尚多不满，望能融洽各方意见，携提地方公正有学识领袖，多用地方有用之人，自可减少阻力，因平教学生最多仅受八〔个〕月教育，似尚不能负推进社会核心之责任。四、中国贫乏至极，平教会业已深知，以个人意见，以后"农村建设"应以少数之钱，少数之人，做多量之

艺术教育

图画

目标
- (1) 培养美感兴趣
- (2) 技能成图画知识
- (3) 创作美感图画绘各种画以辅助四大教育之进展

办法
- (1) 推广画学于平校学生
- (2) 对农民开图画展览会
- (3) 量供给图画应四大教育之需要尽

音乐

目标
- (1) 培养音乐兴趣
- (2) 技能成音乐知识
- (3) 发扬民族精神普及高尚娱乐乐器

办法
- (1) 推广平校小学及农民音乐知识技能与
- (2) 创作时代化优美且实用的乐歌乐谱
- (3) 制造经济且实用的乐器并推广用之

戏剧

目标
- (1) 培养欣赏戏剧能力和兴趣
- (2) 实验平民戏剧的内容和形式

办法
- (1) 游行讲演和公演
- (2) 实验新作之剧本和公演

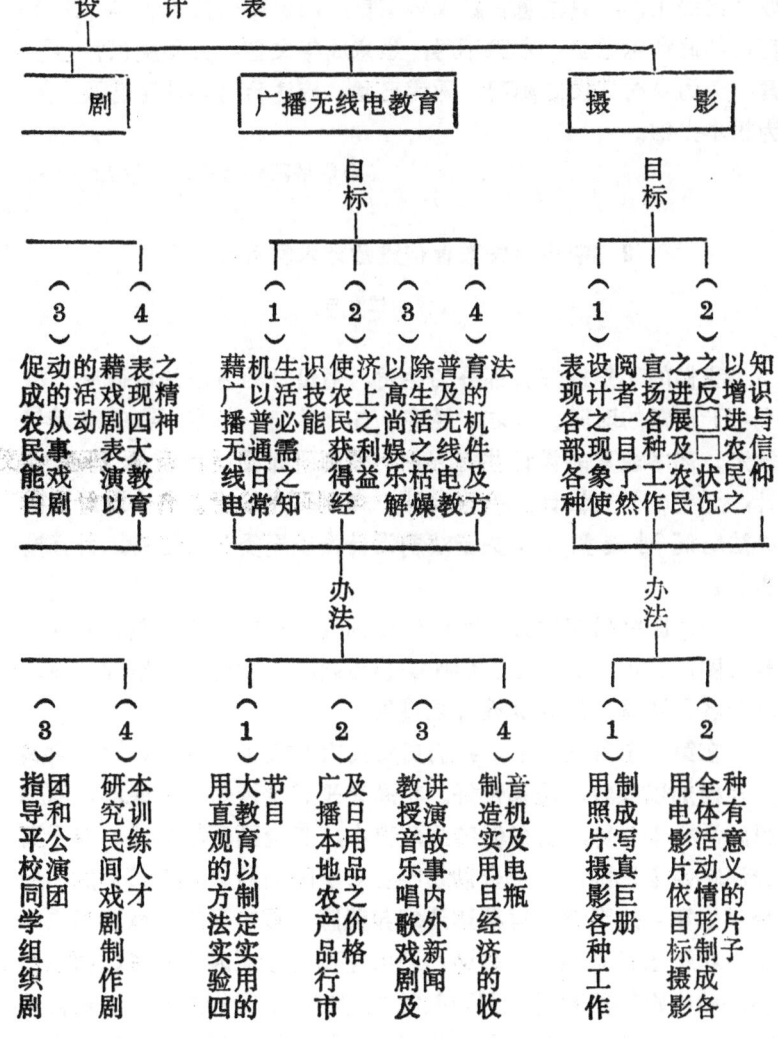

事，始能从根本将农村救起。定县人才、经济似应分在数县，即县政研究院，以平教会兼办，尚嫌其多，似可不必添人。五、平教会已经工作，只注意扫除成年文盲，而忽略未来（青年）之文盲，如此愈除愈多，永除不尽，愚意成年文盲，只须施以社会教育，免为乡村建设之障碍，即为已足，应注意青年教育普及，始为根本办法。

〔中华平民教育促进会档案〕

3 中华平民教育促进会艺术教育概况

（1933年9月）

我们的工作按着各部分的性质，用设计的方法加以研究。每个设计所需的时间、人才、经济、各个单元，都有严密的筹划与规定。艺术教育的设计共有五种：图画研究设计，音乐研究设计，无线电研究设计，摄影设计，戏剧研究设计。各个设计目标办法略简列表如下（关于戏剧设计由戏剧委员会主持，另有报告）：

一、图书研究设计　本设计目标有三：甲、培养美感兴趣，养成图画智识技能；乙、创作美感图画，以发扬民族精神；丙、绘制各种图画，以补助教育之进展。

在第一个目标之下，我们男女高级初级平民学校以及儿童实验学校加以实验，结果良好。在高级平民学校每日上课前，增加图画学科十分钟，由我们编画范教本，实验画范教学法，并于实验课本内增加插图，以资助长学生对于图画的兴趣。其目的在促醒学生审美的观念，以期达到培养美感兴趣的目的。试验结果，学生对于图画兴趣非常浓厚，乃将图画之授课时间加长，并在教学活动内教授图画科。图画教材之编辑由我们担任，分画范编辑、画范教学法、及绘画实验课本插图三种，现在已编成画范、画范教学法、实验课本等全份插图，并在男女高级平校试验四个学月，结果甚佳。

在初级平校我们也有同样实验，每日上课前有图画学科十分钟，由我们编辑画范范本及画范教学法，以教导之，并用注音字母挂图，以资助长学生对于图画之兴趣。亦因学生对于图画兴趣浓厚，将图画上课的时间加长，改为正式学科。教材之编辑，分画范、画范教学法及绘画注音字母挂图三种，现在编成画范上下二册，画范教学法一册，注音字母挂图全份，于初级平校试验四个学月，结果亦佳。

在儿童教育试验学校每星期增加图画学科一小时，其目的除为增进儿童对于学校生活之兴趣外，并训练儿童视觉的记忆力与听觉的记忆力，且引导儿童有整洁雅美的爱好，并陶冶儿童活泼敏锐各种德性。至于教材及教学过程，初步用初级一二册画范，使其临摹，再则用木制之简单形体，使其写生，再次则使其独立发表想像画，在儿童教育实验学校试验结果甚佳。

在第二个目标之下，我们创作美感图画，开临时图画展览会。我们的计划，全年分春秋两季举行展览会一次，春季定五月间举行，秋季定十月间举行，地址在研究村，对象为一般农民。统计每次观众不下二千数百余人，受过平民教育的农民对于图画颇知欣赏，就中尤以妇女为甚。其爱好之心理倾向多趋重于色彩浓厚，构图复杂，对于插写故事之画尤发生浓厚兴趣。开设临时图画展览会应利用农民闲暇及庙会之期，在农民集合之场所最为适宜。

在第三个目标之下，我们应四大教育之需要，尽量供给图画，以供宣传之用，以引起受教育之动机，而收实效。各种大小应用图画，有属于挂图的，有属于画本的，有属于唤醒国难的。关于挂图的编辑成套，用五彩石印印成，以便出售，其中关于调查的挂图一辑，文艺的一辑，农业的四辑，合作社的一辑，卫生的两辑，公民的一辑，关于画本编辑，有初级、高级、平民、学生图画范本四册，教授法二册，可供平民教育课程正式课本之用，关于唤醒国难之图画，以明瞭中日关系，唤醒爱国观念为内容，现共有大小图画约百幅。

二、音乐研究设计　本设计之目标有三：甲、培养音乐兴趣，养成音乐智识技能；乙、发扬民族精神；丙、普及高尚娱乐乐器。

在第一个目标之下，我们以平民学校及小学为试验场所。试验的法子，先将编制之歌词印刷分给学生，使了解文字之意义，又使熟读。然后教授谱的看法及调子的音韵，并领之使唱。如此五六次之后，再使单人唱，指正其误点，并提醒其应特别注意之点，最后使之合唱。计每一个歌，教授二次至三次即可成功。一般儿童颇感趣味，大概每周教授两次，每次半小时。歌词内容务求其字句简单，与生活有切实的关系。调子内容择其悲壮，以奋发学生之精神。将来拟将歌词编制成册，以供小学校课本之用。

在第二个目标之下，我们觉得目前中国普通乐谱歌词，内容过于缺乏悲壮音调，不足以奋发国难下民族意识之消沉，所以我们在音乐方面的工作，注意于中西歌词乐谱之选集及创编，现在编成者有普村同唱集，以农村生活为背景，供给农民之用，共有四十个歌谱。其中分少年及幼年用者十三篇，青年及成人用者十五篇。歌词内所用文字，悉以农民千字课内所有的为标准，一般农民所以乐于歌唱。此外并编制民族精神歌词，其内容为叙述古人忠烈之故事，如荆轲、岳飞歌，文天祥歌等。此外尚有风琴简易奏法，及木琴自习法之编制，内容对于风琴、木琴奏习之技能，作简单之说明，并附以图画，使学习者易于明瞭。

在第三个目标之下，我们觉得要普及音乐乐器，最要紧的是制造简易价廉的用具，为一般平民所能购用。现在我们所研究制造的有经济的留声机，留声机在乐器之中易引起一般平民的好奇心理，用以教授唱歌颇易奏效。我们已制成一种极经济的留声机发音器，可供使用，唱头、喇叭，及湾脖等三样东西均为自制，发音亦甚清晰。此外并制造经济实用的风琴，风琴为一般小学校所公用的乐器，但是竟有多数学校限于经费，不能购用，经我们研究，风琴内的音簧、木壳、风袋均可用本国材料自制，价格仅为外购的半数。他如长弦琴、木棒琴、笛子等，我们均能以极廉之价制造之。

三、广播无线电教育研究设计　本设计的目标有四：甲、藉广播无线电机以普遍日常生活所需的智识技能，乙、使农民获得经济上之利益，丙、以高尚娱乐解除生活上之枯燥，丁、普及无线电教育的机件及方法。

在第一个目标之下，我们觉得无线电机是近代新发明交通利器，我们在乡间工作，处在不方便的交通状况以及人才经济缺乏的情形之下，很可以利用无线电做教育的工具，使农民从无线电机的播音里，普遍的得着日常生活上所必需的智识。我们的办法是利用无线电的播音，用直观方法，按着四大教育内容制定种种节目，广播出去。如关于文艺上、卫生上、公民上、农业上各种常识，都用很浅显的说明，制定节目，于每日播音时分配清楚，广播出去。农民从听无线电的好奇心理中，就无形得了许多智识和实用上的技能。

在第二个目标之下，我们觉得农民散处乡村，对于自己生产的东西，往往于价格方面受商人垄断，吃亏很多。尤其是乡村集市，是农民的市场，集市期间，农民对于物品价格很需要知道，以备赶到集市实行交易，是以我们调查各种产品的行市及价格，利用无线电先期广播出去，一般农民在经济上获益不浅。这种办法颇为他们所欢迎。

在第三个目标之下，我们觉得农民终日操作，毫无娱乐，不免感觉生活枯燥，但是购置乐器又为他们能力所不及，所以利用无线电，在每次播音里加以音乐节目，同时还有讲述故事、笑话及报告新闻等。关于音乐，我们大半利用唱片教授他们唱歌，关于故事，我们将唱片内的故事加以说明，使他们明瞭唱片的内容；关于新闻，我们在报纸上择其要者，用简易浅明的语句广播出去，最后加以解释，使农民在娱乐中也能得着智识，使娱乐教育化，教育娱乐化。

在第四个目标之下，我们认为利用广播无线电做教育上的工具，固然可以收到相当的效果，但是假使我们的办法，将来要想普遍推行到全国各县各村，所需的无线电机以及收音机一定很多。以目前中国的工业状况来说，恐怕还不能自行制造无线电机及收音机，我们还要尽量购买外货，这点实在是不合我们从事乡村工作的原则。我们在乡间工作，不但要负介绍科学工具到乡村来的责任，我们还要负振兴中国科学的责任，所以在这个目标之下，我们研究制造实用的经济的无线电台及收音机。制造结果，对于小规模的无线电台已有把握制造全套机件，用费约在三千元左右，仅及舶来品之半价，电力为二十五华特，电波可达七八县范围之内，收音机及电瓶等亦能自制，比欧美货价廉四分之三，比日本货价廉三分之二，而其使用效率之高有过之无不及。

四、摄影研究设计　摄影艺术在国内现已盛行，我们认为摄影是艺术教育化的一个很好的工具。本设计目标有二：甲、应用摄影表现各部各种设计之现象，使阅者一目了然；乙、应用摄影宣扬各种工作之进展及农民之反应，以增进农民之智识与信仰。

在第一个目标之下，我们将各部各设计工作摄成照片，分别集成册本，以代表各种工作状况。在第二个目标之下，我们用电影片摄成各部工作进展之状况，使成为一个整个的活动情形，以代表本会之工作，以引起农民之智识与信仰。

〔国民政府社会部系统档案〕

4 教育部关于中华平民教育促进会定县实验区概况的调查表

(1935年)

各地乡村实验事业应行调查项目

名　　称　　中华平民教育促进会定县实验区
地　　址　　河北省定县
成立年月　　民国十八年
主持机关　　中华平民教育促进会
负 责 人　　干事长晏阳初

实验宗旨　　以教育作出发完成农村建设方案。本会最初感觉我国大多数的民众，虽最低限度的教育亦未受过，遂提倡平民教育以求教育普及。后来更感觉农民教育的重要，复从事研究实验农民教育的实施方案，选定定县为实验区，用科学的方法调查农民生活的需要与困难，农民生活上的问题于实地实验之中，寻求问题解决问题，以求完成农民教育内容，教材教学教具以及整套应用学术，力谋改造农民之生活。在农村生活中发现愚、穷、弱、私四种基本缺点，本会欲从教育上去解决此四大缺点，在人人取得最低限度的文字教育的基础上，实施四大教育，以文艺教育救其愚，生计教育救其穷，卫生教育救其弱，公民教育救其私。

要使四大教育真能达到农民的身上，因应用三种方式去实施：（一）学校式教育，（二）社会式教育，（三）家庭式教育。学校式教育最初仅注重平民学校的教学，后来更注重小学教育。社会式应用各种社会教育方式来试验，使大多数农民接受教育。同时注重农民训练与组织。家庭式由农村家庭出发，研究如何改良家庭，使家庭社会化。三种方式之教育综合实施，以全体村民为教育对象，以农村建设为教育内容，以组织为教育方法，达到即教育、即组织、即建设之生活秩序。农村生活是整个的，生活的各方面是联环的，不能分割，必须联锁进行，在联锁进行之中力谋生活各方面的共同进步。

农民教育是切实农村生活的重要基本教育，所以根据四大教育，促进农村之文化、经济、卫生、政治各方面之进展。从教育出发，研究与生活联锁的、有计划的农民教育方案，而完成农村建设之内容，亦为本会实验工作之目的。

经费来源　　捐募。

额　　数　　岁入约贰拾万圆。

额　　数　　岁出约贰拾万圆。

组织内容　　依照客观的需要来组织（附组织系统表）。

职员人数、资历及待遇　全会职员除研究员、练习生及普通干事外，约有专门五十余人（附各部份负责人名录），最高薪俸为叁百圆。

实验方式　（1）以定县为实验区，并划区联锁实验农村建设工作，要从教育着眼，然后才有基础，才能造成有效的制度，所以从教育出发，选定定县实验区，划区联锁实验，进行县单位农村建设工作之研究实验。（2）借助各方面力量，根据已往的经验，觉得要基本的建设农村，要借助学术上、技术上及其他各方面的力量与社会上的力量，实施时要注意到政府方面的力量，与学术机关各大学及河北省县政建设研究院合作。

过去工作情形　（1）集中定县　本会最初虽选定定县为实验区，然仅在定县少数村庄，作农民教育及统计调查两部分的研究实验，大部份的工作在北平。自民国十八年冬始，决定各部分的工作集中定县。（2）规定十年计划　本会定县实验工作原订有十年计划，嗣感于农村工作与基本建设之迫切，不得不缩短年限加紧工作，遂决定将十年计划于六年中分三期完成。（3）六年计划：民国廿一年将十年计划缩短年限，于六年中分三期完

成,遂根据此计划从事研究实验工作,兹将其要略简述如左:

甲、第一期 研究村工作,时间二年。

(子)除文盲:完成区单位整套的"除文盲"应用学术。

(一)第一年:以实施为主,除尽全区青年文盲。

(二)第二年:以研究为主,完成除文盲整套的应用学术。

(丑)作新民:完成村单位整套的"作新民",应用学术与基本建设。

(Ⅰ)村工作

(一)第一年:A、四大教育,联锁之研究与实施。B、农村建设之研究与准备。

(二)第二年:实施农村建设工作,并补充农民教育工作,完成作新民整套的应用学术与基本建设。

(Ⅱ)区工作 工作性质不能限于村者,得扩展到区。

乙、第二期:研究区工作,时间二年

(子)除文盲:完成县单位整套的"除文盲"应用学术。

(一)第一年:充分与政府合作,除尽全县青年男女文盲。

(二)第二年:研究初级平校以上教育,为地方培养自动自治的青年人才。

(丑)作新民:完成区单位整套的"作新民"应用学术与基本建设。

(Ⅱ)区工作 本年度各部之研究实验设计。

(一)编辑室:编辑读物设计。

(二)教育部:A、乡镇教育建设实验设计;B、导生传习办法实验设计;C、教材编纂技术研究设计;D、农村妇女教育研究设计;E、成人学习研究设计;F、无线电广播教育研究设计;G、农村戏剧研究设计;H、图画研究设计;I、短期义务教育研究实施设计(与研究院合作)。

进一步的研究实验研究村的成绩,并实施完成区单位工作。

(Ⅳ)县工作　工作性质不能限于区者,得扩展到县。

丙、第三期　全县实施工作,时间二年。本期集中精力,实现左列二点:

(子)继续研究与实验完成地方人才训练。

(丑)实施研究区成绩完成平教运动县单位整套的应用学术与基本建设。

自实行六年计划以来,先后制定村、区、全县农村建设办法,嗣受河北县政建设研究院之委托,相与合作,对于全县工作着手进行。

受研究院委托与合作:民国廿二年春,河北省县政建设研究院成立,亦以定县为县政建设实验区,因与本会在各方面合作,为县单位实施之研究实验,以求学术与政治之合作。

现在事业状况:

(1)训练人才:根据已往研究实验之结果,并应各方面迫切之要求,于本年度作整个训练之工作,招收各大学毕业学生,分别授以卫生、经济、政治、教育各方面之训练,以为培养农村建设之基本人才。

(2)本会工作大别二类:

(一)专门研究工作　例如动物生产、植物生产之专门农业科学的研究,编制课本,研究农村学校之教学与组织等。

(二)实施应用学术研究　例"如除文盲"、"作新民"的工作。

(三)生计部:(A)动物生产:a、鸡种　繁殖　设计;b、中国各地猪种比较,试验设计;c、五代改良猪种设计。

(B)植物生产:d、果树栽培实验设计;e、棉花五谷改良实验设计。

(C)经济合作:县单位合作制度研究设计。

(D)生计训练:农民生计训练设计。

(四)卫生部:a、保健制度研究实施设计;b、预防传染病流行设计；c、学校卫生研究设计；d、妇婴卫生研究设计；e、环境改良研究设计。

今后进行计划：

（1）充实研究实验之内容　本会已往工作侧重制度的应用、学术的研究实验，今根据研究实验的结果，要以训练人才为之表证推广，同时仍以研究实验为训练推广之起点之重镇。

（2）训练人才　本会鉴于农村建设运动，迈进既速，范围益广，乃觉具有专门学识与实地经验的领袖人才更有切迫需要，同时更觉得农村建设方在开始时期，所需要的人才是开创的基本的，能做领袖的又要具有专门知能的，于是自本年度起，本会训练委员会遂开始招收研究生，分别授以政治、经济、卫生、教育各方面的训练而为培养计划的农村建设的一盘〔般〕人才。

（3）推广工作　平教运动系以整个的中华民族为其工作对象，并顾及到海外华侨教育，当初创时候，国内各省市几乎都有中华平民教育促进会分会，嗣感到农民教育与农村建设工作之重要，同时必须从农村生活上发见问题，运用科学方法以求其解决，然后可望有具体的农村建设的各方面的办法，从此乃偏重于各种科学的应用、学术的研究实验。以定县为研究实验的范围，今根据在定县多年研究实验的结果，为救亡图存，为整个运动都应积极的推广，即站在纯学术的立场推广亦应着手于表证及比较试验，因此本会近年来便有在各方面之推广与合作，即在研究实验方面亦力求与其他学术机关合作。现与各方面合作之机关计有：（1）河北省县政建设研究院；（2）华北农产改进社；（3）绥远省乡村工作人员训练所；（4）宛西三县；（5）广西柳州试办区等处。其中以河北省县政建设研究院之合作最为密切，在方法及人力方面在本会予与协助，其他机关或与本会作农作物之研究实验，与合作人员之训练与组织或由本会派员前往设计指导，或关于教育建设工作之协助等等工作。

实验成绩或心得：

（1）编辑室　a．平民文学分析；b．搜集材料；c．编辑读物；d．已出版之书籍约数百种（附书目）。〔略〕

（2）教育部

A．制定实施民众教育方案，民众学校教材教员教学法，组织法实施法等；

B．研究实验组织教育办学法；

C．制定村单位教育建设方案；

D．办理与县单位农村建设工作扣合的公民服务训练班之材料与办法；

E．研究导生传习材料与办法；

F．无线电广播教育之材料与办法；

G．农村戏剧之材料与办法；

H．直观教育之材料工具与办法。

（3）生计部

A．农业研究分动物生产与植物生产两类，其重要者如左：

　　a．二十二号改良大谷推广；　　b、棉花改良推广；
　　c．小麦高粱推广；　　　　　　d、波支猪之推广。

B．生计训练材料办法及推广制度；

C．县单位合作组织及办法之研究；

D．与定县县政府合作生计组织。

（4）卫生部

A．制定县单位卫生建设方案；

B．实施县单位保健制度；

C．水井改良之研究；

D．学校卫生之研究。

附表一：中华平民教育促进会廿四年度组织系统表

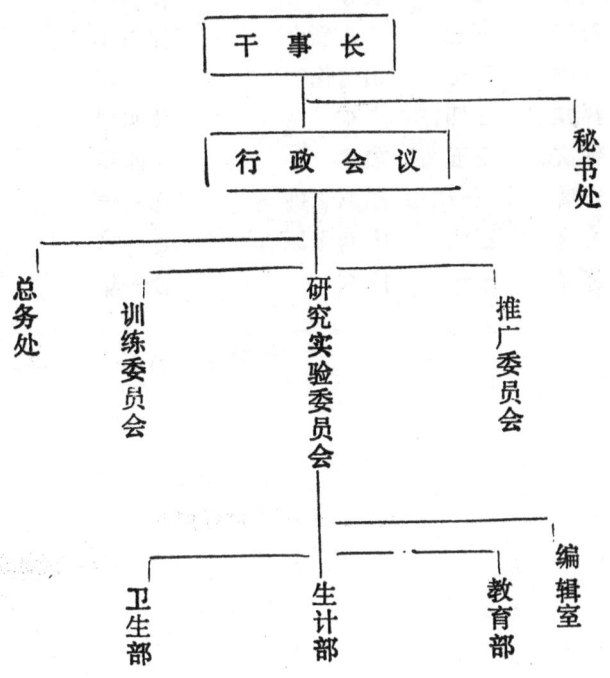

附表二：中华平民教育促进会定县实验区各部份负责职员

姓名	年龄	籍贯	任职年月	备考
晏阳初	四一	四川巴中	民国十二年	本会干事长
陈筑山	五一	贵州贵阳	十五年	
陈彰棋	四二	四川宜宾	廿三年	
孙伏园	四一	浙江绍兴	二十年	
瞿菊农	三五	江苏武进	十六年	
郑锦	五一	广东香山	十六年	
熊佛西	三五	江西	十七年	

黎锦纾	三四	湖南湘潭	廿一年
周先庚	三一	安徽	廿一年
朱有光	三三	广东新会	廿四年
姚石庵	三七	山西徐沟	廿 年
余泽棠	三四	广东	廿四年
万钟庆	三五	福建	廿四年
陈志潜	三一	江苏武进	廿一年
李方邑	三六	山西太原	廿一年
汪德亮	三一	广东	廿一年

〔国民政府社会部系统档案〕

(三)图书馆(民众教育馆)

1 教育部颁布图书馆规程

(1930年5月10日)

第一条 各省及各特别市应设图书馆,储集各种图书供公众之阅览。

各市县得视地方情形设置之。

第二条 私法人或私人得依本规程之规定,设立图书馆。

第三条 各省市县所设之图书馆称公立图书馆,私法人或私人所设者称私立图书馆。省立或特别市立图书馆,以省或特别市教育行政机关为主管机关,市县立图书馆以市县教育行政机关为主管机关,私立图书馆以该馆所在地之教育行政机关为主管机关。

第四条 省立或特别市立图书馆设置时,应由主管机关呈报教育部备案;市县立图书馆设置时,应由主管机关呈报教育厅备案。呈报时应开具下列各款:

一 名称;

二 地址;

三 经费(分临时费与经常费二项并须注明其来源);

四 现有书籍册数;

五 建筑图式及其说明;

六 章程及规则;

七 开馆日期;

八 馆长及馆员学历、经历、职务、薪给等。

私立图书馆由董事会开具前项所列各款及经费管理人之姓

名、履历，呈请主管机关核明立案，并由主管机关转呈上级教育行政机关备案。图书馆之名称、地址、经费、建筑、章程、馆长、保管人等，如有变更时，应照本条之规定分别呈报。

第五条　公立图书馆停办时，须由主管机关呈报上级教育行政机关备案；私立图书馆停办时，须经主管机关核准，并由主管机关转呈上级教育行政机关备案。

第六条　公立图书馆除搜集中外各书籍外，应负责收集保存本地已刊未刊各种有价值之著作品。

第七条　图书馆为便利阅览起见，得设分馆、巡回文库、及代办处，并得与就近之学校订特别协助之约。

第八条　图书馆得设馆长一人，馆员若干人。

馆长应具下列资格之一：

一　国内外图书馆专科毕业者；

二　在图书馆服务三年以上而有成绩者；

三　对于图书馆事务有相当学识及经验者。

第九条　图书馆职员每年三月底，应将办理情形报告于主管机关。

第十条　省立县立图书馆及私立图书馆之概况，每年六月底，由省教育厅或特别市教育局汇案转报教育部一次。

第十一条　私立图书馆以董事会为设立者之代表，负经营图书馆之全责。私立图书馆董事会，有处分财产、推选馆长、监督用人行政，议决预算决算之权。私立图书馆董事会之董事，第一任由创办人延聘，以后由该会自行推选。

第十二条　私立图书馆董事会，应于成立时开具左列各款，呈请主管机关核明立案，并由主管机关转呈上级教育行政机关备案。

一　名称；

二　目的；

三　事务所之地址；

四　关于董事会之组织及职权之规定；

五　关于资产或资金或其他收入之规定；

六　董事姓名、籍贯、职业、及住址。

上列各款如有变更，须随时呈报主管机关。

第十三条　私人以资财设立或捐助图书馆者，得由主管机关遵照捐资兴学褒奖条例呈报教育部核明给奖。

第十四条　本规程自公布日施行。

〔国民政府教育部档案〕

2　教育部公布民众教育馆暂行规程

（1932年2月2日）

第一条　各省市（直隶于行政院者）及县市（隶属于省政府者）应分别设立民众教育馆，为实施社会教育之中心机关。

第二条　省立民众教育馆隶属于省教育厅，以在省会地方设置一所为原则，名为○○省立民众教育馆；如有特别情形时，得酌量分设，名为○○省立某地民众教育馆。

第三条　市（直隶于行政院者）立民众教育馆，须择人口稠密之地设立之，隶属于市教育局，每市至少须设立一所。

第四条　县立民众教育馆先在县城或在县属繁盛市镇设立，逐渐推至乡村，隶属于县教育局。每县得就本县原有自治区或学区划分民众教育区，分设民众教育馆，名为县立某地民众教育馆。

市（隶属于省政府者）立民众教育馆，须择人口稠密之地设立，隶属于市教育局，每市至少须设立一所。

第五条　省市及县市立民众教育馆应举办关于健康、文字、公民、生计、家事、社交、休闲各种教育之事业。

第六条　省市及县市立民众教育馆，应从事研究及实验工作。

第七条　省立民众教育馆对于该馆所辖区域内县市立民众教育馆有辅导及示范之责。

第八条　省市及县市立民众教育馆得设左列各部：

1. 阅览部　书籍、杂志、图表、报纸之公开阅览，巡回文库、民众书报、阅览所等属之。

2. 讲演部　固定讲演、临时讲演、巡回讲演、化装演讲及其他宣传属之。

3. 健康部　关于体育者，如器械运动、球类、田径赛、国术、游泳、儿童游戏及其他运动属之；关于卫生者，如生理、医药、防疫、清洁等属之。

4. 生计部　职业指导及介绍、农事改良、组织合作社等属之。

5. 游艺部　音乐、幻灯、电影、戏剧、评书、弈棋、各种杂技及民众茶园等属之。

6. 陈列部　标本、模型、古物、书画、照片、图表、雕刻、工艺、各种产物，博物馆及革命纪念馆等属之。

7. 教学部　民众学校、露天学校、民众问字处或问事处及职业补习学校等属之。

8. 出版部　日刊、周刊、画报、小册及其他关于社会教育刊物属之。

以上各部得视地方情形全数设置，或先设数部，或酌量合并设置，如某项事业已设有专管机关时，其在县市者得并入民众教育馆办理之。

第九条　省市及县市立民众教育馆视地方区域之大小，经费之多寡，得分为甲、乙、丙三等，其标准：省市立者，由各省市教育厅局规定，呈准教育部施行；县市立者，由县市教育局规定，呈准教育厅施行。

第十条　省市及县市立民众教育馆设馆长一人，主持全馆事务并酌设馆员,其员额应以设部多少及各部事业范围大小为标准。

第十一条 省市及县市立民众教育馆经费分配标准:薪工不得高于百分之五十,事业费不得低于百分之四十,办公费占百分之十。

第十二条 省市及县市立民众教育馆经费,由省市县教育经费项下支给之。

第十三条 省市及县市立民众教育馆馆长任用及待遇规程另定之。

第十四条 省市及县市立民众教育馆馆长不得兼任其他有给职务。

第十五条 省市及县市立民众教育馆得设各种委员会。

第十六条 省市及县市立民众教育馆办事细则由馆长定之,并呈报省市及县市教育厅局备案。

第十七条 省市及县市立民众教育馆在每年三月底以前,应将上年办理情形呈报本省市教育厅局或县市教育局备案。

第十八条 私立民众教育馆之设立须遵照本规程办理,并须呈请所在地主管教育行政机关立案。

第十九条 本规程自公布之日施行。

〔国民政府教育部档案〕

3 教育部关于防止山东省聊城杨氏海源阁善本藏书流出海外并设法购置的文件

(1929年5月—1934年6月)

(1)财政部税务署致总税务司梅乐和训令(1929年5月23日)

财政部关务署训令第六三七号

令总税务司梅乐和

为令遵事:案奉部长发下,准教育部函开:顷见天津益世报载：山东东昌府杨氏海源阁藏书，当东昌匪警时，被便衣土匪用八十牛车掠去。杨氏藏书为我国海内所仅有，果遭匪掠，良堪痛惜。除由本部电请海关监督查缉外，相应函达，即希电饬津海、江海、青岛、烟台、凤阳、江汉各关，严为查缉，不准用任何名义装运出口。如各关有何具报，并希示知为盼等因。准此，除由部分令照转津海、江海、胶海、东海、江汉并饬行山海、粤海等关监督转知税务司及另令凤关监督、大连关税务司一体遵照，遇有报运书籍出口，务须注意检查，严防假借名义，偷运此项旧书，朦混出口，倘有发现前项被掠藏书，随时扣留具报核办外，合行令仰该总税务司遵照。此令。

中华民国十八年五月二十三日

（2）国民政府文官处致行政院公函（1930年12月18日）

国民政府文官处公函　字第八三七〇号

迳启者：顷据报告，山东杨氏海源阁所藏宋元明善本书多种，现运天津，整批出售，正与日人接洽等语。奉主席谕：迅电天津市政府及河北省政府先行制止出售等因。除分电查照办理见复外，相应函达查照。此致

行政院

中华民国十九年十二月十八日

文官长　古应芬

（3）教育部长王世杰致行政院呈（1934年6月7日）

案奉钧院第一五六二号密电，内开：本院第一五二次会议，院长提议：山东聊城杨氏海源阁藏书，卷帙繁富，版本精良，近来闻渐流散，深虑辗转入于外人之手，拟由政府集资购归国有，以存古籍一案。经决议：由政府购归国有，交教育部办理，并令山东省政府协助。除分令行，合行令仰遵照等因。奉此。当经密

派国立中央图书馆筹备处主任蒋复璁迅往接洽具报，并令山东省教育厅协助办理各在案。兹据该主任密呈，略称：奉令等因。遵将即日赴鲁调查，旋奉钧长面谕：有与杨氏藏书有关之中国农工银行代表即将到部，令与接洽。当候晤该代表南京中国农工银行经理萧文熙，据称：海源阁书籍已押入天津中国农工银行及盐业银行，已经过期，殆闻政府有收购之说，特来接洽。复璁当询以两点：一书目，二押价，请其见告。此后迄无消息，至最近方由萧经理交来目录一份，并声称押价为叁拾万元，时在二年以前，现在连同本息合洋肆拾万元，售主索价为肆拾伍万元等语。窃查海源阁藏书，近年山东图书馆曾排印杨氏保彝手编清抄底本及杨氏备案之全目，共为四百六十九部，十分之八九为名家之藏书，而得黄荛圃所藏又居八九中之六七，黄氏士礼居藏书，名重东西，故其著录宋金元各本，率私精椠明椠则唐五代宋元各家专集，皆当时初刻初印。校钞各本，均元明以来暨清初各家旧藏，多属四库所未收，称为海内孤本。至版刻较逊，为世间经见者，别辑入海源阁总目，不与善本同科，惜遭兵燹。总目之书，泰半毁损；楹书善本，流传津门者，一部分已经散失，一部分尚存杨氏，又一部分之押入银行者，查其书目虽仅九十种，较原目祇得四分之一，然杨氏宋元珍本已占十之七八，核诸索价虽嫌昂贵。然为保存文献计，如政府能出资购归国有，以重永久，自是盛举。否则，亦请由政府令饬地方管辖机关，按照古物保存法，严密防范，以免流入异域而保国粹，所有奉令调查杨氏海源阁藏书情形，管见所及，理合将农工银行交来书目一份，备文密呈鉴核呈转行政院实为公便。等情。并抄呈书目一份到部。据此，此案究应如何办理，理合据情呈请鉴核指令祇遵。谨呈
行政院院长汪
　　计呈农工银行交来杨氏海源阁藏书目一份〔略〕

教育部部长　王世杰

中华民国二十三年六月七日

(4)教育部长王世杰致行政院呈(1934年6月)

案据国立中央图书馆筹备处主任蒋复璁签呈称：职奉钧谕前往平津调查海源阁藏书情形，遵于十月二日由京出发，先赴北平调查，并与存海学社代表张君廷谔晤询一切。至八日抵津，又与存海学社潘君复等会晤。继至盐业银行行库检视书籍，按照所送书目校阅，其详细情形，另有录呈。兹查得海源阁藏书，自民国十七年遭匪，杨氏于是移书至津，陆续出售，而十九年售出一批，为满铁图书馆所得，尤为可惜。现存于盐业银行者，乃杨氏于二十年夏售诸存海学社，由该社押入银行。此批除向杨氏直接购入外，尚有得诸市肆者数种，共计一百十种。据银行及存海学社代表所述，当时购书实价共为二十六万五千元，存海学社集款八万五千元，盐业银行押款十一万元，农工银行七万元，现在银行之款，本息已达二十五万余元。现杨氏津寓尚藏有宋元精本二十余种，亦在待售之中。窃按此项抵押书籍，固有精善之本，但照原开价格，即尽去利息亦嫌昂贵，惟以彼等书款已过付原主，而银行积息又多，实已陷于为难之境地。虽所付银行利息可以议减，存海学社之款亦可减削，由政府予以名誉上之奖励，然至少亦须费二十万元以上。若置而不顾，则势必流传域外，故事实情形，亦有不能不兼顾者。又据存海学社代表之意见有二点：(一)由政府出现款收购。(二)由教育部商得财政部同意，令饬长芦盐运使筹拨。以存海学社中大多数为长芦盐商，长芦盐税本定作华北军饷，不可移挪，但盐滩修理或其他特捐原可增加。此款如令长芦筹拨，彼等可向长芦方面疏通，于此种特捐中设法，如延长时间等，此二十余万巨款，在长芦不过三四月即可解清。能如是则书可收归中央，而不需中央付款，且于盐税并不受丝毫影响。是否有当，理合据情签请鉴核施行等情。附呈天津盐业银行存库海源阁书目一份。据此，查本案迭奉钧院密令饬办，业经分别遵办并呈复在案。兹据该主任签呈调查经过情形及收购意见到部，究应如何办理，本部未敢擅专，理合检同存库书目，据情转呈钧院鉴核示遵。谨呈
行政院院长汪
　　附呈盐业银行存库海源阁书目一册。〔略〕
　　　　　　　　　　　　　　　　教育部部长　王世杰
中华民国二十三年六月　日
　　　　　　　　　　　　　　〔行政院与海关总署档案〕

4　国民党中央常务会议通过的中央图书馆计划书

（1929年5月13日）

一、进行的步骤

1．由中央常务会议指定三人至五人组织中央图书馆筹备委员会，筹备下列各事：

甲、经费的筹措；乙、馆址的设计及建筑；丙、向海内外募捐图书。

2．为应急需起见，中央各部处会所设图书室之书籍应一并拨归宣传部分类整理，俾先成立中央图书室为图书馆之雏形。

3．在中央图书馆未成立之前，应请中央先拨两万元购置必要图书，以后每月拨给经常费一千元。

二、经费预算

经费分**开办费**及**经常费**两种。

甲、**开办费**　设立一规模较备之图书馆，依最低限度之开办费暂拟定国币五十万元，兹分配用途如下：

1．建筑费廿五万元，
2．设备费十万元，
3．图书费十五万元。

乙、经常费　经常费每年暂定五万元，用途之百分比例如下：

1．图书杂志及装订费60%
2．生活费30%
3．杂　费10%

（附注：如开办费过巨，中央财力暂时无法筹拨，则由各地方分别担负，集腋成裘，轻而易举）。

三、举办事业之大略

中央图书馆无异为本党革命之文库，除征购的对象及分类方法均与普通图书馆不同外，即日常举办之事亦自与普通图书馆异趣。兹略分举于后：

一、设总理纪念堂专搜集总理之著作遗教，
二、搜集关于本党及国际民族运动之史料，
三、搜集关于本党之史料；
四、谋宣传品之交换，以本党学者之著作及党的宣传品赠送国内外著名图书馆、出版处、著作家。

（附注）图书馆之各项规程及建筑物图案，俟筹备委员会成立后再行详密计划。

中央图书馆筹款办法

甲、由中央新加之每月十万元活动费内分期拨足三十万元，定每月二万元，从五月份起十五个月付足。

乙、由筹备委员会向海内外私人劝募。

〔国民党中央执行委员会秘书处档案〕

5 国民政府文官处与行政院关于审核中华图书馆协会第一次年会决议案的往来函

（1929年11月—1930年6月）

（1）国民政府文官处致行政院公函（11月11日）

国民政府文官处公函　字第一○六一八号

迳启者：奉主席发下中华图书馆协会执行委员会呈为该协会在首都举行第一次年会，讨论训政时期之图书馆工作问题，表决议案五端，并附呈报告二册，请准予实行一案。奉谕：交行政院审核等因。相应抄检原件函达查照办理。此致

行政院

计抄送原呈一件，检送表一份，报告一册〔表与报告略〕

中华民国十八年十一月十一日

　　　　　　　　　　　　　　文官长　古应芬

抄原呈

呈为呈请事：敝协会于本年一月二十八日至二月一日在首都举行第一次年会，讨论训政时期之图书馆工作问题，表决各项议案，颇属重要。窃念图书馆事业发展固需要专门人才，而尤仰赖党国之提倡及政府之奖励，爰将下列五端，陈请鉴察：

一、广设专门图书馆（年会议决案见报告一四八至一五一页）：查世界各国，任何事业均用专门人才，以科学方法处理，故政治日见昌明。我国改革伊始，建设多端，我政府拔取专门人才不遗余力，然尤须于任用后予以继续研究之机会，庶可日进有功。倘欲达此目的，自非全国各行政机关一律添设图书馆不可，如按其性质购备专门图书，庶几一方面可促学术之进步，一方面可期政治之改良，尤有进者，立法为一切政制之标准，实业乃发展民生之要图，此两种图书馆之建立，均为建设上之要端，不容

或缓，顾皆端绪繁赜而又事近专门，更非博稽广考，实难期其有当，此应请钧府令饬立法、行政各院，以及教育、财政、工商、农矿、交通、卫生、铁道各部极力进行，各就职掌之范围，立专门图书馆。并于适当范围之内公诸民众，则在职诸员不失研究之便利，政治昌明，可以预卜，此所请择采施行者一。

二、颁发全国各行政机关之出版品于各图书馆（年会议决案见报告六八至七一页）：查欲图国民有健全之知识，自必以使其深通于本国之政治、法律、财政、经济、外交、交通、建设、军备以及教育、文艺等一切之状况，而过去及现在各行政机关所有各项设施及调查报告，初未尝无印刷公布之品，惟所谓公布者既不能家喻户晓，只有随意赠送或竟束之高阁，无人过问。图书馆既负指导民众阅览之责，为国家宣传法令之机关，亟应恳请钧府令行所属各机关将各项公布文件、法规、调查报告等分赠全国各图书馆，庶国人一入图书馆之门，则对于国家之政令设施无不可以按图索骥，而油然生爱戴之心，此所请采择施行者二。

三、防止古籍流出国境（年会议决案见报告七八页）：查年来时局不靖，大宗古物先后为外人盗窃出口，实为我国文化上重大之损失，若再不加禁止，则此后愈难补救，而古书及旧档案有关文献尤为重要，应由钧府明令全国各海关、各邮局严禁出口，如有故违，即行惩办，此所请采择施行者三。

四、组织中央档案局（年会议决案见报告六八页）：整理过去政府之档案，以供现时之参考，为当今之要务。查中央各部及各地方政府整理方法既不苟同，而又分置各地，易致散失。今宜参照各国成法，特设中央档案局，将各项档案集中一处。且档案为一国之基本文献，尤宜特设专部，以科学方法整理典藏。该局或独立或为中央图书馆之一部分，应由钧府选派图书馆专家成立设计委员会，妥筹整理之方法，以供人参考之便利为目标，此所请采择施行者四。

五、减轻图书馆寄书邮费（年会议决案见报告八七页）：图书馆之事业，不外书籍之流通，因之专赖邮政上予以特别之协助。故凡图书馆寄出之书籍，须订定减费办法，邮政方面虽于单独之邮件收入邮费减少，而图书馆邮件预料必多，收入上亦当然无形增高。此种特别邮率，在美国已由国会议决施行，我国亦亟应仿照办理，此所请采择施行者五。

以上五端，敝会年会议决原案俱见报告中附呈二册，敬乞鉴核。是否有当，尚祈酌夺，准予实行，不胜待命之至。谨呈
国民政府主席蒋
中华图书馆协会执行委员会主席　袁同礼谨呈

（2）行政院致国民政府呈（1930年6月4日）

呈为呈覆事：前准钧府文官处第一〇六一八号公函，以中华图书馆协会执行委员会呈送该会第一次年会议决案五项，请采择施行一案，奉谕交院函达查照等由。准此。当交教育部审核去后。兹据该部呈送审核意见前来。查该部所议甚是，似应准予分别照办，除第四项组织中央档案局应从缓议，第五项减轻图书馆寄书邮费已由院令行交通部核议外，其余三项拟请即由钧府依照所议分别令行，并转请中央令行遵办。是否有当，理合照缮原件呈请钧府鉴核施行，指令祗遵。谨呈
国民政府主席　蒋
计抄呈教育部意见一件

行政院院长　谭延闿

中华民国十九年六月四日

教育部审核中华图书馆协会原呈各案之意见

一、广设专门图书馆案：查专门图书馆之设置，本部正在规

划进行。原案主张令中央各院部各就主管范围设立专门图书馆，并酌量开放，既可供在职人员之参考，又可公诸民众，用意至善。现在中央及各地方党政机关间有此项设备，惟以预算关系，未能普遍，或因地方狭小未便开放，故效能尚未大著，拟请由中央暨国民政府分别令行各级党政机关先行酌量添置专门图书馆，其已设者亦应量力扩充，将所需经费列入该机关正式预算，并于可能范围内酌量开放，予民众以阅览参考之便利。

二、颁发全国各行政机关之出版品于图书馆：查原案意在宣扬政府法令及政情，自是要图，惟全国公私立图书馆数量不少，必责各机关将所有刊物悉行分赠，势非增加各该机关大批印刷费不可，此又须视经费状况为衡，未能以命令强制执行者。现拟改订补救办法，拟请由国民政府令行各机关，凡所发行之印刷物，对于各图书馆特订廉价优待办法，在各机关既不致感受困难，在各图书馆亦可以廉价添置刊物，似属两利，易推行。

三、防止古籍流出国境案：查国内所存古籍珍本年来散失颇多，究其原因多系外人转运出口，自宜设法防止。本部对于保存古籍珍本向极注意，遇有此项事实发生，屡经咨请各地军政机关暨财政交通铁道各部饬属严查在案。若由政府明令上列关系各部转饬各关口暨各交通机关严厉稽查，不准运输出口，效能自更宏大，原案拟请准予照办。

四、组织中央档案局案：原案主张成立设计委员会，以科学方法整理并典藏各项档案，自系要图。此项委员会拟请先由本部组织，俟研究得有结果，即行呈请通令施行。至特设中央档案局，将各项档案集中一处一节。查各机关散处各地，档案集中于办公上恐多不便，原案拟请缓议。

五、减轻图书馆寄书邮费案：查图书馆流通书籍专赖邮寄，现在各图书馆经费均甚困难，自非设法将寄费减轻不可，按照新闻邮电减费办法，业奉交交通部执行在案。图书馆流通书报似可援照办理，拟请院长核发交通部核办。

〔行政院与国民政府档案〕

6 国立北平图书馆组织大纲及教育部与中华教育文化基金董事会合组该馆办法等有关文件

（1929年9月）

（1）国立北平图书馆委员会组织大纲

第一条 本委员会依据国府教育部（下称教育部）、中华教育文化基金董事会（下称董事会）合组国立北平图书馆，办法第二条、第三条组织之。

第二条 本委员会委员皆属名誉职，其任期除当然委员外，第一任委员由教育部聘任之，并分别指定，任期为一年、二年者各二人，三年者共三人。嗣后委员缺出，即由委员会自行推补，其任期为三年。

第三条 本委员会之职权如左：

一、审议图书馆办理方针及进行计划；

二、推荐馆长及副馆长之人选于教育部及董事会；

三、审核图书馆之预算及决算；

四、保护馆产；

五、筹划经费；

六、审定馆章；

七、审查馆长推荐之职员；

八、审定合同及契约；

九、审议及提议其他关于图书馆之重要事项。

第四条 本委员会设委员长一人，副委员会长一人，代表本会处理事务；书记一人，掌理本会一切文件，会计一人，掌理图书馆经费之收支存放。上项各职员皆由委员互选，任期一年。

第五条　本委员会因事务上之便利，得设置分委员会或酌用雇员助理各务。

第六条　本委员会开会时，以委员五人之出席为法定之人数，不能出席者得通信投票。

第七条　本委员会至少每三个月开常会一次，由馆长报告馆务经过；临时会无定期，由委员长召集之。

第八条　本委员会每年应将会务经过报告于教育部及董事会。

第九条　本大纲经教育部及董事会核定施行。

第十条　本大纲经本会委员三人以上之提议，到会委员三分之二以上之议决，教育部及董事会之核定得修改之。

（2）教育部与中华教育文化基金董事会合组

国立北平图书馆办法（1929年9月）

第一条　国民政府教育部（以下简称教育部）为促进学术、发展文化起见，特与中华教育基金董事会（以下简称董事会）合组国立北平图书馆。

第二条　国立北平图书馆一切进行事宜，由教育部及董事会合组国立北平图书馆委员会（以下简称委员会）主持之。

第三条　委员会设委员九人，除国立北平图书馆馆长、副馆长均为当然委员外，其余七人之聘任方法按照委员会组织大纲规定办理。

第四条　委员会委员任期及职务另定之。

第五条　国立北平图书馆设馆长及副馆长各一人，由委员会推荐，董事会同意，由教育部聘任之。

第六条　教育部直辖之北平图书馆所有图书及设备，由教育部完全移交于委员会处理之。

第七条　董事会直辖之北海图书馆，所有图书设备、购书费、建筑费、馆址及建筑，由董事会完全移交于委员会处理之。

第八条　国立北平图书馆每年之经费由董事会担负，每年分四期拨交委员会支用，但以曾经董事会核准之预算为限。

第九条　本办法经教育部及董事会之核定即为有效。

（3）国立北平图书馆委员会

委员长　周诒春；　　　副委员长　刘复；
委员兼会计　孙洪芬
委员　马叙伦、陈垣、任鸿隽、傅斯年；
当然委员　蔡元培；　　当然委员兼书记　袁同礼。

（4）国立北平图书馆购书委员会

中文组委员　　陈　垣　　陈寅恪　　傅斯年　　胡适之
　　　　　　　顾颉刚　　徐鸿宝　　赵万里（兼书记）
西文组委员　　丁文江　　胡先骕　　陈寅恪　　傅斯年
　　　　　　　孙洪芬　　王守竞　　顾子刚（兼书记）

（5）国立北平图书馆长、各部主任名单

馆　长　蔡元培；　　　副馆长　袁同礼
总务部主任　王访渔；　　采访部主任　徐鸿宝
编纂部主任　刘国钧（现请假）；　　阅览部主任　刘国钧兼；
善本部主任　徐鸿宝兼；　　　金石部主任　徐鸿宝兼
舆图部代理主任　王　庸（以编纂委员兼）；　　期刊部主任　袁同礼兼。
编纂委员会委员　叶渭清　　胡鸣戏　　顾子刚　　向　达
　　　　　　　　王重民　　刘　节　　王　庸　　陈贯吾

· 799 ·

梁思庄

〔国民政府教育部档案〕

7 蔡元培与教育部、张元济与袁同礼关于影印四库全书未刊珍本的往来函件

（1932年—1933年）

（1）蔡元培致教育部呈

敬陈者：闻大部现拟摄影印四库全书未刊珍本，仍见发扬文化嘉惠士林之至意，无任钦佩。窃查此书校写远在一百七十年前，或著录各省采进之本，或辑自永乐大典残帙，内中虽间有采自稿本，然大多数固多有刊本也。今兹迻印加刊以"未刊"二字，于名称上似觉未妥，此应请大部予以考虑者一也。又四库罕传之本，有原书未亡，而馆臣未及搜集者，有据残本入录，而全帙至今尚存者；且馆臣于原书面目任意窜改，脱简遗文，指不胜屈。今如以本馆近年所收宋、元、明旧刊或旧钞之本，一一比勘，尤足证明馆臣窜改摧毁之处，不一而足。且馆臣未及见之孤本秘笈，今则巍然尚存天壤。今兹影印，凡有旧刻或旧钞足本，胜于库本，可用以代替者，允宜采用原帙，以存古书之面目，此应请大部予以考虑者二也。至此外四库所收之书，今无旧本流传，非影印库本别无补救之法者，为数至多。内中虽不无罕传之本，但如明人关于经史之著述，其内容在学术上多无价值，今如以机械方式一一影印，非特为一无意识之举，而贻误后学，关系尤非浅鲜。拟请大部延聘通人或组织委员会，详为审查，严定去取，藉收集思广益之效，此应请大部予以考虑者三也。又四库集部诸书，概无目录，翻检为艰。本馆近年以来，补辑此项篇目业已竣事，自应排印于每书卷首，以资检查。管蠡之见，是否有当，敬

希鉴核。谨呈

教育部长

附四库罕传本拟目一册〔缺〕

国立北平图书馆馆长　蔡元培

副馆长　袁同礼

（2）教育部致蔡元培复函

孑民、守和先生大鉴：前以本部影印四库全书未刊珍本一事，承殷殷垂示尊见，具征关怀文化，无任感佩。按四库全书虽多刊本，而未刊者确有三百余种，或虽见著录刊于宋元，而流传已少，有同未刊。此次付印，即重在此项秘籍以是定名为四库全书未刊珍本，此应奉复者一也。又四库所收，非尽善本，且有残缺讹误，确属实在无庸讳言。但版本追究无穷，采访尤费时日，善本虽有，乞假非易，且以库本与刊本并印，则与普通丛书相同，恐与此次印行四库存其真相之原意，似属不符。若于四库中再以价值定其去取，则观点有不同，主张恐难统一。而于未刊本中重加选择，则未当选之未刊本，永沦于未刊，及今不印，散佚堪虞，此应奉复者二也。至此次印行四库未刊本，所拟草目，经史两部共计一百二十七种。查明人著述仅得二十四种，其中亦多佳构，并非全无价值。且预定组织一委员会审定目录，藉收各方宏议，以定去取，此应奉复者三也。现因印行四库未刊本已成定议，未便更改，而印行四库底本亦属要举，不妨并行。北平图书馆年来搜藏善本，蔚为巨观，又与各藏书家多有联络，可以商借付印，则关于筹印四库底本事宜，可否即请平馆担任？如何同意，即乞妥拟计划，报部备案。闻商务印书馆亦乐于担任，则印刷之事，当亦不甚难也。专此布复，诸希亮察。顺颂道安。不一。

王世杰　谨启

（8）张元济致袁同礼函

守和、斐云先生大鉴：敬复者：昨得斐云兄十一日手书，展诵祗悉。影印四库未刊本，二公主张拟用善本替代，并联合南北各学术团体及各地学者，即日草具公函，向教育部当局建议，甚盛甚盛。惟弟窃以为兹二事者，不妨兼营并进，而不必并为一谈。四库所收，非尽善本，且有残缺讹误，无庸讳言。但其间颇有未经刊行，或虽已刊行而原本不易购求者，如能及早影印，俾得流传，当亦大雅之所许。曩者，敝公司两次陈请借印，业奉正式批示，装箱待发，忽生阻梗，事败垂成，流光荏苒，今已十余年矣。此十余年来历劫无算，是书岿然尚存，可称万幸！过此以往，殆不可知。此次教部以印事见委，敝公司灰烬之余，虽喘息未定，不敢稍有推诿，固为自身了夙愿，亦为学术效微劳也。至流通善本，尤为弟之素志，今得二公提倡，海内公私藏书家苟愿出其所藏，赞成兹举，抚衷欣幸，岂可言喻。二十余年来，先后辑印续古逸丛书、四部丛刊、百纳本二十四史者，皆此意也。若无"一二八"之变，四部丛刊续集又早已发行矣。至以善本代库本，则鄙见窃以为不必，且于事势亦有所不能。善本难遇，乞假尤难，往返商榷，更多耽搁，如是则观成无期，且善本亦正无穷。先得一明本，以为可以替代矣，未几而有元本出，又未几而有宋本出。若以明本自书，则于目的有违，若必进而求元本，更进而求宋本，则观成更无期。故弟窃以为二公高见，与教部原意，分之两利，合之两妨。方台驾莅沪之初，辱承见教，弟均以此意上答。今斐兄复传述守兄雅意，殷殷垂诲，当与王李二君商酌，均以为于印行库本外，所有公私善本，允假敝馆影印者，苟于照相制版技术上，认为可能，极当勉力承印，与库本并行不悖，此则敝公司愿竭其绵薄，而与各学术团体及学者通力合作者也。谨布区区，伏为亮察。顺颂暑期百益。

张元济　谨启

（4）袁同礼致张元济复函

菊生先生尊鉴：前奉七月十三日手教，以有青岛之游，未及作覆为歉。流通古籍，采用善本，我公提倡最先，海内钦仰。此次选印四库，同人拟议"以善本代替库本"，盖本我公之主张，聊备当局采择而已。曩者贵公司两次陈请借印，以政治关系，功亏一篑，但先后均以贵公司名义影印发行；此次则系由政府主持，而只从事抽印，与以前两次情形微有不同。同礼职司校仇，而于文津、文渊两本，又与子民、叔海两君，共负典守之责，见闻所及，不得不图补救。区区苦衷，当为国人所共谅。诚以当局如有贻误，匪特在学术上为致命伤，于国家颜面，尤不能不顾到也。矧近年来中国学术上之进步，已迥非十年前所可比拟，而目录之学则已蔚为大观，骎乎司群学之枢键，而司其营养焉。"善本难致"似已无庸过虑，同仁不敏，弥愿勉尽棉薄，共襄盛举，以期能底于成，不致再蹈前人之失。至尊函所述"耽搁"一层，自当力图避免。但吾人为国家办文化事业，亟应屏除敷衍苟且之陋习，而万不宜草率将事也。兹闻编订目录委员会，业已组织成立，其中委员为先生等又为版本大师，此后进行当可脱离政治，而入纯粹学术范围，想贵公司诸公当亦乐观其成也。谨布区区，伏维亮察。顺颂著祺。袁同礼拜启。梦旦云五拔可诸先生统此致意。

注：本件节选自国史馆编《中华民国史长编》，原载《国闻周报》十三卷三十二期。

〔国史馆档案〕

8 教育部有关影印四库全书未刊珍本的文件

（1933年4—6月）

（1）教育部长朱家骅致行政院呈（4月21日）

查四库全书关系我国文化至巨，政府久已决意印行，而迄未实现。该书原有七部，分存文渊、文源、文溯、文津、文宗、文汇、文澜七阁。前清咸丰十年，英法联军入京，文源阁化为灰烬。太平军之役，文宗、文汇两阁又相继毁灭，前年九·一八事变，文溯阁藏书又遭劫掠。现存文津、文澜两部（分藏国立北平图书馆、浙江省立图书馆）亦均有残阙。文渊阁所藏独为完善，更有急于印行，以资流通而免失传之必要。惟值兹国难严重，全部印费，筹措自属困难。且查四库全书中已有单行印本者甚多。约为节省经费易于实现起见，拟将其中向未付印或已绝版之珍本约八九百种，先行付印，为发扬文化之一助。迭经本部派中央图书馆筹备处主任蒋复璁前往北平调查研究，并赴沪接洽印刷情形，大致尚属可行。理合具文呈请鉴核，仰祈俯赐照准以利进行。文化前途，实为幸甚。谨呈

行政院

            教育部部长　朱家骅　印

中华民国二十二年四月二十一日

（2）教育部长朱家骅致行政院呈（4月22日）

查本部前以四库全书中珍本，亟须设法刊印，以广流传，业经令饬国立中央图书馆筹备处主任蒋复璁迅行筹办，并呈报鉴核备案在案。兹据该主任呈称：奉令在平调查四库全书未刊珍本，以备付印，将来可与外国图书馆交换图书，以为国立中央图书馆

创办之根基，更藉以发展文化，阐扬国光等因。复璁抵平后，即从事调查。按四库全书原钞七部，散失已逾其半，现在完存仅文渊、文津、文澜三部。文澜当洪扬乱时，被毁殆尽，后经补钞，早非旧观。文津现贮于国立北平图书馆，抄成最晚，字体潦草，不如初写本文渊之精美，伪误亦属较少，现已由故宫博物院迁运南来，摄照甚易。如付影印，似以文渊为宜。全书共计三千四百五十七种，其中已有普通刻本者共计二千六百余种，版本多较四库为善，实无重印之必要，且目下亦恐无此巨大款项。其希见者共八百余种，则或绝无流传，仅此孤本，或仅有传抄，未付梨枣，或虽有刊刻，而时文远，得之非易。此八百余种，已编辑成目，业于三月十九日回京缴呈。当奉钧长面谕及钧部第三四四八号训令，迅速印行，以期早日实现等语。奉此。查此书曾于民国十三年及民国十四年两次由前教育部与上海商务印书馆商议印刷，订有合同，虽皆以故中止，而计划具在。且该馆印行之四部丛刊曾有多种，乃影印四库底本，字画清楚，样式合宜，卓有经验。上年该馆虽遭乱受损，但机器资力及复兴之猛，犹为国内各书商之冠，故复璁特往上海，与该馆多次接洽，为减轻成本，便利印刷，拟暂定先印其最精未刊秘籍约三百种，每部限一千五百册，纸张因本国旧造连史或毛边，产额过少，不易大批购得，故用江南造纸厂所出江南毛边纸，于便利印刷之中，寓提倡国货新工业之意。在未印前一面照相制版，一面出售预约，由该馆视预约情形议定印数，再按印数增十分之一与中央图书馆，但印数不满三百部时，仍送足三十部，预定影印至多为一千五百部，全书于两年内出齐，名义版权，概归中央图书馆，该馆不过为一承印者。除所印部数外，不得多印或提印单行本。其发售定价若干，由该馆决定，一切印刷费用，概归该馆负担，盈亏与中央图书馆无涉。此次所商条件，均较前教育部所定合同为优，似属可行。所有奉派赴沪接洽影印四库全书未刊珍本各情，理合具文呈报鉴

核。等情。查核该主任所呈各节，似属可行。除饬将其余未刊珍本一律印行外，理合呈请核示遵行。谨呈

行政院院长　汪

　　　　　　　　　　　　　　　教育部部长　朱家骅印

中华民国二十二年四月二十二日

（8）教育部长王世杰等致行政院呈（1933年）

查影印四库全书珍本合同，并经钧院第九十八次会议决议通过，并由本教育部转饬国立中央图书馆筹备处主任蒋复璁与上海商务印书馆正式签订，并据该主任呈送业由双方签字盖印之正式合同，请准予备案，经本教育部复核无异，已指令照准各在案。

本月十五日，本博物院理事会在京开会，佥以合同原文，有修改必要。经决议将原合同第一、十、十二、十三、十四各条分别修正。理合赍同修正合同全文，呈请鉴核，是否可行，敬候指令祗遵，实为公便。谨呈

行政院

　　附呈故宫博物院修正影印四库全书珍本合同全文一份

　　　　　　　　　　　　　　教育部部长　王世杰　印
　　　　　　　　　　　　代理北平故宫博物院院长　马衡　印

中华民国廿二年　　月　　日

修正影印四库全书未刊珍本合同

立合同　国立中央图书馆筹备处
　　　　上海商务印书馆　　　　双方同意订定合同，条件如左：

第一条　行政院令委教育部及故宫博物院，将文渊阁四库未刊珍本缩成小六开本影印发行。教育部受故宫博物院之委托，令国立中央图书馆筹备处（以下简称图书馆）与上海商务印书馆（以

下简称印书馆）订立合同。

第二条 影印未刊珍本以九万页为限，每部分订中装约一千五百册。

第三条 为郑重保管起见，由教育部呈请行政院特许，将拟印未刊珍本由图书馆派员伴同印书馆至故宫博物院（上海储藏处）摄影。

第四条 摄影时由故宫博物院会同图书馆派员将每日应摄之书点交印书馆摄影，每日摄影已毕即由印书馆将书缴还，经故宫博物院及图书馆派员当场点收无讹，印书馆方得卸责。

第五条 摄影时期至多不得过六个月。

第六条 印刷一切费用由印书馆自行负担，盈亏与政府无涉。

第七条 全书于摄影之日起，二年内将书出齐，不得托故延长，第一年为发售预约及制版时期，第二年内分两期将政府应得之书缴清。

第八条 纸张用江南造纸厂所出江南毛边纸。

第九条 售价视工料时值，由印书馆酌量拟定。

第十条 印数由印书馆自行酌定，但至多不得过一千五百部，印书馆按印数增十分之一与政府。故宫博物院为协助图书馆发展起见，除自留二部参考外，愿将应得之书全数赠与图书馆，专供交换之用，可由印书馆直接交付，倘印数不满三百部时，仍赠足三十部。

第十一条 印书馆于印刷整部之外，不得抽印单行本，每部均由图书馆盖章后方可出售。但因不得已事故，且非由于印书馆之过失不能摄影齐全时，印书馆得请求教育部准其将已摄之书印单行本，迳行发售。并仍照第十条之规定赠送政府。

第十二条 摄影时应特别注意不得污损，如有损坏由印书馆照式抄赔，并将损坏原页缴还。

第十三条 本合同授与印书馆影印及发行本书之权，以一次

9 全国图书
(1934

省市别	普通图书馆			专门图书馆			民众图书馆			社教机关附设图书馆		
	公立	私立	共计	公立	私立	共计	公立	私立	共计	公立	私立	共计
广东	六九	一九	八八	二		二	六五	七	七二	四		四
河南	三二		三二				九三		九三	三一		三一
江苏	五〇	一五	六五	一八	六	二四	二六	一	二七	二六		二六
山东	六一		六一	一		一	四六		四六	一〇三		一〇三
浙江	三九	五	四四	二		二	六七	三	七〇	七九		七九
湖南	三		三				七七		七七	一		一
河北	九三	一	九四	一	三	四	二九		二九	四		四
福建	四三	六	四九	一		一	一九	一	二〇	一二		一二
云南	一		一				四〇		四〇	四九		四九
上海	三	三	六	二	四	六	一	一	二	六	二	八
北平	三	四	七	一	一	二	三		三	三		三

馆概况统计表
（年）

机关及团体附设图书馆			书报处			学校图书馆			私家书楼	总计	备考
公立	私立	共计	公立	私立	共计	公立	私立	共计			
二	一〇	一二	六六		六六	九三	六二	一五五		三九九	
二		二	四		四	三四	一〇	四四		三〇五	县立图书馆及平民阅书报处多有疑问
七		七	二	一	三	一二〇	一七	一三七	二	二八一	
						五六	三	五九	一	二一七	通俗图书馆多数疑问
二	三	五				二九	一八	四七	三	二五〇	通俗图书馆多数疑问
			八四		八四	四	七	一一		一七六	万有文库八十四部巡回各县
	三	三	六		六	九	六	一五		一五五	
一		一	一九		一九	六	四	一〇		一一三	
四	一	五	四五		四五	九	一	一〇		一五〇	内万有文库二十一部
七	二〇	二七	一		一	一	三一	四二		九三	
五	一一	一六	一四		一四	二	二〇	四一		八六	

续表

省市别	普通图书馆			专门图书馆			民众图书馆			社教机关附设图书馆		
	公立	私立	共计	公立	私立	共计	公立	私立	共计	公立	私立	共计
湖北	二〇	六	二六				三三		三三	一三		一三
陕西	二六		二六	三		三	二三		二三	一		一
四川	三七	八	四五	一		一	八	一	九	四		四
安徽	三二	五	三七	二	一	三	七		七	五		五
山西	三三		三三	一		一	五		五			
甘肃	五一	一	五二									
辽宁	三一		三一				一七		一七			
南京	二	一	三	四	一	五	一		一	四		四
吉林	一二		一二				一二		一二	一七		一七
贵州	一九		一九				一		一			
江西	三二	一	三三				四		四			
广西	五		五				三	一	四			

机关及团体附设图书馆			书报处			学校图书馆			私家藏书楼	总计	备考
公立	私立	共计	公立	私立	共计	公立	私立	共计			
三	一	四				一	三	四		八〇	
				四	四	二一	一	二二		七八	
一	一	二	一		一	六	四	一〇		七二	营业图书馆暂归专门栏
				二	二	三		三		六七	
一		一				二	一	三		五三	
							一	一		五三	
	二	二				一	一	二		五一	
二	一	三				一	七	八		四四	
一		一					一	一		四四	
一	一	二				一七	一	八		四〇	
							一	一		三八	
一		一				一四	一	四		二四	

续表

省市别	普通图书馆			专门图书馆			民众图书馆			社教机关附设图书馆		
	公立	私立	共计	公立	私立	共计	公立	私立	共计	公立	私立	共计
黑龙江	三		三				四		四			
热河	二	一	三				一		一	七		七
绥远	六		六		一		一					
青海	五		五									
察哈尔	三		三							一		一
宁夏	五		五				一		一			
青岛												
威海卫												
新疆	一		一									
西康							一		一			
总计	八二七	六七	八九四	四〇	一八	五八	五五八	一七	五七五	三二九	二	三三一

说明　1．学校机关等附设之图书馆，如注明专门或通俗,

　　　2．有疑问之图书馆统计暂行计入。

　　　3．儿童图书馆暂归专门图书馆计算。

　　　4．巡回文库归并书报处一栏。

　　　5．本表以有名称、地址可考者为限。

机关及团体附设图书馆			书报处			学校图书馆			私家藏书楼	总计	备考
公立	私立	共计	公立	私立	共计	公立	私立	共计			
						一三		一三		二〇	
										一二	
						八		八		一五	
						二		二		七	
			一		一	一		一		六	
										六	
一		一				一	一	二		四	
										一	
										一	
五六	五一	一〇七	二五八	一	二五九	四九四	二〇〇	六九四	八	一二九三五	

即归入专门及通俗图书馆栏。

〔国民政府教育部档案〕

为限。如有再版之必要，应照第一条规定程序，由双方协商另定合同。

第十四条　本合同共立二份，一份由图书馆呈教育部，一份由印书馆执守。

中华民国二十二年　　月　　日

立合同　国立中央图书馆筹备处
　　　　上海商务印书馆

（4）编订四库全书未刊珍本目录委员会委员名单

影印四库全书以本子之选择，学术界与教部意见颇有异同。教部乃函请陈恒、傅增湘、李盛铎、袁同礼、徐鸿宝、赵万里、张允亮、张元济、董康、刘承幹、徐乃明、傅斯年、顾颉刚、柳诒徵、张宗祥、叶恭绰、马衡十七人为编订四库全书未刊珍本目录委员会委员，期以集思广益之效。

〔行政院档案〕

〔七〕蒙藏（边疆）教育

（一）教育法规与计划

1 国民党三届二次中央全会通过的蒙藏决议案中有关教育部分

(1929年6月17日)

〔前略〕

（三）于首都设立蒙藏学校，为储备蒙藏训政人员及建设人才之机关。由蒙藏各地选送优秀青年应试入学，并附设蒙藏研究班，指导促进关于蒙藏事情之专门研究。

（四）关于蒙古、西藏经济与文化之振兴，应以实行发展教育为入手办法，其要点如下：

1、通令各盟旗及西藏、西康等地主管官厅，迅速创办各级学校，编译各种书籍及本党党义之宣传品，实行普及国民教育，厉行识字运动，改善礼俗，使其人民能受三民主义之训育，具备自治之能力。

2、确定蒙藏教育经费。

3、在教育部内特设专管蒙藏教育之司科。

4、在首都及其他适宜之地点，设立收容蒙藏青年之预备学校。特定国立及省立之学校，优遇蒙藏新疆西康等地学生之办法。

上列各项事宜由行政院负责制定详细计划，迅速实行。

〔下略〕

〔国民党中央执行委员会秘书处档案〕

2 教育部公布待遇蒙藏学生章程

(1929年7月23日)

第一条 蒙藏学生来中央及各省求学者，除有特别规定外，依本章程待遇之。

第二条 左列各机关得于每年学校学期开始之前，向蒙藏委员会或其驻平办事处保送蒙藏学生，惟须开具学生之（一）姓名、（二）性别、（三）年岁、（四）籍贯、（五）学历、（六）品行评语、（七）所通语言文字各项。并附送该生二寸半身相片二张。

一 蒙古各盟旗官署。

二 西藏各地方官署。

三 蒙藏各级学校。

四 蒙藏相连之沿边各省县政府。

第三条 蒙藏委员会或其驻平办事处，对于各机关保送之学生应核明分别转送各级学校，各校如有缺额，应收受此项学生，除资格程度相合得编入相当班级者外，一律作为旁听生，惟以能直接听讲者为限。

各学校收录蒙藏学生，无论为正式生或旁听生，均应由各该校分别迳报或转报教育部备案。

第四条 各校收录之蒙藏旁听生学年考试及格者，应改为本班正式生，其不及格者仍为旁听生，旁听期满，给与旁听证明书。

第五条 各校于每学年终，应将蒙藏学生本学年成绩或毕业成绩函送蒙藏委员会，以便分别奖励，或保送国内外相当学校升学。

第六条 专门以上学校毕业之蒙藏学生，得由蒙藏委员会择优介绍各机关，或分发蒙藏地方服务。

第七条　凡经蒙藏委员会或其驻平办事处介绍之蒙藏学生，在公立学校应免全部学费，在私立学校应酌量减免。

第八条　各学校对于一般正式生，如有津贴及遣派留学等规定者，蒙藏学生之正式生应受同等待遇。

第九条　蒙藏委员会及其驻平办事处，对于初次到京平求学之蒙藏学生证明属实者，酌予招待。

第十条　各校蒙藏学生中如发现有冒充者，除将该生斥革外，并向原送机关或其保证人追缴因该生所费之一切费用。

第十一条　本章程如有未尽事宜，得由蒙藏委员会、教育部会呈行政院转请国民政府核准修正之。

第十二条　本章程自公布之日施行。

〔国民党中央民众训练部档案〕

3　国民党中央政治学校附设蒙藏班、西康班组织规则及设置边疆分校计划纲要

（1930年—1934年）

（1）中央政治学校附设蒙藏班组织规则

（1930年12月4日）

第一条　本校为养成边地实用人才起见，商承中央训练部设立蒙藏班，专收蒙藏、青海、新疆各地学生，由蒙藏委员会依照该会保送蒙藏学生办法保送来校投考。

第二条　本班学额暂定六十名，分为甲乙两组，甲组修学时期二年，乙组修学时期三年。其学生入学资格：甲组须在旧制中学或同等学校毕业，乙组在初级中学肄业二年以上，并均须年在十八岁以上二十五岁以下，品行端正，身体强健，经入学试验及格

者。甲乙二组毕业后，均回边地担任实地工作其有志愿升学者，亦得考升国内各大学或专门学校。

第三条 本班设主任一人，承本校校长之命，主持关于本班一切训练事宜，由本校商承中央训练部聘任之。

第四条 本班设专任、兼任教员若干人，由主任呈请校长聘任之。

第五条 本班设教务干事二人，事务干事一人，承主任之指导，办理教务事务事宜，设军事训练员一人，承校长及主任之命，任管理学生与军事训练之责，书记录事各一人，任记录缮写事项，均由主任呈请校长委任之。

第六条 本班课程除党义及必要之普通课程外，应加授关于地方自治及乡村教育、农工管理及经营常识等学科，并应对于蒙生加授蒙文蒙事。对于蒙生加授蒙文蒙事，由本班主任根据上列原则，编订大纲，呈请校长转请中央训练部核定施行。

第七条 本班学生入学后，所有膳宿、制服、书籍等费，概由本班按照规定供给。

第八条 本规则如有未尽事宜，得由中央政治学校商承中央训练部修正后呈报中央执行委员会备案。

第九条 本规则经中央训练部呈请中央执行委员会备案后，送由中央政治学校实施之。

（2）中央政治学校附设西康学生训练班组织规则

（1930年10月9日）

第一条 本校为适应西康地方需要，养成实施党治之建设人才起见，承中央训练部之托，特设西康学生训练班，训练期间暂定四月。

第二条 本班设主任一人，承本校校长之命，主持关于西康学生之一切训练事宜，副主任一人助理之，均由本校商承中央训练部聘任。

第三条 本班设教务员一人，承主任之指导，担任课务指导、小组训练及其他关于教务方面事宜，由主任呈请本校聘任之。

第四条 本班设讲师若干人，由主任呈请校长聘请各项专家担任之。

第五条 本班为实施军事训练并为便利管理学生起见，设军事训练员一人，承校长及主任之命，教务员之指导，担任各该项事务。

第六条 本班为记录讲演参观各事及整理各项笔记起见，设速记二人，编辑二人，承主任之命，教务员之指导，担任本班速记编辑事宜。

第七条 上列两条职员均由训练班主任呈请本校校长委任之。

第八条 本班视事务之繁简，得雇用事务员书记、录事各二人，承主任之命及教务员之指导，担任本班事务，缮写本班一切文件及各种讲义之稿件。

第九条 本班预算及聘请讲师办法另定之。

第十条 本规则如有未尽事宜，得由中央政治学校商承中央训练部修正后，呈报中央执行委员会备案。

第十一条 本规则经中央训练部呈请中央执行委员会备案后送由中央政治学校实施之。

（8）中央政治学校设置边疆分校初步计划纲要

（1934年2月8日）

一 主旨 为推广边疆教育，培养健全国民，以增进边疆福利，并为边疆青年研究高深学术及从事各种职业之预备。

二 名称 暂定为中央政治学校某处（所在地）分校，并就其程度性质附以某部名称（例如师范部、中学部）。

三　设置地点　先就张家口、包头、宁夏、康定、丽江、兰州、伊黎八处筹设分校各一所，按照实际情形，同时或分期设立。

四　校舍　初办时以借用或建造简单实用之校舍为原则。

五　编制　分校以先办简易师范及附属小学为原则，如无合格师范学生时，即先办理小学。

分校第一年先办简易师范单轨一级，及小学初级复式一级，以后逐年增加，必要时可改办双轨；每学级人数，简易师范以五十人为限，小学以四十人为限。

六　课程　分校课程除参照简易师范及小学之课程标准外，为适应地方需要及实验起见，设置职业科目。

七　入学年龄　分校学生入学年龄，简易师范不得逾三十五足岁，小学不得逾十五足岁。

八　训练及管理　分校学生一律实施军事训练及管理。

九　服务　分校简易师范毕业生须在分校所在地服务小学教育、民众教育至少三年。

十　教职员　分校主任由校长聘任之，其余各部主任及教职员由分校主任呈请校长分别聘任之。

十一　经费概算（以一校为标准）〔略〕

十二　经费来源　在中央核准之蒙藏回教育经费项下拨给。

〔国民党中央执行委员会秘书处与中央训练部档案〕

4　教育部实施蒙藏教育计划

（1931年3月）

全国教育应当统一，但为推行便利计，也有因地制宜的必要。蒙藏地方的语言、文字、风俗、习惯、地势、交通、经济需要，处处与内地不同，若把适宜于内地的办法，[搬]到蒙藏地方去办。一定费力多而成功少有的竟办不通也难说。本计划一面顾到全国教育统一的宗旨，一面也注意蒙藏地方实际的事实。新疆回民中，有不能完全适用内地教育办法的，也有相当的变通办法。

一 实施教育行政办法

第一，蒙古各盟部由各该长官秉承各主管教育行政机关，组织盟或部教育行政委员会，筹划并掌管各该盟部内教育事宜。

第二，蒙古各旗由各该长官秉承该管盟部长官，组织旗教育行政委员会，筹画并掌管各该旗内教育事宜。

第三，西藏各宗（即西藏地方等于蒙旗的行政区域）及等于宗的地方，由各该长官秉承各主管教育行政机关组织教育委员会，筹画并掌管各该地方教育事宜。

第四，前三条教育行政委员会的办法，大要如下：

甲 蒙古各盟部及旗的教育行政委员会，定名为某盟某部或某旗教育行政委员会，西藏各宗及等于宗地方的教育行政委员会，定名为某宗或某地方教育行政委员会。

乙 凡教育行政委员会应设委员长一人，副委员长一人，委员无定额，均由各该盟、部、旗、宗及等于宗地方的长官遴选任用，分组或分科办事，组织章程另行规定。

丙 各教育行政委员会分别秉承该管盟、旗、宗及等于宗地方的长官，掌理该管盟、部、旗、宗及等于宗地方的一切教育行政事宜。

丁 各教育行政委员会经费，都由该管盟、部、旗、宗及等于宗地方的行政经费项下开支。

戊 凡已设省的蒙藏地方，关于蒙藏教育事宜，其上级教育行政长官也负有监督指导之责。

第五，蒙藏各地教育行政委员会除有特别情形者外，都应限于民国二十六年六月底以前成立，由各该盟、部、旗、宗及等于宗地方的长官负责办理。

第六，凡私人或团体倡办或捐资兴办蒙藏教育的，均应特别奖励，以昭激劝。办法大要如下：

甲　倡办或捐资兴办蒙藏教育事业的褒奖，除本计画特别规定者外，都照现行捐资兴学褒奖条例办理。

乙　凡募集款项兴办蒙藏教育事业，其款额达于捐资兴学褒奖条例第二条各项款额的五倍以上者，应比照捐资兴学的规定，核给奖状。

丙　凡倡办蒙藏教育事业，经过相当期间确有成绩的，应按其成绩核给奖状。

丁　蒙藏教育奖状应由教育部另定形式。

戊　凡倡办或捐资兴办蒙藏教育者的褒奖手续，都由该管盟、部、旗、宗等教育行政委员会呈由该管盟、部、旗、宗等长官，转请教育部蒙藏委员会会同核办。

第七，凡以蒙藏文编译关于党义或科学的图书的，应特别奖励，以资劝勉。办法大要如下：

甲　凡以蒙藏文翻译或编纂各种学术上作品，送请教育部和蒙藏委员会审查合格的，除照著作权法规定办理外，并依本办法给奖。

乙　奖励分列三等，由教育部蒙藏委员会会同核定：

1．给与奖金，并由教育部和蒙藏委员会会呈国民政府明令嘉奖；

2．给与奖金；

3．给与奖状。

丙　本办法未施行以前的著述，业经出版者不给奖。

第八，由教育部蒙藏委员会在首都设立蒙藏回学生管理委员会，办理学生的招送、指导、和经费的保管支给等事项，其组织另行规定。

二 实施普通教育办法

第一,蒙古各旗、西藏各宗及等于宗的地方,按其学龄儿童的多少,酌设小学若干所;在民国二十年以前,至少须各成立一处,以后逐渐推广。

第二,蒙古各盟部及西蒙〔藏〕重要各地,照社会的需要,各设一职业学校,限六年内完全成立;新疆回民繁庶之区亦应酌设;但依事实上的便利,得附设在中学或师范学校内。

第三,蒙古各盟部,西藏重要各地,及新疆回民繁庶之区,各设一中学;限于六年内一律成立。设置地点和招生区域大要如下:

设置地点	招生区域
1.满洲里或甘珠尔庙	呼伦贝尔
2.通辽	哲里木盟及伊克明安旗
3.喀喇沁右旗公署所在地	卓索图盟
4.大板	昭乌达盟
5.班第达庙	锡林果勒盟
6.商都	察哈尔八旗及四牧场
7.五原	乌兰察布盟及归化土默特旗
8.定远	伊克昭盟及阿拉善额济纳二旗
9.都兰	青海左右翼两盟
10.拉卜楞	附近各藏族
11.乌图布拉克	青塞特奇勒图部(即阿尔泰)
12.乌苏	乌纳恩苏珠克图及巴图寨特奇勒

		图二部
13.	昌都	西康
14.	大昭	西康
15.	阿克苏	阿克苏和阗喀什各行政区
16.	塔城	塔城阿尔泰各行政区
17.	奇台	迪化行政区

第四，蒙古各盟部、西藏重要各地和新疆回民繁庶之区，各设一乡村师范学校，限于六年内一律成立。设置地点和招生区域，大要如下：

	设置地点	招生区域
1.	海拉尔	呼伦贝尔
2.	洮南	哲里木盟及伊克明安旗
3.	土默特左旗公署所在地	卓索图盟
4.	赤峰	昭乌达盟
5.	多伦或乌珠穆沁右旗公署所在地	锡林果勒盟
6.	张家口	察哈尔八旗及四牧场
7.	包头	乌兰察布盟及归化土默特旗
8.	准噶尔旗公署所在地	伊克昭盟及阿拉善额济纳二旗
9.	西宁或湟源	青海左右翼两盟
10.	结古	玉树等旗
11.	承化	青塞特奇勒图部（即阿尔泰）
12.	焉耆	乌拉思索珠克图及巴图塞特奇勒图二部
13.	巴安	西康
14.	理化	西康
15.	疏勒	喀什和阗阿克苏各行政区

16. 伊宁　　　　　　　　伊犁行政区
17. 哈密　　　　　　　　迪化行政区

第五，在首都、康定二处，各设一国立蒙藏学校，应在两年内完全成立；原有的北平蒙藏学校也应整理而使之充实。

第六，蒙藏各学校的组织、训练、课程、待遇，均应以适用现行教育法令为原则，但应注意下列各点：

甲、蒙古中学、师范、职业学校，都应冠以所在地的地名，并在地名下加以蒙旗字样，以免与其他同地学校相混，西藏所设各校也宜冠以地名，如该地已有同样学校，即用所在地的古名。小学宜称为某旗旗立或某宗宗立小学，并于小学二字上加以所在地的地名。

乙、蒙藏各项中等学校招生，原则上应以在小学六年毕业者为合格，实际上得酌量地方情形，收容与有同等学力者入学。

丙、蒙藏各项中等学校及小学校的课本，除应采用全国统一的教材外，并宜酌量蒙藏社会情况与其需要，另选适用教材编入，中等以下学校的课本，尤应译印汉蒙文及汉藏文合璧本。

丁、蒙藏地方各学校学生，得由学校酌量供给膳宿图书等费。

新疆回生得适用乙丁两项的规定。

三　实施高等教育办法

第一，新近颁行的待遇蒙藏学生的章程，应切实完全实行，办法大要如下：

甲、每到春季秋季招生时期，由教育部先行通令全国各学校，按照待遇蒙藏学生章程实行收录蒙藏学生。

乙、每到春季秋季招生时期，由蒙藏委员会预先通行蒙古各盟旗，西藏各宗及等于宗的地方，责令按照待遇蒙藏学生章程多送蒙藏学生来内地求学。新疆学生按教育部第一一八五号训令，适用待遇蒙藏学生章程办理，甲乙两项也都适用。

第二，应遵照十八年春间国务会议议决：交教育部办理的办法，在本年秋季开学前成立大学蒙藏班。办法大要如下：

甲、由教育部限令中央、北平两大学，务于本年秋季分别成立蒙藏班。

乙、在本年五月以前，由教育部蒙藏委员会会订招生办法，由会通行蒙古各盟、西藏各宗及等于宗的地方，令其如期保送蒙藏学生前来入学。

第三，在八年内分年资送蒙藏学生出洋留学，办法大要如下：

甲、选派区域及额数 内蒙十名，外蒙八名，青海二名，西藏八名，新疆四名，共计三十六名。

乙、资格 高级中学以上学校毕业，或具有同等学力者。

丙、留学年限 三年到七年，学医及学工程的得酌量延长。

丁、选派期限 每两年考选九名，日本四名，欧美五名，保送及考选规则由教育部另定。

戊、待遇 留学经费由中央支给。

第四，在相当时期分设农工商业等专科学校及独立学院，或大学于蒙藏适宜地点。

在此等学校未设以前，所有应求高深学术的蒙藏学生，可由中央、北平两大学的蒙藏班与首都蒙藏学校收容，并可依照待遇蒙藏学生章程分送内地大学或专科学校肄业。

第五，前条蒙藏学生在各专科学校或大学肄业的，中央应拨款补助。（新疆学生适用第四第五两项的规定）

第六，国立各大学应酌设蒙藏回文学系或讲座，中央、北京两大学在一年内必须设立。

第七，在一年内应由教育部和蒙藏委员会，会拟蒙藏教育学术考察团组织章程，公布施行。拟定此项章程时，应注意机会均等、每年次数及易于实行各要点。

第八,前条章程公布后,即由部会会同督促成立第一次蒙藏教育学术考察团,并由部会各派指导员数人前往内地教育实业发达各处考察。

第九,蒙藏教育学术考察团所需费用,由中央补助,其预算由教育部蒙藏委员会会同编造。

四 编印教育图书杂志报章办法

第一,根据三民主义,按照蒙藏情形编印蒙汉文和藏汉文合璧的各级学校教科图书,并兼有教科性质或补充性质的民众读物。办法大要如下:

甲、由教育部编审处聘请精通汉蒙文和汉藏文而又熟习蒙藏情形的人员,以内地中小学现用的教材为蓝本,积极编译蒙藏中等以下学校的课本和补充读物。

乙、由教育部奖励编译蒙藏文中小学应用的教材和民众读物,送部审定。

丙、教育部译印的和审定的中小学教材及民众读物,应设法鼓励书店印行。

第二,在最近期内,由蒙藏委员会办一规模较备的蒙古时报及西藏时报,蒙古时报应汉蒙文合刊,西藏时报应汉藏文合刊,三日或五日或一星期出版一次,一方登载国内外新闻及教育消息、科学常识等,一方并载蒙藏地方一切情况及文献歌谣。

第三,由教育部编辑月刊或季刊,也是汉蒙文或汉藏文合刊的。

第四,蒙藏私人或团体办理的报章杂志,如宗旨正大、成绩优良的,应由政府奖励或给津贴。

第五,教育部应编印蒙汉文及藏汉文合璧的标准字典、辞典。

五 实现社会教育办法

第一，责令蒙古各旗、西藏各宗及等于宗的地方，励行识字运动。

第二，蒙古各旗、西藏各宗及等于宗的地方，应尽先组织巡回讲演团。

第三，蒙古各旗、西藏各宗及等于宗的地方，应各尽先设立民众学校一所，以后再按照地方情形随时增设。

第四，蒙古各旗、西藏各宗及等于宗的地方，酌量经济能力，设立民众教育馆、图书馆、讲演所、阅报室、体育场等。

第五，蒙古各盟部及西藏重要各地酌量经济能力，设立图书馆、博物馆、艺术馆、古物保存所、文献征集处等。

第六，调查蒙藏地方流行的戏剧、评书、歌曲等，并定改良办法。

上列各条中第一、第二及第三条，应在各地教育行政委员会成立后即积极推行；第一步应先成立旗宗巡回讲演团，第二步励行识字运动，民众学校以附设于旗宗各小学为原则。

六 经费预算

第一，小学经费及社会教育经费应由本地方负担，各就所得的荒价、地租、矿产、森林、盐池、碱田、草场、水利及其他一切税收项下支给，其不足之数由各该省政府补助。

第二，前条教育经费至少应占各旗宗岁入的百分之三十，应由教育行政委员会妥慎保管经理。

第三，职业学校、中学、师范以及蒙藏学校，专科以上学校，留学补助、学术考察团等经费应由中央支给。

第四，职业学校及初中每所开办费各约一万元，经常费每年约二万元。

第五，高级中学每所开办费约九万元，经常费每年约四万元。

第六，乡村师范每所开办费约四万元，经常费每年约二万元。

第七，蒙藏学校开办费约四万元，经常费每年约二万元。

第八，留学日本出国回国川资，每人每次二百元，欧美一千元，学费日本每人每月一百三十五元，欧美每人每月三百元。

第九，补助高中以上学校肄业生定额五百名，每名每年平均补助费三百元计每年十五万元，其蒙藏回名额的分配另行规定。

第十，学术考察团补助费每年约二万元。

第十一，编译奖金每年约一万元。

〔国民党中央民众训练部档案〕

5　国民党中央秘书处关于创办蒙藏教育设施函

（1931年7月1日）

查蒙古、西藏民智未开，欲使本党主义及政策普及于蒙藏，自应以提高蒙藏文化为入手办法。爰经中央第一四七次常会议决急要之设施如左：

（甲）蒙藏学校　中央政治学校应速附设蒙藏预备学校，并予以优待，（一）入学及修业予以便利，（二）酌量减免学宿等费。此项预备学校将来于北平、成都次第设立。

（乙）蒙藏学校　由中央迅速筹办。

（丙）蒙藏宣传事业　在中央设蒙藏宣传机关，迅速从事翻译事业，（一）将总理著作、约法及中央重要法令译为蒙藏文；（二）将蒙藏重要书籍译成汉文。前项翻译事业以编印汉藏字典为重要基本工作。

并经决议：以上第一项交中央政治学校迅速筹办，第二项交教育部,第三项交中央宣传部、中央政治学校会商进行办法在案。

除公函外,特录案函达,即希查照办理见复为荷。此致
中央政治学校
中央宣传部
教育部
中华民国二十七年七月一日

中央秘书处 印

〔国民党中央执行委员会秘书处档案〕

6 教育部订定边疆教育实施原则

(1931年)①

一、目 标

1. 依遵中华民国教育宗旨及其实施方针,力谋边疆教育之普及与发展。

2. 根据边疆各民族之特殊环境,以谋边境人民智识之增高,生活之改善,并注意其民族意识之养成,自治能力之训练及生产智识之增进。

3. 依遵总理民族平等之原则,由教育力量力图边疆人民语言意志之统一,以期五族共和之大民族主义国家之完成。

4. 依遵总理三民主义即救国主义之原则,力谋边疆各民族抵御各帝国主义侵略意识之增高。

二、计 划

---

① 原件未标明时间,大致形成于1931年前后。

1．成立主管委员会主持边疆教育。

2．主管委员会调查边疆人口暨学龄儿童之数量。

3．主管委员会调查各级学校学生数、教职员数及失学学生数等。

4．主管委员会调查社会教育及文化事业之状况。

5．派员视察文化机关暨学校的组织、设备、经费、课程、训育等实际状况，注意其特点与缺点，加以指导与纠正。

6．各级学校或其他文化机关，如受帝国主义者之压迫时立即向党部及政府报告，设法处理。

7．注意师资之培养。

8．边疆青年之优秀者，考送在内地求学。

9．编订适合于边疆情形的教育法令。

10．各种教育之兴办，应详定方式次第推行。

三、组　织

1．为集中各方对于边疆教育的意见，成立边疆教育设计委员会。

2．教育部已有之蒙藏教育司，应积极负责主持边疆教育。

3．应健全边疆教育厅之组织，随时将所在地之教育情形呈报中央主管教育机关。

四、经　费

1．中央在国库中或庚子赔款中提出若干万元，作为发展边疆教育之用途。

2．确定与增加边疆省教育行政机关之经费。

3．筹措边疆各地方之民众教育及义务教育经费。

4．各县区地方教育经费之增加。

五、设 备

1．各级学校之设备，应以合于三民主义的精神及边疆各地之特殊环境为原则。

2．各级学校之设备应特别注意下列各点：

（一）多备与边疆各地有关之各项书籍及图表；

（二）多陈列内地各种文物。

六、课 程

1．各级学校之课程，应根据内地各级学校课程之标准，并斟酌边疆各民族情形编订之。

2．小学校之教科图书，用蒙藏文、汉文合编之。

中等以上学校之教材图书，以用汉文编订为原则。

3．各级学校之教材应特别注意下列各点，

（一）中国民族之融合的历史；

（二）边疆和内地之地理的关系；

（三）帝国主义侵略中国边疆各民族之历史及事实；

（四）帝国主义侵略世界各弱小民族之残酷的历史及事实；

（五）边疆各民族人民和国民革命的关系；

（六）边疆各民族人民地方自治和民权主义的关系；

（七）边疆各民族人民经济事业和民生主义的关系；

（八）其他有关边疆各民族人民特殊环境之教材。

七、训 育

1．各级学校之训育应根据边疆民众之生活情形，参照内地各级学校之训育标准实施之。

2．各级学校训育之实施应特别注意下列各点：

（一）以科学的常识破除其对自然界的迷信（专指蒙藏民族

而言)。

(二)唤起民族精神以破除其部落思想。

(三)由国际时事之讲解和团体生活之训练,养成爱国家、爱民族之精神。

〔国民政府教育部档案〕

7 教育部公布蒙藏学生就学国立中央、北平两大学蒙藏班办法

(1931年)①

一、国民政府为奖劝蒙藏学生研究高深学术,特在国立中央大学及北平大学各设蒙藏班,专教育蒙藏学生,由蒙藏各盟旗选送入学。

二、蒙藏各盟旗选送学生时,应开列该生(一)姓名,(二)性别,(三)年岁,(四)籍贯,(五)学历,(六)品行评语,(七)所通语言文字,(八)所送入大学各项,连同其最近相片,呈由蒙藏委员会核转教育部,分饬中央北平两大学知照。

三、蒙藏各盟旗每年选送学额,由中央、北平两大学自行酌定,呈送教育部核准。

四、蒙藏班程度相当于大学预科修业,期限暂定二年,毕业后升入大学本科,准免受入学试验。

五、蒙藏学生在该两大学蒙藏班肄业者,均免其学费。

六、蒙藏班之组织及课程由该两大学自行拟定,呈送教育部核准。

七、蒙藏班之开办费、经常费、临时费等,由两大学开列预算,呈经教育部转呈行政院,呈请国民政府饬令财政部指定专款

---

① 原件未标明时间,大致形成于1931年前后。

拨付之。

八、本办法经教育部提请行政院转请国民政府核准后施行。

〔国民党中央民众训练部档案〕

8 教育部蒙藏教育实施方案要目

(1930年)①

蒙藏各地语言、文字、风俗、习惯既与内地不同，故第二次全国教育会议通过实施蒙藏教育计划，注重实际事实，定为变通办法。兹录本部实施方案要目，列于左方：

一、教育行政

甲、蒙古各盟部由各该长官组织盟或部教育行政委员会，筹划并掌管各该盟部教育事宜（限于十九年内一律成立）。

乙、蒙古各旗由各该长官组织旗教育行政委员会，筹划并掌管各该旗教育事宜（限于十九年内一律成立）。

丙、西藏各宗（即西藏等于蒙旗之行政区域）及等于宗之行政区域，由各该长官组织教育行政委员会，筹划并掌管各该地方教育事宜（限于十九年内一律成立）。

丁、规定倡办或捐资兴办蒙藏教育褒奖办法。

戊、规定奖励蒙藏人士学术上作品办法。

二、教育经费

甲、蒙藏中等以上学校之经费，应由国库支给。

乙、蒙藏小学教育及社会教育经费，均由各旗各宗及等于宗之地方，就本地方所有之荒价地租、矿产、森林、盐地、碱田、草场、水利及其他一切税收项下按成提拨之（限自十九年起实行）。

丙、蒙藏在内地及国外专科以上学校肄业之学生，应由国家

---

① 原件未标明时间，大致形成于1931年前后。

指拨款项补助,并组织经理委员会经理之。

丁、蒙藏人士所组织之教育学术考察团费用,应由国库支给。

三、教育图书

甲、根据三民主义按照蒙藏情形,编印蒙汉文及藏汉文合璧之各级学校教科书,及有教科性质或补充教科之民众读物。

乙、筹办蒙汉文及藏汉文合璧之报章杂志等读物,尽量散发蒙藏各地。

丙、编印蒙汉文及藏汉文合璧之标准字典辞典。

四、高等教育

甲、于最近期内将新颁之待遇蒙藏学生章程,完全实行于全国各校。

乙、于最近期内在中央、北平两大学内成立蒙藏班。

丙、于最近期内规定资送蒙藏学生出国留学名额及办法。

丁、在相当时期分设农、工、商业等专科学校及独立学院、大学,于蒙藏适宜地点。

戊、国内各大学酌设蒙藏回文学系或讲座。

已、提倡蒙藏人士组织教育学术考察团,特来内地考察。

五、普通教育

甲、于最近期内成立南京蒙藏学校。

乙、于最近期内在蒙古各盟部及西藏重要各地或蒙藏邻近各地,各设一中学校,或先设初中,或初高并设,应按地方情处办理(限自十九年起实行)。

丙、于蒙古各盟部及西藏重要各地或蒙藏邻近各地,各设一乡村师范学校,并附设师范讲习班,或附设于中学内(限自十九年起实行)。

丁、于蒙古各盟部及西藏重要各地或蒙藏邻近各地,按其社会之需要各设一职业学校,或附设于中学内(限自十九年起实行)。

戊、于蒙古各旗、西藏各宗及等于宗之地方，按其学龄儿童之多寡，酌设小学若干校，至少各先设模范小学校（限自十九年起实行）。

六、社会教育

甲、责令蒙古各旗、西藏各宗及等于宗之地方，励行识字运动（限自十九年起实行）。

乙、蒙古各旗、西藏各宗及等于宗之地方，各先组织一巡回讲演团（限自十九年起实行）。

丙、蒙古各旗、西藏各宗之地方，各先设一民众学校，再按地方情形随时增设之（限自十九年起实行）。

丁、蒙古各旗、西藏各宗及等于宗之地方，各酌设民众教育馆、图书馆、讲演所、阅报室、体育场等机关（限自十九年起实行）。

戊、蒙古各盟部及西藏重要各地，各酌设图书馆、博物馆、美术馆、古物保存文献征集处等机关（限十九年起实行）。

已、调查蒙藏地方流行之戏剧、评书、歌曲等项，并拟定改良办法。

〔国民党中央民众训练部档案〕

9 国立中央大学蒙藏班招生办法

（1931年）

一、宗旨 国民政府为奖励蒙藏学生，研究高深学术，特在国立中央大学开设蒙藏班，专招蒙藏学生肄业。

二、学额 定为四十名，以蒙藏各二十名为原则。

三、资格 以年在十八岁以上、三十岁以下，曾在高级中学毕业，或具有同等学力，并品行端正，身体强健之蒙藏人为合格。

四、保送手续 由蒙藏各盟部旗宗等地方行政机关及蒙藏各驻京办事处，填选合格学生，开具该生（一）姓名、（二）性别、

（三）年龄、（四）籍贯、（五）现在住址、（六）已往学历、（七）体格品行、（八）蒙文蒙语或藏文藏语之程度等项。并连同该生最近二寸半身相片二张及毕业或修业证书，备文保送蒙藏委员会，其保送名额由蒙藏委员会另行分配之。

五、报到期限　凡照本办法保送之学生，至迟须于本年十一月三十日以前到京，向蒙藏委员会报到，过期不收。

六、资格审查　凡照本办法被保送之学生报到后，由蒙藏委员会逐一加以审查，如有与本办法各条之规定不合者，即不准其加入测验，并停止供给其膳宿。

七、试验入学　凡照本办法被保送之学生，经审查合格后再由蒙藏委员会、教育部、中央大学分别派员会同试验，经试验合格者，依其志愿插入中央大学各科系一年级肄业，其不合格者得依其程度插入中央大学实验学校高中部相当年级肄业，俟毕业后再免试升入大学。

八、待遇　凡照本办法保送之学生到京报到以后，由蒙藏委员会酌量供给其膳宿，至入学之日为止。入学以后，除免纳学费外，并由学校供给其膳宿、制服、书籍、杂用等费，或由学校酌给费用，由各学生自理之。

九、课程　凡照本办法招收之学生，除在所入各科系随班听讲外，每周并须肄习蒙文或藏文三小时或四小时，其不肄习蒙藏文者，不得享受蒙藏班学生之待遇。

十、毕业　凡照本办法招收之学生，在何科系毕业，即发给何科系毕业证书，不另加蒙藏班字样。

十一、限制　凡照本办法被保送之学生，如系蒙人必须通晓蒙文蒙语，如系藏人必须通晓藏文藏语，否则概不收录。入学后，如发现有冒籍情事时，除将该生革退外，并向原保送机关追缴该生报到以后公家供给之一切费用。

十二、附则　本办法自教育部、蒙藏委员会会衔公布之日施行。

〔国民党中央民众训练部档案〕

10 教育部要求蒙藏各旗宗选派学生攻读师范令

(1932年)

查蒙藏各地学校设置无多,原因虽有种种,而缺乏师资,固为主因之一,为普及蒙藏教育起见,培养师资,实为今日刻不容缓之图。本部有见于此,除于南京、西康两处积极筹备蒙藏学校,酌设师范班,训练此项人才外,其余内地或边疆各省之师范学校,办理著有成绩者,均可兼为蒙藏各地造就优良之教师。为此,令仰各该旗宗,迅予选送优秀合格之青年学生,就学内地或边疆各地之师范学校,高中师范科,乡村师范学校,俾得养成相当师资,毕业回籍,从事地方教育工作,是为至要!此令。

〔国民党中央民众训练部档案〕

11 国立丽江康藏师资养成所组织大纲

(1932年)

一、本所定名为国立丽江康藏师资养成所。

二、本所为造就康藏师资而设,由蒙藏委员会托云南省立第三中学校办理。

三、本所直隶于蒙藏委员会,受教育部之监督指导。

四、本所设简易师范班一班,修业年限为一年;高级师范班一班,修业年限为三年。如办理有效,得呈请简易师范班每年续招一班,以办足六班为止,高级师范班每三年续招一班,以办足二班为止。

五、本简易师范班入学资格,以康藏或邻近康藏各省学生,年在十八岁以上三十岁以下,曾在高级小学毕业或具有同等学力,身体健全,并通晓康藏文者为合格;高级师范班以康藏或邻近康藏各省学生,在十八岁以上三十岁以下,曾在初级中学毕业或具有同等学力,身体健全,并通晓藏文者为合格。但邻近康藏各省学生不得超过全额三分之一。

六、本所学生免收学费,并供给膳宿图书、笔墨制服等费。

七、本所简易师范班之课程列表规定如下:

学科\每周时数\学期	第一学期	第二学期
国　　语	六　时	四　时
藏　　文	四　时	三　时
数　　学	四　时	四　时
自　　然	四　时	四　时
历　　史	二　时	二　时
地　　理	二　时	二　时
音　　乐	二　时	一　时
图　　画	二　时	一　时
工　　艺	二　时	
党　　义	二　时	二　时
体　　育	二　时	二　时
教育入门	二　时	二　时
儿童心理	二　时	
农　　业		二　时
教学法		二　时
教育行政		二　时
教育实习		四　时

高级师范班课程除每周加授藏文四时外，余悉依照教育部规定高级中学师范科应修学科教授。

八、本所各班毕业学生，应在康藏区学校服务三年以上，如有中途退学或毕业后不到康藏两区学校服务者，除向保证人责令赔偿所内供给之膳宿图书笔墨制服等费外，并得向保证人责令赔偿该生平均应摊一切费用。

九、本所设所长一，由蒙藏委员会聘云南省立第三中学校校长兼充，并咨教育部备案。

十、本所教员分专任兼任两种，由所长聘任之。

十一、本所除训育员、书记、司事另行聘任外，教务主任、训育主任、文牍员、庶务员、校医均由所长聘云南省立第三中学校原有人员兼充，不另支薪。

十二、本所经费由蒙藏委员会会同教育部呈请中央拨给。

十三、本所于每学期终了时，应将该学期办理概况及学生成绩呈报蒙藏委员会考核。

十四、本组织大纲，由蒙藏委员会会同教育部呈经行政院核准后施行。

〔国民党中央民众训练部档案〕

12 中央大学关于蒙藏及边远省份学生入学办法决议案

（1935年8月2日）

迳启者：兹经校务会议决议：

关于蒙藏及边远省份学生入学，决定四项办法如次：

（一）凡蒙藏学生及边省学生，合于修正待遇蒙藏学生章程之规定，而经规定机关保送来校听课者，必须经过本大学之编级试验，其程度如本大学认为不能在大学本科随班旁听者，应令其在实验学校补习，俟其补习期满后，经编级试验及格后方得在本大学为旁听生。

（二）前项学生编级试验由本大学于开学前举行之，该项试验应以笔试为主体。

（三）凡前项旁听及补习学生，不参加所选修及应补习课程之规定试验者，即取消其在该校旁听及补习资格，令其离校。

（四）"凡经两届规定之试验，其不及格学分逾学则规定数目者，应即令其离校"等语。纪录在案。相应录案函达，即希查照办理为荷。致此
教务处、注册组

校长办公室

布告第四十五号

为布告事，兹经校务会议决议：

录全案

特此布告周知　此布

校长　罗○○

中华民国二十四年八月二日

〔国立中央大学档案〕

13　国民政府军事委员会委员长行营与行政院等单位关于边民教育问题的往来文件

（1936年2—4月）

（1）委员长行营致行政院公函（1月16日）

国民政府军事委员会委员长行营公函　行政道字　第1355号

案据本行营边政研究委员会拟具边民教育计划大纲呈请鉴核

前来。查所拟计划，尚多中肯。惟办理边教，其首要问题厥为经费，边区地既贫瘠，本行营复无巨款可资挹注，究竟将来实施时经费如何筹措，除以"呈件均悉。兹分别指示如左：一、原计划大纲第六项，确定边民教育系统甲、乙、丙三目，拟在教育厅及县府主管教育科设主管边教人员，并于县设辅导边教之促进会，其原则及拟办工作均尚可行，惟鉴于过去"政""教"与"地方"之不能合作，并为加强其推动力量计，应将专管边教人员及促进会为一体，而以行政长官总其成，于省政府教育厅及县政府各设一委员会，省则由教育厅长任主任委员，并派适当高级职员副之；县则由县长任主任委员，而以主管教育科长付之，均各设少数办事人员，或酌择各该机关原有职员兼任，其委员则延聘在当地有助于边教之人士充任之（如地方卓著声望，热心边教者及土民领袖等）。如此，则组织与人事既较经济，而推行之力量亦较宏大。二、原计划大纲第七项，关于边教经费，甲、乙、丙、丁四目均属可行，惟甲目仰给于国库者，必须商请中央主管部办理。三、原计划大纲第八项，改善师资及其待遇，甲、乙、丙、丁、戊五目均属可行，惟甲目短期师资训练所应改为边教人员讲习会，现任边教人员并须加以甄别。四、原计划大纲第九项，编辑教材及教学法，甲目应于前述第一款委员会中办理之，余均可行。五、原计划大纲第十项，改良招徕学生办法及改善学生待遇，甲目至戊目均属可行，惟此点与边政设施更应通盘规划施行。如优待夷民，奖励通婚等等。而边教设施中，尤须先注意于普遍的成人教育，先使夷民之成年者有相当之了解与智识，方能推行，以获实效。六、原计划大纲第十一项设研究所一节，前据该会呈请，业经指令，应从缓办理在案。关于教育部份，可并入前述第一款之委员会中办理。七、原计划大纲第十二项扩充边民学校，第十三项注意妇女教育，第十四项优待升学，第十五项注意成人教育等项，均属可行。惟初步推行尤须着重民众教育，并应用各种民教方法（如巡回教学等）普遍施行。上列各点，除函请行政院转饬主管部核拟见复并分令外，仰即先行会同四川省政府拟具整个边教实施纲要及各种详细办法，呈候核夺。此令。附件姑存等语。指令并分令外，相应抄同原呈及边民教育计划大纲，函请查照，转饬主管部核拟见复为荷。此致
行政院
　　计附送原呈及边民教育计划大纲一份〔略〕
中华民国二十五年一月十六日

（2）行政院致教育部训令（2月12日）

行政院训令　字第九二〇号

　　　　令教育部

　　案准军事委员会委员长行营二十五年一月十六日行政道字第一三五五号公号内开："案据本行营边政研究委员会拟具边民教育计划大纲，呈请鉴核前来。查所拟计划尚多中肯，惟办理边教，其首要问题厥为经费，边区地既贫瘠，本行营复无巨款可资捐注，究竟将来实施时经费如何筹措，除以：'呈件均悉。兹分别指示如左：一、原计划大纲第六项确定边民教育系统，甲、乙、丙三目，拟在教育厅及县府主管教育科，设主管边教人员，并于县设辅导边教之促进会，其原则及拟办工作均尚可行。惟鉴于过去〔政〕〔教〕与〔地方〕之不能合作，并为加强其推动力量计，应将专管边教人员及促进会合为一体，而以行政长官总其成，于省政府教育厅及县政府各设一委员会，省则由教育厅长任主任委员，并派厅内适当高级职员副之，县则由县长任主任委员而以主管教育科长副之，均各酌设少数办事人员，或酌择各该机关，原有职员兼任，其委员则延聘在当地有助于边教之人士充任之（如地方卓著声望热心边教者及土民领袖等），如此，则组织与人事既

较经济，而推行之力量亦较宏大。二、原计划大纲第七项关于边教经费，甲、乙、丙、丁四目均属可行，惟甲目仰给于国库者必先须商请中央主管部办理。三、原计划大纲第八项改善师资及其待遇，甲、乙、丙、丁、戊五目均属可行，惟甲目短期师资训练所，应改为边教人员讲习会，现任边教人员并须加以甄别。四、原计划大纲第九项编辑教材及教学法，甲目应于前述第一款委员会中办理之，余均可行。五、原计划大纲第十项，改良招徕学生办法及改善学生待遇，甲目至戊目均属可行，惟此点与边地政治设施更应通盘规划施行，如优待夷民、奖励通婚等等，而边教设施中尤须先注意于普遍的成人教育，先使夷民之成年者有相当之了解与智识，方能推行，以获实效。六、原计划大纲第十一项设研究所一节，前据该会呈请业经指令应从缓办理在案，关于教育部份可并入前述第一款之委员会中办理。七、原计划大纲第十二项扩充边民学校，第十三项注重妇女教育，第十四项优待升学，第十五项注意成人教育等项，均属可行，惟初步推行尤须着重民众教育，并应用各种民教方法（如巡回教学等）普遍施行。上列各点，除函请行政院转饬主管部核拟见复并分令外，仰即先行会同四川省政府拟具整个边教实施纲要及各种详细办法，呈候核夺，此令。附件姑存,等语。指令并分令外，相应抄同原呈及边民教育计划大纲，函请查照，转饬主管部核拟见复。等由。准此，自应照办。除函复并分令外，合行抄发原件令仰该部会同内政、财政两部及蒙藏委员会核拟具复。此令。

计抄发原呈一件，边民教育计划大纲及撷要各一件。

中华民国廿五年二月十二日

院长　蒋中正

边政研究委员会致委员长呈

呈为遵令重拟边民教育计划书请鉴核事：案奉钧座治字第一

五九四号指令开:"会呈暨计划书均悉。查前次手令饬即筹办夷民教育之本意，实以川边各县之夷民智识愚陋，狃于积习，多不愿向学，而且种族复杂，南北各夷语言文字多不相同，甚至只有语言而无文字，施教尤为困难，令欲筹办教育：第一，应用如何办法方足鼓励人民向学之兴趣；第二，应如何斟酌各地夷族之实情，分别设计，速选师资，编订课本，方足以谋施教之便利。必从此两点着眼，筹办进行，乃为切实有效。查阅所拟设立三种学校计划，就中藏文学校，据称系为养成经营边务之人材，已与筹办夷民教育之本题不符，且所拟该校分设两科。政化科则太涉普通，随时随地皆可取材，稍加短期之语文训练，即足备用，无另立专校长期造就之必要；垦殖科则课程又多太近专门，殊非三年造就所能有成，皆无当于实际。所拟各县设立国民义务学校，则仍定采用普通初小课本及以普通毫无训练之教师滥竽，尤必格格不入，结果徒劳无益。综核所拟计划多不中肯，应即发还，速再悉心研议，重拟候核为要。此令。等因。奉此。遵即召开会议，讨论计划要点。现经重拟竣事，经核尚扼要可行。兹奉前因，随呈缮就边民教育计划书册赍呈鉴核施行。谨呈

主任顾转呈

委员长蒋

附呈边民教育计划书一册〔缺〕

行营川康甘青边政研究委员会常务委员：
沈重宇、李璜、葛武棨

边民教育计划大纲

（一）本计划遵照本年委员长手令之意旨制定之。

（二）本大纲所取之第一步标准如次：

（甲）引起边民向学心理；

（乙）造就边民初步教育之师资及编辑边民教育材料；

（丙）创设推进边民教育之统系及成立辅助机关；

（丁）选择普及边民教育之初步方案。

（三）本大纲实施之范围如次：

（甲）宁雷马屏之各支倮㑩民族及接近此等民族之汉人或汉化者；

（乙）松、理、懋、汶、茂五县三屯之西番民族及接近此等民族之汉人或汉化者；

（丙）西康及川康边区之康人，野番及接近此等民族之汉人或汉化者；

（丁）其他区域有相似之情形及需要者，亦适用之。

（四）各民族固有教育状况之观察：

（甲）西康民族野番及其他方面之西番民族，对于佛教之诸支派，各有极深极坚之信仰，故除简单之日用常识，如牧畜、耕作、狩猎、纺织、烹调、缝纫、采药、淘金乃至战斗劫掠等等动作，为原始社会必需之家庭教育及集群教育外，其余咸以喇嘛寺为中心，以喇嘛为领导，其谚语有云："无僧人指引不能得正道"。由此可见，其一般之观念。推其重要原因，厥有次之数端：

第一，凡个人或小团体间之重要事项，皆求喇嘛打卦，以决其吉凶，而定其行止及方式。

第二，凡全群之重要事项，皆由喇嘛决定而主持之，即大小土司亦受其支配。纵有强大之土司，亦必利用喇嘛为护符，以行其所欲。

第三，凡有病苦灾殃，皆求喇嘛为之禳解，如禳解后仍然无效，即认为命运所定而听之。

第四，来世一切祸福，均视今世对于喇嘛寺及喇嘛之信仰供俸与对喇嘛所施之超度而定，故个人之行为及财产之处置多依喇嘛之命而行。

第五，凡聪颖子弟被喇嘛认为须当出家者，即送入喇嘛寺。

第六，有子弟送入喇嘛寺者，不但其子弟之生活得以解决，其家庭之地位得以增高，并可以赖之以为其家族禳灾祈福。故凡有子弟者，除留一、二人延嗣之外，多送入喇嘛寺。

第七，各大喇嘛寺皆设有"衷本"，以经营商业，贷放款货，主要之经济权既操于喇嘛寺，一般民众即失其经济活动力。

因此，大多数可受教育之人已被喇嘛吸收，而在社会上占重要地位之人物，如土司、头人、总保之类，又受世袭制度之限制，所余之人大抵为操持家务之妇女。从事耕牧之"娃子"，专候公差之"乌拉娃"，及从事劫掠之"夹霸"。此等人非但对于官方所施之正式教育不感需要，抑且无受正式教育之机会，是为此带地方边民教育不易推进之根本原因。

（乙）倮㑩民族无固定之信仰，其所施之原始家庭教育及集群教育，与甲项大体相同。此外，则注重宗族观念，由每支中之年长者于节期及暇裕时间合集子弟，讲述该支之宗谱及本支之光荣事迹（如战斗之胜利、抢劫之成绩等）。与夫该支对于别支或汉人之仇恨等事，使其继述，此外，别无教育可言，其所崇拜者为蛮巫（通称蛮端公），倚赖之以治病禳灾。其政治经济之权操于黑夷（通称黑骨头）之手，彼辈以擅长劫杀贵而不须其他教育。至于白夷（通称白骨头，为被掳之汉人或其子孙）则屈服于黑夷势力之下，为之供役，终身以冀获得稍优之待遇而已。对于正式教育亦不感觉需要，且亦少有余暇来受教育，甚至因黑夷之阻挠而不能自由来受教育。

由此以观，则知西番民族及倮㑩民族之教育要素，不外"避苦"、"求乐"、"畏势"、"趋利"四大端。考之教育原理，亦以能顾及环境，适合此等低级要求为入门，然后可以随社会之状况而导之于高深之道德文化，否则劳而无力，费而无效。故认清此点，实为推行边民教育之先决条件，亦惟如此，然后可以定因应之计划。

（五）以往边民教育之观察

查以往边民教育之见于同化、广西、贵州一带之苗民者，厥为"夷塾"、"夷学"，由地方官吏士绅及夷族中有力份子之倡导而设立"夷学"，则于改流县份，规定名额，准其参加科考，为之开功名之路，其能由文武两途出身者亦不乏人。如广西之岑氏即为显著之例。此种教育纯然以利导为原则，故得略显其作用。厥后赵尔丰经营西康，亦本此意行之，故当时之西康边民教育略有起色，惜为时仅三年之久，根基未立，旋遭阻折。此后治边者多视教育为具文，并利导之作用而亦失之。宁属方面曾有化夷学校之设，然为试办性质，旋兴旋废，无成绩可言，五县三屯亦复如是；雷马屏峨方面，则并此亦属罕见。推求其失败之主要原因，可得次之数端：

（甲）无确定之边民教育统系。查教育为开化边民之唯一利器，各国对于此项需要，皆设专司等专款，以资进行。上述各边地以往因政令不一，经费无着之故，除康定、巴塘等地设有简陋之官学，以教育当地之汉人及汉化之边民而外，对于纯粹边民因种种困难，向不过问，更无特为促进边民而设之教育行政统系，即当地固有教育机关亦未能兼顾及之。

（乙）无久于其位之适当教育者。查英法各国在边地设立教堂，所派之教士，恒以极长之时间进行其事，业有前后达数十年之久者，故不但熟悉其地方人民之风俗习惯趋向需要等项，以为因势利导之资，而且得其人民之信仰及其他有力者之辅助，以进行各项工作。故除西康方面因本地固有宗教排斥外教收效较微外，在傈僳地方法国教堂已培植甚大之潜势力，此皆得人久于其事之结果也。上述边地之设有官立学校者，所用之校长教员大多数为内地不能谋生而暂栖于边地者，其办理教育之能力既差，而办理教育之兴趣尤薄，一有机会即思他往，无整个的计划，更无长久计划，加以边地生活较苦，待遇亦薄，势不能不带营别业。以此之故，更不能引起学子之兴趣，获得当地之信仰，亦惟有苟安岁月，敷衍了事而已。人才既难，则边地教育之全盘计划即无从成立，更无从进行。故今后欲推进边民教育，对于此点不可不特加注意。

（丙）无适当之教育材料。按之教育原理，教育为生活之"启发""与开展"之诱导，而以顾及心理特质及社会环境为先务，无论教材之传授为注入式或启发式，必求其能融化与运用，而后能引之前进。若与其生活方式及环境所接触者太相悬绝，则时过境迁，即将逐渐遗弃，望其广播更不可能，以往边地教育所持之惟一工具为汉文书本，或汉文土语合璧之书本，其属于旧式者为千字文、百家姓一类，其属于新式者为国内通行之教科书或特为边地而编之教科书。考其内容多与边民之观念格格不相入，如边地崇信宗教，而教科书中主张破除迷信，适犯其所忌；如边地为游牧色彩甚浓之社会，而施之以都市社会之各种事物，必难期其领悟，如边地之生活单纯，而教之以复杂之事理，必难使之了解。故其结果，不但书本之内容学子不能领受，即国语亦不能推进，此尤实施边民教育所当注意者也。

（丁）无适当之教育方法与设备。以往边地之教育方法大部份不外乎"读死书"之方式，故不能实用于生活社会。至于设备更因经济交通俱感困难而无一可言，故教育内容枯燥已极，一般学子视入校为"当学差"，非无故也。如此教育，纵行之甚久，终归无效。可以断言，故今后之边民教育对于此点，非力加改正不可。

依据第四、第五两项之观察，足见以往之边民教育未尝注意于整个边民教育计划建立。又未尝因势利导，以适当之人物用适当之材料，久于其事，逐步推行。兹幸委员长睿鉴及此，谨将今后改进办法拟呈于次：

（六）确立边民教育系统

（甲）于教育厅设置专管边民教育之人员，以熟悉边民情况之教育专门人才充任之，其职务为调查边民教育材料，拟定边民教育详细计划而督促其实行。并于每年中择定一边区亲往考察，以觇边民教育进行之状况，而谋改进推广之道。至于边区省份（如青海西康等）之教育厅或教育科，尤宜特别注意，于纯粹之边民依本方针进行之。

（乙）于各边县之教育科专设边民教育督学一人或一人以上，与办理边民教育之特定机关或团体，会同促进边民教育。

（丙）于各边县成立边民教育促进会，由当地最高行政当局或特别指定之人员组织之，其会员除特别指派之人物外，以热心边民教育，熟悉边民教育状况及边族中负有声望之人物为合格（其组织法另定之）。

（七）确定边民教育经费之来源

（甲）边民教育之永久进行，其经费之主要来源必先仰给于国库或省库之支给，故宜特别指定永久经费，以资应用。如有不敷。得临时增加之，如有剩余，亦宜提存以供推广充实之用。

（乙）为推广边民教育计，宜于各边县教育经费项下酌拨一部份专为兴办边民教育之用，但教育经费支绌之边县，经考察属实者不在此例。

（丙）凡开发边地所生之各项利益，无论出于公营私营，宜酌提一部份以供边民教育推广之用。

（丁）奖励捐资兴办边民教育。查捐资兴办边民教育已不乏成例，如西康之明正土司、德格土司、松潘之墨桑土官等皆有此举。至于因争产及其他讼事而捐款者，尤屡见不鲜，若能规定名誉奖章及其他相类之奖励，特别提倡，必更踊跃。惟以前因，无负专责之人，每每用途不明，罕收实效，宜特定征收保管方法以限制之。

（八）改善边民教育之师资及其待遇

（甲）设立短期师资训练所，将现在从事边民教育之教员或曾在边地从事教育较久之人员，于寒暑假期内召集至适当地点（以成都为较宜），施以短期训练（期间两个月左右），俾对于边民教育方针及教育方式与夫目前进行之切要项目能了然于心（其办法及内容另定之）。毕业以后仍派往原地服务，经过一年后再召集之，使受更进一步之训练，于正式师资造成之后改任之为助教或助理员，其堪任为正式教员者亦尽先任用，其有志深造者更与以便利之机会。

（乙）设立正式之边民师范学校，招收当地之土人或颇与土人接近之汉人，予以较长期间之训练，俾得深造，以作边民教育之正式行政人员或正式教师（其办法内容待遇等项另定之）。

（丙）实行年功加薪办法，俾从事边民教育者得以久于其任，乐于其事。查边地教员待遇各地不同，初步以当地之酌中待遇为标准。凡经切实考核，确能使学生人数增多、程度增高者，酌加原薪十分之二或十分之三，以加至原薪之一倍为止（其详细办法另定之）。

（丁）在偏远之边地从事教育，不能携带家眷或不便教育子女者，当于休假办法、优待子女入学办法及辅助家庭职业办法，诸方面予以便利（其办法另订之）。

（戊）土著之从事教育著有成绩者，亦予以相当之优待（其办法另订之）。

（九）编辑适当教材及选择适当之教学方法

（甲）于教育厅增设编审一员，专司边民教育材料之调查及教科书之编辑事项。

（乙）教材分为学校教育及社会教育两大项，关于学校教育者为基本知识之培养，民族同化之要项等等；关于社会教育者为当地风俗习惯之利用及改良，新观念及新生活之输入，新信仰之培养等等（其内容及大纲另定之）。

（丙）边地民族对于生活产业化、生活军事化两大原则尤感需要。关于此项教材之运用，有由知的方面注入者，有由行的方面实现者，除由专司教材之机关或人员特加注意之外，并需由特殊之机关或组织辅助之（附见于后）。

（丁）边区地方各有特殊情形，其不能一致施教者，由当地之教育机关，教育人员及辅助机关或团体会同斟酌当地特殊情形，选定适当之教材及教法，由教育厅主管人员考核而推行之。

（戊）关于边民教育之特殊问题，有待于各项专家解决者，得由与边民教育有关之任何部分提出对象，由教育厅征求专家研究之。

（十）改良招徕边区学子之办法及改善边区学子之待遇

（甲）凡自愿申送其子弟亲友之土司、头人、酋长等，由当地政府予以名誉上或实质上之奖励，以所送学子之多寡及受学期间之长短定奖励之高低。

（乙）凡能招致边地学生之其他人物，亦由政府予以名誉上之奖励，其属于教育界者，并得由政府予以边民教育之职务或与边民教育有关之位置，但不胜其任者不在此例。

（丙）对于边地学子除保障其身体发育之安全以坚其家人之信心外，并须宽其徭役、隆其衣饰，提高其社会上之地位，尤须防止内地人加以歧视或侮蔑。

（丁）凡在边民学校毕业之纯粹边民，由政府特别提高其地位及与以谋生作事之便利。其优待之程度，以学级及成绩之高低定之。

（戊）优秀之边区学生，如有志出外升学者，由政府特别予以便利。

（十一）设研究所于各区以资辅助

经营边地，必先知其地、知其人，然后进而谋用其人力，尽其地利，故有赖于调查团宣传队之工作。但此等组织用度较巨，费时久，则经费过多，费时少则所及不远，是以除特殊工作（如其矿产之调查等）及特殊使命（如宣慰安抚等）之外，以在各地分设研究所（或其他名称）为宜。研究所之范围，本不限于教育，而于教育实为当务之急。盖不知其性情使其接近，得其信仰与引导，则其他一切工作皆不能深入也。本计划所拟设之研究所，即以辅助教育为主，推行其他事业为副，一则使边民教育易于收效，一则使其事业得随教育之进步而发展。兹举其组织及其功能于次：

（甲）研究所就下列之人员组织之：

（a）政府所派之主持人员及担负各项特殊工作人员，如党务人员、军训人员、医师等等。

（b）当地之乡导人员及特须〔需〕人员，如通译等。

（c）当地之教育建设当事人员，热心边事之士绅，及其他社团所派之代表等。

（d）当地之土官、酋长、喇嘛及在土民间负有声望之其他人员。

以上（a）（b）两项为负实际工作之固定人员，（c）（d）两项为负赞助工作之咨询人员。

（乙）研究所内设总务股、调查设计股、宣传联络股、组织训练股、卫生治疗股、产销合作社、农牧试验场、特务股等，其功能如次：

（a）总务股：领导及督促考察全所进行并担任文书、会计、庶务及不属于他股事宜，或与他股会同进行事宜，其直接对象为受学校教育及社会教育之边民，其间接对象为该所担任区域全部之边民及与此部边民有关系之地方人民，更推广之而及于交通物产及其他自然现象与社会现象。

（b）调查设计股：调查事项除由本股直接担任外，全所各股仍宜就其所至之地、所接之人、所遇之事、所见之物分别担任调查工作，由调查股汇集加以审核，并以可能范围拟具各种计划，汇呈备案。

（c）宣传联络股：用语言（以土语为主）、图画、影片等向学校及社会宣传，以引起土人之国家观念，拥护首领观念（边民最尊重首领，尤须使之尊重国家首领）及改善生活之模式，增加国民常识等等。至于联络工作，则于认清土人与汉人间之关系及土人与土人间之关系后，设法化除土人与汉人间之隔阂而增进其情感，排解土人与汉人或土人与土人间之纠纷，而博其善意（历来纠纷往往因官吏不善处理，或从中操纵渔利，以致酿成深仇巨恨）。此项工作可与组织训练股共同行之。

（d）组织训练股：首先对于入校之边民加以组织训练（以汉人与土人混合编制训练为尤准），然后利用各种场合（如恳亲会、火把会、狩猎土人节期、汉人节期、国家庆典、卓著土人之婚丧典礼等），选择各种方式（如土人喜跳舞，则于跳舞时加以组织，并使汉人参加土人之跳舞，或土人参加汉人之跳舞；如土人喜唱歌，则于土人之原调中改用国语歌曲，以寓宣传之资料，或于相近之本国曲谱中加入土语，亦可寓宣传之资料，更于演剧时以土语表演，国家重要事迹或以汉语表演土人之事迹）。如是而行，可使国语及国民应知之事物同时广播，此即于求乐本能中收教育与训练组织之功用也。

（e）卫生治疗股：边民对于卫生素不讲求，每有病苦即以禳解为唯一法门。其迷信之深、尊崇喇嘛巫师之笃，大部分根源于此。是以西人传教无不利用医药为先导。查边民所易患之病为痘症、伤寒症、虫症、传染病等，所易患之疮为刀枪器械伤，水火跌打伤、毒虫猛兽伤、毒疮乃至花柳病等。如能以简易之设备，对症发药，得其报酬，可用一部分维持或推广治疗所之设备，更用一部分施惠于其他边民，不受其酬，更可增进边民之信仰与好感。此即基于避苦本能，以推进教育与同化之作用也。

（f）产消合作社：边民之生产品不能直接出售，所需之消费品不能直接取得，而成为以物易物之原始商业。故汉人之往其地者，每年贸易一、二次，即可得倍徙之利，若择土民人口较多之地，设立产消合作社，并邀其地有势力之土人加入为股东，以利进行，不但出产品可得较高之价值，消费品可以低廉之价购得，使土人乐于依赖。且所得之利润，以一部份分配于土人之股东，可以得其竭力赞助，并可招致较远之土人。又以一部份推广合作社，则研究所与边民学校亦可赖以维持，既有教育以加强心理上、信仰上之连系，又有合作社以加强生活上与经济上之连系，使边地民众与内地人民及政府有相需而不可相离之关系，则同化作用必更速而有效矣。

（g）农牧试验场：边民耕作简陋，又不知选择种子，审查土宜，以致农产品种类不多，收获量不丰，其于牧畜亦然。对于选种配种既不注意，而于兽医一道更不讲求，以致畜牲死亡枕籍，无法救治。若能设小规模之农牧试验场，示以佳良之模范，并为之治疗兽病，不但使边民见于其利，乐受指导。由近及远，逐渐深入，且于将来屯政垦政之推行，有切实把握，以便择地从事，获得实效。此即以利导为中心之政策，而广义的边民教育尤须赖之以推进也。

（h）特务股：视实际之需要而增设。如为改良宗教或化除宗教纠纷起见，可设宗教股，如欲试行村可设新村实验股，如欲行某种实业可设某种实业筹备股，甚至欲增设县分亦可设立设治筹备股。盖特务股之功能具有临时性质及试探性质也。

以上之设置，纯由顾及边民求乐、避苦、畏势、趋利之四种根本冲动及根本需要而产生，因其对于教育有不可离之功用，故列之为推进边民教育不可少之辅助。

（丙）研究所之推进，须注意次之事项：

（a）各股之设置以需要为前提，不必同时并设。为节省经费起见，于初期事务较简，范围较狭之时可由一人兼任数股，至事务增繁、范围加广之时，亦可斟酌需要，每股设置数人。

（b）研究所内之人员以逐渐增加土人之数目为合宜。如土人之程度能力稍差，亦可藉工作而施以训练，俾土民之优秀份子引导其族人内向之心，日趋浓厚坚固。

（c）研究所之设立以逐渐深入边地为要，如治疗所、合作社、试验场等尤宜如是，不得久停于内地化都市之附近。

（d）凡深入边地经商传教之人，大抵由接近内地之甲方介绍至较远之乙方，再由乙方介绍至更远之丙方、丁方，如是辗转乃得深入。故研究所之推进，尤须注意于此项工作。

（附注一）研究所之设置为经营边地之急务，其内容与办法尚须详加陈述，本当专案拟呈，但以边民教育之办理及推进在与之有密切之关系，必须同时进行，双方始可收效，故于本计划中附呈大要。

（附注二）研究所之工作似可由边县之县政府或其他施政机关附带担任，但县府或其他施政机关已将大部分之力量专注于行政及注意于汉人方面，势难兼顾周全，加以时有更代，不免多所牵动，自难有持久之积极精神及整个而有步骤之计划。且研究所必须之经费人才，仍不能因之而有所节省，故研究所以独立设置为宜，惟当与边县之县政府或其他施政机关尽量合作，以求进行之便利耳。

（十二）边民学校以推广初级教育为原则，务期逐渐扩充初级学校之数量，充实初级学校之内容，以树立坚固之同化基础。

（十三）妇女在边地民族中所占之地位比较重要，故对于女子教育尤当注意办理。边民教育时须斟酌各地情势，使女子有获得教育之机会。

（十四）边民于受初级教育后，当尽量使之升学，凡入正式之高级小学者，当使之与内地学生受同样之课程，如程度不足者，得设补习班以助之。并须于可能范围内予以优待，其升学于中学或大学者亦然。

（十五）边民教育对于成年教育一项亦当特别注意，务求使成年人具备一般国民必不可少之知识技能，接受军事教育及生产教育之基本训练，并须养成其担任公务之品德与能力。

（十六）本计划中之各项方案及经费之预算、人才之准备等，俟本大纲核准后赓即依照现在之可能范围，详细拟呈，以期从速进行，上副委员长之至意。

民国二十四年十月十六日

边民教育计划大纲撷要

（一）本计划遵照委员长手令之意旨制定之。

（二）本大纲所取之第一步标准如次：

（甲）引起边民向学心理；

（乙）造就边民初步教育之师资及编辑边民教育材料；

（丙）创设推进边民教育之系统及成立辅助机关；

（丁）选择普及边民教育之初步方案。

（三）本大纲实施范围为松、理、懋等五县，三屯宁属各县，雷、马、屏、峨四县，川康边区等处之边民及情形相似之边地人民。

（四）各民族固有教育状况之观察。

各民族之信仰及生活，因受喇嘛教及类似宗教所束缚，故除其所需之原始教育外，对于正式教育不感需要且不愿接受。复因封建制度之存在，举凡政治、经济诸活动皆受节制，而不能自由受学，即学成亦无所用之故，视受学为当差，而竭力规避。然其避苦求乐、畏势趋利之下等动机，亦正可供诱导以入于高尚之文化境域，倘教育有方，仍可收效。

（五） 以往边民教育之视察。

以往边民教育之失败，其最大原因：

（甲） 无确定之边民教育系统；

（乙） 无久于其位之适当教育者；

（丙） 无适当之教育材料；

（丁） 无适当之教育方法与设备。

本计划即从救正此类缺点入手。

（六） 确定边民教育统系。于教育厅添设边民教育督学及组织辅助边民教育之团体，共策进行。

（七） 确定边民教育经费之来源，于国库或省库拨支专款，以树其基，于各县分拨地方教育经费，并于开发所得之利益，酌提赶（？）数，以资推广。且奖励捐资兴办边民教育以助之。

（八）改善边民教育之师资及待遇，设立短期之师资训练所，以顾目前设立正式边民学校，以顾将来实行年功加薪法，并对于在偏远地方从事边民教育者予以种种便利，对于土民之促事教育者予以优待。

（九） 编辑适当之教材及选择适当之教育方法。教材分学校教育、社会教育两大项，而在同化作用之下实现"生活生产化"、"生活军事化"两大原则尤当注意。此外，对各种特殊情形及特殊问题，亦须注意。

（十） 改良招徕边区学子之办法及改善边区学子之待遇凡五项。

（十一） 设立研究所于各区，以资辅助研究，由以政府所派之特务人员及研究所所在地之适当人士组织之，所内设总务股，调查设计股，宣传联络股，组织训练股，卫生治疗股，产消合作社，农牧试验场，特务股等。具有分工合作之功能，进行时以需要为前提，逐渐增设，以期由狭而广，由近而远。

查研究所为经营边区之基本需要，本当专案拟呈，但因与边民教育有密切之关系，故以同时并进为宜。

（十二）　边民学校以推广初级教育为原则。

（十三）　边民教育当并重妇女。

（十四）　边民升学当予以种种便利。

（十五）　边民成年教育亦关重要，当同时推进。

（3）财政、内政、教育等部及蒙藏委员会致行政院呈

（1936年2月）

财政部

内政部

蒙藏委员会　会呈　蒙字第二八四号

教育部　　　　　　蒙壹千字第3126号

案奉钧院二月十二日第九二零号训令内开："准军事委员会委员长行营函送边民教育计划大纲一案，抄发原件，令仰核拟具复"等由。奉此。兹经本部会等会同核议，佥以边民教育亟待推行，边政研究委员会所拟边民教育计划大纲，既经委员长行营分别指示，原则上自属可行。所需经费，在试办之初应力求核实，先由省县筹措固定经费，如实有不敷，中央亦可酌予补助，拟俟该会会同四川省政府拟具整个边教实施纲要及各种详细办法并附预算呈报后，再行核办。一面由教育部令饬四川省教育厅遵照办理。奉令前因，除由本教育部令饬四川省教育厅遵照办理外，理合会文呈覆，恭请鉴核。再本案由教育部主稿，合并呈明。谨呈

行政院院长蒋

　　　　　　　　　　　　财政部部长　孔〇〇
　　　　　　　　　　　　内政部部长　蒋〇〇
　　　　　　　　　　　　蒙藏委员会委员长　黄〇〇
　　　　　　　　　　　　教育部部长　王〇〇

中华民国廿五年二月　　日

（4）教育部致四川省教育厅训令（1936年2月）

教育部训令　蒙壹4第2472号

　　　令四川省教育厅

案奉行政院第九二零号训令内开："案准军事委员会委员长行营云云叙至此令"等因。奉此。兹经本部会同各部会核议，佥以边民教育，亟待推行，边政研究会所拟边民教育计划大纲，既经委员长行营特别指示，原则上自属可行。所需经费，在试办之初应力求核实，先由省县筹措固定经费，如实有不敷，中央亦可酌予补助，拟俟该会会同四川省政府拟具整个边教实施纲要及各种详细办法，并附预算呈报后，再行核办。一面由教育部令饬四川省教育厅遵照办理等语。呈覆在案。奉令前因，合亟抄发原件，令仰该厅遵照办理具报为要。此令。

　　附抄发原呈边民教育计划大纲及撮要各一件〔略〕

中华民国二十五年二月　日

（5）行政院致教育部训令（4月22日）

行政院训令　字第二四六八号

　　　令教育部

案查前据该部会同内政、财政两部及蒙藏委员会呈，为核覆军事委员会委员长行营函送边民教育计划大纲一案，请鉴核等情到院。当经函达军事委员会委员长行营查照在案。兹准行营二十五年四月九日宽字第六二六号公函开："此案已令边政研究委员会遵照办理，请查照"等由。准此。除分令外，合行令仰该部知照。此令。

中华民国二十五年四月二十二日

　　　　　　　　　　　　　院长　蒋中正

〔国民政府教育部档案〕

（二）教育实施概况

1 新疆省教育厅长刘文龙报告该省教育状况呈

（1928年12月23日）

主席座前敬呈者：窃文龙前具寸笺，庋邀钧览。文龙学浅材疏，谬蒙国府任命新省政府委员兼教育厅厅长，感荷优遇，匪言可宣。谨将新省教育情形，为我主席一详陈之。新疆教育自前清光绪十一年经左文襄开辟行省，即在天山南北两路各县设立义塾，入塾读书之子弟，有汉民，有回民，有旗民，有缠民，而蒙古、哈萨两民族不与焉。维时科举正兴，成就功名者虽有考取附廪贡并乡会两试，亦有登弟之人，比之内省究属麟角凤毛。且登第于乡会两试者均系汉民，其读书之回民、旗民、缠民，大都以得附生为止境。庚子变后，废科举，改学校，新省亦简任提学使前去开办，通令各县同时设立学校，招生肄业，所来者仍系汉、回、旗、缠四民族之子弟。但新省民族以缠民占十之七八，不迫令该缠族子弟入校读书，则各学校便无多招入之学生，况缠族归化，不能不使同化。故教育之进行，对于缠民尚须特别注意。无奈缠民以宗教关系，有产阶级之子弟都不愿送入汉校读书，谓念缠经可以充当阿訇、毛拉，可以经商，登记帐簿，汉校所得毫无所用。官中强令送读缠族，迫于无可如何，用钱雇送贫民子弟。此等贫民子弟视入学校为当差，勤于求学者盖甚寥寥。不能全归咎于缠生，在事实上语言不通，教学均感困难，在性理上，教学以感困难情形便无趣味，听者固是藐藐，而诲者亦未必谆谆，何能望有进益。故提学使设法改良，在缠族聚居之各县地方，一面开设汉语学校，先通语言，期以两年毕业，再升入初级小学校读书。如此办法，缠民子弟之入学读书，可得解除教学双方之困难，发生趣味，学事渐有起色。提学使在任六七年，成立学校不少。此项学校经费，由新省库帑支给，不足之数，筹办各县亩捐，岁获三四十万两。前清宣统末叶，新省学务虽属萌芽时代，究一日有一日之滋长。民国改元，军事旁午，内地各省关协济，新饷断绝，政军两费均形缺乏，即将学款挪用，各校经费支绌，多数停办，仅存之学校亦不过敷衍表面，其内容之废驰不堪闻问。民国八年，北京政府整理全国教育，文龙谬任新省教育厅厅长，将新省学校逐渐恢复，其经费仍由库帑支发。十年以来，关于学事秉承杨前主席指示进行，高初两级小学校多有增加，师范中校均已毕业多班，又于十三年八月开办俄专法政学校，本年七月亦经毕业，继续招班，开学实繁有徒，并素不向学之蒙古、哈萨两民族，亦求立学校，经该蒙哈头目送入子弟读书甚夥。推其学校发展之原因，由于民国成立，杨前主席倡用本地人材，其缠族中曾经读过汉书，粗通文义者收归公署，练习公牍，随派差事或委职官，政军两界均有其人，各种族知读汉书有出身之路，故求学皆热心从事也。现在国民政府成立，以三民主义为救国方略，训政开始，固当藉力于宣传，而求根本办法，非从教育进行不可。此次文龙蒙任教育厅厅长，对于三民主义在各学校不能不格外注重。学生明瞭此义，便可逐渐家喻户晓，文龙职责所在，自当极力图维，以期不负主席殷殷发扬党义、讲求新学之至意。新省僻居荒远，见闻孤陋，敬祈赐颁训诲，俾有遵循是祷！文龙已将护照由东省起就，不日即可取道西伯里亚前往回新，并以陈明。肃呈。恭谢鸿施，敬叩勋安，伏惟垂察。

新疆省政府教育厅长　刘文龙谨呈　印

中华民国十七年十二月廿三日

〔国民政府档案〕

2 教育部民国二十年度蒙藏教育经费分配办法

(1931年)

一、左列各国立蒙藏学校经常费共九万元,其不足之数及开办费、临时费等均由教育部蒙藏委员会另案呈请行政院转饬财政部筹拨,或于下年度预算内再为增加。

1．国立西宁回藏学校；

2．国立宁夏蒙回学校；

3．国立甘肃蒙回藏学校。

二、蒙藏地方及新疆回民繁庶之区所设之中等学校补助费共卅万元,依左列标准分配之：

甲、按照蒙藏教育实施计划所定招生区域,每区以补助中学校,乡村师范学校、职业学校等中学学校二处为限。

乙、各校补助费数目,依各该校学生之多寡定之,但每校至多以一万八千元为限,其不足之数由各该地方【补助之】。

丙、本年度所补助之中等学校,以在蒙藏教育实施计划内指定之地点,或其他适宜地方现已成立或已有相当基础者为限。

丁、现尚无中等学校或相当基础之处,应酌给补助费,责令各该地方在蒙藏教育实施计划内指定之地点或其他适宜地方,克期筹设模范小学二处,补助小学每处至多以六千元为限,俟有学生毕业即改为中等学校,再照中等学校例补助。

三、肄业内地高中以上学生之蒙藏及新疆回部学生补助费共三万元,其补助规则另定之。

四、留学国外之蒙藏及新疆回部学生补助费共二万元,其补助规则另定之。

五、蒙藏地方中等以下学校适用之教科书印刷费共三万元,其种类及办法另定之。

六、蒙藏地方中等以下学校适用之教科书及民众读物编译奖金一万元。

七、蒙藏教育学术考察团补助费一万元。

八、蒙藏教育特别补助费一万元。

〔国民党中央民众训练部档案〕

3 教育部关于宁夏、青海、广西等边远省区学生就学中央大学训令

（1933年11月—1936年10月）

（1）教育部致国立中央大学训令（1933年11月28日）

教育部训令 字第12412—1号

令国立中央大学

案据宁夏省教育厅呈称：查本省交通不便，文化落后，各级学校学生程度均较内地为差，高中毕业者往往不能考入国内著名大学，以致需材虽急，深造莫由。本厅有鉴于此，前曾分函国内各大学，请援照部令优待蒙藏及青海学生办法，每年收受本省免试入学学生若干名，以期造就各项专门人材，发展边疆教育去后。除准国立浙江大学每年准送学生一名，国立音乐专科学校准送二名，国立北洋工学院准送二名外，其余各校院多以未有部令覆函拒绝。窃本省教育幼稚，既如上陈，此后对于高中毕业生，如不为广开升学途径，俾人材辈出，非但不足以拯救本省文化之落后，与分负中央开发西北之大任，势必徒为衰落，农村增加豪绅阶级，重农村之剥削，速农村之破产耳。钧部垂念及兹，岂忍漠视，务祈迅赐通令国内各公私立著名大学及专门院校，遵照优待蒙藏及青海学生办法，每年收受本省免试入学学生一名至三名，以资造就，而利教育。本省幸甚！西北幸甚！是否有当，理合开

具本厅函商各大学名单，备文呈请鉴核示遵，实为公便等情。并附各大学校名单一纸。查宁夏地处边陲，文化落后，自系实情，原呈所请一节，暂准由该省教育厅于每年学校学期开始之前，备文保送，各校应比照本部十八年公布之待遇蒙藏学生章程第二及第四两条，酌核办理。除指令外，合行抄发该章程节录一份，令仰遵照。此令。

附发待遇蒙藏学生章程节录一份〔略〕

中华民国二十二年十一月二十八日

部长　王世杰

（２）教育部致国立中央大学训令（1934年7月）

教育部训令　教字第八九九五号

令国立中央大学

案准行政院秘书处函开：顷奉院长谕：青海省政府呈恳令饬国立各大学，每年招收学生时厘定青海学生名额，以便保送，而广造就一案，应交教育部核议具复。等因。相应抄同原件，函达查照等由。并附抄原呈一件，准此。查青海地处边陲，文化落后，自系实情。嗣后该省学生来校升学，暂由青海省教育厅备文保送，各校应准此照待遇蒙藏学生章程第三、第四两条酌核办理。除函复转陈饬知并分行外，合行抄发原呈，令仰遵照。此令。

计抄发原呈一件

中华民国廿三年七月　　日

部长　王世杰

马麟致行政院呈

呈为呈恳令饬教育部转饬各大学厘定招收青海学生名额以宏造就事：窃查青海自建设行省以来，凡百待理，惟因教育落后，人才极形缺乏，遂致种种建设莫由推进。向例国立各大学每年招收学生，各省原有定额，所以普育人才，各尽其用。惟青海向隶甘肃，自分省后各大学尚未厘定招生名额，兼之青海地处边缘，交通梗塞，每年出外留学者为数寥寥，即或有志深造之士，每感于投考之愆期或先期而往，作寓公于异域，耗时费钱，莫此为甚，遂一人望洋兴叹，百人裹足不前，长此以往则青海省教育终难发达，人才永无辈出之日。俯念中央关怀边陲，力图开发，若不先从培养人才着手，则难收事半功倍之效。为此，呈请钧院令行教育部转饬国立各大学，厘定招收青海学生名额，以广造就，并于招考时先期函知，以便保送，庶免学生歧途徘徊，无所适从之苦，而收人才辈出实地开发之效。所有呈请转饬国立各大学厘定招收青海学生名额，以广造就各缘由，是否有当，理合具文呈请钧院电鉴核准，指令祇遵，实为公便。谨呈。

行政院院长汪

青海省政府主席　马麟

（8）蒙藏委员会致教育部函（1936年10月3日）

案据西南夷族文化促进会南京总会二十五年九月十八日呈，略以"苗夷知识简陋，固步自封，欲求逐渐开化，以推进教育，沟通文化为惎图，缘请比照修正待遇蒙藏学生章程之规定，由该会向本会保送苗夷子弟分赴内地求学"等情。据此，当以事关教育规章，应俟本会咨商贵部查核办理；并以保送机关一层，核与该会性质不当，应仍照修正待遇蒙藏学生章程第七条之规定，以学生所在地之省县政府及各级学校为限等因。除指令遵照外，惟查苗夷同属边疆民族之一，其开化程度，以与蒙藏回各民族相较，尚有未逮，而其敷布区域亦至广泛，与团结民族、复兴国家，在在有关，故有该民族之教育文化事项，应如何设法辅导，以期沟通而示鼓励，尚属切要之举，所请援照修正待遇蒙藏学生章程保送苗夷子弟一节，似尚属可行。惟该章程对于蒙藏甘宁青新康各省区学生之待遇，均有个别规定，宽严不一。苗夷学生究应比照何项规定，始为允当，拟请贵部查酌商定后通令各级学校，一律比照援用，如何之处，并冀见复为荷。此致
教育部

委员长　吴忠信
廿五年十月三日
〔国立中央大学档案〕

4 教育部二十四年度推广边疆教育实施办法案的文件

（1935年1—8月）

（1）行政院致教育部指令（1月31日）

行政院密指令　字三一六号

　　　　令教育部

　　会呈为拟具推广边疆教育实施办法草案，请鉴核施行由。

　　呈件均悉。案经提出本院第一九七次会议，决议："饬教育部及蒙藏委员会于二十四年度预算内注意。并将国耻二字改为"政治"，已令知蒙藏委员会矣。仰即知照。此令。
中华民国二十四年一月卅一日　　　　　　院长　　汪兆铭

（2）蒙藏委员会致教育部公函（8月14日）

蒙藏委员会　公函总字第八三号

　　案准贵部廿四年发蒙总壹8第二五零七号函送二十四年度边疆教育经费概算提要,概算书暨推广边疆教育实施办法各五份,请会印分别抽存送还，以便汇编等由。准此。经已将原件会印，并各抽留一份存卷，相应检同其余四份，函请贵部查收办理。此致

教育部

附廿四年度边疆教育经费概算提要、概算书暨推广边疆教育实施办法各四份〔提要，概算书略〕

委员长　石青阳

副委员长　赵丕堂代

中华民国廿四年三月十四日

教育部、蒙藏委员会会订推广边疆教育实施办法

（甲）编辑民族适用之小学教科书

一、要点：其内容要点注意民族生活之状况，灌输科学智识，并间以政治材料，捍卫国家之历史人物，以启迪知识，养成国家观念为鹄的。

二、办法：先编国语、公民、常识（包括历史、地理、自然等科）三种，均以国语为主，旁注蒙回藏苗等文字。

（乙）广设小学

（1）要点：应于边地文化最落后处，尽先设立。一方训练儿童基本教育，一方并以学校为中心，灌输一般民众普通常识，养成其爱国思想与观念。

（2）办法：先设小学三十六所，其设立区域如左：

察哈尔盟十二旗	三所	
锡林果勒盟十旗	三所	
乌兰察布盟六旗	二所	
伊克昭盟七旗	二所	
土默特特别旗	一所	
阿拉善特别旗	一所	（宁夏）
额济纳特别旗	一所	（宁夏）
青海蒙古二十九旗	四所	
新疆蒙古二十三旗	三所	

青海回族	一所
新疆回部	四所
青海藏族	一所
西康藏族	四所
云南苗族	八所

（丙）创设师范学校

（1）要点：查师资之训练为一切设施基础，苟无相当人材，即难得良好成绩。宜于各边地适当地点筹设师范学校，招本地汉人及各族之优秀青年施以严格训练，养成坚苦卓绝、思想纯正之师资。

（2）办法：先设师范学校五所，其设立地点如下：

百灵庙 一所；	西 宁 一所；
迪 化 一所；	康 定 一所；
镇康或德钦 一所。	

（丁）经费

（1）以上三种工作，计教科书编辑翻译与印刷（第一年国语、公民、常识暂各先印五万册，共十五万册）等费六万二千元，小学三十六所，每年经常费十万八千元（每所每年三千元），师范学校五所，每年经费共十八万元（每年每所三万六千元），总共每年三十五万元。

（2）建议政府列入二十四年度中央预算。

（戊）办理与考核

（1）设在各地师范学校由教育部、蒙藏委员会会同办理之。

（2）设在蒙古之小学由教育部、蒙藏委员会会同委托当地盟旗政府办理之，设在其他各地之小学由教育部、蒙藏委员会会同委托当地省政府办理之。

（3）各地之师范学校及小学，由教育部、蒙藏委员会会同指导考核之。

（己）筹备与开办

（1）师范及小学之筹备期间，均以六个月为限。其筹备及开办费，即以该六个月内应拨给各该校之经费充之。

（2）师范及小学均于二十四年七月起开始筹备，务期于二十五年一月起一律开学。

（庚）组织与课程

师范学校及小学之组织与课程，均根据现行学制并参酌当地情形另定之。

（辛）班次与待遇

（1）师范学校以先办简易乡村师范学校为原则，第一年每校招收学生一班，同时并附设简易师范科一班，每班学额以四十人为准；小学第一年每校先开一班，每班学额亦以四十人为准。

（2）师范学校膳宿费用一律免缴，小学生亦暂定为公费；如经费不足时，由当地政府酌量分担之。

（附注）本办法经呈奉行政院指令照准。

〔国民政府教育部档案〕

5 孙乐山关于西康地方教育状况的考察报告

（1935年2月13日）

总 论

西康人民，蛮众占十分之八强、汉民十分之一不足，汉人与土人之混血种（俗称扯盖娃）约占十分之一。土民体格强健，似苗族而性驯，仅仁慈异之，汉民多系流徒兵役罪徒等，忠厚者少，狡猾者多；混血种全似汉人。其地文化甚低，阶级最严，人分僧、俗两种。俗人以土司为最高级，大头人次级，小头人又次级。农民与牧民皆当差，称为差民，最低级。低级对高级绝对服从，生命财产、牛马子女，盖受高级之支配，赴汤蹈火，唯命是从。僧人以佛都督（呼图克图）为最高级，大喇嘛（管事之僧与熟习经典之喇嘛）为次级，扎坝（沙弥）为最低级。康民信奉喇嘛甚诚，教育、医药、祈祷、占卜、艺术、珍玩皆归于喇嘛。喇嘛衣食住各费概由俗民供给，且皆出于自愿，无强取者。汉人在康原属最上阶级，昔蛮人见汉人之骑马者，皆下马致敬。民国以来，惟汉官能受敬礼，近则汉官亦不能受其礼貌矣。蛮民好斗，各身佩长刀，作保身之用，蛮匪（土名觉巴）残酷，每行盗时，必先将被盗者杀死，而后盗其财物。至于教育，则不明教育为何物。除西康之泸定县、康定县较为发达，关外教育几付于零，一般土民仍视读书为差徭。昔赵尔丰治边时代，曾实行强迫教育，蛮民竟出金钱，雇用混血种之贫寒者代读，社会教育毫无推行。地方当轴恒以蛮民性驯之可欺，虐待压迫，力求私人之中饱与安适，不求社会之改进，教育之推行，谋边区之开化，富源之开垦。兹考察西康社会教育，仅将管见建议钧部，以供推行西康教育之参考。

（一）设立西康民众教育馆由

理　由

西康地处边陲，教育落后，加之佛教在康之盛行，人民多以充当喇嘛为荣，视读书为差徭。推其原因，概由宣传力太薄，政府与人民相隔太远，最近考察康区各学校，均属汉籍学子，以及最少数之混血种，蛮民子弟无一向学者。欲振兴西康教育，势必设立民众教育馆，从事宣传政府策略、教育宗旨，改换康民思想，诚有补于西康之一切也。

办　法

民众教育馆不必由西康当局派员创办，因西康现在教育界人士大半为西康军政界分任。至其成绩、则因掌校者之精神不能整个供给于学校，且经费困难，若令西康当道主办，恐染前习，图设虚名，最好由教育部确定经费，选派社教专家前赴康定创办，或可实地走到民间工作也。

（二）优厚西康夷民入学待遇由

理　由

西康夷民视读书为差徭，以读书差非经十余年不能解脱，因在此十余年内，不特不能生产，且负担年重一年，因有出资代读之习。欲普及西康教育，非增厚夷民入学待遇，不克挽救。

办　法

优厚西康夷民入学待遇，系指西康本省所办学校之学生，确系汉民在初小、高小、初中、高中、师范各级学校之优待及毕业后之优待，明白规定宣传于西康民间，打破视读书为差徭之观念，促进教育之发展。

（三）西康各县喇嘛寺附设简易学校由

理　由

西康人民信佛，家有三子，则以二子习喇嘛，五子者则以三子或四子习喇嘛。在喇嘛寺所习之经典，以口传者最多，甚至一寺中有喇嘛数十人，竟无一人可以执管，似宜遵照二十二年三月十八日教育部公布之小学规程第一章第五条简易小学规程办理之。使喇嘛先知汉语汉文，而后同化其思想，为推行西康教育之一法也。

办　法

西康各县喇嘛寺附设简易学校，应先由各该政府召集喇嘛寺之呼图克图详为解释中央对边地之重视，简易学校之意义，而后派教师入寺教学。

（四）整理各县官话学校为小学由

理　由

西康关外各县学校，尚为赵尔丰治边时所设官话学校，迄今仍未改换名称，与教育部所定之小学法第四条相反，似有整理之必要。

办　法

由教育部令西康行政督察专员执行。

（五）确定西康省教育经费、县教育经费由

理　由

西康省政府未成立，各事均由驻军管理，经费混乱。现西康师范学校月支四百十七元，该校经费系向西康财务统筹处支拨，可认为省款。但该校欠薪时有发现，关外各县未筹经费，未设学校者不下二十外县，其已筹经费者，有少至每年藏洋贰伯元者（藏洋壹伯元合大洋四十四元八角）。夫金钱为成事之母，推进西康教育，当以确定经费为急务也。

办　法

确定西康教育经费，宜先组织委员会详为调查，然后由教育部规定之。

（六）编辑汉藏课本由

理　由

西康夷汉杂处，语言不统一，康定小学在初小三年级即加教

· 873 ·

藏语，每周二、三小时不等，俟高小毕业，学生读藏文四本仍无所得，推其原因，乃教授藏文之教师均无课本，作无系统之教学。当今政府开发西陲，发展边地教育，编辑汉藏教本，当为目前必要之工作也。

办　法

编辑汉藏教本，当由教育部聘请专家编辑之，并可征集目前西康藏文教师所用材料审核之。

（七）编撰汉藏字典由

理　由

康藏通用藏文，但各地语言不同，文字亦有差别，在数十里之距离，曾发现双方文字不解之苦。康区研究藏文者，先用印藏字典，而后再用印英字典，再转用英汉字典，如此情形实有碍康藏教育之发展，藏汉字典之重【要】不言可知也。

办　法

编辑汉藏字典，当由教育部聘请专家编辑之。

西康最近各县教育状况表

校　名	校长或主任及教职员数	班　次	经　费	校　址
中国国民党中央政治学校西康分校简易师范部	主任杨倬孙教职员七人	一班	二万元	川王宫内
西康师范学校	校长汪仲燮教职员十五人	三班	每月四佰十七元，由西康财务统筹处拨	明正街

续表

校名	校长或主任及教职员数	班次	经费	校址
县立小学校	校长陈文瀚教职员十人	高小二班 初小三	每月二百元由康定教育科统收统支	南门大街
县立女子小学校	校长王逸萍教职员十一人	同前	同前	明正街
中区初小	主任胡思谦教职员二人	初级二班	每月大洋肆拾元，由康定教育科统收统支	营盘街
东区初小	主任金殿耀教职员二人	同前	同前	瓦斯沟
北区初小	主任李茹忠教职员二人	同前	同前	三道桥
康化小学	校长何伯康教职员九人	高小二班 初小二	每月二百元上下由天主堂出款	兴隆街
中阿小学	校长贾雨三教职员四人	高初小各一班	回教公会私立学校款由清真寺出现正在增加尚无确数	南门大街

西康关外各县教育状况表

路别	县名	教育状况	经费状况
北路	丹巴 道孚 炉霍 甘孜 瞻化 白玉	县治均有小学一所乡间有官话学校二三所	由各县粮税项下划拨

续表

路别	县名	教育状况	经费状况
	德格 邓科 石渠	县治民二十一年恢复学校正在筹办	正在筹划
南路	九龙雅江理化巴安	县治均有学校一所乡村多未设校	多由各县粮税项下划拨
	义敦稻城定乡得荣	复治未久正在筹划	正在筹划
西路	盐井宁静武城察雅	未设学校	未筹经费
	昌都贡县恩达科麦		
	察隅同普硕督嘉黎		
	太昭		

附注：由康定南北两路而西统称关外

〔国民政府教育部档案〕

6 郭莲峰考察绥远省各蒙旗教育状况电与该省教育厅长阎伟致教育部呈

（1935—1936年）

（1）郭莲峰考察绥远省教育状况代电

（1935年11月15日）

南京。教育部部长王钧鉴：职于上月八日抵绥，九日向教育厅接洽一切，下午晋谒傅主席，商请速将义教计划决定。傅主席极表赞同。旋即分访各厅长，请一致促其早日完成。晚与阎厅长及教厅主管人员会商，将该厅原拟计划加以修正，提出十一日省府会议通过，计第一期设立短期小学一千七百八十三校，本年先成立三百九十八校，明年增设一千三百八十五校。小学区之划分系按该省现在村制分为甲乙丙三等，甲等村人口约在二千以上，乙等村一千以上，不足千人者为丙等村，虽与本部规定未尽符合，按诸实际，实许多便利之处。至经费方面原拟由省库拨十万元，经再三磋商，已决定由省库拨十二万元，再将各县停办党费三万余元拨充，已足敷用。现省款已由禁烟特税项下陆续拨到。至师资方面，自裁并师范改办中学及职业学校以后，师资供给已感缺乏，又以绥省创办村政，受有相当教育者已尽被吸收，故师资问题至为困难，经商请阎厅长举行登记，现已登记者计二百六十余名，合格者仅及三分之二，而距离登记截止期间仅有三日，所差教员约二百余名，拟请阎厅长电令各县推荐合格人员酌加训练，并向平津大同等地招收外省人才，以资补救。省府于上月底召集各县县长会议，讨论保甲、冬防、义教各项事宜。职于讨论义教时曾列席报告，并请傅主席转谕各县长注意下列三事：（一）各县义务教育委员会及区学董统限十一月十五日以前组织完成，报厅备案；（二）所有短期小学自即日起筹设，最迟不得过十一月底，本人于宁夏返绥时前往各省视察，如有办理不力者，将请省政府予以处分；（三）请各县长电令各该县督学刻日出发，会同村长妥觅校址，动工修饰，凡登记合格教师由厅分批发表，即日前往各县负责办理。经傅主席、阎厅长严谕各县长照办，现据归绥、萨拉齐等十县报告，均可按期成立。关于蒙旗教育实施办法，迭经多方接洽，意见参差不齐，曾于上月十六日赴百灵庙面晤云王、德王，并在乌伊两盟各旗接洽，计十五日。兹将各方意见分陈如下：（一）绥远省政府意见，小学仍设在各旗，师范与察省分办，拟设归绥，统由省府办理；（二）蒙政会意见，小学补助费交该会转令各盟旗办理，师范经费三万元，以半数补助该会，在百灵庙自办一校，另以半数补助蒙古文化馆；（三）各旗王公及总管意见多主张由本部指定各旗自办；（四）察省府意见，师范分办，拟就张北县已建未办之乡村师范校舍设立小学，则察盟已有省立小学十二校，内有高小者五校，拟加扩充，锡盟则因无法过问，拟请由部责成盟长办理。查上列意见相距甚远，经职与傅主席、阎厅长、鄂处长、阿王、图王、潘王、荣总管、尼总管、萨贝子等分别磋商，大抵尚可采取折衷办法。爰特拟定办法草案，征求各方意见，大致尚无困难。谨将草案附陈，如蒙核准，请将此项办法分令察绥两省教育厅暨各旗政府遵照，并请早日将蒙旗师范学校校长发表，以便筹备。至普通教育，省立各校已视察完毕，此外并视察县旗立小学二十六校。绥省教育落后，故多注重指导工作。兹以宁夏义教事宜亟待督导进行，拟即前往，俟工作完毕即返绥，沿途视察绥察两省各县义教实施状况。绥宁交通向有公路可达，本年黄河泛滥，路基尽毁，不易修复。故汽车已不通，加以道途不靖，故不得已拟于皓日乘欧亚航空公司飞机飞宁票单程一百三十五元，所余旅费仅敷购票之用，恳请将未发旅费八百元，准予即日电汇宁夏，由该省教育厅转交，以备应用。理合将在绥工作情形择要先行陈报，敬祈鉴核。职郭莲峰叩。删。

（2）绥远省教育厅长阎伟致教育部呈
（1936年5月28日）

案查本厅前此呈报派员视察各蒙旗教育情形，请鉴核一案。旋奉钧部二十六年发蒙壹4第零零三九一号指令内开："呈悉。应即将视察情形，随时具报。此令。"等因。奉此。自应遵照办理。兹据蒙旗教育视察员冯世俦呈称，"案奉钧厅学字第一一四九号训令内开："查二十五年度，业经开始多时，本省各蒙旗原设及新设各小学办理状况若何，亟应切实考察与指导，俾资改进。兹派该员前往各旗视察教育，除分函各旗查照外，合亟令仰该员遵照克日首途，详细视察指导，并将视察指导情形，据实报告，以凭核夺。此令。"等因。奉此。查绥省东西各旗，情形迥异，绥东之正黄、正红、镶红、镶蓝等四旗，向隶属于察省，风气渐开，学校亦早设立，至绥之西北乌伊两盟十三旗，虽经开垦有年，汉氓渐次移殖，其中如乌拉特之前后旗，暨杭达准格尔等旗，稍事开通，余均文化习俗之沟通既少，风气之闭塞亦日甚。其行政首领，思想锢闭，诚恐蒙民习染浮华，以碍其政治之规制。世称奉令之初，即对西蒙各旗注意及此，当与来绥各王公事官或各旗驻绥事官，迭次联络，详为解释，并随时宣扬中央提倡文化及开发边疆教育之至意。数月以来，计乌盟除西公及茂明安二旗旧已设有学校，四子王及东公二旗，现亦呈报设立，并将学款如数领讫。惟中公及达尔罕二旗，风气未开，各该王公对于教育多未注意，所有补助之学款迟疑未领。世称此次赴包即向中公旗事官郯巴格甲波、德勒格生等多方劝导，并详释教育之利益，始允一面返旗转达该旗札萨克提前呈报设立，一面来绥领款，此现在劝办乌盟各旗之大概情形也，至伊盟七旗除准格尔旗早已设有学校，杭锦及郡王二旗亦于二十四年度奉令各设小学一处，其余如札萨克及达拉特二旗亦经迭次晤谈，允于今年赶期设立，并具领学款等情。惟乌审及鄂托克二旗距绥较远，环境亦殊，世称此次赴包多方招致熟习该二旗情形人员，嘱其迳向该旗王公联络，并面恳杭锦旗札萨克阿勒坦多尔济从旁襄助，以事提倡及劝诱。乃该王深明大义，尤对中央创办事件，特具热心，当由其亲拟公函分请各旗王公注意教育，急早成立，各旗尚能听从改变观点，此现在劝办伊盟各旗之大概情形也。所有前后办理各情形，理合具文呈报，伏祈钧鉴核转，是为公便。等情。据此。除仍

派该员随时视察严加督促外，理合备文呈报，仰祈鉴核备查。谨呈
教育部部长王

绥远省教育厅厅长　阎　伟

中华民国廿五年五月廿八日

〔国民政府教育部档案〕

7　行政院抄送冯玉祥条陈蒙藏教育函与教育部就实施问题致行政院呈

（1936年1—6月）

（1）行政院秘书长翁文灏致教育部函（1月8日）

奉院长谕："冯委员玉祥函陈关于待遇蒙藏回各民族之意见四项，请察核一案，应交内政、军政、教育三部及蒙藏委员会、卫生署审查，并函请军事委员会及铨叙部参加。"等因。兹定于本月十日（星期五）上午九时，在本院前楼第一审查室开会。除分函外，相应抄同原件，函达查照。此致
教育部

计抄送待遇蒙藏回各民族意见一件。

行政院秘书长　翁文灏

（廿五年一月八日收到。）

冯玉祥函陈蒙藏回各民族之待遇

蒙藏回地居边陲为我藩篱，若仍如往昔之痛痒无关，视同化外，未免易受外来之利用，若不及早图之，恐其土其民，将非我有。救济之术，约分四端：

（甲）欲使其有爱国之心，必先使知国为其国。盖我之对彼，既少亲切，则彼之对我，即判若两人，此固人情之常。嗣除

此弊，必自录用其人始，亟宜选择各族中优秀之士参与政权，倘因人才缺乏，难得明通之流，不妨降格以求，令该首领等酌量择荐，具有常识，即可当选。然后于各部会中，每族各分发数人，优者给以稍高之职，次则给以末秩科员，下焉者虽无片长，而薪俸所费能有几何。但求相习既久，感情融洽，其爱国之心自能油然而生，风声所播，可使全族感奋，为我效用，较之仅优待班禅达赖酋长王公辈以为联络者，其收效奚止十倍。

（乙）欲使其永久爱国必先开其智识，而开其智识必先普其教育，似应于教育部增设筹办蒙藏回学校之专司，宽筹经费，令该各地广设学校，其有不善自办者，则由部委派专员代筹之、指导之、监督之。不数年间咸知求学之益，自收普遍之效。智识程度日进，爱国之程度日增矣。

（丙）该各族之民智不开，迷信递深，而卫生之道尤瞠乎不知为何事，故一旦疫病流行，不但人类伤亡，而牛马羊之死伤，尤不可胜计。应请饬卫生署妥筹办法，于该各处或设医院，或教医术，兼培植兽医人才，一面教以卫生之道，庶几丁口日多，地方富庶，足增国力也。

（丁）自卫之道为国体所必需，而蒙藏回民性强悍，非短于自卫，实短于无械也。尝见其对于外族抵抗之力尚强，徒以人多械少，苦无训练，往往一败涂地，而不可复振。为国家固守边圉计，应如何给予枪械，加以训练，鼓励自卫，尤应亟为注意焉。

（2）教育部致行政院呈（6月　日）

呈窃查冯委员玉祥函陈蒙藏回各民族之待遇意见案内，关于教育一项，前经本会将补充意见函请钧院秘书处转呈鉴核。旋准二十五年二月四日第八九一号复函，略开：奉院长谕：第二项关于蒙藏教育者应准照办，由教育部于编造二十五年度概算时注意，并与该会会拟实施办法。等因。除由院分令教育部遵照外，相应函达查照等由。准此，本部会遵即参酌推广边疆教育各案，往复磋商，并于二十五年三月二十日分别派员，综合审议，决定办法要点如下：

（一）设置蒙藏地方留学内地专科以上学校学生官费名额。

甲、在学总额　暂定为十五名。

乙、经费预算　每名每年三百元。

（二）设立蒙藏地方喇嘛寺庙民众学校。

甲、校数　先行试办六所，康、藏、青、察、绥、宁各一所。

乙、经费预算

经常费　每所每年一千八百元。

开办费　每所二百元。

丙、办法　由蒙藏委员会令各调查组负责劝办，务期成立，并由教育部令该管教育厅派员会同办理。

（三）以上办法不包含二十五年度蒙藏教育整个计划。所需经费一万六千五百元，由教育部于二十五年度边疆教育补助费中酌量支拨之。所有会商决定办法情形是否有当，理合呈请钧院鉴核示遵。谨呈

行政院院长蒋

列全衔　王〇〇
列全衔　黄〇〇

中华民国廿五年六月　　日

〔国民政府教育部档案〕

8　教育部检发二十五年度推行蒙藏回苗教育计划指令

（1936年7月）

教育部训令

令　新疆、青海、甘肃、贵州、云南　　　省教育厅
　　宁夏、绥远、察哈尔、四川、湖南

查本年度边疆教育补助费及指定办理蒙藏回苗教育事业费数目，业经本部决定分配，并分别电知在案。兹制定教育部二十五年度推行蒙藏回苗教育计划，合亟检发一份，令仰遵照办理。并先期拟具实施办法，连同概算，限本年八月底呈复到部，以凭核夺。此令。

附计划一份

部长　王〇〇

分缮：咨西康建省委员会

中华民国廿五年七月　　日

教育部二十五年度推行蒙藏回苗教育计划

甲、训练师资

一、国立绥远蒙旗师范学校应遵照下列规定办理：

1．招生　除二十四年度所招预备班外，本年度应添招简易师范班一班，名额以四十名为准。由锡乌伊察各盟旗群及土默特旗，每旗群保送高小毕业或相当程度之学生二名，其不足之数由学校迳行招收之。该校为办理招生便利起见，得设招生委员二人，分往各盟旗劝导学生入学。

2．校址及校舍　应在归绥附近觅一相当地点建筑校舍，限本年内完工。（经费已于二十四年度指定）

3．课程　应遵照本部"修正蒙旗简易师范学校教学科目及各学期每周教学暨自习时数表"办理，如发现实际上困难情形，得由该校声叙理由呈请修正。

4．筹设附属小学一校。

二、宁夏省蒙回师范应遵照下列规定办理：

1．现在分设于中阿学校及小学教员轮流讲习所之回蒙师范班，应自本年度起归并，另在相当地点单独设立简易乡村师范，如未能遵照办理，即由本部派员前往筹设国立学校，以训练该省师资。原有补助该省经费即予停止发给。

2．蒙回师范设立计划、章则、课程、详细预算表等，应由宁夏教育厅详为拟具，呈部核夺。

三、甘肃省应在兰州乡村师范附设回藏师范班。

四、青海省西宁蒙藏师范学校应予充实，班级亦应酌量扩充。

五、新疆省会迪化师范附设回蒙师范速成班三班，简易师范二班，阿克苏回民简易师范学校一校，本学年均应酌增班级，充实内容，其正在计划中之伊犁、塔城两师范学校，如经费困难可暂缓筹设。

六、西康省康定师范学校附设藏民师资训练班，须兼顾夷民师资之训练，其他简易师范科及师范科，对于藏文藏语及康藏史地等课程，亦须认真训练，本年度并应增加学额。

七、云南省除省立腾越、双江、车里等简易师范三校，业经依限成立，本年度应增加学级外，其德钦、开化两简易师范学校应于本年九月间成立。

八、贵州省立青岩乡师应于本年内建筑新校舍，增加学级，并附设小学一所。

九、四川省应在夷民较多之处，择一乡村师范学校增设夷民师资训练班。

十、湖南省应在苗民较多之处，择一相当地点之乡村师范，附设苗民师资训练班。

乙、设立小学

一、察哈尔省：

1．察哈尔部八旗群原有省立小学八所，应由教育厅设法恢复，并酌量扩充之。

2．锡林果勒盟应遵照本部颁布之察绥两省蒙旗教育实施办法，筹设乌珠穆沁右旗、阿巴噶右旗苏尼特右旗小学各一所。

二、绥远省：

1．乌兰察布盟各旗小学之设立及补助如左：

（1）四子王旗设小学一所。

（2）达尔罕旗设小学一所。

（3）茂明安旗补助原有小学二所，应充实师资，添招学生，改善组织，并采用本部审定之课本。

（4）东公旗设小学一所。

（5）中公旗设小学一所。

（6）西公旗小学应缩小行政组织、整理学田、除蒙藏委员会及绥蒙会补助费暨本旗自筹的款外，其实在不敷之数再由本部酌量补助之。

2．伊克昭盟：

（1）准噶旗同仁小学应切实予以整顿，校长须以专任人员充任，所有教员待遇亦应酌量提高。新设之初小一校，俟视察后再予补助。

（2）郡王旗补助原设小学一所。

（3）打拉特旗设立小学一所。

（4）杭锦旗设立小学一所。

（5）鄂托克旗设立小学一所。

（6）乌审旗设立小学一所。

（7）札萨克旗设立小学一所。

3．归化土默特特别旗旗立第二至第九等小学，大都经费困难，设备简陋，以致无法发展，自本年度起予以补助，由该旗政府统筹并切实促其改善。

4．察哈尔部西四旗原由察哈尔教育厅设立之省立小学四校，应由绥远省教育厅接办，其经常费应由该厅担任，本部视其需要情形，酌量补助之。

三、宁夏省：

1．阿拉善旗旗立定远营小学、磴口小学及四坝小学，均予以补助。

2．额济纳旗应即设立小学一所。

3．省立金积、灵武两小学，应增加学级。

四、甘肃省：

1．临夏等县除二十四年度已设回民小学五所外，本年度应增设三所至五所。

2．夏河及拉布楞等处筹设藏小三所至五所。

五、青海：

1．蒙古二十九旗设立小学二所。（分归左右两盟）

2．补助青海回教促进会所办小学及海南司令部所设蒙藏小学。

3．民和县朱福南所办之小学七所，继续予以补助。

六、西康：

1．除巴安雅江两藏小业已成立外，其尚未成立之四校应于本年九月间成立。

2．康定、泸定、九龙、雅江、丹巴、理化、巴安、道孚、炉霍、甘孜、瞻化、白玉、石渠等十三县已设有小学，各县酌予补助，由义教经费拨给之。人口较多之县，应酌量增设小学。

七、云南：

上年度所增设之省立小学三十四校，本年度应予以扩充。

八、贵州：

1．已成立之苗小二校，应行扩充。

2．计划设立之苗小十校，应于本年九月间成立。

九、新疆：

据报二十四年度成立小学一千二百四十一校，本年应注意充实内容。

十、湖南：

在凤凰、干城、永绥、古文、保靖等县苗民人口集中区域酌设短期小学。

十一、四川：

在宁、雷、马、屏、松、理、懋、汶等地夷番民集中区域酌设普通小学若干所。

十二、西藏：

1．在拉萨设国语讲习所一所。

2．在后藏札什伦布、江孜、亚东、济戎、聂拉木等处设小学五所。

3．拉萨清真小学照原案补助。

丙、社会教育

一、在边区各地择定相当地点，装干电池无线电收音机，本年度暂定为十一架，其经费完全由本部担任之。

二、边区各喇嘛寺庙筹设民众学校六所。

三、补助蒙古文化馆一所。

丁、生产教育

补助中央党部在宁夏阿拉善旗定远营、青海、西宁、西康、巴安等处分设初级职业学校三所。

戊、编印蒙藏回苗合璧教科书及平民识字课本。

已、中等教育

一、补助归化土默特特别旗旗立中学经常费，使其扩充。

二、补助青海回教促进会附设中学经常费，使其扩充，改为省立。

庚、国内留学补助费

设置蒙藏回苗留学内地专科以上学校学生公费名额十五名。

辛、筹办与督导

以上各项事业，以由中央主管机关筹办为原则，必要时得分别委托各省教育厅或所在地之地方行政机关办理之。

壬、经费

一、师范经费：　　　　　　　　　　十七万八千元
    1．国立绥远蒙旗师范　　　　　　三万元
    2．宁夏省蒙回师范　　　　　　　一万五千元
    3．甘肃兰州乡师附设回藏师范班　一万元
    4．青海蒙藏师范补助费　　　　　一万元
    5．新疆各师范学校经费　　　　　三万元
    6．西康康定师范　　　　　　　　一万八千元
    7．云南腾越等师范　　　　　　　二万五千元
    8．贵州青岩乡师　　　　　　　　三万元
    9．四川夷民师范班　　　　　　　五千元
    10．湖南苗民师范班　　　　　　　五千元

二、小学经费：　　　　　　　　　　二十一万零六百元
    1．国立绥远蒙旗师范学校附属小学经费三千元

    2．察哈尔部八旗群每校补助六百元共四千八百元

    3．锡林果勒盟三校每校二千四百元共七千二百元

    4．乌兰察布盟新设四校，每校二千四百元，补助茂明、安旗两校，每校一千二百元，西公旗一校六百元，共一万二千六百元。

    5．伊克昭盟新设五校，每校二千四百元，补助郡王旗小学二千四百元，补助准噶尔旗初级小学六百元，共一万五千元。

    6．土默特特别旗各小学补助费三千元。

7．察哈尔部西四旗小学每校补助六百元，内加镶红旗聚寿寺小学一所六百元，合共五校，计三千元。

8．阿拉善特别旗小学三校，每校补助二千四百元，共七千二百元。

9．额济纳特别旗设小学一校二千四百元。

10．金积、灵武二小学每校二千四百元，又设备费各三百元，共五千四百元。

11．甘肃省回藏小学一万五千元。

12．青海省蒙藏回小学二万一千元。

13．新疆省藏回维哈各小学二万元。

14．西康省藏小一万二千元。

15．云南省小学二万四千元。

16．贵州省小学一万八千元。

17．四川省小学一万元。

18．湖南省小学一万元。

19．西藏五小学一万二千元，国语讲习所五千元，共一万七千元。

三、社会教育经费：一万七千元

1．无线电收音机十架，每架一百七十元，又大号收音机一架，一千六百元，连同加购电池及旅运费等共五元。

2．喇嘛寺庙筹设民众学校六所，每校开办费二百元，经常费一千八百元，共一万二千元（除西藏外，其余各省均指定上年度边疆教育经费积余项下指拨）。

四、生产教育经费：三千九百五十元

照中央党部原计划，本部与卫生署各半分担，计补助三校经费三千九百五十元。

五、中等教育经费：二千四百元

1．补助土默特旗中学二千四百元。

省　別	廿四年度分配數	廿五年度分配數	比較增減
貴　州	八　萬	六　萬	減二萬
雲　南	九　萬	六　萬	減三萬
甘　肅	三　萬	三　萬	無
西　康	三　萬	三　萬	無
青　海	二萬五千	二萬五千	無
寧　夏	一萬五千	一萬五千	無
綏　遠	五　萬	六萬五千	增一萬五千

教育补助费分配表

廿四年度指定用途	廿五年度指定用途	备注
苗小一万八千 苗师三万 义教三万二千	苗小一万八千 苗师三万 义教一万二千	
苗小二万四千 苗师二万五千 义教四万	苗小二万四千 苗师二万五千 义教一万一千	
回藏小一万五千 扩充师范二万五千 义教四万	回藏小一万五千 回藏师一万 义教五千	
藏小一万二千 藏师一万八千	藏小一万二千 藏师一万八千	
蒙回藏小二万一千 蒙回藏师一万五千 义教一万四千	蒙回藏小二万一千 蒙回藏师一万	不敷六千元由英庚款补助费内开支
蒙回小一万五千 蒙回师一万五千 义教一万	蒙回小一万五千 蒙回师一万五千	不敷一万五千元由英庚款补助费内开支
蒙小一万五千 蒙师一万五千 义教二万	蒙小三万六千六百 蒙师三万 土默特中学二千四百	不敷四千元由英庚款补助费内开支

续表

省　　别	廿四年度分配数	廿五年度分配数	比较增减
新　　疆	五　万	五　万	无
察 哈 尔	五　万	三　万	减二万
陕　　西	八　万	七　万	减一万
四　　川		一万五千	
湖　　南		一万五千	
西　　藏		一万七千	

编印教科书经费九千零五十元。

蒙藏回学生升学国内专科以上学校补助五千元。

职校补助费三千九百五十元。

　　以上共五十万元。

廿四年度指定用途	廿五年度指定用途	备注
蒙回小一万五千 蒙回师三万 义教五千	蒙回小二万 蒙回师三万	
蒙小一万八千 蒙师一万五千 义教一万七千	蒙小一万二千 义教一万八千	师范移设绥远
义教	同上	
	夷民师范五千 夷民小学一万	
	苗民师范五千 苗民小学一万	
	后藏五小学 拉萨国语讲习所	

〔国民政府教育部档案〕

2．补助青海回教促进会附设中学（由该省上年度边教节余经费酌量补助之）。

六、编印教科书经费：九千零五十元。

七、其他补助费：二万七千元。

1．补助拉萨清真小学补助费二千元。

2．补助蒙古文化馆二万元。

本项两款预算中已列有专款。

3．国内留学生补助费五千元。

以上各项事业费共计四十四万八千元。

查廿四年度补助各省边教经费所有节余经费，拟指定作为本年度添设学校及补助费之一部分。

癸、筹办注意事项

一、边疆各地设立之各族小学，应照小学规程规定，以地名为校名，不得冠以蒙回藏苗夷等字样。

二、本年新设学校统限于二十六年一月成立，其本年七月至十二月六个月经费，准拨作开办费之用。

三、如系各族杂处地方，中小学师范所招学生不限定招收何族学生。

四、师范及中小学之组织课程等，均须遵照本部法规之规定办理，如有所变更，须呈候本部核准。

五、未能按照限期成立之学校，本部即停发经费，另行指定用途。

六、本办法未经规定事项或须临时变更者，以部令定之。

七、上年度办理边疆教育工作报告及边疆教育补助费详细收支报告，未经呈部者，本年度补助费暂缓拨发。

9 教育部廿六年度推行边疆教育计划大纲

（1937年）

甲、师范教育

一、国立绥远蒙旗师范：

1．本年度增设师范班一班，计二班（补习班在外）。

2．本年度增设牧场、农场各一所。

二、察哈尔省：

1．本年度应在宣化师范学校附设蒙旗师范班一班，以招收蒙旗学生为主。

三、宁夏省：

1．本年度将原有蒙旗师范班附设于宁夏师范学校内。

2．宁夏省立云亭师范应将成立情形及招生、课程等项，详报本部后得酌予补助。

四、甘肃省：

1．本年度应将兰州乡村师范附设蒙藏回简易师范班切实扩充。

五、青海省：

1．本年度应将西宁蒙藏简易师范学校切实扩充，并增加学级。

六、西康省：

1．康定师范附设藏族师资训练班，除上年度下学期已毕业之学生即须派往各县筹办藏族小学，本年度应续招一班，严密训练，训练期间并须酌为延长。

七、云南省：

1．本年度应按照该省二十五年度行政计划，将已成立之东川、开化、车里、腾越、双江、大姚、昆华、玉溪及附设永昌中学简易师范九校，各增加学级，其拟筹设之维西、永胜、景谷、彝良师范四校，应于本年度内完全成立。

八、贵州省：

1．本年度应将省立贵阳乡村师范增设一级，并充实内容。

2．本年度应将该省苗民集中之青岩镇划为苗民教育实验区，由贵州教育厅拟具实验计划，呈部核准施行。

九、四川省：

1．本年度应将屏山简易师范切实扩充，并增加学级，以招收夷番学生为主，茂县简易师范限二十六年九月间成立。

十、湖南省：

1．湘西特区师资训练班第一班学生训练期满，即须派出，应于本年度开始续招第二班学生，加以训练。

十一、广西省：

1．本年度应择附近傜民区域之师范学校一所，附设边民师范班一班，以招收傜民学生为主。

十二、新疆省：

1．本年度迪化师范仍照上年度附设蒙回师范速成班及简易师范班。

2．本年度阿克苏回民简易师范应增设学级。

乙、小学教育

一、国立绥远蒙旗师范附属小学，本年增设初小一年级一班。

二、绥远省：

1．乌兰察布盟：

（1）四子王旗、东公旗两小学，本年度应充实师资，添招学生。

（2）达尔罕旗小学应于本年度九月内切实成立。

（3）茂明安旗原有旗公署小学及合窖堂小学，本年度应充实师资，添招学生。

（4）中公旗小学应于本年九月内切实成立。

（5）乌拉特三公旗小学本年度应充实师资，添招学生，并改称为西公旗小学。

2．伊克昭盟：

（1）准噶尔旗同仁小学及郡王旗、札萨克旗、杭锦旗、鄂托克旗四小学，本年度应充实师资，添招学生。

（2）达拉特旗、乌审旗两小学，统限于本年度九月内切实成立。

3．杀虎口牧场本年度应筹设小学一所，为十二台站蒙汉子弟入学之所。

4．土默特特别旗第二至第九小学，本年度应充实师资，添招学生。

5．绥东四旗原有小学四所，本年度应充实师资，添招学生。

6．归绥、包头、萨拉齐三县，原有回部小学及清真小学三所，本年度酌予补助，并得招收蒙汉学生。

三、察哈尔省：

1．察哈尔部八旗群原有小学八所，本年度应设法恢复，酌予补助。

2．锡林果勒盟西乌珠穆心旗小学本年度应将成立经过及□□□上报本部，仍照上年度成案予以补助。

3．察哈尔教育厅本年度应在张家口等处小学内酌设蒙生优待名额，以资奖励。

4．其他各旗小学应于地方秩序恢复时迅即成立。

四、宁夏省：

1．省立金积、卢武两小学，本年度应各增设学级，增招学生。

2．宁夏省教育厅本年度应择回民较多之县，增设小学二所或一所。

3．阿拉善特别旗原有定远营、四坝、磴口三小学，本年度应充实师资，添招学生。

4．额济纳特别旗上年度成立小学一所，本年度充实师资，添招学生。

5．宁夏省教育厅本年度应择回民较多之县，除特设回教子弟之小学外，应令其他小学增加设备，酌量吸收回教子弟。

五、甘肃省：

1．临夏夏河及拉卜楞处规定设立各藏回小学，本年度应充实师资，添招学生。如尚有未成立者，统限于本年九月以前成立。

2．卓尼土司杨积庆所办藏民小学六所，本年度酌予补助。

六、青海省：

1．蒙藏文化促进会附设西宁、都兰、玉树、朵让尔、上五庄五小学本年度应充实师资，添招学生。

2．左右两盟除原设有小学两所外，本年度应择该两盟适当地点增设小学二所。

3．回教促进会附设清水工、查家工两小学，本年度应充实师资，添招学生。

4．海宁警备司令部附设蒙藏小学十所，本年度酌予补助。

5．民和县朱福南所办藏民小学七所，本年应充实师资，添招学生。

七、西康省：

1．炉霍、道孚、甘孜、雅江、巴安等县藏民小学，应充实师资，添招学生。如有尚未成立者应于本年九月以前，切实成立报部。

2．德格县藏民小学应于本年度内成立报部。

八、云南省：

1．本年度应将原已成立之边地小学三十四所，充实师资，添招学生。

2．本年度应择适当县份，增设边地小学十所。

九、贵州省：

1．本年度应将省立高镇波、加吧、荔波、丹江、水城、定番、罗甸、关岭、台拱、八寨、威宁、安南等初级小学十二所，充实师资，添招学生。

2．本年度应择适当县份附设初级小学五所至十所，招收苗民学生为主。

十、四川省：

1．上年度已成立之冕宁、盐边、盐源、雷波、马边、峨边、松潘、理番、懋功、茂县、靖化、金汤等县局普通小学十二所，本年度应充实师资，添招学生；昭觉、宁南、屏山三小学应于本年九月以前完成报部，并择相当地点增设小学，以招收夷番学生为主。

十一、湖南省：

1．本年度九月以前应将湘西各苗夷寨落短期小学一百校，完全成立报部。

十二、广西省：

1．该省办理徭民教育颇著成效，本年度由本部酌予补助，以便积极推进。

十三、新疆省：

1．本年度应将原有蒙、回、维、哈各族小学充实师资，添招学生。

十四、西藏：

1．拉萨市立第一小学应于本年度增设一学级，必要时得增设第二小学一所。

2．上年度规定在后藏之扎什伦布、江孜、亚东、济戎、聂拉木五处小学，本年度拟由驻藏办事处或班禅大师行辕派员相机筹设，所需师资由蒙藏委员会派定蒙藏政治训练班毕业学生若干人，前往担任。

丙、社会教育

一、除上年度补助边疆各地装设干电池收音机十一架外，本年度增设二十架，其经费由本部担任之。

二、除上年度补助蒙藏各地教育电影机二架外，本年度由本部择定适当地方增发五架。

三、本年度拟组织巡回教育团二团，巡回于边疆各地，由本部直接办理，其详细办法另定之。

四、西康建省委员会上年度计划设立喇嘛寺庙民众学校四所，本年度应切实扩充，并将办理情形报部。

五、本年度边疆各省教育行政机关得酌量当地需要，呈请筹设民众学校或喇嘛寺庙民众学校。

六、蒙古文化馆仍照原案补助（由国家总预算内列有专款）。

丁、生产教育

一、中央党部所办边区职业学校三所，本年度继续予以补助，并由本部派员或令当地教育行政机关协助筹备。

二、本年度拟酌量边疆各地生产情形，筹设职业学校，以应需要。

戊、中等教育

一、土默特特别旗旗立中学，本年度应充实设备，增加学级。

二、青海回教促进会附设中学，应充实内容，添招学生。

三、本年度拟择边疆各该人口较多，初等教育亦有相当基础之处，酌设初级中学。

己、高等教育

一、设置边疆各族学生留学国内专科以上学校公费生名额二十名,其办法另定之。

二、继续设置国立五大学西藏文化讲座。

三、继续补助中央政治学校、蒙藏学校。

庚、编印蒙藏回文教科图书

一、除上年度编印之蒙藏回文国语教科书及短期小学课本外,本年度仍继续编印高小及常识科书,以应边疆各小学之用。

辛、分配边疆教育补助费

本年度奉中央政治会议核准,边疆教育补助费六十四万元,其分配如下:

一、国立绥远蒙旗师范:六万元

1.师范部四万元

2.附属小学六千元

3.附设牧场、农场一万四千元

二、绥远省:四万元

1.绥远蒙旗教育视察员薪旅费三千元;

附注:本年度蒙旗教育视察员应亲赴各旗,切实指导成立各旗小学,每三月呈报一次。

2.四子王旗、东公旗、郡王旗、杭锦旗、札萨克旗、鄂托克旗六小学各补助二千四百元,共壹万四千四百元。

3.茂明安旗原有小学二所,各补助一千二百元共二千四百元;

4.西公旗、准噶尔旗原有小学各一所,各补助一千二百元,共二千四百元。

5.达尔罕旗、中公旗、达拉特旗、乌审旗四小学统限于本年九月以前成立。除以上年度该各旗小学全部经费拨作本年度开办费及经常费外,另由本部各补助六百元,共七千二百元。

6.绥东四旗原有小学四所,各补助八百元,共三千二百元;

7．杀虎口牧场小学补助四千元，并以七八两月经费作为开办费。

8．土默特特别旗旗立第二至第九小学共补助三千元。

9．土默特特别旗旗立中学补助四千元。

10．归绥回部小学及包头、萨拉齐两清真小学，各补助四百元，共一千二百元。

三、察哈尔省：二万五千元

1．宣化附设蒙旗师资训练班补助一万二千元；

2．察哈尔原有八旗群小学八所，各补助一千元，共八千元；

附注：上列经费如因特殊情形不能举办时，得移作义务教育补助费。

3．西乌珠穆沁旗小学补助五千元。

四、宁夏省：四万元

1．宁夏师范附设蒙旗师范班，补助八千四百元；

2．云亭师范补助壹万五千元；

3．金积、灵武两小学各补助二千四百元，共四千八百元；

4．本年度增设回民小学一所，补助二千二百元；

5．阿拉善旗、定远营、四坝磴口三小学，各补助二千四百元，共七千二百元；

6．额济拉旗小学二千四百元。

五、甘肃省：四万元

1．兰州乡村师范附设蒙藏回简易师范班，补助壹万元；

2．原有蒙藏回小学共补助壹万五千元；

3．本年度增设蒙、藏、回小学二、三、四所，各补助一千三百五十元，共壹万三千五百元；

4．卓尼杨土司所办藏民小学六所，共补助壹千五百元。

六、青海省：四万元

1．西宁蒙藏简易师范补助壹万元；

2．回教促进会附设中学补助壹千元；

3．蒙藏文化促进会附设五小学各补助二千四百元，共壹万贰千元；

4．回教促进会附设清水工、查家工两小学，各补助二千四百元，共四千八百元；

5．左右两盟原有小学二所，各补助二千四百元，共四千八百元；

6．左右两盟本年度增设小学二所，各补助二千四百元，共四千八百元；

7．海南警备司令部附设蒙藏小学十所，共补助壹千四百元；

8．民和县朱福南所办藏民小学七所，共补助壹千二百元。

七、西康省：三万元

1．康定师范补助壹万八千元；

2．炉霍、道孚、甘孜、雅江、巴安、德格六藏民小学，各补助二千元，共一万二千元；

3．本年度应增设藏民小学若干所，其经费在该省节余项下开支。

八、云南省：五万元（外加法庚款一万元，指定作为办理边教事业之用）

1．原有边地师范九校，各补助三千元，共二万七千元；

2．原有边地小学三十四所，共补助二万五千元；

3．本年度增设边地小学十所，共补助八千元；

以上计六万元。

九、贵州省：五万元（外加法庚款一万元，指定作为办理边教事业之用）

1．省立贵阳乡村师范补助三万元；

2．高镇坡等十二初级小学共补助壹万八千元;

3．本年度增设小学（苗民）十所,共补助壹万二千元,
以上计六万元。

十、四川省：三万元

1．屏山、茂县两简易师范各补助五千元,共壹万元;

2．二十五年度已成立及未成立之冕宁等县局普通小学（苗夷）十五所,各补助一千元,其一万五千元;

3．本年增设小学补助五千元。

十一、湖南省：三万元

1．湘西特区师资训练班补助壹万元;

2．湘西各县短期小学（苗）一百校,各补助二百元,共二万元。

十二、广西省：二万元

1．原有乡村师范附设边民师资训练班补助五千元;

2．本年度新设边民小学五十所至一百所,共补助壹万五千元。

十三、新疆省：五万元

1．迪化师范附设蒙回师范班阿克苏回民简易师范共补助三万元;

2．蒙回维哈各族小学共补助二万元。

十四、西藏：二万元

1．拉萨市立第一小学补助五千元;

2．后藏扎什伦布等五小学共补助一万五千元。

十五、本年度补助中央政治学校、蒙藏学校二万四千元;

十六、本年度补助中央组织部所办边区职业学校三所,共三万陆千元。

十七、本年度补助边区各喇嘛寺庙民众学校八所,各二百元,共一千六百元。

十八、本年度编印蒙藏回文教科图书二万元。

十九、本年度专科以上蒙藏回等族公费生经费五千元。

二十、本年度预备费二万八千四百元。

附注：1．以上各项事业费共计六十四万元（外法庚款二万元指定作为办理边疆教育事业之用）。

2．二十五年度补助边疆各省边教经费，如有节余时，均拨作本年度添设学校及补助之一部份，但事先应呈准本部方可备案。

壬、筹办边疆教育应注意事项

一、边疆各省教育主管机关接到本计划后，应于八月底以前拟具实施办法，连同经费分配呈报本部核定。

二、边疆各省教育主管机关所办边疆各族师范及小学，应按照本部各项规程办理，非先行呈准，不得擅自变更。

三、边疆各族小学应按照本部小学规程以地名为校名，不得冠以任何族别字样，以泯界限。

四、边疆各省教育主管机关，应将新办之学校校名、校址、校长姓名、学生人数等随时呈报本部备案。

五、本年度规定新设各校统限于二十七年一月成立，其本年七月至十二月经费准拨作开办费。

六、边疆各族师范及中小学所招学生，不限定任何族别。

七、未能按照规定时期成立之学校，本部即停发其经费，另行指定用途。

八、边疆各省教育主管机关，如在本年六月以前未将二十五年度办理边疆教育工作及补助费详细收支报部，或经本部视察后认为不实者，本年补助费即暂缓拨发，以重公帑。

九、本年度各省办理边疆教育进度，每三个月由各省教育厅汇报一次，否则停止发给补助费。

十、宁夏省境内蒙旗教育，由本部派宁夏教育厅兼任本部蒙旗教育督导员，以便就近监督指导。

十一、国立绥远蒙旗师范，由本部委托绥远教育厅长就近监督指导之。

十二、凡指定办理边疆教育地方，如已设有主管教育行政机关者，其应领补助费由本部按月拨交该机关具领，妥为分配转发，如尚未设有该项教育行政机关或本部认为情形特殊者，其应领补助费得由本部送请蒙藏委员会转发之。

十三、年度终了时，应由主办边疆教育各行政机关，将本年度办理边疆教育情形及经费收支概况连同下年度计划等，详报本部备核。

十四、本办法未经规定事项或临时需要变更者，概以部令定之。

〔国民政府教育部档案〕

10　广西省少数民族地区教育概况

（1937年）

一、省内之特种部族：

广西向为"南蛮"聚区。稽查种类，见之于方志者，则有猺、苗、獞、獐、獠、狼、狑、狄、狇、犵、玩、犙、狇、犽、狸、猓、狙、猣、狆、马、巴、山子、蛋家等。惟此，为过去之蛮族种类，时至今日，尚能见其踪迹于省境者，仅有苗、猺、獞、獐、狑、犽、猓、狇、山子、犵猪、獠猡、黑衣诸族。现有上列诸蛮族，为便利称谓起见，统称之为"特种部族"。施于特种部族之教育，则称之为"特种教育"，与中央举办之"边疆教育"同一意义。

二、特族人口统计：

广西凡九十九县，特种部族住区散于六十一县。种族最复杂而人口最多者首推三江，次为龙胜。猺族聚于一处而至今尚有一部份自为风气者，则为大藤猺山——山在修仁、象县、武宣、桂平、平南、蒙山、荔浦七县边境之间，即明代韩雍、王守仁、蔡经等平定猺乱之大藤峡境域。兹据廿五年度所得材料统计结果，全省计有特族七一五六七户，三二二四一一人，学龄儿童五〇五三九人，失学成人九九四六四人。现已同化之獞犵两族人口，不在此数以内。

三、实施特种教育之目的：

本省实施特种教育，即以散在省境内之特种部族为其对象。盖本省自秦政势力南展，设置桂林象郡以后，虽汉蛮冲突，史不绝书，然以势力悬殊之故，特族恒处于失败地位，除一部份早被征服已归同化者外，另一部份以其势削力弱，则不能不退居于深山穷谷中，负固自守，苟延生命，以致汉蛮之间互相猜忌仇视，畛域日深，不相往来，故社会文化进步甚迟，至今仍残存野蛮风习与种族成见。本省为求统一其政治思想，发其固有美德，促进其生产技术，以期提高其文化、改善其生活、达到民族统一之远大鹄的起见，爰于廿二年四月订定广西特种教育实施方案（廿四年八月修正），颁布施行。并依据前项方案第一条之规定，于廿三年一月在教育厅成立广西特种教育委员会，以策划全省特种教育之进行。

四、师资训练：

特种教育为本省之新兴教育事业，欲求推广，其师资训练，诚属先决问题。惟在特族之种族成见未完全消除，特族言语过于分歧复杂之今日，非以特族导化特族，殊难着手进行。因于廿四年三月，设立广西省立特种教育师资训练所于南宁（廿六年一月迁桂林横塘村），选拔各县特族子弟入所受训，学生一切费用均由公款支给。毕业后仍派回原籍服务。截至廿六年底止，该所计有毕业生九十一人，服务地点分布四十三县。

五、普设学校：

根据本省普及国民基础教育法令规定，每一乡（镇）须设立中心国民基础学校一所，每一村（乡）须设立国民基础学校一所，特种部族住区虽因经济困难，学校经费之筹集匪易，其成立期间政府未尝求之过苛，惟设校原则未视为例外。为求特族住区各级基础学校能普遍设立起见，本省特划定特族住区为"特种教育区域"，并订定广西特种教育区域设校补助金办法，自廿四年度起，每年由省款提拨二万元，予以补助。兹据统计结果，本省计有特族凡九百六十四个自治村（乡）。现已设立学校五百九十八所（注）。得享受前项补助金者，廿四年度计三一八校，廿五年度计五四〇校。

附录

一、广西省特种教育实施方案

二、广西省特种教育委员会组织大纲

三、广西省立特种教育师资训练所章程

四、广西特种教育区域设校补助金办法

五、广西各县特种教育区域设校补助金给领支配及报销办法

注：凡汉族至特族杂居于一村，汉族人口在全村人口半数以上者，其所设之学校，即以普通之基础学校论，尚不列在此数以内。

〔国民政府教育部档案〕

〔八〕华侨教育

（一）教育法令

1 教育部公布驻外领事经理华侨教育行政规程

（1929年5月24日）

第一条 驻外总领事、领事或副领事（下通称领事）依本规程之规定，经理各该驻在地及兼辖区域华侨教育行政事项。

第二条 领事经理华侨教育行政之范围如下：

一、受教育部长之委托，考查并处理华侨教育事宜。

二、报告华侨教育状况于教育部，每半年至少一次。

三、接受教育团呈请立案文件，核转教育部。

四、劝导华侨兴办教育事业。

五、处理华侨子弟回国就学事项。

六、处理热心华侨教育之褒奖事项。

七、协助教育部派往各驻在地及兼辖区域调查或办理华侨教育之人员进行一切事务。

第三条 领事对于华侨教育之处理其事项如左：

一、宣传中央教育法令，并监督其实行；

二、介绍本党党义教育方法，并指导其实行；

三、调查在学儿童及其失学儿童数；

四、调查经费之来源、额数及其管理分配预算决算等；

五、查察学校行政、教学训育及其他教育团体之教育状况；

六、考察教育成绩；

七、指导教育改良；

八、设讲习会研究会等,增进小学教员关于教育之知识技能;
九、褒奖优良教职员。

第四条 领事赴任前,应向教育部长陈述对于华侨教育之意见。

第五条 领事经教育部之核准,得将驻在地及兼辖区域划分为若干学区,每区指定一优良学校为各侨校之领袖,领导改进华侨教育。

第六条 领事经教育部之核准,得指定当地优良学校校长为名誉督学,视察指导当地学校教育。

第七条 各领事经教育部之核准,得设督学或其他掌管华侨教育行政人员。

第八条 各华侨教育团体所有呈请事项,得由各领事核转教育部。

第九条 本规程未尽事宜临时订定之。

第十条 本规程自公布日施行。

〔侨务委员会及所属机构档案〕

2 教育部华侨教育设计委员会组织条例

(1929年12月21日)

第一条 华侨教育设计委员会依据教育部组织法第十四条之规定组织之。

第二条 委员会之职务如左:
一、拟定改进华侨教育方案;
二、调查华侨教育情形;
三、计划华侨教育经费;
四、计划其他关于华侨之教育及文化事宜。

第三条 委员会由左列各项委员组织之。

（一）当然委员：

甲、中央执行委员会侨务委员会委员二人，由侨务委员会指定之；

乙、与华侨教育有关之国立大学校长；

丙、教育部部员三人至五人，由教育部部长指定之。

（二）聘任委员七至九人，由教育部部长就下列人员延聘之：

甲、明悉侨务教育专家；

乙、经理华侨教育行政或办理华侨教育著有成绩者；

（三）名誉委员无定额，由教育部部长延聘侨界热心教育人士充任之。

第四条　委员会由教育部部长就第三条所列一、二两项委员中，聘请常务委员三人处理会中常务。

第五条　委员会每两个月开全体会议一次，每半年开常务会议一次，开会时由常务委员互推一人为主席。

第六条　委员会全体会议，须有当然委员及聘任委员之过半数出席。

第七条　委员会必要时得设秘书一人，事务员两人，商承常务委员办理会中一切事项。秘书、事务员由教育部部长指定教育部职员兼任之。

第八条　委员会因处理事务之便利，得分组办事，其细则由教育部定之。

第九条　委员会委员均为无给职，惟因公来往得酌支旅费。

第十条　委员会当然委员任期依其本职，聘任委员任期二年，但得续聘。

第十一条　委员会所拟关于华侨教育计划，由教育部部长核定施行。

第十二条　本条例自公布日施行。

〔侨务委员会及所属机构档案〕

3 华侨教育设计委员会关于训政时期发展华侨教育的设想

(1929年)

第一年
　　一、规定管辖华侨教育行政办法；
　　二、组织华侨教育设计委员会；
　　三、开始调查华侨教育状况；
　　四、催促华侨学校立案。

第二年
　　一、继续调查华侨教育状况；
　　二、计划华侨教育经费；
　　三、拟定改进华侨教育方案；
　　四、奖励华侨优良学校。

第三年
　　一、继续计划华侨教育经费；
　　二、实施改进华侨教育方案；
　　三、派员考查并指导华侨学校；
　　四、奖励华侨兴学。

第四年
　　一、继续实施改进华侨教育方案；
　　二、调查华侨学龄儿童；
　　三、增进华侨学校教员之知识技能；
　　四、褒奖优良教员。

第五年
　　一、继续实施改进华侨教育方案；
　　二、督促增设华侨学校；
　　三、编订侨校适用之教材要旨；

四、确定侨校小学教员之待遇办法。

第六年

一、继续实施改进华侨教育方案；

二、切实整顿华侨补习教育；

三、继续编订华侨学校适用之教材要目；

四、取缔不良华侨学校及不合格之教员。

〔侨务委员会及所属机构档案〕

4 国民党中央执行委员会关于补助海外党部经费酌予补助华侨教育事业训令

（1930年5月8日）

中国国民党中央执行委员会训令

令海外党部

津贴海外党部之经费，除已办有小学酌予补助一部份者外，余应专为识字运动及国际宣传两项用途。

查中央津贴海外党部经费用途之分配，前经本会第十六次常会决议："指定为：（甲）小学教育经费，（乙）识字运动费，（丙）国际宣传费三项。"并经通饬遵照各在案。兹查华侨教育会议关于补助华侨教育经费，业已另案规定，而识字运动及国际宣传费用，则迭据各该地党部呈请补助到会。据此，前项支配办法殊有稍加变通之必要，兹经决定："除已办有小学应酌予补助一部份者外，应专为识字运动及国际宣传两项用途"在案。除分行外，合亟令仰该党部即便遵照办理，为要。此令。

中华民国十九年五月八日

中国国民党中央执行委员会　印

〔国民党中央执行委员会秘书处档案〕

5 教育部公布华侨中小学校董事会组织规程

（1931年6月30日）

第一条 华侨中小学校董会为学校设立者之代表。

第二条 华侨中小学校董会应一律冠以校名，称为某某中学或小学校董会。其有特殊情形，另定名称者，于请求立案时呈明之。

第三条 华侨中小学校董会应由左列人员组织之，并以中国人为限：

一、设立学校者；

二、对于学校曾经捐助款项者；

三、当地教育专家及热心提倡教育者；

四、当地教育团体职员。

第四条 华侨中小学校董会设置左列各职员：

一、董事长或校董会主席；

二、副董事长或校董会副主席；

三、会计；

四、稽核；

五、书记。

其产生方法及任期，由校董会自定之。

第五条 华侨中小学校董会之职权，规定如左：

一、捐募基金；

二、筹划常年经费及建筑设备等临时经费；

三、保管校产；

四、选聘校长；

五、审核学校预算及决算；

六、办理学校立案事项；

七、代表学校办理与所在地政府之交涉事项。

第六条 学校内部行政,由校董会选任校长负完全责任,校董会不得直接参与。

第七条 华侨中小学校董事会会议以董事长或校董会主席为主席。

第八条 华侨中小学校董会职员,以不兼任所办学校教职员为原则。

第九条 华侨中小学校董会于所办学校呈请立案时,须依照华侨学校立案用表式样"校董会一览表"所开各项详细填注,请由主管领事馆转呈教育部一并立案。

第十条 华侨中小学校董会改组时,应将改组情形呈报主管领事馆转教育部备案。

第十一条 华侨中小学因事解散时,其校董会应于一星期内将经过情形,呈明主管领事馆转呈教育部备核。

第十二条 华侨中小学如因地方特殊情形,不能设置校董会者,得由学校设立者,呈准教育部免予设置,校董会之职权由设立者行使之。

第十三条 本规程依据华侨中小学规程第二十三条订定之。

第十四条 本规程自公布日施行。

〔国民政府教育部档案〕

6 教育部抄送华侨教育会暂行规程致中央训练部公函

(1931年2月26日)

教育部公函 字第153号

查华侨教育会暂行规程草案,业经本部依照贵部及中央侨务委员会签注意见,复加修正。除以部令公布及通令驻外各领事转饬所属一体知照外,相应抄录规程一份,函请查照。此致

中央训练部

附华侨教育会暂行规程一份

兼理教育部部长职务 蒋中正

中华民国二十年二月二十六日

华侨教育会暂行规程

第一章 总 纲

第一条 华侨教育会,为谋华侨教育之普及与发展,在中国国民党与国民政府监督指导之下组织之。

第二条 华侨教育会于本国首都设立总会,于国内外各重要地点设立分会。

第三条 华侨教育会之职务如左:

一、关于华侨教育之提倡推行事项;

二、关于华侨教育之领导研究事项;

三、关于华侨教育之协助调查事项;

四、关于华侨教育之设计建议事项;

五、关于华侨教育之咨询商榷事项;

六、关于所在地无领事馆之华侨学校转呈立案事项;

七、关于介绍或保送华侨子弟之升学事项;

八、关于处理教育行政机关之委办事项。

第二章 会 员

第四条 华侨教育会会员以信仰三民主义、效忠中华民国、并具备左列各项资格之一者为合格:

一、侨居海外,具有教育学识或经验者;

二、曾任或现任华侨学校教职员者;

三、熟悉华侨教育情况者;

四、曾受高级中学以上教育，志愿从事于华侨教育事业者；

五、热心华侨教育事业者。

第五条　凡合于前条规定之资格者，由会员二人之介绍，经分会执行委员会之审查通过者，即得为本会会员。

但依照本规程第十一条第二项之规定，被指派为第一期总会执行委员者，即可取得会员之资格，不适用上项之规定。

第六条　凡有左列行为之一，经会员之举发，分会执行委员会之审查，会员大会之通过者，即取消其会员资格：

一、违反三民主义者；

二、不忠于中华民国者；

三、有破坏会务之言论或行动者；

四、患神经病或吸食鸦片者。

第七条　会员有缴纳会费推进会务之义务。

第八条　会员有选举权及被选举权。

第三章　总　会

第九条　华侨教育总会每二年得召集华侨教育会代表大会一次，其组织及代表产生方法，由总会执行委员会拟具规章，分别呈请中央训练部、中央侨务委员会及教育部核定之。华侨教育会第一次代表大会之召集，于总会成立满二年，分会成立在二十处以上时行之。

第十条　华侨教育会代表大会之职权如左：

一、处理重要会务及议决关于华侨教育之重要提案。

二、选举总会执行委员及候补执行委员。

三、审核华侨教育会总会及分会之报告。

第十一条　华侨教育会总会设执行委员会，委员名额定为十五人至二十一人，候补委员二人至五人。

前项委员任期二年，在第一次代表大会未举行前，由中央训练部、中央侨务委员会及教育部就具有第四条所规定之会员资格者，会同指派之。在第一次代表大会召集后，由代表大会选举之。

前项委员之产生方法，由总会执行委员会拟具规章，分别呈请中央训练部、中央侨务委员会及教育部，会同核定之。

第十二条　华侨教育会总会执行委员会，互选常务五人至七人，主持日常会务。

第十三条　华侨教育会总会执行委员会，每半年举行全体会议一次；常务委员每星期举行会议一次，但于必要时得召集临时会议。

第十四条　华侨教育会总会于执行委员会之下设秘书处，处设秘书主任一人，秘书二人，承常务委员会之命，处理会内一切事宜。秘书处之下设左列三科：

一、总务科设主任一人，干事若干人、助理干事若干人，主持文书、会计、庶务等事宜；

二、研究科设主任一人，干事及助理干事各若干人，主持研究、编辑等事宜；

三、调查科设主任一人，干事及助理干事各若干人，主持调查统计等事宜。

第四章　分　会

第十五条　南京、上海、广州、厦门、汕头各地及国外各重要地点，有合第四条所定会员资格者十人以上之发起，报告当地高级党部备案，经总会之批准，得召集成立大会，设立华侨教育会分会。

凡具有第四条所定会员资格、出席分会成立大会者，均为本会会员，不适用第五条第一项之规定。

第十六条　华侨教育会分会每半年开会员大会一次。

第十七条 华侨教育会分会设执行委员会，委员名额定为五人至七人，候补委员一人至三人，由会员大会选举之。执行委员互选常务委员一人至三人，主持日常会务。

第十八条 华侨教育会分会执行委员之任期为一年，但得连举连任。

第十九条 华侨教育会分会执行委员，每月举行全体会议一次；常务委员每星期举行会议一次；但于必要时得召集临时会议。

第二十条 华侨教育会分会，于执行委员会之下，设左列三股：

一、总务股设干事一人，助理干事若干人，主持文书、会计、庶务等事宜；

二、研究股设干事一人，助理干事若干人，主持研究、编辑等事宜；

三、调查股设干事一人，助理干事若干人，主持调查、统计等事宜。

第五章 经 费

第二十一条 华侨教育会总会之经费由总会执行委员会筹集，并呈请政府补助之。

第二十二条 华侨教育会分会之经费，以左列各款充之：

一、会员入会费；

二、会员常年会费；

三、当地华侨特别捐款；

四、政府补助费。

第二十三条 华侨教育会总会及分会执行委员均为名誉职。但得酌支公费，其他各职员由常务委员任用，并酌定薪金。

第二十四条 华侨教育会总会之预算决算，应呈请教育部审核,分会之预算决算应报告总会,由总会呈请教育部备案。

第二十五条 华侨教育会总会及分会之收支细目,应于每年度结算后交由会计师审查,并将其结果公布之。

第六章 附 则

第二十六条 华侨教育会总会分会应按期将工作报告分别呈送中央训练部、中央侨务委员会及教育部备查。

第二十七条 本规程施行前已立案之华侨教育团体,应于本规程施行后六个月内依照本规程改组或归并之;但因地方特殊情形,经总会之认可,得沿用原有名称。

第二十八条 本规程自公布之日施行。

〔国民党中央民众训练部档案〕

7 教育部发布修正华侨子弟回国就学办法

(1931年7月14日)

第一条 华侨子弟有志回国就学者,应由其保护人或母校请求该管领事馆或当地教育团体予以指导,并给以包括下列各项之介绍书:

一、姓名 二、性别
三、年龄 四、籍贯
五、学历 六、保护人姓名、职业
七、本人相片

第二条 华侨子弟回国就学者,应先往所至地点之教育行政机关接洽,请求介绍投考学校,插入相当班次。

第三条 各省市教育厅局对于回国就学华侨子弟,应予以切实之指导,凡在华侨子弟回国较多之地(如天津、上海、厦门、广州等),应指定人员专司其事。

第四条 华侨子弟回国就学经入学试验，因程度过低不能录取者，应由该校或当地教育行政机关酌量情形，按照下列各项办法分别处理：

一、由该校自行设法予以补习之机会；

二、介绍其投考程度相当或设有华侨补习班之学校。

第五条 回国就学之华侨子弟，其家庭状况经该管领事馆或已立案之华侨教育团体证明确系贫苦者，得由所肄业之学校酌量情形，予以免缴学费之优待。

第六条 本办法经教育部部长核准公布施行。

〔国民政府教育部档案〕

8 国民党中央训练部拟订之海外各级党部推进华侨教育办法

（1931年8月20日）

一、海外各级党部为推进华侨教育起见，应依据"华侨教育会暂行规程"，会同当地驻外使领、华侨各团体及各级学校组织华侨教育分会。

二、海外各级党部应负责督促并指导华侨各级学校党义研究会之组织。

三、海外各级党部应依据《华侨劝学委员会组织大纲》，会同当地华侨社团组织劝学委员会，宣传劝学事宜。

四、海外各级学校党义教师及训育主任，须由当地高级党部根据《审查各级学校党义教师资格暂行条例》，审查合格方得充任。

五、海外各级党部应依据《考查各级学校党义教育成绩办法》，派员考查各级学校党义教育实施成绩。

六、海外各级党部应协同当地驻外使领及华侨社团筹募华侨教育基金。

七、海外各级党部得设民众学校及补习学校,以救济失学华侨。

八、本办法由中国国民党中央执行委员会训练部颁布施行。

〔国民党中央民众训练部档案〕

9 教育部订定的华侨教育实施原则

(1931年8月20日)

甲 实施华侨教育之特点

一、华侨教育实施之对象,为居住异国之我国国民,其住在地方既为异国,则我国教育权之行使方式必须经适当之变化,始能达到而收效。

二、各国教育、风俗、法制均含充分之同化性与排他性,华侨教育不惟于积极方面造成强有力之民族意识,且须注意于消极方面对各该国之同化教育分别施行对策。

三、华侨所在地之工商实业因地而异,华侨教育在学术方面亦应因地制宜,以求适应。

四、华侨所在地不若国内随处均有政府援助,其发展而多赖个人之创造、开拓等能力,故华侨教育应注重进取精神之培养。

乙 实施华侨教育之目的

一、依照中华民国教育宗旨,并根据华侨所处环境,以教育方法谋他们地位提高,民族意识坚固,生产智能充裕,进取精神增加。

丙 机关之设立

一、在教育部设立华侨教育设计及实施之主管机关。

二、在华侨所在地之重要区域内,于中国领事馆中设华侨教育各地推行机关,为避免该地政府之窒碍,得将此项机关之表面变为慈善性质,而实际推行中央对该地决定之教育政策。

丁　学校教育

子、学校

一、学校之设立，以华侨自办为原则。

二、学校须依法向教育部立案。

三、政府对于华侨设立学校应订规章，随时予以指导及鼓励。

四、政府对于华侨所设学校，应订经济补助办法。

丑、师资

一、华侨学校之教师，于可能范围内以经该管机关检定为原则。

二、政府对于华侨学校之教师，应于一定期间内举行训练一次。

三、政府应设华侨师范学校，以供应此种专门人才。

四、政府对于成绩超著之教师，应订定规章，予以奖励。

寅、训育

一、注重民族思想及国家观念。

二、注重自立进取之精神。

三、注重自治与整洁之习惯。

四、注重机警锐敏与责任心之训练。

卯、学科

一、注重适应当地工商实业需要之学术。

二、注重生产方法与技术之精良。

三、注重国际贸易之研究。

四、注重各该国国情之考查。

五、注重各该国地形与军备考查。

辰、对学生之奖励

一、成绩优良者政府订定规章资助之。

二、对华侨学生团体予以适当之便利。

戊 社会教育

一、订定计划，按时派员至各校及各会社演讲。

二、鼓励演讲会之举行。

三、利用报张作言论之引导。

四、鼓励书报社之设立。

五、鼓励图书馆之设立。

六、提倡华侨俱乐部之设立。

七、举办家政讨论会。

八、制定剧本，交给剧社表演。

已 考核

一、每地推行机关，按时派员考核，编制报告书，报告教育部。

二、中央应订定规章及标准，随时派员分赴各地考核。

三、中央对各地华侨教育推行机关严行奖罚。

庚 经费

一、中央于庚款或出自华侨之款项，每年拨出若干，为华侨教育实施经费。

〔国民政府教育部档案〕

10 国民政府文官处检送华侨教育基金募集办法、华侨教育基金捐募奖励办法及华侨教育基金管理委员会组织条例的公函

（1931年8月31日）

国民政府文官处公函　字第七一六四号

迳启者：中央执行委员会第一五七三一号函送中央训练部拟具华侨教育基金募集办法、华侨教育基金捐募奖励办法、华侨教育基金管理委员会组织条例，经本会常会决议通过，检同各件请查

照办理一案。奉国民政府批：交行政院照办等因。除函交外，相应函达查照转陈为荷。此致
中央执行委员会秘书处
中华民国二十年八月三十一日

华侨教育基金募集办法

一、华侨教育基金定为一千万元，除政府拨付二百万元，广东省政府筹拨六十万元，福建省政府筹拨四十万元，应于华侨教育基金管理委员会成立后六个月全数拨足外，其余七百万元，按照本办法限于二年内募足之。

二、华侨教育基金之募集，由华侨教育基金管理委员会主持办理，并委托左列各机关或团体负责募集之。

1. 海外各华侨团体；
2. 归国侨民团体；
3. 海外各级党部；
4. 驻外各领事馆；
5. 与华侨教育有关系之国内各机关；
6. 国内外热心华侨教育人士或团体。

三、本办法由中央执行委员会议决，交国民政府施行。

华侨教育基金捐募奖励办法

一、凡捐助或代募华侨教育基金者，依本办法奖励之。

二、凡以个人或团体名义捐助华侨教育基金者，其奖励办法依下列之规定：

1. 捐资五万元（国币，下仿此）以上者，除由国民政府明令嘉奖外，并赠以金质纪念章一枚，将其照片（个人或团体）悬于华侨教育总会内，以资纪念。

2. 捐资一万元以上者，除由国民政府授与一等奖状外，并赠

以金质纪念章一枚,将其照片(个人或团体)悬于华侨教育总会内,以资纪念。

3.捐资五千元以上者,除由国民政府授与二等奖状外,并赠以金质纪念章一枚,将其照片(个人或团体)悬于华侨教育总会内,以资纪念。

4.捐资三千元以上者,除由国民政府授与三等奖状外,并赠以金质纪念章一枚,将其照片(个人或团体)悬于华侨教育总会内,以资纪念。

5.捐资一千元以上者,除由国民政府授与四等奖状外,并赠以金质纪念章一枚,将其照片(个人或团体)悬于华侨教育总会内,以资纪念。

6.捐资五百元以上者,除由国民政府授与五等奖状外,并赠以金质纪念章一枚。

7.捐资一百元以上者,赠以银质纪念章一枚。

三、凡经募捐款十倍于第二条各项所列数额者,得比照各该项规定分别予以奖励。

四、凡已捐资受有奖励者,如续行捐资,得并计先后数目按等或超等予以奖励。

五、凡以其他动产或不动产捐助者,准折合国币计算。

六、本办法由中央执行委员会议决,交国民政府施行。

华侨教育基金管理委员会组织条例

第一条 华侨教育基金管理委员会(以下简称本会)由左列各机关派员组织之。

一、侨务委员会一人;

二、中央训练部一人;

三、教育部一人;

四、财政部一人;

五、外交部一人；

六、福建省政府一人；

七、广东省政府一人；

八、国立暨南大学一人；

九、华侨教育总会一人。

第二条 本会互选常务委员三人，处理日常事务，常务委员之下设干事、助理、录事若干人，由委员会委任，承常务委员之命，分别办理会内一切事宜。

第三条 本会每三个月开会一次，于必要时得由常务委员召集临时会议。

第四条 本会之职权如左：

一、保管基金；

二、分配基金利息；

三、海外华侨学校教员奖励金；

四、华侨学术团体补助费；

五、专门研究华侨文化事业者之奖励金。

第七条 本会于会计年度终了时，应造具各种会计表册，呈报中央执行委员会查核。

第八条 本会设于首都。

第九条 本会办事细则另定之。

第十条 本条例由中央执行委员会议决，交国民政府施行。

注：此件于民国二十年八月二十日经国民党第三届中央执行委员会第一五五次常务会议通过。

〔国民党中央执行委员会秘书处档案〕

11 国民政府侨务委员会保送及介绍侨生升学规程

（1932年7月8日）

第一条 本会为指导侨生回国升学起见特制定本规程。

第二条 凡侨生回国升学，请由本会保送或介绍者，须具备左列手续：

一、有当地本国领事馆、党部、商会或经向本会立案之文化机关之一证明书或介绍书。

如遇特殊情形不能具备前项手续者，得由本会委员负责证明。

二、呈验毕业文凭或修业证、转学证书、学校成绩单等。

三、附呈学历表二份，详开姓名、性别、年龄、籍贯、侨居地址、家长姓名、职业等项。

四、附缴最近二寸半身相片二张。

第三条 凡侨生确因家境困难，请求本会保送或介绍免费升学者，除应备第二条各项手续外，须有当地本国领事馆高级党部商会或经向本会立案之文化机关之一确定证明。

第四条 国立或政府属下各机关所立学校招考新生有特别规定时，凡请求本会保送或介绍之侨生须照该校之特别规定。

第五条 由本会保送或介绍之侨生于入学后，每学期须将其在学情形报告本会。

第六条 本规程如有未尽事宜，由本会常务会议议决修改。

第七条 本规程经本会常务会议议决施行。

〔行政院档案〕

12 教育部与侨务委员会公布修正侨民中、小学规程

（1934年8月20日）

第一章 总则

第一条 侨民中小学应遵守中华民国教育宗旨及其实施方针中普通教育原则，根据侨民特殊环境，并按照学生身心发育之程

序，培养民族意识、自治组织能力及改良生活，发展生产之知识技能。

第二条 侨民中小学以当地侨民筹款自办为原则。

第三条 侨民中小学之设立应依照本国现行学制，小学修业年限六年，前四年为初级小学，后二年为高级小学。初级小学得单独设立。中学修业年限，初级中学三年，高级中学三年，均得单独设立。前项修业年限，依照地方特殊情形，呈经侨务委员会商同教育部核准者，得变通办理之。

第四条 侨民小学得附设幼稚园，侨民中小学均得附设补习学校及其他社会教育机关。

第五条 侨民中小学应遵照修正侨民学校立案规程第一条之规定，呈请立案。

第六条 侨民中小学应受该管领事或教育部及侨务委员会派往调查或办理侨民教育之人员，监督指导。

第二章 经 费

第七条 侨民中小学经费由设立者酌量当地情形，采用左列办法筹集之：

（一）侨民营业税附加税；

（二）出入口土产捐或百货捐；

（三）侨民特种营业捐；

（四）侨民团体及商店或个人月捐、年捐、特种捐；

（五）其他捐款。

第八条 侨民中小学得受本国政府补助金。

第九条 侨民中小学经济应公开，其会计方法、校产管理法、经济公开办法均由校董会订定，缮具三份，内一份呈请该管领事馆备案，余二份呈请该管领事馆转呈侨务委员会及教育部。

第十条　侨民中小学经济分配等项，凡经教育部或侨务委员会或该管领事馆定有标准可依据者，均应依据之。

第三章　设　备

第十一条　侨民中小学地址，应选择无碍卫生道德并便利教学之处。

第十二条　侨民中小学之校舍体育场及一切设备，均须适合于教育卫生之原则。

第十三条　侨民中小学之建筑设备，凡经教育部或侨务委员会定有标准及办法可依据者，均应依据之。但因地方情形，亦得采用所在地政府对于一般中小学所定之标准及办法。

第四章　课　程

第十四条　侨民中小学课程应依照教育部制定中小学课程标准办法，但因地方特殊情形，得呈请侨务委员会商同教育部变通之。

第十五条　侨民中小学教科书，应由该管领事或教育部侨务委员会派往办理侨民教育之人员，会同当地侨民教育团体及侨民中小学教职员代表，组织中小学教科用书编选委员会，就教育部审定之教科书中，选定若干种任各校采用，为适合地方情形起见，并得由该委员会加以修改或另行编辑。前项修改或另行编辑之侨民学校专用教科书，应呈送侨务委员会商由教育部审定之。

第十六条　侨民中小学采用外国教科书时，应由中小学教科用书编选委员会选定或审查教材，分别取舍。

第十七条　侨民中小学除外国语外，一律以国语为教授用语，小学不得采用文言教科书。

第十八条　侨民中小学之教务，凡经教育部及侨务委员会定有标准及办法可依据者，均应依据之。

第五章　训育

第十九条　侨民中小学之管理学生，应一律待遇，并不得施行体罚。

第二十条　侨民中小学以师生共同生活为原则，一切规律均应共同遵守。

第二十一条　侨民中小学之训育，应由全体教职员共同负责，凡指导学生自修自治、考核学生品性行为、联络家庭、服务社会等，全体教职员均应取协同一致之态度。

第二十二条　侨民中小学之训育，凡经教育部或侨务委员会定有标准及办法可依据者，均应依据之。

第六章　校董会

第二十三条　侨民中小学应设校董会，其职权如左：

一、捐募及保管基金；

二、购置及保管校产；

三、筹划常年经费及建筑设备等临时费；

四、选聘及改聘校长；

五、审核预算决算；

六、办理学校立案事项；

七、代表学校，办理与所在地政府之交涉事项。

侨民中小学校董会之组织规程，另订之。

第二十四条　侨民中小学校董对于校务之兴革有所建议时，应提出于校董会议议决，交由校长酌量处理之。

第二十五条　侨民中小学如因地方特殊情形不能设置校董会者，得由学校设立者，呈请侨务委员会商同教育部准免设立，本规程第二十三条所列之校董会职权，由设立者行使之。

第七章　　教职员

第二十六条　侨民中小学每校设校长一人，均应专任，但级数较少之初级小学，得以本校专任教员兼任之。

第二十七条　侨民中小学校长之职权如左：

一、主持全校校务；

二、聘任教职员；

三、编造预算及决算。

第二十八条　侨民中小学校长得列席校董会议，并得提出议案，但无表决权。

第二十九条　侨民中小学校长，以服膺三民主义、人格健全、能与学生共同生活，并具备左列资格之一者为合格。

（一）中学校长

甲、专科以上学校毕业，对于教育素有研究，并曾任教育职务一年以上者。

乙、专科以上学校毕业，其专长与所办学校性质相符，并曾任教育职务一年以上者。

丙、对于中学教育或某种学术有特殊贡献、可以成绩证明，并曾任教育职务五年以上者。

（二）小学校长

甲、与高中程度相当之师范以上学校毕业者。

乙、高级中学以上学校毕业，对于教育有研究者。

丙、旧制中学毕业，曾任小学教员二年以上者。

丁、对于小学教育有特殊贡献、可以成绩证明，并曾任小学教员三年以上者。

第三十条　侨民中小学教员均以专任为原则，除教学外，并应分任本校其他一切校务。

第三十一条　侨民中小学教员，以服膺三民主义、品性良善（如无不良嗜好等）、学历相当（如国语教员须国语文通顺等）并具左列资格之一为合格。

（一）中学教员

甲、专科以上学校毕业，其专长与所任教科相当者。

乙、对于某种学科有专门研究，可有成绩证明者。

（二）小学教员

甲、三年以上师范学校毕业者。

乙、初级中学以上毕业者，对于教学方法有经验者。

丙、对于小学教育有特殊贡献、可以成绩证明，并曾任小学教员二年以上者。

第三十二条　侨民中小学得视事务之繁简，酌设书记、会计、庶务等职员。

第三十三条　侨民中小学校长教职员之聘任，一律用聘书，聘任期内非确有失职或其他不得已事故，双方不得中途解约。

第三十四条　侨民中小学校长教员，每年薪俸作十二个月计算，膳宿以由校供给为原则，其在国内聘请者，往返川资由校供给；但解职后，并不回国仍在本地或附近二百里内就职者，得追缴其回国川资。

第三十五条　侨民中小学专任教员之最低薪给，以相当于每人每月在各地方普通膳食费之五倍至十倍为准。

第三十六条　侨民中小学教职员之年功加俸、恤金、养老金、子女教育金等，由该管领事会同所在地侨民教育团体，参照教育部所定标准或办法另订之。

第三十七条　侨民中小学教职员之进修，依照教育部所订中小学教职员进修办法办理之。

第八章　学　生

第三十八条　侨民子女年满六周岁，应就侨民小学肄业，小学毕业得升入中学、当地未设中学者，得升入近地侨民中学或回国升学，回国升学办法另订之。

第三十九条　学生在侨民中小学修业期满，除由各该校举行毕业考试外，应将毕业考试及格之学生，于十日内造具名册及各科成绩表，呈报该管领事馆，听候会考。会考委员会组织规程及办事细则另订之。

凡有特殊情形，及未设领事馆、距离领事馆过远地方，得由当地或附近曾经教育部及侨务委员会立案之侨民教育团体，代表会考职权，召集会考；若侨民教育团体亦未成立，或该地及附近仅有侨校一所，得免会考；但准免会考之中学毕业试卷须汇送侨务委员会复核，会考或复核及格者，由各该校给予毕业证书，均须呈经该管领事馆或会考委员会验印，中学毕业证书并须送侨务委员会验印。初级小学修业期满、成绩及格，由各该校给予毕业证书，可免会考。

第四十条　学生纳费及贫寒学生免费办法，由该管领事会同所在地侨民教育团体规定之，呈请教育部或侨务委员会备案施行。

第九章　学年学期及休假日期

第四十一条　侨民中小学学年学期及休假日期，在气候与本国相同地带，遵照教育部所定"修正学校学年学期及休假日期规程"办理，在气候与本国不相同地方，其学年学期例假得依照所在地各外国学校之学年学期及例假日期办理。

第四十二条　侨民中小学所在地特殊纪念日，经所在地政府商定必须休假者，得照例休假。

第四十三条　侨民中小学除星期例假、纪念假、所在地特殊纪念日、本校纪念日休假外，不得任意休假。各种集会应于星期日举行，革命纪念日除有特别情形外，应遵照国民政府公布之革命纪念日简明表（民国十九年七月国民政府颁发）办理。

第十章 研究会

第四十四条 侨民中小学得设中学教育或小学教育研究会，以校长为主席，全体教职员为会员。

第四十五条 侨民中小学得联合本地各学校成立各校联合研究会，以各校校长教员为会员，依"学科"、"训育"、"学校行政"等项分组研究，每月各组至少开会二次，每年由各组推举代表，开代表会议一次，其组织细则由该管领事会同各学校代表拟定，呈请教育部及侨务委员会备案施行。

第四十六条 侨民中学教育或小学教育研究会，及各校联合研究会，均以研究教育为目的，以"课程"、"教材"、"教学训育方法"及"学校行政"为研究中心，不得涉及教育以外之问题。

第四十七条 侨民中学教育或小学教育研究会及各校联合研究会，开会形式均适用民权初步。

第十一章 附则

第四十八条 侨民依所在地情形，得办理简易小学，其办法另订之。

第四十九条 本规程由教育部侨务委员会会同公布施行。

〔国民政府教育部档案〕

13 教育部与侨务委员会公布修正侨民学校立案规程

（1934年8月20日）

第一条 凡中华民国人民侨居他国者，在侨居地设立学校，须由设立者或其代表备具立案呈文及附属书类二份，呈由该管领事转呈侨务委员会，由侨务委员会会同教育部核办之。在未设领事地方之侨民学校，呈请立案时请当地或附近之侨民教育团体转呈或送呈侨务委员会，由侨务委员会会同教育部核办之。

第二条　凡侨民学校，须具有左列各项资格方得呈请立案。

甲、经费　有确定之资金资产或其他确实收入，足以维持学校之常年经费者。

乙、设备　有相当之设备者。

丙、教职员

（1）各教职员均能合格胜任者。

（2）每学级有专任教员一人以上者。

（3）校长由本国人充任者，但有特殊情形必须聘外国人充任时，须由该管领事或该校校董会全体呈请侨务委员会商同教育部核准。

第三条　凡侨民学校呈请立案时，须开左列事项，连同全校平面图及说明书，呈送核准。

一、学校名称（如有外国文名称者亦应列入）。

二、学校种类。

三、校址（中外文）。

四、开办经过。

五、经常费来源，及经常临时预算表。

六、组织编制课程及各项规则。

七、教科书及参考书目录。

八、图书仪器标本校具及关于体育卫生各种设备一览表。

九、教职员履历表。

十、学生一览表及历年毕业生一览表。

第四条　凡立案之侨民学校，其组织课程及一切事项，除有特殊情形呈经侨务委员会商同教育部准予变通外，须遵照现行教育法令办理。

第五条　凡已立案之侨民学校，如教育部或侨务委员会认为办理不善，得令其改进；如屡经令饬改进而仍未遵办者，由侨务委员会商得教育部同意，得撤销立案。

第六条　凡已立案之侨民学校，如欲变更或停办时，须呈经该管领事转呈侨务委员会，由侨务委员会会同教育部核办之。在未设领事地方，得请当地或附近之侨民教育团体转呈迳呈侨务委员会，由侨务委员会会同教育部核办之。

第七条　本规程由教育部、侨务委员会会同公布施行。

〔国民政府教育部档案〕

（二）教育概况

1 大学院华侨教育委员会汪同尘委员拟定的扶助海外华侨教育计划书

（1927年11月9日）

窃案我中华民国之威信，宜及于海外，准是则教育之幸福，尤宜及于海外之华侨。据二十年前农商部及各方面不甚精确之调查，海外华侨散处世界各邦岛者，为数约八百万人。就人口生殖率言之，今当不止此数。前清视海外侨民，不啻异类。就荷领东印度言之，乾隆五年，爪哇巴达维亚埠之华人八万反抗人头税，因清廷答荷政府曰：此辈皆亡命无赖，免脱法网之徒，任凭贵政府格杀勿论。遂尽遇害，流血之多，河水为赤，至今有红河之称。清廷所缔中荷条约，尤不啻断送侨民之生命，杀之且不恤，存问云呼者？故海外侨民为数究竟几何？迄无精确之统计。即如华侨在马来半岛者，其人数之统计不同有四：①九〇三，〇〇〇，见第一回中国年鉴五三页，②为五〇〇，〇〇〇，见同上第二表；③为七一五，一七七，见中国与南洋第二期；④为一，一六〇，〇〇〇，见中华书局常识丛书第二十八种。虽调查有先后之分，然不应相差如此之巨。接近者统计尚舛，远殖者如南裴洲西印度等处，天涯海角，雁杳鱼沉，生死不明，来去莫悉，国人高枕，如羁鸿河！农商部虽尝从事于此，亦不过敷衍塞责。民国以来，内讧弗戢，我政府亦未遑切实调查，诚憾事也。就南洋群岛言，今则不止五百余万。此芸芸哉富有冒险进取精神，因而千百年来，寄人篱下之哀鸣，忍垢含辛，不啻为异族俎上之肉。有国弗振，而莫能为之保障，不学无术，故难以竞其生存。加之久背宗邦，数典忘祖，荆天棘地，呼吁无门，内响之忧，如何能固？其中虽不少惓念神州，闻难兴起之辈，慷慨仗义，期救危亡，然以输忠而失望者屡，解囊而见绐者多，一片热肠亦如灰死，乌呼，侨不我附，柔远云何？今革命尚未成功，保护侨胞力虽未逮，然怜其疾苦，启其蒙昧，扶之兴学，俾克有教，助之育士，俾免淘汰。案之先总理建国大纲第四条扶植弱小民族，及本党政纲对内政策第十三条励行教育普及之意义，是乃我中华民国国民政府应尽之义务也。同尘曾滥竽国立暨南学校讲席，亡命之日，游于海外，办理侨学，观感尤多。深知若辈寄人篱下之艰，而其种种教育，胥有积极扶助之必要也。惜绵力所限，莫能为谋，八载于兹，徒然扼腕！今幸我国民政府大学院有华侨教育委员会之组织，同尘寡陋，又见聘为本会委员，夙愿之偿，或在此日，职责所在，敢不贡其刍荛。爰谨根据本会组织大纲第二条所定之任务，并参以个人之经验及认定之事实，虽为有系统之计划，而成此篇。其目的在对于华侨教育予以充分之扶助，即一方面积极提倡，一方面须切实改善也。其希望在此项计划书提出于本会后，能得到全体委员之同情及修正，再陈请大学院长核准施行。至所拟办法，为便于审查起见，提纲挈领，力避繁辞，其弗加以较详之说明者，一则拙著《苦海中之爪哇华侨与教育》，可供参考。（按：海外侨胞之感受痛苦者，以在荷英两属之南洋为最。此书数十万言，所述虽似以爪哇岛为眼，然其大部分之事实，足以概括数百万方里之南洋群岛而有余。且南洋华侨为数特众，又以种种关系，对于祖国情怀较深，彼此之间往来亦密。故就拙著观之，大可举一反三，从一斑而窥全豹也。）二则本会委员诸君，莫不蜚声海外，熟悉侨情，拂弦知音，当无所需乎喋喋也。惟闭户造车，属草仓卒，党国同志，幸并教之！

（一）宜先行调查并视察海外华侨教育概况及其他。不明情况则无从设施，不有统计则无从着手，故对于海外华侨教育非先行调查及视察不可。

一　调查方法：

1．经费足则派员分赴各地调查：按此事责任重大，且因各国取缔及限制华人甚严，故非派大员不可；本会委员能直接负责办理尤佳。但此项使命因须乘此机会，兼负调查其他侨务及重要事件之责，归而制为报告，用备政府所属其他各部（如农商、外交、财政等部是）行政及中央党务之参考。故实行不妨斟酌情形，与上述各机关商榷办法，并接洽经费之补助。

2．经费不足，则分别委托驻外使领馆、能负责任之侨民团体、留学生机关或海外党部，切实调查之。但须津贴被委托者相当之手续费，俾专责成而免敷衍之弊。

3．确定调查事项，制印空白调查表，以备逐项填注。

二　应调查事项约略如下：

1．居留地概况　分别地名、国属、方言及所用文字，重要出产及工商业、交通、风俗、土人及外侨人数与状况，土人及外侨对于华侨之感情，居留政府待遇华侨之态度，有无中国国民党机关。

2．华侨人数　分别籍贯、男女、土生者、入外籍者、已未成年者、已未受教育者、能否操华语华文者、土生曾否回国者、与土人通婚者及其情形。

3．职业　分别种类及男女人数，无职业者之男女人数，并调查操何种职业为最优。

4．资产　分别种类、价额及人数，并调查：（一）普通操何术致富；（二）有现金者如何储蓄，及居留地政府对于此点之态度与若何取缔。

5．对于祖国之观念　分别新客、土生、中年以上者及青年。

6．教育概况

甲 以区域为单位者（如在荷属南洋以爪哇为一区，苏门答腊又为一区是）。

一 学校教育 依等级（如初等中等是）、科类（如普通专门师范职业或补习是）、性质（如公私立男女校或男女同校是）分别学校数、男女学生数、现任男女教员及资格国籍，男女毕业生状况（如人数升学及其他）、学则、各科采用之教本教材、是否实施党化教育、教授、管理、训练、卫生等项，并调查有无障碍。

二 社会教育 海外华侨界之社会教育，当然无活动之自由，但如有近似斯项性质之设施，如讲演会、通俗夜校、通俗图书馆、通俗教育馆、公共体育场、游戏场或游艺会等，须切实调查之，并调查有无提倡之可能及障碍。

三 义务教育 曾否试办，已办者须分别调查学龄儿童总数，已入学儿童、未入学儿童（以上三项注意性别）及区域。

四 教育经费 分别总数、来源及筹集方法，支配（行政及各种教育）现况（足或不足）。

五 教育机关 分别办理与研究二种。

六 办学历史 分别创办时期、事实及重要经过情形。

七 办学人物与精神。

八 国语之趋势。

九 儿童状况 分别体格、精神、习惯及其读书兴趣，尤须注意性别。

十 青年状况 分别体格、精神、习惯、思想、志愿及其读书兴趣，尤须注意性别。

十一 一般家庭心理 分别其对于子女之求学、谋生、婚姻三者及对于教育。

十二 向学之比较 男女学生对于下列三点之倾向及人数分别比较之：①回国求学，②留学外国，③肄业当地外人所设之学校。

十三　教育上所希望于祖国政府者何如。

十四　居留地政府对于华侨教育之态度与感情，分别政府、土人、外侨三者。

十五　居留地教育状况　分别政府、土人及外侨所经营者。

乙　以团体或机关为单位者

一　学校　分别校名、等级、科类、性质、成立年月、所在地、校舍状况、创办人、校长及校董姓名、履历、籍贯均须注意性别，如系团体或机关所创，须详细调查其性质、内容、及主要办事人，男女教职人员数及履历、籍贯、男女学生级数，男女学生人数，历届男女毕业生数与状况，经费总数及其来源与分配，编制及分科状况，教育注意之点等项，比外如学则、各科采用之教本教材，是否实施党化教育、教授、管理、训练、卫生、学生之校内外活动，其他设备、设施、组织等项，须一一注意。教员由何人何处或用何种方法介绍，尤须特别调查明白。

二　其他　如甲类二三两项是，即按其性质内容分别细目而调查之，并注意经费总数及其来源与支配。

三　视察与调查　皆本会最急之任务，进行之始即应为之。惟调查可委托他人，视察则不可，故视察员须负调查之责，尤须于观察之便随时注意本会组织大纲第二条甲、乙、丙、丁、戊四项规定之任务。

注意：本计划第六条所附按语兼供参考。

（二）宜召集海外各地华侨教育代表会议

此事为本会进行上之大关键，盖非如此者不足以联络感情，免除隔阂。且利用会期，导游内地名胜，并示以党国精神教育成绩，俾其明了祖国之实在情况，及国人对华侨之热忱与夫对华侨教育工作，非一举而数得乎？

此事于调查手续完毕后举行最宜，盖就我调查所得，并参以各代表之意见，然后提出方案，共同研究而酌定之，则提倡易而改善速矣。但各地调查并非一年不能竣事，则先行召开代表会议，作感情上之一度联络，然后乘代表归去之方便，派员偕往调查，亦可免种种周折，盖代表等当然乐于招待，并随时供给调查员之材料也。倘两事须同时进行，即一方面派员调查，一方面召集会议，窃恐本会职员固不敷支配，而事实上亦觉得有未周，然如托人调查，则无论何时皆可召集此会议也。

（三）宜对于海外华侨教育注意提倡小学及普通中等农工商业专科，并制定适用之特殊学制，对于补习教育尤须设法助之。

一　数近千万之海外华侨，假定其十之一为学龄儿童，则对于此百万天真烂漫而造就未可限量之孺子，至少须设有能容百人之小学一万所以教育之。然华侨教育本不发达，虽以爪哇学务得祖国提倡之力为最，而儿童失学者自最小限度论之，尚有三十分之二（即二万人，按民国七年熊衡三视学之调查报告，爪哇华侨小学百二十所男女学生共九千三百八十八人。据余所知，此二十校中之规模完备，能各容纳百人者实不多见。且爪哇华侨三十万，亦假定其十分之一为学龄儿童，则三十万孺子中失学者已达三万矣，故曰三十分之二。但热带华侨发育极速，生殖力亦最强，自余观之，其学龄儿童至少占十之三四也）。准此推测，全世界之华侨中岂不至少有七十万之失学儿童乎？况严格查之，尚不止此。故对于海外华侨教育，有积极提倡小学之必要也。

二　华侨中稍有资产者，因华人所办理之教育大都限于不甚完备之初等而止，遂多以子弟得入外人所设之中学为荣。（愚以为如能缩短华侨小学毕业期限为四年，并速设多数三年程度之中学以餍其欲，则实际上仅增加一年，而在不甚了解教育真义之华侨方面，已欣然满其志曰：我子若女从兹可得于最短期同受中等教育矣。此种办法颇似不合于现代教育之原理，然海外侨界有特殊情形，实非此不可也。以下各节当论列之，况此乃华侨教育幼稚期中一时权宜之计，因人因地不得不如是诱之。试办而果有成绩可言，俾人皆倾向教育，则进其程度，宏其范围，循序而升，自非难事。二十年前，国内各种教育何尝不因陋就简，事事求速成乎？）且现时海外侨界所需之智识，在应付环境，适用于谋生致利之农工商业，而不是在文哲政法等科。故对于海外华侨教育，有多设三年程度之普通小学及中等农工商业专科之必要也。

三　华侨在海外之生活与环境，及其大多数所具之希望与感想，完全与国内不同，就荷属南洋言之，人人子弟渴于谋生，能勉强毕业于高级小学已属富有耐心，盖在若辈视之，在小学读书六年，其时期已不为短矣。（中年以上之华侨不识字便能立业，不读书亦能致富，无怪其有此念观也。）故对于海外华侨教育，有缩短小学毕业年限之必要也。

四　侨童之性质惯好动而不好静，复不肯多用脑力；见易思迁，尤无耐性，文化幼稚，观感遂乖；读书之年又欲求速。故对于海外华侨教育，有减少学科与教材分量之必要也。

五　根据上述二、三、四节情形，加以其他种种特殊原因，均不可与国内教育同日而语，故总括言之，对于海外华侨教育有制定适宜之特殊学制之必要也。

此外，如本条末段所举补习教育一事，本会组织大纲第二条丙项已明白规定，不再说明。

（四）宜搜集合于海外华侨教育之教材，编制适用教科书，并须用相当的外国文译注，尤须注意于：①主义之灌输，②伟人言行之传播，③历史上有价值光荣事物之介绍，④及国家与个人人格之尊重。

教科书与学校教育之关系，其重要自不待言，教科书以教材为命脉，尤教育家所公认也，今就题断之：

一　华侨教育非有适用之教科书不可（上海商务印书馆、中华书局及其他各书坊，所编教科书多不适用。余于所著爪哇华侨与教育一书，已明畅言之，不再赘，盖此非不少篇幅所能详尽也）。

二　华侨教育所用教科书，非有适合之教材不可。（兹就国内通用教科书中之教材约略证之，例如历史，则上中古事实繁琐而寡味，徒取厌也，又如度量衡及其他种种事物，在国内数见而不鲜者，海外却未尝梦见也，又遇有文字艰深，过于抽象，或白话太俗无从训诂处，教师虽舌敝唇焦，生徒仍瞠目欲睡，而小学教科书印刷之不善，图画之不多，或不尽施以彩色，更不足引起儿童之兴趣。况华侨方面种种风俗习惯不同，人情物理又多隔阂乎？其他缺点甚多，不尽述。）

就上述两点言，今当延聘富有华侨教育经验之专家，为之编辑各种教科书，由政府通令海外侨学一律采用。（但国内通用之教科书，经此项专家审查认为适合者，亦得由政府酌量介绍于海外华侨教育界。）至于教材之选择，尤宜审慎，并须向海外华侨所在地从严搜集，俾侨生于就近之善知识，广吸无遗，而后可用以应世。但国内事物之属于常识，或具有价值及历史关系，而为海外侨胞所未尝闻见者，亦须斟酌分量注意采入，否则数典忘祖，殊非教育之本意也。

三　华侨教育所用教科书，非尽量以相当之外国文译注不可。此点理由如下：就荷属南洋言，华侨多不识华文，不谙华语，不解普通话者尤比比皆是。教师自国内往者，又不通巫语，不解巫文，一旦以汉文教科书授之，岂不困难？尤其是抽象或形容的文辞，无从解释，例如"弱""惰""以为""将来""本不知""无误者"之类。如不以意义相当之马来语Lesoe, Males, KiRa, KAMOEDian, Memmang Tida TAOE TiDa ADa SAtOE Njang Salah译之，虽仲尼复生，恐亦无所施其教也。南洋如此，其他各地又何独不然，故非于教科书中尽量以相当之外国文译注不可。如是，则学生持此以归，其父兄亦可课之，或相与研究也。

四　此外如本条（即标题）后列四点，尤为关系至大，万不可忽之教材。

（五）宜负介绍良教师于海外华侨学校之全责，并速附师范科于海外相当之侨校，专收侨生之家贫力学者助以膏火，俾造就多数师资。

此举之关系尤重于上述三、四两条，盖不如斯者，不足以袪流弊而资改善，其理由略述如下：

就荷属南洋言，二百万华侨之社会，一无法无天之社会也。其黑暗情实，不啻人间地狱，份子复杂，教师流品不齐。余于民八年办学爪哇，侨中父老恒语我所受于教员之痛苦，垂涕而道，足令人扼腕不置。盖若干年前，教员由内往者，大都算命、看相、测字、卖卜、镶牙、失业，投亲访友以及冬烘头脑，或江湖之无赖流。迨稍稍察其伎俩，则若辈此迁彼徙，伪造种种毕业文凭以绐之。又或发现此弊，则若辈败于甲埠者，随至乙埠而售其奸。厥后虽不少党国之英、明哲之士，抱救侨兴学之宏愿而来，然鹤立鸡群，蚊虻交毁，华亭清唳，不敢吠声，终于贤者洁身，知难而退，或闻风裹足而不前。至于国内后起之秀，南游执教者，虽亦有人，然往往年少气盛，将事操切，居其好动，服务无恒。具此种种因原，乃发生种种不可思议之罪恶，落笔至此，不忍多言，最足使侨界灰心者，一则此辈稍不遂意，即迳自中途卸职，或聚众罢课，以致弦诵辍辍，无人代替；二则居留政府乐祸成性，纵受欺愚，莫能请助，对于此辈无法可绳，虽双方严约于前，而事实上终视如废纸，加以自祖国或他邦学成而归之青年，大多数复不屑委身侨界利此蝇头，故求师之难群以为苦。此外则女教师之不易延致，尤为最感恐慌之问题（环境太恶，女教师裹足，此中情事尤不忍深言）。南洋如斯，其他各地恐亦相与伯仲。国内暨南学校恢复后，对于上述种种流弊虽求力免之，所派往海外服务之毕业生及介绍之教员，虽称职而勇于革命，然而人少势孤，心长何补？职是之故，窃以为大学院对于华侨教育须负介绍教师之全责也。惟介绍此项教师，关系至巨，应如何考核遴选，及严与约定条件以示限制处。俟实行时，再提出意见，以便公决。延师之难及所致之痛苦与流弊，既如上述，而暨南学校因病下药之师范科，复不易遍愈群疾。（以侨生入此科务不多，以家境贫苦之侨生，水远山长，旅资难措，欲来学而未能，以此科学生大半系国内者，平心论之，其与海外哀黎，究竟有一层隔阂也。）余故以为祛此流弊，却此痛苦，非酌于海外相当之侨校，速附设师范科不可。所谓家有良医，虽病无害，其效益不待明言。我政府能助以经费，俾促其成，行见菁莪之章，讴歌海外，衣被多士，多士怀归，众志成城，国其固矣。

（六）宜选派海外华侨教育督学（或视学），并令随时调查报告其他重要事件，以供政府参考而备采择。

何以选派督学？顾名思义可知，不赘述。惟其任务仅囿于教育，似尚未善也。我国驻外使官，大抵不负责任，虽海水所及必有华侨，而亦视若无睹，彼日本人手提包而伴售仁丹者，皆为其政府"南进"之耳目，虽一草一木之微，亦必调查而报告焉。余在南洋编辑爪哇志，因其有世界第二大植物园之称，欲调查所有植物以实吾志，而苦于无从参考。迨广搜日人关于南洋事情之出版物，则为书百数十种，有闻必录，无事不详，如数家珍，如纹呈掌。是以日人今日在南洋之地位，几驾白人原有势力而上之，不可不先以耳目寄诸所派华侨教育之督学，使随时调查报告其他重要事件，以供我政府之考鉴也。

督学除遵大学院指定之任务及随时调查报告其他重要事项外，对于殖民教育政策之积极进行，应负之责有五：①设法谋教育之推广；②鼓励及指导海外华侨子弟回国求学；③宣传本国文化；④注意补习教育之提高（尤其是对于已有职业而不能回国求学，并能入该地侨校者）；⑤随时利用机会联络侨界感情，并多与所在地之本国使领馆及留学生团体交换意见，以资互助。

按此事并非创举，自前清光绪三十年至民国六七年间，先后由政府及粤闽苏浙等省所派海外华侨教育之视学，颇不乏人奉命，或以相当名义与资格，前往海外各地抚慰侨胞、调查侨务、考察侨学者亦尝有之。惟就若干次所派视学之范围而言，大抵限于南洋一带，且多常驻其间。今此事如果实行，宜更及于欧美及向少注意处，而第一条所举之点亦当普遍行之。

（七）宜对于海外华侨教育制定奖学条例，用资鼓励，兼示政府热心扶助之意。

学而有奖宜也。奖之以名誉常为海外华侨所欢迎，此事在清末及民国五六年间亦尝行之。惜尔时名义如斯，用意却别有所在，而某某教育家又择其肥者而润饰之，欠公允也。愚见以为今日应切实行之，尤须酌定奖金若干（五万十万元已足），专用于华侨教育。侨胞好义，且多小康，虽无所望于祖国政府之解囊，然一朋之颁，亦多士所乐为鼓舞也。

（八）宜编纂出版物为海外华侨教育之指导及本国文化之宣传，并宜多用各国文字以广流传而收普及之速效。（此条不须说明）

（九）宜就近咨询国立暨南学校对于海外华侨教育之意见，并酌量采纳之。（此条不须说明）

（十）宜遵照先总理遗嘱建国大纲第四条，扶植弱小民族及本党政纲对内政策。

（十一）励行教育普及之意义，由大学院建议国民政府谋与各国协定保护华侨教育之特殊条约，以期先行取得华侨在海外教育上之平等自由。（此条不须说明）

以上所陈各条，自狭义言之，固可增进八百万海外华侨教育之幸福；而在广义方面，则文化所及，人才勃兴，出其所学，用资建树怀邦者踊跃输忠，同纾国难，皈依本党，革命成功，辟土者拓殖纵横，高掌远蹠，竞争海外，扬我国威。若不此之图，虽则设千百暨南学校，縻火费无数金钱，终非谋国救侨之根本策略也。爰抒管见十事，敬候公裁。

十六、十一、九、夜二时于南京

〔《大学院公报》〕

2 外交部转报驻爪哇总领事馆报告万隆警方干涉侨校施行党化教育函

（1928年1月9日）

外交部公函　十七年地字第一号

　　迳启者：顷据驻爪哇总领事馆呈报：万隆府尹警告中华平民公学勿施党化教育。等由到部。除分函教育部外，相应将该报告抄录一份，函送贵部查照。此致

内务部

中华民国十七年一月九日

万隆府尹警告中华平民公学勿施党化教育

　　万隆府尹近传民仪书报社李书记到署，询问万隆中华平民公学是否已归国民党办理。李答称是归党部办理，府尹续称：对未满十八岁宣传政治思想，危险实甚。固知国民党既属政党，当然有一种宣传工作，以发展党务，惟南洋非中国可比，实尊重和属地法律，如与法律无抵触，和印政府决不阻碍国民党之进行；假令不遵法律，难免受官厅干涉。据汉务司署通告各埠华校教员，已有数名对儿童施以党化教育，一一驱逐出境。现中华平民公学既由党部接办，国民党万隆支部委员会应负完全责任，幸勿发生

与上项相类事件。兹先警告,免得将来发生不如意事,怨及官厅之下逐客令云云。

〔北洋政府内务部档案〕

3 暨南大学召开南洋华侨教育会议的文件资料

(1929年6月)

(1)南洋华侨教育会议组织大纲(1928年11月23日)

第一条 国立暨南大学为南洋华侨学校三民主义教育之实施,学校行政之统一,教育经费之规划,以及教学训练之改进,召集南洋华侨教育会议。

第二条 本会议由左列各项会员组织之:

一、南洋各埠中华会馆代表各一人。

二、南洋各埠中华商会代表各一人。

三、南洋各埠阅书报社代表各一人。

四、南洋各埠报馆代表各一人。

五、南洋各埠教育会(或学务总会)代表各一人。

六、南洋各埠学术团体代表各一人。

七、南洋各埠中等以上学校代表各一人。

八、南洋各埠小学校联合推代表一人至三人。

九、南洋各埠国民党总支部代表各一人。

十、国内外教育专家,由本会选聘者十五人。

十一、侨务委员会教育部外交部代表各一人。

十二、暨南大学校长,南洋文化事业部主任、暨教务长、秘书长,各系科主任或代表。

第三条 南洋各团体各学校代表办法,另订细则,惟以深明党义,现任校董、校长、教员,或于华侨教育著有劳绩者为合格。

第四条　本会设主席团五人，常任主席由暨南大学校长任之，其他主席由全体会员票选之。

第五条　本会议在上海真茹国立暨南大学开会。

第六条　本会议会期定于十八年六月六日起至十二日止，遇必要时得由主席展缓或延长之。

第七条　本会议议案以各代表各专家提出之议案为限；但会外提案由会员三人以上之介绍，得接受付议。

第八条　本会议以应请报到人数过半数出席为法定人数，表决议案取决于出席会员之多数，遇可否同数时，取决于主席。

第九条　各代表各专家如有提案，须于开会前二星期寄到本会议筹备处，以便预加整理，编印议事日程；会员如有临时提案，须经会员七人以上之副署，用书面送常任主席，酌量编入议事日程。

第十条　本会议议决各案，呈请国民政府教育部核准施行。

第十一条　本会议筹备期间，设筹备委员会办理各种事务。自十七年十一月五日开始办公，至大会结束之日为止。

第十二条　本会议议事细则另订之。

第十三条　各代表往返川资由各团体自行担任，本会期内膳宿等项均由本会供给之。惟选聘专家得酌贴旅费。

第十四条　本大纲如有未尽善处，得由筹备委员会修正之。

（2）南洋各团体各学校推派代表细则

一、南洋地域，以英属马来半岛、婆罗洲、缅甸，荷属东印度，法属越南，美属非利滨，葡属帝汶各岛及暹罗国为范围。

二、南洋各埠以上属各州各埠，有本会议组织大纲第二条各团体之一者，即得推派代表。

三、中华会馆中华商会之代表，为该会馆该商会之总副理或其全权代表，凡尚未成立之埠，得由省府州属会馆商会联合推举之。

四、阅书报社及报馆之代表为社长与总理或其正式代表，但以现时存在、每日发行者为限。

五、教育会（或学务总会）学术团体之代表为正副会长或其代表，惟以正式成立、办有成绩者为限。

六、中等以上学校之代表为校长、主任或其代表，小学校兼办中学或同等程度之补习班、专修科者，亦得推派一人。

七、小学校之代表，每埠在一校以上者推派一人，十校以上者二人，二十校以上者三人，联合办法，由小学校长自行集合推举，或由会馆商会教育会（或学务总会）召集之。

八、国民党总支部代表为执行委员会常务委员或其代表，惟以正式成立、直属现在中央党部者为限。

九、南洋地域辽阔，本会议通知各团体各学校必有遗漏，特登南洋各报公布办法，各团体各学校如有未接到通知书者，得向载有本会广告之各报馆索阅办法，推派代表。

十、各团体各学校接到通知书后，即依照本细则推定代表，将应请书，姓名，履历，议案等，至迟在五月二十日以前寄到本会议筹备处，证明书回国报到时面缴。

十一、各代表应请书、履历表、议案纸本会均已印就，只须详细填明，加盖团体图记及领袖名章即为有效。

十二、各代表回国，如预先告知到沪时日者，本会派人往码头迎接，否则到沪之后请到本会报到。

十三、本会议一切信件电报，请书寄上海真茹国立暨南大学南洋华侨教育会议筹备处，所有接洽问讯地点，亦同。

（8）南洋华侨教育会议代表一览

（甲）南洋代表（以接到报到公函为准）

夏应炜　　丘守愚　　温济民　○刘成灿

林伯新	○廖烈进	○陈之滨	徐乃达
叶映辉	○陈肇琪	王泽湘	陈文亨
刘士木	潘华典	范慷源	萧碧川
顾因明	陈宗山	杨和森	郗鸿丞
○蓝德原	郭美丞	李雨欧	王家骅
○陈章辉	郑洪年	张开川	熊理
邝少智	吴善稽	庄信群	戚修祺
曾广思	余俊贤	○邵荫华	陈嘉言
方之栋	王竖白	尤文炳	林清池
蓝六桥	张春元	刘湘英	林镜仙
吴其祥	李汉醒	张汉军	程华铎
陈鸿谟	李希穆	蔡文模	○叶燕浅
方之桢	伍朝海	谢紫碧	石水英
朱伟文	罗润泉	○张正藩	

（乙）专家代表（以发出聘请公函为准）

○萧佛成	周启刚（陈枚安代）	○颜文初
何剑吴	钟荣光	○赵厚生	姜琦
叶华芬	林文庆（孙贵定代）	李登辉
黄昌怀	○韩希琦	邹秉文	○石鸣球
○谢联棠	林有壬	黄丕安	○高践四
○匡互生			

（丙）暨大代表（以本会议组织大纲所规定者为准）

翟俊干	杨汝呆	许克成	许民一
谢循初	叶渊	康桐候	叶崇智
张相时	○黎国昌	陈蒁民	江楳
黄凌霜	蔡正雅	石炯	尤巽照
陈钟凡	刘麟书	萧道五	邓胥功

注：○为未出席者。

（4）南洋华侨教育会议宣言

中华民国十八年六月六日，南洋华侨代表应国立暨南大学之召集，根据华侨学府国立暨南大学组织大纲之规定，开南洋华侨教育会议于上海，议案著录者一百六十余件，出席代表都七十八人，凡英、荷、法、美、暹罗各属华侨教育重要团体，殆莫不与焉。溯自我国父孙中山先生首倡三民主义，谋人群之幸福，跻世界于大同，天下为公，含义至广，和平博爱，取精用宏。际兹全国统一，训政伊始，教育为立国大本，我国家亦既确定教育宗旨，宣告于国民曰："中华民国之教育，根据三民主义，以充实人民生活，扶植社会生存，发展国民生计，延续民族生命为目的，务期民族独立，民权普遍，民生发展，以促进世界于大同。"本会议继去年全国教育会议之后，应时代需要而产生，一以求海外侨民之教育，与国内一致进行，无使落后，二以求三民主义教育，暨实施于国立者亦必实施于国外，庶我国父之遗训，得以泽及中外，一视同仁，无间遐迩。兹经本会议议决："华侨教育方针应本三民主义，以养成海外中华国民之智能及品格，以求中国民族之健全，并中外民族间之平等。"准此旨趣，此次大会之开，就华侨教育之本身言，则以谋教育行政之统一，教材之适宜，经费之确定，师资之养成，升学之指导，办学人员之奖励，华侨美德之保存，爱国观念之加深，与夫一切环境上之适应。就各友邦相互之关系言，则根据三民主义之教育方法训练我侨民，思想要科学化，行动要纪律化，生活要艺术化。凡此以谋侨民之福利者，亦所以增进侨居地社会上之福利也以期侨胞在。政治、经济、法律上之地位提高者，亦与各友邦之所以教其国民者，同其趋向而立于均等也。是以华侨教育对于各友邦，只求侨民生存之适应，并无侵略之野心；华侨实施三民主义之教育，亦以求本身之自由平等，而以不侵害他人之自由平等为原则，同时遵我国父之诏示，以仁爱慈祥之态度提携世界人类，共同达到自由平等之域。今大会业告闭幕，实施即将发轫，爰撷纲要，以窥大体，详案具在，可资覆按，谨此宣言。

〔侨务委员会之所属机构档案〕

4 郑洪年先生在南洋华侨教育会议上报告暨南学校创办经过及今后打算

（1929年11月）

诸位代表，诸位同志，我们本校的成立今年是第二十三年，今天与海外父老来讨论华侨教育问题，实在是很荣幸的。这次开会是根据本校组织大纲所规定，今日开幕参加的代表有七十多位，大家非常热心，很为本校光荣。鄙人为学校当局感谢诸位代表先生，由远道而来，热心参加。

由本校的成立历史来讲，先前只有南洋子弟从海外来校，美洲的华侨子弟从没有来过。但是本校改组以后，有好几十位从美洲到来，所以本校的南洋文化事业部从前只定南洋一部，现在将改为南洋及美洲文化事业部，这次大会不能够请美洲的华侨代表来参加，下次当然要请他们来的。

现在我有几点要同诸位代表先生来谈谈：第一点把暨南的成立历史来演述一下，第二点改组后各种情形要向诸位报告，第三点是我们学校怎么样与海外华侨联络一气。本校规定的种种计划很多，要请大家商量商量。这次南洋华侨教育会议，各属代表提出议案有二百六十多件，希望这些议案将来得到很良好的结果，我们学校也希望各位代表讨论指教，将来得到很好的成绩。

（1）本校成立的历史　本校成立了二十三年，是在清末的时候即光绪三十三年先总理创立同盟会的第二年。成立的动机，是驻荷兰公使钱念劬先生特派一位参赞到爪哇去调查华侨教育，觉得这班华侨子弟应该到中国来读书。钱先生的意思,要想要求端方允许他遣送二十一人归国家学,端方接了这个信不大清楚,打电报去问他,后来接到爪哇的回电说,有二十一个学生要回来读书,后来清廷允许了。学生之中广东福建人居多数,要找几个广东人去管理他们,当时温秉忠先生和兄弟都在两江学务处办事,就把我们两人保荐做委员,当时爪哇两个字人家都不晓得是什么意思。我们把二十一个学生带到南京去,在三牌楼寻了一个地方,不料起居饮食侨生多感不便,而且在冬天的时候侨生尤其怕冷,病了十几个,都来要求回到南洋去。端先生的意思,应该找几个教员把这些侨生补习一二年,因为他们的程度不齐,后来每天把他们补习起来,学生也是很好。但是当时南京没有好的学校,只有中英学校、两江师范学校,我们就组织一个学校起来,江南提学使陈伯陶先生很热心的,给他取了一个名字,叫做暨南,就是中国文化传到南洋去的意思,后来爪哇又有四十几位学生送来,再过半年新加坡也送五十几位学生来,全体有一百八十多人,大家都是很好,像一个家庭的样子。学生之中李全发年纪最小,一天同我说,南洋都是我们中国的,将来我们可以把他拿回来。

开办不久,我就做了一个校歌,本着总理的民族主义,我们始初开办,以革命的宗旨做立足点。当时海外华侨分保皇党同革命党两派,清廷的官吏对于他们不很注意。后来端方不在两江,调到北洋去了,军机大臣要查办他,因为他办了这个暨南学校,内有许多的学生是革命党。当时学生中到保定军官学校去的有好几位,到海军里去的也有五六位。辛亥武昌起义的时候,我们的学校真危险极了,江宁将军尤其嫉视,要保荐二个旗籍教员来监督我们学校,我们不让他们进来;后来端方来说,只好让他进来。张勋的军队在南京时,最注意的是有没有辫子,起义时同学到上海去的有许多,到武昌黄克强先生那里去的也很多。到民国元年我们学校解散了，后来我同教育部司长董鸿祎先生商量说，我们应该把暨南恢复起来才好，因为董先生是暨南学校校董之一，第一批学生又是他带来的，但是董先生总是无确切答复。南京政府成立后我在交通部办事，民国五年袁世凯死后，由江苏省教育会把暨南恢复，董鸿祎先生那时也死了。在先董先生也同袁世凯说过数次，袁世凯总是不愿意恢复，因为恐怕暨南的学生有革命党，民国十一年由南京搬到真茹，当时我也是董事之一。江苏省教育会能在军阀之下把暨南恢复起来，也是不容易的一件事，这就是关于我们学校成立的几句话。

（2）本校改组的经过　民国十六年三月的时候，国民军追到上海，全上海是很混乱的。那个时候暨南因受时局的影响，很难维持下去，那时校内教员学生与前姜校长商量，要请几位老先生出来，我是一个董事，所以也加入委员之一。姜校长因经费没有办法，不能维持，请兄弟及蔡先生在五月内接收，蔡先生不能来，叫我一个人来接收，我在民国十六年六月十四日来接收的，到现在刚刚两年。来接收之前，学校开二十周年纪念会，姜校长请我演讲，我说维持到这个地步也不容易。现在同学的程度是比从前不同，南洋的事业也是进步，从前中学只有初级商科，我接收之后就照我的计划去做，我个人对于办学的方针是客观的。我们总理革命得到海外华侨的帮助很多，南洋的父老牺牲也是很多，总理既然去世，我们对于海外华侨是要怎样去安慰他们呢？从前的革命华侨帮忙很多，要个个的去安慰是不可能的，为公为私为安慰华侨父老起见，我们的工作是要打倒帝国主义，应该从教育着手，使青年人人都要学术化、科学化，明白真理，程度智识，同白种人一样。要华侨父老达到平等自由唯一的方法就是教育，不过是很难的，如果方法不妥当，去侵害别人的自由平等，那就不行。我们总理是和平的，是公道的，我们应该补助弱小民族，得到自由平等。

南洋华侨教育差不多办得有二十七八年，本校是海外华侨教育的一个总机关，有些人提倡大学区，一般教育家有赞成的，有反对的，这个大学区是不是有益于我们中国，暂时可以不必去管他。我们暨南大学不能说是一个大学区，但是鄙人一定要联合海内外的人士，对于教育上，使有一个整个的办法。这一次开会的意思就是要把这些事做出来，使得海内外联成一个整个的机关。

（3）本校建设的工作，民国十六年的六月到现在的六月，物质上的建设，如莲韬馆、办公室、中学宿舍、女生宿舍、科学馆、临时宿舍、教员宿舍、暨南村（内有十七座房子）、全校的马路、全校的树木，都是这两年弄起来的。图书馆在十七年之后才能完工，用具添置的很多，书籍差不多有四万块钱，中国书差不多大本头的都有，外国书一起添了一万块钱，标本几千块钱。全校十分之三的经费是用在建设上的，但是房子还是不够，现在大礼堂已经动工，还要想添造高中宿舍。学校共计亏欠三十多万，新预算在本年三月里才通过，经费困难达于极点，然而兄弟决不灰心呀！

本校在改组的时候想与第四中大一样，但是现在不能够办到。先要把海外的教育发达起来，照组织大纲只有文学院、理学院、商学院、教育学院四院，教育学院设有师资专科，是要提高南洋华侨教育的程度，凡在南洋服务一二年之后，再进我们师资专科最为相宜。还有一个农业专修科，拟附设在理学院里，专讲实在的学问；另外还拟办一个土木工程专科，因为建设的人才、工程人才是很需要的。

外间的人以为我们华侨子弟是很有钱的，其实我们的学校是一个平民学校，不是一个贵族学校。因为在南洋有种种商业的苛例，我们还想添一个商业专科，使华侨在商业上的智识高一点，高中、商科、农科、师范科三年以后都不要了，普通科毕业之后进商业专科、师资专科、农业专科。内地同学也要明了南洋华侨教育，所以我们有南洋文化事业部之设。我们中国人也要同日本人一样，要有南进的政策，南洋文化事业部的工作是要仿效日本南进的工作，最好设立一个殖民学校，要到海外去的先进殖民学校，南洋很不自由的，美洲也是不自由的，只有巴西、秘鲁尚算还好，将来也许可以做我们的殖民地。

今天诸位父老来开这个会，好像是一个恳亲会，自五卅运动之后学风是很差的，不及前五年的学风，但可以安慰诸位父老的，就是学生的学识是长进的。我们学校有不良的分子是不能免的，最困难的就是大中两部，一时不能分开，师资问题也是很难，革命以后许多教育家都去做官了，找好教员非常之难。在家庭方面有一个责任，就是多写几封信教他，少寄几个钱给他，钱一多嗜好也多，所以寄他的钱，只有够相当的费用就是了。如是，我们管理方面可以便利得多。我们是主张严格的来办理学校，海外的父老不要多寄钱来，使他们专心在学问上用功，这是兄弟所最盼望的一件事。兄弟到校两年以来，是处于客观的立场，是为革命，不是为个人。本校各种建设，是样样经评议会议决，我们要立一个表，把好的和不好的都记下来，做一报告，使大家明白得清清楚楚。我今报告这些计划对不对？希望诸位父老，多多指教，今天好比是开个恳亲会，大家都是学生的兄弟，一点不要客气啊！

〔侨务委员会及所属机构档案〕

5 国民党中央民众训练部召开华侨教育会议的文件资料

（1929年11月）

（1）中央训练部数侨教育会议概况

中央训练部以华侨教育关系重要，爰继暨南大学南洋华侨教育会议之后，招集党政教育侨务各机关，并特约熟悉华侨教育诸同志，举行华侨教育会议。会期自十一月一日起，至九日止，列席代表四十余名，提出议案百余起，决议案二十余件，兹将概况略述于下：

一、开会缘起

迳启者：查华侨远涉重洋，旅居异地，既受当地政府之苛遇，复有其他民族之排挤，仍努力奋斗，始终不渝，于经营工商业务之外，且知创设教育机关，灌输祖国文化，吸收欧美文明，俾一般侨民子弟尚能保持我民族之精神，爱护我国家之心意，良深嘉慰。惟念华侨兴学时逾二十年，因无整个计划，遂乏一致之步趋，再加以当地政府诸多限制，良好师资不应供求，种种困难致使华侨热心兴学之初衷，未能积极贯彻，殊为可惜。本党于此，认定教育事业不特为国家建设之要图，亦实为民族复兴之任务，值兹训政开始之期，对于华侨教育事业亟应图谋积极之设施。前经本部部务会议，决定约集与华侨教育有关之重要机关或团体，会同制定华侨教育整个计划，以利推行。爰订于十一月一日在本部开会，敬希贵部推派代表二人届时出席，共商一切。并盼在会议前，将关于华侨教育之各项计划及刊物赐予全份，藉供参考。事关华侨教育根本大计，谅能乐予赞同也。中央执行委员会训练部启。

二、组织规则

一、本会议之目的，在谋华侨教育之统一改进与推广，由中央训练部负责召集之。

二、本会议由左列各机关团体之代表及熟悉华侨教育之同志组织之。

（一）中央组织部代表二人。

（二）中央宣传部代表二人。

（三）中央训练部代表五人。

（四）中央侨务委员会代表二人。

（五）国民政府教育部代表三人。

（六）国民政府外交部代表二人。
（七）国立暨南大学代表二人。
（八）华侨教育协会代表二人。
（九）熟悉华侨教育之同志若干人，由中央训练部聘请之。
三、本会议会议范围如左：
（一）各机关团体关于华侨教育之报告。
（二）个人关于华侨教育之报告及提案。
（三）各机关团体关于华侨教育之提案。
（四）其他关于华侨教育之事项。
四、各项报告及提案等，须于会期前三日，送交中央训练部。
五、本会议以中央训练部部长为主席。
六、本会议会期自本年十一月一日起，至十日止，但必要时得临时变更之。
七、本规则由中央训练部呈请中央执行委员会备案施行。

三、代表一览

中央训练部：李　庚　蒋伯谦　王克仁　吴企云　黎友民
中央宣传部：陈重堪　刘德荣
中央组织部：谢作民　罗伟疆
侨务委员会：余超英　贺俊人
国立暨南大学：刘士木　钱　鹤
教育部：吴研因　赵乃传　朱葆勤
外交部：陈锡璋　胡　襄
华侨教育协会：荣渭阳　罗光海
特约参加同志：林　森　陈耀垣　周启刚　萧吉珊　郑洪年
　　　　　　　　李登辉　吴公义　黎国昌　丘守愚　钟荣光
　　　　　　　　熊　理　丘莘愚　陈安仁　梁楚三　黄右公
　　　　　　　　吴铁城　陈肇琪　李邦栋　张忠道

秘书：史维焕　马超俊

记录：钱义璋　张皎

四、开幕盛况

十一月一日上午十时，在中央党部大礼堂举行开幕式，计到中央委员、中央训练部、组织部、宣传部、侨务委员会、国立暨南大学、国民政府教育部、外交部、上海华侨联合会等各机关代表四十余人。主席中央训练部部长戴传贤，一、开会，二、全体肃立唱党歌，三、向党国旗及总理遗像行最敬礼，四、主席恭读总理遗嘱，五、主席报告开会宗旨，大意谓：华侨为革命之母，华侨教育实与中华整个民族之存亡有莫大之关系，原来华侨对于世界文明有极大之贡献，海水所至之地华侨皆有纵迹，具冒险耐苦之精神，为人类开辟新大陆，为世界建造文明基础，特智识不及他人，遂致治于人，此华侨教育之所以急不容缓也。中央委员会吴铁城致训辞，大意谓：华侨今日所处地位非常危险，非从教育入手毫无办法，而华侨教育最须注意者有三事：（一）为确定方针，（二）为力求统一，（三）为领事馆兼理教育云。暨南大学校长郑洪年演说，大意谓：华侨也是中华民族之一，彼辈在海外地位如何，我人根据统计有八百万人，内有几百万已为人同化，以至数典忘祖，抛弃本国文化，我人急宜利用教育力量，根据三民主义来谋全中华民族整个的独立，整个的自由平等云云。华侨教育协会代表荣渭阳、中央侨务委员会代表余超英、教育部代表赵乃传、外交部代表胡襄等相继演说，对于华侨教育应确定方针，统一发展，无不发挥无遗，演说毕摄影。继至中央第二会议厅开谈话会，讨论会前应先决定诸事项，决定：（一）本会会期定五日至十日，必要时得延长之，（二）开会时间每日下午二时半起，五时半止，必要时继续至下午十时为度，（三）大会主席团为五人，当推定戴传贤、郑洪年、马超俊、吴铁城、陈耀垣等五人为大会主席团，下午一时散会。

五、预备会议

一日下午二时开预备会议，出席代表计有张忠道、郑洪年、黎国昌、丘守愚、贺俊人、余超英、钱鹤、李邦栋、吴研因、赵乃传、胡襄、陈锡璋、刘德荣、陈重堪、黄右公、周启刚、李登辉（罗虔英代）、罗伟疆、李庚、黎友民、荣渭阳、陈安仁、刘士木、王克仁、马超俊、史维焕等二十六人，主席郑洪年，记录张皎、钱义璋。宣布开会，主席恭读遗嘱，首由马超俊起立报告，上午谈话会决定三案毕，依照议事日程：（一）各机关代表报告，教育部代表朱葆勤报告大学院及教育部处理华侨教育之经过现状，暨南大学校长郑洪年报告暨南大学成立经过及改组后之现况。至此已三时半，距规定时间仅半小时，而依议程，尚有外交部、华侨教育协会等机关报告，但有二种事项须在预备会解决，乃变更议程，将其余各项报告移至下会。（二）讨论华侨教育会议规则，逐条讨论修正通过。（三）组织提案审查委员会，决议由大会推定九人组织提案审查委员会，当推定陈安仁、陈肇琪、吴研因、钱鹤、余超英、陈锡璋、荣渭阳、王克仁、罗虔英等九人为提案审查委员会，由王克仁召集，下午四时散会。

提案审查会于同日下午四时一刻开会，审查委员会全体出席，议决将所有议案分为十组，并推定各组整理人员如下：

甲、党义教育组：王克仁； 乙、教育方针组：钱鹤；

丙、教育行政组：吴研因、陈锡璋； 丁、教育经费组：荣渭阳；

戊、教育团体组：罗虔英； 己、社会教育组：陈肇琪；

庚、学校行政组：吴研因； 辛、师资组：陈安仁；

壬、课程教材组：余超英； 癸、杂组：王克仁。

六、第一次大会

十一月二日下午二时半，在中央第二会议厅开第一次正式大会。出席代表：蒋伯谦、黎友民、余超英、刘士木、丘守愚、赵乃传、荣渭阳、吴研因、朱葆勤、张我华、胡襄、陈锡璋、刘德荣、陈重堪、李庚、罗虔英、黎国昌、钱鹤、李邦栋、郑洪年、陈肇琪、陈耀垣、梁楚三、吴企云、吴公义、王克仁、谢作民、黄右公、罗光海、张忠道、贺俊人、陈安仁、史维焕等三十三人，主席郑洪年，记录钱义璋、张皎。主席恭读总理遗嘱毕，由外交部代表华侨教育协会代表报告，提案审查委员会代表王克仁报告第一次审查会议结束，分为十组，继即讨论提案：（一）确定华侨教育之实施方针案。（二）华侨教育实施纲领案。（三）华侨党义教育实施计划案。以上三案经长时间之讨论，各代表充分发抒意见，对于各该案极为慎重，最后由主席指定史维焕、刘士木、陈肇琪、余超英、朱葆勤、赵乃传、王克仁等组织审查会，悉付审查。（四）指定各组审查员案，议决由出席代表，各自认定二组，送交史代表维焕整理，于次日发表，议毕散会。

七、欢宴代表（见后页）

八、第二次大会

十一月四日下午二时半，在中央第二会议厅开第二次大会。出席代表罗虔英、黎国昌、胡襄、陈锡璋、丘守愚、陈肇琪、张忠道、罗光海、黎友民、余超英、陈重堪、刘德荣、吴铁城、郑洪年、荣渭阳、赵乃传、贺俊人、吴研因、陈安仁、黄右公、朱葆勤、李邦栋、李庚、蒋伯谦、吴企云、刘士木、戴传贤、钱鹤、罗伟疆、陈耀垣、王克仁、史维焕、马超俊等三十三人，主席郑洪年，记录钱义璋、张皎。主席恭读总理遗嘱，首由华侨联合会代表罗虔英报告该会现状，审查会史维焕报告审查确定实施方针之经过。继即开始讨论：（一）确定华侨教育实施方案。（二）华侨教育实施纲领案。以上两案合并讨论，戴季陶、吴铁城及各代表相继发表意见，方针三条，大体通过，惟文字尚须修正，议交教育方针组整理文字后报告大会。次即讨论教育行政组审查报告，由审查会吴研因说明本组提案共二十余件，归纳之可分为：一、关于国内各机关管理华侨教育之职权者；二、关于华侨教育行政组织者；三、关于派遣指导华侨教育人员者；四、关于为华侨教育应行回国就学者；五、关于增设华侨学校者；六、关于华侨学生回国就学者；七、关于华侨教育之宣传劝导者；八、关于鼓励及奖励者。该组因审查工作尚未完竣，一致议决，明日大会暂停一日，将所有议案交付各组充分审查。所有各方提案限六日正午截止。最后由戴传贤临时动议，本会应综合会议经过发表宣言，议决由中央训练部负责起草，议毕散会。

九、第三次大会

十一月六日下午二时半，在中央党部第二会议厅开第三次大会。出席代表：刘士木、黎国昌、陈锡璋、胡襄、赵乃传、朱葆勤、吴研因、丘守愚、余超英、罗光海、钱鹤、蒋伯谦、黎友民、王克仁、陈肇琪、吴企云、郑洪年、张忠道、陈重堪、刘德荣、陈耀垣、李庚、贺俊人、陈安仁、吴公义、罗伟疆、荣渭阳、马超俊、李邦栋、黄右公、史维焕、谢作民等三十二人；主席陈耀垣，记录钱义璋、张皎，主席恭读总理遗嘱，先由秘书报告文件及宣读第一第二两次大会记录。次即开始讨论：（一）确定华侨教育行政组织案：甲、教育部宜增设华侨教育司，以统一华侨教育行政，（议决）通过。乙、驻外领事馆宜酌设教育专员，以负管理当地华侨教育之责，（议决）延期讨论。（二）组织华侨教育设计委员会案，（议决）延期讨论。（三）厘订华侨教育团体组织案，（议决）应设立华侨教育会，其组织另订之。（四）华侨教育师资如何培植与检定案，（议决）甲、在海外交通便利之地点，于可能范围内，量国家财力逐渐建设师范学校。乙、从速整理国内外各校附设之华侨师范班。丙、在国内增设培养华侨小学师资之师范学校等五项，照审查案修正通过。（五）本日议程所刊中训部提出之议案，（议决）不必付审查，提交明日大会讨论。

十、第四次大会

十一月七日下午二时半,在中央党部第一会议厅开第四次大会。出席代表:蒋伯谦、黎友民、贺俊人、黎国昌、钱鹤、陈肇琪、胡襄、吴企云、陈重堪、刘德荣、张忠道、史维焕、朱葆勤、余超英、吴研因、赵乃传、李邦栋、荣渭阳、刘士木、李庚、李登辉(刘士木代)、丘守愚、罗伟疆、罗光海、郑洪年、吴铁城、萧吉珊、陈安仁、黄右公、陈锡璋;主席吴铁城,记录钱义璋、张胶。主席恭读总理遗嘱,先由秘书报告文件及宣读第三次会议记录,继即讨论提案,(一)广设海外华侨补习学校案,(议决)办法:甲、设立半日学校、平民夜校、假期补习学校及妇女补习学校等;乙、补习学科应注重党义、国语、本国史地及有关职业科目,其课程纲目由教育部规定颁行等五项。(二)为统一及发展华侨教育计,应设立华侨教育会,确定国立华侨学校之教育方针,增加领事馆关于教育之职责,并筹集华侨教育经费案,(议决)全案修正通过。其大要为:甲、设华侨教育会总会于南京,设分会于海外所在地之重要地点;乙、领事馆内须有专员负责考察并指导华侨教育;丙、培养使领人才,在中央政治学校及暨南大学等校,设外交科或领事科;丁、筹集华侨教育基金一千万元,内由国府拨款二百万,闽粤二省合筹一百万,余向海外华侨募集;并每年由政府提拨若干万元,补助各地华侨教育经费。

十一、第五次大会

十一月八日下午二时半,在中央第二会议厅开第五次大会。出席代表:陈肇琪、吴研因、胡襄、荣渭阳、黎国昌、丘守愚、陈锡璋、郑洪年、史维焕、马超俊、张忠道、赵乃传、朱葆勤、李庚、余超英、贺俊人、蒋伯谦、王克仁、黄右公、黎友民、吴企云、陈安仁、李邦栋、刘士木、李登辉(刘士木代)、刘德荣、罗伟疆、萧吉珊、陈重堪、谢作民、钱鹤、罗光海等三十四人,主席马超俊,记录钱义璋、张皎。主席恭读总理遗嘱,先由秘书宣读第四次大会记录,继即讨论提案:(一)请政府每年拨五十万元,以供发展华侨教育之用费案,(议决)通过。(二)海外各地华侨教育经费之筹集支配保管,由各地组织华侨教育经费委员会掌理之,其组织法由教育部规定,(议决)留供参考。(三)为充实华侨学府暨南大学应由教财两部,照十七年度预算补足,以资扩充案,(议决)函送主管机关查案办理。(四)划清华侨学校校董与校长权限案,(议决)照审查案修正通过。其办法如下:甲、校董应组织校董会,其权限如下:1。捐募基金,2。筹划常年经费及建筑设备临时经费,3。审核预算及决算,4。保管校产,5。选聘校长,6。代表学校办理对于当地政府之交涉事项。乙、校长之职务如下:1。主持全校教务、训育及其他一切事宜;2。聘任教职员;3。编造预算及决算;丙、校董会与校长互相之关系:1。校长在聘任期内,非确有失职或其他不得已事故,双方不得中途解约,2。校长列席校董会议,并得提出议案,但无表决权;3。校董对于校务之兴革有所建议,应提出于校董会议议决,交由校长处理之。(五)编订华侨学校课程标准及教材用书案。(议决)照审查案通过。办法如下:1。由教育部设立编订华侨学校课程标准委员会,及编审华侨学校教科用书委员会;2。征集华侨学校适应教材,由教育部审核整理后印发各侨校。(六)促进华侨学校教师研究党义案,(议决)照审查通过。规定办法五条如下:1。由中央宣传、训练二部调查海外学校,多给予学校教师有关党义之各种印刷品;2。由海外高级党部领导各校教师研究党义,3。推行中央训练部所规定之各级学校教师研究党义条例,4。关于研究党义所发生之问题,得由个人呈请所在高级党部,转请中央指示解答。(七)请政府在海外择地设立学校,以为侨学模范案,(议决)留供参考。(八)录用华侨人才案,(决议)原则通过,办法请考试院订定。（九）指导或资助侨生回国求学案，（决议）原则通过，办法留供参考。讨论至此，因时间已过，议程尚有三案，不能进行讨论，当决议于明日上午八时半开第六次大会，大会毕，即举行闭会式。

十二、第六次大会

十一月九日上午八时半，在中央第二会议厅开第六次大会。出席代表计有丘守愚、余超英、张忠道、陈锡璋、郑洪年、李邦栋、吴研因、朱葆勤、赵乃传、荣渭阳、李庚、蒋伯谦、贺俊人、刘德荣、王克仁、吴企云、黎国昌、黎友民、胡襄、史维焕、陈重堪、罗光汉、罗佲疆、刘士木、李登辉（刘士木代）、陈肇琪、钱鹤、黄右公、萧吉珊、陈安仁、马超俊、戴传贤、吴铁城等三十三人，主席郑洪年，记录钱义璋、张胶。行礼如仪，先由秘书宣读第五次大会记录及报告文件，次依照审查报告逐项讨论：（一）广设海外华侨社会教育机关案。（决议）原则通过，办法参照第四次大会决议之广设华侨补习学校案，修正通过。（二）请交涉解除各国对于华侨教育之压迫，并取得保护侨校权案。（决议）修正通过。（三）请由中央通令海外总支部，约集所在地华侨社团组织劝学委员会，专事劝学案。（决议）在华侨教育会未成立之地方酌择施行。（四）华侨党义教育实施计划案。（决议）大体通过。（五）请增设华侨教育专员负责督察指导华侨教育案。（决议）修正通过。（六）中央政治学校特设华侨训练案。（决议）留供参考。（七）组织华侨教育设计委员会案。（决议）留供参考。（八）请中央党部严格取缔反动份子活动案。（决议）送请中央宣传部办理。至此议程已毕，讨论临时动议二案：（一）决议本会决议案，送请中央党部核办。（二）决议由中央训练部、中央侨务委员会、教育部、外交部、暨南大学各派代表一人，会同整理各决议案，并草拟总报告。当即推定陈安仁、钱鹤、朱葆勤等五人任委员，由中央训练部召集，至十一时余散会。

十三、举行闭幕式

十一月九日上午十一时，在中央礼堂举行闭幕式，除到各出席代表外，并到中央委员胡汉民、叶楚伧、余井塘、教育部长蒋梦麟及来宾多人。主席戴传贤，行礼如仪后，主席致词，略谓：此次会议，系中央对华侨教育第一次会议，此次议决各简单而重要之决议案，由负责机关赶快施行，至明年后得召集大规模之华侨教育会议，此次大会提案虽不多，决议案亦简单而可满意，皆切实可以执行，其重要可分四项：第一，华侨能同力合作组织一扶助推行之团体，在本党中央之指导与政府之监督指挥下，以自动的精神来推行三民主义教育的华侨教育团体。第二，国内专为华侨而设之学校及其他学校，确定其华侨教育之方针，扩充并改进其内容，积极注意于培养师资，造成侨民从事于海外事业之干部人员，并备为华侨子弟回国预备教育。第三，增加驻外使领馆对于华侨教育的职责。第四，筹集华侨教育基金及请政府每年拨发补助费，至其余各案亦均切实而易实行，望大家努力来促进决议案之实现。继由胡汉民代表中央训词，其大意首述华侨教育过去发展之困难及内部之复杂。次述本党协助华侨教育之经过，从事于社会教育之收效，中央希望此次会议各决议案之实现。来宾有教育部长蒋梦麟演说，略谓此次会议较以前各次全国教育会议之成绩均佳，以前各次全国教育会议决议案包罗万象，外观虽好而皆无法实行，此次各项决议均能适合实际情形，而能实行。本人当在中央指导、政府监督之下，切实执行。末由代表丘守愚致答词，午后一时余摄影散会。各代表当赴安乐酒店应教育部之宴，闻外交部亦将于明日下午七时，在国际联欢社招待各代表云。

编者按：本文系当时记录，不免有疏漏错误之处，将来中央训练部当编印正式报告，以资参考，附此申明。

（2） 中央训练部宴请华侨教育会议代表演说词记录
（11月3日）

中央训练部召开华侨教育会议已于本月一日开幕，二日举行正式会议，三日中央训练部假考试院宴请出席代表，到三十余人，戴季陶先生主席。席间由戴先生致欢迎词，次由各机关代表先后演说。兹择录如下：

一、戴季陶先生

各位同志：此次中央训练部召开华侨教育会议，蒙各机关代表惠然莅止，曷胜荣幸！考试院甫经成立，设备未完，招待不周，实不足表示欢迎之意，尚希原谅。今日乘此机会，将关于今后华侨教育实现一切计划具体办法，为代表诸君报告之：

凡是一种会议，对于所讨论之问题要能有实行之办法，力量不要分散，要集中于最重大而最紧急者。本党自从改组以来，每次会议提案甚多，但不知从何做起。地方自治开始实行后，为总理亲手所编定之书，盖鉴于当时各同志所编纂者，繁琐分散，而未能集中于最切要最紧急之事也。此次华侨教育会议提案亦甚多，若希望件件马上要做，必致散漫而无结果，须归纳二项最切要者，以为今后实行之张本，此须注意者一。

其次，凡做一事，其程序不外两种：第一，如何办；第二，谁去办。前者得有结论，则后者之问题随之而起。华侨教育会议不尽在研究如何办，尤须注意在谁去办，此应注意者二。

在中央方面，对于华侨教育应决定大体方针；在政府方面，以后应不断的努力于华侨教育之工作；而在社会方面，尤须集合国内外教育专家，热心侨教同志，从事于研究、计划、宣传、推行和辅助。已有之团体为华侨教育协会、华侨联合会及其他海外各团体，对于华侨教育贡献良多。今后之组织应不仅为私法团体，且应依据行政法规，为取得公法人资格之团体，名称如何，容再商定，大约为相当于教育会团体之组织或政府颁布条例，经立法院通过亦可。其职务为：（一）华侨问题之研究与建议，（二）中央规定的制度及方案之宣传与推行；（三）集中力量，谋华侨教育之进步与发展。如此，则华侨教育在政府方面有党部与行政机关之指导监督，在民间方面又有特殊制度之组织团体，使华侨教育能为：（一）统一之发展，（二）整个之发展，（三）在三民主义信仰之下的发展。

暨南大学为办理华侨教育之最高学府，对于海外侨胞有密切关系，希望能为更进步之建设与推广。

鄙意以为此后华侨教育应注意以下之设施。第一，师资之培养；第二，社会活动，干部人才之养成；第三，国内各大学之开放。兹分别言之：

（一）普通教育与社会教育。在南洋各地需要最切，而以小学教育为尤急。顾欲普及小学教育，则师资之培养实为刻不容缓之事。社会教育亦需要迫切。盖海外侨胞，所处环境与国内不同，一面须与土人竞争，而一面又须与白人争胜。但侨胞之在南洋各地者，往往抱狭隘地域观念，门户之见既深，遂使合作互助之力量益减，故急应努力于社会教育之推广，如何谋侨胞家庭与社会组织之改良与进步，使避免侨胞间无谓之私斗，至如何发扬吾国固有之文明，使与土人及白人为生活与之争存。（二）日本最近数十年之成功，实为对中国人之战胜，在南洋如此，在美洲复如是。其所以能如此发展者，盖得力于移民干部之组织。日本大学设有殖民一科，其在南美之发展皆为殖民科学生之成绩。学生能自建简单房屋，自造渡船，自医疾病，以应急切需要。并能实行自治，办理司法，创办小学，且为社会领袖，能入任何团体，为群众之指导，其特点有如此者，此种组织急宜效行。

（三）暨南大学固为华侨教育之最高学府，然国内各大学仍应一律开放，使侨胞多得升学之所，在广州中大久已实行。不过华侨所最感困难者，为语言之不通与文学程度之低浅，故必须于正课之外另开特班，为之补习。

（四）此外中国领事馆应改进其组织，使于华侨教育方面辅助发展。日本使领馆人员多为军官，中国素重和平，且现在时代不同，固不必以军事人才为使领馆之人员。然在教育方面，领事馆自应尽量辅助，以求华侨教育之发展也。领事馆对于侨胞，须有"信"的工作，所谓足食足兵、民信之矣。自古皆有死，民无信不立，盖取信于民，为政府对于人民最要之工作。领事馆对于侨民之"信"的工作，除保护商业而外，厥惟教育。是以领馆之组织应适合于办理侨民之教育，使领事一面为商务官，而一面为学务官。盖领馆工作不甚冗忙，只须就现有人员中，择深明党义者办理一切，即可为发展华侨教育之助矣。

至于经费方面，郦意拟于中央政治会议中提一筹集华侨教育基金案，总数定一千万元，中央认二百万，闽、粤两省合认一百万，（定一适当分配比例）其余七百万由侨民捐助，以为扩充、研究、推行之用，并规定存放、动用、保管办法，以确定华侨教育之基金。

总言之，今后对于华侨教育应注意以下三事：

（一）培养师资及训练华侨社会活动之干部人才；

（二）集合各华侨教育团体力量推行华侨教育；

（三）改良领事馆组织，使适合于华侨教育之发展。

二、张我华先生（外交部代表）

今日承戴院长宠召，并赐盛宴，至为感激！革命中人无不受侨胞之资助，扩言之，辛亥以后革命之成功，实为侨胞赞助之成绩。过去政府及制度对于侨胞专以剥削为能事，国府成立后，一变昔日之误谬，此次中央训练部又召集华侨教育会议，其对于华侨教育之热忱，概可想见。

吾人对于华侨教育之发展应从三方面观察之：就政治方面而言，在藉教育力量，宣传三民主义，使全体侨胞均受三民主义之洗礼和感化，进而使全世界均受三民主义之洗礼，就法律方面而言，教育部为教育行政主管机关，为维持行政系统俾无冲突起见，可组织华侨教育协会，以谋华侨教育之发展；就经济方面而言，中央能筹款补助甚是，但日本以庚子赔款设东方文化协会，藉退还庚款之名行文化侵略之实，可恶已极！应设法打销此会，责成外交当局，交涉以此款补助华侨教育，然后再集合全力，尽量谋华侨教育之发展。如此，则侨教前途之发展，庶几有豸。

三、丘守愚先生

华侨教育何以要提倡？此为吾人所不可不知者。盖昔日外人在南洋所办教育成绩尚佳，但不愿使华人受教育，仅官吏子弟可以入学，至平民子弟则无法读书。华侨见情势如此，正拟自办学校，适保皇党康有为赴南洋宣传，遂因此创立学校，于是各地相继而起，先后设立，駸駸有与外人对抗之势。外人见愚民政策之失败，乃一变而为开放政策，而入华人学校者仍日见其多，因更起恐慌，乃定限制条例。国府奠都以后，限制尤严，华侨前途益加危险，时而检查教员、视察学校或驱逐教员出境，横施压迫，董事部见其如此，对于党部人员不敢任用，聘用小学毕业生充任教师，以适合外人之心理。此种情形颇堪注意，特为报告，以供研究华侨教育之参考。

四、赵乃传先生　教育部代表〔缺〕

五、陈安仁先生

鄙人曾至南洋澳美各地，参观华侨学校，有未设学校者，有虽设学校而不发达者，有缺乏专员指导者，故对于华侨教育应注重：（一）无学校者如何建设学校，（二）已有者如何使之发展，（三）散漫者如何使之统一。

六、余超英先生（中央侨务委员会代表）

华侨教育之重要无待赘述，今日之会集专家于一堂，发抒伟论，交换意见，殆所谓"与君一夕话，胜读十年书"也。此次会议能于短时间内得许多之贡献，实足令人满意。关于华侨教育行政问题，有主张于教育部设立一司者，有主张组织设计委员会者。侨务委员会之组织对于华侨教育，有关于侨民文化及设计事项之规定，故行政事项应归教育部办理，而设计事项可由其他团体主持之。

七、钱鹤先生（暨南代表）

刚才主席对于华侨教育所提之师资、干部人才、领馆组织及经费四项，谨就各项问题补充意见如下：

前次暨南大学所开之华侨教育会议其所提议案中，以教育行政为最多，此次会议亦复如是，可知行政问题之重要。然如何解决此问题及何人负实行之责，实为本会应负之重大使命。前次暨大召集会议中有希望设司者，有希望设行政委员会者，多数意见以为设行政委员会与教育部发生职权上之抵触，然吾以为解决特殊问题，不妨有特殊机关之设立也。后暨大以此案呈请教育部，经部批驳，并由教育部组织设计委员会。但顾名思义，设计委员会当然无执行之权能，现在所需要者非缺乏设计组织，乃缺少执行机关耳。故个人甚希望设行政机关，此为行政问题。其次为外交问题，荷英殖民政府对华侨教育压迫极甚，搜查也，驱逐也，封闭也，无所不用其极。教科用书自国府成立后，于党义一层极为注意，居留地政府之侨务司曾谓民国十六年以后之教科书不能应用，须改用十六年以前者，否则封闭学校。又中国杂志检查极严，为暨大所出之南洋研究中言论极为和平，而荷属已颁条例，禁止入口，此关于外交方面之重要问题应从外交着手严重交涉者也。

戴部长希望暨大担负造就师资及训练干部人才之责任，并扩大暨大之组织，此为责无旁贷之事。暨大学生以前仅有少数南洋学生，近两年来甚形发达，即远至美洲亦有来学者，其他各处来学者亦甚多，故今后确有扩充之需要。暨大所设之南洋文化事业部近亦改为南洋美洲文化事业部，推广范围，扩大组织。至经费问题，筹集基金极为重要，一千万之筹集实为伟大之计划，在暨大方面希望庚子赔款与海关补助。盖暨大以前曾受关款补助，华侨多数经商，以取诸华侨者仍用诸于华侨，此为极平允之事，是希望以关款补助华侨教育亦具相当之理由也。

八、胡襄先生（外交部代表）

本日蒙院长盛筵款待，深为感谢！并得闻院长之指导及诸位宏论，十分钦佩。华侨教育之重要大家所知，不必再赘，兹专就本部对于此项工作所得之经验，略为陈述于诸位之前。外人对我党务公开种种干涉，在其本国大致从宽，独在其殖民地如英〔荷〕等属南洋各处，则取干涉主义。本部屡经照会交涉，凡接到各处报告即随时设法，力予抗争，但现在此项事件仍不能免，其原因实以彼恐属地人民受我党化，于其本国不利，故交涉上之感困难，难期速效，可想而知。此次大会中最好能求得一最有效的可能方法，以资应付，实深盼望！

九、罗虔英先生

华侨教育之重要，经各代表之详细申述，不待再说。惟鄙意以为应将简单能办者先做，否则等于画饼充饥而已。其办法为：（一）补习学校注重中文，（二）速设师范学校，（三）组织华侨学生指导委员会，（四）设立华侨学生招待所，（五）政府各机关引用华侨人才。

（3） 中央执行委员会通过华侨教育会议议决案一览表

迳启者：案查华侨教育会议各议决案，本部业已按照决议分别整理，至应交何机关办理或参考之处，并由本部签注意见，一并呈请中央常务委员会鉴核施行在案。兹准中央秘书处函开：前据呈报各件，当经中央第六十七次常会决议，"推胡汉民、邵元冲、孙科、叶楚伧、陈立夫五委员审查"在案，兹经胡委员等提

华侨教育会议议决案一览表

案　　　由	内　容　摘　要
（一）确定华侨教育实施方针案	1．根据中华民国教育宗旨 2．根据华侨特殊环境 3．根据华侨教育实际状况
（二）华侨教育实施纲领案	1．实施方针 2．准备事项 3．实施步骤
（三）为统一及发展华侨教育计应设立华侨教育会确定国立华侨学校之教育方针增加领事官关于教育之责并筹集华侨教育经费案	1．设立华侨教育会其组织条例由政府颁布施行性质为人民团体之一组织为会员制总会设南京分会设海外华侨所在地之重要地点 2．国立华侨学校教育方针：甲、培养师资　乙、培养干部人员　丙、华侨学校回国升学之补习教育 3．领事应执行华侨教育任务馆内必设专员 4．筹集华侨教育基金一千万国府拨二百万粤省六十万闽省四十万募集七百万每年由政府提五十万作补助费
（四）筹集华侨教育基金以谋永久发展案	1．金额为一千万元 2．用途为学生回国就学补助费及学校补助费等 3．经募及保管之机关由中央训练部提请中常会通过组织之 4．募捐及奖励办法由中央党部规定之

决 议	应交由何机关办理或参考
修正通过	应交由教育部办理
实施方针已经修正通过其准备事项与实施步骤亦大体称是应交由主管华侨教育机关注意充实各条之内容	应交由教育部办理
全案修正通过	应交由国民政府办理并由国府转饬教育部外交部及闽粤省政府分别照办
修正通过	应交由国民政府及中央训练部办理

续表

案　　由	内　容　摘　要
(五)请政府年拨五十万元补助华侨教育经费案	1．在国库或庚子赔款中拨发 2．用途为培养师资考选优秀学生回国求学补助贫苦学生等费用
(六)厘定华侨教育团体案	应设立华侨会其组织另订之（请参阅第三案）
(七)增设华侨教育专员负责督察指导华侨教育案	1．有领事馆地方领馆至少须设一教育专员 2．无领事馆地方由教育部选派专员负责巡回处理
(八)确定华侨教育行政组织案	教育部应增设华侨教育司主管华侨教育行政
(九)请交涉解除各国对于华侨教育之压迫并取得保护侨校权案	1．领事与党部须调查居留地政府之态度与手段 2．外交部负责交涉取消压迫 3．订约时应特别保护华侨教育 4．未设领事地方由外交部交涉通使设领
(十)请中央通令海外总支部支部约集所在地华侨社团组织劝学委员会专事宣传劝学案	各项办法在未成立华侨教育会之地方的采施行

决议	应交由何机关办理或参考
通过	应交由国民政府办理
通过	应交由国民政府办理
大体通过	应交由教育部外交部办理
通过	应交由国民政府办理
修正通过	应交由外交部办理
修正通过	应交由中央宣传训练两部办理

续表

案　　　　由	内　容　摘　要
（十一）广设海外华侨社会教育机关案	1．设立通俗图书馆等 2．受当地党部及华侨教育分会之指导 3．经费自筹不足由当地党部及华侨教育分会酌助
（十二）广设海外华侨补习学校案	1．设立半日学校平民夜校等 2．受当地党部及华侨教育分会之指导 3．经费就基金中酌拨或自筹 4．成绩由主管机关考核 5．规程由教育部规定
（十三）划清华侨学校校董与校长权限案	1．校董会之权限 2．校长之职务 3．校董会与校长相互间之关系
（十四）华侨教育师资如何培植案	1．在海外逐渐设立师范学校 2．从速整理国内外之华侨师范班 3．在国内专设师范学校 4．多聘本党同志充任教师 5．聘任曾经检定之党义教师
（十五）规定华侨学校课程标准及编审教科用书案	由教育部设立订定华侨学校课程标准委员会及编审华侨教科用书委员会并征集华侨学校通用之教材审核整理后发给各侨校应用

决　　　议	应交由何机关办理或参考
修正通过	应交由教育部办理
修正通过	应交由教育部办理
修正通过	应交由教育部办理
修正通过	应交由教育部办理
修正通过	应交由教育部办理

续表

案　　　　由	内　容　摘　要
(十六)编拟华侨党义教育实施计划案	由中央训练部拟订呈请中央常会审核施行
(十七)促进华侨学校教师研究党义案	1.由宣传中训两部调查党义印刷品 2.多介绍检定合格之党义教师 3.由海外高级党部领导研究党义 4.推行中训部所规定之研究党义条例 5.研究发生问题呈请高级党部转请中央解答
(十八)拟用华侨人才案	
(十九)为充实华侨学府应由教财两部照十七年度预算补足以资扩充案	暨南大学十七年度新预算短发二十万元
(二十)请中央党部严格取缔海外反动份子活动案	
(二十一)指导或资助华侨学生回国求学案	
(二十二)组织华侨教育设计委员会案	
(二十三)请政府在海外择地设立学校以为侨学模范案	
(二十四)海外各地华侨教育经费之筹集支配与保管案	
(二十五)请中央政治学校特设华侨政治训练班案	

决 议	应交由何机关办理或参考
大体通过	应交中央训练部办理
通过	应交中央宣传训练两部办理
原则通过其办法请考试院订定之	应交由考试院办理
函请主管机关查案办理	应交由国民政府转饬教财两部办理
送请中央宣传部办理	应交由中央宣传部办理
原则通过办法留供参考	应交中央侨务委员会及教育部以供参考
留供参考	应交教育部留供参考
留供参考	应交教育部留供参考
留供参考	应交侨务委员会及教育部留供参考
留供参考	应交中央政治学校留供参考

出审查报告，认为可照贵部所拟办法分交办理或参考。复经中央第六十九次常会决议"通过"在案，除分别交付办理外，相应录案函达，即希查照。其应由贵部会同各机关办理者，并希分别会同办理为荷，等由来部。查华侨教育会议各议决案，既经中央常会核准分别交付办理或参考，此后唯在主办各机关，分别按照各项议决案切实进行，并酌量采择办理，庶华侨教育前途方有渐次发展之望。现本部正在赶编华侨教育会议总报告书，候编印完竣，当即分送有关系各机关各团体及参加此次会议各代表，俾资参考。兹特录案函达，即希查照是荷！

中央训练部部长　戴传贤　十九年二月八日

(4)国民党中央民众训练部华侨教育会议宣言（1930年5月）

民族之兴衰常视其民族之世界的发展力之大小，而民族之世界的发展力之大小，又常视其民族组成文化程度之高下。教育之目的，不外培养民族之各种能力，使能发扬光大其固有之民族精神，而造成伟大崇高普遍之文化。盖不仅图民族在其国内一切生活之进步，而尤在于图其民族之世界的发展也。本党鉴于民族之生存，须先发扬其优越之民族性，而优越之民族性之培养充实，又非藉教育之力不为功，故于提倡教育之中，特别注意于海外侨民之教育，特召集华侨教育会议讨论各种根本问题，制为方案，期于切实推行。诚以海外侨民为发展吾中华民族世界之先驱，而侨民之子弟更负有继承此伟大任务之责故也。吾中华民国之成立，侨民实与有大力，当总理提倡革命时，吾侨胞前辈能以精神财力为总理之助，其间费莫大之力量，经巨大之牺牲，以有今日之中国。后起之侨胞，于海外事业之发展宜如何继其父兄之志，此固不待多言，独是以世界潮流之变迁与祖国革命事业之孟晋，吾侨胞之所以继其父兄爱护祖国完成革命建设新中国方面之责任，较其父兄所已担荷者自更重且大，则今后吾侨胞自尤宜努力于优越民族性之培养与充实，而本会议之使命盖可想见。

今者会议已告终，议案已一一毕具，一切有准绳之可依，在吾人用力当亦不致歧其方向。惟是规模虽具，而着手需时，在缓急先后之间，亦宜有设施之标准。谨标数事，以告同胞：

（一）华侨小学师资之培养。侨胞所在地之需要普通教育与社会教育，固不待言，而培本固源尤以小学教育为尤切。良以侨胞子弟或则于幼时即随父兄而去国，或则生长于异邦，熏染所及，易趋外化，设无小学教育以固其基，常引导而启发之，则数代流传将不知有祖国，是则海外移民之举，适成为戕贼民族性之机，各国于在殖民地之本国儿童，不闻不施以祖国教化者，即为此惧。顾欲普及小学教育首不能不注重引导之人。以国内幅员之广，小学校之须增加，自不待言，吾人意想中之良好教师目下既尚不易多得，以适应国内之需求，更何论使之远适海外以为侨胞服务，为今之计，除于国内多培养此项人才外，尤宜于侨胞中多增研究小学教育之人。其方针宜随处不忘祖国，庶几师资日众，临时无罗掘之虞，响导有人，后起少歧途之叹。

（二）社会教育之推行。侨胞远适异国，其环境之艰难，一方受土人排挤，一方受外人之压迫，充其全力，尚有不足应付之虞。顾以积习过深，侨胞之在各地者，往往坚执狭隘之地域观念，不惜风雨同舟，自相秦越，门户之见一立，遂难有互助合作之精神，而堂斗之风且盛行于海外，谁非同胞，忍相残贼，救济之道，不容缓图。必使其了于亲爱团结之精神，共谋一切之改良与进步，则惟有推行社会教育，协助学校教育之所不及，以潜移默化之功，收互助同心之效，且得使无知者得以求知，无力者多增能力，此固目前切要之图也。

（三）社会活动干部人才之养成。考诸欧美各国，其移民事业有专理之机关为侨民办理，有专门之人才为侨民指导。彼挟其飞机战舰，以侵入他人之土地而为本国侨民谋便利者，其法固不足师，特彼辈之所谓"和平的侵入"以取得殖民地，披荆斩棘而厚利其侨民，虽皆由于国家之力量，要亦其侨民中有活动干部之人才，自动自主，有以收其实效。日本最近数十年来移民事业之发展，其法悉仿欧西，虽不能对白人而制胜，然其影响所及，已足阻吾侨胞发展之路，与吾人以重大压迫。考其原因，实亦得力于移民干部之组织。其培养人才之法，或于大学校内设殖民专科，或特设专门殖民学校，广树干部人才；其出校学生能自建房屋，自造渡船，并能力行自治，办理司法，办理教育，能为群众之领导，其特点有如此者。而吾大部份侨胞则如何？在四面压迫之中，吾人安可不急起直追，以谋海外事业之改进耶？

（四）国内大学侨民教育之推广。吾侨胞中未无饱学多能之士，新知之牖启，有时吾侨胞且居其先。惟此类人才类皆远学异国，与祖国绝少因缘。近年来以少数人之提倡，侨胞之归国求学者方渐增多，而有华侨最高学府暨南之设立；此外广州中山大学亦为侨胞升学者群集之所。顾升学之地过少常令多人望洋，此后国内各大学必须一律开放，国内各大学内应有适合侨胞之课程，以引起来归之兴趣。侨胞之所感困难者，大都在本国言语之不通及本国文字程度之低浅，各大学苟能与以便利，为之开特班以资补习，为之设所需要者而授之，则来者日多，而其学成者则又能扶祖国文化以远播海外，于吾民族精神之发展，关系至重大也。

（五）改良领事馆组织使适合于华侨教育之发展。从前侨胞之远适，政府未尝加以保护，领事馆之设，事实上亦等诸虚悬，而所谓领事者，或则厄于政府之不关心，与夫国际地位之不平等，虽有热忱亦无从为侨胞效力，下焉者更无论，窳败情形迄今未能振刷，以云推行教育则更有未能。吾人于此而谋领事馆组织之改进，使能辅助侨胞教育之发展，则第一步当以政府之力量助领事之一切进行，一扫从前漠不关心之故态。于领馆方面尤须责以从事

"立信",事事能取信于侨胞,则可收领馆与侨胞合作之效。领事之职责所在除商务保护指导外,应致力提倡教育。领馆之组织宜令适合于办理侨民教育,使领事官一面为商务官,一面为学务官。以后对于领事官职务之规定、人才之养成以及训练甄别之标准,宜于学务与商务并重。领事官必须择忠于民国,深明党义,干练有为,热心教育之士□□,方能负此重任。政府于此项标准,当特别注意,并须于相当时期内养成此项人□□□□效力。

综上所述,吾人应从事之工作已可略见。于此吾人所须注意者,在发展华侨教育进程中,宜有两种力量相辅而行;一即为政府方面宜与侨胞以助力,例如教育经费之筹集,即为各种动力之源泉,在政府必须设法为之补助。二在侨胞方面,当自动集合华侨教育团体之力量,以共同推行。以侨胞教育关系之重大,使政府提倡于先,而侨胞不追随于后,则一切决议都等于空言。反之,使侨胞用力于先,而政府不加之辅助,则进行亦自多障碍。今兹会议既集双方之力量以开始筹划,则仍必待集双方之力量以共同图成。以吾民族性之优越,遍世界各国,无不有吾侨胞胼手胝足,辛苦经营。近代数世纪中,美澳二洲及南洋群岛之开辟经营,何莫非吾侨胞之力,彼欧美之人常自夸其开辟新世界之功,而此近代最伟大之新世界的开发,实以吾中华民族之努力与牺牲为最大。顾努力与牺牲者为吾侨胞,而享其成者则为欧美、日本诸民族,甚且于土地开辟文明成就之日,转而排斥吾中华民族,使不得有居住行旅工作之自由,此虽为欧美、日本霸道主义之咎,而吾侨民教育学术程度低微、组织能力薄弱,亦为一重大原因也。吾人鉴此已往之教训,此后之不能不努力于海外教育,盖可知矣。更有进者,吾侨胞远适海外则受外人之压迫凌辱,环顾家邦,则贫弱纷乱达于极点,宜若何一心一德,共相扶助,而常见乖异、互为水火,此则由于未能从真正救国的三民主义之下,一其思想,一其信仰,一其力量。总理昭示吾人曰:"主义者,即由思想贯通以后，成为信仰而生之力量。"一其主义即一其思想，一其信仰即一其力量，吾侨胞既披荆斩棘，辟草莱，以为祖国光，今后吾侨胞更当齐集于三民主义的信仰之下，造成伟大之势力，以努力发展伟大之事业于世界。此尤本会议之所厚望于吾侨胞者也！

〔国民党中央执行委员会秘书处与中央民众训练部档案〕

6 国民政府文官处关于英荷南洋属地政府限制侨校使用党化教科用书请行政院交涉函

（1930年3—4月）

（1）国民政府文官处致行政院公函（3月24日）

国民政府文官处公函　字第一九九号

迳启者：案准中央侨务委员会第一四八号函：为英荷两属政府取缔我国教科书、破坏三民主义化教育，请转陈饬令外交部向英荷政府交涉，以维华侨教育，并希将办理情形随时见告等由。到处。经即转陈。奉主席谕：交行政院等因。除函复外，相应抄同原件函达查照。此致

行政院

计抄送原函一件

中华民国十九年三月二十四日

文官长　古应芬

抄原函

迳启者：查整个的民族生存须具有整个的民族教育，我中华民族散处海外，为数至巨，其中失学青年统计亦为不少，对于训练陶冶实以教科书籍之良否关系极重。近查英属七洲府副提学司威廉士通告各校，略谓查得本年度中华民国新出版之新时代教科

书内容或有不正当之宣传，特令禁止各华校采用新时代教科书为课本，应另选其合宜之教科书等语。又荷属汉务司榈芬氏亲赴各地华校视察，对于教科书及学生作文成绩俱特别注意，其在华侨各团体临时会席上曾郑重表示谓，此地系荷属殖民地，办理学校应遵荷政府教育条例。所谓三民主义教育，只能行之本国，在荷政府监督之下，学校儿童不应灌注反帝国主义思想，此后荷政府当严厉禁止等语。又，最近本会发寄荷属之侨务月刊，悉被退回。综上所述，岂能忽视。查英荷两国均与我有缔约之关系，既承认我党政府矣，何以对于我党须行阐扬主义之教科书加以拒绝，此种行为于我中央设施整个三民主义化的教育政策及华侨教育蒙绝大之障碍，长此以往，则我华侨教育前途何堪设想，用特函请转陈国府饬外交部迅向英荷政府切实交涉，务达取消此种无理之禁令，以维华侨教育。并希将办理情形随时见告为荷。此致
国民政府文官署

主任委员　陈耀恒

（2）外交部致行政院秘书处公函（4月4日）

外交部公函　函字第552号

迳复者：准三月二十七日函称：奉院长发下国民政府交办中央侨务委员会函为英荷两属政府取缔我国教科书，破坏三民主义化教育，请饬部交涉一案。奉谕：交外交部。抄同原函，函达查照等因。查此案前经令行驻新嘉坡及爪哇总领事分别交涉。据先后呈报，英荷两属地政府，皆坚持对于幼年学生不应教以有政治作用之书籍，不肯弛禁等情。当复分令驻英荷各公使及各该领事分向驻在地政府将本党主义以及本国政府对于华侨教育所持方针与所在地政治法令及公共利益并无抵触之处，剀切说明，请其了解此旨。嗣后对于华侨学校施行党义教育，勿再加干涉，以维国际情感。嗣准中央交办华侨教育会议议决案，亦经通令各使领遵

照办理各在案。兹准前因，除再令各该领事继续剀切交涉，务期取消该项禁令外，相应将办理经过情形函复查照转陈为荷。此致
行政院秘书处
中华民国十九年四月四日

〔行政院档案〕

7 郑洪年、吕渭生等提议改组荷属华侨学务组并附设完全中学案

（1930年11月8日）

荷印华侨教育以历史论已有三十余年，以校数论亦有三百余所。然近年来华校已岌岌可危，若不设法补救，将逐渐消减，原由虽有种种，以缺乏有力之教育总机关统率全局及无完全中学为其主因。民国纪元前六年，虽有荷属华侨学务总会之创立，名义上固为荷印华侨教育总机关，但既乏实力，又无固定之会所，惟由各埠中华会馆轮流接办。且自民国十年起，竟因负责乏人，中途停办，至民国十四年改选，巴城、泗水两大埠又表示不愿接办，始由三马望中华会馆实行恢复。现三马望接办之期又满，下届又不知有何处愿意接办，学会自身无日不在风雨飘摇之中，欲其统率全局，岂可得乎。故改组学务总会实为整顿荷印华侨教育急切之图，或以为领事有管理教育之权责，似无另设机关之必要，不知中荷所订领事条约规定领事为本国人商业保护者，于领事职务之外不得从事他项职务。为此不平等条约之束缚，远如前驻棉兰张领事，因出题考试学生，遂受荷属政府之责难，近如驻三宝垅某领事寄发学校调查表，亦受荷属政府之干涉，考试调查且不能，如何能负管理之责，故荷属实有设立华侨学务总会之必要，非他属不受领事条约束缚者所可比拟也。学会改组以后，应即创

设一完全中学,盖荷印三百余所之华校,均以小学为限,虽有附设初中者,类多因陋就简。至于高中,则全荷属均付缺如。小学毕业生除负岌祖国外,无处升学,以致所学不足以应用,华校遂为华侨所轻视,若欲负岌祖国,又为经济年龄或家庭环境所限,因之三百余所之华校每年毕业生数在三千以上,负岌祖国者百不得一。华侨因其子女毕业,华校无相当升学之机关,乃纷纷送其子女入荷兰学校,以受其雇佣式之教育。或曰,创办中学固为华侨急切之图,然小学既可由华侨自行创设,中学何独不可,似无附设于学会之必要。不知创设中学必集多数人之力量,方克举办,非轻而易举之小学可比。华侨创办小学具有真正热忱者,固有其人,然大多数实与名誉心所鼓动,故每有身为学校当局,反将自己子女送入荷兰学校肄业。既为名誉而办学,又谁愿以自己金钱交于他人以造就他人之名誉。故荷印各埠虽均有华校,彼此不能联络,甚至同一学校之董事亦互相争权,使学校之根基不固。今欲其鸠集巨资,以办完全中学,实为势所不能,且华侨多营实业,对于教育无暇研究,为校董者对于校务非极端放弃,即随意干涉,甚或旧派当选董事则主读经尊孔,新派当选董事又欲专重英文,以致一校之宗旨不定,课程屡易。故即有巨款亦难使其负办理之重任。而有附设于学会之必要。学会附设中学,对于整顿华侨教育能收事半功倍之效,略述理由如次:荷印华侨学务总会虽由荷政府承认,但对于各华校只负扶助之责,无监督之权;学会既附设中学,尽可严定小学标准,令各小学实行,有不实行者,则该小学之毕业生因不合标准难以升入学会所附设之中学,各校因欲俾其毕业生有升学之机会,自不得不所听命于学会,其利一;学会与中学设立于一处则人才可集中,所制定之课程自能切于实际,即如编辑教科书等亦可就地取材,易于实现,其利二。荷印华侨对于祖国之信仰日益减少,以致对于祖国之文字亦多轻视,如能由学会办一规模宏大之完全中学,必能引起侨界尊仰祖国之心理，自能多送子女就学于华校，华侨教育必能逐渐普及，其利三。

具体计划

（一）经费

（甲）开办费：学会与中学均为灌输祖国文化之机关，为华侨观瞻所系，非规模宏敞，设备完善，实不足以引起侨胞之信仰心，故开办必需费中央至少须拨十万元，华侨见国府重视，侨学不足之数自不难向侨商捐集。

（乙）常年费：学会与中学之常年费，每年至少十万盾，可由政府与华侨分担。

（二）组织

学会须实行改组，直接隶属于教育部，由教部委派董事数人掌管，经济办事人员均由教部委派，由学会加以聘请。盖学会既由荷印政府注册认为华侨自办机关，非如此必受居留政府之干涉。中学亦另组一董事会，负经济之责任，董事部与教职员之权限须严为划清，以扫除侨学数十年来之积弊。

（三）中学分科

初中本无分科之制，但因环境关系，应附设一速成师范科，招收高小毕业生，三年毕业后可充初小一二年级教师。盖侨校因经费师资两缺，多聘高小毕业生为教师，学识不充，贻误非尠，不得不设此附科，以救其急。至于高中应分为商业、师范、文理等科。以上所陈，是否有当，敬请

公决

十九年十一月三日训练部召集侨委会与教育部等单位讨论。

提议者：郑洪年　吕渭生　刘士木　林有壬　李登辉

〔国民党中央民众训练部档案〕

8 国民党中央宣传部抄送暹罗华侨梁社长报告当地政府限制华侨学校等情函

(1931年2月)

中国国民党中央执行委员会宣传部公函第3712号

迳启者：据暹罗华侨梁社长同志函陈暹罗政府近颁新例，限制华侨学校，教员须先娴习暹文始准充任，特陈补救办法，请察核等由。查原陈办法尚属切要。除函复外，相应录函，送请贵部查核办理，并希见复为荷。此致

中央训练部

附抄函一件

抄梁社长函

中央宣传部钧鉴：迳启者：暹国教育部对于华校向取干涉主义，对外亦然，规定凡在暹国任教席者须补习暹文，以六个月考试初级，一年考试二级，倘有未能及格者，则准延长至二年。法原非苛，用意亦甚正当，盖不如是不足使华暹文化沟通也。不意我华人习性妄自尊大，绝不尊重居留国法令，不用心学习，逾期不能及格者固屡见不鲜，即能考得矣，转眼便放弃不顾，致令当视学员履校时哑焉，不能对一词者亦比比焉。人自侮然后人侮，此暹教育部所以有单独对待华校之新法令预布也。新律凡任教席者必先识暹文，然后始准登场，如是则各华校将无再向国内延聘教员之机会矣。准此，于华校前途影响甚大，盖因陋就简，但在暹地延聘教员，虽欲华侨教育不日趋堕落不能也。弟现拟联合各学校各团体向当道请愿，取销新例，未悉能办到否。倘能办到，固属甚佳，若不能办到，则弟亦绝对不抱悲观，盖弟另有一种感想存乎心中，用敢向钧部一陈一得之见，当否，未便敢决也。此间华校

属界甚深，办学与兴学、学者思想亦极混沌，能以三民主义灌输青年学子者绝少，虽归党部所办者亦复如是。何以故？盖教员本身不尽明瞭三民主义故也。设遇教育部不准取销新例，是间华校延聘教员自必极感困难。我国教育部倘能乘时利用机会，责令政府所办的高中学校附设遏文一科，以造就此间教育人才，则将来对于宣传三民主义当能一致相同，无彼疆此界矣。此为我国训育遏罗华侨子弟之最好机会，务恳钧部将此问题加以研究，而与教育部商确之，则不胜企祷矣。

党祺

梁社长　二十、二、六

〔国民党中央民众训练部档案〕

9　国民党中央训练部与外交部就解除南洋英、荷等各属地政府压迫侨校问题往来函

（1931年2月）

（1）中央训练部致外交部函（2月6日）

中央训练部　字第13045号

迳启者：案查前岁本部召集之华侨教育会议议决案（九），请交涉解除各国对于华侨教育之压迫，并取得保护侨校权案，应交由贵部办理，业经中央第六十九次常务会议决议通过，并分别交付办理在案。现为时将届一年，南洋英、荷、法遏各属政府对于华侨学校之压迫，益见变本加励，长此迁延，华侨教育势将破产，应请贵部依据华侨教育会议议决案从速切实交涉，并希将办理情形，随时见复为荷。此致

外交部

部　长　○○○
副部长　○○○

中华民国二十年二月六日

(2) 外交部致中央训练部函 (2月17日)
外交部公函 字第1213号

迳覆者：准第一三〇四五号

来函，以南洋英、和、法、暹各属政府，对于华侨学校之压迫益见变本加厉，请依据华侨教育会议议决案（九）从速切实交涉。并希将办理情形随时见复等因。查华侨教育会议议决各案，上年二月间接准贵部及中央秘书处先后函达过部。当即通令驻外使领各馆遵照，与各关系方面随时接洽，认真办理在案。陆续据各馆报告大要，欧美日本各国以及坎拿大、澳洲、非利滨等属地，对于华侨教育类取放任主义，南洋英、和、法、暹等地，因其政策与我党治主义迥不相侔，惟恐我党化教育影响于其属地人民，故十分干涉，欲以外交方式转移其对内政策，似不易为，是以交涉经年尚未能得到圆满效果。除依据该第九项议决案继续努力分别交涉外，相应函复查照为荷。此致

中央执行委员会训练部

中华民国二十年二月十七日

〔国民党中央民众训练部档案〕

10 国民政府文官处抄送华侨教育会议议决经费案的公函

(1931年3月4日)

国民政府文官处公函 字第一七七二号

迳启者：准行政院第一一一二号公函复关于中央执行委员会函据中央训练部呈为华侨教育会议议决各案，将及一年，而政府每年应补助华侨教育经费尚未拨付，即政府及粤闽两省政府应筹之华侨教育基金各款亦未履行，恳转函分令各主管机关限期筹

· 995 ·

拨。经本会第一二六次常会议决：交国民政府。特函查照，分饬办理一案。准函奉饬交办到院。查关于华侨教育会议议决各案，前据教育部呈复请核示。当经据情呈奉国民政府第六一六号指令转行遵照办理。准函前由，除抄发原附抄函，令行广东、福建两省政府暨教育财政两部遵照办理具复以凭核转外，相应函复查照转陈等由。准此，即经转陈国民政府，奉批：函达中央执行委员会等因。查华侨教育会议决议案，关于应由政府办理各案，前奉中央执行委员会转函到府，当奉国民政府第六十二次国务会议决议，令行政院分饬遵办去后。旋据行政院呈：据教育部呈复各节请核复，奉第六十九次国务会议议决指令，应将第六项之五十万元用途划定列入十九年预算统筹，第七项暨南大学之预算补足，应俟财政充裕再行补发，余照办，仰分别转饬遵照等语。嗣复又奉中央执行委员会第二二二五号公函催办前案，并奉饬交行政院各在案。兹准函复前由，并奉上因，相应抄同行政院据教育部呈复。此案转陈原文，函达查照转陈为荷。此致

中央执行委员会秘书处

计抄送行政院十九年三月二十五日呈府文一件

中华民国二十年三月四日

文官长　古应芬

抄原呈

呈为呈请事：案奉均府第八零号训令开：奉

中央执行委员会函达侨教育会议议决各案，令院遵照饬遵等因。奉此，经即分行遵照，并先呈复在案。现据教育部部长蒋梦麟呈复称：案奉均院转奉国民政府抄发华侨会议议决各案全文，训令分饬遵照办理到院，令仰遵照等因。并抄发华侨教育会议议决案六件到部。查华侨教育会议议决各案，自应分别照办。兹将各案所列事项应行筹办之处及办理情形缕陈于左：一、设立

华侨教育会应依照决议拟具组织规程，推举筹备委员，加紧筹办，以期早日在首都成立总会，再设分会于海外各埠。此件业由职部派员与中央训练部、秘书处接洽。据称：是项组织规程已经训练部拟定，一俟修正征求职部同意后即可公布施行，著手筹办。二、教育部增设华侨教育司。查华侨教育亟应力图发展擘画推行，责任固甚重大，第其内容不外高等、普通、社会各项教育，职部对于此各项教育均已设有专司。关于华侨教育各项行政，向系分别交由该司掌理。至擘画之责，则职部亦经呈准设置华侨教育设计委员会，以备咨取。际兹国府厉行减政，遽行增设专司，似与节省经费，缩小范围之旨未符，所有添置设华侨教育司一节，拟请暂从缓议。关于华侨教育事项，仍由职部内有关各司处分别掌理。三、增加领事官。关于教育之职责，原议决案领事对于华侨教育之主要任务甲乙两款，前已规定于职部所公布之领事经理华侨教育行政规程中，两款当由职部通令于可能范围内遵照办理。关于领事馆内特设教育专员一层，一俟经费有著，亦当与外交部会同办理。至领事人选标准、培养使领人才，前者须由外交部照办，后者须令饬中央政治学校及国立暨南大学遵照。除国立暨南大学应由职部饬遵外，外交部及中央政治学校当已由均院及中央执行委员会分别令遵矣。四、确立国立华侨学校之教育方针。此件拟由职部拟具具体办法，令饬国立暨南大学等校遵照。五、筹集华侨教育基金。除国府应拨二百万元，广东省应筹六十万元、福建省应筹四十万元，已由国府暨钧院分别饬遵外，其余七百万元由华侨自行募集之款，应俟中央党部规定捐募及奖励办法后再依照进行。六、政府年拨五十万元补助华侨教育。此件应请钧院转呈国民政府指定的款，拨由职部支配用途，分别办理。七、照十七年度预算补助国立暨南大学短发经费。查国立暨南大学十七年度预算在十八年三月始由财政部准国府财政委员会决议照数发放，在二月以前，该校经费按照十六年度预算领用，自十七年度七月至十八年二月，短发经费未据财委会议决应否补发，如何之处应请钧院裁夺，令饬财政部遵照。奉令前因，理合按项呈复，是否有当，敬祈指令遵衹等情。据此，查该部呈复各条，大致尚妥，理合转呈钧府鉴核。至第六条请指定的款补助华侨教育，第七条请补发十七年度国立暨南大学短发经费，应如何指拨补发之处，并乞指令祗遵，实为公便。谨呈
国民政府主席蒋

行政院院长　谭延闿
十九、三、二五
〔国民党中央民众训练部档案〕

11 国民政府文官处检送海防华侨时习中学请政府补助经费建筑学生设施函

（1931年12月2日）

国民政府文官处公函　字第九四四四号

迳启者：奉主席发下海防华侨时习中学校校长廖苞孙呈，为遵照华侨中小学规程第八条，请拨补助金一万元，为建筑学生宿舍之用；另年拨七千元补助常年经费，以资维持而图发展一案。奉谕：交行政院等因。相应抄检原件，函达查照。此致
行政院
　　计抄送原呈一件
中华民国二十年十二月二日

代理文官长　叶楚伧

抄原呈

为遵照华侨中小学规程第八条，乞予拨款补助，以资维持而图发展事：窃越南海防二十年前，风气闭塞，无所谓华侨教育。前

校董谭植三先生，以世界文化日进，华侨子弟失学，关系国体民生者甚大，因独捐巨资，创办本校，分设高、初两级小学，开越南华侨教育之先声，即于民前二年向广东提学使核准立案，自后高级小学毕业者日多，于民五扩办中学，呈请北京前教育部核准立案。民九，谭植三先生捐馆，其哲嗣谭与苍等绍述遗志，继续进行，后又以华侨女子尚无求学之机会，于民十二分办慕贤高初两级女子小学、越南华侨之有女学自此始。同年采用新学制，改办初级中学、附设小学，用四二制，越南华侨之采用语体文自此之始。当时男女两校分立，于办事上经费上多蒙不经济之影响，因于民十六男女同校，又以华侨子弟生齿日繁，而幼稚教育尚属缺如，办理初级小学殊欠完美，因于民十八添设幼稚园至民十九遵照中央命令，呈请教育部核准。二十二年来由小学而中学，由旧制而新制，由男女分校而男女同校，如校务之进行也，党化之设施也，风雨飘摇，缔造维艰，几经打击，几经携提，以至今日。迄今来学者近自南北中三圻，远自钦廉滇桂，学级有十五班，教员有廿余人，生徒有五百人，初中毕业者凡五班，高小毕业者凡十五班，毕业生回国升学者占百分之三十，走商业者占百分之四十，专修英法文者占百分之十五，走军政者占百分之十五。年方五六岁之幼稚生能高呼打倒帝国主义，取消不平等条约，其修学较深者均能以党国健儿自许，似此现象，原不敢以成效自居，而良心自问，亦聊以告慰党国耳。然而教育之事业有进无已，学校之设施有增无减，迩年来教职员之添聘也，校舍之开辟也，体育之提倡也，图书馆、理化室之扩充也，校具教具之增加设备也，固已所费不赀，而建筑学生宿舍，补充常年经费两事，尤为目前急务。本校经费除由校董谭氏指拨之铺户十间租项之外，仍由校董谭与苍筹划，计自民前二年至民十九年止，共捐资壹拾万余元。本校既为广被的教育，即所以为党国造就人才，经费问题只以少数人负责，恐非持久之道。伏查教育部华侨中小学规程第七条：

华侨中小学经费，由设立者采用左列办法共同筹集：一、加抽当地华侨营业附加税；二、加抽华侨所纳土产捐或百货捐；三、由华侨团体及商店月捐或年捐；四、华侨个人月捐或年捐；五、华侨特别捐；六、私人或团体捐。又第八条下：华侨中小学得受本国政府补助金。谨案年来，越南各地以世界金涨而商场冷淡，以失业者之多而民生涸敝，第七条各项势有难行，惟仰体党国嘉惠侨学之至意，谨述缘由，乞准予依照第八条拨助金壹万元，为建筑学生宿舍之用，另每年拨助七千元，补助常年经费，以资维持，而图发展，爱护学子、属望青年主席之素志也。数千里外，喁喁向慕，匪伊朝夕，职谨率数百青年学子，屏营以待，尚望大发慈悲，一施甘霖，俾海滨邹鲁不辍弦歌，风雨晦明，永怀乐育。
谨呈国民政府主席蒋

海防华侨时习中学校校长　廖苞孙

计开附呈
建筑学生宿舍意见书
补充常年经费意见书
本校二十年度预算表
本校校董主席谭与苍历年捐资本校一览表〔均略〕

〔行政院档案〕

12　国立暨南大学免费章程

（1931年）

第一条　本章程为奖励曾在南洋服务教育事业后入大学肄业暨大中两部学生之家境贫苦及成绩优良者而设。

第二条　免费办法分下列三种：

　甲　免收学费膳费及宿费；

　乙　免收学费及膳费；

丙　免费收学。

第三条　凡具下列各款资格之一者，得照两种办法免费。

一、本校毕业华侨学生曾在南洋服务教育事业二年以上，自具工作报告书及所服务机关之证明书，查系确实者。

二、家境贫苦无力继续求学者，侨生须有居留地之中华商会为证明，查系确实者。

三、学年成绩总分数平均在八十五分以上者；

四、服务满一年以上之现任教职员子女。

第三条　学生免费以一年为限，但次年仍具该款资格者，学校得继续奖励之。

由初中升高中、高中升入大学时，以前三年毕业平均分数为准，新自外来考入之学生无免费。

第四条　凡具第三条一、二、三、四款中任何二款资格者，得照乙种办法免费。

第五条　凡具第三条一、二、三、四款任何三款资格者，得照甲种办法免费，高中师范科之免费考查规程另订之。

第六条　免费额数大学部不得过甲项五名，乙项五名，两项十名，总共不得过二十名；中学部不得过甲项十五名，乙项十五名，两项三十名，总共不得超过六十名。

第七条　凡免费生品行有不端时，得随时撤销其一部或全部之权利。

第八条　学生请求免费须于暑假开学前，提出各项函件于服务处，由该部教务会议通过、呈请校长批准方得有效，过期及其他时间不得请求。

第九条　本章程遇有应行修改之处，得由联席教务会议议决修改之，并呈报教育部核准施行。

〔国民党中央民众训练部档案〕

13 教育部改进国立暨南大学训令

(1933年12月—1934年12月)

（1）教育部致国立暨南大学训令（1933年12月28日）

教育部训令　第一三八四六号

查该大学前经本部派员视察，业据具报前来，合将报告抄发，并提示要点，仰即遵照切实改进具报：

一　该校行政组织殊嫌庞大，各部份职员亦嫌过多，应分别裁并以减少薪俸之支出。教员应多聘请专任者充任，并须严定标准，慎重选聘。

二　关于化学系课程排列次序，可照原报告所陈意见参考改进。化学分组教授，对于学生人数分配宜注意均匀，化学图书仪器药品尚须增置，物理系精细仪器亦须添购，普通仪器应加补充，并须增设仪器修理室，俾简单仪器可以自制，遇有损坏可以修理。

三　招收新生应严格审查其资格，并认真举行入学考试。

四　学生训育事项应由教员兼任，并应矫正奢华浮躁之习气，以养成质朴笃实之校风。此令。

中华民国二十二年十二月二十八日

（2）教育部致国立暨南大学训令（1934年12月24日）

教育部训令　第一五七一三号

令国立暨南大学

该校叠经本部提示要点，督促改进在案。查核此次视察员报告，该校一年以来，除整理院系及裁减一部分职员外，其他并无若何进步，长此延误，殊有不合。兹再开列要点，务于短时期内切实改进。

一　该校经费分配，薪工费几占百分之七九，设备费仅占百分之八，而实际支出尚不及百分之五，该校设备战后虽有添置，仍多简陋，下届编列预算应尽量提高设备费，至少应占百分之一五，薪工费特别费及各项浮浪消耗支出均应缩减，移供充实设备及其他有益之用。

二　该校兼任教员仍属太多，尤以文学院为甚，兼任教员既少与学生接近之机会、而专任教授对于教学研究及考查学生成绩等事，亦未见认真办理，多数教员且随意请假缺课，迟到早退尤为常事，据该校十月十五日至二十一周间之统计，教员缺课者计有六十七人，缺课时间竟达二百零一小时之多，其他可以概见。此后该校应力减兼任员额，厉行专任制度，严订规则限制缺席等事，专任教员应增加授课时数，指导学生学业，并酌量提高其待遇。

三　该校职员虽略裁减，仍有八十四人之多，视本年七月训令所指各部分员额，尚多超过，印务、卫生两课亦尚未取消，应即依照前令，再行切实裁并。

四　该校各系科目过繁，未能集中于基本学科之训练，而实际课程，较预定纲要又往往缺其重要门款，亟应审慎规定课程标准，详订纲要，认真实施，以利教学。至于图书贫乏、仪器之不齐全，均应力求充实。

五　该校学生程度参差不齐，入学试验及平时考核成绩，殊欠严格，据报本年该校录取学生标准，普通以四十五分为及格，华侨以三十分为及格，而录取名额较以前各年度为多，殊与迭令严格招生，减少名额，以求改进质量之旨不合，嗣后招收新生从严选录，原有学生并应随时认真考核，严行甄别。

六　该校训育管理殊嫌松懈，教室宿舍均无秩序，学生请假旷课者甚多；即在课堂者亦不注意听讲，衣装不整，竟尚浮华，而集会纠纷及威胁殴斗之事亦时有所闻，历来粗浮奢华之习气及不良学风，依然未加矫正，嗣后务应严加训管，彻底整顿，以除积弊。

七　该校中学部应设法迁离，并划定经费，另选负责人员，训育管理应严加整顿，设备亦须力谋充实。

合行令仰遵照办理具报。此令。

中华民国二十三年十二月二十四日

（8）教育部致国立暨南大学训令（1934年7月7日）

教育部训令　第八三四二号

　　令国立暨南大学

查该校近年办理未善，积弊甚深，历经本部督促改进，迄鲜成效，自上年风潮发生，纪律弥复荡然。本部为整顿华侨高等教育起见，迭次派员前往该校严密查察，认为该校半年以来在教学上、训育上、学科编制上、学校行政上以及其他各方面，仍无若何进步。兹再给予该校以竭力整顿之机会，特将应行改善各点，提示如下：

一　确定教学主旨，该校今后教学主旨应注重下列各点：

（1）南洋华侨学校师资之训练；（2）海外商业人材之培养；（3）南洋风土物产经济实业教育之调查研究。

二　整理院系，该校现有之院系应根据上项原则整理如左：

（1）商学院之银行会计两系，酌量裁减或合并为一系，铁道管理系取消，国际贸易系应设法充实，注重南洋贸易之研究。

（2）文学院之外国文学系，并应注重南洋各地语文之研究。史地系并应注重南洋史地之研究，教育学系学生应修习文学院或理学院学科若干学系。

（3）理学院之数学物理两系合并为数理系，化学系仍旧。

三　限制招生，今后该大学各院招收新生华侨子弟至少应占三分之一，本年度招收新生应严格考试，并酌减录取名额。

四　厉行专任制，该大学秘书长、教务长、各系主任一律定为专任职，不得兼校外职务，教员应多聘专任，专任教授应限制兼课，兼课教员不得超过总数三分之一，专任教授之待遇标准，应酌量提高。

五　裁减员额：

（1）海外文化事业部主任应由教授兼任，该部其他研究员及职员，以五人至七人为限。

（2）体育委员会应取消，酌设主任及指导员，至多三人。

（3）训育委员会除常务委员一人专任外，其余委员均由院长教授等兼任，该会宿舍管理员及其他职员不得超过七人。

（4）卫生课取消，由校医室办理卫生事宜，校医及校医室职员应裁减半数。

（5）图书馆职员不得超过五人。

（6）军事教官办公室除教官助教外，职员至少应裁减半数。

（7）其他各处职员应尽量裁汰，秘书处不得超过十五人，教务处不得超过九人，印务组取消，其事务由庶务课办理，不另用职员。

（8）各院系助教应分别裁减员额。

（9）除裁减员额外，并应紧缩一切办公费用。

六　整饬校纪，对于全校学生嗣后务严格执行校章，以矫正不良学风。

七　中学部之整顿：（1）中学校舍应从早设法与大学分开，俾便管训。（2）中学应专收华侨学生。（3）中学教职员名额，由学校竭力裁减，以专任为原则，专任教职员须限制兼课。

以上各项，合行令仰切实遵办具报。此令。

中华民国二十三年七月七日

〔国民政府教育部档案〕

14 东京华侨小学校捐募经费兴建校舍及运动场的文件

（1936年7—11月）

（1）许世英致行政院长蒋介石函（1936年11月6日）

院长钧右：敬启者：旅居东京华侨子弟为数甚多，向无适当教育机关，多在外人学校肄业，无由启发爱护祖国观念，流弊滋多。前经侨胞各界，合力组设华侨学校，按照教育部章办理，尚著成绩。惟经费悉赖募集，虽曾竭力建筑校舍一所，唯因陋就简，范围甚为狭隘。侨胞子弟因爱国知识日增，因之求学者众，而散居各处，相距甚远，到校受课往往须奔走数十里，费时数小时，于校务发展极有影响。现经校董事会拟定，增加校舍，并住宿舍，计划约需二万元。伏惟钧座，作育英才，天下共仰，华侨教育，尤蒙垂注，敬恳俯赐捐惠一千元，为旅日华侨教育树百年不拔之基，感戴仁泽，实无穷既，临颖不胜惶悚待命。专肃奉恳，敬颂

钧绥。　　　　　　　　　　　　　许世英谨启　十一月六日

（2）东京华侨小学校募集建筑寄宿舍及运动场经费启

我中华民国侨胞子弟之需要本国教育，识者类能言之。我侨胞诸先进有鉴于此，爰于民国十八年八月，创设华侨小学校于东京。八载以来，历经艰苦，迄民国二十四年冬，新校舍始告落成，此皆国内外热心人士暨各机关爱护侨胞诸公之所赐也。

现本校内容日趋完善，学子来者亦渐增多，由以见学校之基础渐固，而侨胞之信仰益坚，瞻望前途，诚足额庆。惟是侨教机关之在东京者只本校一处，而侨胞子弟多散居各区，其通学路程有过于辽远者，向隅之憾在所难免，因此各家长有要求将其子弟寄宿学校者，前后踵接，亦有家长因自身业务关系，环境上殊少

训管可能，影响子弟之学业品性自不在少，遂有建议学校设置寄宿舍，以解决其实际困难者。同人等体念教育为立身之本，师生自当共生活共甘苦，以符现代教育精神，观是，则寄宿舍之建筑急不容缓，可想见焉。

至本校运动场设备，以经济关系尚付缺如。现籍校旁余地一隅，聊资游息，乃学生日增，几有容足无地之慨。缘是运动场之增辟，确为日前急务，且校前空地，经该地主陆续卖出者已不少，本校如再不及时购就，则将永失增辟运动场机会，即本校之教育环境亦不免蒙多少影响，此不得不增辟运动场者，实为百年大计也。

且本校地处邻国首都之东京。观瞻所系颇关重要，虽不能比肩邻国，亦当尽可能以稍维国家体面。敝会有鉴于此，爰于本月间，决议募集寄宿舍建筑费暨运动场增辟费共计日金二万元。此种计划苟得达成，则学校即家庭，教育即立身之本，庶得实现，同时藏修游息，各有定所，锻练体魄，实利赖之。惟兹事体大，敝会同人微力有限，独木难支，爰敢愿请国内外各界人士，垂念本校目前之艰困与华侨教育之重要，慨解仁囊，固我校本，施泽海外，蔚为国光，此岂特旅东侨胞，感拜大德于无涯而已哉。谨启。

谨附建筑计划如下

关于拓地面积，计寄宿舍约须六十坪，运动场约须二百坪，地价每坪约日金三十八元，共约需日金八千八百余元。建筑寄宿舍费则以基地六十坪，建筑二阶式，合计上下二百二十坪，每坪建筑费以日金六十元计算，共约需日金七千二百元，设备费约需日金三千元之谱。

东京华侨小学校董事会名誉董事长蒋作宾　许世英
名誉董事　丁绍级　江洪杰　周宪文　陈保安　马伯援
　　　　　黄霖生　张清鉴　葛建时　刘燧昌　罗翼群

董　事　长　　张祥云
副董事长　　吴龚梅
董　　　事　　丁东山　　丁听彝　　王鸿年　　王芃生　　周永泰
　　　　　　　金禹美　　林培兰　　陈次溥　　陈振书　　柴文纬
　　　　　　　倪满锡　　曹嘉修　　贺兰清　　张新吾　　张则盛
　　　　　　　孙玉珊　　刘田甫　　刘明长　　蔡书贤　　楼胜谊
　　　　　　　诸寿良　　诸应时　　萧叔宣
校　　　长　　沈立
中华民国二十五年七月　日　　　　　（依字画多少为序）

（3）日本东京华侨小学兴建校舍各方汇到捐款
（以汇款日期为序）

蒋院长	捐国币壹千元	二十五年十一月二十四日
毛和源先生	捐国币壹百伍拾圆并经募	十一月十五日
周文瑞先生	捐国币壹百圆	同　　上
厉树雄先生	捐国币壹百圆	同　　上
傅坤和先生	捐国币伍拾圆	同　　上
精益厂	捐国币伍拾圆	同　　上
宝山厂	捐国币伍拾圆	同　　上
钱新之先生	捐国币叁百圆	十一月十六日
张外交部长	捐国币伍百圆	十一月十七日
侨务委员会	捐国币贰百圆	十一月十八日
孔副院长	捐国币伍百圆	十一月二十日
教育部	捐国币伍百圆	一月五日
江苏陈主席	捐国币壹百圆并经募	一月八日
江苏省政府	捐国币叁百圆	同　　上
陈蔼士先生	捐国币肆拾圆	同　　上
沈百先先生	捐国币肆拾圆	同　　上

须恺 先 生	捐国币拾圆	同　　上
刘允衡先生	捐国币拾圆	同　　上
上海吴市长	捐国币叁百圆	一月十一日
山东韩主席	捐国币伍百圆	一月二十六日

〔行政院档案〕

〔九〕党化教育

（一）教育原则与方案

1 国民党北平政治分会关于白崇禧提议实行三民主义化教育案致国民政府代电①

（1928年7月28日）

中央国民政府公鉴：筱日本分会第一次常会白委员崇禧提议整顿学校教育，实行三民主义化。原议略称：查北平旧为学校丛集之所，年来受军阀秕政之影响，办学者希图收入之增加，就学者只为凭单之取得，于学问实际多未讲求。又因经费不足，学校设备简单，教员又多兼差，一般青年学子因管教之不严，或干预政治，越俎代谋，或曲解学说，误入歧途，贻害政治社会，莫此为甚。今应责成教育行政主管机关，严加整顿，使课目学位名副其实，并实行三民主义化，树立教育之精神，以固党国百年之基础等语。即经公同讨论，金以整顿学校，当务之急，确有充分赞成之价值，用特建议贵政府敬请公决。至大学专门各学校，政治分会是否有指导监督权，并请核覆为祷。北平政治分会。勘。

中华民国十七年八月十日

〔国民政府档案〕

---

① 此案经国民政府交大学院核议，结果由该院大学委员会议决："以政治分会不必有监督指导大学专门各学校之权，但遇有事故时，如关于治安问题等，当然有临时处理之权。"

2. 国民党中央民众训练部订定的党治教育实施方案

(1928年10月)

第一:实施之纲领

(一)根据本党主义,确定教育宗旨;

(二)根据教育宗旨,确定教育标准;

(三)根据教育宗旨及标准,制定党治教育实施步骤,约分三期如下:

第一期:对于各项教育之计划及其设施作充分之准备,但可立即试行或实施者不在此限。

第二期:试行暂订之各项教育计划及设施,以期逐渐改正,但尚待准备或亟应实行者不在此限。

第三期:厉行已经试验之各项教育计划及设施,而谋其充实及发展。

第一、二期各定为一年,第三期不定年限,但有特别情形者不在此限。

(四)在经济落后今日之中国,实施党治教育,应特别注重生产行动的教育,而以公民(谓受四权使用之训练,而能完毕国民之义务,誓行革命之主义者)教育涵养,群育及德育艺术教育陶冶性情,军事训练振作民族精神。

(五)实施党治教育,须以发展儿童本位教育为原则。

(六)实施党治教育,须彻底普及于一般国民。

(七)实施党治教育,须遵照建国大纲规定教育制度。

(八)实施党治教育,须以具备相当资格之本党忠实党员,担任与党义有关之教育职务(例如全国及各省教育行政长官、国立、省立学校校长,及各校训育主任、党义教师之类)。

(九)各级党部关于实施党治教育,须遵照中央之规定,对于各该地教育行政机关负指导监督之责,但不得干涉教育行政。

(十)各级教育行政机关,对于实施党治教育负指导监督并执行之责,但于必要时,须分别商承同级党部或上级党部办理之。

(十一)各级党部对于各该地党治教育实施之成绩,须调查统计,以资考核。

(十二)实施党治的教育,须定奖惩方法,以期肃清积弊,策励进行。

第二:实施之步骤

(一)关于党与教育之关系者　本条各种事项,由党部分别进行,故不分期。

(1)由中央确定全国教育宗旨、标准及其进行步骤。

(2)确定党部关于实施党治教育,所有指导并监督各级教育行政机关之权限。

(3)确定党部关于实施党治教育所有指导并监督学校及社会教育机关之权限。

(4)确定各级教育行政机关、各级学校及各种社会教育机关,关于宣扬党义之各种设施标准。

(5)确定各级教育行政机关,各级学校及各种社会教育机关与党部之实际的联络办法。

(6)确定各级党部对于各该地党治教育实施成绩之考核方法。

(二)关于教育行政机关本身者　本条各种事项由教育行政机关分别进行,故不分期。

(1)调查各级教育行政机关之系统组织、人员经费、成绩等事项。

(2)制定对于教育行政机关及其人员之成绩考核方法及奖惩条例。

（3）按照中央及各地方教育之需要，计划各级教育行政机关及其设施或人员之增减变更。

（4）规定教育行政人员之资格、服务待遇及培养方法等各种条例，并实行之。

（5）编制关于全国各级教育行政机关之各种事项以及教育经费、学校教育、社会教育、学术艺术、专门技术等事项之统计，并刊发教育年鉴。

（三）关于学校教育者　本条各种事项分三期进行：

第一期：本期注重调查统计关于学校教育之各种材料，而定各项计划及设施标准，并斟量情形，择要试行或立即实施。

（1）调查左例事项并统计之：

a、全国公私立各级学校、私塾及外人在国内所设各种学校之现状（应注意各级学校之总数，学生及教职员人数，教职员资格及待遇，学校之课程、教材、设备经费以及关于宣扬党义之各种设施等事项）。

b、全国公私立各级学校毕业学生之志愿及出路。

c、全国已失学及新增加之学龄儿童总数，失学原因及其有无救济方法等事项。

d、全国今后可作公私立各级学校师资之人数及其资格等事项。

e、全国今后可作公私立各级学校之经费及校址校舍等事项。

f、中央及地方增设各级学校之需要。

g、其他。

（2）规划左列事项：

a、厘订学制，以期划一。

b、暂订全国普及义务教育实施计划。

此项计划以两年为一期，第一期减少失学儿童总人数百分之十，第二期减少其总数百分之十五，以后各期减少失学儿童之总数每期递增百分之五，务期十年内达到普及义务教育之目的。

c、暂订改良及取缔私塾之各项条例。

d、暂订全国推广公私立中等教育及私立小学之实施计划：

Ⅰ．中等学校及职业学校之增设，先由城市而推及于乡村，但农村补习教育不在此限。

Ⅱ．关于师范学校，应特别注意试验师范学校、乡村师范学校及党义师范科、幼稚师范科等等增设。

Ⅲ．暂订促进私立小学办法。

e、国家及地方特别需要暂订各种完备之专门学校及大学推广计划。

f、暂订整理及取缔外人在国内所设各种学校之办法。

g、计划收回教育权之办法：

Ⅰ．教会学校。

Ⅱ．外人在国内所设之其他学校。

h、暂订全国各级学校及私塾课程标准与训育方针（须注意教育宗旨、标准及民族独立运动教育与党义课程）。

i、暂订全国各级学校应遵照教育行政机关所规定，对于德育、体育、群育、美育须与智育并重条例。

j、暂订全国各级学校应遵照党治教育的宗旨，整理改进并增设学校内的各种自治团体及学术研究团体等条例。

k、暂订全国各级学校设备及经费之最低限度标准。

l、暂订奖学基金及推行贷学金办法。

m、暂订全国各级学校师资之资格、服务待遇及培养方法等各种条例。

n、暂订全国各学校之教师检定条例。

o、暂订全国各级学校之学校行政标准。

p、暂订高级中学以上学校实施军事训练或学习看护，初级中学以下实施党童子军或党幼童军之各项办法。

q、暂订全国各级学校教材之编审条例。

r、暂订全国各级学校考试测验条例及大学授予学位条例（专门学校及大学应施严格考试）。

s、暂订全国各级学校及其教职员之奖惩条例。

t、暂订全国各级学校会计条例。

u、暂订全国各级学校应实行用人公开及经济公开条例。

v、暂订全国各级学校与社会实际联络，及与学生家庭接近办法。

w、规定全国私立学校应依照条例立案，并定取缔及奖惩办法。

x、暂订推行男女同学〔校〕办法。

y、暂订全国各级学校应防止并取缔校内一切违背本党的组织或宣传条例。

z、其他。

（3）试行左例事项：

a、试办职业学校、乡村师范学校，并于各种师范学校内增设党义师范科及幼稚师范科。

b、试行改良及取缔私塾之各项条例。

c、试行整理及取缔外人在国内所设各种学校之办法。

d、试行私立学校立案及取缔奖惩之各项办法。

e、试行检定教师条例。

f、试行军事训练，党童子军、党幼童军及学习看护之各种办法。

g、斟量择要试行其他各种计划条例及办法。

（4）实施左例事项：

a、恢复因战争或其他事变而停办之各种学校，并谋其改进及发展。

b、编审各级学校之教材。

c、实行优待小学教师办法。

第二期：本期以试行暂订之各种计划为主，并继续实施前期业已试行或开始实施之各种事项。

（1）试行第一期所订各种计划条例及办法。

（2）实施第一期已试验之各种计划条例及办法。

（3）继续实施第一期已开始实施之各种事项。

（4）试行新订学制。

（5）试行全国公私立各级学校附设职业指导部。

（6）完成第一期尚未完竣之调查统计及规划事项。

第三期：本期以实行各种已定之计划条例及办法为主，并完成前期未竣之事项。

（1）实施已定关于各级学校之各种计划条例及办法。

（2）国立大学酌设研究院。

（3）收回教育权。

（4）严格减少私塾，务期于五年内禁绝私塾。

（5）完成前期未竣之事项。

（四）关于社会教育者　本条各种事项分三期进行：

第一期：本期注重调查统计关于社会教育之各种材料而定各种计划及设施标准，并斟量情形，择要试行或立即实施。

（1）调查左列事项并统计之：

a、全国公私立社会教育之现状。

b、外人在国内所设社会教育机关之现状。

c、全国今后可作办理社会教育之专门人材总数及其资格技能等事项。

d、全国今后可作社会教育之经费、地点等事项。

e、全国亟待增设之社会教育机关及其设施等事项。

f、其他。

（2）规划左列事项：

a、暂订普及民众教育实施计划。

b、暂订民众教育师资及专门人材之资格、服务待遇与其培养方法等各种条例。

c、暂订社会教育机关设施之最低限度标准。

d、暂订现有社会教育机关之整顿、取缔及奖惩条例。

e、暂订社会教育所用各种教材之编审条例。

f、暂订各地体格测验标准及关于体育之各种标准。

g、暂定推广民众职业教育办法。

h、暂订社会教育经费所占教育经费之百分率。

i、其他。

（3）试行左列事项：

a、试办民众学校，以培养社会教育与特殊教育（低能残废等学校）之师资及专门人材。

b、试办民众学校及民众职业学校。

c、试行编审戏本、影片、各种体育卫生刊物、民族独立运动教育之民众用书、训练人民运用四权之民众用书、关于合作社民众用书及其他各种社会教育所用之书籍。

d、筹设中央博物馆，建筑中央图书馆及美术馆，成立中央音乐院。

e、各省及重要城市筹设图书馆、通俗图书馆、阅报处、公共体育场、儿童游乐园、戏场、电影场及低能残废教育及感化事业等急需之社会教育机关。

（4）实施左列事项：

a、恢复因战争或其他事变而停办之社会教育机关，并谋其改进与发展。

b、整顿取缔并奖惩全国现有之社会教育机关及其人员。

c、整顿并取缔外人在国内所设之各种社会教育机关。

d、改革社会上各种迷信及不良习惯。

第二期：本期以试行为主，并继续实施前期业已试行或实施之各种事项：

（1）试行第一期暂订之各种计划条例及办法。

（2）继续实施第一期已试行或实施之事项。

（3）筹设中央戏院，成立中央图书馆及美术馆，并充实中央博物馆。

（4）试行各地体格测验及各种体育标准。

（5）完成第一期调查统计及规划未竣之事项。

第三期：本期以实施为主，并完成前期未竣事项：

(1)实施前两期已确定关于社会教育之各种计划条例及办法。

（2）收回外人在国内设立社会教育机关。

（3）完成前期未竣事项。

（4）推广中央及各地方之各种社会教育机关，并充实其设备。

（五）关于华侨及蒙藏回苗等教育　本条各种事项分三期进行：

第一期：本期注意调查及统计华侨、蒙藏回苗等教育之现状，而定各种计划及设施，并斟量情形择要试行或实施。

（1）调查左列事项，并统计之：

a、华侨及蒙藏回苗等所办学校教育与社会教育之现状。

b、外人为华侨及蒙藏回苗等所办学校教育与社会教育之现状。

c、国内外今后可作华侨及蒙藏回苗等教育之师资与专门人材总数，资格及族籍。

d、国内外今后可作华侨及蒙藏回苗等学校教育与社会教育机关之经费，地址等事项。

e、华侨及蒙藏回苗等教育上亟待设施之事项。

f、其他。

（2）规划左列事项：

a、暂订发展华侨及蒙藏回苗等教育之实施计划。

b、暂订华侨及蒙藏回苗等学校教育之课程标准及其训育方针。

c、暂订华侨及蒙藏回苗等学校教育及社会教育之设施最低限度标准。

d、暂订华侨及蒙藏回苗等教育之师资与专门人材之资格、服务待遇、介绍及培养方法等之各种条例。

e、暂订奖励华侨及蒙藏回苗等兴学办法。

f、暂订国库补助蒙藏回苗等教育经费之办法。

g、暂订奖励华侨子弟归国求学办法。

h、暂订考选华侨及蒙藏回苗等优秀分子服务中央与各地方条例。

i、其他。

（8）试行左列事项：

a、试行奖励华侨及蒙藏回苗等兴学办法。

b、试行国库补助蒙藏回苗等教育经费办法。

c、试行奖励华侨子弟归国求学办法。

d、试行华侨及蒙藏回苗等之智力教育及体格各种测验。

e、整理华侨及蒙藏回苗等之学校教育与社会教育。

（4）实施左列事项：

a、华侨及蒙藏回苗等教育，与本国教育及其他各方面之实际联络。

b、对于华侨及蒙藏回苗等教育，酌量增设左列学校：

Ⅰ小学，

Ⅱ职业学校，

Ⅲ师范学校（应特别注意培养党义教师及国语教师）。

第二期：本期以试行为主，并继续调查统计前期未竣之工作或实施之事项，业已试验及已开始实施之事项。

（1）试行暂订华侨及蒙藏回苗等教育之各种计划条例及办法。

（2）实施前期已试验之事项。

（3）继续实施前期已开始实施之事项。

（4）筹办华侨及蒙藏回苗等之各种社会教育。

（5）在国立大学与专门学校筹设华侨及蒙藏回苗等特班。

（6）完成第一期调查统计，及规划未竣之事项。

第三期：本期以实施为主，并完成前期未竣之事项：

（1）实施华侨及蒙藏回苗等教育之已定各种计划条例与办法等事项。

（2）继续增设关于华侨及蒙藏回苗等之各级学校，各种社会教育机关。

（3）完成前期未竣之事项。

（六）关于国外留学者　本条各种事项，由教育行政机关酌量情形分别进行，故不分期。

（1）调查国外留学生之现状。

（2）制定整顿国外留学生之各种学务条例。

（3）制定考送并管理国外留学生条例。

（4）慎选国外留学生监督及经理员等之办理学务人员。

（5）制定国外留学生归国登记及服务条例，并厉行之。

（6）中央每年依照考送留学生条例，录取大学毕业生之得有国家学士学位而体格强健、明瞭党义者若干名，分赴各国留学。

（7）指定的款，每年由各省依照考送留学生条例录取专门学校以上毕业生而体格强健、明瞭党义者，分赴各国留学。

（8）其他。

(七）关于学术艺术及专门技术者　本条各种事项，由党部及政府酌量情形分别进行，故不分期。

（1）制定奖励培养及保障学术艺术及专门技术人材条例并厉行之。

（2）制定学术艺术及专门技术人员之任免条例，并厉行之。

（3）举行全国学术艺术及专门技术人员总登记。

（4）制定奖励高深的科学著作、伟大的艺术作品及专门技术之特别贡献等条例，并厉行之。

（5）努力创立三民主义的社会科学。

（八）关于教育经费者　本条各种事项，由党部及政府酌量情形，分别进行，故不分期。

（1）根据全国各地学校教育经费之统计，按照各级学校最低经费之标准，分别整理之。

（2）根据全国社会教育经费之统计，分别整理之。

（3）暂定全国教育经费应占全国岁出之百分数，及各地方教育经费应占各地方岁出之百分数。

（4）确定全国学校教育经费与社会教育经费之比例。

（5）制定各种教育捐款、专税及附税条例。

（6）组织庚款兴学委员会，并规定庚款兴学计划。

（7）制定捐资兴学褒状〔奖〕条例。

（8）规定教育经费独立之保障条例。

（9）确定教育经费用途及其分配标准。

（10）制定教育经费特别会计条例。

（11）规定各级学校教育经费不经济及侵吞等之惩戒条例。

（12）改良各级学校教职员待遇，并按照各地经济状况督促各地教育行政机关，先从改良小学教职员待遇入手。

（13）按照中央及各地方财政状况，逐年增高教育经费，并厉行国库补助义务教育及蒙藏回苗等教育之经费办法。

（14）在国家预算及地方预算切实施行以后，应确定国家教育经费与地方教育经费之比例，分别收支，以期财政统一之实现。

〔国民党中央执行委员会秘书处档案〕

3 国民党三届四中全会关于整顿并发展教育决议案

（1929年6月18日）

决议：关于整顿并发展教育之设施，政府应即实行下列二事：

一、于民国十九年春季，由教育部召集全国教育会议。在会议未召开前，教育部应即组织教育方案编制委员会，根据本党政纲及历届代表大会、中央全体会议、常务会议等关于教育之决议，参照十七年大学院召集之全国教育会议之议案等，制成实行整顿并发展全国教育之方案，此方案中并必须包含整个教育经费之预算，教育方案编制委员会之组织，由中央政治会议决定，限于十八年七月内成立，开始工作。

二、在首都设置教育馆，陈列全国各省市县之教育成绩及各种统计表册。并于此教育馆内，陈列各国教育图籍及教育用之仪器标本，以供从事教育者及人民之观摩，而资改良进步之研究。由教育部即日开始筹办，限于明年春季完全成立。

〔国民党中央执行委员会秘书处档案〕

4 国民党中央秘书处检送实施三民主义乡村
教育案致中央训练部函

（1930年8月17日）

中国国民党中央执行委员会秘书处公函特第297号

查第三届中央执行委员会第三次全体会议，关于实施三民主义的乡村教育一案，当经全会第三日会议决议："原则通过，交常务委员会"在案。兹于本月十三日中央第七十八次常会提出讨论，经决议："交组织、宣传、训练三部审查，由训练部召集"在案。除分函外，相应检同原案录案函达，即希查照为荷！此致中央训练部

附实施三民主义的乡村教育案

秘书长 陈立夫

中华民国十九年三月十七日

实施三民主义乡村教育案（3月4日）

本党今日实有开始实施三民主义的乡村教育之必要，举其理由，厥有四端：其一，三民主义必须赖乡村教育，树立深厚根基于民间，庶几三民主义的国家建设始能由开创而日进于完固。其二，三民主义之宣传，无论如何普遍，只能及于曾受教育之智识份子，惟有实施三民主义的乡村教育，则党之主义始能深入全国未受教育之乡村儿童。其三，中国人口乡村占百分之八十以上，而城市则不及百分之二十。十余年来，中国之政治大抵仅以城市为中心，故其力量浮动薄弱，而不足以舒展全民族应有之建国伟力。今后则必赖三民主义之乡村教育，近以开化乡村之人心，遂以培养全民族政治之能力。其四，依总理建国大纲之所垂训，县既为自治单位，而县自治基础则必在乡村，故三民主义之乡村教育乃为地方自治能否推行尽利之主要关键。为此四种理由，本党之不能不决定实施乡村教育之方法与步骤，盖极显明也。

实施乡村教育之方法与步骤：第一，必须训练健全之师资，第二，必须分期开办乡村学校于各省。兹就此二步方法，确定其主要内容如左：

一、造就师资

第一项 在中央政治学校增设乡村教育系,以考试方法征集身心健全及曾在高级中学以上学校毕业之党员入校训练,其期限为一年,俟大多数之省分皆已开办乡村学校时,其期限得延长为二年。

第二项 乡村教育系采用军队编制式,以养成学生之勤苦耐劳、果敢敏确等精神为训练之标准。

第三项 乡村教育系之课程,以养成能切实从事三民主义的乡村社会之需要而期实施实用。

主要学程之性质概括分列如下,以备课程设计时之参考。

甲、锻练类

(一)军事教育。　　　(二)耕作常识。

乙、技能类

(一)国语。　　　(二)乡村教育实验。

(三)乡村公共卫生。　　　(四)兽医常识。

(五)农村副业。

(六)各科教学法:自然科学(生物、天文、算术);社会科学(历史、地理、国文);艺术科学(音乐、体操、图画、手工)。

(七)乡村幼稚教育。　　　(八)农村调查。

(九)演说学。

丙、知识类

(一)党史及孙文学说。　　　(二)党义。

(三)中国外交史。　　　(四)中外条约研究。

(五)中国现行法令。　　　(六)中国史地。

(七)乡村教育原理。　　　(八)农村经济学。

(九)教育浅说。　　　(十)中国教育思想史。

(十一)西洋教育思想史。　　　(十二)美国乡村教育。

(十三)丹麦农业教育。　　　(十四)教育心理学。

(十五)山歌、土白、手势之心理及哲学之根据。

锻练学程虽只二项,但每日功课表中如晨会、午会、清洁、活动、各项体育等等,皆有锻练之实际。

(附日课表草案)

时间 课目	星期	一 二 三 四 五 六 日
5:00		起　　　　　　床
5:15	5:45	晨 会 及 早 操
5:45	6:40	清 洁 整 理
6:00	6:30	清 洁 检 查
6:30	7:00	早　　　　餐
7:05	7:55	纪念周　功　课(第一节)
8:00	8:50	功　课(第二节)
9:00	9:50	名人演讲与集会或演说练习
10:00	10:50	功　课(第三节)
11:00	11:50	功　课(第四节)
12:00	12:45	午　　　　餐
12:45	1:45	休　息
1:45	2:00	午　　会
2:00	2:50	功　课(第五节)
3:09	3:50	功　课(第六节)
4:00	5:50	各 项 体 育
5:50	6:05	盥　　　洗
6:05	6:40	晚　　　餐
6:45	8:45	自　　　修
9:00	9:55	就　　　寝
10:00		熄　灯

第四项　乡村教育系之详细实施办法，概由中央执行委员会常会定之。

二、分期举办乡村学校。

第一项　先于各省择定适当乡村地点，于第一期乡村教育师资养成后半年内各设乡村学校若干所。

第二项　俟大多数之省份经由第一次遣派乡村教育系毕业学生举办乡村学校一年内，再在各省增设乡村学校各若干所。如有事实上之可能，同时即可将第一次遣派于各省服务之学生调回中央政治学校，受乡村教育系第二年之训练。

第三项　前二项设立乡村学校之程序，得循环实施，以期乡村教育普及于全国而日有改进。

第四项　关于举办乡村教育之经费，由中央执行委员会常会就各省教育经费项下指拨，或特予补助。

〔国民党中央民众训练部档案〕

5　国民会议确定教育设施之趋向案

（1931年5月13日）

国民政府向国民会议的两大提案，一系确定教育之趋向案，期确立国家树人之根本大计，一系实业建设程序案，以适应民生之迫切需要，两者均属建设国民之基本要图。盖训政时期之建设，虽包含万端，但综其大要，则不外二者，其趋于精神方面者，则形成民族之精神建设，其趋于物质方面者，则形成民族之物质建设，形式虽有殊异，其旨趣实归于一。此两提案，一方确定教育方针，务发扬民族之能力特长，以提高全民之精神生活，一为注重实业建设，务开发我地大物博之富源，期改善全民之物质生活，可谓为民族精神物质两大建设之充分表现，兹先述确定教育趋向之意义。

关于确定教育设施趋向之提案，国民会议第五次会议已照国府原提案通过，其要点有六："一、各级学校之训育，必须根据总理恢复民族精神之遗训，加紧实施，特别注重于刻苦耐劳习惯之养成，与严格的规律生活之培养；二、中小学校教育应体察当地之社会情况，一律以养成独立生活之技能与增加生产之能力为中心；三、社会教育应以增加生产为中心目标，就人民现有之程度与实际生活，辅助其生产知识与技能之增进；四、尽量增设职业学校及各种职业补习学校；五、尽量增设各种有关产业及国民生计之专科学校；六、大学教育以注重自然科学及实用科学为原则。"综上各项要点，实为最切中历来教育弊病之根本改革，其一贯之精神，在将教育之目标，全注重于养成职业化，自小学以至大学之设施，皆依此标的而行，我国自有学制以来，未有如此趋向实用方面者。

此项教育方案特别注重于职业教育之推进，诚足矫正历来教育空虚浮泛之弊端。如第一项的训育宗旨，实足以纠正今日各校学生游惰与放纵之恶习，而养成全国学生刻苦耐劳之习惯，以健全其创造事业及服务社会之精神。第二项因鉴于现行中小学制度，均系普通科目，凡毕业小学中学无力升学者，欲就社会职务，毫无生产方面之智识技能，殊为最大之缺点，故特别规定中小学校教育，以养成独立生活技能与增进生活能力为中心，则既可以纠正过去之缺点，又可以增进推广中小教育之助力。第三项对于社会教育，如一切展览会的陈列，民众教育馆的布置，以及各种游艺场所的表演，均以贯注科学智识，指导生产技术为目标，以收增加生产之效果。第四、第五两项特别注重职业学校及有关国计民生之专科学校的设立，以培育实用人才，纠过去一般普通学校毕业生成为高等游民的不良现象。至于第六项规定大学教育，以注重自然科学及实用科学为原则，更属国情之迫切要求。盖当兹科学进步物质发达的国际竞争时代，非努力促进中国科学化，实不易于图存，为欲达此近代科学化之目的，就非发达科学教育，力求生产工具之发明与生产技术之改进不可。

总之，今后之教育趋向，自小学以至大学均应以养成职业化，增加国民生产为一贯的精神。国民会议对教育趋向之此种重大革新，最为切合于我国教育之必要，相信此种新教育趋向实地施行后，必能使大部分只知消费分利的国民，转而为富于职业智识技能的社会生产者，国计民生必可一变今日之失业贫困等病态，而为人人有职业的生产富裕之社会。

〔国民政府教育部档案〕

6 国民党三届四中全会通过的普及教育奖励学术案

（1930年11月18日）

原则通过。交国民政府饬教育机关斟酌办理。

附：朱家骅提"普及教育奖励学术以树建国之大本案"原文

自本党第三次全国代表大会通过《确定教育宗旨及其实施方针》一案以来，虽在本届中央执行委员会历次会议屡有关于教育之提议，只以军阀叛变，军事频兴，以致原定政策未能实施，言之痛心。我国现在全国统一，届与民更始之时，本党应于最短期间树立教育之基础，俾能逐步实现原定政策，使建国大本得以确立，训政任务得以完成。爰为左列之提议，敬请公决。

（甲）普及教育

一、义务教育之规定。各国均以小学为限。因人民生活程度不一，未能供子女至中学毕业者，实居多数，虽以美国之富，渐臻大学普及之势，而义务教育仍以小学为限。文明进步，仅小学教育有不能应需求之势，故德国首创于小学毕业后，加补习教育义务年限，推行以后大收效果，各国竞相仿效，初以年龄满十四岁为限，继长增高，美国各州中已有增至满二十二岁为止者；其课程亦由简而繁，驶驶入于专门之域，英国之高级补习教育其程度与大学之一年级相当，各国分类之细，更不下千数百种；欧美农工商业之进步固有赖于学者之发明，仍以实行者有相当知识，能依于奉行也。

我国人民程度之低，至今犹是一盘散沙，受世界交通影响，农工商业全部破产，人民生计日益困难，以致盗贼流行，共党乘机煽惑，危亡之祸，不在外患而在本身。现在除应极力普及教育，俾达不至有失学儿童之目的外，另努力于治标，兴办普及教育。全国之少壮及中年，均浑浑噩噩，不识不知，欲安定社会，巩固国家，于缘木求鱼之喻，岂但不得而已哉？为今之计，应将补习教育同列为义务教育，以期普及国人，男女之年未满五十而不识字者，一律分期责令入学，违者罚之。

二、课程之编定。授课时间限每星期两次，每次二小时，不得增减，增则劳力之人难于持久，减则效力太微也。课目寓党义及公民常识于国文中，占时间之半，馀为算术，于命题及解答插入图画，教之既增兴趣，复益技能，德国之初创补习教育，亦为每星期二次，每次二小时之定制。

三、经费之预算。总计全国人口约四万万，除老幼半数外，每班以五十人计之，约四百万班，每教室每日教授六班计，约需教室二十万，一教室以二教员任之，约需四十万人，教员薪水及杂费，每教室年支三百元，年仅六千万而已。全国能劳动者以三万万计，每人每年负担银元二元，实为至廉之代价。

四、师资之取材。乡村蒙师及识字失业者，加以短期之训练，即可养成。再于每年各农忙期召集训练，增其知能，不患不能胜任。并与继续服务之保障，及年功加俸之奖励，鼓其兴趣，而坚其事业之心。至训练此项师资，每班以五十人至二百人计，一训练机关分设数班，全国总计不过千所，大县各设一所，小县联合设之，则于训练师资之师资选择，以及训练机关之设备借用，当非难事。

以上四项，请由中央规定纲领，责令各省地方行政当局依限推行。如有逾限或不遵照纲领实施者，予以严厉之处罚。中央及省教育行政机关均应随时派人视察，以教育发展之成绩，为地方行政人员考成。

（乙）奖励学术

一、著作之奖励。日本明治维新经数十年之久，英德法文之新书固无书不译，本国文字撰述亦日益增多，社会有长足之进步，几于世界学术上之研究，无一问题无日本人参预其间，世界学术之杂志，时有日人之论文或报告发表，国际学术地位增高，民族地位亦随之而有昔野今文之进步。环顾我国销声匿迹，竟与南美非洲印度同俦，若不奋勉以图，何以立国。今之强弱，科学之强弱也，无论政治、军事、外交、农工、商业，非科学无以竞进，即无以自存。欲求我国之自由平等与保存民族于永久，争全世界之光荣，非国人咸从事学术不可，欲学术之普及，非奖励国人之著作不可。拟请每年指定五十万元，凡有著作，得呈请教育部提交中央研究院或国立大学教授会核审定，优予奖励。

二、学术研究。常藉图书馆及研究室之助，尤赖共同研究，互相商榷，业以专而精，虽同一程度之士，若各研究一小问题，必各有所发明，较诸广泛不专者，必有特殊进展。若于设备较丰，人才较集之各国立大学，其程度较高之教授，令其肆力于研究，则就图书室研究室之便，并以所得即教授大学诸生，较其他人士之独力研究，独有心得，待成熟完全而后公诸世者，利益多多。拟请指定专款五十万乃至一百万元，作为研究补助费及奖金之用。由各国立大学每年三次推定人选，呈请教育部决定于各校原有规定预算外，特别分项补助，以资激励。行之十年，必可成效大著。

三、派遣留学。我国素选青年学子，于国情既未深知，亦未资有待解决之事项，滞在国外，多者十年，少亦三年，所习事项，各随性之所近，未切国内需要情形，归国而后，不从事于此者无论矣，即从事于此，而实际上无此事项发生，徒劳心力，浪费金钱，学非所用，甚无谓也。考欧美各国乃至东邻日本，其派遣人选，非大学教授助教，即工厂技师，积有若干待决问题，方作留学之举，年限或长或短，只须目的达到，傫赋归帆，施诸实际，即获利益，故所费少而收效宏也。所给费用，亦较我国留学费多至倍蓰，乃得进行顺利，于至短期间获最大利益。如有必要，数数往还，同一时日，分作数次，所费虽同，所得之差不可以道里计。在昔国内大学甚少，工厂无多，不能不急就成章，选及青年学子；以后拟请依照各地需要，指定特殊问题，妙选素有研究，已著成绩之人才，按年派遣，以资造就。

〔国民党中央执行委员会秘书处档案〕

7 国民党中央执行委员会检送《三民主义教育实施原则》致国民政府公函

（1931年9月8日）

查自本党第三次全国代表大会确定中华民国教育宗旨及其实施方针以来，国家教育制度与设施虽已有所遵循，然三民主义教育之实施，仍有待于详明之规划。本会训练部曾作长时间之研究，拟成"三民主义教育实施原则"一种，经本会详加审订，提经第一五七次常会通过在案。应请政府颁发各级教育行政机关，以为实施时之依据，特检同全文（附附件）函达，即希查照颁行为荷。此致
国民政府
中华民国二十年九月八日

中国国民党中央执行委员会　印

三民主义教育实施原则

第一章 初等教育（幼稚园小学）

第一节 目 标

一、使儿童整个的身心融育于三民主义教育中。

二、使儿童个性、群性在三民主义教育指导下，平均发展。

三、使儿童于三民主义教导下，具有适合于地方生活之初步的知能。

第二节 实施纲要

壹 课程

一、应以三民主义重要的观念，为编订全部课程之中心。

二、应注重伦理知识及实践，以助长儿童忠孝仁爱信义和平之德性。

三、应注重自然科学之教授，以养成儿童爱好自然、利用自然、改造自然的兴趣，及破除对于自然现象一切的迷信。

四、应注重实际生活的知识和实习。

五、应酌量当地情形，制定特殊之课程或教材，以养成儿童适合于地方生活之初步技能。

贰 训育

一、根据中山先生遗教中合于儿童身心发展之事理，制为信条，以指导其整个的生活。

二、注意训育和课程之联贯，并谋学校训育与家庭社会相联贯。

三、由史地时事及各种纪念会之讲解，以启发儿童爱民族、爱国家之精神。

四、由游戏运动、学校卫生及课外作业的教导，以养成儿童对于筋肉劳动的兴趣，及生产的观念。

五、由日常生活实际知识之教导，以引起儿童好学的兴趣，并由童子军之训练，以养成勇于从事，洁己奉公的精神。

六、由乐歌、图画等以陶冶儿童的情操，并使多与自然界接触，以养成审美的情趣。

七、由团体运动集会等训练，以养成儿童守时重律的习惯。

八、于公共场所揭示有关公德之标语，以养成儿童注意公共卫生、爱护公物之美德。

九、由消费合作的训练及个人经济的观念，以养成儿童节俭的习惯。

十、由民权初步的演习，使儿童略知四权之运用。

叁 设备

一、一切设备均应含有三民主义的精神，且须与儿童日常生活相接近，尤宜注意与课程训育之联络。

二、一切设备应多采用科学方法，并须具备清洁、整齐、经济三要件。

三、书籍之设备，除党义课程参考用书及学校必备之书籍外，应斟酌经济情形，尽量购置启发常识的书报，俾儿童阅读之余，兼可供附近民众阅览之用。

四、图表之设备，应多选中山先生遗教中足以激发儿童民族精神者，并多采用浅显警动之标语或图画，分期张挂，以资激励。

五、学校于可能范围内，应多购儿童恩物、理科仪器及设置学校园，增加学童实习的机会，并图教授和实物之联络。

第二章　中等教育（包括初中高中及相当程度之学校）

第一节　目标

一、确定青年三民主义之信仰，并切实陶冶其忠孝仁爱信义和平之国民道德。

二、注意青年个性及其身心发育状态，而予以适当的指导及训练。

三、对于青年应予以职业指导，并养成其从事职业所必具之知能。

第二节 实施纲要

壹 课程

一、全部课程的编制，应以三民主义为中心。

二、课程之教学，应与训育的实施相关联。

三、学习之事项，应尊重个性，使之自由活动，而发挥其特长。

四、理论之探讨，应与实际作业或实际生活相沟通。

五、注重童子军（初中）、军事训练（高中）及看护实习（女生）。

贰 训育

一、训育之实施，应根据团体化、纪律化、科学化、平民化、社会化的原则，使无处不含有三民主义的精神。

二、由国民道德之提倡，民族意识之灌输，以养成青年爱护国家发扬民族之精神。

三、由工艺课外作业及其他生产劳动的实习，以训练青年勤苦耐劳之习惯，及爱好职业的心情。

四、由体操游戏竞技运动，以锻练青年之强健的体格。

五、由自动的各种学术之研究，以养成青年潜心学问的兴趣。

六、一切训练务使与实际生活相接触，并谋家庭及社会间之联络。

七、教职员应负有训育之责，横的方面应以青年生活为训育之对象，纵的方面应顾及中学与小学训育事项之联络。

八、由指导学生组织自治会及其他各种集会，以训练青年四权之运用。

九、由指导参加或举办各种合作事业、社会事业，以训练青年协力互助的精神及服务社会之情意。

十、由家庭伦理观念之启发，以唤起青年对于家庭之责任，并革除其依赖家庭之心理。

十一、由课余娱乐之指导，以陶冶青年之优美的情操。

十二、由生理卫生之讲授，以指示青年对于性的卫生之注意。

叁 设备

一、一切设备应造成三民主义教育之环境并须合于整洁实用等条件。

二、校训之制成，应根据或采用中山先生之遗训，并采录其嘉言懿行制作标语，以资激励。

三、须充分购置和教授有关之仪器、图籍及有关党义之书报杂志及图表，以资教授研究及课外参考阅读。

四、关于童子军（初中）军事训练（高中）、看护实习（女生）及各种团体运动之场所及器具，均应力求其完备。

第三章 高等教育

第一节 目标

一、学生应切实理解三民主义的真谛，并具有实用科学的智能，俾克实现三民主义之使命。

二、学校应发挥最高学术机关之机能，俾成为文化的中心。

三、课程应视国家建设之需要为依归，以收为国储材之效。

四、训育应以三民主义为中心，养成德、智、体、群、美兼备之人格。

五、设备应力求充实，并与课程训育相关联。

第二节 实施纲要

壹 课程

关于社会科学者：

一、应以三民主义之精神融贯东西文化之所长。

二、应以中山先生全部遗教贯通教材，以建立三民主义的社会科学。

三、应精研学理之究竟,以期创造三民主义的文化价值。

关于自然科学者:

一、应注重生产技术的智识和技能。

二、应以物质建设之完成,为研究或设计之归结。

三、应彻底从事科学之研究,并致力于有益人类增进文明之发明发见。

关于党义课程者:

一、应以阐扬中山先生全部遗教及本党政纲政策及重要宣言,为主要任务。

二、应依理论事实,证明三民主义为完成国民革命、促进世界大同之唯一的革命原理。

三、应依据三民主义,比较批判其他社会主义学说。

贰 训育

一、应依据中山先生遗教的训导,以确立三民主义的革命人生观。

二、由军事教育竞技运动等严格的训练,以锻练强健的体魄及坚忍奋斗之精神。

三、厉行学业考查,并奖励创作,以养成彻底研究的精神。

四、陶冶爱好自然的情绪及崇尚礼乐之美德,以养成优美刚健的人格。

五、应厉行"节约运动",纠正浪漫习气,以养成俭仆勤劳之平民生活。

六、由学生自治生活适切之指导,以养成有组织有规律之习惯。

七、指导各种合作事业之实施,以养成互助合作的精神。

八、鼓励并指导各种服务团体之组织,俾得深入社会内层,从事民众智识之提高与社会利弊之兴革,以养成牺牲的习惯和智识分子应有的责任心。

九、使一律参加总理纪念周及其他革命纪念日，以增进爱护党国之精神。

叁 设备

一、设备之选择，应以实现三民主义及不背三民主义之精神为原则。

二、设备之布置应以便于学生之学习，以引起其自动研究之兴趣为原则。

三、设备之内容应尽量充实，以为研究高深学术之依据，并应尽量开放，以资社会的观摩。

四、关于社会科学院或科系，应视其性质，分别设置三民主义、五权宪法、孙文学说等研究室，以期建立三民主义的社会科学。

五、关于自然科学及应用科学之各学院或科系，应视其性质，分别设置有关实业计划之研究室，以期物质建设得以次第实现。

六、实验室、实习室以及其他作业场所，应尽量布置和党义有关的实物图表。

七、应尽量谋竞技运动、军事训练及与国术有关等器具之完整。

第四章 师范教育

第一节 目标

一、应根据三民主义的精神，并参照社会生活之需要，施以最新式的科学教育及健全的身心训练，以培养实施三民主义教育的师资。

二、学校应与社会沟通，并造成教、学、做三者合一的环境，使学生对于教育事业有改进的能力及终身服务的精神。

三、乡村师范教育应注重改善农村生活，并适应其需要，以养成切实从事乡村教育或社会教育的人才。

第二节 实施纲要

壹 课程

一、编制课程，宜顺应师资养成之年限及地方的需要。

二、各科教学应注意教材的运用和实习，以养成学生自编教材的能力和兴趣。

三、师范学校应酌加有关实施社会教育的课程，俾可兼备社会教育之师资。

四、乡村师范课程应注重农业生产及农村改良的教材。

五、女子师范课程，应兼重育婴知识及家政实习。

贰 训育

一、根据本党师范教育宗旨并采用党员训练方式，以指导其全部生活。

二、由思想上之诱导及各种纪念集会之剀切指示，以养成其对于三民主义之明确的认识和坚定的信仰。

三、指示教育救国之真义及中外大教育家献身教育事业的精神，以坚定其毕生尽瘁教育事业的志向。

四、由国民道德之提倡，民族意识之灌输，以唤起其爱护国家、发扬民族的精神。

五、由军事训练、运动竞技，以锻练其健全的体格，规律的生活及坚苦耐劳的习惯。

六、由科学研究的实验和成绩考查的厉行，以养成其彻底探讨和精密观察的能力。

七、由各种节约运动及合作事业的指导，以养成其俭朴的习惯，合群的兴趣。

八、利用正当的娱乐及适度的郊外旅行，以陶冶其审美的情绪。

九、由家庭伦理观念之指导及勤劳操作之鼓励（对于女生尤应注意），以唤起其改进家庭生活之责任。

十、由学生自治会及其他团体事业之指导，以养成其运用四权之能力，和其他关于公民生活的准备。

叁 设备

一、一切设备应于可能范围内发挥三民主义的精神，并合于质朴适用等条件。

二、一切设备亦与训育及教学相关联，尤须与实验学校暨实验区之设备有相当的连络。

三、一切设备务求适应社会之需要，并酌量开放，以资民众的观摩或利用。

四、一切设备除遵照一般学校之设施外，应注意教育名家肖像之布置，并应将中山先生关于教育之遗教制为校训及信条。

五、关于图书、仪器、设备，应注重党义及教育方面，并应多备儿童读物，以供学生研究之用。

第五章 社会教育

第一节 目标

一、提高民众知识，使具备现代都市及农村生活的常识。

二、增进民众职业知能，以改善家庭经济，并增加社会生产力。

三、训练民众，熟习四权，实行自治，并陶铸其忠孝仁爱信义和平之国民道德，以养成三民主义下的公民。

四、注重国民体育及公共娱乐，以养成其健全的身心。

五、培养社会教育的干部人才，以发展社会教育事业。

第二节 实施纲要

壹 各种学校式的社会教育者

一、民众学校

甲、课程

（一）应根据三民主义为编订全部课程及教材的中心。

（二）适应当地需要及生产状况以制定特殊课程及教材。

（三）多采用爱国的教材以启发民众爱国的思想。

（四）成年班之课程，应注意职业常识。

（五）儿童班之课程，应注意具体的事实，少采用抽象的理论。

乙、训育

（一）训育之实施应依据三民主义的精神，养成公民应备的资格。

（二）由职业之指导，以养成勤劳作业的习惯。

（三）由物理常识之教学，以破除迷信而养成科学的思想。

（四）培养学生爱护公共事业及养老恤贫、防灾互助等美德。

（五）注意课外运动及游戏，以养成公民应有的健康体魄。

丙、设备

（一）应尽量搜集党义及帝国主义压迫中国史实之通俗图书。

（二）应将当地职业用具及生产品酌量陈列。

（三）应利用旷土辟为体育场，并酌量购制运动器具。

（四）应利用校舍隙地为娱乐场所，并酌量购制娱乐用具。

（五）一切设备须适合经济、清洁、整齐诸要素。

二、职业补习学校

甲、课程

（一）课程之编订应适合三民主义的精神。

（二）应适合当地经济情形，采用有关职业的补充教材。

（三）应融合职业道德及爱国思想于教材中。

（四）职业课程之教学应以实验实习为中心。

乙、训育　职业补习学校之训育，除适用民众学校、训育原则外，并应注意下列一点：

（一）由合作事业之指导，使学生明瞭劳资合作的利益。

丙、设备　设备原则除适用民众学校之设备原则外，并应注意下列二点：

（一）利用废地辟为作业场所。

（二）组织小规模之合作社。

三、特殊教育机关

甲、课程

（一）课程之编制应以三民主义的精神为中心。

（二）课程之教学应适合学生之特殊心理。

（三）应注意职业技能之教导。

（四）应选择足资身心修养之教材。

乙、训育

（一）感化学生错误思想，使之信仰三民主义。

（二）矫正学生不良行为，使之具备公民道德。

（三）应启发残废学生的特长。

（四）由家庭化之教养，以陶冶残废学生的心情。

丙、设备

（一）应与课程及训育相适应。

（二）应注意经济、整齐、清洁、美感诸要素。

（三）应注意学生生活上之安适。

（四）对于男女生及各种残废病人，应有分别的适宜的设备。

四、师资训练机关

甲、课程

（一）课程之编订须依据三民主义的精神及社会实际的需要。

（二）课程之选择须切合各种社会教育的性质，以养成各种社会教育之指导人才。

（三）课程之分量须视训练期限长短和地方需要而捐益之。

（四）教学须重实验，务使理论与事实互相印证，并使知识技能平均发展。

（五）课外应注意实习，以锻练从事社会教育的技能。

（六）组织各种课外研究会，以养成研究社会教育的兴趣。

乙、训育

（一）训育之实验应以三民主义的精神为中心。

（二）由社会问题之解剖或时事之分析，以养成对于三民主义的信仰心。

（三）由集会训练，以养成亲爱精诚和服务社会的义务心。

（四）注意体育及军事训练，以锻练健全的师资。

丙、设备

（一）各种设备应力求经济和充实，于可能范围内尽量开放。

（二）须有适应地方需要及社会教育实验实习的设备。

（三）购置有关社会教育及党义之书籍、图表，以供参考。

（四）陈列当地生产品及实验成绩，以资观摩。

（五）悬挂中山先生遗教及先烈遗像于适当之所。

贰　图书馆博物馆阅报社等

甲、原则

（一）应聘请指导员恳切指导。

（二）应力谋全体民众有求智均等机会。

（三）应设法联络学校教育，以收互助之效。

（四）应力求阅览者之便利。

（五）应利用讲演竞赛等会，以引起阅览的兴趣。

乙、设备

（一）应力求内容之充实，并多备有关党义的书籍或足资革命纪念之物品。

（二）应适合当地文化和生产的需求。

（三）应运用科学方法，有完善的布置。

（四）宜多设各种标识。

叁、公园电影院剧场等

甲、原则

（一）应斟酌当地民众智识程度及经济状况，力求通俗和普遍。

（二）应以三民主义的精神，为陶冶民众情感的中心。

（三）应力辟神道与迷信。

（四）应利用标语图画，以培养民众公德。

乙、设备

（一）应有三民主义环境之设备。

（二）应注意卫生的设备。

（三）应依艺术法，则力图设备精美。

（四）应多备含有三民主义精神及有裨于国民道德的材料。

（五）应有浅显的文字之说明或讲解。

肆、公共体育场国术馆游泳场等

甲、原则

（一）应聘富于经验的指导员。

（二）应多举行各种竞赛会，以引起民众练习的兴趣。

（三）运动器械以无代价供给民众为原则。

（四）各场所开放时间于可能范围内须无限制。

乙、设备

（一）运动器械应力求完备。

（二）一切设备于可能范围内须寓有党义意义。

（三）应有救护之设备。

（四）应设置合于卫生休息之所。

第六章 蒙藏教育

第一节 目标

一、依遵中华民国教育宗旨及其实施方针,力谋蒙藏教育之普及与发展。

二、根据蒙古、西藏人民之特殊环境,以谋蒙藏人民知识之增高,生活之改善,并注意其民族意识之养成,自治能力之训练,及生产技术之增进。

三、依遵中山先生民族平等之原则,由教育力量力图蒙藏人民语言意志之统一,以期五族共和的大民族主义国家之完成。

第二节 实施纲要

壹 课程

一、各级学校之课程,应根据内地各级学校课程标准并斟酌蒙藏情形编订之。

二、小学校之教科图书,用蒙汉文、藏汉文合编之中等以上学校之教科图书,以用汉文编订为原则。

三、各级学生之教材,应特别注意下列各点:

(一)中国民族之融合的历史;

(二)边疆和内地之地理的关系;

(三)帝国主义侵略蒙藏之历史及事实;

(四)蒙藏人民和国民革命的关系;

(五)蒙藏人民地方自治和民权主义的关系;

(六)蒙藏人民经济事业和民生主义的关系;

(七)其他有关蒙藏人民特殊环境之教材。

贰 训育

一、各级学校之训育,应根据蒙藏民众之生活情况参照内地各级学校之训育标准实施之。

二、各级学校训育之实施,应特别注意下列各点:

（一）以科学的常识，破除其对于自然界的迷信；

（二）唤起民族精神，以破除其部落思想；

（三）由国际时事之讲解和团体生活之训练，养成爱国家爱民族的精神。

叁 设备

一、各级学校之设备，应以合于三民主义的精神及蒙藏各地之特殊环境为原则。

二、各级学校之设备，应特别注意下列各点：

（一）多备与蒙藏各地有关之各项书籍及图表；

（二）多陈列内地各种文物。

第七章 华侨教育

第一节 目 标

一、根据中国教育宗旨及其实施方针，以谋华侨教育之统一和发展。

二、根据华侨之特殊环境，为提高华侨在国际上的地位，促成中外民族间之平等起见，应从教育方面力谋华侨民族意识之增进，华侨自治能力之训练，与华侨生活之改进及生产能力之养成。

三、根据华侨教育之实际状况，力谋华侨普通教育、职业师范教育、社会教育及补习教育之改进和发展。

第二节 实施纲要

壹 课程

一、同国内各级学校。

二、注意当地生活所必需之知识，以培植适于海外生存之能力。

三、此外应特别注意之点有七：

（一）国民移植和民族主义之关系；

（二）华侨自治事业和民权主义之关系；

（三）华侨经济事业和民生主义之关系；

（四）华侨与国民革命之关系；

（五）各国殖民事业和华侨之关系；

（六）日本南侵和华侨生存之关系；

（七）世界弱小民族与三民主义之关系。

贰 训育

一、同国内各级学校。

二、务使学生了解当地之环境和自己的地位，以期完成中华民族在海外发展之任务。

三、此外应特别注意之点有三：

（一）以中国固有文化，陶冶其国民道德；

（二）注重体育锻练，以期适于国外生存；

（三）多宣讲国内时事，以唤起其爱护祖国的精神；

（四）依切于三民主义及海外发展之具体事实，以唤起其对于个人、家族、社会、国家及国际间之应取态度。

叁 设备

一、同国内各级学校。

二、务求适合当地之环境。

三、此外，应特别注意之点有五：

（一）多备有关本国文物之书籍、图表及标本；

（二）多陈列国货标本；

（三）多备与华侨事业有关之各项书籍及图表；

（四）多陈列当地物产统计表及标本；

（五）多备当地历史、地理、政治、经济、法律、交通、工商等各项书籍及图表。

第八章 派遣留学生规程大纲

第一节 目 标

一、须根据三民主义的精神，融合东西文化之所长，以造成三民主义的新文化。

二、须切应中国学术上需要，以造成各种学术上专门人才。

三、须切应中国物质上需要，以造成各种社会事业的建设人才。

第二节　实施纲要

一、公费留学生须大学或专门学校毕业，素无违反三民主义之言论行动，并经考试合格，始得派遣。

二、私费留学生须高中以上学校毕业，素无违反三民主义之言论行动，并经考查合格，方得出国。

三、无论公费或私费留学生，出国以后其学业状况及言论行动，应由各该主管机关严加考核，其考核办法另订之。

〔国民党中央民众训练部档案〕

8　国民党第四次全国代表大会第三次会议通过《依据训政时期约法关于国民教育之规定确定其实施方针案》

（1931年11月17日）

政治之要事，惟教与养，我总理手定民国建国之纲领，厥以此二事为先务。本党历届大会及中央全体会议无不有至明确之决议，示政府以应取之方针，导国民以应由之道路，训政时期之约法，恪遵此旨，国民教育生计定为专章。关于国民生计之实施方针，既已别有专案，兹更就关于国民教育之实施方针，特举其最切要者如左：

关于国民生计总理建国方略中，有实业计划详明周到，无所不至。吾人只须恪遵遗训，集合专家，就国家之能力与国民之需要，分别先后缓急，设计而实行之，便为已足。而教育之事，其在总理遗教，则散见于各书，具体计划尚无专著。是以过去数年之间，吾党尽其全力于确立三民主义之教育宗旨，与制定三民主义之教育计画，费无限之精力，经无限之困苦，至于今日，总理所切望于国民之恢复固有道德智能，与迎头赶上世界科学文化之大经大法，始渐为多数国民所认识。然而偏见曲解之思想主张，尚不绝于号为智识分子之间，于此益信行之匪艰，知之惟艰之学说为可宝，而确立三民主义之信仰，实救国救民之唯一根本矣。

中华民国国民教育之根本宪章何在，此为民国国民所不可不切实了解，更不可须臾或忘者也。总理教育青年之训词曰："三民主义，吾党所宗，以建民国，以进大同，咨尔多士，为民前锋，夙夜匪懈，主义是从，矢勤矢勇，必信必忠，一心一德，贯彻始终"。此四十八字，实已得国民教育之根本要义，说明之无余蕴。授教者守之不失，即为良教育家，受教者守之不失，即为良好学生，国民守之勿失，即为真正爱国而有用之国民，世界一切人民守之勿失，亦即为最文明之人类。总理革命四十余年，即持此义以革命建国。总理逝世以来，七年之间，吾党同志与乎信仰三民主义之同胞之努力，即继此志，述此事，以期完成革命建国之任务，一切革命先烈，皆为完成此任务而牺牲，更扩而言之，举凡一切世界优良之教育文化，虽彼或尚不知此义，未闻此旨者，亦皆为不知而行此义之成绩，本会所竭其至诚，以告于我同志同胞者，此其最要之主旨也。

自全国统一、首都奠定以来，本党关于国民教育之决议案甚夥，为完成总理所昭示吾人之教育宗旨，今后不须更加讨论，应即继续努力，以求其实现者，兹一一分别录之如次。国人之缺陷，往往一次会议必求得一更新之决议，而于过去所决议之良法美意，反往往因一新决议之成立而遗忘。此喜新厌旧之心理，有时固亦足以我为改良之要素，而阻碍建设之成功与秩序之确定，弊害亦不少，其在教育所关尤巨。本会所以将已往之决议案择要重录之，深望同志同胞特加意焉。

第二届中央执行委员会第四次全体会议宣言，关于教育的建设者【略】

第三届全国代表大会，确定教育宗旨及其实施方针案〔略〕

第三次全国代表大会对于政治报告之决议案，关于教育者〔略〕

上述三案，其论列过去教育之得失，确定现在将来教育实施之方针，实已应有尽有。司教育行政之责者，与任教育者，苟能一一切实奉行，则凡学制之整理，课程之制定，教科书之编纂，师资之养成，学校之管理，以及其他一切教育上之问题，皆有可以遵循正当途径，是惟在吾同志之努力耳。

〔国民党中央执行委员会秘书处档案〕

9 国民党第四届中央执行委员会第三次全体会议通过的《关于整顿学校教育造就适用人才案》

（1932年12月21日）

决议：修正通过。全文如下：

教育之目标，应随时努力之需要而定。审察目前教育状况——小学未能普遍，职业学校嫌其缺乏，而中学、大学及独立学院，则又觉太滥。各级学校办理均欠完善，尤以职业学校不能养成生产能力，私立大学任意招生，管理训练课程均极松懈，为极不良之现象。故此后普通教育，一方面应注重发扬民族精神，灌输民族思想以及恢复人民之民族自信力，而达中华民族独立自由平等之目的；另一方面，则应注重养成生产技能及劳动习惯，使学校毕业之学生均为社会生产份子，以矫正过去教育从事空谈，忽略实践之弊病。至人才教育，则应重质不重量，对于现有之大学及中学，应严加整顿，务使大学所造成者为真正之人才。本此数原则，爰决议如下：

甲、关于国民教育者

（一）国民教育，使儿童具备中国国民必备的常识。其内容应包括三民主义、国文、本国历史、地理、世界历史、地理，以及数学、卫生、自然科学等之初步智识，使之了解，且能应用，尤注重训练儿童合群生活之习惯，刻苦强毅之精神，及灌输儿童中华民族过去伟大之事迹及伟大人物之言行，以坚定其自信力及爱国家爱民族之观念。

（二）以四年或六年之小学为施行国民教育之场所，由教育部制定标准，颁布全国小学，一律遵行，不得有所出入。如四年小学因财力关系，一时尚不能普及，则为目前救济起见，应于最短期内先行推行短期义务教育，普遍设立短期小学。

（三）中央及各省应各定一岁入之百分数为补助各县市扩充小学之用。此款项应逐岁增加，期于若干年后普及国民教育于全国儿童。

（四）应利用既有学校之设备及师资，或另筹经费，推广民族教育，以树立地方自治之基础。

乙、关于生产教育者

（一）小学应就儿童环境所宜授以生产技能，且养成其劳动习惯，务使小学毕业之儿童一方面具备国民常识，一方面成为社会生产份子。

（二）各省市应尽量扩充职业学校，私人捐资兴学，亦由省教育厅或市教育局劝其设立职业学校。私人办理有成绩之职业学校，由公家予以补助，公私立中学成绩不佳，或地方无此需要者，一律改办职业学校。

（三）职业学校应注重生产技能，劳动习惯，不必规定同样毕业年限，且不必分农工商等科，应就地方之需要，注重单科专设。

（四）职业学校以不收学费为原则，俾贫寒子弟，有入学之机会。

（五）高级职业学校注重专门技能，训练必须与实习场所打成一片，而不仅为书本或理论教育。

（六）高级职业学校应由教育部视各省需要，斟酌缓急，逐渐添设。

丙、关于师资教育者

（一）中等师范教育机关，分简易师范学校、师范学校等，均由政府办理。

（二）师范学校应脱离中学而单独设立。

（三）现有之师范大学应力求整理与改善，使其组织课程训育各项，切合于训练中等学校师资之目的，以别于普通大学，且与师范学校等力谋联络。

（四）大学得呈准教育部设立师资训练班，凡大学毕业生愿任教师者应入该班，加修教育功课一年，以备中等学校教师之选。凡进师资训练班之学生，其待遇与师范大学毕业生同。

（五）师范学校及师范大学，概不收学费。师范学校并以由政府供给膳宿制服为原则。

（六）师范学校及师范大学学生修业完毕后，由教育部或省教育厅、市教育局指定地点，派往服务，期满始发给毕业证书，始得自由应聘或升学。其有规避服务或服务不尽力者，取消资格，并追缴费用。

丁、关于人才教育者

（一）中学为预备人才之地，应提高程度，充实内容，并采取绝对严格训练主义。现有中学应加以整理或淘汰。其有请求新设中学者，应由教育部严定标准，切实考核限制。

（二）高中不分文理科。现有之工农商等高中，均应改为职业学校。

（三）大学宜提高程度，充实内容。政府每年应拨给巨款，扩充国立大学之设备及补助私立大学之有成绩者。

（四）现有之国立省立或私立大学，应由教育部严加整理，同一地方院系重复者，力求归并，成绩太差、学风嚣张者，应即停办。

（五）高中及大学均应设多数奖学金额，以造就家境贫苦而成绩优良之学生。

（六）各省市及私立大学或学院，应以设立农工商医理各学院为限，不得添设文法学院。

（七）各大学及学院之课程，应注意本国教材。

（八）各公私立大学及学院应由教育部斟酌情形，举行毕业会考。

（九）教育部应详细订定大学及学院训育原则与办法，以养成学生善良品性与严整风纪。

〔下略〕

〔国民党中央执行委员会秘书处档案〕

10 国民党四届六次中央全会通过的教育改革案

（1935年11月5日）

孙科等四委员提：教育改革案经决议：原则通过，交政治会议详拟办法。

原案全文

教育为立国之本，欲救亡图存，复兴民族，舍教育莫由；而欲求一国教育之昌明，尤视乎一国之教育行政是否得当以为断。吾国目前之教育，无长期一贯之方针，无全盘统筹之计划，缺点甚多，不胜枚举，若不加以改善，则吾国教育永无发达之一日。兹请举其荦荦大者：一曰各校经费支配毫无统制，致相差过巨也。同一程度之学校，岁费与学生数之比例相差几不可以道里计，或岁縻巨帑，习于浪费，或无米而炊，踵肘并呈，苑枯悬殊，判若霄壤，有失均衡发展之道，影响教育效率甚大。二曰升学资格限制太严，使艰苦奋斗之贫寒青年无发展上进之可能也。目前各级学校升学，全凭文凭资格，际此农村破产，民生日困，学费负担匪易，故贫寒子弟纵天才卓绝，刻苦自修，终难进学府之门，资产阶级之子弟虽禀质平庸，习尚骄惰，以有钱读书，即可取得资格，其才日就湮沈，学风日就颓废，影响民族前途，至深且巨。三曰对独立学校仅有消极之取缔，而无积极之鼓励，使私立学校日呻吟痛苦于法令束缚之下而生存愈难也。政府近年严定私立学校之限制，裁培倾覆，用意良佳，然公立各级学校之学额极为有限，大部分青年无求学之所，公立学校既不能积极扩充，以适应需要，则政府对于私人兴学应设法鼓励，其成绩优良者尤应多方援助，俾得发展，以补公立学校之不逮，而不当以严厉限制私校为已尽改进教育之能事也。上述诸端均为目前教育最显著之缺点，而有待于纠正，实不容缓。兹谨就同人等管见所及，提议改革办法三项，是否有当，敬候公决。

一、公立学校经费须力求合理化，并补助私立学校。

理由

1．就教育部所公布二十年度全国各大学之经费及学生人数统计比较观之，其不均衡情形，实足令人无限惊异者，兹列举左列各大学二十年度每生岁占经费数，可窥一斑。

校　　名	经　费　数	学　生　数	每生岁占费
武汉大学	一，三五五，六七一元	五七一人	二，三七四元
同济大学	六二五，九〇〇元	二八一人	二，二二七元
清华大学	一，二五〇，四三一元	六六四人	一，八八三元

续表

校　　名	经　费　数	学　生　数	每生岁占费
山东大学	四四〇,五八六元	二六〇人	一,六九五元
浙江大学	八五九,〇九五元	六一四人	一,三九九元
中山大学	一,五九二,〇五九元	一,三七九人	一,一五五元
中央大学	二,一六六,二四七元	二,一四六人	一,〇〇九元
暨南大学	七三一,四三八元	七三一人	一,〇〇〇元
北京大学	七六〇,七〇一元	九四一人	八〇八元
北平大学	一,六〇二,四七五元	二,一五二人	七四五元
交通大学	四八二,九三四元	七一〇人	六八〇元
北平师范大学	八六六,八九二元	一,二八八人	六七三元
四川大学	四五六,〇三一元	一,四三六人	三一八元

吾人又于教部公布山东、山西、河南、甘肃诸省初等教育统计,知每一小学生岁占经费数皆在五元左右,或不及五元者,即以全国总平均数计之,每一小学生岁占经费八·一四元,现以小学生每人岁占费八元计,则其与左列各大学生岁占费之比较更足惊人。

校　　名	各该校每生岁占费相当小学生岁占费之倍数
武汉大学	二九七倍
同济大学	二七八倍

续表

校　　名	各该校每生岁占费相当小学生岁占费之倍数
清华大学	二三五倍
山东大学	二一二倍
中央大学	一二六倍
东陆大学	五七〇倍

且同为国立性质，而武汉大学每生岁占费达二三七四元，四川大学仅三一八元，相差七倍以上，同为省立性质，而东陆大学每生岁占费至四五六二元之巨，山西大学仅三〇〇元，相差十五倍以上。若以国立各大学生每年所耗之费与成绩优良经教育部立案之私立大学学生每年所耗之费相比较，则相差更不啻有天渊之判。据二十年度教部公布统计私立大夏大学经费一七六，〇五一元，学生一，一六〇人，每生岁占费一五二元，私立复旦大学经费一九六，四七八元，学生一，二一五人，每生岁占费一六二元，与国立武汉大学比较相差十五倍以上，与省立东陆大学比较相差三十倍以上，公立大学之不注重经济效率，浪费公帑，无可讳言，而私立大学经济之拮据亦可想见。同为国家培植专门人才之学府，而俨然有贫富阶级之悬殊，教育当局熟视无睹，如秦人视越人之肥瘠，宁非怪事。关于公私立中小学每生岁占费之比较，虽乏充实统计数字可资参考。但其经费支配偏枯不均，可以断言。全国公私各校经费不均衡之畸形，亟应设法调剂，裁长补短，以资平均发展。

2．目前我国公立各级学校学额太少，不能适应青年求学之需要。例如每年国立清华北平中央等校招生应试者各有三四千人，而录取名额每年仅一二百人，仅及投考额数二十分之一，甚至如江苏省立上海中学、上海市立万竹小学等校每次招生录取名额亦仅及投考生额十分之一，此大多数具有求学能力之青年，理应享受教育之权利，徒为名额所限，而丧失求学之机会，苟无私立学校以容纳之，则是使全国青年十分之九进中学小学之权利亦为之剥丧无遗，是直愚民政策而已，故应奖励并补助私立学校以辅公立学校之不逮。

3．当此国难严重、民力凋敝之秋，为积极培养建设人才计，为加速推广普及教育计，政府对于全国学校应有整个之筹划，而教育经费之支配尤应力求其合理化，务以最经济之方法支出，而收最宏大之效果。

办法

1．国立及省立专科以上学校经费力求其合理化，每生岁占费规定以五〇〇元为标准。

2．若国立及省立专科以上学校学生岁占费平均以五〇〇元计，则全国合计每年可节省经费八，四六八，五六八。一九元，其计算方法，即以二十年度国立专科以上学校每生岁占费总平均数九五五。九五元，今以五〇〇元计，每生可节省四五五.九五元，合全国国立专科以上学校学生一三,九三六人，共节省六,三五四，一一九·二〇元，又二十年度省立专科以上学校每生岁占费七九一·九三元，今以五〇〇元计，每生岁占费即可节省二九一·九三元,合全国各省省立专科以上学校学生七,二四三人，共节省二一一四，四四八·九九元，两项合计为八，四六八，五六八·一九元，若以国立专科以上学校经费合计一三，六一五，六〇三元,省立专科以上学校经费合计五，五四〇，〇一三元，两项合计一九，一五五，六一六元之数相比较，则可节省百分之四十四以上。

3．将节省国立及省立专科以上学校之经费八百四十六万余元补助私立专科以上学校，则国库不必另增负担，而私立专科以上学校所得补助费可较二十三年度七十二万之数增加十一倍以上，较二十四年度五十九万元之数增加十四倍以上。查私立专科以上学校经费多赖捐款维持，际兹国民经济枯竭，筹款维艰，莫不拮据万分。二十三年度政府补助全国私立专科以上学校经费共七十二万元，受补助者三十二校；二十四年度补助全国私立专科以上学校教席费十八万八千元，又设备费四十万二千元，合计五十九万元，受补助者三十二校。杯水车薪，于事奚济，以此区区之补助，而望私立专科以上学校长足进展，欣欣向荣，何异操豚蹄以祝篝黍。

4．公立中小学学生岁占费亦应由主管教育行政机关酌量限制，并尽量补助私立优良中小学。

5．凡捐资兴学及热心办学与服务私立学校之教职员著有成绩者，均应特别褒奖，以资鼓励。

6．各国退还庚款之拨归教育基金者，应尽量补助优良私立大学及私立专科学校。

二、各级学校升学应注重考试成绩，不宜完全以资格为标准。

理由：

1．目前各级学校学生升学均受资格限制，纵有努力潜修，确具相等学力之青年学子，苟无一纸文凭，仍无入学之希望，亦有在校肄业数年，将届毕业，成绩并不后人，而因资格发生问题，中途勒令退学者，违背教育原理，莫此为甚。

2．学费浩繁，贫寒子弟无力负担，程度愈高费用愈大，仅资产阶级之子弟有能力可以继续，而事实贫寒学生多努力向上，不乏英才，膏粱子弟大半骄怠成性，转为庸流，国家设学育才之结果适得其反。

3．倘各级学校入学不全凭资格，注重考试成绩，则私塾出身以及校外自修学生均有进身机会，国家可以收甄拔真才之效，而在校肄业祛滥竽毕业之心,互相竞争鼓励,亦可藉以矫正目前敷衍泄沓之学风。

4．于学校制度以外多辟人民读书求学之机会,鼓励学生自修,提倡自由讲座,并励行考试制度,不仅可以救济失学青年,补助学校教育之不逮,而且养成社会好风气,于促进国家文化、提高民族智识,均影响甚大。

办法

1．各级学校升学以考试成绩为标准,招收同等学力学生可达二分之一。

2．由教育部每年举行甄拔考试一次,凡校外自修之学生按级考试及格者,即可取得与各该级学校同等资格。

3．在可能范围开放学校设备,供给校外自修学生应用。

4．各地广设自由学术讲座,由政府予以津贴。

5．各地广设公共科学馆、图书馆、研究所,并附设自学辅导处。

6．于国内若干区域内择规模较大之学校设函授部,俾牵于时间限于地址而失学之青年得照函授办法而学习。

7．各地私塾由教育当局订定严密方法,督促改良,其确已改良者,待遇与学校同。

三、减低私立中小学开办费及经常费数额,奖励私人设立中小学,以推广教育,俾资普及。

理由：

1．教育部修正私立学校规程第三十二条规定私立中等学校开办费数额过高,依其规定,如创办私立初级中学一所,需存储开办费及第一年经常费共计五万元,高级中学则需八万元,高级农业亦需八万元,高级商业六万元,家事学校六万五千元,高级工业则需十二万元,依目前国民经济状况,私人创办学校实无此种能力。

2．现在一切办理私立中小学校者为遵奉公令起见，类多设法取巧，商通银行假立存摺，上下相蒙，徒滋虚伪之风。

3．关于私立小学之开办费及设备，在目前民穷财尽时，亦应变通办理，因地制宜，若严悬一格，使热心办学者心余力拙，望洋增叹，无异杜绝私人办学。

4．就实际情形观之，私立小学之需要异常迫切，总计全国学龄儿童四九，一一六，〇六〇人，已受及现受义务教育儿童数一〇，八四四，一三一人，失学儿童数三八，二七一，九二九人，已受及现受义务教育儿童仅占学龄儿童数百分之二二·〇七。设欲普及义务教育，则所需之经费，每一儿童岁占费平均以八元计，每年须支出洋三〇六，一七五，四三二元，所需之教师以每一教师平均教二十学生计，一，九一三，五九六人，所需之学校数每校平均五十人计，七六五，四三九校，目前政府既无余力完成此种国家根本大计之义务教育，惟有鼓励私人设校以完成之。

5．目前中等学校之需要，亦正与小学相同。兹就全国中等教育情形分析之，现在全国中等学校学生数五一四，六〇九人，十九年度全国小学毕业生数二，三三四，六〇八人，中等学校六年毕业，则一年级可容纳学生八五，七六八人，依此计算，则小学毕业生失学学生数实达二，二四八，八四〇人之巨，小学毕业生升入中等学校之百分比仅得百分之三·六七，其失学者竟达百分之九六·三三。呜呼，此巨量之失学青年，政府既无财力扩充公立中学加以吸收，则私立中学之提倡愈不容缓矣。

办法：

1．减低私立中等学校开办费及经常费数额，依据地方状况及人民经济能力，多留伸缩余地。

2．恢复已经立案之私立师范学校或高中师范科，以培养师资。

3．取消限制私人设立普通中学之规定。

4．奖励全国热心教育人士广设私立小学及短期小学。

5．政府应指拨的款补助优良私立中小学。

6．私立中小学之各项捐款（如房捐田赋等）一律豁免，以减轻私校负担。

总之，教育为民族生存所系，教育改进问题亦即民族复兴问题，经费来源有限，当不容毫无计划，分配失其均衡，致一方面症成贫血，不能生存，他方面症成冲血，习成浪费。青年学子为民族未来之主人翁，当使有受充分教育之机会，不可画地为牢，为文凭所限制。致今日教育之流弊，视昔日之八股且变本而加厉。教育建设，千端万绪，政府既无力可以包办，当鼓励私人办学，以共肩普及教育之责任，不能苛悬标准，使未成之私立学校无发轫之机会，广布禁条，使已存之私校无继续之可能。此盖不仅教育界人士所皇皇引为深虑，实关系整个民族生存问题。吾党中央同志负党国钧衡之重，断不容加以忽视者也。

决议：原则通过，交政治会议详拟办法。

〔国民党中央执行委员会秘书处档案〕

11 国民党第五次全国代表大会通过确定今后教育改进方针案

（1935年11月19日）

一、初等教育 中央及地方应各宽筹经费，促成义务教育之普及。

自清季兴学以来，义务教育计画迭经社会主张，政府拟订，辄以困于经费与格于政局之频变，未及实行。本党政纲早有"励行教育普及"一项。最近中央预算始列有义务教育补助经费，各省市应受中央之补助与督促，亦已开始作成义务教育之预算，积极推行。唯中央及地方之义务教育预算，均尚微小；倘欲依教育当局之计划，尽四五年期间全国完成短期义教，尽十年期间全国完成四年义教，则非逐年增加义教经费，势必不能贯彻目的，缘全国失学之学龄儿童现不下二千八百万，年长失学者尚不在内，义教工作之艰巨可以概见。自下年度起，应责令中央各省市，无论财政如何困难，均逐年增加义教预算，务使全国小学至少每年可增加五百万学童。一面并当增设成人补习学校，以期小学义务教育与民众教育同时并进，而扫除文盲之工作，得以及期完成。

二、中等教育 中等教育之方针，在中等职业教育与中等师范教育方面，应力谋数量之扩充，在普通中学方面，应注意质素之改善。

中等职业学校与中等师范学校之学生，系以就业为主要目的，普通中学之学生则以升学为主要目的。依民国二十一年统计，全国三千中等学校中，普通中学校数约占百分之六十，中等师范学校占百分之三十，中等职业学校不过百分之十。就经费言，普通中学且占全国中等教育经费百分之七十以上，师范不过占百分之二十，职业不过占百分之十。近年以来，政府提倡生产教育，此种情形虽已略有矫正，然普通中学之数量仍远过于其他中等学校。实则大多数中等学校学生，因家境之贫苦或天资之限制，初无受高等教育之能力；换言之，即不应入普通中学。而为增进一般贫民之生产能力起见，则中等职业教育之需待扩充，至为明显，为供给义务教育及普通小学所需要之师资，则师范学校之增设，亦属刻不容缓。以是之故，今后中等教育之设施，应亟谋职业学校与师范学校之数量的扩充。至于普通中学，则当注意现有学校素质的提高。于其设备师资，以及入学毕业等条件，均当严定标准，使成为高等教育之良好预备机关。

三、高等教育 全国公私立专科以上学校应力谋素质上之改善，办理完善者当助其发展，其根基薄弱或办理不良者，应严行取缔，以期继续提高高等教育之水准。

全国公私立专科以上学校现达一百十一校，学生数达五万六千余名。就现状言，数量上殊属不小，就中成绩优良者固多，而办理不善者仍不少。近年专科以上学校毕业生供过于求，颇多失业，已成国家社会之严重问题。为谋适当之统制计，一方面政府应努力扩充建设工作，以吸收大量之专门人才。而在教育行政方面，亦须力谋高等教育水准之提高，以祛前此粗制滥造之弊。其所设施，应着重于次列诸端：（一）对于公立专科以上学校之办理较善者，应宽予经费，充实其教学与研究之诸种设备；（二）对于私立专科以上学校之办理优良者，予以补助；（三）公私立专科以上学校之能力薄弱或办理不善者，应责令缩小范围或停办；（四）严厉限制各专科以上学校滥收中等教育不完全之学生；（五）提高专科以上学校师资之标准。

四、各级学校均应切实注重人格训练与团体训练，以矫正过去一般教育之弱点。

吾国各级学校，向不注重训育，而专科以上学校为尤甚，至于体育，近年虽渐有进步，然专科以上学校仍大都未能使全校学生受相当体魄训练。军事训练在专科以上学校亦尚未能产生相当之成绩。此种情形，中央及地方教育当局今后应为更大之努力，以图矫正，务使一切学校均有适当之训育组织，其在大学并应酌量采用导师制度，以为学生道德修业之助；训育课目应定为大、中、小一切学校之必修课目，而使一切学生切实修习，军训师资应力图改善，军训实施尤应较前认真。诚能如此，若干年后国民之品德与体魄，当有显著之进步，教育救国云云，乃不至徒托空言。

决议：通过，交政治会议办理。

〔国民党中央执行委员会秘书处档案〕

(二)学校训育

1 教育部颁发今后中小学训育工作应特别注意之事项

(1932年6月22日)

一 训练目标

应发扬我民族固有美德忠、孝、仁、爱、信、义、和平等,同时并应特别注意:

(1)力戒懦怯苟安,养成勇敢奋斗之精神;
(2)力戒倚赖敷衍,养成自立负责之能力;
(3)力戒轻躁盲从,养成审核周密之思考;
(4)力戒浪漫奢靡,养成刻苦勤朴之习惯;
(5)力戒虚伪涣散,养成精诚团结之意志;
(6)力戒自私自利,养成爱国爱群之观念。

二 训育责任

(1)中小学各教职员均须切实同负训育责任,破除从前教学训育分裂之积习。各就本校训育与教学的关联方面预定整个的计划,以备分工合作。

(2)各教职员均须对于此次国艰经过有彻底的明瞭,并须以各种暗示的方法,时时提醒学生。

(3)各教职员自身须过刻苦耐劳的生活,实行人格熏陶。

(4)各教职员除于训练方面注意领导外,应充分利用教学机会(如上国语、算术、历史、地理、自然科学、社会、体育等课时),增强学生对于雪耻救国的系统观念及动机。

(5)中小学每晨必须举行早会,作短时间之训练,校长、教职员、学生均须出席。

三 环境设备

（1）中国与外国人口面积比较表，中国与外国人民教育程度比较表，中国与外国输出与输入货品比较表，中国与外国海陆空军比较表，其他各种比较表。

（2）国耻地图，国耻历史表解，国难中所受损失统计图表，国难发生地方前后比较详图，记载中日交涉之图籍，其他各种关于国难的材料。

（3）我国民族运动史事图，现代世界各民族运动史事图，国军及各地义勇军抗敌图，其他。

1、2、3三项为惕励鼓舞必需之质料，如何搜集编制和设置，应与教学联络。

（4）宽大健身场所，军事训练用之器械（初中及小学应充实童子军训练之设备），理化仪器标本（能自制者须自制）。

四 实施方法

关于体育方面：

一、高中实施严格军事训练，注重野外实习，凡军训不及格者不得毕业。初中加紧童子军训练，小学注重童子军训练与健康运动。

二、注重各种团体运动及国术与各地固有游戏运动。

关于群育方面：

指导学生组织自治团体，养成团体生活，并应注重严密组织，竭力限制个人自由，对于服从互助等习惯，尤须注意养成。须求国家与民族之自由，放弃个人之自由，若在团体中求个人之自由，就是自私自利。

关于智育方面：

一、注重科学研究、试验、竞赛及成绩展览。

二、辩论演讲及言论发表，须注重雪耻救国的事实。

三、各种研究会应侧重我国生产状况及国防设备各问题。

四、搜集衣食住行必需之本国物产，分别展览。

五、国货劣货鉴别方法的研究。

六、重要时事的报告和探讨。

关于德育方面：

一、实行刻苦耐劳生活，减少校内工役，一切劳作务须由教员学生共同任之。

二、节省宴会茶点及零食费用。

三、提倡爱用国货。

四、严禁浪漫浮夸奢侈。

五、宣誓雪耻救国，并训练学生，认定本人将来应为事业，作救国救民族之准备。

六、重要集会时为国难死亡同胞默念志哀。

上列四项，系兼指中小学而言，除共同必须注意者外，各小学自应就儿童能力、兴趣，对于各种分量斟酌减轻，材料内容亦应就年级程度，分别深浅难易因势利导。即低年级与幼稚园儿童各种游戏活动，亦应酌加雪耻救国材料，以资陶冶。各级训练务须本此意旨，切实施行，尤须持久不懈，始终如一，振衰起废，端赖乎此。

〔国民政府教育部档案〕

2 苏州私立美术专科学校训育纲要中的惩诫规则

（1932年）

一、本校对于学生操行不良或怠荒学业者，分别轻重予以相当之惩诫。

二、惩诫办法分左列六项：

1．训诫；

2．记过；

3．剥夺权利；

4．停学；

5．开除学籍；

6．停止毕业。

三、凡学生干犯左列各款之一者，分别轻重予以训诫、记过、剥夺权利、停学、开除学籍或停止毕业。

1．总理纪念周会无故不到者；

2．上实习理论课以及军事训练无故不到者；

3．违犯宿舍膳室运动场等处之管理规则之任何项者；

4．上课或集会任意早退或迟到者；

5．出言不逊藐视师长者；

6．欺侮同学或谩骂校工者；

7．任意涕唾或妨碍校内各处整洁者；

8．衣履不整有妨观瞻者；

9．操行列入丙等者；

10．违背请假及课外出入规则者；

11．有侮辱师长之行为者；

12．殴击同学或校工者；

13．故意污损校具或建筑物者；

14．妨害公众秩序者；

15．训诫满三次而仍不改悔者；

16．违背美术馆及图书室阅览规则者，应剥夺其阅览之权利，重者并应记过；

17．图画或书籍借出逾期不还者，在未还期内停止其借阅权；

18．违背各种竞赛会及学校认可各种学生集团之规则者，应剥夺其加入之权利，剥夺权利视犯过之轻重定夺之；

19．开学时请假已逾期三分之一尚未到校者；

20．三次留级难望造就者；

21．操行列入了第一学期，及格学程未及三分之一者；

22．暴戾恣睢行为悖谬反对师长有重大之不敬行为者；

23．校用器具或同学物件非我所有而窃据之者；

24．记过满三次而仍犯者；

25．败坏风纪累及校誉者；

26．触犯政府禁令危害学校者；

27．继续请假满二学期以上者；

28．性情不近艺术而有意敷衍者；

29．临毕业期而对于校规漫不惜意，对于师长同学有非礼与举动者；

30．临毕业期而逐年所缴各费尚亏欠延不补清者；

31．临毕业期而在外活动有妨害校誉行为者。

四、关于训诫事宜由校长教职员随时行之，并报告训育处登记。

五、关于记过事宜由教职员提出训务常会或特别会议通过后公布之。

六、身体有疾病必须休养，应令暂行休学并非惩戒。

七、关于开除学生事项，由校长召集特别会议后公布之。

八、关于停止毕业事宜，由教务训务联席会议议决后请校长公布之。

九、本校对于犯规学生施以惩戒出于不得已之举，除重大过失应开除学籍其他过失如能悔悟当酌量抵销。

十、其他应行惩戒事宜未载入本规程者，得于训育会议时随时议决增入之。

十一、本规程自公布日执行。

〔国民党中央民众训练部档案〕

3 浙江省职业学校训育纲要中之操行成绩考查办法

（1932年）

一、操行成绩考查，以记录考查及评语考查两种方法行之。

二、记录考查根据学生请假登记簿、上课点名册、宿舍检查簿、纪念周及各种集会点名簿、奖惩登记簿及有关学生操行之纪载，考查之。

三、评判考查根据各教职员对于学生操行评语考查之。

四、操行成绩分甲乙丙丁四等，甲乙丙三等又分上中下三级，丁等为不及格，不分级。

五、学生学期操行成绩由教导主任或训育主任，根据记录及评判考查成绩确定等第，并将甲等及丁等学生附加评语，提出于训育会议或训育指导委员会议决之。

六、各职业学校应遵照本办法之规定，拟订各该校学生操行成绩考查规则，呈请教育厅核准施行。

〔国民党中央民众训练部档案〕

4 国立浙江大学训育纲要

（1932年）

一、关于大学者
1．养成优美朴实勤劳耐苦之学风；
2．养成各学院学生合作互助之习惯。

二、关于学生个人生活者
1．养成学生自觉遵守学校各种规则之习惯；
2．养成学生对于教员敬爱互助之观念；
3．养成学生有秩序、有条理、整齐清洁之日常生活；

4．养成学生自动研究学问之兴趣；

5．养成学生喜勤劳、爱运动之习惯；

6．养成学生读杂志报章、注意时事之习惯；

7．养成学生爱护公物之习惯；

8．养成学生服务社会、勇敢牺牲之精神；

9．养成学生独立自尊、爱学校、爱国家、爱民族之观念；

10．矫正学生放肆浪漫卑劣之行为，不良之嗜好习惯，偏激之思想，谬误之言论行动；

11．在可能范围内尽量帮助学生解决各种困难问题。

三、关于学生团体生活者

1．应用民权初步，切实提倡学生自治事业，并养成学生遵守公约及服务公意之习惯；

2．矫正学生孤僻不合群之习惯，使人人尽量参加团体活动；

3．鼓励学生在法律范围内参加一切爱国运动；

4．辅助学生组织各种学术研究会；

5．辅助学生出版各种刊物；

6．辅助学生组织演讲会、辩论会，以练习语言技能；

7．鼓励学生参加运动会、军事训练会操、远足队、野外宿行等，以锻练身体；

8．辅助学生设立正当娱乐团体，举行各种游艺会等，使闲暇时身心有所寄托；

9．利用各种集会结社，以养成学生办事能力；

10．利用假期组织旅行团、参观团，以明瞭社会情形、人民疾苦。

〔国民党中央民众训练部档案〕

5　复旦大学训育大纲原则

（1937年1月）

本校训育以三民主义为原则根据，订定如下：

甲、确定革命的人生观；

乙、培养忠、孝、仁、爱、信、义、和平诸美德；

丙、养成团体生活与社会服务的习惯。

基于上述原则，本校于训育之意义注重下列三点，以期造成整齐纯洁的环境。

甲、思想科学化：

一、用科学方法寻求智识；

二、用科学的眼光辨别事物；

三、用科学的方法分配工作。

乙、行动纪律化：

一、服从共同规律；

二、保守公共秩序；

三、革除轻浮浪漫的习惯；

四、培养团体组织的能力。

丙、生活平民化：

一、消除阶级的观念；

二、养成耐劳的习惯；

三、革除骄傲与依赖的心理；

四、发扬互助与合作的精神。

规则〔略〕

〔国民政府教育部档案〕

（三）党义教育

1 国民党中央常委会通过的各级学校党义教师检定委员会组织通则

（1928年6月30日）

第一条 本党为使全国各级学校党义教师思想一致起见，特组织党义教师检定委员会。

第二条 党义教师检定委员会由各级党部训练部与各该级教育行政机关共同组织之，为检定便利起见，分下列四种：

（一）大学及高等专门学校党义教师检定委员会，由中央训练部与全国最高教育行政机关共同组织之；

（二）省（或特别市、区）立学校及直接管辖之私立中小学党义教师检定委员会，由省（特别市区）党部训练部与省（特别市区）教育行政机关共同组织之；

（三）县立学校及私立中小学校党义教师检定委员会，由县党部训练部与县教育行政机关共同组织之；

（四）市立学校及私立中小学校党义教师检定委员会，由市党部训练部与市教育行政机关共同组织之；

第三条 各种党义教师检定委员会之委员以五人至九人为限，除各级党部训练部部长及各该级教育行政长官为当然委员外，由各级党部训练部就党员中之确明党义、精研教育、且有教育经验者聘任之。

第四条 各种党义教师检定委员会于每学期开学以前举行检定，检定完毕后应即撤销。

第五条 本通则如有未尽事宜，得由中央训练部提请中央执行委员会修改之。

第六条 本通则由中央执行委员会议决施行。

注：本件经国民党中央执行委员会第一五二次常务会议通过。

〔国民党中央民众训练部档案〕

2 国民党中央常务会议通过的检定各级学校党义教师条例

（1928年6月30日）

第一条 全国各级学校之党义教师，须一律受党义教师检定委员会之检定。

第二条 应受检定之党义教师，暂以担任左列科目者为限：

（1）建国方略（孙文学说、民权初步、实业计划）；

（2）建国大纲；

（3）三民主义；

（4）本党第一次全国代表大会宣言。

第三条 各级学校之训育主任，亦适用本条例之规定检定之。

第四条 受检定之党义教师应具备左列资格：

（1）党员；

（2）合于各该地教育行政机关所规定之教员资格者。

第五条 受检定之教师须填具志愿书、履历书及本人最近二寸半身像片，送交党义教师检定委员会。

第六条 检定方法分下列二种：

（1）无试验检定——高等教育之党义教师适用之；

（2）试验检定——中等教育与小学教育之党义教师适用之。

第七条 无试验检定方法分下列二项：

（1）审查第四条所规定各该党义教师之资格；

（2）审查各该党义教师所采用或自编之党义教材。

第八条　试验检定除审查第四条所规定各该党义教师之资格外，应以下列科目分别考试：

（1）中等教育之党义教师，应考试之科目如下：

一、建国大纲；

二、建国方略；

三、三民主义；

四、本党第一次全国代表大会宣言。

（2）小学教育之党义教师，应考试之科目如下：

一、孙文学说；

二、民权初步；

三、建国大纲；

四、三民主义。

第九条　检定合格之党义教师，由该党义教师检定委员会分别给与证书。

第十条　证书之有效期间定为二年，逾期后须重受检定。

第十一条　本条例如有未尽事宜，得由中央训练部复请中央执行委员会修改之。

第十二条　本条例由中央执行委员会议决施行。

注：本件经国民党中央执行委员会第一五二次常务会议通过。

〔国民党中央民众训练部档案〕

3　南京国民政府公布各级学校增加党义课程暂行条例

（1928年7月30日）

第一条　为使本党主义普遍全国，并促进青年正确认识起见，各级学校除在各课程内融会党义精神外，须一律按本条例之规定增加党义课程。

第二条 各级学校之党义课程,暂定如下:

Ⅰ、小学校

一、民权初步;

二、孙文学说浅释;

三、三民主义浅说。

Ⅱ、中等学校

一、建国方略概要;

二、建国大纲浅释;

三、五权宪法浅释。

Ⅲ、专门大学

一、建国方略;

二、建国大纲;

三、三民主义;

四、本党重要宣言;

五、五权宪法之原理及运用。

第三条 小学校一、二学年不授党义课程,但由各学校自行采集本党诸先烈革命故事为儿童讲述之。

第四条 小学校高初两级分设者,初级得单授三民主义浅说,高级授民权初步及孙文学说浅释。

第五条 中等学校高初两级分设者,初级得单授三民主义建国大纲浅说、建国方略之心理建设、社会建设两部,高级授五权宪法浅释及建国方略物质建设之部。

第六条 六年制独立师范党义课程适用中等学校之全部,高中附设师范科者,适用中学等校高中之部。

第七条 小学校党义课程注重使儿童得具体观念,中等学校注重使学生正确认识,专门大学注重使学生分析研究其理论体系及实施步骤,或运用方法。

第八条 各级学校教授党义课程采行进度(同时授数种)或

纵行进度（授毕一种再授一种），由各校自定之。

第九条　各级学校党义课程之教授时间，每周至少以两小时为限。

第十条　讲授党义课程须与民族独立运动教育课程联络之。

第十一条　各种党义课程之教本，均由最高教育行政机关编审颁行之。

第十二条　本条例第二条规定之党义课程为最低限度之必修科。专门学校及普通职业学校或大学分科，因性质不同，得斟酌偏重一种或数种研究之。

第十三条　本条例有未尽事宜，由中央训练部提请中央执行委员会修改之。

第十四条　本条例由中央执行委员会议决施行。

注：本件经国民党二届中央执行委员会第一六〇次常务会议通过。

〔国民党中央执行委员会秘书处档案〕

4　国民党中央检定党义教师委员会关于该会组成问题致教育部函

（1928年11月28日）

中央检定党义教师委员会公函第四号

迳启者：敝会根据各级学校党义教师检定委员会组织通则第二条第一项及第三条之规定，由中央训练部与全国最高教育行政机关共同组织成立。委员人选除中央训练部长丁维汾、大学院长蔡元培为当然委员外，由中央训练部另聘确明党义且有教育经验之党员于右任、陈果夫、周鲠生、杨铨、史维焕、周佛海、廖维藩七人充任委员，当于本年九月十日在中央党部开第一次会议，讨论进行事宜各在案。嗣以中央政制略有变动，各委员亦多离京，致会议无法召集，会务因之停滞，比以各大学及专门学校党义教师亟待检定，乃改聘中央训练部长丁维汾、教育部长蒋梦麟及戴季陶、陈果夫、马叙伦、周鲠生、杨铨、史维焕、陈希豪九人为委员，于十月二十二日召集第二次会议议决各项进行要案，并推选马叙伦、陈希豪、史维焕为常务委员，执行一切常务事宜。又于本月二十七日开第一次常务会议，讨论会务，积极进行。除一切章则及各项条例俟整理完竣另行函报外，所有成立及经过情形，理合函请查照为荷。此致

中央训练部

教　育　部

（十七年）十一月二十八日

〔国民党中央民众训练部档案〕

5　国民党中央常会通过的检定党义教师委员会组织通则与检定各级学校党义教师条例

（1929年11月18日）

（1）检定党义教师委员会组织通则

第一条　本通则依据检定各级学校党义教师条例第一条第二项之规定订定之。

第二条　中央检定党义教师委员会由中央训练部会同教育部组织之，检定下列各级学校之党义教师：

（甲）国立或经教育部立案之大学；

（乙）国立或经教育部立案之高等专门学校。

前项所列之学校，其距离中央较远者，得由中央检定委员会派员检定之。

第三条　省检定党义教师委员会由省党部训练部会同教育厅组织之，检定下列各级学校之党义教师：

（甲）全省省立及呈准立案之私立中等学校；

（乙）全省各县县立或普通市市立之中等学校；

（丙）全省省立或县立、乡立、村立及呈准立案之私立小学校；

（丁）在该省内各大学或高等专门学校所附设之中小学校。

前项所列学校党义教师之检定，因区域之关系，得由省检定委员会分区举行之，其人员由省检定委员会委派之。

第四条 特别市检定党义教师委员会由特别市党部训练部会同教育局组织之，检定下列各级学校之党义教师；

（甲）特别市市立及呈准立案之私立中等学校；

（乙）特别市市立及呈准立案之私立小学校；

（丙）在该市内各大学或高等专门学校所附设之中小学校。

第五条 海外各级华侨学校党义教师之检定由各级海外总支部或直辖支部酌量情形拟定办法，呈准中央训练部施行之。

第六条 检定党义教师委员会之委员或其协助办理检定事务之重要职员，必须具有检定各级学校党义教师条例第四条所定之资格，方得充任。但当然委员不在此限。

第七条 检定党义教师委员会之委员为五人或七人，除各该级党部训练部长及教育行政机关长官为当然委员外，中央检定党义教师委员由中央训练部提请中央常会任用之，各省各特别市及海外总支部直辖支部等所在地之检定党义教师委员，由各该党部陈请中央训练部任用之。

第八条 检定党义教师委员会执行职务之期间，由各该检定委员会酌量情形报告中央训练部核定之。

第九条 本通则由中央执行委员会议决施行。

（2）检定各级学校党义教师条例

第一条 全国各级学校党义教师之检定，由检定党义教师委员会依本条例行之。检定党义教师委员会之组织另定之。

第二条 本条例所称党义教师，系指各级学校现任或志愿担任党义课程之教师。

第三条 全国各级学校之党义教师，均应受检定党义教师委员会之检定，其未经检定或经检定而不及格者不得充任。但单级学校之讲述党义课程者，得暂免检定。

第四条 凡请求检定者应具备左列资格：

一、本党党员；

二、合于教育行政机关所规定之教师资格。

第五条 凡请求检定者，除缴本人最近二寸半身相片及填具志愿书、履历书外，并须缴验左列凭证：

一、本党党证；

二、学校毕业证书或教员资格检定证书或其他足以证明教师资格之书据。

第六条 凡具备第四条规定之资格，而受高等或中等教育之党义教师试验检定者，其考试之科目如左：

三民主义； 建国方略； 建国大纲；

本党历次全国代表大会宣言。

第七条 凡具备第四条规定之资格而受小学教育之党义教师试验检定者，其考试之科目如左：

三民主义； 民权初步； 建国大纲。

第八条 凡具有第四条所列之资格并有关于党义之著述或有自编党义教材者，得免试检定。但以高等教育之党义教师为限。

第九条 受免试验检定之党义教师，除依照第五条之规定外，并须缴验关于党义之著述或自编党义教材。

第十条 凡检定合格之党义教师，由该检定委员会发证书外，并将姓名在中央或地方党报及教育行政机关之公报上公布之。

第十一条 证书有效时间定为二年，以自检定合格后之学期开始时计算，期满后须重受检定。

第十二条 各级学校之训育主任，亦适用本条例之规定检定之。

第十三条 本条例如有未尽事宜，由中央训练部提请中央执行委员会修改之。

第十四条 本条例由中国国民党中央执行委员会议决施行。

注：此件经国民党第三届中央执行委员会第二十六次常务会议通过，并于同年十一月十八日中央第四十九次常务会议订正。

〔国民党中央民众训练部档案〕

6　国民党中央常会通过的审查党义教师资格条例

(1931年7月30日)

第一条 全国各级学校党义教师资格之审查，由审查党义教师资格委员会依本条例行之。审查党义教师资格委员会之组织另定之。

第二条 全国各级学校现任党义教师之未经检定者，或志愿充任党义教师者，除由本人迳向审查党义教师资格委员会请求审查外，得由左列各学校机关或党部提请审查之。

一、各级学校；

二、各级教育行政机关；

三、各级党部。

第三条 凡请求审查者，须呈缴左列各件，其有著述者，连同著述一并呈送。

一、本人最近二寸半身相片二张；

二、志愿书；

三、履历书；

四、本党党证；

五、学校毕业证书或教员资格检定证书，或其他足以证明教师资格之书据。

第四条 左列人员得请求审查：

一、本党党员具有与各该级学校教师相当之资格者；

二、本党党员具有左列资格之一者：

甲、曾任或现任中央党部干事以上职务满两年，并曾在大学、或专科、或旧制专门以上学校毕业，对党义确有特殊研究者，得请求分别给予充任大学或专科学校党义教师之资格。

乙、曾任或现任省、特别市党部干事以上职务满二年，或县市党部委员并曾在专科或旧制专门以上学校肄业满一年，对党义确有研究者，得请求给予高级中学党义教师之资格。

丙、曾任或现任省、特别市党部干事以上职务满二年，或县市党部委员并曾在高级中学或旧制中等学校毕业，对党义确有研究者，得请求给予充任初级中学党义教师之资格。

丁、曾任或现任县市党部干事以上之职务满二年，或直属区党部委员并曾在初级中学肄业满二年，或旧制中等学校肄业满一年者，得请求给予充任小学党义教师之资格。

三、本党党员曾在与各该级学校教师资格相当之党务学校毕业者。

四、本党预备党员曾服务教育三年以上，具有与各该级学校教师相当之资格者。

第五条 中央审查党义教师资格委员会对于具有左列资格人员之一者，得酌给合格证书，并免除其履行第三条所规定之手续。

一、曾任或现任中央委员会委员者；

二、曾任或现任省、特别市党部委员，并曾服务教育一年以上者；

三、本党党员曾任专科或旧制专门以上学校教授满二年以上者。

第六条 本党党员具有左列资格之一者，得免审查。但须提出证明资格之文件，向党义教师资格审查委员会于规定时间内请求登记，经登记后，得各按其资格上之学校级别，取得各该级学校党义教师之资格。

一、党义教师之检定合格者；

二、曾任检定党义教师委员会委员者；

三、曾任党义教师二年以上者。

第七条 凡经审查合格及具有第五条、第六条资格之党义教师，除由审查党义教师资格委员会发给合格证书外，并将其姓名在中央或地方党报，或教育行政机关之公报上公布之。

第八条 凡具左列情形、经查明属实者，应分别取消其党义教师资格或停止其职务：

一、取得合格证书之党义教师，其后受开除党籍之处分者，应即取消其党义教师资格。

二、取得合格证书之现任党义教师，受停止党权之处分，共六个月以上者，应即停止其职务，其在六个月以下者得暂准其服务。如学期终了尚未恢复党权，不得继续聘任。

第九条 党员缺乏地区，其中小学校党义教师得由所在地省、特别市党部申叙理由，呈请中央训练部核准任用，对本党党义确有认识与信仰，及合于教育行政机关所规定教师资格之非党员，为代用党义教师。

第十条 中小学校聘任代用党义教师之前，须将该代用党义教师之志愿书、履历书、学校毕业证书，或其他足以证明教师资格之书据，及最近二寸半身相片二张，其有著述者，应连同著述一并呈送，经审查合格，发给代用党义教师证书后方得聘任。

第十一条 凡经审查合格之代用党义教师，应由审查党义教师资格委员会代请省、特市党部委员二人介绍，为本党预备党员，函请该省市党部办理入党手续。

第十二条 凡经审查合格之党义教师，或代用党义教师，经学校聘定后，应将其工作成绩按期呈报各该管党部及教育行政机关考核。其考核办法另定之。

第十三条 各级学校之训育主任，亦适用本条例之规定审查。

第十四条 本条例如有未尽事宜，得由中央训练部提请中央执行委员会修正之。

第十五条 本条例由中央执行委员会决议施行。

注：此件经国民党第三届中央执行委员会第一五二次常务会议通过。

〔国民党中央执行委员会秘书处档案〕

7 国民党第四届全国代表大会通过的党义教育案

（1931年11月20日）

决议：照主席团审查意见通过。

（附一）：主席团审查意见

对于河北省党部及董霖同志等所提二案，认为意见尚属妥善，拟请交国民政府教育部妥拟办法。

（附二）：河北省党部提"关于国民教育案"原文

（1）归并党义教材案

说明：党义不宜立特科，其理由有二：（甲）流于硬化，为一般意识所难洽合。（乙）在训政时期，党义原为国民应有之常识，今乃一若于一般常识之外别设特种常识，无异自毁其普遍性，陷于专门，与一般意识隔离。若是而言党化教育，实只有党而不化。而过去党义教育之所以无甚成效，即此之故。拟并入社会常识科(公民科)而为中心,使社会常识党义化。

(2)渗透党义教材案

说明:过去之各种教材除党义一科外,均不涉党义,此无异与训政时期教育宗旨隔离。而党义科既因特设,造成硬化,特殊化而不发生效果。于是党义教育不特不深入国民意识,且并不与国民意识有多大关系矣,若是者谓之无党义教育可也。拟用渗透法与归并法并行,将党义软读化,编入国语教材,商、农业教材,地理教材中。国语一科,包括极广,凡艺术文学以及其它各项题材均可入之,"三民主义文学"即可以于此陶冶其基础。至商业、农业、地理等,皆民生主义所寄。例如基本工业、土地问题等是,地理一科尤当与实业计划为经纬也。

(3)确定民生史观案

说明:过去历史之取材与编法——封建史观者耳,绝无现代价值,求其合乎资本主义社会之要求而不可,况三民主义乎?夫历史之于民族文化之开展,且可左右民族之盛衰,故欲建设三民主义社会非从历史着力不为功。欲从历史着力,则以民生主义观说明历史过程,乃必要之图。历史之进化,一唯物之辩证乎?一民生之辩证乎?固待我党之君示之,故宜欲定民生史观。三民主义之存替,胥于是乎瞻之。

(附三):董霖等四十人提"改进党义教育之实施方法案"

原文

本党负建国之重责,其所奉行之主义及政纲政策,必须得人民充分之认识与信仰,始克发生广大之力量,树党治之基础。故党义教育之实施,实大有于国民革命之前途。中央年来厉行党义教育,国内大中小学均有党义课程之设置。惟综其结果,不但成效难收,反使一般学生感觉三民主义之空虚干燥与无意义。是固由于师资教育不当,但其实施方法,自大有其未妥善处。盖将党义于一般社会科学之外特立课目,授者虽言之谆谆,听者以其为自作宣传,反觉藐然无味,而普通担任党义教师者,每对于社会科学根本无基础,以之而讲授宏博渊深之三民主义,自难能尽量发扬。兹拟改进党义教育之实施方法,一扫过去特设党义课程之弊病,而渗透党义于各种社会学书籍中。如历史、地理之书籍,应渗入以民族独立运动之精神,如日本为我国不共戴天之深仇,应卧薪尝胆以雪耻。五权制度之特质与运用,应渗入于各种政治学书籍中。虽三民主义系一种主义,不可分而为三,但仍分别寓于各种社会科学,自可融会而贯通之,盖宣传之最有效方法,厥有一完善之结论,不在见之以自赞扬也。学校教育之实施党义方法应如是,社会教育与文艺亦应以渗入为根本之原则。至于如何编制众多之三民主义社会科学书籍及三民主义的文艺书籍,自非有专门研究之学者不可。中央应依事实之需要,克期创办一大规模之完善的三民主义研究院,以培植人材。必如此,而后党义教育方能积极实施。是否有当,敬候公决。

〔国民党中央执行委员会秘书处〕

8 国民党中央训练部检送各级学校党义教师、训育主任工作大纲与考核办法函

(1931年8月4日)

迳启者:查各级学校党义教师及训育主任所负推进党义教育,所负之使命至为重大,极应共同努力以策进行。惟查过去担任是项工作人员则以无工作大纲可资遵循,亦无考核办法以资策励,成效似未甚著。本部有鉴于此,并谋指导督促便利起见,兹特规定《各级学校党义教师及训育主任工作大纲》与《党义教师及训育主任工作成绩考核办法》。除分行外,相应检送是项大纲办法各一份,函达贵部查照,转饬各省市县教育厅局转行所属遵

照办理为荷。此致

教育部

　　计附（照开）

　　　　　　　　　　　　　部　长　　方○○
　　　　　　　　　　　　　副部长　　苗○○

各级学校党义教师及训育主任工作大纲

一、各级学校党义教师及训育主任共同的工作

甲、关于辅助学校行政者：

1．襄助校长实施有关党义教育的法令；

2．商承校长于每学期开始及结束前，分别拟具工作实施计划书及工作实施报告书各一份，按期呈送各该主管教育行政机关之同级党部备核；

3．协助校长充实有关党义之各种设备。

乙、关于指导学生生活者：

1．时时与学生接近，藉以匡正其思想言论行动；

2．随时调查学生平时所阅刊物及其所发表之言论（中等以上学校）；

3．随时调查学生平时交友种类及其行动（中等以上学校）；

4．总理纪念周及各种纪念日，应因时制宜讲演总理遗教及革命史实；

5．联络其他教职员指导学生课外作业。

丙、关于自身修养者：

1．熟读总理遗教，并多阅本党领袖的言论著述，及有关党义教育的书报杂志；

2．关于学生德性之陶冶，应先以身作则；

3．注意卫生及运动。

二、训育主任的工作

甲、关于各级学校一般者：

1．执行或处理事项：

（一）校务会议有关训育的决议案；

（二）训育会议的决议案；

（三）校长交办事项；

（四）开学及放假时有关训育事项；

（五）学生间纠纷争执及其他偶发事项。

2．指导事项：

（一）学生公民训练事项；

（二）学生日常生活事项；

（三）学生服务社会事项（如举办民众学校等）。

3．制订事项：

（一）协助校长召集训育会议，规定：（1）训育实施办法，（2）学生品行考查办法，（3）学生奖惩办法，（4）学校与家庭社会间之联络办法等；

（二）制订教室、自修室、寝室、膳堂等公约；

（三）制订训育上必需之各项表格；

（四）其他。

4．考查事项：

（一）学生请假、旷课及缺席纪念周各种重要集会等事项；

（二）训育实施效果；

（三）学生思想个性及其家庭状况；

（四）其他。

乙、关于小学者：

1．养成儿童关于个人立身必备之早起、守时、勤俭、整洁等习惯；

2．养成儿童襄助家事之习惯；

3．训练儿童关于地方自治之基础知能；

4．辅助办理幼童军及童子军，并促进其发展。

丙、关于中学者：

1．训练学生地方自治及其他公民生活之知能；

2．训练学生生产劳动的习惯；

3．辅助实施童子军训练（初高中）；

军事训练（高中）、看护实习（女生）及课外运动等；

4．注意青年期之身心陶冶。

丁、关于专门以上学校者：

1．切实陶冶学生服务社会国家之健全品格；

2．辅助实施军事训练；

3．举行讲演。

三、党义教师的工作

甲、关于各级学校一般者：

1．民权初步及四权运用，应协同训育主任指示学生于自治会及其他各项集会中实地练习；

2．联络教职员组织教职员党义研究会；

3．随时将世界社会经济学者各家学说，根据三民主义分析批评指导学生（高中以上学校）；

4．对于党义课程之实施如有意见，应缮呈该管学校教育行政机关之同级党部，逐级转呈中央训练部，以资参考。

乙、关于小学者：

1．党义课程之教学，应注意使儿童对于三民主义有简明的概念及正确的信仰，并须与童子军党义课程切实联贯；

2．协同训育主任及其他教职员指导儿童表演革命故事及有关党义之竞赛会等。

丙、关于中学者：

1．党义课程之教学，应注意使学生对于三民主义能笃信力行，并须与童子军党义课程切实联贯；

2．协同训育主任及其他教职员，指导学生表演革命史实及举行党义演说竞赛会、研究会等。

丁、关于专门以上学校者：

1．党义课程之教学，应注意引导学生自动的研究，使对于三民主义深切信仰，笃实奉行。

2．协同训育主任指导学生为有关党义刊物之编述，革命史实之表演，及革命问题之演说或讨论。

党义教师及训育主任工作成绩考核办法

一、本办法依据审查党义教师资格暂行条例第十条订定之。

二、党义教师训育主任工作成绩，由各该管教育行政机关之同级党部考核之。但为事实上便利起见，得由各该党部指定所辖党部考核之。

三、党义教师工作应行考核事项如下：

甲、关于党义教育设施事项；

乙、关于党义课程事项；

丙、关于党义教学事项；

丁、关于课外指导事项。

四、训育主任工作应行考核事项如下：

甲、关于训育设施事项；

乙、关于生活指导事项；

丙、关于思想训导事项。

五、党义教师及训育主任工作成绩之考核，分为下列二种：

甲、派员实际考核；

乙、制定《各级学校党义教师工作成绩报告表》及《各级学校训育主任工作成绩报告表》，令其于学期终了时自行填报各该管党部及该管教育行政机关。

六、各级党部于学期开始前应将上学期各校党义教师及训育主任工作成绩评定，并通知该主管机关，以资分别奖励或纠正之。

七、各级党部应将考核结果逐级呈报上级党部审查。

八、各级党部关于考核各级学校党义教师及训育主任工作成绩细目得自行分别拟定，呈请中央训练部核准施行。

九、本办法由中央训练部颁行。

〔国民党中央执行委员会秘书处档案〕

（四）公民教育

1 国民政府文官处与国民党中央秘书处等单位关于中小学党义课程归并各科改称"公民"课的往来文件

（1932年8月—1933年4月）

（1）国民政府文官处致国民党中央秘书处公函

（1932年3月29日）

国民政府文官处公函　字第二五二号

迳启者：案准行政院函；据教育部呈；为奉发党义教育之实施方法及国民教育两案，谨先就小学拟具党义教育归并办法及其实施日期，呈请鉴核转呈，送请中央核定等情。请查照转陈等由。准此，经即转陈国民政府。奉批：送中央党部等因。除函复外，相应抄同原件，函达查照转陈为荷。此致
中央执行委员会秘书处
　　计抄送原函一件
中华民国廿一年二月廿九日

　　　　　　　　　　　　　　　文官长　魏　怀

抄行政院公函　第四八八号

迳启者：案据教育部呈称：案奉钧院训令内开：案准国民政府文官处第九六九五号函开：国民政府第二十一次常会关于中央执行委员会特字第一一九五号函开：第四次全国代表大会准河北省党部提关于国民教育及董霖同志等提修改党义教育之实施方案，经付审查认为，原案尚属妥善，请交府由部妥拟办法。复经会议

决议：照审查意见通过。请转饬办理一案，当经决议交主管机关办理等因。相应录案，并抄同原附各件函达查照办理等由。准此，合行抄发原附各件，令仰该部遵照，妥拟办法呈核。等因。并附发原函抄件一件，原提案抄件二件到部。奉此，本部遵即详加核议，当以大学及专科学校课程门类分别较细，其情形异于普通教育，党义一科应如何由专科以上学校课程中取消独立地位，分别归并于各科中，自应交由大学及专科学校课程及设备标准起草委员会详加研讨，俟有结果，再行专案呈报。至关于普通教育部分，本部遵经召集中小学校课程及设备标准编订委员分别研讨，金以中央训练部小学课程标准草案中本规定初级小学不特设党义一科，高级小学似可仿照办理，所有党义教材即分别纳入社会及其他各科，不另设一科，以归一致。初级中学及高级中学，除遵照参透党义教材案本旨，所有历史、地理及国文等科课程标准应分别酌量改订外，并应另设科目，包括公民生活及各科所不能容纳之党义教材，此科名称拟暂定为公民科，俟有较善名称时再行更改。至史地等科课程标准之修订办法，本部拟就中央所草定党义课程标准，将其内容材料逐一分析，开列纲目，分送与各关系课程标准审查及起草委员，于改订及起草时查照容纳，免致遗漏，然后综合高初中学分总数重行支配。至此项办法之实施期限，本部拟于本年三月初旬，将中小学课程标准全部修订完成，刊印公布。自二十一年度第一学期起开始实行。又查原案，关于国民教育案之确定民生史观案，所谓民生史观，在总理全部遗教中仅三民主义，民生主义第一讲中有民生为历史重心之说明，在教育上究应如何确定民生史观，事关总理遗教之解释与阐明，拟请呈由中央详加指示。奉令前因，理合先就中小学拟具党义教材归并办法及其实施日期，备文呈复。是否有当，仰祈钧院鉴核。并呈国府转送中央党部核定，指令示遵，实为公便。等情到院。相应函达查照转陈，函请中央党部核定，俾便示遵。此致

国民政府文官处

院长 孙科
廿一·一·廿八

(2)国民党民运指委会致中央秘书处公函

(1933年5月11日)

迳启者:案准贵处转送国民政府文官处 第二五二号公函,为"准行政院函:据教育部呈:为奉令党义教育之实施方法及国民教育两案,经分别拟具办法,呈请鉴核转陈,送请中央核定,抄同原件函达查照"一案。查原函请核定两点,(其一)关于党义教育之实施方法案。普通教育部分中小学校党义教材归并办法,所拟尚属妥善,惟拟于本年三月初旬将全部课程标准修订完成,刊印公布一节,不惟现在期限已过,且兹事关系整个三民主义教育之实施,亦应宽以时间,俾更可计划周到,拟至本年六月初旬修订完成,并为慎重起见,须将修订完成之全部课程标准呈中央核定后再行刊印公布。(其二)关于国民教育案之确定。民生史观案原函请"民生史观在总理全部遗教中,仅三民主义,第一讲中有民生为历史重心之说明,在教育上究应如何确定民生史观,事关总理遗教之解释与阐明,拟请呈由中央详加指示"。查案关三民主义之中心理论至为重要,拟请中央推定委员,草拟要点,再提请中央常会核议施行。所有以上两项意见,是否有当,相应抄同原附件,函请查照,转陈核夺,并希转行见复为荷。此致

中央秘书处

计抄送原附件一件

主 任 委 员　○○○
副主任委员　○○○

中国国民党中央执行委员会秘书处公函第七二一〇号

前准第四六九号大函略开："关于教育部对于第四次全国代表大会党义教育之实施方法，及国民教育两案所拟办法一案，其一，普通教育部份，中小学校党义教材归并办法，所拟尚属妥善，惟拟于本年三月初旬将全部课程标准修订完成，拟展至六月初旬，并为慎重起见，须将修订完成之全部课程标准呈中央核定后再行刊印公布。其二，关于国民教育案中确定民生史观一节，事关三民主义之中心理论，至为重要，拟请中央推定委员，草拟要点，再提常会核议施行。所有以上两项意见，是否有当，请转陈核夺"等由到处。经提出中央第二十一次常会决议"交政治会议教育组审查后再议"，并经函交去后。兹准函复略开："为准函关于第四次全国代表大会交下国民教育及改进党义教育实施办法两案，经教育部及中央民众运动指导委员会拟具办法经中央常会交教育组审查，兹据报告审查结果，经本会议第三一四次会议决议：教育部所拟普通教育部份，中小学校党义教材归并办法，尚属妥善，拟由教育部按照原定计划，从速召集中小学校课程标准编订委员会，切实讨论课程标准，届时由中央派员出席参加讨论，以资接洽，并于修订完成之后，呈经中央核准，再行刊印公布。三民主义的社会科学及三民主义的文艺书籍，应由中央提拨专款，责令国立编释馆编订"，请查核办理。等由到会。复经中央第二十六次常会决议："通过"在案。除函复并函国府文官处转陈饬教育部知照外，特录案函复查照。右致
中央民众运动指导委员会
中华民国廿一年七月四日

秘书长　叶楚伧

（3）国民党民运指委会致教育部函（1933年2月18日）

迳启者：案准甘肃省党务整理委员会庚日快邮代电为："教

育部通令全国各中小学校停止讲授党义，另订新课程，以资代替。惟于新课程尚未颁布之前，竟将数年来订为专课之党义停授，既易启青年疑虑之心，更可予赤匪以挑煽之机。拟请教育部于新课程未颁布以前，将各校党义，仍旧讲授，以免在此短期之中，贻留不良影响"等由。查本会并无贵部该项令文可资参考，拟请迅即抄录该项全文，函送本会，以便参照答复。相应函达查照为荷！此致
教育部

　　　　　　　　　　　主　任委员　○○○
　　　　　　　　　　　副主任委员　○○○

（4）国民政府教育部覆函（1933年3月3日）

教育部公函　字第一七九七号
　　案准贵会函嘱将通令各中小学不设党义课程之全文抄录一份，送会参考等因到部。查本部并无此项通令，惟中小学不特设党义一科，系依据上年行政院第二八零八号训令饬知，中央第二十六次常会关于党义教育实施方法一案之决议办理。本部于修订中小学课程标准时，曾陈请中央党部派员指导，将小学党义教材，尽量纳入有关系之各科中并添加小学公民训练标准一项，中学党义教材，则除分别纳入史地等科外，复经扩充订为公民课程标准。相应函达查照。此致
中央执行委员会民众运动指导委员会

　　　　　　　　　　　　　　　　　　朱家骅

中华民国二十二年三月三日

（5）国民党民运指委会致教育部函（1933年3月15日）

　　迳启者：案准贵部第一七九七号函开："中小学不特设党义一科，系根据上年行政院第二八〇八号训令饬知，中央第二十六

次常会关于党义教育实施方法一案之决议办理。本部于修订中小学课程标准时，曾陈请中央党部派员指导，将中小学党义教材尽量纳入有关系之各科中，并添加小学公民训练标准一项。中学党义教材则除分别纳入史地等科外，复经扩充为公民课程标准"等由。查《申报》二十一年十一月二十八日载贵部通令各省市教育厅局转饬所属各中小学校自下学期起，一律遵行高初中各学期每周各科教学及自习时数表，该项令文中有"遵照中央决议党义教材应分别纳入公民、历史、地理等科目，不再另设党义一科"等语。又据浙江、江西、湖南、河南、甘肃、北平等省市党部最近函电：均称各中小学校自本学期起，不另设党义课程，并请示过渡期间救济办法各案。是各中小学校现已不设党义课程。惟查中央政治会议第三一四次会议决议："教育部所拟普通教育部份中小学校党义教材归并办法，尚属妥善，拟由教育部按照原定计划，从速召集中小学课程标准编订委员会切实讨论课程标准，届时由中央派员出席参加讨论，以资接洽，并于修订完成之后，呈请中央核准，再行刊印公布"等由。经中央第二十六次常会决议"通过"，并由中央秘书处函国府文官处转知贵部在案。该项课程标准贵部曾否呈奉中央核准即已径行颁布？现在各中小学校既已不特设党义课程，各教师之担任应行纳入党义教材之课程者是否已完全有课程标准可资根据？有无根据该项课程标准编订之完善教本可资教学？如尚无完善课本，务请教师有不能自编教材，或自编教材不能符合标准者，如何救济？相应函请迅予答复，以便转知各该省市党部为荷！此致

教育部

主　任委员　〇〇〇
副主任委员　〇〇〇

中华民国二十二年三月十五日

（6）教育部复函（1933年4月28日）

教育部公函　字第三七一九号

迳启者：大函奉悉，查纳入党义教材之小学各科课程标准，小学公民训练标准，及纳入党义教材之高初中国文、历史及初中地理课程标准，前经中央政治会议第三五二次会议核准，高初中公民及高中地理课程标准不日即可订就，仍送中央鉴核。此项课程标准之实施办法，小学各年级于二十二年学年度开始，一律依照施行。高初中则自二十二年学年度新招生一年级开始施行，其二十二年以前入学各年级学生，仍依照课程暂行标准施行教学。中学党义一科，仍须继续教授。至廿四年暑假，其供二十二年度开始之中学一年级应用各科教科图书及小学各年级各科教科书，即须依照新课程标准编订。教员自编教材，亦须遵照是项课程标准。关于分期施行课程标准办法及赶编小学各年级各科教科书，中学廿二年学年度一年级应用书籍，业经本部分别训令各省市教育厅局转饬所属各校及各书坊知照，相应函复查照。此致
中央执行委员会民众运动指导委员会

朱家骅

中华民国二十二年四月廿八日

〔国民党中央民众训练部档案〕

2　国民党中央民运会关于审查公民教师资格的提案

（1933年2月20日）

中央执行委员会常务会议提案

提议：中央民众运动指导委员会。

提出日期：廿二年二月廿日

案　　由：为提请核议仿照审查党义教师办法审查中小学公

民教师资格由。

为提请核议事：案查教育部业经遵本党第四次全国代表大会决议案，通令全国中小学校于二十二年度上学期起不设党义课程，另行采用该部重新编订渗有本党党义之中小学公民、史地等社会科目教科用书在案。惟将来该项公民等课教师，是否可以普通教师充任，或即以前经审查合格之党义教师改行担任，抑须仿照审查党义教师资格办法，订定条例，另予审查。各种问题，复经钧会交办河南、天津等省市党部呈请释示等件到会。窃以教育要素，师资为先，苟无忠实教师，则其他课程纵极完善，必无效果。本党推行党义教育，于各校添设党义课程之外，更有党义教师资格之审查，以党员为党义教师必备资格之一，其意盖即在此。兹者全国中小学校将于本年暑假后，不设党义课程，而代以该项公民等课。考其究竟，仍在养成三民主义政治下之健全国民。其教材编订之适合固属重要，而施教者是否深明主义，是否竭诚为本党努力，是否为本党党员，以及教者能否以身作则，示学者以健全公民之模范，尤为重要也。盖公民一课，除应授予公民必备之知能外，更须注重人格感化与道德实践，设教者自己不能身体力行，则受教者将毫无信仰可言，而教学之全盘计画与目的，均将完全失败。此外，教者之学历与教学经验，亦应注意。故嗣后公民教师必具备之资格为：（一）党员，（二）模范公民，（三）相当学历与教学经验等项。若以普通教师滥竽充任，固有未合；即本党一般党员及前经审查合格之党义教师，亦未必尽能胜任，用本此意，提议下列三项：

（一）中小学公民教师须仿照审查党义教师办法，订定条例，另予审查。

（二）审查合格之党义教师，如愿改任中小学公民教师者，仍须申请审查，但得予以相当便利。

（三）其他渗有本党党义之社会科目，如史地等教师，俟本党吸收大量教育人材足敷分配时再行审查,暂准各校自由聘请,不予限制。

事关本党教育基础及健全公民之养成,上列三点是否有当,理合提请核议。至该项公民教师资格审查条例,拟候钧会核准后,再行拟订。并拟参照审查党义教师资格办法,对于各中小学训育主任资格之审查、连同规定,合并呈明。谨呈
中央执行委员会。

中央民众运动指导委员会主任委员　陈公博

副主任委员　王陆一

〔国民党中央民众训练部档案〕

3 国民党中央秘书处检送审查中等学校公民教员、训育主任条例与审查委员会组织通则函

(1933年9月12日)

中国国民党中央执行委员会秘书处公函秘第三一七一号

前准贵会提出审查公民教师资格条例、审查训育主任资格条例,及审查训育主任公民教师资格委员会组织通则,经常会议决:推陈果夫、经亨颐、段锡朋三委员审查去后。兹准报告审查意见,修正标题及条文,经提出中央第八十六次常会决议:

(一)审查中等学校公民教员资格条例,及审查中等学校训育主任资格条例,照审查修正案通过,审查训育主任公民教员资格委员会组织条例,修正通过。

(二)小学教员在检定或考试时,应注意其对于党义之认识,除在学校时曾经学习党义课程者外,应予考验,如考验成绩不佳,应令补习,其详细办法由教育部从速规定。

在案。除由会分行外,特检同通过条文,录案函达,即希查照为荷!此致

中央民众运动指导委员会

附条例三种

中华民国二十二年九月十二日

秘书长　叶楚伧

审查中等学校公民教员资格条例（1933年8月31日）

第一条　全国各中等学校公民教员资格之审查，由审查训育主任，公民教员资格委员会依本条例行之。审查训育主任公民教员资格委员会之组织另定之。

第二条　本条例所称公民教育，系指现在或志愿担任各中等学校公民课程之教员。

第三条　全国各中等学校之公民教员，均应受审查训育主任公民教员资格委员会之审查，其在各该地审查训育主任、公民教员资格委员会开始办公三月后，未经审查或审查而不合格者，不得继续充任。

第四条　全国各中等学校公民教员，须由本人迳向审查训育主任、公民教员资格委员会请求审查，或由：（一）各中等学校，（二）各级教育行政机关，（三）各级党部提请审查之。

第五条　凡本党党员（包括预备党员）或尚未入党而对于三民主义曾有研究之人员，具有左列各款资格之一者，得请求受中等学校公民教员资格之审查。

一、在专门以上学校研究社会学科毕业者；

二、具有教育行政机关所规定之中等学校教员资格，曾教授社会学科者；

三、具有教育行政机关所规定之中等学校教员资格，对于社会学科确有研究而有著述者。

第六条　凡请求审查者，除应呈缴本条例第五条所规定资格之各种证明文件外，并应呈缴左列各件：

一、本人最近二寸半身相片二张；
二、志愿书；
三、履历书。

第七条 本党党员具有左列资格之一者，得免审查。但须提出证明资格之文件，向审查训育主任、公民教师资格委员会请求登记，经登记后取得中等学校公民教员之资格。

一、取得中等学校党义教师检定或审查合格证书，且有中等学校教学经验一年以上者；
二、前检定党义教师或审查党义教师资格委员会委员，并曾任中等学校教员者；
三、现任或曾任审查训育主任、公民教员资格委员会委员者。

第八条 凡经审查合格及具有本条例第七条资格之公民教员，由审查训育主任公民教员资格委员会给予合格证书。

第九条 各地遇有缺乏本条例第五条及第七条所规定资格之人员时，得由各该校长拟聘对于党义确有认识与信仰，对于公民教学确有研究与经验，且具有合于教育行政机关所规定教员资格者，向审查训育主任、公民教员资格委员会申述理由，经核准后为代用公民教员。

第十条 各中等学校聘用代用公民教员之前，须将该代用公民教员之志愿书、履历书、学校毕业证书或其他足以证明教员资格之文件，及最近二寸半身相片二张，其有著述者，应连同著述一并呈送，经审查合格给予代用公民教员证书后方得聘任。

第十一条 凡非党员而经审查合格之公民教员及代用公民教员，得由审查训育主任、公民教员资格委员会代请省或特别市党部委员二人介绍，为本党预备党员。

第十二条 凡经审查合格之公民教员及代用公民教员，经学校聘定后，应将其工作概况至少每一学期呈报审查训育主任、公民教员资格委员会一次，以凭考核。

第十三条　本条例如有未尽事宜，得由中央民众运动指导委员会提请中央执行委员会修正之。

第十四条　本条例由中央执行委员会决议施行。

注：此件经国民党第四届中央执行委员会第八十六次常务会议通过。

审查中等学校训育主任条例（1933年8月31日）

第一条　全国各中等学校训育主任资格之审查，由审查训育主任、公民教员资格委员会依本条例行之。审查训育主任公民教员资格委员会之组织另定之。

第二条　本条例所称训育主任，系指现任或志愿担任中等学校规程所规定之训育主任或教导主任。

第三条　全国各中等学校之训育主任、教导主任，均应受审查训育主任公民教员资格委员会之审查，其在各该地审查训育主任公民教员资格委员会开始办公三月后，未经审查或经审查而不合格者，不得继续充任。

第四条　全国各中等学校训育主任、教导主任，须由本人迳向审查训育主任、公民教员资格委员会请求审查，或由：（一）各中等学校，（二）各级教育行政机关，（三）各级党部，提请审查之。

第五条　凡本党党员（包括预备党员）或尚未入党而对于三民主义曾有研究之人员，具有教育行政机关所规定中等学校教员资格，曾任中等学校训育职务者，得请求受各种中等学校训育主任资格之审查。

第六条　凡请求审查者，除应呈缴本条例第五条所规定资格之各种证明文件外，并应呈缴左列各件：

一、本人最近二寸半身相片二张；

二、志愿书；

三、履历书。

第七条 本党党员具有左列资格之一者，得免审查。但须提出证明资格之文件，向审查训育主任公民教员资格委员会请求登记，经登记后取得中等学校训育主任之资格。

一、取得中等学校训育主任之检定或审查合格证书，且有中等学校训育工作经验一年以上者；

二、曾任检定党义教师或审查党义教师资格委员会委员，且有中等学校训育工作经验；

三、现任或曾任审查训育主任公民教员资格委员会委员者。

第八条 凡经审查合格及具有本条例第七条资格之训育主任，由审查训育主任、公民教员资格委员会给予合格证书。

第九条 各地遇有缺乏本条例第五条及第七条所规定资格之人员时，得由各该校长拟聘对于党义确有认识与信仰，对于训育确有研究与经验、且具有合于教育行政机关所规定教员资格者，向审查训育主任公民教员资格委员会申述理由，经核准后为代用训育主任。

第十条 各中等学校聘用代用训育主任之前，须将该代用训育主任之志愿书、履历书、学校毕业证书或其他足以证明教员资格之文件，及最近二寸半身相片二张，其有著述者，应连同著述一并呈送，经审查合格，发给代用训育主任证书后方得聘任。

第十一条 凡经审查合格之训育主任及代用训育主任，得由审查训育主任公民教员资格委员会代请省或特别市党部委员二人介绍，为本党预备党员。

第十二条 凡经审查合格之训育主任或代用训育主任，经学校聘定后，应将其工作概况至少每一学期呈报审查训育主任公民教员资格委员会一次，以凭考核。

第十三条 本条例如有未尽事宜，得由中央民众运动指导委员会提请中央执行委员会修正之。

第十四条　本条例由中央执行委员会决议施行。

审查训育主任公民教员资格委员会组织通则

（1933年8月31日）

第一条　本条例依据审查中等学校训育主任资格条例第一条及审查中等学校公民教员资格条例第一条订定之。

第二条　省或市（行政院直属市）审查训育主任公民教员资格委员会，由省或特别市党部会同各该省或市（行政院直属市）最高教育行政机关组织之。

审查下列各级学校训育主任及公民教员之资格：

一、省市（行政院直属市）立或县市立之中等学校及呈准立案之私立中等学校；

二、在该省市内各大学或高等专门学校所附设之中等学校。

第三条　省或市（行政院直属市）审查训育主任公民教员资格委员会之委员为五人至七人，除由各该省或特别市党部委员互推一人及教育行政长官一人为当然委员外，余由各该省或特别市党部会同当地教育行政机关选聘专门以上学校毕业、且富有教育经验之党员充任，分别呈报中央民众运动指导委员会及教育部备案。

第四条　未设党部之地区，由党务特派员会同当地最高教育行政机关酌量情形拟定办法，呈准中央民众运动指导委员会施行之。

第五条　审查训育主任公民教员资格委员会为常设机关，其委员为义务职，其协助办理审查事务之各职员，均由省或市（行政院直属市）党部及其最高教育行政机关职员兼任之。

第六条　本条例如有未尽事宜，得由中央民众运动指导委员会提请中央执行委员会修正之。

第七条　本条例由中央执行委员会决议施行。

〔国民党中央执行委员会秘书处档案〕

4 国民党中央秘书处检送修正中等学校训育主任、公民教员工作大纲及成绩考核办法致各省市党部函

（1936年8月）

公函 第 号

案查二十二年八月卅一日前四届中央执行委员会第八十六次常会〔会〕议通过之审查中等学校公民教育〔员〕资格条例及审查中等学校训育主任资格条例，内容应加修正之处甚多，且以同一性质之事件，而有两项条文之颁布，自应合并为一，以示整饬。又查同日通过之审查中等学校训育主任公民教员资格委员会组织条例，名称内容均有未妥，亦应分别修正，业经拟具中等学校训育主任公民教员资格审查条例及修正训育主任公民教员资格审查委员会组织条例，提请中央执行委员会第六次常务会议通过。并准将前颁之审查中等学校公民教员资格条例、审查中等学校训育主任资格条例，一并废止在案。兹复将与上项条例有关之中等学校训育主任公民教员登记规则，中等学校训育主任公民教员工作大纲，分别加以修正补充。并新拟中等学校训育主任公民教员工作成绩考核办法一种，俾便切实考核，以谋党义教育之推进。除分行外，相应检同各件函请查照饬遵。此致

教育部
各省党部
各特别市党部

计附发一、中等学校训育主任公民教员资格审查条例一份〔略〕

二、修正训育主任公民教员资格审查委员会组织条例一份〔略〕

三、修正中等学校训育主任公民教员登记规则一份〔略〕

四、修正中等学校训育主任公民教员工作大纲一份
五、中等学校训育主任公民教员工作成绩考核办法一份
中华民国三十五年三月　日

修正中等学校训育主任公民教员工作大纲
（1936年3月1日）

壹、训育主任公民教员共同之工作

甲、关于辅助学校行政者：

一、襄助校长切实施行有关党义教育之法令与计划；

二、协助校长充实有关党义教育之设施；

三、商承校长制订训育方案；

四、商承校长于每学期开始时，拟具工作实施计划书一份，呈送直辖教育行政机关转送训育主任公民教员资格审查委员会备核。

乙、关于指导学生生活者：

一、总理纪念周、各种纪念日及各种集会，应因时制宜讲演总理遗教、革命史实、共匪罪恶、国难经过，并依照中央施政方针作时事报告。

二、指导并鼓励学生参加课外活动，使党义教育能渗透于学生全部生活之中。

三、考查学生所阅刊物及交友种类与平时之言论行动，以便侦悉其对于党之态度及其思想与生活。

四、用各种暗示方法警觉学生，以养成其民族意识、爱国观念。

五、实际参加学生团体之集会活动，以收指导实践之效。

丙、关于自身修养者：

一、精研总理遗教及本党重要宣言决议案，并多阅本党先进之言论著述。

二、爱护党国，敦励品行，实行新生活，为学生表率。
三、注意研究下列各项：
1. 我国现行教育政策；
2. 青年心理卫生与群众心理；
3. 国际及国内时事。

贰、训育主任之工作

甲、执行事项：

一、执行有关训育之法令；
二、执行训育会议及训育指导委员会关于训育之决议案。
三、执行校长交办事项。

乙、规划事项：

一、依据训育方案制订训育实施办法；
二、制订学生操行考查办法；
三、制订学生奖惩办法；
四、计划学校与家庭及社会间之联络办法；
五、制订教室、寝室、膳堂、自习室等处公约；
六、制订其他关于训育上之计划与表格。

丙、指导事项：

一、与学生共同生活，实行人格薰陶；
二、指导学生日常生活事项，并推行新生活运动；
三、处理学生间之纠纷及其他偶发事项；
四、指导学生服务社会事项；
五、指导学生劳动实习；
六、调查学生思想、个性及家庭状况；
七、考查学生请假、旷课及缺席总理纪念周与各种集会事项；
八、考查训育实施效果；
九、其他。

丁、进修事项：

一、训育理论之探讨；
二、训育实施方法之研究。
叁、公民教员之工作
甲、规画事项：
一、制订公民教学方案；
二、依据训育方案，制订公民训练实施办法；
三、计划学生思想诱导方法；
四、制订其他关于教学上必需之计划及表格。
乙、指导事项：
一、领导学生出外参观；
二、考查学生对于公民训练之反应；
丙、进修事项：
一、公民课程及教法之研究；
二、有关公民训练问题之研究。
肆、应注意事项：
一、训育主任与公民教员应互相联络，相辅而行；
二、训育主任与公民教员应设法联络全校职员（尤注意于军事教官、童子军团长、及体育教员）一致实施党义教育；
三、公民、国文、史地等科教材，应力谋连贯。

中等学校训育主任公民教员工作成绩考核办法
（1936年8月1日）

一、各省市中等学校训育主任及公民教员（以下简称公训人员）工作成绩，由各该地训育主任公民教员资格审查委员会（以下简称审查委员会）依本办法考核之。

二、公训人员工作成绩考核范围，依中等学校训育主任公民教员工作大纲规定之工作，分别考核之。

三、公训人员工作成绩考核方式分下列两种：

甲、各省市审查委员会遵照中央规定之"中等学校训育主任工作报告表"及"中等学校公民教员工作报告表"式样，印制函发所在地最高教育行政机关转饬各中等学校校长，于每学期终了时详实填报，以凭考核。

乙、各省市审查委员会得会同所在地最高教育行政机关派员实地视察。

四、各省市审查委员会于每学期开始前，将上学期考核结果呈报中央民众训练部，并分送各该省市党部暨教育行政机关备查。

五、本办法由中央民众训练部颁布施行。

〔国民党中央民众训练部档案〕

5 各省市审查合格训育主任、公民教员统计表

（1936年1—6月）

（1）各省市审查合格公民教员、训育主任统计表

分类	数目	省市	浙江	山东	广西	河南	安徽	湖南	南京	贵州	青海	四川	江苏	湖北	云南	福建	十四省市总计
合格人员	男	初中	二九	四〇	四七	一六		六	一	六		八	一	一	九	一四	一七八
		高中	二四	三三	六	二六	七	八	二九	三	二	一	二	八	一	一三	一六三
	女	初中	一														四
		高中	二	一													五
党员	男	初中	二六	二七	七			五		五		六	一		五	一四	一〇八
		高中	二二	二五		九	七	三	一九	二				七	一	九	一〇八
	女	初中															二
		高中															二

续表

分类\数目\省市	浙江	山东	广西	河南	安徽	湖南	南京	贵州	青海	四川	江苏	湖北	云南	福建	十四省市总计
总数 合格人员	五五	七四	五三	四四	一七八	三〇	〇	九二	二	九三	三	九〇	一〇	二七	三五〇二〇
总数 党员	四〇	五二	三七	三一	一七〇	九		七二	七	七二	七	六		二三	

（2）各省市审查合格训育主任统计表

合格人员	男	初中	二三	一八	三六	一	五		二	六	一	六		一八		一二八一四
		高中	二八	二六	八五	八	八二		一	四		二	三	八二	十五	四八三八
	女	初中	一				二								二	八一二
		高中			二	一	三五			一		五		一	六	六
党员	男	初中	二三	一六	八	三三		三		三	二	八一	二	九		一六 二一
		高中	二八	二三	二	三	七	七		二						八二
	女	初中					二								一	三 九 二 二
		高中			一	一	一		四	六	一	九	四	九	八	四
总数	合格人员		五二	四四	三九	三三	一九	一七		二六	四	一六	三	三九		二六 二一四
	党员		四一	四九	三〇	三	九七	八		二五						
备注																

〔国民党中央民众训练部档案〕

（五）党义课程审查与出版

1 国民党中央训练部通知各书局（店）须将党义书籍送审函

（1928年4—10月）

（1）中央训练部致国内各大小书坊函（4月26日）

迳启者：本党自分共以后，复经中央执行委员第四次全体会议对于党务重新整顿，关于党义之宣传尤为慎重，维视坊间所出各种三民主义书籍，并其他关于党义诸书，言杂说庞，殊属有碍本党理论之统一，务希贵局速将所有关于本党党义之出版物，各检一份送部，以凭审核，是所至盼。此致
〇〇〇局

中国国民党中央执行委员会训练部

（2）中央训练部致国内各大小书坊函（10月30日）

迳启者：本部为统一党之理论起见，规定关于党义书籍，须一律经本部审查后方准发行，前曾函达有案。近查各书局多未能切实遵照办理，为特再行函达，务希查照办理为荷。此致
〇〇书局

中国国民党中央执行委员会训练部

附抄编审科开列各书局名单

兹将应行函知之书局抄送，希查照为荷。计开：

商务印书馆　上海宝山路
中华书局　上海四马路
民智书局　上海河南路

群益书局　上海四马路
世界书局　上海四马路
北新书局　上海四马路
光明书局　上海
学术研究会　上海宝山路商务印书馆转
光华书局　上海四马路
东南书局　上海
中央书局　南京花牌楼
明明书局　上海
大中书局　上海
国闻周报社　天津
开明书局　上海望平街
三民书店　上海四马路
太平洋书店　上海白克路北河路八号
泰东图书局　上海四马路
大东书局　上海四马路
文明书局　上海四马路
新月书店　上海望平街
新文化书店　上海四马路
大同书局　上海
时代书店　上海老靶子路
新宇宙书店　上海北四川路
复旦书局　上海法界马浪路
自由书店　上海江湾
开智书局　上海三马路
党化书店　上海

　　以上计京、沪各处书局廿九所，希俱以双挂号信寄往，以免遗失，且示郑重。不然，恐不免有少数书店以为此乃不过照例官

样文章，完全置之不闻不问，此种现象，固不能不先事预防也。此致
总务科

训练部编审科

中华民国十七年十月卅日

〔国民党中央民众训练部档案〕

2 国民党中央秘书处检送审查党义教科用书暂行办法函

(1930年6月14日)

中国国民党中央执行委员会秘书处公函　第9625号

　　本月十二日中央第九十六次常会，据呈拟中央训练部审查党义教科用书暂行办法一件，请核准施行一案。当经决议："通过"在案。除分函国府转行教育部知照外，特录案函复查照。此致
中央训练部
　　附抄原呈办法一件
中华民国十九年六月十四日

秘书长　陈立夫

中央训练部审查党义教科用书暂行办法

壹、审查范围

一、师范学校、中小学校及补习学校之党义教科用书。

二、大学专门学校之党义教科用书。

贰、审查标准

以党义为主，其他各项次之，标准如下：

一、党义方面

甲、以总理全部遗教为最高原则，以本党历次全国代表大会

宣言决议案，及第三届历次中央全体会议宣言及决议案为依归。

乙、对于党义能合于甲项所规定者为"合格"。

丙、对于党义，如与甲项之规定有误解、遗漏或稍有错误者认为"应修正"。

丁、对于党义，如与甲项之规定有所违反或曲解者，认为"不合格"。

二、体裁、分量、文字及形式方面

甲、体裁

1. 全书体裁是否合于教科用书。
2. 章节之分配及次序，是否合宜。
3. 插图及说明等之排列次序是否醒目。

乙、分量

1. 分量之多寡，是否适合于读者程度。
2. 分量之分配，于教学上有无困难。

丙、文字

1. 语句是否明白确当。
2. 文章是否流畅通顺。

丁、形式

1. 字体之大小是否适宜。
2. 文字、插图之印刷是否清楚。
3. 纸质（以用国货为原则）有无妨害目力。

叁、审查手续

各级学校党义教科用书，自国民政府教育部初审后，送本部终审。

肆、审查方法

一、审定

甲、党义方面"合格"，其他各项为合用者准予发行。

乙、党义方面"应修正"之处不多，其他各项略有错误者，应将"应修正"及错误之处逐项说明指示，令其遵照修改后准予发行。

丙、党义方面"应修正"之处较多，其他各项之错误亦多者，应将所有错误之处逐项说明指示，令其修正呈阅，俟核准后始准发行。

丁、党义方面"不及格"，其他各项不论有无错误，皆认为不及格，不准发行。

二、执行

甲、凡准予发行之党义教科用书，应函知国民政府教育部转令发行。

乙、凡修正后准予发行之党义教科用书，应函知国民政府教育部，转饬其遵照修正后发行。

丙、凡修正后再行呈核之党义教科用书，应函知国民政府教育部转令并修正呈核。

丁、凡不准发行之党义教科用书，函知国民政府教育部转令禁止发行，并令各学校一律不准采用。

伍、审查期限

一、师范学校、中小学校及补习学校党义教科用书第一期应于十九年六月一日起，于六个月内审查完毕。

二、大学专门学校党义教科用书随时审查，不限日期。

〔国民党中央民众训练部档案〕

3 国民党中央训练部查禁商务印书馆出版《新时代三民主义教科书》的有关文件

（1930年9月—1931年8月）

（1）教育部致中央训练部公函（9月25日）

教育部公函　字第五一五号

迳启者：案准驻美公使伍朝枢函开："准纽约美亚协会American asiatic association秘书chechesalieer函寄商务印书馆编印、经大学院审定十八年七月第四九〇版之新时代三民主义教科书第八册到馆，并第八课至二十课译文。谓自第八课以至第二十课，颇有排外观念，于青年心理不宜，送请考虑等由，当经去函驳复。惟逐课研究，如第二十课标题之'一本万利'，颇嫌夸大，不切事实，第十八课'骗钱'二字，亦嫌措词失当，似应改编为'赚钱'，第九课之'打败大国'一语，吾国素以堂堂大国自命，似未可以'打败大国'教训儿童。此外，均系激发青年爱国心之语，无可非议。至对于第十二课、第十八课应否修正之处，尚希酌夺为幸！附钞英文来往函件二通，及该协会将该教科书自第八课至二十课译文，统请察阅"等因。并抄送英文函二件、译文一件过部。查该新时代三民主义教科书初级、高级各一部共十二册，前准贵部第三七零九号公函，据江苏崇明县执行委员会训练部呈称：内容有违反党义之处，请将书检送审查，本部遵即照送贵部审核在案。准函前因，相应检抄原附件三件，函送贵部合并审核见覆，以凭办理为荷！此致
中国国民党中央执行委员会训练部。

计抄件送原英文函二件，译文一件。〔略〕

部长　蒋梦麟

中华民国十九年九月廿五日

（2）中央训练部覆教育部公函（1930年10月23日）

迳启者：案准贵部第五一五号公函为准驻美公使伍朝枢函称：商务印书馆编印、经大学院审定，十八年七月第四九〇版之新时代三民主义教科书第八册，其中颇有排外观念，于青年心理不宜，似有应行修正之处，特检抄原附件请查照。前送之初级、高级新时代教科书十二册，合并审核见覆，以凭办理等由。查本

· 1115 ·

部前据江苏省崇明县执行委员会训练部呈称：商务印书馆出版新时代教育社所编之新时代三民主义教科书，内容有违反党义之处，请予纠正等由前来。曾经函请贵部检送初、高级各一部在案。惟查该书初级一部，系未经前大学院审定，高级一部虽经审定，而出版日期仅至十八年三月一二五版为止，与伍公使函称之日期版数以及出版处所均有不同，再查核该书内容，亦与所举事实不符，显系另为一书。除前次所送之书正在审核外。为此，函请贵部查照伍公使原函，另行检寄一部，以凭审核为荷。此致
教育部

部　长　戴〇〇〔传贤〕
副部长　何〇〇〔应钦〕

（8）教育部覆中央训练部公函（1930年10月23日）

教育部公函　字第五九四号

案准贵部第一一二零六号公函为准驻美公使伍朝枢函，请修正商务印书馆出版之新时代三民主义教科书一案，尾开："……惟查该书初级一部，系未经前大学院审定，高级一部，虽经审定，而出版日期仅至十八年三月一二五版为止，与伍公使函称之日期版数，以及出版处所，均有不同。再查该书内容亦与所举事实不符，显系另为一书，除前次所送之书正在审核外，为此函请贵部查照伍公使原函，另行检寄一部，以凭审核为荷"等因，准此，当即令行商务印书馆遵照呈送去后，兹据该馆呈覆略称："……窃查敝馆印行之新时代初级小学之三民主义教科书第八册，直至本年九月间甫出第四二零版，去年七月间，自无四九零版发行。又查此书全部八册，前于十七年六月间，蒙前大学院审定……"等语，并附呈本年九月间该书出版之第一册一零二零版，第二册八六零版，第三册八三五版，第四册七三五版，第五册六三零版，第六册五四零版，第七册五三零版，第八册四二零版，

每册二份到部，查该馆所称该书第八册，并无四九零版，及经前大学院审定，均属实情，伍函所称四九零版，当系错误。又查伍函所称各节，均在该书第一册内，所称第八册，亦系第一册之误。准函前因，相应检送原书一部，仍请贵部查明并案审核为荷！此致
中国国民党中央执行委员会训练部
计送小学校初级用新时代三民主义教科书一部八册

部长　蒋梦麟

中华民国十九年十一月七日

（4）中央训练部致教育部公函（1930年11月13日）

公函　第　号

迳启者：案准贵部第五一五号公函为准驻美公使伍公〔朝〕枢函称：商务印书馆编印，经大学院审定，十八年七月第四九〇版之新时代三民主义教科书第八册，其中颇有排外观念，于青年心理不宜，似有应行修正之处，特检抄原件请审核见覆，以凭办理等由。曾经本部函索原书，以凭审核各在案。旋准贵部送来新时代三民主义教科书到部。当经详加审查，凡有违舛党义之处，分别予以纠正。至伍公使所称各节，亦一并依照本部审查标准酌量修正。除原书附具审查意见书另案专达外，相应函请查照为荷。此致
教育部

（5）教育部致中央训练部公函（1931年2月14日）

教育部公函　字第九二号

迳启者：案据商务印书馆呈送请予覆核之初级中学用新时代三民主义教科书修正本，业经敝部初审完竣。该书虽经前大学院审定，但其中欠妥之处尚多，相应检送原书及附黏签注，函请贵

部覆核。一俟核毕，仍希将原书及覆核意见一并见还，以便转发。为荷！此致
中国国民党中央执行委员会训练部
计送初级中学用新时代三民主义教科书修正本三册【缺】
兼理教育部部长职务　蒋中正
中华民国二十年二月十四日

（6）国民党中央训练部通告（1931年8月14日）

为通告事：案准教育部函送商务印书馆出版之新时代初中三民主义教科书请予复审等由到部。当经本部严加审查，以该书缺点甚多，谬误迭出。亟应大加删改，再送审查。在未删改以前，所有已经印行之本并应一律停止发售，业经函请教育部转饬商务印书馆及分令各省市教育行政机关遵照办理在案。惟查该书印行颇广，诚恐贻误青年思想，为此，检附新时代初中三民主义教科书审查意见一份，希各省及各特别市党部除就近向当地书店及各中等学校检查，倘有该项教科书，应即会同当地教育行政机关令该书店停止发售，并禁止学校采用外，并饬所属党部一体照办，以杜流弊为要。右通告
○○党部
附新时代初中三民主义教科书审查意见一份〔略〕
中华民国二十年八月十四日

〔编者按〕在该"覆审意见书"内记明此书编辑者为胡愈之。出版日期为：第一册，一九二七年九月初版，一九三〇年四月一〇版；第二册，一九二八年一月初版，一九二九年八月六五版；第三册，一九二七年二月初版，一九三〇年四月五五版。

〔国民党中央民众训练部档案〕

4 国民党南京市党部检查市区学校与书店有关三民主义教科用书经过的文件

(1931年11月)

(1)南京市党部致中央训练部公函(1931年11月4日)

迳启者：本会前奉贵部第一六七三五号通告略称：新时代初中三民主义教科书等党义书籍二十七种，其内容尚欠妥善，或须停止发行，或须详加修正，以杜流弊。惟该书籍等印行颇广，希即遵照审查结果分别检查具报等由。准此，本会认为该项党义用书，关系青年思想前途甚巨，经于本年九月十一日派员前来贵部请示处理办法，并请本市教育局派员会商检查进行事宜，至九月十四日教育局派定张世适、项学儒、徐公美三同志，本会派定张其清、许超、杨绍西三同志为检查专员，乃由本会于九月十五日召集全体检查员举行谈话会，同时编定各种表册文件及该项党义用书名册，以资应用。旋于九月二十五日实行检查，历时三周，举凡全市各学校、各书局暨各社教机关，均先后检查完竣。除将有关检查之各项文件表册留会备查外，相应检同本会印发之党义用书名册、检查党义书籍注意事项及检查结果统计表各乙份，随函送达，即希查照备案为荷。此致
中央训练部

  附党义用书名册乙本〔略〕

  检查党义书籍注意事项〔略〕

  京市党义书籍检查结果统计表乙册

      常务委员 周伯敏 黄仲翔 赖琏

中华民国二十年十一月四日

检查党义书籍注意事项

一、停止发行者

此项党义以停止发售为原则。如系代销者应令退还原书局，并限期缴送原书局收条，以凭查验，原书局所有存货一律停卖，如有秘密发售情事，一经发觉另行议处，学校及社教机关方面如存有该项书籍，一律没收。

二、修正后准予发行或再审后准予发行者

此项书籍以暂时通融为原则，书局方面令其注意，学校及社教机关嘱党义教师及负责人随时留心。

三、检查时对于上二项书籍应予备查，册中记明名称及册数，以凭统计。

京市"党义"书籍检查结果统计表（书店部分）

机关或书坊名称	检查员姓名	检查日期	被检查书籍		处置办法	备考
			名称	册数		
文发	张世适 张其清	九月廿八日	初中党义教本	第二册一本	不准发售	旧书摊
文发	同上	九月廿八日	初中党义教科书	第五册各一本	同前	同前
文发	同上	九月廿八日	新时代初中三民主义教科书	第一册两本	当场撕毁	同前
良友书社	同上	十月一日	新时代初中三民主义教科书	13	令退还原书局并限期缴收条	
存古书社	同上	九月卅日	新时代初中三民主义教科书	8	当场撕毁	此系旧书由店主自动扯毁
天一书局	同上	九月卅日	三民主义英文读本	2	嘱向原书局换修正本	

续表

机关或书坊名称	检查员姓名	检查日期	被检查书籍 名称	册数	处置办法	备考
天一书局	同上	九月卅日	新时代三民主义教科书（初中本）	2	嘱向原书局并限期缴收条	
金陵图书局	同上	九月卅日	小学校初级用新时代三民主义教科书	50	嘱向原书局换修正本	
金陵图书局	同上	九月卅日	生理的三民主义	5	嘱令退还原书局	
金陵图书局	同上	九月卅日	三民主义英文读本	4	嘱向原书局换修正本	
金陵图书局	同上	九月卅日	新时代初中三民主义教科书	40	嘱退还原书局并限期缴收条	
世界书局	同上	九月卅日	前期小学三民主义课本	无确数	嘱遵照中央意见从速修正	
世界书局	同上	九月卅日	高中党义	同上	同前	
世界书局	同上	九月卅日	小学校初级学生用新课程党义课本			未修正前嘱暂停发售
世界书局	同上	九月卅日	小学校高级用三民主义课本	同上	同前	
世界书局	张世适 张其清	九月卅日	初中党义教科书	同上	同前	
南洋书局	同上	九月卅日	三民主义英文读本	2	嘱向原书局换修正本	
金陵图书局	同上	九月卅日	新时代初中三民主义教科书	10	令退还原书店并限期缴收条	
金陵图书局	同上	九月卅日	三民主义英文读本	1	嘱向原书局换修正本	

续表

机关或书坊名称	检查员姓名	检查日期	被检查书籍名称	册数	处置办法	备考
中华书局	同上	九月卅日	党义丛书	38	不准再出售	本版
民智书局	同上	九月卅日	三民主义概论	3	面令遵照中央意见办理	本版
文海山房	同上	九月廿九日	新时代三民主义	1	没收	售旧书
省立民众教育馆	杨绍西	九月廿九日	知难行易与教育	1	没收	
商务印书馆	许超 项学儒	九月廿六日	新时代党义教科书五权宪法	5	退回总馆	
商务印书馆	许超 项学儒	九月廿六日	小学校初级用党义教科书孙中山革命史略	2	同上	
京华书局	许超 项学儒	九月廿八日	初中党义	47	即停售退总局	项学儒后由杨瑞虹代
京华书局	同上	九月廿八日	前期小学三民主义课本	100	暂停待修正	
京华书局	同上	九月廿八日	高中党义	12	同上	
中华书局下关支店	同上	十一月日	新中华三民主义课本初级	220	退上海总店	
中华书局下关支店	同上	十一月日	党义小丛书	50	同上	
中华书局下关支店	同上	十一月日	初级党义课本	250	同上	
商务印书馆下关支店	同上	十一月日	党义教科书五权宪法	5	即退原书店	
市立图书馆	同上	十三月日	新中华教科书三民主义	4	着其停阅	
市立图书馆	同上	十三月日	新中华建国方略	2	同上	

续表

机关或书坊名称	检查员姓名	检查日期	被检查书籍名称	册数	处置办法	备考
市立图书馆	同右	十三月日	三民主义教学方法	10	同上	
市立图书馆	同右	十三月日	三民主义英文读本	1	同上	
市立图书馆	同右	十三月日	三民主义英文读本	1	同上	

〔编者注〕：右项原表共列"检查"书籍一百二十五起，今摘录其关于撕毁、没收等"处分"的三十七起。其余尚有"暂卖待修正"二十六起，"暂准发行"或"暂准代销"共七起，"售完后不再代售"四起，"已停售"二起。又无"党义"书籍者计新旧书店书摊四十六户，民众图书馆、博物馆等三所，均未录。

（2）国民党训练部致南京市国民党党部公函

（1931年11月4日）

迳启者：准贵会函复派员检查京市党义书籍经过情形暨各项附件到部。查办理尚属妥善，准予备案，相应函达查照。此致
南京特别市执行委员会
中华民国二十年十一月四日

〔国民党中央民众训练部档案〕

〔十〕反共的"特种教育"

（一）特教法规

1 教育部抄发特种教育国语课本编辑要点的训令

（1932年6月30日）

教育部训令　字第四八八〇号
　　令国立编译馆

"案准中央执行委员会秘书处函送第二十四次常会通过适用收复匪区之特种小学校用国语读本编辑要点，请参照编订教科书等由。并附特种小学校用国语读本编辑要点到部。合亟抄录原函，并编辑要点令仰该馆即便遵照。此令"

计抄发原函国语读本编辑要点一份。
中华民国二十一年六月三十日

　　　　　　　　　　　　　　　　　　　　朱家骅

国民党中央秘书处致教育部公函

抄原函中央第二十四次常会据中央民众运动指导委员会呈称："查接管卷内，彭湛园同志奉前中央训练部派赴赣省工作，在克复匪区及毗连匪区地带，均发现赤匪编行之小学教材，就儿童询问，类能背诵，受赤化麻醉已达极点。现在我方虽努力恢复该项地区小学教育，强迫儿童入学，无如所有课本，均各地书局所编成营业性质之教材书，几乎完全失效。赤匪虽去，而邪说谬论犹遗留于儿童脑海，为唤醒其迷梦，使回复人性计，拟请特编适用于匪化匪域之小学教科书签呈一件，经详加考虑，以为是项区域儿童久经赤化，欲改造其心理，使趋于三民主义之光明坦途，确有特编是项教科书之必要。现小学教材种类不一，为取材便利及颁行迅速起见，特拟具适用于收复匪区之特种小学用国语读本编辑要点。请核交教育部参照编订完成后，再送本会审查，以昭慎重"等情一案。当经决议"修正通过"在案。兹特检同该项要点，录案函达，即希查照办理见复为荷！此致
教育部

特种小学校用国语读本编辑要点

二十一年六月十七日第四届中央执行委员会第二十四次常务会议通过

第一、编辑方针

1．应以中央颁布之三民主义教育实施原则第一章第二节第一项各条主旨为编辑之骨干；

2．应暴露赤匪残暴事项；

3．应揭穿赤匪欺骗阴谋；

4．应兼顾教育部现试行之小学课程标准关于国语科所举各项目标。

第二、教材分配

1．暴露赤匪罪恶材料占百分之三十；

2．三民主义材料占百分之三十；

3．普通小学国语应用材料占百分之四十；

第三、教材排列程序

1．教材深浅排列，依照普通小学国语读本编配之；

2．课文排列宜多用比较法，以期针锋相对，俾受麻醉儿童易于辨别邪恶，趋归正轨；

3．前期小学侧重事实之描写，后期小学略具粗浅理论；

4．前期小学宜多用诗歌，后期小学逐渐减少。

第四、参考材料

1. 三民主义及普通国语读本应有材料由教育部选择之；
2. 赤匪编行之小学教材；
3. 赤匪编纂之各项歌谣；
4. 赤匪各项宣传刊物；
5. 赤匪残暴事迹；
6. 其他关于匪区情况之报告。

〔国民政府教育部档案〕

2 国民党中常会通过的小学特种训育纲领①

(1933年8月23日)

说　明

1. 小学特种训育纲领系适用于克复之匪区及赤化色彩浓厚之区域，其适用范围由各省教育厅酌定之。
2. 本纲领着重在原则方面，凡有特殊情形或方法所未备者，得依照本纲领原则自行制定，俾实施训育者有伸缩之余地。
3. 本纲领原则上着重反共训育，但方法上多有不标明反共字样者，因此在实施训育者之随机活用，如训育方法中之愿词歌词口号故事信条游艺材料及演讲会辩论会游艺会等，皆可利用之为反共之材料与方式。

壹、训育目标

1. 使儿童了解共党之罪恶与其论据之谬妄，以期确信三民主义，拥护中国国民党。
2. 由历史事实之提示，启发儿童之民族意识。
3. 陶融儿童高尚的德性和善良的行为。

---

① 此件经国民党第四届中央执行委员会第六十三次常务会议通过。

4．培养儿童团体组织能力和社会服务精神。

5．培养儿童健全的体魄和快乐的情绪。

6．养成儿童劳动的习惯和生产的兴趣。

7．养成儿童丰富的常识。

贰、训育原则

1．以三民主义教育实施原则中初等教育之原则为依据。

2．于训育方法中在可能范围内尽量予以反共思想行动之训导。

3．训育内容应与赤匪之训育针锋相对，俾易收效。

4．训育性质应为积极的指导，而非消极的禁制。

5．训育实施，直接间接须适合儿童程度，使其身体力行。

6．训育者应与被训育者共同生活，共守规律，成为被训育者之楷模。

叁、训育方法

甲、关于训练者

一、编订材料：

1．编订各期训育信条（每期应有反共信条）；

2．编订各种应用之愿词歌词口号故事（内容偏重反共方面）；

3．编订游艺材料（每期有刺激性之反共材料）；

4．编订各种训育实施表。

二、举行集会：

1．以时间言，有早会、周会、月会等；

2．以性质言，有演讲会、辩论会、阅书会、运动会、远足会、游艺会等。

三、分别谈话：

1．秘密谈话（个别）

子、考查儿童思想行动及对赤匪之观念；

丑、纠正各儿童特有之错误，以保持其羞恶之心。

2．按时谈话（分班）

子、报告剿匪概况及编造有趣之反共故事；

丑、纠正儿童之思想行动及一般之错误。

四、指导作业：

1．早操；

2．童子军；

3．巡察团；

4．反共宣传队；

5．卫生运动；

6．新闻社；

7．合作社；

8．储蓄银行；

9．园艺；

五、练习自治：

组织自治机关　名称按学校所在地酌定之。

六、选举模范儿童：

1．选举标准

子、明瞭三民主义者；

丑、熟习反共歌词故事信条及游艺者；

寅、品行端正者。

2．当选额数　由负责训育者酌定之。

3．选举时期　由负责训育者酌定之。

七、联络家庭：

1．举行恳亲会；

2．举行成绩展览会；

3．与家庭亲属通讯谈话。

八、布置环境

1．张挂精美之反共图画标语；

2．张挂有价值之民族历史图画；

3．设置适合儿童之游艺用具。

乙、关于考查者

一、制定实施训育前后各种思想品性体格智力测验图表或其他方法。

二、制定各种统计表。

丙、关于奖惩者

一、制定奖惩标准。

1．奖励

子、模范儿童选举之当选者；

丑、接受训育者之训导者。

2．惩罚 不接受训导者。

二、合于奖励标准者，酌量予以奖词、奖章、奖状、奖旗。

三、合于惩罚标准者，分别予以训话、留置离群、褫夺奖状奖章、记过退学。

丁、其他

凡有特殊情形或不在上述各项规定之列，而有必要者，得依照原则自行酌定。

〔国民党中央秘书处档案〕

3 国民党中常会通过的特种区域暂行社会教育实施办法①

（1933年8月23日）

一、实施区域：

---

① 此件经国民党第四届中央执行委员会第六十三次常务会议通过。

（一）曾被赤匪扰害区域。
（二）现受赤化较深区域。

二、实施目标：

（一）使民众彻底悔悟，不受赤匪的扰害欺骗和胁迫。
（二）使民众信仰三民主义，并拥护中国国民党。
（三）唤起民众的民族意识，使一致为国民政府后盾，反抗帝国主义，以争民族自由，以谋大多数民众真正解放。

三、实施要点：

（一）本办法由各省教育厅会同各该省党部酌量各该省所属各县需要，规划施行之。
（二）实施前须实地调查各该地被匪共扰害或诱惑各种实际情形和程度，以期对症下药。
（三）实施人员的生活，须绝对平民化，行为须绝对革命化，尤须设法取得民众同情，以收实效。
（四）一切实施办法须利用并切合普通民众的兴味和程度，更须时时考察民众对于各种设施的反应，以资不时改进。
（五）一切实施务在根本改正民众错误观念，使其心悦诚服。
（六）各省教育厅应酌量各该省实施本办法区域所得效果，分别逐渐参用通常社会教育实施办法。

四、取材标准：

（一）宣扬三民主义的精神及中国国民党的使命。
（二）暴露匪共残害民众之事实。
（三）宣示中国共产党革命方式之错误，及其欺骗民众出卖民族的阴谋。
（四）晓谕民众以国难期间政府人民合作御侮救灾的方法。

五、实施方法：

（一）编行各种宣传材料的纲要。

（二）编发各种浅显扼要的山歌田歌。

（三）仿民间最流行的七字书语调编成小册发散民间。

（四）改良说书及唱词小调。

（五）修改民众学校读物。

（六）开发电影。

（七）张贴醒目动人的图书和标语。

（八）举行通俗讲演。

（九）必要时须利用时机作个别谈话。

（十）参与民众一切集会。

（十一）民众有为新旧贪污土劣损害情事，须协同依法检举。

（十二）民众利益所在，应就力所能及协助促成。

本条第（二）（三）（四）项所指材料及第（六）项所指电影，得由私人拟制，但须分别呈送中央宣传会及教育内政部电影检查委员会审查，其优良者得按其作品之价值酌予奖励。

六、实施机关人才及经费：

（一）以各地原有社会教育机关人才为实施本办法之主干，以原有经费为经费，各地党部应协助进行之。

（二）匪共扰害或诱惑最甚之区域，得由中央执行委员会选派干员临时协助。

（三）各地原有经费不足时，得由实施机关呈请主管机关酌予增加。

七、实施报告及考核：

（一）实施情形须由实施机关按月逐级报告各该省教育厅及省党部转呈教育部及中央民众运动指导委员会，以凭考核，但有关组织或宣传者，由中央民众运动指导委员会分别转送组织宣传、两委员会考核之。

（二）必要时中央执行委员会及各省党部得临时派员实地考查。

（三）凡参与实施本办法之人员，得按其实施成绩酌予奖惩。

八、本办法由中央民众运动指导委员会提请中央常务会议通过施行。

〔国民党中央执行委员会秘书处档案〕

4 国民政府军委会南昌行营制订的《剿匪区内实施教育方案》

（1933年7月）

（一）教育目的

发展国民教育，使人人识字，增进生产自卫能力，启发民族意识，确定主义信仰，以达自给、自卫、爱群、爱国之目的。

（二）教材标准

（1）宣扬三民主义；（2）揭破赤匪的错误和罪恶；（3）告以现在共党在各国之没落状况；（4）教以礼义廉耻与忠孝仁爱信义和平；（5）教以农艺、筑路、建堡、公民、社会、自然、卫生等常识；（6）演讲历史上为民族争生存，为社会而牺牲之伟大人物的事实；（7）解说国家现在的地位和国际的环境；（8）施行保甲、保卫、侦探的训练和组织；（9）提倡体育；（10）妇女问题（专为教育妇女）。

（三）取材方法

（1）凡已经教育部编订审定之一般教材仍予采用；（2）

凡须从新编订之特种教材，由行营第四厅组织剿匪区教育设计委员会编订之；（３）体裁不限于读物，如山歌、田歌、说书、唱词、小调、电影片、图画、标语、戏剧等等，均可并用；（４）征集民间歌谣。

（四）实施办法

（１）剿匪区域军队驻地附近或各县各地旧有学校，责成各该驻地最高军事长官负责督办，由政训人员主持，师旅团服务人员辅佐之，即使军队出发，亦复留人续办，不得停闭；（２）地方尚在进行之教育机关，概仍其旧，由原机关主持或由军队方面协助之；（３）此项教育应以成人教育为主，儿童教育为副。关于学生年龄、课程分配、授课时间、修业期限等等，由教育设计委员会订定施行；（４）要利用农隙或夜间授课；（５）每周及每月应举行试验，成绩优良者应给以纸笔金钱，以示鼓励；（６）开办前要广为宣传，开办后要采先宽而后严，先易后难，先自动而后强迫办法，引起民众的兴趣，使皆乐于就学，做到当地壮丁与少年无一不受教育者；（７）时常举行通俗讲演，戏剧表演和国术竞技比赛等等；（８）实施此项教育人员，生活要绝对平民化，行为绝对革命化，态度要牧师化，设法接近民众，凡民众利益所在，要予以切实援助；（９）教员可由政训人员及师旅团服务人员兼充，师政训处应设法鼓起其兴味，力避敷衍缺课之弊。

（五）经费规定

（１）政训人员所主持之学校经费，以师为单位，三团制者每月最多五百元，四团制者每月最多六百五十元，六团制者每月最多一千元。由师政训处在此项标准范围内，按月向本行营请领，并据实报销；（２）地方原来办理之学校经费，仍由省教育厅核定经费标准，就地方教育经费项下开支，或由省教育厅量予补助。

（六）考核机关

（1）办理剿匪区内教育，应由师政训处或地方教育机关按月将实施状况报告本行营，或省教育厅查核。（2）本行营或教育厅随时派员实地考察，奖惩办法另定之。

〔国民政府教育部档案〕

5 国民政府军委会南昌行营"剿匪区"教育设计委员会编订的特种教育计划与编订教材办法

（1933年8月）

（1）江西省剿匪区内特种教育实施计划

遵照中央规定《特种区域暂行社会教育实施办法》、《小学特种训育纲领》及委员长行营规定《剿匪区内实施教育方案》，并参酌剿匪区内各县特殊情形，对一般民众及儿童施以特殊而有效的教育，拟订实施计划如左：

一、实施目标

（一）训练一般民众及儿童，使能彻底了解赤匪之罪恶与其论据之谬妄，以期确信三民主义，爱护国家。

（二）训练一般民众及儿童，使有公民的陶冶、自卫的力量与生产的技能，以期社会安宁、人民乐业。

（三）训练一般民众及儿童，具备军队之精神与体格，以期军民打成一片。

二、实施原则

（一）实施特种教育应以成人教育为主，儿童教育为副。

（二）实施特种教育应将公民自卫、生产、文字教育打成一片。但对于成人青年，应以公民自卫、生产教育为主、文字教育为副；对于儿童应以文字教育为主，公民生产、自卫教育为副。

（三）实施特种教育，城市以民众教育馆为中心，区镇乡村以民众训练所为中心。

（四）实施特种教育，应力谋党政军学的联络与协作。

（五）实施特种教育机关组织简单，经费力求节省。

（六）实施特种教育事先必广为宣传，实施后宜先宽而后严、先易而后难、先自动而后强迫，俾引导民众乐于就学，以期渐求普及。

（七）实施特种教育人员生活应绝对平民化，行为应绝对革命化，尤应设法取得民众同情，以收实效。

（八）训练方法：成人教育应力求活动，侧重直观讲演方面，青年儿童教育于活动之外，并须加以形式之训练。

三、实施准备

（一）行政组织

1．由委员长行营及教育厅派员组织省剿匪区特种教育设计委员会（以下简称本会），主持匪区内教育行政设施事宜；

2．地方教育行政机关，已经停顿之新收复或尚待收复之县份，由驻军政训人员及教厅特派人员组织之，各该县剿匪区特种教育设计委员会，商承本会【派】员主持各该县教育行政之全责；

3．地方教育行政机关工作尚在进行之县份，行政组织概仍其旧，由原机关主持，但得商请驻军政训处协助之。

（二）经济筹措

1．维持原有教育款产及经费，保障独立，严禁挪作别用；

2．遵照行营颁发《剿匪区内实施教育方案》所规定，剿匪区内政训人员所主持之学校经费，向行营请领；

3．受匪患过重或贫瘠县份，由省库酌予相当补助；

4．收复县份无人认领产业及庙产，暂由政府保管，拨充特种教育设施经费；

5．各该县应领帐款，划出相当成数，作为特种教育设施经费，但以办理失业民众职业训练班为限。

（三）师资训练

由本会筹办"剿匪区内特种教育人员训练班"，今【令】前方各种政训处选派二人至三人及原任或曾任剿匪区内教育人员，予以短期之严格训练，养成刻苦精神，能负重要使命，毕业后即派充剿匪区内特种教育实施人员。

四、施实方法

（一）教育行政方面

1．调查各该县被赤匪扰害或诱惑各种实际情形与程度，以期对症下药；

2．调查各该县原有已停闭及现有不适宜学校，设法辅导恢复，并予改革；

3．随时派员分赴各地视察指导，并督促各项特种教育设施之实行。

（二）机关组织方面

1．于县城设县立民众教育馆一所，作全县实施特种教育之中心，馆长兼负监督、指导各地特种教育设施之责；

2．县城镇市乡村分区设立民众训练所，作各地实施特种教育之中心；

3．组织军民互助会，凡曾经民众训练所毕业得有文凭者，均应入会，以期军民之永远合作。

（三）教育设施方面

甲、属于成人教育者

1．各区民众训练所应分设成人、青年两班，成人班招收二十六岁以下之成人，青年班招收十六岁以上廿六岁以下之青年。训练时间以二百小时至二百四十小时为标准，就学时间或在农暇冬季、或在夜间，或在其他特定时间，总以不妨碍民众工作为原则。其课程内容及分量如左：

（A）党义——宣扬三民主义，揭破赤匪的错误和罪恶，告以现在共党在各国之没落状况，至少十六小时；

（B）体育——施行保甲、保卫、打靶、侦探的训练和组织，并提倡体格锻练，举行爬山越岭，赛跑远足，国术竞技比赛等，至少二十四小时。

（C）劳作——训练担任建筑碉堡土墙，挖掘战壕、修筑公路、军路等工作，至少十六小时；

（D）救护——养成卫生习惯，授以看护、救急、防疫等知能，至少八小时；

（E）农艺——乡村设农艺一科，授以农业常识，改良农作知能，并讨论农业问题等；市镇设立工艺一科，授以工业常识，增进工作技能，并讨论工业问题等，至少二十四小时；

（F）农村合作社——训练并组织信用消费，利用生产等合作社，至少十二小时；

（G）公民——教以礼义廉耻与忠孝仁爱信义和平等美德，演讲历史上为民族争生存，为社会而牺牲之伟大人物的事实，解说国家现在的地位和国际的环境，至少十六小时；

（H）国语——包括识字、读书、书法及应用文作法等，至少九十六小时（成人班可酌量减少）；

（I）算术——授与珠算、简易测量及日常应用算法等，至少二十四小时。

2．为救济失业难民及农村妇女，斟酌地方实际情况，酌设各种职业训练班，修业期限无定，目的在授与一技一艺，藉谋生计。

3．联络县府暨区保甲长，参与指导保卫团队之训练，并讨论召集民众之方法。

4．举行通俗讲演，并提倡戏剧表演，组织音乐团体，改善民众休闲生活。

5．由本会编订并推行各项反赤或足以感化人心之歌曲、书词、图画等，并巡回开映纠正思想、增广见识之幻灯及电影。

6．参与民众一切集会，利用时机作个别谈话，并协谋解除民众困难，增进民众利益。

乙、属于儿童教育者

1．各区民众训练所应设儿童班

（1）儿童班有普通及短期一组，普通组收受学龄儿童，修业年限四年，短期组收受十岁至十六岁年长失学儿童，给与一年或二年短期义务教育；

（2）学童较多，教室或教师不敷支配者，可酌量采行二部制。

2．组织少年铲共团，收受十二岁以上至十六岁之少年，除授与公民及常识外，并施以简易军事训练，俾能担任盘查侦探察等工作。

3．编订与使用各种反赤教材，以及反赤信条、愿词、歌曲、口号等，各科教学均尽量与反赤事项相联络。

4．分别谈话，注意考察儿童思想行动及对赤观念，并予纠正。

5．布置激励儿童反赤之环境，并多与学生家庭相联络。

五、实施考核

（一）各地特种教育实施情形，须由实施机关按月逐级报告，以凭考核。

(二)本会随时派员视察考核各地特种教育实施情形,并予协助指导。

(三)凡参与实施特种教育人员,得按其实施成绩,酌予奖惩,其办法另定之。

(四)上述实施方法得有相当成绩后,应责令驻在地各机关一律认真仿办,以求普遍。

(2)剿匪区内特种教育教材编订办法

一、教材内容及分量

1．党义　　　　　　　　约三十小时　改四十小时
2．公民　　　　　　　　约六十小时
3．体育　　　　　　　　约四十小时　改三十小时
4．劳作　　　　　　　　约三十小时
5．救护　　　　　　　　约十小时
6．农艺（附农村合作）　约二十小时
7．农村合作　　　　　　约十小时　　改农村歌曲

共约二百小时,每日平均二小时,以四个月为限。

二、教材编辑注意要项

1．多用韵文、字句宜精练,并须通俗（每课至多四十字）;

2．注意做、学、教合一的实行;

3．利用图画,引起读者兴趣;

4．不限书本,注意讲演发挥。

三、教材编辑负责人员

1．公民党义二项,请裘奥耘、陈景才、王委员三委员担任;

2．农艺附农村合作二项,请汪兆熊、涂得之二委员担任;

3．体育、劳作、救护等请饶起予、张哲农二委员担任;

4．绘图请孙墨千委员担任；

5．汇集编订，请程厅长、程宗宣委员担任；

6．搜集材料，请程懋型、陶直侯、王枕霞三委员担任；

7．校正请贺处长、邱课长担任。

四、教材编辑期限及印刷　各项教材，统限八月十五日以前编订完成，由行营担任印刷。

1．各处课派员限明（卅）日午前函送第四厅。

2．剿匪歌（委座手订）。

（3）剿匪区特种教材编辑大意

一、编辑经过

蒋委员长以剿匪区内教育至关重要，除分令各军师部队政训处办理民众学校外，并于南昌行营第四厅组织剿匪区教育设计委员会，行营政训处贺处长、第二厅第二课邱课长及江西省教育厅程厅长均为当然委员。此外，并分别聘派张哲农、程宗宣、陈量才、饶铎鸣、孙墨千、裴德煜、汪兆熊、涂闻政、朱亚云、李锡光、吴相和、李右襄、程懋型、陶直侯、王枕霞等为委员，负计划特种教育各项设施，并编订剿匪区内适用特种教材之责。八月十五日四册课文均已编撰完竣，数经修正，方成本书四册。其编辑教学大意、绘制插图，现正在着手中。

二、编辑主旨　剿匪区特种教育目的在对一般民众及儿童施其特殊而有效的教育，取材主旨约有三端：

（1）训练一般民众及儿童，使能彻底了解赤匪之罪恶与其论据之谬妄，以期确信三民主义，爱护国家民族；

（2）训练一般民众及儿童，使有公民的陶冶、自卫的力量与生产的技能，以期社会安宁，人民乐业；

（3）训练一般民众及儿童，使具备军队之精神与体格，以期军民打成一片，协力剿平赤匪。

三、教材内容及分量　剿匪区特种教材内容及分量如下：

（1）党义——宣扬三民主义，揭破赤匪的错误和罪恶，告以现在共党在各国之没落状况（暂定二十课）。

（2）公民——教以礼义廉耻与忠孝仁爱信义和平等美德，演讲历史上为民族争生存，为社会而牺牲之伟大人物的事实，解说国家现在的地位和国际的环境（暂定三十课）

（3）体育——施行保甲、保卫、打靶、侦探的训练和组织，并提倡体格锻练，举行爬山越岭、赛跑远足、国术竞技比赛等（暂定五课）。

（4）劳作——训练担任建筑碉堡土城、挖掘战壕、修筑公路军路等（暂定五课）

（5）救护——养成卫生习惯，授以看护、急救防疫等知能（暂定五课）。

（6）农艺（附农村合作或工艺）——乡村设农艺科，授以农业常识，改良农作知能，并讨论农业问题等；市镇设立工艺科，授以工业常识，增进工作技能，并讨论工业问题等。此外，并训练与组织信用供给，利用运销等合作社（暂定十课）。

（7）农村歌曲——利用并创作反赤或足以感化人心之山歌、田歌、说书、唱词、小调戏剧等（暂定五课）。

四、编辑要项　教材编订注意要项约有四点：

（1）多用韵文，字句宜精炼，并须通俗（每课至多四十字，但因不得已用成文时作为例外）。

（2）注意教学做合一的实行。

（3）利用图画引起学者兴趣。

（4）不限课文，留讲演发挥余地。

剿匪区特种教材共四册每册二十课〔略〕

〔国民政府教育部档案〕

6 国民政府军委会南昌行营第四厅"剿匪区"教育设计委员会组织简则与委员名单

(1933年7月)

(1)特种教育设计委员会组织简则

第一条 本厅根据国民政府军事委员会委员长南昌行营第四厅特种设计研究委员会简章第二条及剿匪区教育实施案第三项之规定,特设立本委员会。

第二条 本委员会委员除行营政治训练处处长、第二厅第二课长,江西教育厅厅长为当然委员外,由厅长指定本厅职员并遴聘专门委员各若干人充任之。

第三条 本委员会之设计范围如左:

一、规定剿匪区内各种学校之学生年龄、课程分配、授课时间及修业期限等;

二、编订剿匪区内适用之特种教材,如读物、山歌、田歌、说书、唱词、小调、电影片、图画、戏剧等;

三、搜集民间歌谣;

四、研究并汇编匪方教材。

第四条 本委员会设置秘书一人、干事若干人,负整理保管议案纪录之责。

第五条 本委员会设计完毕时,即行裁撤。

第六条 本简则自奉核准之日施行。

(2)设计委员会委员名单

(1)当然委员:

行营政训处贺处长, 第二厅第二课邱课长;

江西教育厅程厅长。

（2）聘任委员：

张哲农　陈量才　饶铎鸣　孙墨千　裘德煜　汪兆熊　程宗堃　余闻政

（3）派任委员：

程懋型　陆直侯　王枕霞

〔国民政府教育部档案〕

7　国民政府军委会检发特种教育计划及其纲要的训令

（1934年9月）

训令　法字第　一二一七四号

令豫鄂皖三省剿匪总司令部
　赣闽皖鄂豫省政府

查被匪省份，民众多受煽惑，思想麻醉。现在匪区已次第收复，亟应施行特种教育，以正确其思想，健全其人格，发展其生计，扶植其生存，使均成为良好国民。本行营有鉴于此，特组织赣闽皖鄂豫五省特种教育委员会，并饬悉心筹划，俾利推行。兹据拟具五省推行特种教育计划及计划纲要前来，经一再审核，尚属可行。除分令外，合行检发前项计划及纲要，令仰该部主席知照遵照，并转饬该省教育厅遵照办理。

此令

附发计划及计划纲要各一份。

委员长　蒋〇〇

赣闽皖鄂豫五省推行特种教育计划

一　五省特种教育之重要

一、赣、闽、皖、鄂豫五省，横受赤祸，匪区民众多受煽惑，更有所谓列宁小学,一县多至数百所,以为麻醉青年之利器。此种思想上之流毒,实较有形匪患为尤甚。其或因祸害切肤、思奋起自救者,亦苦无教育上有力之指导。现经收复,不得不有教、养、卫兼施之特种教育,与以感化的、公民的、职业的、自卫的训练,以正确其思想、健全其人格、发展其生计、扶植其生存。此特种教育之推行,实为目前当务之急者一。

二、赣、闽、皖、鄂、豫五省,地方教育经费本极支绌,就中以江西为最。以经费支绌之故,致原有教育设施,已感应付竭蹶。益以数年来,屡受赤匪之摧残,经济几濒崩溃,何从宽筹以资浥浥〔挹〕注。况被匪县份纵经收复,对于被难民众之招亡抚恤,在在需款,不遑顾及教育事业,若责地方筹集兴办,匪特无款可筹。且失与民休息之本旨。然教育推行又属刻不容缓,惟有另筹的款,兴办特种教育,庶可挽救劫后疮痍之各省。此特种教育急应兴办者二。

三、据江西省第十区行政督察专员公署办理莲花县儿童铲共队报告:"凡经匪化之儿童,既不知三民主义为何物,即人类日常生活应守之秩序与习惯,亦茫然不知,所表现者皆反常悖礼之举动与意识,后将各村儿童施以类似军事之组织,每日授以党义、精神讲话、常识、唱歌、游戏、军事操等,每星期日召集各村队长加以训练,不数月而成效大著,不但觉悟过去被匪欺骗之不当,并信仰三民主义为救国救民唯一主义,又能帮助壮丁放哨,担任查验路军,协助封锁及调查刺探,其工作效率较诸成人毫无逊色,而敏捷过之"。观上述实际情形,可证特种教育之重要者三。

二 五省特种教育之实施

甲 宗旨及目标

一、赣、闽、皖、鄂、豫五省,为谋匪区收复后之救济,以教育为中心,注重改正民众错误思想与训练地方自卫,增加农村生产，而谋教、养、卫兼施之实现。

二、特种教育之目标如左：

1．训练一般民众及儿童，使能彻底了解赤匪之罪恶，与其论据之谬妄，以期确信三民主义，爱护国家；

2．训练一般民众及儿童，使有公民的资格、自卫的力量与生产的技能，以期社会安宁，人民乐业；

3．建立各该省收复区教育之基础，且力谋推广。

乙　行政组织

一、由军事委员会委员长南昌行营组织赣闽皖鄂豫五省特种教育委员会（以下简称特教会）负设计及监督之责任，以行营代表二人及该五省教育厅厅长为当然委员外，并延请熟悉收复区情形，热心特种教育人士若干人及中英庚款理事会代表二人（中外各一人），为聘任委员。

二、特教会设常务委员三人，负主持会务之全责，除行营代表一人及所在地之教育厅厅长外，由委员互选一人充任。

三、特教会设视导专员若干人，受常务委员之指挥，负督促并指导各该省推行之责任，特教会组织规程另定之。

四、赣闽皖鄂豫五省各设特种教育处，设处长一人，由各该省教育厅厅长兼任之，负处理处务之全责。处长之下设秘书一人，并分行政、训练、研究三部，每部各设主任一人，职员、导师各若干人，分理各部事务。

丙　训练

一、特种教育师资之训练目标，应特别注重左列各项：

（一）身体方面：

1．健全之体格；

2．刻苦耐劳之习惯。

（二）知能方面：

1．纠正民众错误思想；

2．领导民众自卫；
3．增进民众生产；
4．灌输民众常识；
5．推广合作事业；
6．辅导地方自治。

（三）思想方面：
1．深刻认识三民主义为唯一救国主义；
2．坚决信仰深入农村，为唯一救国途径。

（四）态度方面：
1．接近民众，有热烈心情；
2．服务社会，有牺牲精神。

二、凡有左列资格之一者，得入特种教育处，受师资训练：
1．党部工作人员；
2．师范学校及中等以上学校毕业生；
3．现任政治训练工作人员；
4．农村合作训练人员；
5．现任之保卫团团长、区长、保联办事处主任；
6．曾任小学或民众学校教师一年以上，有证明文件，并经该县公务人员二人以上介绍者。

三、训练特种教育人员应由特种教育处呈请省政府通令各县保送合格人员入处受训，此外并酌留自由投考名额若干人。

四、前项人员经考试合格后，施以半年至一年之严格训练，派遣各地服务，成绩特优者得提前派遣。

五、特种教育处师资训练之课程，暂定如左：
1．三民主义；
2．乡村教育；
3．短期义务教育实施法；
4．民众教育理论与实际；

5. 调查及统计；

6. 匪区状况研究；

7. 封锁要义；

8. 农村自卫（附军事训练）；

9. 农村合作；

10. 农村自治；

11. 农艺或工艺实习；

12. 社会及自然常识（附卫生医药常识）；

13. 通俗讲演及实习；

14. 图画；

15. 音乐；

16. 注音符号；

17. 体育；

18. 国术。

六、训练期间不收学费，所有宿膳、制服等费，概由公款供给。

七、各省特种教育处毕业学员派往各县区服务者，应视其办事能力之高下与成绩之优劣，经相当时间后召回原处训练，以一个月为期，其在训练期间除照支原薪外，所有膳宿等费，概由公款供给。

丁 实施

一、各省关于行政与研究等实施事项，均由各该省特种教育处负责处理。

二、各省特种教育处为推行便利计，应就各该省原有行政区域分区办理，每区就各分区行政专员公署设置区特种教育指导员，其分区中之各县区设置县或特别区特种教育指导员，分别负推进指导全县或全特别区特种教育之责，由处长委派之。

三、各省特种教育处应切实调查收复区社会状况，以为实施根据。

四、各省特种教育处应就各该省收复区中，各选定一县或特别区为特种教育实验区，实验特种教育之理论与实施，以增效率，而树楷模。

五、各省特种教育处应编辑适合于各省地方情形之特种教育，实施机关应用各项教材及民众补充读物。

六、各省特种教育处应分别刊行研究特种教育，以及与实施特种教育有关之定期或不定期刊物与宣传文件，以谋施教之普遍。

七、各省特种教育处应备小型电影机及幻电机一、二架，轮流赴各特种教育区域放映。

戊　事业

一、凡赣闽皖鄂豫五省匪区收复县份，每县区平均应设中山民众学校十二所，其经费全部由公款补助之。

二、各校补助费以十年为期，但应逐年减少十分之一，该校所在地方应逐年筹措十分之一，以资弥补。十年之后，可以全赖地方财力支持，其每年由减少所得公款，得补助各收复区公私立民众学校或乡村小学，藉示提倡。

三、凡匪区收复后，各机关、各社团均应厉行识字运动及公民训练，县政府或特别区政治局并应于可能范围内购备收音机，公开播音，以谋特种教育之普及。

四、中山民众学校分设下列两种班次：

1．儿童班——招收年龄在十岁以上十六岁以下之儿童，不分性别，以四十人至六十人为一班，依学生程度之高下分团编制，在每天上午或下午上课二小时，一年毕业；

2．成人班——招收年龄在十六岁以上五十岁以下之民众，以三十人至五十人为一班，每天上课二小时，得于晚间举行，四个月毕业，妇女满二十人者得另设一班。

五、中山民众学校以儿童班与成人班各一班为基本班次。

六、中山民众学校之校舍，尽量利用原有之学校校舍及社会教育机关，或寺庙、会馆、词堂等公宇，遇必要时，得借用民众余屋。

七、中山民众学校设校长一人，综理全校行政，其仅具有基本班次之民众学校，校长须兼任该校全部教学。班次增加者，得由校长酌量情形添聘教师助理。

八、中山民众学校校长或教师，除授课外，应兼办左列各项事业：

1．举行通俗讲演（每周至少四次）；
2．推行识字运动；
3．参加地方自卫工作；
4．指导农村合作，及农业推广事宜；
5．其他地方改进事项。

（附注）各校校长或教师，应由民政厅通令各县县政府或特别区政治局，加委为各该学校所在地之区办事处服务员，仅具名义，不支薪给，如此与地方之行政组织上可发生关系，俾得兼办或指导社会事业之工作，与区长推行区政亦可得相互协助之效。

九、中山民众学校之课程如左：

（一）儿童班：

1．国语——关于思想方面：注重宣扬三民主义，揭破赤匪罪恶，提倡固有道德，启发民族意识，并授与公民生活之常识等；关于文字方面：授以普通文、应用文、诗歌、故事等，养成读书写作之能力；

2．体育——注意健康训练，养成卫生习惯；

3．劳作——授以适合地方需要之农艺或工艺，及其他生活上应用之知能；

4．自卫——组织少年铲共义勇队，授以侦察、防御、看护、

急救等常识,并养成牺牲、服务、公正、互助及遵守纪律之精神;

5．算术——注重日常生活之计算能力,养成民生观念。

(二)成人班:

1．公民——宣扬三民主义,揭破赤匪之错误与罪恶,并针对民众之思想言论,为深切之指导,教以礼、义、廉、耻与忠、孝、仁、爱、信、义、和平等美德,表扬历史上为民族争生存、为国家而牺牲之伟人事迹,解说国家现在所处之地位和国际环境,授以普通文、应用文、歌曲等,注重阅读及思想发表之训练,并公民生活之常识。

2．体育——提倡体格锻练,举行爬山、越岭、赛跑、远足、国术、竞技等,并养成其各种卫生之习惯;

3．劳作——乡村设农艺科,授以农业常识,改良农作知能;市镇设工艺科,授以工艺常识,增进工作技能;此外并训练其组织信用、供给利用、运输等合作社(妇女班应改设家政常识,儿童保育等科);

4．自卫——施行保甲、保卫、打靶、侦探之训练与组织,担任建筑碉堡、土城,挖掘战壕,修筑道路,组织铲共义勇队,搜查匪匪及埋藏枪械;并养成看护、急救、防疫等知能;

5．算术——注重日常生活之计算能力,养成民生观念。

十、中山民众学校作业时间规定如左:

(一)儿童班:

1．废止日曜日休假,每周七天,每天三节,每节四十分;

2．废止寒暑假,惟得视地方需要(如农忙等)与习惯,停课若干天,但全年停课日期,最多不得超过六十天。

(二)成人班:

1．上课日期至少一二〇天;

2．每天二节,每节五〇分钟。

十一、中山民众学校各科教学时间如左:

1．儿童班——每周以七天计算

课　　程	节　　数	时间统计
国　　语	一二	八四〇
体　　育	二	八〇
劳　　作	三	一二〇
自　　卫	二	八〇
算　　术	二	八〇
共　　计	二一	一二〇〇（分）

2．成人班——以一百二十天计算

课　　程	节　　数	时间统计
公　　民	一六〇	八〇〇〇
体　　育	二〇	一〇〇〇
劳　　作	二〇	一〇〇〇
自　　卫	二五	一二五〇
算　　术	一五	七五〇
共　　计	二四〇	一二〇〇〇（分）

十二、中山民众学校教材之编选如左：

1．儿童班——根据教育部编印之《短期小学课本》改编，并加入适合各该省需要之教材，

2．成人班——采用军事委员会委员长南昌行营剿匪区教育设计委员会编印之《民众课本》，并选编补充教材；

妇女班参用成人班课本，并另编适合妇女需要之补充教材。

十三、利用中山民众学校校址，设立公民训练讲堂及通俗演讲所等，藉以实现公民训练，遇必要时将原有省县立之社会教育机关，归由各省特种教育处管理，以利进行。

十四、中山民众学校经相当时间办理，著有成绩后，可酌减初级班改设高级班，俾一般民众有继续求学之机会。

三 经费

经费分配——赣闽皖鄂豫五省推行特种教育之经费，以十年为期，第一年预定总额为四十万元，赣十二万元，闽皖鄂豫各为六万元，其他特种补助费四万元。

经费预算——由各该省特种教育主管机关就分配数目，编制切实预算，呈候核定。

赣闽皖鄂豫五省推行特种教育计划纲要

一 五省特种教育之重要

一、被匪省份，一般民众，或思想麻醉，亟待纠正，或奋起自救，尤需指导，应施行特种教育，注意公民、职业、自卫的训练，以正确其思想，健全其人格，发展其生计，扶植其生存。

二、被匪省份，地方教育经费既极困难，地方自筹为事实上之不可能，应另筹的款，以资救济。

三、根据江西第十区办理莲花县儿童铲共队之成绩，可证特种教育之成效与必要。

二 五省特种教育之实施

甲 宗旨及目标

一、宗旨 救济收复区民众，谋教、养、卫兼施之实现。

二、目标

1．揭破赤匪罪恶与谬妄；

2．施行公民、自卫、生产之训练；

3．力谋收复区教育之推广。

乙　行政组织

一、组织赣闽皖鄂豫五省特种教育委员会，隶属于军事委员会委员长南昌行营；

二、委员会设常务委员；

三、委员会设视导专员；

四、五省各设特种教育处，设置处长一人，由各该省教育厅厅长兼任，并分行政、训练、研究三部。

丙　训练

一、训练目标，注重于身体、知能、思想、态度各方面；

二、入学资格定为六项；

三、招收学员办法，分保送与自由投考；

四、训练期间定半年至一年；

五、课程暂定为十八科；

六、学员训练期间，所有膳宿、制服等费，概由公款供给；

七、学员训练期满，分派各收复区服务，并视其成绩，随时召回训练。

丁　实施

一、特种教育处负行政、训练与研究之责；

二、特种教育处应设置区、县或特别区特种教育指导员；

三、特种教育处应举行收复区社会状况调查；

四、特种教育处应办理特种教育实验区；

五、特种教育处应编辑各项教材；

六、特种教育处应刊行宣传文件；

七、特种教育处应置备电影机及幻灯机。

戊　事业

一、收复区应设中山民众学校；

二、收复区中山民众学校，每年应减补助费十分之一，地方应逐年筹措十分之一，以资弥补，十年之后，可以全赖地方财力支持，每年由减少所得之公款，充各收复区公私立学校补助费；

三、收复区应举行识字运动，并购备收音机；

四、中山民众学校分设儿童班、成人班、妇女班；

五、中山民众学校以儿童班、成人班为基本班次；

六、中山民众学校校舍以利用公共场所为原则；

七、中山民众学校设校长一人，担任行政与教学，必要时得添聘教师；

八、中山民众学校校长或教师，应兼办地方改进事项；

九、中山民众学校之课程，儿童班定为国语、体育、劳作、自卫、算术五科，成人班定为公民、体育、劳作、自卫、算术五科；

十、中山民众学校儿童班，废止日曜日及寒暑假，一年毕业，成人班或妇女班上课时间，至少一百二十天；

十一、中山民众学校课程，儿童班国语占七分之四，余占七分之三，成人班公民占三分之二，余占三分之一；

十二、中山民众学校教材，儿童班将短期小学课本改编应用；成人班采用匪区民众课本；

十三、利用中山民众学校校址，举行公民训练；

十四、中山民众学校于相当时间后，得酌设高级班及职业补习班。

三　经费

一、经费分配，赣闽皖鄂豫五省推行特种教育之经费，以十年为期，第一年总额预定四十万元，赣十二万元，闽皖鄂豫各省年各六万元，其他特种补助费四万元；

二、经费预算由各该省特种教育主管机关，就分配数目，编制切实预算，呈候核定。

〔国民政府教育部档案〕

8 国民政府军委会委员长行营检发五省特种教育委员会组织规程令

（1935年5月）

国民政府军事委员会委员长行营训令　字第二五二四号

令本行营第二处

查赣闽皖鄂豫五省推行特种教育计划纲要暨计划，业于二十三年九月三日，由前南昌行营颁布在案，在计划中之第二款乙项第一、第三两目，经规定由行营组织五省特种教育委员会，暨另行组织规程，自应依照办理，除前项委员会各委员，前已分别函聘外，兹特制定赣闽皖鄂豫五省特种教育委员会组织规程，共计十条，并于即日施行。合亟抄发规程，令仰该处知照！除分行外。此令。

计检发赣闽皖鄂豫五省特种教育委员会组织规程一件

中华民国廿四年五月　日

委员长　蒋中正

赣闽皖鄂豫五省特种教育委员会组织规程

第一条　国民政府军事委员会委员长行营，为设计及督导赣闽皖鄂豫五省推行特种教育之便利起见，特组织赣闽皖鄂豫五省特种教育委员会（下称本会）。

第二条　本会委员分为左列二种：

甲、当然委员

（一）行营代表三人；

（二）赣闽皖鄂豫五省教育厅长。

乙、聘任委员

（一）管理中英庚款董事会代表二人（中英各一人）；

（二）熟悉收复匪区情形及热心特种教育人士若干人。

第三条　本会设常务委员三人，负主持会务之全责。除行营代表一人及所在地之教育厅长外，由委员互选一人充任之。

第四条　本会之任务如左：

（一）设计五省特种教育推行方案；

（二）讨论五省特种教育事业之推进及经费之需要；

（三）监督并视导五省特种教育之实施；

（四）办理五省特种教育之调查统计；

（五）研究特种教育各项问题；

（六）编纂五省特种教育事业报告；

（七）办理行营交办事项。

第五条　本会设总干事一人，承常务委员之命，处理日常事务，并视事务之繁简，得酌设干事若干人，均由行营任命之。

第六条　本会设视导专员若干人，由行营委任之。但以调任富有特种教育经验之人员兼充为原则。

第七条　本会每半年开常会一次，遇必要时并得开临时会，概由常务委员呈请行营召集之。

第八条　本会办事处设于行营内。

第九条　本会各项议事细则、办事细则另定之。

第十条　本规程自公布日施行。

〔国民政府教育部档案〕

9　军委会委员长行营确定宋美龄等三人

为特种教育委员会常务委员函

（1935年7月27日）

国民政府军事委员会委员长行营特教会　行特字第8号

按本会六月一日第一次会议，主席动议：照本会规程第三条内载："设常务委员三人，除行营代表一人，及所在地方教育厅长外，由委员互选一人充任之"。本会原设在南昌已有常务委员二人，一为行营代表宋委员美龄，一为所在地教育厅长程委员其保，其余一人尚待推选。现会址移鄂，对于常务委员问题，自应就会议时一并推定。当经议决：常务委员三人，宋委员美龄仍旧，余以所在地教育厅长程委员其保及甘委员乃光担任。并经签奉批示："交五省特种教育委员会分别函达查照"等因。奉此，相应函达，至祈查照为荷。此致

宋　　　　○○

甘常务委员○○

程　　　　○○

中华民国廿四年七月廿七日

〔国民政府教育部档案〕

10 南昌行营令发五省特种教育委员会议议案（选录）

（1935年7月）

（1）戴乐仁提议案

国民政府军事委员会委员长行营训令

　　令赣闽皖鄂豫五省特种教育处

案查本行营此次召集赣闽皖鄂豫五省特种教育委员会议，据戴委员乐仁提议略称："一、特种教育应与当地建设事业发生密切关系。二、应尽量利用已有学校或就已有学校，增添中山民校之课程或使兼办中山民校事业。三、每县各区应组织教员联合会。四、应兼办职业教育，与当地合作事业机关及领袖人物联络。"等情。经提交会议议决："（一）（二）（四）照案通过。（三）所有中山民校校长及教师一律加入各该县已设立之小学教育研究

· 1157 ·

会"。等情。据此，查所议尚无不合。除分令外，合行令仰该处遵照办理！

此令。

（2）程其保推广特教实施范围提议案

国民政府军事委员会委员长行营训令

　　令赣闽皖鄂豫各省政府

　　案查本行营此次召集赣闽皖鄂豫五省特种教育委员会议，据程委员其保建议略称："教育学院应增设特教专修科，师范及乡村师范课程应增设特教科目；特教处应招师范生，予以短期训练"。等情。经提交会议议决："为适应地方需要起见，师范学校、乡村师范学校、暑期小学、教员讲习会及各县私塾塾师训练班，均得酌量增设特种教育科目，由各省斟酌情形办理"。等情。据此，查该会议决增设师范等校特种教育科目，由各省斟酌情形办理一节，尚属可行。除分令外，合行令仰该省政府遵照办理！

此令。

中华民国廿四年七月　日

（3）程其保改定中山民校入学年龄提议案

国民政府军事委员会委员长行营训令

　　令赣闽皖鄂豫各省特种教育处

　　案查本行营此次召集赣闽皖鄂豫五省特种教育委员会议，据程委员其保建议略称："五省推行特教计划，原定儿童班招收年龄在十岁以上、十六岁以下，拟改为：一、中山民校儿童班儿童入学年龄，规定六岁以上、十六岁以下。二、未及六岁之儿童，暂免入学。"等情。经提交会议决议："儿童班入学年龄应改为七岁以上、十六岁以下。"等情。据此，查所议改定儿童班入学年龄一节，尚无不合，除分令外，合行令仰该处遵照办理！

此令。

中华民国廿四年七月　日

（4）郑贞文等改进特种教育方式提议案

国民政府军事委员会委员长行营训令

　　令赣闽皖鄂豫各省特种教育处

　　案查此次本行营召集赣闽皖鄂豫五省特种教育委员会议，据郑委员贞文提议略称："一、请通令各省特教处举办流动施教团。二、由本会征求适合特种教育之影片，制发各省应用。三、由本会设计灌制各种讲演片及激昂慷慨之歌曲片"。

　　又据贺委员衷寒提议略称：

　　"一、特教人员应随时随地随人施教。二、利用学生教导其家人及戚、友、邻。三、学校应附设民众图书室、阅报室、娱乐室、问事室、代笔室。四、学校应编壁报张贴。五、举办巡回文库。六、举行巡回讲演。七、组织学生劳动服务团，推行新生活"。

　　又据杨委员廉提议略称："一、举行通俗讲演暨各项图书及文字的宣传。二、映放教育电影，表演科学把戏。三、调查社会状况。四、推广优良种子。五、医治民众疾病等"。各等情。经提交会议合并讨论议决：

　　一、组织巡回教学团，应具备教育影片、幻灯、歌曲、标本、仪器、巡回文库等。二、利用民众学校学生，转教其家人、亲友及邻里。三、民众学校应附设民众图书室、阅报室、娱乐室、问事室、代笔室、壁报等。四、组织劳动服务团，各中山民众学校原有工学团名义取消。等情。据此，查所议决改进特种教育实施方式各节，尚属可行。除分令外，合行令仰该处遵照办理！

　　此令。

（5）关于设置特教试验区议案

国民政府军事委员会委员长行营训令

令赣闽皖鄂豫五省特种教育处

查前南昌行营颁布之赣闽皖鄂豫五省特种教育计划第二章丁款第二项有"各省特种教育处应就各该省收复区中各选定一县或特别区，为特种教育实验区，实验特种教育之理论与实施，以增效率，而树楷模"之规定。故江西特教处于二十三年间呈准选定南丰第五区设置实验区，湖北特教处亦于本年选定黄安七里坪赓续呈准设立，其余闽皖豫三省尚未设置。此次本行营召集五省特种教育会议时，关于上项问题曾经提出讨论，议决："已设之省份应仍旧贯，未设之省份不再续设，即以已设省份实验之所得，供未设省份办学之观摩。"并经该会将前项情形呈请核夺前来。查核所拟各节，尚属可行，应准照办。除分令外，合行令仰该处即便遵照！

此令。

委员长　蒋○○

〔国民政府教育部档案〕

11　行政院关于赣闽皖鄂豫五省特种教育事项移归教育部统筹办理的训令

（1936年8月26日）

行政院训令　字第1838号

令教育部

查赣闽皖鄂豫五省特种教育，前由军事委员会委员长行营组织五省特种教育委员会监督实施，并于五省各设特种教育处负责办理。现准行营将特种教育事项移归本院处理，并移送关系卷宗到院。查五省特种教育实施之目的在改正收复区人民思想及增进其生活技能，虽具有特殊性质，但与一般教育行政究有密切关系，自应由教育部统筹办理，以明系统而利推行。兹经决定原则三项：

一、五省特种教育委员会应改隶教育部，并设于该部内，其委员由该部聘请或指派，负责计划支配经费之责。为执行上之便利计，该会所议定之事项，得由教育部长分别性质，交由该部主管各司执行。

二、五省特种教育处归并于各该省教育厅，其事务由各厅主管科负责办理，必要时得令设股。

三、五省特种教育委员会行政经费移交教育部支配，该会现有工作人员由该部酌量调用。

除分别函令外，合行令仰该部遵照，并将原订之五省特种教育委员会组织规程由部修正施行。再，五省特种教育，"五省"两字应否删除，应于修正规程时详加考虑，合并饬遵。此令。

中华民国二十五年三月二十六日

〔国民政府教育部档案〕

（二）特教实施概况

1 江西省特种教育南丰实验区计划大纲

（1933年11月20日）

特种教育之理论与实际，有待于研究与探讨，研求与探讨之法唯何？自以实际之试验为有效而切实，是以本处有择地创设实验区，为集中实验之决议。又以本省地方辽阔，风俗不同，民情各异，不能以一地实验之结果，为全省之代表，故拟于赣东西南北中各地，各设立实验区一处，现先于赣东择定南丰县，计划进行，其余各地俟后再逐渐增设焉。

一、目标

由实际之实验得到整个学术，为赣东各地实施特种教育之根据，并期于三年内谋管教养卫之连锁实现，其目的如次：

1．以学校的方式，得到实施特种教育之程序；
2．以政教会一之精神，得到实现农村自治之步骤；
3．以学校为改进社会中心，得到建设农村文化之方案；
4．以全区为农事改进对象，得到复兴农村经济之动向；
5．以全区居民捍卫地方，得到完成农村自卫之办法。

二、原则

1．以设立中山民众学校为实施特种教育之中心；
2．以少费金钱多用力量实施特种教育之经济；
3．以南丰县第五区为初步实验区域，俟有相当成绩再行推广；

4．以本处关于特种教育之各项办法为实验起点，以期确定其理论与实际。

三、组织

1．设计机关　由本处研究部负设计之责，不另组织。

2．辅导机关　组织江西省特种教育处南丰实验区辅导委员会，以本处研究训练两部主任及南丰县县长、第五区长为当然委员外，并由处延聘地方公正人士若干人为特约委员，负下列之职责：

甲、辅助并指导区务之进行；

乙、筹划本处所发经费以外之实验区经费；

丙、劝告民众接受教导。

并设委员三人，负主持会务之全责，除本处研究部主任及南丰县县长外，由各委员互选一人充任，其简章另定之。

3．执行机关　设置江西省特种教育处南丰实验区办事处。办事处设总干事一人，由处长委任之，秉承处长及研究部主持区务。总干事之下分设第一、第二两组，分别掌理关于管教养卫之各项事业，每组设主任干事一人，干事若干人，主任干事由处长委任，干事由实验区内各中山民众学校校长教师兼任。其实验区办事处章则另定之。

四、事业

1．关于管的方面：

甲、促进农村自治；

乙、整饬农村村容；

丙、修浚农村道路及沟渠；

丁、调查农村户口；

戊、举行农村人事登记；

己、改良农村风俗；
庚、其他关于管的方面各项事业。
2．关于教的方面：
甲、设立中山民众学校；
乙、实施公民训练；
丙、举办识字运动；
丁、举行通俗讲演；
戊、调查农村社会概况；
己、推动新生活运动；
庚、办理各项社会教育；
辛、其他关于教的方面各项事业。
3．关于养的方面：
甲、改良农业技术；
乙、提倡农村副业；
丙、倡办农村家〔庭〕工业；
丁、兴办合作事业；
戊、推广优良种子秧苗；
己、其他关于养的方面各项事业。
4．关于卫的方面：
甲、组织自卫团体；
乙、改良环境卫生与公共卫生；
丙、设立农村诊疗所；
丁、预防传染疫病；
戊、举办农村生命统计；
己、锻练民众体格；
庚、其他关于卫的方面各项事业。

南丰实验区除积极办理上列各项关于管教养卫之事业外，应辅导南城、黎川、宜黄、广昌、石城五县中山民众学校之实施，其辅导办法另定之。

五、设备

1．实验区办事处。
2．中山民众学校。
3．实验农场　南丰县第五区荒废田地颇多，可由县划拨垦殖，作为实验农场。
4．养鱼池　南丰县第五区有荒废池塘，可由县划拨作为养鱼池之用。
5．造林场　劝导村民组织造林合作社，就荒山旷地造林。
6．合作社。
7．农村公园　南丰县第五区原有农村小公园一处，可略加整理作为农村公园。
8．农村妇女纺织习艺所。
9．其他。

六、实施步骤

第一步　由处委定工作人员；
第二步　由南丰县第五区白舍圩设立实验区办事处；
第三步　组织实验区辅导委员会；
第四步　于南丰县第五区白舍圩、中和、瑶陂、罗坊、枫林各处筹设中山民众学校各一所；
第五步　计划修缮并布置办事处及校舍；
第六步　开始社会的工作，并举办农村概况调查；
第七步　举行识字运动，并招收学生；
第八步　由南丰县政府于各学校附近划拨田地，每校以二十亩至四十亩为度；
第九步　各学校正式成立；

第十步　由实验区办事处督率各校按照上述各项事业拟具分期实施程度，呈报本处核定，同时并着手举办。

七、经费概算

1．实验区办事处开办费概算

项　目	概算数	备　　　　　　　　　　　　注
设备费	一六〇	实验区办事处办公器具、实验农具、妇女习艺所工具等设备费用约支如上数
修缮费	八〇	修缮房舍约支如上数
搬运费	二〇	自南昌或南丰县城搬运各项应用品至实验区约支如上述
合　计	二六〇	

2．实验区办公费经常费概算

项　目	每月概算数	备　　　　　　　　　　　　注
薪资	三〇二	总干事一人，月支八十元，组主任干事二人，月共支一百元，书记一人，月支二十元，另由处派员三人轮流来区指导各项工作，月共支津贴九十元，勤务一人，月支十二元，每月合计如上数
办公费	三八	每月约支文具五元，邮电三元，茶水三元，灯火五元，薪炭二元，书报十元，杂支十元，合计如上数
事业费	一六〇	实验农场肥料种子约支三十元，农夫五人共支六十元，女习艺所材料约支四十元，技师一人约支三十元，合计如上数
合　计	五〇〇	

8．实验区各中山民众学校经常费、开办费仍照江西省收复区中山民众学校实施办法第六九及七四两条所规定办理。

〔国民政府教育部档案〕

2 国民政府军委会南昌行营审定《江西省收复区特种教育计划大纲》的有关文件

（1934年4月18日）

（1）南昌行营致江西省政府指令

全衔指令 冶字第5225号

令江西省政府

呈一件，据教育厅呈复：遵令修正收复区特种教育大纲，转恳核示由。

呈件均悉，准予备案。此令。附件存。

委员长 蒋〇〇

（2）江西省"收复区"特种教育计划大纲

第一章 总 刚

第一条 江西省政府为谋匪区收复后之救济，特别注重改正民众错误思想，训练地方自卫与增加农村生产，而以教育为推进中心，遵照蒋委员长皓电指示"收复'匪区'教育要点"拟定本计划。

第二条 收复区教育之目标如左：

一、训练一般民众及儿童，使能彻底了解赤匪之罪恶与其论据谬妄，以期确信三民主义，爱护国家。

二、训练一般民众及儿童，使有公民的陶冶、自卫的力量与生产的技能，以期社会安宁，人民乐业。

三、建立各该区普及教育之基础，以期进而使各该区教育之普及。

第三条　全"匪区"各县于收复之后，该县督学一人，秉承县长负责办理该县教育事宜。

第四条　凡本省"匪区"收复县份（每县平均六区）平均应设中山民众学校十二所，其经费全部由公款（行营及省政府拨给）补助之。

第五条　各校补助费应逐年减少五分之一，以所减少之费补助各收复区公私立民众学校或乡村小学，藉示提倡。

第六条　凡"匪区"收复后，各机关、各社团均厉行识字运动，以谋民众教育之普及。

第七条　中山民众学校分设下列两种班次：

一、儿童班　招收年龄在十岁以上十六岁以下之儿童，不分性别，以四十人至六十人为一班，依学生程度之高下分团编制，在每天上午或下午上课二小时，一年毕业。

二、成人班　招收年龄在十六岁以上五十岁以下之民众，以三十人至五十人为一班，每天上课二小时，得于晚间举行，四个月毕业；妇女满二十人得另设一班。

第八条　中山民众学校以儿童班与成人班各一班为基本班次。

第九条　中山民众学校之校舍，尽量利用原有之学校校舍及社会教育机关或寺庙会馆祠堂等公宇，遇必要时得借用民众余屋。

第十条　中山民众学校校长一人，综理全校行政，其□具有基本班次之民众学校校长，须兼任该校全部教学班次，□加者得由校长酌量情形，添聘教师助理。

第十一条　中山民众学校校长或教师除授课外，并兼办左列各事业：

一、举行通俗讲演（每周至少四次）；

二、推行识字运动；

三、参加地方自卫工作；

四、指导农村合作及农业推广事业；

五、其他地方改进事项。

（附注）各校校长或教师应由民政厅通令各该县县政府，加委为各该学校所在地之区公所为服务员，仅具名义不支薪给，如此与地方之行政组织上可发生纵的关系，俾得兼办或领导社会教育之工作，与区公所推进区政，亦可得互相协助之效。

第二章 师资训练

第十二条 新收复县份暂定二十五县，每县十二，共三百所，每校平均以教师一人，计共需师资约三百人，由教育厅等设收复区民众教育师资训练所，其规程另定之。

第十三条 民众教育师资应由教育厅通令收复区各县县政府保送合格人员若干名，入所受试，纪录后施以训练。此外，并酌留若干名额，招收自由投考之学员。

第十四条 师资训练所可于寒假期间，抽调收复区各县学校之原任教师来所训练，以一个月为期，期满后仍回原职。其在训练期间，所有膳宿旅费等项均由公家供给之。

第十五条 民众教育师资之训练目标应特别注重左列各项：

一、身体方面：

1. 要有健全之体格；

2. 要有刻苦耐劳之习惯。

二、知能方面：

1．要能纠正民众错误思想；

2．要能领导民众自卫；

3．要能增进民众生产；

4．要能灌输民众常识；

5．要能推广合作事业；

6．要能辅导地方自治。

三、思想方面：

1．要深刻认识三民主义为唯一救国主义；

2．要坚决信仰深入农村为唯一救国之道路。

四、态度方面：

1．要有热烈心情接近民众；

2．要有牺牲精神服务社会。

第十六条　凡有左列资格之一者，得入师资训练所：

1．党部工作人员；

2．师范学校及中等以上学校毕业生；

3．现任政治训练工作人员；

4．农村合作训练人员；

5．现任保卫团团长、区长、联保办事处主任；

6．曾任小学或民众学校教师一年以上，有证明文件，并经该县公务人员二人以上介绍者。

第十七条　前项人员经考试合格后，施行三个月之严格训练，派遣各地服务，成绩特优者得提前遣派。

第十八条　训练所课程如下：

1．三民主义；

2．乡村教育；

3．短期义教实施法；

4．民众教育理论与实际；

5．"匪区"状况研究；

6．封锁要义（此科系奉省政府令加入）；

7．农村自卫（附军事训练）；

8．农村合作；

9．农村自治；

10．农艺（注重植树、种菜、养鸡、养蜂等项）或工艺实习（注重织袜、木工、水泥工及其他地方生产事业等项）；

11．通俗讲演及实习；

12．图画；

13．音乐；

14．注音符号；

15．体育。

第十九条　训练期间不收学费，所有膳宿制服等费概由训练所供给。

第三章　课　程

第二十条　中山民众学校之课程如左：

一、儿童班：

1．国语——关于思想方面，注重宣扬三民主义，揭破赤匪罪恶，提倡固有道德，启发民族意识，并授以公民生活之常识等。关于文字方面，授以普通文、应用文、诗歌、故事等，养成以公民读写之能力。

2．体育——注重健康训练，养成卫生习惯。

3．劳作——授以适合地方需要之农艺或工艺，及其他生活上应用之知能。

4．自卫——组织少年"铲共"义勇队，授以侦探防御、看护急救等常识，并养成其牺牲、服从、公正、互助及遵守纪律之精神。

5．算术——增进日常生活之生产、分配及计算能力，养成民生观念。

二、成人班

1．公民——宣扬三民主义，揭破"赤匪"之错误与罪恶，并针对民众之思想言论为深切之□□□□□，教以礼义廉耻与忠孝仁爱信义和平等美德，表扬历史上为民族争生存为国家而牺牲之伟人事迹。解说国家现年将处之地位和国际环境，授以普通文、应用文、歌曲等，注重阅读及思想发表之训练，并公民生活之常识。

2．体育——提倡体格锻练，举行爬山、越岭、赛跑、远足、国术、竞技等，并养成其各种卫生习惯。

3．劳作——乡村设农艺科，授以农村常识，改良农村知能，市镇设工艺科，授以工艺常识，增进工作技能。此外，并训练其组织信用供给，利用运销等合作社。

（妇女班应改设家政常识，儿童保育学科）。

4．自卫——施以保甲、保卫、打靶、侦探之训练与组织，担任建筑碉堡、土城，挖掘战壕，修筑道路，组织"铲共"义勇队，搜查匪"匪"及埋藏枪械，养成看护、急救、防疫等知能。

5．算术——增进日常生活之生产分配及计算能力，养成民主概念。

第廿一条 儿童班、成人班及妇女班，作业时间规定如下：

一、儿童班

1．废止日曜日休假，每周七天，每天三节，每节四十分，

2．废止寒暑假，惟得视地方需要（如农忙时等）与习惯停课若干天，但全年停课时间最多不得超过六十天。

二、成人班或妇女班

1．上课日期至少一二〇天；

2．每天二节，每节五〇分钟。

第二十二条 儿童班及成人班各科教学时间之比例如下：

一、儿童班——每周以七天计算，

课程	节数	时间统计	备注
国语	12	480	
体育	2	80	
劳作	3	120	
自卫	2	80	
算术	2	80	
共计	21	840	

二、成人班——以一百二十天计算

课程	节数	时间总计	备注
公民	160	800	
体育	20	100	
劳作	20	100	
自卫	25	125	
算术	15	75	
共计	240	1200	

第二十三条 教材之编选如左：

一、儿童班——根据教育部编印之"短期小学课本"改编，并加入适合本省需要之教材；

二、成人班——采用"剿匪区"教育设计委员会编印之"民众课本"，并选编补充教材。

三、妇女班——参用成人课本，并另编适合妇女需要之补充教材。

第四章　识字运动〔省略〕。

第五章　附则〔省略〕。

〔国民政府教育部档案〕

3　江西省特种教育二十六年度工作计划

（1937年）

甲、关于人事调整方面：

一、本股职员照呈部预算，计视导员五人，股员七人，书记四人，兹将其职务分配，另定如左：

1．视导员五人，除一人担任临时抽查及兼股内研究编辑工作外，其余四人一律常川在外视导。

2．股员七人，指定一人办理会计，二人办理考核登记及撰拟普通文稿，一人办理预计算之编造及报销文件，二人办理审核附属机关预计算文件，一人办理统计文件。

3．设书记四人，一人兼管卷，一人兼收发，二人专司缮写。

二、各附属机关如实验区巡教团工作人员之考成调整，由该区总干事及该团团长分别计划呈报核夺。中山民校校长、教师之考成，参照左列标准定之。

1．公牍及计算占25%。

2．视导员报告占25%。

3．县长巡视报告及考核意见占25%。

4．特教通讯及其他15%。

乙、关于事业设施方面：

一、调整各县中山民校：

1．规定本年度中山民校数以二百校为标准。

2．中山民校其一人办理者，拟设法以改为二人办理为原则。

3．中山民校班次以招收成人妇女为原则，其办理儿童班次者应逐渐减少。

4．凡学生不足之班级，一律限期充实学额。

5．各级中山民校班级数，以左列规定为原则：

A、示范中山民校办理四班，但须加紧辅导及社会活动工作；

B、甲种及已增加教师之乙种中山民校，一律以办理三班为原则。但社会活动范围，甲种民校应较乙种民校为广（详中山民校二十六年度工作事项标准表），其校长兼教师一人办理之民校，暂时仍以办理基本班次为原则。

6．将永修示范中山民校移设九江，除指定负辅导赣西北区中山民校外，并实验大单元教学，以补救一般中山民校以前除国语科外各科无适当课本之困难。

7．规定各中山民校裁撤及移动标准：

A、设校校址不适于地方环境，办理无甚成效，而又无适当地点可迁移者裁撤；

B、凡二十五年度内仅办儿童班一班，而又无特殊社会活动成绩者裁撤；

C、除示范中山民校有特殊情形外，其设于县城者以迁于乡村为原则；

D、本年度各中山民校除有特殊情形，其校址应设法使之稳定外，余应以适应环境择地迁移为原则。

8．充实中山民校之设备：根据本省特种教育第二届辅导会议第三类（设备）之议决案，设法充实各校设备。

二、规定各县中山民校工作：

1．经常工作：

详见中山民校二十六年度工作事项标准表。

2．中心工作：

A、实施国难教育，如举行国防演讲，抗敌宣传等；

B、实施战时组织，如组织警卫团，防护团等；

C、实施战时训练，如训练紧急集合，举行防空演习，领导救护难民等。

三、继续办理特教实验区，应以下列各项工作为实验中心：

1．中山民校各种班次之课程分配、教学方法、教材研究等工作之实验；

2．农事推广工作之实验；

3．农村卫生及保健工作之实验；

4．国防化农村建设之实验；

5．地方改进工作之实验。

四、继续办理巡回教学团，并以下列各项为工作中心：

1．巡回实施国防教育；

2．巡回教学；

3．协助地方改进；

4．推行新运及国民经济建设运动；

5．辅导中山民校。

丙、关于视导考核方面：

一、参照本省特种教育第二届辅导会议第五类（辅导）之决议，将全省设有中山民校县份，依交通状况，划为东北、西北、东南、西南四视导区，每区指定设视导员一人，负视导与考核区内各辅导区指导员及各中山民校工作之责。

东北区（凡十六县）：湖口、彭泽、都昌、浮梁、婺源、乐平、德兴、万年、余干、余江、贵溪、横峰、上饶、玉山、广丰、铅山；

西北区（凡十六县）：九江、星子、瑞昌、德安、武宁、修水、靖安、奉新、上高、宜丰、铜鼓、万载、萍乡、新喻、分宜、宜春；

东南区（凡十六县）：金溪、资谿、光泽、南城、黎川、南丰、广昌、宁都、石城、瑞金、会昌、云都、崇仁、宜黄、乐安、兴国；

西南区（凡十五县）：新淦、峡江、永丰、吉水、吉安、安福、莲花、永新、宁冈、泰和、万安、遂川、赣县、南康、虔南。

二、改善辅导区

1．示范中山民校校长以不担任校内教学为原则，其全部时间完全用在辅导辖区内各县中山民校及协助改进地方工作方面。

2．辅导区指导员每学期至少视导辖区内各中山民校一次。

3．辅导区指导员每三个月应将视导中山民校经过，详细呈报一次，并随时报告辖区内各中山民校校长、教师服务状况。

4．辅导区指导员平日应注意实施校务之困难问题及教学方法之研究暨补充教材之搜集，以供各民校之采用。

5．辅导区指导员应尽量协助各民校校长教师，办理各项地方改进工作。

6．本年度辅导区定为二十校，兹重新厘订如下：

区别	示范校所在地	辅导县份	附注
第一辅导区	武宁	武宁、修水、铜鼓、奉新、靖安	
第二辅导区	万载	万载、上高、宜丰	

续表

区别	示范校所在地	辅导县份	附注
第三辅导区	萍乡	萍乡、宜春	
第四辅导区	新喻	新喻、分宜	
第五辅导区	永新	永新、安福、莲花、宁冈	
第六辅导区	万安	万安、赣县、南康、虔南	
第七辅导区	吉安	吉安、泰和、遂川	
第八辅导区	永丰	永丰、峡江、吉水、新淦	
第九辅导区	九江	九江、星子、德安、瑞昌	该区不另派员由九江民校兼
第十辅导区	彭泽浮梁	湖口、都昌	
第十一辅导区	万年	万年、德兴、婺源、乐平	
第十二辅导区	余江	余江、余干、贵溪	
第十三辅导区	铅山	铅山、横峰	
第十四辅导区	玉山	玉山、上饶、广丰	
第十五辅导区	崇仁	崇仁、宜黄、乐安	
第十六辅导区	黎川	黎川、光泽、资豁、金豁	

续表

区　　别	示范校所在地	辅　导　县　份	附　　注
第十七辅导区	南　丰	南丰、南城	该区不另派员由特教实验区兼
第十八辅导区	宁　都	宁都、兴国	
第十九辅导区	石　城	石城、广昌	
第二十辅导区	会　昌	会昌、瑞金、云都	

三、举行第三届辅导会议。

四、继续函聘各县义务特教通讯员。

五、继续责成各县县长第三科科长及县督学，督导各县中山民校。

六、在特教股内指定一人处理一切有关考核登记事宜。

丁、关于工作人员补充方面：

一、招收合格人员，由特教股督同实验区，另行筹办短期训练班，予以短期之实习或训练。

二、临时举行介绍登记，以为随时补充之用。

戊、关于指导进修方面：

一、指定阅览书籍，按期填报阅读心得报告表。

二、集中举行第三届短期修养会。

己、关于研究编辑方面：

一、本年度内须完成下列编辑工作：

1．自卫教材；

2．劳动教材；
3．音乐教材；
4．家事教材；
5．社会教材；
6．自然教材。

二、将特教通讯半月刊改为旬刊，并扩充编〔篇〕幅。

三、编印各项特教统计。

四、编印二十五年度特教总报告。

〔国民政府教育部档案〕

4 福建省特教处报送该省特种教育实施办法呈

（1935年1月26日）

福建省特种教育处呈 第八十三号

案奉钧长南昌行营治字第一六八六三号指令福建省政府转下本处关于呈送特种教育各项章则及预算书，转请核备一案由。内略开：呈件均悉，兹分别核示如下……（原文有案避免全叙），尾开：其余尚无不合，并仰知照。此令。附件发还。等因。奉此。查本处对于特种教育之实施，原拟按照前送章则及预算积极进行。乃以长订等县并于上年十二月完全收复，奉令提前开办特种教育，加之本省政府及本处派员调查结果，在本年度内，除一面训练师资开办中山民校外，对于闽东、连江、罗源及大田等县均感有实施该项教育及组织流动教育团之必要。因此，对于原定办法及预算等势须变更，方资适应。爰遵照核示各点，并参酌本省目前需要情形，修正福建省实施特种教育办法，福建省二十三年度特种教育经费预算书，并订定福建省特种教育处训练部学则计三件，以供实施。奉令前因，除预算书已于本月十二日呈送外，理合缮具该项办法及学则随文呈请钧长察核，并乞指令祗

遵。谨呈

国民政府军事委员会委员长蒋

附送福建省特种教育实施办法一件，福建省特种教育处训练部学则一件〔略〕

福建省特种教育处处长　郑贞文

中华民国二十四年一月二十六日

福建省特种教育实施办法

一、本省为积极推行特种教育起见，特遵照国民政府军事委员会委员长南昌行营颁定之赣、闽、皖、鄂、豫五省特种教育计划订定本实施办法。

二、遵照五省特种教育计划之规定，设立福建省特种教育处，处理本省特种教育事宜，其组织大纲另定之。

三、本省为养成收复区特种教育师资起见，先于二十三年十二月起，招收合格学员四十名，予以短期训练，派往新收复各县办理中山民校。并于二十四年一月起，招收合格学员一百名，训练六个月，毕业后，分别派遣返县开办中山民众学校。

四、本省特种教育之师资暂招收各收复县籍之合格人员，集中省会施行训练，其训练目标及课程均遵照五省特种教育计划办理。

五、本省各收复县份依五省特种教育计划之规定，每县应平均设立中山民众学校十二校，但现因经费关系，第一期先行办理十校，各县设立地点及校数，候派员实地调查后再行根据各地方情形酌定之。

六、本省设立中山民众学校县份为崇安、连城、建宁、泰宁、明溪、清流、宁化、宁洋、长汀、永定、永安、涉县、将乐、顺昌、建阳、邵武、龙岩、上杭、武阳及连江、罗源、大田等二十二县。

七、本省为明瞭各收复区县份需要该员教育之实际状况，于二十三年十月先行派员往各县调查，以为设立校所之根据。

八、本省特种教育师资训练班预计在二十三年十二月开始，二十四年五月结束。

九、本省特种教育师资训练班学员毕业后派往各县开办中山民众学校，预计此项学校先于二十四年一月成立一部份，余于六月内次第成立。

十、本省特种教育处预计二十三年十月内应组织成立。

十一、本省就收复区内各县份中选定适宜地点，设立特种教育实验区，以从事特种教育实施方法之试点，其计划另订之。

十二、本省为适应各收复县区之目前需要起见，将组织流动教育团，以事普遍感化，其办法另订之。

十三、本省遵照五省特种教育计划规定全年经费六〇〇〇〇元，除另制预算书外，本年度自十一月开始以后，各项经费支配状况，分别于下：

（1）特种教育处及师资训练班经费一九〇一六元；

（2）中山民众学校经费一四八〇〇元；

（3）视察指导费一五六〇元；

（4）实验研究费三〇〇〇元；

（5）调查费一二〇〇元；

（6）宣传费一二〇〇元；

（7）补助费七〇〇〇元；

（8）特别费九九〇〇元；

（9）准备费二三二四元。

关于实施本省特种教育之各项计划，切应分别专案，呈报国民政府军事委员会委员长南昌行营、福建省政府、五省特种教育委员会核准备案。

〔国民政府教育部档案〕

5 安徽省教育厅长杨廉报告"收复区"施行特种教育情况呈

（1935年7月1日）

安徽省特种教育处呈

查本处师资训练班学员，六个月训练期满，考查成绩及格，应准毕业学员，计有何云岩等五十五名。前以皖西清剿善后工作，急待办理，奉省政府令，组织特种教育宣传队（即特教流动队）五队，前经太湖、潜山、霍山、桐城、舒城、宿松等县收复区，实施流动特种教育。学员倪筱池等二十名，业于六月一日提前分发，前往工作，并于施行流动特种教育一月期满后，即在太湖等县收复区，分别设立中山民众学校二十所。至本省黟县、祁门、旌德、太平、至德、立煌、六安、霍邱、霍山九县收复区，第一期设立中山民众学校校址及校数，亦经本处依据各县设校计划及视察结果，分别决定。兹将何云岩等五十三名，即日分发前往黟县、祁门、旌德、太平、至德、立煌、六安、霍邱、霍山九县办理中山民众学校三十五所。连同太湖等县二十校共设立五十五校。统限于七月十五日成立，开学上课。每一学校内除设立儿童班、成人班、妇女班外，并规定办理民众图书室、阅报室、简易药库、娱乐室、问字代笔处等事业。图书、报纸、药品等件，均由处拟定设备标准，统购分发，以求适合经济、合用、划一诸原则。所有分发毕业学员各缘由，理合陈报。并缮具安徽省特种教育处师资训练班毕业学员表，安徽省收复区中山民众学校校长表，皖西清剿善后特种教育流动队队员表，皖西清剿善后特种教育流动队实施流动特种教育办法，安徽省收复区中山民众学校实施办法，安徽省收复区中山民众学校校长教师服务细则，安徽省收复区中山民众学校校长教师服务成绩考查办法，安徽省中山民众学校辅导委员会简章，安徽省收复区中山民众学校领款暂行办法，安徽省收复区中山民众学校编造预算须知，安徽省收复区中山民众学校新旧校长交代办法，本处统购分发各中山民众学校图书、医药、用具、设备登记册，备文呈送，仰祈鉴核备案，实为公便。谨呈

国民政府军事委员会委员长蒋

安徽省教育厅厅长兼特种教育处处长　杨　廉

中华民国二十四年七月一日

〔国民政府教育部档案〕

6　安徽省特种教育处组织大纲

（1934年10月2日）

第一条　本处遵照赣闽皖鄂豫五省推行特种教育计划之规定设立之。

第二条　本处设处长一人，由安徽省教育厅厅长兼任，负责处理处务之全责。

第三条　本处设秘书一人，秉承处长襄理处务。

第四条　本处分行政、训练、研究三部，每部设主任一人，秉承处长分理各部事务。

第五条　本处各部之执掌如左：

（甲）行政部

一、办理本处文书会计庶务；

二、考核职员勤惰；

三、实施全处卫生清洁；

四、发给并稽核特种教育经费；

五、办理设备及修建事项；

六、办理不属其他各部事项。

（乙）训练部

一、训练本省特种教育服务人才；

二、计划本省中山民众学校设校事项；

三、分配本省特种教育服务人员工作；

四、视察各县特种教育设施事项；

五、召集教学及训导会议；

六、办理其他关于训练事项。

（丙）研究部

一、办理各项特种教育调查统计；

二、编纂特种教育刊物及宣传文件；

三、编辑特种教育各项补充教材及读物；

四、拟订并搜集各项测验材料；

五、会同训练部办理本处附设中山民众学校；

六、会同各部编印本处工作计划及工作报告；

七、办理其他关于研究事项。

第六条　本处训练部设导师若干人，负教育及训导之责，视导员一人至三人，负视导之责。

第七条　本处设事务员书记各若干人，分任杂务及誊写事项。

第八条　本处设医师一人，办理预防及治疗事宜。

第九条　本处秘书、各部主任、视导员、医师由处长委任之．导师由处长聘任之，事务员、书记由处雇用之。

第十条　本处设处务会议，由处长、秘书、各部主任、视导员及导师代表若干人组织之。

第十一条　本处得设各种临时委员会。

第十二条　本处各项章则另定之。

第十三条　本大纲自呈准后施行，如有未尽事宜，得呈请修改之。

〔国民政府教育部档案〕

7 河南省"收复区"中山民众学校章程

（1934年12月）

第一条 各县中山民众学校之校名，应冠以县名及自治区之序数，如某某县第几区中山民众学校。

第二条 中山民众学校由本省特种教育处管理之。

第三条 中山民众学校校长由本省特种教育处就已受训练人员中遴选委任，并请河南省政府转呈南昌行营备案。

第四条 中山民众学校教师由各该校校长于训练合格人员中聘请之。但遇不敷用时，得就当地人士，曾在初中以上学校毕业、服膺三民主义、对于教学有相当经验者，遴请本省特种教育处核定后聘请之，并由特种教育处转报备案。

第五条 本省特种教育处得随时派员前往各校视察，每学期至少须在两次以上。

第六条 中山民众学校办理之成绩，每学期由本省特种教育处考核一次，其办法另定之。

第七条 中山民众学校校长综理全校行政，并担任教学，教师襄助校长负教导学生及办理各项工作之责。

第八条 中山民众学校校长教师，由本省特种教育处呈请省政府通令各县政府加委为各该学校所在地之区公所服务员，协助区长，推行区政。

第九条 中山民众学校校长秉承特种教育处，并受县长及教育局长之指导监督，联合各机关各社团举行识字运动，以唤起民众对于特种教育之注意。

第十条 中山民众学校校长及教师，应设法举办社会概况调查与统计，以为施教之根据。

第十一条 中山民众学校校长及教师，应利用学校场所召集区内居民实施公民训练。

第十二条　中山民众学校校长及教师应尽量利用时间与空间，举行固定或巡环之通俗讲演。

第十三条　中山民众学校校长及教师，应以口头或文字演述时事，如举行时事谈话，张贴时事壁报，俾民众得知国家大事。对于民众之询问及请托，应以和蔼恳切之态度答复，并尽量妥为办理。

第十四条　中山民众学校校长及教师除前各条规定外，应兼办左列各项社会事业：

1．提倡农产改良；

2．兴办农村副业；

8．指导农村合作事业；

4．组织农村自卫团体；

5．促进农村新生活运动；

6．兴办公益会，息讼会，少年服务团等；

7．改良农村风俗；

8．提倡公共卫生；

9．改良农民娱乐；

10．提倡国术；

11．其他关于文化公益事项。

第十五条　中山民众学校得联合区长保卫团干部人员及区教育委员，并聘请地方公正人士组织辅导委员会，辅导校务之进行。

第十六条　中山民众学校应指导在校学生组织工学团，实行教、学、做合一。

第十七条　中山民众学校工学团，每个学生至少应传习儿童或成人一人。

第十八条　中山民众学校应指导毕业学生组织同学会，推进地方改进事业。

第十九条　中山民众学校分儿童班、成人班：

1．儿童班——招收年龄在十岁以上十六岁以下之儿童，不分性别，以四十人至六十人为一班，依学生程度之高下分团编制。

2．成人班——招收年龄在十六岁以上五十岁以下之民众，以三十人至五十人为一班，妇女满二十人者得另设妇女班。

第二十条　中山民众学校修业期间，儿童班定为一年，成人班或妇女班定为四个月，或酌予延长，学习期满经测验及格，由特种教育处给予毕业证书。

第二十一条　中山民众学校儿童班、成人班、妇女班，作业时间，规定如左：

1．儿童班

甲、每日上课二小时，在上午或下午均可；

乙、废止日曜日，每周上课七日，每日三节，每节四十分钟；

丙、废止寒暑假，惟得视地方需要（如农忙等）与习惯，停课若干日。但全年停课日期最多不得超过六十日。

2．成人班

甲、每日上课二小时，得在晚间；

乙、上课日期至少一百二十日；

丙、每日二节，每节五十分钟。

第二十二条　中山民众学校以儿童班与成人班（或妇女班）各一班为基本班次，未具有基本班次者不得成立。

第二十三条　中山民众学校每校以至少二班，至多六班为原则。

第二十四条　中山民众学校因地方之需要，经特种教育处之核准，得设立高级班或职业补习班。

第二十五条　中山民众学校之课程如左：

1．儿童班

甲、国语——关于思想方面，注重宣扬三民主义，揭破赤匪罪恶，提倡固有道德，启发民族意识，并授以公民生活之常识等。关于文字方面，授以普通文，应用文，诗歌，故事等，养成读写作之能力。

乙、体育——注重健康训练，养成卫生习惯。

丙、劳作——授以适合地方需要之农艺或工艺，及其他生活上应用之知识。

丁、自卫——组织少年铲共义勇队，授以侦察、防御、看护、急救等常识，并养成其牺牲、服务、公正、互助及遵守纪律之精神。

戊、算术——增进日常生活之生产分配及计算能力。

2．成人班及妇女班

甲、公民——宣扬三民主义，揭破赤匪之错误与罪恶，并针对民众之思想言论，为深切之纠正，教以礼义廉耻、忠孝仁爱信义和平等美德，表扬历史上为民族争生存，为国家牺牲之伟人事迹，解说国家现在所处之地位和国际环境，授以普通文，应用文，歌曲等，注重阅读及思想发表之训练，并新生活之常识。

乙、体育——提倡体格锻练，举行爬山、越岭、赛跑、远足、国术、竞技等，并养成其各种卫生之习惯。

丙、劳作——乡村设农艺科，授以农业常识，改良农作知能。镇市设工艺科，授以工业常识，增进工作技能。此外，并训练其组织信用供给利用运销等合作社（妇女班应改设家政常识儿童保育等科）。

丁、自卫——施行保甲、保卫、打靶、侦探之训练与组织，担任建筑碉堡寨围，挖掘战壕，修筑道路，组织铲共义勇队，检查匪匪及埋藏枪械，并养成看护急救防疫等知能（妇女班侧重于看护之学习）。

戊、算术——增进日常生活之生产分配,及计算能力,养成民生观念。

第二十六条　中山民众学校各班教学时间之比例如左:

1. 儿童班——每周以七天计算

课　　程	节　数	时　间　统　计
国　　语	一二	四八〇
体　　育	二	八〇
劳　　作	三	一二〇
自　　卫	二	八〇
算　　术	二	八〇
共　　计	二一	八四〇（分）

2. 成人班及妇女班——以百二十天计算

课　　程	节　数	时　间　统　计
公　　民	一六〇	八〇〇〇
体　　育	二〇	一〇〇〇
劳　　作	二〇	一〇〇〇
自　　卫	二五	一二五〇
算　　术	一五	七五〇
共　　计	二四〇	一二〇〇〇（分）

第二十七条　中山民众学校教材之编选如左:

1．儿童班——根据教育部编印之《短期小学课本》改编，并加入适合本省需要之教材。

2．成人班——采用剿匪区设计委员会编印之《民众课本》，并编补充教材。

3．妇女班——参用成人课本，并另编适合妇女需要之补充教材。

第二十八条　中山民众学校高级班，职业补习班之课程另定之。

第二十九条　中山民众学校每班开学时，应将招生情形及学生名册，呈报一次。

第三十条　中山民众学校每三个月应将工作计划呈报一次。

第三十一条　中山民众学校每月应将工作经过呈报一次。

第三十二条　中山民众学校每年应将工作总报一次。

第三十三条　中山民众学校每班毕业时，应将毕业学生名册及学业成绩呈报一次。

第三十四条　中山民众学校应将工作所感之困难或显著之成绩，随时呈报。

第三十五条　中山民众学校如有特殊设施，应先将工作计划呈报。

第三十六条　中山民众学校校舍尽量利用原有之学校校舍及社会教育机关，或寺庙，会馆，祠堂寺庙，遇必要时得借用民众余屋。

第三十七条　中山民众学校校具以借用为原则，但遇破坏最甚之区域必须购置时，得呈请特种教育处核定之。

第三十八条　中山民众学校应购置适量之参考图书，一般民众读物及教学上必需之挂图。

第三十九条　中山民众学校应制备教学上管理上应用之各项表册。

第四十条 中山民众学校经费全部暂由公款补助之。逐年减少十分之一，由地方自行筹措补充，期于十年后能独力接办。

第四十一条 中山民众学校设有基本班次者，开办费定为六十元，每增设一班增加二十元。

第四十二条 中山民众学校校长每月薪俸定为二十五元至三十元，如办理成绩优异、经考核属实者，于年度之末得酌给奖励金或增加薪俸。

第四十三条 中山民众学校教师每月薪俸定为二十元至二十五元，视其资格经历及工作之繁简，由特种教育处核定之。

第四十四条 中山民众学校办公费，每班每月约支五元，事业费每校每月约支五元。

第四十五条 中山民众学校学生用品，儿童班以四十人计，年约支四十元，成人班或妇女班以四十人计，每年两期，约支亦为四十元。

第四十六条 中山民众学校不雇校工，由校长、教师、学生共同操作。

第四十七条 中山民众学校不收学杂等费，并发给书籍学生用品（书籍由特种教育处印发，用品由经常费项下购备）。

〔国民政府教育部档案〕

8 河南省"收复区"中山民众学校概况一览表

（1934年12月）

县别	校名	校址	校长	经费数	增加后经费数	班次	学生数	备考
潢川	第一区第一中山民校	城内	吴汉章	一六六	一八六	七	二七三	
潢川	第二区第一中山民校	双柳村	张文科	七三五	九三五	三	九七	

续表

县别	校名	校址	校长	经费数	增加后经费数	班次	学生数	备考
潢川	第二区第二中山民校	仁和集	郑轶凡	四六	六六	二	七一	
潢川	第二区第三中山民校	白露河	梅伯彦	四六		二	六八	
潢川	第二区第四中山民校	下亚港	陈文学	四六		二	七八	
潢川	第二区第五中山民校	傅流店	朱宙鉴	四七		二	六九	
潢川	第二区第六中山民校	江家集	吴高翼	四六	六六	二	八〇	
潢川	第二区第七中山民校	磨台寺	雷鸣宇	四六	六六	二	七五	
潢川	第三区第一中山民校	伞波寺	乔世琨	四七		二	七八	
潢川	第四区第一中山民校	筵子集	吕继姜	四六	七三五	三	一〇六	
光山	第一区第一中山民校	城 内	刘正廉	一一六	一五六	六	二〇八	
光山	第一区第二中山民校	裴氏祠	石玉山	四七	六七	二	七二	
光山	第二区第一中山民校	寨 河	李学雍	四七		二	八九	
光山	第二区第二中山民校	卧龙台	陈凤滨	四六		二	八八	
光山	第三区第一中山民校	易马畈	刘梦英	四七		二	七七	
光山	第三区第二中山民校	文殊寺	罗秉钧	四六	六六	二	六八	
光山	第三区第三中山民校	吴陈河	刘续炎	四六		二	七七	
光山	第四区第一中山民校	泼陂河	王志成	八〇	一二〇	四	一六二	

续表

县别	校名	校址	校长	经费数	增加经费数	加后费数	班次	学生数	备考
光山	第四区第二中山民校	白雀园	陈仰山	四六	六六		二	八〇	
光山	第四区第三中山民校	双轮河	桂馨吾	四六	六六		二	七三	
光山	第四区第四中山民校	砖桥	许崇一	四六	六六		二	七九	
罗山	第二区第一中山民校	南李店	余溶	四七			二	八二	
罗山	第三区第二中山民校	大平镇	龙洒鑫	八〇			四	一五二	
罗山	第三区第一中山民校	周党畈	侯玉俭	七三五			三	一〇七	
罗山	第三区第二中山民校	张家湾	黎德馨	四六			二	七七	
罗山	第三区第三中山民校	潘新店	方超	四六	六六		二	一〇四	
罗山	第三区第四中山民校	定远店	魏明章	四六	六六		二	八三	
罗山	第三区第五中山民校	杨家店	杨崇华	六六			二	八〇	
罗山	第三区第六中山民校	彭家店	喻宝琎	六六			二	七六	
罗山	第三区第七中山民校	滥港店	周芳	四六			二	七八	
罗山	第三区第八中山民校	朱堂店	周志斌	四六	六六		二	六九	
信阳	第二区第一中山民校	五里店	许之道	七二五			三	一一五	
信阳	第二区第二中山民校	中山铺	崔光茂	四六	六六		二	八五	

续表

县别	校名	校址	校长	经费数	增加后经费数	班次	学生数	备考
信阳	第二区第三中山民校	左家店	宋效濂	四六		二	八二	
信阳	第三区第一中山民校	东双河	周恒清	四六	六六	二	八七	
息县	第二区第一中山民校	包信集	傅岚峰	七三		三	一〇六	
息县	第二区第二中山民校	夏庄	史秉祥	四六	六六	二	一〇七	
息县	第三区第一中山民校	马龙集	侯宝兰	八〇		四	一二九	
息县	第四区第一中山民校	长陵集	李鸿书	四七	六七	二	七八	
商城	第一区第一中山民校	城内	吴世德	一三三	一五三	六	一九五	
商城	第一区第二中山民校	苏仙石	周嗣鹏	八〇		四	一八〇	
商城	第一区第三中山民校	朱裴店	万孟庄	四七		二	八五	
商城	第一区第四中山民校	大木厂	程思文	四六		二	七二	
商城	第一区第五中山民校	余子店	宋继光	七三五		三	一〇九	
商城	第一区第六中山民校	中铺	罗义勋	四七	六七	二	一二三	
商城	第一区第七中山民校	三里坪	周百祯	六六		二	七六	

续表

县别	校　　名	校址	校长	经费数	增加后经费数	班次	学生数	备考
商城	第二区第一中山民校	鄢家集	周克明	八〇		四	一三五	
商城	第二区第二中山民校	武庙集	张震翔	六七		二	一三三	
商城	第二区第三中山民校	四顾墩	张肇廉	四六		二	八五	
商城	第二区第四中山民校	武家桥	古铭新	四六		二	六〇	
商城	第二区第五中山民校	上石桥	黄孔章	四六		二	七六	
商城	第二区第六中山民校	河凤桥	冯振华	四六			八三	
商城	第三区第一中山民校	新　店	周　鑫	七三五		三	一一〇	
商城	第三区第二中山民校	通城店	罗映国	四六		二	七九	
商城	第三区第三中山民校	余家集	杨寅昭	四六		二	八九	
固始	第二区第一中山民校	黎家集	王振贵	四六	六六	二	七八	
固始	第二区第二中山民校	长兴集	游　艺	四六		二	八〇	
固始	第三区第一中山民校	郭陆滩	李家化	四七	六七	二	六〇	
固始	第三区第二中山民校	大方家集	张　绍	四七		二	七五	
固始	第三区第三中山民校	樟柏岭	王品阶	四六	六六	二	八一	
固始	第三区第四中山民校	茅草集	易传印	四六	六六	二	七一	

续表

县别	校名	校址	校长	经费数	增加后经费数	班次	学生数	备考
固始	第四区第一中山民校	汪家棚	盛光照	四六	六六	二	七七	
固始	第五区第一中山民校	三河尖	梁文华	四七	六七	二	八〇	
经扶	第一区第一中山民校	城　内	蔡钟麟	一四六	一六六	八	三〇〇	
经扶	第一区第二中山民校	长　陵	李廷范	四七		二	五五	
经扶	第一区第三中山民校	虎　湾	胡宗斌	四六		二	六七	
经扶	第一区第四中山民校	箭厂河	张汉槎	四七		二	八五	
经扶	第二区第一中山民校	四　店	余　斌	七二、五		三	一一七	
经扶	第二区第二中山民校	余家店	徐骏修	四六		二	七二	
经扶	第二区第三中山民校	沙　窝	黄延飚	七九		四	一三二	
经扶	第二区第四中山民校	沙　坪	谭守淇	四六		二	六七	
经扶	第二区第五中山民校	周家河	刘传善	四六		二	五八	
经扶	第三区第一中山民校	陡上河	黄溪谷	八〇	一〇〇	四	六六	
经扶	第三区第三中山民校	天心寨	刘续俊	四六	六六	二	八一	
经扶	第三区第四中山民校	王家湾	祝学宏	四六		二	六八	

续表

县别	校　　　名	校址	校长	经费数	增加后经费数	班次	学生数	备考
经扶	第三区第五中山民校	毡帽顶	王佩环	四六		二	七九	
经扶	第三区第六中山民校	龙泉寨	曾昭琼	四六		二	五〇	

1．河南省收复区各县中山民众学校校数统计

县别	商城	经扶	光山	潢川	罗山	固始	信阳	息县	合计
校数	16	14	11	10	10	8	4	4	77

2．河南省收复区各县中山民众学校校长教员统计

县别	商城	经扶	光山	潢川	罗山	固始	信阳	息县	合计
校长教员数	27	25	23	22	17	14	8	6	142

3．河南省收复区各县中山民众学校经费比较表

县别		商城	经扶	光山	潢川	罗山	固始	信阳	息县	合计
经费数	五月以前	970	839.5	610	637	562.5	371	210.5	246	4446.5
	五月以后	1030	889.5	790	757	722.5	491	270.5	246	5246.5

4．河南省收复区各县中山民校毕业学生人数统计

儿　童	2680人
成　人	1638人
妇　女	480人

〔国民政府教育部档案〕

9 河南省教育厅报送中山民校非常时期中心工作计划大纲暨学生战时服务队组织规程呈

（1937年9月28日）

案据本厅特种教育股签呈，"查自芦案发生，强寇大举内侵，我中华民族已达生死存亡关头。非全国总动员，与敌人作持久之殊死战，决难获最后胜利。特种教育之施教方式，原属不泥成法，不拘一格，更应因地制宜、因时制宜，近自全面抗战展开以来，举国一致，精诚团结，且收复区日趋安定，是今后特教之重心，亦应移向国防方面。以鼓舞抗敌精神，灌输战时常识。兹为适应此非常时期之实际需要，特拟定各中山民校非常时期中心工作计划大纲暨各中山民校学生战时服务队组织规程各二份，是否可行，理合检同大纲暨规程各二份，备文敬请鉴核转呈示遵，实为公便。"等情。附呈非常时期中心工作计划大纲及战时服务队组织规程各二份。据此，经核所拟尚切实际，似属可行。理合备文检同该计划大纲及战时服务队组织规程各一份，呈请鉴核示遵，实为公便。谨呈教育部

附呈中心工作计划大纲一份，组织规程一份。

河南省政府委员兼教育厅厅长　鲁荡平

中华民国二十六年九月廿八日

河南省各中山民众学校非常时期中心工作计划大纲

倭寇内侵，国难日亟，我中华民族已达生死存亡关头。非全国上下团结一致，与敌人作持久之殊死战，决难获得最后胜利。特种教育之目的，虽在纠正收复区人民之谬误思想，而实施管教养卫之教育，藉与剿匪军事收其辅之功，然其施教方式，原属不泥

成法，不拘一格，可以因地制宜，因时制宜，况自全面抗敌以来，举国一致，精诚团结，收复区已无大股匪患，是今后特教之重心，亦应移向国防方面，鼓舞抗敌精神，灌输战时常识，以尽其应尽之职责。兹为适应此非常时期之实际需要，特制定本大纲。

甲、训练

一、成人班学生应加紧自卫训练，以巩固地方，并特别注意左列各项之训练：

1．施行保甲——对当地成人或保甲长，应授以保甲必须知识，使明瞭保甲之重要与实施方法。

2．保卫——授以保卫地方必须知识。

3．侦探——授以侦查应有之各种常识。

4．挖掘防空沟及地下室——授以防空洞及地下室之构造筑法，一遇有构筑必要时，即可协同当地其他团体实行构筑。

5．维护交通——各当地交通要道务必随时注意维护，以利交通。

6．搜查匿匪——协同各军政当局或联保切实实行。

以上各项所需临时教材，均由特教股编定颁发，未颁到前，得由各校校长斟酌选定。

二、协助军政当局，实施社会军训：

1．每日最低限度应授以自卫或战时常识一小时。

2．授课时间得依据各当地实际情形自行酌定。

3．协助地方推行保甲。

乙、组织

一、为适应非常时期之特殊需要，应组织战时服务队。

1．战时服务队以特教股股长为总队长。

2．各民校均应成立学生战时服务队，以校长为队长，以教员为辅导委员或队附。

3．队下设组，以辅导委员及教员为组长。

4．每队分设宣传、劝募、防护、消防、侦查等组。

5．战时服务队详细组织规程另定之。

二、工作纲要

子、关于宣传方面者：

（甲）举行通俗讲演——我国人民因教育程度关系，大都愚昧无知，尤以乡村民众为甚。应向一般民众普遍宣传，使明瞭抗战必要与抗战应有准备。

（乙）举行化装讲演——为引起民众注意，易于收得宣传效果，应就学生中挑选若干人，随时举行化装讲演，激发民众爱国情绪。

（丙）举行抗战展览——搜集抗战以来各种有关资料，制成统计图表或根据绘成画图，并陈列各种国防及防空防毒挂图，公开展览，使民众明瞭敌我情形，并示以最后胜利必属于我。

（所需统计图表及各项挂图，当由本股统筹发交各校应用）。

（丁）张贴壁报——抗战时期之时事（如前方我忠勇将士抗战情形，后方各地捐输及援助情形）应定期张贴壁报，尽量灌输到一般民众。壁报应采用浅显语体文，并加圈点，每期分缮两张或三张，分别张贴于校门及重要地点。

丑、关于劝募方面者：

（甲）捐款——此次敌人以全力来犯，我必须倾全国力量以御之，方能有成，应劝导民众效法卜式毁家输难之精神，以充实国力。其募集捐款，应与当地政府会商整个办法，不得单独行动，致惹民众厌恶。所捐款数，应扫数解交当地政府，并得帐目公开，以昭义信。对于学生应切实劝其作救国储金，其办法可由各校自行酌定，呈报特教股核夺施行。

（乙）征集废铜废铁旧棉絮等有关军用之物品——此次抗战应作长期准备。军用品接济之有无，足以影响战争成败，废铜废铁等为军用品不可少之原料，应协同地方政府尽量征集，以充实抗敌力量。

寅、关于防空救护方面者：

近代战事，因科学之进步，杀人利器之发明，已由平面战进而为立体战，大战既已爆发，直无所谓前方与后方，全国任何区域皆可成为战场，关于防空救护等工作，实不能不积极准备，各民校所在地虽多系乡村，然亦应为未雨绸缪之计，授以粗浅知识，并劝其作简单设备，以防万一。

甲、置备简单救护药品——各民校应购置必需救护药品（如受伤受毒等急救药品），以备应用，并竭力劝导人民从事准备。

（各校所需救护药品，由本股统筹发交各校应用。）

乙、举行短期防空防毒救护训练——我国科学落后，一般人民皆缺乏科学知识，各地民校除对学生勤加训练外，并应广为召集各地壮丁妇女，举行短期防空防毒救护等训练，授以必须基本科学知识，使咸能明瞭防空防毒之重要，一旦有事，必可避免重大损害。

卯、关于消防方面者：

甲、置备太平水桶，并储蓄沙土——各民校除应自行作准备外，并应劝导民众为之，务使每户均置备太平水桶，并储多量沙土，以防敌机烧夷弹之灾害。

乙、组织消防队——于可能范围内应与当地各机关团体联合组织消防队。其消防工具，可尽量利用乡村所有之水桶竹竿等物，但能具备组织之雏形，临时自可发生效用。

辰、关于调查及统制方面者：

甲、调查——关于各当地食粮、日用必需品以及有关军用各物品之产量及储藏量，应协同地方当局作精密调查。

乙、统制——各地如经调查发现有食粮或其他重要物稀少，或有缺乏之虞者，应协同当地政府实行统制，尤应严禁操纵屯积，庶免发生饥荒而保地方治安。

巳、关于自卫及特务方面者：

甲、自卫——战事发生，我常备军当悉数调赴国防最前线，捍卫国土，所有后方秩序与安宁，应积极组织并训练壮丁，力谋自卫力量充实，以防止匪类汉奸乘机蠢动。各地民校平时对地方自卫负有辅导责任，值此非常时期，自卫的工作尤应特别加紧。

乙、特务——无耻汉奸我国几随处皆有，若不严予消除，深恐扰乱后方。各地民校应协同当地政府秘密组织特务队，实行侦察检举，务使汉奸绝迹。

午、关于课程方面者：

（甲）非常时期之特种教育，应以"如何抗战"作中心材料，以适应目前实际需要。

（乙）施教对象应由固定学生扩充到一般民众，俾使学校教育与社会教育打成一片。

（丙）日常课程除普通课外，应以左列各种知识：

1. 战时常识，
2. 普通救护常识，
3. 防空防毒常识，
4. 战地救护常识。

（丁）妇女班尤应特别注意授与普通及战地救护常识。

（戊）所有前列战时常识等各项教材，概由本股统筹印发。

（己）各校儿童成人妇女各班，除原定授课时间外，均应按照下列规定教学时间：

左表每周以七天计算

课程	儿童班		成人班		妇女班	
	节数	每节时数	节数	每节时数	节数	每节时数
战时常识	二	四〇	二	五〇	一	五〇
防空防毒常识	二	三〇	二	五〇	一	五〇

续表

课　程	儿童班		成人班		妇女班	
	节数	每节时数	节数	每节时数	节数	每节时数
战地救护	一	三〇	二	五〇	二	五〇
普通救护	二	三〇	一	五〇	三	五〇

河南省政府教育厅特种教育股中山民众学校学生战时服务队组织规程

第一条　现在全面抗敌战事，业已展开，政府正发动全国力量与敌作持久之殊死战。本股所属各中山民众学校，亟应组织战时服务队，协同地方当局维护后方治安，并准备随时调赴前方实地服务，以尽国民天职。

第二条　各中山民众学校学生战时服务队，即依各该校原有名称，定名为某校学生战时服务队，不另编定番号。

第三条　学生战时服务队以各中山民众学校男女学生为队员。

第四条　学生战时服务队以各校校长为队长，教员或辅导委员为队附，负指挥全队之责，其下酌量学生人数多寡，得分设宣传、防护、侦查、劝募各组，每组至少十人，至多十五人，组长由各校教员及辅导委员分任之。

第五条　学生战时服务队直隶于本股，以本股股长为总队长，各队均应服从总队长之命令。

第六条　总队部之组织，除总队长外，得酌设干事若干人，均由本股职员兼任之，辅助总队长处理关于学生战时服务队一切事务。

第七条　各校应将儿童编入宣传、劝募两组，成年男女分别编入防护、侦查两组。

第八条 学生一经编入战时服务队，应绝对服从长官之指挥调遣，不得无故退出。

第九条 各校长于学生战时服务队组织成立后，应即将职员队员名册呈报总队部备案。

第十条 各队长应将其工作情形按月呈报总队长核示，报告表式由总队部制定之。

第十一条 各队长关于维护后方治安，应与当地政府及驻军密切联络，如当地设有维护后方之高级指挥机关时，应即受其指挥调遣。

第十二条 各队对总队部行文仍盖用学校钤记，以资简捷。

第十三条 各队得编发队员符号，以资识别，其式样由总部规定颁行之。

第十四条 本规程自公布之日施行。

〔国民政府教育部档案〕

10 河南省教育厅特种教育股二十五年度工作总报告

（1936年）

本省特区，以往赤匪为祸，历时甚久，匪视为中心根据地，伪中央苏维埃政府即设于经扶，故人民所受影响至深且巨。迨后匪区收复，当局感于管教养卫之重要，于民二十三年底成立本省特教处，次第举办民众学校，以纠正人民之错误思想，并培养国家民族意识。迄于最近，学校数目已达七十余校。惟近年来特区残匪仍不免有时死灰复燃，因之特教工作之推进倍感困难。但本股自由特教处改组为股后，对于特教工作之推进，即抱定誓与恶势力奋斗到底之决心，极力排除一切困难与障碍，努力奋斗结果，虽未见特殊显著成绩，但较之以往实不能谓为无些微进步。例如严格训练师资，以健全特教干部人材，以往因匪患停办之学校，均设法使其次第恢复等，皆莫不为针对本省特教实际情况，非常切要之工作。兹值二十五年度将告结束之时，爰将以往一年度之重要工作分为行政、训练、视导及考核、民校概况、将来计划五部，撮要分述如次：

一、行　政

（一）本股改组——自去岁四月初，奉行政院训令，将特教处结束归并于教育厅设股专办，即着手筹划改组事宜，并依照部颁组织通则委冯选兹为特教股股长，委李复畤、许超、时之堉、齐家修等四人为视导员，李墨元、李子贞、屈彦元等三人为股员。改组就绪，工作人员分别委定后，即依照新计划着手工作之推进。嗣为调整工作人员起见，由厅改派秘书刘戬暂行兼代股长，并先后改派张笑玄、罗云祥为视导员。

（二）增设中山民校——中山民校之设立，量质实应并重，若偏重于质，则难期普及，故对各校之设立除重质而外，并努力求其数量增设，使特区民众多有受教育之机会。本年度中恢复以往因匪患停办之学校计五校，新近增设学校二校。兹将恢复及增设学校名称地址列表如下：

恢复及增设学校一览表

潢川第二区第六中山民校	江家集	恢复
潢川第二区第七中山民校	磨台寺	恢复
信阳第二区第三中山民校	左家店	恢复
经扶第二区第二中山民校	余宗河	恢复
经扶第二区第五中山民校	周家河	恢复
罗山第三区第五中山民校	杨家店	新设
罗山第三区第六中山民校	彭家店	新设

（三）调整中山民校——以往所委派中山民校校长教员有因人地不宜，校长能力薄弱者，或设校地点不甚适宜者，均分别予以适当之调动与迁移，自经此次调整后，各校工作进行，莫不称便。（调整后设校地点校长教员姓名见附表）

（四）添设妇女职业补习班——因适应地方需要，注重职业教育，据潢川一区一校呈准添设妇女职业补习班一班，该班计分缝纫毛织二科，办理以来，颇著成效。

（五）核减各校办公费——以前各中山民校具有基本班次者每月发给办公费拾元，每增加一班加发三元，因奉部令各中山民校按班发给办公费殊嫌过多，应另定办法切实核减，所有节省之办公费可作充实设备之用。特将各民校办公费切实核减，其办法为具基本班次者减为月发六元，每增加一班加发二元。此项办法业经呈部备案。

（六）制定儿童班各科教学时间表——各校儿童班课程及教学时间究应如何分配，始能配置适当，亦为颇值注意之问题。是项教学时间虽有规定标准，但依地方实际需要情形，不得不酌予变更。为慎重起见，特聚集对教学颇有经验导师等组织教学研究会，依据实际情形及教学原理，审慎制定每周教学时间表一种，分发各校，俾各校教学时有所遵循。兹将教学时间表列于后：

每周教学时间表

课　　程	节数	时间统计数	备　　　考
国　　语	一二	五四〇分	每节四十五分
算　　术	六	二四〇	每节四十分
自　　卫	一	三〇	每节三十分
常　　识	六	一八〇	每节三十分

续表

课　程	节数	时间统计数	备　考
体　育	三	九〇	每节三十分
音　乐	一	三〇	每节三十分
劳　作	二	六〇	每节三十分
公民训练	七	七〇	每节一〇分
周　会	一	三〇	每节三十分
课间操或早　操	七	一〇五	每节一五分

附记：（1）每周教学节数共计三十二节，公民训练及早操在外；每周教学分钟数总计千三百七十五分，公民训练及早操在内。

（2）国语科包括作文写字，其分量之分配，各校自行规定，但须呈厅备核。

（3）一校儿童班有两班以上者，体育、音乐得酌量合堂教学。

（4）每周教学时间除右表规定外，得视地方情形酌量增减，但最多不得超过一千四百分，最少不得少于一千三百二十分。

（5）公民训练每日固定时间外，于各科教学注意之。

（6）算术分钟数，得按年级及教学情形增减。

（七）划一各校公文程式——以往各校呈文用纸多不齐一，有用正式公文用纸者，有用摺式者，亦有虽用正式公文用纸，而大小形式均不合规定者，既与功令不符，且于批阅归档亦多不便，实有划一之必要。特由合作社依照规定格式代印公文用纸，分发各校备用，以示整齐。

(八)登记各校校产——各中山民校校产仅于二十四年调查一次，事隔两载，且各地常有匪患，损失诸多，各校设备实际状况如何，无从详细明瞭，特通令各校即日填报，以明瞭各校设备实际情形，藉重公物。

(九)拟定巡回教学团组织简章及预算——特教之实施，各地中山民校仅为固定教学方式，任其如何普遍设立施教，亦难期普及，因之巡回教学团实为普遍施教之利器，巡回教学团若能组织健全，收效必巨，自可断言。皖闽赣鄂等省巡回教学团均早经先后组成，惟本省以往因种种关系，迄今未能成立，实一极大缺陷，以本省现状而论，巡回教学团之成立，实有异常之需要，且部令亦谓应于最短期间组织成立。因之特拟定巡回教学团组织简章一份，及经常开办各费预算各一份，业经呈部，一俟批准，即可着手筹备一切。

(十)拨款补助第九行政区并拟定补助费支配计划——为推进特区地方教育，藉以辅助特教之进展起见，特将二十四年度特教经费节余呈准拨给三千四百元，以补助地方教育经费，并依照部令指示原则，拟定补助费支配办法。嗣准第九区专员公署函商以该区义务教育亟待推行，拟以补助费举办短期小学师资训练班，当即转请核示照准。义教特教性质稍殊，然均为地方所迫切需要，训练短小师资，亦未失补助原意也。

(十一)协进农村合作事业——农村合作事业与特教之实施关系颇巨，为使特种教育与合作事业密切联系打成一片起见，特与农村合作委员会共同拟定协进农村事业计划大纲，内规定协进办法至为详尽，现正与合委会商酌中，待经双方详慎斟酌后，即照协进办法切实施行。

(十二)编制中山民校校长教员须知——各中山民校校长、教员大都虽系曾经受训学员，但实际经验与知识均甚欠缺，对于学校行政、学生管理、教学方法、社会事业以及个人进修诸方面，多觉茫茫无所适从，为使能明瞭特教意义与自身所负使命，一切学校行政及教学诸问题起见，特编定各中山民校校长教员须知一册，俾得有所遵循，是项须知业经呈部。一经核准，当即付印编订成册，分发各校。

（十三）合作社之整理——合作事业自经我政府提倡以后，各地无不极力推行，盖合作事业实为复兴农村不可或缺之要政。本股供给合作社虽经成立甚久，但内部组织似嫌散漫，殊欠条理，因之营业亦受影响。乃着手从事彻底整理，现已逐渐纳入正轨，营业日臻发达，现各校课业用品，亦由合作社代办。

（十四）制发简易药库——穷乡僻壤医师极感缺乏，一旦传染疾病即求治无术，惟有束手待毙。为适应实际需要，并藉以与乡民发生密切关系，树立在乡民中信仰，俾易收感化效果起见，特制简易药库数十箱，每校分别发给一箱，并授以使用知识，令其广为施用。

二、训 练

（一）举办第二期师资训练班——本股因鉴于推行特教，非赖健全之师资不为功，乃着手筹备第二期师资训练班，藉以训练大批特教基本干部人材，俾便分发特区，切实担负此种特殊任务。于二十五年九月呈准，旋即开始筹备，于十一月一日开课。训练班分设甲乙两班，甲班专为已经派往特区服务，而成绩不佳者调回受训而设，乙班全为新招学员，训练期间依据实际需要，甲班定为一个月，乙班定为六个月，课程除授以办理特教必需知识外，因特区尚有残匪为患，特别注重军事训练，授与以自卫能力，俾能捍卫地方。直至二十六年四月三十日，始行训练完毕，分别派遣，计甲班调回训练者四十人，乙班新招学员毕业者四十五人。

（二）举办暑期讲习会——本省特区以往受赤匪毒害较深，施教固极为必要，亦极感困难，各校师资知识能力各方面，因处于若是之特殊环境中，应付实难裕如，致以往成绩不佳，此为不可讳言之事实。例如对于学校行政格格不入，对于社会活动不能认清目标，对有关生产建设之农艺工艺等课程之疏忽等，莫不直接间接影响特教成绩。故对各校师资实有召回训练之必要。特定于本年暑期举办一暑期讲习会，俾利用暑假期间予以短期训练。俾能成为优良师资。

三、视导及考核

甲、视导

（一）严密视导组织——若求视导工作能充分发挥其效能，首须严密视导组织，若组织不能严密，则必陷于散漫无系统无条理状态，何能指导各校活动。本年度特别注意视导组织之严密，使各视导员对各校工作之指导与纠正，切实厉行，视导前并举行视导会议，以求方针之一贯，不致有所分歧。

（二）加紧视导工作——视导之加紧，与各校工作成绩关系至为密切，视导若能认真，则各校工作当不致懈怠。视导工作之最基本原则，当在积极的指导与示范，而不在消极的指摘与批评。本此原则，本年度特将本省特区划为两大视导区，在汴粤公路以东及沿线者为第一视导区，以西者为第二视导区，由视导人员分途出发视导，本年度每区先后视导凡六次，每次到达一地，均有相当时期之停留，并予以实际指导。

乙、考核

（三）严格审核各校每月工作月报——欲明瞭各校工作情形如何，除视导外，惟一办法，祇有饬令按月填报工作报告表。本年度对各校工作报告特交专人负责严格审核，详为指示，藉使明瞭工作方针，复制定各校工作报告审核记录表一种，将所有评语按月登载，每月填报工作是否实在，并随时交由视导员出发视导时严密考核，俾能明瞭各校工作真实成绩，藉以杜绝虚报之弊。

（四）实行年度考绩——各校工作成绩之善良与否，若不严格考核，并予以赏罚，实属有失公允，且与工作之推进亦不无窒碍。爰依据下列标准，严格实行年度考绩，俾工作成绩优良者能继续努力，工作不力者不致毫不忌惮。

1．是否遵照中山民众学校章程办理。

2．能否切实推进中山民校众学校校长教员服务规则所列举之各项工作。

3．能否奉行特种教育法令及本股命令。

4．有无具体之实施方案及实施程序。

5．应行呈报事项有无延误。

6．衣食住行能否合乎新生活原则，以为民众表率，能否取得民众信仰。

四、各中山民校工作概况

各中山民校工作概况——本年度各学校工作概况，上半年因各中山民校仅有校长一人，并无教员协助者居多，以一人兼负管教养卫之责，难免不无顾此失彼之弊，迨二期师资训练班学员毕业后，各校分别增派教员一人，社会活动始行循序次第推进。爰就报告及视导所得，分管教养卫四项，择要概述如次：

（一）关于管的方面——各校关于管的方面的工作，因辅委会委员多属区长、联保主任、义勇队长等。故对区政之推行较易发生关系。一年来在管的方面颇有成绩。最显著的为各校将当地甲长收入成人班随班训练。训练数量与质量均极可观，其他如社会调查事项，清查户口事项，均常不断举行。

（二）关于教的方面——各校关于教的方面，一年以来如前所述，多偏重在此，成绩自较显著。各校因学生较多，分别采用复式教学及二部制，收效颇巨，极能得民众信仰。小先生制实行结果，不仅使识字民众日渐增加，且能引起一般民众求知兴趣，此不能不谓为意外收获。此外通俗讲演亦极受民众欢迎。

（三）关于养的方面——关于养的方面，各校能作到者为普遍灌输农民以改良农产之知识，领导学生种田垦荒造林等，三月十二日各校曾举行大规模之造林运动。

（四）关于卫的方面——关于卫的方面，因系关系各学校及个人的安全问题，均颇努力，并相当奋勇，领导民众抗拒残匪，实为司空见惯之事。其他如组织儿童侦探队，铲共义勇队等，亦颇著成效。至卫生工作，如大规模之清洁运动莫不时常举行，亦颇能唤起民众注意。五月初曾通令各校注意饮料卫生，防止污秽物水倾入河塘，必要时并予以掏濬，现各校遵办者亦属不少。

五、下年度计划

（一）拟定视导分区分期计划——以往视导区之划分，未能依照地形，以致视导往返殊多困难，且区域过大，视导难免走马看花之弊，特将旧有之视导区域重行划分为四个视导区，不以县作单位，而以学校所在地作单位，以便往返，除重行划分以外，并规定在二十六年度最低限度应有四次视导，因之将二十六年度全年分为四期，第一期自二十六年八月一日起，第二期二十六年十一月一日起，第三期二十七年二月一日起，第四期二十七年五月一日起。

（二）请省政府拨发本省自筹经费——本年度特教经费列支数八万余元，其中部拨五万元，其余均系上年度节余，现本年度节余至多不过万元，部中若仍拨五万元，则不敷实巨。爰由厅提请省府会议通过准予补助二万元，省库三成，计六千元，省教育专款七成计一万四千元。

〔国民政府教育部档案〕

11 湖北省政府报送"收复区"特种教育实施办法呈

(1933年4月13日)

豫、鄂、皖三省剿匪总司令部暨军事委员会委员长南昌行营核示各在卷。旋奉钧府建字第二五四四号训令，以奉军事委员会委员长南昌行营指令，据转呈本厅先后呈拟：（一）复兴地方教育三年计划大纲，（二）补助地方学款实施办法，（三）复兴鄂西地方教育办法，（四）发展地方教育案，（五）匪区特种教育实施案五种，饬将应行改善各点，转令遵照办理具报等因。经将办理情形，缕呈钧府鉴核，并恳转请对于第四第五两案迅予核示在卷。嗣奉钧府建字第三四七零号训令内开：案查前据该厅呈复奉转南昌行营核示该厅复兴地方教育计划及方案一案，请转请对于四五两案，迅予核示等情。到府。当经指令并转呈军事委员会委员长蒋鉴核示遵在卷。兹奉治字第二四四二号指令内开：令核示暨准如拟施行等因。经以建字第二五四四号及第三四七零号训令转行遵照各在案。兹据前情，所有该匪区实施教育补助费，照匪区特种教育实施案戊项规定，应呈请豫鄂皖三省剿匪总司令部核拨，除指令暨分呈总司令部鉴核施行外，理合抄同原办法一份，具文呈请钧座俯赐鉴核指令，俾便饬遵。谨呈

军事委员会委员长蒋

附抄呈原附赍湖北匪区特种教育实施办法一份。

湖北省政府主席　张　群

中华民国二十三年四月十三日

附件：湖北特种教育实施办法

一、本办法遵照豫鄂皖三省"剿匪"总司令部及省政府迭次电令，参酌湖北全省县区教育行政会议"匪区"特种教育实施案

要点订定之。

二、本办法实施区域，以曾在"赤匪"扰害及现受"赤匪"较深县份为限。

三、本办法实施目标：

（一）使民众明瞭"赤匪"之毒害，以期其彻底觉悟。

（二）使民众信仰三民主义，并增长其团结力量，以期民族之复兴。

（三）使失学儿童及失学成年，均有受教育之机会，以期迅速扫除文盲。

四、本办法之实施，按下列各种方式分期举行之：

（一）第一期以三个月为限，举办宣传式之组织；

（二）第二期以三个月为限，举办社会式之组织；

（三）第三期举办学校式之组织，俟第一、二期工作实行后，即开始筹办，其限期以第二次全国教育会议规定普及义务教育年限为准。

五、宣传式之组织分下列数种：

（一）巡回演讲队每队主任一人，队员四人，每县暂设一队，随同各该县保安队，分赴各收复"匪区"巡回讲演。

（二）农村歌剧团每团主任一人，团员五至七人。

上述讲演队及歌剧团，其讲演大纲及演出材料，应遵照中央特种区域暂行社会教育实施办法及豫鄂皖三省"剿匪"总司令部颁发收复区民众教育实施办理，并备置留声机，幻灯影片，演唱关于社会戏剧，或放映"匪区"民众受害情况，及"剿匪"战事各影片，并得酌置音乐器具。以助民众娱乐之用。

六、社会式组织分下列数种：

（一）儿童义勇队，队数不定，以当地小学为核心，吸收附近各村儿童，于暇时假日或节期，施以童子军之种种训练，并举行演说、游戏、远足及各种社会活动事业。

（二）"铲共"义勇队，就各县原有组织，加以特种教育和训练。

（三）村民联欢会，由各村村长于暇时或节期召集村民，举行演说、游艺"反共"运动及农村问题讨论会等事项。

（四）各种合作社，按地方需要情形，分别督导举办。

以上各项运动，各设指导员若干人，即以第一期巡回演讲队主任队员改充。

七、学校式之组织，分下列数种：

（一）简易小学，短期小学，或短期小学班，应依照教育部颁第一期实施义务教育实施办法大纲办理。

（二）民众学校及巡回民众学校应依照教育部颁民众学校办法大纲办理，并须以当地农工商业情形为标准，注重识字教学及职业训练。

八、实施教材，除各种小学校应依教育部审定之各科教科书，参酌"匪共"扰害情形编选教材，并就各地特别环境编辑补充读物，民众学校应采用收复"匪区"民众教育设计委员会所编之民众读本外，所有演讲歌剧应用教材，编辑范围如下：

（一）编制各种浅显扼要宣传大纲；

（二）编辑历史民族英雄事略；

（三）编订各种山歌田歌；

（四）改良说书唱词小调；

（五）张贴醒目之图画标语；

（六）收集各种"剿匪"歌及爱国歌词，编印散发；

（七）编制新剧剧本，并改良旧剧。

九、各项教育人员，以能吃苦耐劳、热心农村教育、具有下列知识技能之一者充任之：

（一）有教育学识及经验者；

（二）有农业知识，或能办理农村合作事业者；

（三）长于辞令者；
（四）关于音乐戏剧者；
（五）长于体育或国术者。

以上各项教育人员，由教育厅遴选合格人员分发各县委用。如不足时，得按各区需要，设立简易师范班及特种教育人员训练班。

十、各项教育人员应行注意事项：

（一）实施前，须实地调查各该地被"匪共"扰害或诱惑各种实际情形及程度，以期对症下药；

（二）各项教育人员生活绝对平民化，行为绝对革命化，尤须设法取得民众同情，以收实效；

（三）一切实际办法，须利用并切合普通民众兴味及程度，更须时时考察民众，对于各种设施之反应，以资随时改进。

（四）一切实施，务在根本改正民众错误观念，使其心悦诚服。

（五）考查本办法实施后所得效果，分别逐渐参用通常社会教育实施办法。

十一、教育人员工作之考核

（一）巡回讲演队队员及农村歌剧团团员，逐日讲演题目、歌剧名称及其时间地点与听众人数，由各主任造具工作旬报表，送由县政府加具考语，转报教育厅备查，旬报表式另定之。

（二）儿童义勇队、"铲共"义勇队、村民联欢会、合作社等各种运动指导员，每月应将组织情形、各队名册、各种合作社社员名册、村民联欢会举行次数、参加人数，呈报县政府加具考语，转报教育厅备查。

（三）各种学校教员应于成立一个月内，将各该校组织概况、学校编制、教职员及学生名册，呈报县政府核准备案，并转呈教育厅备案。

以上各项教育人员薪俸之核发,以各项工作是否呈报为根据。

十二、教育人员待遇

(一)巡回讲演队农村歌剧团各主任月薪俸五十元,队员、团员月支薪俸四十元,旅费伙食均在内,不另开支。至第二期该团队取消,考核成绩改充儿童义勇队、"铲共"义勇队及农村各种运动指导员,月支薪四十元;第三期改充民众学校及巡回民众学校教员,月给补助费五十元,办公费由县政府筹拨。

(二)简易小学以二班为单位,每两班设教员一人,短期小学或短期小学班,以三班为单位,每三班设教员一人。每种小学月给补助费二十元,开办费由各县自行筹措。至各种小学补助校数多寡,由教育厅就呈准经费总额内,按照各区原有经费之丰啬及文化情形,统筹支配之。

十三、实施本办法遇必要时得分区设教育专员一人,由教育厅遴选合格人员呈请政府委任,负指挥监督及考核各该区教育工作人员之责。

十四、本办法实施经费每月暂定国币二万元,遵照蒋委员长电示补助办法,由教育厅呈请省政府转呈豫鄂皖三省"剿匪"总司令部按月拨款补助,由教育厅转发各县分发济用。

十五、各县县政府领取补助费时,应按月就其核准补助种类,注明讲演队、歌剧团及各种社会运动指导员人数或学校校数,开具详细清单并备具领款总收据,送请教育厅核明汇发,分别转交各讲演队、歌剧团、各种社会运动指导员或学校具领。该项补助费支出预算书类,应由各该团队,各指导员或各该校连同县拨经费,一并编送县政府核销,并转呈主管机关备查。

十六、本办法呈请省政府转呈豫、鄂、皖三省"剿匪"总司令部核准公布后施行。

(一九三四年四月十六日)

〔国民政府教育部档案〕

12 湖北省特种教育人员武装反共的文件

（1935年12月）

（1）湖北省特教处呈（12月4日）

案据本处黄安实验区办事处主任杨运翔二十四年十一月十四日呈称：窃七里坪向为匪共老巢，虽经国军数年之痛剿，终以山岭崎岖，人民匪化极深，以故匪共种种组织，仍未完全消灭。近更乘驻军百零五师调防之际，大肆活动。并于昨夜十时该伪红独立团及伪中国共产党鄂东北道委员会，率领匪共三百余人，枪枝齐全，袭击距七里坪二里许之余家楼，肆行抢劫，散发标语、传单，并杀毙民人余宏法一名。职闻警后，即率领全体职教员会同当地义勇队，连夜防堵，一面商同当地区长派游击队，向侧面追击，率将该匪击溃。计是役，游击队打落肉票一名，猪二头，并获得标语传单多种。除会同当地义勇队切实戒备外，理合将经过情形暨获得标语、传单一并呈赍鉴核等情。附伪红独立团标语五张，传单一张，伪中国共产党鄂东北道委会传单一张。据此。除呈报湖北省政府鉴核外，理合检同原件共计七张，备文呈赍。钩座鉴核备查，实为公便。谨呈。
国民政府军事委员会委员长蒋
中华民国二十四年十二月

（2）军委会行营致湖北省特教处指令（12月26日）
国民政府军事委员会委员长行营指令

令兼湖北省特种教育处长程其保

廿四年十二月四日智字第九七二呈一件，为据黄安实验区办事处主任杨运翔呈报率众防匪，并附传单标语转请鉴核由。

呈件均悉。该主任杨运翔率众防匪，勇毅可嘉，着予传令嘉奖，以资激励。此令。件存。

中华民国二十四年十二月二十日

〔国民政府教育部档案〕

13 湖北省特教处林膺明"视察"黄安、麻城两县中山民众学校办理状况的报告

（1935年6月）

案奉钧长智字第三五五号训令，派赴黄安、麻城两县视察各中山民众学校办理状况，及地方人士对于各该校之态度，遇有困难问题，应随时斟酌情形予以解决等因。奉此。遵于六月四日出发，赴黄安、麻城两县详细视察，随时指导，十五日公毕返处。兹将就地解决各事以及各校办理状况（与谢秘书视察相同者不赘），分别呈报于后。

（甲）解决事件

一、接收黄安县农民教育馆。本处前曾以智字第二五九号函致第四区行政督察专员公署，将黄安七里坪农民教育馆暂交特种教育实验区第一中山民校教员何扬维接管，作为实验区中心机关，第四区行政督察专员公署接该公函后，以七里坪农民教育馆业经黄安县政府呈请省政府变更设立地址，尚未奉复，关于钤记未便即时移交。而第一中山民校教员何扬维，则要求钤记一并接收。此事正待解决，适职视察到县，见该馆设备简单，除教授儿童成人识字外，别无成绩可言，正应改弦更张。即与专署会商，订定接收办法五条：

一、本办法系根据湖北省特种教育处智字第二五九号公函订定之。

二、自本年六月一日起，除农民教育馆教学部暂仍其旧外，其社会、农事两部事务，一并交由中山民校接管，至奉到省府令饬决定迁移农民教育馆设立地址为止。

三、在中山民校接管期内，所有农民教育馆全部经费（教学部内）由中山民校请领支用。

四、农民教育馆钤记暂由馆长保管，所有一切对外事件以中山民校名义行之。

五、农民教育馆在中山民校接管时，除教学部由原馆长主持随时与何校长商洽外，其余社会、农事两部之进行，馆员工作之分配，悉由何校长监督指挥。

办法决定后，由专署令饬农民教育馆与第一中山民校两方遵照办理，十二日已分别点交清楚矣。至于农民教育馆试验田依照田主请求，发还田主耕种，仍约准作实验区农场，以供试验，俾两得其便焉。

二、为实验区第四中山民校筹措桌凳。黄安县实验区第四中山民校，原设于彭家岔之高山碉堡中，前经谢秘书视察，认为地点偏僻，交通困难，着迁于七里坪附近之张家湾。查张家湾交通便利，需要特教，势甚迫切；惟无适当校舍，而桌椅尤感困难，致教员邱焕将彭家岔学校停顿后，赴张家湾无法筹备，仅日夕帮同七里坪第一中山民校教员何扬维教学。经职与专署教育科长暨第五区区长商定校舍，并由黄安县政府出款交区长购置桌椅三十套，以便早日成立。

三、迁移黄安县第十中山民校地址。黄安县第十中山民校原设县西北隅之张家寨，教员李丕烈感于交通不便，环境欠佳，屡求迁移，已自动停顿，在七里坪待命。职着其暂在实验区第一中山民校帮同教学，积极筹备实验区工作，一面以古枫岭之丁家畈有设学必要，即择定为该校迁移地点，俾与叶家畈之第二中山民校取联络之势。

四、选择麻城县第三民校新校址。麻城县第三民校原设于县西北隅之西张店，与河南之经扶县连界，间有匪警。自该县第四中山民校停办后，教员陆学贤独处异地，极感孤寂，迭次呈请迁移地址。职察看情形，确有迁移之必要。旋与县府第三科长赴莺山畈、黄土岗、福田河、吴家岗等处，实地选择，觅定虎头司、俞家集两处，皆可设校。该两处均临汽车大道，人口繁密，且距黄土岗不远，可以取为联络，当即令陆学贤前往决定，早日迁移。

（乙）视察各校情形

一、黄安县实验区第一中山民校。该校设七里坪，为实验之中心枢纽。七里坪围以城垣，昔为黄安重镇，共匪盘踞时，以此为列宁市，现在居民多数迁回，商业渐复旧观。入校授课儿童八十余人。教员何扬维，办事热心，全日教学，晚间又担任农民教育馆之成人班教学事宜。夜以继日，实有难于兼顾之势。已经停办之彭家岔第四中山民校教员邱焕，以张家湾之新校舍尚未从事筹备，暂在此地帮同何教员服务。两人对于实验具体方案多所计划，农民教育馆接收以后，于教养卫方面工作，当能切实施行。又当地民众，感觉中山民众学校毕业年限太短，课本太少，有设高等班之要求，俾其子弟得以深造。职以此地中山民校暨属实验性质，尽可试办，惟书本暂用普通教科书，参以精神讲话。是否可行？尚乞钧长裁夺。再职视察到县时，适第四区程专员已先一日至七里坪，召集实验区各校教员暨学生训话。闻程专员于训话后，考查第一中山民校学生手指清洁，各学生均出手指，齐声答称："先生已为我等剪去矣。"程专员极为赞美，当时赐以奖赏，足征该教员虽一事之微，尚能注意。

二、黄安实验区第二中山民校。该校儿童班设古枫岭附近之叶家畈，成人班设古枫岭附近之丁家畈。地处县城之北、七里坪之南，为由县城至七里坪必经之道，儿童班校门外颇清洁，植有旗杆，早晚有学生升降国旗。教员张起凡具科学头脑，农夫的身手，和蔼的态度，办事极其努力，除白天在叶家畈教儿童班，晚间在丁家畈教成人班外，并就村中空地、乡间树木成立民众运动场及民众茶园，茶园外置书报杂志，供人阅览，茶园内置识字牌，常与旅客农夫作亲爱恳切之谈话，其表现在黄安县实验区中称第一。

三、黄安县实验区第三中山民校。该校设郑必高，在七里坪之东，地方民众，生活极苦，招生不易，但以教员周邦伟之努力，儿童班人数较前多，成人班亦早已成立。惟社会工作，无所表现。

四、黄安县实验区第五中山民校。该校设吴家河，在七里坪之西，教员彭守三，为人老诚谨守范围。惟校室太形狭隘，仅容学生二十余人，俟军队调动，即迁移大房屋内。儿童均觉呆板，少活泼气，成人班迄未成立，除阅报处，问字处外，无社会工作。

五、黄安县实施区第六中山民校。该校设柳林河，地在七里坪之南，古枫岭之北，儿童入学者寥寥，成人班并未开办。前任教员刘瑞兰已调任英山县第六中山民校正教员，尚未成行。现任教员刘汉平到校后，仅负教学责任，而不愿接受校务。该两教员均以此地无军队防守，咸有戒心，故食宿均在七里坪，不能安心工作。经职详细视察，此地为七里坪至县城必由之道，康庄坦途，安静之至，确有设立中山民校之必要。当令刘瑞兰即日交御，前赴英山就职；一面令刘汉平接收该校，安心工作。又以该村前面大道两旁，地坪宽敞，前任教员刘瑞兰已立有民众运动场基础，更可设立茶棚，阅报处、识字牌，实可与古枫岭七里坪相呼应。

综计黄安县实验区所设立之六校，此次视察所见，第四民校已遭停顿，第六民校毫无成绩。若以班次论，则仅第二民校与第三民校于儿童班外，有成人班。若以工作论，则仅第二民校于学校工作外，有社会工作；其余则不过教授儿童而已。揆诸实验本意，殊有未合。已按照各校环境，分别指导，责令实施矣。实验区视察毕，旋即赴实验以外之黄安县各中山民校视察，惟以时间关系，仅视察四校，分述于下。

六、黄安县第二中山民校。该校设汽车【站】旁之桃花店，围以城垣，治安无虞，有学生儿童成人各一班。教员袁观濂办事勤恳，教学认真，职到校对学生训话，均能静心听讲，所发各问，亦能答复。据学生称：在校所读书籍，能回家转告其家长姊妹，是该校已实行小先生制矣。惟通俗讲演、壁报、标语等社会活动，尚未表现，该校以良好之环境，极应举办此项工作。已当面加以指导。

七、黄安县第三中山民校。该校设洗手盆湾附近，在桃花店与县城之间，距县城仅八九里，傍汽车道，房屋雅洁，设备完全。惟校牌系用纸写，为风吹去，墙外亦无学校表现。及入校内，学生亦无礼貌，是大缺点。教员邱以隆患足疾，然教学不懈，并请其表弟助理校务。又雇有勤务一名，均系在该员薪资内开支，殊堪嘉尚。成人班人数较儿童班尚多数名，正计划训练地方自卫，以农忙尚未开始也。

八、黄安县第四中山民校。该校设县城西南三四里之土黄司，地方住户仅二十余家，学生多来自附近各村庄，儿童班成人班皆在四十名以上。职见儿童班学生由别村整队行田间，上学校态度庄严，形式整齐，路遇职等举手敬礼，足征教员白明平日对学生训练有方。村中贴新生活标语极多，学校前有识字牌，又有小农场种植菜蔬，惟通俗讲演极少举行，社会活动无多成绩。

九、黄安县第七中山民校。该校设桃花店东南之西张元地方，傍汽车道，交通既便，环境亦佳，校舍更高大宽敞。成人班人数超过儿童班。教员杨希震善于利用环境，前曾引导成人班学生捕杀野猪，近又开凿塘堰，复组织义勇军，防守碉保〔堡〕，维持治安，又设民众诊所、代笔处。举行巡回讲演，颇得当地信仰。职以附近村落，居民极多，该校厅堂宽大，已嘱其设法扩充，增加班次。

麻城县中山民校原有七所，自第四民校奉令停撤后，第三中山民校以治安关系，近来亦告停顿。职为之另择地点，重新筹备，已于上段呈报。兹就现有五校办理状况，分述于次。

十、麻城县第一中山民校。该校设长岭，在县境北十八里，傍汽车路，附近村落学生甚众，儿童班两班共十余人，成人班两班共五十人。系两人合办，校外标语极多，校内桌椅整齐，设备完全，布置艺术，表格簿册尚有条理，每周周训颇合民众心理，近日因农事甚忙，又值旧俗端节，该校正教员徐德安、副教员刘章炎，不惟未有放假，且极力铲除旧俗，故儿童班骤然增多，几于无处容纳。查该新生来源，多半系私塾学生，足征该教员等教学有方，已博得地方民众信仰，当地联保主任称道不置〔已〕。其成绩在麻城县中山民校中列第一，惟社会工作，尚无显著表现。

十一、麻城县第二中山民校。该校设中馆驿，系一镇市，为麻城县四通八达之地。全市六百户，汽车至驿站时，即去城墙上书特教标语，颇令人注目。该校由正教员王流光、副教员刘济川两人合办，校舍借用民房，宽大高朗，为麻城各中山民校之冠。有儿童两班，成人一班。职到校时，正值端午节后，民众演剧为乐，学生上课者寥寥，然而教员勤勤恳恳，施教如故。查阅学生练习本均整齐，教员更改处颇细心。学生工艺以麦杆编草提篮，均极适用，为各中山民校所未见，诚属特色。社会工作方面，有壁报与清洁运动，该校环境既好，大可从事通俗讲演，实行小先生制，组织学生劳动服务团，推行新生活，并可利用校后村庄，作养卫实验工作。已分别详细指导，嘱其设法推进矣。

十二、麻城县第五中山民校。该校设于第一中山民校北二十余里之黄土岗，系第八区公所所在地，一镇市也，下汽车入寨门，即见该校学生所书标语，遍贴通衢，颇别致。校舍在区公所内，教室太窄狭，无法推广，桌椅亦无法整齐。惟教员王传左教法甚好，非常努力，儿童成人两班夜以继日，区公所职员每每帮助教学，所编周训，多注重新生活事项，曾作通俗讲演数次，深得当地民众信仰。因终日在教的方面工作，社会工作无多表现。

十三、麻城县第七中山民校。该校即在第五中山民校附近半里之莺山，环境尚好，教员吴治平，异常负责，成人班人数较儿童班多，于教学外，并领导学生作清洁运动，现更设有辅导委员会，职询之第八区区长余伟樵，据称教员吴治平、王传左自到此地以后，终日勤勤恳恳，克尽厥职，稍一有暇，即出外劝民众，不愧为良师云云。

十四、麻城县第六中山民校。该校设在中馆驿北四十余里之林店，为鄂豫大道，汽车通焉，昔为重镇，前年经共匪焚烧无余，现在均新建房屋，居民生活极苦。该校系正教员姚相逊、副教员李济之合办，两人能力均强，办事认真。在筹设学校时，所做宣传工作甚多，儿童班成人班始得成立。现专致力于学校方面，社会工作，无多表现。

以上系视察所见大概情形，在麻城时，职曾藉县政府秘书赴八区公所召集各联保主任训话之便，将特教意义及特教工作与区政之关系，详细讲明，盼其切实协助。各联保主任一致以中山民校教员既特别勤劳，教学亦特别不同，儿童与成人兼收，学校与社会并重，接近民众，感人最深。是中山民校与普通小学有别，地方人士早有定评，某等理应竭力协助。职更以中山民校设于乡村，实湖北教育上之进步。又感觉市镇所设之中山民校，不如在乡村收效之宏大，是皆职视察所得之印象也，此就好的方面言

之。至于缺点，谢秘书已详叙述，不复赘。理合将奉令解决事件，暨各校办理状况，具文呈报

钧长鉴核！

〔国民政府教育部档案〕

（三）特教经费

1　国民政府军委会南昌行营二厅关于特教经费分配状况致五省特教委员会函

（1934年8月9日）

国民政府军事委员会委员长南昌行营第二厅公函　字第472号

　　案查赣闽皖鄂豫五省特种教育，现正由各该省教育厅分别筹办，所有贵会拟订之五省推行特种教育计划纲要及计划，实有即行明令颁布之必要。惟其中事业及经费一百二十万元之数，加以规定。现在中央只拨给庚款息金四十万元，业经本行营决定分配赣省十二万元，闽、鄂、皖、豫四省各六万元，其余四万元留备补助其他特种教育之用。上述计划纲要及计划中所规定之事业经费两项，暨豫算详表，均应照四十万元支配之数，加以修正。相应检同贵会，请烦查照，迅予修正，并希见复，以凭办理为荷！此致

五省特种教育委员会

　　计途赣闽皖鄂豫五省推行特种教育计划纲要及计划各一份〔略〕

中华民国廿三年八月九日

〔国民政府教育部档案〕

2　蒋介石与汪精卫关于指拨中英庚款为特教经费来往电

（1934年2—6月）

（1）蒋介石致汪精卫电（2月20日）

南京。行政院汪院长赐鉴：（　　　）密。并转英庚款委员会

诸先生均鉴：迩来剿匪军事颇速，豫鄂皖边区将告肃清，赣省匪区亦不难次第收复。惟查各该省被匪县份乱离日久，破坏无余，收复以后百废待举，而当务之急尤在施行特种教育，深入民众，务令涤除积年鼓惑，以振拔陷溺之人心。次则大兵之后，所有卫生防疫诸事亦应急速举办，保此孑遗，然后其他复兴事业，始有措手余地。职是之故，关于收复匪区各县教育卫生两端，迭经令饬各省政府妥速筹办。曾由南昌行营特编匪区民众教育课本及授教方法，刊印遵行。一面拨款，饬由赣省教厅训练师资，开办收复各县民众学校，并由赣省民厅督率红十字分会编组救护队，办理各地医疗事宜。惟是此种事业推行伊始，皆须预筹经费。而在收复县区既以一般民众为救济对象，则施设须求普遍，因而需费之巨，较异寻常。且教育在转移风习，卫生在平复疮痍。事关善后根本，求效未能过速，则推行贵乎持久，因而所需巨费，更须有五年以上之继续支出，方可稍告结束。凡此既非新收复各县所能自任，亦非剿匪各省所能自筹。即由行营补助数额有限，支付亦绝难持久。再四思维，惟有请由中央念其关系收复地方根本至计，以国家之力，特别筹定之款，按年补助，然后此种需费较巨，需时较久之特别事业，方可放手进行。查有英国退还庚子赔款未动用部份，向皆存放银行、每年息金应有乙百余万。拟请即就此项息金指定每年拨付乙百万元，为赣省及豫鄂皖边区收复各县办理教育卫生事业经费。此为匪区善后应办之事，亦即促进文化要举。外交方面，谅亦易予同情。特电奉商，乞速赐核定。俟示复后，当再饬由各该省拟具按年支用计划呈核也。中。

（2）汪精卫致蒋介石电（6月18日）

京。特急。南昌。蒋委员长赐鉴：密。拨用庚款，推进五省特种教育一案，前于第二次庚款机关联席会议时，曾经议决，以将来庚款期满后之关税收入为担保，发行公债，以一部份拨充特种教育经费。此项决议，现由孔副院长、王顾、朱三部长及褚秘书长会商结果，以赣鄂豫皖闽五省匪区教育经费，每年一百二十万元，除中英庚款董事会已允年拨四十万外，其余不足之数由孔副院长向其他各庚款机关接洽分担，似可不必发行公债，业经提出第一六四次院议通过，已分别令知管理中英庚款董事会及财政部矣。特电奉闻。弟兆铭。巧、印。

〔国民政府教育部档案〕

3 行政院检送中英庚款董事会戴乐仁调查江西特种教育报告函

（1934年12月14日）

行政院公函 字第三〇六八号

案据管理中英庚款董事会呈报："窃本会关于补助江西收复匪区推行特种农村教育一案，依照特种教育委员会规定组织，本会推派中英代表各一人充任委员，前于本年八月间，经第二十五次董事会议议决，先推英籍董事戴乐仁代表赴赣参加进行。其后董事戴乐仁报告参加经过到会，即由本会教育委员会讨论研究，提出意见数项：（一）加推董事宋子良为五省特种教育委员会本会代表；（二）原报告呈送钧院转咨军事委员会委员长南昌行营，备供参考；（三）按照特种教育委员会组织，原有延请熟悉收复区情形、热心特种教育人士为委员之规定。希望南昌行营能即聘请专家，参加进行，以期收集思广益之效。前述意见，现经本会第二十八次董事会议议决通过。理合检同报告两份，备文呈送，仰祈鉴核咨转，实为公便"等情。据此，相应检同报告一份，函达查照参考。此致

军事委员会委员长南昌行营

计检送报告一份

院长　汪兆铭

中华民国二十三年十二月十四日

戴乐仁江西特种教育初步调查报告（译文）

本文仅可视为一种简略之初步报告，盖特种教育计划方在草创，即第一次委员会议尚待举行，故只可就赣省现况，凡与计划有关者，略述梗概，再将特种教育委员会当前之问题，明白胪列，并就行营关于本会补助费之分配所引起之问题，敬陈刍荛，以供诸同仁之参考。

查江西特种教育倡议于去年十月，当时系由江西教育厅程厅长时煃拟具计划，呈请南昌行营核办。旋于本年五月由行营核定经费，令知程厅长推行计划。当即成立特种教育师资训练处，罗致人才，严格训练，并将学员分为三班，以两班专为养成中山民众学校之教师，另一班训练期间较长，专为养成实施计划之特种教育指导员。所有各种教材，不论学员课本以及教师教学法，均系由程厅长参照需要，悉心编制。本年九月即有教师七十余人，在二十余县中实施儿童教育及成人教育。

本年七月间，蒋委员长、蒋夫人、行营杨秘书长暨程厅长曾会商一次，决定由程厅长编造江西特种教育预算。是项预算，并非以本会补助之四十万元为根据，其所列数目仅以二十四万元为限，半由行营拨付，半就本会补助费项下划拨，再就本会补助费中提出二十四万元，补助闽皖鄂豫四省特种教育，平均分配。至其余四万元，犹未指定用途。此种分配似与原议略有变更。惟特种教育经费既经减削，各省原定计划是否仍可推行有效，乃成亟待解决之问题。

在研究此问题之先，请将江西省情就耳目所及约略言之。查该省直至最近，其省政设施及教育状况所受潮流影响，远逊于江苏、河北诸省。年来复因赤祸横行，致力征剿，根基更形动摇，近虽大加整顿，但以骤成之局，难言彻底。为集中政权便利施政起见，特设行政督察专员，其所辖县治少则五县，多则九县，以全省分为十三区。本人曾偕程厅长会晤专员二人，印象中觉专区凡百设施，顿足表示专员之个性，概括而论，专员公署之工作与特种计划有关者，可分二类：（一）领导农村自卫之训练及增进妇女及儿童团体之组织，（二）推行建设及教育事业，如农村之改进及平民教育之实施。

上述各事业，民众响应，靡然成风。于此可知此次各省剿共之胜利，非如民国十五六年间党军统一中国时，全恃兵力之雄厚，亦缘民众厌共已深，翻然憬悟，亟欲归顺中央，政府得力于此，实非浅鲜。此种胜利，并足佐证无形中民众心理之改革，实为施政之要纲。

当赣省未收复以前，列宁小学遍地皆是，今各区次第收复，教育方针亟待彻底改革。现有学校约可分为四种，每种均分儿童班及成人班。军事当局因欲与民众多接触之机会，开班授课，此其一。间有加以推广，鼓励民众自设乡村小学，藉谋普及，每区拟设百余所，此其二。全国经济委员会所设民众服务社兼办通俗教育，全省虽仅十处，但因其办事人员干练有才，社中设施又能从远大着想，于省政前途大有裨益，此其三。此外，复有中山民众学校即系特种教育计划中之主要事业，其特点在办学之人均曾受特种训练，此其四。此种中山学校之设置及其所用之课本，对于第一、第二两种学校均有特殊之影响。例如弋阳一县设立中山民众学校五所，因此风气所及，民众自办学校次第设立者，竟有一百零三所之多。此种现象即系一种新精神之表演，足证政府福利民众，不遗余力，新生活运动又能推行普遍，此种精神存在一日，则新建设计划得以推行，而新建设计划推行之时，此种精神必仍存在。

本人偕程厅长视察各校，所得印象甚佳，从知程厅长擘画周至，确为一精明干练之人才。收复各区，因兴办教育之迅速，遂使程厅长计划造成一种新发展，即各区收复以后纷纷设立学校，政府为欲使各校施教方针与特种教育计划相符起见，乃给予补助费。此种办法，确能使特种计划推行普遍，颇足供修正前定计划之参考。

凡此种种现象虽系过渡局面，易于变迁，就此推测，可得以下结论，与将来施教方针不无关系。（一）各县民众对中央政府表示悦服，可知谬妄心理已全革除，是则纯粹宣传工作，已非切要，而积极建设，以教育为先驱尤为当务之急。故为坚固民众信仰计，似应实事求是，从事农村建设，而以特种教育事业归纳于整个教育计划之中，不必另立门户。（二）上述建设计划，不外现由行政督察专员办理之各种特种事业，以及服务社计划中之各种事业，尤须注意农民生计之改善，建立地方自治之基础。（三）但各县执政者其所恃政见，或与此种教育方针未能尽合，故欲实施此项新政策，必须确立一种稳定明晰之社会政策，将三民主义力为推行，自有效果。

惟此种计划究竟能否适应上述各种需要，或有执此以询者，鄙意现在初基已立，前途殊可乐观，不过其中推行细目或须根据经验，重加研究，某教育专家——程厅长之至友——曾谓"此种新运动，宛如中古世纪之十字军，与国家兴亡，关系至密"。故必须集合全国之思想家、经验家从事设计，又必须罗致干练之人才从事推行。至设计工作，即可依照前经提送本会之推行特种教育草案，延揽专家，参加特种教育委员会。目前第一次委员会议尚未举行，犹有充分之时间，可资延聘。至实施计划之时应需要何种人才，则可于会议时与其他问题相提并论。

至于特种教育计划之宗旨，如系在予五省之教育制度以一种新内容与目的则设立新学校，与改进现有学制，两相比较，似以后者尤为切要，盖可使现有学制，适合于新建设计划之需求。第一步，自应编制特种教材，训练民众自卫及其他相类事业。然后推而广之，倘使经费充裕，即可设立高级职业学校，改良工业人才师资之训练，鼓励各地青年升入省内各高等教育机关，以求深造。

最后关于经费问题。假如原计划中某几种事业，其经费可以略减，则目前可告无虞，但将来各事业推行渐广，恐仍将感觉不敷。现在事业正在初期，训练合格之人员为数尚少，故经费不至溢出预算，将来次第推行，事业渐大，需费渐繁，情形必异。究竟将来经费应需几何，特种教育委员会当能计及，本人无须预测。惟本会对于江西特种教育既甚注意，此种事业又为国家当务之急，行营方面更所重视，故将来所需经费，似不能照最初数月之节省与紧缩情形推测。鄙意即或照原定计划，以四十万元完全补助江西特种教育，其他四省之经费不列在内，亦恐于事业之推行尚虞不敷。

至此，特种教育计划若能树立基础，推行普遍，则内地民众必有一种新气象，国家建设必有一种新发展。本人深信，中国民族之复兴，实端赖于斯也。

杨永泰关于戴乐仁报告的签呈[1]

来文机关　行政院函送管理中英庚款董事会第二十八次会议，关于特种教育之议决案及董事戴乐仁调查江西特种教育报告。

来文日期　一月八日

来文摘要

（甲）中英庚款董事会第二十八次会议议决各点：

（一）加推董事宋子良为五省推行特种教育委员会本会代表。

---

① 此签呈原为表格形式，为排印便利，依原表次第改为今式。

（二）希望南昌行营能即聘请专家参加进行，以期收集思广益之效。

（三）将董事戴乐仁调查江西特种教育原报告送行营参考。

（乙）董事戴乐仁调查报告要点：

（一）特种教育经费既经减削，各有原定计划是否仍可推行有效，乃成亟待解决之问题。

（二）特种教育事业之推行，于地方教育有特殊之影响。

（三）行政督察专员办理之各种特种事业，以及服务社计划中之各种事业，尤须注意农民生计之改善，建立地方自治之基础。

（四）各县执政者，其所持政见或与此种教育方针未能尽合，应确定一种明晰之社会政策。

（五）五省特种教育委员会应从事设计工作，并讨论其他问题。

（六）特种教育之推行，以改进现有学制为切要；又第一步自应训练民众，倘经费充裕，即可设立职业学校。

（七）江西特种教育经费感觉不敷。

拟办：此案曾送由特教委员会程常务委员时，签拟意见甚详，兹谨酌择拟具办理意见如左：

（一）查五省推行特种教育委员会之组织，原有聘请管理中英庚款董事中英代表各一人为聘任委员之规定，拟由行营正式聘请该董事会中英代表宋子良、戴乐仁为特教委员会聘任委员。

（二）查五省推行特种教育计划，原有延请熟悉收复区情形、热心特种教育人士为推行特教委员会委员之规定，兹既经中英庚款董事会议决，事实上亦有此需要，拟准照办，惟人选一节应请核定。

（三）关于五省特教经费，二十四年度因事业扩张，较二十三年度所需更巨，的属事实。赣省现时所办特教事业日见发展，倘下年度不能增加经费，其困难必较闽鄂豫皖为尤甚。在最近数月间，拟请与中英庚款董事会切实商请宽筹，以便酌量匀增，适应事业之需要。

（四）五省推行特教委员会自组织以来，因各委员散处各省，从未正式集会一次。似应从速添聘专家为委员，俾该会本身组织健全，能负关于五省特教一切设计及监督之责任，又该会内拟请设置总干事一人，干事书记三四人，办理日常事务。

（五）关于五省特教进行方案，本行营已颁布有推行特教计划及计划纲要。各省特教处亦已遵照分别厘订各该省实施方案。此后如五省特教委员会组织健全，一切重要设施自可责成该会计划办理。

（六）戴乐仁报告所称改进学制、训练民众、设立职业学校各点，议论固属精卓，然必经费宽筹，方能逐步计划进行，必特种教育办理著有成效，方可据以改革现有学制。在最近数月内，事实上似做不到。右拟办法，是否有当？敬候核示！

南昌行营第二厅厅长　杨永泰呈

中华民国二十四年一月十日

蒋介石批示：如拟

〔国民政府教育部档案〕

4　朱家骅关于筹拨中英庚款充作特种教育经费情形致蒋介石文电

（1935年8月）

（1）朱家骅致蒋介石电（1935年8月22日）

南京。巴县。蒋委员长钧鉴：奉皓电敬悉。特种农村教育经费，倘骅力之所逮，敢不竭诚设法以图报命。惟此事在去年实排万难而为之。盖英庚款息金支配标准，数年前早订定，呈准备案。按照原订标准，本无农村教育一项，当时为适应事实计，实系修改标准，于戊类内添列是项，以求适合。又当时分配息金一百廿万元，照规定比例，戊项百分之廿四仅得廿八万余元，距四十万之额尚差十余万。此十余万元亦系设法另提专款，作为特种准备金，以之挪移方足额。至今年息金比较去年为数更少，因去年息金系英庚会成立以来历年之积存，今年则仅为一年中之所得，大约至六月底止，最多不过一百万元之谱。且去年所定各事业补助，须于今年继续拨补，此项应行继续拨补之数，约需一百二三十万元。本会全年经常开支约十万元尚不在内。彼此相抵，不敷实巨，须俟开会统筹办理。至江西及各省特种经费四十万元之数，无论如何定当竭力设法凑足，每年利息收入之大量增加，仍须待诸三四年之后，与客岁所预算无甚变更。谨先将会中现状电复。统乞谅察，余再另函详陈。朱家骅呈。叩。祃。

（2）朱家骅致蒋介石函（3月27日）

介公委员长钧鉴：奉皓嘱筹特种教育经费，前以祃电布复，定达典签矣。英庚会本年息金收入所以未能激增之故，实因购料手续至为繁重，往返接洽，类非经年不办，而照章，每批借款，须待全部支完，方订正式契约，开始付息。故各部会虽陆续已多拨借，而支用未毕，不能即订正式契约，开始付息，所以利息收入未有大量之增加。今年息金收入可供支配者，就目前推算至六月底止，约有一百万元之谱。但去年第一届支配所定各事业补助，除辽宁医学院、中英文化协会与丁类之奖金，及宁复、青海之补助费共计七万六千元不需继续外，如中央图书、博物两馆，中央、北平两研究院，暨中大、武大、浙大等十余校之建筑设备讲座诸费及留英学生经费，按照当初决议原案，概须于今年继续补助拨给，连同本会全年经费开支约十万元，约共需一百三十六万元，彼此相抵，不敷实巨。兹将息金支配标准，支配比例及去年支配经过报告，附呈参考。至江西特种教育经费四十万元之数，无能如何，必当勉力筹足，以报钧命。 耑此奉肃，并叩崇祺。

朱家骅谨上　三月廿七日
〔国民政府教育部档案〕

〔十一〕国防教育

（一）学生军训

1 大学院为缪序宾等请通令全国中等以上学校增加军事训练一科复国民政府秘书处公函

（1928年5月25日）

中华民国大学院公函　第一二八号

迳启者：接准大函，以据上海缪序宾等代电请通令全国中等以上学校增加兵式操及军事训练一科等情，嘱即查照等由。准此。查敝院前以外侮日亟、非尚武不足以救国，经饬令全国专门以上学校加授军事教育、中等以下学校特别注重体育在案。此次全国教育会议，亦经议定实施军事训练具体方案，至详细办法一俟妥订后，即可通令实行。准函前由、相应函复，希烦查照转呈为荷。此致

国民政府秘书处　　　　　　　　　　　　院长　蔡元培

中华民国十七年五月廿五日

缪序宾等致国民政府代电（1928年5月10日）

此次日本出兵济南，惨杀同胞，悍然不顾公理，甘冒天下之大不韪，不惜破坏东亚和平之大局，以遂其军阀蛮横之野心，实行帝国主义侵略之政策，盖其处心积虑由来已久，非一朝一夕矣！概自欧战告终，西方诸国元气大伤，减军之议应运而生。日本阳则赞成减军，阴则积极扩张军备，海军也，航空军也，陆军也，无不着着猛进，观其历年预算，军费激增无已，便可恍然。日本政

府一面既派遣陆军高级军官赴各中等以上学校实施军事教练，一面缩小限制大学生免除军役义务之范围，此种积极备战之政策，其目的究为何因，究为何事，明眼人自能知之。惜我国人昧于识见，犹做其和平之梦，一方讥日本为黩夫，一方又毫无预备，教育家更大力提倡其美国化的自然主义体育一科，遂以田径赛为主要之运动，苟有谈兵式操者，非嗤之以鼻，即讥为顽固耳。当我国各校废止兵式操之时，正日本各校猛力于军事训练之日。序宾是时留学彼邦，目睹情状，不寒而慄。返国后屡与友人谈学校兵式操之不可废，而竟无一人与我同情者，甚至校中学生亦视我为不合时宜之主张，漠然若无所闻者。夫身体不健全，斯微生物乘之侵入矣；国民不健全，斯有今日日本之横暴矣。今者国难已至，正我国民卧薪尝胆之日，亡羊补牢、未可云晚。拟恳钧委员会议交大学院通令全国所属各中等以上学校于最短期间一律增加兵操及军事训练一科，一面令知中央党部指导部及所属省县党部，指导民众组织团体受军事训练，俾全国国民均有军事上之常识。如此进可以作武装同志的后盾，退可以捍卫后方，防反动分子之扰动。是否有当，鹄候钧裁。专此电呈

中华民国国民政府主席　谭

缪序宾	印	潘剑啸	印
常罕如	印	陈文钟	印
郭文萃	印	刘佛佑	印
常叶封	印	常彦威	押
蔡雁宾	押	方培林	印
杨康年	押	黄志余	印
章　治	印	同叩。灰。印。	

中华民国十七年五月十日

〔国民政府档案〕

2 教育部与训练总监部会定修正高中以上学校军事教育方案

（1929年1月15日）

第一条 凡大学、高级中学及专门学校、大学预科并其他高中以上学校，除女生外，均应以军事教育为必修科目，其修习期间均定二年。

第二条 军事教育之目的在锻炼学生心身涵养、纪律、服从、负责、耐劳诸观念，提高国民献身殉国之精神，以增进国防之能力。

第三条 应受军事教育之学校，由教育部咨请训练总监部考选正式陆军学校毕业成绩优良之军官充任，军事教官必要时加派军官或军士若干名补助之。

第四条 训练总监部派赴各校服务之军事教官，应受各该学校校长之指挥监督，其服务条例另定之。

第五条 军事教育之时间如下：

（一）每年度每星期实施三小时；

（二）每年度暑假期间，连续实施三星期极严格之军事训练。

第六条 军事教育计划由训练总监部制定，其要目如另表。

第七条 军事教育经费，除教官旅费由训练总监部发给外，其薪俸杂费等均由各学校发给。

第八条 训练总监部须随时派员查阅各校军事教育实施之情况，必要时与以所要之指示（每年至少一次）。

第九条 军事教育成绩不良之学校，误为无进步希望者，训练总监部得撤回所派之教官，停止军事教育，并咨请教育部予该校以相当之处分。

第十条 其他细则由训练总监部、教育部协定之。

军事训练程度表（1）

校别	课目	程
高级中学暨大学预科	各个教练 部队教练	徒手各个教练，须使稍稍完备。持枪各个教练利用地形地物施行射击时，只须使理解其概要要。
	技　术	关于各种体操、刺枪、劈剑及各项国技之熟
	射　击	须使明瞭其要领，并须就立射、跪射、伏射、
	阵中勤务	阵中勤务，如步哨、斥候、传令、连络兵、递于部队之搜索、警戒、行军、宿营则使知悉其
	旗信号	须使修习用手旗及单旗，简单之通信要领。
	距离测量	须使修习步测、目测与音响测量之要领。 器械测量，如为状况所许，可以步兵携带测远
	测　图	须使就实地熟习地图之见解，并以使其领会测
	军事讲话	各兵种之性能及战斗一般之要领，各种兵器之会其概要。关于军队教育之目的、国防之真义、理解之。但师范科对于军之一门须稍增高其程
	其　他	使领会兵器之处理、补修、保存法、卫生法、
大	各个教练 部队教练	一、关于已习之各事项，须使熟习之。若已能 二、军事讲话，关于国防之真义、建军之本。解，并须使明瞭外国军制之纲要。又关于诸兵

度

，以能确实使用其枪为度。但射击则以作各种姿势之基础为主。

部队教练，在使其略能实施一连密集之动作，并理会疏开之概

练。

仰射各姿势，演习一次以上之减药射击。

传等各个之动作。并应用帐幕或当地简易材料之露营设备。至关大要。

器简易教授之。

图一般之要领为度。

构造、机能、兵器及军用器材之趋势，筑城及交通等，均须使领国军建设之本旨并军制之大纲、列国军事之趋势等，须使深刻度。

救急法、结绳法及手榴弹投掷法之概要。

增高其为干部之技能，则可行简单之营教练。

旨、军制之纲要、列国军事之趋势等，尤须使能得深刻之理联合部队之行军、驻军、战斗之要领，须授以战术初步之概念。

续表

校别	课	目	程
学 本 科	技　术 射　击 阵中勤务 旗信号 距离测量 测　图 军事讲话 高级中学 暨大学预 科等已课 之事项 战史概要		三、增高高级中学、大学预科等之已习程度。 四、连系于战史、文明史、外交史、经济史等
备 考	一、在过度期内得将本表之课目适宜分配之，其程度亦 二、鉴于地方之情况与学生心身之发达，各定以适切之		

高级中学暨大学预科学术科教授训练要目表（2）

课目 \ 学年学期	第 一 学 年		
	第一学期	第二学期	暑假三星期
各个教练 部队教练	徒手各个教练， 徒手班教练， 徒手排教练	同　　上	徒手班教练， 徒手排教练， 徒手连教练

| | | 度 |

一般学科，须使其明瞭对于战争之正当理解及教训等。

得按现况适宜定之。
教程，以期实彻教练实施之本旨。

第 二 学 年		
第一学期	第二学期	暑假三星期
持枪各个教练， 持枪班教练， 持枪排教练， 持枪连教练	同 上	同 上

续表

课目\学年学期	第一学年		
	第一学期	第二学期	暑假三星期
技　　术	徒手基本体操	徒手基本体操，器械基本体操。	应用体操，国　技。
射　　击			
阵中勤务	搜索及警戒勤务，特注重各个步哨与斥候教育。部队间之连系，特注重传令、连络兵、递传哨等。	同　　上	同　　上
旗信号		手旗信号，单旗信号。	
距离测量	步　测，目　测。	同　　上	同　　上
测　　图	地形、地物之现示法，地图之读法。	地形、地物之现示法，地图之读法，写景图。	写景图，要　图，断面图，路上测图。

第 二 学 年

第一学期	第二学期	暑假三星期
应用体操， 国技， 劈（基本）刺。	同　　上	应用体操， 国技， 劈（应用）刺。
预行演习， 减药射击。	预行演习， 减药射击， 实弹射击。	同　　上
宿营，特注重露营、幕营、厂营等。	同　　上	同　　上
音响测量器械测量。	同　　上	同　　上
写景图，要图， 断面图， 略测图， 路上测图。	略测图	同　　上

续表

学年\课目\学期	第一学年		
	第一学期	第二学期	暑假三星期
军事讲话	各兵种之性能及战斗一般之要领，军队生军制、步枪之性能、及兵器之趋势。		
其他	兵器之处理、补修、保存法，结绳法		
备考	一、此表适用于高级中学及大学预科，并其 二、减药射击分为立射、跪射、伏射，仰 三、器械测量按学校之状况可暂缺之。 四、已习之课目，可令随时复习之。 五、教授低学年生时，得以高学年生充干 六、与军事攸关之诸设备及各种演习之见 七、最终学年应于兵营或野营地、实施军事		

大学本科学术科教授训练要目表（3）

学年\课目\学期	第一学年		
	第一学期	第二学期	暑假三星期
各个教练 部队教练	徒手各个教练， 徒手班教练， 徒手排教练	徒手各个教练， 徒手班教练， 徒手排教练， 徒手连教练	徒手班教练， 徒手排教练， 徒手连教练

第 二 学 年		
第一学期	第二学期	暑假三星期

活、军队教育、国防、筑城及军事交通之概要，列国军备之概要，

卫生及救急法，
手榴弹投掷法之概要

他程度相等之学校，但师范科之教练须酌量提高其程度。
射，各以一回以上行之，实弹射击则限于有设备之射击场行之。

部。
学，应适宜行之。
讲习三星期。

第 二 学 年		
第一学期	第二学期	暑假三星期
持枪各个教练， 持枪班教练， 持枪排教练， 持枪连教练	同　　上	同　　上

续表

学年\学期\课目	第一学年		
	第一学期	第二学期	暑假三星期
技术	徒手体操	徒手体操，器械体操。	器械体操，应用体操，国技。
射击			
阵中勤务	搜索及警戒勤务，特注重各个步哨与侦探教育。部队间之连系，特注重传令、连络兵、递传哨等。	同上	同上
旗信号		手旗信号，单旗信号。	
距离测量	步测目测	同上	同上
测图	地形地物之现示法，地图之读法。	地形地物之现示法，地图之读法，写景图。	写景图，要图，断面图，路上测图。

第 二 学 年		
第一学期	第二学期	暑假三星期
应用体操， 国 技， 劈（基本）刺。	同 上	同 上
预行演习， 减药射击。	预行演习， 减药射击， 实弹射击。	同 上
宿营特注重露营、幕营、厂营等。	同 上	同 上
音响测量， 器械测量。	同 上	同 上
写景图，要图， 断面图， 路上测图， 略测图。	略 测 图	同 上

续表

课目 \ 学期	第一学年		
	第一学期	第二学期	暑假三星期
军事讲话	各兵种之性能，及战斗一般之要领，军队生活，防、军制、列国军备之趋势，兵器及军用器材趋		
其他	兵器之处理、补修、保存法， 结绳法。		
备考	一、此表适用于大学本科及其他程度相等之学 二、部队教练得行简易之营教练。 三、军事讲话得授外国军制之要纲，并各兵联合 四、减药射击分为立射、跪射、伏射、仰射，各 五、器械测量按学校之状况可暂缺之。 六、已习之课目，可令随时复习之。 七、教授低学年生时，得以高学年生充干部。 八、与军事攸关之诸设备及各种演习之见学，应 九、每年野外教练回数，各学年平均为五日。		

第一学年度第一学期学术课目实施预定进度表（4）

课目 \ 月	九	十
徒手各个教练	立正姿势，步法转法，敬礼演习。	复习从前，跑步，行进转法，正步常步跑步互换。

第 二 学 年		
第一学期	第二学期	暑假三星期

军队教育，各种兵器机能之概要，筑城及军事交通之概要，国势之概要、战史、战术初步。

卫生及救急法，
手榴弹投掷法。

校，但师范科之教练须酌量提高其程度。

部队运用之初步。
以一回以上行之，实弹射击则限于有设备之射击场行之。

适宜行之。

十一	十二	一
复习从前，跪下及伏下。	复习从前，行进间跪下及伏下，散兵立跪伏姿势。	复习从前，散兵利用地形地物，行进间各种步度，变换方法。

续表

课目＼月	九	十
徒手部队教练		
技　　术	基本体操（徒手）	同　　上
射　　击		
阵中勤务		传达兵勤务，连络兵勤务
军事讲话	军队生活	各兵种识别法
距离测量		
测　　图		
其　　他		
备　　考	一、本表学科每星期实授一小时，术科学术科预定进度表内。 二、旅次行军可于星期日补行之。 三、如遇天雨术科改学科，天晴再补。 四、成绩优良之学生，得提充助手及班 五、各项术科均应于讲堂上讲授原则，	

十一	十二	一
班教练整齐法，停止间变换队形及方向，解散及集合。	班教练复习从前，速集，行进间变换队形及方向。	班教练，行进间跑步跪下，横队行进之整齐法，敬礼演习。
同　　上	同　　上	同　　上

各个侦探教育	各个步哨教育	旅次行军
各兵种性能	军队教育	军制大要
步目测		
	地形地物现示法	地图之读法
		卫生救急法

每星期实施二小时，其时间之分配可由教授者商同该校列入所定

长。
俾易了解。

第一学年度第二学期学术科课目实施预定进度表（5）

课目 \ 月	二	三
徒手各个教练	复 习 第 一 学	
徒手部队教练		班教练，原地及行进间，变换队形及方向，散开法，小角度变换方向，散兵利用地形地物。
技　术		器械体操，基本动作。
阵中勤务		步哨配备守则，监视区域遇敌时之处置，步哨连络法。
旗信号		
军事讲话		国防
距离测量		步测，目测（近距离目测法之概要）。
测　图		地形地物现示法，地图之读法。
其　他		
备　考	一、本表学科每星期实授一小时，术科每星进度预定表内。 二、旅次行军可于星期日补行之。 三、如遇天雨术科改学科天晴再补。 四、成绩优良之学生得提充助手及班长。 五、二月份尚在寒假期内，故未定课目。 六、各项术科均应于讲堂上讲授原则，俾易	

期　课　目	四	五	六
	班教练，散兵超越障碍及跃进法，排教练，排之编成及整齐法，停止及进行间变换方向及队形。	排教练，停止间小角度变换方向，横纵队行进，行进间变换方向及队行，复习从前班教练散兵之运动。	排教练，行进间跑步疏开战斗方式解散及速集，复习从前。
	器械体操，跳高跳远。	器械体操。	器械体操，跳台、平台，各种上下法，木马跳乘及横跳纵跳。
	来自敌方之军使及投降者之处置，我方侦探出入步哨时应向其询问之件，步哨特别守则。	传令兵之动作，连络兵之动作。	旅次行军、排哨配备。
		手旗信号	单旗信号
	同　　上	各国军备概要	同　　上
	步测，目测（近距离目测法之要领）。		
	地图之应用及描画	同　　上	写景图调制之要领及活用

实施二小时，其时间之分配可由教授者商同该校列入所定学术科

了解。

第一学年度暑假连续实施三星期学术科课目预定进度表（6）

课目＼星期	第 一 星 期
徒手各个教练	补习第一年度第
徒手部队教练	复习从前班教练就地散开及集合，行进间散开及集合，排教练，行进间跪下散开，解散，速集及步度互换。
技　术	应用体操，竞赛飞越，跃越三、四、五人梯攀登崖岸
射　击	
阵中勤务	补习第一学年度课目由教授者自行选定
军事讲话	各兵种战斗法
距离测量	
测　图	写景图及要图调制之要领及活用之方法
其　他	军队卫生之概要
备　考	一、本表各课目连续实施三星期，其时 二、成绩优良之学生，得提充助手及 三、各项术科均应于讲堂上讲授原则，

第二星期	第三星期
一、二学期课目	
复习从前排教练散兵利用地形地物，连教练，连之编成及整齐法，连之变换方向及队形。	复习从前，连教练，进之行连间变换方向及队形，直行进及斜行进，连之战斗教练疏开及散开法，预备队位置。
应用体操，不齐地行进法，竹竿绳渡沟。	拳术
必须课目教授之	
行军驻军战斗之要领	筑城及军事交通之概要
	目测（中距离以内目测法之要领）
要图断面图	路上测图

间之分配由教授者自行规定。

班长。

俾易了解。

第二学年度第一学期学术科课目实施预定进展表（7）

课目 \ 月	九	十
持枪各个教练	立正，稍息，转法，托枪、举枪，持枪，行进及行进间转法，托枪行进及转法。	复习从前跑步变换方向，上下刺刀，装退子弹，立射。
持枪部队教练		班教练整齐法，架枪、取枪及各种射击姿势变换方向及行进。
技术	器械体操，应用体操，复习从前。	拳术
射击		
阵中勤务	警戒部队之派出，搜索尖兵及前兵。	步兵斥候，斥候动作及连络法，斥候遇形时之处置。
军事讲话	筑城及军事交通之概要	同上
距离测量	音响测量	同上
测图	写景图　要图	要图　断面图
其他	兵器之处理补修保存法	
备考	一、本表学科每星期实授一小时，术科每星科预定进度表内。 二、如遇天雨，术科改学科，天晴再补。 三、成绩优良之学生得提充助手及班长。 四、各项术科均应于讲堂上讲授原则，俾易	

十一	十二	一
跪射伏射仰射,跪下伏下持枪,托枪跑步行进间跪下及伏下步度互换。	战斗各个教练散兵之运动与射击。	战斗各个教练特注重射击及冲锋动作。
班教练,装退子弹,上下刺刀,行进间变换方向及射击,行进间跪下及伏下冲锋法。	班战斗教练散兵射击及利用地形地物,排教练排之编成及整齐法,行进间射击及装退子弹。	排战斗教练变换方向及队形疏开散开法,冲锋及速集法,连教练连之编成及整齐法。
同　　上	同　　上	劈　　刺
预行演习,立射,姿势瞄圜靶瞄三角。	同　　上	减药射击
侧卫,后卫	宿营之种类	露营之设备
步枪之性能及兵器之趋势。	同　　上	同　　上
同　　上	器械测量	同　　上
路上测图略测图	同　　上	同　　上

期实施二小时,其时间之分配可由教授者商同该校列入所定学术

了解。

第二学年度第二学期学术科课目实施预定进度表（8）

课目＼月	二	三
持枪各个教练		复习第二学年度第一学期课
持枪部队教练		班排教练均复习从前，连枪练整齐法，操枪法变换队形，架枪，取枪，各种射击姿势，装退子弹，上下刺刀。
技术		器械体操，复习从前。
射击		复习预行演习及减药射击
阵中勤务		复习第二学年度第一学期
军事讲话		步枪之性能及兵器之趋势
距离测量		器械测量
测图		略测图
其他		手榴弹投掷法
备考		一、本表学科每星期实授一小时，术科学术科预定进度表内。 二、高中及大学预科学生，无须教授战 三、成绩优良之学生，得提充助手及班 四、二月份尚在寒假期内，故未定课 五、各项术科均应于讲堂上讲授原则，

四	五	六
班教练，复习从前排教练，散兵射击及冲锋，跃进法，连教练变换方向。	连教练行进间，变换方向及队形，战斗教练，跑步及跪下。	排教练行进间装退子弹及上下刺刀，连战斗教练散兵线增加法，援队预备队位置及复习从前，班排教练均复习从前。
劈刺，拳术	同　上	同　上
	实弹射击	
课目		
	战史及战术初步	

每星期实施二小时，其时间之分配可由教授者商同该校列入所定

史及战术初步。
长。
目。
俾易了解。

第二学年度暑假连续实施三星期学术科课目预定进度表（9）

课目＼星期	第 一 星 期
持枪各个教练	同第二学年度第二学期课目
持枪部队教练	班排教练均复习二年度第二学期课目，连教练，跑步，变换方向及队形解散及集合战斗及阵地攻击遭遇战攻击法，对敌逆袭之处置。
技　术	器械体操同第二年度第二学期课目，劈刺，拳术，障碍物通过法。
射　击	同第二年度第二学期课目
阵中勤务	同第二年度第二学期课目
军事讲话	战史及战术初步
距离测量	同第二年度第二学期课目
测　图	同第二年度第二学期课目
其　他	结绳法
备　考	一、本表各课目连续实施三星期，其时 二、高中及大学预科学生无须教授战史 三、成绩优良之学生得提充助手及班 四、各项术科均应于讲堂上讲授原则，

第 二 星 期	第 三 星 期
连教练以密集队形通过敌炮兵有效射击运动法，对敌炮兵战斗法攻击防御战斗法，分列式，阅兵式，排教练复习从前。	连教练复习从前，对敌飞机之射击，战场内外追击法，对于敌人重叠配备攻击法，排教练复习从前。

间之分配由教授者自行规定。

及战术初步。

长。

俾易了解。

〔国民党中央民众训练部档案〕

3 教育部关于高中以上学校加紧军事教育的通令

（1931年1月29日）

案查修正高中以上学校军事教育方案，现规定军事教育修习期间二年，每年度每星期实施三小时，业经本部通令饬遵在案。现查各省市公私立中等以上学校实施军训以来，遵令奉行者固属甚多，而漠视敷衍者亦复不少，有将军事科每周仅授一小时者，有减少术科授课时间增长修习年限者，且往往服装不齐，精神涣散，似此情形，实有碍军训教育之发展，须知军事教育关系重要，各该校长负指导之责，自应随时督率，对于军事教育之设备、授课时间之规定，均应遵照法令规定认真办理，毋得再有因循纷歧之习。再学生制服规程早经颁行，学生受军事训练时应一律遵着制服，以示整齐，并不得托故请假，致妨教授进展。除分令外，合行令仰该厅局校知照。此令。

〔国民党中央民众训练部档案〕

4 教育部要求各校每周课外讲演日本侵略中国史令

（1931年6月17日）

案准中央执行委员会训练部第一八○九七号函开："迳启者：自九月十八日东三省事发生以来，叠据山西省、南京特别市等执行委员会及津浦铁路党务整理委员会，纷纷来呈，建议各级学校应加授日本帝国主义侵略中国史，或停课一周，改讲国耻之起因现状及国人应有之对策，各等由。"查日本帝国主义者对我横加侵略，欲雪奇耻，自非从教育入手不为功，惟各级学校课程及授课时间均有规定，若中途增加课程实有未便。为应目前需要起见，于课外另加临时讲演，专讲日本帝国主义侵略中国史，似尚可行,惟不必停课讲演,除分别函复外,相应函请贵部通饬各级学校每周加临时课外讲演数小时,专讲日本帝国主义侵略中国史,即希查照办理为荷。等由过部。除分令外,合亟令仰转饬所属各级学校一起遵照。此令。

〔国民党中央民众训练部档案〕

5 教育部令发学生、童子义勇军教育和训练的有关文件

(1931年10月)

(1)学主义勇军教育纲领

日本在数十年来肆行横暴,先灭琉球,继并高丽,夺我台湾,占我澎湖,更逞野心侵我东土,今乃乘我内乱未平,天灾突起,全国人民创巨痛深之日,出兵辽宁,略城数十,占地千里,残酷暴虐,亘古罕闻,此不仅为国家之奇辱,实为民族生死存亡之关键,我国民当此危局,务须人人奋发,一心同体,坚救国之志气,下雪耻之决心,而国家基础、民族生命所寄之青年,其责任则尤为重大,必有强固之团结,切实之训练,继续不断之努力,而后能达雪耻救国之目的。兹特制定义勇军教育纲领,颁行全国,所望全体教员学生,痛自淬厉,立卧薪尝胆之决心,作举国同仇之团结,切实努力,继续奋斗,国脉民命所托在此矣。

第一条 全国高中以上各学校,一律组织青年义勇军,初中以下各学校,一律组织童子义勇军,实施军事训练,宣誓信奉三民主义,振兴中国民族,矢忠矢信,雪耻救国。并守以下规律:(1)牺牲自己,爱护民国,永为忠勇之国民;(2)服从命令,严守纪律;(8)养成自治习惯,实行团体生活;(4)随时随地,扶助他人,服务公众。

第二条 全国各学校教职员,应与学生为同样之宣誓,切实负责,在教学及管理上遵奉下列条款:(1)以总理所定忠孝仁

爱、信义和平为道德纲领，切实注意学生思想人格之训练；（2）切实与学生协同，一致造成整个团体生活，并应注意自身言行，以为学生模范。

　　第三条　全国各学校在课堂上，应实行下列条款：（1）注重本国历史地理，特别注重外交史及国防地理，关于日本侵略我国之事实，尤须切教授；（2）对于女生之不能加入义勇军者，应特别注重体育，养成刻苦耐劳之习惯，并教以战时看护救伤等知识；（3）关于文学艺术等课程，必须注重发扬民族精神，造成雄壮勇敢之风尚，一切浪漫堕落萎靡不振之文艺，绝对禁止。

　　第四条　学生应加紧努力学业，不得罢课。

　　第五条　学生教职员学生应宣誓不买日货，各学校教职员学生，应切实研究替代日货之工业制造，并努力宣传各种替代日货之方法。

　　第六条　学生在不妨碍课程之时间，须依剧本教育纲领之精神，组织宣传队，努力于唤起民众之工作。

　　第七条　凡义勇军教官学生，应在左胸前佩带蓝底白字，"团结奋勇，雪耻救国"八字符号。

　　第八条　全国各学校每晨应举行朝会，高呼下列口号：永为忠勇国民，誓雪中国国耻，恢复中国领土，振兴中国民族，三民主义万岁，中华民国万岁！

　　第九条　本纲领由中国国民党中央执行委员会制定，送国民政府通令全国，一致奉行。

（2）学生义勇军训练办法

　　一、本办法依学生义勇军教育纲领第一条之规定制定之。

　　二、学生义勇军分左列两种：

　　（一）青年义勇军由高中以上学校学生组织之；

　　（二）童子义勇军由初中以下学校学生组织之。

青年义勇军、童子义勇军，均以各该学校为组织单位。

三、为设计全国学生义勇军之训练，由中央训练部、总司令部、教育部、训练总监部等各推代表两人，合组全国学生义勇军训练设计委员会，担任讨论及规划一切学生义勇军训练事宜，其决议事项由训练总监部执行。

四、各省及隶属于行政院之市，按照当地需要得设立学生义勇军训练处，掌握各该省市学生义勇军组织及训练事宜。

五、学生义勇军训练处之设在首都及上海、武汉之地者，由训练总监部直接组织之，其余由当地高级党部及军事机关、教育行政机关会同组织之，均隶属于训练总监部。并受当地最高军事机关之指导监督。

六、学生义勇军训练处设主任一人，综理处务；副主任二人，助辅主任，掌握处务，其下设左列三科：

（一）组织科　掌理学生义勇军组织及统计事宜；

（二）训练科　掌理学生义勇军训练事宜；

（三）事务科　掌理不属于以上两科之文牍庶务一切事宜。

以上三科，各设科长一人，科员、录事若干人，分掌业务。

七、各地学生义勇军训练处，由训练总监部直接组织者外，其余各处主任由当地最高军事机关委派副主任，由当地最高党部及教育行政机关各推定一人充任，其余人员由担任组织之机关遴委，呈部训练总监部备案。

八、学生义勇军实施程序，分期举行之：

（一）第一期施行京沪杭汉平津及沿京沪路各学校，但平津两地由副司令部主办。

（二）第二期以下，俟第一期施行将届完毕时，再行依次规划。

九、青年义勇军军事教官，除原有军事教官改任外，得由训练总监部加遴人员，咨由教育部委派之；童子义勇军训练人员，即由各该校体育教员担任之。

十、学生义勇军之训练，首为军人精神教育与体育锻练，次及于军事上各种学术技能，其期限为六个月，每日二小时，训练课目及进度另订之。

十一、学生义勇军所用书籍，由训练总监部撰述之。

十二、学生义勇军训练处经费，由训练总监部直接组织者，即由训练总监部负责，其余由各该地方负担；青年义勇军教官经费，由训练总监部与学校分别负担。

十三、各学校在施行青年义勇军训练期内，其原有军事训练暂行停止，俟期满后再继续按照原定实施。

十四、本办法自颁布之日施行。

（3）童子义勇军组织及训练办法（1931年10月29日）

教育部准中央执行委会函请通饬全国初中以下各学校，颁发童子义勇军组织及训练办法，兹录原令及办法如次：

案准中央执行委员会秘书处第二二七八一号公函开：查中央前颁学生义勇军教育纲领，规定学生义勇军分为青年义勇军及童子义勇军两种，兹经中央第一六七次常会通过，童子义勇军组织及训练办法一件。除由会令行各省市党部知照外，特检同该项办法一份函达，即希查照颁发全国初中以下各学校，一体遵行为荷。等因。并附办法一份到部。准此，除分令外，合行令仰该厅知照，并转饬所属初中以下各学校一体遵行。此令。计抄发童子义勇军组织及训练办法一份。

童子义勇军组织及训练办法：

一、组织

（一）凡初中以下之学生，须依照中央颁发学生义勇军教育纲领第一条之规定组织童子义勇军。

（二）各学校童子义勇军之训练，依照本办法由各校校长负责指导。

（三）各学校童子义勇军依照原有童子军编制编制之，自原有童子军仍须照旧组织进行。

（四）各学校童子义勇军其已有校服者，采用校服，未有校服者，得以学生日常服用之短服为服装。

（五）凡童子义勇军均须于左胸前佩带蓝底白字"团结奋斗雪耻救国"八字之布质符号。

二、训练

（一）凡加入童子义勇军者，必须在党旗国旗暨总理遗像前当众宣誓后，方得佩用童子义勇军符号。

（二）上项誓词，为信奉三民主义振兴中国民族，矢忠矢信，雪耻救国，并守以下规律：

（1）牺牲自己，爱护民国，永为忠勇之国民；

（2）服从命令，严守纪律；

（3）养成自治习惯，实行团体生活；

（4）随时随地，扶助他人，服务公众。

（三）童子义勇军训练时间，暂定每周五小时，以每日早晨训练为原则。

（四）童子义勇军课程，须遵照学生义勇军教育纲领第二、三、四各条之规定办理之，但因儿童年龄体格知识关系，凡不适于兵操者，得专授以服务救护交通等工作。

三、附则

（一）本办法系参照学生义勇军教育纲领规定，如有未尽事宜，由中央训练部呈请修正。

（二）本办法由中央执行委员会议决施行。

注：学生义勇军及童子义勇军，经国民党第四届中央第二十四次常会决议停止进行。

〔国民党中央民众训练部档案〕

6 教育部颁布高中以上学校加紧军事训练方案的通令

（1932年1月29日）

案准训练总监部咨开：案奉陆海空军总司令部参字第五〇八号训令内开：为令遵事：查日军侵占我辽吉以来，内地行省各学校及各团体，纷纷起而为抗日运动，其热心爱国洵属可嘉。但群众之意志不一，心理各殊，易入歧途。青年之血气方刚，尤易出之过激，设不先事预防，一旦受奸人煽惑，必致学业废弛，酿成社会不宁，影响于治安及外交甚巨。兹为维持安宁，加紧教育，使对日方针一从正轨解决起见，特行令仰该总监转饬全国各学校，加紧军事训练，操作时间务须增多，课余之暇，关于文课及军事必要教程亦宜酌量添授，使莘莘学子专心本业，增益军学，不可专事游行宣传，徒托空言，不务实际，以学术救国为正鹄，党国前途，庶有豸乎，其各凛遵勿违。此令。等因。奉此。又上月廿五日，本部国民军事教育处处长先已奉国民政府主席蒋面谕，饬即加紧高中以上学校军事教育，略同前由，自应遵照办理。当即拟订加紧军事训练方案及第一期加紧训练计划书，呈奉国民政府核准，所需补充军事教官，并经呈准在中央军校高级班及宪警班学员中考选，录取正取张域等一百一十九员，备取蒋济普等六十员，调用军官教育连学员冯镛等十四员。所需训练费用枪枝，奉准拨给四千六百三十枝。至此，须加紧训练，并规定限期完成，加派临时教官俸薪亦奉核准。但非加紧训练区域内，各校军事教育仍遵照向章办理，除补充军事教官如何分配另案咨达外，相应抄同加紧军事训练方案。暨此次取录及调用军事教官名册各一份，咨达查照。转令遵照等由。并附高中以上学校加紧军事训练方案一份到部。除分令外，合亟抄发原送方案，令仰遵照。此令。

附高中以上学校加紧军事训练方案

高中以上学校加紧军事训练方案

一、程序

第一期，在京沪杭汉及京沪路沿线各高中以上学校，一律加紧实施军事训练。第二期，在已经实施军事训练各重要地区之高中以上学校，加紧实施军事训练。第三期，在已经实施军事训练，不属于第一、二期各地之高中以上学校，一律加紧实施军事训练。第四期，在一、二、三期以外各地之高中以上学校，一律加紧实施军事训练。以上各期，按照秩序逐渐办理，每期均限六个月训练完成。第一期训练完成后，第二期即开始举行，第二期完成时，第三、四期即依次办理，各期于加紧训练期间完毕时，仍应由原有军事教官按照向章继续施行，以免中辍。

二、办法

1．召集现在各高中以上学校军事教官之训练（课目表另订）。

2．军事教官训练完毕后，即由训练总监部按照程序，会同教育部派赴各学校开始训练。

3．除原任教官外，所有添派各教官由训练总监部、教育部调赴应任第二期加紧训练之学校，施行训练，以下均照此办理。

三、训练

1．每日训练两小时；

2．在第一、二两个月完成新兵教育，第三、四两个月完成各级兵卒教育，第五、六两个月完成军士教育。

3．每日作息时，均应遵照规定举行升旗仪式，并须于每日朝会高呼中央规定口号。

4．其余悉遵中央颁发之学生义勇军教育纲领办理。

〔国民党中央民众训练部档案〕

7 国民党中央训练部颁布学生训练暂行纲领

（1931年2月5日）

第一节 训练原则

一 学生训练须遵照总理遗教及本党政纲政策实施之。

二 学生训练须认清学生在民族生存上之重要地位。

三 学生训练须使学生课外作业、日常生活与学校课程互相联贯，以适应社会生活。

四 学生训练须就学生知识程度及环境之差异，分别施行。

五 学生训练之实施，由当地高级党部会商学校，指导学生自治会办理之。

六 学生训练之实施，须以不妨碍学生课业为原则。

第二节 训练方针

一 思想方面

甲 将三民主义融会于一切学术，使学生有深切之认识与信仰，并明瞭中国国民党之政纲政策；及训政时期之民众运动方针。

乙 使学生明瞭共产主义及其他违反三民主义之各种思想之谬误。

丙 使学生认识国内一切反革命派及帝国主义为我国家民族之敌人。

丁 使学生认识世界大势及我国家民族在国际上所处之地位，并明瞭其本身将来对于国家民族所负之责任。

戊 使学生明瞭国民对于国家社会须以服务为主旨，而不以夺取权利为目的。

己 使学生明瞭国民为国家社会服务必须具有良好之品格，高深之学问与体魄。

二、行为方面

甲　养成学生高尚人格、良好习惯及职业的兴趣。

乙　养成学生合作互助友爱及勤奋耐劳之精神。

丙　鼓励学生在学术上之发明。

丁　鼓励学生研究高深学问。

戊　鼓励学生节约与储蓄。

己　指导学生获得正常娱乐。

庚　使学生注意身体上之卫生与公共卫生。

三、组织方面

甲　使学生明瞭组织的意义、方式及运用。

乙　养成学生团体生活之习惯。

丙　指导学生在学生自治会之下举行各种科学与文艺之集会结社。

丁　使学生明瞭学生自治会与学校及党部之关系。

第三节　训练实施

一、方式

甲、集会结社　为增进学生智能，养成其团体生活习惯，陶养其高尚情绪，得举行下列各种集会结社：

1．各种纪念会；

2．各种讲演会、讨论会、辩论会；

3．各种研究会；

4．恳亲会、游艺会、旅行团等。

乙、出版　为发表学生学术及文艺作品，以供切磋观摩，并鼓励其研究学术之兴趣，得举办下列各种刊物：

1．定期刊物；

2．专刊；

3．壁报画报。

丙、竞赛　为增进学生技术，健全其身心，激励其进取精神，得举行左列各种竞赛：

1. 学术竞赛；
2. 演讲竞赛；
3. 体育竞赛。

丁、实验　为使学生对于所学课程得有实验机会及锻炼其勤奋耐劳之精神，得举行下列各种事项：

1. 农场工场商店之考察及实习；
2. 地质及气象之考察；
3. 各种社会状况之考察；
4. 标本之采集及制造；
5. 机关学校之参观及法院之旁听。

二、指导

甲　学生自治会举行各种集会结社时，须请当地高级党部及学校派员指导。

乙　学生自治会出版之各种刊物，须随时呈送当地高级党部及学校审核。

丙　学生自治会须将其工作状况，每学期向当地高级党部及学校呈报一次。

丁　学生自治会遇有疑难事件，得请求当地高级党部及学校指导处理之。

第四节　训练材料

一、材料选择标准

甲　切于学生学业上之需要者；

乙　为一般国民所必需认识者；

丙　富于兴趣者。

二、材料举要

甲　总理关于青年之遗教；

乙　革命先烈之嘉言懿行；

丙 第三次全国代表大会及第三届历次中央全体会议及常务会议，关于民众运动及教育方针之一切宣言及决议案；

丁 以前项决议案及宣言为准则，酌采以前历次全国代表大会中央全体会议及常务会议，关于青年运动及教育方针之宣言及决议案；

戊 现行关于学生团体之组织训练法规方案；

己 本党先进之言论。

第五节 附 则

一、本纲领由中国国民党中央执行委员会训练部颁布施行。

二、本纲领不得对外发表。

〔国民党中央民众训练部档案〕

8 国立浙江大学军事训练计划

（1932年）

第一 方 针

一 本校军训原为造就征兵制中之下级干部（连排班长）人材而设，故军训中之一切应与军队同化，并决采用严格主义。

第二 组 织

一 为促进本校各院军训统一起见，特设军事训练部，以总其成。

二 军事训练部直隶校长。

三 军事训练部设主任一人，得由教官兼任之，秉承校长综理全部一切事宜。其下设教官四人，助教二人，分任各院军事训练事宜。

四 军事训练部由秘书处指派书记一人，掌理文书、收发、保管事宜。

五 军事训练部设号兵二名，专司课操号令及勤务事宜。

第三 服务

其一 权责

a 主任

1．主任承校长之命，负全校军事事宜之责；
2．主任负督率本部各职员及分任事务之责；
3．主任对于所属员兵有呈请惩处之权；
4．主任对于所属职员有考核勤惰呈请赏罚之权；
5．主任有指挥本校军训之权。

b 教官

1．教官承校长、主任办理本院军训一切事宜；
2．教官对于所属助教有考量成绩、分别勤惰、呈请察核之权；
3．教官对于干部（即排班长）学生有考核成绩、分别勤惰、呈请赏罚任免之权。

c 助教

1．助教负辅佐教官、分任教授之责；
2．助教对于所属干部、学生有考量成绩、分别勤惰、呈请教员赏罚之权。

d 排长（学生充之）

排长秉承教官或助教之命，有指挥本排班长及考量勤惰、呈请赏罚之权。

e 班长（学生充之）

班长承排长之命，有指挥本班同学在训练时之责及考核同学在训练时之勤惰、呈请赏罚之权。

其二 办公规定

1．本部每日办公时间以校定时间为标准，但下午以各教官均须上操课，故不办公。
2．本部设考勤簿一本，除例假外，每日须于考勤簿上书明到部时刻，以备校长核阅。

3．在办公时间内，非因公来宾不得延见。

4．在办公厅内各职员须保持肃静态度，并禁吸烟。

5．各案上之文件文具，务须整洁，尤宜爱护公物。

其三　告假规定

1．各教官职员如有特别事故或因病不能到部办公时，应具假单，经校长或主任之批准方得离席。

其四　值日规定

1．本部值日官由文工两院教官、助教及部书记分任之，星期一、二两日由主任充任、星期三由文院教官充任、星期四由高工教官充任、星期五由工院助教充任、星期六由部书记充任。

2．本部设值日官一员，随同值日官服务，书记一员、勤务兵（号兵轮充）一名。

3．值日官辅佐主任指挥本部例行事项，重要者须报请校长或主任办理之。

4．值日官值日时间内，须将经过要事记入日记簿，呈送校长察阅。

第四　服装

一　军帽用软边，帽章椭圆形中刻浙大二字，高中部中刻浙大高中四字。

二　制服夏用黄色一套，冬用黑色一套，均西装裤。

三　皮带用帆布带，草绿色，铜扣椭圆形中刻浙江大学四字。

四　绑腿冬略，夏用草绿色两副。

第五　设备（除原有外，现已先行添购者。）

一　教育用枪　五十枝

二　枪架　五座

三　携带画板　二块

四　带环指北针　二个

五　比例尺　二个

六　测斜照准仪　二架

七　标杆　四根

八　小圆锹　十二把

九　十字镐　十二把

十　经始尺　二把

十一　水壶　一百只

十二　干粮袋　一百只

〔国民党中央民众训练部档案〕

9　江苏省立太仓师范学校军事训练特别班规条

（1932年）

一、本班以肄习军事学术，锻炼强健体魄，养成守纪律、耐劳苦之习惯，冀能雪耻救国为宗旨。

二、本班名额暂定六十名，凡高中部各级学生志愿参加者应填具志愿书，经学校核准后方得加入。

三、本班之组织完全为军队化，所选队长、组长均有协助教官指挥全队或全组之职责，列兵有绝对服从之义务。

四、本班呈请训练总监部备案，其训练时期为六个月，修习期满成绩及格者由学校给予证明书。

五、本班训练分为两期，第一期三个月，注重操场之各种制式教练；第二期三个月，注重野外勤务，以期完成小部队战斗指挥之动作。

六、本期训练时间为每日上午六时十分至六时五十分，星期日举行野外演习，其时间由教官先一日公布之。

七、操练时如违反军纪，应予以立正或跑步等惩戒。

八、如无故不到或不服从命令时，得酌记小过或大过一次，三小过当一大过，过满三大过者开除学籍。

注：第七条之处罚，由教官执行之；第八条之处罚，呈由校长执行之。

九、如因疾病或特别事故而告假者，须缮具假单，说明事由，按级呈请，俟核准后始得缺席。

十、本规条自公布之日施行之。

〔国民党中央民众训练部档案〕

10 湖南省高中以上学校军事训练暂行管理通则

（1932年）

第一章 总 则

第一条 本通则系根据湖南省政府议决加紧军事教育案，以期养成高中以上学校学生健全体格，使确能军队化、纪律化起见，特参酌本省高中以上学校情形制定之。

第二条 本通则除法令另有规定外，凡湖南省内高中以上学校在加紧军事训练期内适用之。

第三条 各军事训练主任、训练员、助教，承四路总指挥之命令，分任湖南高中以上各校军事训练事宜。

第二章 关于管理方面者

第四条 凡加紧军事训练之各校校长，除管理全校校务外，并有指导考察该校军事训练之责。

第五条 凡军事训练主任在军事范围内，对于训练员、助教与学生有节制指挥并管理奖惩之特权，暨实施典范令内务细则陆军礼节，负军事教育进行之完全责任。

第六条 凡军事训练员有辅助训练主任、指挥助教切实施行军事训练，并管理学生整饬内务之职权。

第七条　凡军事助教受训练主任之命或训练员之指导，有辅助训练管理学生整饬内务之职权。

第八条　各校军事训练主任关于军事训练应按照学术科教育进度计划表切实施行，不得有间断及躐踏等情事。教育进度计划表另定之。

第九条　各校评定学生修业成绩，应采军事学术操行与各学科并重。除原有训练主任、训练员、助教以及职教员等，均有随时协同考查学生操行，严切矫正之责。

第十条　各校军事训练员除服本勤务外，应负轮流值星之任务，各助教除本勤务外，应负轮流值日之任务。值星与值日规则由各训练主任商承校长制定之。

第十一条　各校军事训练主任、训练员、助教等，均得随时举行全校或一部学生之身体检查及内务检查，但每星期至少须举行一次。

第十二条　各校军事训练主任应将各校受训练学生在加紧军事训练期内，一切事宜完全照新兵教育实施之。

第十三条　各校军事训练主任应将每周训练情形及进度详细列表，分呈总指挥部及教育厅，以便查核。

第三章　关于学生方面者

第十四条　学生在加紧军事训练期内，除应遵守校规党纪外，须绝对服从命令，严守军风纪，潜心研究军事学术，以求得到真髓而备他日干城之寄。

第十五条　学生对于军事学术科及勤务不得无故缺席。

第十六条　学生每级每科应负轮流值日之任务，均按照内务细则施行。

第十七条　学生在操课时间务须振奋精神，严守秩序，不得违反一切规则。

第十八条　学生出入教室、操场及会堂、食堂，遵照号音

(或铃声)集合，指定地点整列队伍，不得有紊乱秩序及迟到早退等情事。

第十九条 学生起居操课均应遵守规定时间，对于寝室内被服装具须于起床时各自整理，务求齐整清洁。

第四章 附 则

第二十条 本通则如有未尽事宜，得随时修改之。

第二十一条 本通令自公布之日起施行。

〔国民党中央民众训练部档案〕

11 教育部颁布高中以上学校军事教育奖惩规则

(1934年9月6日)

第一章 总 则

第一条 高中以上学校军事教育之奖惩方法，除学校军事教育方案业有规定者外，依本规则行之。

第二条 关于军事教育之校(院)长奖惩，由教育部或训练总监部咨请行之。

学生之奖惩由军事教官或陈请校(院)长或训练总监部、教育部命令行之。

军事教官、军事助教、主任教官及总教官之奖惩，由国民军事训练委员会呈报训练总监部或由教育部咨请行之。

国民军事训练委员会对所属军事教官，得核定一月以内之减薪或停职，对于军事助教得核定三月以内之减薪或停职，但须呈报训练总监部、教育部备案。

第三条 在一年内功过均以二次为满限。

第四条 在一年内功过准予相抵。

第五条 军事教官、军事助教、主任教官、总教官过失重大者，得依陆军惩罚令办理。

第六条　学生在集中训练总队受开除处分者，同时交原属学校开除学籍（其办法另定之）。

学生军训总成绩不及格者应责令补习或留级，以一次为限。如再不及格，学校应令其退学。

第二章　校（院）长

第七条　校（院）长对于军事教育热心办理或成绩卓著者，其奖励依左列各款分别行之。

一、传谕嘉奖；　　　　二、记功；
三、褒奖；　　　　　　四、晋叙。

第八条　校（院）长对于军事教育办理敷衍、成绩不良者，其惩处依左列各款分别行之。

一、警告；　　　　二、记过；
三、停职。

第三章　军事教官、军事助教、主任教官、总教官

第九条　军事助教、军事教官、主任教官、总教官训练有方成绩优异者，其奖励依左列各款分别行之。

一、传谕嘉奖；　　　　二、记功；
三、给予奖状；　　　　四、调升。

第十条　军事助教、军事教官、主任教官、总教官训练无方成绩劣等或违反服务规则者，其惩处依左列各款分别行之。

一、警告；　　　　二、记过；
三、停职；　　　　四、撤职。

第四章　学　生

第十一条　学生严守纪律、服从命令、学术卓越或向不缺席者，奖励依左列各款分别行之。

一、传谕嘉奖；　　　　二、记功；
三、给予军训成绩优良证书；　　四、奖金。

第十二条　学生违反纪律、不遵命令、学术劣等或无故旷课

起过规定限度者，其惩处依左列各款分别行之。

一、警告； 二、记过；
三、留级； 四、退学。

第五章 附则

第十三条 第三、第四章各条适用于集中训练总队之各员生。

第十四条 本规则依高中以上学校军事教育方案第九条之规定，由训练总监部、教育部会订公布施行。

〔国民政府教育部档案〕

12 教育部关于高中以上学校实施军事训练概况的报告

（1929年—1936年）

前略

（二）学校军训。自十八年开始学校军训以来，迄今九年如兹，其教育分为：平时训练、集中训练、复习教育、女生看护训练、医药生军医训练、模范队训练六种。各种训练情形分述如下：

平时训练：在第一学年举行高中及同等学校自第一学期开学起，至第二学期三月底止，授以基本教育，每周三小时（学科一小时、术科二小时）、全年野外演习至少四次，每次二小时以上。实弹射击三次，但高级职业学校每周二小时，学术科各半。专科以上学校自第一学期开学起，至第二学期四月底止，授以军士教育，每周三小时（学科一小时、术科二小时）；全年野外至少四次，每次二小时以上，实弹射击三次。但专科学校每周二小时，学术科各半。各年度实施状况如下表：

全国各省市历年度学校军训推进概况表

年度项目		十八年	十九年	二十年	廿一年	廿二年	廿三年	廿四年	廿五年	合计
军训省市		8省3市	8省3市	10省3市	11省3市	13省3市	14省3市	18省4市	18省4市	
军训学校数	专科以上	22	32	47	39	91	92	94	97	
	中等学校	91	100	149	165	284	354	491	522	
	合计	113	132	196	204	375	446	585	619	
受训学生数	专科以上	6752	8878	21254	13105	11355	13275	9264	9294	93177
	中等学校	11733	12220	23746	17767	30256	29382	33654	32532	191290
	合计	18485	21098	4500	30872	41611	42657	42918	41826	284467

集中训练：在第一学年第二学期举行高中及同等学校集中训练时间三个月，自四月十一日起至七月十日止，授以军士教育。专科以上学校集训时间两个月，自五月十一日起至七月十日止，授以预备军官教育，从廿三年新方案公布后开始。职业学校因实习关系，从本年度起改为四十天，六月一日起至七月十日止，所有各年度集中训练状况如左表：

历届集中军训状况表

项目	年度	廿三年	廿四年	廿五年	合计
省　　　市		14省3市	18省4市	18省4市	
集训学生数	专科以上		4067	7648	21811
	中等学校	19022	22740	34197	106215
	合　　计	19022	26807	41845	128026

女生看护训练：高中以上女生应以军事看护为必修科，受训时间为一年，于第一学年内完成。每周三小时（讲解二小时，实习一小时），于每年四月十一日起至七月十日止，得调入集训总队服务，以资验习，但每年集训时因感住宿困难，除上海于本年度调女生一队试办外，余均未办。各年实施状况如左表：

历年女生看护训练统计表

年　度	省市数	学校数	受训人数	备　考
二十三年	15	190	7567	
二十四年	18	222	8602	
二十五年	13	266	8531	
合　计			24700	

医药生军医训练：按方案规定："医药专科学生免受军训，但平时应以《陆军卫生行政法规及战时救护》为必修科，集中训练时应入队实习两个月。"从廿四年度起改受集中训练，招集全国各大学医学院或独立学院之四年级生，医药专科学校之三年级生（女生在外），集中首都举行，以初级军事及军医教育训练时间与普通专科大学同，自五月十一日起至七月十日止。历年集训状况表如左：

历年医药学生集中训练状况表

年 度	省市	受训人数	训练日期	集中地点	备考
廿四年	10	370	五月廿五日起至七月廿五日止	南京	
廿五年	12	459	五月十一日起至七月十日止	南京	
合 计		829			

模范队教育：模范队系以省为单位，由各学校挑选优秀学生，授以候补军官具备之学术与技能，充作平时训练下级干部，入队时应举行宣誓，以示慎重。历年实施状况如左表：

历年各省市模范队训练统计表

省市 \ 区分	成立年月	二十四年度人数	二十五年度人数	备考
首都	廿四年十月	42	590	
浙江	廿四年三月	251	802	
湖北	廿四年十二月	400	246	

续表

省市\区分	成立年月	二十四年度人数	二十五年度人数	备考
青岛	廿四年九月	393	459	
安徽	廿四年一月	87	662	
福建	廿四年十月	36	232	
山东	廿四年三月	160	769	
甘肃	廿四年六月	65		廿五年度因在事变中未报
陕西	廿四年三月	30		同右
绥远	廿五年四月		324	
云南	廿四年八月	80	625	
江苏	廿五年十月		2219	
山西	廿四年二月	195	541	
四川	廿五年十一月		432	
河南	廿五年十月		4829	
江西	廿五年十月		431	
贵州	廿五年十月		226	
总计		1739	13387	

复习教育：凡中等以上学校军训期满学生仍在校肄业者，均应受复习教育，每学年举行一次，每次以五十小时为限，高中及同等学校二年级生于第二学期实施，三年级生于第一学期实施，

专科以上学校二年级生于第一学期实施，均于每星期六日下午举行。因军训期满学生复习训练办法尚未公布，除首都于廿五年举行增进训练外，其他各省市均未实施。

（1）陆军备役候补军官佐考试：凡专科以上学生在集中军训期满成绩及格者，均得依其志愿参加陆军备役候补军官佐考试。以省市为单位，依照陆军备役候补军官佐考试规则（于廿六年二月公布）组织考试委员会，于集中训练结束前举行，其考试不及格者仍得发给专科以上学校学生军训期满证书，为预备军士，并得参加下次考试。此种考试于本年度开始办理。

（2）学校军事教官的派遣与养成：自十八年起至廿二年止，所有各省市学校军事教官系由训练总监部招考中央军校毕业生派充，同时由学校原有自聘军事教官加以检定。后又奉委员长令学校军事教官由军事委员会指派。从廿三年起至廿五年止，由训练总监部开办国民军事教官训练班，学员全由中央军校毕业生调查处保送投考，养成完全师资，由训练总监部咨教育部任命。历届考取人员及分派情形如左表：

（一）历届考取教官及训练班毕业人数统计表

区　　别	人　数	考取及毕业年月	备　　考
第　一　届	50	十八年三月	
第　二　届	64	十八年八月	
第　三　届	40	十九年十月	
第　四　届	15	廿年八月	
第　五　届	21	廿二年四月	
检　　定	9	廿二年五月	原系各校自聘教官经训练总监部检定者

续表

区别	人数	考取及毕业年月	备考
指派	19	廿二年九月	由军事委员会指派
第一期训练班		廿三年四月	在南昌举办就现任教官调受故人数未列以免重复
第二期训练班	96	廿三年四月	
第三期训练班	113	廿三年八月	
第四期训练班	138	廿四年二月	
第五期训练班	103	廿四年八月	
第六期训练班	128	廿五年一月	
合计	796		

(二)各年度学校军事教官助教分派人数统计表

项目	年度	18	19	20	21	22	23	24	25
省市		11	11	10	14	16	17	22	22
教官数目	部派	94	95	326	132	270	320	533	534
	会派								
	校聘	6	12	22	22	161	66	62	
	合计	100	107	348	154	431	386	595	534
助教数目	部派					4	43	21	15
	会派							7	68
	校聘	10	31	16	28	44	99	82	30
	合计	10	31	16	28	48	142	110	113

附注：表内"部派"系指训练总监部委派者，
"会派"系指各省市军训会派遣者，
"校聘"系指学校自聘者。

（3）学校军事管理：为养成学生整洁、敏捷、勤朴、耐劳、团结、互助、振作精神、遵守纪律诸美德起见，凡高中以上学校学生不分年级，一律实施军事管理。高中及同等学校编为军训团，专科及大学编队，学校军事管理办法于民国廿三年十一月由训练总监部公布，廿五年十二月由训练总监部与教育部修正会同公布。历年实施军事管理情形如左表：

各省市实施军事管理学校统计表

省市\区分	廿四年度 学校数	学生人数	教官兼训育员数	廿五年度 学校数	学生人数	教官兼训育员数	备考
首都	22	7533	14	22	8796	12	
上海	72	15191	25	78	25302	36	
浙江	24	8489	9	24	9154	6	
安徽	19	4789	6	22	6157	6	
江西	22	7130	14	28	9665	16	
福建	31	8373	2	31	9261	3	
湖北	26	8716	20	27	10713	15	
山东	13	4253	3	16	6034	3	
青岛	5	2039	2	5	2176	0	

续表

省／区分／市	廿四年度 学校数	廿四年度 学生人数	教官兼训育员数	廿五年度 学校数	廿五年度 学生人数	教官兼训育员数	备考
河南	28	8866	15	44	11715	13	
北平	59	13154	15	51	15816	15	
山西	20	5425	14	21	642	12	
云南	13	4500	4	12	2348	9	
陕西				9	3249	0	
湖南				32	10794	4	
四川				40	15545	19	
贵州				6	1887		
合计	354	984958	143	468	154976	172	

〔国民政府教育部档案〕

13 广西省高中以上学生战时军训与服务概况

（1932年—1937年）

〔前略〕

（1）学生军络续开前方

广西学生的抗敌热情，自被"一二九"的火把点燃了之后，他们一向的在华南尽了最前重大救亡任务，而在整个的中国学运地位中,他们也是战斗的骄子,从"六一"运动(广西当局于民国二十五年六月一日要求中央发动对日抗战)到"西安事变",由三中全会到全面抗战的展开,其中虽然经过几多的变幻、几多的周折,然而广西学生始终还能够执行着救亡第一的正确路线。

假使初到广西的话,晃眼简直分不开那些是士兵、那些是学生,因为不但中大学生都穿上朴实的军服,并且连女生和才进幼稚园的小孩子都是同样的服式,他们不但是服饰武装起来,他们的赤热的心也武装起来了。

广西学生能够得到象今日的情况,还是全靠省当局领导的得力和他们自己的努力争取得来的。广西当局一向都对学生怀着一个最大的爱护的心,学生有什么要求和困难必得广西领袖亲自参与商量。譬如西大校长原是省主席自己兼的,更其给与教育上有直接的推进。

在广西每一个纪念日民众大会中,广西学生是最多数的参加者,尤其是带有学生性质的纪念日,象"五四"、"一二九"等,当局都给予亲自的指导,加以保护,甚至省方最高领袖都出场训话,学生与当局时常有接近的机会,有商协的机会。

抗战展开以后,省当局感于前方宣传教育等工作的需要,同时学生方面也感到职责的重大,再也不能安心读书,而要求到前方去服务。在这个情势下,广西的学生军就在去年十一月间迅速的成立了,学生军参加的份子,以上学期广西大学文法学院的毕业学生为当然份子,其次以考试方法,把许多中等学校毕业生的优秀份子提取出来,人数最初是二百人,以桂省青年这样的爱国热忱,当局仅是将他们中间绝对少数组织起来,多数的同学被关在门外,自然不能满足他们的欲望,而尤其是女生,所以有很多学生在学校考试完毕了之后,才赶到省会请求补考,其中以女生最多。有些是家庭禁锢着不让他们投考,而挣持好久才得出来的,有的偷偷地瞒着家长而出来投考的,有的在考取后为家长所不许可参加学生军，而急出病来。因此当局就接纳了她们的热烈要求，而增设了一队女学生军，人数一共有一百零三位，这一百零三位小姐现在都已变成了一百零三位女兵了。

为了前方急迫的需要，桂省学生军在短期的受训后，于十二月十一日开始出发了。在出发的前日，先在桂林做了一天热烈的街头宣传。出发的当日，留守后方的省当局率领全省的各团体机关，步行送出桂林郊外，当他们的队伍经过大街时，民众都自动鸣炮欢送，甚至因为急于放炮，连火炉里的炭火或灶门口所烧的柴头，都被急于取出而成了他们的点火的引火物了，连接的、诚恳的爆竹声震天动地，从城南到城北、从老人到小孩地被燃放着，仿佛这就是自由的信号。一条长长的街道都给爆烟迷漫着，学生们的呼号激起了民众的热情，民众的热情激起了青年的热泪。

首都南京的失陷，震动了每一个后方的民众，先觉的广西学生不用说，尤其紧张、尤其愤慨。大学的学生尤其急得坐卧不安，饮食难忘，他们首先向政府要求组织自已，领导自已到战场或农村去服务。他们已经忘却了自已的利益，他们的日常生活是时事讨论、自我训练、自我组织等，有时连他们的教室也变成了座谈会场，很少有颓废的罗曼史表现。救亡的宏伟歌声常从他们的操场上或课堂里播送出来，他们每秒钟都在争取着救亡的权利。

桂省当局的贤明领袖，早已给他们的热忱所感动了，答应了他们的要求，首先把西大文法学院的同学全部动员起来编成青年学生军团，出发到华南国防第一线去工作。至于中等学校学生，他们的爱国热忱并不亚于西大，在抗战发动以来，他们的校内和校外街头农村间的壁报工作，以及凡到宣传工作，都给同学本身和一般民众以最大影响。寒假里他们组织假期服务团，在农村里任各项救亡工作，今年春季开学后，各校正式组织战时服务团，

· 1295 ·

在各界抗敌后援会指导下担任青年应负的工作。总之，广西的学生每一个人都已经负担起救亡的重任了。

（2）桂大学生长征粤南

自从东战场的战事，我军退出上海以后，广西全省的中等以上学校学生，就都纷纷要求参加实际的救亡工作，除了男女学生军的加紧训练以外，广西大学的文法学院学生首先向当局请求立刻实行非常时期教育，恰巧在那个时候，上海文化界巨子邹韬奋、张仲实、钱俊瑞、沈兹九等几位先生，由上海到广州转向武汉工作，途经广西，受到广西当局的热情招待，他们几次公开的演说更在广大的群众间发生了积极的作用。桂大学生战时服务团就这样迅速地产生了，同时广西当局立刻答应了学生的要求，实行非常时期教育，并允许他们参加实际的战时工作。

桂大文法学院学生战时服务团的团员共有一百九十个人，该团成立以后，原拟训练一个月，可是团员们的热血，随着战局的日趋紧张而高涨到了极点，他们不能忍耐这遥久的一月，所以就改为十天的加紧训练，这真可算是紧急训练了。他们除了学术演讲、精神讲话、军事训练以外，对于民众组织与训练、乡村工作的要旨，更是注意，对于歌咏戏剧漫画另设专组，努力训练，作为宣传的利器。更值得谈到的是"特务工作"的训练。这里包括间谍、特别交通、防御等，这是针对着他们将来工作地区、粤南区的特别情形而训练的。

这短短的十天训练，除了广西军政当局所担任的课目以外，还有救护、防毒、防空、游击战术、侦探勤务、通讯勤务、宣传技术等许多学科。术科方面，则制式教练与野外教练并重，而且还试演了一次旅次行军。这一百九十多个青年在这短期的严密训练中，简直兴奋得废食忘寝。

短短的十天一忽儿便过去了，终于他们整着队伍出发，他们的组织最上层是团长，由现任中校阶级的蒋毅夫充任，下面是两个中队，第一中队是法科和银行专科的学生，第二中队是政治系和经济系的学生。中队下面有三个分队，每分队有三班，每班有十人左右，组织非常严密。这一支广大强壮的青年队伍，浩浩荡荡地向粤南区前进，向这华南国防第一线前进，负担起他们救亡的使命来！

（3）中学生战时服务团

战时教育在广西已经早已实施了，他们远在一九三六年的秋季开学以后，在省当局的指导下就实施了抗敌教育，抗敌空气在每一个学校里都是非常之浓厚。自从芦沟桥事件发生后，教育当局就有战时设计委员会的设立，专门研究实施战时教育的办法，在国内各省，广西可以说是首先实行战时教育的。

去年寒假期内，当局规定学生回乡都要做抗敌工作，凡是高中学生或教员一律组织工作团，分赴各地，从事宣传，组织训练等工作。工作团员规定每团二十人，以各该校教职员担任团主任，团以下分设戏剧、歌咏、演讲、美术等四组。工作团除特定区域或特定任务外，每到一县或一乡以前，应先通知县长或乡长，依照当地交通人情分别召集村街民众大会，集合演讲或表演戏剧歌咏。每一次大会到会的民众总是非常踊跃，所以每次大会都有相当效果。工作团要到别的乡镇去了，当地的民众都热烈地去欢送他们，为他们搬行李什物，乡镇公所还常常供他们膳宿，政府方面也有给津贴。

寒假开学以后，各学校遵照当局所规定的全省各级学校员生战时服务实施纲要，组织了员生战时服务团，以校长充任团长，以全体教职员充任指导员，在政府和抗敌后援会指挥下，实行战时服务。

至于服务范围也由当局规定。第一、得由当局自行办理的有下列几种：

（一）宣传：他的主要任务是"发扬中华民族精神，激发抗敌救国情绪，宣传战时消息，宣扬政府法令"；它的主要方式有通信、壁报挂图、表解、漫画模型、展览、个别谈话、演讲、话剧、歌咏等。

（二）慰劳：它的主要任务是安慰，及帮助出征军人家属及战区难民等，不过事实上当局因顾虑伤兵回省，影响今后征兵工作、慰劳工作，都到省外去举办。至于难民工作，因入境难民尚少，只是在准备的时期。

（三）生产：是利用学校原有场地及附近可供耕的土地，在劳作或课外活动时间种植各种杂粮，以备他日之需，若是没有场地可供种植，则改为制作军用衣履、伪装网等，关于后者已经有了很好的成绩；现在前线第五路军将士所用的鞋子、衬衫等都是学生们的制成品。

（四）教育：劝导一般民众受教育，自己担任导师，这是由学校规定初中、高中学生经常的工作，就是寒暑假或其他短短的一二天假期也得举行。

其次是关于协助当地政府或抗敌后援会办理的，约有四种：

（1）劝募：第一，是前方用品，如五金、衣履、粮食、药品等类，广西虽然是一个穷省，但是经过当局和青年们的尽力宣传，所得的成绩也并不恶劣。第二，是救国公债。第三，是征兵家属的救济，这一点非常重要，关系今后抗战的成败很大，广西当局自全面抗战一开始，就立刻注意到这问题，真是值得钦佩的。

（2）调查：是协助各种调查的工作。

（3）防护：协助防空、防毒、消防及救护等事宜。

（4）其他：还有协助其他战时应行举办事项。

当局还特别规定各种服务，须合于"时间上、人力上、财力上的经济原则，所需费用须呈准主管机关作正式的开消，这种方法是值得各省仿效的"。

〔后略〕

〔国民党中央组织部档案〕

（二）战时学校特种教育

1 教育部特种教育委员会组织大纲

（1936年）

一、为计划各级学校教育方案切合国难时期之需要，设置本委员会。

二、前条所列"教育方案"应注重：（一）体格训练，（二）精神训练，（三）与国防有关学科或技能之研习。

三、本委员会以行政院院长为委员长，教育部部长为副委员长，设置委员若干人，专门委员若干人，由教育部聘任之。

各大学校长、各独立学院院长、各教育厅局厅长局长、教育部各司长均为当然委员，得斟酌邀其出席或征其意见。

四、本委员会议决之方案，由副委员长得提请委员长为最后之裁定。

本委员会开会时，得由副委员长主席，开会前各项方案之准备，得由副委员长就委员及专门委员邀请若干人研究拟制。

五、本委员会应于本年二月底以前完成其主要计划。

〔私立金陵大学档案〕

2 教育部关于学校教育状况及今后如何改良以适应国防要求案

（1936年）

甲、专科以上学校

一、现状

近年高等教育方针，注重实科，对于有关国防之理农工医等科逐年扩充，实科学生人数渐已相当增加。现时全国有大学四十二，独立学院三十六，专科学校三十一，共计一百零九校。但就二十四年度而言，在校学生总数约四万五千余名，毕业生总数约八千六百余名，理农工医在校生约一万八千八百余名，约占总数百分之四十四，毕业生约二千九百余名，约占总数百分之三十四，均较过去数年之百分率为大。又近年选派专科以上学校毕业生赴国外留学亦注重实科，二十四年度公费留学生总计八十一名，属理工农医者共六十三名，占总数百分之七八·八，自费留学生总计九二九名，属理工农医者共四二七名，占总数百分之四六·二。

二、改进办法

教育部为谋切合国难时期需要起见，曾订定专科以上学校特种教育纲要，包含精神训练、体格训练、劳动服务、特殊教学与研究四项，已于二十五年颁发施行。兹将今后高等教育亟应贯彻及改进之意见分述于次：

（子）促进训育

（一）各校应一律遵照限期，实行军事管理。

（二）各校训育委员会或学生生活指导委员会，应一律按期订定劳动服务计划，切实推行。

（三）各校特别讲演，应于纪念周及课外时间认真举行。

（丑）改良教学

（一）切实整理现有课程，增入有关国防之教材。

（二）尽量增置有关国防之教学课目或研究课目。

（三）补助省私立专科以上学校有关国防各科系之教席费设备费。

（寅）加紧训练有关国防之技术人材

（一）增设并充实理工农医等院校及科系。

（二）特别扩充大学工学院、机械、电工、化工、水利、矿冶等系新生名额。

（三）极力就边区腹地扩充高等教育或酌量迁移沿海之高等教育机关，特别注重理工医农等教育。

（卯）积极推进有关国防之科学研究事业

（一）增设并充实大学医工理农各科研究所。

（二）征求专科以上学校教员研究专题，特别注重有关国防各问题之研究。

（三）扩充国家科学奖励金、庚款科学研究补助金名额及经费，特别奖励国内专科以上学校教员、学生及国外留学生之研究国防学科而著有成绩者。

（四）各省市各庚款机关选派专科以上学校毕业生赴国外留学，由部统制，注重国防科学之研究。

乙、中等学校

一、现状

近年中等学校为谋切合时代需要起见，对于一般教育设施，颇多变更之处，撮其要者，如（一）高中、师范及职业学校平时实施军事训练及军事管理，并于第一学年实施集中军训三个月；（二）初中及其同等学校实施童子军训练及童子军管理；（三）修正课程标准，将有关国防之教材，归纳于各科教学内，（四）订定特种教育纲要，加紧精神训练及体格训练等。凡此皆以国防教育为中心，其目的在使青年锻炼健全体魄，增进国防知识，加深民族意识及爱国观念，藉以适合国难时期之要求，惟实施结果认为尚应有行改进之处。

二、改进办法

除军训及童子军训练另案规划外，兹将今后应行改进之意见分述于次：

（子）教材方面

（一）在文史各科教学时，应以培养民族意识，爱国情绪为中心，而减轻其他次要教材。

（二）关于知识技能各科应有充分的联络，确定国防为中心，酌减少普通教材，注重实用教材，对于实际国防问题之应用，应利用时机加以阐明。

（三）应充分设法与各军事及国防机关联络，编印国防有关之材料，以便各校取作教材。

（四）防空知识之增进尤应普遍注重。

（丑）管训方面

（一）高中及其同等学校应严格实行军事管理；初中及其同等学校应严格实行童子军管理。

（二）体育卫生尤须普遍注重。

（三）厉行师生共同生活，以便人格感化。

（寅）设备方面

（一）布置国防环境，如设置军事挂图、国耻地图、战事地图、各种侵略图表、壁画、摄影等，使学生触目惊心，有所奋发。

（二）悬挂历代民族英雄及目前党国领袖肖像，以资观感而深景仰。

（卯）特殊教学

（一）设置课外分组教学科目，如防空、警卫、救护、工程、民众组织、粮食管理及交通运输等组，各校应就设备人才及环境需要情形，选设一组或数组，令每一学生至少选习一组。

（二）随时敦请专家讲演关于国防上之专门问题。

丙、小学与短期小学

一、现状

近年小学与短期小学为谋切合时代需要起见，对于一般教育之设施颇多变更，举其要者在小学方面为：（一）公民训练标准与新生活规律，贯通实施，（二）在国语、音乐、社会等科目中，注重阐明关于唤起民族意识之教材；（三）高级小学酌设童子军,并增加体育及课外运动;(四)注重小学卫生教育方案之实施,并充实卫生设备;(五)在常识科(或自然科)中,注重有关国防知识之教材;(六)在朝会及其他集会时间,多讲述有关精神训练之时事及史实,以激发儿童爱国爱群之情绪;(七)学校环境之布置,力求足以辅助精神与体格训练之实施;(八)设法与他校儿童集合,举行关于精神与体格训练之大团体生活。在短期小学方面为:(一)在公民训练时注重训练规律行动及培养爱国爱群之观念;(二)在国语课本内注重唤起民族意识之教材;(三)常识教材注重有关国防知识之资料;(四)算术科注重有关国防教材之补充。实施以来虽有相当成效,惟尚有应行改进之处。

二、改进办法

兹将今后应行改进之点分述于后:

(子)精神训练方面

(一)在各科教学时,应注重含有民族意识教材之提示,将我国民族精神充分灌输。

(二)积极训练儿童团体生活习惯,以培养儿童爱国爱群之观念。

(三)训练儿童服从纪律。用手劳作,以培养儿童守法劳动之精神。

(丑)体格训练方面

(一)加重体育训练及课外活动,积极训练儿童健全之体魄。

(二)充实小学卫生设备,实施卫生训练,积极养成儿童注重卫生之习惯。

(三)加紧训练儿童生产作业,以培养其生产作业之精神。

(寅)知能训练方面

各科应尽量补充国防方面之教材,如防空之讲授,防毒避灾之实习，医学等知识之增进，平时与战时之救护常识及毒气防御法等等，使儿童深切明瞭。

丁、社会教育

一、现状

关于民众补习教育，民国廿五年教育部拟定实施失学民众补习教育办法大纲及施行细则，通令各省市遵照实施，其经费并由教育部予以补助，进行以来尚属顺利。据教育部统计，廿五年度全国扫除文盲总数为一千二百余万人，预计廿六年度扫除文盲人数为二千万人，依教育部计划，自民国廿五年起至卅一年止，全国数千万壮年文盲，可以完全肃清。关于电影及播音教育，由教育部补助各省市放映机及收音机价款。现全国已成立巡回教育电影放映区八十一区，本部制成及委托代摄足资唤起民族意识公民常识之教育电影，共有六十余种，分送各区放映。全国已装置收音机三千二百余架，由本部每日聘请专家在中央广播电台分别向全国民众及中等学校员生予以各种知能之灌输。此外又已着手从事旧有民众读物之审查改良，并可资唤起民族意识及公民常识之新民众读本之编辑。

二、改进办法

兹将今后应行改进之点，分述于次：

（子）民众学校仍拟照原定计划积极推进，其教育要旨，公民教育、自卫训练与识字教育并重。尤重公民教育及自卫训练，先努力唤起民众之民族意识，国家观念，以培养民众爱国家、爱民族之情操与意志及自信力、组织力与自卫技能，次及现代生活常识之灌输。

（丑）电影教育拟继续补助各省市电影放映机价款，推进至每县市设立一巡回教育电影放映区。使五年之后全国二千县市之民众均得受电影教育。

（寅）播音教育方面，拟继续补助各省市收音机价款，并加紧推进，使每一小学均能装设一架。

（卯）继续审查改良旧有民众读物，并新编可唤起民族意识及公民常识之民众读物。

〔国民政府教育部档案〕

3 教育部颁发专科以上学校特种教育纲要的训令

（1936年4月28日）

教育部训令　廿五年发特陆7第5749号

查国难时期教育方案之订定，本部自特种教育委员会成立后，曾向各方函征意见，嗣后召集在京委员开会，详细商讨，最后并经本部将决议各项，酌加整理补充，提请行政院长核定。兹将有关高等教育各点，订定专科以上学校特种教育纲要，随令颁发。各校奉令后，对于该纲要内所列精神训练、体格训练、劳动服务各项，务于文到一月以内，确定实施步骤与日期，呈报本部备核。对于特殊教学及研究一项，并应依照纲要所定，于文到一月内拟具详细计划，呈部核定，事关教育效能，增进与国家当前之急迫需要，务各切实妥筹办理。除分令外，合行令仰该校遵照。此令。

计发专科以上学校特种教育纲要一件

中华民国廿五年四月二十八日

专科以上学校特种教育纲要

为谋切合国难时期需要起见，兹订定专科以上学校特种教育纲要。本纲要共分四章：一、精神训练，二、体格训练，三、特殊教学与研究，四、劳动服务。

第一章　精神训练

一、厉行训教合一　各校对于训育，前此颇多忽视，今后应特别注重。各校训育职务应由校长及多数教职员共同担任，不可仅由少数训育人员负责。各校教职员须力为学生表率，藉收人格感化之效。在训育组织方面：（一）各校应一律设置学生生活指导委员会（或训育委员会），以重要教授，讲师，主要职员及军事教官，体育教师组织之，主持全校训育事宜，以校长为主席或由校长遴请重要教职员为主席。（二）尽可能范围内推行导师制度。各校如无特殊障碍或重大困难，应酌行导师制，依各科系年级分别指定专任教员为导师，计学生每若干人，设置导师一人，平日体察学生个性，据以指导其课业与修养。详细办法可由各校依其实际情形酌定之。

二、施行军事管理　各校应一律施行军事管理，学生应一律服制服。军事管理之实施，当特别注重于整洁、朴素、耐劳苦、守纪律等习惯之养成。

三、举行特别讲演　各校应利用纪念周及课外时间，举行特别讲演，敦请校内外人士对于青年修养，立国精神，政治情状，国防常识等问题，作有系统之讲示；使青年对于国难真相，获得正确之认识，对于人格修养，树立坚定之信仰。

第二章　体格训练

一、军事训练

（甲）依照军事教育方案规定，各校一年级生应受平时军训及集中军训。除集中军训由国民军事训练委员会统筹办理外，其平时军训应由各校校长督促军事教官切实办理。

（乙）各校平时军训所需设备须力求充实。除枪械等设备由训练总监部统筹办理外，其他设备应由各校按照部定标准负责完成。

（丙）各校校长应督促军事教官指导学生多作各种实地演习，凡与军事有关之后方勤务如防空、警卫、救护、民众组织、粮食管理及交通运输等项，并应由各校督同军事教官，就本地环境，酌量举行演习。

（丁）实施女生军事看护训练时，须与当地医院及卫生机关密切联络。

（戊）医药科学生除由各校依照课程标准之规定，切实设置有关军医各课目外，应受军医集中训练与集中军训联络进行。

二、普通体育

（甲）体育须注重普及训练，过去颇有专重少数选手之情形，应予矫正。

（乙）各校应一律列体育为各年级之必修课程。其内容以器械运动、机巧运动、国术、球类运动、田径运动、游泳（以上三项团体教学）及其他军事上应用之技能为教材。至课外运动（以田径、游泳、球类运动、国术等为主，骑马舟车驾驶等亦可酌量列入）亦须限定每生每周至少参加若干次，不得任意缺席。

（丙）体育成绩不及格者不得毕业，与军训同。平时成绩以优劣勤惰计分，缺席者扣分，由各校严订成绩核算法办理。

（丁）各校对于体育设备经费，应列入各该校正式预算内。

三、健康检查与卫生设备

（甲）实施军训与体育，应同时顾及受训者之身体状况。各校应于学期开始时，认真举行全体学生体格检查一次，其确有疾病不胜剧烈运动者，准予免除全部或一部之训练。

（乙）实施军训与体育时，各校应注重卫生设备。如原有设备不敷应用，应迅速设法增置。

（丙）各校对于学校卫生设施经费，应列入正式预算内。

第三章　特殊教学与研究

一、现有课程之整理　各校现行课程应切实加以整理，注重各科系之基本训练。各种选修科目凡内容比较空泛或与基本训练无重要关系者应予删除；其现有科目，凡可增入有关国防之特种教材者，应量予列入该种教材。

二、增置特种教学科目，使学生学习或设置与国防有关之特种研究科目，由教员或学生研究。惟此种教学科目或研究科目之增置。（1）须不妨碍学生之基本训练；（2）须有相当之师资与设备，以杜肤浅而致无裨实际之弊。各校设置此种科目时，务先将计划报部核定。

三、经费　本部自下年度起，对于公立各校得指定其预算之一部（或特拨款项）作为特种课目讲授研习之用，对于私立各校得将政府津贴之一部指作此项用途。

四、实习　国防学科之教学或研究，应与军事、国防、卫生、经济、建设及其他有关各机关取得必要之联络，以利研究与实习。必要时，并得报请本部代为接洽。

第四章　劳动服务

一、各专科以上学校，应利用星期日、寒假、春假、暑假及其他例假之一部份时间，使学生实行劳动服务，藉以养成青年刻苦、耐劳、互助、合作与为公众服务之精神，并培养其组织能力与作事方法。

二、各校实施劳动服务时，应督令全体学生参加。对于怠惰不肯参加者，得依其情节，分别予以儆告、记过、扣分或其他必要之制裁。各校校长并应敦请年富力强之教职员参加此种服务，以资指导。

三、各校于实施劳动服务时，得将参加服务之教职员及学生为适当之组织，以教职员、军事教官、体育教员为其领导，其详细办法由各校斟酌定之。

四、劳动服务之种类可大别为三类：一为参加当地公益事业及各项建设工作；如植树、防灾、救灾、工程、农艺、调查户口、识字运动、公共卫生运动、新生活运动等等。二为参加军事后方勤务之实习，如防空、警卫、民众组织、〔粮〕食管理、运输管理，以及电话电报机之装置使用等等。三为本校劳作，如校舍清洁，校园整理，器用〔具〕修理等等。

各校于编配各生服务工作时，对于各生专习之学科与其兴趣，应予以注意。

五、各学生生活指导委员会（或训育委员会），应于每学期开学之始，酌定本学期本校劳动服务计划，或按每月酌定本校劳动服务计划，又寒暑假春假将届之时，应酌定假期内本校劳动服务计划。

六、各校于每次劳动服务完了之后，指导人员应予学生以适当之批评，促其注意。

〔私立金陵大学档案〕

4 金陵大学特种训练计划

（1936年10月22日）

敬启者：前奉贵会交议如何应付二、三年级增进军事训练及增加特种课程代替每星期特种演讲案，当经于九月二十二日召集会议讨论，嗣因到会人数不足法定数，改为谈话会。兹附录谈话会之意见于下：

一、建议二、三年级每月一次之增进军事训练，集中在一学期内举行完毕，并拟定改为二年级上学期学生必修。

二、由各院拟定后列课程，代替每星期之特种演讲：

1．文学院　a、国防经济，b、民族英雄传略；

2．理学院　a、无线电，b、国防化学；

3．农学院　a、战时粮食管理，b、非常时期农业生产，c、非常时期乡村教育问题。敬希贵会核夺办理是荷。此致
行政委员会

金陵大学教育委员会　启

廿五・十・廿二

〔私立金陵大学档案〕

5 教育部推进学校军事教育办法大纲

（1936年）

机密　第16号

（一）中等以上学校已实行军事管理者，应加紧实施，其尚未实行者，一律于下学期起实行军事管理，尤其专科以上学校，应予以特别注意。

（二）厉行高中以上学校二年级以上学生复习军事训练。军事训练在第一学年集训期满后，在学校课程内即无军训一科。兹据依照军事教育方案第二十五条之规定，厉行复习训练，拟定办法如下：

甲、每个月固定在第四星期日至少举行军事复习训练三小时；

乙、在每学期终了时，定期举行军事复习训练二日，应注重战时后方各项勤务演习。

（三）学术科应充实改良，平时军训及集中军训之学科，应参照学校专习学科性质，按特种兵事分科训练，其内容由各省市军训部分别定之。

（四）充实各校军事设备，军事训练为养成军事技能，故在学校施行军事教育，不能专重理论，应予以充分实地演习，惟军事设备，学校限于经费支绌，多未齐全，一部分应由军事机关切实规定办法，予以供给或予以完成设备之便利。

（五）组织特种军事巡回教导团，军事实施训练状况，各省市情形不一，应由训练总监部规划，饬令各省市国民军事教育委员会组织特种军事巡回教育团，巡回各地各校，举行示范教育或讲演，使受训学生对于近代各种武器战术防空等项均能明瞭应用。

〔国民政府教育部档案〕

6 教育部推进国防教育办法大纲

（1936年）

（一）关于学校教育者

甲　编印教材

廿五年为国防需要，曾由部规定各级学校实施特种教育方案，通令遵办，惟因缺乏特种教育确定教材，推动不易。现拟搜集与国防有关之各组（防空、警卫、救护、民众组织、粮食管理、交通运输及工程）等教材，印刷成册，分发各校应用。

乙　训练师资

令各省市教育厅局会商军事医药有关机关，分区设立特种讲习会，召集所属各中等学校教员参加。此项讲习会计分警卫、救护、防空、防盗、防毒及其他各组，以便训练各校学生讲习会讲师，并得以前次专科以上学校参加首都防毒研究之各教员担任之。

丙　分设各组

各学校员生对于各项后方勤务工作，应分组组织实施各项工作，其详□另有规定。

丁　技术人才之训练

（子）专科以上学校技术人才训练，本年度应加紧实行左列各项：

（1）增加理工农医等校院及科系；

（2）特别扩充大学工学院机械、电工、土木、化工、水利等系新生名额；

（3）增设医工理农各科研究所部，注重实用方面之研究；

（4）令饬各大学化学系、化工系及理工研究所化学部、化工部加紧仿制防毒面具。

（丑）职业学校技术人才训练，本年度应尽量实施下列各项：

（1）尽量添设关于机械、电机、土木、应用化学等技术学科教学及实习必需之设备；

（2）酌减普通及理论科目及其教学时数，增加有关战时制造及修理应用物品之实习；

（3）利用假期实行作业；

（4）力谋教建合作，由学校分派学生于公私完善建设机关，实地练习，请原有技师切实指导，增加实际应用经验，以期技术之熟练。

（二）关于社会教育者

（1）全国民众学校应特别注重精神训练，以唤起民众之民族意识，国家观念及抗战精神。

（2）全国民众学校及民众教育馆应加紧灌输民众自卫及防空防毒知能。

（3）民众教育馆等社教机关，应举行巡回讲演，向乡村普遍宣传抗敌情形，并激发民众爱国观念。

（4）全国各省市应加紧完成播音教育及电影教育网，并尽量利用作普遍宣传之用。

〔国民政府教育部档案〕

7 教育部订定的高中以上学校军事管理办法

（1936年1月2日）

第一章 总 则

第一条 为养成学生整洁、敏捷、勤朴、耐劳、团结、互助、振作精神、遵守纪律诸美德起见，高中以上学校学生不分年级，均实施军事管理，依本办法行之女，生在可能范围内得酌用本办法管理之。

第二条　学生起居操课，准以号音为准。

第三条　每日早晚全体学生须举行国旗升降典礼，由校长、院长为主席，其仪式照规定办理。

第四条　遇学外学生，早晚须参加升降旗典礼，但有特别情形，经校长许可者得免参加。

第五条　教职人员、校（院）长以身作则，督导学生促其实行本办法。

学校教职员服中山装为原则，但颜色式样须一律。

第六条　为维持全校军风纪起见，所有工役应服规定之服装，并加以必要之训练。

第七条　学生对校（院）长以下师长及职员行礼时，概行军礼。

第八条　为促进军事管理之效率起见，队长或团长以下各级长官，应随时对学生施行服装、内务、武器、勤务诸检查，予以矫正及奖惩。

第二章　组　织

第九条　应受军训之学校，应组织某校军事训练队或团队，或团旗（式样及制法如附图一）〔略〕

第十条　学校军事训练队或团之成立，须呈报训练总监部及教育部核准。其数字番号均由训练总监部分别大学、独立学院、专科学校及高级中学与同等学校编定颁发。

第十一条　专科以上学校军事训练队之组织，以学校为单位。应将全校学生编制为一队，设队长一人，队长之下为中队，设中队长一人，中队之下为区队，设区队长一人，区队之下为分队，设分队长一人。每队暂定三中队，每中队分三区队，每区队为三分队，每分队约十人。照此组织者，为甲种编制，若仅有一中队之人数者，为乙种编制，仅有一区队之人数或不足者，为丙种编制。（编制如附表）〔略〕。

第十二条 高级中学及同等学校军事训练团之组织，以学校为单位，各校应将全校学生编制为一团，设团长一人，团之下为中队，设中队长一人，中队之下为小队，设小队长一人，每小队六人至十人。（编制如附表）〔略〕

第十三条 军事训练队或团之下级，组织须按照年级班次编成，以便分别训练及管理。

第十四条 校（院）长为队长或团长，应组织队或团本部，主持军事训练及军事管理一切事宜。

第十五条 训育人员、军事教官为队附或团附，襄助队长或团长负责办理军事管理事宜。

第十六条 中队长、区队长、分队长或小队长，均指定学生任之，负传达命令、报告事宜及纠察队员军风纪之责。

第十七条 关于军事训练及军事管理之一切命令及通告，均以队长或团长名义行之。

第十八条 训育人员、军事教官或军事助教，承队长或团长之命令，办理关于管理学生事宜。

第十九条 各职员对于军事管理上，如有改进意见，得商请队长或团长酌量采纳施行。

第二十条 本组织中所有职员均以义务为原则，不支薪俸。

第三章 服 装

第二十一条 服装以朴素为主，为求整齐划一起见，其质料颜色，夏季用国产土黄色斜纹布，冬季用国产黑色呢或黑色棉布（但原有不另再制）。集中训练服装于出队时缴回。

第二十二条 服装之式样依照下列之规定：

甲、式样（冬夏季同）

一、衣裤中山装（不用肩带），

二、军用软胎式帽，

三、黄皮腰带，

四、绑腿与服装颜色同，

五、黑色布运动鞋，黑色橡胶运动鞋，或黑色皮鞋，

六、黑色袜，

七、上衣质料颜色与衣裤同其式样。（如附图三）〔略〕

乙、帽徽肩章及符号

一　帽徽用青天白日党徽，

二　领章用紫铜色钢铸成空字体，其左为校名，右为号数。（如附图四）〔略〕

三　符号佩带于左上口袋上方，符号下边与口袋盖上缘相接。（式样如附图五）〔略〕

第四章　请　假

第二十三条　凡学生请假者，无论特假、事假、病假，务须依据确实事由按照请假手续办理，并先将事由缮具报告，请值日生按日转呈队长或团长核准。对于患病之学生，并报告校医诊治。

第二十四条　病假三日以上者，须呈缴医生证明书，始准请假。

第二十五条　学生因事故离校者，所有领用公物，须检交分队长或小队长妥为保管，如不按照规定以致遗失者，须负赔偿之责。

第二十六条　病假分为半休、全休二种，全休可免一切操课及勤务，半休仍须参加早晚点名及上课。

第二十七条　凡请假而缺席者曰缺课，未请假而缺席者曰旷课（旷课一次作缺课二次论）。

第二十八条　因病而不能参加军事训练科者，可先报告请求见习，见习三次者作为缺课一次计算，但亦须至解散时始可离场，否则仍以缺席论。

第二十九条　凡请假须依时销假，不得逾限。

第五章 外 出

第三十条 请假外出，须整齐服装，端正仪容，途中行进尤须保持军人固有之精神。二人以上同行时，其步度须整齐，以示一致。

第三十一条 行进时靠左边路走，不许食物、吸烟，坐车遇拥挤时，对年老幼童及妇女应让位。

第三十二条 路遇师长时应行行进间敬礼，遇见同学或他校着规定服装之军训学生，亦宜互相致礼，由先见者行之。

第三十三条 途遇师长，如有手持物时，须先将物置于左手，然后行举手注目礼，如两手均提物时，可立正行注目礼，俟其过后，再继续前进。

第三十四条 如在二人以上行进遇师长时，则由见者呼"敬礼"口令。

第六章 食堂规则

第三十五条 学生闻开饭号音时，即到指定集合地点，由值日生按顺序带入食堂，不得争先及喧扰。

第三十六条 长官到食堂，由值日生发"立正"口令，全体起立，俟长官答礼后，然后由值日再发"坐下"口令，各生俟闻"开动"口令时，方可就食。

第三十七条 进食堂后，按各人位置就坐，不得紊乱秩序。

第三十八条 食时须闭口细嚼，勿作声，勿太快，并不得讲话敲碗声闻。

第三十九条 饭菜如有不适宜之处，各学生不得哄动烦嚣，应由值日生报告队或团本部处理之。

第四十条 学生不得自备私菜。

第四十一条 用膳完毕后，由值日生发"立正"口令，各生即一致起立，俟长官答礼后，依顺序赴指定集合地点解散。

第七章 寝室规则

第四十二条 寝室须整齐清洁、简单朴素，合乎新生活标准。

第四十三条 每早起床后，即将内务按照规定形式整理完善；点名时须迅赴指定地点集合。各级长官须随时检查其被褥，劝诫学生，爱惜身体。

第四十四条 寝室内外不得随地吐痰及抛掷零星物品，尤不得任意污损墙壁、敲钉挂物与在窗台上晒衣物等。

第四十五条 一切用品均须依照规定妥置，不得擅自变更及随意置放，如非应用物品及小说画片等，一概不准带入。

第四十六条 各生床位已经编定后，不得私自调换。

第四十七条 昼时除午睡时间及病假者外，不得在寝室内展开被毯及随意坐卧。

第四十八条 午睡起床后，应将床被整理清楚。

第四十九条 在寝室内养成军风纪之习惯，不得唱歌喧扰。须一律脱帽置于床之中央，在夜间并不得私置灯火。

第五十条 寝室值日生每日须按规定时间展开窗户，打扫清洁，以重卫生。

第五十一条 如有学生临时疾病不能起床者，须于点名前由值日生报告长官请假。

第五十二条 如遇检查或队附团附以上长官莅临时，须由值日生或先见者，呼"立正"口令，各人按原来位置立正，非有命令，不得稍息，长官出室时同。

第八章 教室规则

第五十三条 学生闻上课之号音即行集合。由值日生检查人数后带入教室，学生不得无故缺席或迟到，但学校因校舍或教室有特殊困难而不能集合时，得由校（院）长酌量变更之。

第五十四条 教师或教官上教室时，由值日生呼"立正"口令，报告人数后，再发"坐下"口令。

第五十五条　讲授时如遇高级长官莅临时，经教员或教官发"立正"口令后，随即起立致敬。

第五十六条　如遇教师或教官垂询时，学生应即起立作答，学生如有质疑时，须俟教师或教官讲毕后始得起立询问。

第五十七条　下课时由值日生呼"立正"口令，俟教师或教官出堂后，再行依次离坐，不得争先恐后，纷扰喧哗。

第五十八条　学生听讲时，必须端正严肃、振作精神、专心听讲，不得谈笑顾盼及阅教科以外之书籍，并不得随意吐痰。

第五十九条　学生上教堂时应按各人位置就坐，不得随意离坐，如有特别事故，须报告教师或教官许可后方得离开。

第六十条　教室除规定之用品外，不得携带其他之物品，考试时不得有夹带情弊。笔记及试验报告等，须按时呈交。

第六十一条　教室清洁由值日生督饬工役扫除之，但各生亦须共同负责，不得乱掷杂物于地上。

第九章　操场规则

第六十二条　凡各班学生闻预备号音时，按照规定之服装及其应带物件预为准备，以待教练。

第六十三条　凡是学生在已整顿队伍后方至操场者，作为迟到论。

第六十四条　上操时如有不守纪律或不听命令者，除由教官惩罚外，并呈请队长或团长处分。

第六十五条　闻上操号音，各生应速赴指定地点集合，由值日生检查人数，将不到之学生注入名册内，教官莅场时，值日生即报告人数，如会操或连教练时，须由值日区队长或分队长综合报告。

第六十六条　下达课目及训话时，须立正听受，非有命令不得稍息及随便动作。

第六十七条　稍息时不准言笑或移动地位、叉腰、背手等姿势。

第六十八条　操作时不得藉故便溺或其他事件，如有不得已亟须离场时，可候稍息，先呼"报告"，再申明理由，得教官许可后，始得离场。

第六十九条　如教官指派学生充当指挥或其他勤务时，不得违拗推诿。

第七十条　教练完毕闻"解散"口令，各生均向教官敬礼，候教官答礼后始行解散。

第七十一条　解散离场时不得喧哗，仍须保持严肃，迅速离场。

第十章　野外规则

第七十二条　野外演习须严守军风纪，不得中途落伍逃避。

第七十三条　未经许可，不得购买食物，并严禁吸烟。

第七十四条　闻集合号音，应即迅速集合。

第七十五条　野外之规则除上述各条件外，余则参照操场规则。

第十一章　值日规则

第七十六条　为养成学生服务之经验及练习勤务起见，由各学生轮流充任之。

第七十七条　值日生应照以上各章所规定之规则。切实执行。

第七十八条　已轮流之值日生如因事不能执行其任务时，须先请同学代理，并报告长官。

第七十九条　将届轮派之值日生，如因细故不能充任时，须先请同学代理并报告长官。

第八十条　值日生交代后，应同至长官前报告移交；值当时间，由本日正午起至翌日正午止。

第八十一条　值日生日常服务要项，简略如左：

1．传达命令及报告；
2．督促各生实行各种规则；
3．操课时检查学生人数向教官报告；
4．检查服装及武器人数向教官报告；
5．受长官之指挥，负各种勤务之分配。

第十二章 风纪卫兵

第八十二条 凡遇临时集合，为维持会场秩序，应由学生轮流充风纪卫兵，以优良学生为卫兵司令，其守则除照本规定外，得参照风纪卫兵守则行之，集会毕后即撤销之。

第八十三条 卫兵专为维持军风纪、掌内外之警戒而设，凡不遵循规矩、严守纪律及服装不整齐者，均应随时纠正之。

第八十四条 卫兵一律全副武装。

第八十五条 卫兵未经许可、无值日官准假条者，得阻止之。

第八十六条 学生外出无值日官准假条者，得阻止之。

第八十七条 外来宾客须和颜悦色询其事由，按照会客手续请其暂候。但会官长者，须经本人许可方得引入；会学生者，须照规定时间方得准入，否则一律阻止之。

第八十八条 劝开会外闲人等于适当距离以外；对于清洁卫生须极力负责保持。

第八十九条 巡查会内外附近有无危险事件发生，如遇火警及紧急事故，须迅速报告长官。

第九十条 卫兵无论昼夜，所持之枪不得离手，并须振作精神、端正姿势，尤不准有坐卧及吸烟、唱歌等情事。

第九十一条 卫兵对于礼节须极端注重，凡长官出入或队伍出入，外来官长出入，部队经过，一律须持枪立正敬礼。

第九十二条 卫兵换班时须由卫兵长监督交代，互相敬礼。

第九十三条 凡携带物品出外，须持有效行单，并查验放行单与物件相符，然后放行，否则即报告卫兵司令处置之。

第十三章　诊断规则

第九十四条　学生如有疾病，须先向值日生报告，由值日生转报长官，登记受诊名册内，按照规定时间地点依次就诊。

第九十五条　凡临时发生疾病及重病者，得随时报告长官请求就诊。

第九十六条　就诊时，由长官或值日生召集，携带受诊名册，整队率往诊断室，静后呼名受诊，不得争先恐后，诊断毕仍由值日生取回名册，率领回队，并将名册交队或团部，检查诊断结果及人数。

第十四章　附　则

第九十七条　本办法如有未尽事宜，得斟酌学校情形，参照陆军军务内务规则及陆军礼节办理。

第九十八条　本办法依高中以上学校军事教育方案第二条之规定，由训练总监部、教育部会订公布实行。

〔国民政府教育部档案〕

8　国民政府军委会办公厅拟《军事时期全国学校动员准备概要》及有关文件

（1936年11—12月）

（1）朱培德致行政院函（11月15日）

前奉委座面谕，饬拟非常时期全国各学校学生之动员准备方案，庶免临时纷扰。当以是项动员实施计划应先拟定原则，然后由主管部按原则而策定详细计划，俾便准备。即由本厅拟就《军事时期全国学生动员准备概要草案》一则，于会报时经商何部长核阅后，将此草案送请教育部参照进行。惟据教育部段次长面云：关于学校动员一节，最近行政院对所辖各部主管业务之动员事宜，曾经一度会议，教育部亦拟有《教育部关于动员计划草案》一件，业经密呈行政院汇呈院长核示在案。究属如何计划实施，俟该项计划草案奉批后方可依据作进一步之详细计划，以资准备。并抄送是项计划草案一份到会。惟察阅教育部所拟者，对于战区学校概以暂行停闭，发给借读证书，使学生自由择校借读为主（如草案两项之（３）），与本会所拟军事区域内之大学及专科学校以迁地或归并，使学生除志愿服务者外并设法输送，仍令继续就学主张略有不同（如本会草案二之（子）各项）。又教育部对于学生除志愿服务军事者外，其不能转学之专科以上学校学生，设立服务训练班于海会寺及鄂赣湘粤等省学生集训处所收容之（如教育部草案戊之（２）），似与本会所拟专科以上各学校学生务使完成原来学业之主旨亦稍有出入。至其他经费、图书器材之移转等项，则以教育部所拟者为详。惟未识教部呈院汇寄之案曾否批定，批示如何，拟请查示，缘其中颇有堪资研究之处也。兹将本会所拟者及教部之草案各抄一份送请备查。如该案尚未奉批示，亦乞酌夺转陈，以供参考。

朱培德　谨启
十一·五·

（２）军事时期全国学校动员准备概要草案

一、动员方针

使各校学生仍能维持学业，继续教育，更积极储备专科人才，维护国本，其志愿投效者，则召集训练，分配服务，各尽其能，参加军事工作；原任教育人员仍得专心职务，毋令离散为主。

二、准备要领

（甲）军事区域内之各学校

凡在准备作战地区或接近战区，而非安全区域之各学校应按后列各项主管部预定移动计划，密饬各校妥为准备，至适当时机令饬实施。

子、大学暨专科学校

（1）是项学校应酌量转移比较安全地区，或分别学系并入其他地区之相当学校继续教育，关于转移地区及分系归并之计划，由主管部筹定之。但医科及药科学生应召集训练，派任军医业务。

（2）前项移转教育应尽量就转移地区原有之相当学校扩充办理，或于该地区另觅校舍以举办之。其经费等之支配，亦由主管部通盘筹划行之。

（3）各校员生除必要召集服务及志愿投效者外，其余学生宜令分别迳赴指定地区之学校就学，或按交通景况，以不碍军事运输为度，运送指定地区继续就读。

（4）凡志愿投效之人员，应先填具志愿书，由校编列名册，送由军事主管机关分别指定地点，前往报到。

（5）转地教育之际，各校原定课程得酌量变通。除主要课目仍照预定继续教授外，其余次要课目得适宜删减，增授军事学术，并实施军事管理，为必要时召集服务之准备。

（6）军事区域之范围与移动时机之指示，由主管部商承军事最高机关决定之。

丑　高级中学暨同等学校

军事区域内之高级中学，在军事时期概暂休课，使学生自由转学。惟须通盘筹划，而使一部分学校适宜迁徙于安全区域维持教育，其志愿服务之学生，年龄、体格及智识程度相当者，则按（子）之（4）项办理，担任教育人员。除召集服务及随校迁移者外，统筹分派其他区域担任应扩充之各学校教务。

寅　初级中学暨同等学校

以暂行休课，自由转学为主，其学生之居住当地而年龄相当者，则使参加民众组织，担任防空救护等工作。

卯　各小学校

小学及幼稚园视地方之安危程度酌予停课，各学生随家属之移动状况自由转学。但居住原地之学生，得就原有学校开设临时班，以资救济。教职人员不足时，由留居原地休课之高中或初中学生担任之。

（乙）非军事区域之各学校

（子）大学及专科学校

（1）按照预定计划至军事时期实施扩充，以备转地各校之归并。

（2）关于扩充所需经费、器材等之补充，由主管部统筹拨用之或移转之。

（3）应增教职人员则以军事区域人员统筹派充。

（4）增加军事训练，施行防空设备，参加就地自卫组织，增加地方自卫力量。

（5）各校均应有随时移动之准备，以防万一。

（6）各区〔医〕学校改组为军医训练之所。

（丑）各中学校

（1）应积极扩充，尽量收容各年级转学生。

（2）增加教育人员，以军事区域之休课学校人员，由主管部分派补充。

（3）经费器材节省使用，由主管部统筹支配之。

（4）迁徙之学校，除志愿随校迁往就学之学生外，仍以收容转学生继续教育为主。

（寅）各小学校

（1）各小学校应尽量增收各年级转学生；

（2）增设临时小学，广收转学学生；

（3）增加之经费、人员，由军事区域休课学校经费酌量统筹支配。

三、召集服务

除军事所需专门人员之召集另按预定计划召集外，关于各学校教职人员及学生之请缨投效者，按左列各项办理：

（甲）志愿填报　各校教职人员及学生之请缨者，先查填志愿，由各校分别编造名册（填明年龄、籍贯、学系、年级、家属情形、通讯地址及体格检查表、照片等），呈报教育部，省（市）所属者由省（市）转报，汇送军政部统筹召集。

（乙）召集地点与时期　军政部查教育部所送名册，经审查后核定编配训练及输送计划，预示集合地点，至必要时将集合时期密示各校，转知前往报到。并由军政部指派当地军事机关及省（市）教育行政机关，军训会派员办理报到手续，实施军事管理，送往训练机关受训或令分别迳赴训练机关报到。

（丙）集合转送　按人数与当时交通状况，由军政部预定计划，输送至训练机关受训。

（丁）召集训练　按投效人员之资历程度及服务分配计划之所定，分别予以短期训练，期满后分发服务。关于训练计划另定之。

四、工作分配

按军事之需要及投效者之学资，以各尽所长，发挥本能为主旨而支配之。关于服务范围，概定如下：

甲　军队工作

（子）曾受学校军事训练及格之大学生：

（1）各级军官（佐）或军属（按学系程度经相当训练，分别任用）；

（2）地方保安队之初级军官（佐）；

（3）补充兵训练机关之初级军官（佐）；

（4）后方勤务部队之初级干部。

（丑）曾受学校军训及格之高中学生：

（1）预备军士或军属；
（2）地方保安队之军士或预备军官（佐）；
（3）补充兵训练机关之军士或预备军官（佐）；
（4）后方勤务部队之军士。
（寅）未受军事训练者：
（1）按年龄、体格及程度，送入陆海空军相当之军事学校，教育期满补充军官（佐）；
（2）受补充兵训练机关之训练后，充预备军士。
乙、军事机关工作：
1．各军事机关之军属；
2．各军事机关厂〔仓〕库之职员与军士；
3．各兵站机关初级职员与军士；
4．各军事学校、普通学校教育之助教。
丙、其他工作：
1．任国内宣传工作；
2．任民众训练之干部；
3．其他相当之工作。
五、复员概要

军事结束后，应依左之要领施行复员：

甲　迁移及归并之学校：
1．按当时状况及校址情形，由部统筹恢复原有各校；
2．原有学生之已转学者，仍在转学之校继续肄业；
3．未转校而中止肄业者，得酌量情形复入原校肄业。
乙　召集服务教职人员与学生：
1．召集服务之教职人员，得依志愿恢复其原任职务；
2．召集之学生得依志愿仍送原校肄业；
3．召集人员志愿继续工作者，应按服务成绩与复员后军事上之需要，统筹核定或分期送相当学校修习专门学术，以资深造。

（3）教育部黄建中、马宗荣签呈（12月2日）

一、全国专科以上学校现有一〇九所，而沿江沿海及邻近海岸者实系多数，第【现】就平津、上海而论，则上海有二十六校，北平有十五校，天津有六校。若依军委会办公厅原草案准备要领甲条子项（1）（2）两款办理，将军事区域之专科以上学校全数迁至比较安全区或分别科系并入其他地区之相当学校，在短促期限内势有不能，且私立学校类多经费拮据，尤不无困难问题，似故宜定为迁移或暂行停办两种办法，由部斟酌情形分别办理。

二、各校员生除召集服务及志愿投效者外，其余学生如在交通便利并不碍军事运输之范围内，自宜依照原草案准备要领甲条子项之（3）、运送指定地区就学。但暂行停办之学校，遇有特殊情形仍应发给学生借读证书，俾便自行择校借读。

三、中等以上学校学生之志愿投效者，除工作分配甲、乙两项外，似应注重后方技术工作。其甲项子、丑之（1）、寅之（1）（2），宜以自告奋勇者为限。

黄建中　顾树森　马宗荣

照此办，即办。

杰
十二月二日

〔国民政府教育部档案〕

〔十二〕 科研事业

（一）学术研究机关

一、中央研究院

1 国民政府关于各部院及各团体的中央学术机关归大学院主管明令

（1928年6月9日）

国民政府明令 第二六七号

令各部院

为统一全国学术教学机关，概归大学院主管由。

教育学术为一国文化所自出，现当国民革命势力被于全国，宜有统一整理之必要。曩以政令淆乱，系统不明，中央学术各机关，往往分隶于各部院及特殊团体，如清华学校属于外交部，地质调查所属于农商部，观象台属于国务院，社会调查所属于中华教育文化基金委员会，其例不胜枚举。似此任意灭裂，障碍前途，实非浅鲜。本政府既设大学院为全国教育学术之唯一枢机，所有从前分隶各部院及特殊团体之中央教育学术机关，自应一律改归大学院主管。其各部院对于专门人材之需要，各团体对于设立机关之条件，统由大学院赓续计划，切实进行，以专责成而便发展。此令。

中华民国十七年六月九日

〔国民政府档案〕

2 国立中央研究院向国民党第三次全国代表大会工作报告稿

（1929年8月）

一 筹备经过

国立中央研究院设立之动机，实始于民国十三年冬总理离粤北上之时。当时总理北上，主张召集国民会议解决国事，并拟设中央学术院为全国最高学术研究机关，立革命建设之基础，命汪精卫同志等起草计划，及抵津，一病不起，此议遂无由实现。十五年中央党部在广州曾有中央学术院之设立，惟其目的专为训练训政时期政治人员，名称虽同，性质实异，第一期学员卒业，此院即停办。

十六年春国民政府定都南京，是年五月中央政治会议第九十次会议议决设立中央研究院筹备处，并推定蔡元培、李煜瀛、张人杰等为筹备委员。是年七月四日国府公布中华民国大学院组织条例，第七条规定"本院设立中央研究院，其组织条例另定之"。未几，国府改组，中央研究院之筹备亦遂中止。十月大学院成立，根据组织条例，聘请中央研究院筹备员三十人，十一月二十日召集中央研究院筹备会议，通过中华民国大学院中央研究院组织条例，始确定中央研究院为中华民国最高科学研究机关。以大学院院长蔡元培兼任研究院院长，大学院教育行政处主任杨铨兼任研究院秘书。并议决先设立理化实业研究所、社会科学研究所、地质研究所、观象台四研究机关。推定王小徐、宋梧生、周仁为理化实业研究所常务筹备员，李煜瀛、周览、蔡元培为社会科学研究所常务筹备员，徐渊摩为地质研究所常务筹备员，竺可桢、高鲁为观象台常务筹备员。至是总理十三年冬所主张之全国最高学术研究机关，始有具体之筹备。

十七年一月，观象台设筹备处于大学院西院。是年二月因办事之便利，分观象台为天文研究所及气象研究所两机关。三月，天文研究所筹备处改设于鼓楼，气象研究所亦择定钦天山北极阁故址，建筑气象台。至理化实业研究所、社会科学研究所、地质研究所则因首都难觅适当所址，均暂设于上海。是年一月，理化实业研究所购霞飞路八九九号屋为临时所址，地质研究所租闸北宝通路三六七号为临时所址，三月，社会科学研究所购亚尔培路二零五号为临时所址。此数月中，各所以全力进行聘请研究人才，购置图书仪器，装修房屋设备。至三月底，粗具研究所雏形。是月复因历史语言研究之重要，决设历史语言研究所于广州，任傅斯年、顾颉刚、杨振声为常务筹备员。

十七年四月，国民政府公布修正国立中央研究院组织条例，改中华民国大学院中央研究院为国立中央研究院，并特任蔡元培为国立中央研究院院长。七月，根据修正条例，分理化实业研究所为物理研究所，化学研究所及工程研究所仍设原址。地质研究所因屋主收回自用，亦于是月改租霞飞路一三四六号屋为临时所址。十月设出版品国际交换处于上海亚尔培路二零五号，专理国内外出版品交换事宜。是年十一月，国民政府因五院成立，大学院改为教育部，特公布国立中央研究院组织法，规定国立中央研究院直隶于国民政府，为中华民国最高学术研究机关，并拨定成贤街五十七号法制局旧址为国立中央研究院总办事处及社会科学研究所法制组办事之用。是月上旬总办事处正式开始办公，因原屋不敷应用，添购成贤街五十八号民屋为院址。十八年一月，因本院派往广西科学调查团调查完毕，动植物标本及苗傜等民族之衣器等物，运京者数十箱，此外本院由法国购得之古生物及地质标本数十箱，亦于是时到沪，博物馆之计划亟待进行，乃购成贤街四十七号民屋为博物馆筹备处。于是月底兴工建筑临时博物馆，预计三月底可完工。社会科学研究所为集中各组，便利研究计，于二月初租定上海福开森路一零三号为临时所址，将上海及南京两处之各组迁并一处办事。以上所述，本院各所及各机关之地址虽已粗定，然皆为临时性质，至永久计划，则决于南京清凉山圈地一千余亩，上海新西区市政府路及小木桥路圈地一百九十四亩，为京沪两地之永久院址，其计划详后。

二　组织

本院依组织法规定，直隶于国民政府，为中华民国最高学术研究机关。故就系统言，为国府统治下之一院，就性质言，则为一纯粹学术研究机关。全院除院长由国民政府特任外，其余行政及研究人员均由院长聘任。院中组织，于院长之下分三大部：

（一）行政　以总办事处主持之。设总干事一人，受院长之指导，执行全院行政事宜。设文书主任、会计主任、庶务主任各一人，分掌全院文书、会计、庶务事宜。另设出版品国际交换处，管理国内外出版品交换事宜。

（二）研究　以各研究院及图书馆、博物馆主持之。现已成立者为气象研究所，天文研究所、物理研究所、化学研究所、工程研究所、地质研究所、社会科学研究所、历史语言研究所，及汉籍图书馆筹备处与自然历史博物馆筹备处。在计划中者则有心理及教育研究所。各所设所长一人，综理所内一切行政事宜，兼指导所内研究事宜。设组主任及研究员若干人，担任调查及研究工作。设秘书一人，由专任研究员兼任，协助所长执行所内行政事宜。研究员分专任、兼任及特约三种。专任研究员常川在所工作，兼任研究员于特定时间到所工作，特约研究员于有特殊调查或研究事项时，临时委托到所或在外工作。另设助理若干人，协助研究员担任研究工作。设研究生若干人，受研究员之指导从事研究之训练。

（三）评议 本院设评议会为全国最高学术评议机关，以院长聘任之国内专门学者三十人组织之。院长为评议会长，本院直辖之学术研究机关主任为当然评议员。此评议会之性质与欧美各国之全国研究会议（Mational Reseanch conncil〔Conference〕）相等，其职务在联络国内研究机关，讨论一切研究问题，谋国内外研究事业之合作。现在本院各所设备尚未完成，永久院址尚未建筑，故评议会之筹备尚未进行。

（见本院组织图）

三 各研究所概况

（一）气象研究所 本所成立于十七年一月一日，原为观象台气象组，假成贤街大学院，开始观测气候，每小时观测一次，昼夜无间。二月间改为气象研究所，仍在原址。嗣以院址狭小，不适陈列仪器之用，故于三月间决定在首都钦天山北极阁原址，建筑气象台。五月杪开始动工，由新锡记承包。九月杪气象台两旁楼屋落成，乃于十月一日移山上办公。至十八年一月初，全部工程告竣，同时英美法各国仪器亦先后到所，乃废止夜班观测。现除观测气象外，每日依据日本、台湾、菲律宾及国内各测候所之报告，制为天气图。上午十一点半及下午六点半，由北极阁无线电台传布当日气象消息。下午六点半并由中央党部无线电台广播南京温度、风雨状况。印刷品有季报、年报两种。季报第一期已出版，第二、三、四期在印刷中，年报尚在编制中。最近因应军政部航空署之请，定于三月初招收训练生若干人，藉以造就航空测候人才之用。

（二）天文研究所 本所原由国民政府教育行政委员会时政委员会改组，十七年一月成立中央研究院观象台筹备委员会天文组，二月间改为天文研究所。所址初为大学院西院，继在首都鼓楼成立测候所，并设临时办公处。现有设备在仪器方面有赤道仪、等高仪、纪限仪、经纬仪各一，望远镜三，恒星时计一，太阳时计三，短波无线电发报机，长短波无线电收报机各一，气象仪器多种，地磁气仪器多种外，有电动发音授时器一，系江苏省政府所购。至图书则有中文旧天算书二百余种，西文科学书报数百种，日文书报数十种。工作之进行者为：（1）筹建天文台；（2）购置近代精密天文仪器；（3）观测首都经纬度暂用数；（4）观测太阳高度，以校正时计，并用无线电收取各地时刻报告，以资比较，藉为首都授时之准备；（5）编制十七、八两年国民历及十八年度周历；（6）推算各种观测常用立成表；（7）经办前大学院及现在教育部交付之关于天文之行政事务（如批复改历案，审查天文书……等）。

（三）物理研究所　本所成立于民国十七年三月，本为理化实业研究所之物理组，自十七年七月改组为物理研究所，所址暂设在上海霞飞路八百九一九号，该屋为三研究所所公有。物理方面有办公室一间，实验室四间外，工程研究所有金工厂、木工厂各一，与物理化学两所公用。现已购定新西区上海特别市政府旧址，拟于四五月间迁入工作。关于仪器设备方面，普通及标准仪器已经购得者约值三万元，其中属于电学方面者略多，除各种电流电压电阻之测量器具及标准表计外，有电压四千V高压蓄电池一组，一百二十V低压蓄电池一组，高压及低压发电机各一具。属于特殊仪器方面，已定购而尚未运到者种类甚多。其比较重要者，有电压二十万V之X光设备，磁场强五万g之电磁，凹面光栅精确测角器及分光镜等，共价约四万元。大约一年之内可以陆续运到。至书籍杂志则已到书籍约五百卷，以专著及各家专集居多。杂志新者约四十种。除纯粹属物理学者外，兼及与物理有关之各科，如天文方面，应用电学方面，物理化学及物理地质等方面旧杂志，预定购买者二十余种，已经购得者五种。工作计划，关于应用方面拟先设一比较完备之检验室，较〔校〕准各种仪器出品，检验各种质料之各种物理性质。属于理论方面而需要特别设备者，拟先从X光线及分光方面入手。目下进行试验有三种，即（一）石英的振动，（二）开电导线上的电磁感应，（三）单极与其溶液之电位差。

（四）化学研究所 本所成立于民国十七年三月，本为理化实业研究所化学组，自十七年七月起改为化学研究所。所址与物理工程二部，合设于上海霞飞路八九九号屋中，该屋计共三层，本所用第二层之三间，屋既小且不适于研究所之用，不过作为暂时所址而已。将来物理及工程两研究所迁入新屋后，此屋全部将改作化学研究所。所中设备，其实验桌、煤气管、自来水管及简单仪器药品等，均在上海购办。至贵重仪器及参考书籍等，陆续向外洋各国订购，其已运到者，贵重仪器有电力真空邦浦捣石机、矿石压碎机、电灶、电炉、烛烧炉等。参考书籍之已购均属于基本参考书报，约值国币两万元左右。本所以所址过小，而设备尚未完全，姑先就本国需要，从事化验本国出产物品，探明其中成分及利用法。现已著手进行者，关于工业品有磁土、钢铁、漆、酒、油类等之化验。关于药材有黄耆、木鳖子等之化验，大抵均已研究得一部分之结果。

（五）工程研究所 本所成立于十七年三月，原为理化实业研究所之工程组，于十七年七月改为工程研究所，暂设于上海霞飞路八九九号，将来拟迁至新西区上海市政府旧址。现在已有之事业及设备为：（1）陶瓷试验场，系与中央大学工学院合办，暂设于首都复成桥工业学校旧址。已出品五六窑，计千余件，多为美术品，尤以采色釉者为优。成立未久，对于本省泥质与其通用范围，并陶釉瓷釉、釉上釉下、色彩陶器、化学瓷器、电料瓷件及制瓷技术均在研究中。出品本拟即行运沪，陈列本所后，以房屋窄小，陈列室为物理研究所暂用，故从缓。（2）钢铁试验所，向美国壁资堡电炉公司购五百磅电炉一座及应用附件，现已在途，本月底可到沪，俟新西区空地圈妥，即可建屋装置，次第试练铸钢、工具钢、合金钢等。（3）金工场暂购有六尺车床一部，二寸钻床一部，装于霞飞路八九九号本所门口小平房内，供本所及理化二所修配零件之用；此外已购之万能铣床一部，及其他金工场应备机器工具，均须俟新西区地圈定特建厂屋后，方可添置装设。（4）书籍杂志，本所成立时已选购关于工业之书籍四百余册，中间因事延迟，迄今仅到八十余册。此外又购得前汉阳铁厂化铁股主任严治之先生收藏之各国重要工程杂志共十二种，六百余卷，今正从事整理装订购，补缺失，并继续订购随时出版各号。

（六）地质研究所 本所于十七年一月成立，初租上海闸北宝通路三六七号为临时所址，七月迁至霞飞路一三四六号，计有各项研究室五间，图书室一间，事务室一间，杂志阅览室一间，暗室一间，标本储藏室一间，化验室及天秤室共两间，磨石片室二间，绘图室一间。现已有仪器设备约二万元，图书设备约四万元，目前应用尚觉不甚充裕，犹须陆续扩充。本所成立以来，先后分赴各省实地研究者，计有浙江二组，广西二组，湖北四组，陕西一组，汴鄂之间者一组，现尚有三组在外工作。气候稍暖，尚拟分派三组出外研究。室内研究者计有岩石矿物、古生物、物理、地质、化验材料试验五组。本所出版物分专刊、集刊二种，确有伟大之价值而材料丰富者为专刊。普通研究论文及报告为集刊。现已出版集刊计六种（湖北大冶、阳新、鄂城之地质矿产，湖北大冶阳新鄂城一带火成岩之种类，湖北蒲圻、嘉鱼、咸宁、崇阳、武昌等县地质矿产，湖北蒲圻、嘉鱼、咸宁、崇阳等县煤田地质，湖北鄂城、灵乡铁矿，古生代以后大陆上海水进退的规程）。拟即付印者计四种，本年上季研究有结果可以付印者约尚有数种。

（七）社会科学研究所 本所系于民国十七年三月成立，初设于南京平仓巷，嗣迁至上海亚尔培路，去年十一月法制组、民族学组迁至南京成贤街,现已决定在上海福开森路租定较大之房屋一栋,将本所完全移设该处。一面拟在南京青凉山建筑本所永久所址,期于一年后完成。本所成立前未经过筹备程序,故在过去一年间,大部分之工作仍为设备工作。现本所图书设备已略有可观。中外专门书籍及杂志,由本所购到及由旧法制局移拨者约达二万卷,现仍在努力购置搜集,期于一、二年内完成一个可供高深研究用之社会科学图书馆。本所分为四组,即经济组、法制组、社会组、民族学组。各组研究工作已完结或已在进行中或计划中者可简单述之。(1)关于经济及社会调查方面,本所近所注重者为农业经济。去年已就浙江一省之农业状况,实地调查,其结果正在刊印中。现在对于全国农业经济,亦已定有研究程序,即将开始调查。中国田赋一事,与农业亦有密切关系,杨端六先生正在搜集各种资料,从事研究。至社会调查一层,王际昌先生正在一面整理关于上海社会状况之既存资料,一面自行调查,期于短时期内完成一种有系统的上海社会调查。(2)关于法制方面,本所暂时拟仅择与本国有特殊关系之几种问题,从事研究。现在研究中或计画研究中者为:(甲)陪审制度,(乙)贫民诉讼之援助及(丙)华侨在中外条约上及列国法律上所受之待遇;(3)劳动问题中之工资问题及失业问题,本所法制及经济两组,亦已有人从事研究,(4)民族学组,于去年夏间曾派员随同本院地质研究所调查团赴广西考察,所集傜人器物,及关于傜人语言之资料,颇为不少,现尚在整理中。本所拟将在中国陆续采集之重复物品,与他国民族学博物院(例如德国汉堡民族学博物院)交换,以期完成一种民族学博物馆。民族学组目前所拟采集者,为吾国种种不同之度量衡,手工制成之物品及阴历度岁时之种种俗尚。以上系就本所专任研究员之工作而言。本所拟研究之问题尚多。惟经费有限,势难聘致众多专任研究员担任各该问题之研究,以故今后计画,将以特约研究与专任研究并重,以期所外专门学者,亦得与本所联络,并利用本所图书,共同致力于社会科学之研究。

（八）历史语言研究所　本所成立于十七年三月,因广西语言之调查故暂设在广州。其始借用中山大学余屋为筹备处,继租东山柏园为临时所址,并在北平设立分所,为本国历史研究之中心。将来永久所址拟在首都或北平。现在已购之书籍,关于语言历史研究者两万元,关于史料者如清档案等约两万余元,非图书一类之设〔备〕已定购者约值万元。至研究工作,在筹备处时代已进行者：（甲）安阳调查,发掘殷故墟之龟甲,有文字及无文字甚多,又对于石经之出土处,亦曾加以考察,将来或有发见大批石经之望。（乙）云南人类学知识初步调查,已得统计及照片多种。（丙）泉州调查,除搜集当地书志品物一万余件外,并发觉阿拉伯文石刻。现在工作共分七组进行：（一）史料学组设在北平。先从整理清宫文卷及明清档案入手,将来并拟在国内外为吾国近百年来史料之搜集。（二）汉语组设在广州。已进行者有粤语及客语之调查,广西傜民之汉语读音,粤语材料搜集及一切音义之反切。（三）文籍改订组设在北平。其工作项目共七类：（1）校勘古书,（2）辑录佚书,（3）编制各种索引及统计表,（4）编制各种书目,（5）编制历史地图,（6）改订专书或专篇,（7）分析纠缠不明之史实及传说。（四）民间文艺组设在北平。其工作之已进行者为：（1）抄录孔德学校所藏蒙古车王府曲,随编提要,并研究其音乐。（2）编现行俗曲提要,并研究其音乐。（3）编全国歌谣总藏与宋元以来俗字谱等。（五）考古组,其工作除继续安阳发掘外,并将至山西作考古调查。（六）汉字组设在广州。先从编辑经籍词典入手。（七）人类学、民物学组设在广州。已进行者为检量广州与昆明男女学校儿童及兵士,及赴川滇交界猓猡区习其语言,调查民物。在各组以外,尚有敦煌材料研究。除派人赴欧钞录彼处敦煌材料外,并在北平集与此问题有研究之学者为有系统之研究。至出版物之在计划中者：（一）集刊，第一本已付印，以后每两三月出一本，（二）专刊，三月以后可陆续刊出，（三）史料集，夏季可望出版，（四）民间文艺材料集，（五）历史语言目录学报。以上两种，年内可望分期编成。

四　将来计划

研究事业在中国尚为创举。海通以来，除欧美学者在各地曾为零星之个人研究外，能以巨量金钱在中国为大规模之科学研究者，当首推日本。东亚同文书院以二十年之精力，从事于中国之经济社会调查，其精密皆非吾国人意想所及。最近日本外务省对支文化事业局复以所得庚子赔款之大部分，在上海设自然科学研究所，在北平设人文科学研究所，开办费皆在五百万元以上。北平之研究所因国人之反对，暂未进行。在上海者则因租界关系，国人无从阻止，故进行极猛。其所址在法租界祁齐路，地在百亩以上已开始建筑。而其研究之问题，据所宣布者，如沿海之鱼类研究，各省天然化合（即矿产）之研究等，均与中国经济主权关系甚大，其用心可知。中央研究院处科学幼稚，强邻虎视之中国，其责任不仅在格物致知，利用厚生树吾国文化与实业之基础，且须努力先鞭，从事于有关系国防与经济之科学调查及研究，以杜外人之觊觎。此本院所以虽处国家经济困难之时，而进行一切不敢稍懈也。

本院进行计划拟分为三时期：（一）完成筹备时期。在此期中，以全力充实现有各研究所之房屋图书仪器及人才，以达最低限度之工作需要。本院成立迄今不过一年，开始既无开办费，而每月之经常费亦仅足维持现状及添购小量之设备。故虽极力撙节开支，购置设备，进行终觉纡缓。现在虽多数研究所已开始研究，且有已得成绩，刊印报告者，然大体实仍在筹备之中。预计完成筹备至少须在本年底。（二）集中建筑时期。在此期中，拟将已有各研究所之实验室、图书馆、博物馆等，按照预定计划集中建筑。现在已决定京沪两地院址。京地院址在清凉山，共约壹千余亩，拟建之机关为本院总办事处，天文研究所、天文台（拟在山顶翠微亭旧址）、社会科学研究所、历史语言研究所、心理及教育研究所、图书馆、自然历史博物馆、动物园及植物园、职员宿舍等，所需之地已经国府核准，令南京特别市政府土地局进行圈购。沪地院址在新西区市政府路及小木桥路，共约壹百九十余亩，与日政府在祁齐路所设之自然科学研究所隔浜相对。此间拟建之机关，为物理研究所、化学研究所、工程研究所、地质研究所、图书馆、金工场、木工场、翻砂场、电炉炼钢场、陶瓷实验场，本院驻沪办事处及职员宿舍。以上建筑计划期于两年内完成，惟圈地则拟于第一期内完成。（三）扩充范围时期。在此期中，拟视本院经济能力所及，就本院组织法所已列而未设，或未列而应有之研究所，择要逐渐增加，以与他研究机关不重复为限。期限无定，以科学之进步及本院之经济力为标准。

除以上所述三期问题之外，尚有一最重要急切影响进行至巨之问题，即本院基金与建设费之筹集是也。学术研究机关若无基金，则进行必难稳定。本院组织法规定基金最小限度为五百万元，今所有者仅及十一。至建设费，第一期约需一百万元，第二期约需二百万元，第三期则视所增之机关而定，不能预计，然至少亦年需一二百万元左右。国人期望于本院者至大，然科学成绩非咄嗟可办，尤难为无米之炊。如何能使本院实现总理之遗教，不负时代之使命，此则除院内同人尽瘁自勉以外，不得不有赖于党内先觉与政府社会之鞭策与赞助矣。

国立中央研究院组织图

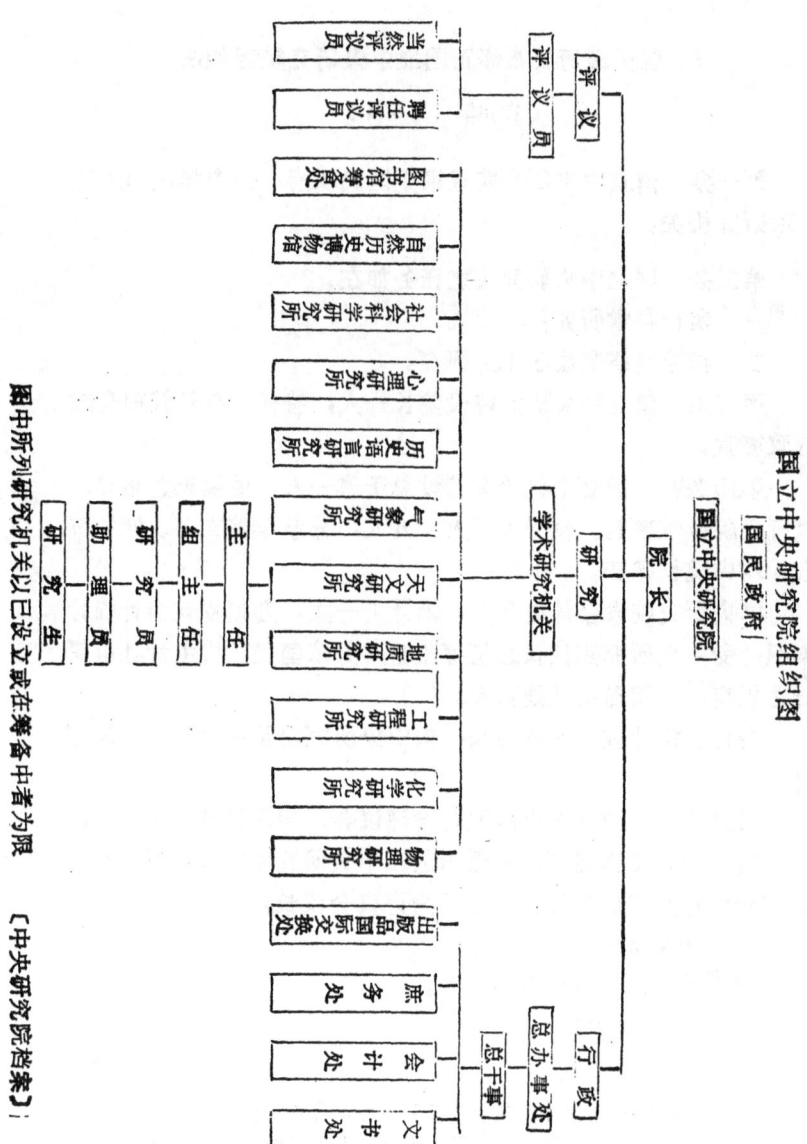

图中所列研究机关以已设立或在筹备名中者为限

〔中央研究院档案〕

3 国民政府公布修正国立中央研究院组织法

（1936年11月6日）

第一条 国立中央研究院直隶于国民政府，为中华民国最高学术研究机关。

第二条 国立中央研究院之任务如左：

一 实行科学研究；

二 指导联络奖励学术之研究。

第三条 国立中央研究院设院长一人，特任。院长管理全院行政事宜。

第四条[①] 国立中央研究院设总干事一人，受院长之指导，执行全院行政事宜。设干事三人至五人，分掌全院文书、庶务事宜，均由院长聘任。

中央研究院设会计员一人，统计员一人，办理岁计会计统计事项，受中央研究院院长之指挥监督，并依国民政府主计处组织法之规定，直接对主计处负责。

会计、统计佐理人员名额，由中央研究院及主计处会同决定之。

第五条[②] 国立中央研究院设评议会，由国民政府聘任之，评议员三十人及当然评议员组织之。中央研究院院长及其直辖各研究所所长为当然评议员，院长为评议会议长。

评议会条例另订之。

第六条 本院设研究所如左：

一 物理研究所；

二 化学研究所；

[①] 第四条经国民政府于二十五年十一月六日修正公布施行。

[②] 第五条经国民政府于二十四年五月二十七日修正公布施行。

三　工程研究所；
四　地质研究所；
五　天文研究所；
六　气象研究所；
七　历史语言研究所；
八　国文学研究所；
九　考古学研究所；
十　心理研究所；
十一　教育研究所；
十二　社会科学研究所；
十三　动物研究所；
十四　植物研究所。

本院于必要时得增设其他研究所。

第七条　国立中央研究院设名誉会员。

名誉会员分左列两种：

一　个人名誉会员　中国学术专家于学术上有重要发明或贡献，经本院评议员三分之一以上之提议，全体一致通过，得被选为本院个人名誉会员。

二　团体名誉会员　国内科学研究机关或团体，对科学有相当之设备及重要之贡献，经本院评议员三分之一以上之提议，三分之二以上之通过得被选为本院名誉会员。

第八条　外国科学专家在科学上有重大之发明或贡献，经本院评议员过半数之提议，全体一致之通过得被选为本院名誉会员。

第九条　国立中央研究院最小限度之基金定为五百万元。基金条例另定之。

第十条　国立中央研究院之处务规程另定之。

第十一条　本法自公布日施行。

〔中央研究院档案〕

4 中央研究院第一届评议会组成名单

（1935年7月—1940年7月）

议　长　蔡元培
秘　书　丁文江　翁文灏①
当然评议员　　蔡元培　丁燮林　庄长恭　周　仁　李四光
　　　　　　　余青松　竺可桢　傅斯年　汪敬熙　陶孟和
　　　　　　　王家楫　任鸿隽
聘任评议员　　李书华　姜立夫　叶公孙　吴　宪　侯德榜
　　　　　　　赵承嘏　李　协　凌鸿勋　唐炳源　秉　志
　　　　　　　林可胜　胡经甫　谢家声　胡先骕　陈焕镛
　　　　　　　翁文灏　朱家骅　丁文江　张　云　张其昀
　　　　　　　郭任远　王世杰　何　廉　周鲠生　胡　适
　　　　　　　陈　垣　陈寅恪　赵元任　李　济　吴定良
　　　　　　　茅以升②　叶良辅③

〔中央研究院档案〕

5 蔡元培在中央党部总理纪念周上报告中央研究院与中国科学研究之概况

（1935年11月4日）

主席、诸位同志：兄弟近因喉间不适，对于各方面演说的邀请，都未能答应，今日承六中全会主席团之命，在纪念周报告，

---

① 原任秘书丁文江于二十五年一月病故，同年四月改选翁文灏为秘书。
② 聘任评议员李协病故，改选茅以升。
③ 聘任评议员丁文江病故，改选叶良辅。

谊不敢辞，但语音太低，陈说太略，须请诸位同志原谅。

兄弟自知才具短浅，现在承乏中央研究院，于院务上已感应接不暇，对于院外要务，竟不能常为有系统的观察，故今日不敢妄谈他事，仅仅于研究事业上报告所见所闻的概略。昔总理在民族主义讲演上曾说："恢复了我们固有的道德、智识，和能力，在今日之世，仍未能进中国于世界一等的地位，恢复我一切国粹之后，还要去学欧美之所长，我们要学外国，是要迎头赶上去，不要向后跟着他。"兄弟今日要想报告的，在科学上不但是向后跟着的，而却是迎头赶上去的工作，或者诸位同志还愿意听一听。中央研究院在四全大会以后的工作，已有书面报告，前经呈请国民政府转送中央政治会议审议以后，由国民政府发还付印，不日就可印就，分送诸位同志。所以兄弟今日的报告，除略叙国内主要的科学研究机关的梗概以外，注重于中央研究院与其他各种研究机关分工合作的几件具体事实，期与将送的书面报告不至完全重复。

全国主要科学研究机关的梗概，据教育部二十四年一月的统计，全国各主要学术机关团体共有一百四十二个，其中属于普通一类的有二十一个，占全数百分之一九，自然科学一类的（包括理科、工程、农林、医药）有卅四个，占百分之三〇·九，社会科学一类的（教育在内）有三十九个，占百分之三五·五，文艺一类有九个，占百分之八·二，此外体育一类的有七个，占百分之六·三，换句话说，在一百四十二个主要的学术机关团体中，属于科学一类的共有七十三个，独占百分之六六·四，足见国人已知重视科学研究的一斑。今天因为时间所限，兄弟只能在这七十三个机关团体之中，举出最重要的几个来，而为便于说明起见，又把他们分为三类，（一）政府创办的机关，（二）私人组织的团体，（三）各大学研究所。

(一)政府创办的

以直接属于中央政府者为限。

甲、国立中央研究院　早在民国十三年的冬季，总理就有设立中央学术院的计划，十六年的春季国民政府定都南京，同年五月中央政治会议议决设立本院筹备处，十七年四月本院成立，据本院的组织法，共设行政、研究、和评议等三部。

（子）行政部分的机关称总办事处，设在南京。

（丑）研究部分现共有十个研究所和各所附属的试验场、实验馆、测候所等，物理、化学、工程三个研究所和本院与全国经济委员会棉业统制委员会合办的棉纺织染实验馆，因为迁就水电供给，及便与国内外工业机关联络起见，设在上海。地质、天文、气象、历史、语言、心理、动植物七个研究所和工程研究所，与中央大学工学院合办的陶磁试验场，附属于物理研究所的地磁观测台，设在南京。社会科学研究所暂时设在北平，不久即将南迁。此外附属于天文研究所的天文陈列馆，和附属于气象研究所的气象台，亦设在北平。此外气象研究所在全国各地，又设了许多测候所，已经成立的是上海、泰山、郑州、肃州、包头、宁夏、拉萨各所，正在筹备中的是资阳、西康、定海各所。至于各研究所的工作内容，一则因为属于专门性质的多，再则因为本院范围较大，种类太繁，今天不预备报告，好在本会已有呈五全大会的报告，就快印好，分送各位同志参考。

（寅）评议部分称为评议会。据本院组织法，评议会是全国最高的学术评议机关，他的职务是在集中国内的人才，联络各学术研究机关，谋国内外研究事业的合作。今年五月国民政府公布了评议会条例，本院就积极筹备，据条例规定，本会由聘任评议员和当然评议员组织而成，当然评议员除兄弟外，为本院各研究所属。第一届的聘任评议员由兄弟和国立大学校长选举，然后呈请国民政府聘任，六月间选举会成立，当即选出李书华先生等三十人，由本院呈准国民政府正式聘任，九月初在京召开第一届评议会，明年春季再行召集第二届评议会，关于本院设立评议会的意义，我想留在下面再加说明。

乙、国立北平研究院　国内以研究各项学术为使命的机关，除了中央研究院外，就是北平研究院，但这并不是说北平研究院的研究项目和中央研究院的完全相同，该院在民国十七年九月随北平大学通过于国民政府会议而实行筹备，十八年八月又由行政院核准而成立独立的学术机关，九月间正式成立，比较中央研究院约迟一年又五个月。

该院成立后的组织，分为行政、研究二大部。行政部分在院长副院长之下，设总办事处，研究部分又分为三大部：（A）理化部，包括物理、镭学、化学、药物四个研究所，（B）生物部，包括生物、动物、植物三个研究所，（C）人地部，包括地质学研究所，和测绘组。此外该院的附属机关还有史学研究会、水利研究会、字体研究会、博物馆、艺术陈列所、测候所和自治试验村。

今年七月间该院改组，研究工作方面把理化、生物、人文三部取消，在院之下直接分设物理、镭学、化学、药物、生理学、动物学、植物学、地质学八个研究所，测绘组改做测绘事务所，另添经济研究会。

该院严济慈先生关于镭学的研究和赵承嘏先生关于药物学的研究都很著名，要知道该所的详细成绩，可以参看其所出版的院务汇报，物理、化学、药物、动物、植物、地质各研究所丛刊，和五周年纪念会议录。

国立中央研究院和国立北平研究院都是直属于中央政府，专门研究学术的机关。此外还有附属于中央政府各部会的研究机关，其组织的动机乃在应付其所属机关的特殊需要，因此，其工作性质偏重于实用方面的较多，理论方面的较少，工作范围亦以某种特定科目为限，这种机关最重要的是：

丙、实业部北平地质调查所　该所的前身是民国元年实业部所属的地质科，其后名称数变，到了五年十月才改为地质调查所，十七年后国民政府将该所隶属于大学院，后来又改为农矿部直辖机关，从那时起到年底，农矿部经费支绌，不能单独负担，中央研究院因为有学术合作关系，在预算经费不能完全领到以前，由部院双方共同维持，到了十九年春季，北平研究院的地质学研究所为避免重复及增进效能起见，就利用该所的已成设备进行各项工作，十九年冬因农矿工商二部合并，该所又改隶实业部。

该所自民国五年后，即分设总务、地质、矿产三股，从十七年后修改章程，不取分科制度，只以研究工作为标准，分为各种馆室，全部分为图书馆、地质矿产陈列馆、古生物、燃料、土壤、地质四个研究室，至于工作内容，大概分为七项：（一）地质图的测制，（二）矿产的调查，（三）燃料；（四）矿物岩石，（五）古生物；（六）地震；（七）土壤等的研究。同时并注意于泉源，出版物方面有地质汇报、地质专报、土壤专报、地震专报等多种。

丁、中央农业实验室　该所设在本京中山门外孝陵卫，成立于民国二十年底，内部组织行政部分设所长、副所长、事务长各一人，技士、助理等各若干人，技术方面现在有动物生产、植动生产和农业经济三科，动物生产科分兽医畜牧及蚕桑二系，植物生产科分农艺、病虫害、森林及土壤肥料四系，农业经济科暂不设系。

关于（A）农业经济科的工作，有全国农业情形调查，农产物价格调查和全国农业机关调查等项，（B）植物生产科：（一）农艺系的工作，有小麦试验、水稻试验、棉作试验、马铃薯试验等四种，（二）植物病虫害系的工作，有廿二年和廿三年份全国蝗害情形调查，水稻育种抗螟试验，（三）森林系的工作，有采集主要林木的种子和种子试验等项。（C）动物生产科：（一）蚕桑系的工作，有家蚕种试验，桑叶成分分析等项，（二）兽医系的有制造血清及菌苗，防治兽疫等项。

戊、全国经济委员会　该会所举办的事业颇广，除公路建设以外，同时又努力于农业建设、卫生设施，现在已经成立的研究机关，有下例数种：

子、西北畜牧改良场　设于青海，注重于牧草试验、兽疫防治及畜牧兽医人才的训练。近来又在甘肃省内添设畜牧分场，着手办理羊毛研究、乳业改良、牧草试验等项工作。

丑、祁门茶叶改良场　该会前曾将安徽省原设的祁门茶叶试验场扩充改组为祁门茶叶改良场，该场对于扩充工厂设备，添辟茶园等项，都已积极办理。此外该会为明瞭内外茶叶情形起见，又派员到国内的湘赣皖浙闽及上海等处，国外的日本、台湾(？)、爪哇、苏门签腊、印度、锡兰等处实地调查。

寅、棉产改进所　该会前所设置的中央棉产改进所，山西植棉指导所，以及与陕西、河南二省合办的各该省棉产改进所，仍在继续进行，新近又添设河北省棉产改进所、如棉作试验研究、棉花分级检验，棉业经济研究及推广棉种等项，都已分别办理。

卯、棉纺织染实验馆　系该会与中央研究院合办，当在下文另行报告。

辰、蚕丝改良会　经济委员会对于蚕丝改良的设施，同时在数方面进行，如（一）栽桑制种，在南京、杭州所设的集团制种场，直接栽种桑苗，以资提倡。（二）育蚕指导，在鄂鲁皖江浙各省设有指导所八十余所，分派技术人员驻所指导进行。（三）改良缫丝，在江苏金坛无锡、浙江杭县嘉兴、山东临朐，分别设置新式烘茧机，一面又购置新式丝车，分租各丝厂应用。

巳、卫生实验处　该会主持的甘肃、青海两省卫生实验处，早经成立，宁夏省的卫生实验处、江西省的卫生处和陕西省的卫生委员会亦由该会分别协助。此外如农村卫生、公路卫生、中西药材制造与研究，亦在分别进行中。

(二) 私人组织的团体

除了政府创办以外，由私人间纠合同志集资组织的科学研究机关，亦不在少数，其中历史最悠久、会员最普及的，当推中国科学社。此外如北平静生生物调查所，塘沽黄海化学工业研究社亦都有相当的贡献。至于后起的则有四川重庆中国西部科学院，西人创办的有上海雷斯德药物研究院。

甲、中国科学社于民国三年产生于美国康乃尔大学所在地绮色佳城，七年办事机关由美国迁归国内，十六年冬由国民政府财政部拨给补助费国库券四十万元，根基方得稳固。

该社事业除出版刊物外，为建设科学图书馆，设立生物研究所，并设计改良科学教育，审定科学名词，参与国际科学会议，设立科学咨询处，举行学术讲演。按该社对于科学研究的计画本极远大，其所以独先开办生物研究所的理由，无非因为生物研究因地取材，收效较易，现在国内研究生物的学者，什九与该所有渊源。该所现设南京成贤街。过去的工作约分：(一) 采集标本，(二) 研究调查二种。标本采集的范围，包括鲁浙鄂皖赣川康诸省，尤其注重于长江流域的方面，研究的科目遍及于形态、生理、遗传、境缘、分类、胚胎诸学，自十六年起，因感觉本国生物品种调查的切要，稍稍侧重于分类学方面。

乙、静生生物调查所 该所系中华教育文化基金董事会与尚志学会集资所创设，于十七年十月成立，因纪念范静生先生，故定名为静生生物调查所。研究工作方面设动植物二部，亦注重于动植物的分类，植物方面兼及木材的研究，现与江西省农学院合办庐山森林植物园，以期生物的应用。

丙、黄海化学工业研究所 民国四年久大精盐公司在塘沽设厂，即辟化学工业研究室，九年加以扩充，十一年夏研究室脱离公司而独立，改为今名。十三年永利制碱公司创办人复将报酬金永远捐助。至于该社的研究科目及社务凡七系：（一）特别科目系，（二）农业化学系，（三）分析化学系，（四）冶金及机械工业系，（五）制造化学工程系，（六）化学工厂设计及管理系，（七）出版系。该院过去如制碱、油漆、中国药材、醇菌化学的研究，皆属重要。

丁、中国西部科学院 该院设于四川重庆北碚乡，于民国十九年成立。研究部分共有生物、理化、农林、地质等四个研究所。因地位关系，其所研究的问题多集中于四川一省。

戊、雷斯德药物研究院 该院系遵英人雷斯德氏 Henry Lestu 遗嘱而设，于十八年开办，院址在上海爱文义路。研究部分现设临床、生理学、及病理学三个研究所。临床研究所分设预防医学部，生理学研究所分生物化学、药物学、及实理生理三部。病理学研究所分微生物学、临床及组织病理学、血清学、及免疫学部。

（三）各大学研究院

教育部为养成高深学术人才及完成最高阶段的学制起见，二十三年曾制定大学研究院暂行组织规程，以为设立大学研究所的准则。现在根据此项规程而设立大学研究院或研究所，并经教育部核定的学校，共已有清华、北京、中山、中央、武汉、南开、燕京等七大学，和北洋工学院。研究所的性质共分文理法农工商教育七科，大学医学院的暂行课目表，亦已于本年六月公布，二十四年度起一律试行。其中如北京大学地质学、史学的研究，南开大学的经济学研究，协和大学的生理学研究等，都有名于时，各大学研究院中的教授，往往与其他学术研究机关互通声气，兼在双方担任工作的亦复不少，关于各大学研究院的内容，拟等下次有机会时再向各位同志介绍。

中央研究院与各研究机关合作概况　兄弟已把国内最重要的科学研究机关，很草率的报告了各位同志。现在拟再将中央研究院和其他科学机关的合作事项，撮要报告一下：

在未入本题以前，兄弟拟借用中央研究院总干事丁文江先生的见解，把本院的职务分为三种：（一）为属于常规或永久性质的研究，如天文研究所的推算历本，研究变星，数日中黑字，测量经纬度及时间，气象研究所的观测温度气压、风度、雨量、预告未来天气，化学研究所的普通分析，工程研究所的标准试验，物理研究所的地质测量，地质研究所的测绘地质图，以及动物研究所采集标本皆是。（二）利用科学方法，研究本国的原料及生产，以解决各种实业问题，如工程研究所的棉纺实验、陶磁钢铁试验、及化学研究所的矾矿药物等研究皆是。（三）所谓纯粹科学研究及与文化有关的历史、语言、人种、和考古学，丁先生说得好，中央研究院对于第一类常规的或永久性质的研究，不但要使得他们做事切实精确，而且要利用本院特殊的地位，使得做这种工作的机关互相联络、互相扶助。不过这种工作彼此分工合作则可，重复冲突就不免于浪费精力和物力。第二类的工作亦应当互相联络，并在可能范围内免除重复。第三类的工作则不妨重复。丁先生根据了这三条原则，曾在本院第一届评议会中提出促进学术研究之合作与互助案，大会一致通过，并经决议，由评议会各组委员会先行调查各研究机关工作的现状，设法接洽，以便贯行。我们希望这个议案能够逐步实现，使得各项学术研究可以消极的免除无意识的重复，积极的取得有计划的合作。

同时兄弟可以连带的说，中央研究院是最高的学术研究机关，其所负的使命不外乎二种：（一）实行科学研究，（二）指导、联络、奖励学术的研究。对于向我们咨询专门问题的人，我们当然有指导的责任，对于在学术界有重要发明或贡献的本国学者，我们有时亦认为有奖励的义务，对于和我们志同道合的研究机关，我们更觉得有联络的必要，我们虽是最高的研究机关，但决不愿设法统制一切的科学研究。丁先生说得好，国家甚么东西都可以统制，惟有科学研究不可以统制，因为科学不知道有权威，不能受权威的支配，中央研究院只能利用他的地位，时时刻刻与国内各种机关联络交换，不可以阻止旁人的发展，或是用机械的方法来支配一切研究的题目，这是本院成立以来一贯的方针，有以下要报告的种种事实可以证明。

评议会的成立。说到这里，兄弟觉得应该再把中央研究院成立不久的评议会提出来，因为该会的职权之一，就是促进国内外学术研究之合作与互助。关于评议会的成立经过，方才已经约略的报告过了，现在只将本院对于评议会的期望一谈。兄弟已说过评议会的职权之一，"就是促进国内外学术研究之合作与互助"，但这是一条空洞的原则，要使空洞的原则发生效力，还待制成并实行具体的方案，而要制成并实行具体的方案，又不能不需要一个足以代表全国学术界的评议会去主持和提倡。当然除了这点以外，评议会还有其他的使命，在第一届聘任评议员的选举会中，国立大学各校长都感觉到评议员人选的重要，够得上做评议员的应该为学术界的中坚人物。而同时对于各种学科又应该有相当的均匀的分配，经过了慎重的推举和选择，结果当选的是李书华先生等三十人，这三十位评议员一共代表中央研究院十四种的研究科目，即物理、化学、工程、地质、天文、气象、历史、语言、人类、考古、心理、社会科学、动物、植物。凡国内重要的研究机关，如国立北平研究院、北平地质调查所、中央农业实验所、全国经济委员会、中国科学社、静生生物调查所、黄海化学工业研究所，设有研究所的著名大学如北京、清华、协和、燕京、中央、中山、浙江、南开、武汉大学等，以及与科学研究有直接关系的教育部，无不网罗在内，本院和各院研究机关因之而得到更进一步的联络，这是本院历史中可以"特笔大书"的一件事，兄弟敢说评议会运用得好，他们就找到了中国学术合作的枢纽。

在第一届评议会中除了丁文江先生提出的"促进学术研究之合作与互助案"以外，又议决由各分组委员会设法调查全国学者关于各该组的专门著作，制为摄要，汇编成册，以供参考，这亦是我国向所未有的尝试，不靠各方分工合作很难有的结果。

海洋学研究的合作。第二件直得报告的合作事业，是关于海洋的研究。我们知道沿太平洋国家有一个太平洋科学协会的共同组织，在本国的称做某某国太平洋科学协会分会，中国分会以中央研究院总干事充主席，本年三月间本院总干事丁文江先生，着手把分会组织起来。四月初就在本院正式成立分会，分会的内部，分为（一）渔业技术，（二）渔业，（三）珊瑚礁，（四）海洋物理学及化学，（五）海产生物等五组。各组会员所代表的机关，以及在各种方式下援助事业进行的机关，除中央研究院外，有北平研究院、中国科学社、静生生物调查所、经济委员会、资源委员会、实业部、海军部、海道测量局、第三舰队、中国动物学会、中华济产生物学会、青岛市政府、青岛观象台、胶济路委员会、威海卫管理公署、福建省政府、山东、厦门两大学、天津、吴淞、厦门集美三处水产学校、江浙两省水产试验场多处，这是中国科学界向来少有大规模的集团组织。

在成立会中议决的案件颇多，最重要的是在厦门、定海、青岛、烟台四处设立海洋生物研究所，在定海的由中央研究院主持，在厦门的由厦门大学主持，在青岛由青岛市观象台及山东大学主持，在烟台的由北平研究院主持。北平研究院在烟台本有"烟台海滨动物研究所"，到了本年六月，根据海洋学会中国分会的决议，更名为"渤海海洋生物研究室"，以期与定海、厦门、青岛三处研究室名称划一，隶属于中国分会之下。

气象研究的合作。气象测候机关的预报天气、研究气候，更有待于多方面的合作。中央研究院气象研究所，除自设泰山日观峰气象台，并襄助各省政府设立测候所外，又和欧亚航空公司合作，添设郑州、包头、宁夏三个测候所，和中国航空公司合作，添设贵阳测候所。再该所为集思广益起见，在十八年四月曾经召集第一次全国气象会议，今年四月，因为一切气象用语电报号码及普设全国测候所等问题，有待全国气象机关会同商榷的必要，又召集各关系机关作第二次气象问题的讨论会议，到会的有青岛市观象台、航空署、交通部、海军部、中国航空公司、欧亚航空公司、全国经济委员会、水利处等各机关的代表。当时通过议案七大类：（一）通行五组式电码案，（二）增进气象电报效能案，（三）监制气象仪器案，（四）规定气象名词表格案，（五）划一观测时间案，（六）规定气象人员生活标准案，（七）增设各省测候所案。以上各案都在分别执行之中。如第二案增进气象电报效能案，其办法为分全国为五区，依次广播各区内气象，并由该所分上下午总广播一次，各地办理天气预报的测候机关，只要收得该所的总广播，就可得到全国天气的纪录，实行以来收效很大。

生物学的合作。中央研究院动植物研究所和中国科学社生物研究所的关系，向来异常密切，不但书籍标本，常相交换，采集研究，亦时时合作。至于静生生物调查所，更不啻为中国科学社联盟的集团。这三个生物研究机关和北平研究院的生物研究所，多注重于生物的分类，惟性质虽相类同，而彼此工作仍有区别，不失分工合作的原意，大概本院动植物研究所注重于沿海的生物分类，中国科学社注重于长江流域生物的分类，北平研究院和静生生物调查所大家注重于中国北部的生物分类，但二者之间仍不互相冲突。

关于棉纺织染研究的合作。二十三年夏中央研究院与全国经济委员会的棉业统制委员会合办棉纺织染实验馆，用科学方法，彻底研究改进纺织染制造事业，先从研究棉纺织染入手，馆址附近于中央研究院上海理工实验馆，该馆房屋及一切设备均于本年可以完成。该馆的宗旨，乃是（一）研究棉纺织业的原料机械制品与工厂管理等项，（二）调查及征询国内外棉业制造情形，并谋国际间技术合作，（三）试验及检定国内外的各种棉织品及原料，（四）受政府或教育机关及棉业厂商的委托，检验或研究改进各项技术与学理上的问题，（五）奖励或补助有神棉业的研究及发明，（六）介绍国内外棉工业的新颖学术及其研究与应用的方法。

其他合作事项。中央研究院和各方面的合作事业实在不多，不胜枚举。以上所报告的不过是规模较大的事业。今天的时间很宝贵，兄弟不情愿尽量引申下去，现在只把记忆所及的其他合作事项，略为一提。（一）本院地质研究所与北平地质调查所合作，派员到滇皖等省，调查地质，（二）本院心理研究所与清华大学合作，研究工业心理，（三）本院历史语言研究所与协和医学院合作，测量广东人的体质，（四）本院地质研究所所长李四光先生，历史语言研究所所长傅孟真先生，在北京大学教课，社会科学研究所全体人员，亦轮流在该校授课，都不兼薪水，（五）本院物理研究所与中美文化基金董事会及管理中央庚款董事会合作，制造高中物理仪器，（六）本院物理气象各所派员参加西北科学考察团，测定经纬度及子午线，测量重力及地磁，（七）本院化学研究所和北平研究院雷斯德药物研究院，对于药物一门亦有相当的联络。

今天兄弟所报告的已止于此。大家觉得中国现在内忧外患的过程中，可以悲观的事情实在太多，可是我们仔细观察一下，便知进步的地方未尝没有，开始提倡到现在，还不过区区数十年的科学事业，便是比较可以"引以自慰"的一端。虽说中国的科学事业还在萌芽时代,而在国际学术界中亦已开始受他人相当的认识了,即以中央研究院而论,二十一年三月法兰西学院赠与白里安奖金,二十三年七月波斯的亚细亚学院聘为名誉会员,都可引为例证。

一国国势的增长和科学事业的进步,成为正比例,年来国家多故,科学事业不能顺利发展,无庸讳言,可是科学救国的运动已逐渐由理想而趋于实践,不能不说是种好现象。中央研究院为全国最高的学术研究机关,敢不秉承总理遗训,"迎头赶上去","去学欧美之所长",我们一方面要求本身的充实,一方面欢迎他人的合作,"双管齐下"庶几可以完成兄弟方才所说的二种使命,亦庶几可以达到总理当年计划创办中央学术院的初意。

〔国民党中央执行委员会秘书处档案〕

6 行政院公布国立中央研究院研究所组织通则

(1936年11月15日)

第一条 本通则适用于国立中央研究院组织法第六条所列之各研究所。

第二条 研究所之章程及办事细则于根据本通则拟定后,由院长核准施行。

第三条 研究所设所长一人,由院长聘任之,综理所务,并指导研究事宜。

第四条 研究所设研究员若干人,由院长聘任之,任期一年至三年,得连任。研究员之资格如左:

一、任本院副研究员二年以上,确有特殊成绩者。

二、在本院认可之国内的研究机关,从事独立研究工作四年以上,确有特殊成绩者。

三、在国立或省立大学或教育部立案之私立大学或独立学院或本院认可之国外大学或独立学院担任教授暨从事独立研究工作四年以上，确有特殊成绩者。

第五条　研究所设副研究员若干人，由院长聘任之，任期一年至三年，得连任。副研究员之资格如左：

一、任本院助理员四年以上，确有特殊成绩者。

二、在本院认可之国内外研究机关从事独立研究工作二年以上，确有特殊成绩者。

三、在国立或省立大学或教育部立案之私立大学或独立学院或本院认可之国外大学或独立学院担任教授暨从事独立研究工作二年以上，确有特殊成绩者。

第六条　研究员及副研究员分为专任及兼任。

研究所于必要时，得设通信研究员，其资格如第四条之规定。

第七条　研究所所务，得由所长在专任研究员中指定一人或数人协助之。所长请假时得呈准院长委托专任研究员一人代理其职务。

第八条　研究所得依研究科目性质分为若干组，每组设主任一人，由所长就专任研究员中推荐一人，呈请院长聘任之。

组之设置，应经院务会议审议同意后，由院长核准。

第九条　专任研究员及专任副研究员应常川在研究所从事研究，兼任研究员及兼任副研究员于特定时间到所工作。

第十条　研究所设助理员若干人，经所长推荐于院长函任之，任期一年，得连任。助理员之资格如左：

一、任本院研究生二年，确有成绩者。

二、在国立或省立大学或教育部立案之私立大学或独立学院或本院认可之国外大学或独立学院毕业后，曾在本院认可之教育文化或研究机关工作二年以上，确有成绩者。

第十一条　研究所得设研究生若干人，由各所用考试方法选拔之。

研究生章程另定之。

第十二条　研究所设事务员及书记若干人，经所长推荐呈请院长核准，由院长函任之。

第十三条　研究所于必要时，得设编辑员、管理员、技师、技术员、测候员、测候生、计算员、测量员若干人，分别由院长聘任或函任之。

前项职员之资格及任用方法，于各所章程中另定之。

第十四条　研究所设所务会议，以所长、组主任及专任研究员组织之，由所长随时召集，但至少每六个月召集一次。

于必要时，所长得请其他职员列席所务会议。

第十五条　研究所所务会议之职权如左：

一、审议本所预算及决算。

二、审议本所各项章程及规则。

三、审议本所工作计划。

四、审议图书仪器设备事项。

五、审议著作品出版及奖励事项。

六、审议本所与国内外学术机关之连络事项。

七、审议院长及所长交议事项。

第十六条　各研究所研究问题有相关性质者，应由各该所合作办理。

第十七条　本通则之修改，经院务会议审议决定后，由院长核准公布之。

第十八条　本通则经院长核准公布施行。

〔中央研究院档案〕

7 国立中央研究院十年来工作概况

（1937年4月27日）

（一）筹备及组织

本院系秉承总理中央学术院之计划而设，为全国最高学术研究机关，于十六年五月开始筹备，至十七年四月正式成立。同年十一月，国府公布本院组织法，其第二条规定，设院长一人，其下分设三大部：

（甲）行政　十七年十一月设立行政机关，称总办事处，综理全院行政事宜。

（乙）研究　以各研究所主持之，现已成立者，计有物理、化学、工程、地质、天文、气象、历史语言、心理、社会科学、动植物（原称自然历史博物馆）等十研究所，及与全国经济委员会棉业统制委员会合办之棉纺织染实验馆。物理研究所附设有仪器制造工场及紫金山地磁观测台，化学研究所附设有药品制造部，工程研究所附设有陶磁试验场、玻璃试验场，地质研究所附设有江西星子县白石陈列馆，气象研究所在全国各地设有测候所多处，又定海海洋生物研究室，由动植物研究所派员主持办理。

（丙）评议　本院评议会之主要任务，为决定本院研究学术之方针及促进国内外学术研究之合作与互助，评议会由聘任评议员与当然评议员组织而成，当然评议员为本院院长及各研究所所长，第一届聘任评议员，由本院院长、国立大学校长选举后呈请国府聘任。二十四年九月及二十五年四月在京召开第一届及第二届评议会，议决要案多件，分别执行。

（二）研究工作

本院研究工作约可分为二种：（甲）属于常规或永久性质之研究；（乙）利用科学方法，研究本国之原料及生产，以解决各种实业问题，（丙）纯粹科学研究及与文化社会有关之历史、语言、人种、考古、社会、经济、法制学等之研究及调查。本院各项研究其已告结束者，均以专刊、集刊陆续发表，详载本院出版品目录。而各研究员亦间有在国内外科学杂志发表论文者。兹将十年来之重要工作，略述如左：

（子）物理　甲、纯粹研究完成者计有十八种，已刊为论文者十二种，现在计分下列各项进行：一、电学及电磁振动方面之研究计有十三种，二、关于磁学方面之研究计有四种，三、关于光谱学方面之研究计有四种，乙、地磁观测台、该台标准室、记录室及试验室各项建筑业已先后完成，仪器设备亦已装置就绪。自二十四年度起，遣派测量队赴国内各处测量地磁要项，先后覆测以前由外人测过各地入手，已将东南沿海各地测竣，此后赓续进行，并研究大气电象与地磁之关系，丙、物理检验室，目的在能精确测定物理学上各种度量，树立绝对标准，数年来逐步进展，规模渐备。丁、仪器工场，该工场除为本所研究员制造研究仪器外，兼装制：一、准确权度，二、教育仪器，三、研究及标准仪器，四、工业及工程仪器，五、气象仪器，六、改良中国乐器，并为外界修理以上各项仪器。

（丑）化学　分为有机化学、生物化学、物理化学、工业化学四大类，其主要者如：一、本国食品营养问题之研究，二、国产天然药材之研究，三、玻璃制造之研究，四、平阳磨石矿工业利用之研究，五、有机综合研究，六、植物纤维研究，七、蛋白质研究，八、多原分子吸收光谱之研究，九、人造药物之研究，十、国产硫化矿提硫之研究等。以往研究成绩均自印专刊发表，先后出有十期，最近两三年来则改向国内外化学杂志发表，现已发表有研究论文四十余篇。

（寅）工程　甲、陶瓷：一、坯泥之配合，二、陶瓷釉之研究及制造，三、国内瓷土分布之调查及各处产品性质之检验，四、色釉及古彩之仿制，五、制造工业陶瓷需要机器之研究，六、电化工业需要硬瓷之研究及试制，七、研究矽砖之制法，八、发掘古名窑，以考证关于陶瓷之各疑点。乙、钢铁：一、各种钢铁之制炼，已著有成效者为：普通炭素铸钢、锰钢、铬钢、镍铬钢、不锈钢、炭素工具钢、高速度工具钢、耐酸矽铁、镍铬铸铁、坚性铸铁、延性铸铁及硬面铸铁等；二、对于我国与钢铁工业有关之材料，研究其利用之方法；三、研究关于钢铁之热处理问题；四、繁难铸铁机件之铸制方法；五、模砂之研究；六、试制各项铁合金，尤注重铁镍及铁锰二种；七、协助国内工业解决关于钢铁机件之困难，作技术上之改进。丙、玻璃，一、硼质玻璃之研究与试制，所制成品已著有成绩者为化学玻璃，药用中性玻璃，燃工吹制玻化仪器玻璃等；二、特种耐热压及抗蚀玻璃等之研究，已试制成功者为电阻玻璃、耐酸玻璃、表尺玻璃、寒暑表毛细管玻璃、空针管玻璃等；三、研究光学玻璃，即制造望远镜，显微镜、照相镜及各种单纯透镜等所需要之玻璃，四、真空管玻璃之研究；五、研究国产原料资源设法利用为制造玻璃之材料；六、试制各种特殊玻璃仪器，应付政府机关及国内工业之急需。

此外，如试验钢铁及其他金属材料之质力与分析其成份，证明机器之合用程度，鉴定机械之破损原因，研究制造发动机，审查各项发明，代各方研究改良其创造之机器，代各机关、学校、工厂训练关于陶瓷钢铁玻璃等技术人材，以应其特殊需要，统为紧要工作。

二十三年夏，本院与全国经济委员会棉业统制委员会合办棉纺织染实验馆，用科学方法彻底研究改进纺织染制造事业，二十五年度起尚拟添设染色实验工场，使吾国棉业技术益臻进步。

（卯）地质 一、地球表面现象变迁之研究，二、沿海各省火成岩之研究，三、鄂皖苏浙湘粤滇桂诸省煤矿与金属矿之调查，四、中国各省陶磁土调查．五、中国南部二叠纪三叠纪奥陶纪寒武纪震旦纪等地层之研究，六、中国下石炭纪研究，七、蠕科化石之研究，八、长江下游各省笔石化石研究，九、秦岭东段与南岭山脉构造之研究，十、宁镇山脉构造之研究，十一、安徽庐江浙江平阳矾矿调查，十二、测验岩石弹性强弱及用震动方法求其弹性常数，十三、用扭转天秤测量重力。

此外，如矿物岩石之化验，勘测凿井工程及绘制地质构造图等，均日有所进行。最近李仲揆所长，在江西星子县白石嘴地方及庐山发现第四纪冰川遗迹与冰碛层，为亚洲冰川地质之重要贡献，已在该处设立陈列馆，以谋继续研究。

（辰）天文 一、建筑紫金山天文台，二、装置及校正各种仪器，三、测定南京及庐山经纬，四、编制天文年历及国民历，五、办理首都授时，六、编定天文名词，七、恒星光谱之研究，八、太阳分光观测述要及影像偏角算法之研究，九、从中史太阳黑子纪录研究黑子周期，十、自动记时仪及天文钟改良方法之研究，十一、新星之研究，十二、一百六十公厘径透镜色像差之研究，十三、古代天文学之研究，十四、恒星之分光观测，十五、太阳黑子日珥光斑之观测，造父变星之摄影观测，十七、星云、星团、小行星、彗星之摄影观测，十八、狮子座流星群及其他特殊天象之观测，十九、全国经度测量会议之召集，二十、改良历法之研究，二十一、派员出席国际天文协会会议，二十二、派员前往日本观测日全食，二十三、民国二十年九月二十一日日全食观测之筹备。

（巳）气象 一、中国气候区域论，二、极面学说与中国风暴，三、东亚低气压分类，四、中国雨量区分类，五、气团分析，六、中国气流运行，七、中国气候要素，八、中国之雷雨，九、高空测候，十、高山测候，十一、农业气象研究，十二、微尘观测，十三、太阳热力观测，十四、天雷之研究，十五、长期预告之物理基础，十六、气压之变动，十七、中国之寒潮，十八、渤海之水文，十九、大气与海洋，二十、气象与航空，二十一、霉雨之来源，二十二、航空气象概要，二十三、雾与航空，二十四、古代气候研究，二十五、全国物候调查，二十六、东亚天气报告，二十七、飓风警报，二十八、本京天气预告，二十九、南京月令。

以上研究结果，具载集刊、专刊及各种小册，共约四十种。其余按期发行之刊物，月刊自十八年起，年报自十七年起，地震季报自二十一年七月起，又高层气流报告六种，第二极年峨嵋山、泰山气象报告一册，均已出版。此外招收测候生四班，毕业近百人，训练各省保送生先后五十人。测候所直属者四，合作者六，指导所及头等有五，二等有六，三等有二百八十六，雨量站逾千。先后召集全国气象会议三次，对于观测技术、警报术语、仪器校正、气象电码、观测时间均经厘定，施行以来成效甚著。

（午）历史语言 甲、史学及文籍校勘学：一、自商周秦汉魏晋南北朝隋唐五代及明清之际各作分段之研究，二、古文籍之校订，三、地下史料如甲骨铜器石刻等铭文之搜集编定与研究，四、隋唐以来佛教经典及与外族有关之边裔史研究，五、宋辽关系史及宋代社会经济之研究，六、整理内阁大库档案编辑明清史料，七、汉晋木简及敦煌材料之移录与编目整理，八、校勘全部明实录，九、中国俗曲之搜集编目与研究。乙、语言学：一、各地方言调查与研究，二、语言学各基本问题之研究，三、编辑中国音韵沿革，四、语调之比较研究，五、研究古韵及宋元词韵系统，六、灌制语音档片。丙、考古学：一、河南安阳殷墟发掘及洹水上游之调查，二、山东临溜之调查及历城县城子崖之发掘，三、黑尤江昂昂溪史前遗址之发掘，四、热河史前遗址之调查，五、河南濬县汲县巩县辉县广武等处之发掘及调查，六、山东滕县安上村及曹王墓之发掘，七、安徽寿县史前遗址□□□之调查，八、山东沿海一带之调查及□□□镇黑陶遗址之发掘。丁、人类学：一、□□□类及人种之调查，二、泉州川边民物调查，三、各地人体测量，四、头盖骨与体骨之研究，五、手指纹研究，六、儿童体质发育之研究。

（未）心理　一、素食及荤食对于学习之影响，二、修订皮纳氏智力测验，三、用生理电学方法研究视觉之生理基础，四、刺猬听觉反应之研究，五、血管内之感觉机关之研究，六、平衡感觉机关之研究，七、位足反应之研究，八、中国人大脑皮层之研究，九、神精细胞内核酸之分布，十、鼠视觉神精在低级中枢之分布，十一、刺猬下叠体之下行神经束，十二、与清华大学合作在平绥路局南口机厂及南通大生纱厂副厂研究工业心理各问题。

（申）社会科学　甲、民族学：一、亚洲人种初步分类；二、广西凌云傜人调查；三、浙江景宁敕木山畲民调查；四、台湾番族之原始文化，二十三年七月与社会调查所合并后，民族学研究改由历史语言研究所进行。乙、近代经济史：一、中国厘金史；二、一条鞭法；三、川盐官运之始末，四、清季海关税收之用途。丙、工业经济；一、七省华商纱厂调查报告，二、华商棉纺织厂成本会计。丁、农业经济；一、黑尤江流域的农民与地主；二、亩的差异；三、台湾的租佃制度；四、清苑的农家经济，五、冀北察东三十三县农村概况；六、华北六省与闽浙两省食粮运销调查。戊、国际贸易：一、六十五年来中国国际贸易统计；二、中国各通商口岸对各国进出口贸易统计；三、近十年来我国国际贸易平衡之研究；四、近二十年来之中日贸易；五、国际贸易统计上之货物名目及分类。己、金融：一、中国的银行；二、中国银行业的农业金融；三、民五中交两行停兑风潮；四、民十六年武汉集中现金风潮，五、中国之新货币政策，六、放弃金本位与进口贸易；七、中国合会之研究；八、厦门金融与华侨汇款调查。庚、财政：一、中国之营业税；二、江宁兰溪财政调查；三、陕豫苏三省十一县地方财政调查；四、租税理论之研究。

辛、人口：一、人口登记；二、生命表编制法；三、最近中国人口之新估计。壬、统计：一、数理统计研究；二、北平生活费指数；三、统计表中之上海。癸、其他：一、广西省经济概况；二、上海公共租界制度；三、难民的东北流亡；四、中国北部的兵差与农民。

（酉）动植物 一、十七年筹设自然历史博物馆；二、广西、云南、四川、贵州诸省及海南岛动植物之调查与采集；三、山东沿岸海产动物之采集；四、十九年八月派员赴英参加世界植物学会议；五、二十三年七月改组为动植物研究所；六、华北海洋渔业之调查；七、东沙岛海产及珊瑚礁之调查；八、各种鱼类之研究；九、海水及淡水浮游生物之研究；十、吾国重要棉病经济防除法之研究；十一、小麦病害之研究；十二、蔬菜病害之研究；十三、华南各省经济菌类之调查；十四、中国蔬菜害虫之调查；十五、果蝇之研究；十六、各种甲虫之研究；十七、中国家畜家禽寄生圆虫类及扁虫类之研究；十八、寄生原虫动物之研究；十九、国产高等动植物分布及分类之研究；二十、藻类分布、分类、形态之研究；二十一、原生动物之形态生态及细胞生理学。

上述各项工作以篇幅所限，仅略举纲要，以表现一斑。十年来本院以极少之经费，一方面扩充建筑设备，一方面进行研究调查，不遗余力，在职责上尚鲜陨越，此后当益加努力，冀副国家及社会之期望。

〔中央研究院档案〕

二、其他科研机关

1 国立北平研究院组织规程

（1935年6月20日）

第一条 国立北平研究院为国立学术机关，学理与实用并重，以实行科学研究，促进学术进步为其任务。

第二条　国立北平研究院设院长一人，综理全院院务，由教育部聘任；设副院长一人，襄理院务，由院长聘任，报告教育部备案。

第三条　国立北平研究院设总办事处，受院长及副院长之指导，处理文书、会计、庶务及出版各事宜，总办事处职员除雇员外，均由院长聘任。

第四条　国立北平研究院分设若干研究所，各研究所设专任、特约研究员若干人，助理若干人，均由院长聘任。各研究所设所长一人，由院长就研究员中聘任之。

第五条　国立北平研究院设若干研究会，或以之替代未经成立之研究所之职务，或以之扶助其他研究所之不足，各研究会由院长聘请会员若干人，各研究会各设常务会员及干事各一人或数人，均由院长聘任，有关系研究所之研究员均为当然会员。

第六条　国立北平研究院于必要时得设其他附属机关。

第七条　国内外学术专家有重要发明或贡献者，得由院长聘为名誉研究员。

第八条　国立北平研究院设院务会议，其章程另订之。

第九条　本规程自即日起施行。

〔国民政府教育部档案〕

2　国立北平研究院十年来工作概况

（1928年11月—1938年11月）

国立北平研究院为国立学术研究机关，学理与实用并重。以实行科学研究，促进学术进步为其任务。民国十七年十一月开始筹备，民国十八年九月九日正式成立。兹将其组织及十年来工作概况约略叙述如次。

(甲)组织

北平研究院于院长（李煜瀛）副院长（李书华）之下，设有总办事处处理总务事宜，总办事处分设文书、会计、庶务、出版等课，关于学术研究设有各研究所，每所设所长一人，研究员、助理员、技术员、练习生各若干人。计有：物理学研究所（所长严济慈）、镭学研究所（兼所长严济慈）、化学研究所（所长刘为涛）、药物研究所（所长赵承嘏）、生理学研究所（所长经利彬）、动物学研究所（所长陆鼎恒）、植物学研究所（所长刘慎谔）、地质学研究所（所长翁文灏）、史学研究所（所长兼考古组主任徐炳昶、历史组主任顾颉刚）等九研究所，此外并设有经济、水利、字体、海外人地等研究会及气象台、博物馆、测绘事务所等附属机关。

镭学、药物两研究所系与中法大学合办。地质学研究所与实业部地质调查所（现属经济部）合作。植物学研究所与国立西北农林专科学校（现改为国立西北农学院）合组中国西北植物调查所（所长刘慎谔兼），史学研究所与陕西省政府合组陕西考古会，动物学研究所曾与青岛市政府合组胶州湾动物采集团，近与云南建设厅合组云南水产试验所（动物学研究所专任研究员张玺兼水产试验所所长）。

北平研究院经费原定为每月国币五万元，嗣政府实发每月国币三万元。中英、中法各庚款机关，对于理化镭药各研究所均予以补助（中比庚款机关于北平研究院成立之初亦有补助），中美庚款机关对于史学研究所亦予以补助。

(乙)工作

北平研究院除总办事处职员十余人外，各研究所共有研究员约三十五人，助理员约五十人，技术员及练习生约四十人，从事研究工作，兹将近十年来所完成之工作，举其荦荦大者，约略言之：

（Ⅰ）物理学研究所

注重光学、电学及地球物理之研究，研究结果著为论文在法美英德各国专门杂志发表者计五十余篇，在中国物理学报发表者六篇。依其性质，可分四类。

（一）关于地球物理者：

（1）沿津浦路京沪杭路及黄河与泾渭流域经纬度之测定（关于黄河及泾渭流域经纬度之测定，系应黄河水利委员会之请，以为该会大地测量基点之用）；　　（朱广才、鲁若愚）。

（2）我国各地重力加速度之测定，（已测定二百三十余处，遍我国本部各省）；　　（雁月飞、张鸿吉、鲁若愚）

（3）华南地磁之长期变化。　　（卜尔克、龚惠人）

（二）关于光学者：

（1）压力对于照相片感光性之影响　　（严济慈、钱临照、吕大元）

（2）臭氧之紫外吸收光谱；　　（严济慈、钟盛标）

（3）氖之连续光带；　　（严济慈、吴学兰）

（4）电场对于硷金属吸收光谱之影响，　　（严济慈、钟盛标、翁文波）

（5）中国窗户纸之紫外线透射性；　　（陈尚义）

（6）硷金属主线旁之吸收光带，　　（严济慈、钟盛标、翁文波）

（7）稀有气体对于硷金属主系光谱之位移，（严济慈、陈尚义）

（8）铷之吸收带光谱，　　（严济慈、钱三强）

（9）稀有气体对于硷金属主系光谱线之变广。　　（严济慈、陈尚义）

（三）关于电学及无线电者：

（1）水晶体被扭起电现象之研究； （严济慈、钱临照）

（2）空心水晶柱之振动及其温度系数； （严济慈、钱临照、方声恒、庄鸣山）

（3）各种切法水晶片之振动。 （严济慈、盛耕雨）

（四）关于理论物理者：

（Ⅰ）物体在固体状态时之原子力。 （翁文波）

此外该所或以其原有之设备，或以其研究之结果，为他人或他机关服务者，则有：（一）矿产及金属之光谱分析；（二）各地电台水晶振动器之制造。该所复设有光学工场，为谋自身研究上之便利与求该项技术之推进。其所制之光学零件堪与舶来品相比，常受其他机关之委托而为代制。

（Ⅱ）镭学研究所

该所着重放射原质之化学研究与其射线及X光之物理性质。总计先后在国内外专门杂志发表论文十二篇，依其性质可分下列各类：

（1）我国放射性矿物之探查； （郑大章、杨承宗）

（2）我国各地温泉所含氡量之测定； （杨承宗）

（3）压力对于X光照相之影响； （陆学善、吕大元、张鸿吉）

（4）压力对于镭的丙种射线照相之影响； （严济慈、陆学善、李立爱）

（5）原锕之拖带与集中； （郑大章、李铼）

（6）用x质点计数法以定锕系对于镭轴系之分枝比例； （郑大章、杨承宗）

（7）钛之磷酸化物之沉淀。 （郑大章、李铼）

（Ⅲ）化学研究所

该所于纯粹科学研究外特别注重实用问题。该所研究论文发

表者计二十篇,全文皆在该所丛刊中发表,提要则见于法国科学院周报,法国化学会杂志等。依其性质可分四类:

(一)关于理论化学者:

(1)45°时五氨一水硫酸钴在硫酸液中之化学平衡。(刘为涛、王世模)

(2)五氨一氯硫酸钴酸性盐之研究; (刘为涛、王世模)

(3)四氨一水硫酸根之硫酸盐与四氨二水硫酸钴间之互变研究。 (刘为涛)

(二)关于无机及分析化学者:

(1)铝测定法之研究; (杨光弼,雷孝勤)

(2)氯化高铁对于竹之作用; (杨光弼)

(3)过硫酸镁电解制法之研究; (李麟玉、白金传)

(4)绿豆组成之研究及汤渣所含原素与物质之分配。(杨光弼、雷孝勤)

(三)关于有机化学者:

(1)乙镁炔单化物之研究; (周发岐)

(2)氯化锌及硫酸对于煤膏之作用; (周发岐、荣甫)

(3)利用Friadel—crafts反应制甲基萘之研究。(周发岐、荣甫)

(四)关于应用化学者:

(1)杉、松、竹活性炭之研究及其吸力考验之新装置;(张汉良、周发岐、刘为涛、王世模)

(2)铺路柏油之研究;(周发岐、张汉良)

(3)井陉汽油用途之试验; (张汉良、王耀球)

(4)桐油之催干与去臭研究及其制炼; (张汉良、王耀球、林泽礼)

（5）电解法提纯糖浆之试验； （张汉良、王耀球）
（6）制硫酐用触煤之研究； （张汉良、王耀球）
（7）骨胶制造改良方法之研究； （白金传）
（8）制炼涂布帛干油之研究。 （张汉良、王耀球）

民国二十五年该所受管理中央庚款董事会之补助，设立工业化学实验室并附设化学工厂，备有制冷机、碎石机、硝化器、硫酸化器、低压蒸馏器及离心机等，目的使普通化学试验室之操作，皆可于工业化的试验室中作半工业式之试验，且略偏重有机颜料制造之设备，准备于纯制国产各种化学药品及原料外，兼作小规模有机原料之制造。

（Ⅳ）药物研究所

该所以最新之方法提取国药之有效质素，研究而利用之。研究论文在中国生理杂志、中国医学杂志、美国药学会杂志及该所丛刊发表者，计已有二十五篇。业经该所研究之中国药材如下：

（1）麻黄：中国麻黄本用治痰哮气喘，已证明为治哮喘专药，赵承嘏曾在中国麻黄中提出麻黄素及假性麻黄素两种，该所再加详细研究，结果发现三种有机物质：（a）麻黄副素（系植物硫），（b）中性结晶物，（c）挥发油。又研究麻黄副素药理作用。 （赵承嘏、梅斌夫、陈克恢等）

（2）贝母：中国川贝母所含之有效质素与浙贝母所有者不同。赵承嘏前由浙贝母中提出贝母素甲及贝母素乙，陈克恢曾研究二者之生理性质，结果对于贝母能治咳嗽等发生疑问。该所在川贝母中提出一新植物碱，命名贝母素丙并研究其生理的性质。 （赵承嘏、陈克恢）

（3）洋金花：中药用洋金花治哮喘，该所发现洋金花之有效质素为海日新性甚毒其生理作用有治哮喘之可能，然久用之必中毒，且有毒毙者。 （赵承嘏）

（4）中国延胡索之研究及其生理性质与四种延胡索赝碱之

药理作用。　　（赵承嘏、汪敬熙、陈克恢、安德生）

（5）除虫菊花中二种结晶中性物质；　　（赵承嘏、朱任宏）

（6）蔓陀萝化学成分之研究；　　（赵承嘏）

（7）中国细辛之研究；　　（赵承嘏、朱任宏）

（8）黄藤及菜虫药之研究；　　（梅斌夫、赵承嘏）

（9）中国大茶叶中之植物碱及钩吻素辰之生理性质；（赵承嘏、汪敬熙）

（10）雷公藤之研究——红色颜料及糖类；　　（赵承嘏、梅斌夫）

（11）木防己素甲与木防己素乙之作用及毒性；　　（陈克恢，赵承嘏）

（12）蚯蚓有效成分；　　（赵承嘏、朱恒璧）

（13）中药三七之两种肥皂草素。　　（赵承嘏、朱任宏）

该所附设药品制造部，将普通之药物变为纯粹之化学品，以应今日新医药界之需要。现在制造中者为：（1）麻黄素；（2）大枫子素；（3）止血素及，（4）杂【维】他命乙。

（Ⅴ）生理学研究所

该所除对于实验生物学、细胞学、生理学等问题从事研究外，近数年来注重国药对于生理之作用的研究。该所研究论文大都在该所丛刊该□□□告汇编巴黎生理学周刊及生理与病学杂志等发表，已发表论文计六十三篇，依其性质可分为下列五类：

（一）关于实验生物学者：

（1）脊椎动物脑之比重及水份之含量；　　（经利彬、熊懋桢、刘玉素）

（2）鸟类脑体积之研究；　　（经利彬、刘玉素）

（3）碱水鱼类脑之比重水份含量及体积之关系；　　（经利彬、熊懋桢、刘玉素）

（4）海仙人掌之体量变化及氯化钾钙镁钠与发光之关系；

（经利彬、张□、戴笠、刘玉素）

（5）船底动物之附着生活与金属物质关系之研究。（戴笠）

（二）关于细胞者：

（1）金鱼鳞及腮盖复生情形；（经利彬、章韫胎）

（2）桑蚕胎体中肠壁膜之构造。（章韫胎）

（三）关于生理者：

（1）大戟之生理作用；（经利彬、石原皋）

（2）党参的生理作用及其对于血球与血压之作用；（经利彬、石原皋）

（3）疲劳肌肉能使动物生长加速之研究；（经利彬、石原皋）

（4）麻醉剂对于尿素之作用；（经利彬、吴炳宋）

（5）槐实精液与血球及血中糖质之关系；（经利彬、石原皋）

（6）芎藭之生理作用；（经利彬、石原皋）

（7）车前对于尿量排泄及其成分变异之研究；（经利彬、吴炳宋）

（8）四种利胆排除药之研究。（经利彬、李登榜）

（四）关于国药对于生理之作用者：

（1）知母；（2）川芎；（3）地黄；（4）粉防己；（5）玄参；（6）瓦松；（7）泽泻；（8）柽柳；（9）升麻；（10）常山；（11）柴胡；（12）半夏等；（13）木斛；（14）云南三七；（15）怀牛膝；（16）苍术；（17）党参；（18）中国产槲寄生；（19）车前。（经利彬、石原皋、李登榜、侯玉清、董龙辉、马闻天等）

（五）关于营养者：

（1）中国北方食料与血中磷钙质之含量之关系。（经

利彬、吴炳宋、石原皋）

该所移至昆明后，除继续研究以往已定之工作外，拟对甲状腺肿之基代谢，人民之血类等西南特殊问题，加以研究云。

（Ⅵ）动物学研究所

该所特注意海洋动物及淡水动物调查及研究。兹依其工作范围，分四类列迷于下：

（一）关于海洋动物者：

每年定期派员赴我国沿海主要地点，如烟台、威海卫、胶州湾、厦门、广东及荷属东印度等地一带，采集动物标本并就地研究其生活分布状态。

二十四年四月在烟台成立"烟台海滨动物研究室"，是年六月根据太平洋科学协会海洋组织中国分会之决议，更名"渤海海洋生物研究室"，派员常期居留该地工作。二十六年春与威海卫行政专员公署商妥，就海滨仓库旧址改建威海卫海洋生物研究室兼水族馆。二十四年春与青岛市政府合组"胶州湾海产动物采集团"，采集附近海产动物并调查海洋学上诸问题。

总计在上述各地前后采得动物标本逾一万号，继续从事整理研究，其已研究发表之论文及报告凡二十四篇，分别归纳于下列各类：

（1）鱼类分类上之研究；　　（顾光中）

（2）大鲸鲛之畸形鳃；　　（张　玺）

（3）胶州湾产文昌鱼之一新变种及烟台发现之文昌鱼幼体；　　（张　玺、陆鼎恒、顾光中）

（4）胶州湾产二种肠鳃类之研究；　　（张　玺、顾光中）

（5）中国沿岸棘皮动物系统上及分布上之研究；　　（张凤瀛）

（6）软体动物分类及食用种类之研究；　　（张　玺、相

里矩、阎敦建）

（7）华北蟹类之新记录及胶州湾探得之蟹类； （沈嘉瑞、张玺、刘永彬）

（8）海蜘蛛类之二新变种及分类上之新讨论与动吻【物】类之新种； （陆鼎恒）

（9）烟台海滨动物分布上之调查； （张尔）

（10）渤海海洋生物研究室定期报告； （张修吉）

（11）胶州湾海产动物采集团总报告。 （张尔、马绣同）

（二）关于陆栖脊椎动物者：

在河北省之东陵、保定及北平附近采集数次，获得标本一千余号，其中以鸟类为多，爬行类及两栖类则以广东及荷属东印度采得者为多，研究发表之论文及报告凡八篇，分下列数项：

（1）中国北部鹤科及乌鸦科之叙述； （陆鼎恒、李象元）

（2）水雉之记录及分布之扩充； （李象元）

（3）中国普通鱼狗； （李象元）

（4）北平附近之益鸟报告； （李象元）

（5）荷属南洋群岛蚕场之研究。 （陆鼎恒）

（三）关于实验动物学及细胞学者：

发表之论文凡五篇，约分四类：

（1）金鱼卵受精之实验及细胞方面变化之研究； （朱洗、陈兆熙）

（2）广东产无尾类之杂交试验； （朱洗）

（3）受精蛙卵依离心力作用而获得变胎之试验； （朱洗）

（4）马蛔虫三价新亚种的生殖细胞之研究。 （朱洗、陈兆熙）

（四）关于淡水动物者：

该所自二十七年迁滇后，即开始致力于淡水生物之研究及水产事业之改进，已与云南省建设应合组一"云南水产试验所"，试验养鱼并研究滇池水生物。此外又已在洱海调查并采集一次，将依次推及云南省其他湖泊。

（Ⅶ）植物学研究所

注意我国北部、东北部、西部植物之调查分类分布之研究。民国二十五年该所与国立西北农林专科学校（现改为国立西北农学院）合组中国西北植物调查所，故近年来该所之工作以研究西北植物为主，尤注重于经济植物之调查及农林问题之探讨。该所采集标本约六万余号，已发表论文共六十余篇，登载于该所丛刊，中国植物杂志及生物学杂志等刊物，又编纂之中国北部植物图志已出版五巨册。兹略述该所主要工作于下：

（一）调查与采集

该所历年派员至河北、河南、山东、陕西、甘肃、山西、辽宁、吉林、热河、察哈尔、绥远、宁夏、青海、新疆、西藏、内蒙古、湖北、四川、云南、安徽、浙江、江苏、及闽粤等地调查采集。足迹所至，东及长白山，西至天山、昆仑山、西藏草原、喜马拉雅山，南至滇粤，北达蒙古，中经太行山、秦岭、伏牛山巴山、黄山等处，前后共获标本六万余号。关于中国北部植物之调查工作已略告完备，近数年对西北数省之植物更作精详之调查，尤以秦岭之太白山为最，先后派员前往调查已十余次之多，而太白山之植物图志亦正在赶编之中。

（二）编纂中国北部植物图志：

该图志依科分别编纂，已出版者计有下列五册：

（1）旋花科； （刘慎谔、林　熔）

（2）龙胆科； （林　熔）

（3）忍冬科； （郝景盛）

（4）藜科苋科马齿苋科商陆科； （孔宪武）

（5）蓼科。 （孔宪武）

（三）关于高等植物之研究：

关于高等植物研究论文已发表者有下列各篇：

（1）旋花科二篇 刘慎谔、林 熔 （2）忍冬科四篇 郝景元

（3）茄 科二篇 刘慎谔、王云章 （4）玄参科三篇 白荫盛 （5）桔梗科一篇 钟补求 （6）紫葳科一篇 白荫元 （7）龙胆科三篇 林 熔 （8）大戟科一篇 刘慎谔 （9）田麻科一篇 郝景盛 （10）蓼 科二篇 孔宪武 （11）藜 科一篇 孔宪武 （12）苋葳科一篇 孔宪武 （13）谷斗科二篇 刘慎谔 （14）桦木科一篇 夏纬瑛 （15）豆 科二篇 孔宪武 （16）禾本科一篇 孔宪武 （17）杨柳科一篇 郝景盛 （18）卫矛科二篇 王振华 （19）槭树科一篇 郝景盛 （20）小檗科一篇 郝景盛 （21）松柏科二篇 孔宪武、夏纬瑛 （22）单子叶植物一篇 孔宪武

（四）关于地下等植物之研究：

（1）地衣二篇 刘慎谔、朱彦成 （2）苔藓植物一篇 陈伯川 （3）锈菌九篇 刘慎谔、王云章 （4）炭 菌三篇 阎玫玉 （5）鬼笔菌二篇 刘慎谔、黄逢源

（6）散尾菌一篇 刘慎谔、黄逢源

（五）关于植物理者：

（1）中国南部及西南植物地理二篇 刘慎谔

（2）陕西植物分布概要一篇 刘慎谔

（3）黄山有花植物名录一篇 钟补求

（4）小五台山有花植物一篇 孔宪武、王作宾

（5）太白山植物概要一篇 王作宾

（六）关于药用植物之研究：

以科学方法整理旧有之本草　钟观光

（七）植物园之建设：

该所为谋教材取用及研究参证上之便利，由西北植物调查所在武功西北农院内建立一小规模之植物园，现有苗禾六千余株，其中大部系移自秦岭。

（Ⅷ）地质学研究所

该所与实业部地质调查所（现属于经济部）合作，由翁文灏兼任所长，研究员有谢家荣、王竹泉、黄汲清、杨钟健、尹赞勋、周赞衡、李善邦、金开英、王恒升、曾世英等。十年以来，所出版之调查报告及研究论文不下数百种，大都在该所与地质调查所合刊之地质汇报、地质专报、地震专报、土壤专报及中国古生物志发表。该所十年工作情形，得分三个时期叙述：

第一时期自民国十八年起至二十四年止，为在北平工作时期。此时期中该所设备增加甚速，图书馆办公室及燃料研究室相继建筑完竣，陈列馆布置就绪，新时代研究室成立，并与协和医校合作，在平西南周口店之石灰岩洞穴中作大规模之挖掘工作，发现北京猿人及同时代之脊椎动物多种。在平西之北安河设鹫峰地震研究室，作地震纪录，同时成立土壤研究室，积极调查各省土壤并测制土壤图。室内工作特别注重古生物之研究，将吾国各种地层上化石作详细之研究，进而解决各时代之地层次序。野外工作则作地质图与调查矿产两项并重，完成河北、山西、山东、江苏、陕西、绥远等省地质图，并派遣长期地质调查队对于秦岭、祁连山、四川、西康、贵州、云南等区域之地质作普遍之研究，矿产调查方面集中力量于华北及华中煤田之详测及各地重要铁矿之测勘。

第二时期自民国二十四年起至二十六年止。在此时间中该所自北平迁南京，在南京除地质矿产陈列馆及办公室占新厦一幢外，尚有新建之图书馆化学室及燃料研究室等，同时因北平为学术研究中心之一，故仍留一部份人员在平，图书标本亦留一部份，并设北平分所，以便指挥工作。在此时期中该所古生物及地层研究仍继续进行，地质调查则偏重长江流域之安徽、湖北、江西、湖南、贵州等省，而尤以南岭一带、湖南、江西及贵州之矿产调查占首要地位；土壤研究室仍以调查工作为主，而偏于一定区域之土壤详测；地震研究室仍留平西工作；另设地性探矿室于南京，开始扭抨探矿工作，燃料研究室规模加大，除煤之炼焦及低温蒸馏等研究外，更致力于植物油提炼轻油之工作。

第三时期自二十六年至现在止，为抗战时期。该所自二十六年十一月自南京西迁，大部图书仪器及一部份标本，尚能运出保存。最初在长沙附近建筑临时房屋办公，继于二十七年七月迁四川北碚，现在该所已在北碚建房，作久居计，运出图书标本亦均存放北碚，为应抗战急需计，大部人员均从事于矿产调查，惟纯粹研究工作，则仍维持不坠，并在昆明设办事处，以便主持云南方面之工作。

（ⅠⅩ）史学研究所

该所为史学研究会所改组者。史学研究会原聘陈垣、顾颉刚、沈兼士、朱希祖、张星烺等十余人为会员，以吴敬恒为常务会员。嗣于民国二十五年七月改组为史学研究所，分考古、历史两组。兹将其调查、整理、及研究工作分述于下：

（一）关于考古者：

（1）河北易县燕下都故址之发掘；　　　（常惠等）

（2）陕西丰镐、大邱、雍、阿房宫、陈宾词等遗址之调查；　　（徐炳昶、常惠、何士骥）

（3）发掘唐中书省旧地（西安民政厅前院），得宋吕大防所刻唐大明兴庆两宫图残石；　　　（何十骥）

（4）发掘陕西宝鸡县斗鸡台遗址，自民国廿三年春开始至民国廿六年夏止,共发掘三次。遗址内容包括新石器时代至隋之人民居址及三代秦汉各时期之古墓多处; (徐炳昶、何士骥、苏秉琦、白万玉、龙元忠等)

(5)整理斗鸡台发掘结果并调查陕西省境之古迹遗址; (徐炳昶、苏秉琦、何士骥)

(6)南北响堂寺及其附近石刻拓片之整理; (徐炳昶、顾颉刚、龙元忠、马丰)

(7)调查邯郸县之赵王城、曲阳县之恒山庙; (徐炳昶、顾颉刚)

(8)道德经古本的校刊。 (何士骥)

(二)关于历史者:

(1)调查北平内外城庙宇八百八十二处,照相二千余张,测绘平面图七百余幅,拓碑一千二百余品,访问笔录八百余份,又调查北平西郊庙宇二十八处,照相一百三十五张,测绘平面图二十一张,拓碑一百零二品,访问笔录二十八份; (姚彤章、常惠、李至广、吴世昌、张江裁、许道龄等)

(2)编纂北平史表长编; (历史组)

(3)编纂北平金石目; (历史组)

(4)编纂北平庙宇志; (鲍汧、张江裁、吴世昌、许道岭、刘厚滋)

(5)史记校点及索引; (顾颉刚、徐文珊)

(6)宋元学术史之研究; (白寿彝)

(7)边疆史料之整理。 (冯家升、吴丰培)

该所考古及历史两组调查发掘及研究结果,著为论文在考古专报与史学集刊发表,同时该所编著专书,已出版者有十八种。

(X)研究会

(一)经济研究会——注意于当前实际需要之中国财政问题,中国财政及战时财政调查与研究。已发表者有关税问题鸟敞，粗税负担分配问题，内外交乘之财政管理问题，所得税实施问题（崔敬伯）等。

（二）水利研究会——注意华北之雨量与流量、农田水利及地下水等问题之研究。已发表者有朝鲜农田水利事业调查报告（李书田）；近年华北旱潦灾患调查报告（董时进）凿井工程（李吟秋）等。

（三）字体研究会——从事简体字研究与章草字典之编撰等工作。

（四）海外人地研究会——从事世界人与地各种关系之研究。

（Ⅺ）气象台

每日观测及报告气象并施放气球，测定高空风速等，按日广播以供航空之用，该台按月编印气象月报，并按年编印北平气象概况。

（丙）出　版〔略〕

（丁）最近概况

近三四年前，因北方情形日趋严重，为思患预防计，遂先将植物学研究所图书标本仪器及工作人员全部迁往陕西，史学研究所大部亦迁陕，药镭两所及理化一部份图书仪器南迁；地质学研究所亦随地质调查所南迁。迁出各部份仍照常工作，此卢沟桥事变以前之大概情形也。

平津沦陷以后，在平各项工作停顿，同时院中经费亦因战事停发数月。自二十七年一月起，院中经费改照四成分给，二十七年三月起又改照四成九扣发给。

二十七年四月间北平研究院在昆明设立办事处。物理学、化学、生理学、动物学、史学各研究所陆续迁滇。图书仪器因事前早有准备，均已迁出陆续运滇。其抗战前由平迁出各部份，则始终照常工作，从未停顿，亦属幸事。

院中因经费减成支给，不得不暂时力求紧缩，气象台博物馆等附属机关及各种研究会均停，其余部份暂时亦均缩小范围，但院中仍维持主要工作，尤特别注重应用方面之研究，如应用光学、应用化学、国药研究等，同时注意有学术性质或有经济价值之地方性的调查与研究，如植物学研究所在西北注重农林调查，动物学研究所在昆明开始作昆明湖及云南水产昆虫等调查与研究工作，物理学研究所在云南以地球物理方法从事金属矿产之探查，史学研究所在云南调查古迹遗址等。

北平研究院成立迄今已满十年，同人多能埋头苦干，实地工作，其研究成绩之在欧美著名科学刊物上发表者不少，颇能引起国内外科学界的注意，对于其所负科学研究之使命可谓已有相当成就，国家为提倡科学研究以成立研究院之本意，其在兹乎。近来各所工作计划，更切实际，一以其有十年之根底与经验，二以我国当前之局势使然也。至其研究工作宜如何发扬光大，并与抗战建国工作更得密切之联络，尚有待于我国当局与社会人士之指导焉。

〔国民政府教育部档案〕

3 教育部颁布大学研究院暂行组织规程
（附大学研究院统计表）

（1934年5月19日）

第一条　大学为招收大学本科毕业生研究高深学术，并供给教员研究便利起见，得依大学组织法第八条之规定，设研究院。

第二条　研究院分文、理、法、教育、农、工、商、医各研究所，称文科研究所，理科研究所，法科研究所，教育研究所，农科研究所，工科研究所，商科研究所，医科研究所。凡具备三研究所以上者，始得称研究院，在未成立研究所以前，各大学所设各科研究所不冠用研究院名称。

第三条　各研究所依其本科所设各系分若干部，称其研究所某部（例如理科研究所物理部）。各研究所依各大学经费、师资与设备情形得陆续设立各部，或仅设置一部或数部。

第四条　研究院研究所暨研究所属各部之设置，须经教育部之核准。

第五条　设置研究院所之大学，须具备左列各条件：

一、除大学本科经费外，有确定充足之经费专供研究之用；

二、图书仪器建筑等设备，堪供研究工作之需；

三、师资优越。

第六条　大学研究院设院长一人，得由校长兼任。各研究所及所属各部各设主任一人。

第七条　招收研究生时，以国立、省立及立案之私立大学与独立学院毕业生经公开考试及格者为限，并不得限于本校毕业生；在外国大学本科毕业者亦得应前项考试。研究院各研究所或部于必要时得停止招收研究生。各大学依本规程所招收之研究生，应于取录后一个月内连同资格证件报部审核备案。

第八条　在学位法未颁布以前，各研究生研究期限暂定为至少二年，期满考核成绩及格，由大学发给研究期满考试及格之证件。

前项考试机关应有经部核准之校外人员参加，其详细规则另定之。

第九条　研究生应习之课程及论文工作由各校详细拟订，呈经教育部核定。

第十条　研究生不得兼任校内职务。

第十一条　研究生成绩优异者得给予奖学金，其名额及金额由各校自定之。

第十二条　独立学院得准照本规程各条之规定设置研究所。

第十三条　各大学或独立学院在本规程公布前，已设置研究所者，应依照本规程第四条、第五条之规定，呈请审核，经审核认可者方得继续设立。

第十四条　本规程自公布之日施行。

大学研究院统计表（1936年）

校名	院名	设置学科
国立清华大学	文学研究所	中国文学部、外国语文部、哲学部、史学部
	理科研究所	物理部、化学部、算学部、生物学部
	法科研究所	政治部、经济部（暂停招生）
国立北京大学	文科研究所	中国文学部、史学部
	理科研究所	数学部、物理部、化学部
	法科研究所	（暂停招生）
国立中山大学	文科研究所	中国语言文学部、历史部
	教育研究所	教育学部、教育心理部
	农科研究所	农林植物部、土壤部
国立中央大学	理科研究所	算学部
	农科研究所	农艺部
国立武汉大学	工科研究所	土木工程部
	法科研究所	经济部

续表

校名	院名	设置学科
国立北洋工学院	工科研究所	采矿冶金部
私立南开大学	商科研究所	经济部
	理科研究所	化学工程部
私立燕京大学	理科研究所	化学部、生物学部
	法科研究所	政治学部
	文科研究所	历史学部
私立东吴大学	法科研究所	法律学部
私立金陵大学	理科研究所	化学部
	农科研究所	农业经济部
	文科研究所	史学部（准予二十六年度招生）
私立岭南大学	理科研究所	生物部、化学部

〔国民政府教育部档案〕

4 国民党四川省党部呈送中国西部科学院组织大纲、董事会简章及董事一览表等文件

（1937年9月8日）

案据中国西部科学院董事长刘湘、副董事长郭文钦、甘典夔、院长卢作孚等呈称："窃本院设立者，以四川幅员辽阔，物

产丰富，为国防重要区域。在兹民生凋弊，国难日急之日，开发西南尤为当前之急务，爰议设立研究机关于巴县北碚，定名为中国西部科学院，从事于科学之探讨，以开发宝藏，富裕民生，于民国十九年九月正式成立。并组织董事会，公推刘甫澄为董事长，郭文钦、甘典夔为副董事长，同时聘请卢作孚为院长，主持院务，次第设立生物、理化、地质、农林四研究院，附设图书馆、博物馆各一，历年由董事会筹募捐款壹拾玖万贰千肆百玖拾伍圆柒角叁仙，合各部建筑设备各项费用。并先后请准前陆军第二十一军军部每月补助费六百元，前江巴璧合特组峡防团务局每月补助费七百元，及四川省政府教育厅补助费每月壹千伍百圆，作为经常开支。至二十四年，陆军第二十一军军部及江巴璧合特组峡防团务局改组，先后停拨补助费，四川省政府教育厅补助费且核减为全年五千元，本院现有北碚农村银行股本三千六百元，本院农场投资三万五千二百一十八元，年可收息金及生产盈余共约五千余元，各界捐款收入年约七千余元，四川省政府教育厅补助费五千元，虽全年收入总计只有一万七千余元，然各部工作仍苦心实干，采集调查，纵横于川、康、滇、黔、陕、甘各地；并与中国科学社、北平静生生物调查所、实业部地质调查所、中央研究院以及省内外各大学联络研究、合作调查采集、关系学术及四川产业之改进，至为密切。历年调查采集研究均有专书出版，供给省内外学者及热心文化生产事业者之研究参考资料，并经呈送四川省政府备查在案。于二十五年先后承受四川省政府委派担任四川地质矿产调查，及化验工作与燃料之研究，最近又遵令派员参加，国民政府军事委员会委员长行营考查团，担任地质矿产调查。所有各部工作人员即在经费万分困难之际，亦莫不苦心协力穷其究境，期于四川产业有所改进，社会国家有所贡献，此本院成立以来之大概情形也。兹遵照民国二十年教育部定"各种学术团体备案法及中央执行委员会制定之文化团体组织原则、文化团体组织大纲，除呈请四川省政府核准立案并转请教育部备案外，谨开具设立事项，连同表章随文赍呈，伏恳大部俯赐核准，并转请中央执行委员会备案，以树我国西部科学研究之基础，而谋产业之改进，谨呈"等情。附呈送设立事项册及组织大纲、董事会简章、董事一览表、收支简明预算表各二份。据此，查该院院址虽设于四川，但其组织范围不属于省，似应由钧部核示，指令祗遵。谨呈

中央民众训练部

附呈中国西部科学院设立事项册及组织大纲、董事会简章、董事一览表、收支简明预算表各一份。

中国国民党四川省党部常务委员　曹叔实　周遂初　李琢仁
中国国民党四川省党部设计委员　胡素民　冷曝东　陈紫舆
　　　　　　　　　　　　　　　李厚如　周荫棠

中华民国二十六年七月三日

中国西部科学院组织大纲

第一章　总纲

第一条　本院定名为中国西部科学院。
第二条　本院以研究实用科学，促进生产文化事业为宗旨。
第三条　本院院址设于巴县北碚乡。

第二章　董事会

第四条　本院设董事会为本院最高执行机关，其章程另订之。董事会之职权如左：
一　监督院务；
二　选聘院长；
三　筹集经费；

四　审核预算及决算；

五　审定事业计划。

第三章　院　长

第五条　本院设院长一人，由董事会选聘呈请政府任命之。

第六条　院长依照组织大纲及董事会决议案执行院务。

第七条　各部主管人员、教授、研究员及技师，由院长聘任之，其余人员由院长任免之。

第八条　本院一切事项经院长裁核签字后施行之。

第四章　组　织

第九条　本院内组织如左，其办事细则另订之。

一　总务处；

二　生物研究所；

三　理化研究所；

四　农林研究所；

五　地质研究所；

六　博物馆；

七　图书馆。

第十条　总务处置主任一人，商承院长办理院务，院长缺席时代行其职务；下设文书、会计、出纳、庶务各股，各置管理员一人。

第十一条　生物研究所置所长一人，下设植物、动物两部，各置主任一人。

第十二条　理化研究所置所长一人，设物理、化学两部，各置主任一人。

第十三条　农林研究所置所长一人，下设园艺、畜牧、森林、测候四部，各置主任一人。

第十四条　地质研究所置所长一人，下设地质、矿产两部，各置主任一人。

第十五条　博物馆置馆长一人，下设陈列室、动物园，各置管理员一人。

第十六条　图书馆置馆长一人，下设登记、保管、出纳三部，各置管理员一人。

第十七条　本院各机关按所需要设教授、研究员、技师、助理员及学生若干人。

第五章　会议及委员会

第十八条　本院设左列各会议及各委员会：
一　董事会议；
二　常务董事会议；
三　院行政会议；
四　全体职员会议；
五　财务监察委员会；
六　出版委员会；
七　教育委员会；
八　特种专门委员会。

第十九条　董事会议每年开常会一次，必要时得开临时会议，由董事长召集之；常务董事会议每月开常会一次，必要时得开临时会议，由董事长召集之。

第二十条　行政会议以院长、总务主任、各所长、各教授、各馆长为会员，由院长主席，院长缺席时由总务主任主席，院长主任同时缺席时，由各所长依次主席；每周开会一次，必要时得开临时会议，由主席召集之。行政会议之职权如左：
一　审议预算及决算；
二　拟订各项规则；

三　审议各机关相互联络各项问题；

四　审议各机关人员增减问题；

五　考核工作成绩，议定惩奖；

六　审查著作出版事宜；

七　议设各种临时委员会；

八　议决事项经院长审核公布后施行之，如院长视为执行困难，得提交覆议或经解释困难理由后停止执行。

第二十一条　全院职员会议以全院工作人员为会员，院长主席；院长缺席时由总务主任主席，院长、总务主任同时缺席时由各所长依次主席；每月开会一次，必要时得开临时会议，由主席召集之。会议之职权如左：

一　报告一月内各部之工作；

二　报告对内对外一切消息；

三　讨论各部工作改进问题；

四　讨论关于卫生秩序及日常生活问题；

五　议决事项由院长审核后公布施行之，如院长视为难于执行之议案，得由院长说明理由停止执行。

第二十二条　财务监察委员会除院长、总务主任及会计、事务负责人员为当然委员外，于年度开始，首次全院职员会议公选委员五人组织之，由各委员互选一人为主席，任期一年，每届年度改选一次，每月起首第一周内开常会一次。审查一月内财务，每年度起首两周内开年度审查会一次，其职责如左：

一　审查年度预决算；

二　审查每月收支；

三　审查资产负债。

第二十三条　出版委员会由行政会议于年度开始之第一次会议推选会员七人组织之，各委员互推一人为主席，任期一年。其职责如左：

一　凡专门论文、笔记、报告书及一切学术上发表之文件，交本委员会审查之；

二　本委员会对于一切出版品及一切发表言论，有修改或交还修改后再行审查之权；

三　凡经本委员会审查合格之作品，须以本院名义发表之；

四　凡应出版或发表文件，交总务处办理之。

第二十四条　训练委员会于年度首次行政会议推选五人组织之，由各委员互推一人为主席，任期一年，每届年度改选三人，每月开会一次，必要时得开临时会议，由主席召集之，其职责如左：

一　计划关于助理员及学生之教育问题；

二　每年度之教育计划，须预先提交行政会议审查；

三　考查教学进度状况；

四　定期考核学业成绩报告院长。

第二十五条　特种专门委员得由院长于必要时组织之。

第六章　附　则

第二十六条　本大纲经董事会审查后公布实行之。

第二十七条　本大纲如有不适用处，得由院长提交董事会审查修改之。

中国西部科学院董事会简章

第一条　本会由本院设立者大会公推董事组织之，董事名额无定。

第二条　本会设常务董事十五人，由董事互选之；董事长一人，副董事长二人，由常务董事互选之，董事长代表本会执行一切事务，因事缺席时由副董事长代理之。

第三条　有左列资格之一、经常务董事开会通过者，得延为本会董事：

1. 从事于专门科学之研究者；
2. 热心提倡科学研究之事业者；
3. 捐巨资于本院者。

第四条　董事会每半年开常会一次，如有紧急事故发生，得由常务董事会召集临时会。

第五条　董事会之职责如左：

1. 考察事业之成绩并核定其计划；
2. 审查经费之决算并核定其预算；
3. 决定经费及基金之筹集方法；
4. 推选常务董事。

第六条　董事会开会以董事出席过半数之可决行之，可否同数时则取决于董事长。

第七条　常务董事会每月开常会一次，如有紧急事故发生，得由董事长召集临时会。

第八条　常务董事会之职责如左：

1. 考察事业之进行状况，并核定其办法；
2. 审察经费计算书；
3. 筹集经费及基金；
4. 选聘院长。

第九条　常务董事会开会，以常务董事之过半数出席及出席过半数之可决行之，可否同数取决于董事长。

第十条　常务董事任期为两年，期满改选，但得连选连任。

第十一条　常务董事应分左列各股办事：

1. 总务股　办理文牍、编辑、会计、庶务等事务；
2. 经济股　审查经费之计算、决算及预算；
3. 事业股　审查事业报告书及计划。

各股办事细则另定之。

第十二条 本简章如有未尽事宜，得由董事会议决修改之。
第十三条 本简章经董事会议决施行。

中国西部科学院董事一览表

二十六年三月填报

姓名	性别	年龄	籍贯	职业	经历	担任职务	住址	备考
刘甫澄	男		大邑			董事长		
郭文钦	男		泸县			副董事长		
甘典夔	男		荣昌			副董事长		
康心如	男		陕西			董事		
刘航琛	男		泸县			董事		
何北衡	男		罗江			董事		
杨粲三	男		重庆			董事		
温少鹤	男		重庆			董事		
汤壶峤	男		重庆			董事		
任望南	男		盐亭			董事		
周季悔	男		泸县			董事		
卢作孚	男		合川			董事		
郑东琴	男		永川			董事		
郑璧成	男		双流			董事		
卢尔勤	男		合川			董事		

中国西部科学院设立事项清册

一　名称　中国西部科学院。

二　宗旨　本院以研究实用科学，促进生产文化事业为宗旨。

三　院址　设于巴县北碚乡。

四　组织

本院董事会由设立者大会公推刘甫澄、郭文钦、甘典夔、刘航琛、康心如、杨粲三、温少鹤、何北衡、汤壶峤、任望南、周季梅、卢作孚、郑东琴、郑璧成、卢尔勤为董事，由董事会公推刘甫澄为董事长，郭文钦、甘典夔为副董事长，同时聘请卢作孚为院长，总理本院一切行政事宜，次第设立总务处一，生物、理化、地质、农林四研究所，附设图书馆、博物馆各一。另附组织大纲，董事会简章及董事一览表呈核。

五　经费

由董事会历年向各界人士及经济事业机关，募得捐款壹拾玖万贰千四百玖拾伍元柒角三分，除以一部份已作各所馆各项开支外，历年建筑设备费用，计在壹拾伍万伍千余元。现有北碚农村银行股本三千六百元，本院农场投资三万伍千贰百壹拾捌元，年可收红息及生产盈余共约五千余元；各界捐款收入年约七千余元；教育厅拨款收入，全年五千元，全年经费收入总计约壹万七千余元。另附收支简明表呈核。

〔国民党中央民众训练部档案〕

5　全国主要学术机关一览表

（1934年6月）

名　　称	负　责　人	所　在　地
国立中央研究院	蔡元培	南京成贤街
国立北平研究院	李煜瀛	北平市和平公园
国立编译馆	辛树帜	南京山西路
国立北平图书馆	蔡元培	北平市文津街
国立中央图书馆筹备处	蒋复璁	南京
国立博物院筹备处	李济	南京
国语统一筹备委员会	吴敬恒	北平市党部街
中山文化教育馆	孙科	南京陵园体育场路
中央国术馆	张之江	南京西华门头条巷
中央农业实验所	陈公博	南京市秣陵路二〇二号
中央工业试验所	欧阳崟	南京市下浮桥
古物保管委员会	张继	北平市

成立年月	备考
十七年六月	岁入一百廿万元所属有物理化学工程地质天文气象历史语言心理社会科学等九研究所及自然历史博物馆
十八年八月	属本部经费每月五万元并与其他学术机关合作核定经费为三十六万元
二十一年六月	属本部岁入十三万元岁出十二万六千元核定经费为十四万四千元
民国二年	岁入十四万元购书费国币六万元美金三万元核定经费为三五九八一一二元
二十二年三月	核定经费四万八千元
廿二年七月	岁出入经费二万四千元
八年四月	属本部岁入六千元已令裁撤
廿二年十一月	岁入四十八万元岁出五十四万四千余元
十七年三月	岁入六万元所属有中央国术体育专科学校及各省市国术馆
二十一年一月	属实业部岁入六十万元
十九年七月	属实业部岁入九万二千二百元
十七年三月	已并入内政部

续表

名称	负责人	所在地
实业部地质调查所	翁文灏	北平市西四兵马司
法医研究所	孙达方	上海真茹
江苏省立林业试验场	谢鸣珂	镇江县
江苏省立麦作试验场	尹骋三	铜山县北关外西阁
江苏省立稻作试验场	宋镜寰	苏州虎邱西郭桥
江苏省立棉作试验场	王志鸿	南通县
江苏省立渔业试验场	姚咏平	上海市中华路
江苏省立原蚕种制造所	易廷鉴	江都县
江苏省立蚕丝试验场	汤锡祥	无锡四区铁桥
江苏省立医院附设卫生试验所	汪元臣	镇江小码头
江西地质矿业调查所	周作恭	南昌市豫章公园
江西陶业试验所	邵德辉	南昌市
江西省立农业院	董时进	南昌市南关口
湖南地质调查所	刘基磐	长沙
湖南茶事试验场	罗远	湖南安化
湖南农事试验场	周声汉	长沙南门外

成立年月	备考
民国元年	经费每年六万元研究员二十八人
二十一年八月	属司法行政部岁入二千九百元岁出六万六千元职员十五人研究员十人
八年七月	职员四人研究员七人岁入经费三千余元该省淮阴设省分场
十四年三月	职员十三人岁入一八七九元
四年	职员三人研究员十一人岁入二五二七七元
十九年十月	职员四人研究员十人岁入五万四千元
廿三年二月	职员六人研究员十五人岁出入均三八七〇〇元
二十二年八月	职员十六人研究员五二人岁入六万二百四十元
廿三年七月	
十七年一月	属江西省政府岁入一万六千八百元
二十一年八月	属江西省建设厅岁入一万七千七百余元
二十三年三月	属江西省政府岁入二十五万四千余元
十六年三月	属该省省政府岁入二万一千元研究员八人
十七年七月	属该省建设厅岁入六百四〇元研究员六人
二十一年八月	属该省建设厅岁入四万八千余元研究员十六人

续表

名　　称	负责人	所在地
河南古迹研究会	张家谋	开封龙亭
山东古迹研究会	傅斯年	山东大学工学院
河北省县政建设研究院	晏阳初	河北定县
福建省立科学馆	黄开绳	福州解藩路
两广地质调查所	邹鲁	广州市文德路
广西普及国民基础教育研究院	雷沛鸿	广西邕宁津头村
陕西省地方政务研究会		西安市
上海市卫生局卫生试验所	程树榛	上海市
上海市工业试验所	沈熊庆	上海市
上海市市立农事试验场	包伯度	上海市

续表

成立年月	备考
二十一年二月	由国立中央研究院及河南省政府合组成立岁入五八九六元
十九年十一月	属中央研究院及山东省政府岁入二千元
二十二年四月	属河北省政府岁入一〇八四四〇元
二十二年十月	岁出入经费四万三千余元
十六年九月	属国立中山大学岁入六万七千二百元经费为四万八千元
二十二年十二月	常年经费五万元研究员十六人
二十年九月	属该省省政府研究员七十一人
	属上海市政府岁入四万四千元岁出四万元
十八年六月	岁入八千八百元岁出八千九百余元职员八人
十九年三月	岁入六千九百余元岁出六千九百余元研究员二人

〔国民党中央民众训练部档案〕

6 教育部高等教育司编：
（1933年

表一：民国以来学术团体增加状况

年　度	团			体
	总数	教育	文艺	医药
民国二十年	74	18	14	9
民国十九年	67	15	13	8
民国十八年	53	13	10	6
民国十七年	41	12	5	5
民国十六年	34	11	5	4
民国十五年	31	10	4	4
民国十四年	26	7	4	4
民国十三年	23	5	4	4
民国十二年	20	5	3	4
民国十一年	18	5	1	4
民国　十　年	14	5	—	4
民国　九　年	14	5	—	4
民国　八　年	14	5	—	4
民国　七　年	14	5	—	4
民国　六　年	12	5	—	4
民国　五　年	12	3	—	4
民国　四　年	9	2	—	4
民国　三　年	5	2	—	2
民国　二　年	5	2	—	2
民国　元　年	5	2	—	2
民国　以　前	3	1	—	1

民国以来学术团体概况表
6 月）

类			别		
普通	工程	理科	法政	农林	商业
8	8	6	5	4	2
8	7	6	4	4	2
6	4	6	3	3	2
5	3	4	3	3	1
5	3	3	1	2	—
5	2	3	1	2	—
4	1	3	1	2	—
3	1	3	1	2	—
3	1	2	1	1	—
3	1	2	1	1	—
3	1	—	—	1	—
3	1	—	—	1	—
3	1	—	—	1	—
3	1	—	—	1	—
3	1	—	—	1	—
3	1	—	—	1	—
2	1	—	—	—	—
—	1	—	—	—	—
—	1	—	—	—	—
—	1	—	—	—	—
—	1	—	—	—	—

表二：全国各类学术

类别	会数 实数	会数 百分数	成立期间	职员人数 实数	职员人数 百分数	会员人数 实数	会员人数 百分数
全国	74	100	民国前八年至二十一年二月	1850	100	31,168	100
1.普通	8	10.3	民国四年八月至民国廿年七月	280	15.1	2,638	8.5
2.实类	27	36.5	民国前五年至民国二十年十一月	709	38.4	8,787	28.2
1.理科	6	8.1	民国十一年月至民国十九年七月	93	5.0	768	2.5
2.农林	4	5.4	民国六年一月至民国十九年八月	208	11.3	2,371	7.6
3.工程	8	10.8	民国元年六月至民国二十年三月	251	13.6	1,458	4.7
4.医药	9	12.2	民国前五年至民国二十年十一月	157	8.5	4,190	13.4
3.文类	39	52.7	民国前八年至民国二十一年二月	861	46.5	19,743	63.3
1.文哲	14	18.9	民国十一年月至民国二十一年二月	335	18.8	1,164	3.7
2.法政	5	6.8	民国十二年月至民国二十一年一月	112	6.0	1,927	6.2
3.教育	18	24.3	民国前八年至民国二十一年一月	379	20.5	16,461	52.8
4.商业	2	2.7	民国十七年十二月至民国十九年三月	35	1.9	191	0.6

团体人数及出版物

会　员　缴　费 （单位　　元）		出版物 （种数）		备　案　期　间
入　会	常　年	丛书	期刊	
0.5—500	0.6—100	279	38	民国六年至二十二年二月
2—10	2—36	65	6	民国六年三月至民国二十年六月
1—50	1—60	51	16	民国十八年七月至民国二十二年二月
1—5	1—20	37	6	民国十八年　月至民国二十年五月
1—2	2—60	1	3	民国十九年　月至民国二十年六月
1—50	1—20	?	1	民国二十年九月至民国二十一年十一月
1—2	2—10	13	6	民国十八年七月至民国二十一年四月
0.5—500	0.6—100	163	16	民国十七年十二月至民国二十二年二月
0.5—10	0.6—50	8	16	民国十七年十二月至民国二十二年二月
1—20	2.4—10	3	1	民国十九年十月至民国二十一年五月
1—500	2—100	123	8	民国十八年至民国二十一年九月
1	1—10	29	1	民国十九年至民国二十年六月

注：教育部高等教育司民国二十二年六月制

〔国民党中央民众训练部档案〕

(二) 学位制度与科学奖金

一、学位制度法规

1 国民政府公布学位授予法

(1931年4月22日)

第一条 学位之授予，依本法之规定。

第二条 学位分学士、硕士、博士三级，但特种学科得仅设二级或一级。前项分级细则由教育部定之。

第三条 凡曾在公立或立案私立之大学或独立学院修业期满考试合格、并经教育部复核无异者，由大学或独立学院授予学士学位。

第四条 依本法受有学士学位，曾在公立或立案私立之大学或独立学院之研究院或研究所继续研究二年以上，经该院所考核成绩合格者，得由该院所提出为硕士学位候选人。硕士学位候选人考试合格，并经教育部复核无异者，由大学或独立学院授予硕士学位。

硕士学位考试细则由教育部定之。

第五条 依本法授有硕士学位在前条所定研究院或研究所继续研究两年以上，经该院所考核成绩合格提出于教育部审查许可者，得为博士学位候选人。

第六条 具有左列资格之一、经教育部审查合格者，亦得为博士学位候选人。

一、在学术上有特殊之著作或发明者；

二、曾任公立或立案私立之大学或独立学院教授三年以上者。

第七条 博士学位候选人经博士学位评定会考试合格者，由国家授予博士学位。

博士学位评定会之组织及博士学位考试细则，由行政院会同考试院定之。

第八条 硕士学位及博士学位之候选人均须提出研究论文。

第九条 本法施行前在公立或立案私立之大学或独立学院之本科毕业生与依第三条受有学士学位者，有同一之资格。

第十条 有经教育部认可之国外学校或其他学术机关得有学位者，得称某国或某国某学校某学位。

第十一条 名誉博士学位之授予，另以法律定之。

第十二条 本法施行日期以命令定之。

〔国民政府教育部档案〕

2 教育部订定的学位分级细则

(1935年5月23日)

第一条 本细则根据学位授予法第二条之规定订定之。

第二条 文科学位分文学士、文学硕士、文学博士三级。

大学文学院或独立学院文科设有政治学系、经济学系及文科研究所设有政治学部、经济学部者，其学位之级数及名称，应与法科同。

第三条 理科学位分理学士、理学硕士、理学博士三级。

第四条 法科学位分法学士、法学硕士、法学博士三级。

文学法学院或独立学院法科，设有商学系及法科研究所设有商学部者，其学位之级数及名称应与商科同。

第五条 教育科学位分教育学士、教育硕士、教育博士三级。

第六条 农科学位分农学士、农学硕士、农学博士三级。

第七条 工科学位分工学士、工学硕士、工学博士三级。

第八条 商科学位分商学士、商学硕士二级。

大学商学院或独立学院商科，设有经济学系及商科研究所设有经济学部者，其学位之级数及名称应与法科同。

第九条 医科学位分医学士、医学硕士、医学博士三级。

第十条 大学或独立学院及其研究院或研究所，设有特殊系部者，如对于该系部所授学位须用何项名称发生疑义时，应呈请教育部核定。

第十一条 各级学位证书，应载明受学位者在本科所属之系或研究所所属之部，学位证书格式另定之。

第十二条 本细则自公布之日施行。

〔中央大学档案〕

3 教育部订定的硕士学位考试办法与考试细则

(1935年6月—1936年4月)

（1）硕士学位考试办法（1936年4月7日）

案查大学研究院暂行组织规程颁布业经二载，硕士学位考试细则亦已制定公布在案。各大学经部核准设立之研究院、研究所，如有二十三年度招收之研究生，于本年度末研究期满，自得举行硕士学位考试。兹规定办法如次：（一）参加硕士学位考试之研究生，应以各大学研究院或研究所、曾依大学研究院暂行组织规程第七条规定，将该生资格证件，报部核准有案者为限。（二）举行硕士学位考试之大学研究院或研究所，如尚未依照大学研究院暂行组织规程第九条之规定，将研究生应习之课程及论文工作呈经本部核定。应于举行考试前补报备核。（三）举行硕士学位考试之大学研究院或研究所，应依照硕士学位考试细则第七条之规定，先期拟具校内外委员名单呈部核准。（四）关于考试一切事宜，应由各该大学研究院或研究所与考试委员会，依照硕士学位考试细则之规定分别办理。除分行外，合行令仰该大学学院遵照。

（2）硕士学位考试细则（1935年6月12日）

第一条　本细则依学位授与法第四条第三项之规定订定之。

第二条　硕士学位候选人，依学位授予法第四条第一、第二两项、第九、第十两条及大学研究院暂行组织规程第七、第九两条之规定，须具有左列各项资格：

一　依学位授予法受有学士学位，或于学位法施行前曾在本国公立或立案私立之大学或独立学院本科毕业，或曾在经教育部认可之国外大学得有相当于学士之学位者；

二　曾在学位授予法第四条所定研究院或研究所继续研究二年以上者；

三　修毕规定课程，完成研究论文，经所属院所以平时考试稽核方式证明成绩合格者。

第三条　硕士学位考试分左列二种：

一　学科考试；

二　论文考试。

学科考试由考试委员就候选人所修学科中指定与论文有关系之科目二种以上，以笔试行之，必要时并得在实验室举行实验考试。

论文考试由考试委员就候选人所交论文中提出问题，以口试行之，必要时并得举行笔试。学科考试及论文考试均于每学年第二学期末举行，其日期及时间由硕士学位考试委员会定之。

第四条　候选人须于考试前一个月缮正研究论文及论文提要

各两份，呈送所属院所，由院所提出于考试委员会。

论文及提要均须用本国文字撰作，但得同时提出用外国文字撰作之副本。前经取得他种学位之论文，不得再度提出。

第五条 考试成绩之核算，论文成绩占百分之六十，学科成绩占百分之四十，两种成绩各在六十分以上始认为及格。成绩不及格者，须再在所属院所继续研究，满一年后始得重行提出论文，并受全部考试。

第六条 候选人研究满两年、愿仍在院所继续研究者，得请求延期一年，于下届提出论文考试。

第七条 硕士学位考试委员会依大学研究院暂行组织规程第八条第二项之规定，由校延聘经部核准之校内外委员各若干人（各占半数）组织之，由部指定一人为委员会主席，遇必要时此项委员并得由部指定。研究所主任暨负责指导候选人，研究工作之教授一人为当然委员。

第八条 每一候选人论文之审查，由校外委员两人任之，其口试或笔试至少须有校外委员一人参加主持。学科考试至少须有校外委员中一人参加主持。

第九条 候选人考试成绩经主试各委员分别评定之后，须提送委员会，由全体委员为最后之决定。

第十条 候选人考试合格之论文（附提要一份）、试卷及各项成绩，应于考试完竣后一月内由校呈部复核。

第十一条 凡依照大学研究院暂行组织规程经部核准设立之研究所，其民国二十三年度及以后年度所招收研究生，于研究期满依本细则考试及格，并经部复核无异者，由大学或独立学院授予硕士学位。

第十二条 本细则由教育部制定公布施行。

〔国民政府教育部档案〕

4 教育部施行学位授予法的训令

(1935年5月—1936年4月)

(1)教育部致中央大学训令(1935年5月28日)
教育部训令　廿四年发高总壹14第6806号
　　　令国立中央大学

　　案奉行政院第二八九六号训令开：案奉国民政府本年五月二十日第四零二号训令开：为令知事：查学位授予法前经制定公布在案，兹将该法明令规定自二十四年七月一日起施行，应即通行饬知。除分令外，合行令仰知照，并转饬所属一体知照。此令。等因。奉此。除分令外，合行令仰知照，并转饬所属一体知照。等因。奉此。除分行外，合行令仰知照。再，此案本部前以各种学位开始授予之时期，应分别规定。经以："一、学士学位　凡依本法有权授予学士学位之学校，得自民国二十四年七月一日起，依本法开始授予各种学士学位；二、硕士学位　硕士学位之开始授予时期，应于硕士学位考试细则中另定之；三、博士学位　博士学位之开始授予时期，应于博士学位考试细则中另定之。"等由。呈奉行政院第一五四六号指令，兹经提出本院第二一二次会议决议通过。惟一二三三项学位授予时期，暂不必见诸明令等因。奉此。仰知照。此令。
中华民国二十四年五月二十八日

　　　　　　　　　　　　　　　　　部长　王世杰

(2)教育部致中央大学训令(1936年4月)
教育部训令　廿五年发高壹25第443号
　　　令国立中央大学
　　案查大学研究院暂行组织规程颁布业经二载，硕士学位考试细则亦已制定公布在案。各大学经部核准设立之研究院或研究所，如有二十三年度招收之研究生于本年度末研究期满、自得举行硕士学位考试。兹规定办法如次：（一）参加硕士学位考试之研究生，应以各该大学研究院或研究所，曾依大学研究院暂行组织规程第七条之规定，将该生资格证件报部核准有案者为限。（二）举行硕士学位考试之大学研究院或研究所，如尚未依照大学研究院暂行组织规程第九条之规定，将研究生应习之课程及论文工作呈经本部核定，应于举行考试前补报备核。（三）举行硕士学位考试之大学研究院或研究所，应依照硕士学位考试细则第七条之规定，先期拟具校内外委员名单呈部核准。（四）关于考试一切事宜，应由各该大学研究院或研究所与考试委员会，依照硕士学位考试细则各规定分别办理。除分行外，合行令仰该大学遵照。此令。

中华民国廿五年四月　日

部长　王世杰

〔中央大学档案〕

二、科研优奖办法

1 国民党中央秘书处检送保障学术人才等办法五种复中央训练部函

（1929年2月15日）

迳复者：前准贵部提出保障学术人才等办法五种，请交国府逐次推行一案，经由蔡委员元培等审查修正后，于中央第一八九次常会决议，"原则通过，交戴委员整理文字"在案。兹经戴委员整理完毕，除报告第一九六次常会并函交国民政府外，相应检同修

正办法五种函复贵部，即希查照为荷。此致
中央训练部
　　附修正保障学术人才等办法五种
　　　　　　　　　　　　中央执行委员会秘书处
中华民国十八年二月十五日

　　　　保障学术人才办法（1928年12月27日）
　　（一）由国家设各种研究机关，聘致专门学者，而优其待遇，使得专心研究。
　　（二）励行著作权法。
　　（三）由国家设印刷公费，补助学者印行学术专著。
　　（四）规定学术研究奖金办法。
　　（五）确定奖励学术研究奖励基金。
　　（六）确定退职教员养老基金。
　　（七）规定退职教员养老基金办法。
　　1.规定一般教员养老基金额。
　　2.规定有特殊研究或贡献之教员之养老金数额。

　　　　保障技术人员办法（1928年12月27日）
　　（一）由国民政府立法院制定各种技术人员任免奖惩及保障等法规。
　　（二）由国民政府考试院办理左列事项：
　　（甲）登记各种专门技术人员；
　　（乙）检定各机关团体现有之专门技术人员；
　　（丙）试录志愿在各机关团体担任专门事务之人才。
　　（三）确定补助金予专门人员，以实习研究上之便利。
　　（四）厘定技术上发明发见之特别奖励及保障办法。
　　（五）厘定技术人员疾病衰亡之救济办法。

保障各种职业人员办法（1928年12月17日）

（一）由国民政府通令全国设立各种职业养成所；

（甲）各种职业学校；

（乙）各种职业补习机关。

（二）由国民政府计划设立职业介绍所，介绍相当人员于相当团体或机关服务：

（甲）农工职业之介绍；

（乙）各种机关或团体雇员之介绍；

（丙）其他。

（三）制定保障各种职业之法规。

（四）设立各种职业者之金融机关，并奖励储蓄。

（五）规定各种职业之养老金及优恤法。

保障艺术人才办法（1928年12月27日）

（一）由国民政府教育部、内政部确定技术人才条例。

（二）确定艺术方面的著作权之保障，并设法保存其艺术品。

（三）确定艺术奖励基金：

（甲）奖励艺术作品；

（乙）奖励贫苦之天才艺术家，以助成其创作品。

保护艺术品办法（1928年12月27日）

（一）由国民政府指定机关负责调查各项艺术品并登记之。

（甲）有艺术价值之建筑物。

（乙）雕镂书画塑像磁玉印铸及含有艺术性质之古物。

（丙）其他。

（二）由国民政府专设陈列所或博物馆，保障公有之古今各项艺术品，以供观览。

（三）私人所有之艺术品无力保存者，由国家代为保存或收买之。

（四）由国民政府制定公私各项艺术品之保护法规，切实保护。

（五）严定有历史或文化关系之艺术品出口、或出售于外人之处罚规程。

（六）凡风景名胜应由各当地主管机关切实修理，并保护之。

〔国民党中央民众训练部档案〕

2 国民党第三届中央执行委员会第三次全会通过的《优奖发明、广设科学研究馆案》

（1930年8月6日）

决议：分交教育部及中央研究院。

中国文化，中世以降，格于科学之兴，鄙视技巧，以至今日，科学文明不堪称道。现本党统一全国，正文化复兴之时，为根本计，似宜专定特别优奖发明家之办法以为先河。事宜订立优奖办法布告于国内，并以中央研究院为专任考查机关，凡有特殊发明者应由国家予以特异表彰，地方官吏应加优礼，并予以年金；其次者亦宜由国家优予奖励，广为宣传。此外，并宜悬奖征求研究，则对需要解决之问题，督促科学家供献意见。又我国内研究科学之机会甚小，于研究之设备尤为缺乏，天才埋没者必不在少，故更应于国内重要都邑设立科学研究馆，收罗各大学勇于研究而成绩最优者，则专门家日渐增多，发明将日广，其能有大效于文化复兴者，可断言也。

〔国民党中央执行委员会秘书处档案〕

3 教育部、内政部关于会拟艺术保障办法致行政院秘书处公函

（1930年3月）

教育
内政部公函

迳启者：案查上年三月，准贵处大函。以奉院长发下国民政府交办中央训练部所拟保障艺术人才办法及保护艺术品办法各条，由内政、教育两部议复。等由。准此。当以奉交原案。共计五种，其中关系于教育方面较多，故即由教育部召集开会。迭经缜密讨论，始决议拟订"保障艺术人才条例"、"保护艺术品条例"暨"艺术作品及艺术著作权保护条例"等三种草案。嗣又经两部再四商榷，以保障艺术人才与保护艺术品，在现行著作权法、修正商标条例以及名胜古迹古物保存条例等法规中，均已对于艺术之著作权、专卖权及古代艺术品等订有相当保障，其涉及技术与工业者，又有技师登记法、特种工业奖励法，似不必另行规定，致蹈重复。至保障艺术作品及艺术著作权之保护，亦已于现行著作权法中明白规定，故亦无另定条例之必要。爰即将前拟三草案取消，而以艺术人才及艺术物品之保护合并规定，名曰艺术保障办法。惟为推行便利计，故又不厌详求，迭经两部将条文词句间详为斟酌修改，以期完备。现经会商妥协，相应将所拟草案缮正，会函送达。即希查照转陈为荷。此致

行政院秘书处。

附艺术保障办法草案一份。

中华民国十九年三月　　日

艺术保障办法

第一条　本办法所称艺术如左：

一　字画，　　二　雕塑，　　三　织绣，　　四　音乐，

五　其他（艺术经本办法第二条规定之艺术保障委员会审查认为有艺术之价值者）。

第二条　关于保障事宜，由内政、教育两部合组艺术保障委员会办理，委员会组织章程另订之。

第三条　凡研究第一条各项艺术之中华民国国民，合于左列之一者得由艺术保障委员会发给保障书。

一、曾在国内外艺术专科以上学校毕业，成绩优良，经艺术保障委员会审查合格者。

二、于艺术有特别研究、能提出艺术作品、经艺术保障委员会审查认为极有价值者。

三、曾经本国或外国政府举行之艺术展览会嘉奖、得有特别奖状者。

保障书呈请发给之手续另订之。

第四条　凡领有前条保障书者，应受左列之保障。

一、在国立或省市县立各机关担任艺术职务时，非有违法或违章情事不得免除其职务。

二、欲在国内外艺术教育机关作高深之研究时，得请由艺术保障委员会或由委员会指定该管地方政府津贴其研究费之一部或全部。

三、本人艺术工作确系无力完成时，得请由艺术保障委员会或由委员会指定该管地方政府资助完成之。

四、如发生疾病或因年老失业确系无力自给时，得请由艺术保障委员会或由委员会指定该管地方政府酌给其生活费。

五、死亡后应由艺术保障委员会酌给恤金。

六、本人艺术品之制造、出售、运输、邮寄、得呈请艺术保障委员会转请主管部减轻或免除一切税费。

第五条　凡领有保障书者之艺术制作品，经艺术保障委员会

认为有保存之必要时，得指定中央或地方政府立艺术馆或其他同性质机关代为保管。

第六条　关于保障艺术所需之经费，应由艺术保障委员会按年妥拟预算，送经内政、教育两部会核转呈国民政府令行财政部发给。

第七条　依第三条保障之人员有左列情事之一者，应追还保障书，并撤销其保障。

一、假借艺术宣传反国民党主义者；

二、假借艺术鼓吹迷信邪说或为有伤风化之宣传者；

三、以艺术影射私人行为或国际情形而有所攻击者；

四、有不良嗜好者；

五、经褫夺公权者；

六、停止研究艺术，改营他业满二年者。

第八条　本办法如有未尽事宜，得由内政、教育两部会议呈准国民政府修正之。

第九条　本办法自奉国民政府核准公布之日施行。

〔国民政府内政部档案〕

4　中华教育文化基金会增进科学研究事业计划
（附《科学研究教授席办法》）

(1930年7月1日)

增进科学研究计划，此计划包括三项事业，即：

（一）设立科学研究席；

（二）设立科学研究学额；

（三）奖励研究结果。

兹先说明其理由如下：

1.吾国科学事业久无进步，实因研究事业尚未发达，故欲提倡科学必须从提倡研究入手。

2.吾国现在情形最足阻碍研究事业之发达者，一为研究组织之不完【善】，二为研究设备之缺乏。所谓研究组织之不完者莫过于缺乏研究领袖。试观吾国，近年留学欧美各大学以从事科学研究者颇不乏人，顾一入国门，既无可供研究之机关，复乏指导研究之领袖，以致积年累月，所习得之一点研究能力复不免以用非所学渐渐消磨以去，科学事业之永不发达良有以也。兹为补救此病起见，拟设立研究教席，请外国科学名家来任此席，专司计划及指导研究事业，一面仍请中国专家佐同研究，如此不惟可得研究之结果，并训练研究之人才，庶将来研究事业可以继续发展；复次所谓研究设备之缺乏者，吾国公私大学程度较高，能实行研究者本不多觏，又因目下教育经费困难，多校多无余力从事研究之设备，以致即有研究人才亦苦于束手无策。兹为补救此病起见，拟设补助仪器设备费，俾研究事业不至为经费所限而无从进行。

3.设研究学额及奖金办法，一方面可以激励聪明，秀发之青年从事于研究科学之途，一方面可以使有志深造者不致为经济所困，而不克竟其所学。

4.各高等教育机关之请款书，大半以增加设备从事研究为定。故此种计划足以满足多数请款者之望，而同时又能指定办法，使本会补助各校之款不至流入他用。

5.国际交换教授为吾国学界一般所主张，以为能沟通中西文化之邮者也。此计划延聘外国科学名家来华主持研究事业，可为交换教授一部分之实现。

以上为吾人主张此项计划之理由，兹拟其办法如下：

（一）设立研究席办法

一、本会设研究席若干名，由本会与受觏见之学校商定，延聘中外著名科学家充任之。

二、此项研究教授之任期以三年为限，期限满后如经本会及本人之同意，得继续延聘之。

三、此项研究教授之任务，在指导科学上之研究及设施，并可兼任教课，但非其主要职务所在。

四、研究教授为尽指导研究之职务起见，至少须在一机关任职二年以上，所余时期可赴各处视察指导及出席研究会。

（二）设立研究学额办法

一、研究学额依研究员分配之，但每员至多不过三人，中学校用试验法选择曾在大学或专门学【校】毕业有志研究之人充任之。

二、研究生每人每年由本会给予津贴五百元。

三、研究生受研究学额之年限，由主持研究之教授定之，但至多不得过三年。

四、凡设研究席及研究生之学校，每年须将研究情形报告于本会，所有研究结果之出版品应交本会一份存查。

（三）设立研究奖金办法

一、本会设研究奖金，择研究科学确有成绩之中国人给予之，不以所在地域为限。

二、上条所言研究成绩，以其结果在有价值之杂志上发表。并得著名科学家或教授之推荐为准。

奖金分为三等，头等三千元，二等二千元，三等一千元，依其研究结果之价值而定等第之高下，每等每年仅给一奖。但如主持其事之委员认【为】是年无相当受奖人时，无论何奖可以不必给予。

科学研究教授席办法（1930年7月）

一、本会设立研究教授若干席，由本会聘请中外著名学者充任，在设备充足、工作便利之研究机关施行研究。

二、研究教授之任期，暂定为一年至五年。

三、研究教授由本会直接遴聘，其研究地点由本会、教授及接受教席之机关三方商定。在研究期内，如教授或本会认为不合宜时，得酌量变更研究地点。

四、接受研究教席之机关，应充分与教授以研究上之便利。所有普通设备、动力及消耗物品，俱由接受教席之机关担任。

五、研究教授之薪俸，由本会按照聘约直接致送。此外，每席每年并得支设备补助费二千元，调查及助理费一千元以内。惟此二项费用之预算，俱须先经本会核准方为有效。

六、研究教授之主要任务，在施行及指导科学研究。但于必要时得在接受教席之机关每周任教三小时以内，惟不得另受任何薪俸或津贴。

七、研究教授应将研究所得结果著为论文，交本会印布或由研究教授自交相当机关刊行。但如研究教授自行刊布，须赠与本会论文单行本三十本，并注明本会研究教授字样。

八、所有由本会补助费购置之仪器，于研究终了后悉数赠与接受教席之机关。

九、本章程得由基金董事会执行委员会之决议修改之。

〔国民政府教育部档案〕

5 考选委员会、教育部会定建国奖学委员会条例

（1934年5月23日）

第一条 国民政府为宏奖学术、以图国家建设进展起见，由考选委员会、教育部联合设立建国奖学委员会，依本条例之规定办理奖学事宜。

第二条 本会之组织如左：

一、总裁三人，以考试院院长为当然总裁，其余二人由国民政府特派；

二、委员长一人，由考选委员会委员长、教育部部长分年轮

流兼任之；

三、副委员长一人，由考选委员会委员长，教育部次长分年轮流兼任之。

考选委员会委员长为本会委员长时，以教育部次长为本会副委员长，教育部部长为本会委员长时，以考选委员会副委员长为本会副委员长。

四、委员若干人，由考选委员会、教育部聘任之，其中以五人至七人为常务委员，由主席指定，任期三年。

本会于每次考课或审查时，由考选委员会、教育部按其需要临时增聘评阅委员若干人，专任评阅。

第三条 本会于每次评阅时，得按其需要临时聘请襄阅委员若干人，襄助评阅。本会关于评阅事项开会时，襄阅委员得列席。

第四条 本会应经议决事项如左：

一、决定出题范围事项；

二、决定评阅标准事项；

三、决定著述之交付审查事项；

四、决定考取等次及审查结果事项；

五、决定奖金总数及分配奖金额数事项；

六、请给奖章奖状人数及种类等次事项；

七、筹募基金事项；

八、其他应行决议事项。

第五条 本会开会时由总裁轮流主席。

第六条 本会设事务处，掌理纪录文书报名收发保管庶务会计各事宜，设处主任一人，股主任二人，事务员若干人，就考选委员会、教育部职员中分调兼任之。

第七条 本会奖学范围依左列二款之规定：

一、论文考课经评定后认为优良者；

二、学术著述及发明经审定后，认为确有价值者。

第八条　前条第一款之论文考课分年课、季课、月课三种。前项论文考课章程由考选委员会、教育部会同定之。

第九条　凡合于左列资格之一者，得向本会报名领卷应论文考课。

一、现任公务员有证明文件者。

二、非现任公务员有应高等考试之资格，经现任荐任职以上公务员或等于荐任职以上党务人员二人或专门以上学校校长之证明者。

三、有相当学力经高等学术机关或学术团体之证明者。

第十条　第七条第二款之学术著述及发明，由国立学术机关、国立大学或著有成绩之学术团体之推荐，经本会依规定程序审查合格后给予奖励。

前项学术著述及发明之审查章程，由考选委员会、教育部会同定之。

第十一条　本会论文考课之给奖办法如左：

一、给予奖金　年课奖金总额每次以一万元为限，季课奖金总额每次以三千元为限，月课奖金总额每次以一千元为限。

二、给予奖章奖状　每次人数及种类等次由本会拟定，呈请考试院分别给予之。

著述及发明给奖办法，由考选委员会、教育部会同定之。

第十二条　本会之基金如左：

一、政府拨款；

二、私人及公共团体捐助；

三、存款息金；

四、刊物售价。

第十三条　本会基金由建国奖学基金保管委员会保管之，委员人数之分配依左列之规定。

一、行政院、立法院、司法院、考试院、监察院、主计处、中央银行各派代表一人；

二、捐助万元以上者，公推代表一人至七人；

三、捐助千元以上者，公推代表一人至七人；

四、捐助千元以下者，公推代表一人至七人。

前项各款委员各为一组，每组各推一人为常务委员，组织常务委员会处理会务。

建国奖学基金保管委员会条例另定之。

第十四条　本会处务规则由考选委员会、教育部会同定之。

第十五条　本条例自公布日施行。

〔教育部公报〕

6　国立中央研究院杨铨、丁文江奖金章程

(1939年5月28日)

一、本奖金为纪念本院两故总干事杨铨、丁文江而设，名杨铨、丁文江奖金。杨铨奖金给予对于人文科学研究有新的贡献者，丁文江奖金给予对于自然科学研究有新的贡献者。

二、每种奖金定额为二千元。

三、杨铨奖金自民国二十六年、丁文江奖金自民国二十七年开始给予，每种奖金均隔年奖给一次。

四、承受奖金人以中国籍而年龄在三十五岁以下者为限。

五、奖金论文已刊未刊不拘，惟已刊者以在二年以内者为限。

六、奖金论文须依其科目，于该科奖金轮值之年一月三十一日之前，各印本或抄本六分，附著作人之履历，籍贯及年龄，寄交国立中央研究院评议会，由评议会指定人员组织审查委员会评定之。

七、奖金论文可由著者本人寄送，或由他人推荐。

八、论文评定结果，于每年五月发表，奖金于六月给予。

九、无及格之论文时，得停止给予奖金。

附注：

（一）本章程所指之人文科学包含历史、考古、民族、语言、社会学、经济、政治、法律等八门。

（二）奖金论文之已刊者，以自每次正式登报公布奖金章程之日起追溯，以二年者为限。

（三）著作人之年龄应有相当之证明。

〔中央研究院档案〕

7　国民党第五届中央执行委员会第三次会议通过设置总理纪念奖金以提倡学术奖励服务案

(1937年2月19日)

理由：总理逝世十有二年矣，年来国家虽已统一，政治建设虽多猛进，但总理所昭示我人恢复我国固有能力及迎头赶学西洋科学之遗训，似尚未能贯彻斯旨。我国国故之尚未整理，美术之未能发扬，一切文化事业之故步自封，生产物质之拘泥落后，均为事实，无庸讳言。查世界科学发展日新月异，每有不惜生命以赴之者，如同温层之上升、南极洲之探险以及航空之比赛、潜水之探讨，无不再接再厉，前仆后继，凡此科学界之纪录，我国似尚未能有所表现。最近我人之所举示世界者，除我先民文化之遗泽外无他物，立国于大地，在文化学术上对世界无新贡献，斯真为民族之耻辱。我民族之聪明才力非不如人，特近以生活未定，奖励无道，致缺少埋头探讨潜心学术之精神。彼欧洲在十九世纪科学之进程亦尚有限，及至二十世纪设置诺贝尔科学奖金后，**物理、化学、生物及医药上之进步乃一日千里**。关于物理学上物质之构造、元素之形成、新力学之基础法规，如伦琴发现X光，居利夫人发现镭，汤姆孙之发现电子，雷那德之发现紫外线，爱因斯坦之发现相对论等，关于化学原子学之发展，以有机无机应用化学之特殊功绩的表现，如凡特荷夫之创立新溶液论，阿累尼乌斯之确立游离说，哈柏之空中氮的固定法，培页之发明靛蓝，裴西耶与柏吉乌斯之制取石油等，关于生物医药上之实际视察及解剖实验，使药物学、毒物学、营养学、治疗学均有显著之进步，如科赫之培养微菌、波尔德之发明血清治疗、矣克曼与霍布金斯之发现维他命、巴夫罗夫之倡交替反射说等。以上各种新发明新发现，有助于人类社会之幸福者至巨且大，各发明者何莫非受诺贝尔奖金之赞助奖励，全世界亦莫不以能得诺贝尔奖金为殊荣。可见表彰褒奖用得其当，自足以促进文艺科学之进步，波诺贝尔以私人之遗产尚能刺激世界智力之成功者，我国为奖进学术，提倡研究，亟应有所效法。如以本党之力登高一呼，其效力则可远胜于诺贝尔奖金，数年之后不难有奋发有为之士为国争光，对于我国固有之文化则发扬光大之、对于世界新兴学术则精进发明之，事非不可能，全在本党之督导劝励有当耳，此设置总理纪念奖金之意义一也。

三代以下无不好名者，我国政治向以褒奖为劝善设治之方，故地方事业往往不藉公家之力得以举办完善，主持者以得在上者一言之奖为荣，此种民族合作之力急宜培养。总理遗训亦昭示我人："人生当以服务为目的，而不以夺取为目的，聪明才力至大者，当尽其能力以服千万人之务，造千万人之福，聪明才力略小者，当尽其力以服十百人之务，造十百人之福。"凡能为十百千万人服务造福者，皆圣贤才智之士也，如能善为劝导，多方督奖，则此辈人士或尽其能力，或输其财产各为地方造福，亦即为国家服务，此种牺牲一己，急公好义之精神，自应培养而扩大之。我国现在法令规定者，只有捐资兴学奖励一种，故捐助巨资设学校者，穷乡僻壤年有其人。至其他社会服务，补助政府力之所不及者，尚无明令规定，自应推广此意，多方诱导，使地方人士乐于从事。此设置总理纪念奖金之意义二也。

我国近年以学校学生缺少出路，故论者有毕业即失业之言，青年学子每引为苦闷，在校时既少专心从事课业之心绪，毕业出校更无继续研究学问之精神，甚且惟奔竞夤缘之是务。说者谓此亦迩来政治不易清明原因之一，不无相当理由。今欲使天下聪明才智之士，各善用其才能，则必须转其注意力于精深学术之钻研，使其埋首于图书馆中，专心于实验室内，庶可学有专长，且得乐趣，出而应用，亦可有所贡献于利用厚生。此凡学术之研习初非一朝一夕之功，必与浸沉于此，废寝忘食，积年累月方能稍有成就，非上智而小康者，或未免不中途而废，初非人心之无恒，抑亦事势所必然。故国家除设立研究院，搜罗人才外，更宜厚设奖金，普遍鼓励，使青年学子得以安心潜修，乐于为学，不致放弃所学误入歧途。此设置总总理纪念奖金之意义三也。

总之，现在我国对于学术文化从公服务奖励之法尚少，每年颁赐勋章不及平民，才智之士自不甘于埋首窗下，及今劝勉犹不为晚。总理纪念奖金之设置，即所以端正士习，丕变风气，今姑拟订总理纪念奖金简要办法如后，至其详细办法，当待本案原则决定后另行补充。

办法：

一、本党为宏奖学术，提倡服务，以图复兴民族，建设近代国家，特设置本奖金，其详细办法由中央文化事业计划委员会定之。

二、本奖金分下列五类：

（一）文艺奖金 凡对于文学艺术有精深之研究，或特殊之创作，或其学说作品为文艺界所公认为权威，而能发扬民族文化或激励国民之民族意识，均得领受此类奖金。

（二）社会科学奖金 凡研究哲学、法律、经济、历史、地理、或其他社会科学有特殊贡献或实施其研究所得,有利于国家社会者,均得领受此类奖金。

(三)自然科学奖金 凡研究生物、物理、化学、天算等理论科学,或从事农业、工矿、工程、医药等应用科学,有特殊心得或有新发明新发现、有利于民生国防者,均得领受此类奖金。

(四)教育奖金 凡对于教育学识研究有素,并有独特之心得或优良之著作者,或热心从事教育事业、数十年如一日,地方上一致推崇,或主持教育事业影响远大,多数人受其利益者,或对于某科教学方法特殊优良,确能增加效率者,均得领受此类奖金。

(五)社会服务奖金 凡非因职务关系而热心主持社会公共事业,如建设、救济、保卫等项,办有成效、并不受公家补助者,或赞助政府,劝导民众接受政府重要设施者,或其他公众服务,多数人受其利益者,均得领受此类奖金。

三、本奖金如能每年核发五类,自然最佳。否则每年核发一类。就过去五年内于该类最有贡献者奖之,五类轮流举行,五年轮毕亦可。但无论何种核发方法,应发某类奖金时,而无适当得奖之人一概从缺。

四、每类奖金第一名一人,奖国币二万元;第二名一人奖国币八千元;第三名一人奖国币五千元;第四名二人各奖国币二千元;第五名三人各奖国币一千元。以上共计国币四万元。五类同发则为二十万元。各无合格者宁缺毋滥。(诺贝尔奖金亦分五类,每类每年约有四万元上下之奖金)

五、由本党指定奖金三百万元存入中央银行生息,每年只用息金,不得动用基金。(查诺贝尔奖金基金有美金九百万元之多)

六、本奖金委员会由本党组织之,办理一切选录人才、审核成绩、分配奖金等事宜,必要时得邀请有关系部会及国立研究学术机关团体会同办理。委员会组织及办事章则另定之。

七、凡中华民国人民,不论性别或中华民国人民所组织之团体或机关，均得将本人或本团体机关研究或服务成绩送委员会审核但得奖人不限于送审成绩者，委员会亦得就调查所得给予奖金。

八、凡得奖人之姓名等第及其成绩由本党公布之，以昭激劝。

九、得奖人除应得奖金外，并有荣誉奖状以资证明。其不愿领奖金者得事先声明，另给奖章。

决议：设置总理纪念奖金基金三百万元，分三年拨足，其详细办法由文化事业计划委员会再行拟定，候中央常务委员会决定。

〔国民党中央执行委员会秘书处档案〕

8 中华教育文化基金董事会抄送获得该会科学研究补助金之研究员名单函（附民国廿五年度当选名单）

（1937年5月13日）

敬复者：按奉尊处笺函第二四三三号，附教育部呈文抄件一份，均经聆悉。查敝会为提倡科学研究起见，曾设有科学研究补助金，择国人研究科学之具有成绩者给予之，其研究地点不以国内为限，但在国外施行研究者，敝会不另给予川资及旅费。此项补助金以外，敝会现无派遣出洋公费生办法。兹准台函，除另函教育部外，相应专函奉复，至希垂察是幸。另封奉上敝会补助金规程。审查委员会规程。二十六年度研究员名单及第三至十一次报告各一份（二十六年以前各年度研究员名单分载各该年度报告内），藉供参阅。此致

行政院秘书处

附抄补助金规程，审查委员会规程、二十六年度研究员名单各一份〔均缺〕

中华教育文化基金董事会　启

二十六年五月十三日

民国廿五年度科学研究

级别	姓名	学历	学科	研究
甲种	侯光炯	国立北平大学农学院农学士	土壤学	中国土壤与欧美主比较
甲种	陈　旭	国立北京大学理学士	地质学	有孔虫类之古生物
甲种	寿振黄	美国士丹佛大学硕士	动物学	中国鸟类之分类
甲种	锺盛标	国立北平大学理学士	物理学	硒碲氧化物光谱之究
甲种	徐贤恭	英国伦敦大学博士	化　学	酮类旋光性消失率之比较
乙种	张孟闻	国立北平大学理学士	地质学	有孔虫类之古生物
乙种	罗宗贤	燕京大学理学士	化　学	从植物油制炼汽油
乙种	陈运煌	厦门大学理学士	化　学	Ergosterin B_8 中位
乙种	裴文中	国立北京大学理学士	地质学	东亚第四纪地质及
乙种	华罗庚	国立清华大学教员	算　学	Waring-KamKe
乙种	傅桐生	河南大学理学士	动物学	河南鸟类之研究
乙种	张　奎	沪江大学硕士	动物学	球虫卵对高温抵抗
乙种	汪　猷	金陵大学理学士	化　学	由 Lithocholie 酸之同系物
乙种	李诗长	德国柏林工业大学工程师	化　学	氟氮化合物
乙种	丁道衡	国立北京大学理学士	地质学	志留纪及泥盆纪珊造、分类与年代
乙种	胡伯素	国立北京大学理学士	地质学	湖南与侵入火成岩床之研究
乙种	黎慕尧	美国伊利诺大学硕士	物理学	白光环发射之研究

补助金当选名单

题目	研究地点	金额	附记
要土类形态之	英国、瑞典、苏联及美国	美金1400	继续上年度
学	美国雅礼大学	美金1200	
	欧美各国博物院	美金1200	
转动构造之研	法国巴黎高等师范学校	佛郎15000	
与重氢交换率	英国伦敦大学	英镑220	
学	法国巴黎博物院	美金1200	继续上年度
	燕京大学	国币1200	继续上年度
双键所在之地	德国古廷根大学	马克2200	继续上年度
史前文化	法国巴黎古生物学研究所	佛郎14000	继续上年度
问题之研究	德国汉堡大学	英镑200	继续上年度
	法国弟洋大学	佛郎14000	继续上年度
之研究	美国爱沃州立大学	美金960	
制备腺内分泌	德国明兴拜耳科学院	马克2200	
	德国布列司劳工业大学	马克2200	
瑚化石之构	德国马堡大学	马克2200	
有关各金属矿	德国福来堡大学	马克2200	
	美国加省大学	美金960	

续表

级别	姓名	学　　　历	学科	研　　究
乙种	张锺俊	美国麻省理工大学硕士	物理学	电波分滤器之理论
乙种	熊大缜	国立清华大学理学士	物理学	二氧化炭、硫化氢摄影之红内区域中度及压力之关系
乙种	陈廷炳	齐鲁大学医学士	生理学	滋养性灌肠剂及其收
乙种	金舞侯	燕京大学理学士	人类学	自生物学与人种学
乙种	童家骅	国立清华大学理学士	生理学	"放射"对于单细
乙种	吴大任	英国伦敦大学硕士	算　学	积分几何学中之距
乙种	陈省身	南开大学理学士	算　学	等角关联空间之研
乙种	王士魁	法国里昂大学硕士	天文学	天空夜光之研究
乙种	何　琦	燕京大学理学士	动物学	①与医学有关之中之研究
乙种	王凤振	国立北京大学理学士	动物学	中国蜘蛛之分类及
乙种	吴功贤	国立中央大学理学士	动物学	由神经组织研究兽
乙种	容启东	国立清华大学理学士	植物学	稻生长期中之解剖
乙种	曹诚英	国立中央大学农学士	植物学	蕎麦及蓢菜之遗传
乙种	黄　亮	金陵大学农学士	植物学	柑桔病害之防治
乙种	唐　进	国立北平大学农学院学士	植物学	中国兰科志
乙种	汪发缵	国立东南大学理学士	植物学	中国单子叶植物志
乙种	黄厦千	国立东南大学理学士	气象学	出现于北平各主要
乙种	沙玉彦	国立东南大学理学士	物理学	正性电子之能谱
特种	吴大猷	美国密西根大学博士	物理学	两电子并激起之氦

题 目	研 究 地 点	金 额	附 记
	美国麻省理工大学	美金960	
及阿摩尼亚在	国立清华大学	国币1200	
吸收系数与温			
在结肠内之吸	美国西北大学	美金960	
观察中国人种	德国柏林大学	马克2200	
胞生物之影响	国立武汉大学	国币1200	
问题	德国汉堡大学	马克2200	
究	法国巴黎大学	佛郎14000	
	法国里昂天文台	佛郎14000	
国双翅目分类	英国皇家博物院	英镑200	
形态	德国柏林大学	马克2200	
类之分类	英国伦敦大学	英镑200	
研究	美国芝加哥大学	美金960	
及细胞研究	美国康奈尔大学	美金960	
	美国加省大学	美金960	继续上年度
	英国邱皇家植物园	英镑200	继续上年度
	英国邱皇家植物园	英镑200	继续上年度
气团之研究	美国加省理工大学	美金960	继续上年度
	德国哈利大学	马克2200	继续上年度
原子光谱	国立北京大学	国币500	继续上年度

续表

级别	姓名	学历	学科	研究
特种	许振儒	国立山东大学理学士	物理学	红外线之光电效应
特种	周同庆	美国普林斯登大学博士	物理学	1.放电管灯之光度 2.中国天然染料之光光谱
特种	武兆发	美国威斯康辛大学博士	动物学	兽类精虫产生时之研究
特种	刘承钊	美国康奈尔大学博士	动物学	苏州及其附近之爬
特种	朱定一	中法大学理学士	动物学	中国北部硬骨鱼头
特种	吴　光	美国密西根大学博士	动物学	中国肺蛭虫生活史究
特种	苗允棚	河南大学理学士	化　学	南京及其附近森林
特种	袁翰青	美国伊利诺大学博士	化　学	氯化重氮六氯苯之
特种	马　昕	美国普渡大学硕士	化　学	中国军队营养之研
特种	宋秉南	国立武汉大学理学士	生理学	"发射"对于单细
特种	李赋京	德国古廷根大学医学博士	生理学	人体及哺乳类寄生研究
特种	柳安昌	北平协和医学院医学博士	生理学	Sympathin 对于
特种	戴芳沂	国立中央大学理学士	生理学	神经组织能养化诸

· 1434 ·

题　目	研　究　地　点	金　额	附　记
	国立山东大学	国币500	
效率	国立北京大学	国币500	
吸收光谱及萤			
细胞质变化之	国立北平师范大学	国币500	
虫类	东吴大学	国币500	继续上年度
骨之研究	中法大学	国币500	继续上年度
与其分布之研	上海雷司德医学研究所	国币500	继续上年度
昆虫之生活史	中国科学社生物研究所	国币500	
制备及性质	国立中央大学	国币500	
究	南京军医学校	国币500	
胞生物之影响	国立武汉大学	国币500	
虫中间宿主之	河南大学	国币500	
肠胃之作用	南京军医学校	国币500	
物之研究	中国科学社生物研究所	国币500	

续表

级别	姓名	学历	学科
乙种	方心芳	比国洛纹大学工程师	化学
乙种	施怀仁	国立北平师范大学理学士	动物学
乙种	凌立	国立中央大学理学士	植物学
乙种	戈定邦	国立中央大学理学士	地质学
乙种	张仲桂	国立北京大学理学士	物理学
乙种	郭可大	德国汉堡热带病研究所医学博士	生理学

说明：补助金如遇缺额依上列次序递补

研究题目	研究地点
中国曲内微菌之研究	比国洛纹大学
1. 渔业 2. 中国西部之淡水鱼类	美国华盛顿大学
Urecystis oculta 之寄生与遗传研究	美国明尼梭达大学
中国硬鳞化鱼之研究	瑞典首都自然历史博物馆
滤波器之瞬流	美国麻省理工大学
各种血液寄生动物于混合感染时相互间影响之研究	德国汉堡大学

〔行政院档案〕